성명학 대백과 1

성명한자 및 이론

성명학 대백과 1

2010년 11월 20일

지은이_ 김성규

펴낸이_ 박준기
펴낸곳_ 도서출판 맑은소리
주　소_ 서울시 금천구 가산동 550-1 롯데 IT캐슬 2동 1206호
전　화_ 02-857-1488
팩　스_ 02-867-1484
등　록_ 제10-618호(1991.9.18)

ISBN 978-89-7952-145-0 (03140)

성명학 대백과 1
성명한자 및 이론

김성규 지음

도서출판

이 책을 내면서

이 책은 대한민국 성인 남녀노소 구분 없이 한글로 쓰인 책을 읽을 수만 있는 사람이라면 누구라도 자신 및 주변사람의 성명을 작명, 개명하거나 또는 이미 지어진 이름들을 쉽게 감명할 수 있게 집필되도록 노력하였으며 〈성명학 대백과 1〉과 〈성명학 대백과 2〉 두권으로 이루어져 있다. 부연하여 설명하면

첫째로 성명학 이론을 모르는 일반인들을 위해서는, 성명구조에 따른 4가지 예제 즉 "1字姓 2字名", "1字姓 1字名", "2字姓 2字名". "2字姓 1字名"을 제시하여, 개개인의 성명구조에 해당되는 그 중 하나를 선택한 후, 단순히 기재된 설명서대로 기계적으로 실행하면 대부분의 성명학자들이 채용하고 있는 성명학 이론을 적용하여 성명을 작명, 감명, 개명하는 효과를 가져 오도록 하였다.

둘째로 명리학 및 성명학 이론에 밝고 개개인의 특성에 맞춰 성명학 이론을 적용하여 작명, 감명, 개명을 하고 있는 성명학자분들이나 명리학 또는 성명학을 연구하거나 공부하고 계신 분들을 위해서는, 성명학이론에 관련되어 통상적으로 사용되고 있는 대부분의 기초적인 자료들을 표로 만들어 제공함으로써, 한자옥편이나 한자자전을 일일이 찾거나, 원형이정 및 음양오행의 계산을 일일이 할 필요가 없게 하여, 1차적으로는 작명, 감명, 개명시 각종 자료를 찾거나 계산시 일어날 수 있는 실수를 근본적으로 차단하는데 주안점을 두었으며, 2차적으로는 성명학 이론에 관련된 여러 종류의 표들을 이용하여, 각자의 개성에 맞게 필요한 자료들만 선택하여 사용할 수 있게끔 함으로써 시간을 절약할 수 있도록 하였다.

그리하여 부가적으로는 성명학이란 학문이 대학에서 하나의 학문으로 인정을 받

고 교육되어지는 학문이 되며, 일반 사회에서는 누구나가 혼자서도 스스로 성명에 관련된 것은 무엇이든지 여기에서 제시한 표들을 기초자료로 활용하여 해결할 수 있도록 하는데 주안점을 두었다.

인간이란 전생에서 인연이 있었던 현생의 부모로부터 전생에 지은 업보에 맞는 육신을 받고 무명의 어리석음을 벗어나 완전한 깨달음을 얻는 길로 들어서기 위해 태어나게 되는데, 이러한 사람의 운명이 무엇에 의해 좌우되는가를 살피기 위해, 현생을 과거, 현재, 미래로 분류하여 보면, 현재 살아가는 모든 사람들의 개개인의 삶은 개개인이 과거에 행한 행동의 누적된 결과물로 나타난 것이고, 미래의 삶은 개개인의 과거와 현재의 행위의 결과물에 따라 달라질 것이다.

여기에서 더욱 확장하여 사람의 운명을 불교의 윤회이론과 인과응보의 법칙을 도입하여 분석해보면, 현재의 나의 삶은 전생의 업보로 인하여 현생에 주어지는 사주팔자(태어난 연월일시와 지역에 의해 결정됨)와 자신의 조상들의 행과 불행, 전생의 악연들의 작용, 현생에서 유산을 시켰을 경우 유산된 아기들인 수자영의 앙갚음과 일상생활에서 심상(心想)에 따른 자신의 의지와 행위, 그리고 일상생활에서 계속해서 반복적으로 쓰여지고 불러지는 성명 등의 영향권 내에 있다고 볼 수 있다.

여기에서 전생의 업보로 인해 주어지는 대운(大運)과 세운(歲運)을 포함한 사주팔자는 개개인이 탄생한 연월일시와 지역에 근거하여 산출한 것이므로 고칠 수 없고 또한 지구상에 살고 있는 대부분 사람들의 사주팔자가 불완전한 상태에 놓여 있으나, 이를 보완하기 위한 성명(이름)은 본인이나 주변의 정성만 있으면 성명학 이론을 적용하여 얼마든지 사주팔자의 부족한 음양오행 및 문제점을 보완하는 좋은 이름을 지어 부르고, 불려지고, 쓰고 하는 과정을 수반하면서 사주팔자라 불러지는 선천명의 운로를 부분적으로나마 후천적으로 길운(吉運)으로 변화시킬 수가 있는 것이다.

현재 시중에는 성명만으로 사람의 운명이 결정되는 것처럼 너무 과장하는 일부 성명학자들이 있는데, 이들은 운명철학에 대한 개념조차 없는 사람들로 취급되어지고 경계되어야 마땅하다. 왜냐하면 그들의 주장처럼 성명만으로 개개인의 운명이 결정된다면 탄생일시와 탄생지역에 근거하여 산출된 대운을 포함한 사주팔자는 아무 의미가 없는 것이 되고, 그러한 성명학자들이 자기들 마음대로 개개인의 운명을 점지할 수 있다. 라고 하는 상식 밖의 논리이기 때문이다. 또한 그들의 논리대로라면 현재 그들 자신과 주변사람들은 최상위의 원하는 부귀와 권력을 누리고 있어야 하지 않겠는가?

원칙적으로 성명은 역학(易學)과 성명학에 대한 전문적인 지식체계가 있는 전문가가 개개인의 사주팔자와 "용신(나에게 도움을 주는 것)과 희신", "기신(나에게 피해를 주는 것)과 구신" 등을 면밀하게 분석한 후, 개개인이 필요로 하는 음양오행을 정확하게 적용하여 이름을 지어야 한다.

그러나 역학공부를 수년이상씩 하신 분들 중에서도 격국과 용신을 정확히 찾는데 어려움을 겪고 있는 것이 현실적인 상황이고, 또한 많은 일반 사람들은 역학을 전혀 모르는 관계로, 본 저자는 이 책에서 일반인들은 이러한 용신과 희신은 인터넷상의 정통역학 인터넷사이트에서 제공하는 용신과 희신을 참조하든지, 아니면 정통한 운명철학자에게 사주팔자를 볼 때, 개개인의 용신과 희신을 문의하여 이미 알고 있다는 전제하에 모든 설명을 하여, 한글만 아는 분이면 이 책을 기계적으로 단순 명료하게 사용하여 작명 및 감명, 개명을 할 수 있도록 하였다. 왜냐하면 개개인이 직접 사주팔자에서 용신을 정확히 찾아내려면 적어도 수년간 명리학 관련 공부를 전문적으로 해야 하기 때문이다.

현재 시중에는 수많은 성명학 이론들이 떠돌고 있고 성명학과 관련된 책들이 출간되어 있기는 하나, 근본적으로 성명학 이론에 따른 기초적이고 근본적인 자료들을 구체적으로 제시한 책들이 없는 관계로, 본 저자는 지금까지 다른 성명학 책에서는 없거나 미비한 각종 성명학 이론들에 근거하여, 대법원에서 2007년도에 "인명용 한자표"라는 명칭으로 호적법시행규칙 제37조로 발표되어 성명에 사용이 가능한 한자 5400자 중 아래 한글 워드프로세서에서 제공되는 대부분의 한자에 대해 글자음양, 자원오행(글자오행), 글자획수(의획), 글자획수(필획), 수리음양(획수음양), 수리오행(획수오행), 음령오행(초성), 음령오행(종성), 부수, 부수오행, 성명구조 획수별 원형이정, 삼원오행(天地人), 주역으로 본 64괘상 변화표, 1945년 8·15 해방이후 역학계에서 가장 문제시되어 온 대한민국의 표준시자오선, 서머타임, 지역경도 변화에 따른 태양시(사주팔자 산출시 적용시각)를 한 번에 정확하게 보정·산출하는 데이터 표와 부록으로는 육효로 본 64괘상 변화표, 대운 세운 속견표, 작명용 빈 양식, 대한민국 성씨별 본관표 등을 제공하여 독자들의 편의를 도모하고자 노력하였다. 또한 같은 한자라도 성(姓)씨에 쓰일 경우와 이름에 쓰일 경우 각각 다르게 발음되는 경우가 있어, 성씨에만 적용되는 "대한민국 성씨에 사용되는 한자"표와 이름에 적용되는 "대한민국 이름에 사용되는 한자"표로 구분하여 의획과 필획 2가지 경우에 대하여 모두 제시하였다.

이 책이 사람의 운명을 추리하는 역학(易學)이나 성명학에 관심 있는 분들에게, 성명학 연구를 하기 위한 기준서 및 참고서로 활용되거나, 성명학이론을 모르는 일반인들도 이 책에서 제시된 자료들을 활용하여 누구라도 혼자서 쉽게 주변사람들의 성명을 작명, 개명, 감명할 수 있으면 하는 것이 본 저자로서의 바람이다.

독자여러분들의 많은 활용을 바라며 부족한 점이나 불편한 점들이 발견되면 많은 지도 편달을 부탁드린다.

필자 惠允 김성규

| 목록표 |

1

사주명리학에 대한 주요 관점

姓名學

1. 사주명리학과 숙명, 운명을 보는 올바른 관점은 ?

오랜 옛날부터 사람들은 자연을 두려워하고 숭배하면서 그 속에서 살고 있는 자신은 물론 자신이 속해 있는 사회나 국가의 운명을 알고자 끊임없이 노력해왔으며, 개개인에 있어서는 세상을 살아가는데 있어서 모든 일들이 마음먹은 대로 되지 않고, 어떤 사람은 세상일이 쉽게 풀리고 어떤 사람은 어렵게 풀리는 등 차이가 있고, 또 일개인에 한정해서 보아도 어떤 때는 일이 잘 풀리고 어떤 때는 일이 잘 풀리지 않는 경험을 하였고, 그 원인을 분석하고자 명리학, 기문둔갑, 자미두수 등등 운명을 예측하는 역학관련 학문들이 발전을 거듭해왔으며, 또한 이런 학문들을 공부하거나 연구한 많은 사람들은 사람이란 태어난 연월일시에 의해 운명이 결정되어진다고 말하고 있는 실정입니다.

그러나 저자가 경험한 바에 의하면 이러한 표현들은 아래와 같이 수정되어져야 올바른 표현이라고 할 수 있다.

사람이란 전생에 지은 업보로 인해 현생에 태어나기 전 즉 어머니의 자궁에 임신되는 순간 언제 죽을지를 포함하여 이미 지구상에 탄생하여 현생을 살아나가면서 개개인의 의지와는 관계없이 전개될, 바꿀 수 없는 운명 즉 숙명은 이미 정해져 있으며, 그 숙명에 대한 정보가 개개인의 탄생연월일시에 근거를 두고 산출된 대운 세운을 포함한 사주팔자에 함축되어 숨겨져 있다고 보아야 하며, 이 정보를 찾아내어 개개인의 외모, 성격, 자질, 재물, 권력 등등의 시간에 따른 변화를 추리해 알아내어, 세상을 보다 효율적이고 능동적으로 살아나가는데 있어 도움을 받고자하는 학문이 명리학(추명학) 또는 역학(易學)이라고 표현해야 올바른 표현이라는 것입니다. 좀더 부연하여 자세히 설명하면

지구상에 태어나서 살고 있는 모든 사람 개개인이 가지고 있는 정보 가운데 오차가 없이 가장 확실한 것은 어느 지역에서, 누구누구를 부모로 하여 또는 누구의 자식으로, 몇년 몇월 몇일 몇시에 태어났다고 하는 사실뿐이며, 이를 근거로 하여 개개인의 주어진 숙명을 예측해보는 것이 명리학 등 역학관련 학문들로 서양과학 못지않게 과학적인 학

문이라 말할 수가 있는 것이다.

왜냐하면 인간이란 인과응보의 법칙에 의해 개개인이 전생에 지은 업보에 맞는 육신을 전생에서 인연이 있었던 현생의 부모로부터 받아 무명의 어리석음을 벗어나 완전한 깨달음을 얻는 길로 들어서기 위해 태어나게 되는데, 이러한 사람의 운명이 무엇에 의해 좌우되는가를 살펴보기 위하여,

1차적으로 현생을 과거, 현재, 미래로 분류하여 보면, 현재 살아가고 있는 모든 사람들 개개인의 삶은 개개인이 과거에 행한 모든 행동들의 누적된 결과물로 나타난 것이고, 미래의 삶은 개개인이 과거와 현재에 행한 모든 행동들의 누적된 결과물에 따라 달라질 것이다.

여기에서 더욱 확장하여 2차적으로 사람의 운명을 전생, 현생, 미래생으로 분류하고 불교의 윤회이론과 인과응보의 법칙을 도입하여 분석해보면,

사람이란 육신과 영혼으로 이루어져 있으며, 본(本)생명인 영혼은 불생불멸이고, 육신은 태어날 적마다 태어나기 전까지 전생에 지은 업보에 맞는 육신을 차별적으로 다르게 받고, 자신의 의지와는 관계없이 현생을 살아가며 전개될 숙명도 인과응보의 법칙에 따라 한치의 오차도 없이 전생의 업보에 따라 태어날 때마다 다르게 받게 된다. 라는 사실이며 이러한 숙명에는 개개인의 앞날에 원하든 원하지 않든 관계없이 전개될 타고난 외모, 자질, 성격, 재물, 권력, 모든 관심사 등등의 모든 정보가 함축되어 숨겨져 있으며, 이 함축된 숙명의 정보를 어느 지역에서, 누구누구를 부모로 하여 또는 누구의 자식으로, 몇년 몇월 몇일 몇시에 태어났다고 하는 사실에서 개개인의 모든 정보를 알아내려고 하는 학문이 사주명리학이기 때문에 개개인에 따라 일상적인 실생활에서 전개되는 운명적인 사실들과 추리한 숙명적인 사실들과는 정확도면에서 편차가 있을 수밖에 없다 라는 사실을 알아야 한다.

다시 말하면 본인의 의지가 강한 사람은 사주팔자로 알아낸 정보가 정확도가 낮은 확률로 결과가 나타날 것이고, 본인의 의지가 약하여 세월가는대로 별 생각없이 사는 사람

은 사주팔자로 알아낸 정보가 정확도가 높은 확률의 결과로 나타날 것이란 이야기다. 왜냐하면 사람은 영혼을 갖고 있는 관계로 현실생활에서 자유의지에 의해 행한 행동의 결과로 인해, 숙명에 의해 예정된 행로에 일부 변화를 일으킬 수 있기 때문이다. 여기에서 영혼이란 탐진치 삼독의 구름에 더럽혀진 우리의 본마음으로, 사람들이 흔히 쓰는 마음이라고 하는 용어로 표현할 수 있다.

운명을 근본적으로 바꾸기 위해서는 탐진치 삼독에 찌든 우리의 본마음을 찾아 이 세상을 살아나가면서 나도 잘되고 타인도 잘되게 한다는 생각으로 모든 행동을 하여 이 세상 모든 사람이 전부 잘살고 행복한 세상이 되도록 행동하여야 하며, 타인이야 어떻게 되든 말든 나만 잘먹고 잘살면 된다는 사고방식을 갖고 현생을 살게 되면 반드시 미래생 즉 미래에 다시 태어날 때에는 좋지 않은 숙명을 갖고 태어날 수밖에 없다는 사실을 알아야 된다.

종합적으로 현실에서 전개되고 있는 나의 삶에 대한 원인을 분석해 보면

① 전생의 업보로 인하여 어느 지역에서, 누구누구를 부모로 하여 또는 누구의 자식으로, 몇년 몇월 몇일 몇시에 태어났다고 하는 사실에 근거한 사주팔자(대운 세운 포함)에 의한 숙명적인 요소와

② 자신의 조상들의 행(幸)과 불행한 상태와

③ 전생의 악연들의 작용과

④ 현생에서 인공유산을 시켰을 경우 유산된 아기들인 수자영의 앙갚음과

⑤ 일상생활에서 심상(心想)에 따른 자신의 의지 및 행위와

⑥ 일상생활에서 계속해서 반복적으로 쓰여지고 불러지는 성명 등의 영향권내에 있다고 볼 수 있다.

여기에서 ①번은 숙명적이어서 변경이 불가하나, ②, ③, ④, ⑤, ⑥번은 개개인의

의지와 인연에 따라 변경시킬 수 있는 관계로, 개개인의 운명은 개개인의 의지와 실행에 따라 일부분은 변경이 가능하다고 보는 것이 사주명리학의 한계와 개개인의 숙명과 운명을 올바르게 보는 관점인 것이다.

위의 숙명적인 요소 중 수명부분에 대해 건강관리를 잘하면 타고난 수명보다 오래 살 수 있다고 생각하시는 독자들은 수명이 이미 정해져 있다는 저자의 말에 의문을 품을 것이다. 그러한 분들을 위해서 저자는 이렇게 말할 수 있다. 개개인의 수명은 임신되는 순간 이미 정해져 있으며 건강관리를 잘하면 주어진 수명의 한계내에서 죽는 순간까지 현생을 자신의 의지대로 하고자하는 일을 하면서 보람있게 살다가 죽을 것이고, 건강관리를 제대로 하지 못한 분들은 주어진 수명 전에 또는 수명의 한계내에서 죽는 순간까지 병에 걸려 고생을 하고 비실비실하며 타인에게 폐를 끼치고 자신의 의지대로 하고자하는 일도 못해보고 허무하게 살다가 죽을 것이란 사실이다.

2. 역학(易學)분야에서 절기력을 기준으로 사용하는 이유?

(1) 양력(陽曆)

① 태양의 운행을 기준으로 한 태양력이다.

② 사람 특히 왕이나 지배자에 의해 인공적으로 가공되어졌다.

③ 1년은 365.242190일인 관계로 1년 중에 1달의 날수가 30일: 7번 또는 6번, 31일: 5번 또는 6번으로 인위적으로 정수로 끊어야 하고, 서양의 지배자들에 의해 각 달의 날짜수가 인위적인 정수 날짜로 정해졌다.

1 율리우스력

율리우스 케사르(BC 100~44)는 알렉산드리아의 천문학자 소시제네스의 권고로 로마력을 개정하였는데, 평년을 365일로 하고 4년에 1회씩 윤년을 두어 366일로 하였다. 이것이 BC 46년 1월 1일 실시된 태양력의 시초인 율리우스력이다.

당시에는 1, 3, 5, 7, 9, 11월은 31일, 나머지 달은 30일로 하고, 2월은 평년 29일 윤년 30일이었는데, 율리우스 케사르의 생질인 아우구스투스 케사르(BC 63~AD 14)가 황제로 등극하여, 율리우스의 달인 7월이 31일까지인데 자기의 달인 8월이 작으므로 이를 31일까지로 고치고, 9월과 11월은 30일, 10월과 12월은 31일로 하고, 2월은 평년 28일 윤년 29일로 만들었다. 그리하여 지금 우리들이 사용하고 있는 달의 크기는 이와 같이 정해진 것이다.

율리우스력의 평균 1년은 365.25일이므로 실제의 태양년과의 차가 대체적으로 매년 365.25일-365.2422일 = 0.0078일 = 11분 14초가 되어 128년이 지나면 1일의 차가 생기게 된다. 따라서 실제의 날짜와 계산에 의한 날짜가 점점 틀려지게 된다. 그 예로 325년의 콘스탄티누스 대제(재위 306~337년)때의 니케아회의 때는 춘분날이 3월 21일이었는데, 1582년 로마 교황 그레고리 13세(재위 1572~1585년)의 시대에는 춘분점이 3월 11일이 되었다.

② 그레고리력

1582년 그레고리 13세는 그 해의 춘분점을 3월 21일로 고정시키기 위하여 역면(曆面)에서 10일을 끊어버리고, 10월 4일 다음날을 10월 15일로 하고, 다음과 같이 율리우스력을 개정하였다.

서력기원 연수가 100으로 나누어지지 않고 4로 나누어지는 해 96회와 100으로 나누어지고 400으로 나누어지는 해 1회를 합하여 400년간에 97회의 윤년을 두도록 하여, 400년간 1년의 평균길이는 365.2425일이 되고, 태양년과의 차이는 대체적으로 365.2425일 −365.2422일 = 0.0003일 = 26초가 되어 3300년 후에는 1일의 차가 생긴다.

현재는 그레고리력과 태양년을 보다 잘 일치시키기 위하여 원래의 그레고리력에서는 윤년인 4000년, 8000년, 12000년 등을 평년으로 하는 논의도 진행되고 있다.

윤년의 이해를 돕기 위해 다음의 3종류의 예를 들었다.

* 1992년 : 100으로 나누어지지 않으며 4로 나누어지므로 윤년이다.
* 1900년 : 100으로 나누어지나 400으로 나누어지지 않으므로 평년이다.
* 2000년 : 400으로 나누어지므로 윤년이다.

(2) 음력(陰曆)

① 달의 운행을 기준으로 한 태음력이다.

② 사람에 의해 인공적으로 가공되어졌다.

③ 음력에서의 1달은 달의 위상변화를 기준으로 하여 결정한다. 즉 달의 합삭일부터 그 다음 합삭일 전날까지가 음력의 1달이고, 달의 합삭일이 음력초하루가 된다.(합삭은 달의 위상이 그믐인 때로서 천문학적으로 말하면 달과 태양의 시황경이 일치하여 달이 전혀 보이지 않는 상태를 말한다.)

달의 합삭과 다음 합삭까지의 간격은 약 29.53059일이므로 음력 1달은 대체적으로 29일과 30일이 반복적으로 교체된다. 1달의 길이가 29일인 달을 작은 달(小月)이라 하고, 30일인 달을 큰 달(大月)이라 부른다. 따라서 음력의 달들을 결정하기 위해서는 우선 합삭시각을 계산하여야 한다. 과거에는 달과 태양의 운동관측 자료를 분석하여 합삭시각을 계산할 수 있는 간략한 식을 구하여 이용하였다. 그러나 천문학이 발전함에 따라 관측정밀도가 점점 높아지고 간단한 수식만으로 달과 태양의 운동을 기술하기 힘들기 때문에 현재는 수치적분을 통하여 태양계 천체들의 위치를 계산하고 이로부터 합삭시각을 정밀하게 계산한다.

④ 12개의 태음월로 만들어진 순태음력의 1년 길이는 354.3671일로 1태양년의 길이 365.2422일보다 약 11일(10.8751일)이 짧다. 따라서 3년이 지나면 음력날짜는 태양의 움직임과 약 33일 즉 1달의 차이가 나게 되어 날짜와 계절의 차이가 많아진다. 음력에서는 이 차이를 없애주고 날짜와 계절을 맞춰주기 위해 가끔 윤달을 도입하여 1년을 13달로 한다. 음력은 태양의 움직임과 3년에 약 1달의 차이가 나는 관계로 윤달은 대체적으로 3년에 1번 들게 된다. 좀 더 정확하게는 19년에 7번 윤달이 든다.

음력에서 윤달을 도입하는 방법은 24절기중의 12중기(中氣)에 의한다. 24절기의 각각의 기 사이는 대체적으로 15일이므로, 1달에는 1번의 절기와 1번의 중기가 들게 된다. 음력에서 어떤 달의 이름은 그 달에 든 중기로 결정한다. 즉 어떤 달에 1월의 중기인 우수가 들면 그 달은 음력 1월이다. 마찬가지로 음력 11월에는 반드시 11월의 중기인 동지가 있다. 그런데 어떤 경우에는 절기만 한번 들고 중기가 들지 않는 달이 있다. 이런 경우에는 그 달의 이름을 결정할 수가 없으므로 그 달을 윤달로 삼고, 달 이름은 전달의 이름을 따른다. 간혹 1년에 2번의 무중월이 있는 경우가 있는데 이때는 처음 달만 윤달로 택한다.

(3) 절기력(節氣曆)

① 태양의 운행을 기준으로 한 태양력이다.

② 사람에 의한 가공 없이 순전히 지구공전현상에 근거를 두었으며, 지구가 태양 주위를 공전하면서 나타나는 24절기에 의해 표시되며, 인위적 조작 없이 철저히 자연현상을 기준으로 작성되어졌다.

③ 사주팔자의 탄생 연월일시가 자연의 태양시를 기준으로 삼고 일상생활에서 사용하는 인위적인 시간을 채용하지 않는 것과 동일한 이치로 제일 자연현상과 친화적이고 과학적인 역(曆)체계이다.

④ 인간이 역(曆)을 만드는 가장 큰 이유 중의 하나는 계절의 변화를 알기 위해서이다. 즉 농사를 짓기 위하여 씨를 뿌리고 추수를 하기에 가장 좋은 날짜를 알아야 하는 것이다. 음력은 달의 운동에 근거하여 만들어지기 때문에 달의 변화는 잘 나타내주지만 태양의 움직임은 잘 나타내주지 않는다. 계절의 변화는 태양의 운동에 의해 결정되므로 음력날짜와 계절의 변화는 잘 일치하지 않는다. 이러한 문제점을 보완하기 위하여 태양의 운동에 의하여 결정되면서 계절의 변화를 적절히 나타내주는 24절기로 표현되는 절기력이 도입되었다.

절기력의 24절기는 태양의 운동에 근거한 것으로 춘분점으로부터 태양이 움직이는 길인 황도(黃道)를 따라 동쪽으로 15도 간격으로 나누어 24점을 정하였을 때 태양이 각 점을 지나는 시기를 말한다.

24절기의 이름은 중국 주나라 때 화북지방의 기후를 잘 나타내주도록 정해졌다고 한다. 따라서 우리나라의 기후와는 약간 차이가 날 수 있다. 좀더 정확한 것은 아래의 "24절기 입절일 기준표"를 참조하기 바란다.

계절	절기력 월 분류			절기명	황경(도)	절기에 따른 입절일
봄(春)	1월	寅月	절기	입춘(立春)	315	2월 4일 또는 5일
			중기	우수(雨水)	330	2월 19일 또는 20일
	2월	卯月	절기	경칩(驚蟄)	345	3월 5일 또는 6일
			중기	춘분(春分)	0	3월 21일 또는 22일
	3월	辰月	절기	청명(淸明)	15	4월 5일 또는 6일
			중기	곡우(穀雨)	30	4월 20일 또는 21일
여름(夏)	4월	巳月	절기	입하(立夏)	45	5월 6일 또는 7일
			중기	소만(小滿)	60	5월 21일 또는 22일
	5월	午月	절기	망종(芒種)	75	6월 6일 또는 7일
			중기	하지(夏至)	90	6월 21일 또는 22일
	6월	未月	절기	소서(小暑)	105	7월 7일 또는 8일
			중기	대서(大暑)	120	7월 23일 또는 24일
가을(秋)	7월	申月	절기	입추(立秋)	135	8월 8일 또는 9일
			중기	처서(處暑)	150	8월 23일 또는 24일
	8월	酉月	절기	백로(白露)	165	9월 8일 또는 9일
			중기	추분(秋分)	180	9월 23일 또는 24일
	9월	戌月	절기	한로(寒露)	195	10월 8일 또는 9일
			중기	상강(霜降)	210	10월 23일 또는 24일
겨울(冬)	10월	亥月	절기	입동(立冬)	225	11월 7일 또는 8일
			중기	소설(小雪)	240	11월 22일 또는 23일
	11월	子月	절기	대설(大雪)	255	12월 7일 또는 8일
			중기	동지(冬至)	270	12월 22일 또는 23일
	12월	丑月	절기	소한(小寒)	285	1월 6일 또는 7일
			중기	대한(大寒)	300	1월 20일 또는 21일

계절	절기력 월 분류		절기명	절기에 따른 계절 및 기후 변화
봄(春)	1월	절기	입춘(立春)	봄이 시작되나 아직 추위가 강하다.
		중기	우수(雨水)	비가 처음 오고 초목이 싹튼다.
	2월	절기	경칩(驚蟄)	동면(冬眠)하는 동물이나 벌레들이 깨어 꿈틀거린다.
		중기	춘분(春分)	낮과 밤의 길이가 같다.
	3월	절기	청명(淸明)	식목에 가장 적당한 시기, 보통 식목일과 겹친다.
		중기	곡우(穀雨)	봄비가 내려 백곡(百穀)을 기름지게 한다.
여름(夏)	4월	절기	입하(立夏)	여름이 시작되며 신록을 재촉한다.
		중기	소만(小滿)	여름기분이 나기 시작하며 식물이 성장한다.
	5월	절기	망종(芒種)	벼같이 이삭 있는 곡식의 종자를 심는다.
		중기	하지(夏至)	북반구에서는 낮이 가장 길고 일조량이 가장 많다.
	6월	절기	소서(小暑)	더워지기 시작하며 장마전선으로 인해 습도가 높다
		중기	대서(大暑)	1년 중 제일 더운 시기이다.
가을(秋)	7월	절기	입추(立秋)	가을이 시작되고 서늘한 바람이 불어오기 시작한다.
		중기	처서(處暑)	더위가 그치고 풀이 더 이상 자라지 않는다.
	8월	절기	백로(白露)	풀잎에 이슬이 맺혀 가을 기운이 완전히 나타난다.
		중기	추분(秋分)	낮과 밤의 길이가 같고 백곡이 풍성하다.
	9월	절기	한로(寒露)	공기가 점점 차가워지고 찬 이슬이 내린다.
		중기	상강(霜降)	서리가 내리고 쾌청한 날씨가 계속된다.
겨울(冬)	10월	절기	입동(立冬)	겨울이 시작되며 김장을 담글 시기이다.
		중기	소설(小雪)	살얼음이 잡히고 땅이 얼기 시작한다.
	11월	절기	대설(大雪)	눈이 많이 내린다.
		중기	동지(冬至)	밤이 가장 길고 낮이 가장 짧은 날이다.
	12월	절기	소한(小寒)	춥기 시작함. 우리나라에서는 소한 때가 가장 춥다.
		중기	대한(大寒)	1년 중 가장 춥다.

3. 역학분야에서 1년의 기준으로 동지가 아닌 입춘을 사용하는 이유?

구분	기준 1(冬至)	기준 2(立春)
계절 시간	동지(1陽) 오행중 水의 기운이 가장 왕성한 子月에 해당하며, 낮의 길이는 점점 길어지고 밤의 길이는 점점 짧아지기 시작하는 시기로서, 땅위의 날씨가 겨울이라서 매우 춥다.	입춘(3陽) 오행중 木의 기운이 시작되는 寅月에 해당하며, 낮의 길이가 동지에 비해 많이 길어졌고, 땅위의 날씨가 아직 추우나 곧 따뜻해지고 얼었던 땅이 녹을 준비를 하는 시기
식물	땅속 씨앗 땅위의 날씨가 추운 관계로, 따뜻한 땅속에서 씨앗 상태로 남아 땅속에서 땅위로 나갈 준비를 하며 내적으로 충실히 성장을 하는 시기	새싹 땅위의 날씨가 따뜻해지는 관계로, 내적으로 충실히 성장을 한 씨앗이 외피를 허물고 땅을 뚫고 지상으로 돌출하여 새싹으로 출현하는 시기
동물 사람	태(胎) 남자의 정자와 여자의 난자가 만나 수정이 되고 영혼이 들어온 후, 모체의 자궁 내에서 하나의 생명체로서 육신의 형성을 시작하는 시기. 즉 건강한 남녀가 결합한다고 하여 임신이 되는 것이 아니며, 반드시 저승의 조상계로부터 영혼이 임해야지만 임신이 성립된다. 아직 세상에 태어나지 않았으며, 하나의 완성된 개체로서 지구대기에 노출되지 못했다.	장생(長生) 모체의 자궁 내에서 육신의 성장을 하던 생명체가 외부환경에 적응할 정도의 육신의 성장이 완료되고 영혼이 성숙되어 모체로부터 분리되어 하나의 완성된 개체로서 지구대기에 노출이 되는 시기. 사람이 태어나면 寅시에 해당되는 수태음폐경의 기능인 폐호흡을 시작으로 모든 생명활동을 시작한다. (寅월과 비유됨) 사주팔자는 태어난 사람의 탄생 연월일시를 기준으로 숙명을 보는 것으로, 아직 세상에 태어나지도 않은 사람의 운명을 추리하는 학문이 아니다.

4. 대운(大運) 전개의 기준으로 월주를 사용하는 이유?

① 옛날 선각자들은 인간의 최대 수명을 120세 정도로 보았다. (황제내경)

② 월주를 나타내는 12절기에 인간의 수명 120세를 비유하여 1절기에 10년씩 배정하였으며, 이렇게 함으로써 누구든지 최대수명을 살게 되면, 공평하게 좋고 나쁜 모든 상황에 놓이게끔 하였다. 이것은 자연의 계절이 봄이 가면 여름이 오고 여름이 가면 가을이 오고, 가을이 가면 겨울이 오고, 겨울이 가면 다시 봄이 오는 이치와도 같다. 즉 자연의 1년 순환과 인간의 1생의 순환을 동일하게 보았다.

기준	상세한 설명
연주(年柱)	1년에는 봄, 여름, 가을, 겨울의 모든 특성, 즉 음양의 모든 특성이 동시에 혼합되어 있어서 길흉화복의 인생사를 표현하는데 부적합하다. 지구가 1회전 공전하는 결과물로 만들어짐
월주(月柱)	각각의 월마다 고유의 특성 및 2~4개 정도의 암장간을 갖고 있어서 길흉화복의 인생사를 표현하는데 아주 적절하다. 지구가 공전하는 위치마다 고유의 복합적인 기후 특성을 나타냄
일주(日柱)	아침, 점심, 저녁, 밤의 모든 특성, 즉 음양의 모든 특성이 동시에 혼합되어 있어서 길흉화복의 인생사를 표현하는데 부적합하다. 지구가 1회전 자전하는 결과물로 만들어짐
시주(時柱)	각각의 시간마다 단순하고 변화가 적어 길흉화복의 인생사를 표현하는데 부적합하다. 지구가 자전하는 도중 단순한 기온차이 특성을 나타냄

③ 탄생 연월일시에 의해 정해진 연주와 월주에 따라, 120년을 표시하는 각각의 120가지 유형 즉 60갑자 각각에 대해 순행하는 경우와 60갑자 각각에 대해 역행하는 경우와 같이 큰 세월의 파도그룹 중의 하나를 반드시 거치게 되어 있으며, 각각의 경우에 대해 자세한 것은 성명학 대백과 1권 부록에 첨부된 "대운(大運) 속견표(천간

순 정리)"를 참조하기 바란다.

④ 이러한 큰 파도 속에서 다시 1년 단위의 세운(歲運)이라고 하는 작은 세월의 파도가 겹쳐지며 인간의 운명이 다단 복잡하게 전개되는 것으로 분석한 것이다.

좀더 세분하여 정확히 분석하면 이러한 파도위에 월운(月運)이나 일운(日運), 시운(時運)이라는 작은 파도들이 합성되어 시시각각 인간의 운명을 지배하는 것으로 분석한 것이다.

⑤ 그리하여 선인들은 10년이면 강산도 변한다든가 권불십년화무십일홍이라 하여 10년을 큰 주기로 하여 모든 것이 변화하고, 사람의 영고성쇠(榮枯盛衰)도 그 법칙에 따라 변화한다고 인식하여 왔다.

2

사주팔자 산출에 적용하는
탄생 연월일시를 정확히 구하는 방법

姓名學

현재 한국천문연구원에서 발표한 24절기 입절시각과 음양력 변환 등 모든 천문과 관련된 자료들은 동경 135도 기준에 서머타임이 적용되지 않은 시각이다. 그러므로 대한민국에서 출생한 사람의 사주팔자를 보기 위하여 사용하는 자연의 태양시를 얻기 위해서는, 한국천문연구원에서 발표한 24절기 입절시각과 일상생활에서 사용하는 시각으로 기록된 어떤 사람의 탄생 연월일시에 대해, 태어날 당시 우리나라의 서머타임 여부, 표준시자오선 상태, 태어난 지역의 경도와 표준시자오선간의 경도차이로 인한 시간차이들을 보정해주어야 사주팔자를 보기위해 만세력에 적용하는 진정한 자연의 태양시가 되는 것이다.

1. 대한민국 표준시자오선과 변천사

지구는 지축을 중심으로 1일 24시간에 1회전의 자전을 한다. 즉, 360도 회전을 하므로 경도가 15도 차이가 날 때마다 시간은 1시간씩 다르게 된다. 현재 대부분의 나라가 그 나라 고유의 표준시를 채택하여 사용하고 있는데, 원래 시간은 태양에 대한 지구의 자전운동을 기준으로 만들어졌고 이것이 태양시로서 자연시각이다. 따라서 각 지방의 태양시는 그 지방의 경도에 따라서 조금씩 달라진다. 태양이 그 지방의 자오선(子午線)을 지나는 시각 즉 남중하는 시각을 일남중시각(日南中時刻)이라고 하는데, 일남중시각은 같은 나라에서도 경도에 따라서 달라진다.

예를 들면 울릉도에서 태양이 남중하는 시각에 인천에서는 아직 남중이 이루어지지 못하여 울릉도의 지방평균시와 인천의 지방평균시는 서로 다르게 된다. 그러나 한 나라에서 이와 같이 각각 다른 시각을 쓴다면 매우 불편하고 혼란스러우므로 대개는 어떤 특정 지방의 평균시를 취하여 전국이 공통으로 쓰게 되는데 그것을 표준시라고 한다.

물론 동서로 길이가 긴 나라에서는 여러 개의 표준시를 사용하는 경우도 있다. 예를 들면 1879년 캐나다와 미국은 S.플레밍의 제안에 의하여 두 나라가 공통으로 5개의 표준시를 정하여 사용하고 있는데 이 5개의 표준시는 서경 60도, 75도, 90도, 105도, 120도로서 각각 지방평균시로 사용하고 있다.

대한민국에서는 현재 동경 135도의 지방평균시를 표준시로 채택하고 있다. 그런데 동경 135도선은 울릉도 동쪽 350km 지점을 남북으로 지나는 즉, 한국의 영토를 지나지 않는 선이다. 따라서 한국표준시는 동경 126도 58분선이 지나는 서울의 지방평균시보다 32분 8초정도 빠르게 되어 있다. 그러므로 한때 대통령령으로 1954년 3월 21일부터 동경 127도 30분을 표준시자오선으로 하여 표준시를 고쳐 사용했으나, 1961년 8월 10일부터는 다시 동경 135도선을 표준시자오선으로 하고 과거와 같은 표준시를 사용하게 되었으며, 변천 과정은 아래의 "(1) 대한민국 표준시자오선 변천사" 표와 같다.

세계 각지의 표준시는 그리니치표준시 '경도 0도'와의 시차(時差)를 정수로 두는 것이 통상적이지만 한때 한국이 그랬던 것처럼 경우에 따라서는 30분의 차이를 둘 수도 있다. 일반적으로는 어떤 지방의 경도가 그 이웃 지방과 15도 차이가 날 때마다 1시간씩 다른 표준시를 쓰고 있다. 즉 경도가 15도 동쪽으로 옮겨지면 표준시는 1시간이 빨라지고 서쪽으로 옮겨지면 1시간이 늦어지게 된다. 아래의 "5. 세계 각 지역의 표준시"표 참조

이런 단계를 그림으로 나타낸 것이 세계의 표준시각대(標準時刻帶)이다. 표준시각대에서 반드시 고려해야 하는 것은 날짜변경선으로서 날짜변경선은 육지가 없는 즉, 세계에서 사람의 왕래가 가장 드문 곳을 택하여 만들어졌다. 그러므로 같은 햇빛을 받으면서도 날짜변경선의 서쪽은 동쪽보다 항상 하루가 늦게 되어 있어서 동경135도인 한국의 표준시는 그리니치표준시보다 9시간이 빠르다.

예를 들면 한국이 지금 0시 0분으로 자정이라면 그리니치표준시는 하루 전날인 15시 0분, 즉 오후 3시가 되는 것이다. 또한 한국의 서쪽에 위치하여 동경 120도의 표준시를 사용하고 있는 싱가포르와 필리핀의 표준시는 1시간이 늦은 전날 23시 0분이고 한국의 동쪽에 위치하고 동경 150도의 표준시를 사용하고 있는 괌이나 러시아의 블라디보스톡의 표준시는 1시간이 빠른 같은 날 1시 0분이며 날짜변경선을 지난 미국 캘리포니아의 표준

시는 17시간이 늦은 그 전날 아침 7시 0분이 된다.

(1) 대한민국 표준시자오선 변천사

표준시 자오선 (동경)	사용 기간	관련 법령
127도 30분	1908년 4월 1일~1911년 12월 31일	관보 제 3994호 (칙령 제5호)
135도	1912년 1월 1일~1954년 3월 20일	조선총독부 관보 제367호 (고시 제338호)
127도 30분	1954년 3월 21일~1961년 8월 9일	대통령령 제876호 (1954년 3월 17일)
135도	1961년 8월 10일~현재	법률 제676호(1961년 8월 7일) 법률 제3919호(1986년 12월 31일)

2. 서머타임에 대한 이해

서머타임은 계절에 따라 해가 뜨는 시각이 변화함으로써 낮의 길이가 변화하게 되는데, 여름동안 길어진 낮시간을 좀 더 유용하게 활용하기 위하여, 임의로 시간을 앞당겨서 사회 활동량을 많게 하기 위하여 대체적으로 인구밀도가 큰 나라나 큰 도시에서 실시되었으며, 현재도 세계 여러 나라에서 시행하고 있다.

실시방법은 시작하는 시각을 한 시간 앞당기고 끝나는 시각을 한 시간 늦추는 것이다. 예를 들어 시작시각이 02시라면 02시를 03시로 앞당기고 끝나는 시각인 03시를 02시로 늦추는 것이다.

종래 우리나라는 농업국가인 관계로 이 제도에 대한 관심이 적었으나 1948년 재(在)조선 미국육군사령부에 의해 '표준일광절약시간' 이란 이름으로 실시하기 시작하여 정부수립 후인 1949년에는 일광을 절약하여 국민근로정신을 향상시켜 건전한 생활을 함양한다는 이유로 대통령령으로 공포하여 이 제도를 실시하였다.

처음에는 개시일과 종료일을 고정하여 시행하였으나 1951년 태평양 연안 제국과 보조를 맞추기 위하여 개시일과 종료일을 실시할 때마다 개정하여 공포하도록 대통령령 제489호로 개정하였다. 그 후 개시일과 종료일을 실시하는 해에 국무원 공고로 발표하여 실시하다가 1961년 여론조사에 의해 국제적으로 시간계산이 불편하고 한국인의 생리에도 맞지 않는다는 다수의 반대의견으로 폐지하였다가, 1988년 서울에서 88올림픽을 치르면서 1987년 ~ 1988년 2년간에 걸쳐 다시 시행하였으나, 그 후부터 2009년 현재까지는 실시하지 않고 있다.

(1) 대한민국 서머타임 변천사

연도	시작	종료	연도	시작	종료
1948년	6월 1일 0시	9월 13일 0시	1957년	5월 5일 0시	9월 22일 0시
1949년	4월 3일 0시	9월 11일 0시	1958년	5월 4일 0시	9월 21일 0시
1950년	4월 1일 0시	9월 10일 0시	1959년	5월 3일 0시	9월 20일 0시
1951년	5월 6일 0시	9월 9일 0시	1960년	5월 1일 0시	9월 18일 0시
1955년	5월 5일 0시	9월 9일 0시	1987년	5월 10일 02시	10월 11일 03시
1956년	5월 20일 0시	9월 30일 0시	1988년	5월 8일 02시	10월 9일 03시

(2) 대한민국 서머타임의 상세한 변천사

실시 년도	시작일 종료일		요일	변경 시간	기사 발췌신문	공포일	적용법령	당시의 표준시 자오선
1948년	시작	5월 31일	월	23시→24시	동아일보 6월 1일	5월 20일	재조선 미육군사령부	동경 135도
	종료	9월 12일	일	24시→23시	조선일보 9월 12일			
1949년	시작	4월 2일	토	23시→24시	조선일보 4월 3일	4월 2일 9월 10일	대통령령 제74호 대통령령 제182호	
	종료	9월 10일	토	24시→23시	경향신문 9월 11일			
1950년	시작	3월 31일	금	23시→24시	조선일보 3월 3일	9월 6일	대통령령 제383호	
	종료	9월 9일	토	24시→23시	부산일보 9월 10일			

실시 년도	시작일 종료일		요일	변경 시간	기사 발췌신문	공포일	적용법령	당시의 표준시 자오선
1951년	시작	5월 5일	일	23시→24시	경향신문 5월 6일	5월 2일 5월 5일 9월 7일	대통령령 제489호 국무원공고 제14호 국무원공고 제20호	동경 127도 30분
	종료	9월 8일	토	24시→23시	경향신문 9월 7일			
1955년	시작	5월 5일	목	00시→01시	동아일보 5월 5일	4월 28일 9월 6일	국무원공고 제58호 국무원공고 제59호	
	종료	9월 9일	금	01시→00시	동아일보 9월 8일			
1956년	시작	5월 20일	일	00시→01시	동아일보 5월 20일	4월 30일	국무원공고 제62호	
	종료	9월 30일	일	01시→00시	동아일보 9월 29일			
1957년	시작	5월 5일	일	00시→01시	서울신문 5월 5일	4월 30일	국무원공고 제69호	
	종료	9월 22일	일	01시→00시	동아일보 9월 22일			
1958년	시작	5월 4일	일	00시→01시	서울신문 5월 4일	4월 26일	국무원공고 제71호	
	종료	9월 21일	일	01시→00시	동아일보 9월 20일			
1959년	시작	5월 3일	일	00시→01시	동아일보 5월 3일	4월 20일	국무원공고 제74호	
	종료	9월 20일	일	01시→00시	동아일보 9월 19일			
1960년	시작	5월 1일	일	00시→01시	경향신문 4월 30일	4월 6일	국무원공고 제81호	
	종료	9월 18일	일	01시→00시	동아일보 9월 18일			

실시 년도	시작일 종료일		요일	변경 시간	기사 발췌신문	공포일	적용법령	당시의 표준시 자오선
1961년	서머타임 실시 폐지					5월 1일	국무원령 제250조	동경 135도
1986년	서머타임 기간 조정해서 실시					12월 31일	법률 제3919호	
1987년	시작	5월 10일	일	02시→03시	동아일보 5월 8일	4월 7일	대통령령 제12136호	
	종료	10월 11일	일	03시→02시	조선일보 10월 10일			
1988년	시작	5월 8일	일	02시→03시	조선일보 5월 8일	5월 8일	대통령령 제12703호	
	종료	10월 9일	일	03시→02시	동아일보 10월 8일			

3. 시간보정 방정식표

양력	음력	서머타임		127도 30분 자오선		적용예
시작일자 ~종료일자	시작일자 ~종료일자	시작일	종료일	시작일	종료일	
1908년 4월 1일 ~1911년 12월 31일	1908년 3월 1일 ~1911년 11월 12일			1908년 4월1일	1911년 12월31일	변환표 3
1912년 1월 1일 ~1948년 6월 1일 0시	1911년 11월 13일 ~1948년 4월 24일 0시					변환표 1
1948년 6월 1일 0시 ~1948년 9월 13일 0시	1948년 4월 24일 0시 ~1948년 8월 11일 0시	6월1일 0시	9월13일 0시			변환표 2
1948년 9월 13일 0시 ~1949년 4월 3일 0시	1948년 8월 11일 0시 ~1949년 3월 5일 0시					변환표 1
1949년 4월 3일 0시 ~1949년 9월 11일 0시	1949년 3월 5일 0시 ~1949년 윤7월 19일 0시	4월3일 0시	9월11일 0시			변환표 2
1949년 9월 11일 0시 ~1950년 4월 1일 0시	1949년 윤7월 19일 0시 ~1950년 2월 14일 0시					변환표 1
1950년 4월 1일 0시 ~1950년 9월 10일 0시	1950년 2월 14일 0시 ~1950년 7월 28일 0시	4월1일 0시	9월10일 0시			변환표 2
1950년 9월 10일 0시 ~1951년 5월 6일 0시	1950년 7월 28일 0시 ~1951년 4월 1일 0시					변환표 1
1951년 5월 6일 0시 ~1951년 9월 9일 0시	1951년 4월 1일0시 ~1951년 8월 9일 0시	5월6일 0시	9월9일 0시			변환표 2
1951년 9월 9일 0시 ~1954년 3월 20일	1951년 8월 9일 0시 ~1954년 2월 16일					변환표 1
1954년 3월 21일 ~1955년 5월 5일 0시	1954년 2월 17일 ~1955년 윤3월 14일 0시			1954년 3월21일	1955년 5월5일 0시	변환표 3
1955년 5월 5일 0시 ~1955년 9월 9일 0시	1955년 윤3월 14일 0시 ~1955년 7월 23일 0시	5월5일 0시	9월9일 0시	5월5일 0시	9월9일 0시	변환표 4
1955년 9월 9일 0시 ~1956년 5월 20일 0시	1955년 7월 23일 0시 ~1956년 4월 11일 0시			1955년 9월9일 0시	1956년 5월20일 0시	변환표 3
1956년 5월 20일 0시 ~1956년 9월 30일 0시	1956년 4월 11일 0시 ~1956년 8월 26일 0시	5월20일 0시	9월30일 0시	5월20일 0시	9월30일 0시	변환표 4

양력	음력	서머타임		127도 30분 자오선		적용예
시작일자 ~종료일자	시작일자 ~종료일자	시작일	종료일	시작일	종료일	
1956년 9월 30일 0시 ~1957년 5월 5일 0시	1956년 8월 26일 0시 ~1957년 4월 6일 0시			1956년 9월30일 0시	1957년 5월5일 0시	변환표 3
1957년 5월 5일 0시 ~1957년 9월 22일 0시	1957년 4월 6일 0시 ~1957년 8월 29일 0시	5월5일 0시	9월22일 0시	5월5일 0시	9월22일 0시	변환표 4
1957년 9월 22일 0시 ~1958년 5월 4일 0시	1957년 8월 29일 0시 ~1958년 3월 16일 0시			1957년 9월22일 0시	1958년 5월4일 0시	변환표 3
1958년 5월 4일 0시 ~1958년 9월 21일 0시	1958년 3월 16일 0시 ~1958년 8월 9일 0시	5월4일 0시	9월21일 0시	5월4일 0시	9월21일 0시	변환표 4
1958년 9월 21일 0시 ~1959년 5월 3일 0시	1958년 8월 9일 0시 ~1959년 3월 26일 0시			1958년 9월21일 0시	1959년 5월3일 0시	변환표 3
1959년 5월 3일 0시 ~1959년 9월 20일 0시	1959년 3월 26일 0시 ~1959년 8월 18일 0시	5월3일 0시	9월20일 0시	5월3일 0시	9월20일 0시	변환표 4
1959년 9월 20일 0시 ~1960년 5월 1일 0시	1959년 8월 18일 0시 ~1960년 4월 6일 0시			1959년 9월20일 0시	1960년 5월1일 0시	변환표 3
1960년 5월 1일 0시 ~1960년 9월 18일 0시	1960년 4월 6일 0시 ~1960년 7월 28일 0시	5월1일 0시	9월18일 0시	5월1일 0시	9월18일 0시	변환표 4
1960년 9월 18일 0시 ~1961년 8월 9일	1960년 7월 28일 0시 ~1961년 6월 28일			1960년 9월18일 0시	1961년 8월9일	변환표 3
1961년 8월 10일 ~1987년 5월 10일 2시	1961년 6월 29일 ~1987년 4월 13일 2시					변환표 1
1987년 5월 10일 2시 ~1987년 10월 11일 3시	1987년 4월 13일 2시 ~1987년 8월 19일 3시	5월10일 2시	10월11일 3시			변환표 2
1987년 10월 11일 3시 ~1988년 5월 8일 2시	1987년 8월 19일 3시 ~1988년 3월 23일 2시					변환표 1
1988년 5월 8일 2시 ~1988년 10월 9일 3시	1988년 3월 23일 2시 ~1988년 8월 29일 3시	5월8일 2시	10월9일 3시			변환표 2
1988년 10월 9일 3시 ~2009년 현재	1988년 8월 29일 3시 ~2009년 현재					변환표 1

(1) 시간보정 방정식표 보는 법

① 위에 표기된 서머타임과 표준시자오선의 시작일 및 종료일은 모두 양력으로 표기되어 있다.

② 양력 0시와 음력 0시는 천문학상 일치하지 않으나, 관습상 〔양력 1960년 9월 18일 0시〕를 〔음력 1960년 7월 28일 0시〕로 표시하였다.

③ "서머타임" 난에

❶ 시작일과 종료일 난에 아무런 표시가 없는 기간은
서머타임이 없었던 기간을 의미한다.

❷ 시작일과 종료일 난에 시작일과 종료일이 표시된 기간은
서머타임이 1시간 있었던 기간을 의미한다.

④ "127도 30분 자오선" 난에

❶ 시작일과 종료일 난에 아무런 표시가 없는 기간은
표준시자오선으로 동경135도를 적용했던 기간을 의미한다.

❷ 시작일과 종료일 난에 시작일과 종료일이 표시된 기간은
표준시자오선으로 동경127도 30분을 적용했던 기간을 의미한다.

⑤ 4가지 변환표의 조건 차이

구 분	표준시자오선, 서머타임 적용 상황	태양시 보정 계산식
변환표 1	동경 135도, 서머타임 없음	생시 − 지역경도
변환표 2	동경 135도, 서머타임 1시간 있음	생시 − 60분 − 지역경도
변환표 3	동경 127도 30분, 서머타임 없음	생시 + 30분 − 지역경도
변환표 4	동경 127도 30분, 서머타임 1시간 있음	생시 + 30분 − 60분 − 지역경도

❶ 변환표 1, 변환표 2, 변환표 3, 변환표 4의 태양시 보정 계산식에서
"-지역경도"는, 대한민국에서 대표로 사용하는 동경 135도 표준시자오선에 대해 각 지방의 지방시자오선은 지역경도에 따라 다르고 서쪽에 위치해 있기 때문에 이

차이를 보정하기 위해 뺄셈한 것을 의미한다.

❷ 변환표 2, 변환표 4의 태양시 보정 계산식에서 "-60분"은, 1시간의 서머타임으로 인하여 출생연월일시에서 1시간 즉 60분을 뺄셈한 것을 의미한다. 만약 2시간의 서머타임이 있었다면 2시간을 뺄셈해주어야 한다.

❸ 변환표 3, 변환표 4의 태양시 보정 계산식에서 "+30분"은, 표준시자오선 동경 127도 30분은 동경 135도를 각도좌표상에서 수평으로 7도 30분, 즉 시간좌표상으로는 수평으로 +30분 이동한 것을 의미한다. 그러므로 출생연월일시에서 +30분을 덧셈한 것을 의미한다.

4. 시간보정 방정식표 활용하는 방법

① 사주팔자를 보려는 사람의 태어난 연월일시와 탄생지역을 정확히 확인한다. 이때 서양나이 기준인 만나이로 몇 살, 동양나이 기준인 몇 살, 또는 탄생한 해의 띠로 구별하지 말고 반드시 탄생한 생일의 양력 연월일시 또는 음력 연월일시를 정확히 확인한다.

② 태어난 생일의 연월일시가 상기의 "3. 시간보정 방정식표"의 "적용예" 중에서 변환표 1, 변환표 2, 변환표 3, 변환표 4 중 어디에 속하는지 확인한다.

③ 확인된 변환표 1, 변환표 2, 변환표 3, 변환표 4 를 활용하여 "8. 시간보정 변환표(4 종류)" 중에서 해당되는 하나를 선택한다.

1 변환표 1 : 동경 135도, 서머타임 없음

2 변환표 2 : 동경 135도, 서머타임 1시간 있음

3 변환표 3 : 동경 127도 30분, 서머타임 없음

4 변환표 4 : 동경 127도 30분, 서머타임 1시간 있음

④ 선택한 시간보정 변환표상에서 사주팔자를 보려는 당사자의 탄생지역을 찾아서 보정표 우측에 있는 보정할 시간을 확인한다.

⑤ 보정할 시간을 확인한 후, 숫자 앞에 (−)표시가 되어 있으면 당사자의 탄생시각에서 확인된 보정할 시간을 빼주고, 숫자 앞에 (+)표시가 되어 있으면 보정할 시간을 더해주어 최종시각을 산출한다.

⑥ 그러면 이때 산출된 최종시각이 당사자가 실제로 태어난 정확한 태양시 즉 자연시각이 되는 것이며, 사주팔자를 산출하기 위한 진정한 탄생시각이 되는 것이다.

(1) 지역경도 차이에 따라 24절기 입절시각도 보정해야 한다.

① 현재 한국천문연구원에서 발표한 24절기 입절시각은, 기준조건이 "표준시자오선 동경135도, 서머타임 없음" 이다.

② 그러므로 표준시자오선과 지역경도가 다른, 모든 지역의 정확한 24절기 입절시각을 구하기 위해서는,

❶ 한국천문연구원에서 발표한 24절기 입절시각에 "8. 시간보정 변환표" 중에서 "변환표 1"을 활용하여 탄생지역을 확인한 후

❷ "보정할 시간"난에 표기된 시간을 24절기 입절시각에서 더하거나 빼주는 환산을 하여야 한다. "7. 시간보정 계산방법의 예"를 참조하기 바란다.

5. 세계 각 지역의 표준시(Standard Times)

한국표준시와 차이시간	표준시 자오선	나라 또는 지방 이름
+3시 00분	동경 180도	나우루, 뉴질랜드, 러시아(페트로파블로프스크, 페벡), 마샬제도, 피지, 키리바시공화국(길버트제도), 투발루
+2시 30분		노퍽제도
+2시 00분	동경 165도	뉴칼레도니아, 러시아(마가단, 유츠노), 바누아투, 산타쿠루주 제도, 솔로몬제도, 쿠릴열도
+1시 30분		로드하우섬
+1시 00분	동경 150도	괌, 러시아(블라디보스톡, 하바로브츠크, 오호츠크), 메리애나제도, 애드미랄티제도, 사할린제도, 샤우턴제도, 캐롤라인제도, 파푸아뉴기니, 호주(빅토리아, 뉴사우스웨일즈, 수도지역, 윗선데이제도, 퀸즐란드, 태즈메니아)
+0시 30분		호주(남부지역, 북부지역)
+0시 00분	한국 표준시	한국, 동티모르, 러시아(야크츠크,치타, 티크시),북한, 팔라우제도, 인도네시아(아루,자야,이리안, 카이, 몰러카즈, 타님바르), 오끼나와, 일본, 류큐제도
−1시 00분	동경 120도	러시아(브라츠크, 이로쿠츠크, 울란우데),마카오, 말레이시아(말라야, 사바, 사라와크), 몽골리아, 브루나이, 싱가포르, 인도네시아(발리, 프로레스, 킬리만텐 남부와 동부, 롬보그, 수라워시, 숨바, 숨바와, 티모르), 중국, 타이완, 페스카도레스제도, 필리핀, 호주(서부지역), 홍콩
−2시 00분	동경 105도	라오스, 러시아(노릴스크 키질, 딕손),베트남, 인도네시아(방카, 빌리톤, 자바, 칼리만탄 서부와 중부, 마두라, 수마트라), 캄보디아, 태국, 크리스마스제도(인도양)
−2시 30분		부르마(미얀마), 코커스(킬링)제도
−3시 00분	동경 90도	러시아(옴스크,노보시비르스크),방글라데시,스리랑카,카자흐스탄(동부),디에고 카르시아
−3시 15분		네팔

한국표준시와 차이시간	표준시 자오선	나라 또는 지방 이름
−3시 30분		니코바르제도,래카다이브제도, 앤다만제도, 인도
−4시 00분	동경 75도	러시아(페름, 노비항, 암데르나),맬다이브공화국, 우즈벡스탄, 키르츠스탄, 파키스탄, 차고스, 아르치페라고, 타지키스탄, 투르크메니스탄, 케르겔렌제도,카자흐스탄(중부,악퇴빈스크,아티라우,크질−오르다)
−4시 30분		아프가니스탄
−5시 00분	동경 60도	레위니용, 러시아(사마라, 이체브스크),마우리셔즈, 세이셸, 아르메니아, 아미란트제도, 아제르바이잔, 카자흐스탄(서부, 악타우, 우랄스크), 아랍에미레이트, 오만
−5시 30분		이란
−6시 00분	동경 45도	그루지아, 노바야, 제믈야, 바레인, 사우디아라비아, 소말리아, 소코트라, 수단,러시아(모스크바, 페테스부르그, 아르항겔스크, 아스트라칸), 케냐, 마다가스카르, 에리트리아, 우간다, 예멘, 이디오피아, 이라크, 지부티, 코모로제도, 쿠웨이트, 탄자니아, 카타르
−7시 00분 동부 유럽 표준시	동경 30도	그리스, 남아프리카,라트비아, 러시아(카리닌그라드), 레바논, 레소토, 루완다, 루마니아, 리비아, 리투아니아, 말라위, 모잠비크, 몰다브, 벨라루스, 보츠와나, 불가리아, 브룬디, 사이프러스(라나카,엘칸), 스와질란드, 시리아, 에스토니아, 요르단, 우크라이나, 이스라엘, 이집트, 잠비아, 짐바브웨, 터키, 핀란드, 콩고민주공화국(호이트 자이레, 카사이, 샤바, 키브), 크레타

한국표준시와 차이시간	표준시 자오선	나라 또는 지방 이름
−8시 00분 중부 유럽 표준시	동경 15도	가봉, 나미비아, 나이지리아, 네덜란드, 노르웨이, 니제르, 독아일, 룩셈부르크, 말타, 리히텐쉬타인, 마케도니아, 모나코, 발레아릭제도, 벨기에, 슬로베니아, 보스니아헤르체고비나, 사르디니아, 세르비아, 시실리, 스웨덴, 스페인, 차드, 스위스, 스피츠베르겐(스발바드), 슬로바키아, 알바니아, 알제리, 앙골라, 오스트리아, 유고슬라비아, 이탈리아, 콩고민주공화국(킨샤샤,엠반다카), 잔메이엔제도, 적도기니, 파가루(안노본제도), 중앙아프리카, 지브롤터, 체코, 카메룬, 코르시카, 콩고, 크로아티아, 튀니지, 폴란드, 덴마크, 베닌, 프랑스, 헝가리
−9시 00분 서부 유럽 표준시	동경 0도	가나, 갬비아, 기니, 기니비사우, 부르키나파소, 라이베리아, 마데리아, 말리, 모로코, 모리타니아, 샤넬제도, 세네갈, 세인트헬레나섬, 시에라리온, 영국, 아이슬란드, 아이리쉬공화국, 아이버리코스트, 아일란드, 어센션섬, 토고, 카나리아제도, 페로제도, 포르투칼, 프린시페섬
−10시 00분	서경 15도	그린란드(스코어즈비사운드), 아조레스군도, 카보베르데제도(희망봉)
−11시 00분	서경 30도	남조지아섬, 브라질(트린다데섬 및 주변 섬들), 트리니다드섬(대서양 남부)
−12시 00분	서경 45도	그린란드, 브라질(고아즈, 남부연안주, 동부연안주, 미나스제라이스, 바이아, 북부연안주, 북동부연안주, 브라질리아, 파라(동부), 토칸틴스, 페르난도데노론하섬),수리남, 아르헨티나, 우루과이, 페르난도제도, 프렌치가이아나
−12시 30분		캐나다(뉴펀들랜드)

한국표준시와 차이시간	표준시 자오선	나라 또는 지방 이름
−13시 00분	서경 60도	가이아나, 과들루프섬, 그레나다, 그린란드(툴리지역), 도미니카,리워드제도, 마르티니크, 바베이도스, 버뮤다, 버진제도, 베네수엘라, 볼리비아, 파라과이, 브라질(마토그로소, 마토그로소도술, 로라이마, 파라(서쪽)),론도니아, 칠레, 아마조나스, 윈드워드제도, 쿠라사우섬, 트리니다드토바고, 포클랜드제도, 캐나다(노바스코샤, 뉴브런즈윅, 래브라도, 프린스에드워드제도, 퀘벡), 푸에르토리코, 후안페르난데스제도, 남대서양 영국령
−14시 00분 북미 동부 표준시	서경 75도	미국(뉴욕, 뉴저지, 노스캐롤라이나, 뉴햄프셔, 델라웨어, 로드아일랜드, 메인, 매사추세츠, 메릴랜드, 미시간, 버몬트, 버지니아, 사우스캐롤라이나, 조지아, 워싱턴 DC, 오하이오, 웨스트버지니아, 인디애나, 캔터키(동부), 코네티컷, 콜롬비아특별구, 테네시(동부), 펜실베니아, 플로리다), 바하마, 에콰도르, 브라질(에이커, 아마조나스(서부)), 아이티, 자메이카, 케이맨제도, 콜롬비아, 캐나다(온타리오(서경 90도 동쪽),누나부트 (서경85도 동쪽), 퀘벡(서경63도 서쪽)), 쿠바, 파나마, 페루
−15시 00분 북미 중앙 표준시	서경 90도	갈라파고스제도, 과테말라, 니카라과, 벨리즈, 엘살바도르, 이스트제도, 멕시코, 미국(네브래스카(동부), 노스다코타(동부), 루이지애나, 미네소타, 미시시피, 미주리, 사우스다코타(동부), 아이오와, 앨라배마, 아칸소, 오클라호마, 캔자스, 위스콘신, 일리노이, 켄터키(서부), 테네시(서부), 텍사스), 온두라스, 캐나다(누나부트(서경85도~서경102도), 매니토바, 서스캐처원), 코스타리카
−16시 00분 북미 산악 표준시	서경 105도	미국(네브래스카(서부), 뉴멕시코, 몬태나, 사우스다코타(서부), 아이다호(남부), 애리조나, 와이오밍, 유타, 콜로라도), 캐나다(앨버타, 누나부트(서경102도 서쪽), 노스웨스트준주)
−17시 00분 북미태평양 표준시	서경 120도	미국(네바다,아이다호(북부),오리건,워싱턴,캘리포니아), 피케언제도,캐나다(브리티시콜롬비아, 유콘)

한국표준시와 차이시간	표준시 자오선	나라 또는 지방 이름
−18시 00분	서경 135도	미국(알래스카, 알류산열도(서경169.5도 동쪽)
−18시 30분		마르케샤스 제도
−19시 00분	서경 150도	미국(하와이, 알류산열도(서경169.5도 서쪽)), 소시에테제도, 존스톤섬, 투부아이(오스트랄)제도, 투아모투제도
−20시 00분	서경 165도	니우에, 미드웨이제도, 사모아

6. 세계 모든 나라에서 적용이 가능한 일반적인 시간보정 방정식

자연시각 = 탄생한 지역의 기계적인 시각
(태양시)
　　　　　– 탄생할 당시 탄생한 지역의 서머타임 여부에 따른 시간
　　　　　± 탄생한 지역이 속해 있는 표준시자오선과 탄생한 지역의
　　　　　　경도차에 따른 시간

1 탄생한 지역의 기계적인 시각

탄생할 당시 일상생활에서 사용하고 있던 기계적인 시계로 측정한 시각을 의미한다.

2 탄생할 당시 탄생한 지역의 서머타임 여부에 따른 시간

탄생할 당시 탄생한 지역에 적용되고 있던 서머타임 시간만큼 기계적인 시각에서 무조건 뺄셈을 해주어야 한다.

3 탄생한 지역이 속해 있는 표준시자오선과 탄생한 지역의 경도차에 따른 시간

탄생한 지역과 그 지역이 속해 있는 표준시자오선의 경도를 비교하여

탄생지역	표준시자오선과 탄생 지역의 경도 비교	지역경도가 표준시자오선 보다	실제 자연시각
동경 지역에 속한 경우	표준시자오선 동경 숫자 –탄생지역의 동경 숫자	크면(–값이면)	탄생한 지역표준시간에 차이시간을 (+)해준다
		작으면(+값이면)	탄생한 지역표준시간에 차이시간을 (–)해준다
서경 지역에 속한 경우	표준시자오선 서경 숫자 –탄생지역의 서경 숫자	크면(–값이면)	탄생한 지역표준시간에 차이시간을 (–)해준다
		작으면(+값이면)	탄생한 지역표준시간에 차이시간을 (+)해준다

(1) 경도 차이에 따른 차이시간 환산표

표준시자오선과 탄생지역 간의 경도 차이	지역표준시와 탄생지역 간의 경도 차이에 따른 차이 시간
경도 15도	1시간(60분)
경도 1도	4분
경도 15분	1분(60초)
경도 1분	4초

7. 시간보정 계산방법의 예

(1) 지역별 탄생일에 따른 남녀 사주팔자 및 대운 산출하는 예

1 사주팔자 산출 대상 : 동경 135도, 서머타임 없음 (변환표 1 적용)

① 탄생일 : 양력 1950년 2월 7일 18시 50분 태생의 대한민국의 남녀

음력 1949년 12월 21일 18시 50분 태생의 대한민국의 남녀

② 탄생지역 : 서울특별시, 부산광역시, 전주시 태생

탄생지역	보정할 시간	보정한 후의 자연시각
서울	−32분 08초	2월 7일 18시 50분 −32분 08초 = 2월 7일 18시 17분 52초
부산	−23분 52초	2월 7일 18시 50분 −23분 52초 = 2월 7일 18시 26분 08초
전주	−31분 28초	2월 7일 18시 50분 −31분 28초 = 2월 7일 18시 18분 32초

탄생지역	사주팔자(四柱八字)			
	시주(時柱)	일주(日柱)	월주(月柱)	년주(年柱)
서울 부산 전주	辛 酉	癸 酉	戊 寅	庚 寅

성별	탄생지역	대 운 (大運) 전 개							
남	서울 부산 전주	79 丙 戌	69 乙 酉	59 甲 申	49 癸 未	39 壬 午	29 辛 巳	19 庚 辰	9 己 卯
여	서울 부산 전주	71 庚 午	61 辛 未	51 壬 申	41 癸 酉	31 甲 戌	21 乙 亥	11 丙 子	1 丁 丑

2 지역경도 차이에 따른 24절기중 입춘(立春) 입절시각 보정 계산식

지역	천문연구원 발표 24절기 입절시각	보정할 시간	지역에 따른 24절기 실제 입절시각
서울	2월 4일 18시 21분	− 32분 08초	2월 4일 18시 21분 − 32분 08초 = 2월 4일 17시 48분 52초
부산	2월 4일 18시 21분	− 23분 52초	2월 4일 18시 21분 − 23분 52초 = 2월 4일 17시 57분 08초
전주	2월 4일 18시 21분	− 31분 28초	2월 4일 18시 21분 − 31분 28초 = 2월 4일 17시 49분 32초

(2) 지역별 탄생일에 따른 남녀 사주팔자 및 대운 산출하는 예

1 사주팔자 산출 대상 : 동경 135도, 서머타임 1시간 있음. (변환표 2 적용)

① 탄생일 : 양력 1987년 6월 11일 17시 50분 태생의 대한민국의 남녀

음력 1987년 5월 15일 17시 50분 태생의 대한민국의 남녀

② 탄생지역 : 서울특별시, 부산광역시, 전주시 태생

탄생지역	보정할 시간	보정한 후의 자연시각
서울	−1시간 32분 08초	6월 11일 17시 50분 −1시간 32분 08초= 6월 11일 16시 17분 52초
부산	−1시간 23분 52초	6월 11일 17시 50분 −1시간 23분 52초= 6월 11일 16시 26분 08초
전주	−1시간 31분 28초	6월 11일 17시 50분 −1시간 31분 28초= 6월 11일 16시 18분 32초

탄생지역	사주팔자(四柱八字)			
	시주(時柱)	일주(日柱)	월주(月柱)	년주(年柱)
서울 부산 전주	丙 申	辛 卯	丙 午	丁 卯

성별	탄생지역	대 운 (大運) 전 개							
남	서울 부산 전주	72 戊 戌	62 己 亥	52 庚 子	42 辛 丑	32 壬 寅	22 癸 卯	12 甲 辰	2 乙 巳
여	서울 부산 전주	79 甲 寅	69 癸 丑	59 壬 子	49 辛 亥	39 庚 戌	29 己 酉	19 戊 申	9 丁 未

2 지역경도 차이에 따른 24절기중 망종(芒種) 입절시각 보정 계산식

지역	천문연구원 발표 24절기 입절시각	보정할 시간	지역에 따른 24절기 실제 입절시각
서울	6월 6일 14시 19분	− 32분 08초	6월 6일 14시 19분 − 32분 08초 = 6월 6일 13시 46분 52초
부산	6월 6일 14시 19분	− 23분 52초	6월 6일 14시 19분− 23분 52초 = 6월 6일 13시 55분 08초
전주	6월 6일 14시 19분	− 31분 28초	6월 6일 14시 19분 − 31분 28초 = 6월 6일 13시 47분 32초

(3) 지역별 탄생일에 따른 남녀 사주팔자 및 대운 산출하는 예

1 사주팔자 산출 대상 : 동경 127도 30분, 서머타임 없음. (변환표 3 적용)

① 탄생일 : 양력 1957년 11월 9일 18시 50분 태생의 대한민국의 남녀

음력 1957년 9월 18일 18시 50분 태생의 대한민국의 남녀

② 탄생지역 : 서울특별시, 부산광역시, 전주시 태생

탄생지역	보정할 시간	보정한 후의 자연시각
서울	−2분 08초	11월 9일 18시 50분 −2분 08초 = 11월 9일 18시 47분 52초
부산	+6분 08초	11월 9일 18시 50분 +6분 08초 = 11월 9일 18시 56분 08초
전주	−1분 28초	11월 9일 18시 50분 −1분 28초 = 11월 9일 18시 48분 32초

탄생지역	사주팔자(四柱八字)			
	시주(時柱)	일주(日柱)	월주(月柱)	년주(年柱)
서울 부산 전주	乙 酉	乙 酉	辛 亥	丁 酉

성별	탄생지역	대 운 (大運) 전 개							
남	서울 부산 전주	71 癸 卯	61 甲 辰	51 乙 巳	41 丙 午	31 丁 未	21 戊 申	11 己 酉	1 庚 戌
여	서울 부산 전주	80 己 未	70 戊 午	60 丁 巳	50 丙 辰	40 乙 卯	30 甲 寅	20 癸 丑	10 壬 子

2 지역경도 차이에 따른 24절기중 입동(入冬) 입절시각 보정 계산식

지역	천문연구원 발표 24절기 입절시각	보정할 시간	지역에 따른 24절기 실제 입절시각
서울	11월 8일 1시 20분	− 32분 08초	11월 8일 1시 20분 − 32분 08초 = 11월 8일 0시 47분 52초
부산	11월 8일 1시 20분	− 23분 52초	11월 8일 1시 20분 − 23분 52초 = 11월 8일 0시 56분 08초
전주	11월 8일 1시 20분	− 31분 28초	11월 8일 1시 20분 − 31분 28초 = 11월 8일 0시 48분 32초

(4) 지역별 탄생일에 따른 남녀 사주팔자 및 대운 산출하는 예

1 사주팔자 산출 대상 : 동경 127도 30분, 서머타임 1시간 있음. (변환표 4 적용)

① 탄생일 : 양력 1960년 7월 10일 18시 50분 태생의 대한민국의 남녀

음력 1960년 6월 17일 18시 50분 태생의 대한민국의 남녀

② 탄생지역 : 서울특별시, 부산광역시, 전주시 태생

탄생지역	보정할 시간	보정한 후의 자연시각
서울	−1시간 02분 08초	7월 10일 18시 50분 −1시간 02분 08초= 7월 10일 17시 47분 52초
부산	−53분 52초	7월 10일 18시 50분 −53분 52초= 7월 10일 17시 56분 08초
전주	−1시간 01분 28초	7월 10일 18시 50분 −1시간 01분 28초= 7월 10일 17시 48분 32초

탄생지역	사주팔자(四柱八字)			
	시주(時柱)	일주(日柱)	월주(月柱)	년주(年柱)
서울 부산 전주	癸 酉	己 亥	癸 未	庚 子

성별	탄생지역	대 운 (大 運) 전 개							
남	서울 부산 전주	80 辛 卯	70 庚 寅	60 己 丑	50 戊 子	40 丁 亥	30 丙 戌	20 乙 酉	10 甲 申
여	서울 부산 전주	71 乙 亥	61 丙 子	51 丁 丑	41 戊 寅	31 己 卯	21 庚 辰	11 辛 巳	1 壬 午

2 지역경도 차이에 따른 24절기중 소서(小暑) 입절시각 보정 계산식

지역	천문연구원 발표 24절기 입절시각	보정할 시간	지역에 따른 24절기 실제 입절시각
서울	7월 7일 12시 13분	−32분 08초	7월 7일 12시 13분 −32분 08초 = 7월 7일 11시 40분 52초
부산	7월 7일 12시 13분	−23분 52초	7월 7일 12시 13분 −23분 52초 = 7월 7일 11시 49분 08초
전주	7월 7일 12시 13분	−31분 28초	7월 7일 12시 13분 −31분 28초 = 7월 7일 11시 41분 32초

(5) 미국 뉴욕 근처에서 탄생한 남녀 사주팔자 및 대운 산출하는 예

1 사주팔자 산출 대상 : 서경 75도(북미동부표준시)사용, 서머타임 없는 경우

① 양력 1950년 2월 7일 17시 50분 미국 뉴욕 근처 서경 67.5도 지역태생의 남녀

② 양력 1950년 2월 7일 17시 50분 미국 뉴욕 근처 서경 80도 지역태생의 남녀

③ 탄생시각은 미국 뉴욕 현지시각을 기준으로 표기하였다.

④ 24절기 입절시각은 한국천문연구원이 발표한 대한민국 기준시각이다.

탄생지역	보정할 시간	보정한 후의 자연시각
서경 67.5도	+30분	2월 7일 17시 50분 +30분 = 2월 7일 18시 20분
서경 80도	−20분	2월 7일 17시 50분 −20분 = 2월 7일 17시 30분

탄생지역	사주팔자(四柱八字)			
	시주(時柱)	일주(日柱)	월주(月柱)	년주(年柱)
서경 67.5도	辛	癸	戊	庚
서경 80도	酉	酉	寅	寅

성별	탄생지역	대 운 (大運) 전 개							
남	서경 67.5도 서경 80도	79 丙 戌	69 乙 酉	59 甲 申	49 癸 未	39 壬 午	29 辛 巳	19 庚 辰	9 己 卯
여	서경 67.5도 서경 80도	71 庚 午	61 辛 未	51 壬 申	41 癸 酉	31 甲 戌	21 乙 亥	11 丙 子	1 丁 丑

2 지역경도 차이에 따른 24절기중 입춘(入春) 입절시각 보정 계산식

탄생지역	천문연구원 발표 24절기 입절시각	보정할 시간	지역에 따른 24절기 실제 입절시각
서경 67.5도	2월 4일 18시 21분	−14시간 +30분	2월 4일 18시 21분 − 13시간 30분 = 2월 4일 4시 51분
서경 80도	2월 4일 18시 21분	−14시간 −20분	2월 4일 18시 21분 − 14시간 20분 = 2월 4일 4시 1분

(6) 미국 뉴욕 근처에서 탄생한 남녀 사주팔자 및 대운 산출하는 예

1 사주팔자 산출 대상 : 서경 75도(북미동부표준시)사용, 서머타임 있는 경우

① 양력 1950년 2월 7일 18시 50분 미국 뉴욕 근처 서경 67.5도 지역태생의 남녀

② 양력 1950년 2월 7일 18시 50분 미국 뉴욕 근처 서경 80도 지역태생의 남녀

③ 탄생시각은 미국 뉴욕 현지시각을 기준으로 표기하였다.

④ 24절기 입절시각은 한국천문연구원이 발표한 대한민국 기준시각이다.

탄생지역	보정할 시간	보정한 후의 자연시각
서경 67.5도	−1시간 +30분	2월 7일 18시 50분 −30분 = 2월 7일 18시 20분
서경 80도	−1시간 −20분	2월 7일 18시 50분 −1시간 20분 = 2월 7일 17시 30분

탄생지역	사주팔자(四柱八字)			
	시주(時柱)	일주(日柱)	월주(月柱)	년주(年柱)
서경 67.5도	辛	癸	戊	庚
서경 80도	酉	酉	寅	寅

성별	탄생지역	대 운 (大運) 전 개							
남	서경 67.5도 서경 80도	79 丙 戌	69 乙 酉	59 甲 申	49 癸 未	39 壬 午	29 辛 巳	19 庚 辰	9 己 卯
여	서경 67.5도 서경 80도	71 庚 午	61 辛 未	51 壬 申	41 癸 酉	31 甲 戌	21 乙 亥	11 丙 子	1 丁 丑

2 지역경도 차이에 따른 24절기중 입춘(立春) 입절시각 보정 계산식

탄생지역	천문연구원 발표 24절기 입절시각	보정할 시간	지역에 따른 24절기 실제 입절시각
서경 67.5도	2월 4일 18시 21분	−14시간 +30분	2월 4일 18시 21분 − 13시간 30분 = 2월 4일 4시 51분
서경 80도	2월 4일 18시 21분	−14시간 −20분	2월 4일 18시 21분 − 14시간 20분 = 2월 4일 4시 1분

8. 시간보정 변환표 (4종류)

1 변환표 1 : 동경 135도, 서머타임 없음

순서	지 역		경 도 (동경)	위 도 (북위)	보정할 시간
0	기 준 점		135도	35도	-
1	서울특별시		126도 58분 1초	37도 32분 59초	- 32분 08초
2	광주광역시		126도 54분 0초	35도 9분 0초	- 32분 24초
3	대구광역시		128도 34분 58초	35도 50분 59초	- 25분 40초
4	대전광역시		127도 25분 1초	36도 19분 1초	- 30분 20초
5	부산광역시		129도 1분 58초	35도 5분 59초	- 23분 52초
6	울산광역시		129도 19분 1초	35도 31분 1초	- 22분 44초
7	인천광역시		126도 37분 58초	37도 27분 0초	- 33분 28초
8	경기도	가평군	127도 31분 58초	37도 49분 58초	- 29분 52초
		강화군	126도 28분 58초	37도 43분 58초	- 34분 04초
		고양시	126도 49분 58초	37도 39분 0초	- 32분 40초
		과천시	126도 58분 58초	37도 25분 58초	- 32분 04초
		광명시	126도 50분 59초	37도 27분 0초	- 32분 36초
		광주시	127도 15분 0초	37도 22분 58초	- 31분 00초
		구리시	127도 9분 0초	37도 35분 59초	- 31분 24초
		군포시	126도 55분 58초	37도 27분 0초	- 32분 16초
		김포시	126도 41분 59초	37도 37분 1초	- 33분 12초
		남양주시	127도 11분 59초	37도 37분 1초	- 31분 12초
		동두천시	127도 4분 1초	37도 54분 0초	- 31분 44초
		부천시	126도 46분 58초	37도 28분 1초	- 32분 52초
		성남시	127도 7분 58초	37도 25분 1초	- 31분 28초
		수원시	127도 1분 58초	37도 16분 1초	- 31분 52초
		시흥시	126도 46분 58초	37도 25분 58초	- 32분 52초
		안산시	126도 49분 1초	37도 19분 1초	- 32분 44초
		안성시	127도 16분 58초	37도 0분 0초	- 30분 52초
		안양시	126도 55분 1초	37도 22분 58초	- 32분 20초

① 변환표 1

순서	지 역 (표1)		경 도 (동경)	위 도 (북위)	보정할 시간
8	경기도	양주시	127도 4분 1초	37도 49분 58초	- 31분 44초
		양평군	127도 30분 0초	37도 28분 1초	- 30분 00초
		여주군	127도 37분 58초	37도 16분 58초	- 29분 28초
		연천군	127도 4분 58초	38도 4분 1초	- 31분 40초
		오산시	127도 4분 58초	37도 9분 0초	- 31분 40초
		옹진군	126도 28분 1초	37도 15분 0초	- 34분 08초
		용인시	127도 13분 1초	38도 4분 1초	- 31분 08초
		의왕시	126도 56분 59초	37도 19분 58초	- 32분 12초
		의정부시	127도 3분 0초	37도 43분 58초	- 31분 48초
		이천시	127도 26분 59초	37도 16분 1초	- 30분 12초
		파주시	126도 46분 58초	37도 43분 58초	- 32분 52초
		평택시	127도 5분 59초	36도 59분 0초	- 31분 36초
		포천시	127도 11분 59초	37도 52분 58초	- 31분 12초
		하남시	127도 13분 1초	37도 31분 1초	- 31분 08초
		화성시	127도 1분 1초	37도 13분 1초	- 31분 56초
9	강원도	강릉시	128도 52분 58초	37도 45분 0초	- 24분 28초
		고성군	128도 28분 1초	38도 13분 12초	- 26분 08초
		동해시	129도 7분 1초	37도 18분 36초	- 23분 32초
		삼척시	129도 10분 1초	37도 27분 0초	- 23분 20초
		속초시	128도 34분 58초	38도 15분 0초	- 25분 40초
		양구군	127도 58분 58초	38도 5분 59초	- 28분 04초
		양양군	128도 40분 58초	38도 4분 1초	- 25분 16초
		영월군	128도 28분 1초	37도 10분 58초	- 26분 08초
		원주시	127도 56분 59초	37도 19분 58초	- 28분 12초

① 변환표 1

순서	지 역 (표1)		경 도 (동경)	위 도 (북위)	보정할 시간
9	강원도	인제군	128도 10분 1초	38도 4분 1초	- 27분 20초
		정선군	128도 36분 25초	37도 22분 1초	- 25분 35초
		철원군	127도 11분 59초	38도 13분 1초	- 31분 12초
		춘천시	127도 43분 58초	37도 52분 58초	- 29분 04초
		태백시	128도 58분 58초	37도 13분 58초	- 24분 04초
		평창군	128도 22분 58초	37도 22분 1초	- 26분 28초
		화천군	127도 41분 59초	38도 5분 59초	- 29분 12초
		홍천군	127도 52분 58초	37도 40분 58초	- 28분 28초
		횡성군	127도 58분 58초	37도 28분 58초	- 28분 04초
10	충청남도	공주시	127도 7분 58초	36도 27분 0초	- 31분 28초
		금산군	127도 28분 1초	36도 4분 58초	- 30분 08초
		논산시	127도 11분 59초	36도 12분 0초	- 31분 12초
		당진군	126도 37분 1초	36도 54분 0초	- 33분 32초
		보령시	126도 46분 58초	36도 19분 58초	- 32분 52초
		부여군	126도 54분 0초	36도 16분 1초	- 32분 24초
		서산시	126도 26분 59초	36도 46분 1초	- 34분 12초
		서천군	126도 40분 58초	36도 4분 1초	- 33분 16초
		아산시	127도 1분 1초	36도 46분 58초	- 31분 56초
		연기군	127도 16분 58초	36도 37분 58초	- 30분 52초
		예산군	126도 49분 58초	36도 42분 0초	- 32분 40초
		천안시	127도 9분 0초	36도 47분 59초	- 31분 24초
		청양군	126도 49분 1초	36도 27분 0초	- 32분 44초
		태안군	126도 16분 58초	36도 45분 0초	- 34분 52초
		홍성군	126도 40분 1초	36도 35분 59초	- 33분 20초

1 변환표 1

순서	지 역 (표1)		경 도 (동경)	위 도 (북위)	보정할 시간
11	충청북도	괴산군	127도 45분 0초	36도 47분 59초	- 29분 00초
		단양군	128도 21분 0초	36도 28분 58초	- 26분 36초
		보은군	127도 43분 1초	36도 25분 58초	- 29분 08초
		영동군	127도 46분 1초	36도 10분 1초	- 28분 56초
		옥천군	127도 34분 1초	36도 16분 58초	- 29분 44초
		음성군	127도 40분 58초	36도 55분 58초	- 29분 16초
		제천시	128도 11분 59초	37도 7분 1초	- 27분 12초
		진천군	127도 25분 58초	36도 50분 59초	- 30분 16초
		청원군	127도 28분 58초	36도 37분 58초	- 30분 04초
		청주시	127도 28분 58초	36도 37분 58초	- 30분 04초
		충주시	127도 55분 1초	36도 58분 1초	- 28분 20초
12	경상북도	경산시	128도 43분 58초	35도 49분 1초	- 25분 04초
		경주시	129도 11분 59초	35도 49분 58초	- 23분 12초
		고령군	128도 16분 1초	35도 43분 1초	- 26분 56초
		구미시	128도 19분 58초	36도 5분 59초	- 26분 40초
		군위군	128도 34분 1초	36도 13분 1초	- 25분 44초
		김천시	128도 7분 1초	36도 7분 1초	- 27분 32초
		독 도	131도 52분 10초	37도 14분 27초	- 12분 32초
		문경시	128도 10분 58초	36도 34분 58초	- 27분 16초
		봉화군	128도 45분 0초	36도 52분 58초	- 25분 00초
		상주시	128도 8분 59초	36도 25분 1초	- 27분 24초
		성주군	128도 16분 58초	35도 54분 0초	- 26분 52초
		안동시	128도 43분 1초	36도 34분 1초	- 25분 08초
		영덕군	129도 22분 1초	36도 24분 0초	- 22분 32초
		영양군	129도 6분 0초	36도 40분 1초	- 23분 36초

1 변환표 1

순서	지 역 (표1)		경 도 (동경)	위 도 (북위)	보정할 시간
12	경상북도	영주시	128도 37분 1초	36도 49분 1초	- 25분 32초
		영천시	128도 55분 58초	35도 57분 0초	- 24분 16초
		예천군	128도 26분 59초	36도 28분 58초	- 26분 12초
		울릉군	130도 52분 1초	37도 34분 1초	- 16분 32초
		울진군	129도 22분 58초	36도 58분 58초	- 22분 28초
		의성군	128도 40분 58초	36도 20분 59초	- 25분 16초
		청도군	128도 46분 1초	35도 39분 0초	- 24분 56초
		청송군	129도 3분 0초	36도 25분 1초	- 23분 48초
		칠곡군	128도 23분 59초	35도 58분 1초	- 26분 24초
		포항시	129도 22분 1초	36도 1분 58초	- 22분 32초
13	경상남도	거제시	128도 37분 1초	34도 49분 1초	- 25분 32초
		거창군	127도 54분 57초	35도 40분 1초	- 28분 21초
		고성군	128도 19분 58초	34도 54분 0초	- 26분 40초
		김해시	128도 52분 58초	35도 13분 1초	- 24분 28초
		남해군	127도 54분 0초	34도 46분 1초	- 28분 24초
		마산시	128도 34분 1초	35도 10분 58초	- 25분 44초
		밀양시	128도 45분 0초	35도 28분 58초	- 25분 00초
		사천시	128도 4분 1초	34도 50분 59초	- 27분 44초
		산청군	127도 52분 58초	35도 24분 0초	- 28분 28초
		양산시	129도 1분 58초	35도 20분 59초	- 23분 52초
		의령군	128도 16분 1초	35도 19분 1초	- 26분 56초
		진주시	128도 4분 1초	35도 10분 58초	- 27분 44초
		진해시	128도 38분 59초	35도 7분 58초	- 25분 24초
		창녕군	128도 30분 0초	35도 31분 58초	- 26분 00초
		창원시	128도 40분 1초	35도 13분 58초	- 25분 20초

1 변환표 1

순서	지 역 (표1)		경 도 (동경)	위 도 (북위)	보정할 시간
13	경상남도	통영시	128도 25분 58초	34도 46분 1초	- 26분 16초
		하동군	127도 45분 0초	35도 4분 1초	- 29분 00초
		함안군	128도 23분 59초	35도 16분 1초	- 26분 24초
		함양군	127도 43분 1초	35도 50분 59초	- 29분 08초
		합천군	128도 10분 1초	35도 32분 59초	- 27분 20초
14	전라북도	고창군	126도 41분 59초	35도 25분 1초	- 33분 12초
		군산시	126도 41분 59초	35도 58분 58초	- 33분 12초
		김제시	126도 56분 59초	35도 17분 59초	- 32분 12초
		남원시	127도 22분 1초	35도 25분 1초	- 30분 32초
		무주군	127도 39분 0초	36도 0분 0초	- 29분 24초
		부안군	126도 43분 58초	35도 43분 58초	- 33분 04초
		순창군	127도 7분 58초	35도 24분 0초	- 31분 28초
		완주군	127도 9분 0초	35도 55분 58초	- 31분 24초
		익산시	126도 56분 59초	35도 55분 58초	- 32분 12초
		임실군	127도 16분 58초	35도 37분 1초	- 30분 52초
		장수군	127도 31분 1초	35도 39분 0초	- 29분 56초
		전주시	127도 7분 58초	35도 47분 59초	- 31분 28초
		정읍시	126도 52분 1초	35도 34분 1초	- 32분 32초
		진안군	127도 25분 1초	35도 46분 58초	- 30분 20초
15	전라남도	강진군	126도 46분 1초	34도 37분 58초	- 32분 56초
		고흥군	127도 16분 58초	34도 5분 59초	- 30분 52초
		곡성군	127도 16분 58초	35도 16분 58초	- 30분 52초
		광양시	127도 40분 58초	34도 58분 1초	- 29분 16초
		구례군	127도 26분 59초	35도 12분 0초	- 30분 12초
		나주시	126도 43분 1초	35도 1분 58초	- 33분 08초

① 변환표 1

순서	지 역 (표1)		경 도 (동경)	위 도 (북위)	보정할 시간
15	전라남도	담양군	126도 58분 1초	35도 19분 1초	- 32분 08초
		목포시	126도 22분 58초	34도 46분 58초	- 34분 28초
		무안군	126도 28분 58초	34도 58분 58초	- 34분 04초
		보성군	127도 4분 58초	34도 16분 1초	- 31분 40초
		순천시	127도 28분 58초	34도 55분 58초	- 30분 04초
		신안군	126도 7분 58초	34도 15분 0초	- 35분 28초
		여수시	127도 43분 58초	34도 43분 58초	- 29분 04초
		여천시	127도 39분 0초	34도 45분 0초	- 29분 24초
		영광군	126도 31분 1초	35도 16분 1초	- 33분 56초
		영암군	126도 41분 59초	34도 46분 58초	- 33분 12초
		완도군	126도 45분 0초	34도 17분 59초	- 33분 00초
		장성군	126도 45분 0초	35도 16분 58초	- 33분 00초
		장흥군	126도 54분 0초	34도 40분 58초	- 32분 24초
		진도군	126도 16분 1초	34도 28분 58초	- 34분 56초
		화순군	126도 58분 58초	35도 2분 59초	- 32분 04초
		함평군	126도 31분 1초	35도 2분 59초	- 33분 56초
		해남군	126도 35분 59초	34도 34분 1초	- 33분 36초
16	제주도	서귀포시	126도 34분 1초	33도 15분 0초	- 33분 44초
		제주시	126도 31분 58초	33도 30분 0초	- 33분 52초

② 변환표 2 : 동경 135도, 서머타임 1시간 있음

순서	지 역		경 도 (동경)	위 도 (북위)	보정할 시간
0	기 준 점		135도	35도	-
1	서울특별시		126도 58분 1초	37도 32분 59초	- 1시간 32분 08초
2	광주광역시		126도 54분 0초	35도 9분 0초	- 1시간 32분 24초
3	대구광역시		128도 34분 58초	35도 50분 59초	- 1시간 25분 40초
4	대전광역시		127도 25분 1초	36도 19분 1초	- 1시간 30분 20초
5	부산광역시		129도 1분 58초	35도 5분 59초	- 1시간 23분 52초
6	울산광역시		129도 19분 1초	35도 31분 1초	- 1시간 22분 44초
7	인천광역시		126도 37분 58초	37도 27분 0초	- 1시간 33분 28초
8	경기도	가평군	127도 31분 58초	37도 49분 58초	- 1시간 29분 52초
		강화군	126도 28분 58초	37도 43분 58초	- 1시간 34분 04초
		고양시	126도 49분 58초	37도 39분 0초	- 1시간 32분 40초
		과천시	126도 58분 58초	37도 25분 58초	- 1시간 32분 04초
		광명시	126도 50분 59초	37도 27분 0초	- 1시간 32분 36초
		광주시	127도 15분 0초	37도 22분 58초	- 1시간 31분 00초
		구리시	127도 9분 0초	37도 35분 59초	- 1시간 31분 24초
		군포시	126도 55분 58초	37도 27분 0초	- 1시간 32분 16초
		김포시	126도 41분 59초	37도 37분 1초	- 1시간 33분 12초
		남양주시	127도 11분 59초	37도 37분 1초	- 1시간 31분 12초
		동두천시	127도 4분 1초	37도 54분 0초	- 1시간 31분 44초
		부천시	126도 46분 58초	37도 28분 1초	- 1시간 32분 52초
		성남시	127도 7분 58초	37도 25분 1초	- 1시간 31분 28초
		수원시	127도 1분 58초	37도 16분 1초	- 1시간 31분 52초
		시흥시	126도 46분 58초	37도 25분 58초	- 1시간 32분 52초
		안산시	126도 49분 1초	37도 19분 1초	- 1시간 32분 44초
		안성시	127도 16분 58초	37도 0분 0초	- 1시간 30분 52초
		안양시	126도 55분 1초	37도 22분 58초	- 1시간 32분 20초

2 변환표 2

순서	지 역 (표2)		경 도 (동경)	위 도 (북위)	보정할 시간
8	경기도	양주시	127도 4분 1초	37도 49분 58초	- 1시간 31분 44초
		양평군	127도 30분 0초	37도 28분 1초	- 1시간 30분 00초
		여주군	127도 37분 58초	37도 16분 58초	- 1시간 29분 28초
		연천군	127도 4분 58초	38도 4분 1초	- 1시간 31분 40초
		오산시	127도 4분 58초	37도 9분 0초	- 1시간 31분 40초
		옹진군	126도 28분 1초	37도 15분 0초	- 1시간 34분 08초
		용인시	127도 13분 1초	38도 4분 1초	- 1시간 31분 08초
		의왕시	126도 56분 59초	37도 19분 58초	- 1시간 32분 12초
		의정부시	127도 3분 0초	37도 43분 58초	- 1시간 31분 48초
		이천시	127도 26분 59초	37도 16분 1초	- 1시간 30분 12초
		파주시	126도 46분 58초	37도 43분 58초	- 1시간 32분 52초
		평택시	127도 5분 59초	36도 59분 0초	- 1시간 31분 36초
		포천시	127도 11분 59초	37도 52분 58초	- 1시간 31분 12초
		하남시	127도 13분 1초	37도 31분 1초	- 1시간 31분 08초
		화성시	127도 1분 1초	37도 13분 1초	- 1시간 31분 56초
9	강원도	강릉시	128도 52분 58초	37도 45분 0초	- 1시간 24분 28초
		고성군	128도 28분 1초	38도 13분 12초	- 1시간 26분 08초
		동해시	129도 7분 1초	37도 18분 36초	- 1시간 23분 32초
		삼척시	129도 10분 1초	37도 27분 0초	- 1시간 23분 20초
		속초시	128도 34분 58초	38도 15분 0초	- 1시간 25분 40초
		양구군	127도 58분 58초	38도 5분 59초	- 1시간 28분 04초
		양양군	128도 40분 58초	38도 4분 1초	- 1시간 25분 16초
		영월군	128도 28분 1초	37도 10분 58초	- 1시간 26분 08초
		원주시	127도 56분 59초	37도 19분 58초	- 1시간 28분 12초

[2] 변환표 2

순서	지 역 (표2)		경 도 (동경)	위 도 (북위)	보정할 시간
9	강원도	인제군	128도 10분 1초	38도 4분 1초	- 1시간 27분 20초
		정선군	128도 36분 25초	37도 22분 1초	- 1시간 25분 35초
		철원군	127도 11분 59초	38도 13분 1초	- 1시간 31분 12초
		춘천시	127도 43분 58초	37도 52분 58초	- 1시간 29분 04초
		태백시	128도 58분 58초	37도 13분 58초	- 1시간 24분 04초
		평창군	128도 22분 58초	37도 22분 1초	- 1시간 26분 28초
		화천군	127도 41분 59초	38도 5분 59초	- 1시간 29분 12초
		홍천군	127도 52분 58초	37도 40분 58초	- 1시간 28분 28초
		횡성군	127도 58분 58초	37도 28분 58초	- 1시간 28분 04초
10	충청남도	공주시	127도 7분 58초	36도 27분 0초	- 1시간 31분 28초
		금산군	127도 28분 1초	36도 4분 58초	- 1시간 30분 08초
		논산시	127도 11분 59초	36도 12분 0초	- 1시간 31분 12초
		당진군	126도 37분 1초	36도 54분 0초	- 1시간 33분 32초
		보령시	126도 46분 58초	36도 19분 58초	- 1시간 32분 52초
		부여군	126도 54분 0초	36도 16분 1초	- 1시간 32분 24초
		서산시	126도 26분 59초	36도 46분 1초	- 1시간 34분 12초
		서천군	126도 40분 58초	36도 4분 1초	- 1시간 33분 16초
		아산시	127도 1분 1초	36도 46분 58초	- 1시간 31분 56초
		연기군	127도 16분 58초	36도 37분 58초	- 1시간 30분 52초
		예산군	126도 49분 58초	36도 42분 0초	- 1시간 32분 40초
		천안시	127도 9분 0초	36도 47분 59초	- 1시간 31분 24초
		청양군	126도 49분 1초	36도 27분 0초	- 1시간 32분 44초
		태안군	126도 16분 58초	36도 45분 0초	- 1시간 34분 52초
		홍성군	126도 40분 1초	36도 35분 59초	- 1시간 33분 20초

[2] 변환표 2

순서	지 역 (표2)		경 도 (동경)	위 도 (북위)	보정할 시간
11	충청북도	괴산군	127도 45분 0초	36도 47분 59초	- 1시간 29분 00초
		단양군	128도 21분 0초	36도 28분 58초	- 1시간 26분 36초
		보은군	127도 43분 1초	36도 25분 58초	- 1시간 29분 08초
		영동군	127도 46분 1초	36도 10분 1초	- 1시간 28분 56초
		옥천군	127도 34분 1초	36도 16분 58초	- 1시간 29분 44초
		음성군	127도 40분 58초	36도 55분 58초	- 1시간 29분 16초
		제천시	128도 11분 59초	37도 7분 1초	- 1시간 27분 12초
		진천군	127도 25분 58초	36도 50분 59초	- 1시간 30분 16초
		청원군	127도 28분 58초	36도 37분 58초	- 1시간 30분 04초
		청주시	127도 28분 58초	36도 37분 58초	- 1시간 30분 04초
		충주시	127도 55분 1초	36도 58분 1초	- 1시간 28분 20초
12	경상북도	경산시	128도 43분 58초	35도 49분 1초	- 1시간 25분 04초
		경주시	129도 11분 59초	35도 49분 58초	- 1시간 23분 12초
		고령군	128도 16분 1초	35도 43분 1초	- 1시간 26분 56초
		구미시	128도 19분 58초	36도 5분 59초	- 1시간 26분 40초
		군위군	128도 34분 1초	36도 13분 1초	- 1시간 25분 44초
		김천시	128도 7분 1초	36도 7분 1초	- 1시간 27분 32초
		독 도	131도 52분 10초	37도 14분 27초	- 1시간 12분 32초
		문경시	128도 10분 58초	36도 34분 58초	- 1시간 27분 16초
		봉화군	128도 45분 0초	36도 52분 58초	- 1시간 25분 00초
		상주시	128도 8분 59초	36도 25분 1초	- 1시간 27분 24초
		성주군	128도 16분 58초	35도 54분 0초	- 1시간 26분 52초
		안동시	128도 43분 1초	36도 34분 1초	- 1시간 25분 08초
		영덕군	129도 22분 1초	36도 24분 0초	- 1시간 22분 32초
		영양군	129도 6분 0초	36도 40분 1초	- 1시간 23분 36초

2 변환표 2

순서	지 역 (표2)		경 도 (동경)	위 도 (북위)	보정할 시간
12	경상북도	영주시	128도 37분 1초	36도 49분 1초	- 1시간 25분 32초
		영천시	128도 55분 58초	35도 57분 0초	- 1시간 24분 16초
		예천군	128도 26분 59초	36도 28분 58초	- 1시간 26분 12초
		울릉군	130도 52분 1초	37도 34분 1초	- 1시간 16분 32초
		울진군	129도 22분 58초	36도 58분 58초	- 1시간 22분 28초
		의성군	128도 40분 58초	36도 20분 59초	- 1시간 25분 16초
		청도군	128도 46분 1초	35도 39분 0초	- 1시간 24분 56초
		청송군	129도 3분 0초	36도 25분 1초	- 1시간 23분 48초
		칠곡군	128도 23분 59초	35도 58분 1초	- 1시간 26분 24초
		포항시	129도 22분 1초	36도 1분 58초	- 1시간 22분 32초
13	경상남도	거제시	128도 37분 1초	34도 49분 1초	- 1시간 25분 32초
		거창군	127도 54분 57초	35도 40분 1초	- 1시간 28분 21초
		고성군	128도 19분 58초	34도 54분 0초	- 1시간 26분 40초
		김해시	128도 52분 58초	35도 13분 1초	- 1시간 24분 28초
		남해군	127도 54분 0초	34도 46분 1초	- 1시간 28분 24초
		마산시	128도 34분 1초	35도 10분 58초	- 1시간 25분 44초
		밀양시	128도 45분 0초	35도 28분 58초	- 1시간 25분 00초
		사천시	128도 4분 1초	34도 50분 59초	- 1시간 27분 44초
		산청군	127도 52분 58초	35도 24분 0초	- 1시간 28분 28초
		양산시	129도 1분 58초	35도 20분 59초	- 1시간 23분 52초
		의령군	128도 16분 1초	35도 19분 1초	- 1시간 26분 56초
		진주시	128도 4분 1초	35도 10분 58초	- 1시간 27분 44초
		진해시	128도 38분 59초	35도 7분 58초	- 1시간 25분 24초
		창녕군	128도 30분 0초	35도 31분 58초	- 1시간 26분 00초
		창원시	128도 40분 1초	35도 13분 58초	- 1시간 25분 20초

② 변환표 2

순서	지 역 (표2)		경 도 (동경)	위 도 (북위)	보정할 시간
13	경상남도	통영시	128도 25분 58초	34도 46분 1초	- 1시간 26분 16초
		하동군	127도 45분 0초	35도 4분 1초	- 1시간 29분 00초
		함안군	128도 23분 59초	35도 16분 1초	- 1시간 26분 24초
		함양군	127도 43분 1초	35도 50분 59초	- 1시간 29분 08초
		합천군	128도 10분 1초	35도 32분 59초	- 1시간 27분 20초
14	전라북도	고창군	126도 41분 59초	35도 25분 1초	- 1시간 33분 12초
		군산시	126도 41분 59초	35도 58분 58초	- 1시간 33분 12초
		김제시	126도 56분 59초	35도 17분 59초	- 1시간 32분 12초
		남원시	127도 22분 1초	35도 25분 1초	- 1시간 30분 32초
		무주군	127도 39분 0초	36도 0분 0초	- 1시간 29분 24초
		부안군	126도 43분 58초	35도 43분 58초	- 1시간 33분 04초
		순창군	127도 7분 58초	35도 24분 0초	- 1시간 31분 28초
		완주군	127도 9분 0초	35도 55분 58초	- 1시간 31분 24초
		익산시	126도 56분 59초	35도 55분 58초	- 1시간 32분 12초
		임실군	127도 16분 58초	35도 37분 1초	- 1시간 30분 52초
		장수군	127도 31분 1초	35도 39분 0초	- 1시간 29분 56초
		전주시	127도 7분 58초	35도 47분 59초	- 1시간 31분 28초
		정읍시	126도 52분 1초	35도 34분 1초	- 1시간 32분 32초
		진안군	127도 25분 1초	35도 46분 58초	- 1시간 30분 20초
15	전라남도	강진군	126도 46분 1초	34도 37분 58초	- 1시간 32분 56초
		고흥군	127도 16분 58초	34도 5분 59초	- 1시간 30분 52초
		곡성군	127도 16분 58초	35도 16분 58초	- 1시간 30분 52초
		광양시	127도 40분 58초	34도 58분 1초	- 1시간 29분 16초
		구례군	127도 26분 59초	35도 12분 0초	- 1시간 30분 12초
		나주시	126도 43분 1초	35도 1분 58초	- 1시간 33분 08초

2 변환표 2

순서	지 역 (표2)		경 도 (동경)	위 도 (북위)	보정할 시간
15	전라남도	담양군	126도 58분 1초	35도 19분 1초	- 1시간 32분 08초
		목포시	126도 22분 58초	34도 46분 58초	- 1시간 34분 28초
		무안군	126도 28분 58초	34도 58분 58초	- 1시간 34분 04초
		보성군	127도 4분 58초	34도 16분 1초	- 1시간 31분 40초
		순천시	127도 28분 58초	34도 55분 58초	- 1시간 30분 04초
		신안군	126도 7분 58초	34도 15분 0초	- 1시간 35분 28초
		여수시	127도 43분 58초	34도 43분 58초	- 1시간 29분 04초
		여천시	127도 39분 0초	34도 45분 0초	- 1시간 29분 24초
		영광군	126도 31분 1초	35도 16분 1초	- 1시간 33분 56초
		영암군	126도 41분 59초	34도 46분 58초	- 1시간 33분 12초
		완도군	126도 45분 0초	34도 17분 59초	- 1시간 33분 00초
		장성군	126도 45분 0초	35도 16분 58초	- 1시간 33분 00초
		장흥군	126도 54분 0초	34도 40분 58초	- 1시간 32분 24초
		진도군	126도 16분 1초	34도 28분 58초	- 1시간 34분 56초
		화순군	126도 58분 58초	35도 2분 59초	- 1시간 32분 04초
		함평군	126도 31분 1초	35도 2분 59초	- 1시간 33분 56초
		해남군	126도 35분 59초	34도 34분 1초	- 1시간 33분 36초
16	제주도	서귀포시	126도 34분 1초	33도 15분 0초	- 1시간 33분 44초
		제주시	126도 31분 58초	33도 30분 0초	- 1시간 33분 52초

③ 변환표 3 : 동경 127도 30분, 서머타임 없음

순서	지 역		경 도 (동경)	위 도 (북위)	보정할 시간
0	기 준 점		135도	35도	-
1	서울특별시		126도 58분 1초	37도 32분 59초	- 2분 08초
2	광주광역시		126도 54분 0초	35도 9분 0초	- 2분 24초
3	대구광역시		128도 34분 58초	35도 50분 59초	+ 4분 20초
4	대전광역시		127도 25분 1초	36도 19분 1초	- 0분 20초
5	부산광역시		129도 1분 58초	35도 5분 59초	+ 6분 08초
6	울산광역시		129도 19분 1초	35도 31분 1초	+ 7분 16초
7	인천광역시		126도 37분 58초	37도 27분 0초	- 3분 28초
8	경기도	가평군	127도 31분 58초	37도 49분 58초	+ 0분 08초
		강화군	126도 28분 58초	37도 43분 58초	- 4분 04초
		고양시	126도 49분 58초	37도 39분 0초	- 2분 40초
		과천시	126도 58분 58초	37도 25분 58초	- 2분 04초
		광명시	126도 50분 59초	37도 27분 0초	- 2분 36초
		광주시	127도 15분 0초	37도 22분 58초	- 1분 00초
		구리시	127도 9분 0초	37도 35분 59초	- 1분 24초
		군포시	126도 55분 58초	37도 27분 0초	- 2분 16초
		김포시	126도 41분 59초	37도 37분 1초	- 3분 12초
		남양주시	127도 11분 59초	37도 37분 1초	- 1분 12초
		동두천시	127도 4분 1초	37도 54분 0초	- 1분 44초
		부천시	126도 46분 58초	37도 28분 1초	- 2분 52초
		성남시	127도 7분 58초	37도 25분 1초	- 1분 28초
		수원시	127도 1분 58초	37도 16분 1초	- 1분 52초
		시흥시	126도 46분 58초	37도 25분 58초	- 2분 52초
		안산시	126도 49분 1초	37도 19분 1초	- 2분 44초
		안성시	127도 16분 58초	37도 0분 0초	- 0분 52초
		안양시	126도 55분 1초	37도 22분 58초	- 2분 20초

3 변환표 3

순서	지 역 (표3)		경 도 (동경)	위 도 (북위)	보정할 시간
8	경기도	양주시	127도 4분 1초	37도 49분 58초	- 1분 44초
		양평군	127도 30분 0초	37도 28분 1초	- 0분 00초
		여주군	127도 37분 58초	37도 16분 58초	+ 0분 32초
		연천군	127도 4분 58초	38도 4분 1초	- 1분 40초
		오산시	127도 4분 58초	37도 9분 0초	- 1분 40초
		옹진군	126도 28분 1초	37도 15분 0초	- 4분 08초
		용인시	127도 13분 1초	38도 4분 1초	- 1분 08초
		의왕시	126도 56분 59초	37도 19분 58초	- 2분 12초
		의정부시	127도 3분 0초	37도 43분 58초	- 1분 48초
		이천시	127도 26분 59초	37도 16분 1초	- 0분 12초
		파주시	126도 46분 58초	37도 43분 58초	- 2분 52초
		평택시	127도 5분 59초	36도 59분 0초	- 1분 36초
		포천시	127도 11분 59초	37도 52분 58초	- 1분 12초
		하남시	127도 13분 1초	37도 31분 1초	- 1분 08초
		화성시	127도 1분 1초	37도 13분 1초	- 1분 56초
9	강원도	강릉시	128도 52분 58초	37도 45분 0초	+ 5분 32초
		고성군	128도 28분 1초	38도 13분 12초	+ 3분 52초
		동해시	129도 7분 1초	37도 18분 36초	+ 6분 28초
		삼척시	129도 10분 1초	37도 27분 0초	+ 6분 40초
		속초시	128도 34분 58초	38도 15분 0초	+ 4분 20초
		양구군	127도 58분 58초	38도 5분 59초	+ 1분 56초
		양양군	128도 40분 58초	38도 4분 1초	+ 4분 44초
		영월군	128도 28분 1초	37도 10분 58초	+ 3분 52초
		원주시	127도 56분 59초	37도 19분 58초	+ 1분 48초

3 변환표 3

순서	지 역 (표3)		경 도 (동경)	위 도 (북위)	보정할 시간
9	강원도	인제군	128도 10분 1초	38도 4분 1초	+ 2분 40초
		정선군	128도 36분 25초	37도 22분 1초	+ 4분 25초
		철원군	127도 11분 59초	38도 13분 1초	- 1분 12초
		춘천시	127도 43분 58초	37도 52분 58초	+ 0분 56초
		태백시	128도 58분 58초	37도 13분 58초	+ 5분 56초
		평창군	128도 22분 58초	37도 22분 1초	+ 3분 32초
		화천군	127도 41분 59초	38도 5분 59초	+ 0분 48초
		홍천군	127도 52분 58초	37도 40분 58초	+ 1분 32초
		횡성군	127도 58분 58초	37도 28분 58초	+ 1분 56초
10	충청남도	공주시	127도 7분 58초	36도 27분 0초	- 1분 28초
		금산군	127도 28분 1초	36도 4분 58초	- 0분 08초
		논산시	127도 11분 59초	36도 12분 0초	- 1분 12초
		당진군	126도 37분 1초	36도 54분 0초	- 3분 32초
		보령시	126도 46분 58초	36도 19분 58초	- 2분 52초
		부여군	126도 54분 0초	36도 16분 1초	- 2분 24초
		서산시	126도 26분 59초	36도 46분 1초	- 4분 12초
		서천군	126도 40분 58초	36도 4분 1초	- 3분 16초
		아산시	127도 1분 1초	36도 46분 58초	- 1분 56초
		연기군	127도 16분 58초	36도 37분 58초	- 0분 52초
		예산군	126도 49분 58초	36도 42분 0초	- 2분 40초
		천안시	127도 9분 0초	36도 47분 59초	- 1분 24초
		청양군	126도 49분 1초	36도 27분 0초	- 2분 44초
		태안군	126도 16분 58초	36도 45분 0초	- 4분 52초
		홍성군	126도 40분 1초	36도 35분 59초	- 3분 20초

3 변환표 3

순서	지 역 (표3)		경 도 (동경)	위 도 (북위)	보정할 시간
11	충청북도	괴산군	127도 45분 0초	36도 47분 59초	+ 1분 00초
		단양군	128도 21분 0초	36도 28분 58초	+ 3분 24초
		보은군	127도 43분 1초	36도 25분 58초	+ 0분 52초
		영동군	127도 46분 1초	36도 10분 1초	+ 1분 04초
		옥천군	127도 34분 1초	36도 16분 58초	+ 0분 16초
		음성군	127도 40분 58초	36도 55분 58초	+ 0분 44초
		제천시	128도 11분 59초	37도 7분 1초	+ 2분 48초
		진천군	127도 25분 58초	36도 50분 59초	- 0분 16초
		청원군	127도 28분 58초	36도 37분 58초	- 0분 04초
		청주시	127도 28분 58초	36도 37분 58초	- 0분 04초
		충주시	127도 55분 1초	36도 58분 1초	+ 1분 40초
12	경상북도	경산시	128도 43분 58초	35도 49분 1초	+ 4분 56초
		경주시	129도 11분 59초	35도 49분 58초	+ 6분 48초
		고령군	128도 16분 1초	35도 43분 1초	+ 3분 04초
		구미시	128도 19분 58초	36도 5분 59초	+ 3분 20초
		군위군	128도 34분 1초	36도 13분 1초	+ 4분 16초
		김천시	128도 7분 1초	36도 7분 1초	+ 2분 28초
		독 도	131도 52분 10초	37도 14분 27초	+ 17분 28초
		문경시	128도 10분 58초	36도 34분 58초	+ 2분 44초
		봉화군	128도 45분 0초	36도 52분 58초	+ 5분 00초
		상주시	128도 8분 59초	36도 25분 1초	+ 2분 36초
		성주군	128도 16분 58초	35도 54분 0초	+ 3분 08초
		안동시	128도 43분 1초	36도 34분 1초	+ 4분 52초
		영덕군	129도 22분 1초	36도 24분 0초	+ 7분 28초
		영양군	129도 6분 0초	36도 40분 1초	+ 6분 24초

③ 변환표 3

순서	지 역 (표3)		경 도 (동경)	위 도 (북위)	보정할 시간
12	경상북도	영주시	128도 37분 1초	36도 49분 1초	+ 4분 28초
		영천시	128도 55분 58초	35도 57분 0초	+ 5분 44초
		예천군	128도 26분 59초	36도 28분 58초	+ 3분 48초
		울릉군	130도 52분 1초	37도 34분 1초	+ 13분 28초
		울진군	129도 22분 58초	36도 58분 58초	+ 7분 32초
		의성군	128도 40분 58초	36도 20분 59초	+ 4분 44초
		청도군	128도 46분 1초	35도 39분 0초	+ 5분 04초
		청송군	129도 3분 0초	36도 25분 1초	+ 6분 12초
		칠곡군	128도 23분 59초	35도 58분 1초	+ 3분 36초
		포항시	129도 22분 1초	36도 1분 58초	+ 7분 28초
13	경상남도	거제시	128도 37분 1초	34도 49분 1초	+ 4분 28초
		거창군	127도 54분 57초	35도 40분 1초	+ 1분 39초
		고성군	128도 19분 58초	34도 54분 0초	+ 3분 20초
		김해시	128도 52분 58초	35도 13분 1초	+ 5분 32초
		남해군	127도 54분 0초	34도 46분 1초	+ 1분 36초
		마산시	128도 34분 1초	35도 10분 58초	+ 4분 16초
		밀양시	128도 45분 0초	35도 28분 58초	+ 5분 00초
		사천시	128도 4분 1초	34도 50분 59초	+ 2분 16초
		산청군	127도 52분 58초	35도 24분 0초	+ 1분 32초
		양산시	129도 1분 58초	35도 20분 59초	+ 6분 08초
		의령군	128도 16분 1초	35도 19분 1초	+ 3분 04초
		진주시	128도 4분 1초	35도 10분 58초	+ 2분 16초
		진해시	128도 38분 59초	35도 7분 58초	+ 4분 36초
		창녕군	128도 30분 0초	35도 31분 58초	+ 4분 00초
		창원시	128도 40분 1초	35도 13분 58초	+ 4분 40초

3 변환표 3

순서	지 역 (표3)		경 도 (동경)	위 도 (북위)	보정할 시간
13	경상남도	통영시	128도 25분 58초	34도 46분 1초	+ 3분 44초
		하동군	127도 45분 0초	35도 4분 1초	+ 1분 00초
		함안군	128도 23분 59초	35도 16분 1초	+ 3분 36초
		함양군	127도 43분 1초	35도 50분 59초	+ 0분 52초
		합천군	128도 10분 1초	35도 32분 59초	+ 2분 40초
14	전라북도	고창군	126도 41분 59초	35도 25분 1초	- 3분 12초
		군산시	126도 41분 59초	35도 58분 58초	- 3분 12초
		김제시	126도 56분 59초	35도 17분 59초	- 2분 12초
		남원시	127도 22분 1초	35도 25분 1초	- 0분 32초
		무주군	127도 39분 0초	36도 0분 0초	+ 0분 36초
		부안군	126도 43분 58초	35도 43분 58초	- 3분 04초
		순창군	127도 7분 58초	35도 24분 0초	- 1분 28초
		완주군	127도 9분 0초	35도 55분 58초	- 1분 24초
		익산시	126도 56분 59초	35도 55분 58초	- 2분 12초
		임실군	127도 16분 58초	35도 37분 1초	- 0분 52초
		장수군	127도 31분 1초	35도 39분 0초	+ 0분 04초
		전주시	127도 7분 58초	35도 47분 59초	- 1분 28초
		정읍시	126도 52분 1초	35도 34분 1초	- 2분 32초
		진안군	127도 25분 1초	35도 46분 58초	- 0분 20초
15	전라남도	강진군	126도 46분 1초	34도 37분 58초	- 2분 56초
		고흥군	127도 16분 58초	34도 5분 59초	- 0분 52초
		곡성군	127도 16분 58초	35도 16분 58초	- 0분 52초
		광양시	127도 40분 58초	34도 58분 1초	+ 0분 44초
		구례군	127도 26분 59초	35도 12분 0초	- 0분 12초
		나주시	126도 43분 1초	35도 1분 58초	- 3분 08초

3 변환표 3

순서	지 역 (표3)		경 도 (동경)	위 도 (북위)	보정할 시간
15	전라남도	담양군	126도 58분 1초	35도 19분 1초	- 2분 08초
		목포시	126도 22분 58초	34도 46분 58초	- 4분 28초
		무안군	126도 28분 58초	34도 58분 58초	- 4분 04초
		보성군	127도 4분 58초	34도 16분 1초	- 1분 40초
		순천시	127도 28분 58초	34도 55분 58초	- 0분 04초
		신안군	126도 7분 58초	34도 15분 0초	- 5분 28초
		여수시	127도 43분 58초	34도 43분 58초	+ 0분 56초
		여천시	127도 39분 0초	34도 45분 0초	+ 0분 36초
		영광군	126도 31분 1초	35도 16분 1초	- 3분 56초
		영암군	126도 41분 59초	34도 46분 58초	- 3분 12초
		완도군	126도 45분 0초	34도 17분 59초	- 3분 00초
		장성군	126도 45분 0초	35도 16분 58초	- 3분 00초
		장흥군	126도 54분 0초	34도 40분 58초	- 2분 24초
		진도군	126도 16분 1초	34도 28분 58초	- 4분 56초
		화순군	126도 58분 58초	35도 2분 59초	- 2분 04초
		함평군	126도 31분 1초	35도 2분 59초	- 3분 56초
		해남군	126도 35분 59초	34도 34분 1초	- 3분 36초
16	제주도	서귀포시	126도 34분 1초	33도 15분 0초	- 3분 44초
		제주시	126도 31분 58초	33도 30분 0초	- 3분 52초

④ 변환표 4 : 동경 127도 30분, 서머타임 1시간 있음

순서	지 역		경 도 (동경)	위 도 (북위)	보정할 시간
0	기 준 점		135도	35도	-
1	서울특별시		126도 58분 1초	37도 32분 59초	- 1시간 02분 08초
2	광주광역시		126도 54분 0초	35도 9분 0초	- 1시간 02분 24초
3	대구광역시		128도 34분 58초	35도 50분 59초	- 55분 40초
4	대전광역시		127도 25분 1초	36도 19분 1초	- 1시간 00분 20초
5	부산광역시		129도 1분 58초	35도 5분 59초	- 53분 52초
6	울산광역시		129도 19분 1초	35도 31분 1초	- 52분 44초
7	인천광역시		126도 37분 58초	37도 27분 0초	- 1시간 03분 28초
8	경기도	가평군	127도 31분 58초	37도 49분 58초	- 59분 52초
		강화군	126도 28분 58초	37도 43분 58초	- 1시간 04분 04초
		고양시	126도 49분 58초	37도 39분 0초	- 1시간 02분 40초
		과천시	126도 58분 58초	37도 25분 58초	- 1시간 02분 04초
		광명시	126도 50분 59초	37도 27분 0초	- 1시간 02분 36초
		광주시	127도 15분 0초	37도 22분 58초	- 1시간 01분 00초
		구리시	127도 9분 0초	37도 35분 59초	- 1시간 01분 24초
		군포시	126도 55분 58초	37도 27분 0초	- 1시간 02분 16초
		김포시	126도 41분 59초	37도 37분 1초	- 1시간 03분 12초
		남양주시	127도 11분 59초	37도 37분 1초	- 1시간 01분 12초
		동두천시	127도 4분 1초	37도 54분 0초	- 1시간 01분 44초
		부천시	126도 46분 58초	37도 28분 1초	- 1시간 02분 52초
		성남시	127도 7분 58초	37도 25분 1초	- 1시간 01분 28초
		수원시	127도 1분 58초	37도 16분 1초	- 1시간 01분 52초
		시흥시	126도 46분 58초	37도 25분 58초	- 1시간 02분 52초
		안산시	126도 49분 1초	37도 19분 1초	- 1시간 02분 44초
		안성시	127도 16분 58초	37도 0분 0초	- 1시간 00분 52초
		안양시	126도 55분 1초	37도 22분 58초	- 1시간 02분 20초

④ 변환표 4

순서	지 역 (표4)		경 도 (동경)	위 도 (북위)	보정할 시간
8	경기도	양주시	127도 4분 1초	37도 49분 58초	- 1시간 01분 44초
		양평군	127도 30분 0초	37도 28분 1초	- 1시간 00분 00초
		여주군	127도 37분 58초	37도 16분 58초	- 59분 28초
		연천군	127도 4분 58초	38도 4분 1초	- 1시간 01분 40초
		오산시	127도 4분 58초	37도 9분 0초	- 1시간 01분 40초
		옹진군	126도 28분 1초	37도 15분 0초	- 1시간 04분 08초
		용인시	127도 13분 1초	38도 4분 1초	- 1시간 01분 08초
		의왕시	126도 56분 59초	37도 19분 58초	- 1시간 02분 12초
		의정부시	127도 3분 0초	37도 43분 58초	- 1시간 01분 48초
		이천시	127도 26분 59초	37도 16분 1초	- 1시간 00분 12초
		파주시	126도 46분 58초	37도 43분 58초	- 1시간 02분 52초
		평택시	127도 5분 59초	36도 59분 0초	- 1시간 01분 36초
		포천시	127도 11분 59초	37도 52분 58초	- 1시간 01분 12초
		하남시	127도 13분 1초	37도 31분 1초	- 1시간 01분 08초
		화성시	127도 1분 1초	37도 13분 1초	- 1시간 01분 56초
9	강원도	강릉시	128도 52분 58초	37도 45분 0초	- 54분 28초
		고성군	128도 28분 1초	38도 13분 12초	- 56분 08초
		동해시	129도 7분 1초	37도 18분 36초	- 53분 32초
		삼척시	129도 10분 1초	37도 27분 0초	- 53분 20초
		속초시	128도 34분 58초	38도 15분 0초	- 55분 40초
		양구군	127도 58분 58초	38도 5분 59초	- 58분 04초
		양양군	128도 40분 58초	38도 4분 1초	- 55분 16초
		영월군	128도 28분 1초	37도 10분 58초	- 56분 08초
		원주시	127도 56분 59초	37도 19분 58초	- 58분 12초

4 변환표 4

순서	지 역 (표4)		경 도 (동경)	위 도 (북위)	보정할 시간
9	강원도	인제군	128도 10분 1초	38도 4분 1초	- 57분 20초
		정선군	128도 36분 25초	37도 22분 1초	- 55분 35초
		철원군	127도 11분 59초	38도 13분 1초	- 1시간 01분 12초
		춘천시	127도 43분 58초	37도 52분 58초	- 59분 04초
		태백시	128도 58분 58초	37도 13분 58초	- 54분 04초
		평창군	128도 22분 58초	37도 22분 1초	- 56분 28초
		화천군	127도 41분 59초	38도 5분 59초	- 59분 12초
		홍천군	127도 52분 58초	37도 40분 58초	- 58분 28초
		횡성군	127도 58분 58초	37도 28분 58초	- 58분 04초
10	충청남도	공주시	127도 7분 58초	36도 27분 0초	- 1시간 01분 28초
		금산군	127도 28분 1초	36도 4분 58초	- 1시간 00분 08초
		논산시	127도 11분 59초	36도 12분 0초	- 1시간 01분 12초
		당진군	126도 37분 1초	36도 54분 0초	- 1시간 03분 32초
		보령시	126도 46분 58초	36도 19분 58초	- 1시간 02분 52초
		부여군	126도 54분 0초	36도 16분 1초	- 1시간 02분 24초
		서산시	126도 26분 59초	36도 46분 1초	- 1시간 04분 12초
		서천군	126도 40분 58초	36도 4분 1초	- 1시간 03분 16초
		아산시	127도 1분 1초	36도 46분 58초	- 1시간 01분 56초
		연기군	127도 16분 58초	36도 37분 58초	- 1시간 00분 52초
		예산군	126도 49분 58초	36도 42분 0초	- 1시간 02분 40초
		천안시	127도 9분 0초	36도 47분 59초	- 1시간 01분 24초
		청양군	126도 49분 1초	36도 27분 0초	- 1시간 02분 44초
		태안군	126도 16분 58초	36도 45분 0초	- 1시간 04분 52초
		홍성군	126도 40분 1초	36도 35분 59초	- 1시간 03분 20초

④ 변환표 4

순서	지 역 (표4)		경 도 (동경)	위 도 (북위)	보정할 시간
11	충청북도	괴산군	127도 45분 0초	36도 47분 59초	- 59분 00초
		단양군	128도 21분 0초	36도 28분 58초	- 56분 36초
		보은군	127도 43분 1초	36도 25분 58초	- 59분 08초
		영동군	127도 46분 1초	36도 10분 1초	- 58분 56초
		옥천군	127도 34분 1초	36도 16분 58초	- 59분 44초
		음성군	127도 40분 58초	36도 55분 58초	- 59분 16초
		제천시	128도 11분 59초	37도 7분 1초	- 57분 12초
		진천군	127도 25분 58초	36도 50분 59초	- 1시간 00분 16초
		청원군	127도 28분 58초	36도 37분 58초	- 1시간 00분 04초
		청주시	127도 28분 58초	36도 37분 58초	- 1시간 00분 04초
		충주시	127도 55분 1초	36도 58분 1초	- 58분 20초
12	경상북도	경산시	128도 43분 58초	35도 49분 1초	- 55분 04초
		경주시	129도 11분 59초	35도 49분 58초	- 53분 12초
		고령군	128도 16분 1초	35도 43분 1초	- 56분 56초
		구미시	128도 19분 58초	36도 5분 59초	- 56분 40초
		군위군	128도 34분 1초	36도 13분 1초	- 55분 44초
		김천시	128도 7분 1초	36도 7분 1초	- 57분 32초
		독 도	131도 52분 10초	37도 14분 27초	- 42분 32초
		문경시	128도 10분 58초	36도 34분 58초	- 57분 16초
		봉화군	128도 45분 0초	36도 52분 58초	- 55분 00초
		상주시	128도 8분 59초	36도 25분 1초	- 57분 24초
		성주군	128도 16분 58초	35도 54분 0초	- 56분 52초
		안동시	128도 43분 1초	36도 34분 1초	- 55분 08초
		영덕군	129도 22분 1초	36도 24분 0초	- 52분 32초
		영양군	129도 6분 0초	36도 40분 1초	- 53분 36초

4 변환표 4

순서	지 역 (표4)		경 도 (동경)	위 도 (북위)	보정할 시간
12	경상북도	영주시	128도 37분 1초	36도 49분 1초	- 55분 32초
		영천시	128도 55분 58초	35도 57분 0초	- 54분 16초
		예천군	128도 26분 59초	36도 28분 58초	- 56분 12초
		울릉군	130도 52분 1초	37도 34분 1초	- 46분 32초
		울진군	129도 22분 58초	36도 58분 58초	- 52분 28초
		의성군	128도 40분 58초	36도 20분 59초	- 55분 16초
		청도군	128도 46분 1초	35도 39분 0초	- 54분 56초
		청송군	129도 3분 0초	36도 25분 1초	- 53분 48초
		칠곡군	128도 23분 59초	35도 58분 1초	- 56분 24초
		포항시	129도 22분 1초	36도 1분 58초	- 52분 32초
13	경상남도	거제시	128도 37분 1초	34도 49분 1초	- 55분 32초
		거창군	127도 54분 57초	35도 40분 1초	- 58분 21초
		고성군	128도 19분 58초	34도 54분 0초	- 56분 40초
		김해시	128도 52분 58초	35도 13분 1초	- 54분 28초
		남해군	127도 54분 0초	34도 46분 1초	- 58분 24초
		마산시	128도 34분 1초	35도 10분 58초	- 55분 44초
		밀양시	128도 45분 0초	35도 28분 58초	- 55분 00초
		사천시	128도 4분 1초	34도 50분 59초	- 57분 44초
		산청군	127도 52분 58초	35도 24분 0초	- 58분 28초
		양산시	129도 1분 58초	35도 20분 59초	- 53분 52초
		의령군	128도 16분 1초	35도 19분 1초	- 56분 56초
		진주시	128도 4분 1초	35도 10분 58초	- 57분 44초
		진해시	128도 38분 59초	35도 7분 58초	- 55분 24초
		창녕군	128도 30분 0초	35도 31분 58초	- 56분 00초
		창원시	128도 40분 1초	35도 13분 58초	- 55분 20초

4 변환표 4

순서	지 역 (표4)		경 도 (동경)	위 도 (북위)	보정할 시간
13	경상남도	통영시	128도 25분 58초	34도 46분 1초	- 56분 16초
		하동군	127도 45분 0초	35도 4분 1초	- 59분 00초
		함안군	128도 23분 59초	35도 16분 1초	- 56분 24초
		함양군	127도 43분 1초	35도 50분 59초	- 59분 08초
		합천군	128도 10분 1초	35도 32분 59초	- 57분 20초
14	전라북도	고창군	126도 41분 59초	35도 25분 1초	- 1시간 03분 12초
		군산시	126도 41분 59초	35도 58분 58초	- 1시간 03분 12초
		김제시	126도 56분 59초	35도 17분 59초	- 1시간 02분 12초
		남원시	127도 22분 1초	35도 25분 1초	- 1시간 00분 32초
		무주군	127도 39분 0초	36도 0분 0초	- 59분 24초
		부안군	126도 43분 58초	35도 43분 58초	- 1시간 03분 04초
		순창군	127도 7분 58초	35도 24분 0초	- 1시간 01분 28초
		완주군	127도 9분 0초	35도 55분 58초	- 1시간 01분 24초
		익산시	126도 56분 59초	35도 55분 58초	- 1시간 02분 12초
		임실군	127도 16분 58초	35도 37분 1초	- 1시간 00분 52초
		장수군	127도 31분 1초	35도 39분 0초	- 59분 56초
		전주시	127도 7분 58초	35도 47분 59초	- 1시간 01분 28초
		정읍시	126도 52분 1초	35도 34분 1초	- 1시간 02분 32초
		진안군	127도 25분 1초	35도 46분 58초	- 1시간 00분 20초
15	전라남도	강진군	126도 46분 1초	34도 37분 58초	- 1시간 02분 56초
		고흥군	127도 16분 58초	34도 5분 59초	- 1시간 00분 52초
		곡성군	127도 16분 58초	35도 16분 58초	- 1시간 00분 52초
		광양시	127도 40분 58초	34도 58분 1초	- 59분 16초
		구례군	127도 26분 59초	35도 12분 0초	- 1시간 00분 12초
		나주시	126도 43분 1초	35도 1분 58초	- 1시간 03분 08초

④ 변환표 4

순서	지 역 (표4)		경 도 (동경)	위 도 (북위)	보정할 시간
15	전라남도	담양군	126도 58분 1초	35도 19분 1초	- 1시간 02분 08초
		목포시	126도 22분 58초	34도 46분 58초	- 1시간 04분 28초
		무안군	126도 28분 58초	34도 58분 58초	- 1시간 04분 04초
		보성군	127도 4분 58초	34도 16분 1초	- 1시간 01분 40초
		순천시	127도 28분 58초	34도 55분 58초	- 1시간 00분 04초
		신안군	126도 7분 58초	34도 15분 0초	- 1시간 05분 28초
		여수시	127도 43분 58초	34도 43분 58초	- 59분 04초
		여천시	127도 39분 0초	34도 45분 0초	- 59분 24초
		영광군	126도 31분 1초	35도 16분 1초	- 1시간 03분 56초
		영암군	126도 41분 59초	34도 46분 58초	- 1시간 03분 12초
		완도군	126도 45분 0초	34도 17분 59초	- 1시간 03분 00초
		장성군	126도 45분 0초	35도 16분 58초	- 1시간 03분 00초
		장흥군	126도 54분 0초	34도 40분 58초	- 1시간 02분 24초
		진도군	126도 16분 1초	34도 28분 58초	- 1시간 04분 56초
		화순군	126도 58분 58초	35도 2분 59초	- 1시간 02분 04초
		함평군	126도 31분 1초	35도 2분 59초	- 1시간 03분 56초
		해남군	126도 35분 59초	34도 34분 1초	- 1시간 03분 36초
16	제주도	서귀포시	126도 34분 1초	33도 15분 0초	- 1시간 03분 44초
		제주시	126도 31분 58초	33도 30분 0초	- 1시간 03분 52초

참고사항 :

표에서 사용된 각 지역의 경도와 위도 좌표값은 한국천문연구원과 한국국토지리원에서 제공한 자료를 기준으로 작성되었다.

북한지역 (국립중앙관상대 발행 자료 기준)

지 역	경도(동경)	위도(북위)	남중 시각	보정할 시간
기준점	135도	35도	12시 10분 14초	-
웅 기	130도 24분	42도 19분	12시 28분 36초	- **18분 22초**
청 진	129도 49분	41도 47분	12시 30분 54초	- **20분 40초**
중강진	126도 53분	41도 47분	12시 42분 38초	- **32분 24초**
성 진	129도 12분	40도 40분	12시 33분 25초	- **23분 11초**
신의주	124도 23분	40도 06분	12시 52분 40초	- **42분 26초**
함 흥	127도 28분	39도 58분	12시 40분 20초	- **30분 06초**
원 산	127도 26분	39도 11분	12시 40분 28초	- **30분 14초**
평 양	125도 49분	39도 01분	12시 46분 54초	- **36분 40초**
장 전	128도 11분	38도 44분	12시 37분 29초	- **27분 15초**
세 포	127도 21분	38도 38분	12시 40분 48초	- **30분 34초**
신 막	126도 13분	38도 25분	12시 45분 21초	- **35분 07초**
해 주	125도 42분	38도 02분	12시 47분 23초	- **37분 09초**
다사도	124도 25분	39도 48분	12시 52분 32초	- **42분 18초**
점이도	125도 38분	38도 44분	12시 47분 39초	- **37분 25초**
진남포	125도 24분	38도 41분	12시 48분 36초	- **38분 22초**
몽금포	124도 47분	38도 11분	12시 51분 03초	- **40분 49초**

참고사항 :

① 상기에 표기된 북한지역의 경도와 위도 좌표값은 국립중앙관상대에서 1958년에 발행한 전국 측후소의 위치를 참고하였다.

② 북한에 대한 변환표는 북한 각 지역에 대한 경도, 위도 자료와 표준시 자오선 변천사, 서머타임 적용 변천사 등 관련된 자료가 한국천문연구원에도 없는 관계로 작성하지 못하였다.

3

사주 구성 및 사주 세우는 법

姓名學

1. 사주팔자(四柱八字)란?

사주(四柱)라는 명칭은 탄생한 날짜의 "연월일시"가 각각 천간과 지지라는 두 부분으로 구성되어 4개의 기둥 모습을 하고 있어서 붙여진 이름이며, 각각의 기둥에 2글자씩 있으므로 전부 8글자가 되어 사주팔자라는 말이 나오게 되었다.

사주 구분	천간(天干) + 지지(地支)	사주의 의미
연주(年柱)	연간(年干) + 연지(年支)	선조, 조상, 고향
월주(月柱)	월간(月干) + 월지(月支)	부모
일주(日柱)	일간(日干) + 일지(日支)	자신, 나(我)
시주(時柱)	시간(時干) + 시지(時支)	자손

2. 연주(年柱) 세우는 법

① 일반적으로 명리학 또는 역학분야에서는 절기력상으로 1월의 절기인 입춘일이 지나야 비로소 새해 1월1일로 보고 새해의 태세(太歲)를 기록한다. 즉 입춘이 들어오는 입절시각을 기준으로 연주와 월주가 동시에 바뀌는것이다.

② 그러므로 양력이나 음력상으로 아무리 1월생이라 하더라도 입춘일이 들기 전 시각까지는 그 전년도의 태세로 연주를 적용해야 하며, 입춘일이 이미 지난 입절후(入節後) 출생자는 신년도의 태세로 적용해야 한다.

③ 예를 들어, 양력 1971년 2월 3일 寅시(음력 1월 8일 寅시)에 출생한 사람의 경우, 1971년(辛亥年) 입춘이 양력 2월 4일 20시 25분에 입절하였으므로 날짜상으로는 신년도인 1971년에 출생하였지만 신해년 태세를 적용하면 안 되고 그 전년도인 경술(庚戌)년의 태세를 적용해야 한다.

④ 또 다른 예로, 양력 1972년 2월 10일 戌시(음력 1971년 12월 26일 戌시)에 출생한 사

람의 경우, 양력 1972년 2월 5일 2시 20분에 임자(壬子)년의 입춘이 입절하였기 때문에 비록 음력으로는 1971년에 출생하였지만 신년도인 1972년 임자년의 태세로 적용해야 한다.

⑤ 연주는 기준 연주로부터 60갑자를 순행하면서 진행하므로 1971년이 辛亥년이면 2031년도 辛亥년이 된다.

3. 월주(月柱) 세우는 법

① 12절기의 입절시각을 만세력에서 찾아 해당되는 달의 절기를 기준으로 하여 월건(月建) 즉 월주가 결정된다.

② 그러므로 태어난 달이 절기의 입절시각이 지나고 다음 달의 절기 입절시각 전까지는 태어난 달의 월건을 사용하고, 태어난 달이 절기 입절시각이 지나지 않았으면 전달의 월건을 사용해야 한다.

③ 여기에서 지지(地支)는 월에 따라 정해지지만, 월주의 천간은 일정한 규칙에 따라서 정해지는데 이를 둔월법(遁月法)이라고 하며 아래표와 같다.

생월 / 생년	1	2	3	4	5	6	7	8	9	10	11	12
	寅	卯	辰	巳	午	未	申	酉	戌	亥	子	丑
甲己年	병인	정묘	무진	기사	경오	신미	임신	계유	갑술	을해	병자	정축
乙庚年	무인	기묘	경진	신사	임오	계미	갑신	을유	병술	정해	무자	기축
丙辛年	경인	신묘	임진	계사	갑오	을미	병신	정유	무술	기해	경자	신축
丁壬年	임인	계묘	갑진	을사	병오	정미	무신	기유	경술	신해	임자	계축
戊癸年	갑인	을묘	병진	정사	무오	기미	경신	신유	임술	계해	갑자	을축

④ 수지법(手指法)으로 월건을 찾는 방법은 연간합(年干合)의 오행을 생(生)해 주는 오행, 즉 인수(印綬)에 해당되는 오행의 양간(陽干)을 인월(寅月)의 천간으로 보면 된다.

예 甲己合化 "토"→ "화" 生土 →"병" 인(丙寅)월

합해지는 연간	연간합 오행	연간합을生 해주는 오행	연간합을 生 해주는 오행의 양간	시작되는인월 (寅月)
갑(甲)+기(己)	토(土)	화(火)	병(丙)	병인(丙寅)월
을(乙)+경(庚)	금(金)	토(土)	무(戊)	무인(戊寅)월
병(丙)+신(辛)	수(水)	금(金)	경(庚)	경인(庚寅)월
정(丁)+임(壬)	목(木)	수(水)	임(壬)	임인(壬寅)월
무(戊)+계(癸)	화(火)	목(木)	갑(甲)	갑인(甲寅)월

4. 일주(日柱) 세우는 법

일반적으로 역학책에 나오는 신주(身主), 명주(命主), 일주(日主), 나(我), 일간(日干)이라고 하는 말은 일주상의 일간(日干)을 말하며 또한 신약(身弱)하다, 신강(身强)하다, 중화(中和)되었다는 등의 말은 모두가 일간의 역량을 말하는 것이다.

① 절기나 중기와는 관계없이 만세력을 보고 탄생한 날짜의 연월일을 찾아서 생일의 일진(日辰) 즉 일주(日柱)를 그대로 기록하면 된다.

② 그러나 자시에 태어난 사람은 야자시(夜子時)와 정자시(正子時)로 분류하여 야자시 즉, 23~24시 또는 밤 11~12시에 태어난 사람은 그날의 일진을 쓰고 정자시 또는 조자시(朝子時) 즉, 그날 밤 12시~다음날 새벽 1시에 태어난 사람은 그 다음날의 일진을 적용해야 한다.

5. 시주(時柱) 세우는 법

① 절기나 중기와는 관계없이 일주(日柱)만을 고려하여 태어난 시간을 그대로 기록하면 된다.

② 갑(甲)일이나 기(己)일에 출생한 사람은 자시를 갑자시, 축시는 을축시, 인시는 병인시 하는 식으로 순행하고 을(乙)일이나 경(庚)일에 출생한 사람은 자시를 병자시, 축시는 정축시, 인시는 무인시 하는 식으로 순행하고 병(丙)일이나 신(辛)일에 출생한 사람은 자시를 무자시, 축시는 기축시, 인시는 경인시 하는 식으로 순행하며 다른 것도 이와 동일한 방법으로 적용하면 된다.

③ 그러나 자시에 태어난 사람은 야자시와 정자시로 분류하여 야자시 즉, 23~24시 또는 밤 11~12시에 태어난 사람은 그날의 일진을 쓰고 정자시 또는 조자시 즉, 그날 밤 12시~다음날 새벽 1시에 태어난 사람은 그 다음날의 일진을 적용해야 하며 아래 표와 같다.

생시 \ 생일		甲	乙	丙	丁	戊	己	庚	辛	壬	癸
정자시(正子)	00~01	갑자	병자	무자	경자	임자	갑자	병자	무자	경자	임자
丑시	01~03	을축	정축	기축	신축	계축	을축	정축	기축	신축	계축
寅시	03~05	병인	무인	경인	임인	갑인	병인	무인	경인	임인	갑인
卯시	05~07	정묘	기묘	신묘	계묘	을묘	정묘	기묘	신묘	계묘	을묘
辰시	07~09	무진	경진	임진	갑진	병진	무진	경진	임진	갑진	병진
巳시	09~11	기사	신사	계사	을사	정사	기사	신사	계사	을사	정사
午시	11~13	경오	임오	갑오	병오	무오	경오	임오	갑오	병오	무오
未시	13~15	신미	계미	을미	정미	기미	신미	계미	을미	정미	기미
申시	15~17	임신	갑신	병신	무신	경신	임신	갑신	병신	무신	경신

생시 / 생일		甲	乙	丙	丁	戊	己	庚	辛	壬	癸
酉시	17~19	계유	을유	정유	기유	신유	계유	을유	정유	기유	신유
戌시	19~21	갑술	병술	무술	경술	임술	갑술	병술	무술	경술	임술
亥시	21~23	을해	정해	기해	신해	계해	을해	정해	기해	신해	계해
야자시(夜子)	23~24	병자	무자	경자	임자	갑자	병자	무자	경자	임자	갑자

6. 대운(大運) 구하는 법

(1) 대운을 정하는 기본 법칙

동양의 한의학 고전인 황제내경을 보면 옛날 선지자들은 인간의 최대 수명을 120세 정도로 보았으며, 자연의 1년 순환과 인간의 1생의 순환을 동일하게 보았다.

그리하여 월주를 나타내는 12절기에 인간의 수명 120세를 비유하여 1절기에 10년씩 배정하였으며, 이렇게 함으로써 누구든지 최대수명을 살게 되면, 공평하게 좋고 나쁜 모든 상황에 놓이게끔 되게 하였다. 그리하여 옛말에 10년이면 강산도 변한다든가 권불십년화무십일홍이라 하여 10년을 큰 주기로 하여 모든 것이 변화한다고 인식하여 왔던 것이다.

기준	상세한 설명
연주(年柱)	1년에는 봄, 여름, 가을, 겨울의 모든 특성, 즉 음양의 모든 특성이 동시에 혼합되어 있어서 길흉화복의 인생사를 표현하는데 부적합하다. 지구가 1회전 공전하는 결과물로 만들어짐
월주(月柱)	각각의 월마다 고유의 특성 및 2~4개 정도의 암장간을 갖고 있어서 길흉화복의 인생사를 표현하는데 아주 적절하다. 지구가 공전하는 위치마다 고유의 복합적인 기후 특성을 나타냄

기준	상세한 설명
일주(日柱)	아침, 점심, 저녁, 밤의 모든 특성, 즉 음양의 모든 특성이 동시에 혼합되어 있어서 길흉화복의 인생사를 표현하는데 부적합하다. 지구가 1회전 자전하는 결과물로 만들어짐
시주(時柱)	각각의 시간마다 단순하고 변화가 적어 길흉화복의 인생사를 표현하는데 부적합하다. 지구가 자전하는 도중 단순한 기온차이 특성을 나타냄

절운(節運)	절운 1달 (30일)	절운 3일	절운 1일
대운(大運)	대운 10년 (3600일)	대운 1년 (360일)	대운 120일

① 각각의 달을 대표하는 절기에서 절기까지 예를 들어, 입춘에서 경칩까지가 30일이요, 경칩에서 청명까지가 30일 하는 식으로 30일을 기준으로 한번씩 교체된다.

② 이것과 대운을 비교하여 보면, 10년 대 30일 즉, 3600일 대 30일이 되어 3600÷30=120으로 절운(節運)의 1일은 대운의 120일에 해당되고, 1년은 360일이므로 절운 3일을 모으면 대운 1년이 되는 것이다. 또한 절운 1달은 대운 10년에 해당되어 운(運)은 10년을 주기로 하여 순환하고 있다.

	1월	2월	3월	4월	5월	6월	7월	8월	9월	10월	11월	12월
절기(節氣)	입춘(立春)	경칩(驚蟄)	청명(淸明)	입하(立夏)	망종(芒種)	소서(小暑)	입추(立秋)	백로(白露)	한로(寒露)	입동(立冬)	대설(大雪)	소한(小寒)
중기(中氣)	우수(雨水)	춘분(春分)	곡우(穀雨)	소만(小滿)	하지(夏至)	대서(大暑)	처서(處暑)	추분(秋分)	상강(霜降)	소설(小雪)	동지(冬至)	대한(大寒)

구 분	탄생년도
양남(陽男)	천간이 甲년, 丙년, 戊년, 庚년, 壬년인 해에 탄생한 남자
음남(陰男)	천간이 乙년, 丁년, 己년, 辛년, 癸년인 해에 탄생한 남자
양녀(陽女)	천간이 甲년, 丙년, 戊년, 庚년, 壬년인 해에 탄생한 여자
음녀(陰女)	천간이 乙년, 丁년, 己년, 辛년, 癸년인 해에 탄생한 여자

① 대운에서 양남음녀(陽男陰女)는 미래절(未來節)이요, 음남양녀(陰男陽女)는 과거절(過去節)이라는 법칙에 따라,

② 양년에 태어난 남자거나 음년에 태어난 여자인 경우는 미래절의 절기 입절일로부터 태어난 생일까지의 날짜수를 산출하여 대운을 구하는 법에 의해 산출한다.

③ 음년에 태어난 남자거나 양년에 태어난 여자인 경우는 과거절의 절기 입절일로부터 태어난 생일까지의 날짜수를 산출하여 대운을 구하는 법에 의해 산출한다.

④ 그러므로 각각의 달을 대표하는 24절기중의 절기의 입절일에는, 반드시 대운값이 2개 즉 입절일 시각 전 탄생과 입절일 시각 후 탄생에 해당되는 별도의 대운값이 각각 존재하게 된다.

⑤ 월주를 기준으로 하는 대운전개에 대한 자세한 것은 성명학 대백과 1권 부록에 첨부된 "대운(大運) 속견표(천간순 정리)"를 참조하기 바란다.

⑥ 또한 일반적으로는 시중에서 판매되는 대부분의 만세력을 보면 "대운"란에 순행인 경우와 역행인 경우로 구분하여 대운값이 기재되어 있다.

⑦ 보다 자세한 내용은 도서출판 동반인에서 출판한 천문과학만세력의 부록에 첨부된 "대운을 정밀하게 구하는 법"을 참조하기 바란다.

생일이 양년 또는 음년에 따라 대운을 구하는 기준표

생일이 입춘後 ~ 경칩前인 경우				생일이 경칩後 ~ 청명前인 경우			
양년인 경우		음년인 경우		양년인 경우		음년인 경우	
남자	여자	남자	여자	남자	여자	남자	여자
경칩~ 생일까지	입춘~ 생일까지	입춘~ 생일까지	경칩~ 생일까지	청명~ 생일까지	경칩~ 생일까지	경칩~ 생일까지	청명~ 생일까지
미래절	과거절	과거절	미래절	미래절	과거절	과거절	미래절

7. 명궁(命宮) 구하는 법

(1) 명궁 구하는 법

① 명궁을 구하는 법은 大運을 구하는 법과는 다르게, 절기를 기준으로 하지 않고, 중기(中氣)를 기준으로 하기 때문에 아래표와 같이 된다.

② 또한 이때 중기(中氣)가 속해 있는 달이 일반적인 24절기의 소속법과는 차이가 나므로 주의해야 한다.

	1월 寅월	2월 卯월	3월 辰월	4월 巳월	5월 午월	6월 未월	7월 申월	8월 酉월	9월 戌월	10월 亥월	11월 子월	12월 丑월
중기 中氣	대한 大寒	우수 雨水	춘분 春分	곡우 穀雨	소만 小滿	하지 夏至	대서 大暑	처서 處暑	추분 秋分	상강 霜降	소설 小雪	동지 冬至

③ 탄생 연월일시를 알면 명궁을 손쉽게 찾을 수 있도록 아래에

"1 생월 생시를 보고 명궁의 지지를 찾는 속견표" 와

"2 명궁 지지와 사주의 생년을 보고 명궁을 찾는 속견표" 를 제시하였다.

④ 아래의 명궁 속견표를 활용하는 방법

예1 탄생 연월일시가 庚午년 3(庚辰)월 甲辰일 戌시라면,

"1 생월, 생시를 보고 명궁의 지지를 찾는 속견표" 를 보면

3월 戌시는, 명궁지지가 卯宮에 해당되고

"2 명궁 지지와 사주의 생년을 보고 명궁을 찾는 속견표" 를 보면

庚년의 卯宮은, 기묘(己卯)이므로, 명궁은 己卯이다.

예2 탄생 연월일시가 丙子년 7(丙申)월 己卯일 寅시라면,

"1 생월, 생시를 보고 명궁의 지지를 찾는 속견표" 를 보면

7월 寅시는, 명궁지지가 未宮에 해당되고

"[2] 명궁 지지와 사주의 생년을 보고 명궁을 찾는 속견표" 를 보면

丙년의 未宮은, 을미(乙未)이므로, 명궁은 乙未이다.

[1] 생월, 생시를 보고 명궁의 지지를 찾는 속견표

탄생한 달		명궁 地支											
中氣	生月	寅宮	卯宮	辰宮	巳宮	午宮	未宮	申宮	酉宮	戌宮	亥宮	子宮	丑宮
대한 우수	1월 寅월	丑시	子시	亥시	戌시	酉시	申시	未시	午시	巳시	辰시	卯시	寅시
우수 춘분	2월 卯월	子월	亥시	戌시	酉시	申시	未시	午시	巳시	辰시	卯시	寅시	丑시
춘분 곡우	3월 辰월	亥시	戌시	酉시	申시	未시	午시	巳시	辰시	卯시	寅시	丑시	子시
곡우 소만	4월 巳월	戌시	酉시	申시	未시	午시	巳시	辰시	卯시	寅시	丑시	子시	亥시
소만 하지	5월 午월	酉시	申시	未시	午시	巳시	辰시	卯시	寅시	丑시	子시	亥시	戌시
하지 대서	6월 未월	申시	未시	午시	巳시	辰시	卯시	寅시	丑시	子시	亥시	戌시	酉시
대서 처서	7월 申월	未시	午시	巳시	辰시	卯시	寅시	丑시	子시	亥시	戌시	酉시	申시
처서 추분	8월 酉월	午시	巳시	辰시	卯시	寅시	丑시	子시	亥시	戌시	酉시	申시	未시
추분 상강	9월 戌월	巳시	辰시	卯시	寅시	丑시	子시	亥시	戌시	酉시	申시	未시	午시
상강 소설	10월 亥월	辰시	卯시	寅시	丑시	子시	亥시	戌시	酉시	申시	未시	午시	巳시
소설 동지	11월 子월	卯시	寅시	丑시	子시	亥시	戌시	酉시	申시	未시	午시	巳시	辰시
동지 대한	12월 丑월	寅시	丑시	子시	亥시	戌시	酉시	申시	未시	午시	巳시	辰시	卯시

② 명궁 지지와 사주의 생년을 보고 명궁을 찾는 속견표

명궁 지지 / 생년	寅宮	卯宮	辰宮	巳宮	午宮	未宮	申宮	酉宮	戌宮	亥宮	子宮	丑宮
甲己年	병인	정묘	무진	기사	경오	신미	임신	계유	갑술	을해	병자	정축
乙庚年	무인	기묘	경신	신사	임오	계미	갑신	을유	병술	정해	무자	기축
丙辛年	경인	신묘	임진	계사	갑오	을미	병신	정유	무술	기해	경자	신축
丁壬年	임인	계묘	갑진	을사	병오	정미	무신	기유	경술	신해	임자	계축
戊癸年	갑인	을묘	병진	정사	무오	기미	경신	신유	임술	계해	갑자	을축

용어 구분	용어에 대한 상세한 설명
용신(用神)	중화를 이루는데 가장 필요한 오행으로 나를 도와주는 아군에 해당된다.
희신(喜神)	용신을 도와주는 오행으로 일주(日主)가 기뻐하는 오행이다.
기신(忌神)	용신을 극하는 오행으로 태왕하거나 설기되지 않는 오행이다. 나를 극하는 적군에 해당된다.
구신(仇神)	희신을 극하는 오행이거나 기신을 돕는 오행이다.
한신(閑神)	어떤 때는 용신을 돕고 어떤 때는 기신을 돕는 오행으로, 상황상황에 따라 돕는 대상이 바뀌는 오행이다.

이 책은 성명학에 관련한 전문적인 서적으로 편찬된 관계로 명리학에 관련된 기본적인 내용들의 설명은 이상으로 끝마치고 다음장부터는 성명학에 관련된 내용들을 서술하기로 한다.

그 외 명리학에 관련하여 궁금한 사항 및 자세한 내용은 전문적인 명리학 서적들을 참고하기 바란다.

4

성명학에 대한 이해

姓名學

1. 좋은 이름의 중요성

오랜 옛날부터 사람들은 세상을 살아가는데 있어 모든 일들이 마음먹은 대로 되지 않고, 어떤 사람은 세상일이 쉽게 풀리고 어떤 사람은 어렵게 풀리는 등 차이가 있고, 또 일개인에 한정해서 보아도 어떤 때는 일이 잘 풀리고 어떤 때는 일이 잘 풀리지 않는 경험을 하였고, 그 원인을 분석하고자 명리학, 기문둔갑, 자미두수 등등 운명을 예측하는 역학관련 학문들이 발전을 거듭해왔다. 지구상에 태어나 살고 있는 모든 사람 개개인이 가지고 있는 정보 가운데 오차가 없이 가장 확실한 것은 어느 지역에서, 누구누구를 부모로 하여 또는 누구의 자식으로, 몇년 몇월 몇일 몇시에 태어났다고 하는 사실뿐이며, 이를 근거로 하여 개개인의 운명을 예측해보는 것이 명리학 등 역학관련 학문들로 서양과학 못지않게 과학적인 학문이라 말할 수가 있는 것이다.

그런데 이 세상을 살아가고 있는 사람들에 대하여 태어난 개개인의 탄생 연월일시와 지역에 근거하여 산출한 사주팔자를 역학적인 차원에서 분석해 보면, 거의 대부분의 사람들이 음양오행의 과부족 없이 균형을 이루어 태어나지 못한 관계로, 세상을 살아가는 동안 길흉화복의 굴곡이 적지 않다는 것을 알 수 있다. 그러나 사람들의 욕심은 이 세상을 살아가는 동안은 누구든지 행복하게 살고 싶어 하는 관계로, 개개인의 운명을 조금이나마 좋은 방향으로 개선시키고자 성명학이 탄생되었다.

자세히 이야기하면, 개개인의 운명을 결정짓는 요인 가운데

① 개개인의 탄생 연월일시와 지역에 근거해 결정되어지는 타고난 사주팔자와 대운, 세운은 어떤 경우를 막론하고 고칠 수 없고

② 개개인의 본마음(영혼)에 근거한 심상(心想)을 교정하고 실천하여 세상의 모든 사람 및 생물체에게 이득을 주어 운명을 개선하는 방법은, 탐진치(貪瞋癡) 삼독 특히 각종 탐욕심에 찌들어 개개인의 의무보다는 권리만을 항상 추구하는 현대인들

에게는 불가능에 가까우나

③ 개개인의 사주팔자에서 부족한 음양오행을, 성명학 이론을 적용하여 여러 가지 방법으로 성명에서 보완하여 부족한 음양오행의 균형을 잡아줌으로써, 선천적으로 타고난 운명을 후천적으로 만들어진 성명기운의 보완을 통해 조절하여 부분적으로나마 길운(吉運)으로 바꾸려는데 그 목적이 있으며, 누구라도 정성만 있으면 실현이 가능하다는 장점이 있다.

이러한 성명학 이론 중 일부를 요약하여 소개하면

한자는 표의문자로서 그리고 한글은 표음문자로서 영이 깃들어 있어 이름을 쓰거나 부르거나 불러지거나 했을 때에, 영동(靈動)하는 능력이나 주술적인 힘이 있다는 가정에 근거하여 성명학은 출발한다고 볼 수 있다.

일례로 한 개인의 사주에 火氣가 부족하다면(즉 용신이 火라면) 불火변이 있는 한자를 성명에서 채용하여 사주팔자에 부족한 기운을 보충해주는 것이 자원오행 작명법이며, 표음문자인 한글의 발음오행에 근거하여 사주팔자에 부족한 기운을 보충해주려는 것이 음령오행 작명법이라고 설명할 수 있으며, 이와 같은 성명학 이론에 근거하여 보면 좋은 이름은 운을 좋게 유도하고 나쁜 이름은 운을 나쁘게 유도하게 된다.

(1) 좋은 성명을 작명하는 조건

① 사주팔자에 필요한 또는 부족한 음양오행을 보완해야 한다.

사주팔자상 용신 또는 희신 오행이거나, 부족한 음양오행을 작명하고자 하는 성명에 적용하여 단점을 보완하는 것이다.

② 발음이 좋아야 한다.

놀림감이 될 만한 이름이나 저속한 이름 등은 자라나는 아이들에게 심각한 스트레스를 주거나 정신건강에 나쁜 영향을 미칠 수 있으므로 주의해야 한다.

③ 성명한자의 뜻이 좋아야 한다.

한자는 표의문자로서 뜻글자이므로, 좋은 뜻의 이름을 짓는 것이 좋다.

그러나 뜻이 좋아도 사용하지 않는 불용문자(不用文字)가 있으니 주의하여 써야 한다.

④ 자원오행, 수리오행, 음령오행, 원형이정 81수리, 삼원오행, 주역작명원리에 부합되어야 한다. 이중 선택하여 일부만 적용한다.

⑤ 한자획수가 너무 많거나 사람들이 잘 모르는 어려운 한자는 사용에 불편하므로 가능한 피한다.

⑥ 발음이 2가지로 쓰이거나 착오를 일으키기 쉬운 한자는 가능한 피한다.

更(경, 갱), 便(편, 변), 參(삼, 참), (己기, 已이, 巳사), (千천, 干간, 于우)

⑦ 한자의 뜻이 불길한 한자는 피한다.

凶(흉), 死(사), 亡(망), 殺(살), 苦(고)

⑧ 동물한자, 인체의 신체부위를 의미하는 한자는 피한다.

犬(견), 猪(저), 鷄(계), 鳥(조), 魚(어), 肉(육), 體(체), 足(족), 鼻(비)

⑨ 남녀구별에 혼란을 주는 한자는 피한다.

⑩ 차서(次序)에 따라 사용하지 않는 한자는 가능한 피한다.

❶ 장남에게만 쓰는 한자 (왜냐하면 먼저, 위, 시초라는 의미 포함)

一(일), 長(장), 始(시), 初(초), 孟(맹), 先(선), 宗(종), 甲(갑), 子(자), 前(전), 寅(인), 天(천), 上(상), 高(고), 首(수), 頭(두), 元(원), 仁(인), 東(동)

❷ 차남에게만 쓰는 한자 (왜냐하면 두 번째 이하라는 의미 포함)

二(이), 貳(이), 三(삼), 參(삼), 仲(중), 中(중), 季(계), 次(차), 再(재)

⑪ 한자형상에 따라 강약과 허실이 있으므로, 안정감이 있고 조화되는 한자를 쓰는 것이 좋다.

❶ 강(强)한 한자 : 글자가 강하고 왕성하거나 결단의 뜻을 나타내는 한자

泰(태), 勇(용), 美(미), 弘(홍), 光(광), 成(성), 克(극), 飛(비), 義(의), 威(위), 龍(용), 豪(호), 炎(염)

❷ 약(弱)한 한자 : 글자가 유약하거나 글자의 바닥이 없는 한자

華(화), 斤(근), 羊(양), 平(평), 斗(두), 年(년), 市(시), 幸(행), 科(과)

❸ 허(虛)한 한자 : 글자가 내용이 공허하고 소극적인 뜻을 나타내는 한자

細(세), 占(점), 門(문), 行(행), 方(방), 弓(궁), 入(입)

❹ 실(實)한 한자 : 글자체가 견실하고 글자의 바닥이 있는 한자

益(익), 立(립), 玉(옥), 昌(창), 皇(황), 國(국), 鳳(봉), 基(기), 衡(형)

2. 이 책을 활용하는 방법

이 장에서는 독자들이 자신의 이름이나 타인의 이름을 작명, 감명, 개명하려고 할 때, 이 책에서 주어진 기초자료들이나 속견표들을 활용하여 보다 편리하고 쉽게 목적을 달성할 수 있도록 하기 위하여

성명학 대백과 1권에는 실제 작명시 적용하는 사례를 설명한 4가지 유형의 성명구조 예제들, 성명학에 관련된 각종 상세한 이론 설명들, 인명용 한자에 대한 부수표, 대한민국 성씨에 사용되는 한자 (기준 : 의획, 성씨에만 적용), 대한민국 이름에 사용되는 한자 (기준 : 의획, 이름에 적용), 대한민국 성씨에 사용되는 한자 (기준 : 필획, 성씨에만 적용), 대한민국 이름에 사용되는 한자 (기준 : 필획, 이름에 적용), 사주명리학에 대한 주요한 관점, 사주팔자 산출에 적용하는 탄생 연월일시를 정확히 구하는 방법, 사주 구성 및 사주 세우는 법, 부록으로는 육효로 본 64괘상 변화표, 대운 세운 속견표, 작명용 빈 양식, 대한민국 성씨별 본관표를 수록하였고, 성명학 대백과 2권에는 한자획수로 구분한 성씨표, 원형이정 81수리에 대한 길흉 속견표, 주역으로 본 64괘상 변화에 대한 吉/凶/平 속견표, 1획 성씨부터 22획 성씨까지 각각의 성씨들에 대한 원형이정 속견표, 수리오행 음양 속견표, 삼원오행 속견표, 주역괘상 속견표 조합들을 수록하였다.

(1) 제시한 예제들을 볼 때 주의사항

각종 성명학이론에 따라 제시된 기초자료들을 활용하여 실제로 이름을 작명, 개명, 감명한다는 가정하에 4가지 형태의 성명구조 즉, "1字姓 2字名", "1字姓 1字名", "2字姓 2字名", "2字姓 1字名"에 대한 각 단원의 예제들을 제시하고, 제시된 예제들 중 개개인의 성명구조에 맞는 하나를 선택하여 설명서만 보면 의문점이 없도록, "간략한 성명학 이론 부분" 과 "실전 부분" 으로 나누어 이용하는 방법을 자세히 설명함으로써, 독자들이 제시된

예제를 따라하다 보면 저절로 작명, 개명 및 감명을 할 수 있게 되어, 그 동안 일반인들이 실생활에서 어려웠던 작명, 개명 및 감명을 성명학 이론을 적용하여 아주 쉽게 기계적으로 할 수 있도록 하는데 주안점을 두었다.

(2) 성명학 대백과 1권의 한자표를 볼 때 주의사항

현재 국내 성명학자들 가운데는 성명에 대한 작명, 개명, 감명시 한자를 적용할 때 의획기준으로 보는 분과 필획기준으로 보는 분들이 각각 존재하는 관계로, 이 책 성명학 대백과 1권에서는 앞에는 "한자표(의획기준)"을, 뒤에는 "한자표(필획기준)"으로 2가지 모두 각각 제공하였다. 그러나 대부분의 성명학자분들이 한자표(의획기준)을 사용하고 있는바 일반 독자분들은 앞에 제시한 한자표(의획기준)을 채택하여 사용하시기 바라며, 차후 이 책에서 제시하는 모든 예제들도 한자표(의획기준)을 기준으로 하여 설명할 것이다.

그러나 성명학 대백과 2권에 수록된 원형이정표들을 활용하실 때는 성명학 대백과 1권의 한자표(의획기준), 한자표(필획기준)의 구분과는 관계없이 오직 한자표 내에 표시된 한자획수만을 기준으로 하여 적용하면 된다.

(3) 작명, 개명, 감명시 중요 순서

성명학이 탄생한 근본 취지는 개개인의 사주팔자에서 필요로 하는 오행(용신, 희신)중 부족한 오행을 개개인 고유의 성명을 통해 보완해주어 사주팔자를 조금이라도 개선시켜 그 사람의 운명을 좋은 방향으로 이끌려는데 목적이 있다.

그러나 현재 시중에 나도는 성명학 이론들이 너무나 다양하고 전부 만족시키기가 어려우며, 그중에 일부는 근거가 타당하고 확실하나 일부는 근거가 미약한 관계로, 실제로 성명을 작명, 개명, 감명시 이론의 중요도에 따라 우선순위를 두어 차별적으로 적용할 필요가 있는바, 현재 대부분의 국내 성명학자들이 많이 활용하는 비중을 기준으로 하여,

아래와 같이 중요도가 높은 순서부터 낮은 순서로 정리하여 소개한다.

① 자원오행
② 음령오행
③ 수리오행 음양
④ 원형이정 81수리
⑤ 주역괘상법
⑥ 삼원오행
⑦ 수리오행 오행

이제부터 독자들이 실제적으로 성명을 작명, 감명, 개명을 하려할 경우, 선정방법은 대한민국 국민 각자가 사용하는 성명의 성(姓), 상명자(上名字), 하명자(下名字)의 글자수에 따라 1차로 아래의 표1 을 사용하여 성명구조를 확인하고,

표1

예제번호	성명(姓名)	성(姓)씨	상명자	하명자	성명구조
1	김동영	김	동	영	1字姓 2字名
2	김민	김		민	1字姓 1字名
3	선우재덕	선우	재	덕	2字姓 2字名
4	제갈 근	제갈		근	2字姓 1字名

표1 에서 확인한 성명구조를 표2 에서 소개한 성명구조 중에서

표2

예제번호	성명구조	상세한 설명	적용 페이지
1	1字姓 2字名	성씨 : 1자, 이름 : 2자	107~127페이지
		성씨 : 1자, 상명자 : 1자, 하명자 : 1자	
2	1字姓 1字名	성씨 : 1자, 이름 : 1자	129~148페이지
		성씨 : 1자, 하명자 : 1자	
3	2字姓 2字名	성씨 : 2자, 이름 : 2자	149~169페이지
		성씨 : 2자, 상명자 : 1자, 하명자 : 1자	
4	2字姓 1字名	성씨 : 2자, 이름 : 1자	171~190페이지
		성씨 : 2자, 하명자 : 1자	

① 각자의 성명구조에 해당되는 번호를 선택하여, 오른쪽에 기재된 "적용 페이지"를 찾으신 후

② 적용 페이지 난에 기재된 페이지로 넘어가서 "2. 적용하는 순서 및 방법"에 설명된 순서대로 그대로 따라 작명, 감명, 개명을 하려는 사람의 성명 및 속견표 내의 자료 내용값을 빈 양식에 기입한 후,

③ 1차로는 각각의 항목별로 제시된 속견표를 사용하여 좋고 나쁨을 판명하시고, 좀 더 자세하게 어느 정도 좋고 나쁜가?, 왜 좋고 나쁜가? 등의 이유를 상세하게 알고 싶으신 분들은 각각의 항목별로 제시된 "간략한 성명학 이론 부분"에 설명된 내용과, 뒤에 이어지는 "9. 상세한 성명학 이론"부분에 자세하게 설명된 성명학 이론들을 활용하시기 바란다.

5

성명구조

1字姓 2字名

1字姓 2字名

1. 성명구조가 "1字姓 2字名" 인 경우

표1 성명한자 설명부

글자		글자		획수			음령오행		부수		글자의 의미
		음양	오행	획수	음양	오행	초성	종성	부수	오행	
김	金	陽	金	8	陰	金	木	水	金	金	성(姓), 쇠, 황금
동	洞	陰	水	10	陰	水	火	土	水	水	골, 동굴, 마을, 빌
영	瑩	中	金	15	陽	土	土	土	玉	金	밝을, 맑을, 마음이 밝을

1 2 3 4 5 6 7 8 9 10 11 12

표2 원형이정 설명부

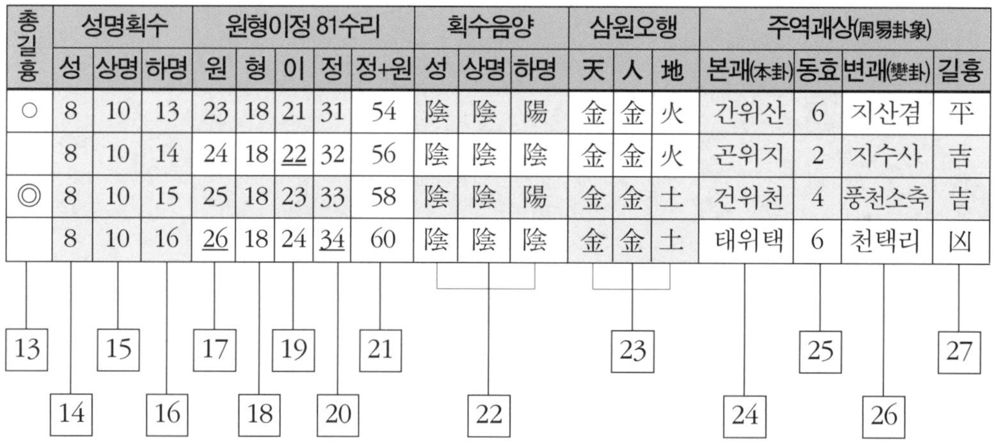

총길흉	성명획수			원형이정 81수리					획수음양			삼원오행			주역괘상(周易卦象)			
	성	상명	하명	원	형	이	정	정+원	성	상명	하명	天	人	地	본괘(本卦)	동효	변괘(變卦)	길흉
○	8	10	13	23	18	21	31	54	陰	陰	陽	金	金	火	간위산	6	지산겸	平
	8	10	14	24	18	22	32	56	陰	陰	陰	金	金	火	곤위지	2	지수사	吉
◎	8	10	15	25	18	23	33	58	陰	陰	陽	金	金	土	건위천	4	풍천소축	吉
	8	10	16	26	18	24	34	60	陰	陰	陰	金	金	土	태위택	6	천택리	凶

13 14 15 16 17 18 19 20 21 22 23 24 25 26 27

상기의 표에 사용된 용어 설명

심볼	심볼 번호에 대한 상세한 용어 설명
1	성명의 한글 표기
2	성명의 한자 표기
3	성명한자의 겉보기 형태에 따른 음양 구분
4	자원오행, 성명한자가 표의문자로서 본래부터 갖고 있는 오행(五行)
5	성명한자의 글자 획수
6	수리오행 음양(陰陽), 성명한자의 글자획수에 따른 음양 구분
7	수리오행 오행(五行), 성명한자의 글자획수에 따른 오행 구분
8	음령오행 주음(主音), 한글은 표음문자로서 성명을 소리내어 음성으로 부르거나 불릴 때, 성명글자의 초성에 사용된 자음에 따른 오행 구분
9	음령오행 종음(從音), 한글은 표음문자로서 성명을 소리내어 음성으로 부르거나 불릴 때, 성명글자의 종성에 사용된 자음에 따른 오행 구분
10	성명한자가 속한 부수(部首)를 나타낸다.
11	성명한자가 속한 부수의 오행(五行)을 나타낸다.
12	성명한자가 지닌 글자의 의미나 뜻을 나타낸다.
13	성명획수의 배열조합을 근거로 한 원형이정 81수리, 수리오행 음양(획수음양), 삼원오행, 주역괘상의 길흉 등을 종합적으로 분석하여 정리한 전체적이고 최종적인 길흉을 나타낸다.
14	성(姓)씨 한자의 글자 획수, 5에 기입된 글자 획수와 일치하여야 한다.
15	성명한자 중 상명자(上名字)의 글자 획수, 5에 기입된 글자 획수와 일치하여야 한다.

심볼	심볼 번호에 대한 상세한 용어 설명
16	성명한자 중 하명자(下名字)의 글자 획수, 5에 기입된 글자 획수와 일치하여야 한다.
17	원격(元格), 원형이정(元亨利貞) 81수리 중 원격을 나타낸다. 밑줄이 없는 17은 길수를 의미하며, 밑줄이 있는 <u>14</u>는 흉수를 의미한다.
18	형격(亨格), 원형이정(元亨利貞) 81수리 중 형격을 나타낸다. 밑줄이 없는 17은 길수를 의미하며, 밑줄이 있는 <u>14</u>는 흉수를 의미한다.
19	이격(利格), 원형이정(元亨利貞) 81수리 중 이격을 나타낸다. 밑줄이 없는 17은 길수를 의미하며, 밑줄이 있는 <u>14</u>는 흉수를 의미한다.
20	정격(貞格), 원형이정(元亨利貞) 81수리 중 정격을 나타낸다. 밑줄이 없는 17은 길수를 의미하며, 밑줄이 있는 <u>14</u>는 흉수를 의미한다.
21	주역괘상법에 표시된 동효(動爻)값을 구하기 위한 계산식 중 일부분을 나타낸다.
22	수리오행 음양(陰陽), 성명한자의 성씨. 상명자, 하명자 글자획수에 따른 음양의 배열조합을 나타낸다. 6에 기입된 음양과 일치하여야 한다.
23	삼원오행(三元五行), 성명한자의 글자획수 조합을 근거로 산출된 삼원오행의 천지인(天地人)값을 각각 나타낸다.
24	주역괘상 본괘(本卦), 성명한자의 글자획수를 근거로 산출된 주역괘상법(周易卦象法)의 64괘중 본괘를 나타낸다.
25	주역괘상 동효(動爻), 성명한자의 글자획수를 근거로 산출된 주역괘상법의 동효를 나타낸다.
26	주역괘상 변괘(變卦), 성명한자의 글자획수에 근거한 주역괘상법의 변괘(變卦)를 나타낸다. 일명 지괘(之卦)라고도 불린다. 변괘는 본괘를 기준으로 하여 동효를 적용하여 구한다.
27	주역괘상법의 본괘가 동효로 인하여 변괘가 되었을 때, 좋은 쪽으로 진행되면 吉이라 표시하고, 나쁜 쪽으로 진행되면 凶이라 표시하였으며, 평범하면 平이라 표시하였다.

2. 적용하는 순서 및 방법

① 아래와 같이 표1 성명한자 설명부와 표2 원형이정 설명부에 대한 빈 양식을 각각 준비한다. 독자들의 편의를 위해 빈 양식은 부록에 첨부되어 있다.

표1 성명한자 설명부

글자		글자		획수			음령오행		부수		글자의 의미
		음양	오행	획수	음양	오행	초성	종성	부수	오행	

표2 원형이정 설명부

총길흉	성명획수			원형이정 81수리					획수음양			삼원오행			주역괘상(周易卦象)			
	성	상명	하명	원	형	이	정	정+원	성	상명	하명	天	人	地	본괘(本卦)	동효	변괘(變卦)	길흉

② 준비한 표1 성명한자 설명부의 빈 양식에 108페이지 견본에 표시된 1과 같이 세로로 개개인의 성명을 한글로 기입한다.

글자		글자		획수			음령오행		부수		글자의 의미
		음양	오행	획수	음양	오행	초성	종성	부수	오행	
김											
동											
영											

③ 성명학 대백과 1권 253페이지~270페이지에 있는 "대한민국 성씨에 사용되는 한자(기준: 의획, 성씨에만 적용)" 에서 해당되는 성씨한자를 찾아 108페이지 견본에 보이는 **표1** **성명한자 설명부**의 "김동영" 부분의 "김"과 같이 상위부분에 해당되는 한자, 글자-음양 오행, 획수-획수 음양 오행, 음령오행-초성 종성, 부수-부수 오행, 글자의 의미를 아래와 같이 차례차례 기계적으로 가로로 기입한다.

글자		글자		획수			음령오행		부수		글자의 의미
		음양	오행	획수	음양	오행	초성	종성	부수	오행	
김	金	陽	金	8	陰	金	木	水	金	金	성(姓), 쇠, 황금
동											
영											

④ 성명학 대백과 1권 271페이지~438페이지에 있는 "대한민국 이름에 사용되는 한자(기준: 의획, 이름에 적용)" 에서 해당되는 이름한자(상명자)를 찾아 ③번과 같은 방식으로 **표1** **성명한자 설명부**의 "김동영" 부분의 "동"에 대하여 중간부분에 아래와 같이 차례차례 가로로 기입한다.

글자		글자		획수			음령오행		부수		글자의 의미
		음양	오행	획수	음양	오행	초성	종성	부수	오행	
김	金	陽	金	8	陰	金	木	水	金	金	성(姓), 쇠, 황금
동	洞	陰	水	10	陰	水	火	土	水	水	골, 동굴, 마을, 빌
영											

⑤ 성명학 대백과 1권 271페이지~438페이지에 있는 "대한민국 이름에 사용되는 한자 (기준 : 의획, 이름에 적용)" 에서 해당되는 이름한자(하명자)를 찾아 ③번과 같은 방식으로 **표1** **성명한자 설명부**의 "김동영" 부분의 "영"에 대하여 하위부분에 아래와 같이 차례차례 가로로 기입한다.

글자		글자		획수			음령오행		부수		글자의 의미
		음양	오행	획수	음양	오행	초성	종성	부수	오행	
김	金	陽	金	8	陰	金	木	水	金	金	성(姓), 쇠, 황금
동	洞	陰	水	10	陰	水	火	土	水	水	골, 동굴, 마을, 빌
영	瑩	中	金	15	陽	土	土	土	玉	金	밝을, 맑을, 마음이 밝을

⑥ 위의 표에서 "김동영(金洞瑩)"이라는 성명은 성명획수의 조합이 "8 10 15" 이므로 성명학 대백과 2권 37페이지~785페이지에 있는 원형이정표 조합들 중에서, 8획 조합에 해당하는 276페이지~309페이지에 있는 원형이정표 중에서 "8 10 15" 조합이 있는 286페이지를 찾아 **표2** **원형이정 설명부**의 빈 양식에 아래와 같이 기입한 것이다.

다시 말하면 김동영은 성명획수가 "8 10 15"에 해당되어 276페이지~309페이지에 있는 8획 성씨 원형이정표를 찾고, 찾은 원형이정표 가운데서 다시 "8 10" 조합들이 있는 286페이지를 찾고, 다시 그 가운데서 "8 10 15"의 조합을 찾아 해당되는 원형이정 81수리, 획수음양(수리오행 음양), 삼원오행, 주역괘상(周易卦象)을 **표2** **원형이정 설명부**의 빈 양식에 아래와 같이 차례차례 기입한다.

총길흉	성명획수			원형이정 81수리					획수음양			삼원오행			주역괘상(周易卦象)			
	성	상명	하명	원	형	이	정	정+원	성	상명	하명	天	人	地	본괘(本卦)	동효	변괘(變卦)	길흉
◎	8	10	15	25	18	23	33	58	陰	陰	陽	金	金	土	건위천	4	풍천소축	吉

⑦ 상기와 같이 **표1** **성명한자 설명부**와 **표2** **원형이정 설명부**의 빈 양식이 모두 채워지면 데이터를 찾는 1차 작업은 완료된 것이다.

⑧ 이제부터는 2차 작업으로서 데이터들이 무슨 의미를 갖고 있는지를 분석하기 위해 양식에 기재된 데이터들을 기초자료로 활용하여, 아래의 "간략한 성명학 이론부분"과 "실전 부분"들을 참고해가면서 개개인의 성명에 대한 작명, 개명, 감명 작업을 차례차례 진행해 나가면 되는 것이다.

⑨ 이때 각자의 성명에 대해 어느 정도 좋고 나쁜가?, 그것이 왜 좋고 나쁜가? 등등의 상세한 이유를 알고 싶으신 독자들은, 191페이지부터 이어지는 "9. 상세한 성명학 이론" 에 자세하게 설명된 성명학 이론들을 활용하시기 바란다.

⑩ 이때 아래의 이론분석 작업 중에서 3~6번까지는 필히 만족되어야 하나, 나머지 부분은 만족되면 더욱 좋고 만족되지 않아도 크게 영향은 미치지 않는 것으로 간주해도 된다.

3. 자원오행(字原五行) 4 글자 -오행

(1) 상명자, 하명자 배열조합으로 보는 자원오행 길흉 속견표

자원오행	길흉	자원오행	길흉	자원오행	길흉	자원오행	길흉	자원오행	길흉
木木	平	木火	吉	木土	凶	木金	凶	木水	吉
火木	吉	火火	凶	火土	吉	火金	凶	火水	凶
土木	凶	土火	吉	土土	吉	土金	吉	土水	凶
金木	凶	金火	凶	金土	吉	金金	凶	金水	吉
水木	吉	水火	凶	水土	凶	水金	吉	水水	吉

간략한 성명학 이론 부분

성명학적으로 개개인의 성명은 문서에 쓰여지고 목소리로 불리어지고 있는 것으로 보며, 한자가 표의문자(表意文字)로서 한자 자체가 갖고 있는 고유의 근원오행을 자원오행이라 부른다. 이때

① 성명에 사용된 한자의 자원오행이 개개인의 사주팔자에서 부족한 또는 요구되는 희신, 용신(나를 도와주는 것)에 해당되는 자원오행이어야 좋다고 보며, 사주팔자에서 남아도는 또는 불필요한 기신(나를 해치는 것)에 해당되는 자원오행이면 흉한 이름으로 본다.

② 더불어 성명에 사용된 개개인의 성명한자 배열조합 간에 위의 "(1)상명자, 하명자 배열조합으로 보는 자원오행 길흉 속견표"에서 보여주듯이 상생이 되면 길한 것으로 보고 상극이 되면 흉한 것으로 본다.

③ 여기서는 속견표 내에 각각의 자원오행 배열조합에 대해, 옆에 "길흉"이라는 항목을 표시하여 일일이 찾을 필요 없이 결과를 바로 확인할 수 있도록 하였다.

④ 상기의 자원오행 속견표에서 "吉"은 좋은 운을 유도하는 이름을 의미하며, "凶"은 나쁜 운을 유도하는 이름을 의미하고, "平"은 평범한 운을 유도하는 이름을

의미한다.

실전 부분

① 예로 들은 김동영(金洞瑩)이라는 성명은 113페이지에 완성된 표1 **성명한자 설명부**를 보면 "동영"이라는 이름에 대한 4번의 자원오행(글자-오행) 부분은 "水金"에 해당하여, 김동영의 사주팔자에서 오행의 기운 가운데 "水"가 용신이고 "金"이 용신이거나 희신인 경우는 좋은 이름이다 라고 볼 수 있으나, 기신인 경우는 아주 흉한 이름이다 라고 판명하며, 한신인 경우는 평범한 이름이다 라고 판명한다.

② 또한 "동영"이라는 이름에 대한 4번의 자원오행(글자-오행)의 배열조합 부분은 "水金"에 해당하고, "길흉" 항목을 보면 "吉"이라고 표시되어 있으므로, 김동영이라는 이름은 자원오행 배열조합간 상생상극 측면에서 분석한 것으로는, 길한 운을 유도하는 이름이라고 판명하게 된다.

(1) 성씨, 상명자, 하명자 배열조합으로 보는 음령오행 길흉 속견표

성씨	음령오행	길흉	음령오행	길흉	음령오행	길흉	음령오행	길흉	음령오행	길흉
목(木)	木木木	吉	木木火	吉	木木土	凶	木木金	凶	木木水	吉
	木火木	吉	木火火	吉	木火土	吉	木火金	凶	木火水	凶
	木土木	凶	木土火	凶	木土土	凶	木土金	凶	木土水	凶
	木金木	凶	木金火	凶	木金土	凶	木金金	凶	木金水	凶
	木水木	吉	木水火	凶	木水土	凶	木水金	吉	木水水	吉
화(火)	火木木	吉	火木火	吉	火木土	吉	火木金	凶	火木水	吉
	火火木	吉	火火火	凶	火火土	吉	火火金	凶	火火水	凶
	火土木	凶	火土火	吉	火土土	吉	火土金	吉	火土水	凶
	火金木	凶	火金火	凶	火金土	凶	火金金	凶	火金水	凶
	火水木	凶	火水火	凶	火水土	凶	火水金	凶	火水水	凶
토(土)	土木木	凶	土木火	凶	土木土	凶	土木金	凶	土木水	凶
	土火木	吉	土火火	吉	土火土	吉	土火金	凶	土火水	凶
	土土木	凶	土土火	吉	土土土	平	土土金	吉	土土水	凶
	土金木	凶	土金火	凶	土金土	吉	土金金	吉	土金水	吉
	土水木	凶	土水火	凶	土水土	凶	土水金	凶	土水水	凶
금(金)	金木木	凶	金木火	凶	金木土	凶	金木金	凶	金木水	凶
	金火木	凶	金火火	凶	金火土	凶	金火金	凶	金火水	凶
	金土木	凶	金土火	吉	金土土	吉	金土金	吉	金土水	凶
	金金木	凶	金金火	凶	金金土	吉	金金金	凶	金金水	吉
	金水木	吉	金水火	凶	金水土	凶	金水金	吉	金水水	吉
수(水)	水木木	吉	水木火	吉	水木土	凶	水木金	凶	水木水	吉
	水火木	凶	水火火	凶	水火土	凶	水火金	凶	水火水	凶
	水土木	凶	水土火	凶	水土土	凶	水土金	凶	水土水	凶
	水金木	凶	水金火	凶	水金土	吉	水金金	吉	水金水	吉
	水水木	吉	水水火	凶	水水土	凶	水水金	吉	水水水	凶

① 성명학적으로 개개인의 성명은 문서에 쓰여지고 목소리로 불리어지고 있는 것으로 보며, 한글은 표음문자로서 성명이 불리어질 때 파동학적으로 글자 상호간에 영향을 주고 개개인의 운명에도 영향을 주는 것으로 보는 성명학 이론으로서, 한글 발음에 대한 오행에 근거를 두며, 한글성명에 대한 초성기준 또는 종성 기준 중 하나만 만족하면 좋다고 판단한다. 여기서는 초성기준을 적용하였다.

② 성명에 사용된 한글발음 초성에 대한 음령오행이 개개인의 사주팔자에서 부족한 또는 요구되는 희신, 용신에 해당되는 음령오행이어야 좋다고 보며, 사주팔자에서 남아도는 또는 불필요한 기신에 해당되는 음령오행이면 흉한 이름으로 본다.

③ 더불어 개개인의 성명에 사용된 성명한자 배열조합 간에 위의 "(1)성씨, 상명자, 하명자 배열조합으로 보는 음령오행 길흉 속견표"에서 보여주듯이 상생이 되면 좋고 상극이 되면 흉한 것으로 판단한다. 여기서는 속견표 내에 각각의 "음령오행"에 대해 옆에 "길흉"이라는 항목을 표시하여 일일이 찾을 필요 없이 참조하면 되도록 하였다.

④ 한글발음기준으로 보는 음령오행표(音靈五行表) 1형, 다수설

	목(木)	화(火)	토(土)	금(金)	수(水)
주음(主音) (초성+중성)	가行 카行	나行 다行 라行 타行	아行 하行	사行 자行 차行	마行 바行 파行
종음(從音) (종성, 받침)	ㄱ ㅋ	ㄴ ㄷ ㄹ ㅌ	ㅇ ㅎ	ㅅ ㅈ ㅊ	ㅁ ㅂ ㅍ
발성기관	아음(牙音) 어금닛소리	설음(舌音) 혓소리	후음(喉音) 목구멍소리	치음(齒音) 잇소리	순음(脣音) 입술소리

실전 부분

① 113페이지에 있는 **표1** **성명한자 설명부**를 보면 김동영(金洞瑩)이라는 성명에 대한 [8] 음령오행은 "木火土"로 나타나 있으며,

② 상기의 "(1)성씨, 상명자, 하명자 배열조합으로 보는 음령오행 길흉 속견표"에서 보면 "木火土"는 길흉난에 "吉"이라고 표시되어 있어, 서로 상생관계이므로 음령오행 측면에서는 좋은 운을 유도하는 이름으로 판명하게 된다.

5. 수리오행 음양(數理五行 陰陽) 6 획수-음양

(1) 성씨, 상명자, 하명자 배열조합으로 보는 수리오행음양 길흉 속견표

번호	수리오행 음양			길흉
	성(姓)씨	상명자	하명자	
1	양(陽)	양(陽)	양(陽)	흉(凶)
2	양(陽)	양(陽)	음(陰)	길(吉)
3	양(陽)	음(陰)	양(陽)	길(吉)
4	양(陽)	음(陰)	음(陰)	길(吉)
5	음(陰)	양(陽)	양(陽)	길(吉)
6	음(陰)	양(陽)	음(陰)	길(吉)
7	음(陰)	음(陰)	양(陽)	길(吉)
8	음(陰)	음(陰)	음(陰)	흉(凶)

구분 / 획수	음양(陰陽)	구분 / 획수	음양(陰陽)	구분 / 획수	음양(陰陽)
1획	양(陽)	12획	음(陰)	23획	양(陽)
2획	음(陰)	13획	양(陽)	24획	음(陰)
3획	양(陽)	14획	음(陰)	25획	양(陽)
4획	음(陰)	15획	양(陽)	26획	음(陰)
5획	양(陽)	16획	음(陰)	27획	양(陽)
6획	음(陰)	17획	양(陽)	28획	음(陰)
7획	양(陽)	18획	음(陰)	29획	양(陽)
8획	음(陰)	19획	양(陽)	30획	음(陰)
9획	양(陽)	20획	음(陰)	31획	양(陽)
10획	음(陰)	21획	양(陽)	32획	음(陰)
11획	양(陽)	22획	음(陰)		

간략한 성명학 이론 부분

① 성명에 사용되는 한자획수에 따른 음양구분으로 획수가 짝수(우수)이면 음(陰)으로 홀수(기수)이면 양(陽)으로 판단한다.

② 한자획수가 10획을 넘는 한자에 대해서는 10자리는 무시하고 1자리만 취하여 획수가 짝수(우수)이면 음으로 홀수(기수)이면 양으로 판단한다.

③ 성명획수에 대한 음양의 배열조합이 음과 양의 기운이 적절히 혼합되어 있으면 吉한 것으로 판명하고, 음이나 양 한가지로만 치우쳐 이루어져 있으면 凶한 것으로 판명한다.

실전 부분

113페이지에 있는 표1 **성명한자 설명부**를 보면 김동영(金洞瑩)이라는 성명에 대한 수리오행 음양 즉 6 획수-음양 부분은 "陰陰陽"으로 나타나 있고, 상기의 "(1)성씨, 상명자, 하명자 배열조합으로 보는 수리오행음양 길흉 속견표"를 보면 길흉난에 "吉"로 표시되어 있으므로 수리오행 음양 측면으로는 양호하게 작명한 것으로 판명한다.

6. 원형이정(元亨利貞) 81수리 17 18 19 20

(1) 길(吉)한 획수표 1형

획수		수리명	획수		수리명
0	01수	始生格 始頭運 (시생격 시두운)	4	41수	大成格 高名運 (대성격 고명운)
	03수	智謀格 壽福運 (지모격 수복운)		45수	顯達格 亨通運 (현달격 형통운)
	05수	統率格 成就運 (통솔격 성취운)		47수	出世格 權威運 (출세격 권위운)
	06수	繼成格 厚德運 (계성격 후덕운)		48수	有德格 榮達運 (유덕격 영달운)
	07수	剛健格 發達運 (강건격 발달운)	5	52수	昇進格 功名運 (승진격 공명운)
	08수	開發格 自成運 (개발격 자성운)		57수	榮達格 旺盛運 (영달격 왕성운)
1	11수	更生格 家興運 (갱생격 가흥운)		58수	自力格 浮沈運 (자력격 부침운)
	13수	明理格 智達運 (명리격 지달운)	6	61수	智達格 得財運 (지달격 득재운)
	15수	統率格 財富運 (통솔격 재부운)		63수	親和格 順成運 (친화격 순성운)
	16수	德望格 富貴運 (덕망격 부귀운)		65수	如意格 富貴運 (여의격 부귀운)
	17수	健昌格 勇進運 (건창격 용진운)		67수	通達格 成就運 (통달격 성취운)
	18수	發展格 暢達運 (발전격 창달운)		68수	智達格 創造運 (지달격 창조운)
2	21수	頭領格 大成運 (두령격 대성운)	7	71수	名振格 榮達運 (명진격 영달운)
	23수	更新格 隆盛運 (갱신격 융성운)		73수	安過格 退守運 (안과격 퇴수운)
	24수	立身格 蓄財運 (입신격 축재운)		75수	平和格 守分運 (평화격 수분운)
	25수	暢達格 剛健運 (창달격 강건운)	8	81수	還元格 更生運 (환원격 갱생운)
	29수	成功格 壽福運 (성공격 수복운)			
3	31수	隆昌格 大盛運 (융창격 대성운)		37수	出世格 奏功運 (출세격 태공운)
	32수	僥倖格 盛昌運 (요행격 성창운)		38수	創意格 文理運 (창의격 문리운)
	33수	上昇格 權勢運 (상승격 권세운)		39수	安樂格 富名運 (안락격 부명운)
	35수	安健格 平隱運 (안건격 평은운)			

(2) 흉(凶)한 획수표 1형

획수		수리명	획수		수리명
0	02수	分離格 孤愁運 (분리격 고수운)	5	50수	浮沈格 不幸運 (부침격 불행운)
	04수	不定格 破壞運 (부정격 파양운)		51수	盛衰格 盛衰運 (성쇠격 성쇠운)
	09수	窮極格 悲哀運 (궁극격 비애운)		53수	憂愁格 半吉運 (우수격 반길운)
1	10수	空虛格 短命運 (공허격 단명운)		54수	多難格 敗亡運 (다난격 패망운)
	12수	薄弱格 孤獨運 (박약격 고독운)		55수	不安格 未送運 (불안격 미송운)
	14수	分離格 破綻運 (분리격 파탄운)		56수	變轉格 恨嘆運 (변전격 한탄운)
	19수	苦難格 病離運 (고난격 병리운)		59수	不遇格 失望運 (불우격 실망운)
2	20수	虛妄格 夭折運 (허망격 요절운)	6	60수	無謀格 災難運 (무모격 재난운)
	22수	中折格 薄弱運 (중절격 박약운)		62수	衰退格 ?難運 (쇠퇴격 근난운)
	26수	變性格 英雄運 (변성격 영웅운)		64수	受難格 分散運 (수난격 분산운)
	27수	英明格 中折運 (영명격 중절운)		66수	失運格 凶禍運 (실운격 흉화운)
	28수	波難格 遭難運 (파난격 조난운)		69수	不安格 停滯運 (불안격 정체운)
3	30수	流浪格 浮沈運 (유랑격 부침운)	7	70수	暗難格 沒落運 (암난격 몰락운)
	34수	變怪格 破亡運 (변괴격 파망운)		72수	不定格 苦樂運 (부정격 고락운)
	36수	義俠格 波瀾運 (의협격 파란운)		74수	迷惑格 不遇運 (미혹격 불우운)
4	40수	無常格 變怪運 (무상격 변괴운)		76수	離移格 後泰運 (이이격 후태운)
	42수	苦生格 失意運 (고생격 실의운)		77수	喜悲格 吉凶運 (희비격 길흉운)
	43수	災難格 失敗運 (재난격 실패운)		78수	晩悲格 前樂運 (만비격 전락운)
	44수	魔害格 破滅運 (마해격 파멸운)		79수	困令格 終凶運 (곤령격 종흉운)
	46수	病弱格 悲哀運 (병약격 비애운)	8	80수	終末格 停止運 (종말격 정지운)
	49수	變化格 吉凶運 (변화격 길흉운)			

간략한 성명학 이론 부분

① 일반적으로 성명학에서 "원형이정 81수리"라고 부르며 거의 모든 성명학자들이 작명, 개명, 감명할 때 반드시 적용하고 있다.

② 각각의 성명획수에 근거하여 발생되는 원격(元格), 형격(亨格), 이격(利格), 정격(貞格)에 대한 길흉의 구분은 122페이지의 "(1)길(吉)한 획수표 1형"과 123페이지의 "(2)흉(凶)한 획수표 1형" 속견표를 보고 판단한다.

성명 구조			원형이정 구분	원형이정 구하는 계산식	해당 운세	심볼번호
성	상명자	하명자	원격(元格)	상명자+하명자 획수	초년운	17
			형격(亨格)	성씨+상명자 획수	중년운	18
			이격(利格)	성씨+하명자 획수	장년운	19
			정격(貞格)	성씨+상명자+하명자 획수	말년운	20

실전 부분

① 113페이지에 있는 표2 **원형이정 설명부**를 보면 김동영(金洞瑩)이라는 성명에 대하여 "원형이정 81수리"-17 18 19 20 부분은

② 성씨, 상명자, 하명자 배열조합으로 이루어진 성명획수가 "8 10 15"이므로

성명 구조	원형이정 구분	원형이정 81수리 및 수리명		
8 10 15	원격(元格)	25	暢達格 剛健運 (창달격 강건운)	吉
	형격(亨格)	18	發展格 暢達運 (발전격 창달운)	吉
	이격(利格)	23	更新格 隆盛運 (갱신격 융성운)	吉
	정격(貞格)	33	上昇格 權勢運 (상승격 권세운)	吉

이 되어, 122페이지와 123페이지의 길흉 속견표를 보면 원형이정 전부가 "(1)길(吉)한 획수표 1형"에 해당되어 양호하게 작명한 것으로 판명한다.

7. 삼원오행(三元五行) 23 삼원오행-天 人 地

(1) 성씨, 상명자, 하명자 배열조합으로 보는 삼원오행 길흉 속견표

성씨	삼원오행	길흉	삼원오행	길흉	삼원오행	길흉	삼원오행	길흉	삼원오행	길흉
	木木木	吉	木木火	吉	木木土	凶	木木金	凶	木木水	吉
	木火木	吉	木火火	吉	木火土	吉	木火金	凶	木火水	凶
목(木)	木土木	凶	木土火	凶	木土土	凶	木土金	凶	木土水	凶
	木金木	凶	木金火	凶	木金土	凶	木金金	凶	木金水	凶
	木水木	吉	木水火	凶	木水土	凶	木水金	吉	木水水	吉
	火木木	吉	火木火	吉	火木土	吉	火木金	凶	火木水	吉
	火火木	吉	火火火	凶	火火土	吉	火火金	凶	火火水	凶
화(火)	火土木	凶	火土火	吉	火土土	吉	火土金	吉	火土水	凶
	火金木	凶	火金火	凶	火金土	凶	火金金	凶	火金水	凶
	火水木	凶	火水火	凶	火水土	凶	火水金	凶	火水水	凶
	土木木	凶	土木火	凶	土木土	凶	土木金	凶	土木水	凶
	土火木	吉	土火火	吉	土火土	吉	土火金	凶	土火水	凶
토(土)	土土木	凶	土土火	吉	土土土	平	土土金	吉	土土水	凶
	土金木	凶	土金火	凶	土金土	吉	土金金	吉	土金水	吉
	土水木	凶	土水火	凶	土水土	凶	土水金	凶	土水水	凶
	金木木	凶	金木火	凶	金木土	凶	金木金	凶	金木水	凶
	金火木	凶	金火火	凶	金火土	凶	金火金	凶	金火水	凶
금(金)	金土木	凶	金土火	吉	金土土	吉	金土金	吉	金土水	凶
	金金木	凶	金金火	凶	金金土	吉	金金金	凶	金金水	吉
	金水木	吉	金水火	凶	金水土	凶	金水金	吉	金水水	吉
	水木木	吉	水木火	吉	水木土	凶	水木金	凶	水木水	吉
	水火木	凶	水火火	凶	水火土	凶	水火金	凶	水火水	凶
수(水)	水土木	凶	水土火	凶	水土土	凶	水土金	凶	水土水	凶
	水金木	凶	水金火	凶	水金土	吉	水金金	吉	水金水	吉
	水水木	吉	水水火	凶	水水土	凶	水水金	吉	水水水	凶

간략한 성명학 이론 부분

① 삼원오행이란 성명의 한자획수를 각각 天, 人, 地의 기본적인 3요소로 삼아 이 숫자를 계산방법에 따라 계산한 후, 이를 다시 오행으로 분류하여 天, 人, 地의 오행이 서로 상생이 되면 좋고 상극이 되면 흉하다고 본다.

② 성명의 한자획수에서 天, 人, 地를 구하는 방법

<table>
<tr><th colspan="3">성명 구조</th><th>삼원오행</th><th>삼원오행 구하는 계산식</th></tr>
<tr><td rowspan="3">성</td><td rowspan="3">상명자</td><td rowspan="3">하명자</td><td>천(天)</td><td>성씨 획수</td></tr>
<tr><td>인(人)</td><td>성씨 + 상명자 획수</td></tr>
<tr><td>지(地)</td><td>상명자 + 하명자 획수</td></tr>
</table>

실전 부분

① 113페이지에 있는 **표2 원형이정 설명부**를 보면 김동영(金洞瑩)이라는 성명에 대하여 삼원오행 - 天 人 地 **23**부분은

② 성명의 한자획수 "8 10 15"에 대한 天 人 地는 "金金土"로 표시되어 있고, 125페이지의 "(1)성씨, 상명자, 하명자 배열조합으로 보는 삼원오행 길흉 속견표"를 보면 삼원오행 "金金土"는 길흉난에 "吉"로 표시되어 있어 상생관계이므로 양호하게 작명한 것으로 판명한다.

8. 주역괘상법(周易卦象法) 24 25 26 27

간략한 성명학 이론 부분

① 주역괘상으로 보는 작명법에 대한 속견표 자료가 방대한 관계로 여기서는 생략하며, 자세한 이론과 속견표를 보시려면 228~240페이지에 있는 "(2)성명구조를 보고 주역괘상을 도출하는 속견표"와 "(3)주역으로 본 64괘상 변화에 대한 吉/凶/平 속견표" 및 "9. 상세한 성명학 이론"을 참조하기 바란다.

② 성명구조에 따른 성명획수에서 본괘(本卦), 동효(動爻), 변괘(變卦) 구하는 방법

<table>
<tr><th colspan="3">성명 구조</th><th>주역괘상</th><th>주역괘상 구하는 계산식</th></tr>
<tr><td rowspan="3">성</td><td rowspan="3">상
명
자</td><td rowspan="3">하
명
자</td><td>본괘(本卦)</td><td>상괘(上卦) + 하괘(下卦)</td></tr>
<tr><td>동효(動爻)</td><td>(정격+원격) / 6 의 나머지 수</td></tr>
<tr><td>변괘(變卦)</td><td>본괘로부터 동효를 반영하여 구한다.</td></tr>
</table>

<table>
<tr><th colspan="3">성명 구조</th><th>원형이정 구분</th><th>원형이정 구하는 계산식</th><th>적용 괘상</th></tr>
<tr><td rowspan="2">성</td><td rowspan="2">상
명
자</td><td rowspan="2">하
명
자</td><td>정격(貞格)</td><td>성씨+상명자+하명자 획수</td><td>상괘(上卦)</td></tr>
<tr><td>원격(元格)</td><td>상명자+하명자 획수</td><td>하괘(下卦)</td></tr>
</table>

실전 부분

① 113페이지에 있는 표2 **원형이정 설명부**를 보면 김동영(金洞瑩)이라는 성명에 대하여 "주역괘상(周易卦象)"- 24 25 26 27 은

② 성명구조에 대한 한자성명획수 "8 10 15"에 대해 본괘는 "건위천(乾位天)"이고 4효가 발동하여 변괘는 "풍천소축(風天小畜)"이 되는 것으로 표시되어 있고 길흉 난에는 吉로 표시되어 있어 양호하게 작명한 것으로 판명한다.

6

성명구조

1字姓 1字名

1字姓 1字名

1. 성명구조가 "1字姓 1字名" 인 경우

표1 성명한자 설명부

글자		글자		획수			음령오행		부수		글자의 의미
		음양	오행	획수	음양	오행	초성	종성	부수	오행	
김	金	陽	金	8	陰	金	木	水	金	金	성(姓), 쇠, 황금
민	民	陽	火	5	陽	土	水	火	氏	火	백성
1	2	3	4	5	6	7	8	9	10	11	12

표2 원형이정 설명부

총길흉	성명획수			원형이정 81수리					획수음양			삼원오행			주역괘상(周易卦象)			
	성	상명	하명	원	형	이	정	정+원	성	상명	하명	天	人	地	본괘(本卦)	동효	변괘(變卦)	길흉
	8		4	4	8	12	12	16	陰		陰	金	金	火	진위뢰	4	지뢰복	吉
◎	8		5	5	8	13	13	18	陰		陽	金	金	土	손위풍	6	수풍정	平
	8		6	6	8	14	14	20	陰		陰	金	金	土	감위수	2	수지비	凶
○	8		7	7	8	15	15	22	陰		陽	金	金	金	간위산	4	화산여	平
13	14	15	16	17	18	19	20	21	22			23			24	25	26	27

상기의 표에 사용된 용어 설명

심볼	심볼 번호에 대한 상세한 용어 설명
1	성명의 한글 표기
2	성명의 한자 표기
3	성명한자의 겉보기 형태에 따른 음양 구분
4	자원오행, 성명한자가 표의문자로서 본래부터 갖고 있는 오행(五行)
5	성명한자의 글자 획수
6	수리오행 음양(陰陽), 성명한자의 글자획수에 따른 음양 구분
7	수리오행 오행(五行), 성명한자의 글자획수에 따른 오행 구분
8	음령오행 주음(主音), 한글은 표음문자로서 성명을 소리내어 음성으로 부르거나 불릴 때, 성명글자의 초성에 사용된 자음에 따른 오행 구분
9	음령오행 종음(從音), 한글은 표음문자로서 성명을 소리내어 음성으로 부르거나 불릴 때, 성명글자의 종성에 사용된 자음에 따른 오행 구분
10	성명한자가 속한 부수(部首)를 나타낸다.
11	성명한자가 속한 부수의 오행(五行)을 나타낸다.
12	성명한자가 지닌 글자의 의미나 뜻을 나타낸다.
13	성명획수의 배열조합을 근거로 한 원형이정 81수리, 수리오행 음양(획수음양), 삼원오행, 주역괘상의 길흉 등을 종합적으로 분석하여 정리한 전체적이고 최종적인 길흉을 나타낸다.
14	성(姓)씨 한자의 글자 획수, 5에 기입된 글자 획수와 일치하여야 한다.
15	성명한자 중 상명자(上名字)의 글자 획수, 5에 기입된 글자 획수와 일치하여야 한다.

심볼	심볼 번호에 대한 상세한 용어 설명
16	성명한자 중 하명자(下名字)의 글자 획수, 5 에 기입된 글자 획수와 일치하여야 한다.
17	원격(元格), 원형이정(元亨利貞) 81수리 중 원격을 나타낸다. 밑줄이 없는 17은 길수를 의미하며, 밑줄이 있는 14는 흉수를 의미한다.
18	형격(亨格), 원형이정(元亨利貞) 81수리 중 형격을 나타낸다. 밑줄이 없는 17은 길수를 의미하며, 밑줄이 있는 14는 흉수를 의미한다.
19	이격(利格), 원형이정(元亨利貞) 81수리 중 이격을 나타낸다. 밑줄이 없는 17은 길수를 의미하며, 밑줄이 있는 14는 흉수를 의미한다.
20	정격(貞格), 원형이정(元亨利貞) 81수리 중 정격을 나타낸다. 밑줄이 없는 17은 길수를 의미하며, 밑줄이 있는 14는 흉수를 의미한다.
21	주역괘상법에 표시된 동효(動爻)값을 구하기 위한 계산식 중 일부분을 나타낸다.
22	수리오행 음양(陰陽), 성명한자의 성씨. 상명자, 하명자 글자획수에 따른 음양의 배열조합을 나타낸다. 6 에 기입된 음양과 일치하여야 한다.
23	삼원오행(三元五行), 성명한자의 글자획수 조합을 근거로 산출된 삼원오행의 천지인(天地人)값을 각각 나타낸다.
24	주역괘상 본괘(本卦), 성명한자의 글자획수를 근거로 산출된 주역괘상법(周易卦象法)의 64괘중 본괘를 나타낸다.
25	주역괘상 동효(動爻), 성명한자의 글자획수를 근거로 산출된 주역괘상법의 동효를 나타낸다.
26	주역괘상 변괘(變卦), 성명한자의 글자획수에 근거한 주역괘상법의 변괘(變卦)를 나타낸다. 일명 지괘(之卦)라고도 불린다. 변괘는 본괘를 기준으로 하여 동효를 적용하여 구한다.
27	주역괘상법의 본괘가 동효로 인하여 변괘가 되었을 때, 좋은 쪽으로 진행되면 吉이라 표시하고, 나쁜 쪽으로 진행되면 凶이라 표시하였으며, 평범하면 平이라 표시하였다.

2. 적용하는 순서 및 방법

① 아래와 같이 표1 성명한자 설명부와 표2 원형이정 설명부에 대한 빈 양식을 각각 준비한다. 독자들의 편의를 위해 빈 양식은 부록에 첨부되어 있다.

표1 성명한자 설명부

글자		글자		획수			음령오행		부수		글자의 의미
		음양	오행	획수	음양	오행	초성	종성	부수	오행	

표2 원형이정 설명부

총길흉	성명획수			원형이정 81수리					획수음양			삼원오행			주역괘상(周易卦象)			
	성	상명	하명	원	형	이	정	정+원	성	상명	하명	天	人	地	본괘(本卦)	동효	변괘(變卦)	길흉

② 준비한 표1 성명한자 설명부의 빈 양식에 130페이지 견본에 표시된 [1]과 같이 세로로 개개인의 성명을 한글로 기입한다.

글자		글자		획수			음령오행		부수		글자의 의미
		음양	오행	획수	음양	오행	초성	종성	부수	오행	
김											
빈											

③ 성명학 대백과 1권 253페이지~270페이지에 있는 "대한민국 성씨에 사용되는 한자(기준 : 의획, 성씨에만 적용)" 에서 해당되는 성씨한자를 찾아 130페이지 견본에 보이는 **표1** **성명한자 설명부**의 "김 민" 부분의 "김"과 같이 상위부분에 해당되는 한자, 글자-음양 오행, 획수-획수 음양 오행, 음령오행-초성 종성, 부수-부수 오행, 글자의 의미를 차례차례 기계적으로 가로로 기입한다.

글자		글자		획수			음령오행		부수		글자의 의미
		음양	오행	획수	음양	오행	초성	종성	부수	오행	
김	金	陽	金	8	陰	金	木	水	金	金	성(姓), 쇠, 황금
민											

④ 해당되는 이름한자(상명자)가 없으므로 아래의 같은 방식으로 **표1** **성명한자 설명부**의 "김 민" 부분의 중간부분을 공백으로 기입한다.

글자		글자		획수			음령오행		부수		글자의 의미
		음양	오행	획수	음양	오행	초성	종성	부수	오행	
김	金	陽	金	8	陰	金	木	水	金	金	성(姓), 쇠, 황금
민											

⑤ 성명학 대백과 1권 271페이지~438페이지에 있는 "대한민국 이름에 사용되는 한자(기준 : 의획, 이름에 적용)" 에서 해당되는 이름한자(하명자)를 찾아 ③번과 같은 방식으로 **표1** **성명한자 설명부**의 "김 민" 부분의 "민"에 대하여 하위부분에 차례차례 가로로 기입한다.

글자		글자		획수			음령오행		부수		글자의 의미
		음양	오행	획수	음양	오행	초성	종성	부수	오행	
김	金	陽	金	8	陰	金	木	水	金	金	성(姓), 쇠, 황금
민	民	陽	火	5	陽	土	水	火	氏	火	백성

⑥ 위의 표에서 "김 민(金 民)"이라는 성명은 성명획수가 "8 5" 이므로 성명학 대백과 2권 37페이지~785페이지에 있는 원형이정표 조합들 중에서 8획 조합에 해당하는 276페이지~309페이지에 있는 원형이정표 중에서 "8 5" 조합이 있는 309페이지를 찾아 **표2** **원형이정 설명부**의 빈 양식에 아래와 같이 기입한 것이다.

다시 말하면 "김 민"은 성명획수가 "8 5"에 해당되어 276페이지~309페이지에 있는 8획성에 해당되는 원형이정표를 찾고, 찾은 원형이정표 가운데서 다시 "8 5"에 해당되는 309페이지를 찾고, 다시 그 가운데서 "8 5"에 해당되는 원형이정 81수리, 획수음양, 삼원오행, 주역괘상(周易卦象)을 찾아 **표2** **원형이정 설명부**의 빈 양식에 아래와 같이 차례차례 기입한 것이다.

총길흉	성명획수			원형이정 81수리					획수음양			삼원오행			주역괘상(周易卦象)			
	성	상명	하명	원	형	이	정	정+원	성	상명	하명	天	人	地	본괘(本卦)	동효	변괘(變卦)	길흉
◎	8		5	5	8	13	13	18	陰		陽	金	金	土	손위풍	6	수풍정	平

⑦ 상기와 같이 **표1** **성명한자 설명부**와 **표2** **원형이정 설명부**의 빈 양식이 모두 채워지면 데이터를 찾는 1차 작업은 완료된 것이다.

⑧ 이제부터는 2차 작업으로서 데이터들이 무슨 의미를 갖고 있는지를 분석하기 위해 양식에 기재된 데이터들을 기초자료로 활용하여, 아래의 "간략한 성명학 이론부분"과 "실전 부분"들을 참고해가면서 개개인의 성명에 대한 작명, 개명, 감명작업

을 차례차례 진행해 나가면 되는 것이다.

⑨ 이때 각자의 성명에 대해 어느 정도 좋고 나쁜가?, 그것이 왜 좋고 나쁜가? 등등의 상세한 이유를 알고 싶으신 독자들은, 191페이지부터 이어지는 "9. 상세한 성명학 이론" 에 자세하게 설명된 성명학 이론들을 활용하시기 바란다.

⑩ 이때 아래의 이론분석 작업 중에서 3~6번까지는 필히 만족되어야 하나, 나머지 부분은 만족되면 더욱 좋고 만족되지 않아도 크게 영향은 미치지 않는 것으로 간주해도 된다.

3. 자원오행(字原五行) 4 글자-오행

(1) 성씨, 하명자 배열조합으로 보는 자원오행 길흉 속견표

자원오행	길흉	자원오행	길흉	자원오행	길흉	자원오행	길흉	자원오행	길흉
木木	平	木火	吉	木土	凶	木金	凶	木水	吉
火木	吉	火火	凶	火土	吉	火金	凶	火水	凶
土木	凶	土火	吉	土土	吉	土金	吉	土水	凶
金木	凶	金火	凶	金土	吉	金金	凶	金水	吉
水木	吉	水火	凶	水土	凶	水金	吉	水水	吉

간략한 성명학 이론 부분

성명학적으로 개개인의 성명은 문서에 쓰여지고 목소리로 불리어지고 있는 것으로 보며, 한자가 표의문자(表意文字)로서 한자 자체가 갖고 있는 고유의 근원오행을 자원오행이라 부른다. 이때

① 성명에 사용된 한자의 자원오행이 개개인의 사주팔자에서 부족한 또는 요구되는 용신(나를 도와주는 것)에 해당되는 자원오행이어야 좋다고 보며, 사주팔자에서 남아도는 또는 불필요한 기신(나를 해치는 것)에 해당되는 자원오행이면 흉한 이름으로 본다.

② 더불어 성명에 사용된 개개인의 성명한자 배열조합 간에 위의 "(1)성씨, 하명자 배열조합으로 보는 자원오행 길흉 속견표"에서 보여주듯이 상생이 되면 길한 것으로 보고 상극이 되면 흉한 것으로 본다.

③ 여기서는 속견표 내에 각각의 자원오행 배열조합에 대해, 옆에 "길흉"이라는 항목을 표시하여 일일이 찾을 필요 없이 결과를 바로 확인할 수 있도록 하였다.

④ 상기의 자원오행 속견표에서 "吉"은 좋은 운을 유도하는 이름을 의미하며, "凶"은 나쁜 운을 유도하는 이름을 의미하고, "平"은 평범한 운을 유도하는 이름을 의

미한다.

실전 부분

① 예로 들은 김민(金民)이라는 성명은 135페이지에 완성된 **표1** **성명한자 설명부**를 보면 "김민"이라는 이름에 대한 **4** 번의 자원오행(글자-오행) 부분은 "火"에 해당하여, 김민의 사주팔자에서 오행의 기운 가운데 "火"가 용신이면 좋은 이름이다 라고 볼 수 있으나, 기신인 경우는 아주 흉한 이름이다 라고 판명하며, 한신인 경우는 평범한 이름이다 라고 판명한다.

② 또한 "김민"이라는 이름에 대한 **4** 번의 자원오행(글자-오행)의 배열조합 부분은 "金火"에 해당하고, "길흉" 항목을 보면 "凶"이라고 표시되어 있으므로, 김민이라는 이름은 자원오행 배열조합간 상생상극 측면에서 분석한 것으로는, 흉한 운을 유도하는 이름이라고 판명하게 된다.

4. 음령오행(音靈五行) [8] 음령오행-초성

(1) 성씨, 하명자 배열조합으로 보는 음령오행 길흉 속견표

음령오행	길흉	음령오행	길흉	음령오행	길흉	음령오행	길흉	음령오행	길흉
木木	平	木火	吉	木土	凶	木金	凶	木水	吉
火木	吉	火火	凶	火土	吉	火金	凶	火水	凶
土木	凶	土火	吉	土土	吉	土金	吉	土水	凶
金木	凶	金火	凶	金土	吉	金金	凶	金水	吉
水木	吉	水火	凶	水土	凶	水金	吉	水水	吉

간략한 성명학 이론 부분

① 성명학적으로 개개인의 성명은 문서에 쓰여지고 목소리로 불리어지고 있는 것으로 보며, 한글은 표음문자로서 성명이 불리어질 때 파동학적으로 글자 상호간에 영향을 주고 개개인의 운명에도 영향을 주는 것으로 보는 성명학 이론으로서, 한글발음에 대한 오행에 근거를 두며, 한글성명에 대한 초성기준 또는 종성기준 중 하나만 만족하면 좋다고 판단한다. 여기서는 초성기준을 적용하였다.

② 성명에 사용된 한글발음 초성에 대한 음령오행이 개개인의 사주팔자에서 부족한 또는 요구되는 희신, 용신에 해당되는 음령오행이어야 좋다고 보며, 사주팔자에서 남아도는 또는 불필요한 기신에 해당되는 음령오행이면 흉한 이름으로 본다.

③ 더불어 개개인의 성명에 사용된 성명한자 배열조합 간에 위의 "(1)성씨, 하명자 배열조합으로 보는 음령오행 길흉 속견표"에서 보여주듯이 상생이 되면 좋고 상극이 되면 흉한 것으로 판단한다. 여기서는 속견표 내에 각각의 "음령오행"에 대해 옆에 "길흉"이라는 항목을 표시하여 일일이 찾을 필요 없이 참조하면 되도록 하였다.

④ 한글발음기준으로 보는 음령오행표(音靈五行表) 1형, 다수설

	목(木)	화(火)	토(土)	금(金)	수(水)
주음(主音) (초성+중성)	가行 카行	나行 다行 라行 타行	아行 하行	사行 자行 차行	마行 바行 파行
종음(從音) (종성, 받침)	ㄱㅋ	ㄴㄷㄹㅌ	ㅇㅎ	ㅅㅈㅊ	ㅁㅂㅍ
발성기관	아음(牙音) 어금닛소리	설음(舌音) 혓소리	후음(喉音) 목구멍소리	치음(齒音) 잇소리	순음(脣音) 입술소리

실전 부분

① 135페이지에 있는 표1 **성명한자 설명부**를 보면 김민(金民)이라는 성명에 대한 8 음령오행은 "木水"로 나타나 있으며,

② 상기의 "(1)성씨, 하명자 배열조합으로 보는 음령오행 길흉 속견표"에서 보면 "木水"는 길흉난에 "吉"이라고 표시되어 있어, 서로 상생관계이므로 음령오행 측면에서는 좋은 운을 유도하는 이름으로 판명하게 된다.

5. 수리오행 음양(數理五行 陰陽) 6 획수 음양

(1) 성씨, 하명자 배열조합으로 보는 수리오행음양 길흉 속견표

번호	수리오행 음양		길흉
	성(姓)씨	하명자	
1	양(陽)	양(陽)	흉(凶)
2	양(陽)	음(陰)	길(吉)
3	음(陰)	양(陽)	길(吉)
4	음(陰)	음(陰)	흉(凶)

구분 / 획수	음양(陰陽)	구분 / 획수	음양(陰陽)	구분 / 획수	음양(陰陽)
1획	양(陽)	12획	음(陰)	23획	양(陽)
2획	음(陰)	13획	양(陽)	24획	음(陰)
3획	양(陽)	14획	음(陰)	25획	양(陽)
4획	음(陰)	15획	양(陽)	26획	음(陰)
5획	양(陽)	16획	음(陰)	27획	양(陽)
6획	음(陰)	17획	양(陽)	28획	음(陰)
7획	양(陽)	18획	음(陰)	29획	양(陽)
8획	음(陰)	19획	양(陽)	30획	음(陰)
9획	양(陽)	20획	음(陰)	31획	양(陽)
10획	음(陰)	21획	양(陽)	32획	음(陰)
11획	양(陽)	22획	음(陰)		

간략한 성명학 이론 부분

① 성명에 사용되는 한자획수에 따른 음양구분으로 획수가 짝수(우수)이면 음(陰)으로 홀수(기수)이면 양(陽)으로 판단한다.

② 한자획수가 10획을 넘는 한자에 대해서는 10자리는 무시하고 1자리만 취하여 획수가 짝수(우수)이면 음으로 홀수(기수)이면 양으로 판단한다.

③ 성명획수에 대한 음양의 배열조합이 음과 양의 기운이 적절히 혼합되어 있으면 吉한 것으로 판명하고, 음이나 양 한가지로만 치우쳐 이루어져 있으면 凶한 것으로 판명한다.

실전 부분

① 135페이지에 있는 **표1** **성명한자 설명부**를 보면 김민(金民)이라는 성명에 대한 수리오행 음양 즉 **6** 획수-음양 부분은 "陰陽"으로 나타나 있고, 상기의 "(1)성씨, 하명자 배열조합으로 보는 수리오행음양 길흉 속견표"를 보면 길흉난에 "吉"로 표시되어 있으므로 수리오행 음양 측면으로는 양호하게 작명한 것으로 판명한다.

6. 원형이정(元亨利貞) 81수리 17 18 19 20

(1) 길(吉)한 획수표 1형

획수		수리명	획수		수리명
0	01수	始生格 始頭運 (시생격 시두운)	4	41수	大成格 高名運 (대성격 고명운)
	03수	智謀格 壽福運 (지모격 수복운)		45수	顯達格 亨通運 (현달격 형통운)
	05수	統率格 成就運 (통솔격 성취운)		47수	出世格 權威運 (출세격 권위운)
	06수	繼成格 厚德運 (계성격 후덕운)		48수	有德格 榮達運 (유덕격 영달운)
	07수	剛健格 發達運 (강건격 발달운)	5	52수	昇進格 功名運 (승진격 공명운)
	08수	開發格 自成運 (개발격 자성운)		57수	榮達格 旺盛運 (영달격 왕성운)
1	11수	更生格 家興運 (갱생격 가흥운)		58수	自力格 浮沈運 (자력격 부침운)
	13수	明理格 智達運 (명리격 지달운)	6	61수	智達格 得財運 (지달격 득재운)
	15수	統率格 財富運 (통솔격 재부운)		63수	親和格 順成運 (친화격 순성운)
	16수	德望格 富貴運 (덕망격 부귀운)		65수	如意格 富貴運 (여의격 부귀운)
	17수	健昌格 勇進運 (건창격 용진운)		67수	通達格 成就運 (통달격 성취운)
	18수	發展格 暢達運 (발전격 창달운)		68수	智達格 創造運 (지달격 창조운)
2	21수	頭領格 大成運 (두령격 대성운)	7	71수	名振格 榮達運 (명진격 영달운)
	23수	更新格 隆盛運 (갱신격 융성운)		73수	安過格 退守運 (안과격 퇴수운)
	24수	立身格 蓄財運 (입신격 축재운)		75수	平和格 守分運 (평화격 수분운)
	25수	暢達格 剛健運 (창달격 강건운)	8	81수	還元格 更生運 (환원격 갱생운)
	29수	成功格 壽福運 (성공격 수복운)			
3	31수	隆昌格 大盛運 (융창격 대성운)	37수		出世格 奏功運 (출세격 태공운)
	32수	僥倖格 盛昌運 (요행격 성창운)	38수		創意格 文理運 (창의격 문리운)
	33수	上昇格 權勢運 (상승격 권세운)	39수		安樂格 富名運 (안락격 부명운)
	35수	安健格 平隱運 (안건격 평은운)			

(2) 흉(凶)한 획수표 1형

획수		수리명	획수		수리명
	02수	分離格 孤愁運 (분리격 고수운)		50수	浮沈格 不幸運 (부침격 불행운)
0	04수	不定格 破壞運 (부정격 파양운)		51수	盛衰格 盛衰運 (성쇠격 성쇠운)
	09수	窮極格 悲哀運 (궁극격 비애운)		53수	憂愁格 半吉運 (우수격 반길운)
	10수	空虛格 短命運 (공허격 단명운)	5	54수	多難格 敗亡運 (다난격 패망운)
1	12수	薄弱格 孤獨運 (박약격 고독운)		55수	不安格 未送運 (불안격 미송운)
	14수	分離格 破綻運 (분리격 파탄운)		56수	變轉格 恨嘆運 (변전격 한탄운)
	19수	苦難格 病離運 (고난격 병리운)		59수	不遇格 失望運 (불우격 실망운)
	20수	虛妄格 夭折運 (허망격 요절운)		60수	無謀格 災難運 (무모격 재난운)
	22수	中折格 薄弱運 (중절격 박약운)		62수	衰退格 ?難運 (쇠퇴격 근난운)
2	26수	變性格 英雄運 (변성격 영웅운)	6	64수	受難格 分散運 (수난격 분산운)
	27수	英明格 中折運 (영명격 중절운)		66수	失運格 凶禍運 (실운격 흉화운)
	28수	波難格 遭難運 (파난격 조난운)		69수	不安格 停滯運 (불안격 정체운)
	30수	流浪格 浮沈運 (유랑격 부침운)		70수	暗難格 沒落運 (암난격 몰락운)
3	34수	變怪格 破亡運 (변괴격 파망운)		72수	不定格 苦樂運 (부정격 고락운)
	36수	義俠格 波瀾運 (의협격 파란운)		74수	迷惑格 不遇運 (미혹격 불우운)
	40수	無常格 變怪運 (무상격 변괴운)	7	76수	離移格 後泰運 (이이격 후태운)
	42수	苦生格 失意運 (고생격 실의운)		77수	喜悲格 吉凶運 (희비격 길흉운)
4	43수	災難格 失敗運 (재난격 실패운)		78수	晩悲格 前樂運 (만비격 전락운)
	44수	魔害格 破滅運 (마해격 파멸운)		79수	困令格 終凶運 (곤령격 종흉운)
	46수	病弱格 悲哀運 (병약격 비애운)	8	80수	終末格 停止運 (종말격 정지운)
	49수	變化格 吉凶運 (변화격 길흉운)			

간략한 성명학 이론 부분

① 일반적으로 성명학에서 "원형이정 81수리"라고 부르며 거의 모든 성명학자들이 작명, 개명, 감명할 때 반드시 적용하고 있다.

② 각각의 성명획수에 근거하여 발생되는 원격(元格), 형격(亨格), 이격(利格), 정격(貞格)에 대한 길흉의 구분은 143페이지의 "(1)길(吉)한 획수표 1형"과 144페이지의 "(2)흉(凶)한 획수표 1형" 속견표를 보고 판단한다.

성명 구조			원형이정 구분	원형이정 구하는 계산식	해당 운세	심볼번호
성		하명자	원격(元格)	하명자 획수	초년운	17
			형격(亨格)	성씨 획수	중년운	18
			이격(利格)	성씨+하명자 획수	장년운	19
			정격(貞格)	성씨+하명자 획수	말년운	20

실전 부분

① 135페이지에 있는 **표2** **원형이정 설명부**를 보면 김민(金民)이라는 성명에 대하여 "원형이정 81수리" 17 18 19 20 부분은

② 성씨, 하명자 배열조합으로 이루어진 성명획수가 "8 5"이므로

성명 구조	원형이정 구분	원형이정 81수리 및 수리명		
8 5	원격(元格)	5	統率格 成就運 (통솔격 성취운)	吉
	형격(亨格)	8	開發格 自成運 (개발격 자성운)	吉
	이격(利格)	13	明理格 智達運 (명리격 지달운)	吉
	정격(貞格)	13	明理格 智達運 (명리격 지달운)	吉

이 되어, 143페이지와 144페이지의 길흉 속견표를 보면 원형이정 전부가 "(1)길(吉)한 획수표 1형"에 해당되어 양호하게 작명한 것으로 판명한다.

7. 삼원오행(三元五行) 23 삼원오행-天 人 地

(1) 성씨, 하명자 배열조합으로 보는 삼원오행 길흉 속견표

성씨	삼원오행	길흉	삼원오행	길흉	삼원오행	길흉	삼원오행	길흉	삼원오행	길흉
목(木)	木木木	吉	木木火	吉	木木土	凶	木木金	凶	木木水	吉
	木火木	吉	木火火	吉	木火土	吉	木火金	凶	木火水	凶
	木土木	凶	木土火	凶	木土土	凶	木土金	凶	木土水	凶
	木金木	凶	木金火	凶	木金土	凶	木金金	凶	木金水	凶
	木水木	吉	木水火	凶	木水土	凶	木水金	吉	木水水	吉
화(火)	火木木	吉	火木火	吉	火木土	吉	火木金	凶	火木水	吉
	火火木	吉	火火火	凶	火火土	吉	火火金	凶	火火水	凶
	火土木	凶	火土火	吉	火土土	吉	火土金	吉	火土水	凶
	火金木	凶	火金火	凶	火金土	凶	火金金	凶	火金水	凶
	火水木	凶	火水火	凶	火水土	凶	火水金	凶	火水水	凶
토(土)	土木木	凶	土木火	凶	土木土	凶	土木金	凶	土木水	凶
	土火木	吉	土火火	吉	土火土	吉	土火金	凶	土火水	凶
	土土木	凶	土土火	吉	土土土	平	土土金	吉	土土水	凶
	土金木	凶	土金火	凶	土金土	吉	土金金	吉	土金水	吉
	土水木	凶	土水火	凶	土水土	凶	土水金	凶	土水水	凶
금(金)	金木木	凶	金木火	凶	金木土	凶	金木金	凶	金木水	凶
	金火木	凶	金火火	凶	金火土	凶	金火金	凶	金火水	凶
	金土木	凶	金土火	吉	金土土	吉	金土金	吉	金土水	凶
	金金木	凶	金金火	凶	金金土	吉	金金金	凶	金金水	吉
	金水木	吉	金水火	凶	金水土	凶	金水金	吉	金水水	吉
수(水)	水木木	吉	水木火	吉	水木土	凶	水木金	凶	水木水	吉
	水火木	凶	水火火	凶	水火土	凶	水火金	凶	水火水	凶
	水土木	凶	水土火	凶	水土土	凶	水土金	凶	水土水	凶
	水金木	凶	水金火	凶	水金土	吉	水金金	吉	水金水	吉
	水水木	吉	水水火	凶	水水土	凶	水水金	吉	水水水	凶

간략한 성명학 이론 부분

① 삼원오행이란 성명의 한자획수를 각각 天, 人, 地의 기본적인 3요소로 삼아 이 숫자를 계산방법에 따라 계산한 후, 이를 다시 오행으로 분류하여 天, 人, 地의 오행이 서로 상생이 되면 좋고 상극이 되면 흉하다고 본다.

② 성명의 한자획수에서 天, 人, 地를 구하는 방법

<table>
<tr><th colspan="3">성명 구조</th><th>삼원오행</th><th>삼원오행 구하는 계산식</th></tr>
<tr><td rowspan="3">성</td><td rowspan="3"></td><td rowspan="3">하
명
자</td><td>천(天)</td><td>성씨 획수</td></tr>
<tr><td>인(人)</td><td>성씨 획수</td></tr>
<tr><td>지(地)</td><td>하명자 획수</td></tr>
</table>

실전 부분

① 135페이지에 있는 **표2** **원형이정 설명부**를 보면 김민(金民)이라는 성명에 대하여 삼원오행 - 天, 人, 地 **23**부분은

② 성명의 한자획수 "8 5"에 대한 天, 人, 地는 "金金土"로 표시되어 있고, 146페이지의 "(1)성씨, 하명자 배열조합으로 보는 삼원오행 길흉 속견표"를 보면 삼원오행 "金金土"는 길흉난에 "吉"로 표시되어 있어 상생관계이므로 양호하게 작명한 것으로 판명한다.

8. 주역괘상법(周易卦象法) 24 25 26 27

간략한 성명학 이론 부분

① 주역괘상으로 보는 작명법에 대한 속견표 자료가 방대한 관계로 여기서는 생략하며, 자세한 이론과 속견표를 보시려면 228~240페이지에 있는 "(2)성명구조를 보고 주역괘상을 도출하는 속견표"와 "(3)주역으로 본 64괘상 변화에 대한 吉/凶/平 속견표" 및 "9. 상세한 성명학 이론"을 참조하기 바란다.

② 성명구조에 따른 성명획수에서 본괘(本卦), 동효(動爻), 변괘(變卦) 구하는 방법

성명 구조			주역괘상	주역괘상 구하는 계산식
성		하명자	본괘(本卦)	상괘(上卦) + 하괘(下卦)
			동효(動爻)	(정격+원격) / 6 의 나머지 수
			변괘(變卦)	본괘로부터 동효를 반영하여 구한다.

성명 구조			원형이정 구분	원형이정 구하는 계산식	적용 괘상
성		하명자	정격(貞格)	성씨+하명자 획수	상괘(上卦)
			원격(元格)	하명자 획수	하괘(下卦)

실전 부분

① 135페이지에 있는 표2 **원형이정 설명부**를 보면 김민(金民)이라는 성명에 대하여 "주역괘상(周易卦象)" 24 25 26 27 은

② 성명구조에 대한 한자성명획수 "8 5"에 대해 본괘는 "손위풍(巽位風)"이고 6효가 발동하여 변괘는 "수풍정(水風井)"이 되는 것으로 표시되어 있고 길흉난에는 平으로 표시되어 있어 평범하게 작명한 것으로 판명한다.

7

성명구조

2字姓 2字名

2字姓 2字名

1. 성명구조가 "2字姓 2字名" 인 경우

표1 성명한자 설명부

글자		글자		획수			음령오행		부수		글자의 의미
		음양	오행	획수	음양	오행	초성	종성	부수	오행	
남	南	陽	水	9	陽	水	火	水	十	水	남녘, 남쪽으로 갈
궁	宮	陽	木	10	陰	水	木	土	宀	木	집, 담, 장원, 두를
영	渶	陰	水	13	陽	火	土	土	水	水	물 맑을, 물이름
한	瀚	陰	水	20	陰	水	土	火	水	水	넓고 큰 모양, 사막이름
1	2	3	4	5	6	7	8	9	10	11	12

표2 원형이정 설명부

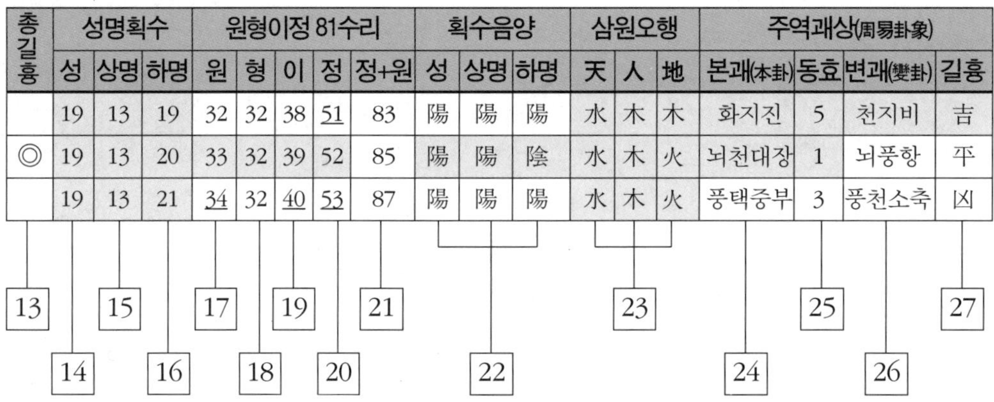

총길흉	성명획수			원형이정 81수리					획수음양			삼원오행			주역괘상(周易卦象)			
	성	상명	하명	원	형	이	정	정+원	성	상명	하명	天	人	地	본괘(本卦)	동효	변괘(變卦)	길흉
	19	13	19	32	32	38	51	83	陽	陽	陽	水	木	木	화지진	5	천지비	吉
◎	19	13	20	33	32	39	52	85	陽	陽	陰	水	木	火	뇌천대장	1	뇌풍항	平
	19	13	21	34	32	40	53	87	陽	陽	陽	水	木	火	풍택중부	3	풍천소축	凶
13	14	15	16	17	18	19	20	21	22			23			24	25	26	27

상기의 표에 사용된 용어 설명

심볼	심볼 번호에 대한 상세한 용어 설명
1	성명의 한글 표기
2	성명의 한자 표기
3	성명한자의 겉보기 형태에 따른 음양 구분
4	자원오행, 성명한자가 표의문자로서 본래부터 갖고 있는 오행(五行)
5	성명한자의 글자 획수
6	수리오행 음양(陰陽), 성명한자의 글자획수에 따른 음양 구분
7	수리오행 오행(五行), 성명한자의 글자획수에 따른 오행 구분
8	음령오행 주음(主音), 한글은 표음문자로서 성명을 소리내어 음성으로 부르거나 불릴 때, 성명글자의 초성에 사용된 자음에 따른 오행 구분
9	음령오행 종음(從音), 한글은 표음문자로서 성명을 소리내어 음성으로 부르거나 불릴 때, 성명글자의 종성에 사용된 자음에 따른 오행 구분
10	성명한자가 속한 부수(部首)를 나타낸다.
11	성명한자가 속한 부수의 오행(五行)을 나타낸다.
12	성명한자가 지닌 글자의 의미나 뜻을 나타낸다.
13	성명획수의 배열조합을 근거로 한 원형이정 81수리, 수리오행 음양(획수음양), 삼원오행, 주역괘상의 길흉 등을 종합적으로 분석하여 정리한 전체적이고 최종적인 길흉을 나타낸다.
14	성(姓)씨 한자의 글자 획수, 5에 기입된 글자 획수와 일치하여야 한다.
15	성명한자 중 상명자(上名字)의 글자 획수, 5에 기입된 글자 획수와 일치하여야 한다.

심볼	심볼 번호에 대한 상세한 용어 설명
16	성명한자 중 하명자(下名字)의 글자 획수, 5에 기입된 글자 획수와 일치하여야 한다.
17	원격(元格), 원형이정(元亨利貞) 81수리 중 원격을 나타낸다. 밑줄이 없는 17은 길수를 의미하며, 밑줄이 있는 14는 흉수를 의미한다.
18	형격(亨格), 원형이정(元亨利貞) 81수리 중 형격을 나타낸다. 밑줄이 없는 17은 길수를 의미하며, 밑줄이 있는 14는 흉수를 의미한다.
19	이격(利格), 원형이정(元亨利貞) 81수리 중 이격을 나타낸다. 밑줄이 없는 17은 길수를 의미하며, 밑줄이 있는 14는 흉수를 의미한다.
20	정격(貞格), 원형이정(元亨利貞) 81수리 중 정격을 나타낸다. 밑줄이 없는 17은 길수를 의미하며, 밑줄이 있는 14는 흉수를 의미한다.
21	주역괘상법에 표시된 동효(動爻)값을 구하기 위한 계산식 중 일부분을 나타낸다.
22	수리오행 음양(陰陽), 성명한자의 성씨. 상명자, 하명자 글자획수에 따른 음양의 배열조합을 나타낸다. 6 에 기입된 음양과 일치하여야 한다.
23	삼원오행(三元五行), 성명한자의 글자획수 조합을 근거로 산출된 삼원오행의 천지인(天地人)값을 각각 나타낸다.
24	주역괘상 본괘(本卦), 성명한자의 글자획수를 근거로 산출된 주역괘상법(周易卦象法)의 64괘중 본괘를 나타낸다.
25	주역괘상 동효(動爻), 성명한자의 글자획수를 근거로 산출된 주역괘상법의 동효를 나타낸다.
26	주역괘상 변괘(變卦), 성명한자의 글자획수에 근거한 주역괘상법의 변괘(變卦)를 나타낸다. 일명 지괘(之卦)라고도 불린다. 변괘는 본괘를 기준으로 하여 동효를 적용하여 구한다.
27	주역괘상법의 본괘가 동효로 인하여 변괘가 되었을 때, 좋은 쪽으로 진행되면 吉이라 표시하고, 나쁜 쪽으로 진행되면 凶이라 표시하였으며, 평범하면 平이라 표시하였다.

2. 적용하는 순서 및 방법

① 아래와 같이 표1 성명한자 설명부와 표2 원형이정 설명부에 대한 빈 양식을 각각 준비한다. 독자들의 편의를 위해 빈 양식은 부록에 첨부되어 있다.

표1 성명한자 설명부

글자		글자		획수			음령오행		부수		글자의 의미
		음양	오행	획수	음양	오행	초성	종성	부수	오행	

표2 원형이정 설명부

총길흉	성명획수			원형이정 81수리					획수음양			삼원오행			주역괘상(周易卦象)			
	성	상명	하명	원	형	이	정	정+원	성	상명	하명	天	人	地	본괘(本卦)	동효	변괘(變卦)	길흉

② 준비한 표1 성명한자설명부의 빈 양식에 150페이지 견본에 표시된 1과 같이 세로로 개개인의 성명을 한글로 기입한다.

글자		글자		획수			음령오행		부수		글자의 의미
		음양	오행	획수	음양	오행	초성	종성	부수	오행	
남											
궁											
영											
한											

③ 성명학 대백과 1권 253페이지~270페이지에 있는 "대한민국 성씨에 사용되는 한자 (기준 : 의획, 성씨에만 적용)" 에서 해당되는 성씨한자를 찾아 150페이지 견본에 보이는 표1 성명한자설명부의 "남궁영한" 부분의 "남궁"과 같이 상위부분에 해당되는 한자, 글자-음양 오행, 획수-획수 음양 오행, 음령오행-초성 종성, 부수-부수 오행, 글자의 의미를 아래와 같이 차례차례 기계적으로 가로로 기입한다.

글자		글자		획수			음령오행		부수		글자의 의미
		음양	오행	획수	음양	오행	초성	종성	부수	오행	
남	南	陽	水	9	陽	水	火	水	十	水	남녘, 남쪽으로 갈
궁											
영											
한											

글자		글자		획수			음령오행		부수		글자의 의미
		음양	오행	획수	음양	오행	초성	종성	부수	오행	
남	南	陽	水	9	陽	水	火	水	十	水	남녘, 남쪽으로 갈
궁	宮	陽	木	10	陰	水	木	土	宀	木	집, 담, 장원, 두를
영											
한											

④ 성명학 대백과 1권 271페이지~438페이지에 있는 "대한민국 이름에 사용되는 한자 (기준 : 의획, 이름에 적용)" 에서 해당되는 이름한자(상명자)를 찾아 ③번과 같은 방식으로 표1 성명한자설명부의 "남궁영한" 부분의 "영"에 대하여 중간부분에 차례차례 가로로 기입한다.

글자		글자		획수			음령오행		부수		글자의 의미
		음양	오행	획수	음양	오행	초성	종성	부수	오행	
남	南	陽	水	9	陽	水	火	水	十	水	남녘, 남쪽으로 갈
궁	宮	陽	木	10	陰	水	木	土	宀	木	집, 담, 장원, 두를
영	渶	陰	水	13	陽	火	土	土	水	水	물 맑을, 물이름
한											

⑤ 성명학 대백과 1권 271페이지~438페이지에 있는 "대한민국 이름에 사용되는 한자(기준 : 의획, 이름에 적용)" 에서 해당되는 이름한자(하명자)를 찾아 ③번과 같은 방식으로 **표1** **성명한자 설명부**의 "남궁영한" 부분의 "한"에 대하여 하위부분에 차례차례 가로로 기입한다.

글자		글자		획수			음령오행		부수		글자의 의미
		음양	오행	획수	음양	오행	초성	종성	부수	오행	
남	南	陽	水	9	陽	水	火	水	十	水	남녘, 남쪽으로 갈
궁	宮	陽	木	10	陰	水	木	土	宀	木	집, 담, 장원, 두를
영	渶	陰	水	13	陽	火	土	土	水	水	물 맑을, 물이름
한	瀚	陰	水	20	陰	水	土	火	水	水	넓고 큰 모양, 사막이름

⑥ 위의 표에서 "남궁영한(南宮渶瀚)"이라는 성명은 성명획수가 "19 13 20" 이므로 성명학 대백과 2권 37페이지~785페이지에 있는 원형이정표 조합들 중에서, 19획 조합에 해당하는 650페이지~683페이지에 있는 원형이정표 중에서 663페이지를 찾아 **표2** **원형이정 설명부**의 빈 양식에 아래와 같이 기입한 것이다.

다시 말하면 남궁영한은 성명획수가 "19 13 20"에 해당되어 650페이지~683페이지에 있는 19획 성씨에 해당되는 원형이정표를 찾고, 찾은 원형이정표 가운데서 다시 "19 13"에 해당되는 663페이지를 찾고, 다시 그 가운데서 "19 13 20"에 해당되는 원형이정 81수리, 획수음양, 삼원오행, 주역괘상(周易卦象)을 찾아 **표2** **원형**

이정 설명부의 빈 양식에 아래와 같이 차례차례 기입한 것이다.

총길흉	성명획수			원형이정 81수리					획수음양			삼원오행			주역괘상(周易卦象)			
	성	상명	하명	원	형	이	정	정+원	성	상명	하명	天	人	地	본괘(本卦)	동효	변괘(變卦)	길흉
◎	19	13	20	33	32	39	52	85	陽	陽	陰	水	木	火	뇌천대장	1	뇌풍항	平

⑦ 상기와 같이 **표1** 성명한자 설명부와 **표2** 원형이정 설명부의 빈 양식이 모두 채워지면 데이터를 찾는 1차 작업은 완료된 것이다.

⑧ 이제부터는 2차 작업으로서 데이터들이 무슨 의미를 갖고 있는지를 분석하기 위해 양식에 기재된 데이터들을 기초자료로 활용하여, 아래의 "간략한 성명학 이론부분"과 "실전 부분"들을 참고해가면서 개개인의 성명에 대한 작명, 개명, 감명 작업을 차례차례 진행해 나가면 되는 것이다.

⑨ 이때 각자의 성명에 대해 어느 정도 좋고 나쁜가?, 그것이 왜 좋고 나쁜가? 등등의 상세한 이유를 알고 싶으신 독자들은, 191페이지부터 이어지는 "9.상세한 성명학 이론" 에 자세하게 설명된 성명학 이론들을 활용하시기 바란다.

⑩ 이때 아래의 이론분석 작업 중에서 3~6번까지는 필히 만족되어야 하나, 나머지 부분은 만족되면 더욱 좋고 만족되지 않아도 크게 영향은 미치지 않는 것으로 간주해도 된다.

3. 자원오행(字原五行) [4] 글자-오행

(1) 상명자, 하명자 배열조합으로 보는 자원오행 길흉 속견표

자원오행	길흉	자원오행	길흉	자원오행	길흉	자원오행	길흉	자원오행	길흉
木木	平	木火	吉	木土	凶	木金	凶	木水	吉
火木	吉	火火	凶	火土	吉	火金	凶	火水	凶
土木	凶	土火	吉	土土	吉	土金	吉	土水	凶
金木	凶	金火	凶	金土	吉	金金	凶	金水	吉
水木	吉	水火	凶	水土	凶	水金	吉	水水	吉

간략한 성명학 이론부분

성명학적으로 개개인의 성명은 문서에 쓰여지고 목소리로 불리어지고 있는 것으로 보며, 한자가 표의문자(表意文字)로서 한자 자체가 갖고 있는 고유의 근원오행을 자원오행이라 부른다. 이때

① 성명에 사용된 한자의 자원오행이 개개인의 사주팔자에서 부족한 또는 요구되는 희신, 용신(나를 도와주는 것)에 해당되는 자원오행이어야 좋다고 보며, 사주팔자에서 남아도는 또는 불필요한 기신(나를 해치는 것)에 해당되는 자원오행이면 흉한 이름으로 본다.

② 더불어 성명에 사용된 개개인의 성명한자 배열조합 간에 위의 "(1)상명자, 하명자 배열조합으로 보는 자원오행 길흉 속견표"에서 보여주듯이 상생이 되면 길한 것으로 보고 상극이 되면 흉한 것으로 본다.

③ 여기서는 속견표 내에 각각의 자원오행 배열조합에 대해, 옆에 "길흉"이라는 항목을 표시하여 일일이 찾을 필요 없이 결과를 바로 확인할 수 있도록 하였다.

④ 상기의 자원오행 속견표에서 "吉"은 좋은 운을 유도하는 이름을 의미하며, "凶"은 나쁜 운을 유도하는 이름을 의미하고, "平"은 평범한 운을 유도하는 이름을 의

미한다.

실전 부분

① 예로 들은 "남궁영한(南宮渶瀚)"이라는 성명은 155페이지에 완성된 표1 **성명한자 설명부**를 보면 "영한"이라는 이름에 대한 **4** 번의 자원오행(글자-오행) 부분은 "水水"에 해당하여, 남궁영한의 사주팔자에서 오행의 기운 가운데 "水"가 용신이면 좋은 이름이다 라고 볼 수 있으나, 기신인 경우는 아주 흉한 이름이다 라고 판명하며, 한신인 경우는 평범한 이름이다 라고 판명한다.

② 또한 "영한"이라는 이름에 대한 **4** 번의 자원오행(글자-오행)의 배열조합 부분은 "水水"에 해당하고, "길흉" 항목을 보면 "吉"이라고 표시되어 있으므로, 남궁영한이라는 이름은 자원오행 배열조합간 상생상극 측면에서 분석한 것으로는, 길한 운을 유도하는 이름이라고 판명하게 된다.

4. 음령오행(音靈五行) 8 음령오행-초성

(1) 성씨, 상명자, 하명자 배열조합으로 보는 음령오행 길흉 속견표

성씨	음령오행	길흉	음령오행	길흉	음령오행	길흉	음령오행	길흉	음령오행	길흉
목(木)	木木木	吉	木木火	吉	木木土	凶	木木金	凶	木木水	吉
	木火木	吉	木火火	吉	木火土	吉	木火金	凶	木火水	凶
	木土木	凶	木土火	凶	木土土	凶	木土金	凶	木土水	凶
	木金木	凶	木金火	凶	木金土	凶	木金金	凶	木金水	凶
	木水木	吉	木水火	凶	木水土	凶	木水金	吉	木水水	吉
화(火)	火木木	吉	火木火	吉	火木土	吉	火木金	凶	火木水	吉
	火火木	吉	火火火	凶	火火土	吉	火火金	凶	火火水	凶
	火土木	凶	火土火	吉	火土土	吉	火土金	吉	火土水	凶
	火金木	凶	火金火	凶	火金土	凶	火金金	凶	火金水	凶
	火水木	凶	火水火	凶	火水土	凶	火水金	凶	火水水	凶
토(土)	土木木	凶	土木火	凶	土木土	凶	土木金	凶	土木水	凶
	土火木	吉	土火火	吉	土火土	吉	土火金	凶	土火水	凶
	土土木	凶	土土火	吉	土土土	平	土土金	吉	土土水	凶
	土金木	凶	土金火	凶	土金土	吉	土金金	吉	土金水	吉
	土水木	凶	土水火	凶	土水土	凶	土水金	凶	土水水	凶
금(金)	金木木	凶	金木火	凶	金木土	凶	金木金	凶	金木水	凶
	金火木	凶	金火火	凶	金火土	凶	金火金	凶	金火水	凶
	金土木	凶	金土火	吉	金土土	吉	金土金	吉	金土水	凶
	金金木	凶	金金火	凶	金金土	吉	金金金	凶	金金水	吉
	金水木	吉	金水火	凶	金水土	凶	金水金	吉	金水水	吉
수(水)	水木木	吉	水木火	吉	水木土	凶	水木金	凶	水木水	吉
	水火木	凶	水火火	凶	水火土	凶	水火金	凶	水火水	凶
	水土木	凶	水土火	凶	水土土	凶	水土金	凶	水土水	凶
	水金木	凶	水金火	凶	水金土	吉	水金金	吉	水金水	吉
	水水木	吉	水水火	凶	水水土	凶	水水金	吉	水水水	凶

간략한 성명학 이론 부분

① 성명학적으로 개개인의 성명은 문서에 쓰여지고 목소리로 불리어지고 있는 것으로 보며, 한글은 표음문자로서 성명이 불리어질 때 파동학적으로 글자 상호간에 영향을 주고 개개인의 운명에도 영향을 주는 것으로 보는 성명학 이론으로서, 한글 발음에 대한 오행에 근거를 두며, 한글성명에 대한 초성기준 또는 종성 기준 중 하나만 만족하면 좋다고 판단한다. 여기서는 초성기준을 적용하였다.

② 성명에 사용된 한글발음 초성에 대한 음령오행이 개개인의 사주팔자에서 부족한 또는 요구되는 희신, 용신에 해당되는 음령오행이어야 좋다고 보며, 사주팔자에서 남아도는 또는 불필요한 기신에 해당되는 음령오행이면 흉한 이름으로 본다.

③ 더불어 개개인의 성명에 사용된 성명한자 배열조합 간에 위의 "(1)성씨, 상명자, 하명자 배열조합으로 보는 음령오행 길흉 속견표"에서 보여주듯이 상생이 되면 좋고 상극이 되면 흉한 것으로 판단한다. 여기서는 속견표 내에 각각의 "음령오행"에 대해 옆에 "길흉"이라는 항목을 표시하여 일일이 찾을 필요 없이 참조하면 되도록 하였다.

④ 한글 발음 기준으로 보는 음령오행표(音靈五行表) 1형, 다수설

	목(木)	화(火)	토(土)	금(金)	수(水)
주음(主音) (초성+중성)	가行 카行	나行 다行 라行 타行	아行 하行	사行 자行 차行	마行 바行 파行
종음(從音) (종성, 받침)	ㄱ ㅋ	ㄴ ㄷ ㄹ ㅌ	ㅇ ㅎ	ㅅ ㅈ ㅊ	ㅁ ㅂ ㅍ
발성기관	아음(牙音) 어금닛소리	설음(舌音) 혓소리	후음(喉音) 목구멍소리	치음(齒音) 잇소리	순음(脣音) 입술소리

실전 부분

① 155페이지에 있는 **표1** **성명한자 설명부**를 보면 남궁영한(南宮漢瀚)이라는 성명에 대한 [8]음령오행은 "火土土"로 나타나 있으며,

② 상기의 "(1)성씨, 상명자, 하명자 배열조합으로 보는 음령오행 길흉 속견표"에서 보면 "火土土"는 길흉난에 "吉"이라고 표시되어 있어, 서로 상생관계이므로 음령오행 측면에서는 좋은 운을 유도하는 이름으로 판명하게 된다.

③ 위의 ①에서 남궁영한(南宮漢瀚)이라는 성명에 대한 [8]음령오행표를 보면 "火木土土"로 보이나 "남궁"은 2자가 모여 하나의 성씨를 이룬 형태이므로 2자 중 앞의 글자인 "남"의 음령오행만을 취하여 "火土土"로 보아야 한다.

5. 수리오행 음양(數理五行 陰陽) 6 획수-음양

(1) 성씨, 상명자, 하명자 배열조합으로 보는 수리오행음양 길흉 속견표

번호	수리오행 음양			길흉
	성(姓)씨	상명자	하명자	
1	양(陽)	양(陽)	양(陽)	흉(凶)
2	양(陽)	양(陽)	음(陰)	길(吉)
3	양(陽)	음(陰)	양(陽)	길(吉)
4	양(陽)	음(陰)	음(陰)	길(吉)
5	음(陰)	양(陽)	양(陽)	길(吉)
6	음(陰)	양(陽)	음(陰)	길(吉)
7	음(陰)	음(陰)	양(陽)	길(吉)
8	음(陰)	음(陰)	음(陰)	흉(凶)

구분 / 획수	음양(陰陽)	구분 / 획수	음양(陰陽)	구분 / 획수	음양(陰陽)
1획	양(陽)	12획	음(陰)	23획	양(陽)
2획	음(陰)	13획	양(陽)	24획	음(陰)
3획	양(陽)	14획	음(陰)	25획	양(陽)
4획	음(陰)	15획	양(陽)	26획	음(陰)
5획	양(陽)	16획	음(陰)	27획	양(陽)
6획	음(陰)	17획	양(陽)	28획	음(陰)
7획	양(陽)	18획	음(陰)	29획	양(陽)
8획	음(陰)	19획	양(陽)	30획	음(陰)
9획	양(陽)	20획	음(陰)	31획	양(陽)
10획	음(陰)	21획	양(陽)	32획	음(陰)
11획	양(陽)	22획	음(陰)		

간략한 성명학 이론 부분

① 성명에 사용되는 한자획수에 따른 음양구분으로 획수가 짝수(우수)이면 음(陰)으로 홀수(기수)이면 양(陽)으로 판단한다.

② 한자획수가 10획을 넘는 한자에 대해서는 10자리는 무시하고 1자리만 취하여 획수가 짝수(우수)이면 음으로 홀수(기수)이면 양으로 판단한다.

③ 성명획수에 대한 음양의 배열조합이 음과 양의 기운이 적절히 혼합되어 있으면 吉한 것으로 판명하고, 음이나 양 한가지로만 치우쳐 이루어져 있으면 凶한 것으로 판명한다.

실전 부분

① 155페이지에 있는 **표1** **성명한자 설명부**를 보면 남궁영한(南宮渶瀚)이라는 성명에 대한 수리오행 음양 즉 **6** 획수-음양 부분은 "19 13 20"에 해당되어 "陽陽陰"으로 나타나 있고, 상기의 "(1)성씨, 상명자, 하명자 배열조합으로 보는 수리오행음양 길흉 속견표"를 보면 길흉난에 "吉"로 표시되어 있으므로 수리오행 음양 측면으로는 양호하게 작명한 것으로 판명한다.

② 위의 ①의 남궁영한이라는 성명에서 "남궁"은 2자가 모여 하나의 성씨를 이룬 형태이므로 2자의 획수를 합하여 하나의 성씨 획수로 보아야 한다.

6. 원형이정(元亨利貞) 81수리 17 18 19 20

(1) 길(吉)한 획수표 1형

획수		수리명	획수		수리명
0	01수	始生格 始頭運 (시생격 시두운)	4	41수	大成格 高名運 (대성격 고명운)
	03수	智謀格 壽福運 (지모격 수복운)		45수	顯達格 亨通運 (현달격 형통운)
	05수	統率格 成就運 (통솔격 성취운)		47수	出世格 權威運 (출세격 권위운)
	06수	繼成格 厚德運 (계성격 후덕운)		48수	有德格 榮達運 (유덕격 영달운)
	07수	剛健格 發達運 (강건격 발달운)	5	52수	昇進格 功名運 (승진격 공명운)
	08수	開發格 自成運 (개발격 자성운)		57수	榮達格 旺盛運 (영달격 왕성운)
1	11수	更生格 家興運 (갱생격 가흥운)		58수	自力格 浮沈運 (자력격 부침운)
	13수	明理格 智達運 (명리격 지달운)	6	61수	智達格 得財運 (지달격 득재운)
	15수	統率格 財富運 (통솔격 재부운)		63수	親和格 順成運 (친화격 순성운)
	16수	德望格 富貴運 (덕망격 부귀운)		65수	如意格 富貴運 (여의격 부귀운)
	17수	健昌格 勇進運 (건창격 용진운)		67수	通達格 成就運 (통달격 성취운)
	18수	發展格 暢達運 (발전격 창달운)		68수	智達格 創造運 (지달격 창조운)
2	21수	頭領格 大成運 (두령격 대성운)	7	71수	名振格 榮達運 (명진격 영달운)
	23수	更新格 隆盛運 (갱신격 융성운)		73수	安過格 退守運 (안과격 퇴수운)
	24수	立身格 蓄財運 (입신격 축재운)		75수	平和格 守分運 (평화격 수분운)
	25수	暢達格 剛健運 (창달격 강건운)	8	81수	還元格 更生運 (환원격 갱생운)
	29수	成功格 壽福運 (성공격 수복운)			
3	31수	隆昌格 大盛運 (융창격 대성운)	37수		出世格 奏功運 (출세격 태공운)
	32수	僥倖格 盛昌運 (요행격 성창운)	38수		創意格 文理運 (창의격 문리운)
	33수	上昇格 權勢運 (상승격 권세운)	39수		安樂格 富名運 (안락격 부명운)
	35수	安健格 平隱運 (안건격 평은운)			

(2) 흉(凶)한 획수표 1형

획수		수리명	획수		수리명
0	02수	分離格 孤愁運 (분리격 고수운)	5	50수	浮沈格 不幸運 (부침격 불행운)
	04수	不定格 破壤運 (부정격 파양운)		51수	盛衰格 盛衰運 (성쇠격 성쇠운)
	09수	窮極格 悲哀運 (궁극격 비애운)		53수	憂愁格 半吉運 (우수격 반길운)
1	10수	空虛格 短命運 (공허격 단명운)		54수	多難格 敗亡運 (다난격 패망운)
	12수	薄弱格 孤獨運 (박약격 고독운)		55수	不安格 未送運 (불안격 미송운)
	14수	分離格 破綻運 (분리격 파탄운)		56수	變轉格 恨嘆運 (변전격 한탄운)
	19수	苦難格 病離運 (고난격 병리운)		59수	不遇格 失望運 (불우격 실망운)
2	20수	虛妄格 夭折運 (허망격 요절운)	6	60수	無謀格 災難運 (무모격 재난운)
	22수	中折格 薄弱運 (중절격 박약운)		62수	衰退格 ?難運 (쇠퇴격 근난운)
	26수	變性格 英雄運 (변성격 영웅운)		64수	受難格 分散運 (수난격 분산운)
	27수	英明格 中折運 (영명격 중절운)		66수	失運格 凶禍運 (실운격 흉화운)
	28수	波難格 遭難運 (파난격 조난운)		69수	不安格 停滯運 (불안격 정체운)
3	30수	流浪格 浮沈運 (유랑격 부침운)	7	70수	暗難格 沒落運 (암난격 몰락운)
	34수	變怪格 破亡運 (변괴격 파망운)		72수	不定格 苦樂運 (부정격 고락운)
	36수	義俠格 波瀾運 (의협격 파란운)		74수	迷惑格 不遇運 (미혹격 불우운)
4	40수	無常格 變怪運 (무상격 변괴운)		76수	離移格 後泰運 (이이격 후태운)
	42수	苦生格 失意運 (고생격 실의운)		77수	喜悲格 吉凶運 (희비격 길흉운)
	43수	災難格 失敗運 (재난격 실패운)		78수	晩悲格 前樂運 (만비격 전락운)
	44수	魔害格 破滅運 (마해격 파멸운)		79수	困令格 終凶運 (곤령격 종흉운)
	46수	病弱格 悲哀運 (병약격 비애운)	8	80수	終末格 停止運 (종말격 정지운)
	49수	變化格 吉凶運 (변화격 길흉운)			

간략한 성명학 이론 부분

① 일반적으로 성명학에서 "원형이정 81수리"라고 부르며 거의 모든 성명학자들이 작명, 개명, 감명할 때 반드시 적용하고 있다.

② 각각의 성명획수에 근거하여 발생되는 원격(元格), 형격(亨格), 이격(利格), 정격(貞格)에 대한 길흉의 구분은 164페이지의 "(1)길(吉)한 획수표 1형"과 165페이지의 "(2)흉(凶)한 획수표 1형" 속견표를 보고 판단한다.

성명 구조			원형이정 구분	원형이정 구하는 계산식	해당 운세	심볼번호
성	상명자	하명자	원격(元格)	상명자+하명자 획수	초년운	17
			형격(亨格)	성씨 +상명자획수	중년운	18
			이격(利格)	성씨+하명자 획수	장년운	19
			정격(貞格)	성씨+상명자+하명자 획수	말년운	20

실전 부분

① 156페이지에 있는 표2 원형이정 설명부를 보면 남궁영한(南宮渶瀚)이라는 성명에 대하여 "원형이정 81수리"- 17 18 19 20 부분은

② 성씨, 상명자, 하명자 배열조합으로 이루어진 성명획수가 "19 13 20"이므로

성명 구조	원형이정 구분	원형이정 81수리 및 수리명		
19 13 20	원격(元格)	33	上昇格 權勢運 (상승격 권세운)	吉
	형격(亨格)	32	僥倖格 盛昌運 (요행격 성창운)	吉
	이격(利格)	39	安樂格 富名運 (안락격 부명운)	吉
	정격(貞格)	52	昇進格 功名運 (승진격 공명운)	吉

이 되어, 164페이지와 165페이지의 길흉 속견표를 보면 원형이정 전부가 "(1)길(吉)한 획수표 1형"에 해당되어 양호하게 작명한 것으로 판명한다.

7. 삼원오행(三元五行) 23 삼원오행-天 人 地

(1) 성씨, 상명자, 하명자 배열조합으로 보는 삼원오행 길흉 속견표

성씨	삼원오행	길흉	삼원오행	길흉	삼원오행	길흉	삼원오행	길흉	삼원오행	길흉
목(木)	木木木	吉	木木火	吉	木木土	凶	木木金	凶	木木水	吉
	木火木	吉	木火火	吉	木火土	吉	木火金	凶	木火水	凶
	木土木	凶	木土火	凶	木土土	凶	木土金	凶	木土水	凶
	木金木	凶	木金火	凶	木金土	凶	木金金	凶	木金水	凶
	木水木	吉	木水火	凶	木水土	凶	木水金	吉	木水水	吉
화(火)	火木木	吉	火木火	吉	火木土	吉	火木金	凶	火木水	吉
	火火木	吉	火火火	凶	火火土	吉	火火金	凶	火火水	凶
	火土木	凶	火土火	吉	火土土	吉	火土金	吉	火土水	凶
	火金木	凶	火金火	凶	火金土	凶	火金金	凶	火金水	凶
	火水木	凶	火水火	凶	火水土	凶	火水金	凶	火水水	凶
토(土)	土木木	凶	土木火	凶	土木土	凶	土木金	凶	土木水	凶
	土火木	吉	土火火	吉	土火土	吉	土火金	凶	土火水	凶
	土土木	凶	土土火	吉	土土土	平	土土金	吉	土土水	凶
	土金木	凶	土金火	凶	土金土	吉	土金金	吉	土金水	吉
	土水木	凶	土水火	凶	土水土	凶	土水金	凶	土水水	凶
금(金)	金木木	凶	金木火	凶	金木土	凶	金木金	凶	金木水	凶
	金火木	凶	金火火	凶	金火土	凶	金火金	凶	金火水	凶
	金土木	凶	金土火	吉	金土土	吉	金土金	吉	金土水	凶
	金金木	凶	金金火	凶	金金土	吉	金金金	凶	金金水	吉
	金水木	吉	金水火	凶	金水土	凶	金水金	吉	金水水	吉
수(水)	水木木	吉	水木火	吉	水木土	凶	水木金	凶	水木水	吉
	水火木	凶	水火火	凶	水火土	凶	水火金	凶	水火水	凶
	水土木	凶	水土火	凶	水土土	凶	水土金	凶	水土水	凶
	水金木	凶	水金火	凶	水金土	吉	水金金	吉	水金水	吉
	水水木	吉	水水火	凶	水水土	凶	水水金	吉	水水水	凶

간략한 성명학 이론 부분

① 삼원오행이란 성명의 한자획수를 각각 天, 人, 地의 기본적인 3요소로 삼아 이 숫자를 계산방법에 따라 계산한 후, 이를 다시 오행으로 분류하여 天, 人, 地의 오행이 서로 상생이 되면 좋고 상극이 되면 흉하다고 본다.

② 성명의 한자획수에서 天, 人, 地를 구하는 방법

성명 구조			삼원오행	삼원오행 구하는 계산식
성	상명자	하명자	천(天)	성씨 획수
			인(人)	성씨 +상명자 획수
			지(地)	상명자+하명자 획수

실전 부분

① 156페이지에 있는 **표2** **원형이정 설명부**를 보면 남궁영한(南宮渶瀚)이라는 성명에 대하여 삼원오행 - 天 人 地 **23** 부분은

② 성명의 한자획수 "19 13 20"에 대한 天 人 地는 "水木火"로 표시되어 있고, 167페이지의 "(1)성씨, 상명자, 하명자 배열조합으로 보는 삼원오행 길흉 속견표"를 보면 삼원오행 "水木火"는 길흉난에 "吉"로 표시되어 있어 상생관계이므로 양호하게 작명한 것으로 판명한다.

8. 주역괘상법(周易卦象法) 24 25 26 27

간략한 성명학 이론 부분

① 주역괘상으로 보는 작명법에 대한 속견표 자료가 방대한 관계로 여기서는 생략하며, 자세한 이론과 속견표를 보시려면 228~240페이지에 있는 "(2)성명구조를 보고 주역괘상을 도출하는 속견표"와 "(3)주역으로 본 64괘상 변화에 대한 吉/凶/平 속견표" 및 "9. 상세한 성명학 이론"을 참조하기 바란다.

② 성명구조에 따른 성명획수에서 본괘(本卦), 동효(動爻), 변괘(變卦) 구하는 방법

성명 구조			주역괘상	주역괘상 구하는 계산식
성	상명자	하명자	본괘(本卦)	상괘(上卦) + 하괘(下卦)
			동효(動爻)	(정격+원격) / 6 의 나머지 수
			변괘(變卦)	본괘로부터 동효를 반영하여 구한다.

성명 구조			원형이정 구분	원형이정 구하는 계산식	적용 괘상
성	상명자	하명자	정격(貞格)	성씨+상명자+하명자 획수	상괘(上卦)
			원격(元格)	싱명자+하명자 획수	하괘(下卦)

실전 부분

① 156페이지에 있는 **표2** **원형이정 설명부**를 보면 남궁영한(南宮漢翰)이라는 성명에 대하여 "주역괘상(周易卦象)"- 24 25 26 27 은

② 성명구조에 대한 한자성명획수 "19 13 20"에 대해 본괘는 "뇌천대장(雷天大壯)"이고 1효가 발동하여 변괘는 "뇌풍항(雷風恒)"이 되는 것으로 표시되어 있고 길흉난에는 平으로 표시되어 있어 평범하게 작명한 것으로 판명한다.

8

성명구조

2字姓 1字名

2字姓 1字名

1. 성명구조가 "2字姓 1字名" 인 경우

표1 성명한자 설명부

글자		글자		획수			음령오행		부수		글자의 의미
		음양	오행	획수	음양	오행	초성	종성	부수	오행	
남	南	陽	水	9	陽	水	火	水	十	水	남녘, 남쪽으로 갈
궁	宮	陽	木	10	陰	水	木	土	宀	木	집, 담, 장원, 두를
민	民	陽	火	5	陽	土	水	火	氏	火	백성

1 2 3 4 5 6 7 8 9 10 11 12

표2 원형이정 설명부

총길흉	성명획수			원형이정 81수리					획수음양			삼원오행			주역괘상(周易卦象)			
	성	상명	하명	원	형	이	정	정+원	성	상명	하명	天	人	地	본괘(本卦)	동효	변괘(變卦)	길흉
	19		4	4	19	23	23	27	陽		陰	水	水	火	산뢰이	3	산화비	凶
	19		5	5	19	24	24	29	陽		陽	水	水	土	지풍승	5	수풍정	平
○	19		6	6	19	25	25	31	陽		陰	水	水	土	천수송	1	천택리	吉
	19		7	7	19	26	26	33	陽		陽	水	水	金	택산함	3	택지췌	平

상기의 표에 사용된 용어 설명

심볼	심볼 번호에 대한 상세한 용어 설명
1	성명의 한글 표기
2	성명의 한자 표기
3	성명한자의 겉보기 형태에 따른 음양 구분
4	자원오행, 성명한자가 표의문자로서 본래부터 갖고 있는 오행(五行)
5	성명한자의 글자 획수
6	수리오행 음양(陰陽), 성명한자의 글자획수에 따른 음양 구분
7	수리오행 오행(五行), 성명한자의 글자획수에 따른 오행 구분
8	음령오행 주음(主音), 한글은 표음문자로서 성명을 소리내어 음성으로 부르거나 불릴 때, 성명글자의 초성에 사용된 자음에 따른 오행 구분
9	음령오행 종음(從音), 한글은 표음문자로서 성명을 소리내어 음성으로 부르거나 불릴 때, 성명글자의 종성에 사용된 자음에 따른 오행 구분
10	성명한자가 속한 부수(部首)를 나타낸다.
11	성명한자가 속한 부수의 오행(五行)을 나타낸다.
12	성명한자가 지닌 글자의 의미나 뜻을 나타낸다.
13	성명획수의 배열조합을 근거로 한 원형이정 81수리, 수리오행 음양(획수음양), 삼원오행, 주역괘상의 길흉 등을 종합적으로 분석하여 정리한 전체적이고 최종적인 길흉을 나타낸다.
14	성(姓)씨 한자의 글자 획수, 5 에 기입된 글자 획수와 일치하여야 한다.
15	성명한자 중 상명자(上名字)의 글자 획수, 5 에 기입된 글자 획수와 일치하여야 한다.

심볼	심볼 번호에 대한 상세한 용어 설명
16	성명한자 중 하명자(下名字)의 글자 획수, 5 에 기입된 글자 획수와 일치하여야 한다.
17	원격(元格), 원형이정(元亨利貞) 81수리 중 원격을 나타낸다. 밑줄이 없는 17은 길수를 의미하며, 밑줄이 있는 14는 흉수를 의미한다.
18	형격(亨格), 원형이정(元亨利貞) 81수리 중 형격을 나타낸다. 밑줄이 없는 17은 길수를 의미하며, 밑줄이 있는 14는 흉수를 의미한다.
19	이격(利格), 원형이정(元亨利貞) 81수리 중 이격을 나타낸다. 밑줄이 없는 17은 길수를 의미하며, 밑줄이 있는 14는 흉수를 의미한다.
20	정격(貞格), 원형이정(元亨利貞) 81수리 중 정격을 나타낸다. 밑줄이 없는 17은 길수를 의미하며, 밑줄이 있는 14는 흉수를 의미한다.
21	주역괘상법에 표시된 동효(動爻)값을 구하기 위한 계산식 중 일부분을 나타낸다.
22	수리오행 음양(陰陽), 성명한자의 성씨. 상명자, 하명자 글자획수에 따른 음양의 배열조합을 나타낸다. 6 에 기입된 음양과 일치하여야 한다.
23	삼원오행(三元五行), 성명한자의 글자획수 조합을 근거로 산출된 삼원오행의 천지인(天地人)값을 각각 나타낸다.
24	주역괘상 본괘(本卦), 성명한자의 글자획수를 근거로 산출된 주역괘상법(周易卦象法)의 64괘중 본괘를 나타낸다.
25	주역괘상 동효(動爻), 성명한자의 글자획수를 근거로 산출된 주역괘상법의 동효를 나타낸다.
26	주역괘상 변괘(變卦), 성명한자의 글자획수에 근거한 주역괘상법의 변괘(變卦)를 나타낸다. 일명 지괘(之卦)라고도 불린다. 변괘는 본괘를 기준으로 하여 동효를 적용하여 구한다.
27	주역괘상법의 본괘가 동효로 인하여 변괘가 되었을 때, 좋은 쪽으로 진행되면 吉이라 표시하고, 나쁜 쪽으로 진행되면 凶이라 표시하였으며, 평범하면 平이라 표시하였다.

2. 적용하는 순서 및 방법

① 아래와 같이 표1 성명한자 설명부와 표2 원형이정 설명부에 대한 빈 양식을 각각 준비한다. 독자들의 편의를 위해 빈 양식은 부록에 첨부되어 있다.

표1 성명한자 설명부

글자		글자		획수			음령오행		부수		글자의 의미
		음양	오행	획수	음양	오행	초성	종성	부수	오행	

표2 원형이정 설명부

총길흉	성명획수			원형이정 81수리					획수음양			삼원오행			주역괘상(周易卦象)			
	성	상명	하명	원	형	이	정	정+원	성	상명	하명	天	人	地	본괘(本卦)	동효	변괘(變卦)	길흉

② 준비한 표1 성명한자 설명부의 빈 양식에 172페이지 견본에 표시된 1과 같이 세로로 개개인의 성명을 한글로 기입한다.

글자		글자		획수			음령오행		부수		글자의 의미
		음양	오행	획수	음양	오행	초성	종성	부수	오행	
남											
궁											
민											

③ 성명학 대백과 1권 253페이지~270페이지에 있는 "대한민국 성씨에 사용되는 한자 (기준 : 의획, 성씨에만 적용)" 에서 해당되는 성씨한자를 찾아 172페이지 견본에 보이는 **표1** **성명한자설명부**의 "남궁민" 부분의 "남궁"과 같이 상위부분에 해당되는 한자, 글자-음양 오행, 획수-획수 음양 오행, 음령오행-초성 종성, 부수-부수 오행, 글자의 의미를 차례차례 기계적으로 가로로 기입한다.

글자		글자		획수			음령오행		부수		글자의 의미
		음양	오행	획수	음양	오행	초성	종성	부수	오행	
남	南	陽	水	9	陽	水	火	水	十	水	남녘, 남쪽으로 갈
궁											
민											

글자		글자		획수			음령오행		부수		글자의 의미
		음양	오행	획수	음양	오행	초성	종성	부수	오행	
남	南	陽	水	9	陽	水	火	水	十	水	남녘, 남쪽으로 갈
궁	宮	陽	木	10	陰	水	木	土	宀	木	집, 담, 장원, 두를
민											

④ 해당되는 이름한자(상명자)가 없으므로 아래의 같은 방식으로 **표1** **성명한자 설명부**의 "남궁 민" 부분의 중간 부분을 공백으로 기입한다.

글자		글자		획수			음령오행		부수		글자의 의미
		음양	오행	획수	음양	오행	초성	종성	부수	오행	
남	南	陽	水	9	陽	水	火	水	十	水	남녘, 남쪽으로 갈
궁	宮	陽	木	10	陰	水	木	土	宀	木	집, 담, 장원, 두를
민											

⑤ 성명학 대백과 1권 271페이지~438페이지에 있는 "대한민국 이름에 사용되는 한자(기준 : 의획, 이름에 적용)" 에서 해당되는 이름한자(하명자)를 찾아 ③번과 같은 방식으로 **표1** **성명한자 설명부**의 "남궁민" 부분의 "민"에 대하여 하위부분에 차례차례 가로로 기입한다.

글자		글자		획수			음령오행		부수		글자의 의미
		음양	오행	획수	음양	오행	초성	종성	부수	오행	
남	南	陽	水	9	陽	水	火	水	十	水	남녘, 남쪽으로 갈
궁	宮	陽	木	10	陰	水	木	土	宀	木	집, 담, 장원, 두를
민	民	陽	火	5	陽	土	水	火	氏	火	백성

⑥ 위의 표에서 "남궁민(南宮民)"이라는 성명은 성명획수가 "19 5" 이므로 성명학 대백과 2권 37페이지~785페이지에 있는 원형이정표 조합들 중에서 19획 조합에 해당하는 650페이지~683페이지에 있는 원형이정표 중에서 "19 5" 조합이 있는 683페이지를 찾아 **표2** **원형이정 설명부**의 빈 양식에 아래와 같이 기입한 것이 다. 다시 말하면 남궁민은 성명획수가 "19 5"에 해당되어 650페이지~683페이지에 있는 19획 성씨에 해당되는 원형이정표를 찾고, 찾은 원형이정표 가운데서 다시 "19 5"에 해당되는 683페이지를 찾고, 다시 그 가운데서 "19 5" 에 해당되는 원

형이정 81수리, 획수음양, 삼원오행, 주역괘상(周易卦象)을 찾아 표2 원형이정 설명부의 빈 양식에 아래와 같이 차례차례 기입한 것이다.

총길흉	성명획수			원형이정 81수리					획수음양			삼원오행			주역괘상(周易卦象)			
	성	상명	하명	원	형	이	정	정+원	성	상명	하명	天	人	地	본괘(本卦)	동효	변괘(變卦)	길흉
	19		5	5	19	24	24	29	陽		陽	水	水	土	지풍승	5	수풍정	平

⑦ 상기와 같이 표1 성명한자 설명부와 표2 원형이정 설명부의 빈 양식이 모두 채워지면 데이터를 찾는 1차 작업은 완료된 것이다.

⑧ 이제부터는 2차 작업으로서 데이터들이 무슨 의미를 갖고 있는지를 분석하기 위해 양식에 기재된 데이터들을 기초자료로 활용하여, 아래의 "간략한 성명학 이론부분"과 "실전 부분"들을 참고해가면서 개개인의 성명에 대한 작명, 개명, 감명 작업을 차례차례 진행해 나가면 되는 것이다.

⑨ 이때 각자의 성명에 대해 어느 정도 좋고 나쁜가?, 그것이 왜 좋고 나쁜가? 등등의 상세한 이유를 알고 싶으신 독자들은, 191페이지부터 이어지는 "9. 상세한 성명학 이론" 에 자세하게 설명된 성명학 이론들을 활용하시기 바란다.

⑩ 이때 아래의 이론분석 작업 중에서 3~6번까지는 필히 만족되어야 하나, 나머지 부분은 만족되면 더욱 좋고 만족되지 않아도 크게 영향은 미치지 않는 것으로 간주해도 된다.

3. 자원오행(字原五行) 4 글자-오행

(1) 성씨, 하명자 배열조합으로 보는 자원오행 길흉 속견표

자원오행	길흉	자원오행	길흉	자원오행	길흉	자원오행	길흉	자원오행	길흉
木木	平	木火	吉	木土	凶	木金	凶	木水	吉
火木	吉	火火	凶	火土	吉	火金	凶	火水	凶
土木	凶	土火	吉	土土	吉	土金	吉	土水	凶
金木	凶	金火	凶	金土	吉	金金	凶	金水	吉
水木	吉	水火	凶	水土	凶	水金	吉	水水	吉

간략한 성명학 이론 부분

성명학적으로 개개인의 성명은 문서에 쓰여지고 목소리로 불리어지고 있는 것으로 보며, 한자가 표의문자(表意文字)로서 한자 자체가 갖고 있는 고유의 근원오행을 자원오행이라 부른다. 이때

① 성명에 사용된 한자의 자원오행이 개개인의 사주팔자에서 부족한 또는 요구되는 용신(나를 도와주는 것)에 해당되는 자원오행이어야 좋다고 보며, 사주팔자에서 남아도는 또는 불필요한 기신(나를 해치는 것)에 해당되는 자원오행이면 흉한 이름으로 본다.

② 더불어 성명에 사용된 개개인의 성명한자 배열조합 간에 위의 "(1)성씨, 하명자 배열조합으로 보는 자원오행 길흉 속견표"에서 보여주듯이 상생이 되면 길한 것으로 보고 상극이 되면 흉한 것으로 본다.

③ 여기서는 속견표 내에 각각의 자원오행 배열조합에 대해, 옆에 "길흉"이라는 항목을 표시하여 일일이 찾을 필요 없이 결과를 바로 확인할 수 있도록 하였다.

④ 상기의 자원오행 속견표에서 "吉"은 좋은 운을 유도하는 이름을 의미하며, "凶"은 나쁜 운을 유도하는 이름을 의미하고, "平"은 평범한 운을 유도하는 이름을 의미한다.

실전 부분

① 예로 들은 남궁민(南宮民)이라는 성명은 177페이지에 완성된 표1 **성명한자 설명부**를 보면 "남궁민"이라는 이름에 대한 4번의 자원오행(글자-오행) 부분은 "火"에 해당하여, 남궁민의 사주팔자에서 오행의 기운 가운데 "火"가 용신이면 좋은 이름이다 라고 볼 수 있으나, 기신인 경우는 아주 흉한 이름이다 라고 판명하며, 한신인 경우는 평범한 이름이다 라고 판명한다.

② 또한 "남궁민"이라는 이름에 대한 4번의 자원오행(글자-오행)의 배열조합 부분은 "水火"에 해당하고, "길흉" 항목을 보면 "凶"이라고 표시되어 있으므로, 남궁민이라는 이름은 자원오행 배열조합간 상생상극 측면에서 분석한 것으로는, 흉한 운을 유도하는 이름이라고 판명하게 된다.

③ 위의 ②에서 남궁민(南宮民)이라는 성명에 대한 4자원오행표를 보면 "水木火"로 보이나 "남궁"은 2자가 모여 하나의 성씨를 이룬 형태이므로 2자 중 앞의 글자인 "남"의 자원오행만을 취하여 "水火"로 보아야 한다.

4. 음령오행(音靈五行) 8 음령오행-초성

(1) 성씨, 하명자 배열조합으로 보는 음령오행 길흉 속견표

음령오행	길흉	음령오행	길흉	음령오행	길흉	음령오행	길흉	음령오행	길흉
木木	平	木火	吉	木土	凶	木金	凶	木水	吉
火木	吉	火火	凶	火土	吉	火金	凶	火水	凶
土木	凶	土火	吉	土土	吉	土金	吉	土水	凶
金木	凶	金火	凶	金土	吉	金金	凶	金水	吉
水木	吉	水火	凶	水土	凶	水金	吉	水水	吉

간략한 성명학 이론 부분

① 성명학적으로 개개인의 성명은 문서에 쓰여지고 목소리로 불리어지고 있는 것으로 보며, 한글은 표음문자로서 성명이 불리어질 때 파동학적으로 글자 상호간에 영향을 주고 개개인의 운명에도 영향을 주는 것으로 보는 성명학 이론으로서, 한글발음에 대한 오행에 근거를 두며, 한글성명에 대한 초성기준 또는 종성기준 중 하나만 만족하면 좋다고 판단한다. 여기서는 초성기준을 적용하였다.

② 성명에 사용된 한글발음 초성에 대한 음령오행이 개개인의 사주팔자에서 부족한 또는 요구되는 희신, 용신에 해당되는 음령오행이어야 좋다고 보며, 사주팔자에서 남아도는 또는 불필요한 기신에 해당되는 음령오행이면 흉한 이름으로 본다.

③ 더불어 개개인의 성명에 사용된 성명한자 배열조합 간에 위의 "(1)성씨, 하명자 배열조합으로 보는 음령오행 길흉 속견표"에서 보여주듯이 상생이 되면 좋고 상극이 되면 흉한 것으로 판단한다. 여기서는 속견표 내에 각각의 "음령오행"에 대해 옆에 "길흉"이라는 항목을 표시하여 일일이 찾을 필요 없이 참조하면 되도록 하였다.

④ 한글 발음 기준으로 보는 음령오행표(音靈五行表) 1형, 다수설

	목(木)	화(火)	토(土)	금(金)	수(水)
주음(主音) (초성+중성)	가行 카行	나行 다行 라行 타行	아行 하行	사行 자行 차行	마行 바行 파行
종음(從音) (종성, 받침)	ㄱㅋ	ㄴㄷㄹㅌ	ㅇㅎ	ㅅㅈㅊ	ㅁㅂㅍ
발성기관	아음(牙音) 어금닛소리	설음(舌音) 혓소리	후음(喉音) 목구멍소리	치음(齒音) 잇소리	순음(脣音) 입술소리

실전 부분

① 177페이지에 있는 **표1** **성명한자 설명부**를 보면 남궁민(南宮民)이라는 성명에 대한 **8** 음령오행은 "火水"로 나타나 있으며,

② 상기의 "(1)성씨, 하명자 배열조합으로 보는 음령오행 길흉 속견표"에서 보면 "火水"는 길흉난에 "凶"이라고 표시되어 있어, 서로 상극관계이므로 음령오행 측면에서는 흉한 운을 유도하는 이름으로 판명하게 된다.

③ 위의 ②에서 남궁민(南宮民)이라는 성명에 대한 **8** 음령오행표를 보면 "火木水"로 보이나 "남궁"은 2자가 모여 하나의 성씨를 이룬 형태이므로 2자 중 앞의 글자인 "남"의 음령오행만을 취하여 "火水"로 보아야 한다.

5. 수리오행 음양(數理五行 陰陽) 6 획수-음양

(1) 성씨, 하명자 배열조합으로 보는 수리오행음양 길흉 속견표

번호	수리오행 음양		길흉
	성(姓)씨	하명자	
1	양(陽)	양(陽)	흉(凶)
2	양(陽)	음(陰)	길(吉)
3	음(陰)	양(陽)	길(吉)
4	음(陰)	음(陰)	흉(凶)

구분 / 획수	음양(陰陽)	구분 / 획수	음양(陰陽)	구분 / 획수	음양(陰陽)
1획	양(陽)	12획	음(陰)	23획	양(陽)
2획	음(陰)	13획	양(陽)	24획	음(陰)
3획	양(陽)	14획	음(陰)	25획	양(陽)
4획	음(陰)	15획	양(陽)	26획	음(陰)
5획	양(陽)	16획	음(陰)	27획	양(陽)
6획	음(陰)	17획	양(陽)	28획	음(陰)
7획	양(陽)	18획	음(陰)	29획	양(陽)
8획	음(陰)	19획	양(陽)	30획	음(陰)
9획	양(陽)	20획	음(陰)	31획	양(陽)
10획	음(陰)	21획	양(陽)	32획	음(陰)
11획	양(陽)	22획	음(陰)		

간략한 성명학 이론 부분

① 성명에 사용되는 한자획수에 따른 음양구분으로 획수가 짝수(우수)이면 음(陰)으로 홀수(기수)이면 양(陽)으로 판단한다.

② 한자획수가 10획을 넘는 한자에 대해서는 10자리는 무시하고 1자리만 취하여 획수가 짝수(우수)이면 음으로 홀수(기수)이면 양으로 판단한다.

③ 성명획수에 대한 음양의 배열조합이 음과 양의 기운이 적절히 혼합되어 있으면 吉한 것으로 판명하고, 음이나 양 한가지로만 치우쳐 이루어져 있으면 凶한 것으로 판명한다.

실전 부분

① 177페이지에 있는 **표1** **성명한자 설명부**를 보면 남궁민(南宮民)이라는 성명에 대한 수리오행 음양 즉 **6** 획수-음양 부분은 성명획수가 "19 5"에 해당되어 "陽陽"으로 나타나 있고, 상기의 "(1) 성씨, 하명자 배열조합으로 보는 수리오행음양 길흉속견표"를 보면 길흉난에 "凶"으로 표시되어 있으므로 수리오행 음양측면으로는 흉하게 작명한 것으로 판명한다.

② 위의 ①의 남궁민(南宮民)이라는 성명에서 "남궁"은 2자가 모여 하나의 성씨를 이룬 형태이므로 2자의 획수를 합하여 하나의 성씨 획수로 보아야 한다.

6. 원형이정(元亨利貞) 81수리 [17] [18] [19] [20]

(1) 길(吉)한 획수표 1형

획수		수리명	획수		수리명
0	01수	始生格 始頭運 (시생격 시두운)	4	41수	大成格 高名運 (대성격 고명운)
	03수	智謀格 壽福運 (지모격 수복운)		45수	顯達格 亨通運 (현달격 형통운)
	05수	統率格 成就運 (통솔격 성취운)		47수	出世格 權威運 (출세격 권위운)
	06수	繼成格 厚德運 (계성격 후덕운)		48수	有德格 榮達運 (유덕격 영달운)
	07수	剛健格 發達運 (강건격 발달운)	5	52수	昇進格 功名運 (승진격 공명운)
	08수	開發格 自成運 (개발격 자성운)		57수	榮達格 旺盛運 (영달격 왕성운)
1	11수	更生格 家興運 (갱생격 가흥운)		58수	自力格 浮沈運 (자력격 부침운)
	13수	明理格 智達運 (명리격 지달운)	6	61수	智達格 得財運 (지달격 득재운)
	15수	統率格 財富運 (통솔격 재부운)		63수	親和格 順成運 (친화격 순성운)
	16수	德望格 富貴運 (덕망격 부귀운)		65수	如意格 富貴運 (여의격 부귀운)
	17수	健昌格 勇進運 (건창격 용진운)		67수	通達格 成就運 (통달격 성취운)
	18수	發展格 暢達運 (발전격 창달운)		68수	智達格 創造運 (지달격 창조운)
2	21수	頭領格 大成運 (두령격 대성운)	7	71수	名振格 榮達運 (명진격 영달운)
	23수	更新格 隆盛運 (갱신격 융성운)		73수	安過格 退守運 (안과격 퇴수운)
	24수	立身格 蓄財運 (입신격 축재운)		75수	平和格 守分運 (평화격 수분운)
	25수	暢達格 剛健運 (창달격 강건운)	8	81수	還元格 更生運 (환원격 갱생운)
	29수	成功格 壽福運 (성공격 수복운)			
3	31수	隆昌格 大盛運 (융창격 대성운)	37수		出世格 奏功運 (출세격 태공운)
	32수	僥倖格 盛昌運 (요행격 성창운)	38수		創意格 文理運 (창의격 문리운)
	33수	上昇格 權勢運 (상승격 권세운)	39수		安樂格 富名運 (안락격 부명운)
	35수	安健格 平隱運 (안건격 평은운)			

(2) 흉(凶)한 획수표 1형

획수		수리명	획수		수리명
	02수	分離格 孤愁運 (분리격 고수운)		50수	浮沈格 不幸運 (부침격 불행운)
0	04수	不定格 破壞運 (부정격 파양운)		51수	盛衰格 盛衰運 (성쇠격 성쇠운)
	09수	窮極格 悲哀運 (궁극격 비애운)		53수	憂愁格 半吉運 (우수격 반길운)
	10수	空虛格 短命運 (공허격 단명운)	5	54수	多難格 敗亡運 (다난격 패망운)
1	12수	薄弱格 孤獨運 (박약격 고독운)		55수	不安格 未送運 (불안격 미송운)
	14수	分離格 破綻運 (분리격 파탄운)		56수	變轉格 恨嘆運 (변전격 한탄운)
	19수	苦難格 病離運 (고난격 병리운)		59수	不遇格 失望運 (불우격 실망운)
	20수	虛妄格 夭折運 (허망격 요절운)		60수	無謀格 災難運 (무모격 재난운)
	22수	中折格 薄弱運 (중절격 박약운)		62수	衰退格 ?難運 (쇠퇴격 근난운)
2	26수	變性格 英雄運 (변성격 영웅운)	6	64수	受難格 分散運 (수난격 분산운)
	27수	英明格 中折運 (영명격 중절운)		66수	失運格 凶禍運 (실운격 흉화운)
	28수	波難格 遭難運 (파난격 조난운)		69수	不安格 停滯運 (불안격 정체운)
	30수	流浪格 浮沈運 (유랑격 부침운)		70수	暗難格 沒落運 (암난격 몰락운)
3	34수	變怪格 破亡運 (변괴격 파망운)		72수	不定格 苦樂運 (부정격 고락운)
	36수	義俠格 波瀾運 (의협격 파란운)		74수	迷惑格 不遇運 (미혹격 불우운)
	40수	無常格 變怪運 (무상격 변괴운)	7	76수	離移格 後泰運 (이이격 후태운)
	42수	苦生格 失意運 (고생격 실의운)		77수	喜悲格 吉凶運 (희비격 길흉운)
4	43수	災難格 失敗運 (재난격 실패운)		78수	晩悲格 前樂運 (만비격 전락운)
	44수	魔害格 破滅運 (마해격 파멸운)		79수	困令格 終凶運 (곤령격 종흉운)
	46수	病弱格 悲哀運 (병약격 비애운)	8	80수	終末格 停止運 (종말격 정지운)
	49수	變化格 吉凶運 (변화격 길흉운)			

간략한 성명학 이론 부분

① 일반적으로 성명학에서 "원형이정 81수리"라고 부르며 거의 모든 성명학자들이 작명, 개명, 감명할 때 반드시 적용하고 있다.

② 각각의 성명획수에 근거하여 발생되는 원격(元格), 형격(亨格), 이격(利格), 정격(貞格)에 대한 길흉의 구분은 185페이지의 "(1) 길(吉)한 획수표 1형"과 186페이지의 "(2) 흉(凶)한 획수표 1형" 속견표를 보고 판단한다.

성명 구조			원형이정 구분	원형이정 구하는 계산식	해당 운세	심볼번호
성		하명자	원격(元格)	하명자 획수	초년운	17
			형격(亨格)	성씨 획수	중년운	18
			이격(利格)	성씨+하명자 획수	장년운	19
			정격(貞格)	성씨+하명자 획수	말년운	20

실전 부분

① 178페이지에 있는 표2 **원형이정 설명부**를 보면 남궁민(南宮民)이라는 성명에 대하여 "원형이정 81수리"- 17 18 19 20 부분은

② 성씨, 하명자 배열조합으로 이루어진 성명획수가 "19 5"이므로

성명 구조	원형이정 구분	원형이정 81수리 및 수리명		
19 5	원격(元格)	5	統率格 成就運 (통솔격 성취운)	吉
	형격(亨格)	19	苦難格 病離運 (고난격 병리운)	凶
	이격(利格)	24	立身格 蓄財運 (입신격 축재운)	吉
	정격(貞格)	24	立身格 蓄財運 (입신격 축재운)	吉

이 되어, 185페이지와 186페이지의 길흉 속견표를 보면 원격, 이격, 정격은 "(1)길(吉)한 획수표 1형"에 해당되어 양호하나 형격은 "(2)흉(凶)한 획수표 1형"에 해당되어 흉하게 작명한 것으로 판명한다.

7. 삼원오행(三元五行) 23 삼원오행-天 人 地

(1) 성씨, 하명자 배열조합으로 보는 삼원오행 길흉 속견표

성씨	삼원오행	길흉	삼원오행	길흉	삼원오행	길흉	삼원오행	길흉	삼원오행	길흉
	木木木	吉	木木火	吉	木木土	凶	木木金	凶	木木水	吉
	木火木	吉	木火火	吉	木火土	吉	木火金	凶	木火水	凶
목(木)	木土木	凶	木土火	凶	木土土	凶	木土金	凶	木土水	凶
	木金木	凶	木金火	凶	木金土	凶	木金金	凶	木金水	凶
	木水木	吉	木水火	凶	木水土	凶	木水金	吉	木水水	吉
	火木木	吉	火木火	吉	火木土	吉	火木金	凶	火木水	吉
	火火木	吉	火火火	凶	火火土	吉	火火金	凶	火火水	凶
화(火)	火土木	凶	火土火	吉	火土土	吉	火土金	吉	火土水	凶
	火金木	凶	火金火	凶	火金土	凶	火金金	凶	火金水	凶
	火水木	凶	火水火	凶	火水土	凶	火水金	凶	火水水	凶
	土木木	凶	土木火	凶	土木土	凶	土木金	凶	土木水	凶
	土火木	吉	土火火	吉	土火土	吉	土火金	凶	土火水	凶
토(土)	土土木	凶	土土火	吉	土土土	平	土土金	吉	土土水	凶
	土金木	凶	土金火	凶	土金土	吉	土金金	吉	土金水	吉
	土水木	凶	土水火	凶	土水土	凶	土水金	凶	土水水	凶
	金木木	凶	金木火	凶	金木土	凶	金木金	凶	金木水	凶
	金火木	凶	金火火	凶	金火土	凶	金火金	凶	金火水	凶
금(金)	金土木	凶	金土火	吉	金土土	吉	金土金	吉	金土水	凶
	金金木	凶	金金火	凶	金金土	吉	金金金	凶	金金水	吉
	金水木	吉	金水火	凶	金水土	凶	金水金	吉	金水水	吉
	水木木	吉	水木火	吉	水木土	凶	水木金	凶	水木水	吉
	水火木	凶	水火火	凶	水火土	凶	水火金	凶	水火水	凶
수(水)	水土木	凶	水土火	凶	水土土	凶	水土金	凶	水土水	凶
	水金木	凶	水金火	凶	水金土	吉	水金金	吉	水金水	吉
	水水木	吉	水水火	凶	水水土	凶	水水金	吉	水水水	凶

간략한 성명학 이론 부분

① 삼원오행이란 성명의 한자획수를 각각 天, 人, 地의 기본적인 3요소로 삼아 이 숫자를 계산방법에 따라 계산한 후, 이를 다시 오행으로 분류하여 天, 人, 地의 오행이 서로 상생이 되면 좋고 상극이 되면 흉하다고 본다.

② 성명의 한자획수에서 天, 人, 地를 구하는 방법

성명 구조			삼원오행	삼원오행 구하는 계산식
성		하명자	천(天)	성씨 획수
			인(人)	성씨 획수
			지(地)	하명자 획수

실전 부분

① 178페이지에 있는 **표2** **원형이정 설명부**를 보면 남궁민(南宮民)이라는 성명에 대하여 삼원오행 - 天 人 地 23 부분은

② 성명의 한자획수 "19 5"에 대한 天 人 地는 "水水土"로 표시되어 있고, 188페이지의 "(1)성씨, 하명자 배열조합으로 보는 삼원오행 길흉 속견표"를 보면 삼원오행 "水水土"는 길흉난에 "凶"으로 표시되어 있어 상극관계이므로 흉하게 작명한 것으로 판명한다.

8. 주역괘상법(周易卦象法) 24 25 26 27

간략한 성명학 이론 부분

① 주역괘상으로 보는 작명법에 대한 속견표 자료가 방대한 관계로 여기서는 생략하며, 자세한 이론과 속견표를 보시려면 228~240페이지에 있는 "(2)성명구조를 보고 주역괘상을 도출하는 속견표"와 "(3)주역으로 본 64괘상 변화에 대한 吉/凶/平 속견표" 및 "9. 상세한 성명학 이론"을 참조하기 바란다.

② 성명구조에 따른 성명획수에서 본괘(本卦), 동효(動爻), 변괘(變卦) 구하는 방법

성명 구조			주역괘상	주역괘상 구하는 계산식
성		하명자	본괘(本卦)	상괘(上卦) + 하괘(下卦)
			동효(動爻)	(정격+원격) / 6 의 나머지 수
			변괘(變卦)	본괘로부터 동효를 반영하여 구한다.

성명 구조			원형이정 구분	원형이정 구하는 계산식	적용 괘상
성		하명자	정격(貞格)	성씨+하명자 획수	상괘(上卦)
			원격(元格)	하명자 획수	하괘(下卦)

실전 부분

① 178페이지에 있는 **표2 원형이정 설명부**를 보면 남궁민(南宮民)이라는 성명에 대하여 "주역괘상(周易卦象)"- 24 25 26 27 은

② 성명구조에 대한 한자성명획수 "19 5"에 대해 본괘는 "지풍승(地風升)"이고 5효가 발동하여 변괘는 "수풍정(水風井)"이 되는 것으로 표시되어 있고 길흉난에는 平으로 표시되어 있어 평범하게 작명한 것으로 판명한다.

9

상세한 성명학 이론

姓名學

1. 자형(字形)의 음양(陰陽) [3] 글자-음양

성명을 이루고 있는 성씨(姓氏), 상명자(上名字), 하명자(下名字)에 사용된 성명한자의 겉보기 형태에 따라 아래와 같이 구분하며, 성명학 대백과 1권 한자표내의 "글자-음양" 난에 표기하였다.

(1) 자형의 정의

자형구분	자형의 정의	글자 예
양형자 (陽形字)	좌측과 우측으로 구분되지 않아 2부분으로 나눌 수 없는 글자 한자표내에는 "陽"으로 표기됨	김(金), 이(李), 송(宋), 업(業), 용(容), 대(大),
음형자 (陰形字)	좌측과 우측으로 구분되어 나누어지는 글자 한자표내에는 "陰"으로 표기됨	박(朴), 서(徐), 진(珍), 주(柱), 치(致), 신(信),
중성형자 (中性形字)	좌측 우측으로 구분되지 않는 양형자와 구분되는 음형자가 동시에 합하여져 하나의 글자를 이룬 형태의 글자 한자표내에는 "中" 또는 "中性"으로 표기됨	맹(盟), 령(嶺), 현(賢), 영(榮), 라(羅)

(2) 자형에 따른 사용 규칙

작명할 때에는 반드시 양형자(陽形字)와 음형자(陰形字)를 혼용하여 음양이 조화를 이루도록 해야 한다. 만약 혼용이 불가능하여 일방적으로 양형이나 음형으로 이루어지게 될 경우에는 중성형자(中性形字)를 혼용하여 음양이 조화를 꾀하도록 한다.

좋은 예	나쁜 예
朴東洙, 李明吉, 崔淳用	金永吉, 陳誠洙

(3) 성씨, 상명자, 하명자의 배열조합으로 보는 자형의 음양 길흉 속견표

번호	자형의 음양배열			길흉
	성(姓)씨	상명자	하명자	
1	양(陽)	양(陽)	양(陽)	흉(凶)
2	양(陽)	양(陽)	음(陰)	길(吉)
3	양(陽)	양(陽)	중성(中性)	길(吉)
4	양(陽)	음(陰)	양(陽)	길(吉))
5	양(陽)	음(陰)	음(陰)	길(吉)
6	양(陽)	음(陰)	중성(中性)	길(吉)
7	양(陽)	중성(中性)	양(陽)	길(吉)
8	양(陽)	중성(中性)	음(陰)	길(吉)
9	양(陽)	중성(中性)	중성(中性)	길(吉)
10	음(陰)	양(陽)	양(陽)	길(吉)
11	음(陰)	양(陽)	음(陰)	길(吉)
12	음(陰)	양(陽)	중성(中性)	길(吉)
13	음(陰)	음(陰)	양(陽)	길(吉)
14	음(陰)	음(陰)	음(陰)	흉(凶)
15	음(陰)	음(陰)	중성(中性)	길(吉)
16	음(陰)	중성(中性)	양(陽)	길(吉)
17	음(陰)	중성(中性)	음(陰)	길(吉)
18	음(陰)	중성(中性)	중성(中性)	길(吉)
19	중성(中性)	양(陽)	양(陽)	길(吉)
20	중성(中性)	양(陽)	음(陰)	길(吉)
21	중성(中性)	양(陽)	중성(中性)	길(吉)
22	중성(中性)	음(陰)	양(陽)	길(吉)
23	중성(中性)	음(陰)	음(陰)	길(吉)
24	중성(中性)	음(陰)	중성(中性)	길(吉)
25	중성(中性)	중성(中性)	양(陽)	길(吉)
26	중성(中性)	중성(中性)	음(陰)	길(吉)
27	중성(中性)	중성(中性)	중성(中性)	길(吉)

(4) 자형으로 보는 특성

<table>
<tr><td rowspan="2">양형자(陽形字)로만
구성된 경우</td><td colspan="2">김동민(金東民), 이기동(李基冬)</td></tr>
<tr><td>① 독선적
③ 비사교적</td><td>② 비타협적
④ 고집태강(太强)</td></tr>
<tr><td rowspan="2">음형자(陰形字)로만
구성된 경우</td><td colspan="2">임도봉(任桃峰), 백거량(柏鉅諒)</td></tr>
<tr><td>① 소극적
③ 비활동적</td><td>② 의타적
④ 자주성 결여</td></tr>
</table>

2. 자원오행(字源五行) [4] 글자-오행

한자 자체가 본래부터 갖고 있는 오행을 의미하며 성명학의 탄생근거와도 잘 부합된다. 왜냐하면 개개인의 성명이란 문서에 기록되어 타인에게 보여지거나 기록으로 남게 되는데 한자는 표의문자(表意文字)인 관계로 문서에 기록되어 표현되는 방식으로 사주팔자에서 필요로 하는 오행을 보완해주는 역할을 하기 때문이다.

일반적으로는 한자가 속한 부수(部首)의 뜻에 따라 부수오행을 정하고, 이 부수를 사용하는 한자는 이 오행으로 보아 상명자와 하명자의 오행관계를 보거나 또는 성씨까지 포함하여 성씨, 상명자, 하명자의 오행관계로 길흉을 판단하는 것이다.

이와 같은 한자의 자원오행은 대체적으로는 그 한자에 사용되는 부수의 오행과 일치하나 일부는 한자의 자원오행과 그 한자가 속한 부수의 자원오행이 일치하지 않는 경우도 있음을 명심하여야 한다.

그리하여 지금까지는 성명에 대한 작명, 개명, 감명 작업을 하고자 할 때마다, 사용하고자 하는 한자를 일일이 한자자전 또는 한자옥편에서 찾아야 했으나, 이 책에서는 성명학 대백과 1권 253~624페이지에 "대한민국 성씨에 사용되는 한자(기준: 의획, 성씨에만 적용)", "대한민국 이름에 사용되는 한자(기준: 의획, 이름에 적용)"과 "대한민국 성씨에 사용되는 한자(기준: 필획, 성씨에만 적용)", "대한민국 이름에 사용되는 한자(기준: 필획, 이름에 적용)"의 " [4] 글자-오행" 난에 각각의 한자에 대한 자원오행을 미리 정리하여 놓아 독자분들이 한자자전이나 한자옥편을 찾지 않아도 되도록 편의를 도모하였다.

또한 개개인의 성명에서 자원오행의 길흉을 보는 방법으로는 2가지 유형이 있으며

① 이름(상명자, 하명자)으로만 보는 방법이 있고

② 성명(성씨, 상명자, 하명자)으로 보는 방법이 있다.

(1) 상명자, 하명자 배열조합으로 보는 자원오행 길흉 속견표

자원오행	길흉	자원오행	길흉	자원오행	길흉	자원오행	길흉	자원오행	길흉
木木	平	木火	吉	木土	凶	木金	凶	木水	吉
火木	吉	火火	凶	火土	吉	火金	凶	火水	凶
土木	凶	土火	吉	土土	吉	土金	吉	土水	凶
金木	凶	金火	凶	金土	吉	金金	凶	金水	吉
水木	吉	水火	凶	水土	凶	水金	吉	水水	吉

① 木木은 동등한 관계로 平한 것이어서 평범한 성명으로 본다.

② 火木은 木生火로 상생관계가 성립되므로 吉한 것으로 본다.

③ 土木은 木剋土로 상극관계가 성립되므로 凶한 것으로 본다.

④ 金木은 金剋木으로 상극관계가 성립되므로 凶한 것으로 본다..

⑤ 水木은 水生木으로 상생관계가 성립되므로 吉한 것으로 본다.

⑥ 木火는 木生火로 상생관계가 성립되므로 吉한 것으로 본다.

⑦ 火火는 불기운끼리 투쟁하는 관계가 성립되므로 凶한 것으로 본다.

⑧ 土火는 火生土로 상생관계가 성립되므로 吉한 것으로 본다.

⑨ 金火는 火剋金으로 상극관계가 성립되므로 凶한 것으로 본다.

⑩ 水火는 水剋火로 상극관계가 성립되므로 凶한 것으로 본다.

⑪ 木土는 木剋土로 상극관계가 성립되므로 凶한 것으로 본다.

⑫ 火土는 火生土로 상생관계가 성립되므로 吉한 것으로 본다.

⑬ 土土는 동등관계로 吉한 것으로 본다.

⑭ 金土는 土生金으로 상생관계가 성립되므로 吉한 것으로 본다.

⑮ 水土는 土剋水로 상극관계가 성립되므로 凶한 것으로 본다.

⑯ 木金은 金剋木으로 상극관계가 성립되므로 凶한 것으로 본다.

⑰ 火金은 火剋金으로 상극관계가 성립되므로 凶한 것으로 본다.

⑱ 土金은 土生金으로 상생관계가 성립되므로 吉한 것으로 본다.

⑲ 金金은 쇠기운끼리 투쟁하는 관계가 성립되므로 凶한 것으로 본다.

⑳ 水金은 金生水로 상생관계가 성립되므로 吉한 것으로 본다.

㉑ 木水는 水生木으로 상생관계가 성립되므로 吉한 것으로 본다.

㉒ 火水는 水剋火로 상극관계가 성립되므로 凶한 것으로 본다

㉓ 土水는 土剋水로 상극관계가 성립되므로 凶한 것으로 본다

㉔ 金水는 金生水으로 상생관계가 성립되므로 吉한 것으로 본다.

㉕ 水水는 동등관계로 吉한 것으로 본다.

⑵ 성씨, 상명자, 하명자 배열조합으로 보는 자원오행 길흉 속견표

성씨	자원오행	길흉	자원오행	길흉	자원오행	길흉	자원오행	길흉	자원오행	길흉
	木木木	吉	木木火	吉	木木土	凶	木木金	凶	木木水	吉
	木火木	吉	木火火	吉	木火土	吉	木火金	凶	木火水	凶
목(木)	木土木	凶	木土火	凶	木土土	凶	木土金	凶	木土水	凶
	木金木	凶	木金火	凶	木金土	凶	木金金	凶	木金水	凶
	木水木	吉	木水火	凶	木水土	凶	木水金	吉	木水水	吉
	火木木	吉	火木火	吉	火木土	吉	火木金	凶	火木水	吉
	火火木	吉	火火火	凶	火火土	吉	火火金	凶	火火水	凶
화(火)	火土木	凶	火土火	吉	火土土	吉	火土金	吉	火土水	凶
	火金木	凶	火金火	凶	火金土	凶	火金金	凶	火金水	凶
	火水木	凶	火水火	凶	火水土	凶	火水金	凶	火水水	凶
	土木木	凶	土木火	凶	土木土	凶	土木金	凶	土木水	凶
	土火木	吉	土火火	吉	土火土	吉	土火金	凶	土火水	凶
토(土)	土土木	凶	土土火	吉	土土土	平	土土金	吉	土土水	凶
	土金木	凶	土金火	凶	土金土	吉	土金金	吉	土金水	吉
	土水木	凶	土水火	凶	土水土	凶	土水金	凶	土水水	凶
	金木木	凶	金木火	凶	金木土	凶	金木金	凶	金木水	凶
	金火木	凶	金火火	凶	金火土	凶	金火金	凶	金火水	凶
금(金)	金土木	凶	金土火	吉	金土土	吉	金土金	吉	金土水	凶
	金金木	凶	金金火	凶	金金土	吉	金金金	凶	金金水	吉
	金水木	吉	金水火	凶	金水土	凶	金水金	吉	金水水	吉
	水木木	吉	水木火	吉	水木土	凶	水木金	凶	水木水	吉
	水火木	凶	水火火	凶	水火土	凶	水火金	凶	水火水	凶
수(水)	水土木	凶	水土火	凶	水土土	凶	水土金	凶	水土水	凶
	水金木	凶	水金火	凶	水金土	吉	水金金	吉	水金水	吉
	水水木	吉	水水火	凶	水水土	凶	水水金	吉	水水水	凶

① 木火木은 木生火로 상생관계가 성립되므로 吉한 것으로 본다.

② 木土木은 木剋土로 상극관계가 성립되므로 凶한 것으로 본다.

③ 火土木은 火生土로 상생관계이나 木剋土로 상극관계가 성립되므로 凶한 것으로 본다.

④ 火土金은 火生土로 상생관계가 성립되고 또한 土生金으로도 상생관계가 성립되므로 吉한 것으로 본다.

⑤ 土火木은 木生火로 상생관계가 성립되고 또한 火生土로도 상생관계가 성립되므로 吉한 것으로 본다.

⑥ 土水火는 土剋水로 상극관계가 성립되고 또한 水剋火로도 상극관계가 성립되므로 凶한 것으로 본다.

⑦ 金木木은 金剋木으로 상극관계가 성립되므로 凶한 것으로 본다.

⑧ 金水木은 金生水로 상생관계가 성립되고 또한 水生木으로도 상생관계가 성립되므로 吉한 것으로 본다.

⑨ 水火土는 火生土로 상생관계이나 水剋火로 상극관계가 성립되므로 凶한 것으로 본다.

⑩ 水金金은 金生水로 상생관계가 성립되므로 吉한 것으로 본다.

⑪ 다른 것의 자원오행관계도 상기와 같은 동일한 해석방법이 적용되어 길흉이 구해진 것이다.

3. 한자획수 [5] 획수-획수

한자글자의 획수를 의미하며, 의획으로 표기하는 법과 필획으로 표기하는 2가지 종류가 있다.

의획이란 성명전용 한자자전에 표기된 것과 같이 한자에 사용된 부수에 대해 원래글자의 획수대로 획수를 계산하는 방법이고, 필획이란 한자옥편에 표기된 획수대로 쓰는 방법이다.

4. 수리오행(數理五行) 음양 [6] 획수-음양

성씨, 상명자, 하명자의 획수로 보아 홀수면 양수, 짝수면 음수로 보고 陰陰陰이거나 陽陽陽과 같은 배열조합으로 음이나 양의 한가지 기운으로 전부 치우쳐 있으면 음양의 조화를 적절히 이루지 못했으므로 흉하다고 본다.

현재 성명학계에서는 의획으로 쓰는 성명학자와 필획으로 쓰는 성명학자로 크게 구분할 수 있다. 대체적으로 의획으로 획수를 계산하는 성명학자들이 많으나, 필획으로 획수를 계산하는 성명학자들도 적지 않은 것이 현실이다.

그리하여 이 책에서는 성명학 대백과 1권 253~438페이지에 한자 의획을 사용하는 독자분들을 위하여 한자자전을 근거로 한 "대한민국 성씨에 사용되는 한자(기준: 의획, 성씨에만 적용)", "대한민국 이름에 사용되는 한자(기준: 의획, 이름에 적용)"을 표기하고, 또한 성명학 대백과 1권 439~624페이지에는 한자 필획을 사용하는 독자분들을 위하여 한자옥편을 근거로 한 "대한민국 성씨에 사용되는 한자(기준: 필획, 성씨에만 적용)", "대한민국 이름에 사용되는 한자(기준: 필획, 이름에 적용)"을 표기하여 2가지 유형을 모두 제시함으로써 독자분들이 선택하여 사용할 수 있도록 하였다.

(1) 자획(字劃)의 정의

자획 구분	기준 근거	상세한 설명
필획(筆劃)	한자 옥편 기준	일반 한자옥편에 표기되어 있는 획수로서 글씨를 쓰는 획수를 말한다.
의획(意劃)	성명 자전 기준	성명전용 한자자전에 표기되어 있는 획수로서 부수에 대해 원래글자의 획수대로 획수를 계산한다.
곡획(曲劃)	-	글씨를 쓸 때 무조건 하나를 한 획으로 계산하는 방법이다.

한자의 의획과 필획간의 차이는 부수로 사용되는 한자에 대해 본래 한자가 가지고 있는 획수와 그 한자가 다른 한자에 부수로 사용될 때 적용되는 획수간의 차이로 인해 발생하며, 일부 한자에서만 획수의 차이가 나타난다.

자세한 내용은 아래표 "(2)한자옥편상의 필획과 성명자전상의 의획간에 차이가 나는 부수표"에 설명된 13개 부수에 대한 의획과 필획간의 차이점을 참조하기 바란다

(2) 한자옥편상의 필획과 성명자전상의 의획 간에 차이가 나는 부수표

필획		의획, 원획		부수 명칭	해당되는 글자의 의획 획수 예
부수	획수	부수	획수		
氵	3	水	4	물 수	江7, 沈8, 決8, 泰9, 泄9, 洛10
扌	3	手	4	손 수	打6, 扶8, 拘9,
忄	3	心	4	마음 심	怖9, 恃10, 情12
犭	3	犬	4	개 견	犯6, 狐9, 猛12
礻	4	示	5	보일 시	社8, 祝10, 祿12
王	4	玉	5	구슬 옥	玩9, 玟9, 理12, 琴13
艹	4	艸	6	풀 초	草11, 苦11, 若11
月	4	肉	6	고기 육	肛9, 肖9, 育10, 胃11, 胎11
衤	5	衣	6	옷 의	表9, 衿10, 複15
罒	5	网	6	그물 망	罔9, 罪14, 署15, 羅20
阝	3	邑	7	고을 읍	邦11, 那11, 郁13, 都16
辶	4	辵	7	쉬엄쉬엄갈 착	近11, 送13, 造14, 道16
阝	3	阜	8	언덕 부	阮12, 附13, 院15, 陰17, 陽17

(3) 글자획수로 보는 특성

양획자(陽劃字)로만 구성된 경우	기수자획(奇數字劃), 홀수	正5 彩11 煥13
	① 독선적 ③ 비사교적	② 비타협적 ④ 고집태강(太强)
음획자(陰劃字)로만 구성된 경우	우수자획(偶數字劃), 짝수	在6 銀14 武8
	① 소극적 ③ 비활동적	② 의타적 ④ 자주성 결여

(4) 수리오행 음양 구분

글자획수에 따라 결정되어지는 수리오행의 음양에 대한 구분기준은 홀수면 양수, 짝수면 음수로 본다. 아래에 "수리오행 음양 속견표"를 제시하였다.

〈수리오행 음양 속견표〉

구분 / 획수	음양(陰陽)	구분 / 획수	음양(陰陽)	구분 / 획수	음양(陰陽)
1획	양(陽)	12획	음(陰)	23획	양(陽)
2획	음(陰)	13획	양(陽)	24획	음(陰)
3획	양(陽)	14획	음(陰)	25획	양(陽)
4획	음(陰)	15획	양(陽)	26획	음(陰)
5획	양(陽)	16획	음(陰)	27획	양(陽)
6획	음(陰)	17획	양(陽)	28획	음(陰)
7획	양(陽)	18획	음(陰)	29획	양(陽)
8획	음(陰)	19획	양(陽)	30획	음(陰)
9획	양(陽)	20획	음(陰)	31획	양(陽)
10획	음(陰)	21획	양(陽)	32획	음(陰)
11획	양(陽)	22획	음(陰)		

① 1획, 3획, 5획, 11획, 23획, 31획 등등은 홀수에 해당되므로 양(陽)으로 본다.

② 2획, 4획, 6획, 12획, 24획, 32획 등등은 짝수에 해당되므로 음(陰)으로 본다.

(5) 성씨, 상명자, 하명자의 배열조합으로 보는 수리오행음양 길흉 속견표

번호	수리오행 음양			길흉
	성(姓)씨	상명자	하명자	
1	양(陽)	양(陽)	양(陽)	흉(凶)
2	양(陽)	양(陽)	음(陰)	길(吉)
3	양(陽)	음(陰)	양(陽)	길(吉))
4	양(陽)	음(陰)	음(陰)	길(吉)
5	음(陰)	양(陽)	양(陽)	길(吉)
6	음(陰)	양(陽)	음(陰)	길(吉)
7	음(陰)	음(陰)	양(陽)	길(吉)
8	음(陰)	음(陰)	음(陰)	흉(凶)

5. 수리오행(數理五行) 오행 [7] 획수-오행

(1) 수리오행으로 보는 오행 속견표

획수 \ 구분	오행(五行)	천간(天干)
1획, 11획, 21획, 31획	목(木)	갑(甲)
2획, 12획, 22획, 32획		을(乙)
3획, 13획, 23획, 33획	화(火)	병(丙)
4획, 14획, 24획, 34획		정(丁)
5획, 15획, 25획, 35획	토(土)	무(戊)
6획, 16획, 26획		기(己)
7획, 17획, 27획	금(金)	경(庚)
8획, 18획, 28획		신(辛)
9획, 19획, 29획	수(水)	임(壬)
10획, 20획, 30획		계(癸)

한자의획이든 한자필획이든 구분 없이 주어진 표에 기재된 한자획수에 따라, "(1)수리오행으로 보는 오행 속견표" 에 주어진 오행대로

① 1획, 2획은 수리오행 木으로 본다.

② 3획, 4획은 수리오행 火로 본다.

③ 5획, 6획은 수리오행 土로 본다.

④ 7획, 8획은 수리오행 金으로 본다.

⑤ 9획, 10획은 수리오행 水로 본다.

⑥ 10획 이상의 획수에서는, 십자리는 제외하고 일자리만 취한 획수를 글자의 획수로 보고 수리오행의 규칙을 적용한다.

또한 개개인의 성명에서 수리오행으로 본 오행 배열조합의 길흉은 아래표 "(2)성씨,

상명자, 하명자의 배열조합으로 보는 수리오행 길흉 속견표"에 나타내었다.

(2) 성씨, 상명자, 하명자의 배열조합으로 보는 수리오행 길흉 속견표

성씨	수리오행	길흉	수리오행	길흉	수리오행	길흉	수리오행	길흉	수리오행	길흉
목(木)	木木木	吉	木木火	吉	木木土	凶	木木金	凶	木木水	吉
	木火木	吉	木火火	吉	木火土	吉	木火金	凶	木火水	凶
	木土木	凶	木土火	凶	木土土	凶	木土金	凶	木土水	凶
	木金木	凶	木金火	凶	木金土	凶	木金金	凶	木金水	凶
	木水木	吉	木水火	凶	木水土	凶	木水金	吉	木水水	吉
화(火)	火木木	吉	火木火	吉	火木土	吉	火木金	凶	火木水	吉
	火火木	吉	火火火	凶	火火土	吉	火火金	凶	火火水	凶
	火土木	凶	火土火	吉	火土土	吉	火土金	吉	火土水	凶
	火金木	凶	火金火	凶	火金土	凶	火金金	凶	火金水	凶
	火水木	凶	火水火	凶	火水土	凶	火水金	凶	火水水	凶
토(土)	土木木	凶	土木火	凶	土木土	凶	土木金	凶	土木水	凶
	土火木	吉	土火火	吉	土火土	吉	土火金	凶	土火水	凶
	土土木	凶	土土火	吉	土土土	平	土土金	吉	土土水	凶
	土金木	凶	土金火	凶	土金土	吉	土金金	吉	土金水	吉
	土水木	凶	土水火	凶	土水土	凶	土水金	凶	土水水	凶
금(金)	金木木	凶	金木火	凶	金木土	凶	金木金	凶	金木水	凶
	金火木	凶	金火火	凶	金火土	凶	金火金	凶	金火水	凶
	金土木	凶	金土火	吉	金土土	吉	金土金	吉	金土水	凶
	金金木	凶	金金火	凶	金金土	吉	金金金	凶	金金水	吉
	金水木	吉	金水火	凶	金水土	凶	金水金	吉	金水水	吉
수(水)	水木木	吉	水木火	吉	水木土	凶	水木金	凶	水木水	吉
	水火木	凶	水火火	凶	水火土	凶	水火金	凶	水火水	凶
	水土木	凶	水土火	凶	水土土	凶	水土金	凶	水土水	凶
	水金木	凶	水金火	凶	水金土	吉	水金金	吉	水金水	吉
	水水木	吉	水水火	凶	水水土	凶	水水金	吉	水水水	凶

① 木火木은 木生火로 상생관계가 성립되므로 吉한 것으로 본다.

② 金木木은 金剋木으로 상극관계가 성립되므로 凶한 것으로 본다.

③ 金水木은 金生水로 상생관계가 성립되고 또한 水生木으로도 상생관계가 성립되므로 吉한 것으로 본다.

④ 火土金은 火生土로 상생관계가 성립되고 또한 土生金으로도 상생관계가 성립되므로 吉한 것으로 본다.

⑤ 水土火는 火生土로 상생관계가 성립되나 土剋水로 상극관계가 성립되므로 凶한 것으로 본다.

⑥ 土火土는 火生土로 상생관계가 성립되므로 吉한 것으로 본다.

⑦ 상기의 표에서 다른 배열조합의 수리오행 길흉 관계도 동일한 방법이 적용되어 길흉이 구해진 것이다.

6. 음령오행(音靈五行) 8 9 음령오행-초성, 종성

개개인의 성명이란 타인이나 본인에 의해 불리어져 사용되고 있는 것으로 보며, 한글은 표음문자인 관계로, 글자와 글자간의 음령오행으로 표현되는 방식으로 사주팔자에서 필요로 하는 오행을 보완해주는 역할을 하는 것으로, 한글의 발음에 따른 오행의 상생상극 관계를 판별하는 것으로 발음기준으로 보는 방법과 성대기준으로 보는 2가지 방법이 있으며 음오행 또는 발음오행이라고도 불리어지고 있다.

이 책에서는 성명학 대백과 1권 한자표내에 " 음령오행-초성", " 음령오행-종성"이란 표기로 성명에 사용된 글자에 대한 음령오행을 초성과 종성으로 각각 구분하여 표기함으로써 독자들이 원하는 방식에 따라 선택적으로 사용할 수 있도록 하였다.

또한 음령오행의 발음하는 기준을 어디에 근거하느냐에 따라 1형과 2형이 존재하는 관계로 이론적으로는 둘다 전개하였으나, 대부분의 성명학자들은 발음기준 1형을 사용하고 있는 관계로 이 책에서도 발음기준 1형을 기준으로 성명학 대백과 1권 한자표내의 음령오행표를 정리하였다.

(1) 한글발음기준으로 보는 음령오행표(音靈五行表) 1형, 다수설

	목(木)	화(火)	토(土)	금(金)	수(水)
주음(主音) (초성+중성)	가行 카行	나行 다行 라行 타行	아行 하行	사行 자行 차行	마行 바行 파行
종음(從音) (종성, 받침)	ㄱㅋ	ㄴㄷㄹㅌ	ㅇㅎ	ㅅㅈㅊ	ㅁㅂㅍ
발성기관	아음(牙音) 어금닛소리	설음(舌音) 혓소리	후음(喉音) 목구멍소리	치음(齒音) 잇소리	순음(脣音) 입술소리

① 어금닛소리인 ㄱ, ㅋ 은 음령오행 木으로 본다.

② 혓소리인 ㄴ, ㄷ, ㄹ, ㅌ 은 음령오행 火로 본다.

③ 목구멍소리인 ㅇ, ㅎ 은 음령오행 土로 본다.

④ 잇소리인 ㅅ, ㅈ, ㅊ 은 음령오행 金으로 본다.

⑤ 입술소리인 ㅁ, ㅂ, ㅍ 은 음령오행 水로 본다.

(2) 성대기준으로 보는 음령오행표(音靈五行表) 2형, 소수설

	목(木)	화(火)	토(土)	금(金)	수(水)
주음(主音) (초성+중성)	가行 카行	나行 다行 라行 타行	마行 바行 파行	사行 자行 차行	아行 하行
종음(從音) (종성, 받침)	ㄱㅋ	ㄴㄷㄹㅌ	ㅁㅂㅍ	ㅅㅈㅊ	ㅇㅎ
발성기관	아음(牙音) 어금닛소리	설음(舌音) 혓소리	순음(脣音) 입술소리	치음(齒音) 잇소리	후음(喉音) 목구멍소리

① 어금닛소리인 ㄱ, ㅋ 은 음령오행 木으로 본다.

② 혓소리인 ㄴ, ㄷ, ㄹ, ㅌ 은 음령오행 火로 본다.

③ 입술소리인 ㅁ, ㅂ, ㅍ 은 음령오행 土로 본다.

④ 잇소리인 ㅅ, ㅈ, ㅊ 은 음령오행 金으로 본다.

⑤ 목구멍소리인 ㅇ, ㅎ 은 음령오행 水로 본다.

⑥ 상기의 "음령오행표 1형"과 "음령오행표 2형" 간의 차이점은 목구멍소리와 입술소리의 오행을 서로 다르게 보는데 있다.

⑦ 즉 음령오행표 1형에서는 발음을 기준으로 목구멍소리의 오행을 土로 입술소리의 오행은 水로 보는 것으로 다수의 성명학자들이 채택하고 있는데 반해

⑧ 음령오행표 2형에서는 성대를 기준으로 하여 목구멍소리의 오행을 水로 입술소리의 오행은 土로 보는 것으로 소수의 성명학자들이 채택하고 있다.

(3) 성씨, 상명자, 하명자의 배열조합으로 보는 음령오행 길흉 속견표

성씨	음령오행	길흉	음령오행	길흉	음령오행	길흉	음령오행	길흉	음령오행	길흉
목(木)	木木木	吉	木木火	吉	木木土	凶	木木金	凶	木木水	吉
	木火木	吉	木火火	吉	木火土	吉	木火金	凶	木火水	凶
	木土木	凶	木土火	凶	木土土	凶	木土金	凶	木土水	凶
	木金木	凶	木金火	凶	木金土	凶	木金金	凶	木金水	凶
	木水木	吉	木水火	凶	木水土	凶	木水金	吉	木水水	吉
화(火)	火木木	吉	火木火	吉	火木土	吉	火木金	凶	火木水	吉
	火火木	吉	火火火	凶	火火土	吉	火火金	凶	火火水	凶
	火土木	凶	火土火	吉	火土土	吉	火土金	吉	火土水	凶
	火金木	凶	火金火	凶	火金土	凶	火金金	凶	火金水	凶
	火水木	凶	火水火	凶	火水土	凶	火水金	凶	火水水	凶
토(土)	土木木	凶	土木火	凶	土木土	凶	土木金	凶	土木水	凶
	土火木	吉	土火火	吉	土火土	吉	土火金	凶	土火水	凶
	土土木	凶	土土火	吉	土土土	平	土土金	吉	土土水	凶
	土金木	凶	土金火	凶	土金土	吉	土金金	吉	土金水	吉
	土水木	凶	土水火	凶	土水土	凶	土水金	凶	土水水	凶
금(金)	金木木	凶	金木火	凶	金木土	凶	金木金	凶	金木水	凶
	金火木	凶	金火火	凶	金火土	凶	金火金	凶	金火水	凶
	金土木	凶	金土火	吉	金土土	吉	金土金	吉	金土水	凶
	金金木	凶	金金火	凶	金金土	吉	金金金	凶	金金水	吉
	金水木	吉	金水火	凶	金水土	凶	金水金	吉	金水水	吉
수(水)	水木木	吉	水木火	吉	水木土	凶	水木金	凶	水木水	吉
	水火木	凶	水火火	凶	水火土	凶	水火金	凶	水火水	凶
	水土木	凶	水土火	凶	水土土	凶	水土金	凶	水土水	凶
	水金木	凶	水金火	凶	水金土	吉	水金金	吉	水金水	吉
	水水木	吉	水水火	凶	水水土	凶	水水金	吉	水水水	凶

* 木金水, 火水木, 土木火, 金火土, 水土金의 경우는 "상명자→하명자→성씨" 라는 논리로 보아 상생관계를 이루고 있는 관계로 吉로 보는 학자도 있다.

① 木火木은 木生火로 상생관계가 성립되므로 吉한 것으로 본다.

② 木土木은 木剋土로 상극관계가 성립되므로 凶한 것으로 본다.

③ 火土木은 火生土로 상생관계이나 木剋土로 상극관계가 성립되므로 凶한 것으로 본다.

④ 火土金은 火生土로 상생관계가 성립되고 또한 土生金으로도 상생관계가 성립되므로 吉한 것으로 본다.

⑤ 土火木은 木生火로 상생관계가 성립되고 또한 火生土로도 상생관계가 성립되므로 吉한 것으로 본다.

⑥ 土水火는 土剋水로 상극관계가 성립되고 또한 水剋火로도 상극관계가 성립되므로 凶한 것으로 본다.

⑦ 金木木은 金剋木으로 상극관계가 성립되므로 凶한 것으로 본다.

⑧ 金水木은 金生水로 상생관계가 성립되고 또한 水生木으로도 상생관계가 성립되므로 吉한 것으로 본다.

⑨ 水火土는 火生土로 상생관계이나 水剋火로 상극관계가 성립되므로 凶한 것으로 본다.

⑩ 水金金은 金生水로 상생관계가 성립되므로 吉한 것으로 본다.

⑪ 다른 것의 음령오행 관계도 상기와 같은 동일한 해석방법이 적용되어 길흉이 구해진 것이다.

7. 부수(部首) ⑩ 부수-부수

표의문자인 한자는 사물의 형태를 그대로 본따서 만든 상형자로는 추상적인 의미를 나타내는 데에는 한계가 있는 관계로

① 기호로 뜻을 표현하는 형태의 글자를 만들게 되었는데, 위 상(上), 아래 하(下), 오목할 요(凹), 볼록할 철(凸) 과 같은 글자로 지사문자(指事文字)라고 부른다.

② 뜻을 가지는 두개 이상의 글자를 모아서 새로운 글자를 만드는 방법이 있는데 사람(人)이 나무(木) 아래에서 쉬고 있다는 의미로, 사람 인(人)자와 나무 목(木)자를 모아서 쉴 휴(休)자를 만들었고 이를 회의문자(會意文字)라고 부른다.

③ 뜻을 나타내는 글자와 소리를 나타내는 글자를 합쳐 새로운 글자를 만드는 방법이 있는데

❶ 泡 : 거품 포, 물 수(水) + 〔쌀 포(包)〕 / 포말(泡沫)

❷ 抱 : 안을 포, 잡을 포, 손 수(手) + 〔쌀 포(包)〕 / 포옹(抱擁)

❸ 咆 : 고함지를 포, 입 구(口) + 〔쌀 포(包)〕 / 포효(咆哮)

❹ 袍 : 핫 옷 포, 옷 의(衣) + 〔쌀 포(包)〕 / 도포(道袍)

❺ 砲 : 돌 쇠뇌 포, 돌 석(石) + 〔쌀 포(包)〕 / 대포(大砲)

❻ 飽 : 배부를 포, 먹을 식(食) + 〔쌀 포(包)〕 / 포만감(飽滿感)

❼ 鮑 : 절인어물 포, 물고기 어(魚) + 〔쌀 포(包)〕 / 관포지교(管鮑之交)

❽ 雲 : 구름 운, 비 우(雨) + 〔이를 운(云)〕 / 망운지정(望雲之情)

❾ 露 : 이슬 로, 비 우(雨) + 〔길 로(路)〕 / 진로(眞露- 참 이슬)

❿ 霜 : 서리 상, 비 우(雨) + 〔서로 상(相)〕 / 설상가상(雪上加霜)

⓫ 霧 : 안개 무, 비 우(雨) + 〔일 무(務)〕 / 오리무중(五里霧中)

예를 보면 소리를 나타내는 쌀 포(包)자 앞에 뜻을 나타내는 글자들이 붙어서 새로운 글자를 만드는데, 이와 같이 모양(形)과 소리(聲)를 함께 가지고 있는 글자를 형성문자(形聲文字)라고 부른다. 또한 이렇게 만든 글자들은 뜻도 쉽게 이해되고 소리도 쉽게 알 수 있다는 장점이 있으며, 일반적으로 모든 한자들은 214개의 부수에 따라 정리되어 있고, 모든 형성문자는 이 부수(部首)가 그 글자의 뜻을 나타낸다.

④ 한자의 대부분은 한자를 처음 만들 때의 뜻에서 파생되어 다른 뜻으로도 사용되는데, 이와 같이 한자 원래의 뜻으로부터 다른 여러 가지 뜻으로 활용되는 글자를 전주문자(轉注文字)라고 부른다. 예를 들면 안방 규(閨)자는 색시 규(閨)자로도 전주되어 사용되는데, 색시는 안방에 조용히 있기 때문이다. 또한 악기를 의미하는 악(樂)은, 악기 연주를 들으면 즐거워진다고 해서 즐거울 락(樂)으로도 전주되어 사용된다. 현재 사용되고 있는 대부분의 한자가 한가지 뜻만 가지고 있지 않고 여러가지 뜻을 가지고 있는데 이는 뜻이 전주되었기 때문이다.

현재 한자에 사용되고 있는 부수에 대한 획수 및 오행에 대해서는 뒤에 설명되는 "10. 대한민국 성명에 사용된 한자부수 및 부수오행표"를 참조하기 바란다.

8. 부수오행 [11] 부수-오행

한자는 표의문자로서 그 만들어진 근원이 각각 다른데, 그 근원과 연관하여 한자 부수 자체가 가지고 있는 오행(五行)을 의미하며 한자자전을 찾으면 확인할수 있다.

9. 한자의 의미 [12] 글자의 의미

표의문자인 한자글자가 나타내는 뜻을 의미하며, 현재 사용되고 있는 대부분의 한자는 한가지 뜻만 가지고 있지 않고 여러가지 뜻을 가지고 있다.

이 책의 성명학 대백과 1권에서 제시한 한자표에서는 지면의 공간 관계상 개개의 한자가 갖고 있는 뜻을 전부 수록하지 못하였으므로, 상세한 한자의 뜻을 전부 보시려는 독자들은 한자옥편이나 한자자전을 추가로 활용해주시기 바란다.

10. 성명구조에 따른 원형이정의 총길흉 [13] 총길흉

성명구조에 따른 획수의 조합을 근거로 산출한 원형이정 81수리, 수리오행 음양(획수음양), 삼원오행, 주역괘상의 길흉 등을 종합적으로 분석하여 정리한 전체적이고 최종적인 길흉을 나타낸다.

실제 작명을 할 경우는 총길흉 표시중 ◎ > ○ > ◈ > ◇ 순으로 선택하여 사용하는 것이 좋으며, 아무런 표시가 없는 성명획수 조합은 사용하지 않는 것이 좋다. 왜냐하면 원형이정 중 일부에 흉한 값이 들어가는 문제점이 있기 때문이다. 그러나 부득이하게 사용해야 된다면 심볼 [17] 원격, [18] 형격, [19] 이격, [20] 정격 난에 있는 81수리 숫자 중 가능한 길(吉)수가 많은 조합을 사용하도록 하여야 한다. 즉 숫자에 밑줄이 없는 것을 선택해야 한다. 왜냐하면 숫자에 밑줄이 있는 것은 흉(凶)수를 의미하기 때문이다.

선택 사용 여부	총길흉	총길흉의 상세한 의미	
최우선 선택	◎	원형이정 81수리 : 吉	획수음양 : 吉
		삼원오행 : 吉	주역괘상 : 吉 또는 平
상위우선 선택	○	원형이정 81수리 : 吉	획수음양 : 吉
		삼원오행 : 凶	주역괘상 : 吉 또는 平
하위우선 선택	◈	원형이정 81수리 : 吉	획수음양 : 吉
		삼원오행 : 吉	주역괘상 : 凶
보통 선택	◇	원형이정 81수리 : 吉	획수음양 : 吉
		삼원오행 : 凶	주역괘상 : 凶
선택불가		원형이정 81수리 : 凶	획수음양 : 吉 또는 凶
		삼원오행 : 吉 또는 凶	주역괘상 : 吉 또는 平, 凶

〈주의할 점〉

성명학 대백과 2권 원형이정표(1획성~22획성) 전체에 걸쳐 음영의 표시가 있는 곳은 사용하는데 양호하다는 즉 길하다는 것을 의미하며, 음영의 표시가 없는 곳은 불량하다는 즉 흉하다는 것을 의미한다.

11. 성명구조 14 15 16 성명획수-성, 상명, 하명

성명 구조		상세한 설명
성	성씨	성(姓)씨 한자
상명	상명자	성명한자 중 상명자(上名字) 즉 가운데 글자
하명	하명자	성명한자 중 하명자(下名字) 즉 마지막 글자

12. 원형이정(元亨利貞) 17 18 19 20

원형이정은 성명을 구성하고 있는 성씨, 상명자, 하명자 배열조합으로 이루어진 각각의 획수를 기본으로 원형이정 값을 산출하는 성명학 규칙에 따라 아래와 같이 합산을 하여 산출된 81수리(數理)에 대하여 길수, 흉수표를 기준으로 하여 원형이정의 길흉을 판단하는 것이다.

원형이정(元亨利貞) 4가지 수리 중 일부분이라도 흉수(凶數)이면 흉명(凶名) 즉 흉한 이름으로 판명한다. 즉 원형이정 전부가 길수라야만 길한 성명으로 보는 것이다.

이 책에서는 성명학 대백과 2권에 제시된 원형이정표들의 "원형이정 81수리-원, 형, 이, 정"난에서 흉수인 경우는 원형이정 81수리 밑에 밑줄을 그었고, 길수인 경우는 긋지 않음으로서, 주어진 표만 보고서도 각각의 성명구조 획수에 따른 원형이정 각각의 길흉을 알 수 있게 하였을 뿐 아니라, 원격, 형격, 이격, 정격 전부가 길수이면 원형이정표상에 음영표시를 해놓아 독자들이 적극 사용토록 권장하였다.

(1) 원형이정에 대한 정의

원형이정 구분	견본표시	원형이정 구하는 계산식	해당 운세	심볼번호
원격(元格)	원	상명자+하명자 획수	초년운	17
형격(亨格)	형	성씨+상명자획수	중년운	18
이격(利格)	이	성씨+하명자 획수	장년운	19
정격(貞格)	정	성씨+상명자+하명자 획수	말년운	20

① 원격(元格)은 초년운을 지배하며, 성명구조상의 상명자 획수와 하명자 획수를 합산하여 산출된 합수가, 원형이정 81수리표인 "(3.1)원형이정 81수리에 대한 吉凶 속견표 1형" 또는 "(3.2)원형이정 81수리에 대한 吉/凶/平 속견표 2형" 중에 하나를 택한 후, 속견표상의 길수에 속하면 좋은 성명으로 보고, 흉수에 속하면 흉한 성명으로 본다.

② 형격(亨格)은 중년운을 지배하며, 성명구조상의 성씨 획수와 상명자 획수를 합산하여 산출된 합수가, 원형이정 81수리표인 "(3.1)원형이정 81수리에 대한 吉凶 속견표 1형" 또는 "(3.2)원형이정 81수리에 대한 吉/凶/平 속견표 2형" 중에 하나를 택한 후, 속견표상의 길수에 속하면 좋은 성명으로 보고, 흉수에 속하면 흉한 성명으로 본다.

③ 이격(利格)은 장년운을 지배하며, 성명구조상의 성씨 획수와 하명자 획수를 합산하여 산출된 합수가, 원형이정 81수리표인 "(3.1)원형이정 81수리에 대한 吉凶 속견표 1형" 또는 "(3.2)원형이정 81수리에 대한 吉/凶/平 속견표 2형" 중에 하나를 택한 후, 속견표상의 길수에 속하면 좋은 성명으로 보고, 흉수에 속하면 흉한 성명으로 본다.

④ 정격(貞格)은 말년운을 지배하며, 성명구조상의 성씨 획수와 상명자 획수와 하명자 획수를 합산하여 산출된 합수가, 원형이정 81수리표인 "(3.1) 원형이정 81수리에 대한 吉凶 속견표 1형" 또는 "(3.2) 원형이정 81수리에 대한 吉/凶/平 속견표 2

형" 중에 하나를 택한 후, 속견표상의 길수에 속하면 좋은 성명으로 보고, 흉수에 속하면 흉한 성명으로 본다.

아래에 성명구조에 따른 실제 예제를 보였다.

(2.1) 성명 구조 : 1字姓 2字名의 경우

구분	金8 相9 秀7	해당운세	해당계절
원격(元格)	상명자, 하명자의 합 相9+秀7=16	초년운	봄
형격(亨格)	성씨, 상명자의 합 金8+相9=17	중년운	여름
이격(利格)	성씨, 하명자의 합 金8+秀7=15	장년운	가을
정격(貞格)	성씨, 상명자, 하명자 모두의 합 金8+相9+秀7=24	말년운	겨울

(2.2) 성명 구조 : 1字姓 1字名의 경우

구분	金8 民5	해당운세	해당계절
원격(元格)	이름자 民5	초년운	봄
형격(亨格)	성씨 金8	중년운	여름
이격(利格)	성씨, 이름자의 합 金8+民5=13	장년운	가을
정격(貞格)	성씨, 이름자의 합 金8+民5=13	말년운	겨울

(2.3) 성명 구조 : 2字姓 2字名의 경우

구분	南9 宮10 琇12 公4	해당운세	해당계절
원격(元格)	상명자, 하명자의 합 琇12+公4=16	초년운	봄
형격(亨格)	성씨 2자, 상명자의 합 (南9+宮10)+琇12=31	중년운	여름
이격(利格)	성씨 2자, 하명자의 합 (南9+宮10)+公4=23	장년운	가을
정격(貞格)	성씨 2자, 상명자, 하명자 모두의 합 (南9+宮10)+琇12+公4= 35	말년운	겨울

(2.4) 성명 구조 : 2字姓 1字名의 경우

구분	南9　宮10　民5	해당운세	해당계절
원격(元格)	이름자 民5	초년운	봄
형격(亨格)	성씨 2자의 합 (南9+宮10)=19	중년운	여름
이격(利格)	성씨 2자, 이름자의 합 (南9+宮10)+民5=24	장년운	가을
정격(貞格)	성씨 2자, 이름자의 합 (南9+宮10)+民5=24	말년운	겨울

(3.1) 원형이정 81수리에 대한 吉凶 속견표 1형

1 길(吉)한 획수표

획수		수리명	획수		수리명
0	01수	始生格 始頭運 (시생격 시두운)	4	41수	大成格 高名運 (대성격 고명운)
	03수	智謀格 壽福運 (지모격 수복운)		45수	顯達格 亨通運 (현달격 형통운)
	05수	統率格 成就運 (통솔격 성취운)		47수	出世格 權威運 (출세격 권위운)
	06수	繼成格 厚德運 (계성격 후덕운)		48수	有德格 榮達運 (유덕격 영달운)
	07수	剛健格 發達運 (강건격 발달운)	5	52수	昇進格 功名運 (승진격 공명운)
	08수	開發格 自成運 (개발격 자성운)		57수	榮達格 旺盛運 (영달격 왕성운)
1	11수	更生格 家興運 (갱생격 가흥운)		58수	自力格 浮沈運 (자력격 부침운)
	13수	明理格 智達運 (명리격 지달운)	6	61수	智達格 得財運 (지달격 득재운)
	15수	統率格 財富運 (통솔격 재부운)		63수	親和格 順成運 (친화격 순성운)
	16수	德望格 富貴運 (덕망격 부귀운)		65수	如意格 富貴運 (여의격 부귀운)
	17수	健昌格 勇進運 (건창격 용진운)		67수	通達格 成就運 (통달격 성취운)
	18수	發展格 暢達運 (발전격 창달운)		68수	智達格 創造運 (지달격 창조운)
2	21수	頭領格 大成運 (두령격 대성운)	7	71수	名振格 榮達運 (명진격 영달운)
	23수	更新格 隆盛運 (갱신격 융성운)		73수	安過格 退守運 (안과격 퇴수운)
	24수	立身格 蓄財運 (입신격 축재운)		75수	平和格 守分運 (평화격 수분운)
	25수	暢達格 剛健運 (창달격 강건운)	8	81수	還元格 更生運 (환원격 갱생운)
	29수	成功格 壽福運 (성공격 수복운)			
3	31수	隆昌格 大盛運 (융창격 대성운)	37수		出世格 奏功運 (출세격 태공운)
	32수	僥倖格 盛昌運 (요행격 성창운)	38수		創意格 文理運 (창의격 문리운)
	33수	上昇格 權勢運 (상승격 권세운)	39수		安樂格 富名運 (안락격 부명운)
	35수	安健格 平隱運 (안건격 평은운)			

2 흉(凶)한 획수표

획수		수리명	획수		수리명
0	02수	分離格 孤愁運 (분리격 고수운)	5	50수	浮沈格 不幸運 (부침격 불행운)
	04수	不定格 破壞運 (부정격 파양운)		51수	盛衰格 盛衰運 (성쇠격 성쇠운)
	09수	窮極格 悲哀運 (궁극격 비애운)		53수	憂愁格 半吉運 (우수격 반길운)
1	10수	空虛格 短命運 (공허격 단명운)		54수	多難格 敗亡運 (다난격 패망운)
	12수	薄弱格 孤獨運 (박약격 고독운)		55수	不安格 未送運 (불안격 미송운)
	14수	分離格 破綻運 (분리격 파탄운)		56수	變轉格 恨嘆運 (변전격 한탄운)
	19수	苦難格 病離運 (고난격 병리운)		59수	不遇格 失望運 (불우격 실망운)
2	20수	虛妄格 夭折運 (허망격 요절운)	6	60수	無謀格 災難運 (무모격 재난운)
	22수	中折格 薄弱運 (중절격 박약운)		62수	衰退格 ?難運 (쇠퇴격 근난운)
	26수	變性格 英雄運 (변성격 영웅운)		64수	受難格 分散運 (수난격 분산운)
	27수	英明格 中折運 (영명격 중절운)		66수	失運格 凶禍運 (실운격 흉화운)
	28수	波難格 遭難運 (파난격 조난운)		69수	不安格 停滯運 (불안격 정체운)
3	30수	流浪格 浮沈運 (유랑격 부침운)	7	70수	暗難格 沒落運 (암난격 몰락운)
	34수	變怪格 破亡運 (변괴격 파망운)		72수	不定格 苦樂運 (부정격 고락운)
	36수	義俠格 波瀾運 (의협격 파란운)		74수	迷惑格 不遇運 (미혹격 불우운)
4	40수	無常格 變怪運 (무상격 변괴운)		76수	離移格 後泰運 (이이격 후태운)
	42수	苦生格 失意運 (고생격 실의운)		77수	喜悲格 吉凶運 (희비격 길흉운)
	43수	災難格 失敗運 (재난격 실패운)		78수	晩悲格 前樂運 (만비격 전락운)
	44수	魔害格 破滅運 (마해격 파멸운)		79수	困令格 終凶運 (곤령격 종흉운)
	46수	病弱格 悲哀運 (병약격 비애운)	8	80수	終末格 停止運 (종말격 정지운)
	49수	變化格 吉凶運 (변화격 길흉운)			

(3.2) 원형이정 81수리에 대한 吉/凶/平 속견표 2형

1 길(吉)한 획수표

획수		수리명	획수		수리명
0	01수	始生格 始頭運 (시생격 시두운)	4	41수	大成格 高名運 (대성격 고명운)
	03수	智謀格 壽福運 (지모격 수복운)		45수	顯達格 亨通運 (현달격 형통운)
	05수	統率格 成就運 (통솔격 성취운)		47수	出世格 權威運 (출세격 권위운)
	06수	繼成格 厚德運 (계성격 후덕운)		48수	有德格 榮達運 (유덕격 영달운)
	07수	剛健格 發達運 (강건격 발달운)	5	52수	昇進格 功名運 (승진격 공명운)
	08수	開發格 自成運 (개발격 자성운)	6	61수	智達格 得財運 (지달격 득재운)
1	11수	更生格 家興運 (갱생격 가흥운)		63수	親和格 順成運 (친화격 순성운)
	13수	明理格 智達運 (명리격 지달운)		65수	如意格 富貴運 (여의격 부귀운)
	15수	統率格 財富運 (통솔격 재부운)		67수	通達格 成就運 (통달격 성취운)
	16수	德望格 富貴運 (덕망격 부귀운)		68수	智達格 創造運 (지달격 창조운)
	17수	健昌格 勇進運 (건창격 용진운)	7	73수	安過格 退守運 (안과격 퇴수운)
	18수	發展格 暢達運 (발전격 창달운)		75수	平和格 守分運 (평화격 수분운)
2	21수	頭領格 大成運 (두령격 대성운)	8	81수	還元格 更生運 (환원격 갱생운)
	23수	更新格 隆盛運 (갱신격 융성운)			
	24수	立身格 蓄財運 (입신격 축재운)			
	25수	暢達格 剛健運 (창달격 강건운)			
	29수	成功格 壽福運 (성공격 수복운)			
3	31수	隆昌格 大盛運 (융창격 대성운)		37수	出世格 奏功運 (출세격 태공운)
	32수	僥倖格 盛昌運 (요행격 성창운)		38수	創意格 文理運 (창의격 문리운)
	33수	上昇格 權勢運 (상승격 권세운)		39수	安樂格 富名運 (안락격 부명운)
	35수	安健格 平隱運 (안건격 평은운)			

2 평(平)한 획수표

획수		수리명	획수		수리명
5	57수	榮達格 旺盛運 (영달격 왕성운)	5	58수	自力格 浮沈運 (자력격 부침운)

3 흉(凶)한 획수표

획수		수리명	획수		수리명
0	02수	分離格 孤愁運 (분리격 고수운)	5	50수	浮沈格 不幸運 (부침격 불행운)
	04수	不定格 破壞運 (부정격 파양운)		51수	盛衰格 盛衰運 (성쇠격 성쇠운)
	09수	窮極格 悲哀運 (궁극격 비애운)		53수	憂愁格 半吉運 (우수격 반길운)
1	10수	空虛格 短命運 (공허격 단명운)		54수	多難格 敗亡運 (다난격 패망운)
	12수	薄弱格 孤獨運 (박약격 고독운)		55수	不安格 未送運 (불안격 미송운)
	14수	分離格 破綻運 (분리격 파탄운)		56수	變轉格 恨嘆運 (변전격 한탄운)
	19수	苦難格 病難運 (고난격 병리운)		59수	不遇格 失望運 (불우격 실망운)
2	20수	虛妄格 夭折運 (허망격 요절운)	6	60수	無謀格 災難運 (무모격 재난운)
	22수	中折格 薄弱運 (중절격 박약운)		62수	衰退格 ?難運 (쇠퇴격 근난운)
	26수	變性格 英雄運 (변성격 영웅운)		64수	受難格 分散運 (수난격 분산운)
	27수	英明格 中折運 (영명격 중절운)		66수	失運格 凶禍運 (실운격 흉화운)
	28수	波難格 遭難運 (파난격 조난운)		69수	不安格 停滯運 (불안격 정체운)
3	30수	流浪格 浮沈運 (유랑격 부침운)	7	70수	暗難格 沒落運 (암난격 몰락운)
	34수	變怪格 破亡運 (변괴격 파망운)		71수	不安格 苦樂運 (불안격 고락운)
	36수	義俠格 波瀾運 (의협격 파란운)		72수	不定格 苦樂運 (부정격 고락운)
4	40수	無常格 變怪運 (무상격 변괴운)		74수	迷惑格 不遇運 (미혹격 불우운)
	42수	苦生格 失意運 (고생격 실의운)		76수	離移格 後泰運 (이이격 후태운)
	43수	災難格 失敗運 (재난격 실패운)		77수	喜悲格 吉凶運 (희비격 길흉운)
	44수	魔害格 破滅運 (마해격 파멸운)		78수	晩悲格 前樂運 (만비격 전락운)
	46수	病弱格 悲哀運 (병약격 비애운)		79수	困令格 終凶運 (곤령격 종흉운)
	49수	變化格 吉凶運 (변화격 길흉운)	8	80수	終末格 停止運 (종말격 정지운)

13. 삼원오행(三元五行) 23 삼원오행-天人地

삼원오행이란 성명의 한자획수를 각각 天, 人, 地의 기본적인 3요소로 삼아 이 숫자를 계산방법에 따라 계산한 후, 이를 다시 오행으로 분류하여 天, 人, 地의 오행이 서로 상생이 되면 좋고 상극이 되면 흉하다고 본다.

그러나 현재 작명가마다 삼원오행을 계산하는 방법이 각각 다르며 크게 보면 아래와 같은 4가지의 계산방법이 있다. 이 책에서는 대부분의 작명가들이 사용하고 있는 "계산방법 2" 에 대한 활용표를 성명학 대백과 2권에 삼원오행-天, 人, 地라는 항목으로 각각의 성명획수에 따라 제시하였다.

의획이든 필획이든 구분 없이 한자의 획수에 따라 아래와 같이 구분한다.

성(7획), 상명자(8획), 하명자(10획)의 경우로 예를 들어 설명하면

(1) 삼원오행 계산방법

① 계산방법 1

삼원오행 용어 정의		계산식	삼원오행	
천(天)	성씨의 획수	7	7	金
인(人)	상명자의 획수	8	8	金
지(地)	하명자의 획수	10	10	水

② 계산방법 2

삼원오행 용어 정의		계산식	삼원오행	
천(天)	성씨의 획수	7	7	金
인(人)	성씨+상명자의 획수	7+8	15	土
지(地)	상명자+하명자의 획수	8+10	18	金

③ 계산방법 3

삼원오행 용어 정의		계산식	삼원오행	
천(天)	가성 1+성씨의 획수	1+7	8	金
인(人)	상명자의 획수	8	8	金
지(地)	하명자의 획수	10	10	水

④ 계산방법 4

삼원오행 용어 정의		계산식	삼원오행	
천(天)	성씨+하명자의 획수	7+10	17	金
인(人)	성씨+상명자의 획수	7+8	15	土
지(地)	상명자+하명자의 획수	8+10	18	金

(2) 삼원오행 계산값에 따른 오행 속견표

구분 / 획수	삼원오행	천간(天干)
1획, 11획, 21획, 31획	목(木)	갑(甲)
2획, 12획, 22획, 32획		을(乙)
3획, 13획, 23획, 33획	화(火)	병(丙)
4획, 14획, 24획, 34획		정(丁)
5획, 15획, 25획, 35획	토(土)	무(戊)
6획, 16획, 26획		기(己)
7획, 17획, 27획	금(金)	경(庚)
8획, 18획, 28획		신(辛)
9획, 19획, 29획	수(水)	임(壬)
10획, 20획, 30획		계(癸)

(3) 성씨, 상명자, 하명자의 배열조합으로 보는 삼원오행 길흉 속견표

성씨	삼원오행	길흉	삼원오행	길흉	삼원오행	길흉	삼원오행	길흉	삼원오행	길흉
목(木)	木木木	吉	木木火	吉	木木土	凶	木木金	凶	木木水	吉
	木火木	吉	木火火	吉	木火土	吉	木火金	凶	木火水	凶
	木土木	凶	木土火	凶	木土土	凶	木土金	凶	木土水	凶
	木金木	凶	木金火	凶	木金土	凶	木金金	凶	木金水	凶
	木水木	吉	木水火	凶	木水土	凶	木水金	吉	木水水	吉
화(火)	火木木	吉	火木火	吉	火木土	吉	火木金	凶	火木水	吉
	火火木	吉	火火火	凶	火火土	吉	火火金	凶	火火水	凶
	火土木	凶	火土火	吉	火土土	吉	火土金	吉	火土水	凶
	火金木	凶	火金火	凶	火金土	凶	火金金	凶	火金水	凶
	火水木	凶	火水火	凶	火水土	凶	火水金	凶	火水水	凶
토(土)	土木木	凶	土木火	凶	土木土	凶	土木金	凶	土木水	凶
	土火木	吉	土火火	吉	土火土	吉	土火金	凶	土火水	凶
	土土木	凶	土土火	吉	土土土	平	土土金	吉	土土水	凶
	土金木	凶	土金火	凶	土金土	吉	土金金	吉	土金水	吉
	土水木	凶	土水火	凶	土水土	凶	土水金	凶	土水水	凶
금(金)	金木木	凶	金木火	凶	金木土	凶	金木金	凶	金木水	凶
	金火木	凶	金火火	凶	金火土	凶	金火金	凶	金火水	凶
	金土木	凶	金土火	吉	金土土	吉	金土金	吉	金土水	凶
	金金木	凶	金金火	凶	金金土	吉	金金金	凶	金金水	吉
	金水木	吉	金水火	凶	金水土	凶	金水金	吉	金水水	吉
수(水)	水木木	吉	水木火	吉	水木土	凶	水木金	凶	水木水	吉
	水火木	凶	水火火	凶	水火土	凶	水火金	凶	水火水	凶
	水土木	凶	水土火	凶	水土土	凶	水土金	凶	水土水	凶
	水金木	凶	水金火	凶	水金土	吉	水金金	吉	水金水	吉
	水水木	吉	水水火	凶	水水土	凶	水水金	吉	水水水	凶

* 木金水, 火水木, 土木火, 金火土, 水土金의 경우는 "상명자→하명자→성씨" 라는 논리로 보아 상생관계를 이루고 있는 관계로 吉로 보는 학자도 있다.

14. 주역괘상법(周易卦象法) 24 25 26 27

성명한자 획수의 배열조합으로 주역 64괘(대성괘) 본괘의 괘상, 동효, 변괘의 괘상을 산출하여 길흉을 판단하는 작명원리이다. 전통적으로는 이 방법이 쓰였으나 요즘은 많이 사용하지 않는 방법이다. 이 책에서는 성명학 대백과 1권과 2권에서 "주역으로 본 64괘상 변화에 대한 吉/凶/平 속견표"라는 표를 제시하여 독자들이 알기 쉽게 활용할 수 있도록 하였다.

(1) 성명구조 한자획수에서 본괘(本卦), 동효(動爻), 변괘(變卦) 구하는 방법

성명 구조			원형이정 구분	원형이정 구하는 계산식	적용 괘상
성	상명자	하명자	정격(貞格)	성씨+상명자+하명자 획수	상괘(上卦)
			원격(元格)	상명자+하명자 획수	하괘(下卦)

성명 구조			주역괘상	주역괘상 구하는 방식
성	상명자	하명자	본괘(本卦)	상괘(上卦) + 하괘(下卦)
			동효(動爻)	(정격+원격) / 6 의 나머지 수
			변괘(變卦)	본괘로부터 동효를 반영하여 구한다.

① 표2 **원형이정 설명부**에서 주역괘상(周易卦象) 본괘는 아래의 "(2)성명 구조를 보고 주역괘상을 도출하는 속견표"에서와 같이 정격(貞格)의 값으로 64괘중의 상괘(외괘)를 구하고, 원격(元格)의 값으로는 하괘(내괘)를 구한후 조합하여 64괘상을 도출한다.

② 조합하는 과정을 알기위해 아래의 속견표를 보면, 정격이나 원격의 값이 1: 天(천), 2: 澤(택), 3: 火(화), 4: 雷(뢰), 5: 風(풍), 6: 水(수), 7: 山(산), 8: 地(지)로 나타낸다. 예를 들어 정격이 1이고 원격이 3이면, 정격에 의해 외괘는 天이 되고

원격에 의해 내괘는 火가 되어 조합하면 천화동인(天火同人)괘가 얻어지는 것이다.

③ 동효는 정격값과 원격값을 합한 수를 6으로 나누어 나머지에 해당하는 수가 동효값이 되는 것이다. 예를 들어 정격이 1이고 원격이 3이면, 합은 4가 되고 6으로 나누면 나머지가 4이므로 4효가 동효값이 된다.

이 책에서는 동효값을 구하기 위한 계산식 중 일부인 정격+원격 값을 성명학 대백과 2권에 원형이정 설명부 표기란 중 " 원형이정 81수리 - 정+원" 이라는 항목으로 나타내었다.

④ 변괘는 본괘를 기준으로 하여 동효값을 적용하여 구한다.

예를 들어 정격이 1이고 원격이 3인 경우 본괘는 천화동인(天火同人)괘이고 동효는 4효이므로, 천화동인괘의 4효를 변화시키면 변괘로는 풍화가인(風火家人)괘가 도출된다.

⑤ 또한 64괘상 전체에 대해 각각의 동효가 발동했을 경우, 본괘와 변괘의 자세한 대응관계 내용은 아래의 "(2)성명 구조를 보고 주역괘상을 도출하는 속견표" 와 "(3)주역으로 본 64괘상 변화에 대한 吉/凶/平 속견표"를 참조하거나, 성명학 대백과 1권 부록에 첨부된 "육효로 본 64괘상 변화표"를 참조하시기 바란다.

(2) 성명구조를 보고 주역괘상을 도출하는 속견표

정격 貞格	상괘 上卦	원격 元格	하괘 下卦	본괘 本卦
1	천(天)	1	천(天)	건위천 乾爲天
		2	택(澤)	천택리 天澤履
		3	화(火)	천화동인 天火同人
		4	뢰(雷)	천뢰무망 天雷无妄
		5	풍(風)	천풍구 天風姤
		6	수(水)	천수송 天水訟
		7	산(山)	천산둔 天山遯
		8	지(地)	천지비 天地否
3	화(火)	1	천(天)	화천대유 火天大有
		2	택(澤)	화택규 火澤睽
		3	화(火)	이위화 離爲火
		4	뢰(雷)	화뢰서합 火雷噬嗑
		5	풍(風)	화풍정 火風鼎
		6	수(水)	화수미제 火水未濟
		7	산(山)	화산여 火山旅
		8	지(地)	화지진 火地晉

정격 貞格	상괘 上卦	원격 元格	하괘 下卦	본괘 本卦
2	택(澤)	1	천(天)	택천쾌 澤天夬
		2	택(澤)	태위택 兌爲澤
		3	화(火)	택화혁 澤火革
		4	뢰(雷)	택뢰수 澤雷隨
		5	풍(風)	택풍대과 澤風大過
		6	수(水)	택수곤 澤水困
		7	산(山)	택산함 澤山咸
		8	지(地)	택지췌 澤地萃
4	뢰(雷)	1	천(天)	뇌천대장 雷天大壯
		2	택(澤)	뇌택귀매 雷澤歸妹
		3	화(火)	뇌화풍 雷火豊
		4	뢰(雷)	진위뢰 震爲雷
		5	풍(風)	뇌풍항 雷風恒
		6	수(水)	뇌수해 雷水解
		7	산(山)	뇌산소과 雷山小過
		8	지(地)	뇌지예 雷地豫

정격 貞格	상괘 上卦	원격 元格	하괘 下卦	본괘 本卦
5	풍 (風)	1	천 (天)	풍천소축 風天小畜
		2	택 (澤)	풍택중부 風澤中孚
		3	화 (火)	풍화가인 風火家人
		4	뢰 (雷)	풍뢰익 風雷益
		5	풍 (風)	손위풍 巽爲風
		6	수 (水)	풍수환 風水渙
		7	산 (山)	풍산점 風山漸
		8	지 (地)	풍지관 風地觀
7	산 (山)	1	천 (天)	산천대축 山天大畜
		2	택 (澤)	산택손 山澤損
		3	화 (火)	산화비 山火賁
		4	뢰 (雷)	산뢰이 山雷頤
		5	풍 (風)	산풍고 山風蠱
		6	수 (水)	산수몽 山水蒙
		7	산 (山)	간위산 艮爲山
		8	지 (地)	산지박 山地剝

정격 貞格	상괘 上卦	원격 元格	하괘 下卦	본괘 本卦
6	수 (水)	1	천 (天)	수천수 水天需
		2	택 (澤)	수택절 水澤節
		3	화 (火)	수화기제 水火旣濟
		4	뢰 (雷)	수뢰둔 水雷屯
		5	풍 (風)	수풍정 水風井
		6	수 (水)	감위수 坎爲水
		7	산 (山)	수산건 水山蹇
		8	지 (地)	수지비 水地比
8	지 (地)	1	천 (天)	지천태 地天泰
		2	택 (澤)	지택림 地澤臨
		3	화 (火)	지화명이 地火明夷
		4	뢰 (雷)	지뢰복 地雷復
		5	풍 (風)	지풍승 地風升
		6	수 (水)	지수사 地水師
		7	산 (山)	지산겸 地山謙
		8	지 (地)	곤위지 坤爲地

(3) 주역으로 본 64괘상 변화에 대한 吉/凶/平 속견표

번호	본괘(本卦) 괘상명	본괘(本卦) 괘상	동효 動爻	변괘(變卦) 괘상명	변괘(變卦) 괘상	길흉
1	건위천 乾爲天	䷀	1爻	천풍구 天風姤	䷫	
	건위천 乾爲天	䷀	2爻	천화동인 天火同人	䷌	吉
	건위천 乾爲天	䷀	3爻	천택리 天澤履	䷉	
	건위천 乾爲天	䷀	4爻	풍천소축 風天小畜	䷈	吉
	건위천 乾爲天	䷀	5爻	화천대유 火天大有	䷍	
	건위천 乾爲天	䷀	6爻	택천쾌 澤天夬	䷪	平
3	천화동인 天火同人	䷌	1爻	천산둔 天山遯	䷠	
	천화동인 天火同人	䷌	2爻	건위천 乾爲天	䷀	吉
	천화동인 天火同人	䷌	3爻	천뢰무망 天雷无妄	䷘	
	천화동인 天火同人	䷌	4爻	풍화가인 風火家人	䷤	凶
	천화동인 天火同人	䷌	5爻	이위화 離爲火	䷝	
	천화동인 天火同人	䷌	6爻	택화혁 澤火革	䷰	吉
5	천풍구 天風姤	䷫	1爻	건위천 乾爲天	䷀	
	천풍구 天風姤	䷫	2爻	천산둔 天山遯	䷠	凶
	천풍구 天風姤	䷫	3爻	천수송 天水訟	䷅	
	천풍구 天風姤	䷫	4爻	손위풍 巽爲風	䷸	凶
	천풍구 天風姤	䷫	5爻	화풍정 火風鼎	䷱	
	천풍구 天風姤	䷫	6爻	택풍대과 澤風大過	䷛	吉

번호	본괘(本卦) 괘상명	본괘(本卦) 괘상	동효 動爻	변괘(變卦) 괘상명	변괘(變卦) 괘상	길흉
2	천택리 天澤履	䷉	1爻	천수송 天水訟	䷅	平
	천택리 天澤履	䷉	2爻	천뢰무망 天雷无妄	䷘	
	천택리 天澤履	䷉	3爻	건위천 乾爲天	䷀	凶
	천택리 天澤履	䷉	4爻	풍택중부 風澤中孚	䷼	
	천택리 天澤履	䷉	5爻	화택규 火澤睽	䷥	凶
	천택리 天澤履	䷉	6爻	태위택 兌爲澤	䷹	
4	천뢰무망 天雷无妄	䷘	1爻	천지비 天地否	䷋	吉
	천뢰무망 天雷无妄	䷘	2爻	천택리 天澤履	䷉	
	천뢰무망 天雷无妄	䷘	3爻	천화동인 天火同人	䷌	凶
	천뢰무망 天雷无妄	䷘	4爻	풍뢰익 風雷益	䷩	
	천뢰무망 天雷无妄	䷘	5爻	화뢰서합 火雷噬嗑	䷔	吉
	천뢰무망 天雷无妄	䷘	6爻	택뢰수 澤雷隨	䷐	
6	천수송 天水訟	䷅	1爻	천택리 天澤履	䷉	吉
	천수송 天水訟	䷅	2爻	천지비 天地否	䷋	
	천수송 天水訟	䷅	3爻	천풍구 天風姤	䷫	吉
	천수송 天水訟	䷅	4爻	풍수환 風水渙	䷺	
	천수송 天水訟	䷅	5爻	화수미제 火水未濟	䷿	吉
	천수송 天水訟	䷅	6爻	택수곤 澤水困	䷮	

번호	본괘(本卦)		동효 動爻	변괘(變卦)		길흉
	괘상명	괘상		괘상명	괘상	
7	천산둔 天山遯		1爻	천화동인 天火同人		
	천산둔 天山遯		2爻	천풍구 天風姤		平
	천산둔 天山遯		3爻	천지비 天地否		
	천산둔 天山遯		4爻	풍산점 風山漸		平
	천산둔 天山遯		5爻	화산여 火山旅		
	천산둔 天山遯		6爻	택산함 澤山咸		吉
9	택천쾌 澤天夬		1爻	택풍대과 澤風大過		凶
	택천쾌 澤天夬		2爻	택화혁 澤火革		
	택천쾌 澤天夬		3爻	태위택 兌爲澤		凶
	택천쾌 澤天夬		4爻	수천수 水天需		
	택천쾌 澤天夬		5爻	뇌천대장 雷天大壯		凶
	택천쾌 澤天夬		6爻	건위천 乾爲天		
11	택화혁 澤火革		1爻	택산함 澤山咸		平
	택화혁 澤火革		2爻	택천쾌 澤天夬		
	택화혁 澤火革		3爻	택뢰수 澤雷隨		吉
	택화혁 澤火革		4爻	수화기제 水火旣濟		
	택화혁 澤火革		5爻	뇌화풍 雷火豊		吉
	택화혁 澤火革		6爻	천화동인 天火同人		

번호	본괘(本卦)		동효 動爻	변괘(變卦)		길흉
	괘상명	괘상		괘상명	괘상	
8	천지비 天地否		1爻	천뢰무망 天雷无妄		吉
	천지비 天地否		2爻	천수송 天水訟		
	천지비 天地否		3爻	천산둔 天山遯		平
	천지비 天地否		4爻	풍지관 風地觀		
	천지비 天地否		5爻	화지진 火地晉)		吉
	천지비 天地否		6爻	택지췌 澤地萃		
10	태위택 兌爲澤		1爻	택수곤 澤水困		
	태위택 兌爲澤		2爻	택뢰수 澤雷隨		吉
	태위택 兌爲澤		3爻	택천쾌 澤天夬		
	태위택 兌爲澤		4爻	수택절 水澤節		吉
	태위택 兌爲澤		5爻	뇌택귀매 雷澤歸妹		
	태위택 兌爲澤		6爻	천택리 天澤履		凶
12	택뢰수 澤雷隨		1爻	택지췌 澤地萃		
	택뢰수 澤雷隨		2爻	태위택 兌爲澤		凶
	택뢰수 澤雷隨		3爻	택화혁 澤火革		
	택뢰수 澤雷隨		4爻	수뢰둔 水雷屯		平
	택뢰수 澤雷隨		5爻	진위뢰 震爲雷		
	택뢰수 澤雷隨		6爻	천뢰무망 天雷无妄		吉

번호	본괘(本卦)		동효 動爻	변괘(變卦)		길흉
	괘상명	괘상		괘상명	괘상	
13	택풍대과 澤風大過	䷛	1爻	택천쾌 澤天夬	䷪	吉
	택풍대과 澤風大過	䷛	2爻	택산함 澤山咸	䷞	
	택풍대과 澤風大過	䷛	3爻	택수곤 澤水困	䷮	凶
	택풍대과 澤風大過	䷛	4爻	수풍정 水風井	䷯	
	택풍대과 澤風大過	䷛	5爻	뇌풍항 雷風恒	䷟	凶
	택풍대과 澤風大過	䷛	6爻	천풍구 天風姤	䷫	
15	택산함 澤山咸	䷞	1爻	택화혁 澤火革	䷰	凶
	택산함 澤山咸	䷞	2爻	택풍대과 澤風大過	䷛	
	택산함 澤山咸	䷞	3爻	택지췌 澤地萃	䷬	平
	택산함 澤山咸	䷞	4爻	수산건 水山蹇	䷦	
	택산함 澤山咸	䷞	5爻	뇌산소과 雷山小過	䷽	吉
	택산함 澤山咸	䷞	6爻	천산둔 天山遯	䷠	
17	화천대유 火天大有	䷍	1爻	화풍정 火風鼎	䷱	
	화천대유 火天大有	䷍	2爻	이위화 離爲火	䷝	吉
	화천대유 火天大有	䷍	3爻	화택규 火澤睽	䷥	
	화천대유 火天大有	䷍	4爻	산천대축 山天大畜	䷙	平
	화천대유 火天大有	䷍	5爻	건위천 乾爲天	䷀	
	화천대유 火天大有	䷍	6爻	뇌천대장 雷天大壯	䷡	吉

번호	본괘(本卦)		동효 動爻	변괘(變卦)		길흉
	괘상명	괘상		괘상명	괘상	
14	택수곤 澤水困	䷮	1爻	태위택 兌爲澤	䷹	
	택수곤 澤水困	䷮	2爻	택지췌 澤地萃	䷬	平
	택수곤 澤水困	䷮	3爻	택풍대과 澤風大過	䷛	
	택수곤 澤水困	䷮	4爻	감위수 坎爲水	䷜	吉
	택수곤 澤水困	䷮	5爻	뇌수해 雷水解	䷧	
	택수곤 澤水困	䷮	6爻	천수송 天水訟	䷅	凶
16	택지췌 澤地萃	䷬	1爻	택뢰수 澤雷隨	䷐	
	택지췌 澤地萃	䷬	2爻	택수곤 澤水困	䷮	吉
	택지췌 澤地萃	䷬	3爻	택산함 澤山咸	䷞	
	택지췌 澤地萃	䷬	4爻	수지비 水地比	䷇	吉
	택지췌 澤地萃	䷬	5爻	뇌지예 雷地豫	䷏	
	택지췌 澤地萃	䷬	6爻	천지비 天地否	䷋	吉
18	화택규 火澤睽	䷥	1爻	화수미제 火水未濟	䷿	凶
	화택규 火澤睽	䷥	2爻	화뢰서합 火雷噬嗑	䷔	
	화택규 火澤睽	䷥	3爻	화천대유 火天大有	䷍	平
	화택규 火澤睽	䷥	4爻	산택손 山澤損	䷨	
	화택규 火澤睽	䷥	5爻	천택리 天澤履	䷉	吉
	화택규 火澤睽	䷥	6爻	뇌택귀매 雷澤歸妹	䷵	

번호	본괘(本卦)		동효 動爻	변괘(變卦)		길흉
	괘상명	괘상		괘상명	괘상	
19	이위화 離爲火	䷝	1爻	화산여 火山旅	䷷	
	이위화 離爲火	䷝	2爻	화천대유 火天大有	䷍	吉
	이위화 離爲火	䷝	3爻	화뢰서합 火雷噬嗑	䷔	
	이위화 離爲火	䷝	4爻	산화비 山火賁	䷕	凶
	이위화 離爲火	䷝	5爻	천화동인 天火同人	䷌	
	이위화 離爲火	䷝	6爻	뇌화풍 雷火豊	䷶	吉
21	화풍정 火風鼎	䷱	1爻	화천대유 火天大有	䷍	
	화풍정 火風鼎	䷱	2爻	화산여 火山旅	䷷	平
	화풍정 火風鼎	䷱	3爻	화수미제 火水未濟	䷿	
	화풍정 火風鼎	䷱	4爻	산풍고 山風蠱	䷑	平
	화풍정 火風鼎	䷱	5爻	천풍구 天風姤	䷫	
	화풍정 火風鼎	䷱	6爻	뇌풍항 雷風恒	䷟	平
23	화산여 火山旅	䷷	1爻	이위화 離爲火	䷝	
	화산여 火山旅	䷷	2爻	화풍정 火風鼎	䷱	凶
	화산여 火山旅	䷷	3爻	화지진 火地晉	䷢	
	화산여 火山旅	䷷	4爻	간위산 艮爲山	䷳	吉
	화산여 火山旅	䷷	5爻	천산둔 天山遯	䷠	
	화산여 火山旅	䷷	6爻	뇌산소과 雷山小過	䷽	凶

번호	본괘(本卦)		동효 動爻	변괘(變卦)		길흉
	괘상명	괘상		괘상명	괘상	
20	화뢰서합 火雷噬嗑	䷔	1爻	화지진 火地晉	䷢	吉
	화뢰서합 火雷噬嗑	䷔	2爻	화택규 火澤睽	䷥	
	화뢰서합 火雷噬嗑	䷔	3爻	이위화 離爲火	䷝	吉
	화뢰서합 火雷噬嗑	䷔	4爻	산뢰이 山雷頤	䷚	
	화뢰서합 火雷噬嗑	䷔	5爻	천뢰무망 天雷无妄	䷘	吉
	화뢰서합 火雷噬嗑	䷔	6爻	진위뢰 震爲雷	䷲	
22	화수미제 火水未濟	䷿	1爻	화택규 火澤睽	䷥	凶
	화수미제 火水未濟	䷿	2爻	화지진 火地晉	䷢	
	화수미제 火水未濟	䷿	3爻	화풍정 火風鼎	䷱	吉
	화수미제 火水未濟	䷿	4爻	산수몽 山水蒙	䷃	
	화수미제 火水未濟	䷿	5爻	천수송 天水訟	䷅	吉
	화수미제 火水未濟	䷿	6爻	뇌수해 雷水解	䷧	
24	화지진 火地晉	䷢	1爻	화뢰서합 火雷噬嗑	䷔	凶
	화지진 火地晉	䷢	2爻	화수미제 火水未濟	䷿	
	화지진 火地晉	䷢	3爻	화산여 火山旅	䷷	平
	화지진 火地晉	䷢	4爻	산지박 山地剝	䷖	
	화지진 火地晉	䷢	5爻	천지비 天地否	䷋	吉
	화지진 火地晉	䷢	6爻	뇌지예 雷地豫	䷏	

번호	본괘(本卦)		동효 動爻	변괘(變卦)		길흉
	괘상명	괘상		괘상명	괘상	
25	뇌천대장 雷天大壯	䷡	1爻	뇌풍항 雷風恒	䷟	平
	뇌천대장 雷天大壯	䷡	2爻	뇌화풍 雷火豊	䷶	
	뇌천대장 雷天大壯	䷡	3爻	뇌택귀매 雷澤歸妹	䷵	凶
	뇌천대장 雷天大壯	䷡	4爻	지천태 地天泰	䷊	
	뇌천대장 雷天大壯	䷡	5爻	택천쾌 澤天夬	䷪	吉
	뇌천대장 雷天大壯	䷡	6爻	화천대유 火天大有	䷍	
27	뇌화풍 雷火豊	䷶	1爻	뇌산소과 雷山小過	䷽	吉
	뇌화풍 雷火豊	䷶	2爻	뇌천대장 雷天大壯	䷡	
	뇌화풍 雷火豊	䷶	3爻	진위뢰 震爲雷	䷲	吉
	뇌화풍 雷火豊	䷶	4爻	지화명이 地火明夷	䷣	
	뇌화풍 雷火豊	䷶	5爻	택화혁 澤火革	䷰	吉
	뇌화풍 雷火豊	䷶	6爻	이위화 離爲火	䷝	
29	뇌풍항 雷風恒	䷟	1爻	뇌천대장 雷天大壯	䷡	凶
	뇌풍항 雷風恒	䷟	2爻	뇌산소과 雷山小過	䷽	
	뇌풍항 雷風恒	䷟	3爻	뇌수해 雷水解	䷧	凶
	뇌풍항 雷風恒	䷟	4爻	지풍승 地風升	䷭	
	뇌풍항 雷風恒	䷟	5爻	택풍대과 澤風大過	䷛	平
	뇌풍항 雷風恒	䷟	6爻	화풍정 火風鼎	䷱	

번호	본괘(本卦)		동효 動爻	변괘(變卦)		길흉
	괘상명	괘상		괘상명	괘상	
26	뇌택귀매 雷澤歸妹	䷵	1爻	뇌수해 雷水解	䷧	
	뇌택귀매 雷澤歸妹	䷵	2爻	진위뢰 震爲雷	䷲	凶
	뇌택귀매 雷澤歸妹	䷵	3爻	뇌천대장 雷天大壯	䷡	
	뇌택귀매 雷澤歸妹	䷵	4爻	지택림 地澤臨	䷒	吉
	뇌택귀매 雷澤歸妹	䷵	5爻	태위택 兌爲澤	䷹	
	뇌택귀매 雷澤歸妹	䷵	6爻	화택규 火澤睽	䷥	凶
28	진위뢰 震爲雷	䷲	1爻	뇌지예 雷地豫	䷏	
	진위뢰 震爲雷	䷲	2爻	뇌택귀매 雷澤歸妹	䷵	凶
	진위뢰 震爲雷	䷲	3爻	뇌화풍 雷火豊	䷶	
	진위뢰 震爲雷	䷲	4爻	지뢰복 地雷復	䷗	吉
	진위뢰 震爲雷	䷲	5爻	택뢰수 澤雷隨	䷐	
	진위뢰 震爲雷	䷲	6爻	화뢰서합 火雷噬嗑	䷔	凶
30	뇌수해 雷水解	䷧	1爻	뇌택귀매 雷澤歸妹	䷵	
	뇌수해 雷水解	䷧	2爻	뇌지예 雷地豫	䷏	吉
	뇌수해 雷水解	䷧	3爻	뇌풍항 雷風恒	䷟	
	뇌수해 雷水解	䷧	4爻	지수사 地水師	䷆	吉
	뇌수해 雷水解	䷧	5爻	택수곤 澤水困	䷮	
	뇌수해 雷水解	䷧	6爻	화수미제 火水未濟	䷿	吉

번호	본괘(本卦)		동효 動爻	변괘(變卦)		길흉
	괘상명	괘상		괘상명	괘상	
31	뇌산소과 雷山小過	䷽	1爻	뇌화풍 雷火豊	䷶	凶
	뇌산소과 雷山小過	䷽	2爻	뇌풍항 雷風恒	䷟	
	뇌산소과 雷山小過	䷽	3爻	뇌지예 雷地豫	䷏	凶
	뇌산소과 雷山小過	䷽	4爻	지산겸 地山謙	䷎	
	뇌산소과 雷山小過	䷽	5爻	택산함 澤山咸	䷞	凶
	뇌산소과 雷山小過	䷽	6爻	화산여 火山旅	䷷	
33	풍천소축 風天小畜	䷈	1爻	손위풍 巽爲風	䷸	
	풍천소축 風天小畜	䷈	2爻	풍화가인 風火家人	䷤	吉
	풍천소축 風天小畜	䷈	3爻	풍택중부 風澤中孚	䷼	
	풍천소축 風天小畜	䷈	4爻	건위천 乾爲天	䷀	吉
	풍천소축 風天小畜	䷈	5爻	산천대축 山天大畜	䷙	
	풍천소축 風天小畜	䷈	6爻	수천수 水天需	䷄	吉
35	풍화가인 風火家人	䷤	1爻	풍산점 風山漸	䷴	
	풍화가인 風火家人	䷤	2爻	풍천소축 風天小畜	䷈	吉
	풍화가인 風火家人	䷤	3爻	풍뢰익 風雷益	䷩	
	풍화가인 風火家人	䷤	4爻	천화동인 天火同人	䷌	吉
	풍화가인 風火家人	䷤	5爻	산화비 山火賁	䷕	
	풍화가인 風火家人	䷤	6爻	수화기제 水火旣濟	䷾	吉

번호	본괘(本卦)		동효 動爻	변괘(變卦)		길흉
	괘상명	괘상		괘상명	괘상	
32	뇌지예 雷地豫	䷏	1爻	진위뢰 震爲雷	䷲	
	뇌지예 雷地豫	䷏	2爻	뇌수해 雷水解	䷧	平
	뇌지예 雷地豫	䷏	3爻	뇌산소과 雷山小過	䷽	
	뇌지예 雷地豫	䷏	4爻	곤위지 坤爲地	䷁	吉
	뇌지예 雷地豫	䷏	5爻	택지췌 澤地萃	䷬	
	뇌지예 雷地豫	䷏	6爻	화지진 火地晉	䷢	凶
34	풍택중부 風澤中孚	䷼	1爻	풍수환 風水渙	䷺	吉
	풍택중부 風澤中孚	䷼	2爻	풍뢰익 風雷益	䷩	
	풍택중부 風澤中孚	䷼	3爻	풍천소축 風天小畜	䷈	凶
	풍택중부 風澤中孚	䷼	4爻	천택리 天澤履	䷉	
	풍택중부 風澤中孚	䷼	5爻	산택손 山澤損	䷨	吉
	풍택중부 風澤中孚	䷼	6爻	수택절 水澤節	䷻	
36	풍뢰익 風雷益	䷩	1爻	풍지관 風地觀	䷓	吉
	풍뢰익 風雷益	䷩	2爻	풍택중부 風澤中孚	䷼	
	풍뢰익 風雷益	䷩	3爻	풍화가인 風火家人	䷤	凶
	풍뢰익 風雷益	䷩	4爻	천뢰무망 天雷无妄	䷘	
	풍뢰익 風雷益	䷩	5爻	산뢰이 山雷頤	䷚	吉
	풍뢰익 風雷益	䷩	6爻	수뢰둔 水雷屯	䷂	

번호	본괘(本卦)		동효 動爻	변괘(變卦)		길흉
	괘상명	괘상		괘상명	괘상	
37	손위풍 巽爲風	䷸	1爻	풍천소축 風天小畜	䷈	
	손위풍 巽爲風	䷸	2爻	풍산점 風山漸	䷴	吉
	손위풍 巽爲風	䷸	3爻	풍수환 風水渙	䷺	
	손위풍 巽爲風	䷸	4爻	천풍구 天風姤	䷫	平
	손위풍 巽爲風	䷸	5爻	산풍고 山風蠱	䷑	
	손위풍 巽爲風	䷸	6爻	수풍정 水風井	䷯	平
39	풍산점 風山漸	䷴	1爻	풍화가인 風火家人	䷤	
	풍산점 風山漸	䷴	2爻	손위풍 巽爲風	䷸	吉
	풍산점 風山漸	䷴	3爻	풍지관 風地觀	䷓	
	풍산점 風山漸	䷴	4爻	천산둔 天山遯	䷠	平
	풍산점 風山漸	䷴	5爻	간위산 艮爲山	䷳	
	풍산점 風山漸	䷴	6爻	수산건 水山蹇	䷦	平
41	수천수 水天需	䷄	1爻	수풍정 水風井	䷯	凶
	수천수 水天需	䷄	2爻	수화기제 水火旣濟	䷾	
	수천수 水天需	䷄	3爻	수택절 水澤節	䷻	凶
	수천수 水天需	䷄	4爻	택천쾌 澤天夬	䷪	
	수천수 水天需	䷄	5爻	지천태 地天泰	䷊	凶
	수천수 水天需	䷄	6爻	풍천소축 風天小畜	䷈	

번호	본괘(本卦)		동효 動爻	변괘(變卦)		길흉
	괘상명	괘상		괘상명	괘상	
38	풍수환 風水渙	䷺	1爻	풍택중부 風澤中孚	䷼	吉
	풍수환 風水渙	䷺	2爻	풍지관 風地觀	䷓	
	풍수환 風水渙	䷺	3爻	손위풍 巽爲風	䷸	吉
	풍수환 風水渙	䷺	4爻	천수송 天水訟	䷅	
	풍수환 風水渙	䷺	5爻	산수몽 山水蒙	䷃	吉
	풍수환 風水渙	䷺	6爻	감위수 坎爲水	䷜	
40	풍지관 風地觀	䷓	1爻	풍뢰익 風雷益	䷩	平
	풍지관 風地觀	䷓	2爻	풍수환 風水渙	䷺	
	풍지관 風地觀	䷓	3爻	풍산점 風山漸	䷴	吉
	풍지관 風地觀	䷓	4爻	천지비 天地否	䷋	
	풍지관 風地觀	䷓	5爻	산지박 山地剝	䷖	平
	풍지관 風地觀	䷓	6爻	수지비 水地比	䷇	
42	수택절 水澤節	䷻	1爻	감위수 坎爲水	䷜	
	수택절 水澤節	䷻	2爻	수뢰둔 水雷屯	䷂	吉
	수택절 水澤節	䷻	3爻	수천수 水天需	䷄	
	수택절 水澤節	䷻	4爻	태위택 兌爲澤	䷹	凶
	수택절 水澤節	䷻	5爻	지택림 地澤臨	䷒	
	수택절 水澤節	䷻	6爻	풍택중부 風澤中孚	䷼	吉

번호	본괘(本卦)		동효 動爻	변괘(變卦)		길흉
	괘상명	괘상		괘상명	괘상	
43	수화기제 水火旣濟	䷾	1爻	수산건 水山蹇	䷦	吉
	수화기제 水火旣濟	䷾	2爻	수천수 水天需	䷄	
	수화기제 水火旣濟	䷾	3爻	수뢰둔 水雷屯	䷂	吉
	수화기제 水火旣濟	䷾	4爻	택화혁 澤火革	䷰	
	수화기제 水火旣濟	䷾	5爻	지화명이 地火明夷	䷣	吉
	수화기제 水火旣濟	䷾	6爻	풍화가인 風火家人	䷤	
45	수풍정 水風井	䷯	1爻	수천수 水天需	䷄	凶
	수풍정 水風井	䷯	2爻	수산건 水山蹇	䷦	
	수풍정 水風井	䷯	3爻	감위수 坎爲水	䷜	凶
	수풍정 水風井	䷯	4爻	택풍대과 澤風大過	䷛	
	수풍정 水風井	䷯	5爻	지풍승 地風升	䷭	吉
	수풍정 水風井	䷯	6爻	손위풍 巽爲風	䷸	
47	수산건 水山蹇	䷦	1爻	수화기제 水火旣濟	䷾	凶
	수산건 水山蹇	䷦	2爻	수풍정 水風井	䷯	
	수산건 水山蹇	䷦	3爻	수지비 水地比	䷇	凶
	수산건 水山蹇	䷦	4爻	택산함 澤山咸	䷞	
	수산건 水山蹇	䷦	5爻	지산겸 地山謙	䷎	凶
	수산건 水山蹇	䷦	6爻	풍산점 風山漸	䷴	

번호	본괘(本卦)		동효 動爻	변괘(變卦)		길흉
	괘상명	괘상		괘상명	괘상	
44	수뢰둔 水雷屯	䷂	1爻	수지비 水地比	䷇	
	수뢰둔 水雷屯	䷂	2爻	수택절 水澤節	䷻	吉
	수뢰둔 水雷屯	䷂	3爻	수화기제 水火旣濟	䷾	
	수뢰둔 水雷屯	䷂	4爻	택뢰수 澤雷隨	䷐	凶
	수뢰둔 水雷屯	䷂	5爻	지뢰복 地雷復	䷗	
	수뢰둔 水雷屯	䷂	6爻	풍뢰익 風雷益	䷩	凶
46	감위수 坎爲水	䷜	1爻	수택절 水澤節	䷻	
	감위수 坎爲水	䷜	2爻	수지비 水地比	䷇	凶
	감위수 坎爲水	䷜	3爻	수풍정 水風井	䷯	
	감위수 坎爲水	䷜	4爻	택수곤 澤水困	䷮	凶
	감위수 坎爲水	䷜	5爻	지수사 地水師	䷆	
	감위수 坎爲水	䷜	6爻	풍수환 風水渙	䷺	凶
48	수지비 水地比	䷇	1爻	수뢰둔 水雷屯	䷂	
	수지비 水地比	䷇	2爻	감위수 坎爲水	䷜	吉
	수지비 水地比	䷇	3爻	수산건 水山蹇	䷦	
	수지비 水地比	䷇	4爻	택지췌 澤地萃	䷬	吉
	수지비 水地比	䷇	5爻	곤위지 坤爲地	䷁	
	수지비 水地比	䷇	6爻	풍지관 風地觀	䷓	凶

번호	본괘(本卦)		동효 動爻	변괘(變卦)		길흉
	괘상명	괘상		괘상명	괘상	
49	산천대축 山天大畜	䷙	1爻	산풍고 山風蠱	䷑	
	산천대축 山天大畜	䷙	2爻	산화비 山火賁	䷕	凶
	산천대축 山天大畜	䷙	3爻	산택손 山澤損	䷨	
	산천대축 山天大畜	䷙	4爻	화천대유 火天大有	䷍	凶
	산천대축 山天大畜	䷙	5爻	풍천소축 風天小畜	䷈	
	산천대축 山天大畜	䷙	6爻	지천태 地天泰	䷊	凶
50	산택손 山澤損	䷨	1爻	산수몽 山水蒙	䷃	吉
	산택손 山澤損	䷨	2爻	산뢰이 山雷頤	䷚	
	산택손 山澤損	䷨	3爻	산천대축 山天大畜	䷙	吉
	산택손 山澤損	䷨	4爻	화택규 火澤睽	䷥	
	산택손 山澤損	䷨	5爻	풍택중부 風澤中孚	䷼	吉
	산택손 山澤損	䷨	6爻	지택림 地澤臨	䷒	
51	산화비 山火賁	䷕	1爻	간위산 艮爲山	䷳	
	산화비 山火賁	䷕	2爻	산천대축 山天大畜	䷙	凶
	산화비 山火賁	䷕	3爻	산뢰이 山雷頤	䷚	
	산화비 山火賁	䷕	4爻	이위화 離爲火	䷝	平
	산화비 山火賁	䷕	5爻	풍화가인 風火家人	䷤	
	산화비 山火賁	䷕	6爻	지화명이 地火明夷	䷣	凶
52	산뢰이 山雷頤	䷚	1爻	산지박 山地剝	䷖	凶
	산뢰이 山雷頤	䷚	2爻	산택손 山澤損	䷨	
	산뢰이 山雷頤	䷚	3爻	산화비 山火賁	䷕	凶
	산뢰이 山雷頤	䷚	4爻	화뢰서합 火雷噬嗑	䷔	
	산뢰이 山雷頤	䷚	5爻	풍뢰익 風雷益	䷩	凶
	산뢰이 山雷頤	䷚	6爻	지뢰복 地雷復	䷗	
53	산풍고 山風蠱	䷑	1爻	산천대축 山天大畜	䷙	
	산풍고 山風蠱	䷑	2爻	간위산 艮爲山	䷳	凶
	산풍고 山風蠱	䷑	3爻	산수몽 山水蒙	䷃	
	산풍고 山風蠱	䷑	4爻	화풍정 火風鼎	䷱	凶
	산풍고 山風蠱	䷑	5爻	손위풍 巽爲風	䷸	
	산풍고 山風蠱	䷑	6爻	지풍승 地風升	䷭	吉
54	산수몽 山水蒙	䷃	1爻	산택손 山澤損	䷨	平
	산수몽 山水蒙	䷃	2爻	산지박 山地剝	䷖	
	산수몽 山水蒙	䷃	3爻	산풍고 山風蠱	䷑	凶
	산수몽 山水蒙	䷃	4爻	화수미제 火水未濟	䷿	
	산수몽 山水蒙	䷃	5爻	풍수환 風水渙	䷺	吉
	산수몽 山水蒙	䷃	6爻	지수사 地水師	䷆	

번호	본괘(本卦)		동효 動爻	변괘(變卦)		길흉
	괘상명	괘상		괘상명	괘상	
55	간위산 艮爲山	䷳	1爻	산화비 山火賁	䷕	
	간위산 艮爲山	䷳	2爻	산풍고 山風蠱	䷑	凶
	간위산 艮爲山	䷳	3爻	산지박 山地剝	䷖	
	간위산 艮爲山	䷳	4爻	화산여 火山旅	䷷	平
	간위산 艮爲山	䷳	5爻	풍산점 風山漸	䷴	
	간위산 艮爲山	䷳	6爻	지산겸 地山謙	䷎	平
57	지천태 地天泰	䷊	1爻	지풍승 地風升	䷭	吉
	지천태 地天泰	䷊	2爻	지화명이 地火明夷	䷣	
	지천태 地天泰	䷊	3爻	지택림 地澤臨	䷒	凶
	지천태 地天泰	䷊	4爻	뇌천대장 雷天大壯	䷡	
	지천태 地天泰	䷊	5爻	수천수 水天需	䷄	吉
	지천태 地天泰	䷊	6爻	산천대축 山天大畜	䷙	
59	지화명이 地火明夷	䷣	1爻	지산겸 地山謙	䷎	吉
	지화명이 地火明夷	䷣	2爻	지천태 地天泰	䷊	
	지화명이 地火明夷	䷣	3爻	지뢰복 地雷復	䷗	吉
	지화명이 地火明夷	䷣	4爻	뇌화풍 雷火豊	䷶	
	지화명이 地火明夷	䷣	5爻	수화기제 水火旣濟	䷾	吉
	지화명이 地火明夷	䷣	6爻	산화비 山火賁	䷕	

번호	본괘(本卦)		동효 動爻	변괘(變卦)		길흉
	괘상명	괘상		괘상명	괘상	
56	산지박 山地剝	䷖	1爻	산뢰이 山雷頤	䷚	凶
	산지박 山地剝	䷖	2爻	산수몽 山水蒙	䷃	
	산지박 山地剝	䷖	3爻	간위산 艮爲山	䷳	平
	산지박 山地剝	䷖	4爻	화지진 火地晉	䷢	
	산지박 山地剝	䷖	5爻	풍지관 風地觀	䷓	吉
	산지박 山地剝	䷖	6爻	곤위지 坤爲地	䷁	
58	지택림 地澤臨	䷒	1爻	지수사 地水師	䷆	
	지택림 地澤臨	䷒	2爻	지뢰복 地雷復	䷗	吉
	지택림 地澤臨	䷒	3爻	지천태 地天泰	䷊	
	지택림 地澤臨	䷒	4爻	뇌택귀매 雷澤歸妹	䷵	吉
	지택림 地澤臨	䷒	5爻	수택절 水澤節	䷻	
	지택림 地澤臨	䷒	6爻	산택손 山澤損	䷨	吉
60	지뢰복 地雷復	䷗	1爻	곤위지 坤爲地	䷁	
	지뢰복 地雷復	䷗	2爻	지택림 地澤臨	䷒	凶
	지뢰복 地雷復	䷗	3爻	지화명이 地火明夷	䷣	
	지뢰복 地雷復	䷗	4爻	진위뢰 震爲雷	䷲	吉
	지뢰복 地雷復	䷗	5爻	수뢰둔 水雷屯	䷂	
	지뢰복 地雷復	䷗	6爻	산뢰이 山雷頤	䷚	凶

번호	본괘(本卦)		동효 動爻	변괘(變卦)		길흉
	괘상명	괘상		괘상명	괘상	
61	지풍승 地風升	䷭	1爻	지천태 地天泰	䷊	吉
	지풍승 地風升	䷭	2爻	지산겸 地山謙	䷎	
	지풍승 地風升	䷭	3爻	지수사 地水師	䷆	平
	지풍승 地風升	䷭	4爻	뇌풍항 雷風恒	䷟	
	지풍승 地風升	䷭	5爻	수풍정 水風井	䷯	平
	지풍승 地風升	䷭	6爻	산풍고 山風蠱	䷑	
63	지산겸 地山謙	䷎	1爻	지화명이 地火明夷	䷣	吉
	지산겸 地山謙	䷎	2爻	지풍승 地風升	䷭	
	지산겸 地山謙	䷎	3爻	곤위지 坤爲地	䷁	吉
	지산겸 地山謙	䷎	4爻	뇌산소과 雷山小過	䷽	
	지산겸 地山謙	䷎	5爻	수산건 水山蹇	䷦	吉
	지산겸 地山謙	䷎	6爻	간위산 艮爲山	䷳	

번호	본괘(本卦)		동효 動爻	변괘(變卦)		길흉
	괘상명	괘상		괘상명	괘상	
62	지수사 地水師	䷆	1爻	지택림 地澤臨	䷒	
	지수사 地水師	䷆	2爻	곤위지 坤爲地	䷁	吉
	지수사 地水師	䷆	3爻	지풍승 地風升	䷭	
	지수사 地水師	䷆	4爻	뇌수해 雷水解	䷧	吉
	지수사 地水師	䷆	5爻	감위수 坎爲水	䷜	
	지수사 地水師	䷆	6爻	산수몽 山水蒙	䷃	吉
64	곤위지 坤爲地	䷁	1爻	지뢰복 地雷復	䷗	
	곤위지 坤爲地	䷁	2爻	지수사 地水師	䷆	吉
	곤위지 坤爲地	䷁	3爻	지산겸 地山謙	䷎	
	곤위지 坤爲地	䷁	4爻	뇌지예 雷地豫	䷏	凶
	곤위지 坤爲地	䷁	5爻	수지비 水地比	䷇	
	곤위지 坤爲地	䷁	6爻	산지박 山地剝	䷖	凶

10

대한민국 성명에 사용된 한자부수 및 부수 오행표

姓名學

1. 한자 옥편상의 필획과 자전상의 의획간에 차이가 나는 부수표

기록된 한자부수는 1劃부터 17劃까지 213字다.

필획		의획, 원획		부수 명칭	해당되는 글자의 의획 획수 예
부수	획수	부수	획수		
氵	3	水	4	물 수	江7, 沈8, 決8, 泰9, 泄9, 洛10
扌	3	手	4	손 수	打6, 扶8, 拘9,
忄	3	心	4	마음 심	怖9, 恃10, 情12
犭	3	犬	4	개 견	犯6, 狐9, 猛12
礻	4	示	5	보일 시	社8, 祝10, 祿12
王	4	玉	5	구슬 옥	玩9, 玟9, 理12, 琴13
卄 艹	4	艸	6	풀 초	草11, 苦11, 若11
月	4	肉	6	고기 육	肛9, 肖9, 育10, 胃11, 胎11
衤	5	衣	6	옷 의	表9, 衿10, 複15
罒	5	网	6	그물 망	罔9, 罪14, 署15, 羅20
阝	3	邑	7	고을 읍	邦11, 那11, 郁13, 都16
辶	4	辵	7	쉬엄쉬엄갈 착	近11, 送13, 造14, 道16
阝	3	阜	8	언덕 부	阮12, 附13, 院15, 陰17, 陽17

2. 한자부수의 명칭 및 색인 (획수순 정렬)

번호	부수	부수 명칭	字源	획수
1	一	한 일	목(木)	1
2	丨	뚫을 곤	목(木)	1
3	丶	점 주	목(木)	1
4	丿	삐침 별	금(金)	1
5	乙	새 을	목(木)	1
6	亅	갈고리 궐	금(金)	1
7	二	두 이	목(木)	2
8	亠	돼지해밑 두	화(火)	2
9	人	사람 인	화(火)	2
10	儿	어진사람 인	목(木)	2
11	入	들 입	목(木)	2
12	八	여덟 팔	금(金)	2
13	冂	멀 경	토(土)	2
14	冖	덮을 멱	수(水)	2
15	冫	얼음 빙	수(水)	2
16	几	안석 궤	수(水)	2
17	凵	입 벌릴 감	수(水)	2
18	刀	칼 도	금(金)	2
19	力	힘 력	토(土)	2
20	勹	쌀 포	금(金)	2
21	匕	비수 비	금(金)	2
22	匚	모진그릇 방	토(土)	2
23	匸	감출 혜	수(水)	2
24	十	열 십	수(水)	2
25	卜	점 복	화(火)	2
26	卩	병부 절	수(水)	2
27	厂	굴바위 엄	수(水)	2
28	厶	사사 사	목(木)	2
29	又	또 우	수(水)	2
30	口	입 구	수(水)	3
31	囗	나라 국	수(水)	3
32	土	흙 토	토(土)	3
33	士	선비 사	목(木)	3
34	夂	뒤에 올 치	수(水)	3
35	夕	저녁 석	수(水)	3
36	大	큰 대	목(木)	3
37	女	계집 녀	토(土)	3
38	子	아들 자	수(水)	3
39	宀	집 면, 갓머리	목(木)	3
40	寸	마디 촌	토(土)	3
41	小	작을 소	수(水)	3
42	尢	절뚝발이 왕	토(土)	3
43	尸	주검 시	수(水)	3
44	屮	떡잎 날 철	목(木)	3
45	山	뫼산	토(土)	3
46	巛	시내 천	수(水)	3
47	工	공장 공	화(火)	3
48	己	몸 기	토(土)	3
49	巾	수건 건	목(木)	3
50	干	방패 간	목(木)	3

번호	부수	부수 명칭	字源	획수
51	幺	작을 요	수(水)	3
52	广	돌집 엄	목(木)	3
53	廴	길게 걸을 인	목(木)	3
54	廾	손 맞잡을 공	목(木)	3
55	弋	취할 익	금(金)	3
56	弓	활 궁	화(火)	3
57	彐	터진가로 왈	화(火)	3
58	彡	터럭 그릴 삼	화(火)	3
59	彳	자축거릴 척	화(火)	3
60	心	마음 심	화(火)	4
61	戈	창 과	금(金)	4
62	戶	지게문 호	목(木)	4
63	手	손 수	목(木)	4
64	支	지탱할 지	토(土)	4
65	攴	칠 복	금(金)	4
66	文	글월 문	목(木)	4
67	斗	말 두	화(火)	4
68	斤	도끼 근	금(金)	4
69	方	방위 방	토(土)	4
70	无	없을 무	수(水)	4
71	日	해 일	화(火)	4
72	曰	가로 왈	화(火)	4
73	月	달 월	수(水)	4
74	木	나무 목	목(木)	4
75	欠	하품할 흠	화(火)	4

번호	부수	부수 명칭	字源	획수
76	止	그칠 지	토(土)	4
77	歹	살바른 뼈 알	수(水)	4
78	殳	창 수	금(金)	4
79	毋	말 무	토(土)	4
80	比	비교할 비	화(火)	4
81	毛	털 모	화(火)	4
82	氏	성씨 씨	화(火)	4
83	气	기운 기	수(水)	4
84	水	물 수	수(水)	4
85	火	불 화	화(火)	4
86	爪	손톱 조	금(金)	4
87	父	아비 부	목(木)	4
88	爻	형상효, 육효효	화(火)	4
89	爿	조각 장	목(木)	4
90	片	조각 편	목(木)	4
91	牙	어금니 아	금(金)	4
92	牛	소 우	토(土)	4
93	犬	개 견	토(土)	4
94	玄	검을 현	화(火)	5
95	玉	구슬 옥	금(金)	5
96	瓜	오이 과	목(木)	5
97	瓦	기와 와	토(土)	5
98	甘	달 감	토(土)	5
99	生	낳을 생	목(木)	5
100	用	쓸 용	수(水)	5

번호	부수	부수 명칭	字源	획수
101	田	밭 전	목(木)	5
102	疋	짝 필	토(土)	5
103	疒	병들어 기댈 역	수(水)	5
104	癶	걸을 발	수(水)	5
105	白	흰 백	금(金)	5
106	皮	가죽 피	금(金)	5
107	皿	그릇 명	금(金)	5
108	目	눈 목	목(木)	5
109	矛	세모진 창 모	금(金)	5
110	矢	화살 시	금(金)	5
111	石	돌 석	금(金)	5
112	示	보일 시	목(木)	5
113	禸	짐승 발자국 유	목(木)	5
114	禾	벼 화	목(木)	5
115	穴	구멍 혈	수(水)	5
116	立	설 립	금(金)	5
117	竹	대나무 죽	목(木)	6
118	米	쌀 미	목(木)	6
119	糸	가는실 사	목(木)	6
120	缶	장군 부	토(土)	6
121	网	그물 망	목(木)	6
122	羊	양 양	토(土)	6
123	羽	깃 우	화(火)	6
124	老	늙을 노	토(土)	6
125	而	말 이을 이	수(水)	6
126	耒	쟁기 뢰	목(木)	6
127	耳	귀 이	화(火)	6
128	聿	붓 율, 오직 율	화(火)	6
129	肉	고기 육, 살 육	수(水)	6
130	臣	신하 신	화(火)	6
131	自	스스로 자	목(木)	6
132	至	이를 지	토(土)	6
133	臼	절구 구	토(土)	6
134	舌	혀 설	화(火)	6
135	舛	어그러질 천	목(木)	6
136	舟	배 주	목(木)	6
137	艮	그칠간, 간방간	토(土)	6
138	色	빛 색	토(土)	6
139	艸	풀 초	목(木)	6
140	虍	호피무늬 호	목(木)	6
141	虫	벌레 충	수(水)	6
142	血	피 혈	수(水)	6
143	行	갈 행	화(火)	6
144	衣	옷 의	목(木)	6
145	襾	덮을 아	금(金)	6
146	見	볼 견	화(火)	7
147	角	뿔 각	목(木)	7
148	言	말씀 언	금(金)	7
149	谷	골짜기 곡	수(水)	7
150	豆	콩 두, 팥 두	목(木)	7

번호	부수	부수 명칭	字源	획수	번호	부수	부수 명칭	字源	획수
151	豕	돼지 시	수(水)	7	176	革	가죽 혁	금(金)	9
152	豸	발없는 벌레 치	수(水)	7	177	韋	다룬 가죽 위	금(金)	9
153	貝	조개 패	금(金)	7	178	韭	부추 구	목(木)	9
154	赤	붉을 적	화(火)	7	179	音	소리 음	금(金)	9
155	走	달아날 주	화(火)	7	180	頁	머리 혈	화(火)	9
156	足	발 족	토(土)	7	181	風	바람 풍	목(木)	9
157	身	몸 신	화(火)	7	182	飛	날 비	화(火)	9
158	車	수레 거	화(火)	7	183	食	밥 식	수(水)	9
159	辛	매울 신	금(金)	7	184	首	머리 수	수(水)	9
160	辰	날 신, 별 신	토(土)	7	185	香	향기 향	목(木)	9
161	辵	쉬엄쉬엄갈 착	토(土)	7	186	馬	말 마	화(火)	10
162	邑	고을 읍	토(土)	7	187	骨	뼈 골	금(金)	10
163	酉	닭 유	금(金)	7	188	高	높을 고	화(火)	10
164	釆	분별할 변	화(火)	7	189	髟	머리털희뜩 표	화(火)	10
165	里	마을 리	토(土)	7	190	鬥	싸울 각	금(金)	10
166	金	쇠 금, 금 금	금(金)	8	191	鬯	활집 창	목(木)	10
167	長	길 장	목(木)	8	192	鬲	막을 격	토(土)	10
168	門	문 문	목(木)	8	193	鬼	귀신 귀	화(火)	10
169	阜	언덕 부	토(土)	8	194	魚	물고기 어	수(水)	11
170	隶	미칠 이	수(水)	8	195	鳥	새 조	화(火)	11
171	隹	새 추	화(火)	8	196	鹵	염전 노	수(水)	11
172	雨	비 우	수(水)	8	197	鹿	사슴 록	토(土)	11
173	靑	푸를 청	목(木)	8	198	麥	보리 맥	목(木)	11
174	非	아닐 비	수(水)	8	199	麻	삼 마	목(木)	11
175	面	낯 면	화(火)	9	200	黃	누를 황	토(土)	12

번호	부수	부수 명칭	字源	획수
201	黍	기장 서	목(木)	12
202	黑	검을 흑	수(水)	12
203	黹	바느질할 치	목(木)	12
204	黽	힘쓸 민	토(土)	13
205	鼎	솥 정	화(火)	13
206	鼓	북 고	금(金)	13
207	鼠	쥐 서	수(水)	13
208	鼻	코 비	금(金)	14
209	齊	다스릴 제	토(土)	14
210	齒	이 치	금(金)	15
211	龍	용 용	토(土)	16
212	龜	거북 귀	수(水)	16
213	龠	피리 약	화(火)	17

3. 한자부수의 명칭 및 색인 (1차 자원오행순 및 2차 획수순 정렬)

번호	부수	부수 명칭	字源	획수	번호	부수	부수 명칭	字源	획수
1	一	한 일	목(木)	1	99	生	낳을 생	목(木)	5
2	丨	뚫을 곤	목(木)	1	108	目	눈 목	목(木)	5
3	丶	점 주	목(木)	1	112	示	보일 시	목(木)	5
5	乙	새 을	목(木)	1	101	田	밭 전	목(木)	5
7	二	두 이	목(木)	2	113	内	짐승발자국 유	목(木)	5
10	儿	어진사람 인	목(木)	2	114	禾	벼 화	목(木)	5
11	入	들 입	목(木)	2	117	竹	대나무 죽	목(木)	6
28	厶	사사 사	목(木)	2	118	米	쌀 미	목(木)	6
33	士	선비 사	목(木)	3	119	糸	가는실 사	목(木)	6
36	大	큰 대	목(木)	3	121	网	그물 망	목(木)	6
39	宀	집 면, 갓머리	목(木)	3	126	耒	쟁기 뢰	목(木)	6
44	屮	떡잎 날 철	목(木)	3	131	自	스스로 자	목(木)	6
49	巾	수건 건	목(木)	3	135	舛	어그러질 천	목(木)	6
50	干	방패 간	목(木)	3	136	舟	배 주	목(木)	6
52	广	돌집 엄	목(木)	3	139	艸	풀 초	목(木)	6
53	廴	길게 걸을 인	목(木)	3	140	虍	호피무늬 호	목(木)	6
54	廾	손 맞잡을 공	목(木)	3	144	衣	옷 의	목(木)	6
62	戶	지게문 호	목(木)	4	147	角	뿔 각	목(木)	7
63	手	손 수	목(木)	4	150	豆	콩 두, 팥 두	목(木)	7
66	文	글월 문	목(木)	4	167	長	길 장	목(木)	8
74	木	나무 목	목(木)	4	168	門	문 문	목(木)	8
87	父	아비 부	목(木)	4	173	靑	푸를 청	목(木)	8
89	爿	조각 장	목(木)	4	178	韭	부추 구	목(木)	9
90	片	조각 편	목(木)	4	181	風	바람 풍	목(木)	9
96	瓜	오이 과	목(木)	5	185	香	향기 향	목(木)	9

번호	부수	부수 명칭	字源	획수
191	鬯	활집 창	목(木)	10
198	麥	보리 맥	목(木)	11
199	麻	삼 마	목(木)	11
201	黍	기장 서	목(木)	12
203	黹	바느질할 치	목(木)	12
8	亠	돼지해밑 두	화(火)	2
9	人	사람 인	화(火)	2
25	卜	점 복	화(火)	2
47	工	공장 공	화(火)	3
56	弓	활 궁	화(火)	3
57	彐	터진가로 왈	화(火)	3
58	彡	터럭 그릴 삼	화(火)	3
59	彳	자축거릴 척	화(火)	3
60	心	마음 심	화(火)	4
67	斗	말 두	화(火)	4
71	日	해 일	화(火)	4
72	曰	가로 왈	화(火)	4
75	欠	하품할 흠	화(火)	4
80	比	비교할 비	화(火)	4
81	毛	털 모	화(火)	4
82	氏	성씨 씨	화(火)	4
85	火	불 화	화(火)	4
88	爻	형상효, 육효효	화(火)	4
94	玄	검을 현	화(火)	5
123	羽	깃 우	화(火)	6

번호	부수	부수 명칭	字源	획수
127	耳	귀 이	화(火)	6
128	聿	붓 율, 오직 율	화(火)	6
130	臣	신하 신	화(火)	6
134	舌	혀 설	화(火)	6
143	行	갈 행	화(火)	6
146	見	볼 견	화(火)	7
154	赤	붉을 적	화(火)	7
155	走	달아날 주	화(火)	7
157	身	몸 신	화(火)	7
158	車	수레 거	화(火)	7
164	釆	분별할 변	화(火)	7
171	隹	새 추	화(火)	8
175	面	낯 면	화(火)	9
180	頁	머리 혈	화(火)	9
182	飛	날 비	화(火)	9
186	馬	말 마	화(火)	10
188	高	높을 고	화(火)	10
189	髟	머리털희뜩표	화(火)	10
193	鬼	귀신 귀	화(火)	10
195	鳥	새 조	화(火)	11
205	鼎	솥 정	화(火)	13
213	龠	피리 약	화(火)	17
13	冂	멀 경	토(土)	2
19	力	힘 력	토(土)	2
22	匚	모진그릇 방	토(土)	2

번호	부수	부수 명칭	字源	획수	번호	부수	부수 명칭	字源	획수
32	土	흙 토	토(土)	3	162	邑	고을 읍	토(土)	7
37	女	계집 녀	토(土)	3	165	里	마을 리	토(土)	7
40	寸	마디 촌	토(土)	3	169	阜	언덕 부	토(土)	8
42	尢	절뚝발이 왕	토(土)	3	192	鬲	막을 격	토(土)	10
45	山	뫼산	토(土)	3	197	鹿	사슴 록	토(土)	11
48	己	몸 기	토(土)	3	200	黃	누를 황	토(土)	12
64	支	지탱할 지	토(土)	4	204	黽	힘쓸 민	토(土)	13
69	方	방위 방	토(土)	4	209	齊	다스릴 제	토(土)	14
76	止	그칠 지	토(土)	4	211	龍	용 용	토(土)	16
79	毋	말 무	토(土)	4	4	丿	삐침 별	금(金)	1
92	牛	소 우	토(土)	4	6	亅	갈고리 궐	금(金)	1
93	犬	개 견	토(土)	4	12	八	여덟 팔	금(金)	2
97	瓦	기와 와	토(土)	5	18	刀	칼 도	금(金)	2
98	甘	달 감	토(土)	5	20	勹	쌀 포	금(金)	2
102	疋	짝 필	토(土)	5	21	匕	비수 비	금(金)	2
120	缶	장군 부	토(土)	6	55	弋	취할 익	금(金)	3
122	羊	양 양	토(土)	6	61	戈	창 과	금(金)	4
124	老	늙을 노	토(土)	6	65	攴	칠 복	금(金)	4
132	至	이를 지	토(土)	6	68	斤	도끼 근	금(金)	4
133	臼	절구 구	토(土)	6	78	殳	창 수	금(金)	4
137	艮	그칠간, 간방간	토(土)	6	86	爪	손톱 조	금(金)	4
138	色	빛 색	토(土)	6	91	牙	어금니 아	금(金)	4
156	足	발 족	토(土)	7	95	玉	구슬 옥	금(金)	5
160	辰	날 신, 별 신	토(土)	7	105	白	흰 백	금(金)	5
161	辵	쉬엄쉬엄갈 착	토(土)	7	106	皮	가죽 피	금(金)	5

번호	부수	부수 명칭	字源	획수
107	皿	그릇 명	금(金)	5
109	矛	세모진 창 모	금(金)	5
110	矢	화살 시	금(金)	5
111	石	돌 석	금(金)	5
116	立	설 립	금(金)	5
145	襾	덮을 아	금(金)	6
148	言	말씀 언	금(金)	7
153	貝	조개 패	금(金)	7
159	辛	매울 신	금(金)	7
163	酉	닭 유	금(金)	7
166	金	쇠 금, 금 금	금(金)	8
176	革	가죽 혁	금(金)	9
177	韋	다룬 가죽 위	금(金)	9
179	音	소리 음	금(金)	9
187	骨	뼈 골	금(金)	10
190	鬥	싸울 각	금(金)	10
206	鼓	북 고	금(金)	13
208	鼻	코 비	금(金)	14
210	齒	이 치	금(金)	15
14	冖	덮을 멱	수(水)	2
15	冫	얼음 빙	수(水)	2
16	几	안석 궤	수(水)	2
17	凵	입 벌릴 감	수(水)	2
23	匸	감출 혜	수(水)	2
24	十	열 십	수(水)	2

번호	부수	부수 명칭	字源	획수
26	卩	병부 절	수(水)	2
27	厂	굴바위 엄	수(水)	2
29	又	또 우	수(水)	2
30	口	입 구	수(水)	3
31	囗	나라 국	수(水)	3
34	夂	뒤에 올 치	수(水)	3
35	夕	저녁 석	수(水)	3
38	子	아들 자	수(水)	3
41	小	작을 소	수(水)	3
43	尸	주검 시	수(水)	3
46	巛	시내 천	수(水)	3
51	幺	작을 요	수(水)	3
70	无	없을 무	수(水)	4
73	月	달 월	수(水)	4
77	歹	살바른 뼈 알	수(水)	4
83	气	기운 기	수(水)	4
84	水	물 수	수(水)	4
100	用	쓸 용	수(水)	5
103	疒	병들어기댈 역	수(水)	5
104	癶	걸을 발	수(水)	5
115	穴	구멍 혈	수(水)	5
125	而	말 이을 이	수(水)	6
129	肉	고기 육, 살 육	수(水)	6
141	虫	벌레 충	수(水)	6
142	血	피 혈	수(水)	6

번호	부수	부수 명칭	字源	획수	번호	부수	부수 명칭	字源	획수
149	谷	골짜기 곡	수(水)	7	184	首	머리 수	수(水)	9
151	豕	돼지 시	수(水)	7	194	魚	물고기 어	수(水)	11
152	豸	발없는 벌레 치	수(水)	7	196	鹵	염전 노	수(水)	11
170	隶	미칠 이	수(水)	8	202	黑	검을 흑	수(水)	12
172	雨	비 우	수(水)	8	207	鼠	쥐 서	수(水)	13
174	非	아닐 비	수(水)	8	212	龜	거북 귀	수(水)	16
183	食	밥 식	수(水)	9					

11

대한민국 성씨에 사용되는 한자

기준 : 의획, 성씨에만 적용

姓名學

글자		글자		획수			음령오행		부수		글자의 의미
		음양	오행	획수	음양	오행	초성	종성	부수	오행	
가	賈	陽	金	13	陽	火	木	-	貝	金	값, 상업, 상인
가	價	陰	火	15	陽	土	木	-	人	火	값, 값있을
간	干	陽	木	3	陽	火	木	火	干	木	방패, 방어할, 범할
간	竿	中	木	9	陽	水	木	火	竹	木	장대, 죽순
간	簡	中	木	18	陰	金	木	火	竹	木	대쪽, 책, 편지
갈	渴	陰	水	13	陽	火	木	火	水	水	목마를, 갈증
갈	碣	陰	金	14	陰	火	木	火	石	金	비, 돌을 세울
갈	葛	陽	木	15	陽	土	木	火	艸	木	칡, 덩굴, 거친 베
감	甘	陽	土	5	陽	土	木	水	甘	土	달, 맛이 있을
강	江	陰	水	7	陽	金	木	土	水	水	강, 큰 내
강	姜	陽	土	9	陽	水	木	土	女	土	성(姓), 굳셀
강	剛	陰	金	10	陰	水	木	土	刀	金	단단할, 굳셀, 성할
강	康	陽	木	11	陽	木	木	土	广	木	편안할, 즐거워할
강	强	陰	火	12	陰	木	木	土	弓	火	굳셀, 성할, 세찰, 강할
강	彊	陰	火	16	陰	土	木	土	弓	火	굳셀
개	介	陽	火	4	陰	火	木	-	人	火	끼일, 갑옷, 딱지, 클
개	蓋	陽	木	16	陰	土	木	-	艸	木	덮을, 대개, 가릴
거	巨	陽	火	5	陽	土	木	-	工	火	클, 많을, 거칠
건	乾	陰	木	11	陽	木	木	火	乙	木	하늘, 괘이름, 임금
건	騫	陽	火	20	陰	水	木	火	馬	火	이지러질, 손상할
견	見	陽	火	7	陽	金	木	火	見	火	볼, 눈으로 볼
견	堅	中	土	11	陽	木	木	火	土	土	굳을, 튼튼하게
견	甄	陰	土	14	陰	火	木	火	瓦	土	질그릇, 가마
결	決	陰	水	8	陰	金	木	火	水	水	터질, 결단할, 끊을
경	庚	陽	木	8	陰	金	木	土	广	木	일곱째 천간, 나이
경	京	陽	火	8	陰	金	木	土	亠	火	서울, 클, 높을
경	耿	陰	火	10	陰	水	木	土	耳	火	빛날, 비출, 명백함
경	景	陽	火	12	陰	木	木	土	日	火	볕, 빛, 햇살, 태양
경	敬	陰	金	13	陽	火	木	土	攴	金	공경할, 정중할
경	慶	陽	火	15	陽	土	木	土	心	火	경사, 축하할, 상

글자		글자		획수			음령오행		부수		글자의 의미
		음양	오행	획수	음양	오행	초성	종성	부수	오행	
계	季	陽	水	8	陰	金	木	-	子	水	끝, 막내, 말년
계	桂	陰	木	10	陰	水	木	-	木	木	계수나무, 월계수
계	啓	中	水	11	陽	木	木	-	口	水	열, 가르칠, 인도할
계	溪	陰	水	14	陰	火	木	-	水	水	시내, 시냇물, 텅빈
고	固	陽	水	8	陰	金	木	-	囗	水	굳을, 단단할, 수비
고	高	陽	火	10	陰	水	木	-	高	火	높을, 높아질, 뽐낼
고	顧	陰	火	21	陽	木	木	-	頁	火	돌아볼, 응시할
곡	曲	陽	火	6	陰	土	木	木	曰	火	굽을, 휠, 굽힐
곡	谷	中	水	7	陽	金	木	木	谷	水	골, 골짜기, 홈
골	骨	陽	金	10	陰	水	木	火	骨	金	뼈, 굳을, 강직할
공	公	陽	金	4	陰	火	木	土	八	金	공변될, 공적, 벼슬, 관청
공	孔	陰	水	4	陰	火	木	土	子	水	구멍, 매우, 성(姓)
공	功	陰	土	5	陽	土	木	土	力	土	공, 공로, 보람
공	空	陽	水	8	陰	金	木	土	穴	水	빌, 다할, 없을, 하늘
공	貢	陽	金	10	陰	水	木	土	貝	金	바칠, 공물, 천거할
공	恭	陽	火	10	陰	水	木	土	心	火	공손할, 삼갈
과	瓜	陽	木	5	陽	土	木	-	瓜	木	오이, 모과
곽	郭	陰	土	15	陽	土	木	木	邑	土	성곽, 둘레
관	官	陽	木	8	陰	金	木	火	宀	木	벼슬, 벼슬아치, 관청
관	寬	陽	木	15	陽	土	木	火	宀	木	너그러울, 넓을
광	光	陽	木	6	陰	土	木	土	儿	木	빛, 빛날, 광택
광	廣	陽	木	15	陽	土	木	土	广	木	넓을, 넓힐, 넓어질
괴	傀	陰	火	12	陰	木	木	-	人	火	클, 성할, 좋을
구	仇	陰	火	4	陰	火	木	-	人	火	원수, 원망할, 짝
구	丘	陽	木	5	陽	土	木	-	一	木	언덕, 무덤, 모을
구	具	陽	金	8	陰	金	木	-	八	金	갖출, 온전할, 설비
구	邱	陰	土	12	陰	木	木	-	邑	土	땅이름, 언덕
국	國	陽	水	11	陽	木	木	木	囗	水	나라, 서울, 고향
국	菊	陽	木	14	陰	火	木	木	艸	木	국화, 대국
국	鞠	陰	金	17	陽	金	木	木	革	金	공, 축국, 궁할

글자		글자		획수			음령오행		부수		글자의 의미
		음양	오행	획수	음양	오행	초성	종성	부수	오행	
군	君	陽	水	7	陽	金	木	火	口	水	임금, 아버지, 세자
궁	弓	陽	火	3	陽	火	木	土	弓	火	활, 궁술
궁	宮	陽	木	10	陰	水	木	土	宀	木	집, 담, 장원, 두를
권	權	陰	木	22	陰	木	木	火	木	木	저울추, 저울
귀	歸	陰	土	18	陰	金	木	-	止	土	돌아갈, 돌아올
규	圭	陽	土	6	陰	土	木	-	土	土	홀, 모, 모서리
극	克	陽	木	7	陽	金	木	木	儿	木	이길, 능할, 능히
근	斤	陽	金	4	陰	火	木	火	斤	金	도끼, 벨, 나무 벨, 근
금	衿	陰	木	10	陰	水	木	水	衣	木	옷깃, 옷고름, 맬
금	琴	中	金	13	陽	火	木	水	玉	金	거문고
기	奇	陽	木	8	陰	金	木	-	大	木	기이할, 뛰어날
기	紀	陰	木	9	陽	水	木	-	糸	木	벼리, 실마리
기	祈	陰	木	9	陽	水	木	-	示	木	빌, 구할, 고할
기	起	陽	火	10	陰	水	木	-	走	火	일어날, 날아오를
기	箕	中	木	14	陰	火	木	-	竹	木	키, 쓰레받기
길	吉	陽	水	6	陰	土	木	火	口	水	길할, 좋을, 이로울
김	金	陽	金	8	陰	金	木	水	金	金	성(姓), 쇠, 황금
나	那	陰	土	11	陽	木	火	-	邑	土	어찌, 어떻게
나	羅	中	木	20	陰	水	火	-	网	木	새그물, 벌릴
나	邏	中	土	26	陰	土	火	-	辵	土	순행할, 순라
남	南	陽	水	9	陽	水	火	水	十	水	남녘, 남쪽으로 갈
낭	浪	陰	水	11	陽	木	火	土	水	水	물결, 파도, 방자할
내	乃	陽	金	2	陰	木	火	-	丿	金	이에, 너, 접때
내	奈	陽	木	8	陰	金	火	-	大	木	어찌, 어찌할꼬
녕	寗	陽	木	13	陽	火	火	土	宀	木	차라리, 소원
노	路	陰	土	13	陽	火	火	-	足	土	길, 거쳐 가는 길
노	魯	陽	水	15	陽	土	火	-	魚	水	노둔할, 나라이름, 성(姓)
노	盧	陽	金	16	陰	土	火	-	皿	金	밥그릇, 화로, 성(姓)
농	濃	陰	水	17	陽	金	火	土	水	水	짙을, 우거질
능	能	陰	水	12	陰	木	火	土	肉	水	능할, 잘할, 미칠

글자		글자		획수			음령오행		부수		글자의 의미
		음양	오행	획수	음양	오행	초성	종성	부수	오행	
단	段	陰	金	9	陽	水	火	火	殳	金	구분, 갈림, 조각
단	單	中	水	12	陰	木	火	火	口	水	홀로, 오직, 외로울
단	端	陰	金	14	陰	火	火	火	立	金	바를, 곧을, 끝
당	唐	陽	水	10	陰	水	火	土	口	水	당나라, 저촉될
대	大	陽	木	3	陽	火	火	-	大	木	큰, 넓을, 두루
대	對	陰	土	14	陰	火	火	-	寸	土	대답할, 대할, 상대
대	戴	陽	金	18	陰	金	火	-	戈	金	일, 올려놓을, 느낄
덕	德	陰	火	15	陽	土	火	木	彳	火	덕, 행위, 어진 이, 큰
도	道	陽	土	16	陰	土	火	-	辵	土	길, 이치, 근원
도	陶	陰	土	16	陰	土	火	-	阜	土	질그릇, 옹기장이
도	都	陰	土	16	陰	土	火	-	邑	土	도읍, 서울
독	獨	陰	土	17	陽	金	火	木	犬	土	홀로, 홀몸, 홀어미
돈	豚	陰	水	11	陽	木	火	火	豕	水	돼지, 복, 복어
돈	敦	陰	金	12	陰	木	火	火	攴	金	도타울, 노력할
돈	頓	陰	火	13	陽	火	火	火	頁	火	조아릴, 넘어질
동	東	陽	木	8	陰	金	火	土	木	木	동녘, 동쪽
동	童	陽	金	12	陰	木	火	土	立	金	아이, 어리석을
동	董	陽	木	15	陽	土	火	土	艸	木	동독할, 감독할, 바로잡을
두	斗	陽	火	4	陰	火	火	-	斗	火	말, 용량의 단위
두	杜	陰	木	7	陽	金	火	-	木	木	팥배나무, 막을, 성(姓)
둔	屯	陽	木	4	陰	火	火	火	屮	木	진 칠, 주둔군
등	登	中	水	12	陰	木	火	土	癶	水	오를, 지위에 오를
랑	浪	陰	水	11	陽	木	火	土	水	水	물결, 파도, 방자할
래	來	陽	火	8	陰	金	火	-	人	火	올, 장래, 부를
량	良	陽	土	7	陽	金	火	土	艮	土	좋을, 어질, 뛰어날
력	力	陽	土	2	陰	木	火	木	力	土	힘, 힘쓸
렬	列	陰	金	6	陰	土	火	火	刀	金	줄, 벌일, 베풀
령	令	陽	火	5	陽	土	火	土	人	火	영, 우두머리, 좋을, 하여금
례	禮	陰	木	18	陰	金	火	-	示	木	예도, 예절, 폐백
로	路	陰	土	13	陽	火	火	-	足	土	길, 거쳐 가는 길

글자		글자		획수			음령오행		부수		글자의 의미
		음양	오행	획수	음양	오행	초성	종성	부수	오행	
로	蘆	陽	木	22	陰	木	火	-	艸	木	갈대, 냉이의 뿌리
록	綠	陰	木	14	陰	火	火	木	糸	木	초록빛
뢰	雷	陽	水	13	陽	火	火	-	雨	水	우레, 천둥
뢰	賴	陰	金	16	陰	土	火	-	貝	金	힘입을, 의뢰할
류	柳	陰	木	9	陽	水	火	-	木	木	버들, 버드나무
륙	六	陽	金	6	陰	土	火	木	八	金	여섯, 여섯번
률	律	陰	火	9	陽	水	火	火	彳	火	법, 법령, 지위
리	李	陽	木	7	陽	金	火	-	木	木	자두나무, 오얏나무, 성(姓)
리	離	陰	火	19	陽	水	火	-	隹	火	떼놓을, 끊을, 나눌, 떠날
마	馬	陽	火	10	陰	水	水	-	馬	火	말, 산가지
마	麻	中	木	11	陽	木	水	-	麻	木	삼, 삼실, 삼베
만	萬	陽	木	15	陽	土	水	火	艸	木	일만, 다수, 클
매	梅	陰	木	11	陽	木	水	-	木	木	매화나무, 장마
맹	孟	陽	水	8	陰	金	水	土	子	水	맏, 맏이, 처음, 첫
명	明	陰	火	8	陰	金	水	土	日	火	밝을, 밝힐, 밝게
모	毛	陽	水	4	陰	火	水	-	毛	火	털, 가벼울
모	牟	陽	土	6	陰	土	水	-	牛	土	소가 우는 소리, 클
목	木	陽	木	4	陰	火	水	木	木	木	나무, 오행의 첫째
목	睦	陰	木	13	陽	火	水	木	目	木	화목할, 공손할
몽	夢	陽	水	14	陰	火	水	土	夕	水	꿈, 꿈꿀, 환상
묘	苗	陽	木	11	陽	木	水	-	艸	木	모, 싹, 이을
묵	墨	陽	土	15	陽	土	水	木	土	土	먹, 형벌이름, 검을
문	文	陽	木	4	陰	火	水	火	文	木	무늬, 채색, 얼룩, 글월
문	門	陰	木	8	陰	金	水	火	門	木	문, 출입문, 문간, 집안
물	物	陰	土	8	陰	金	水	火	牛	土	만물, 일, 무리, 종류
미	米	陽	木	6	陰	土	水	-	米	木	쌀, 나라이름
미	彌	陰	火	17	陽	金	水	-	弓	火	두루, 널리, 오랠, 그칠
민	閔	中	木	12	陰	木	水	火	門	木	위문할, 마음 아파할, 걱정할
박	朴	陰	木	6	陰	土	水	木	木	木	후박나무, 순박할, 성(姓)
반	般	陰	木	10	陰	水	水	火	舟	木	돌, 돌릴, 옮길, 일반, 오랠

글자		글자		획수			음령오행		부수		글자의 의미
		음양	오행	획수	음양	오행	초성	종성	부수	오행	
반	班	陰	金	11	陽	木	水	火	玉	金	나눌, 반포할, 석차를 정할
반	潘	陰	水	16	陰	土	水	火	水	水	뜨물, 소용돌이. 성(姓)
방	方	陽	土	4	陰	火	水	土	方	土	모, 각, 방향, 방위
방	房	陽	木	8	陰	金	水	土	戶	木	방, 집, 28수중의 하나
방	芳	陽	木	10	陰	水	水	土	艸	木	꽃다울, 향기, 이름 빛날
방	旁	陽	土	10	陰	水	水	土	方	土	두루, 널리, 곁, 가까울
방	邦	陰	土	11	陽	木	水	土	邑	土	나라, 서울, 수도
방	龐	中	土	19	陽	水	水	土	龍	土	클, 높을, 성(姓)
배	裵	中	木	14	陰	火	水	-	衣	木	옷 치렁치렁할, 성(姓), 노닐
백	白	陽	金	5	陽	土	水	木	白	金	흰, 흰빛, 날이 샐
백	栢	陰	木	10	陰	水	水	木	木	木	나무이름, 잣나무
범	凡	陽	水	3	陽	火	水	水	几	水	무릇, 모두, 다
범	汎	陰	水	7	陽	金	水	水	水	水	둥둥 뜰, 물위에 뜰, 가벼울
범	泛	陰	水	8	陰	金	水	水	水	水	뜰, 물을 부을, 띄울
범	范	中	木	11	陽	木	水	水	艸	木	풀이름, 벌, 벌풀
변	卞	陽	火	4	陰	火	水	火	卜	火	조급할, 법, 맨손으로 칠
변	邊	陽	土	22	陽	木	水	火	辵	土	가장자리, 국경, 한계, 근처
별	別	陰	金	7	陽	金	水	火	刀	金	나눌, 헤어질, 다를
보	甫	陽	水	7	陽	金	水	-	用	水	클, 아무개, 사나이
복	卜	陽	火	2	陰	木	水	木	卜	火	점, 점칠, 길흉을 알아낼
봉	奉	陽	木	8	陰	金	水	土	大	木	받들, 기를, 도울
봉	鳳	陽	火	14	陰	火	水	土	鳥	火	봉새, 봉황새
부	夫	陽	木	4	陰	火	水	-	大	木	지아비, 사나이, 장정
부	斧	陽	金	8	陰	金	水	-	斤	金	도끼, 벨, 도끼로 벨
부	傅	陰	火	12	陰	木	水	-	人	火	스승, 후견인, 시중 들
부	附	陰	土	13	陽	火	水	-	阜	土	붙을, 기댈, 의지할, 따를
부	部	陰	土	15	陽	土	水	-	邑	土	거느릴, 나눌, 분류, 떼
북	北	陰	金	5	陽	土	水	木	匕	金	북녘, 달아날, 북쪽으로 갈
비	丕	陽	木	5	陽	土	水	-	一	木	클, 으뜸, 받들
비	卑	陽	土	8	陰	金	水	-	十	水	낮을, 천할, 저속할

글자		글자		획수			음령오행		부수		글자의 의미
		음양	오행	획수	음양	오행	초성	종성	부수	오행	
빈	彬	陰	火	11	陽	木	水	火	彡	火	빛날, 밝을, 무늬가 또렷한
빈	賓	陽	金	14	陰	火	水	火	貝	金	손님, 손님으로 묵을
빙	氷	陰	水	5	陽	土	水	土	水	水	얼음, 얼, 굳은 기름
사	史	陽	水	5	陽	土	金	-	口	水	역사, 사관, 기록된 문서
사	沙	陰	水	8	陰	金	金	-	水	水	모래, 사막, 모래가 날
사	舍	陽	火	8	陰	金	金	-	舌	火	집, 관청
사	思	陽	火	9	陽	水	金	-	心	火	생각할, 생각, 마음, 뜻
사	謝	陰	金	17	陽	金	金	-	言	金	사례할, 물러날, 용서를 빌
삭	削	陰	金	9	陽	水	金	木	刀	金	깎을, 범할, 해칠
산	山	陽	土	3	陽	火	金	火	山	土	뫼, 산, 무덤, 산신
삼	森	中	木	12	陰	木	金	水	木	木	나무 빽빽할, 우뚝 솟을
상	尙	陽	水	8	陰	金	金	土	小	水	오히려, 바랄, 숭상할
상	相	陰	木	9	陽	水	金	土	目	木	서로, 볼, 바탕, 자세히 볼
상	桑	中	木	10	陰	水	金	土	木	木	뽕나무, 뽕잎을 딸
상	常	陽	木	11	陽	木	金	土	巾	木	항상, 법, 불변의 도
상	象	陽	水	12	陰	木	金	土	豕	水	코끼리, 상아, 그림, 모양
상	嘗	陽	水	14	陰	火	金	土	口	水	맛볼, 시험할, 시험 삼아
색	索	陽	木	10	陰	水	金	木	糸	木	찾을, 선택할, 가릴
서	西	陽	金	6	陰	土	金	-	襾	金	서녘, 서쪽, 서쪽으로 갈
서	徐	陰	火	10	陰	水	金	-	彳	火	천천히, 평온할, 모두
서	書	陽	火	10	陰	水	金	-	曰	火	쓸, 글씨를 쓸, 기록할, 글
석	石	陽	金	5	陽	土	金	木	石	金	돌, 비석, 돌로 만든 악기
석	昔	陽	火	8	陰	金	金	木	日	火	예, 옛날, 오래될, 앞서
석	席	陽	木	10	陰	水	金	木	巾	木	자리, 깔, 앉음새
석	碩	陰	金	14	陰	火	金	木	石	金	클, 가득 찰, 머리가 클
석	釋	陰	火	20	陰	水	金	木	釆	火	풀, 풀릴, 내버릴, 해석할
선	先	陽	木	6	陰	土	金	火	儿	木	먼저, 나아갈, 옛날
선	宣	陽	木	9	陽	水	金	火	宀	木	베풀, 펼, 공포할
선	善	陽	水	12	陰	木	金	火	口	水	착할, 높을, 많을
선	鮮	陰	水	17	陽	金	金	火	魚	水	고울, 뚜렷할, 깨끗할

글자		글자		획수			음령오행		부수		글자의 의미
		음양	오행	획수	음양	오행	초성	종성	부수	오행	
설	薛	中	木	19	陽	水	金	火	艸	木	맑은 대쑥, 향부자
섭	葉	陽	木	15	陽	土	金	水	艸	木	성, 가지, 후손, 잎
섭	攝	陰	木	22	陰	木	金	水	手	木	당길, 끌어당길, 굳게 지킬
성	成	陽	金	7	陽	金	金	土	戈	金	이룰, 이루어질, 정하여질
성	星	陽	火	9	陽	水	金	土	日	火	별, 28수를 의미
소	召	陽	水	5	陽	土	金	-	口	水	부를, 부름
소	素	陽	木	10	陰	水	金	-	糸	木	흴, 흰빛
소	邵	陰	土	12	陰	木	金	-	邑	土	고을이름
소	逍	陽	土	14	陰	火	金	-	辵	土	거닐, 노닐
소	蘇	中	木	22	陰	木	金	-	艸	木	차조기, 들깨, 깨어날
손	孫	陰	水	10	陰	水	金	火	子	水	손자, 자손, 후손, 새싹
송	宋	陽	木	7	陽	金	金	土	宀	木	송나라
송	松	陰	木	8	陰	金	金	土	木	木	소나무
수	水	陽	水	4	陰	火	金	-	水	水	물, 홍수, 오행의 하나
수	守	陽	木	6	陰	土	金	-	宀	木	지킬, 직무, 정조, 지조
수	洙	陰	水	10	陰	水	金	-	水	水	강이름
수	壽	陽	土	14	陰	火	金	-	士	木	목숨, 수명, 장수할
수	輸	陰	火	16	陰	土	金	-	車	火	나를, 옮길, 통보할, 보낼
수	隨	陰	土	21	陽	木	金	-	阜	土	따를, 근거할, 좇을, 허락할
순	荀	陽	木	12	陰	木	金	火	艸	木	풀이름
순	舜	中	木	12	陰	木	金	火	舛	木	순임금, 무궁화, 뛰어날
순	淳	陰	水	12	陰	木	金	火	水	水	순박할, 인정이 도타울
순	順	陰	火	12	陰	木	金	火	頁	火	순할, 좇을, 도리를 따를
승	承	陰	木	8	陰	金	金	土	手	木	받들, 공경할, 이을, 계승할
승	昇	陽	火	8	陰	金	金	土	日	火	오를, 해 떠오를, 지위 오를
승	乘	陽	金	10	陰	水	金	土	ノ	金	탈, 오를, 업신여길
승	勝	陰	土	12	陰	木	金	土	力	土	이길, 뛰어날
승	僧	陰	火	14	陰	火	金	土	人	火	중, 스님
시	柴	中	木	9	陽	水	金	-	木	木	섶, 왜소한 잡목, 거칠
시	施	陰	土	9	陽	水	金	-	方	土	베풀, 퍼질, 행할

글자		글자		획수			음령오행		부수		글자의 의미
		음양	오행	획수	음양	오행	초성	종성	부수	오행	
시	時	陰	火	10	陰	水	金	-	日	火	때, 때맞출, 때 어기지 않을
신	申	陽	木	5	陽	土	金	火	田	木	9번째 지지, 납, 거듭할
신	辛	陽	金	7	陽	金	金	火	辛	金	매울, 고생할, 매운맛, 살상할
신	信	陰	火	9	陽	水	金	火	人	火	믿을, 분명히 할, 진실
신	新	陰	金	13	陽	火	金	火	斤	金	새, 새로운, 처음, 새롭게
신	莘	陽	木	13	陽	火	金	火	艸	木	세신, 많을, 나라이름
신	愼	陰	火	14	陰	火	金	火	心	火	삼갈, 진실로, 이룰
실	實	陽	木	14	陰	火	金	火	宀	木	열매, 가득 찰, 곡식이 익을
심	沈	陰	水	8	陰	金	金	水	水	水	가라앉을, 빠질, 잠길, 즙낼
심	尋	中	土	12	陰	木	金	水	寸	土	찾을, 생각할, 평소, 보통
쌍	雙	中	火	18	陰	金	金	土	隹	火	쌍, 짝이 될
아	阿	陰	土	13	陽	火	土	-	阜	土	언덕, 산비탈, 구석
악	岳	陽	土	8	陰	金	土	木	山	土	큰 산
안	安	陽	木	6	陰	土	土	火	宀	木	편안할, 즐길, 좋아할
안	晏	陽	火	10	陰	水	土	火	日	火	늦을, 시간이 늦을, 편안할
앙	仰	陰	火	6	陰	土	土	土	人	火	우러를, 믿을, 따를
애	艾	陽	木	8	陰	金	土	-	艸	木	쑥, 뜸쑥, 쑥빛, 창백한
야	夜	中	水	8	陰	金	土	-	夕	水	밤, 성(姓)
양	良	陽	土	7	陽	金	土	土	艮	土	좋을, 어질, 뛰어날
양	梁	中	木	11	陽	木	土	土	木	木	들보, 징검다리
양	楊	陰	木	13	陽	火	土	土	木	木	버들, 버드나무
양	樑	陰	木	15	陽	土	土	土	木	木	들보, 대들보
양	樣	陰	木	15	陽	土	土	土	木	木	모양, 형상, 본보기, 모범
양	襄	中	木	17	陽	金	土	土	衣	木	도울, 조력할, 오를, 우러를
양	陽	陰	土	17	陽	金	土	土	阜	土	볕, 양지, 양기, 밝을
어	於	陰	土	8	陰	金	土	-	方	土	어조사, ~에, ~보다, ~에게
어	魚	陽	水	11	陽	木	土	-	魚	水	고기, 물고기
엄	嚴	中	水	20	陰	水	土	水	口	水	엄할, 급할, 혹독할, 임박할
여	汝	陰	水	7	陽	金	土	-	水	水	너, 2인칭 대명사
여	呂	陽	水	7	陽	金	土	-	口	水	음률, 등뼈, 땅이름

글자		글자		획수			음령오행		부수		글자의 의미
		음양	오행	획수	음양	오행	초성	종성	부수	오행	
여	余	陽	火	7	陽	金	土	-	人	火	나, 자신, 나머지
연	延	陽	木	7	陽	金	土	火	廴	木	끌, 끌어들일, 맞을, 이끌
연	涓	陰	水	11	陽	木	土	火	水	水	시내, 물방울, 미소한 것
연	連	陽	土	14	陰	火	土	火	辵	土	잇닿을, 이어질, 이을
연	燕	中	火	16	陰	土	土	火	火	火	제비, 잔치, 편안할
염	廉	陽	木	13	陽	火	土	水	广	木	청렴할, 검소할
염	閻	中	木	16	陰	土	土	水	門	木	한길, 번화한 거리, 열
염	濂	陰	水	17	陽	金	土	水	水	水	내 이름, 경박할
엽	葉	陽	木	15	陽	土	土	水	艸	木	잎사귀, 잎, 뽕나무
영	永	陰	水	5	陽	土	土	土	水	水	길, 오랠, 오래되게 할, 멀
영	泳	陰	水	9	陽	水	土	土	水	水	헤엄칠
영	英	陽	木	11	陽	木	土	土	艸	木	꽃부리, 영웅, 꽃잎, 꽃장식
영	榮	中	木	14	陰	火	土	土	木	木	꽃, 꽃이 필, 영화, 영달
영	影	陰	火	15	陽	土	土	土	彡	火	그림자, 모습, 초상, 화상
예	芮	陽	木	10	陰	水	土	-	艸	木	풀 뾰족할, 물가, 성(姓)
예	倪	陰	火	10	陰	水	土	-	人	火	어린이, 흘겨볼
예	藝	中	木	21	陽	木	土	-	艸	木	심을, 재주, 글, 극진할
오	午	陽	水	4	陰	火	土	-	十	水	낮, 교착할, 거스를, 7째 지지
오	伍	陰	火	6	陰	土	土	-	人	火	대오, 조, 섞일, 다섯 사람
오	吳	陽	水	7	陽	金	土	-	口	水	오나라, 떠들썩할
오	吾	陽	水	7	陽	金	土	-	口	水	나, 자신, 당신, 그대
옥	玉	陽	金	5	陽	土	土	木	玉	金	옥, 구슬, 옥같이 여길
온	溫	陰	水	14	陰	火	土	火	水	水	따뜻할, 순수할, 원만할
옹	邕	中	土	10	陰	水	土	土	邑	土	화할, 화목할, 막을
옹	翁	中	火	10	陰	水	土	土	羽	火	늙은이, 아버지, 목털
옹	雍	中	火	13	陽	火	土	土	隹	火	누그러질, 온화해질, 화할
왕	王	陽	金	5	陽	土	土	土	玉	金	임금, 제후
요	要	陽	金	9	陽	水	土	-	襾	金	구할, 요구할, 중요할, 원할
요	姚	陰	土	9	陽	水	土	-	女	土	예쁠, 멀, 성(姓)
요	堯	中	土	12	陰	木	土	-	土	土	요임금, 높을, 멀

글자		글자		획수			음령오행		부수		글자의 의미
		음양	오행	획수	음양	오행	초성	종성	부수	오행	
용	龍	陰	土	16	陰	土	土	土	龍	土	용, 임금
우	于	陽	木	3	陽	火	土	-	二	木	어조사, 갈, 할, 행할
우	牛	陽	土	4	陰	火	土	-	牛	土	소, 무릅쓸, 견우성
우	羽	陰	火	6	陰	土	土	-	羽	火	깃, 날개, 조류, 새
우	禹	陽	木	9	陽	水	土	-	禸	木	하우씨, 벌레, 도울
우	祐	陰	木	10	陰	水	土	-	示	木	도울, 행복, 복
우	遇	陽	土	16	陰	土	土	-	辵	土	만날, 우연히 만날, 때를 만날
욱	郁	陰	土	13	陽	火	土	木	邑	土	성할, 향기로울, 문채가 날
운	芸	陽	木	10	陰	水	土	火	艸	木	향풀, 더부룩할, 채소이름
운	雲	陽	水	12	陰	木	土	火	雨	水	구름, 습기
원	元	陽	木	4	陰	火	土	火	儿	木	으뜸, 근본, 근원
원	袁	陽	木	10	陰	水	土	火	衣	木	옷이 길, 옷이 치렁거릴
원	原	陽	水	10	陰	水	土	火	厂	水	근원, 들, 벌판, 용서할
원	員	陽	水	10	陰	水	土	火	口	水	수효, 사람, 둥글
위	位	陰	火	7	陽	金	土	-	人	火	자리, 품위, 자리잡을
위	韋	陽	金	9	陽	水	土	-	韋	金	무두질한 가죽, 부드러운
위	尉	陰	土	11	陽	木	土	-	寸	土	벼슬, 위로할, 주름을 펼
위	魏	陰	火	18	陰	金	土	-	鬼	火	나라이름, 대궐, 높을
유	有	陽	水	6	陰	土	土	-	月	水	있을, 존재할, 넉넉할, 소유물
유	柳	陰	木	9	陽	水	土	-	木	木	버들, 버드나무
유	兪	中	火	9	陽	水	土	-	人	火	점점, 그러할, 대답할
유	庾	陽	木	12	陰	木	土	-	广	木	곳집, 노적가리
유	劉	陰	金	15	陽	土	土	-	刀	金	죽일, 베풀, 이길
육	陸	陰	土	16	陰	土	土	木	阜	土	뭍, 육지, 언덕
윤	尹	陽	水	4	陰	火	土	火	尸	水	다스릴, 벼슬아치, 장관
은	殷	陰	金	10	陰	水	土	火	殳	金	성할, 많을, 클
은	恩	陽	火	10	陰	水	土	火	心	火	은혜, 사랑할, 예쁘게 여길
을	乙	陽	木	1	陽	木	土	火	乙	木	새, 십간의 둘째, 굽을
음	陰	陰	土	16	陰	土	土	水	阜	土	응달, 음, 습기, 그늘
응	應	中	火	17	陽	金	土	土	心	火	응할, 받을, 응당 ~하여야 할

글자		글자		획수			음령오행		부수		글자의 의미
		음양	오행	획수	음양	오행	초성	종성	부수	오행	
이	伊	陰	火	6	陰	土	土	-	人	火	저, 그, 이, 어조사
이	李	陽	木	7	陽	金	土	-	木	木	자두나무, 오얏나무, 성(姓)
이	異	陽	木	12	陰	木	土	-	田	木	다를, 딴 것, 기이할, 뛰어날
익	益	陽	金	10	陰	水	土	木	皿	金	더할, 유익할, 증가할
익	翌	中	火	11	陽	木	土	木	羽	火	다음날, 이튿날, 도울
인	仁	陰	火	4	陰	火	土	火	人	火	어질, 만물을 낳을, 자애로운
인	印	陰	水	6	陰	土	土	火	卩	水	도장, 찍을, 찍힐
일	日	陽	火	4	陰	火	土	火	日	火	해, 태양, 햇빛, 햇볕, 날
임	任	陰	火	6	陰	土	土	水	人	火	맡길, 마음대로
임	林	陰	木	8	陰	金	土	水	木	木	수풀, 숲
자	慈	中	火	14	陰	火	金	-	心	火	사랑할, 자애로울, 어머니
장	庄	陽	木	6	陰	土	金	土	广	木	농막, 전장, 평평할
장	章	陽	金	11	陽	木	金	土	立	金	글, 문장, 악곡의 절
장	將	陰	土	11	陽	木	金	土	寸	土	장차, 어찌, ~하려 한다, 장수
장	張	陰	火	11	陽	木	金	土	弓	火	베풀, 넓힐, 맬, 크게 할
장	場	陰	土	12	陰	木	金	土	土	土	마당, 시험장
장	莊	中	木	13	陽	火	金	土	艸	木	성할, 씩씩할, 별장, 엄숙할
장	蔣	中	木	17	陽	金	金	土	艸	木	줄, 격려할, 자리, 깔개
재	才	陽	木	4	陰	火	金	-	手	木	재주, 재능 있는, 기본, 근본
적	狄	陰	土	8	陰	金	金	木	犬	土	오랑캐, 악공, 낮은 관리
전	田	陽	木	5	陽	土	金	火	田	木	밭, 경지구획, 심을
전	全	陽	木	6	陰	土	金	火	入	木	완전할, 모두, 흠이 없는
전	專	陽	土	11	陽	木	金	火	寸	土	오로지, 마음대로, 순수할
전	錢	陰	金	16	陰	土	金	火	金	金	돈, 가래
점	点	陽	火	9	陽	水	金	水	火	火	점, 문자의 말소, 셀, 점검할
정	丁	陽	木	2	陰	木	金	土	一	木	넷째천간, 당할, 성할
정	井	陽	木	4	陰	火	金	土	二	木	우물, 정자형
정	廷	陽	木	7	陽	金	金	土	廴	木	조정, 관청, 공정할, 공변될
정	貞	陽	金	9	陽	水	金	土	貝	金	곧을, 정할, 인정할, 절개
정	程	陰	木	12	陰	木	金	土	禾	木	길이 단위, 법, 법도, 헤아릴

글자		글자		획수			음령오행		부수		글자의 의미
		음양	오행	획수	음양	오행	초성	종성	부수	오행	
정	鄭	陰	土	19	陽	水	金	土	邑	土	나라이름, 겹칠
제	堤	陰	土	12	陰	木	金	-	土	土	둑, 제방, 둑을 쌓을
제	諸	陰	金	16	陰	土	金	-	言	金	모든, 여러, 은, 는, 이, 에게
조	曺	陽	火	10	陰	水	金	-	曰	火	성(姓)
조	趙	陽	火	14	陰	火	金	-	走	火	나라이름, 넘을, 뛰어넘을
종	宗	陽	木	8	陰	金	金	土	宀	木	마루, 일의 근원, 근본, 사당
종	種	陰	木	14	陰	火	金	土	禾	木	씨, 근본, 혈통, 핏줄, 종류
종	鍾	陰	金	17	陽	金	金	土	金	金	종, 쇠북, 시계
좌	左	陽	火	5	陽	土	金	土	工	火	왼, 왼쪽으로 할, 어긋날
좌	坐	中	土	7	陽	金	金	土	土	土	앉을, 앉아서, 무릎 꿇을
좌	佐	陰	火	7	陽	金	金	土	人	火	도울, 권할, 도움
주	朱	陽	木	6	陰	土	金	-	木	木	붉은, 붉은빛, 적토
주	周	陽	水	8	陰	金	金	-	口	水	두루, 골고루, 고루 미칠
주	珠	陰	金	11	陽	木	金	-	玉	金	구슬, 진주, 둥근 알
준	俊	陰	火	9	陽	水	金	火	人	火	준걸, 뛰어날, 클
증	曾	陽	火	12	陰	木	金	土	曰	火	일찍, 곧, 거듭할, 이에
지	池	陰	水	7	陽	金	金	-	水	水	못, 물 모아둔 곳, 해자
지	知	陰	金	8	陰	金	金	-	矢	金	알, 깨달을, 느낄, 분별할
지	智	中	火	12	陰	木	金	-	日	火	슬기, 지혜, 꾀, 슬기로울
지	遲	陽	土	19	陽	水	金	-	辵	土	늦을, 더딜, 게을리 할
직	直	陽	木	8	陰	金	金	木	目	木	곧을, 바른 도, 고칠, 펼
진	珍	陰	金	10	陰	水	金	火	玉	金	보배, 진귀한, 맛좋은 음식
진	秦	陽	木	10	陰	水	金	火	禾	木	벼이름, 나라이름, 왕조이름
진	眞	陽	木	10	陰	水	金	火	木	木	참, 생긴 그대로, 변하지 않을
진	晋	陽	火	10	陰	水	金	火	日	火	나아갈, 억누를, 꽂을, 삼갈
진	晉	中	火	10	陰	水	金	火	日	火	나아갈, 억누를, 억제할, 꽂을
진	震	陽	水	15	陽	土	金	火	雨	水	벼락, 천둥, 진동할, 놀랄
진	陳	陰	土	16	陰	土	金	火	阜	土	늘어놓을, 늘어설, 펼, 베풀
차	車	陽	火	7	陽	金	金	-	車	火	수레, 수레바퀴, 도르래
창	昌	陽	火	8	陰	金	金	土	日	火	창성할, 고울, 기쁨, 경사

글자		글자		획수			음령오행		부수		글자의 의미
		음양	오행	획수	음양	오행	초성	종성	부수	오행	
창	倉	陽	火	10	陰	水	金	土	人	火	곳집, 창고, 옥, 내장, 갑자기
창	創	陰	金	12	陰	木	金	土	刀	金	비롯할, 만들, 혼날, 델
채	采	陽	火	8	陰	金	金	-	采	火	캘, 딸, 가릴, 선택할
채	菜	陽	木	14	陰	火	金	-	艸	木	나물, 푸성귀, 반찬
채	蔡	中	木	17	陽	金	金	-	艸	木	거북, 점치는 용의 큰거북
책	冊	陽	木	5	陽	土	金	木	冂	土	책, 칙서, 권, 꾀
천	千	陽	水	3	陽	火	金	火	十	水	일천, 천번, 많을
천	天	陽	木	4	陰	火	金	火	大	木	하늘, 천체, 태양, 천체 운행
천	遷	陽	土	19	陽	水	金	火	辵	土	옮길, 교환할, 움직일, 옮을
초	肖	陽	水	9	陽	水	金	-	肉	水	닮을, 골상 닮을, 작을, 꺼질
초	楚	中	木	13	陽	火	金	-	木	木	모형, 초나라, 회초리, 아플
촉	燭	陰	火	17	陽	金	金	木	火	火	촛불, 등불, 화톳불
최	崔	中	土	11	陽	木	金	-	山	土	높을, 섞일, 성(姓)
추	秋	陰	木	9	陽	水	金	-	禾	木	가을, 결실, 성숙한 때
추	追	陽	土	13	陽	火	金	-	辵	土	쫓을, 내쫓을, 따를, 완수할
추	鄒	陰	土	17	陽	金	金	-	邑	土	나라이름
충	忠	陽	火	8	陰	金	金	土	心	火	충성, 진심, 진실, 정성 다할
탁	卓	陽	水	8	陰	金	火	木	十	水	높을, 뛰어날, 세울, 책상
탁	濯	陰	水	18	陰	金	火	木	水	水	씻을, 빛날, 클
탄	呑	陽	水	7	陽	金	火	火	口	水	삼킬, 쌀, 싸서 감출, 경시할
탄	炭	陽	火	9	陽	水	火	火	火	火	숯, 재, 석탄
탄	彈	陰	金	15	陽	土	火	火	弓	火	탄알, 열매, 과실
탄	憚	陰	火	16	陰	土	火	火	心	火	꺼릴, 삼갈, 화낼, 협박할
태	太	陰	木	4	陰	火	火	-	大	木	클, 매우, 심히, 통할
태	泰	陽	水	9	陽	水	火	-	水	水	클, 넉넉할, 편안할
태	苔	陽	木	11	陽	木	火	-	艸	木	이끼, 김
택	宅	陽	木	6	陰	土	火	木	宀	木	집, 대지, 무덤
택	澤	陰	水	17	陽	金	火	木	水	水	못, 진펄, 늪, 윤, 윤이 날
파	巴	陽	土	4	陰	火	水	-	己	土	땅이름
판	判	陰	金	7	陽	金	水	火	刀	金	판가름할, 나눌, 구별할

글자		글자		획수			음령오행		부수		글자의 의미
		음양	오행	획수	음양	오행	초성	종성	부수	오행	
판	板	陰	木	8	陰	金	水	火	木	木	널빤지, 판목, 딱따기
팽	彭	陰	火	12	陰	木	水	土	彡	火	성(姓), 나라이름, 땅이름
편	片	陽	木	4	陰	火	水	火	片	木	한쪽, 조각, 납작한 조각
편	扁	陽	木	9	陽	水	水	火	戶	木	넓적할, 납작할, 액자
평	平	陽	木	5	陽	土	水	土	干	木	평평할, 다스릴, 곧을, 바를
포	包	陽	金	5	陽	土	水	-	勹	金	쌀, 꾸러미, 보따리
포	鮑	陰	水	16	陰	土	水	-	魚	水	절인 어물, 전복, 갖바치
표	表	陽	木	9	陽	水	水	-	衣	木	겉, 거죽, 겉면, 나타낼, 밝힐
표	標	陰	木	15	陽	土	水	-	木	木	우듬지, 높은 나뭇가지, 표할
풍	馮	陰	火	12	陰	木	水	土	馬	火	성(姓), 업신여길
피	皮	陽	金	5	陽	土	水	-	皮	金	가죽, 껍질, 겉, 거죽
필	弼	陰	火	12	陰	木	水	火	弓	火	도울, 돕는 사람, 도지개
하	何	陰	火	7	陽	金	土	-	人	火	어찌, 무엇, 얼마
하	河	陰	水	9	陽	水	土	-	水	水	강이름, 황하, 내, 강, 운하
하	夏	陽	土	10	陰	水	土	-	夊	土	여름, 약초이름, 안거
하	賀	中	金	12	陰	木	土	-	貝	金	하례할, 위로할, 경축, 경사
한	漢	陰	水	15	陽	土	土	火	水	水	한수, 은하수, 사나이
한	韓	陰	金	17	陽	金	土	火	韋	金	나라이름, 삼한, 우물귀틀
함	咸	陽	水	9	陽	水	土	水	口	水	다, 모두, 두루 미칠, 같을
합	合	陽	水	6	陰	土	土	水	口	水	합할, 만날, 맞을
해	海	陰	水	11	陽	木	土	-	水	水	바다, 바닷물, 물산이 풍부한
해	解	陰	木	13	陽	火	土	-	角	木	풀, 해부할, 벗길, 용서할
행	幸	陽	木	8	陰	金	土	土	干	木	다행, 행복, 운이 좋을, 바랄
향	香	陽	木	9	陽	水	土	土	香	木	향기, 향기로울, 아름다울
향	鄕	陰	土	17	陽	金	土	土	邑	土	시골, 마을, 곳, 장소
허	許	陰	金	11	陽	木	土	-	言	金	허락할, 받아들일, 승인할
혁	赫	陰	火	14	陰	火	土	木	赤	火	붉을, 붉은 빛, 빛나는
현	玄	陽	火	5	陽	土	土	火	玄	火	검을, 검은 빛, 하늘, 멀
현	縣	陰	木	16	陰	土	土	火	糸	木	매달, 높이 걸, 공표할, 고을
협	俠	陰	火	9	陽	水	土	水	人	火	호협할, 가벼울, 젊을

글자		글자		획수			음령오행		부수		글자의 의미
		음양	오행	획수	음양	오행	초성	종성	부수	오행	
형	邢	陰	土	11	陽	木	土	土	邑	土	나라이름, 성(姓)
형	荊	中	木	12	陰	木	土	土	艸	木	가시나무, 곤장, 매, 모형나무
호	好	陰	土	6	陰	土	土	-	女	土	좋을, 옳을, 마땅할, 아름다울
호	虎	陽	木	8	陰	金	土	-	虍	木	범, 용맹스러울, 호구 칠
호	扈	陽	木	11	陽	木	土	-	戶	木	뒤따를, 마음이 넓을, 호위할
호	胡	陰	水	11	陽	木	土	-	肉	水	턱밑 살, 드리워질, 멀, 어찌
홍	弘	陰	火	5	陽	土	土	土	弓	火	넓을, 넓힐, 널리
홍	洪	陰	水	10	陰	水	土	土	水	水	큰물, 클
화	化	陰	金	4	陰	火	土	-	匕	金	될, 모양이 바뀔, 고쳐질
화	和	陰	水	8	陰	金	土	-	口	水	화할, 서로 응할, 합칠
화	花	中	木	10	陰	水	土	-	艸	木	꽃, 초목의 꽃, 꽃이 필
화	華	陽	木	14	陰	火	土	-	艸	木	꽃, 꽃필, 빛날, 윤택할, 색채
환	桓	陰	木	10	陰	水	土	火	木	木	푯말, 굳셀, 위엄이 있을
황	黃	陽	土	12	陰	木	土	土	黃	土	누를, 누레질, 누른 빛
효	孝	陽	水	7	陽	金	土	-	子	水	효도, 상복, 부모상 입을
후	后	陽	水	6	陰	土	土	-	口	水	임금, 왕비, 후비, 토지신
후	候	陰	火	10	陰	水	土	-	人	火	물을, 시중들, 기다릴, 기후
훈	訓	陰	金	10	陰	水	土	火	言	金	가르칠, 인도할, 경계할
흥	興	中	土	15	陽	土	土	土	臼	土	일어날, 일으킬, 창성할
희	喜	陽	水	12	陰	木	土	-	口	水	기쁠, 즐거울, 즐거워할, 즐길

글자		글자		획수				음령오행		부수		글자의 의미
		음양	오행	획수		음양	오행	초성	종성	부수	오행	
공	公	陽	金	4	14	陰	火	木	土	八	金	공변될, 공적, 벼슬, 관청
손	孫	陰	水	10		陰	水	金	火	子	水	손자, 자손, 후손, 새싹
남	南	陽	水	9	19	陽	水	火	水	十	水	남녘, 남쪽으로 갈
궁	宮	陽	木	10		陰	水	木	土	宀	木	집, 담, 장원, 두를
독	獨	陰	土	17	25	陽	金	火	木	犬	土	홀로, 홀몸, 홀어미
고	孤	陰	水	8		陰	金	木	-	子	水	외로울, 홀로, 고아
동	東	陽	木	8	12	陰	金	火	土	木	木	동녘, 동쪽
방	方	陽	土	4		陰	火	水	土	方	土	모, 각, 방향, 방위
령	令	陽	火	5	14	陽	土	火	土	人	火	영, 우두머리, 좋을, 하여금
호	狐	陰	土	9		陽	水	土	-	犬	土	여우
부	扶	陰	木	8	24	陰	金	水	-	手	木	도울, 떠받칠, 붙들, 옆
여	餘	陰	水	16		陰	土	土	-	食	水	남을, 넉넉할, 여유 있을
사	司	陽	水	5	13	陽	土	金	-	口	水	맡을, 관리, 벼슬, 관아
공	空	陽	水	8		陰	金	木	土	穴	水	빌, 다할, 없을, 하늘
사	司	陽	水	5	15	陽	土	金	-	口	水	맡을, 관리, 벼슬, 관아
마	馬	陽	火	10		陰	水	水	-	馬	火	말, 산가지
서	西	陽	金	6	14	陰	土	金	-	襾	金	서녘, 서쪽, 서쪽으로 갈
문	門	陰	木	8		陰	金	水	火	門	木	문, 출입문, 문간, 집안
석	石	陽	金	5	10	陽	土	金	木	石	金	돌, 비석, 돌로 만든 악기
말	末	陽	木	5		陽	土	水	火	木	木	끝, 나무끝, 꼭대기
선	鮮	陰	水	17	20	陽	金	金	火	魚	水	고울, 뚜렷할, 깨끗할
우	于	陽	木	3		陽	火	土	-	二	木	어조사, 갈, 할, 행할
을	乙	陽	木	1	5	陽	木	土	火	乙	木	새, 십간의 둘째, 굽을
지	支	陽	土	4		陰	火	金	-	支	土	가를, 지탱할, 가지
제	諸	陰	金	16	31	陰	土	金	-	言	金	모든, 여러, 은, 는, 이, 에게
갈	葛	陽	木	15		陽	土	木	火	艸	木	칡, 덩굴, 거친 베
하	夏	陽	土	10	20	陰	水	土	-	夊	土	여름, 약초이름, 안거
후	候	陰	火	10		陰	水	土	-	人	火	물을, 시중들, 기다릴, 기후
황	皇	陽	金	9	16	陽	水	土	土	白	金	임금, 천자, 천제
보	甫	陽	水	7		陽	金	水	-	用	水	클, 아무개, 사나이

12

대한민국 이름에 사용되는 한자

기준 : 의획, 이름에 적용

姓名學

글자		글자		획수			음령오행		부수		글자의 의미
		음양	오행	획수	음양	오행	초성	종성	부수	오행	
가	可	陽	水	5	陽	土	木	-	口	水	옳을
가	加	陰	土	5	陽	土	木	-	力	土	더할, 있을, 입을
가	伽	陰	火	7	陽	金	木	-	人	火	절
가	呵	陰	水	8	陰	金	木	-	口	水	꾸짖을, 숨을 내쉴
가	佳	陰	火	8	陰	金	木	-	人	火	아름다울, 좋을
가	柯	陰	木	9	陽	水	木	-	木	木	자루, 나뭇가지
가	枷	陰	木	9	陽	水	木	-	木	木	도리깨
가	架	中	木	9	陽	水	木	-	木	木	시렁, 횃대
가	珂	陰	金	10	陰	水	木	-	玉	金	흰 옥돌, 조개이름
가	家	陽	木	10	陰	水	木	-	宀	木	집, 건물
가	哥	陽	水	10	陰	水	木	-	口	水	노래, 노래할
가	哿	中	水	10	陰	水	木	-	口	水	좋을, 훌륭할
가	痂	中	水	10	陰	水	木	-	疒	水	헌데딱지, 옴
가	苛	陽	木	11	陽	木	木	-	艸	木	매울, 사나울
가	茄	中	木	11	陽	木	木	-	艸	木	연줄기, 연, 절
가	袈	中	木	11	陽	木	木	-	衣	木	가사, 승려 옷
가	假	陰	火	11	陽	木	木	-	人	火	거짓
가	訶	陰	金	12	陰	木	木	-	言	金	꾸짖을, 야단할
가	跏	陰	土	12	陰	木	木	-	足	土	책상다리할
가	迦	中	土	12	陰	木	木	-	辵	土	막을, 차단할
가	街	陰	火	12	陰	木	木	-	行	火	거리, 한길, 대로
가	軻	陰	火	12	陰	木	木	-	車	火	바퀴굴대
가	賈	陽	金	13	陽	火	木	-	貝	金	값, 상업, 상인
가	嫁	陰	土	13	陽	火	木	-	女	土	시집갈, 떠넘길
가	暇	陰	火	13	陽	火	木	-	日	火	겨를, 틈
가	嘉	中	水	14	陰	火	木	-	口	水	아름다울, 뛰어날
가	歌	陰	火	14	陰	火	木	-	欠	火	노래, 노래할
가	稼	陰	木	15	陽	土	木	-	禾	木	심을, 농사
가	價	陰	火	15	陽	土	木	-	人	火	값, 값있을
가	駕	中	火	15	陽	土	木	-	馬	火	멍에, 탈, 오를

글자		글자		획수			음령오행		부수		글자의 의미
		음양	오행	획수	음양	오행	초성	종성	부수	오행	
각	各	陽	水	6	陰	土	木	木	口	水	각각, 각기, 서로
각	角	陽	木	7	陽	金	木	木	角	木	뿔, 모, 한 모퉁이
각	却	陰	水	7	陽	金	木	木	卩	水	물리칠, 물러날
각	刻	陰	金	8	陰	金	木	木	刀	金	새길, 벗길
각	珏	陰	金	10	陰	水	木	木	玉	金	쌍옥
각	恪	陰	火	10	陰	水	木	木	心	火	삼갈
각	殼	陰	金	12	陰	木	木	木	殳	金	껍질, 씨, 내리칠
각	脚	陰	水	13	陽	火	木	木	肉	水	다리, 정강이
각	閣	中	木	14	陰	火	木	木	門	木	문설주, 세울, 누각
각	愨	中	火	15	陽	土	木	木	心	火	성실할
각	覺	陽	火	20	陰	水	木	木	見	火	깨달을, 터득할
간	干	陽	木	3	陽	火	木	火	干	木	방패, 방어할, 범할
간	刊	陰	金	5	陽	土	木	火	刀	金	책 펴낼, 깎을, 덜
간	艮	陽	土	6	陰	土	木	火	艮	土	어긋날, 간방
간	奸	陰	土	6	陰	土	木	火	女	土	범할, 간통할
간	杆	陰	木	7	陽	金	木	火	木	木	나무이름, 박달나무
간	玕	陰	金	8	陰	金	木	火	玉	金	옥돌
간	侃	陰	火	8	陰	金	木	火	人	火	강직할, 화락할, 굳셀
간	看	陽	木	9	陽	水	木	火	目	木	볼, 방문할, 지킬
간	柬	陽	木	9	陽	水	木	火	木	木	가릴, 분간할, 편지
간	竿	中	木	9	陽	水	木	火	竹	木	장대, 죽순
간	肝	陰	水	9	陽	水	木	火	肉	水	간, 간장, 정성
간	姦	中	土	9	陽	水	木	火	女	土	간사할, 나쁠
간	栞	中	木	10	陰	水	木	火	木	木	도표, 나무를 벨
간	桿	陰	木	11	陽	木	木	火	木	木	볏짚, 짚, 나무이름
간	稈	陰	木	12	陰	木	木	火	禾	木	짚, 볏짚
간	間	中	木	12	陰	木	木	火	門	木	틈
간	揀	陰	木	13	陽	火	木	火	手	木	가릴, 가려 뽑을
간	幹	陰	木	13	陽	火	木	火	干	木	줄기, 기둥, 뼈대
간	諫	陰	金	16	陰	土	木	火	言	金	간할, 간하는 말

글자		글자		획수			음령오행		부수		글자의 의미
		음양	오행	획수	음양	오행	초성	종성	부수	오행	
간	澗	陰	水	16	陰	土	木	火	水	水	계곡의 시내, 간수, 산골물
간	墾	中	土	16	陰	土	木	火	土	土	개간할, 다스릴
간	磵	陰	金	17	陽	金	木	火	石	金	계곡의 시내, 산골물
간	癇	中	水	17	陽	金	木	火	疒	水	간질, 지랄, 경기
간	艱	陰	土	17	陽	金	木	火	艮	土	어려울, 어려워할
간	懇	中	火	17	陽	金	木	火	心	火	정성, 성심, 노력할
간	簡	中	木	18	陰	金	木	火	竹	木	대쪽, 책, 편지
갈	乫	中	木	6	陰	土	木	火	乙	木	땅이름
갈	曷	陽	火	9	陽	水	木	火	曰	火	어찌, 어찌하여
갈	喝	陰	水	12	陰	木	木	火	口	水	꾸짖을, 외칠
갈	渴	陰	水	13	陽	火	木	火	水	水	목마를, 갈증
갈	碣	陰	金	14	陰	火	木	火	石	金	비, 돌을 세울
갈	竭	陰	金	14	陰	火	木	火	立	金	다할, 물이 마를
갈	葛	陽	木	15	陽	土	木	火	艸	木	칡, 덩굴, 거친 베
갈	褐	陰	木	15	陽	土	木	火	衣	木	털옷, 베옷
갈	蝎	陰	水	15	陽	土	木	火	虫	水	나무좀, 나무굼벵이
갈	鞨	陰	金	18	陰	金	木	火	革	金	말갈, 가죽신
감	甘	陽	土	5	陽	土	木	水	甘	土	달, 맛이 있을
감	坎	陰	土	7	陽	金	木	水	土	土	구덩이, 험할
감	柑	陰	木	9	陽	水	木	水	木	木	감자나무, 재갈
감	疳	陽	水	10	陰	水	木	水	疒	水	감질, 창병, 매독
감	紺	陰	木	11	陽	木	木	水	糸	木	감색, 반물, 야청빛
감	勘	陰	土	11	陽	木	木	水	力	土	헤아릴, 조사할
감	敢	陰	金	12	陰	木	木	水	攴	金	감히, 용맹할, 용감할
감	邯	陰	土	12	陰	木	木	水	邑	土	땅이름, 강이름, 현이름
감	堪	陰	土	12	陰	木	木	水	土	土	견딜, 뛰어날
감	嵌	中	土	12	陰	木	木	水	山	土	산이 깊을, 골짜기
감	戡	陰	金	13	陽	火	木	水	戈	金	칠, 평정할, 죽일
감	減	陰	水	13	陽	火	木	水	水	水	덜, 가볍게 할, 줄, 감할
감	感	陽	火	13	陽	火	木	水	心	火	느낄, 마음 움직일

글자		글자		획수			음령오행		부수		글자의 의미
		음양	오행	획수	음양	오행	초성	종성	부수	오행	
감	監	中	金	14	陰	火	木	水	皿	金	볼, 살필
감	橄	陰	木	16	陰	土	木	水	木	木	감람나무
감	瞰	陰	木	17	陽	金	木	水	目	木	볼, 내려다볼, 굽어볼
감	憾	陰	火	17	陽	金	木	水	心	火	한할, 서운해 할
감	鑑	陰	金	22	陰	木	木	水	金	金	거울, 볼, 성찰할
감	鑒	中	金	22	陰	木	木	水	金	金	거울, 볼, 성찰할
감	龕	中	土	22	陰	木	木	水	龍	土	감실, 이길
갑	甲	陽	木	5	陽	土	木	水	田	木	첫째천간, 껍질, 갑옷
갑	匣	陽	土	7	陽	金	木	水	匚	土	갑, 작은 상자
갑	岬	陰	土	8	陰	金	木	水	山	土	산허리, 산골짜기
갑	胛	陰	水	11	陽	木	木	水	肉	水	어깨뼈, 어깨죽지
갑	鉀	陰	金	13	陽	火	木	水	金	金	갑옷
갑	閘	中	木	13	陽	火	木	水	門	木	물문, 수문, 문 닫을
강	杠	陰	木	7	陽	金	木	土	木	木	깃대, 다리
강	江	陰	水	7	陽	金	木	土	水	水	강, 큰 내
강	岡	陽	土	8	陰	金	木	土	山	土	산등성이, 언덕
강	羌	陽	土	8	陰	金	木	土	羊	土	종족이름, 굳셀
강	舡	陰	木	9	陽	水	木	土	舟	木	오나라 배, 배
강	姜	陽	土	9	陽	水	木	土	女	土	성(姓), 굳셀
강	剛	陰	金	10	陰	水	木	土	刀	金	단단할, 굳셀, 성할
강	康	陽	木	11	陽	木	木	土	广	木	편안할, 즐거워할
강	崗	陽	土	11	陽	木	木	土	山	土	언덕, 산등성이
강	堈	陰	土	11	陽	木	木	土	土	土	언덕, 독, 항아리
강	絳	陰	木	12	陰	木	木	土	糸	木	진홍, 땅이름
강	强	陰	火	12	陰	木	木	土	弓	火	굳셀, 성할, 세찰, 강할
강	畺	陽	木	13	陽	火	木	土	田	木	지경
강	綱	陰	木	14	陰	火	木	土	糸	木	벼리, 줄을 칠
강	腔	陰	水	14	陰	火	木	土	肉	水	속이 빌, 가락
강	降	陰	土	14	陰	火	木	土	阜	土	내릴
강	嫝	陰	土	14	陰	火	木	土	女	土	편안할

글자		글자		획수			음령오행		부수		글자의 의미
		음양	오행	획수	음양	오행	초성	종성	부수	오행	
강	慷	陰	火	15	陽	土	木	土	心	火	강개할
강	鋼	陰	金	16	陰	土	木	土	金	金	강철
강	彊	陰	火	16	陰	土	木	土	弓	火	굳셀
강	講	陰	金	17	陽	金	木	土	言	金	읽힐, 읽을, 해석할, 외울
강	糠	陰	木	17	陽	金	木	土	米	木	겨, 쌀겨
강	橿	陰	木	17	陽	金	木	土	木	木	나무이름, 감탕나무
강	襁	陰	木	18	陰	金	木	土	衣	木	포대기, 업을
강	薑	陽	木	19	陽	水	木	土	艸	木	생강, 새앙
강	疆	陰	木	19	陽	水	木	土	田	木	지경, 끝, 한계
강	鱇	陰	水	22	陰	木	木	土	魚	水	아귀
개	介	陽	火	4	陰	火	木	-	人	火	끼일, 갑옷, 딱지, 클
개	价	陰	火	6	陰	土	木	-	人	火	착할, 클
개	改	陰	金	7	陽	金	木	-	攴	金	고칠, 바뀔, 고쳐질
개	玠	陰	金	9	陽	水	木	-	玉	金	큰 홀
개	皆	中	金	9	陽	水	木	-	白	金	다, 모두, 함께
개	疥	陽	水	9	陽	水	木	-	疒	水	옴, 학질, 더럽힐
개	豈	陽	木	10	陰	水	木	-	豆	木	어찌, 반어의 조사
개	芥	陽	木	10	陰	水	木	-	艸	木	겨자, 갓, 먼지
개	個	陰	火	10	陰	水	木	-	人	火	낱, 개
개	盖	陽	金	11	陽	木	木	-	皿	金	덮을, 덮개, 숭상할
개	開	中	木	12	陰	木	木	-	門	木	열, 열릴, 통할
개	凱	陰	水	12	陰	木	木	-	几	水	즐길, 개가, 클, 승전가
개	塏	陰	土	13	陽	火	木	-	土	土	높고 건조할
개	箇	中	木	14	陰	火	木	-	竹	木	낱, 물건을 세는 단위
개	愷	陰	火	14	陰	火	木	-	心	火	즐거울, 승전 음악, 편안할
개	愾	陰	火	14	陰	火	木	-	心	火	성낼, 분노할
개	槪	陰	木	15	陽	土	木	-	木	木	평미레, 억압할, 대개
개	漑	陰	水	15	陽	土	木	-	水	水	물댈, 씻을, 헹굴
개	慨	陰	火	15	陽	土	木	-	心	火	분개할, 개탄할
개	蓋	陽	木	16	陰	土	木	-	艸	木	덮을, 대개, 가릴

글자		글자		획수			음령오행		부수		글자의 의미
		음양	오행	획수	음양	오행	초성	중성	부수	오행	
개	鎧	陰	金	18	陰	金	木	-	金	金	갑옷, 무장할
객	客	陽	木	9	陽	水	木	木	宀	木	손님, 붙일, 의탁할
객	喀	陰	水	12	陰	木	木	木	口	水	토할, 토하는 소리
갱	坑	陰	土	7	陽	金	木	土	土	土	구덩이, 묻을, 빠질
갱	更	陽	火	7	陽	金	木	土	曰	火	다시, 재차, 개선할
갱	粳	陰	木	13	陽	火	木	土	米	木	메벼
갱	羹	陽	土	19	陽	水	木	土	羊	土	국, 땅이름
갹	醵	陰	金	20	陰	水	木	木	酉	金	술잔치, 술추렴
거	去	陽	木	5	陽	土	木	-	厶	木	갈, 떠날, 잃을
거	巨	陽	火	5	陽	土	木	-	工	火	클, 많을, 거칠
거	車	陽	火	7	陽	金	木	-	車	火	수레, 도르래
거	居	陽	水	8	陰	金	木	-	尸	水	있을, 거주할, 앉을
거	拒	陰	木	9	陽	水	木	-	手	木	막을, 거부할
거	炬	陰	火	9	陽	水	木	-	火	火	횃불, 태울, 등불
거	祛	陰	木	10	陰	水	木	-	示	木	떨어 없앨, 쫓을, 물리칠
거	倨	陰	火	10	陰	水	木	-	人	火	거만할, 멍할
거	据	陰	木	12	陰	木	木	-	手	木	일할, 의거할
거	距	陰	土	12	陰	木	木	-	足	土	떨어질, 사이가 뜰
거	鉅	陰	金	13	陽	火	木	-	金	金	클, 강할, 존귀할
거	渠	中	水	13	陽	火	木	-	水	水	도랑, 클, 껄껄 웃을
거	踞	陰	土	15	陽	土	木	-	足	土	웅크릴, 걸터앉을
거	鋸	陰	金	16	陰	土	木	-	金	金	톱, 톱질할
거	據	陰	木	17	陽	金	木	-	手	木	의거할, 의지할
거	擧	陽	木	18	陰	金	木	-	手	木	들, 오를, 움직일
거	遽	陽	土	20	陰	水	木	-	辵	土	갑자기, 재빠를, 급할
건	巾	陽	木	3	陽	火	木	火	巾	木	수건, 두건, 건
건	件	陰	火	6	陰	土	木	火	人	火	사건, 물건, 구별할
건	建	陽	木	9	陽	水	木	火	廴	木	세울, 월건
건	虔	陽	木	10	陰	水	木	火	虍	木	정성, 공경할
건	乾	陰	木	11	陽	木	木	火	乙	木	하늘, 괘이름, 임금

글자		글자		획수			음령오행		부수		글자의 의미
		음양	오행	획수	음양	오행	초성	종성	부수	오행	
건	健	陰	火	11	陽	木	木	火	人	火	튼튼할, 교만할, 굳셀
건	楗	陰	木	13	陽	火	木	火	木	木	문빗장, 방죽, 둑
건	愆	中	火	13	陽	火	木	火	心	火	허물, 죄, 잘못할
건	漧	陰	水	15	陽	土	木	火	水	水	하늘, 굳셀, 사나이
건	腱	陰	水	15	陽	土	木	火	肉	水	힘줄 밑동, 힘줄
건	鍵	陰	金	17	陽	金	木	火	金	金	열쇠, 비녀장
건	蹇	陽	土	17	陽	金	木	火	足	土	절, 멈출
건	騫	陽	火	20	陰	水	木	火	馬	火	이지러질, 손상할
걸	乞	陽	木	3	陽	火	木	火	乙	木	빌, 구할, 소원
걸	杰	陽	木	8	陰	金	木	火	木	木	뛰어날, 호걸, 클
걸	桀	中	木	10	陰	水	木	火	木	木	홰, 뛰어날, 멜
걸	傑	陰	火	12	陰	木	木	火	人	火	뛰어날, 호걸
검	鈐	陰	金	12	陰	木	木	水	金	金	비녀장, 자물쇠
검	劍	陰	金	15	陽	土	木	水	刀	金	칼, 검법, 찌를, 벨
검	儉	陰	火	15	陽	土	木	水	人	火	검소할, 적을, 흉작
검	劒	陰	金	16	陰	土	木	水	刀	金	칼, 검법, 찌를, 벨
검	黔	陰	水	16	陰	土	木	水	黑	水	검을, 그을을
검	檢	陰	木	17	陽	金	木	水	木	木	봉함, 봉인할, 교정할
검	瞼	陰	木	18	陰	金	木	水	目	木	눈꺼풀, 고을
겁	劫	陰	金	7	陽	金	木	水	力	土	위협할, 빼앗을
겁	怯	陰	火	9	陽	水	木	水	心	火	겁낼, 무서워할
겁	迲	陽	土	12	陰	木	木	水	辶	土	갈, 자내
게	偈	陰	火	11	陽	木	木	-	人	火	쉴, 위엄스러울, 범어
게	揭	陰	木	13	陽	火	木	-	手	木	들, 높이 들, 걸
게	憩	中	火	16	陰	土	木	-	心	火	쉴, 휴식할
격	格	陰	木	10	陰	水	木	木	木	木	바로잡을, 격식
격	覡	陰	火	14	陰	火	木	木	見	火	박수, 남자무당
격	膈	陰	水	16	陰	土	木	木	肉	水	흉격, 횡경막, 종틀
격	檄	陰	木	17	陽	金	木	木	木	木	격문, 편지, 뛰어날, 격서
격	擊	中	木	17	陽	金	木	木	手	木	부딪칠, 방해가 될, 칠

글자		글자		획수			음령오행		부수		글자의 의미
		음양	오행	획수	음양	오행	초성	종성	부수	오행	
격	激	陰	水	17	陽	金	木	木	水	水	급할, 흘러들, 보, 격동할
격	隔	陰	土	18	陰	金	木	木	阜	土	사이가 뜰, 멀어질, 막힐
견	犬	陽	土	4	陰	火	木	火	犬	土	개, 하찮은 것
견	見	陽	火	7	陽	金	木	火	見	火	볼, 눈으로 볼
견	肩	陽	水	10	陰	水	木	火	肉	水	어깨, 견딜, 이겨낼
견	牽	陽	土	11	陽	木	木	火	牛	土	끌, 만류할, 강요할, 이끌
견	堅	中	土	11	陽	木	木	火	土	土	굳을, 튼튼하게
견	絹	陰	木	13	陽	火	木	火	糸	木	명주, 생견, 비단
견	甄	陰	土	14	陰	火	木	火	瓦	土	질그릇, 가마
견	遣	陽	土	17	陽	金	木	火	辵	土	보낼, 파견할, 풀
견	鵑	陰	火	18	陰	金	木	火	鳥	火	두견새, 진달래
견	繭	陽	木	19	陽	水	木	火	糸	木	누에고치, 솜옷
견	譴	陰	金	21	陽	木	木	火	言	金	꾸짖을, 허물
결	抉	陰	木	8	陰	金	木	火	手	木	도려낼, 폭로할
결	決	陰	水	8	陰	金	木	火	水	水	터질, 결단할, 끊을
결	缺	陰	土	10	陰	水	木	火	缶	土	이지러질, 모자랄
결	訣	陰	金	11	陽	木	木	火	言	金	이별할, 결단할, 비결
결	結	陰	木	12	陰	木	木	火	糸	木	맺을, 사귈, 완성할
결	潔	陰	水	16	陰	土	木	火	水	水	깨끗할, 맑을, 간결할
겸	兼	陽	金	10	陰	水	木	水	八	金	겸할, 아울러, 쌓을
겸	鉗	陰	金	13	陽	火	木	水	金	金	칼, 칼을 씌울, 집게, 목사실
겸	箝	陰	木	14	陰	火	木	水	竹	木	재갈 먹일, 끼울, 칼, 족집게
겸	慊	陰	火	14	陰	火	木	水	心	火	찐덥지 않을, 좋을, 싫을
겸	謙	陰	金	17	陽	金	木	水	言	金	겸손할, 공손할
겸	鎌	陰	金	18	陰	金	木	水	金	金	낫, 모, 모서리
경	冂	陽	土	2	陰	木	木	土	冂	土	멀, 들 밖, 밀
경	囧	陽	水	7	陽	金	木	土	口	水	빛날, 참 맑을
경	更	陽	火	7	陽	金	木	土	曰	火	고칠, 개선할
경	庚	陽	木	8	陰	金	木	土	广	木	일곱째 천간, 나이
경	坰	陰	土	8	陰	金	木	土	土	土	들

글자		글자		획수			음령오행		부수		글자의 의미
		음양	오행	획수	음양	오행	초성	종성	부수	오행	
경	炅	陽	火	8	陰	金	木	土	火	火	빛날, 열, 열기, 성
경	京	陽	火	8	陰	金	木	土	亠	火	서울, 클, 높을
경	勁	陰	土	9	陽	水	木	土	力	土	굳셀, 예리할
경	俓	陰	火	9	陽	水	木	土	人	火	지름길, 길, 곧을
경	耕	陰	木	10	陰	水	木	土	耒	木	밭갈, 농사에 힘쓸
경	勍	陰	土	10	陰	水	木	土	力	土	셀, 강할
경	倞	陰	火	10	陰	水	木	土	人	火	굳셀, 다툴, 밝을
경	徑	陰	火	10	陰	水	木	土	彳	火	지름길, 길, 빠를
경	耿	陰	火	10	陰	水	木	土	耳	火	빛날, 비출, 명백함
경	竟	陽	金	11	陽	木	木	土	立	金	다할, 끝날
경	梗	陰	木	11	陽	木	木	土	木	木	대개, 대강, 가시나무, 정직할
경	絅	陰	木	11	陽	木	木	土	糸	木	끌어 죌, 잡아당길, 급히 끌
경	涇	陰	水	11	陽	木	木	土	水	水	통할, 흐를, 월경
경	頃	陰	火	11	陽	木	木	土	頁	火	밭 넓이 단위, 기울, 잠깐
경	烱	陰	火	11	陽	木	木	土	火	火	빛날, 밝을
경	硬	陰	金	12	陰	木	木	土	石	金	굳을, 단단할, 굳셀
경	痙	陽	水	12	陰	木	木	土	疒	水	심줄 땅길, 경련 일, 경련
경	卿	陰	水	12	陰	木	木	土	卩	水	벼슬
경	景	陽	火	12	陰	木	木	土	日	火	볕, 빛, 햇살, 태양
경	敬	陰	金	13	陽	火	木	土	攴	金	공경할, 정중할
경	莖	陽	木	13	陽	火	木	土	艸	木	줄기, 근본, 기둥
경	經	陰	木	13	陽	火	木	土	糸	木	날, 날실, 경서, 법, 글
경	脛	陰	水	13	陽	火	木	土	肉	水	정강이, 바른 모양
경	傾	陰	火	13	陽	火	木	土	人	火	기울, 뒤집힐, 누울
경	逕	陽	土	14	陰	火	木	土	辵	土	소로, 좁은 길
경	境	陰	土	14	陰	火	木	土	土	土	지경, 곳, 장소
경	輕	陰	火	14	陰	火	木	土	車	火	가벼울, 모자랄
경	慶	陽	火	15	陽	土	木	土	心	火	경사, 축하할, 상
경	儆	陰	火	15	陽	土	木	土	人	火	경계할, 위급한 일
경	熲	陰	火	15	陽	土	木	土	火	火	빛날, 불빛, 경침

글자		글자		획수			음령오행		부수		글자의 의미
		음양	오행	획수	음양	오행	초성	종성	부수	오행	
경	磬	中	金	16	陰	土	木	土	石	金	경쇠, 말을 달릴
경	暻	陰	火	16	陰	土	木	土	日	火	밝을, 환할
경	憬	陰	火	16	陰	土	木	土	心	火	깨달을, 알아차릴
경	頸	陰	火	16	陰	土	木	土	頁	火	목, 목덜미
경	璟	陰	金	17	陽	金	木	土	玉	金	옥 광채 날, 옥빛
경	擎	中	木	17	陽	金	木	土	手	木	들, 떠받칠, 높을, 받들
경	檠	中	木	17	陽	金	木	土	木	木	도지개, 등잔대, 바로잡을
경	璥	陰	金	18	陰	金	木	土	玉	金	경옥, 옥 이름
경	鏡	陰	金	19	陽	水	木	土	金	金	거울, 비출, 밝힐
경	鯨	陰	水	19	陽	水	木	土	魚	水	고래, 쳐들
경	鶊	陰	火	19	陽	水	木	土	鳥	火	꾀꼬리
경	瓊	陰	金	20	陰	水	木	土	玉	金	옥, 주사위, 구슬
경	競	陰	金	20	陰	水	木	土	立	金	겨룰, 나아갈
경	警	中	金	20	陰	水	木	土	言	金	경계할, 놀랄
경	驚	中	火	23	陽	火	木	土	馬	火	놀랄, 겁낼, 동요할
계	戒	陽	金	7	陽	金	木	-	戈	金	경계할, 삼갈, 재계할
계	系	陽	木	7	陽	金	木	-	糸	木	이을, 이어질
계	季	陽	水	8	陰	金	木	-	子	水	끝, 막내, 말년
계	届	陽	水	8	陰	金	木	-	尸	水	이를, 다다를, 다할
계	計	陰	金	9	陽	水	木	-	言	金	꾀, 계략, 계획, 셈할
계	界	陽	木	9	陽	水	木	-	田	木	지경, 경계, 이웃할
계	契	中	木	9	陽	水	木	-	大	木	맺을, 약속, 합치할, 예약할
계	癸	中	水	9	陽	水	木	-	癶	水	열째천간, 무기, 북방
계	係	陰	火	9	陽	水	木	-	人	火	걸릴, 이을, 계
계	桂	陰	木	10	陰	水	木	-	木	木	계수나무, 월계수
계	烓	陰	火	10	陰	水	木	-	火	火	화덕, 밝을, 환할
계	械	陰	木	11	陽	木	木	-	木	木	형틀, 수갑, 도구, 기계
계	啓	中	水	11	陽	木	木	-	口	水	열, 가르칠, 인도할
계	棨	中	木	12	陰	木	木	-	木	木	창, 의장용 창, 부절
계	堺	陰	土	12	陰	木	木	-	土	土	지경, 경계, 사이할

글자		글자		획수			음령오행		부수		글자의 의미
		음양	오행	획수	음양	오행	초성	종성	부수	오행	
계	悸	陰	火	12	陰	木	木	-	心	火	가슴이 두근거릴
계	誡	陰	金	14	陰	火	木	-	言	金	경계할, 훈계할
계	溪	陰	水	14	陰	火	木	-	水	水	시내, 시냇물, 텅빈
계	磎	陰	金	15	陽	土	木	-	石	金	시내, 마른시내
계	稽	陰	木	15	陽	土	木	-	禾	木	머무를, 저축할, 상고할
계	谿	陰	水	17	陽	金	木	-	谷	水	시내, 마른시내
계	階	陰	土	17	陽	金	木	-	阜	土	섬돌, 층계, 사다리
계	繫	中	木	19	陽	水	木	-	糸	木	맬, 매달릴, 죄수
계	繼	陰	木	20	陰	水	木	-	糸	木	이을, 계통을 이을
계	鷄	陰	火	21	陽	木	木	-	鳥	火	닭, 가금
고	尻	陽	水	5	陽	土	木	-	尸	水	꽁무니, 자리 잡을
고	古	陽	水	5	陽	土	木	-	口	水	옛, 비로소, 오랠
고	叩	陰	水	5	陽	土	木	-	口	水	두드릴, 물어볼
고	攷	陰	金	6	陰	土	木	-	攴	金	상고할, 이룰, 마칠
고	告	陽	水	7	陽	金	木	-	口	水	알릴, 물을, 가르칠, 고할
고	杲	陽	木	8	陰	金	木	-	木	木	밝을, 높을
고	固	陽	水	8	陰	金	木	-	囗	水	굳을, 단단할, 수비
고	孤	陰	水	8	陰	金	木	-	子	水	외로울, 홀로, 고아
고	呱	陰	水	8	陰	金	木	-	口	水	울, 아이울음소리
고	考	陽	土	8	陰	金	木	-	老	土	상고할, 생각할
고	姑	陰	土	8	陰	金	木	-	女	土	시어머니, 고모
고	故	陰	金	9	陽	水	木	-	攴	金	옛, 예, 연고, 원래
고	枯	陰	木	9	陽	水	木	-	木	木	마를, 야윌, 수척할
고	沽	陰	水	9	陽	水	木	-	水	水	팔, 매매할, 살
고	庫	陽	木	10	陰	水	木	-	广	木	곳집, 문의이름, 성, 창고
고	拷	陰	木	10	陰	水	木	-	手	木	칠, 약탈할
고	股	陰	水	10	陰	水	木	-	肉	水	넓적다리, 정강이
고	羔	陽	土	10	陰	水	木	-	羊	土	새끼양, 흑양
고	高	陽	火	10	陰	水	木	-	高	火	높을, 높아질, 뽐낼
고	皐	陽	金	11	陽	木	木	-	白	金	부르는 소리, 고할

글자		글자		획수			음령오행		부수		글자의 의미
		음양	오행	획수	음양	오행	초성	종성	부수	오행	
고	菰	陽	木	11	陽	木	木	-	艸	木	줄, 산수국
고	苦	陽	木	11	陽	木	木	-	艸	木	쓸, 쓴맛, 괴로울
고	辜	陽	金	12	陰	木	木	-	辛	金	허물, 책형
고	袴	陰	木	12	陰	木	木	-	衣	木	바지, 사타구니
고	雇	陽	火	12	陰	木	木	-	隹	火	품살, 고용할, 갚을, 품을 팔
고	賈	陽	金	13	陽	火	木	-	貝	金	장사, 상업, 상인
고	鼓	陰	金	13	陽	火	木	-	鼓	金	북, 두드릴, 맥박
고	痼	陽	水	13	陽	火	木	-	疒	水	고질
고	誥	陰	金	14	陰	火	木	-	言	金	고할, 가르칠
고	敲	陰	金	14	陰	火	木	-	攴	金	두드릴, 매, 회초리
고	睾	陽	木	14	陰	火	木	-	目	木	못, 늪, 불알
고	槁	陰	木	14	陰	火	木	-	木	木	마를, 말라 죽을
고	菰	중	木	14	陰	火	木	-	艸	木	향초, 부추
고	暠	陽	火	14	陰	火	木	-	日	火	흴, 밝을
고	稿	陰	木	15	陽	土	木	-	禾	木	볏집, 초안, 초고, 원고
고	錮	陰	金	16	陰	土	木	-	金	金	땜질할, 가둘
고	膏	陽	水	16	陰	土	木	-	肉	水	살찔, 기름진 땅, 기름
고	藁	陽	木	20	陰	水	木	-	艸	木	마를, 말라죽을
고	顧	陰	火	21	陽	木	木	-	頁	火	돌아볼, 응시할
고	蠱	中	水	23	陽	火	木	-	虫	水	독, 벌레, 놀, 괘상이름
곡	曲	陽	火	6	陰	土	木	木	曰	火	굽을, 휠, 굽힐
곡	谷	中	水	7	陽	金	木	木	谷	水	골, 골짜기, 홈
곡	哭	中	水	10	陰	水	木	木	口	水	울, 노래할
곡	梏	陰	木	11	陽	木	木	木	木	木	쇠고랑, 수갑, 묶을
곡	斛	陰	火	11	陽	木	木	木	斗	火	휘, 헤아릴
곡	穀	陰	木	15	陽	土	木	木	禾	木	곡식, 양식, 기를, 길할
곡	鵠	陰	火	18	陰	金	木	木	鳥	火	고니, 휠, 희게 할
곤	困	陽	水	7	陽	金	木	火	囗	水	괴로울, 부족할, 피곤할
곤	坤	陰	土	8	陰	金	木	火	土	土	땅, 대지, 팔괘하나
곤	昆	中	火	8	陰	金	木	火	日	火	형, 맏, 뒤, 자손

글자		글자		획수			음령오행		부수		글자의 의미
		음양	오행	획수	음양	오행	초성	종성	부수	오행	
곤	衮	陽	木	11	陽	木	木	火	衣	木	곤룡포
곤	梱	陰	木	11	陽	木	木	火	木	木	문지방, 두드릴
곤	崑	中	土	11	陽	木	木	火	山	土	산이름
곤	棍	陰	木	12	陰	木	木	火	木	木	몽둥이, 곤장, 묶을
곤	琨	陰	金	13	陽	火	木	火	玉	金	옥돌, 패옥이름, 아름다운 옥
곤	滾	陰	水	15	陽	土	木	火	水	水	흐를, 물이 끓을
곤	錕	陰	金	16	陰	土	木	火	金	金	붉은 쇠
곤	鯤	陰	水	19	陽	水	木	火	魚	水	곤이, 큰물고기이름
골	汩	陰	水	8	陰	金	木	火	水	水	빠질, 잠길, 골몰할
골	骨	陽	金	10	陰	水	木	火	骨	金	뼈, 굳을, 강직할
골	滑	陰	水	14	陰	火	木	火	水	水	어지러울, 다스릴
공	工	陽	火	3	陽	火	木	土	工	火	장인, 교묘할
공	公	陽	金	4	陰	火	木	土	八	金	공변될, 공적, 벼슬, 관청
공	孔	陰	水	4	陰	火	木	土	子	水	구멍, 매우, 성(姓)
공	功	陰	土	5	陽	土	木	土	力	土	공, 공로, 보람
공	共	陽	金	6	陰	土	木	土	八	金	함께, 함께할, 한가지
공	攻	陰	金	7	陽	金	木	土	攴	金	칠, 공격할, 다스릴, 닦을
공	空	陽	水	8	陰	金	木	土	穴	水	빌, 다할, 없을, 하늘
공	供	陰	火	8	陰	金	木	土	人	火	이바지할, 공손할
공	貢	陽	金	10	陰	水	木	土	貝	金	바칠, 공물, 천거할
공	拱	陰	木	10	陰	水	木	土	手	木	두손 맞잡을, 당길
공	蚣	陰	水	10	陰	水	木	土	虫	水	지네, 여치
공	恭	陽	火	10	陰	水	木	土	心	火	공손할, 삼갈
공	恐	中	火	10	陰	水	木	土	心	火	두려워할, 협박할, 두려울
공	珙	陰	金	11	陽	木	木	土	玉	金	큰 옥, 옥이름, 크고둥근 옥
공	控	陰	木	12	陰	木	木	土	手	木	당길, 고할, 던질
공	鞏	中	金	15	陽	土	木	土	革	金	묶을, 굳을, 볶을, 가죽테
곶	串	陽	木	7	陽	金	木	金	丨	木	곶
과	戈	陽	金	4	陰	火	木	-	戈	金	창, 싸움, 전쟁
과	瓜	陽	木	5	陽	土	木	-	瓜	木	오이, 모과

글자		글자		획수			음령오행		부수		글자의 의미
		음양	오행	획수	음양	오행	초성	종성	부수	오행	
과	果	陽	木	8	陰	金	木	-	木	木	실과, 나무열매
과	科	陰	木	9	陽	水	木	-	禾	木	과정, 조목, 품등, 과거
과	誇	陰	金	13	陽	火	木	-	言	金	자랑할, 자만할
과	跨	陰	土	13	陽	火	木	-	足	土	타넘을, 사타구니
과	寡	陽	木	14	陰	火	木	-	宀	木	적을, 나, 과부
과	菓	陽	木	14	陰	火	木	-	艸	木	과일, 과자, 과실
과	課	陰	金	15	陽	土	木	-	言	金	매길, 세금, 시험할
과	過	陽	土	16	陰	土	木	-	辵	土	지날, 초월할, 건널
과	鍋	陰	金	17	陽	金	木	-	金	金	노구솥, 냄비, 대통
과	顆	陰	火	17	陽	金	木	-	頁	火	낟알, 흙덩이
곽	廓	中	木	14	陰	火	木	木	广	木	둘레, 외성, 클, 넓을
곽	槨	陰	木	15	陽	土	木	木	木	木	덧널, 관 담는 궤
곽	郭	陰	土	15	陽	土	木	木	邑	土	성곽, 둘레
곽	藿	陽	木	22	陰	木	木	木	艸	木	콩잎, 쥐눈이콩
관	串	陽	木	7	陽	金	木	火	丨	木	익힐, 꿸
관	官	陽	木	8	陰	金	木	火	宀	木	벼슬, 벼슬아치, 관청
관	冠	陽	水	9	陽	水	木	火	冖	水	갓, 관, 볏, 성
관	貫	陽	金	11	陽	木	木	火	貝	金	꿸, 꿰뚫을, 적중할
관	棺	陰	木	12	陰	木	木	火	木	木	널, 관, 입관할
관	款	陰	火	12	陰	木	木	火	欠	火	정성, 성의, 두드릴
관	琯	陰	金	13	陽	火	木	火	玉	金	옥피리, 율관
관	菅	陽	木	14	陰	火	木	火	艸	木	왕골, 난초
관	管	中	木	14	陰	火	木	火	竹	木	피리, 대나무악기, 대롱
관	寬	陽	木	15	陽	土	木	火	宀	木	너그러울, 넓을
관	慣	陰	火	15	陽	土	木	火	心	火	버릇, 익숙할
관	錧	陰	金	16	陰	土	木	火	金	金	비녀장, 쟁기
관	館	陰	水	17	陽	金	木	火	食	水	객사, 관청, 투숙할, 집
관	關	陰	木	19	陽	水	木	火	門	木	빗장, 기관, 잠글
관	灌	陰	水	22	陰	木	木	火	水	水	물댈, 적실, 따를
관	瓘	陰	金	23	陽	火	木	火	玉	金	옥이름, 서옥

글자		글자		획수			음령오행		부수		글자의 의미
		음양	오행	획수	음양	오행	초성	종성	부수	오행	
관	罐	陰	土	24	陰	火	木	火	缶	土	두레박, 항아리
관	觀	陰	火	25	陽	土	木	火	見	火	볼, 보일, 드러낼
괄	刮	陰	金	8	陰	金	木	火	刀	金	깎을, 갈, 닦을
괄	括	陰	木	10	陰	水	木	火	手	木	묶을, 감독할, 담을
괄	恝	中	火	10	陰	水	木	火	心	火	걱정 없을, 소홀히 할
괄	适	陽	土	13	陽	火	木	火	辵	土	빠를, 신속할
광	光	陽	木	6	陰	土	木	土	儿	木	빛, 빛날, 광택
광	匡	陽	土	6	陰	土	木	土	匚	土	바를, 바로잡을
광	狂	陰	土	8	陰	金	木	土	犬	土	미칠, 경솔할
광	炚	陰	火	8	陰	金	木	土	火	火	햇볕 뜨거울, 밝을
광	侊	陰	火	8	陰	金	木	土	人	火	성한 모양, 성할
광	桄	陰	木	10	陰	水	木	土	木	木	광랑나무, 횡목, 찰
광	洸	陰	水	10	陰	水	木	土	水	水	물 용솟음할, 성낼
광	珖	陰	金	11	陽	木	木	土	玉	金	옥피리, 옥이름
광	筐	中	木	12	陰	木	木	土	竹	木	광주리, 침상
광	胱	陰	水	12	陰	木	木	土	肉	水	오줌통, 방광
광	廣	陽	木	15	陽	土	木	土	广	木	넓을, 넓힐, 넓어질
광	壙	陰	土	18	陰	金	木	土	土	土	광, 들판, 공허할
광	曠	陰	火	19	陽	水	木	土	日	火	밝을, 환할, 빌
광	鑛	陰	金	23	陽	火	木	土	金	金	쇳돌
괘	卦	陰	火	8	陰	金	木	-	卜	火	걸, 매달을, 입을, 점괘
괘	掛	陰	木	12	陰	木	木	-	手	木	걸, 걸어놓을
괘	罫	中	木	14	陰	火	木	-	网	木	줄, 거리낄
괴	乖	陽	金	8	陰	金	木	-	丿	金	어그러질, 배반할
괴	拐	陰	木	9	陽	水	木	-	手	木	속일, 꾀어낼
괴	怪	陰	火	9	陽	水	木	-	心	火	기이할, 의심할, 괴이할
괴	傀	陰	火	12	陰	木	木	-	人	火	클, 성할, 좋을
괴	塊	陰	土	13	陽	火	木	-	土	土	흙덩이, 흙, 덩어리
괴	槐	陰	木	14	陰	火	木	-	木	木	홰나무, 삼공자리
괴	魁	陽	火	14	陰	火	木	-	鬼	火	으뜸, 우두머리, 클

글자		글자		획수			음령오행		부수		글자의 의미
		음양	오행	획수	음양	오행	초성	종성	부수	오행	
괴	愧	陰	火	14	陰	火	木	-	心	火	부끄러울, 모욕할
괴	壞	陰	土	19	陽	水	木	-	土	土	무너질, 무너뜨릴
굉	宏	陽	木	7	陽	金	木	土	宀	木	클, 넓을, 광대할
굉	紘	陰	木	10	陰	水	木	土	糸	木	갓끈, 밧줄, 넓을
굉	肱	陰	水	10	陰	水	木	土	肉	水	팔뚝
굉	轟	中	火	21	陽	木	木	土	車	火	울릴, 천둥소리, 쫓을
교	巧	陰	火	5	陽	土	木	-	工	火	공교할, 예쁠, 기교, 꾸밀
교	交	陽	火	6	陰	土	木	-	亠	火	사귈, 주고받고 할
교	佼	陰	火	8	陰	金	木	-	人	火	예쁠, 교활할
교	咬	陰	水	9	陽	水	木	-	口	水	새소리, 음란할, 물
교	姣	陰	土	9	陽	水	木	-	女	土	예쁠, 요염할
교	校	陰	木	10	陰	水	木	-	木	木	학교, 본받을, 가르칠
교	狡	陰	土	10	陰	水	木	-	犬	土	교활할, 빠를, 미칠
교	皎	陰	金	11	陽	木	木	-	白	金	달빛, 햇빛, 밝을
교	敎	陰	金	11	陽	木	木	-	攴	金	가르칠, 교령
교	絞	陰	木	12	陰	木	木	-	糸	木	목맬, 꼴, 묶을
교	喬	陽	水	12	陰	木	木	-	口	水	높을, 높이 솟을, 큰나무
교	蛟	陰	水	12	陰	木	木	-	虫	水	교룡, 상어
교	郊	陰	土	13	陽	火	木	-	邑	土	성 밖, 국경, 끝, 들
교	較	陰	火	13	陽	火	木	-	車	火	견줄, 비교할
교	僑	陰	火	14	陰	火	木	-	人	火	높을, 타관살이할
교	餃	陰	水	15	陽	土	木	-	食	水	경단
교	嬌	陰	土	15	陽	土	木	-	女	土	아리따울, 미녀
교	嶠	陰	土	15	陽	土	木	-	山	土	뾰족하게 높을
교	橋	陰	木	16	陰	土	木	-	木	木	다리, 교량, 시렁
교	矯	陰	金	17	陽	金	木	-	矢	金	바로잡을, 속일
교	鮫	陰	水	17	陽	金	木	-	魚	水	상어, 교룡
교	膠	陰	水	17	陽	金	木	-	肉	水	아교, 끈끈할
교	蕎	陽	木	18	陰	金	木	-	艸	木	메밀, 호랑버들
교	翹	中	火	18	陰	金	木	-	羽	火	꼬리의 긴 깃털

글자		글자		획수			음령오행		부수		글자의 의미
		음양	오행	획수	음양	오행	초성	종성	부수	오행	
교	轎	陰	火	19	陽	水	木	-	車	火	가마, 작은 수레
교	驕	陰	火	22	陰	木	木	-	馬	火	교만할, 무례할
교	攪	陰	木	24	陰	火	木	-	手	木	어지러울, 뒤섞일, 흔들
구	久	陽	金	3	陽	火	木	-	丿	金	오랠, 변치 아니할
구	口	陽	水	3	陽	火	木	-	口	水	입, 어귀, 구멍
구	勾	陽	金	4	陰	火	木	-	勹	金	굽을, 갈고리
구	仇	陰	火	4	陰	火	木	-	人	火	원수, 원망할, 짝
구	丘	陽	木	5	陽	土	木	-	一	木	언덕, 무덤, 모을
구	句	陽	水	5	陽	土	木	-	口	水	글귀, 구부러질
구	求	陽	水	6	陰	土	木	-	水	水	구할, 청할, 물을
구	臼	陽	土	6	陰	土	木	-	臼	土	절구, 허물, 절구질
구	究	陽	水	7	陽	金	木	-	穴	水	궁구할, 끝, 다할, 궁리할
구	灸	陽	火	7	陽	金	木	-	火	火	뜸, 뜸질할, 버틸
구	具	陽	金	8	陰	金	木	-	八	金	갖출, 온전할, 설비
구	玖	陰	金	8	陰	金	木	-	玉	金	옥돌, 아홉
구	咎	中	水	8	陰	金	木	-	口	水	허물, 재앙, 책망할
구	坵	陰	土	8	陰	金	木	-	土	土	언덕, 모을, 무덤
구	九	陽	木	9	陽	水	木	-	乙	木	아홉, 아홉번
구	枸	陰	木	9	陽	水	木	-	木	木	호깨나무, 레몬, 구기자
구	拘	陰	木	9	陽	水	木	-	手	木	잡을, 잡힐, 체포할
구	柩	陰	木	9	陽	水	木	-	木	木	널, 사람시체 상자
구	垢	陰	土	9	陽	水	木	-	土	土	때, 티끌, 더럽혀질
구	狗	陰	土	9	陽	水	木	-	犬	土	개, 강아지
구	玽	陰	金	10	陰	水	木	-	玉	金	옥돌
구	矩	陰	金	10	陰	水	木	-	矢	金	곱자, 네모, 모서리, 법
구	俱	陰	火	10	陰	水	木	-	人	火	함께, 함께할, 갖출
구	救	陰	金	11	陽	木	木	-	攴	金	건질, 도울, 치료할, 구원할
구	苟	陽	木	11	陽	木	木	-	艸	木	진실로, 임시, 겨우
구	寇	陽	木	11	陽	木	木	-	宀	木	도적, 원수, 노략질할
구	耉	陽	土	11	陽	木	木	-	老	土	늙을, 늙은이

글자		글자		획수			음령오행		부수		글자의 의미
		음양	오행	획수	음양	오행	초성	종성	부수	오행	
구	區	中	土	11	陽	木	木	-	匸	土	지경, 나눌, 거처, 지역
구	毬	陽	火	11	陽	木	木	-	毛	火	공, 둥근 물체
구	球	陰	金	12	陰	木	木	-	玉	金	공, 아름다운 옥, 경, 구슬
구	邱	陰	土	12	陰	木	木	-	邑	土	땅이름, 언덕
구	鉤	陰	金	13	陽	火	木	-	金	金	갈고리, 낫, 창
구	絿	陰	木	13	陽	火	木	-	糸	木	급박할, 구할, 어릴
구	舅	陽	土	13	陽	火	木	-	臼	土	시아버지, 외삼촌
구	鳩	陰	火	13	陽	火	木	-	鳥	火	비둘기, 모을, 모일
구	構	陰	木	14	陰	火	木	-	木	木	얽을, 집지을, 꾸밀, 글 지을
구	廐	中	木	14	陰	火	木	-	广	木	마구간, 모일
구	嘔	陰	水	14	陰	火	木	-	口	水	노래할, 소리
구	溝	陰	水	14	陰	火	木	-	水	水	개천, 하수도, 해자, 어리석을
구	逑	陽	土	14	陰	火	木	-	辵	土	짝, 배우자, 모을
구	嶇	陰	土	14	陰	火	木	-	山	土	험할, 괴로워할
구	毆	陰	金	15	陽	土	木	-	殳	金	때릴, 칠, 땅이름
구	銶	陰	金	15	陽	土	木	-	金	金	끌
구	歐	陰	火	15	陽	土	木	-	欠	火	토할, 뱉을, 때릴
구	駒	陰	火	15	陽	土	木	-	馬	火	망아지, 말, 젊은이
구	龜	陽	水	16	陰	土	木	-	龜	水	나라이름
구	購	陰	金	17	陽	金	木	-	貝	金	살, 물쑥, 화해할, 구할
구	謳	陰	金	18	陰	金	木	-	言	金	노래할, 흥얼거릴
구	瞿	中	木	18	陰	金	木	-	目	木	볼, 놀라서 볼
구	舊	陽	土	18	陰	金	木	-	臼	土	예, 오랠, 오래
구	軀	陰	火	18	陰	金	木	-	身	火	몸, 신체
구	驅	陰	火	21	陽	木	木	-	馬	火	몰, 달릴, 핍박할, 몰아낼
구	懼	陰	火	22	陰	木	木	-	心	火	두려워할, 근심, 두려울
구	鷗	陰	火	22	陰	木	木	-	鳥	火	갈매기
구	衢	陰	火	24	陰	火	木	-	行	火	네거리, 도로
국	局	陽	水	7	陽	金	木	木	尸	水	판, 판국, 재능
국	國	陽	水	11	陽	木	木	木	囗	水	나라, 서울, 고향

글자		글자		획수			음령오행		부수		글자의 의미
		음양	오행	획수	음양	오행	초성	종성	부수	오행	
국	菊	陽	木	14	陰	火	木	木	艸	木	국화, 대국
국	鞠	陰	金	17	陽	金	木	木	革	金	공, 축국, 궁할
국	鞫	陰	金	18	陰	金	木	木	革	金	국문할, 다할
국	麴	中	木	19	陽	水	木	木	麥	木	누룩, 술, 누에채반
군	君	陽	水	7	陽	金	木	火	口	水	임금, 아버지, 세자
군	軍	陽	火	9	陽	水	木	火	車	火	군사, 진을 칠
군	窘	陽	水	12	陰	木	木	火	穴	水	막힐, 궁해질
군	裙	陰	木	13	陽	火	木	火	衣	木	치마, 가장자리
군	群	陰	土	13	陽	火	木	火	羊	土	무리, 떼, 동아리
군	郡	陰	土	14	陰	火	木	火	邑	土	고을, 군, 관청
굴	屈	陽	水	8	陰	金	木	火	尸	水	굽을, 굽힐, 물러날
굴	堀	陰	土	11	陽	木	木	火	土	土	굴, 땅을 팔
굴	掘	陰	木	12	陰	木	木	火	手	木	팔, 파낼, 음폭 팰
굴	窟	陽	水	13	陽	火	木	火	穴	水	굴, 움
궁	弓	陽	火	3	陽	火	木	土	弓	火	활, 궁술
궁	穹	陽	水	8	陰	金	木	土	穴	水	하늘, 궁할, 막다를
궁	芎	陽	木	9	陽	水	木	土	艸	木	궁궁이, 천궁
궁	宮	陽	木	10	陰	水	木	土	宀	木	집, 담, 장원, 두를
궁	躬	陰	火	10	陰	水	木	土	身	火	몸, 자신, 몸소
궁	窮	中	水	15	陽	土	木	土	穴	水	다할, 끝날, 막힐, 궁리할
권	券	陽	金	8	陰	金	木	火	刀	金	문서, 어음 쪽
권	卷	陽	水	8	陰	金	木	火	卩	水	쇠뇌, 책
권	拳	陽	木	10	陰	水	木	火	手	木	주먹, 주먹을 쥘, 지닐
권	倦	陰	火	10	陰	水	木	火	人	火	게으를, 피로할, 쉴
권	眷	陽	木	11	陽	木	木	火	目	木	돌아볼, 돌이켜볼, 돌볼
권	圈	陽	水	11	陽	木	木	火	囗	水	짐승우리, 감방, 둘레, 그릇
권	捲	陰	木	12	陰	木	木	火	手	木	말, 힘쓸, 걷을
권	淃	陰	水	12	陰	木	木	火	水	水	물이 돌아 흐를
권	勸	陰	土	20	陰	水	木	火	力	土	권할, 권장할
권	權	陰	木	22	陰	木	木	火	木	木	저울추, 저울

글자		글자		획수			음령오행		부수		글자의 의미
		음양	오행	획수	음양	오행	초성	종성	부수	오행	
궐	厥	中	土	12	陰	木	木	火	厂	水	그, 그것, 다할, 나라이름
궐	獗	陰	土	16	陰	土	木	火	犬	土	날뛸, 사납게 날뛸
궐	闕	陰	木	18	陰	金	木	火	門	木	대궐
궐	蕨	中	木	18	陰	金	木	火	艸	木	고사리, 고비, 마름
궐	蹶	陰	土	19	陽	水	木	火	足	土	넘어질, 엎어질
궤	机	陰	木	6	陰	土	木	-	木	木	책상, 나무이름
궤	軌	陰	火	9	陽	水	木	-	車	火	길, 도로, 궤도, 법, 굴대
궤	詭	陰	金	13	陽	火	木	-	言	金	속일, 기만할, 어길
궤	潰	陰	水	16	陰	土	木	-	水	水	무너질, 성낼
궤	櫃	陰	木	18	陰	金	木	-	木	木	함, 궤
궤	饋	陰	水	21	陽	木	木	-	食	水	먹일, 음식 대접할
귀	句	陽	水	5	陽	土	木	-	口	水	글귀, 구부러질
귀	鬼	陽	火	10	陰	水	木	-	鬼	火	귀신, 지혜로울
귀	貴	陽	金	12	陰	木	木	-	貝	金	귀할, 값이 비쌀
귀	晷	陽	火	12	陰	木	木	-	日	火	그림자, 햇빛, 빛
귀	龜	陽	水	16	陰	土	木	-	龜	水	거북, 거북점
귀	歸	陰	土	18	陰	金	木	-	止	土	돌아갈, 돌아올
규	叫	陰	水	5	陽	土	木	-	口	水	부르짖을, 부를, 울
규	圭	陽	土	6	陰	土	木	-	土	土	홀, 모, 모서리
규	糺	陰	木	7	陽	金	木	-	糸	木	꼴, 끌어 모을
규	糾	陰	木	8	陰	金	木	-	糸	木	꼴, 끌어 모을
규	奎	陽	木	9	陽	水	木	-	大	木	별이름, 가랑이
규	赳	陽	土	9	陽	水	木	-	走	火	용맹스러울, 용감할
규	珪	陰	金	11	陽	木	木	-	玉	金	홀, 서옥
규	硅	陰	金	11	陽	木	木	-	石	金	규소, 깨뜨릴
규	規	陰	火	11	陽	木	木	-	見	火	법, 규정, 규칙
규	揆	陰	木	13	陽	火	木	-	手	木	헤아릴, 법, 계책
규	邽	陰	土	13	陽	火	木	-	邑	土	고을이름, 보옥
규	閨	中	木	14	陰	火	木	-	門	木	도장방, 규방, 안방, 계집
규	嫢	中	土	14	陰	火	木	-	女	土	가는허리, 그림쇠

글자		글자		획수			음령오행		부수		글자의 의미
		음양	오행	획수	음양	오행	초성	종성	부수	오행	
규	槻	陰	木	15	陽	土	木	-	木	木	물푸레나무
규	葵	中	木	15	陽	土	木	-	艸	木	해바라기, 접시꽃
규	逵	陽	土	15	陽	土	木	-	辵	土	한길
규	窺	中	水	16	陰	土	木	-	穴	水	엿볼, 볼
규	竅	中	水	18	陰	金	木	-	穴	水	구멍, 구멍 뚫을
균	勻	陽	金	4	陰	火	木	火	勹	金	적을, 흩어질, 두루
균	均	陰	土	7	陽	金	木	火	土	土	고를, 평평하게 할
균	畇	陰	土	9	陽	水	木	火	田	木	밭을 일굴
균	鈞	陰	金	12	陰	木	木	火	金	金	서른 근, 고를
균	筠	陰	木	13	陽	火	木	火	竹	木	대나무, 윤택할
균	菌	陽	木	14	陰	火	木	火	艸	木	버섯, 무궁화나무
균	龜	陽	水	16	陰	土	木	火	龜	水	틀, 손이 틀
귤	橘	陰	木	16	陰	土	木	火	木	木	귤나무, 귤
극	克	陽	木	7	陽	金	木	木	儿	木	이길, 능할, 능히
극	剋	陽	金	9	陽	水	木	木	刀	金	이길, 잘할, 능할
극	棘	陰	金	12	陰	木	木	木	木	木	대추나무, 가시나무
극	戟	陰	金	12	陰	木	木	木	戈	金	창, 찌를
극	極	陰	木	13	陽	火	木	木	木	木	다할, 끝날, 그만둘
극	劇	陰	金	15	陽	土	木	木	刀	金	심할, 힘들, 연극
극	隙	陰	土	18	陰	金	木	木	阜	土	틈, 구멍, 여가
근	斤	陽	金	4	陰	火	木	火	斤	金	도끼, 벨, 나무 벨, 근
근	劤	陰	水	6	陰	土	木	火	力	土	힘, 힘셀, 강할
근	芹	陽	木	10	陰	水	木	火	艸	木	미나리
근	根	陰	木	10	陰	水	木	火	木	木	뿌리, 뿌리박을
근	近	陽	土	11	陽	木	木	火	辵	土	가까울, 닮을
근	筋	陰	木	12	陰	木	木	火	竹	木	힘줄, 힘, 체력
근	勤	陰	土	13	陽	火	木	火	力	土	부지런할, 일
근	僅	陰	火	13	陽	火	木	火	人	火	겨우, 조금, 거의
근	菫	陽	木	14	陰	火	木	火	艸	木	제비꽃, 오랑캐꽃
근	墐	陰	土	14	陰	火	木	火	土	土	매흙질할, 파묻을

글자		글자		획수			음령오행		부수		글자의 의미
		음양	오행	획수	음양	오행	초성	종성	부수	오행	
근	槿	陰	木	15	陽	土	木	火	木	木	무궁화나무, 무궁화
근	瑾	陰	水	15	陽	土	木	火	水	水	맑을
근	瑾	陰	金	16	陰	土	木	火	玉	金	아름다운 옥, 붉은 옥
근	懃	中	火	17	陽	金	木	火	心	火	은근할, 일에 힘쓸
근	謹	陰	金	18	陰	金	木	火	言	金	삼갈, 경계할
근	覲	陰	火	18	陰	金	木	火	見	火	뵐, 볼, 만나볼
근	饉	陰	水	20	陰	水	木	火	食	水	흉년 들, 흉년
글	契	中	木	9	陽	水	木	火	大	木	부족이름
금	今	陽	火	4	陰	火	木	水	人	火	이제, 이, 이에
금	妗	陰	土	7	陽	金	木	水	女	土	외숙모, 방정맞을
금	金	陽	金	8	陰	金	木	水	金	金	쇠, 돈, 황금
금	昑	陰	火	8	陰	金	木	水	日	火	밝을
금	衾	陽	木	10	陰	水	木	水	衣	木	이불
금	芩	陽	木	10	陰	水	木	水	艸	木	금풀, 풀이름
금	衿	陰	木	10	陰	水	木	水	衣	木	옷깃, 옷고름, 맬
금	琴	中	金	13	陽	火	木	水	玉	金	거문고
금	禽	陽	木	13	陽	火	木	水	禸	木	날짐승, 짐승, 새, 사로잡을
금	禁	中	木	13	陽	火	木	水	示	木	금할, 꺼릴, 규칙, 대궐
금	錦	陰	金	16	陰	土	木	水	金	金	비단, 아름다운 것
금	擒	陰	木	17	陽	金	木	水	手	木	사로잡을, 생포할
금	檎	陰	木	17	陽	金	木	水	木	木	능금나무
금	襟	陰	木	19	陽	水	木	水	衣	木	옷깃, 가슴, 마음
급	及	陽	水	4	陰	火	木	水	又	水	미칠, 이를, 끼칠, 및, 와
급	伋	陰	火	6	陰	土	木	水	人	火	속일, 인명
급	扱	陰	木	8	陰	金	木	水	手	木	미칠, 다룰, 처리할
급	汲	陰	水	8	陰	金	木	水	水	水	물을 길을, 분주할
급	急	陽	火	9	陽	水	木	水	心	火	급할, 갑자기, 빠를, 중요할
급	級	陰	木	10	陰	水	木	水	糸	木	등급, 순서, 층계
급	給	陰	木	12	陰	木	木	水	糸	木	넉넉할, 공급할, 댈, 줄
긍	亘	陽	火	6	陰	土	木	土	二	木	걸칠, 극할, 펼, 뻗칠

글자		글자		획수			음령오행		부수		글자의 의미
		음양	오행	획수	음양	오행	초성	종성	부수	오행	
긍	矜	陰	金	9	陽	水	木	土	矛	金	불쌍히 여길, 아낄, 자랑할
긍	肯	陽	水	10	陰	水	木	土	肉	水	옳게 여길, 즐길
긍	兢	陰	木	14	陰	火	木	土	儿	木	삼갈, 두려워할, 조심할
기	己	陽	土	3	陽	火	木	-	己	土	자기, 여섯째 천간, 몸
기	企	陽	火	6	陰	土	木	-	人	火	꾀할, 발돋움할, 바랄
기	伎	陰	火	6	陰	土	木	-	人	火	재주, 광대, 배우
기	杞	陰	木	7	陽	金	木	-	木	木	구기자나무, 갯버들, 구기자
기	妓	陰	土	7	陽	金	木	-	女	土	기생, 창녀, 음란녀
기	岐	陰	土	7	陽	金	木	-	山	土	갈림길, 메
기	圻	陰	土	7	陽	金	木	-	土	土	경기, 끝, 지경
기	忌	陽	火	7	陽	金	木	-	心	火	꺼릴, 싫어할
기	其	陽	金	8	陰	金	木	-	八	金	그, 의
기	玘	陰	金	8	陰	金	木	-	玉	金	패옥, 노리개
기	奇	陽	木	8	陰	金	木	-	大	木	기이할, 뛰어날
기	祁	陰	木	8	陰	金	木	-	示	木	성할, 크게, 많을
기	技	陰	木	8	陰	金	木	-	手	木	재주, 방술, 의술
기	肌	陰	水	8	陰	金	木	-	肉	水	살, 근육, 피부, 몸
기	汽	陰	水	8	陰	金	木	-	水	水	물 끓는 김, 증기
기	沂	陰	水	8	陰	金	木	-	水	水	물이름
기	祈	陰	木	9	陽	水	木	-	示	木	빌, 구할, 고할
기	紀	陰	木	9	陽	水	木	-	糸	木	벼리, 실마리
기	祇	陰	水	9	陽	水	木	-	示	木	토지의 신, 편안할
기	記	陰	金	10	陰	水	木	-	言	金	기록할, 적을, 욀
기	豈	陽	木	10	陰	水	木	-	豆	木	어찌, 바랄
기	氣	陽	水	10	陰	水	木	-	气	水	기운, 공기, 숨
기	耆	陽	土	10	陰	水	木	-	老	土	늙은이, 어른, 스승, 늙을
기	起	陽	火	10	陰	水	木	-	走	火	일어날, 날아오를
기	寄	陽	木	11	陽	木	木	-	宀	木	부칠, 보낼, 맡길, 부탁할
기	旣	陰	水	11	陽	木	木	-	无	水	이미, 벌써, 원래
기	飢	陰	水	11	陽	木	木	-	食	水	주릴, 주림, 기아

글자		글자		획수			음령오행		부수		글자의 의미
		음양	오행	획수	음양	오행	초성	종성	부수	오행	
기	基	陽	土	11	陽	木	木	-	土	土	터, 기초, 사업, 꾀
기	崎	陰	土	11	陽	木	木	-	山	土	험할, 갑, 곶, 산길 험할
기	埼	陰	土	11	陽	木	木	-	土	土	험할, 갑, 곶, 언덕
기	棄	陽	木	12	陰	木	木	-	木	木	버릴, 그만둘, 폐할
기	棋	陰	木	12	陰	木	木	-	木	木	바둑, 장기, 바둑돌
기	淇	陰	水	12	陰	木	木	-	水	水	강이름, 황하지류
기	期	陰	水	12	陰	木	木	-	月	水	기약할, 만날, 정할
기	幾	中	水	12	陰	木	木	-	幺	水	기미, 낌새, 조짐
기	朞	陽	火	12	陰	木	木	-	月	水	돌, 만 1년, 돌아올
기	欺	陰	火	12	陰	木	木	-	欠	火	속일, 거짓, 허위
기	碁	陽	金	13	陽	火	木	-	石	金	바둑, 바둑돌, 장기
기	琦	陰	金	13	陽	火	木	-	玉	金	옥이름, 훌륭할
기	琪	陰	金	13	陽	火	木	-	玉	金	옥, 옥이름
기	畸	陰	木	13	陽	火	木	-	田	木	뙈기밭, 우수리
기	稘	陰	木	13	陽	火	木	-	禾	木	일주년, 돌, 짚, 볏짚, 콩줄기
기	祺	陰	木	13	陽	火	木	-	示	木	복, 즐거움, 길조
기	嗜	陰	水	13	陽	火	木	-	口	水	즐길, 좋아할
기	旗	陰	木	14	陰	火	木	-	方	土	기, 표, 표지, 덮을
기	綺	陰	木	14	陰	火	木	-	糸	木	비단, 아름다울
기	箕	中	木	14	陰	火	木	-	竹	木	키, 쓰레받기
기	暣	陰	火	14	陰	火	木	-	日	火	볕기운
기	畿	中	木	15	陽	土	木	-	田	土	경기, 지경이름
기	錡	陰	金	16	陰	土	木	-	金	金	솥, 세발솥, 톱, 끌
기	錤	陰	金	16	陰	土	木	-	金	金	호미
기	璂	陰	金	16	陰	土	木	-	玉	金	피변 꾸미개, 옥
기	冀	中	金	16	陰	土	木	-	八	金	바랄, 바라건대
기	機	陰	木	16	陰	土	木	-	木	木	틀, 기계, 용수철, 베틀
기	器	中	水	16	陰	土	木	-	口	水	그릇, 재주, 도량
기	磯	陰	金	17	陽	金	木	-	石	金	물가, 강가자갈밭
기	璣	陰	金	17	陽	金	木	-	玉	金	구슬, 거울이름

글자		글자		획수			음령오행		부수		글자의 의미
		음양	오행	획수	음양	오행	초성	종성	부수	오행	
기	穖	陰	木	18	陰	金	木	-	耒	木	밭갈
기	騏	陰	火	18	陰	金	木	-	馬	火	털총이, 천리마
기	騎	陰	火	18	陰	金	木	-	馬	火	말을 탈, 걸터앉을
기	譏	陰	金	19	陽	水	木	-	言	金	나무랄, 충고할
기	麒	陰	土	19	陽	水	木	-	鹿	土	기린
기	夔	中	土	20	陰	水	木	-	夊	水	조심할, 외발짐승
기	饑	陰	水	21	陽	木	木	-	食	水	주릴, 굶주릴, 흉년
기	羈	中	木	25	陽	土	木	-	网	木	굴레, 재갈, 끌
기	驥	陰	火	27	陽	金	木	-	馬	火	천리마, 준재
긴	緊	中	木	14	陰	火	木	火	糸	木	굳게얽을, 감을, 긴요할, 급할
길	吉	陽	水	6	陰	土	木	火	口	水	길할, 좋을, 이로울
길	佶	陰	火	8	陰	金	木	火	人	火	건장할, 바를, 굽을
길	姞	陰	土	9	陽	水	木	火	女	土	성(姓), 삼갈
길	桔	陰	木	10	陰	水	木	火	木	木	도라지, 두레박틀
길	拮	陰	木	10	陰	水	木	火	手	木	일할, 맞설, 겨룰
김	金	陽	金	8	陰	金	木	水	金	金	성(姓), 쇠, 황금
끽	喫	中	水	12	陰	木	木	木	口	水	마실, 먹을, 피울
나	奈	陽	木	8	陰	金	火	-	大	木	어찌, 나락
나	拏	中	木	9	陽	水	火	-	手	木	붙잡을, 비빌
나	拿	陽	木	10	陰	水	火	-	手	木	붙잡을, 사로잡을
나	挐	中	木	10	陰	水	火	-	手	木	붙잡을, 손에 넣을, 지연될
나	娜	陰	土	10	陰	水	火	-	女	土	아리따울
나	那	陰	土	11	陽	木	火	-	邑	土	어찌, 어떻게
나	喇	陰	水	12	陰	木	火	-	口	水	나팔, 말이 잴
나	懦	陰	火	18	陰	金	火	-	心	火	나약할, 무기력할
나	儺	陰	火	21	陽	木	火	-	人	火	역귀 쫓을, 공손한 모양
낙	諾	陰	金	16	陰	土	火	木	言	金	대답할, 승낙, 허락
난	暖	陰	火	13	陽	火	火	火	日	火	따뜻할, 따뜻해질
난	煖	陰	火	13	陽	火	火	火	火	火	문드러질, 불에 델, 따뜻할
난	難	陰	火	19	陽	水	火	火	隹	火	어려울, 재앙, 근심

글자		글자		획수			음령오행		부수		글자의 의미
		음양	오행	획수	음양	오행	초성	종성	부수	오행	
날	捏	陰	木	11	陽	木	火	火	手	木	이길, 반죽할
날	捺	陰	木	12	陰	木	火	火	手	木	손으로 누를, 찍을, 파임
남	男	陽	木	7	陽	金	火	水	田	木	사내, 장부, 아들
남	枏	陰	木	8	陰	金	火	水	木	木	녹나무
남	南	陽	水	9	陽	水	火	水	十	水	남녘, 남쪽으로 갈
남	楠	陰	木	13	陽	火	火	水	木	木	녹나무
남	湳	陰	水	13	陽	火	火	水	水	水	강이름, 물이름
납	納	陰	木	10	陰	水	火	水	糸	木	바칠, 헌납할, 들일
납	衲	陰	木	10	陰	水	火	水	衣	木	기울, 장삼, 승려
낭	娘	陰	土	10	陰	水	火	土	女	土	아가씨, 어머니
낭	囊	中	水	22	陰	木	火	土	口	水	주머니, 자루, 불알
내	乃	陽	金	2	陰	木	火	-	ノ	金	이에, 너, 접때
내	內	陽	木	4	陰	火	火	-	入	木	안, 들일, 어머니
내	奈	陽	木	8	陰	金	火	-	大	木	어찌, 어찌할꼬
내	柰	陽	木	9	陽	水	火	-	木	木	능금나무, 어찌
내	耐	陰	水	9	陽	水	火	-	而	水	견딜, 참을
녀	女	陽	土	3	陽	火	火	-	女	土	여자, 딸, 처녀, 계집
년	年	陽	木	6	陰	土	火	火	干	木	해, 나이, 365일
년	秊	陽	木	8	陰	金	火	火	禾	木	해, 나이, 새해, 나아갈
년	撚	陰	木	16	陰	土	火	火	手	木	비틀, 꼴, 반죽할
념	念	陽	火	8	陰	金	火	水	心	火	생각할, 생각, 읊을
념	拈	陰	木	9	陽	水	火	水	手	木	집을, 집어 들
념	恬	陰	火	10	陰	水	火	水	心	火	편안할, 조용할
념	捻	陰	木	12	陰	木	火	水	手	木	비틀, 비꼴, 붙잡을
녕	甯	陽	木	13	陽	火	火	土	宀	木	차라리, 소원
녕	寗	陽	木	14	陰	火	火	土	宀	木	편안할, 문안할
노	奴	陰	土	5	陽	土	火	-	女	土	종, 노예, 포로
노	努	中	土	7	陽	金	火	-	力	土	힘쓸
노	弩	中	火	8	陰	金	火	-	弓	火	쇠뇌
노	怒	中	火	9	陽	水	火	-	心	火	성낼, 화낼, 힘쓸

글자		글자		획수			음령오행		부수		글자의 의미
		음양	오행	획수	음양	오행	초성	종성	부수	오행	
노	瑙	陰	金	14	陰	火	火	-	玉	金	마노
노	駑	中	火	15	陽	土	火	-	馬	火	둔할, 미련할
농	農	陽	土	13	陽	火	火	土	辰	土	농사, 농업, 농부
농	濃	陰	水	17	陽	金	火	土	水	水	짙을, 우거질
농	膿	陰	水	19	陽	水	火	土	肉	水	고름, 진한 국물
뇨	尿	陽	水	7	陽	金	火	-	尸	水	오줌, 소변
눈	嫩	陰	土	14	陰	火	火	火	女	土	어릴, 예쁠, 엷을
눌	訥	陰	金	11	陽	木	火	火	言	金	말을 더듬을
뇌	惱	陰	火	13	陽	火	火	-	心	火	괴로워할, 괴롭힐
뇌	腦	陰	水	15	陽	土	火	-	肉	水	뇌, 머리, 정신, 머릿골
뉴	杻	陰	木	8	陰	金	火	-	木	木	감탕나무, 싸리
뉴	紐	陰	木	10	陰	水	火	-	糸	木	끈, 인끈, 맬, 묶을, 맺을
뉴	鈕	陰	金	12	陰	木	火	-	金	金	인꼭지, 단추, 성(姓)
능	能	陰	水	12	陰	木	火	土	肉	水	능할, 잘할, 미칠
니	尼	陽	水	5	陽	土	火	-	尸	水	중, 여승, 성(姓)
니	柅	陰	木	9	陽	水	火	-	木	木	무성할, 살필
니	泥	陰	水	9	陽	水	火	-	水	水	진흙, 진창, 수렁
니	濔	陰	水	18	陰	金	火	-	水	水	치렁치렁할, 많을, 넘칠
니	膩	陰	水	18	陰	金	火	-	肉	水	미끄러울, 살찔, 기름
닉	匿	陽	水	11	陽	木	火	木	匸	水	숨을, 숨길
닉	溺	陰	水	14	陰	火	火	木	水	水	빠질, 잠길, 성(姓)
다	多	陰	水	6	陰	土	火	-	夕	水	많을, 넓을, 겹칠
다	爹	中	木	10	陰	水	火	-	父	木	아비, 아버지
다	茶	陽	木	12	陰	木	火	-	艸	木	차, 소녀
단	丹	陽	木	4	陰	火	火	火	丶	木	붉을, 붉게 칠할
단	旦	陽	火	5	陽	土	火	火	日	火	아침, 밤을 새울
단	但	陰	火	7	陽	金	火	火	人	火	다만, 부질없이
단	段	陰	金	9	陽	水	火	火	殳	金	구분, 갈림, 조각
단	彖	陽	火	9	陽	水	火	火	彐	火	단, 단사, 판단할
단	袒	陰	木	11	陽	木	火	火	衣	木	웃통 벗을

글자		글자		획수			음령오행		부수		글자의 의미
		음양	오행	획수	음양	오행	초성	종성	부수	오행	
단	蛋	陽	水	11	陽	木	火	火	虫	水	새알, 해녀
단	短	陰	金	12	陰	木	火	火	矢	金	짧을, 숨이 가쁠
단	單	中	水	12	陰	木	火	火	口	水	홀로, 오직, 외로울
단	湍	陰	水	13	陽	火	火	火	水	水	여울, 급류, 빠를
단	亶	陽	火	13	陽	火	火	火	亠	火	믿음, 진실로, 믿을
단	煓	陰	火	13	陽	火	火	火	火	火	불꽃 성할, 빛날
단	端	陰	金	14	陰	火	火	火	立	金	바를, 곧을, 끝
단	團	陽	水	14	陰	火	火	火	囗	水	둥글, 모일, 덩어리
단	緞	陰	木	15	陽	土	火	火	糸	木	비단
단	壇	陰	土	16	陰	土	火	火	土	土	단, 당, 뜰
단	鍛	陰	金	17	陽	金	火	火	金	金	쇠 불릴, 숫돌, 포, 단련할
단	檀	陰	木	17	陽	金	火	火	木	木	박달나무, 단향목
단	斷	陰	金	18	陰	金	火	火	斤	金	끊을, 절단할, 쪼갤
단	簞	中	木	18	陰	金	火	火	竹	木	대광주리
단	鄲	陰	土	19	陽	水	火	火	邑	土	조나라의 서울, 나라이름
달	疸	陽	水	10	陰	水	火	火	疒	水	황달
달	達	陽	土	16	陰	土	火	火	辵	土	통달할, 다다를
달	撻	陰	木	17	陽	金	火	火	手	木	매질할, 빠를
달	澾	陰	水	17	陽	金	火	火	水	水	미끄러울
달	獺	陰	土	20	陰	水	火	火	犬	土	수달
담	坍	陰	土	7	陽	金	火	水	土	土	무너질
담	倓	陰	火	10	陰	水	火	水	人	火	고요할, 움직일
담	啖	陰	水	11	陽	木	火	水	口	水	먹을, 탐할, 미끼
담	聃	陰	火	11	陽	木	火	水	耳	火	귓바퀴 없을, 나라이름
담	覃	陽	金	12	陰	木	火	水	襾	金	미칠, 퍼질
담	淡	陰	水	12	陰	木	火	水	水	水	묽을, 싱거울, 물 맑을
담	痰	陽	水	13	陽	火	火	水	疒	水	가래, 담, 천식
담	湛	陰	水	13	陽	火	火	水	水	水	즐길, 탐닉할, 빠질
담	談	陰	金	15	陽	土	火	水	言	金	말씀, 언론, 말할
담	錟	陰	金	16	陰	土	火	水	金	金	창, 날카로울, 찌를

글자		글자		획수			음령오행		부수		글자의 의미
		음양	오행	획수	음양	오행	초성	종성	부수	오행	
담	潭	陰	水	16	陰	土	火	水	水	水	깊을, 연못, 물가
담	曇	陽	火	16	陰	土	火	水	日	火	흐릴, 구름이 낄
담	擔	陰	木	17	陽	金	火	水	手	木	멜, 짊어질, 맡을, 짐
담	澹	陰	水	17	陽	金	火	水	水	水	담박할, 물 맑을
담	憺	陰	火	17	陽	金	火	水	心	火	편안할, 평온할
담	蕁	中	木	18	陰	金	火	水	艸	木	지모, 무더울, 마를
담	譚	陰	金	19	陽	水	火	水	言	金	이야기, 깊을, 편안할
담	膽	陰	水	19	陽	水	火	水	肉	水	쓸개, 담력, 마음, 담대할
답	沓	陽	水	8	陰	金	火	水	水	水	유창할, 끓을, 합할
답	畓	陽	土	9	陽	水	火	水	田	土	논, 수전
답	答	中	木	12	陰	木	火	水	竹	木	팥, 대답할, 맞출
답	踏	陰	土	15	陽	土	火	水	足	土	밟을, 디딜, 발판
답	遝	陽	土	17	陽	金	火	水	辵	土	뒤섞일, 따라붙을
당	唐	陽	水	10	陰	水	火	土	口	水	당나라, 저촉될
당	堂	陽	土	11	陽	木	火	土	土	土	집, 향교, 평평할
당	棠	陽	木	12	陰	木	火	土	木	木	팥배나무, 해당화
당	當	陽	木	13	陽	火	火	土	田	土	당할, 대할, 대적할, 마땅
당	塘	陰	土	13	陽	火	火	土	土	土	못, 제방, 저수지
당	幢	陰	木	15	陽	土	火	土	巾	木	기, 휘장
당	糖	陰	木	16	陰	土	火	土	米	木	사탕, 엿
당	撞	陰	木	16	陰	土	火	土	手	木	칠, 두드릴, 부딪칠
당	螳	陰	水	17	陽	金	火	土	虫	水	사마귀
당	鐺	陰	金	19	陽	水	火	土	金	金	종고소리
당	黨	陽	水	20	陰	水	火	土	黑	水	무리, 마을, 친척
당	戇	中	火	28	陰	金	火	土	心	火	어리석을, 외고집
대	大	陽	木	3	陽	火	火	-	大	木	큰, 넓을, 두루
대	代	陽	火	5	陽	土	火	-	人	火	대신할, 시대
대	旲	陽	火	7	陽	金	火	-	日	火	햇빛, 해가 클
대	垈	陽	土	8	陰	金	火	-	土	土	터, 집터
대	岱	陽	土	8	陰	金	火	-	山	土	대산, 클, 큼직할

글자		글자		획수			음령오행		부수		글자의 의미
		음양	오행	획수	음양	오행	초성	종성	부수	오행	
대	坮	陰	土	8	陰	金	火	-	土	土	대
대	待	陰	火	9	陽	水	火	-	彳	火	기다릴, 갖출, 막을
대	玳	陰	金	10	陰	水	火	-	玉	金	대모
대	袋	陽	木	11	陽	木	火	-	衣	木	자루, 부대, 주머니
대	帶	陽	木	11	陽	木	火	-	巾	木	띠, 띠를 두를, 찰
대	貸	陽	金	12	陰	木	火	-	貝	金	빌릴, 베풀, 대여할
대	臺	陽	土	14	陰	火	火	-	至	土	돈대, 대, 관청
대	對	陰	土	14	陰	火	火	-	寸	土	대답할, 대할, 상대
대	黛	陽	水	17	陽	金	火	-	黑	水	눈썹먹, 여자눈썹
대	隊	陰	土	17	陽	金	火	-	阜	土	대, 무리, 떼
대	戴	陽	金	18	陰	金	火	-	戈	金	일, 올려놓을, 느낄
대	擡	陰	木	18	陰	金	火	-	手	木	들, 들어 올릴
댁	宅	陽	木	6	陰	土	火	木	宀	木	댁, 집, 대지, 살
덕	悳	陽	火	12	陰	木	火	木	心	火	덕, 선행, 선심, 큰
덕	德	陰	火	15	陽	土	火	木	彳	火	덕, 행위, 어진 이, 큰
도	刀	陽	金	2	陰	木	火	-	刀	金	칼
도	到	陰	金	8	陰	金	火	-	刀	金	이를, 속일, 기만할
도	度	陽	木	9	陽	水	火	-	广	木	법도, 제도, 국량, 법
도	桃	陰	木	10	陰	水	火	-	木	木	복숭아나무, 복숭아
도	挑	陰	木	10	陰	水	火	-	手	木	휠, 굽을, 돋울, 서로 볼
도	島	陽	土	10	陰	水	火	-	山	土	섬
도	徒	陰	火	10	陰	水	火	-	彳	火	무리, 동아리, 걸을
도	倒	陰	火	10	陰	水	火	-	人	火	넘어질, 죽을, 거꾸러질
도	盜	中	金	12	陰	木	火	-	皿	金	훔칠, 밀통할, 도둑
도	掉	陰	木	12	陰	木	火	-	手	木	흔들, 흔들릴, 요동할
도	棹	陰	木	12	陰	木	火	-	木	木	노, 키, 노를 저을
도	屠	陽	水	12	陰	木	火	-	尸	水	잡을, 짐승을 잡을
도	淘	陰	水	12	陰	木	火	-	水	水	일, 씻을, 물 흐를
도	堵	陰	土	12	陰	木	火	-	土	土	담, 담장, 거처
도	悼	陰	火	12	陰	木	火	-	心	火	슬퍼할, 두려워 떨

글자		글자		획수			음령오행		부수		글자의 의미
		음양	오행	획수	음양	오행	초성	종성	부수	오행	
도	渡	陰	水	13	陽	火	火	-	水	水	건널, 통할, 지나갈
도	逃	陽	土	13	陽	火	火	-	辵	土	달아날, 도망칠
도	跳	陰	土	13	陽	火	火	-	足	土	뛸, 도약할, 달아날
도	塗	中	土	13	陽	火	火	-	土	土	진흙, 칠할, 길
도	萄	陽	木	14	陰	火	火	-	艸	木	포도, 머루
도	睹	陰	木	14	陰	火	火	-	目	木	볼, 가릴, 분별할
도	搗	陰	木	14	陰	火	火	-	手	木	찧을, 두드릴, 다듬을
도	圖	陽	水	14	陰	火	火	-	口	水	그림, 도모할, 그릴
도	滔	陰	水	14	陰	火	火	-	水	水	물이 넘칠, 그득할
도	途	陽	土	14	陰	火	火	-	辵	土	길, 도로
도	嶋	陰	土	14	陰	火	火	-	山	土	섬
도	稻	陰	木	15	陽	土	火	-	禾	木	벼
도	賭	陰	金	16	陰	土	火	-	貝	金	걸, 노름, 도박
도	導	陽	土	16	陰	土	火	-	寸	土	이끌, 간할, 충고할, 인도할
도	道	陽	土	16	陰	土	火	-	辵	土	길, 이치, 근원
도	都	陰	土	16	陰	土	火	-	邑	土	도읍, 서울
도	陶	陰	土	16	陰	土	火	-	阜	土	질그릇, 옹기장이
도	覩	陰	火	16	陰	土	火	-	見	火	볼
도	鍍	陰	金	17	陽	金	火	-	金	金	도금할
도	蹈	陰	土	17	陽	金	火	-	足	土	밟을, 걸을, 지킬
도	櫂	陰	木	18	陰	金	火	-	木	木	노, 상앗대, 배
도	濤	陰	水	18	陰	金	火	-	水	水	큰 물결, 물결칠
도	燾	中	火	18	陰	金	火	-	火	火	비출, 더울, 가릴
도	韜	陰	金	19	陽	水	火	-	韋	金	감출, 활집, 칼전대
도	禱	陰	木	19	陽	水	火	-	示	木	빌, 기원할, 기도할
독	禿	中	木	7	陽	金	火	木	禾	木	대머리, 민둥산
독	毒	陽	土	8	陰	金	火	木	毋	土	독, 해독, 죽일, 독할
독	督	中	木	13	陽	火	火	木	目	木	살펴볼, 바로잡을
독	篤	中	木	16	陰	土	火	木	竹	木	도타울, 인정 많을
독	獨	陰	土	17	陽	金	火	木	犬	土	홀로, 홀몸, 홀어미

글자		글자		획수			음령오행		부수		글자의 의미
		음양	오행	획수	음양	오행	초성	종성	부수	오행	
독	牘	陰	木	19	陽	水	火	木	片	木	편지, 나뭇조각, 책
독	瀆	陰	水	19	陽	水	火	木	水	水	도랑, 하수도, 흐릴
독	犢	陰	土	19	陽	水	火	木	牛	土	송아지
독	讀	陰	金	22	陰	木	火	木	言	金	읽을, 설명할, 풀
독	纛	中	木	25	陽	土	火	木	糸	木	둑, 소꼬리
돈	沌	陰	水	8	陰	金	火	火	水	水	어둘, 혼탁할
돈	旽	陰	火	8	陰	金	火	火	日	火	밝을, 친밀할
돈	豚	陰	水	11	陽	木	火	火	豕	水	돼지, 복, 복어
돈	敦	陰	金	12	陰	木	火	火	攴	金	도타울, 노력할
돈	惇	陰	火	12	陰	木	火	火	心	火	도타울, 애쓸, 진심
돈	焞	陰	火	12	陰	木	火	火	火	火	귀갑 지지는 불, 어스레할
돈	頓	陰	火	13	陽	火	火	火	頁	火	조아릴, 넘어질
돈	墩	陰	土	15	陽	土	火	火	土	土	돈대
돈	暾	陰	火	16	陰	土	火	火	日	火	아침 해, 해 돋을
돈	燉	陰	火	16	陰	土	火	火	火	火	이글거릴, 불빛
돌	乭	陽	金	6	陰	土	火	火	乙	木	이름, 돌
돌	突	陽	水	9	陽	水	火	火	穴	水	갑자기, 부딪칠
동	冬	陽	水	5	陽	土	火	土	冫	水	겨울, 동면할
동	仝	陽	火	5	陽	土	火	土	人	火	한가지, 같게, 함께
동	同	陽	水	6	陰	土	火	土	口	水	한가지, 무리, 함께
동	彤	陰	火	7	陽	金	火	土	彡	火	붉을, 빨강
동	東	陽	木	8	陰	金	火	土	木	木	동녘, 동쪽
동	垌	陰	土	9	陽	水	火	土	土	土	항아리, 단지
동	桐	陰	木	10	陰	水	火	土	木	木	오동나무, 거문고
동	疼	陽	水	10	陰	水	火	土	疒	水	아플, 욱신거릴
동	涷	陰	水	10	陰	水	火	土	冫	水	얼, 추울
동	洞	陰	水	10	陰	水	火	土	水	水	골, 동굴, 마을, 빌
동	烔	陰	火	10	陰	水	火	土	火	火	뜨거운 모양, 태울
동	動	陰	土	11	陽	木	火	土	力	土	움직일, 살아날
동	童	陽	金	12	陰	木	火	土	立	金	아이, 어리석을

글자		글자		획수			음령오행		부수		글자의 의미
		음양	오행	획수	음양	오행	초성	종성	부수	오행	
동	棟	陰	木	12	陰	木	火	土	木	木	용마루, 마룻대
동	胴	陰	水	12	陰	木	火	土	肉	水	큰창자, 대장, 창자
동	銅	陰	金	14	陰	火	火	土	金	金	구리, 도장, 돈
동	蝀	陰	水	14	陰	火	火	土	虫	水	무지개
동	董	陽	木	15	陽	土	火	土	艸	木	동독할, 감독할, 바로잡을
동	潼	陰	水	16	陰	土	火	土	水	水	강이름, 물결 높을
동	曈	陰	水	16	陰	土	火	土	月	水	달이 뜰, 흐릴, 어렴풋할
동	疃	陰	火	16	陰	土	火	土	日	火	동틀
동	憧	陰	火	16	陰	土	火	土	心	火	그리워할, 그리움
동	瞳	陰	木	17	陽	金	火	土	目	木	눈동자
두	斗	陽	火	4	陰	火	火	-	斗	火	말, 용량의 단위
두	豆	陽	木	7	陽	金	火	-	豆	木	콩, 팥, 제수, 제물
두	杜	陰	木	7	陽	金	火	-	木	木	팥배나무, 막을, 성(姓)
두	枓	陰	木	8	陰	金	火	-	木	木	주두, 대접받침, 구기
두	兜	中	木	11	陽	木	火	-	儿	木	투구, 쓰개
두	痘	陽	水	12	陰	木	火	-	疒	水	천연두, 마마
두	阧	陰	土	12	陰	木	火	-	阜	土	치솟을, 우뚝 솟을, 험할
두	荳	陽	木	13	陽	火	火	-	艸	木	콩, 팥
두	逗	陽	土	14	陰	火	火	-	辵	土	머무를, 던질, 무덤
두	頭	陰	火	16	陰	土	火	-	頁	火	머리, 머리털, 시초
두	竇	陽	水	20	陰	水	火	-	穴	水	구멍, 구멍 낼, 물길
두	讀	陰	金	22	陰	木	火	-	言	金	구절, 土
둔	屯	陽	木	4	陰	火	火	火	屮	木	진 칠, 주둔군
둔	芚	陽	木	10	陰	水	火	火	艸	木	채소이름
둔	鈍	陰	金	12	陰	木	火	火	金	金	무딜, 둔할
둔	遁	陽	土	16	陰	土	火	火	辵	土	달아날, 끊을, 피할
둔	遯	中	土	18	陰	金	火	火	辵	土	달아날, 피할
둔	臀	중	水	19	陽	水	火	火	肉	水	볼기, 밑, 바닥
득	得	陰	火	11	陽	木	火	木	彳	火	얻을, 이익, 이득
등	等	中	木	12	陰	木	火	土	竹	木	가지런할, 등급

글자		글자		획수			음령오행		부수		글자의 의미
		음양	오행	획수	음양	오행	초성	종성	부수	오행	
등	登	中	水	12	陰	木	火	土	癶	水	오를, 지위에 오를
등	嶝	陰	土	15	陽	土	火	土	山	土	고개, 비탈길
등	橙	陰	木	16	陰	土	火	土	木	木	등자나무, 등자
등	燈	陰	火	16	陰	土	火	土	火	火	등잔, 등, 등불
등	謄	陰	金	17	陽	金	火	土	言	金	베낄, 등사할
등	鄧	陰	土	19	陽	水	火	土	邑	土	나라 이름
등	騰	陰	火	20	陰	水	火	土	馬	火	오를, 높은 곳 갈
등	藤	中	木	21	陽	木	火	土	艸	木	등나무, 덩굴
라	剆	陰	金	9	陽	水	火	-	刀	金	칠
라	喇	陰	水	12	陰	木	火	-	口	水	나팔, 말이 잴
라	裸	陰	木	14	陰	火	火	-	衣	木	벌거벗을
라	摞	陰	木	15	陽	土	火	-	手	木	정돈할, 쌓아올릴
라	螺	陰	水	17	陽	金	火	-	虫	水	소라
라	覶	陰	火	19	陽	水	火	-	見	火	자세할, 즐겁게 볼
라	羅	中	木	20	陰	水	火	-	网	木	새그물, 벌릴
라	懶	陰	火	20	陰	水	火	-	心	火	게으를, 나른할
라	癩	中	水	21	陽	木	火	-	疒	水	약물중독, 옴
라	蘿	中	木	25	陽	土	火	-	艸	木	무, 미나리, 칡
라	邏	中	土	26	陰	土	火	-	辵	土	순행할, 순라
락	洛	陰	水	10	陰	水	火	木	水	水	강 이름, 잇닿을
락	烙	陰	火	10	陰	水	火	木	火	火	지질, 화침
락	珞	陰	金	11	陽	木	火	木	玉	金	구슬 목걸이, 조약돌
락	絡	陰	木	12	陰	木	火	木	糸	木	헌 솜, 명주, 이을
락	酪	陰	金	13	陽	火	火	木	酉	金	진한유즙, 식초, 술
락	落	中	木	15	陽	土	火	木	艸	木	떨어질, 흩어질
락	樂	中	木	15	陽	土	火	木	木	木	즐길, 연주할, 악기
락	駱	陰	火	16	陰	土	火	木	馬	火	낙타, 가리온
란	丹	陽	木	4	陰	火	火	火	丶	木	붉을, 붉게 칠할, 신약, 단사
란	卵	陰	水	7	陽	金	火	火	卩	水	알, 기를, 굵을
란	亂	陰	木	13	陽	火	火	火	乙	木	어지러울, 반역

글자		글자		획수			음령오행		부수		글자의 의미
		음양	오행	획수	음양	오행	초성	종성	부수	오행	
란	欄	陰	木	21	陽	木	火	火	木	木	난간, 우리, 칸막이
란	瀾	陰	水	21	陽	木	火	火	水	水	물결, 눈물 흘릴
란	爛	陰	火	21	陽	木	火	火	火	火	문드러질, 불에 델, 빛날
란	瓓	陰	金	22	陰	木	火	火	玉	金	옥의 광채, 옥무늬
란	欒	中	木	23	陽	火	火	火	木	木	나무이름, 가름대
란	蘭	中	木	23	陽	火	火	火	艸	木	난초, 등골나물
란	鸞	中	火	30	陰	水	火	火	鳥	火	난새, 방울
랄	剌	陰	金	9	陽	水	火	火	刀	金	어그러질, 어지러울
랄	辣	陰	金	14	陰	火	火	火	辛	金	매울, 언행 엄혹할
람	嵐	陽	土	12	陰	木	火	水	山	土	남기, 산이름
람	擥	中	木	18	陰	金	火	水	手	木	잡을, 손에 쥘, 딸
람	濫	陰	水	18	陰	金	火	水	水	水	퍼질, 넘칠
람	襤	陰	木	20	陰	水	火	水	衣	木	누더기
람	藍	中	木	20	陰	水	火	水	艸	木	쪽(풀이름), 누더기
람	籃	中	木	20	陰	水	火	水	竹	木	바구니, 대광주리
람	覽	中	火	21	陽	木	火	水	見	火	볼, 살펴볼, 전망할
람	攬	陰	木	25	陽	土	火	水	手	木	잡을, 손에 쥘, 딸
람	欖	陰	木	25	陽	土	火	水	木	木	감람나무
람	纜	陰	木	27	陽	金	火	水	糸	木	닻줄
랍	拉	陰	木	9	陽	水	火	水	手	木	꺾을, 부러뜨릴
랍	臘	陰	水	21	陽	木	火	水	肉	水	납향, 섣달
랍	蠟	陰	水	21	陽	木	火	水	虫	水	밀, 밀초
랑	朗	陰	水	11	陽	木	火	土	月	水	밝을, 맑게 환할
랑	浪	陰	水	11	陽	木	火	土	水	水	물결, 파도, 방자할
랑	狼	陰	土	11	陽	木	火	土	犬	土	이리, 어지러워질, 짐승이름
랑	烺	陰	火	11	陽	木	火	土	火	火	빛 밝을, 맑고 환할
랑	琅	陰	金	12	陰	木	火	土	玉	金	옥이름, 푸른 산호
랑	廊	中	木	13	陽	火	火	土	广	木	복도, 행랑
랑	郞	陰	土	14	陰	火	火	土	邑	土	사나이, 젊은이
랑	瑯	陰	金	15	陽	土	火	土	玉	金	고을이름, 옥이름

글자		글자		획수			음령오행		부수		글자의 의미
		음양	오행	획수	음양	오행	초성	종성	부수	오행	
랑	螂	陰	水	16	陰	土	火	土	虫	水	사마귀, 쇠똥구리
래	來	陽	火	8	陰	金	火	-	人	火	올, 장래, 부를
래	崍	陰	土	11	陽	木	火	-	山	土	산이름
래	徠	陰	火	11	陽	木	火	-	彳	火	올, 위로할
래	萊	陽	木	14	陰	火	火	-	艸	木	명아주풀, 묵정밭
랭	冷	陰	水	7	陽	金	火	土	冫	水	찰, 식힐, 맑을
략	略	陰	土	11	陽	木	火	木	田	木	다스릴, 둘러볼, 간략할
략	掠	陰	木	12	陰	木	火	木	手	木	노략질할
량	良	陽	土	7	陽	金	火	土	艮	土	좋을, 어질, 뛰어날
량	兩	陽	木	8	陰	金	火	土	入	木	두, 둘, 짝
량	亮	陽	火	9	陽	水	火	土	亠	火	밝을, 명석할, 진실
량	倆	陰	木	10	陰	水	火	土	人	火	재주, 둘
량	凉	陰	水	10	陰	水	火	土	冫	水	서늘할, 엷을
량	梁	中	木	11	陽	木	火	土	木	木	들보, 징검다리
량	涼	陰	水	12	陰	木	火	土	水	水	서늘할, 엷을, 맑을
량	量	陽	土	12	陰	木	火	土	里	土	헤아릴, 길이, 좋을
량	粮	陰	木	13	陽	火	火	土	米	木	양식, 식량의 총칭
량	粱	中	木	13	陽	火	火	土	米	木	기장, 기장밥
량	諒	陰	金	15	陽	土	火	土	言	金	믿을, 참, 진실
량	樑	陰	木	15	陽	土	火	土	木	木	들보, 대들보
량	輛	陰	火	15	陽	土	火	土	車	火	수레, 필적할
량	糧	陰	木	18	陰	金	火	土	米	木	양식, 식량의 총칭
려	呂	陽	水	7	陽	金	火	-	口	水	음률, 등뼈, 땅이름
려	戾	陽	金	8	陰	金	火	-	戶	木	어그러질, 벗어날
려	侶	陰	火	9	陽	水	火	-	人	火	짝, 벗할
려	旅	陰	土	10	陰	水	火	-	方	土	군사, 나그네, 무리
려	閭	中	木	15	陽	土	火	-	門	木	이문, 마을의 문
려	黎	中	木	15	陽	土	火	-	黍	木	검을, 많을, 무렵
려	慮	陽	火	15	陽	土	火	-	心	火	생각할, 꾀할
려	勵	陰	土	17	陽	金	火	-	力	土	힘쓸, 권장할

글자		글자		획수			음령오행		부수		글자의 의미
		음양	오행	획수	음양	오행	초성	종성	부수	오행	
려	廬	陽	木	19	陽	水	火	-	广	木	오두막집, 주막
려	櫚	陰	木	19	陽	水	火	-	木	木	종려나무
려	濾	陰	水	19	陽	水	火	-	水	水	거를, 맑게 할, 씻을
려	麗	中	土	19	陽	水	火	-	鹿	土	고울, 우아할, 짝
려	礪	陰	金	20	陰	水	火	-	石	金	거친 숫돌
려	藜	中	木	21	陽	木	火	-	艸	木	나라이름, 명아주
려	蠣	陰	水	21	陽	木	火	-	虫	水	굴, 구조개
려	儷	陰	火	21	陽	木	火	-	人	火	나란히 할, 짝, 쌍
려	驢	陰	火	26	陰	土	火	-	馬	火	나귀, 당나귀
려	驪	陰	火	29	陽	水	火	-	馬	火	가라말, 검을
력	力	陽	土	2	陰	木	火	木	力	土	힘, 힘쓸
력	歷	中	土	16	陰	土	火	木	止	土	지낼, 지나갈
력	曆	中	火	16	陰	土	火	木	日	火	책력, 역법, 水
력	礫	陰	金	20	陰	水	火	木	石	金	조약돌, 밝은 모양
력	瀝	陰	水	20	陰	水	火	木	水	水	거를, 밭칠
력	轢	陰	火	22	陰	木	火	木	車	火	삐걱거릴, 칠
력	靂	中	水	24	陰	火	火	木	雨	水	벼락, 천둥
련	煉	陰	火	13	陽	火	火	火	火	火	불릴, 정련할, 구을
련	連	陽	土	14	陰	火	火	火	辵	土	잇닿을, 이어질, 이을
련	練	陰	木	15	陽	土	火	火	糸	木	익힐, 단련할
련	漣	陰	水	15	陽	土	火	火	水	水	물놀이, 눈물 흘릴
련	輦	中	火	15	陽	土	火	火	車	火	손수레, 수레 끌
련	璉	陰	金	16	陰	土	火	火	玉	金	호련, 이어질
련	憐	陰	火	16	陰	土	火	火	心	火	불쌍히 여길
련	鍊	陰	金	17	陽	金	火	火	金	金	불릴, 정련할, 단련할
련	蓮	陽	木	17	陽	金	火	火	艸	木	연밥, 연, 연꽃
련	聯	陰	火	17	陽	金	火	火	耳	火	잇달, 잇을, 연결할
련	孌	中	土	22	陰	木	火	火	女	土	아름다울, 순할, 순종할
련	攣	中	木	23	陽	火	火	火	手	木	걸릴, 이어질
련	戀	中	火	23	陽	火	火	火	心	火	사모할, 그리움

글자		글자		획수			음령오행		부수		글자의 의미
		음양	오행	획수	음양	오행	초성	종성	부수	오행	
렬	列	陰	金	6	陰	土	火	火	刀	金	줄, 벌일, 베풀
렬	劣	陽	土	6	陰	土	火	火	力	土	못할, 적을, 용렬할
렬	冽	陰	水	8	陰	金	火	火	冫	水	찰, 차가운 바람
렬	洌	陰	水	10	陰	水	火	火	水	水	맑을, 한랭할, 찰
렬	烈	中	火	10	陰	水	火	火	火	火	세찰, 위엄, 매울
렬	裂	中	木	12	陰	木	火	火	衣	木	찢을, 찢어질, 해질
렴	廉	陽	木	13	陽	火	火	水	广	木	청렴할, 검소할
렴	斂	陰	金	17	陽	金	火	水	攴	金	거둘, 긁어모을, 저장할
렴	濂	陰	水	17	陽	金	火	水	水	水	내 이름, 경박할
렴	殮	陰	水	17	陽	金	火	水	歹	水	염할, 빈소할
렴	簾	中	木	19	陽	水	火	水	竹	木	발, 주렴
렵	獵	陰	土	19	陽	水	火	水	犬	土	사냥, 사냥할, 잡을
령	令	陽	火	5	陽	土	火	土	人	火	영, 우두머리, 좋을, 하여금
령	伶	陰	火	7	陽	金	火	土	人	火	영리할, 사령
령	囹	陽	水	8	陰	金	火	土	口	水	옥, 감옥
령	岺	陽	土	8	陰	金	火	土	山	土	재
령	姈	陰	土	8	陰	金	火	土	女	土	여자가 슬기로울
령	泠	陰	水	9	陽	水	火	土	水	水	깨우칠, 서늘할, 깨달을
령	昤	陰	火	9	陽	水	火	土	日	火	날빛이 영롱할
령	怜	陰	火	9	陽	水	火	土	心	火	영리할, 지혜로울
령	玲	陰	金	10	陰	水	火	土	玉	金	옥 소리, 아롱아롱할
령	笭	中	木	11	陽	木	火	土	竹	木	도꼬마리, 원추리
령	羚	陰	土	11	陽	木	火	土	羊	土	영양
령	翎	陰	火	11	陽	木	火	土	羽	火	깃, 화살 깃
령	聆	陰	火	11	陽	木	火	土	耳	火	들을, 따를, 깨달을
령	鈴	陰	金	13	陽	火	火	土	金	金	방울, 수레의 휘장
령	零	陽	水	13	陽	火	火	土	雨	水	조용히 오는 비, 비가 올
령	逞	陽	土	14	陰	火	火	土	辵	土	굳셀, 즐거울
령	領	陰	火	14	陰	火	火	土	頁	火	옷깃, 목, 거느릴
령	澪	陰	水	17	陽	金	火	土	水	水	강이름, 맑을

글자		글자		획수			음령오행		부수		글자의 의미
		음양	오행	획수	음양	오행	초성	종성	부수	오행	
령	嶺	中	土	17	陽	金	火	土	山	土	재, 산봉우리
령	齡	陰	金	20	陰	水	火	土	齒	金	나이, 연령
령	靈	中	水	24	陰	火	火	土	雨	水	신령, 영혼, 신령할
례	礼	陰	木	6	陰	土	火	-	示	木	예도, 예절, 폐백
례	例	陰	火	8	陰	金	火	-	人	火	법식, 보기
례	隷	陰	水	16	陰	土	火	-	隶	水	붙을, 좇을, 따를
례	澧	陰	水	17	陽	金	火	-	水	水	강이름, 파도소리
례	禮	陰	木	18	陰	金	火	-	示	木	예도, 예절, 폐백
례	醴	陰	金	20	陰	水	火	-	酉	金	단술, 달, 좋은 맛
로	老	陽	土	6	陰	土	火	-	老	土	늙은이, 늙을, 쇠할
로	鹵	陽	水	11	陽	木	火	-	鹵	水	소금, 개펄, 황무지
로	虜	陽	木	12	陰	木	火	-	虍	木	포로, 사로잡을, 종
로	勞	中	土	12	陰	木	火	-	力	土	일할, 노력할, 힘쓸
로	路	陰	土	13	陽	火	火	-	足	土	길, 거쳐 가는 길
로	輅	陰	火	13	陽	火	火	-	車	火	수레, 임금의 수레
로	魯	陽	水	15	陽	土	火	-	魚	水	노둔할, 나라이름, 성(姓)
로	盧	陽	金	16	陰	土	火	-	皿	金	밥그릇, 화로, 성(姓)
로	撈	陰	木	16	陰	土	火	-	手	木	잡을, 건져낼
로	擄	陰	木	17	陽	金	火	-	手	木	사로잡을, 노략질할
로	潞	陰	水	17	陽	金	火	-	水	水	강 이름, 고을이름
로	櫓	陰	木	19	陽	水	火	-	木	木	방패, 망루, 노
로	嚧	陰	水	19	陽	水	火	-	口	水	웃을
로	瀘	陰	水	20	陰	水	火	-	水	水	강 이름
로	露	中	水	20	陰	水	火	-	雨	水	이슬, 적실, 젖을
로	爐	陰	火	20	陰	水	火	-	火	火	화로, 향로
로	蘆	陽	木	22	陰	木	火	-	艸	木	갈대, 냉이의 뿌리
로	鷺	中	火	23	陽	火	火	-	鳥	火	해오라기, 백로
록	彔	陽	火	8	陰	金	火	木	彐	火	나무 깎을, 근본
록	鹿	中	土	11	陽	木	火	木	鹿	土	사슴, 권좌의 비유
록	碌	陰	金	13	陽	火	火	木	石	金	돌 모양, 자갈땅

글자		글자		획수			음령오행		부수		글자의 의미
		음양	오행	획수	음양	오행	초성	종성	부수	오행	
록	祿	陰	木	13	陽	火	火	木	示	木	복, 행복, 녹, 녹봉
록	菉	陽	木	14	陰	火	火	木	艸	木	조개풀, 기록할
록	綠	陰	木	14	陰	火	火	木	糸	木	초록빛
록	錄	陰	金	16	陰	土	火	木	金	金	기록할, 베낄
록	麓	中	土	19	陽	水	火	木	鹿	土	산기슭, 넓은 삼림, 사슴
론	論	陰	金	15	陽	土	火	火	言	金	말할, 진술할, 의논할
롱	弄	陽	金	7	陽	金	火	土	廾	木	희롱할, 가지고 놀
롱	壟	中	土	19	陽	水	火	土	土	土	언덕, 밭이랑, 무덤
롱	瀧	陰	水	20	陰	水	火	土	水	水	비올, 여울, 급류
롱	朧	陰	水	20	陰	水	火	土	月	水	흐릿할
롱	瓏	陰	金	21	陽	木	火	土	玉	金	옥소리, 바람소리, 환할
롱	籠	陰	木	22	陰	木	火	土	竹	木	대그릇, 삼태기
롱	聾	中	火	22	陰	木	火	土	耳	火	귀머거리, 어둘, 어리석을
뢰	牢	陽	土	7	陽	金	火	-	牛	土	가축우리, 둘러쌀
뢰	賂	陰	金	13	陽	火	火	-	貝	金	뇌물 줄, 뇌물
뢰	雷	陽	水	13	陽	火	火	-	雨	水	우레, 천둥
뢰	賚	陽	金	15	陽	土	火	-	貝	金	줄, 하사할, 하사품
뢰	磊	中	金	15	陽	土	火	-	石	金	돌무더기
뢰	賴	陰	金	16	陰	土	火	-	貝	金	힘입을, 의뢰할
뢰	儡	陰	火	17	陽	金	火	-	人	火	영락할, 피로할
뢰	瀨	陰	水	20	陰	水	火	-	水	水	여울, 급류
료	了	陽	金	2	陰	木	火	-	亅	金	마칠, 깨달을, 밝을
료	料	陰	火	10	陰	水	火	-	斗	火	되질할, 셀, 헤아릴
료	聊	陰	火	11	陽	木	火	-	耳	火	귀가 울, 의지할
료	廖	中	木	14	陰	火	火	-	广	木	공허할, 성
료	僚	陰	火	14	陰	火	火	-	人	火	동료, 벼슬아치
료	寮	陽	木	15	陽	土	火	-	宀	木	벼슬아치, 동료
료	燎	陰	火	16	陰	土	火	-	火	火	화톳불, 밝을, 비출
료	瞭	陰	木	17	陽	金	火	-	目	木	밝을, 멀, 아득할
료	蓼	中	木	17	陽	金	火	-	艸	木	여뀌, 나라이름

글자		글자		획수			음령오행		부수		글자의 의미
		음양	오행	획수	음양	오행	초성	종성	부수	오행	
료	療	陽	水	17	陽	金	火	-	疒	水	병 고칠, 앓을
료	遼	陽	土	19	陽	水	火	-	辵	土	멀, 늦출
룡	龍	陰	土	16	陰	土	火	土	龍	土	용, 임금
루	累	陽	木	11	陽	木	火	-	糸	木	묶다, 동여매다
루	婁	陽	土	11	陽	木	火	-	女	土	별이름, 성길
루	淚	陰	水	12	陰	木	火	-	水	水	눈물, 눈물 흘릴
루	屢	陽	水	14	陰	火	火	-	尸	水	창, 공창, 여러
루	陋	陰	土	14	陰	火	火	-	阜	土	좁을, 낮을
루	樓	陰	木	15	陽	土	火	-	木	木	다락, 다락집
루	漏	陰	水	15	陽	土	火	-	水	水	샐, 스며들, 뚫을
루	瘻	陽	水	16	陰	土	火	-	疒	水	부스럼, 연주창, 혹
루	蔞	陽	木	17	陽	金	火	-	艸	木	쑥, 물쑥, 성(姓)
루	縷	陰	木	17	陽	金	火	-	糸	木	실, 명주
루	褸	陰	木	17	陽	金	火	-	衣	木	남루할, 해진 옷
루	壘	中	土	18	陰	金	火	-	土	土	진, 성채, 쌓을
루	鏤	陰	金	19	陽	水	火	-	金	金	새길, 아로새길
류	柳	陰	木	9	陽	水	火	-	木	木	버들, 버드나무
류	留	中	木	10	陰	水	火	-	田	土	머무를, 기다릴
류	流	陰	水	11	陽	木	火	-	水	水	흐를, 떠내려갈
류	硫	陰	金	12	陰	木	火	-	石	金	유황
류	琉	陰	金	12	陰	木	火	-	玉	金	유리, 나라 이름
류	旒	陰	土	13	陽	火	火	-	方	土	깃발
류	榴	陰	木	14	陰	火	火	-	木	木	석류나무
류	溜	陰	水	14	陰	火	火	-	水	水	방울져 떨어질, 여울
류	瑠	陰	金	15	陽	土	火	-	玉	金	유리, 나라 이름
류	劉	陰	金	15	陽	土	火	-	刀	金	죽일, 베풀, 이길
류	瘤	中	水	15	陽	土	火	-	疒	水	혹
류	謬	陰	金	18	陰	金	火	-	言	金	그릇될, 어긋날
류	瀏	陰	水	19	陽	水	火	-	水	水	맑을, 물 맑고 깊을
류	類	陰	火	19	陽	水	火	-	頁	火	무리, 일족, 닮을, 같을

글자		글자		획수			음령오행		부수		글자의 의미
		음양	오행	획수	음양	오행	초성	종성	부수	오행	
륙	六	陽	金	6	陰	土	火	木	八	金	여섯, 여섯번
륙	戮	陰	金	15	陽	土	火	木	戈	金	죽일, 육시할, 형벌
륙	陸	陰	土	16	陰	土	火	木	阜	土	뭍, 육지, 언덕
륜	侖	陽	火	8	陰	金	火	火	人	火	둥글, 생각할
륜	倫	陰	火	10	陰	水	火	火	人	火	인륜, 무리, 순서
륜	崙	陽	土	11	陽	木	火	火	山	土	산 이름
륜	淪	陰	水	12	陰	木	火	火	水	水	잔물결, 잠길, 빠질, 물놀이
륜	綸	陰	木	14	陰	火	火	火	糸	木	낚싯줄, 굵은 실
륜	輪	陰	火	15	陽	土	火	火	車	火	바퀴, 수레
륜	錀	陰	金	16	陰	土	火	火	金	金	金
률	律	陰	火	9	陽	水	火	火	彳	火	법, 법령, 지위
률	栗	陽	木	10	陰	水	火	火	木	木	밤나무, 밤, 여물
률	率	中	火	11	陽	木	火	火	玄	火	헤아릴
률	嵂	中	土	12	陰	木	火	火	山	土	가파를
률	慄	陰	火	14	陰	火	火	火	心	火	두려워할, 벌벌 떨
륭	隆	陰	土	17	陽	金	火	土	阜	土	클, 풍성하고 클, 성할
륵	肋	陰	水	8	陰	金	火	木	肉	水	갈비, 갈빗대, 힘줄
륵	勒	陰	金	11	陽	木	火	木	力	土	굴레, 재갈
름	凜	陰	水	15	陽	土	火	水	冫	水	찰, 늠름한 모양
름	廩	陽	木	16	陰	土	火	水	广	木	곳집, 쌀광, 저장할
릉	凌	陰	水	10	陰	水	火	土	冫	水	능가할, 깔볼, 범할
릉	楞	陰	木	13	陽	火	火	土	木	木	모
릉	稜	陰	木	13	陽	火	火	土	禾	木	모, 모서리, 위광, 서슬
릉	菱	陽	木	14	陰	火	火	土	艸	木	마름, 모날
릉	綾	陰	木	14	陰	火	火	土	糸	木	비단
릉	陵	陰	土	16	陰	土	火	土	阜	土	큰 언덕, 언덕, 무덤
리	吏	陽	水	6	陰	土	火	-	口	水	벼슬아치, 다스릴, 아전
리	利	陰	金	7	陽	金	火	-	刀	金	날카로울, 통할
리	李	陽	木	7	陽	金	火	-	木	木	자두나무, 오얏나무, 성(姓)
리	里	陽	土	7	陽	金	火	-	里	土	마을, 거리, 주거

글자		글자		획수			음령오행		부수		글자의 의미
		음양	오행	획수	음양	오행	초성	종성	부수	오행	
리	厘	陽	土	9	陽	水	火	-	厂	水	다스릴 (속자)
리	俐	陰	火	9	陽	水	火	-	人	火	똑똑할
리	俚	陰	火	9	陽	水	火	-	人	火	속될, 부탁
리	唎	陰	水	10	陰	水	火	-	口	水	가는 소리
리	梨	中	木	11	陽	木	火	-	木	木	배나무, 배, 늙은이
리	浬	陰	水	11	陽	木	火	-	水	水	해리(거리단위)
리	涖	陰	水	11	陽	木	火	-	水	水	다다를, 물소리
리	狸	陰	土	11	陽	木	火	-	犬	土	삵, 살쾡이, 너구리
리	离	陽	火	11	陽	木	火	-	内	木	산신, 맹수, 흩어질
리	悧	陰	火	11	陽	木	火	-	心	火	영리할
리	理	陰	金	12	陰	木	火	-	玉	金	다스릴, 옥을 갈
리	痢	中	水	12	陰	木	火	-	疒	水	설사, 이질, 곱똥
리	犁	中	土	12	陰	木	火	-	牛	土	얼룩소, 밭 갈
리	裏	陽	木	13	陽	火	火	-	衣	木	속, 내부, 속마음
리	裡	陰	木	13	陽	火	火	-	衣	木	속, 내부, 속마음
리	莉	中	木	13	陽	火	火	-	艸	木	말리, 말리꽃
리	履	中	水	15	陽	土	火	-	尸	水	신, 신을, 밟을
리	璃	陰	金	16	陰	土	火	-	玉	金	유리, 구슬이름
리	罹	中	木	17	陽	金	火	-	网	木	근심, 근심할, 곤란
리	鯉	陰	水	18	陰	金	火	-	魚	水	잉어, 편지, 서찰
리	釐	中	土	18	陰	金	火	-	里	土	다스릴, 고칠, 탐할
리	羸	中	土	19	陽	水	火	-	羊	土	여윌, 약할, 앓을
리	離	陰	火	19	陽	水	火	-	隹	火	떼놓을, 끊을, 나눌, 떠날
리	籬	陰	木	25	陽	土	火	-	竹	木	울타리
린	吝	陽	水	7	陽	金	火	火	口	水	아낄, 탐할, 한할
린	潾	陰	水	16	陰	土	火	火	水	水	맑을, 돌샘, 석간수
린	燐	陰	火	16	陰	土	火	火	火	火	도깨비불, 반딧불
린	璘	陰	金	17	陽	金	火	火	玉	金	옥빛, 옥 모양
린	鄰	陰	土	19	陽	水	火	火	邑	土	이웃, 이웃할, 도움
린	鏻	陰	金	20	陰	水	火	火	金	金	굳셀

글자		글자		획수			음령오행		부수		글자의 의미
		음양	오행	획수	음양	오행	초성	종성	부수	오행	
린	隣	陰	土	20	陰	水	火	火	阜	土	이웃, 도울, 이웃할
린	藺	中	木	22	陰	木	火	火	艸	木	골풀, 등심초
린	鱗	陰	水	23	陽	火	火	火	魚	水	비늘, 물고기
린	麟	陰	土	23	陽	火	火	火	鹿	土	기린, 큰사슴 수컷
린	躪	陰	土	27	陽	金	火	火	足	土	짓밟을, 유린할
림	林	陰	木	8	陰	金	火	水	木	木	수풀, 숲
림	棽	中	木	12	陰	木	火	水	木	木	무성할, 뒤덮일
림	淋	陰	水	12	陰	木	火	水	水	水	물 뿌릴, 젖을, 장마
림	琳	陰	金	13	陽	火	火	水	玉	金	아름다운 옥
림	霖	中	水	16	陰	土	火	水	雨	水	장마
림	臨	陰	火	17	陽	金	火	水	臣	火	임할, 볼, 군림할
립	立	陽	金	5	陽	土	火	水	立	金	설, 확고히 설
립	砬	陰	金	10	陰	水	火	水	石	金	돌 소리
립	粒	陰	木	11	陽	木	火	水	米	木	알, 쌀알, 쌀밥 먹을
립	笠	中	木	11	陽	木	火	水	竹	木	우리, 구릿대, 삿갓
마	馬	陽	火	10	陰	水	水	-	馬	火	말, 산가지
마	麻	中	木	11	陽	木	水	-	麻	木	삼, 삼실, 삼베
마	痲	中	水	13	陽	火	水	-	疒	水	저릴, 마비, 홍역
마	碼	陰	金	15	陽	土	水	-	石	金	마노, 저울의 추
마	瑪	陰	金	15	陽	土	水	-	玉	金	마노
마	摩	中	木	15	陽	土	水	-	手	木	갈, 문지를, 비빌
마	磨	中	金	16	陰	土	水	-	石	金	갈, 숫돌에 갈
마	魔	中	火	21	陽	木	水	-	鬼	火	마귀, 악귀, 마술
막	莫	陽	木	13	陽	火	水	木	艸	木	없을, 정할, 저녁, 말
막	幕	陽	木	14	陰	火	水	木	巾	木	막, 진, 군막
막	寞	陽	木	14	陰	火	水	木	宀	木	쓸쓸할
막	漠	陰	水	15	陽	土	水	木	水	水	사막, 조용할
막	膜	陰	水	17	陽	金	水	木	肉	水	막, 어루만질
막	邈	中	土	21	陽	木	水	木	辵	土	멀, 아득히 멀
만	万	陽	木	3	陽	火	水	火	一	木	일만, 성(姓)

글자		글자		획수			음령오행		부수		글자의 의미
		음양	오행	획수	음양	오행	초성	종성	부수	오행	
만	卍	陽	火	6	陰	土	水	火	十	水	만자, 길상의 표시
만	娩	陰	土	10	陰	水	水	火	女	土	해산할, 순박할
만	挽	陰	木	11	陽	木	水	火	手	木	당길, 말릴
만	曼	陽	土	11	陽	木	水	火	曰	火	끌, 길게 끌, 길, 아름다울
만	晩	陰	火	11	陽	木	水	火	日	火	저물; 늦을, 끝
만	輓	陰	火	14	陰	火	水	火	車	火	끌, 수레를 끌
만	萬	陽	木	15	陽	土	水	火	艸	木	일만, 다수, 클
만	漫	陰	水	15	陽	土	水	火	水	水	질펀할, 흩어질
만	滿	陰	水	15	陽	土	水	火	水	水	찰, 가득할, 교만할
만	慢	陰	火	15	陽	土	水	火	心	火	게으를, 거만할
만	瞞	陰	木	16	陰	土	水	火	目	木	속일, 평평한 눈
만	蔓	陽	木	17	陽	金	水	火	艸	木	덩굴, 덩굴질, 자랄
만	鏋	陰	金	19	陽	水	水	火	金	金	금, 금정기
만	饅	陰	水	20	陰	水	水	火	食	水	만두
만	鰻	陰	水	22	陰	木	水	火	魚	水	뱀장어
만	巒	中	土	22	陰	木	水	火	山	土	뫼
만	彎	中	火	22	陰	木	水	火	弓	火	굽을, 당길
만	蠻	中	水	25	陽	土	水	火	虫	水	오랑캐, 업신여길
만	灣	陰	水	26	陰	土	水	火	水	水	물굽이
말	末	陽	木	5	陽	土	水	火	木	木	끝, 나무끝, 꼭대기
말	抹	陰	木	9	陽	水	水	火	手	木	바를, 칠할, 문지를
말	沫	陰	水	9	陽	水	水	火	水	水	거품, 물방울
말	唜	中	水	10	陰	水	水	火	口	水	끝
말	茉	陽	木	11	陽	木	水	火	艸	木	말리, 말리꽃
말	靺	陰	金	14	陰	火	水	火	革	金	버선, 북방종족이름
말	襪	陰	木	21	陽	木	水	火	衣	木	버선, 족의
망	亡	陽	水	3	陽	火	水	土	亠	火	망할, 달아날, 죽을
망	妄	陽	土	6	陰	土	水	土	女	土	허망할, 망령될
망	忘	陽	火	7	陽	金	水	土	心	火	잊을, 건망증, 다할
망	忙	陰	火	7	陽	金	水	土	心	火	바쁠, 조급할

글자		글자		획수			음령오행		부수		글자의 의미
		음양	오행	획수	음양	오행	초성	종성	부수	오행	
망	罔	陽	木	9	陽	水	水	土	网	木	그물, 법규, 엮을, 없을
망	芒	陽	木	9	陽	水	水	土	艸	木	까끄라기, 털, 털끝
망	邙	陰	土	10	陰	水	水	土	邑	土	산이름, 고을이름
망	望	中	水	11	陽	木	水	土	月	水	바랄, 기대할, 원할
망	茫	中	木	12	陰	木	水	土	艸	木	아득할, 빠를, 망망할
망	莽	陽	木	14	陰	火	水	土	艸	木	우거질, 풀, 잡초
망	網	陰	木	14	陰	火	水	土	糸	木	그물, 규칙, 법
망	輞	陰	火	15	陽	土	水	土	車	火	바퀴 테
매	每	陽	土	7	陽	金	水	-	毋	土	매양, 늘, 언제나
매	枚	陰	木	8	陰	金	水	-	木	木	줄기, 나무줄기
매	妹	陰	土	8	陰	金	水	-	女	土	누이, 소녀
매	昧	陰	火	9	陽	水	水	-	日	火	새벽, 어두울
매	埋	陰	土	10	陰	水	水	-	土	土	묻을, 메울
매	苺	陽	木	11	陽	木	水	-	艸	木	딸기
매	梅	陰	木	11	陽	木	水	-	木	木	매화나무, 장마
매	買	陽	金	12	陰	木	水	-	貝	金	살, 성(姓)
매	寐	中	木	12	陰	木	水	-	宀	木	잠잘, 죽을
매	媒	陰	土	12	陰	木	水	-	女	土	중매, 중매할, 누룩
매	煤	陰	火	13	陽	火	水	-	火	火	그을음, 먹, 석탄
매	賣	陽	金	15	陽	土	水	-	貝	金	팔, 속일, 배신할
매	魅	陽	火	15	陽	土	水	-	鬼	火	도깨비, 홀릴
매	罵	陽	木	16	陰	土	水	-	网	木	욕할, 꾸짖을
매	邁	陽	土	20	陰	水	水	-	辵	土	갈, 멀리 갈, 떠날
맥	麥	陽	木	11	陽	木	水	木	麥	木	보리, 묻을, 매장할
맥	脈	陰	水	12	陰	木	水	木	肉	水	맥, 혈맥, 수로
맥	貊	陰	水	13	陽	火	水	木	豸	水	종족 이름, 고요할
맥	陌	陰	土	14	陰	火	水	木	阜	土	두렁, 길, 거리
맥	驀	陽	火	21	陽	木	水	木	馬	火	말 탈, 쏜살같이
맹	盲	陽	木	8	陰	金	水	土	目	木	소경, 눈이 멀, 어둘
맹	孟	陽	水	8	陰	金	水	土	子	水	맏, 맏이, 처음, 첫

글자		글자		획수			음령오행		부수		글자의 의미
		음양	오행	획수	음양	오행	초성	종성	부수	오행	
맹	氓	陰	火	8	陰	金	水	土	氏	火	백성
맹	猛	陰	土	12	陰	木	水	土	犬	土	사나울, 날랠
맹	盟	中	金	13	陽	火	水	土	皿	金	맹세할, 약속, 취미
맹	萌	中	木	14	陰	火	水	土	艸	木	싹, 움, 죽순, 싹틀
멱	覓	陽	火	11	陽	木	水	木	見	火	찾을, 곁눈질
멱	冪	陽	土	16	陰	土	水	木	冖	水	덮을, 막, 멱, 누승
면	免	陽	木	7	陽	金	水	火	儿	木	면할, 벗을, 해직할
면	沔	陰	水	8	陰	金	水	火	水	水	물 흐를, 씻을
면	眄	陰	木	9	陽	水	水	火	目	木	애꾸눈, 곁눈질할
면	勉	陽	土	9	陽	水	水	火	力	土	힘쓸, 권할, 강요할
면	面	陽	火	9	陽	水	水	火	面	火	얼굴, 앞, 겉, 표면
면	眠	陰	木	10	陰	水	水	火	目	木	잠잘, 시들, 모를
면	冕	陽	土	11	陽	木	水	火	冂	土	면류관
면	棉	陰	木	12	陰	木	水	火	木	木	목화
면	綿	陰	木	14	陰	火	水	火	糸	木	이어질, 연속할, 솜
면	緬	陰	木	15	陽	土	水	火	糸	木	가는 실, 멀
면	麵	中	木	20	陰	水	水	火	黍	木	밀가루, 보릿가루
멸	滅	陰	水	14	陰	火	水	火	水	水	멸망할, 멸할, 끌
멸	蔑	陽	木	17	陽	金	水	火	艸	木	업신여길, 버릴
명	皿	陽	土	5	陽	土	水	土	皿	金	그릇, 그릇덮개
명	名	陽	水	6	陰	土	水	土	口	水	이름, 이름 지을
명	命	中	水	8	陰	金	水	土	口	水	목숨, 운수, 명할
명	明	陰	火	8	陰	金	水	土	日	火	밝을, 밝힐, 밝게
명	眀	陰	木	9	陽	水	水	土	目	木	밝게 볼, 밝을
명	冥	陽	水	10	陰	水	水	土	冖	水	어두울, 깊숙할
명	洺	陰	水	10	陰	水	水	土	水	水	강이름
명	茗	陽	木	12	陰	木	水	土	艸	木	차의 싹, 차
명	椧	陰	木	12	陰	木	水	土	木	木	홈통
명	酩	陰	金	13	陽	火	水	土	酉	金	술에 취할
명	銘	陰	金	14	陰	火	水	土	金	金	새길, 조각할

글자		글자		획수			음령오행		부수		글자의 의미
		음양	오행	획수	음양	오행	초성	종성	부수	오행	
명	溟	陰	水	14	陰	火	水	土	水	水	어두울, 바다
명	慏	陰	火	14	陰	火	水	土	心	火	맘이 너그러울
명	暝	陰	火	14	陰	火	水	土	日	火	어두울, 해가 질
명	鳴	陰	火	14	陰	火	水	土	鳥	火	울, 울릴, 부를
명	瞑	陰	木	15	陽	土	水	土	目	木	눈 감을, 소경
명	蓂	陽	木	16	陰	土	水	土	艸	木	명협풀, 책력풀
명	螟	陰	水	16	陰	土	水	土	虫	水	마디충, 배추벌레, 해충
명	鵬	陰	火	19	陽	水	水	土	鳥	火	초명, 새 이름
몌	袂	陰	木	10	陰	水	水	-	衣	木	소매
모	毛	陽	水	4	陰	火	水	-	毛	火	털, 가벼울
모	矛	陽	金	5	陽	土	水	-	矛	金	창, 자루가 긴 창, 세모진 창
모	母	陽	土	5	陽	土	水	-	毋	土	어미, 할미, 암컷
모	牟	陽	土	6	陰	土	水	-	牛	土	소가 우는 소리, 클
모	牡	陰	土	7	陽	金	水	-	牛	土	수컷, 왼쪽, 양(陽)
모	姆	陰	土	8	陰	金	水	-	女	土	여스승, 맏동서
모	某	陽	木	9	陽	水	水	-	木	木	아무, 아무개, 어느
모	冒	陽	水	9	陽	水	水	-	冂	土	무릅쓸, 덮을
모	侮	陰	火	9	陽	水	水	-	人	火	업신여길, 깔볼
모	芼	陽	木	10	陰	水	水	-	艸	木	풀이 우거질, 고를
모	耗	陰	木	10	陰	水	水	-	耒	木	줄, 줄일, 없앨
모	茅	陽	木	11	陽	木	水	-	艸	木	띠, 띠를 벨
모	眸	陰	木	11	陽	木	水	-	目	木	눈동자, 눈
모	帽	陰	木	12	陰	木	水	-	巾	木	모자
모	募	陽	土	13	陽	火	水	-	力	土	모을, 부름, 뽑음
모	瑁	陰	金	14	陰	火	水	-	玉	金	서옥, 바다거북
모	貌	陰	水	14	陰	火	水	-	豸	水	모양, 얼굴, 표면상
모	摹	陽	木	15	陽	土	水	-	手	木	베낄, 본받을
모	摸	陰	木	15	陽	土	水	-	手	木	찾을, 더듬어 찾을, 본뜰
모	模	陰	木	15	陽	土	水	-	木	木	법, 법식, 본보기
모	慕	陽	火	15	陽	土	水	-	心	火	그리워할, 원할, 사모할

글자		글자		획수			음령오행		부수		글자의 의미
		음양	오행	획수	음양	오행	초성	종성	부수	오행	
모	暮	陽	火	15	陽	土	水	-	日	火	저물, 해질 무렵
모	謀	陰	金	16	陰	土	水	-	言	金	꾀할, 헤아릴, 술책
모	謨	陰	金	18	陰	金	水	-	言	金	꾀, 계책, 꾀할
목	木	陽	木	4	陰	火	水	木	木	木	나무, 오행의 첫째
목	目	陽	木	5	陽	土	水	木	目	木	눈, 눈알, 볼
목	沐	陰	水	8	陰	金	水	木	水	水	머리감을, 다스릴, 목욕할
목	牧	陰	土	8	陰	金	水	木	牛	土	칠, 놓아기를
목	睦	陰	木	13	陽	火	水	木	目	木	화목할, 공손할
목	穆	陰	木	16	陰	土	水	木	禾	木	화목할, 공경할
목	鶩	中	火	20	陰	水	水	木	鳥	火	집오리, 달릴
몰	沒	陰	水	8	陰	金	水	火	水	水	가라앉을, 잠길, 빠질
몰	歿	陰	水	8	陰	金	水	火	歹	水	죽을, 끝날
몽	夢	陽	水	14	陰	火	水	土	夕	水	꿈, 꿈꿀, 환상
몽	蒙	陽	木	16	陰	土	水	土	艸	木	어릴, 입을, 무릅쓸
몽	朦	陰	水	18	陰	金	水	土	月	水	풍부할, 지는 달빛 희미할
묘	卯	陰	水	5	陽	土	水	-	卩	水	넷째지지, 무성할, 토끼
묘	妙	陰	土	7	陽	金	水	-	女	土	묘할, 젊을
묘	杳	陽	木	8	陰	金	水	-	木	木	어두울, 멀, 깊숙할
묘	竗	陰	金	9	陽	水	水	-	立	金	땅이름
묘	昴	中	火	9	陽	水	水	-	日	火	별자리이름
묘	畝	陰	土	10	陰	水	水	-	田	木	이랑, 밭이랑
묘	苗	陽	木	11	陽	木	水	-	艸	木	모, 싹, 이을
묘	描	陰	木	13	陽	火	水	-	手	木	그릴, 그림을 그릴, 모뜰
묘	渺	陰	水	13	陽	火	水	-	水	水	아득할, 물 질펀할
묘	猫	陰	土	13	陽	火	水	-	犬	土	고양이
묘	墓	陽	土	14	陰	火	水	-	土	土	무덤, 묘지
묘	廟	中	木	15	陽	土	水	-	广	木	사당, 위패
묘	錨	陰	金	17	陽	金	水	-	金	金	닻
무	无	陽	水	4	陰	火	水	-	无	水	없을
무	毋	陽	土	4	陰	火	水	-	毋	土	말라, 금지사, 없을

글자		글자		획수			음령오행		부수		글자의 의미
		음양	오행	획수	음양	오행	초성	종성	부수	오행	
무	戊	陽	金	5	陽	土	水	-	戈	金	다섯째천간, 무성할
무	巫	陽	火	7	陽	金	水	-	工	火	무당, 산이름, 의사
무	武	陽	土	8	陰	金	水	-	止	土	굳셀, 용맹할, 자만할
무	拇	陰	木	9	陽	水	水	-	手	木	엄지손가락
무	畝	陰	土	10	陰	水	水	-	田	木	이랑(전답 면적단위), 밭이랑
무	茂	陽	木	11	陽	木	水	-	艸	木	우거질, 무성할, 풍족할
무	務	陰	土	11	陽	木	水	-	力	土	일, 힘쓸, 힘써 할
무	珷	陰	金	12	陰	木	水	-	玉	金	옥돌
무	貿	中	金	12	陰	木	水	-	貝	金	바꿀, 무역할, 살
무	無	陽	火	12	陰	木	水	-	火	火	없을, 금지하는 말
무	楙	陰	木	13	陽	火	水	-	木	木	무성할, 아름다울
무	誣	陰	金	14	陰	火	水	-	言	金	무고할, 깔볼, 업신여길
무	舞	中	木	14	陰	火	水	-	舛	木	춤출, 춤, 춤추게 할
무	撫	陰	木	16	陰	土	水	-	手	木	어루만질, 누를
무	憮	陰	火	16	陰	土	水	-	心	火	예쁠, 놀란 모양, 어루만질
무	繆	陰	木	17	陽	金	水	-	糸	木	삼 열단, 묶을, 얽을
무	懋	中	火	17	陽	金	水	-	心	火	힘쓸, 노력할, 성대할
무	蕪	陽	木	18	陰	金	水	-	艸	木	거칠어질, 잡초우거질
무	鵡	陰	火	18	陰	金	水	-	鳥	火	앵무새
무	霧	中	水	19	陽	水	水	-	雨	水	안개, 어두울
묵	墨	陽	土	15	陽	土	水	木	土	土	먹, 형벌이름, 검을
묵	默	中	水	16	陰	土	水	木	黑	水	묵묵할, 고요할, 모독할
문	文	陽	木	4	陰	火	水	火	文	木	무늬, 채색, 얼룩, 글월
문	刎	陰	金	6	陰	土	水	火	刀	金	목을 자를, 목을 벨, 끊을
문	吻	陰	水	7	陽	金	水	火	口	水	입술, 입가, 말투
문	門	陰	木	8	陰	金	水	火	門	木	문, 출입문, 문간, 집안
문	汶	陰	水	8	陰	金	水	火	水	水	내 이름, 성(姓), 수치
문	炆	陰	火	8	陰	金	水	火	火	火	따뜻할, 장시간 삶을
문	紊	陽	木	10	陰	水	水	火	糸	木	어지러울, 어지럽힐
문	紋	陰	木	10	陰	水	水	火	糸	木	무늬, 직물 문체, 주름

글자		글자		획수			음령오행		부수		글자의 의미
		음양	오행	획수	음양	오행	초성	종성	부수	오행	
문	蚊	陰	水	10	陰	水	水	火	虫	水	모기
문	們	陰	火	10	陰	水	水	火	人	火	들, 무리
문	問	中	水	11	陽	木	水	火	口	水	물을, 문안할, 알릴
문	雯	陽	水	12	陰	木	水	火	雨	水	구름무늬
문	聞	中	火	14	陰	火	水	火	耳	火	들을, 가르침 받을, 알
물	勿	陽	土	4	陰	火	水	火	勹	金	말, 말라, 아니다, 없다
물	沕	陰	水	8	陰	金	水	火	水	水	아득할, 숨길, 숨을
물	物	陰	土	8	陰	金	水	火	牛	土	만물, 일, 무리, 종류
미	未	陽	木	5	陽	土	水	-	木	木	아닐, 아직 ~하지 못한
미	米	陽	木	6	陰	土	水	-	米	木	쌀, 나라이름
미	尾	陽	水	7	陽	金	水	-	尸	水	꼬리, 등, 등 뒤, 홀레할
미	弥	陰	金	8	陰	金	水	-	弓	火	두루, 널리, 오랠, 그칠
미	味	陰	水	8	陰	金	水	-	口	水	맛, 맛볼, 뜻, 의의
미	眉	陽	木	9	陽	水	水	-	目	木	눈썹, 노인, 가장자리
미	美	陽	土	9	陽	水	水	-	羊	土	아름다울, 맛이 좋을, 좋을
미	梶	陰	木	11	陽	木	水	-	木	木	나무 끝, 우듬지
미	媄	陰	土	12	陰	木	水	-	女	土	빛 고울, 아름다울, 예쁠
미	媚	陰	土	12	陰	木	水	-	女	土	아첨할, 아름다울, 사랑할
미	嵋	陰	土	12	陰	木	水	-	山	土	산이름
미	媺	陰	土	13	陽	火	水	-	女	土	착하고 아름다울
미	楣	陰	木	13	陽	火	水	-	木	木	문미, 차양
미	湄	陰	水	13	陽	火	水	-	水	水	물가, 더운물, 탕
미	渼	陰	水	13	陽	火	水	-	水	水	물놀이, 파문, 내 이름
미	迷	陽	土	13	陽	火	水	-	辵	土	미혹할, 전념할, 헤매게 할
미	微	陰	火	13	陽	火	水	-	彳	火	작을, 자질구레할, 적을
미	躾	陰	火	16	陰	土	水	-	身	火	예절을 가르칠
미	謎	陰	金	17	陽	金	水	-	言	金	수수께끼, 헷갈리게 할
미	彌	陰	火	17	陽	金	水	-	弓	火	두루, 널리, 오랠, 그칠
미	瀰	陰	水	18	陰	金	水	-	水	水	치렁치렁할, 물 넘칠
미	薇	中	木	19	陽	水	水	-	艸	木	고비, 백일홍, 장미화

글자		글자		획수			음령오행		부수		글자의 의미
		음양	오행	획수	음양	오행	초성	종성	부수	오행	
미	靡	中	水	19	陽	水	水	-	非	水	쓰러질, 쏠릴, 복종할
미	黴	陰	水	23	陽	火	水	-	黑	水	곰팡이, 검을, 썩을
민	民	陽	火	5	陽	土	水	火	氏	火	백성
민	岷	陰	土	8	陰	金	水	火	山	土	산 이름, 강 이름, 봉우리
민	旻	陽	火	8	陰	金	水	火	日	火	하늘
민	忞	陽	火	8	陰	金	水	火	心	火	힘쓸, 노력할, 어두울
민	旼	陰	火	8	陰	金	水	火	日	火	화락할, 하늘, 온화할
민	玟	陰	金	9	陽	水	水	火	玉	金	옥돌, 돌 이름, 땅 이름
민	敃	陰	金	9	陽	水	水	火	攴	金	강잉할, 힘쓸
민	泯	陰	水	9	陽	水	水	火	水	水	망할, 멸망할, 혼합될
민	珉	陰	金	10	陰	水	水	火	玉	金	옥돌
민	敏	陰	金	11	陽	木	水	火	攴	金	재빠를, 민첩할, 총명할
민	閔	中	木	12	陰	木	水	火	門	木	위문할, 마음 아파할, 걱정할
민	悶	中	火	12	陰	木	水	火	心	火	번민할, 어두울
민	鈱	陰	金	13	陽	火	水	火	金	金	철판
민	暋	中	火	13	陽	火	水	火	日	火	굳셀, 강할, 노력할
민	愍	中	火	13	陽	火	水	火	心	火	근심할, 근심, 걱정
민	瑉	陰	金	14	陰	火	水	火	玉	金	옥돌
민	頣	陰	火	14	陰	火	水	火	頁	火	강할, 굳셀
민	緡	陰	木	15	陽	土	水	火	糸	木	낚싯줄, 돈꿰미, 입을
민	慜	中	火	15	陽	土	水	火	心	火	총명할, 영리할
민	潣	陰	水	16	陰	土	水	火	水	水	물이 졸졸 흘러내릴
민	憫	陰	火	16	陰	土	水	火	心	火	근심할, 불쌍히 여길
밀	密	陽	木	11	陽	木	水	火	宀	木	빽빽할, 촘촘할, 조용할
밀	蜜	陽	水	14	陰	火	水	火	虫	水	꿀, 벌꿀, 명충의 알
밀	謐	陰	金	17	陽	金	水	火	言	金	고요할, 자세할, 조심할
박	朴	陰	木	6	陰	土	水	木	木	木	후박나무, 순박할, 성(姓)
박	拍	陰	木	9	陽	水	水	木	手	木	칠, 어루만질
박	泊	陰	水	9	陽	水	水	木	水	水	배댈, 정지할, 머무를
박	珀	陰	金	10	陰	水	水	木	玉	金	호박

글자		글자		획수			음령오행		부수		글자의 의미
		음양	오행	획수	음양	오행	초성	종성	부수	오행	
박	剝	陰	金	10	陰	水	水	木	刀	金	벗길, 괘 이름, 괴롭힐
박	舶	陰	木	11	陽	木	水	木	舟	木	큰 배, 장사배, 상선
박	粕	陰	木	11	陽	木	水	木	米	木	지게미, 술을 짠 찌꺼기
박	博	陰	水	12	陰	木	水	木	十	水	넓을, 넓힐, 평평함
박	迫	陰	土	12	陰	木	水	木	辵	土	닥칠, 다그칠, 좁혀질, 핍박할
박	鉑	陰	金	13	陽	火	水	木	金	金	금박
박	雹	陽	水	13	陽	火	水	木	雨	水	누리, 우박
박	箔	陰	木	14	陰	火	水	木	竹	木	발, 금속의 얇은 조각
박	駁	陰	火	14	陰	火	水	木	馬	火	얼룩말, 섞일, 어긋날
박	撲	陰	木	16	陰	土	水	木	手	木	칠, 때릴, 넘어질, 부딪칠
박	樸	陰	木	16	陰	土	水	木	木	木	통나무, 본디대로, 다듬을
박	縛	陰	木	16	陰	土	水	木	糸	木	묶을, 동여맬, 자유를 속박할
박	膊	陰	水	16	陰	土	水	木	肉	水	포, 고기를 말린것, 들추어낼
박	璞	陰	金	17	陽	金	水	木	玉	金	옥돌, 본바탕, 진실
박	薄	中	木	19	陽	水	水	木	艸	木	엷을, 적을, 가벼울, 천할
반	反	陽	水	4	陰	火	水	火	又	水	되돌릴, 뒤집을, 뒤엎을
반	半	中	水	5	陽	土	水	火	十	水	절반, 한창, 절정, 조각
반	伴	陰	火	7	陽	金	水	火	人	火	짝, 따를, 한가한 모양
반	拌	陰	木	9	陽	水	水	火	手	木	버릴, 내버릴, 쪼갤
반	盼	陰	木	9	陽	水	水	火	目	木	눈이 예쁠, 눈자위가 또렷할
반	泮	陰	水	9	陽	水	水	火	水	水	학교, 녹을, 얼음이 녹을
반	叛	陰	水	9	陽	水	水	火	又	水	배반할, 배반
반	般	陰	木	10	陰	水	水	火	舟	木	돌, 돌릴, 옮길, 일반, 오랠
반	畔	陰	木	10	陰	水	水	火	田	木	두둑, 논밭의 경계
반	班	陰	金	11	陽	木	水	火	玉	金	나눌, 반포할, 석차를 정할
반	絆	陰	木	11	陽	木	水	火	糸	木	줄, 얽어 맬
반	返	陽	土	11	陽	木	水	火	辵	土	돌아올, 되돌아올, 돌려줄
반	斑	陰	木	12	陰	木	水	火	文	木	얼룩, 얼룩진 무늬
반	飯	陰	水	13	陽	火	水	火	食	水	밥, 밥을 먹을, 먹일, 기를
반	頒	陰	火	13	陽	火	水	火	頁	火	나눌, 구분할, 하사할

글자		글자		획수			음령오행		부수		글자의 의미
		음양	오행	획수	음양	오행	초성	종성	부수	오행	
반	搬	陰	木	14	陰	火	水	火	手	木	옮길, 이사를 갈, 운반할
반	槃	中	木	14	陰	火	水	火	木	木	쟁반, 소반, 머뭇거릴
반	盤	中	金	15	陽	土	水	火	皿	金	소반, 대야, 밑받침
반	磐	中	金	15	陽	土	水	火	石	金	너럭바위, 뒤얽힐, 머뭇거릴
반	瘢	中	水	15	陽	土	水	火	疒	水	흉터, 자국, 흔적, 주근깨
반	潘	陰	水	16	陰	土	水	火	水	水	뜨물, 소용돌이, 성(姓)
반	磻	陰	金	17	陽	金	水	火	石	金	강이름, 실에 돌을 달
반	蟠	陰	水	18	陰	金	水	火	虫	水	서릴, 몸 감고 엎드려 있을
반	攀	中	木	19	陽	水	水	火	手	木	더위잡을, 매달릴, 의지할
반	礬	中	金	20	陰	水	水	火	石	金	명반, 유황을 함유한 광물
발	拔	陰	木	9	陽	水	水	火	手	木	뺄, 쳐서 빼앗을, 특출할
발	勃	陰	土	9	陽	水	水	火	力	土	우쩍 일어날, 갑자기, 성할
발	發	陰	水	12	陰	木	水	火	癶	水	쏠, 갈, 떠날, 파견할, 필
발	跋	陰	土	12	陰	木	水	火	足	土	밟을, 비틀거릴, 넘어갈
발	鉢	陰	金	13	陽	火	水	火	金	金	바리때, 스님의 밥그릇
발	渤	陰	水	13	陽	火	水	火	水	水	바다이름, 안개가 자욱할
발	魃	陽	火	15	陽	土	水	火	鬼	火	가물귀신
발	髮	中	火	15	陽	土	水	火	髟	火	터럭, 머리털, 초목
발	撥	陰	木	16	陰	土	水	火	手	木	다스릴, 덜, 없앨, 튀길
발	潑	陰	水	16	陰	土	水	火	水	水	뿌릴, 활발할, 물이 샐
발	醱	陰	金	19	陽	水	水	火	酉	金	술이 괼
방	方	陽	土	4	陰	火	水	土	方	土	모, 각, 방향, 방위
방	尨	陽	土	7	陽	金	水	土	尢	水	삽살개, 섞일
방	坊	陰	土	7	陽	金	水	土	土	土	동네, 저자, 가게, 절, 막을
방	妨	陰	土	7	陽	金	水	土	女	土	방해할, 거리낄, 해로울
방	彷	陰	火	7	陽	金	水	土	彳	火	거닐, 비슷할, 어정거릴
방	放	陰	金	8	陰	金	水	土	攴	金	놓을, 추방할, 석방될
방	房	陽	木	8	陰	金	水	土	戶	木	방, 집, 28수중의 하나
방	枋	陰	木	8	陰	金	水	土	木	木	다목, 뗏목
방	昉	陰	火	8	陰	金	水	土	日	火	마침, 비로소, 밝을

글자		글자		획수			음령오행		부수		글자의 의미
		음양	오행	획수	음양	오행	초성	종성	부수	오행	
방	芳	陽	木	10	陰	水	水	土	艸	木	꽃다울, 향기, 이름 빛날
방	舫	陰	木	10	陰	水	水	土	舟	木	배, 뗏목, 쌍배
방	紡	陰	木	10	陰	水	水	土	糸	木	자을, 실을 뽑을, 실
방	肪	陰	水	10	陰	水	水	土	肉	水	기름, 비계, 살찔
방	蚌	陰	水	10	陰	水	水	土	虫	水	방합, 민물조개
방	旁	陽	土	10	陰	水	水	土	方	土	두루, 널리, 곁, 가까울
방	倣	陰	火	10	陰	水	水	土	人	火	본뜰, 준거할, 의지할
방	訪	陰	金	11	陽	木	水	土	言	金	찾을, 구할, 방문할, 문의할
방	邦	陰	土	11	陽	木	水	土	邑	土	나라, 서울, 수도
방	幇	中	木	12	陰	木	水	土	巾	木	도울, 패거리, 동업조합
방	防	陰	土	12	陰	木	水	土	阜	土	둑, 막을, 말릴, 대비할
방	傍	陰	火	12	陰	木	水	土	人	火	곁, 성(姓)
방	榜	陰	木	14	陰	火	水	土	木	木	매, 매질할, 배, 방목
방	滂	陰	水	14	陰	火	水	土	水	水	비가 퍼부을, 젖을
방	磅	陰	金	15	陽	土	水	土	石	金	돌 떨어지는 소리
방	蒡	陽	木	16	陰	土	水	土	艸	木	인동덩굴, 우엉, 하얀 쑥
방	膀	陰	水	16	陰	土	水	土	肉	水	쌍배, 배, 오줌통
방	謗	陰	金	17	陽	金	水	土	言	金	헐뜯을, 비방할, 대답할
방	龐	中	土	19	陽	水	水	土	龍	土	클, 높을, 성(姓)
배	北	陽	水	5	陽	土	水	-	匕	金	달아날, 배반할, 나눌
배	杯	陰	木	8	陰	金	水	-	木	木	잔, 그릇, 술잔
배	盃	陽	金	9	陽	水	水	-	皿	金	잔, 杯의 속자
배	拜	陰	木	9	陽	水	水	-	手	木	절, 절할, 감사할, 사의표할
배	配	陰	金	10	陰	水	水	-	酉	金	아내, 짝, 짝지어 줄
배	倍	陰	火	10	陰	水	水	-	人	火	곱, 갑절, 배반할, 더할
배	俳	陰	火	10	陰	水	水	-	人	火	광대, 장난, 쇠퇴할
배	胚	陰	水	11	陽	木	水	-	肉	水	아이 밸, 어릴, 시초, 배아
배	背	中	水	11	陽	木	水	-	肉	水	등, 등쪽, 뒤, 양(陽)
배	培	陰	土	11	陽	木	水	-	土	土	북돋울, 불릴, 더 많게 할
배	徘	陰	火	11	陽	木	水	-	彳	火	노닐

글자		글자		획수			음령오행		부수		글자의 의미
		음양	오행	획수	음양	오행	초성	종성	부수	오행	
배	排	陰	木	12	陰	木	水	-	手	木	밀칠, 물리칠, 배척할, 없앨
배	焙	陰	火	12	陰	木	水	-	火	火	불에 쬘
배	湃	陰	水	13	陽	火	水	-	水	水	물결이 이는 모양
배	裴	中	木	14	陰	火	水	-	衣	木	옷 치렁치렁할, 성(姓), 노닐
배	裵	中	木	14	陰	火	水	-	衣	木	옷 치렁치렁할, 성(姓), 노닐
배	賠	陰	金	15	陽	土	水	-	貝	金	물어줄, 배상할
배	褙	陰	木	15	陽	土	水	-	衣	木	속적삼, 배접할
배	輩	中	火	15	陽	土	水	-	車	火	무리, 동아리, 짝
배	陪	陰	土	16	陰	土	水	-	阜	土	쌓아올릴, 불어날, 더할
백	白	陽	金	5	陽	土	水	木	白	金	흰, 흰빛, 날이 샐
백	百	陽	金	6	陰	土	水	木	白	金	일백, 모든
백	伯	陰	火	7	陽	金	水	木	人	火	맏, 우두머리
백	帛	陽	木	8	陰	金	水	木	巾	木	비단, 풀이름
백	佰	陰	火	8	陰	金	水	木	人	火	일백, 백사람, 밭두둑
백	柏	陰	木	9	陽	水	水	木	木	木	나무이름, 측백나무, 잣나무
백	栢	陰	木	10	陰	水	水	木	木	木	나무이름, 잣나무
백	魄	陰	火	15	陽	土	水	木	鬼	火	넋, 형체, 달빛
번	番	陽	木	12	陰	木	水	火	田	木	갈마들, 차례, 번성할
번	煩	陰	火	13	陽	火	水	火	火	火	괴로워할, 번민할, 답답할
번	幡	陰	木	15	陽	土	水	火	巾	木	기, 표기, 나부낄
번	樊	中	木	15	陽	土	水	火	木	木	울타리, 에워쌀, 새장
번	燔	陰	火	16	陰	土	水	火	火	火	구울, 말릴, 사를
번	磻	陰	金	17	陽	金	水	火	石	金	강이름, 실에 돌을 달
번	繁	中	木	17	陽	金	水	火	糸	木	많을, 성할, 번거로울, 자주
번	蕃	陽	木	18	陰	金	水	火	艸	木	우거질, 번성할, 많을
번	翻	陰	火	18	陰	金	水	火	羽	火	날, 뒤집을
번	藩	中	木	21	陽	木	水	火	艸	木	덮을, 울타리, 지킬
번	飜	陰	火	21	陽	木	水	火	飛	火	뒤칠, 엎어질, 날
벌	伐	陰	火	6	陰	土	水	火	人	火	칠, 벨, 공적, 공훈
벌	筏	陰	木	12	陰	木	水	火	竹	木	떼, 뗏목

글자		글자		획수			음령오행		부수		글자의 의미
		음양	오행	획수	음양	오행	초성	종성	부수	오행	
벌	閥	中	木	14	陰	火	水	火	門	木	공훈, 공을 쌓을, 문벌
벌	罰	中	木	15	陽	土	水	火	网	木	죄, 벌, 형벌, 벌줄
범	凡	陽	水	3	陽	火	水	水	几	水	무릇, 모두, 다
범	帆	陰	木	6	陰	土	水	水	巾	木	돛, 돛단배, 돛 달을
범	氾	陰	水	6	陰	土	水	水	水	水	넘칠, 떠다닐, 물로 씻을
범	犯	陰	土	6	陰	土	水	水	犬	土	범할, 어긋날, 여자 욕보일
범	杋	陰	木	7	陽	金	水	水	木	木	수부나무
범	汎	陰	水	7	陽	金	水	水	水	水	둥둥 뜰, 물위에 뜰, 가벼울
범	泛	陰	水	8	陰	金	水	水	水	水	뜰, 물을 부을, 띄울
범	釩	陰	金	11	陽	木	水	水	金	金	떨칠
범	范	中	木	11	陽	木	水	水	艸	木	풀이름, 벌, 벌풀
범	梵	中	木	11	陽	木	水	水	木	木	범어, 인도의 고대어
범	範	陰	木	15	陽	土	水	水	竹	木	법, 본, 틀, 제사
법	法	陰	水	9	陽	水	水	水	水	水	법, 모범, 본받을, 예의
법	琺	陰	金	13	陽	火	水	水	玉	金	법랑, 불투명한 유리 물질
벽	碧	中	金	14	陰	火	水	木	石	金	푸를, 푸른 옥돌
벽	劈	中	金	15	陽	土	水	木	刀	金	쪼갤, 가를 ,깨뜨릴
벽	僻	陰	火	15	陽	土	水	木	人	火	후미질, 치우칠, 피할
벽	壁	中	土	16	陰	土	水	木	土	土	벽, 울타리, 벼랑
벽	擘	中	木	17	陽	金	水	木	手	木	엄지손가락, 쪼갤, 찢을
벽	檗	中	木	17	陽	金	水	木	木	木	황벽나무
벽	璧	中	金	18	陰	金	水	木	玉	金	둥근 옥, 아름다운 것의 비유
벽	癖	中	水	18	陰	金	水	木	疒	水	버릇
벽	闢	陰	木	21	陽	木	水	木	門	木	열, 열릴, 물리칠, 제거할
벽	霹	中	水	21	陽	木	水	木	雨	水	벼락, 천둥, 벼락 떨어질
벽	蘗	中	木	23	陽	火	水	木	艸	木	황경피나무, 당귀, 쓸, 괴로울
변	卞	陽	火	4	陰	火	水	火	卜	火	조급할, 법, 맨손으로 칠
변	弁	陽	木	5	陽	土	水	火	廾	木	고깔, 빠를, 서두를
변	釆	陽	火	7	陽	金	水	火	釆	火	분별할
변	便	陰	火	9	陽	水	水	火	人	火	문득, 편할, 소식, 오줌, 똥

글자		글자		획수			음령오행		부수		글자의 의미
		음양	오행	획수	음양	오행	초성	종성	부수	오행	
변	辨	陰	金	16	陰	土	水	火	辛	金	분별할, 분명히 할, 나눌
변	辯	陰	金	21	陽	木	水	火	辛	金	말 잘할, 다스릴
변	邊	陽	土	22	陽	木	水	火	辵	土	가장자리, 국경, 한계, 근처
변	變	中	金	23	陽	火	水	火	言	金	변할, 변경될, 달라질, 움직일
별	別	陰	金	7	陽	金	水	火	刀	金	나눌, 헤어질, 다를
별	莂	陰	木	13	陽	火	水	火	艸	木	모종낼, 옮겨 심을, 씨뿌리기
별	瞥	中	木	17	陽	金	水	火	目	木	언뜻 볼, 잠깐 볼
별	襒	陰	木	18	陰	金	水	火	衣	木	털, 옷을 털, 옷으로 훔칠
별	鱉	中	水	23	陽	火	水	火	魚	水	금계(金鷄)
별	鼈	中	土	25	陽	土	水	火	黽	土	자라, 고사리
병	丙	陽	木	5	陽	土	水	土	一	木	남녘, 10간중 3번째, 굳셀
병	兵	陽	金	7	陽	金	水	土	八	金	군사, 싸움, 전쟁, 무기
병	秉	陽	木	8	陰	金	水	土	禾	木	잡을, 손으로 잡을
병	幷	陰	木	8	陰	金	水	土	干	木	어우를, 어울릴, 함께할
병	並	陽	火	8	陰	金	水	土	一	木	아우를, 견줄, 함께할
병	柄	陰	木	9	陽	水	水	土	木	木	자루, 손잡이, 권세, 권력
병	昺	陽	火	9	陽	水	水	土	日	火	밝을, 빛날
병	昞	陰	火	9	陽	水	水	土	日	火	밝을, 빛날
병	炳	陰	火	9	陽	水	水	土	火	火	밝을, 빛날, 단청색, 잡을
병	竝	陰	金	10	陰	水	水	土	立	金	아우를, 견줄, 함께할
병	病	陽	水	10	陰	水	水	土	疒	水	병, 질병, 근심, 하자, 병들
병	倂	陰	火	10	陰	水	水	土	人	火	아우를, 나란히 할, 다툴
병	屛	中	水	11	陽	木	水	土	尸	水	병풍, 담, 가릴, 가리어 막을
병	甁	陰	土	11	陽	木	水	土	瓦	土	병, 단지, 항아리, 두레박
병	棅	陰	木	12	陰	木	水	土	木	木	자루, 손잡이, 권세, 권력
병	鉼	陰	金	14	陰	火	水	土	金	金	판금, 불린 금덩이
병	軿	陰	火	15	陽	土	水	土	車	火	거마소리, 병거, 수레
병	餠	陰	水	17	陽	金	水	土	食	水	떡, 먹을, 얇고 편편한 것
병	騈	陰	火	18	陰	金	水	土	馬	火	나란히 할, 늘어서 있을
보	甫	陽	水	7	陽	金	水	-	用	水	클, 아무개, 사나이

글자		글자		획수			음령오행		부수		글자의 의미
		음양	오행	획수	음양	오행	초성	종성	부수	오행	
보	步	中	土	7	陽	金	水	-	止	土	걸음, 걸을, 보병, 걸릴
보	宝	陽	金	8	陰	金	水	-	宀	木	보배, 보물, 신(神)
보	保	陰	火	9	陽	水	水	-	人	火	지킬, 보전할, 도울
보	洑	陰	水	10	陰	水	水	-	水	水	보, 나루, 스며들을
보	珤	陰	金	11	陽	木	水	-	玉	金	보배
보	報	陰	土	12	陰	木	水	-	土	土	갚을, 알릴
보	堡	中	土	12	陰	木	水	-	土	土	작은 성, 둑, 제방
보	普	陽	火	12	陰	木	水	-	日	火	널리, 널리 미칠, 넓을
보	補	陰	木	13	陽	火	水	-	衣	木	기울, 고일, 보수할, 더할
보	湺	陰	水	13	陽	火	水	-	水	水	보
보	菩	陽	木	14	陰	火	水	-	艸	木	보리, 염주나무, 보살, 멍석
보	輔	陰	火	14	陰	火	水	-	車	火	덧방나무, 도울, 힘을 빌릴
보	褓	陰	木	15	陽	土	水	-	衣	木	포대기
보	潽	陰	水	16	陰	土	水	-	水	水	끓을, 물
보	譜	陰	金	19	陽	水	水	-	言	金	계보, 족보, 악보
보	寶	中	木	20	陰	水	水	-	宀	木	보배, 보물, 신(神)
복	卜	陽	火	2	陰	木	水	木	卜	火	점, 점칠, 길흉을 알아낼
복	伏	陰	火	6	陰	土	水	木	人	火	엎드릴, 숨을, 굴복할
복	宓	陽	木	8	陰	金	水	木	宀	木	성(姓), 편안할, 몰래
복	服	陰	水	8	陰	金	水	木	月	水	옷, 의복, 입을, 일용품
복	匐	陽	金	11	陽	木	水	木	勹	金	길, 엎드려 기어갈, 엎드릴
복	茯	中	木	12	陰	木	水	木	艸	木	복령, 풍낭이, 한약이름
복	復	陰	火	12	陰	木	水	木	彳	火	돌아올, 돌려보낼, 뒤집을
복	福	陰	木	14	陰	火	水	木	示	木	복, 복 내릴, 도울
복	僕	陰	火	14	陰	火	水	木	人	火	시중꾼, 마부, 종, 숨길
복	複	陰	木	15	陽	土	水	木	衣	木	겹옷, 솜옷, 겹칠
복	腹	陰	水	15	陽	土	水	木	肉	水	배, 창자, 마음, 아이 밸
복	輹	陰	火	16	陰	土	水	木	車	火	복토
복	輻	陰	火	16	陰	土	水	木	車	火	바퀴살, 모여들
복	鍑	陰	金	17	陽	金	水	木	金	金	솥, 가마솥

글자		글자		획수			음령오행		부수		글자의 의미
		음양	오행	획수	음양	오행	초성	종성	부수	오행	
복	蔔	陽	木	17	陽	金	水	木	艸	木	무, 치자꽃
복	覆	中	金	18	陰	金	水	木	襾	金	뒤집힐, 반전할, 넘어질
복	馥	陰	木	18	陰	金	水	木	香	木	향기, 향기로울
복	鰒	陰	水	20	陰	水	水	木	魚	水	전복, 떡조개
본	本	陽	木	5	陽	土	水	火	木	木	밑, 뿌리, 기초, 근본, 근원
볼	乶	陽	木	8	陰	金	水	火	乙	木	땅이름
봉	奉	陽	木	8	陰	金	水	土	大	木	받들, 기를, 도울
봉	封	陰	土	9	陽	水	水	土	寸	土	봉할, 북돋울, 배양할
봉	峯	陽	土	10	陰	水	水	土	山	土	봉우리, 뫼, 산
봉	峰	陰	土	10	陰	水	水	土	山	土	봉우리, 뫼, 산
봉	俸	陰	火	10	陰	水	水	土	人	火	봉급, 녹, 급료
봉	烽	陰	火	11	陽	木	水	土	火	火	봉화, 경계
봉	捧	陰	木	12	陰	木	水	土	手	木	받들, 들, 들어올릴
봉	棒	陰	木	12	陰	木	水	土	木	木	몽둥이, 막대기, 칠
봉	琫	陰	金	13	陽	火	水	土	玉	金	칼집장식, 받칠, 받쳐 들
봉	蜂	陰	水	13	陽	火	水	土	虫	水	벌, 창날, 붐빌, 잡담할
봉	逢	陽	土	14	陰	火	水	土	辵	土	만날, 맞을, 점칠
봉	鳳	陽	火	14	陰	火	水	土	鳥	火	봉새, 봉황새
봉	鋒	陰	金	15	陽	土	水	土	金	金	칼끝, 첨단, 물건의 뾰족한 끝
봉	漨	陰	水	15	陽	土	水	土	水	水	내 이름, 답답한 모양
봉	熢	陰	火	15	陽	土	水	土	火	火	연기 자욱할, 불기운, 화기
봉	蓬	陽	木	17	陽	金	水	土	艸	木	다북쑥, 더부룩할, 흐트러질
봉	縫	陰	木	17	陽	金	水	土	糸	木	꿰맬, 기울, 붙일
부	夫	陽	木	4	陰	火	水	-	大	木	지아비, 사나이, 장정
부	父	陽	木	4	陰	火	水	-	父	木	아비, 아버지
부	不	陽	水	4	陰	火	水	-	一	木	아닌가, 아니, 말라
부	付	陰	火	5	陽	土	水	-	人	火	줄, 청할, 붙일
부	缶	陽	土	6	陰	土	水	-	缶	土	장군, 액체 담는 그릇
부	孚	陽	水	7	陽	金	水	-	子	水	믿을, 참되고 믿음성 있는
부	否	陽	水	7	陽	金	水	-	口	水	아닐, 부정할

글자		글자		획수			음령오행		부수		글자의 의미
		음양	오행	획수	음양	오행	초성	종성	부수	오행	
부	斧	陽	金	8	陰	金	水	-	斤	金	도끼, 벨, 도끼로 벨
부	扶	陰	木	8	陰	金	水	-	手	木	도울, 떠받칠, 붙들, 옆
부	府	中	木	8	陰	金	水	-	广	木	곳집, 마을, 관청
부	咐	陰	水	8	陰	金	水	-	口	水	분부할, 숨을 내쉴
부	阜	陽	土	8	陰	金	水	-	阜	土	언덕, 대륙, 클, 커질
부	負	陽	金	9	陽	水	水	-	貝	金	질, 등짐 질, 책임질
부	訃	陰	金	9	陽	水	水	-	言	金	부고, 통부할
부	赴	陽	火	9	陽	水	水	-	走	火	나아갈, 알릴, 다다를, 부고
부	釜	陽	金	10	陰	水	水	-	金	金	가마, 발 없는 큰 솥
부	剖	陰	金	10	陰	水	水	-	刀	金	쪼갤, 가를, 다스릴
부	芙	陽	木	10	陰	水	水	-	艸	木	연꽃, 부용
부	俯	陰	火	10	陰	水	水	-	人	火	구부릴, 숨을, 누울
부	副	陰	金	11	陽	木	水	-	刀	金	버금, 다음, 도울, 보좌할
부	符	陰	木	11	陽	木	水	-	竹	木	부신, 병부, 수결, 길조
부	浮	陰	水	11	陽	木	水	-	水	水	뜰, 넘칠, 성할, 떠오를
부	婦	陰	土	11	陽	木	水	-	女	土	며느리, 아내, 여자
부	趺	陰	土	11	陽	木	水	-	足	土	책상다리 할, 발등, 발뒤꿈치
부	埠	陰	土	11	陽	木	水	-	土	土	선창
부	富	陽	木	12	陰	木	水	-	宀	木	부자, 재물 많고 넉넉할, 성할
부	復	陰	火	12	陰	木	水	-	彳	火	다시, 되풀이할, 갚을
부	傅	陰	火	12	陰	木	水	-	人	火	스승, 후견인, 시중 들
부	莩	陽	木	13	陽	火	水	-	艸	木	갈청, 풀이름, 암삼
부	艀	陰	木	13	陽	火	水	-	舟	木	작은 배, 길이 짧은 배
부	附	陰	土	13	陽	火	水	-	阜	土	붙을, 기댈, 의지할, 따를
부	鳧	中	火	13	陽	火	水	-	鳥	火	오리, 산 이름
부	腑	陰	水	14	陰	火	水	-	肉	水	장부, 오장육부, 마음, 친족
부	孵	陰	水	14	陰	火	水	-	子	水	알 깔, 자랄, 기를
부	溥	陰	水	14	陰	火	水	-	水	水	넓을, 클, 광대할, 두루 미칠
부	腐	中	水	14	陰	火	水	-	肉	水	썩을, 썩힐, 나쁜 냄새가 날
부	敷	陰	金	15	陽	土	水	-	攴	金	펼, 공포할, 진술할, 분할할

글자		글자		획수			음령오행		부수		글자의 의미
		음양	오행	획수	음양	오행	초성	종성	부수	오행	
부	賦	陰	金	15	陽	土	水	-	貝	金	구실, 조세, 부역
부	部	陰	土	15	陽	土	水	-	邑	土	거느릴, 나눌, 분류, 떼
부	駙	陰	火	15	陽	土	水	-	馬	火	곁마, 부마, 가까울, 접근할
부	賻	陰	金	17	陽	金	水	-	貝	金	부의, 부의를 보낼
부	膚	陽	水	17	陽	金	水	-	肉	水	살갗, 피부, 나무 겉껍질
부	簿	陰	木	19	陽	水	水	-	竹	木	장부, 회계부
북	北	陰	金	5	陽	土	水	木	匕	金	북녘, 달아날, 북쪽으로 갈
분	分	陽	金	4	陰	火	水	火	刀	金	나눌, 구별할, 나누어 줄
분	吩	陰	水	7	陽	金	水	火	口	水	뿜을, 명령할
분	扮	陰	木	8	陰	金	水	火	手	木	꾸밀, 아우를, 합할
분	汾	陰	水	8	陰	金	水	火	水	水	클, 물 굽이쳐 흐를, 물이름
분	忿	陽	火	8	陰	金	水	火	心	火	성낼, 원망할
분	昐	陰	火	8	陰	金	水	火	日	火	햇빛
분	盆	陽	金	9	陽	水	水	火	皿	金	동이, 밥 짓는 그릇
분	奔	陽	木	9	陽	水	水	火	大	木	달릴, 달아날, 패주할
분	芬	陽	木	10	陰	水	水	火	艸	木	향기로울, 향기, 부드러워질
분	粉	陰	木	10	陰	水	水	火	米	木	가루, 쌀가루, 분, 단장할
분	紛	陰	木	10	陰	水	水	火	糸	木	어지러워질, 섞일
분	賁	陽	金	12	陰	木	水	火	貝	金	클, 날랠, 질
분	雰	陽	水	12	陰	木	水	火	雨	水	안개, 어지러울
분	焚	中	火	12	陰	木	水	火	火	火	불사를, 탈, 화형할
분	噴	陰	水	15	陽	土	水	火	口	水	뿜을, 꾸짖을, 성낼
분	墳	陰	土	15	陽	土	水	火	土	土	무덤, 언덕, 둑, 제방
분	奮	陽	木	16	陰	土	水	火	大	木	떨칠, 흔들릴, 분격할
분	憤	陰	火	16	陰	土	水	火	心	火	성낼, 괴로워할, 번민할
분	糞	陽	木	17	陽	金	水	火	米	木	똥, 소제할
불	不	陽	水	4	陰	火	水	火	一	木	아닐, 말라
불	弗	陽	木	5	陽	土	水	火	弓	火	아닐, 떨, 떨어버릴
불	佛	陰	火	7	陽	金	水	火	人	火	부처, 어렴풋할, 어길
불	彿	陰	火	8	陰	金	水	火	彳	火	비슷할, 구별하기 어려운

글자		글자		획수			음령오행		부수		글자의 의미
		음양	오행	획수	음양	오행	초성	종성	부수	오행	
불	拂	陰	木	9	陽	水	水	火	手	木	떨, 치켜 올릴, 닦을, 떨칠
붕	朋	陰	水	8	陰	金	水	土	月	水	벗, 친구, 무리, 무리 이룰
붕	崩	中	土	11	陽	木	水	土	山	土	무너질, 흩어질, 앓을
붕	棚	陰	木	12	陰	木	水	土	木	木	시렁, 선반, 누각
붕	硼	陰	金	13	陽	火	水	土	石	金	붕산, 붕사
붕	繃	陰	木	17	陽	金	水	土	糸	木	묶을, 감을, 포대기
붕	鵬	陰	火	19	陽	水	水	土	鳥	火	붕새
비	匕	陽	金	2	陰	木	水	-	匕	金	비수, 숟가락, 화살촉
비	比	陰	火	4	陰	火	水	-	比	火	견줄, 본뜰, 모방할
비	丕	陽	木	5	陽	土	水	-	一	木	클, 으뜸, 받들
비	妃	陰	土	6	陰	土	水	-	女	土	왕비, 여신, 짝을 맞출
비	庇	中	木	7	陽	金	水	-	广	木	덮을, 그늘, 의탁할
비	枇	陰	木	8	陰	金	水	-	木	木	비파나무, 비파, 숟가락
비	批	陰	木	8	陰	金	水	-	手	木	칠, 손으로 칠, 밀칠
비	非	陰	水	8	陰	金	水	-	非	水	아닐, 등질, 배반할, 거짓
비	卑	陽	土	8	陰	金	水	-	十	水	낮을, 천할, 저속할
비	砒	陰	金	9	陽	水	水	-	石	金	비상, 비소
비	秕	陰	木	9	陽	水	水	-	禾	木	쭉정이, 더럽힐, 질 나쁜 쌀
비	泌	陰	水	9	陽	水	水	-	水	水	샘물 졸졸 흐를
비	沸	陰	水	9	陽	水	水	-	水	水	끓을, 끓는 물, 끓일
비	飛	陽	火	9	陽	水	水	-	飛	火	날, 떨어질, 오를, 넘을
비	毗	陰	火	9	陽	水	水	-	比	火	도울, 힘을 보탤, 쇠퇴할
비	毘	中	火	9	陽	水	水	-	比	火	도울, 벗겨질, 쇠퇴할
비	毖	中	火	9	陽	水	水	-	比	火	삼갈, 근신할, 고달플
비	秘	陰	木	10	陰	水	水	-	禾	木	숨길, 비밀, 향기로울
비	粃	陰	木	10	陰	水	水	-	米	木	쭉정이, 모를, 아닐
비	匪	中	木	10	陰	水	水	-	匚	水	대상자, 아닐, 도둑
비	肥	陰	水	10	陰	水	水	-	肉	水	살찔, 거름, 땅 기름지게 할
비	婢	陰	土	11	陽	木	水	-	女	土	여자종, 소첩, 첩
비	費	陽	金	12	陰	木	水	-	貝	金	쓸, 소비할, 손상할, 비용

글자		글자		획수			음령오행		부수		글자의 의미
		음양	오행	획수	음양	오행	초성	종성	부수	오행	
비	斐	中	木	12	陰	木	水	-	文	木	오락가락할, 문채날
비	扉	中	木	12	陰	木	水	-	戶	木	문짝, 집, 주거
비	備	陰	火	12	陰	木	水	-	人	火	갖출, 갖추어질, 준비
비	悲	中	火	12	陰	木	水	-	心	火	슬플, 슬퍼할, 비애
비	琵	陰	金	13	陽	火	水	-	玉	金	비파
비	碑	陰	金	13	陽	火	水	-	石	金	돌기둥, 비석
비	痺	陽	水	13	陽	火	水	-	疒	水	암메추라기
비	鼻	陽	金	14	陰	火	水	-	鼻	金	코, 구멍, 코 꿸
비	榧	陰	木	14	陰	火	水	-	木	木	비자나무
비	裨	陰	木	14	陰	火	水	-	衣	木	도울, 보좌할, 보태줄
비	緋	陰	木	14	陰	火	水	-	糸	木	붉은 빛, 붉은색 명주
비	菲	中	木	14	陰	火	水	-	艸	木	엷을, 순무, 향기로울
비	脾	陰	水	14	陰	火	水	-	肉	水	지라, 소의 밥통, 소의 陽
비	蜚	中	水	14	陰	火	水	-	虫	水	바퀴, 메뚜기, 풍뎅이
비	翡	陰	火	14	陰	火	水	-	羽	火	물총새
비	誹	陰	金	15	陽	土	水	-	言	金	헐뜯을, 비방할
비	憊	中	火	16	陰	土	水	-	心	火	고달플, 피곤할, 앓을
비	鄙	陰	土	18	陰	金	水	-	邑	土	다라울, 인색할, 어리석을
비	臂	中	水	19	陽	水	水	-	肉	水	팔, 쇠뇌 자루
비	譬	中	金	20	陰	水	水	-	言	金	비유할, 깨우칠, 알아차릴
빈	牝	陰	土	6	陰	土	水	火	牛	土	암컷, 골짜기, 음(陰)
빈	份	陰	火	6	陰	土	水	火	人	火	빛날, 일부분
빈	邠	陰	土	7	陽	金	水	火	邑	土	나라이름, 빛날
빈	玭	陰	金	9	陽	水	水	火	玉	金	구슬이름, 좋은 소리 나는 돌
빈	貧	陽	金	11	陽	木	水	火	貝	金	가난할, 곤궁할, 가난
빈	浜	陰	水	11	陽	木	水	火	水	水	물가, 배를 맬 곳
빈	彬	陰	火	11	陽	木	水	火	彡	火	빛날, 밝을, 무늬가 또렷한
빈	斌	陰	木	12	陰	木	水	火	文	木	빛날
빈	賓	陽	金	14	陰	火	水	火	貝	金	손님, 손님으로 묵을
빈	頻	陰	火	16	陰	土	水	火	頁	火	자주, 빈번히, 급박할

글자		글자		획수			음령오행		부수		글자의 의미
		음양	오행	획수	음양	오행	초성	종성	부수	오행	
빈	儐	陰	火	16	陰	土	水	火	人	火	인도할, 대접할
빈	豳	中	水	17	陽	金	水	火	豕	水	나라이름, 성(姓), 얼룩질
빈	嬪	陰	土	17	陽	金	水	火	女	土	아내, 여관, 아내의 미칭
빈	檳	陰	木	18	陰	金	水	火	木	木	빈랑나무
빈	殯	陰	水	18	陰	金	水	火	歹	水	염할, 묻을, 파묻을
빈	濱	陰	水	18	陰	金	水	火	水	水	물가, 끝, 임박할
빈	璸	陰	金	19	陽	水	水	火	玉	金	구슬이름, 옥무늬 아롱아롱할
빈	嚬	陰	水	19	陽	水	水	火	口	水	찡그릴, 눈살 찌푸릴
빈	霦	中	水	19	陽	水	水	火	雨	水	옥광채, 옥색깔
빈	繽	陰	木	20	陰	水	水	火	糸	木	어지러울
빈	瀕	陰	水	20	陰	水	水	火	水	水	물가, 임박할, 따를
빈	鑌	陰	金	22	陰	木	水	火	金	金	강철, 광낼
빙	氷	陰	水	5	陽	土	水	土	水	水	얼음, 얼, 굳은 기름
빙	聘	陰	火	13	陽	火	水	土	耳	火	찾아갈, 부를, 구할
빙	憑	中	火	16	陰	土	水	土	心	火	기댈, 의지할, 귀신 들린
빙	騁	陰	火	17	陽	金	水	土	馬	火	달릴, 회포를 풀, 다할
사	士	陽	木	3	陽	火	金	-	士	木	선비, 일을 할
사	巳	陽	土	3	陽	火	金	-	己	土	여섯째 지지, 삼진날, 뱀
사	四	陽	水	4	陰	火	金	-	囗	水	넷, 네 번, 사방
사	乍	陽	金	5	陽	土	金	-	ノ	金	잠깐, 갑자기, 지을
사	司	陽	水	5	陽	土	金	-	口	水	맡을, 관리, 벼슬, 관아
사	史	陽	水	5	陽	土	金	-	口	水	역사, 사관, 기록된 문서
사	仕	陰	火	5	陽	土	金	-	人	火	벼슬할, 일로 삼을, 섬길
사	糸	陽	木	6	陰	土	金	-	糸	木	가는 실, 가늘, 적을
사	死	陽	水	6	陰	土	金	-	歹	水	죽을, 죽은 사람, 죽음
사	寺	陽	土	6	陰	土	金	-	寸	土	절, 관청, 환관
사	私	陰	木	7	陽	金	金	-	禾	木	사사로울, 개인, 비밀, 홀로
사	些	中	木	7	陽	金	金	-	二	木	적을, 조금, 어조사
사	伺	陰	火	7	陽	金	金	-	人	火	엿볼, 찾을
사	似	陰	火	7	陽	金	金	-	人	火	같을, 닮을

글자		글자		획수			음령오행		부수		글자의 의미
		음양	오행	획수	음양	오행	초성	종성	부수	오행	
사	事	陽	金	8	陰	金	金	-	亅	金	일, 전념할, 정치
사	祀	陰	木	8	陰	金	金	-	示	木	제사, 제사 지낼
사	社	陰	木	8	陰	金	金	-	示	木	토지의 신, 단체, 모일
사	沙	陰	水	8	陰	金	金	-	水	水	모래, 사막, 모래가 날
사	舍	陽	火	8	陰	金	金	-	舌	火	집, 관청
사	使	陰	火	8	陰	金	金	-	人	火	하여금, 부릴, 시킬
사	砂	陰	金	9	陽	水	金	-	石	金	모래, 단사, 진사
사	查	陽	木	9	陽	水	金	-	木	木	조사할, 사실할, 떼, 뗏목
사	柶	陰	木	9	陽	水	金	-	木	木	수저, 숟가락, 윷
사	泗	陰	水	9	陽	水	金	-	水	水	물 이름, 콧물
사	思	陽	火	9	陽	水	金	-	心	火	생각할, 생각, 마음, 뜻
사	俟	陰	火	9	陽	水	金	-	人	火	기다릴, 클
사	紗	陰	木	10	陰	水	金	-	糸	木	깁, 미미할, 엷고 가는 견직물
사	師	陰	木	10	陰	水	金	-	巾	木	스승, 스승으로 삼을
사	祠	陰	木	10	陰	水	金	-	示	木	사당, 제사, 제사 지낼
사	唆	陰	水	10	陰	水	金	-	口	水	부추길, 꼬드길
사	射	陰	土	10	陰	水	金	-	寸	土	궁술, 쏠, 산 이름
사	娑	中	土	10	陰	水	金	-	女	土	춤출, 옷이 너풀거릴
사	梭	陰	木	11	陽	木	金	-	木	木	북, 베틀 부속의 하나
사	蛇	陰	水	11	陽	木	金	-	虫	水	뱀, 별 이름
사	邪	陰	土	11	陽	木	金	-	邑	土	간사할, 어긋날, 치우칠
사	赦	陰	火	11	陽	木	金	-	赤	火	용서할, 사면할, 성(姓)
사	斜	陰	火	11	陽	木	金	-	斗	火	비낄, 비스듬할, 기울
사	徙	陰	火	11	陽	木	金	-	彳	火	옮길, 넘길, 한도를 넘어설
사	詐	陰	金	12	陰	木	金	-	言	金	속일, 거짓말 할, 거짓
사	詞	陰	金	12	陰	木	金	-	言	金	말씀, 알릴, 고할, 청할
사	斯	陰	金	12	陰	木	金	-	斤	金	이, 사물 대명사, 쪼갤
사	奢	陽	木	12	陰	木	金	-	大	木	사치할, 자랑할, 더 좋을
사	捨	陰	木	12	陰	木	金	-	手	木	버릴, 놓을
사	絲	陰	木	12	陰	木	金	-	糸	木	실, 실을 잣을

글자		글자		획수			음령오행		부수		글자의 의미
		음양	오행	획수	음양	오행	초성	종성	부수	오행	
사	裟	中	木	13	陽	火	金	-	衣	木	가사, 승려의 옷
사	莎	中	木	13	陽	火	金	-	艸	木	향부자, 범메뚜기, 손을 비빌
사	渣	陰	水	13	陽	火	金	-	水	水	찌끼, 강 이름
사	嗣	陰	水	13	陽	火	金	-	口	水	이을, 후임자, 상속자
사	肆	陰	火	13	陽	火	金	-	聿	火	방자할, 극에 달할
사	飼	陰	水	14	陰	火	金	-	食	水	먹일, 기를, 사료
사	獅	陰	土	14	陰	火	金	-	犬	土	사자
사	賜	陰	金	15	陽	土	金	-	貝	金	줄, 하사할, 은덕
사	寫	中	木	15	陽	土	金	-	宀	木	베낄, 옮겨놓을, 쓸
사	駟	陰	火	15	陽	土	金	-	馬	火	사마, 네 마리의 말
사	僿	陰	火	15	陽	土	金	-	人	火	잘게 부술, 성의 없을
사	蓑	陽	木	16	陰	土	金	-	艸	木	도롱이, 누역, 덮을
사	篩	陰	木	16	陰	土	金	-	竹	木	체, 체로 칠
사	謝	陰	金	17	陽	金	金	-	言	金	사례할, 물러날, 용서를 빌
사	辭	陰	金	19	陽	水	金	-	辛	金	말씀, 말할, 하소연 할
사	瀉	陰	水	19	陽	水	金	-	水	水	쏟을, 토할, 설사할
사	麝	中	土	21	陽	木	金	-	鹿	土	사향노루, 사향
삭	削	陰	金	9	陽	水	金	木	刀	金	깎을, 범할, 해칠
삭	索	陽	木	10	陰	水	金	木	糸	木	동아줄, 새기를 꼴, 선택할
삭	朔	陰	水	10	陰	水	金	木	月	水	초하루, 음력 1일
삭	數	陰	金	15	陽	土	金	木	攴	金	자주
산	山	陽	土	3	陽	火	金	火	山	土	뫼, 산, 무덤, 산신
산	刪	陰	金	7	陽	金	金	火	刀	金	깎을
산	汕	陰	水	7	陽	金	金	火	水	水	오구, 물고기 자맥질할
산	疝	陽	水	8	陰	金	金	火	疒	水	산증, 허리가 아픈 병
산	珊	陰	金	10	陰	水	金	火	玉	金	산호, 비틀거릴
산	産	陽	木	11	陽	木	金	火	生	木	낳을, 태어날, 만들어 낼
산	散	陰	金	12	陰	木	金	火	攴	金	흩을, 흩어질, 헤어질
산	傘	中	火	12	陰	木	金	火	人	火	우산, 일산
산	酸	陰	金	14	陰	火	金	火	酉	金	식초, 신, 신맛, 신 기운

글자		글자		획수			음령오행		부수		글자의 의미
		음양	오행	획수	음양	오행	초성	종성	부수	오행	
산	算	中	木	14	陰	火	金	火	竹	木	셀, 셈할, 수, 수효, 바구니
산	蒜	中	木	16	陰	土	金	火	艸	木	마늘, 달래
산	霰	中	水	20	陰	水	金	火	雨	水	싸라기눈, 말린 떡을 잘게 썬
살	乷	中	木	8	陰	金	金	火	乙	木	살, 음역자
살	殺	陰	木	11	陽	木	金	火	殳	金	죽일, 죽을, 벨
살	煞	陰	火	13	陽	火	金	火	火	火	죽일, 총괄할, 수효 많을
살	撒	陰	木	16	陰	土	金	火	手	木	뿌릴, 놓을, 놓아줄
살	薩	中	木	20	陰	水	金	火	艸	木	보살
삼	三	陽	木	3	陽	火	金	水	一	木	셋, 석, 세법, 거듭, 자주
삼	杉	陰	木	7	陽	金	金	水	木	木	삼나무
삼	衫	陰	木	9	陽	水	金	水	衣	木	적삼, 내의, 옷의 총칭
삼	芟	陽	木	10	陰	水	金	水	艸	木	풀 벨, 제거할, 큰 낫
삼	參	中	木	11	陽	木	金	水	厶	木	셋, 인삼, 별이름, 빽빽할
삼	森	中	木	12	陰	木	金	水	木	木	나무 빽빽할, 우뚝 솟을
삼	滲	陰	水	15	陽	土	金	水	水	水	스밀, 샐, 흘러나올
삼	蔘	中	木	17	陽	金	金	水	艸	木	인삼, 가지가 치솟을
삽	鈒	陰	金	12	陰	木	金	水	金	金	창, 새길, 아로새길
삽	插	陰	木	13	陽	火	金	水	手	木	꽂을, 박아 넣을, 끼워 넣을
삽	颯	陰	木	14	陰	火	金	水	風	木	바람소리, 바람이 불
삽	澁	陰	水	16	陰	土	金	水	水	水	떫을, 말을 더듬을, 껄끄러울
상	上	陽	木	3	陽	火	金	土	一	木	위, 하늘, 임금
상	床	陽	木	7	陽	金	金	土	广	木	상, 소반, 밥상, 책상
상	牀	陰	木	8	陰	金	金	土	爿	木	평상, 침상, 마루
상	尙	陽	水	8	陰	金	金	土	小	水	오히려, 바랄, 숭상할
상	狀	陰	土	8	陰	金	金	土	犬	土	형상, 모양, 용모
상	庠	陽	木	9	陽	水	金	土	广	木	학교
상	相	陰	木	9	陽	水	金	土	目	木	서로, 볼, 바탕, 자세히 볼
상	峠	陰	土	9	陽	水	金	土	山	土	고개
상	桑	中	木	10	陰	水	金	土	木	木	뽕나무, 뽕잎을 딸
상	常	陽	木	11	陽	木	金	土	巾	木	항상, 법, 불변의 도

글자		글자		획수			음령오행		부수		글자의 의미
		음양	오행	획수	음양	오행	초성	종성	부수	오행	
상	祥	陰	木	11	陽	木	金	土	示	木	상서로울, 좋을, 복
상	商	陽	水	11	陽	木	金	土	口	水	헤아릴, 장사할, 장사
상	爽	中	火	11	陽	木	金	土	爻	火	시원할, 밝을, 명백할
상	廂	中	木	12	陰	木	金	土	广	木	행랑, 곁간
상	象	陽	水	12	陰	木	金	土	豕	水	코끼리, 상아, 그림, 모양
상	喪	中	水	12	陰	木	金	土	口	水	죽을, 상제 노릇할
상	翔	陰	火	12	陰	木	金	土	羽	火	빙빙 돌아 날, 높이 날, 달릴
상	詳	陰	金	13	陽	火	金	土	言	金	자세할, 자세히 볼
상	湘	陰	水	13	陽	火	金	土	水	水	강 이름, 삶을
상	傷	陰	火	13	陽	火	金	土	人	火	상처, 상할, 이지러질
상	想	中	火	13	陽	火	金	土	心	火	생각할, 생각, 형상, 모양
상	裳	陽	木	14	陰	火	金	土	衣	木	치마, 낮에 입는 옷
상	嘗	陽	水	14	陰	火	金	土	口	水	맛볼, 시험할, 시험 삼아
상	塽	陰	土	14	陰	火	金	土	土	土	높고 밝은 땅
상	像	陰	火	14	陰	火	金	土	人	火	형상, 본뜬 형상, 닮을
상	賞	陽	金	15	陽	土	金	土	貝	金	상줄, 찬양할, 기릴, 상
상	箱	陰	木	15	陽	土	金	土	竹	木	상자, 곳집, 곳간
상	橡	陰	木	16	陰	土	金	土	木	木	상수리나무, 상수리
상	霜	中	水	17	陽	金	金	土	雨	水	서리, 세월
상	償	陰	火	17	陽	金	金	土	人	火	갚을, 보상할
상	觴	陰	木	18	陰	金	金	土	角	木	잔, 술잔, 술잔을 돌릴
상	孀	陰	土	20	陰	水	金	土	女	土	과부
새	塞	陽	土	13	陽	火	金	-	土	土	변방, 성채, 사이가 뜰
새	賽	陽	金	17	陽	金	金	-	貝	金	굿할, 우열을 겨룰
새	璽	陽	金	19	陽	水	金	-	玉	金	도장, 옥새, 천자의 도장
색	色	陽	土	6	陰	土	金	木	色	土	빛, 빛깔, 광택, 색체, 기색
색	索	陽	木	10	陰	水	金	木	糸	木	찾을, 선택할, 가릴
색	嗇	中	水	13	陽	火	金	木	口	水	아낄, 인색할, 탐할
색	塞	陽	土	13	陽	火	金	木	土	土	막힐, 사이가 뜰
색	穡	陰	木	18	陰	金	金	木	禾	木	거둘, 아낄, 농사, 곡식

글자		글자		획수			음령오행		부수		글자의 의미
		음양	오행	획수	음양	오행	초성	종성	부수	오행	
생	生	陽	木	5	陽	土	金	土	生	木	날, 태어날, 자식을 낳을
생	省	陽	木	9	陽	水	金	土	目	木	덜
생	牲	陰	土	9	陽	水	金	土	牛	土	희생, 제사에 사용되는 소
생	笙	中	木	11	陽	木	金	土	竹	木	생황
생	甥	陰	木	12	陰	木	金	土	生	木	생질, 자매의 아들, 외손자
서	西	陽	金	6	陰	土	金	-	襾	金	서녘, 서쪽, 서쪽으로 갈
서	序	陽	木	7	陽	金	金	-	广	木	차례, 차례를 매길
서	抒	陰	木	8	陰	金	金	-	手	木	풀, 퍼낼, 토로할, 끄집어낼
서	叙	陰	水	9	陽	水	金	-	又	水	베풀, 쓸, 지을
서	栖	陰	木	10	陰	水	金	-	木	木	깃들일, 묵을, 거주할
서	書	陽	火	10	陰	水	金	-	曰	火	쓸, 글씨를 쓸, 기록할, 글
서	徐	陰	火	10	陰	水	金	-	彳	火	천천히, 평온할, 모두
서	恕	中	火	10	陰	水	金	-	心	火	용서할, 동정할, 깨달을
서	敍	陰	金	11	陽	木	金	-	攴	金	차례, 차례매길, 순서정할
서	庶	陽	木	11	陽	木	金	-	广	木	여러, 많을, 살찔
서	胥	陽	水	11	陽	木	金	-	肉	水	서로, 게장, 게젓, 함께
서	黍	陽	木	12	陰	木	金	-	黍	木	기장(오곡의 하나)
서	壻	陰	木	12	陰	木	金	-	士	木	사위, 사나이, 남편
서	捿	陰	木	12	陰	木	金	-	手	木	살, 쉴, 서성거릴
서	棲	陰	木	12	陰	木	金	-	木	木	살, 깃들일, 머무를
서	絮	中	木	12	陰	木	金	-	糸	木	솜, 풀솜, 솜옷
서	犀	陽	土	12	陰	木	金	-	牛	土	무소, 무소뿔, 굳을
서	婿	陰	土	12	陰	木	金	-	女	土	사위, 사나이, 남편
서	舒	陰	火	12	陰	木	金	-	舌	火	펼, 펴질, 흩어질, 열릴
서	揟	陰	木	13	陽	火	金	-	手	木	고기 잡을
서	筮	中	木	13	陽	火	金	-	竹	木	점대, 점칠
서	鼠	中	木	13	陽	火	金	-	鼠	水	쥐, 간신, 근심할
서	暑	陽	火	13	陽	火	金	-	日	火	더울, 무더울, 더위, 여름
서	惰	陰	火	13	陽	火	金	-	心	火	슬기, 지혜로울
서	瑞	陰	金	14	陰	火	金	-	玉	金	상서, 길조, 경사스러울

글자		글자		획수			음령오행		부수		글자의 의미
		음양	오행	획수	음양	오행	초성	종성	부수	오행	
서	誓	中	金	14	陰	火	金	-	言	金	맹세할, 임명할, 훈계할
서	墅	中	土	14	陰	火	金	-	土	土	농막, 들, 교외
서	逝	中	土	14	陰	火	金	-	辵	土	갈, 뜰, 떠날, 죽을
서	鋤	陰	金	15	陽	土	金	-	金	金	호미, 김맬, 없앨
서	署	陽	木	15	陽	土	金	-	网	木	관청, 둘
서	緖	陰	木	15	陽	土	金	-	糸	木	실마리, 시초, 계통
서	諝	陰	金	16	陰	土	金	-	言	金	슬기, 헤아릴, 총명한 사람
서	嶼	陰	土	17	陽	金	金	-	山	土	섬, 작은 섬
서	曙	陰	火	18	陰	金	金	-	日	火	새벽, 날이 밝을, 아침
서	薯	陽	木	20	陰	水	金	-	艸	木	참마, 감자, 고구마, 산약
서	藇	中	木	20	陰	水	金	-	艸	木	아름다울, 우거질, 마, 감자
석	夕	陽	水	3	陽	火	金	木	夕	水	저녁, 밤, 쏠릴
석	石	陽	金	5	陽	土	金	木	石	金	돌, 비석, 돌로 만든 악기
석	汐	陰	水	7	陽	金	金	木	水	水	조수, 썰물
석	析	陰	木	8	陰	金	金	木	木	木	가를, 해부할, 쪼갤
석	昔	陽	火	8	陰	金	金	木	日	火	예, 옛날, 오래될, 앞서
석	席	陽	木	10	陰	水	金	木	巾	木	자리, 깔, 앉음새
석	柘	陰	木	10	陰	水	金	木	禾	木	백이십 근
석	淅	陰	水	12	陰	木	金	木	水	水	쌀을 일, 빗소리, 씻은 쌀
석	舃	陽	土	12	陰	木	金	木	臼	土	신, 클, 빛날, 성(姓)
석	惜	陰	火	12	陰	木	金	木	心	火	아낄, 아까워할, 가엾을
석	晳	中	火	12	陰	木	金	木	日	火	밝을
석	鉐	陰	金	13	陽	火	金	木	金	金	놋쇠
석	碩	陰	金	14	陰	火	金	木	石	金	클, 가득 찰, 머리가 클
석	奭	中	木	15	陽	土	金	木	大	木	클, 성할, 성(姓)
석	錫	陰	金	16	陰	土	金	木	金	金	주석, 줄, 하사한 재물
석	蓆	陽	木	16	陰	土	金	木	艸	木	자리, 클, 넓고 많을
석	潟	陰	水	16	陰	土	金	木	水	水	개펄
석	釋	陰	火	20	陰	水	金	木	釆	火	풀, 풀릴, 내버릴, 해석할
선	仙	陰	火	5	陽	土	金	火	人	火	신선, 고상한 사람

글자		글자		획수			음령오행		부수		글자의 의미
		음양	오행	획수	음양	오행	초성	종성	부수	오행	
선	先	陽	木	6	陰	土	金	火	儿	木	먼저, 나아갈, 옛날
선	宣	陽	木	9	陽	水	金	火	宀	木	베풀, 펼, 공포할
선	扇	中	木	10	陰	水	金	火	戶	木	사립문, 부채
선	珗	陰	金	11	陽	木	金	火	玉	金	옥돌
선	船	陰	木	11	陽	木	金	火	舟	木	배, 옷깃
선	旋	陰	土	11	陽	木	金	火	方	土	회전할, 돌릴, 돌아올
선	琁	陰	金	12	陰	木	金	火	玉	金	옥, 구슬
선	善	陽	水	12	陰	木	金	火	口	水	착할, 높을, 많을
선	詵	陰	金	13	陽	火	金	火	言	金	많을, 모일, 묻을
선	渲	陰	水	13	陽	火	金	火	水	水	바림, 물 적실
선	跣	陰	土	13	陽	火	金	火	足	土	맨발, 돌아다닐
선	羨	中	土	13	陽	火	金	火	羊	土	부러워할, 탐낼, 그리워할
선	愃	陰	火	13	陽	火	金	火	心	火	쾌할, 잊을, 잊어버릴
선	僊	陰	火	13	陽	火	金	火	人	火	신선
선	銑	陰	金	14	陰	火	金	火	金	金	끌, 광채 날
선	瑄	陰	金	14	陰	火	金	火	玉	金	도리옥
선	嫙	陰	土	14	陰	火	金	火	女	土	예쁠
선	煽	陰	火	14	陰	火	金	火	火	火	부칠, 부채질할, 부추길
선	線	陰	木	15	陽	土	金	火	糸	木	줄, 실
선	腺	陰	水	15	陽	土	金	火	肉	水	샘, 생물체내 분비기관
선	嬋	陰	土	15	陽	土	金	火	女	土	고울, 잇닿을
선	墡	陰	土	15	陽	土	金	火	土	土	백토, 좋은 흙
선	璇	陰	金	16	陰	土	金	火	玉	金	아름다운 옥, 별 이름
선	敾	陰	金	16	陰	土	金	火	攴	金	글을 잘 쓸
선	禪	陰	木	17	陽	金	金	火	示	木	봉선, 사양할, 선위할
선	鮮	陰	水	17	陽	金	金	火	魚	水	고울, 뚜렷할, 깨끗할
선	繕	陰	木	18	陰	金	金	火	糸	木	기울, 고칠, 다스릴
선	膳	陰	水	18	陰	金	金	火	肉	水	반찬, 드릴, 먹을
선	蟬	陰	水	18	陰	金	金	火	虫	水	매미, 뻗을, 퍼질, 연속할
선	璿	陰	金	19	陽	水	金	火	玉	金	아름다운 옥

글자		글자		획수			음령오행		부수		글자의 의미
		음양	오행	획수	음양	오행	초성	종성	부수	오행	
선	選	中	土	19	陽	水	金	火	辵	土	가릴, 열거할, 가려 뽑을
선	鐥	陰	金	20	陰	水	金	火	金	金	복자, 좋은 쇠
선	饍	陰	水	21	陽	木	金	火	食	水	반찬, 드릴, 먹을
선	癬	中	水	22	陰	木	金	火	疒	水	옴, 종기, 옮을
선	蘚	中	木	23	陽	火	金	火	艸	木	이끼, 김
설	舌	陽	火	6	陰	土	金	火	舌	火	혀
설	泄	陰	水	9	陽	水	金	火	水	水	샐, 발설할, 설사할, 쌀
설	屑	陽	水	10	陰	水	金	火	尸	水	가루, 부스러기, 부술
설	洩	陰	水	10	陰	水	金	火	水	水	샐, 발설할, 폭포, 성(姓)
설	設	陰	金	11	陽	木	金	火	言	金	베풀, 진열할, 설립할
설	雪	陽	水	11	陽	木	金	火	雨	水	눈, 눈이 올, 더러움 씻을
설	卨	陽	火	11	陽	木	金	火	卜	火	사람이름
설	偰	陰	火	11	陽	木	金	火	人	火	맑을, 사람이름
설	楔	陰	木	13	陽	火	金	火	木	木	문설주, 쐐기, 떠받칠
설	渫	陰	水	13	陽	火	金	火	水	水	칠, 흩어질, 그칠
설	說	陰	金	14	陰	火	金	火	言	金	말씀, 도리, 이야기할, 말할
설	蔎	陰	木	17	陽	金	金	火	艸	木	향풀, 향내 날, 향기로운
설	褻	中	木	17	陽	金	金	火	衣	木	더러울, 더럽힐, 속옷
설	薛	中	木	19	陽	水	金	火	艸	木	맑은 대쑥, 향부자
설	齧	中	金	21	陽	木	金	火	齒	金	물을, 물어뜯을, 침식할
섬	剡	陰	金	10	陰	水	金	水	刀	金	땅이름
섬	閃	中	木	10	陰	水	金	水	門	木	번쩍할, 깜박일
섬	陝	陰	土	15	陽	土	金	水	阜	土	고을 이름
섬	暹	陽	火	16	陰	土	金	水	日	火	해 돋을, 햇살 퍼질
섬	蟾	陰	水	19	陽	水	金	水	虫	水	두꺼비, 달, 달빛
섬	贍	陰	金	20	陰	水	金	水	貝	金	넉넉할, 도울, 구휼할
섬	殲	陰	水	21	陽	木	金	水	歹	水	다 죽일, 멸할, 죽일
섬	纖	陰	木	23	陽	火	金	水	糸	木	가늘, 작은, 잘은
섭	涉	陰	水	11	陽	木	金	水	水	水	건널, 거닐, 이를
섭	葉	陽	木	15	陽	土	金	水	艸	木	성, 가지, 후손, 잎

글자		글자		획수			음령오행		부수		글자의 의미
		음양	오행	획수	음양	오행	초성	종성	부수	오행	
섭	燮	中	火	17	陽	金	金	水	火	火	불꽃, 익힐, 삶을, 화할
섭	攝	陰	木	22	陰	木	金	水	手	木	당길, 끌어당길, 굳게 지킬
성	成	陽	金	7	陽	金	金	土	戈	金	이룰, 이루어질, 정하여질
성	姓	陰	土	8	陰	金	金	土	女	土	성, 겨레, 아들
성	省	陽	木	9	陽	水	金	土	目	木	살필, 분명할, 깨달을
성	星	陽	火	9	陽	水	金	土	日	火	별, 28수를 의미
성	性	陰	火	9	陽	水	金	土	心	火	성품, 성질, 생명, 목숨
성	宬	陽	木	10	陰	水	金	土	宀	木	서고, 장서실
성	娍	陰	土	10	陰	水	金	土	女	土	아름다울
성	城	陰	土	10	陰	水	金	土	土	土	성, 도읍, 나라, 재, 구축할
성	胜	陰	水	11	陽	木	金	土	肉	水	비릴, 누릴, 날고기, 여윌
성	晟	陽	火	11	陽	木	金	土	日	火	밝을, 환할, 성할
성	盛	陽	金	12	陰	木	金	土	皿	金	담을, 채울, 성할, 주발
성	珹	陰	金	12	陰	木	金	土	玉	金	옥이름, 구슬 이름
성	筬	中	木	13	陽	火	金	土	竹	木	베틀, 대나무 이름
성	猩	陰	土	13	陽	火	金	土	犬	土	성성이, 무자비할
성	惺	陰	火	13	陽	火	金	土	心	火	영리할, 슬기로울, 깨달을
성	聖	中	火	13	陽	火	金	土	耳	火	성스러울, 성인, 뛰어난 사람
성	瑆	陰	金	14	陰	火	金	土	玉	金	옥빛, 빛날
성	誠	陰	金	14	陰	火	金	土	言	金	정성, 참되게 할, 공경할
성	腥	陰	水	15	陽	土	金	土	肉	水	비릴, 군살
성	醒	陰	金	16	陰	土	金	土	酉	金	깰, 술 깰, 잠이 깰, 깨달을
성	聲	中	火	17	陽	金	金	土	耳	火	소리, 소리를 낼, 음향, 음성
세	世	陽	木	5	陽	土	金	-	一	木	대, 세상, 때, 인간
세	忕	陰	火	8	陰	金	金	-	心	火	사치할, 자세히 살필, 익힐
세	洗	陰	水	10	陰	水	金	-	水	水	씻을, 깨끗할, 결백할
세	洒	陰	水	10	陰	水	金	-	水	水	물을 뿌릴, 씻을, 설치할
세	細	陰	木	11	陽	木	金	-	糸	木	가늘, 미미할, 작을
세	笹	中	木	11	陽	木	金	-	竹	木	조릿대
세	貰	陽	金	12	陰	木	金	-	貝	金	세낼, 빌릴, 놓아줄, 용서할

글자		글자		획수			음령오행		부수		글자의 의미
		음양	오행	획수	음양	오행	초성	종성	부수	오행	
세	稅	陰	木	12	陰	木	金	-	禾	木	구실, 부세, 징수할
세	歲	陽	土	13	陽	火	金	-	止	土	해, 새해, 세월
세	勢	中	土	13	陽	火	金	-	力	土	기세, 권세, 무리
세	說	陰	金	14	陰	火	金	-	言	金	달랠, 말씀
소	小	陽	水	3	陽	火	金	-	小	水	작을, 적을, 짧을
소	少	陽	水	4	陰	火	金	-	小	水	적을, 약간, 조금, 얼마간
소	召	陽	水	5	陽	土	金	-	口	水	부를, 부름
소	所	陰	木	8	陰	金	金	-	戶	木	바, 지위, 자리, 위치
소	柖	陰	木	9	陽	水	金	-	木	木	나무가 흔들리는, 과녁
소	沼	陰	水	9	陽	水	金	-	水	水	늪
소	昭	陰	火	9	陽	水	金	-	日	火	밝을, 빛날, 밝게
소	炤	陰	火	9	陽	水	金	-	火	火	밝을, 비출, 반딧불
소	玿	陰	金	10	陰	水	金	-	玉	金	아름다운 옥
소	素	陽	木	10	陰	水	金	-	糸	木	흴, 흰빛
소	宵	陽	木	10	陰	水	金	-	宀	木	밤, 야간, 작을, 닮을
소	笑	中	木	10	陰	水	金	-	竹	木	웃을, 꽃이 필
소	梳	陰	木	11	陽	木	金	-	木	木	빗, 얼레빗, 빗을, 머리빗을
소	紹	陰	木	11	陽	木	金	-	糸	木	이을, 받을, 소개할, 도울
소	消	陰	水	11	陽	木	金	-	水	水	사라질, 약해질, 모자랄
소	巢	中	水	11	陽	木	金	-	巛	水	집, 깃들일, 모일, 무리이룰
소	訴	陰	金	12	陰	木	金	-	言	金	하소연할, 알릴, 헐뜯을
소	掃	陰	木	12	陰	木	金	-	手	木	쓸, 비로 쓸, 제거할
소	甦	陽	水	12	陰	木	金	-	生	木	긁어모을, 가득 찰, 잠이 깰
소	邵	陰	土	12	陰	木	金	-	邑	土	고을이름
소	疏	陰	土	12	陰	木	金	-	疋	土	트일, 통할, 서투를
소	疎	陰	土	12	陰	木	金	-	疋	土	트일, 통할
소	塑	中	土	13	陽	火	金	-	土	土	토우
소	韶	陰	金	14	陰	火	金	-	音	金	풍류이름, 아름다울
소	搔	陰	木	14	陰	火	金	-	手	木	긁을, 마음이 움직일, 떠들
소	溯	陰	水	14	陰	火	金	-	水	水	거슬러 올라갈, 맞설, 거스를

글자		글자		획수			음령오행		부수		글자의 의미
		음양	오행	획수	음양	오행	초성	종성	부수	오행	
소	逍	陽	土	14	陰	火	金	-	辵	土	거닐, 노닐
소	愫	陰	火	14	陰	火	金	-	心	火	정성, 참된 마음, 진정
소	銷	陰	金	15	陽	土	金	-	金	金	녹일, 녹을, 흩어질, 다할
소	瘙	陽	水	15	陽	土	金	-	疒	水	종기, 부스럼
소	嘯	陰	水	15	陽	土	金	-	口	水	휘파람 불, 읊조릴, 울부짖을
소	燒	陰	火	16	陰	土	金	-	火	火	불사를, 불태울, 탈, 익힐
소	篠	陰	木	17	陽	金	金	-	竹	木	조릿대, 가는대
소	蔬	中	木	17	陽	金	金	-	艸	木	푸나물, 푸성귀, 채소, 풀씨
소	遡	中	土	17	陽	金	金	-	辵	土	거슬러 올라갈, 거스를
소	蕭	陽	木	18	陰	金	金	-	艸	木	맑은대쑥, 쓸쓸할, 삼갈
소	簫	中	木	18	陰	金	金	-	竹	木	퉁소
소	瀟	陰	水	20	陰	水	金	-	水	水	강이름, 물이 맑고 깊은
소	騷	陰	火	20	陰	水	金	-	馬	火	떠들, 떠들썩할, 근심할
소	蘇	中	木	22	陰	木	金	-	艸	木	차조기, 들깨, 깨어날
속	束	陽	木	7	陽	金	金	木	木	木	묶을, 결박할, 합칠
속	俗	陰	火	9	陽	水	金	木	人	火	풍속, 바랄, 이을
속	涑	陰	水	11	陽	木	金	木	水	水	세탁할, 행굴, 강이름
속	粟	陰	木	12	陰	木	金	木	米	木	조, 벼, 찧지 않은 곡식
속	速	陽	土	14	陰	火	金	木	辵	土	빠를, 빨리 할, 빨리
속	謖	陰	金	17	陽	金	金	木	言	金	일어날, 일어설
속	續	陰	木	21	陽	木	金	木	糸	木	이을, 이어질, 뒤를 이을
속	屬	中	水	21	陽	木	金	木	尸	水	엮을, 맺을, 이을
속	贖	陰	金	22	陰	木	金	木	貝	金	면죄 받을, 무역할, 바꿀
손	孫	陰	水	10	陰	水	金	火	子	水	손자, 자손, 후손, 새싹
손	飡	陰	水	11	陽	木	金	火	食	水	저녁밥, 지을, 먹을
손	巽	中	土	12	陰	木	金	火	己	土	손괘, 동남쪽, 유순할, 공손할
손	損	陰	木	14	陰	火	金	火	手	木	덜, 줄일, 감소할
손	蓀	中	木	16	陰	土	金	火	艸	木	난초, 창포, 향풀이름
손	遜	中	土	17	陽	金	金	火	辵	土	겸손할, 사양할, 순종할
솔	率	中	火	11	陽	木	金	火	玄	火	거느릴, 이끌, 지킬, 행할

글자		글자		획수			음령오행		부수		글자의 의미
		음양	오행	획수	음양	오행	초성	종성	부수	오행	
송	宋	陽	木	7	陽	金	金	土	宀	木	송나라
송	松	陰	木	8	陰	金	金	土	木	木	소나무
송	訟	陰	金	11	陽	木	金	土	言	金	송사할, 재물을 다툴, 호소할
송	悚	陰	火	11	陽	木	金	土	心	火	두려워할, 당황할
송	淞	陰	水	12	陰	木	金	土	水	水	강이름, 물
송	送	陽	土	13	陽	火	金	土	辵	土	보낼, 물러나게 할, 바칠
송	頌	陰	火	13	陽	火	金	土	頁	火	기릴, 칭송할
송	誦	陰	金	14	陰	火	金	土	言	金	욀, 암송할, 말할, 의논할
쇠	釗	陰	金	10	陰	水	金	-	金	金	사람이름, 드러날, 멀
쇠	衰	陽	木	10	陰	水	金	-	衣	木	쇠할, 약해질, 늙을, 작아질
쇄	刷	陰	金	8	陰	金	金	-	刀	金	쓸, 털, 닦을, 없애버릴, 씻을
쇄	殺	陰	金	11	陽	木	金	-	殳	金	빠를, 매우
쇄	碎	陰	金	13	陽	火	金	-	石	金	부술, 부서질, 깨뜨릴
쇄	鎖	陰	金	18	陰	金	金	-	金	金	쇠사슬, 자물쇠, 잠글
쇄	灑	陰	水	23	陽	火	金	-	水	水	뿌릴, 씻을, 청소할, 나눌
수	手	陽	木	4	陰	火	金	-	手	木	손, 사람, 힘
수	水	陽	水	4	陰	火	金	-	水	水	물, 홍수, 오행의 하나
수	囚	陽	水	5	陽	土	金	-	囗	水	가둘, 죄인, 포로, 인질
수	戍	陽	金	6	陰	土	金	-	戈	金	지킬, 병사(兵舍), 병영
수	收	陰	金	6	陰	土	金	-	攴	金	거둘, 정제할, 쉴, 그만둘
수	守	陽	木	6	陰	土	金	-	宀	木	지킬, 직무, 정조, 지조
수	秀	陽	木	7	陽	金	金	-	禾	木	빼어날, 높이 솟아날, 꽃필
수	受	陽	水	8	陰	金	金	-	又	水	받을, 얻을, 이익을 누릴
수	峀	陽	土	8	陰	金	金	-	山	土	산굴
수	垂	陽	土	8	陰	金	金	-	土	土	드리울, 베풀, 가, 끝
수	岫	陰	土	8	陰	金	金	-	山	土	산굴, 암혈, 산봉우리
수	帥	陰	木	9	陽	水	金	-	巾	木	장수, 거느릴, 인솔자
수	首	陽	水	9	陽	水	金	-	首	水	머리, 시초, 먼저, 앞
수	洙	陰	水	10	陰	水	金	-	水	水	강이름
수	殊	陰	水	10	陰	水	金	-	歹	水	죽일, 사형할, 단절될, 뛰어날

글자		글자		획수			음령오행		부수		글자의 의미
		음양	오행	획수	음양	오행	초성	종성	부수	오행	
수	狩	陰	土	10	陰	水	金	-	犬	土	사냥, 사냥할, 군사 조련하는
수	修	陰	火	10	陰	水	金	-	人	火	닦을, 다스릴, 고칠
수	袖	陰	木	11	陽	木	金	-	衣	木	소매, 소매에 넣을
수	羞	陽	土	11	陽	木	金	-	羊	土	바칠, 드릴, 음식물
수	琇	陰	金	12	陰	木	金	-	玉	金	옥돌의 이름, 아름다운
수	茱	陽	木	12	陰	木	金	-	艸	木	수유, 수유나무
수	授	陰	木	12	陰	木	金	-	手	木	줄, 내려질, 받을
수	須	陰	火	12	陰	木	金	-	頁	火	모름지기, 마땅히, 수염
수	酬	陰	金	13	陽	火	金	-	酉	金	갚을, 보낼, 배상할, 보답
수	竪	中	金	13	陽	火	金	-	立	金	더벅머리, 내시, 천할, 세울
수	綏	陰	木	13	陽	火	金	-	糸	木	편안할, 안심할
수	睟	陰	木	13	陽	火	金	-	目	木	바로 볼, 눈이 맑고 밝을
수	睡	陰	木	13	陽	火	金	-	目	木	잘, 잠, 졸, 꽃 오므라드는
수	脩	陰	水	13	陽	火	金	-	肉	水	포, 마를, 닦을
수	嫂	陰	土	13	陽	火	金	-	女	土	형수
수	愁	中	火	13	陽	火	金	-	心	火	근심, 시름, 근심스러운
수	銖	陰	金	14	陰	火	金	-	金	金	무게의 단위, 무딜, 둔할
수	搜	陰	木	14	陰	火	金	-	手	木	찾을, 가릴, 고를
수	粹	陰	木	14	陰	火	金	-	米	木	순수할, 불순물 없는
수	綬	陰	木	14	陰	火	金	-	糸	木	인끈, 실을 땋은 끈
수	需	陽	水	14	陰	火	金	-	雨	水	구할, 바랄, 기다릴, 모름지기
수	嗽	陰	水	14	陰	火	金	-	口	水	기침할, 양치질할, 마실
수	壽	陽	土	14	陰	火	金	-	士	木	목숨, 수명, 장수할
수	數	陰	金	15	陽	土	金	-	攴	金	셀, 계산할, 세어서 말할
수	銹	陰	金	15	陽	土	金	-	金	金	녹슬, 녹
수	誰	陰	金	15	陽	土	金	-	言	金	누구, 어떤 사람, 물을
수	瘦	陽	水	15	陽	土	金	-	疒	水	파리할, 마를, 여윌
수	漱	陰	水	15	陽	土	金	-	水	水	양치질할, 씻을
수	蒐	陽	木	16	陰	土	金	-	艸	木	꼭두서니, 모수풀, 모을
수	樹	陰	木	16	陰	土	金	-	木	木	나무, 초목, 담, 담장

글자		글자		획수			음령오행		부수		글자의 의미
		음양	오행	획수	음양	오행	초성	종성	부수	오행	
수	蓚	中	木	16	陰	土	金	-	艸	木	식물독집, 수산
수	遂	陽	土	16	陰	土	金	-	辵	土	이를, 성취할, 끝낼, 통달할
수	輸	陰	火	16	陰	土	金	-	車	火	나를, 옮길, 통보할, 보낼
수	穗	陰	木	17	陽	金	金	-	禾	木	이삭, 벼이삭
수	濉	陰	水	17	陽	金	金	-	水	水	강이름, 땅이름, 부릅떠 볼
수	隋	陰	土	17	陽	金	金	-	阜	土	수나라
수	燧	陰	火	17	陽	金	金	-	火	火	부싯돌, 횃불, 봉화
수	雖	陰	火	17	陽	金	金	-	隹	火	비록, 그러나, ~라 하더라도
수	璲	陰	金	18	陰	金	金	-	玉	金	패옥, 허리띠로 차는 옥
수	繡	陰	木	18	陰	金	金	-	糸	木	수, 수놓을, 성(姓)
수	獸	陰	土	19	陽	水	金	-	犬	土	짐승, 포, 말린 고기
수	藪	中	木	21	陽	木	金	-	艸	木	큰 늪, 숲, 똬리, 덤불
수	邃	陽	土	21	陽	木	金	-	辵	土	깊을, 깊숙할, 심오할
수	隧	陰	土	21	陽	木	金	-	阜	土	길, 도로, 굴, 터널, 혈관
수	隨	陰	土	21	陽	木	金	-	阜	土	따를, 근거할, 좇을, 허락할
수	鬚	陰	火	22	陰	木	金	-	髟	火	수염, 식물의 털
수	髓	陰	金	23	陽	火	金	-	骨	金	골수, 골
수	讐	中	金	23	陽	火	金	-	言	金	원수, 대답할, 갚을, 당할
숙	夙	陽	木	6	陰	土	金	木	夕	水	일찍, 삼갈, 조신할
숙	叔	陰	水	8	陰	金	金	木	又	水	아재비, 주울, 젊을
숙	宿	中	木	11	陽	木	金	木	宀	木	묵을, 숙박할, 머무를, 잘
숙	孰	陰	水	11	陽	木	金	木	子	水	누구, 어느, 무엇, 익을
숙	淑	陰	水	12	陰	木	金	木	水	水	맑을, 착할, 정숙할, 사모할
숙	琡	陰	金	13	陽	火	金	木	玉	金	옥이름, 큰 홀
숙	肅	陽	火	13	陽	火	金	木	聿	火	엄숙할, 공경할, 정숙할
숙	菽	中	木	14	陰	火	金	木	艸	木	콩, 대두, 콩잎
숙	塾	中	土	14	陰	火	金	木	土	土	글방, 방, 과녁
숙	熟	中	火	15	陽	土	金	木	火	火	익을, 이룰, 익숙할
숙	橚	陰	木	16	陰	土	金	木	木	木	나무 줄지어 설, 우거질
숙	潚	陰	水	16	陰	土	金	木	水	水	빠를, 성

글자		글자		획수			음령오행		부수		글자의 의미
		음양	오행	획수	음양	오행	초성	종성	부수	오행	
숙	璹	陰	金	19	陽	水	金	木	玉	金	옥그릇, 옥이름
순	旬	陽	火	6	陰	土	金	火	日	火	열흘, 열 번, 십년
순	巡	陽	水	7	陽	金	金	火	巛	水	돌, 어루만질
순	盾	陽	木	9	陽	水	金	火	目	木	방패, 피할, 숨을
순	徇	陰	火	9	陽	水	金	火	彳	火	주창할, 호령할, 자랑할
순	栒	陰	木	10	陰	水	金	火	木	木	가름대나무, 나무이름
순	純	陰	木	10	陰	水	金	火	糸	木	생사, 실, 순수할, 섞임 없는
순	殉	陰	水	10	陰	水	金	火	歹	水	따라죽을, 목숨 바칠, 구할
순	洵	陰	水	10	陰	水	金	火	水	水	참으로, 진실로, 눈물 흘릴
순	恂	陰	火	10	陰	水	金	火	心	火	정성, 미쁠, 진실한
순	珣	陰	金	11	陽	木	金	火	玉	金	옥이름, 옥그릇
순	荀	陽	木	12	陰	木	金	火	艸	木	풀이름
순	舜	中	木	12	陰	木	金	火	舛	木	순임금, 무궁화, 뛰어날
순	筍	中	木	12	陰	木	金	火	竹	木	죽순
순	淳	陰	水	12	陰	木	金	火	水	水	순박할, 인정이 도타울
순	循	陰	火	12	陰	木	金	火	彳	火	좇을, 빙빙 돌, 순환할
순	順	陰	火	12	陰	木	金	火	頁	火	순할, 좇을, 도리를 따를
순	詢	陰	金	13	陽	火	金	火	言	金	물을, 자문할, 꾀할
순	楯	陰	木	13	陽	火	金	火	木	木	난간, 방패, 잡아 뽑을
순	脣	陽	水	13	陽	火	金	火	肉	水	입술, 언저리, 꼭 맞을
순	馴	陰	火	13	陽	火	金	火	馬	火	길들, 길들일, 순종할
순	醇	陰	金	15	陽	土	金	火	酉	金	진한 술, 변하지 아니할
순	諄	陰	金	15	陽	土	金	火	言	金	타이를, 알뜰할, 도울
순	錞	陰	金	16	陰	土	金	火	金	金	사발종, 순우, 낮을
순	橓	陰	木	16	陰	土	金	火	木	木	무궁화나무
순	蓴	陽	木	17	陽	金	金	火	艸	木	순나물, 순채, 부들꽃
순	瞬	陰	木	17	陽	金	金	火	目	木	눈깜짝일, 잠깐사이
순	蕣	中	木	18	陰	金	金	火	艸	木	무궁화
술	戌	陽	金	6	陰	土	金	火	戈	金	개, 11번째 지지, 마름질할
술	術	陰	火	11	陽	木	金	火	行	火	꾀, 계략, 통로, 수단, 재주

글자		글자		획수			음령오행		부수		글자의 의미
		음양	오행	획수	음양	오행	초성	종성	부수	오행	
술	述	陽	土	12	陰	木	金	火	辵	土	지을, 설명할, 말할, 해석할
술	鉥	陰	金	13	陽	火	金	火	金	金	돗바늘, 이끌, 인도할
숭	崇	陽	土	11	陽	木	金	土	山	土	높을, 존중할, 높게 할
숭	崧	中	土	11	陽	木	金	土	山	土	우뚝 솟을, 산이름
숭	嵩	陽	土	13	陽	火	金	土	山	土	높을, 우뚝 솟을
슬	瑟	中	金	14	陰	火	金	火	玉	金	큰 거문고, 엄숙할
슬	蝨	中	水	15	陽	土	金	火	虫	水	이, 참깨, 검은 깨, 폐허
슬	膝	陰	水	17	陽	金	金	火	肉	水	무릎
슬	璱	陰	金	18	陰	金	金	火	玉	金	푸른 구슬
습	拾	陰	木	10	陰	水	金	水	手	木	주울, 팔찌, 칼집
습	習	中	火	11	陽	木	金	水	羽	火	익힐, 연습할, 배울, 숙달할
습	褶	陰	木	17	陽	金	金	水	衣	木	주름, 사마치, 겹옷
습	濕	陰	水	18	陰	金	金	水	水	水	축축할, 습기, 빗물길, 젖을
습	襲	中	木	22	陰	木	金	水	衣	木	엄습할, 쳐들어갈, 계승할
승	升	陽	水	4	陰	火	金	土	十	水	되, 피륙 단위, 64괘 하나
승	氶	陽	水	5	陽	土	金	土	水	水	받들, 이을, 계승할
승	丞	陽	木	6	陰	土	金	土	一	木	도울, 이을, 잠길
승	承	陰	木	8	陰	金	金	土	手	木	받들, 공경할, 이을, 계승할
승	昇	陽	火	8	陰	金	金	土	日	火	오를, 해 떠오를, 지위 오를
승	乘	陽	金	10	陰	水	金	土	丿	金	탈, 오를, 업신여길
승	勝	陰	土	12	陰	木	金	土	力	土	이길, 뛰어날
승	塍	陰	土	13	陽	火	金	土	土	土	밭두둑
승	僧	陰	火	14	陰	火	金	土	人	火	중, 스님
승	陞	陰	土	15	陽	土	金	土	阜	土	오를, 나아갈, 벼슬 오를
승	繩	陰	木	19	陽	水	金	土	糸	木	줄, 새끼, 먹줄
승	蠅	陰	水	19	陽	水	金	土	虫	水	파리, 파리잡는 거미
시	尸	陽	水	3	陽	火	金	-	尸	水	주검, 시체, 효시할
시	矢	陽	金	5	陽	土	金	-	矢	金	화살, 맹세할, 벌여 놓을
시	示	陽	木	5	陽	土	金	-	示	木	보일, 가르칠, 알릴
시	市	陽	木	5	陽	土	金	-	巾	木	저자, 시장, 장사, 거래

글자		글자		획수			음령오행		부수		글자의 의미
		음양	오행	획수	음양	오행	초성	종성	부수	오행	
시	豕	陽	水	7	陽	金	金	-	豕	水	돼지
시	始	陰	土	8	陰	金	金	-	女	土	처음, 근원, 비롯할, 시작할
시	侍	陰	火	8	陰	金	金	-	人	火	모실, 기를
시	柿	陰	木	9	陽	水	金	-	木	木	감나무
시	柴	中	木	9	陽	水	金	-	木	木	섶, 왜소한 잡목, 거칠
시	屍	陽	水	9	陽	水	金	-	尸	水	주검
시	屎	陽	水	9	陽	水	金	-	尸	水	똥, 앓을
시	施	陰	土	9	陽	水	金	-	方	土	베풀, 퍼질, 행할
시	是	陽	火	9	陽	水	金	-	日	火	옳을, 바를, 바로잡을
시	豺	陰	水	10	陰	水	金	-	豸	水	승냥이
시	翅	中	水	10	陰	水	金	-	羽	火	날개, 다만 ~만이 아니라
시	時	陰	火	10	陰	水	金	-	日	火	때, 때맞출, 때 어기지 않을
시	恃	陰	火	10	陰	水	金	-	心	火	믿을
시	匙	中	金	11	陽	木	金	-	匕	金	숟가락, 열쇠
시	偲	陰	火	11	陽	木	金	-	人	火	굳셀, 똑똑할
시	弑	陰	金	12	陰	木	金	-	弋	金	죽일
시	媤	陰	土	12	陰	木	金	-	女	土	시집, 남편의 집
시	猜	陰	土	12	陰	木	金	-	犬	土	샘할, 원망할, 의심할
시	視	陰	火	12	陰	木	金	-	見	火	볼, 자세히 살필, 주관할
시	試	陰	金	13	陽	火	金	-	言	金	시험할, 맛볼, 조사할, 찾을
시	詩	陰	金	13	陽	火	金	-	言	金	시, 글, 악보, 시경
시	嘶	陰	水	15	陽	土	金	-	口	水	울, 흐느낄, 목이 쉴
시	諡	陰	金	16	陰	土	金	-	言	金	시호, 시호를 내릴
시	蓍	陽	木	16	陰	土	金	-	艸	木	시초, 비수리, 서죽, 점대
시	蒔	中	木	16	陰	土	金	-	艸	木	모종낼, 심을, 옮겨 심을
식	式	陽	金	6	陰	土	金	木	弋	金	법, 법규, 규정, 본받을
식	食	陽	水	9	陽	水	金	木	食	水	밥, 먹을거리, 먹을, 깨물
식	栻	陰	木	10	陰	水	金	木	木	木	점치는 기구, 나무이름
식	拭	陰	木	10	陰	水	金	木	手	木	닦을, 닦아 깨끗하게 할
식	息	陽	火	10	陰	水	金	木	心	火	숨 쉴, 쉴, 숨, 호흡

글자		글자		획수			음령오행		부수		글자의 의미
		음양	오행	획수	음양	오행	초성	종성	부수	오행	
식	埴	陰	土	11	陽	木	金	木	土	土	찰흙, 진흙, 점토
식	寔	陽	木	12	陰	木	金	木	宀	木	이, 참으로, 진실로
식	植	陰	木	12	陰	木	金	木	木	木	심을, 뿌리를 땅에 묻을
식	殖	陰	水	12	陰	木	金	木	歹	水	번성할, 자랄, 키울, 날
식	湜	陰	水	13	陽	火	金	木	水	水	물이 맑을, 엄정할
식	軾	陰	火	13	陽	火	金	木	車	火	수레난간
식	飾	陰	水	14	陰	火	金	木	食	水	꾸밀, 치장할, 청소할, 수선할
식	熄	陰	火	14	陰	火	金	木	火	火	꺼질, 그칠, 망할, 없어질
식	篒	中	木	15	陽	土	金	木	竹	木	대밥통
식	蝕	陰	水	15	陽	土	金	木	虫	水	좀먹을, 일식, 월식, 썩은상처
식	識	陰	金	19	陽	水	金	木	言	金	알, 판별할, 인정할, 명확할
신	申	陽	木	5	陽	土	金	火	田	木	9번째 지지, 납, 거듭할
신	臣	陽	火	6	陰	土	金	火	臣	火	신하, 신하되어 섬길, 신하 할
신	辛	陽	金	7	陽	金	金	火	辛	金	매울, 고생할, 매운맛, 살상할
신	辰	陽	土	7	陽	金	金	火	辰	土	날
신	身	陽	火	7	陽	金	金	火	身	火	몸, 신체, 신분, 나, 자신
신	伸	陰	火	7	陽	金	金	火	人	火	펼, 말할, 기지개 켤
신	呻	陰	水	8	陰	金	金	火	口	水	끙끙거릴, 웅얼거릴, 읊조릴
신	侁	陰	火	8	陰	金	金	火	人	火	걷는 모양
신	信	陰	火	9	陽	水	金	火	人	火	믿을, 분명히 할, 진실
신	訊	陰	金	10	陰	水	金	火	言	金	물을, 고문할, 방문할, 힐문할
신	宸	陽	木	10	陰	水	金	火	宀	木	집, 처마, 대궐, 하늘
신	神	陰	木	10	陰	水	金	火	示	木	귀신, 정신, 혼
신	迅	陽	土	10	陰	水	金	火	辵	土	빠를, 신속할
신	娠	陰	土	10	陰	水	金	火	女	土	잉태할, 애를 밸, 심부름꾼
신	紳	陰	木	11	陽	木	金	火	糸	木	큰 띠, 묶을 다발을 지을
신	晨	陽	火	11	陽	木	金	火	日	火	새벽, 아침, 닭이 울
신	新	陰	金	13	陽	火	金	火	斤	金	새, 새로운, 처음, 새롭게
신	莘	陽	木	13	陽	火	金	火	艸	木	세신, 많을, 나라이름
신	蜃	陽	水	13	陽	火	金	火	虫	水	무명조개, 이무기, 제사그릇

글자		글자		획수			음령오행		부수		글자의 의미
		음양	오행	획수	음양	오행	초성	종성	부수	오행	
신	腎	中	水	14	陰	火	金	火	肉	水	콩팥, 신장, 단단할
신	愼	陰	火	14	陰	火	金	火	心	火	삼갈, 진실로, 이룰
신	燼	陰	火	18	陰	金	金	火	火	火	깜부기불, 타다 남은 것
신	璶	陰	金	19	陽	水	金	火	玉	金	옥돌
신	薪	中	木	19	陽	水	金	火	艸	木	섶나무, 땔나무, 잡초
신	藎	陽	木	20	陰	水	金	火	艸	木	염황초, 나갈, 조개풀
실	失	陽	木	5	陽	土	金	火	大	木	잃을, 지나칠, 잘못할
실	室	陽	木	9	陽	水	金	火	宀	木	집, 건물, 거처, 방
실	悉	陽	火	11	陽	木	金	火	心	火	다, 모두, 남김없이, 다할
실	實	陽	木	14	陰	火	金	火	宀	木	열매, 가득 찰, 곡식이 익을
심	心	陽	火	4	陰	火	金	水	心	火	마음, 심장, 가슴
심	沁	陰	水	8	陰	金	金	水	水	水	스며들, 배어들, 물 적실
심	沈	陰	水	8	陰	金	金	水	水	水	가라앉을, 빠질, 잠길, 즙낼
심	甚	陽	土	9	陽	水	金	水	甘	土	심할, 성할, 두터울, 중후할
심	芯	陽	木	10	陰	水	金	水	艸	木	등심초
심	深	陰	水	12	陰	木	金	水	水	水	깊을, 깊게 할, 매우
심	尋	中	土	12	陰	木	金	水	寸	土	찾을, 생각할, 평소, 보통
심	審	陽	木	15	陽	土	金	水	宀	木	살필, 자세할
심	諶	陰	金	16	陰	土	金	水	言	金	참, 진실, 진실로, 참으로
심	瀋	陰	水	19	陽	水	金	水	水	水	즙, 강이름, 땅이름
십	什	陰	火	4	陰	火	金	水	人	火	열사람, 열, 시가
십	拾	陰	木	10	陰	水	金	水	手	木	열
십	十	陽	水	10	陰	水	金	水	十	水	열, 열 배, 열 번
쌍	雙	中	火	18	陰	金	金	土	隹	火	쌍, 짝이 될
씨	氏	陽	火	4	陰	火	金	-	氏	火	각시, 성씨
아	牙	陽	金	4	陰	火	土	-	牙	金	어금니, 송곳니, 무기, 병기
아	我	陽	金	7	陽	金	土	-	戈	金	나, 우리, 외고집
아	亞	陽	木	8	陰	金	土	-	二	木	버금, 흉할
아	兒	陽	木	8	陰	金	土	-	儿	木	아이, 남을 얕잡아 이르는 말
아	婀	陰	土	8	陰	金	土	-	女	土	여자의 자

글자		글자		획수			음령오행		부수		글자의 의미
		음양	오행	획수	음양	오행	초성	종성	부수	오행	
아	俄	陰	火	9	陽	水	土	-	人	火	갑자기, 기울
아	芽	陽	木	10	陰	水	土	-	艸	木	싹, 싹이 틀, 조짐이 보일
아	哦	陰	水	10	陰	水	土	-	口	水	옳을, 놀라 지르는 소리
아	峩	陽	土	10	陰	水	土	-	山	土	높을, 위엄 있을, 높은 재
아	娥	陰	土	10	陰	水	土	-	女	土	예쁠, 미녀
아	峨	陰	土	10	陰	水	土	-	山	土	높을, 위엄 있을, 높은 재
아	訝	陰	金	11	陽	木	土	-	言	金	맞을, 위로할, 놀랄, 의심할
아	啞	陰	水	11	陽	木	土	-	口	水	벙어리, 까마귀 소리
아	婀	陰	土	11	陽	木	土	-	女	土	아리따울
아	婭	中	土	11	陽	木	土	-	女	土	아리따울, 머뭇거릴
아	雅	陰	火	12	陰	木	土	-	隹	火	큰부리까마귀, 바를, 우아할
아	莪	陽	木	13	陽	火	土	-	艸	木	다복쑥, 약초이름, 지칭개
아	蛾	陰	水	13	陽	火	土	-	虫	水	나방, 눈썹, 초승달
아	阿	陰	土	13	陽	火	土	-	阜	土	언덕, 산비탈, 구석
아	衙	陰	火	13	陽	火	土	-	行	火	마을, 관청, 예궐할
아	鴉	陰	火	15	陽	土	土	-	鳥	火	갈까마귀, 검을
아	餓	陰	水	16	陰	土	土	-	食	水	굶을, 굶길, 기아, 굶주릴
아	鵝	陰	火	18	陰	金	土	-	鳥	火	거위
악	岳	陽	土	8	陰	金	土	木	山	土	큰 산
악	堊	陽	土	11	陽	木	土	木	土	土	석회, 백토, 회칠할, 거칠
악	幄	陰	木	12	陰	木	土	木	巾	木	휘장, 천막
악	惡	陽	火	12	陰	木	土	木	心	火	악할, 추할, 모질, 불길할
악	握	陰	木	13	陽	火	土	木	手	木	쥘, 주먹, 손아귀
악	渥	陰	水	13	陽	火	土	木	水	水	두터울, 살뜰할, 은혜 입을
악	愕	陰	火	13	陽	火	土	木	心	火	놀랄, 직언할, 갑자기
악	樂	中	木	15	陽	土	土	木	木	木	풍류, 음악, 연주할, 악기
악	鄂	陰	土	16	陰	土	土	木	邑	土	땅이름, 경계, 받침대
악	鍔	陰	金	17	陽	金	土	木	金	金	칼날, 칼끝, 칼등
악	嶽	中	土	17	陽	金	土	木	山	土	큰 산, 대신
악	顎	陰	火	18	陰	金	土	木	頁	火	얼굴 높을, 턱, 근엄할

글자		글자		획수			음령오행		부수		글자의 의미
		음양	오행	획수	음양	오행	초성	종성	부수	오행	
악	鰐	陰	水	20	陰	水	土	木	魚	水	악어
악	齷	陰	金	24	陰	火	土	木	齒	金	악착스러울
안	安	陽	木	6	陰	土	土	火	宀	木	편안할, 즐길, 좋아할
안	岸	陽	土	8	陰	金	土	火	山	土	언덕, 기슭, 뛰어날
안	案	陽	木	10	陰	水	土	火	木	木	책상, 소반, 밥상
안	按	陰	木	10	陰	水	土	火	手	木	누를, 어루만질, 당길
안	晏	陽	火	10	陰	水	土	火	日	火	늦을, 시간이 늦을, 편안할
안	眼	陰	木	11	陽	木	土	火	目	木	눈, 눈매, 눈구멍, 볼
안	雁	中	火	12	陰	木	土	火	隹	火	기러기, 거위, 가짜, 모조품
안	鞍	陰	金	15	陽	土	土	火	革	金	안장
안	鮟	陰	水	17	陽	金	土	火	魚	水	아귀, 메기
안	顔	陰	火	18	陰	金	土	火	頁	火	얼굴, 안면, 표정, 체면, 염치
알	軋	陰	火	8	陰	金	土	火	車	火	삐걱거릴, 형벌이름
알	斡	陰	火	14	陰	火	土	火	斗	火	관리할, 빙빙돌, 돌릴, 성(姓)
알	謁	陰	金	16	陰	土	土	火	言	金	아뢸, 여쭐, 뵈올, 참배할
알	閼	中	木	16	陰	土	土	火	門	木	가로막을, 그칠, 멈추게 할
암	岩	陽	土	8	陰	金	土	水	山	土	바위, 험할, 높을
암	庵	陽	木	11	陽	木	土	水	广	木	암자, 초막
암	唵	陰	水	11	陽	木	土	水	口	水	머금을
암	暗	陰	火	13	陽	火	土	水	日	火	어두울, 밤, 어둠, 몰래
암	菴	陽	木	14	陰	火	土	水	艸	木	암자, 쑥, 초막, 절
암	闇	中	木	17	陽	金	土	水	門	木	닫힌 문, 어두울, 어렴풋할
암	癌	中	水	17	陽	金	土	水	疒	水	암
암	巖	中	土	23	陽	火	土	水	山	土	바위, 낭떠러지, 험할, 가파를
압	押	陰	木	9	陽	水	土	水	手	木	누를, 수결, 서명할, 감독할
압	狎	陰	土	9	陽	水	土	水	犬	土	익숙할, 가벼이 볼, 업신여길
압	鴨	陰	火	16	陰	土	土	水	鳥	火	오리, 여종
압	壓	中	土	17	陽	金	土	水	土	土	누를, 억압할, 막을, 무너뜨릴
앙	央	陽	木	5	陽	土	土	土	大	木	가운데, 다할, 오랠, 끝장날
앙	仰	陰	火	6	陰	土	土	土	人	火	우러를, 믿을, 따를

글자		글자		획수			음령오행		부수		글자의 의미
		음양	오행	획수	음양	오행	초성	종성	부수	오행	
앙	殃	陰	水	9	陽	水	土	土	歹	水	재앙, 재앙을 내릴, 해칠
앙	怏	陰	火	9	陽	水	土	土	心	火	원망할, 불만스러운
앙	昻	中	火	9	陽	水	土	土	日	火	오를, 밝을, 높을
앙	秧	陰	木	10	陰	水	土	土	禾	木	모, 심을, 재배할, 치어
앙	鴦	陽	火	16	陰	土	土	土	鳥	火	원앙새
애	艾	陽	木	8	陰	金	土	-	艸	木	쑥, 뜸쑥, 쑥빛, 창백한
애	厓	陽	水	8	陰	金	土	-	厂	水	언덕, 낭떠러지, 한계
애	哀	陽	水	9	陽	水	土	-	口	水	슬플, 슬퍼할, 불쌍히 여길
애	埃	陰	土	10	陰	水	土	-	土	土	티끌, 먼지, 세속, 세상일
애	崖	陽	土	11	陽	木	土	-	山	土	벼랑, 기슭, 낭떠러지, 모날
애	涯	陰	水	12	陰	木	土	-	水	水	물가, 끝, 근처
애	碍	陰	金	13	陽	火	土	-	石	金	거리낄, 가로막을, 방해할
애	愛	陽	火	13	陽	火	土	-	心	火	사랑, 사랑할, 친밀한
애	曖	陰	火	17	陽	金	土	-	日	火	가릴, 가리워질, 흐릴
애	隘	陰	土	18	陰	金	土	-	阜	土	좁을, 땅 좁을, 기량이 좁을
애	靄	中	水	24	陰	火	土	-	雨	水	아지랑이
액	厄	陽	水	4	陰	火	土	木	厂	水	재앙, 불행, 멍에, 운수 나쁜
액	扼	陰	木	8	陰	金	土	木	手	木	누를, 잡을, 멍에, 가질
액	掖	陰	木	12	陰	木	土	木	手	木	겨드랑, 낄, 부축할
액	液	陰	水	12	陰	木	土	木	水	水	진, 진액, 유동체, 성(姓)
액	腋	陰	水	14	陰	火	土	木	肉	水	겨드랑이
액	縊	陰	木	16	陰	土	土	木	糸	木	목맬, 목졸라죽일
액	額	陰	火	18	陰	金	土	木	頁	火	이마, 편액, 현판, 일정 액수
앵	罌	中	土	20	陰	水	土	土	缶	土	양병
앵	櫻	陰	木	21	陽	木	土	土	木	木	앵두나무
앵	鶯	中	火	21	陽	木	土	土	鳥	火	꾀꼬리, 새의 깃이 아름다운
앵	鸚	陰	火	28	陰	金	土	土	鳥	火	앵무새, 앵무조개
야	也	陽	水	3	陽	火	土	-	乙	木	이끼, 어조사, 또한, 또
야	冶	陰	水	7	陽	金	土	-	冫	水	불릴, 장식할, 꾸밀
야	夜	中	水	8	陰	金	土	-	夕	水	밤, 성(姓)

글자		글자		획수			음령오행		부수		글자의 의미
		음양	오행	획수	음양	오행	초성	종성	부수	오행	
야	耶	陰	火	9	陽	水	土	-	耳	火	어조사, 의문조사
야	若	陽	木	11	陽	木	土	-	艸	木	반야, 절, 만일, 이에
야	野	陰	土	11	陽	木	土	-	里	土	들, 들판, 백성, 촌스러울
야	埜	中	土	11	陽	木	土	-	土	土	들, 외곽지대, 거칠, 비천할
야	倻	陰	火	11	陽	木	土	-	人	火	땅이름, 나라이름
야	椰	陰	木	13	陽	火	土	-	木	木	야자나무, 야자열매
야	揶	陰	木	13	陽	火	土	-	手	木	희롱할
야	爺	中	木	13	陽	火	土	-	父	木	아비, 아버지, 남자 존경어
야	惹	陽	火	13	陽	火	土	-	心	火	이끌, 끌어당길, 엉겨 붙을
약	約	陰	木	9	陽	水	土	木	糸	木	묶을, 합칠, 맺을, 약속할
약	弱	陰	金	10	陰	水	土	木	弓	火	약할, 약해질, 약한 사람
약	若	陽	木	11	陽	木	土	木	艸	木	같을, 순할, 만약, 만일
약	葯	中	木	15	陽	土	土	木	艸	木	구리때 잎
약	蒻	中	木	16	陰	土	土	木	艸	木	부들밑둥, 부들 싹, 구약풀
약	藥	中	木	21	陽	木	土	木	艸	木	약, 고칠, 치료할
약	躍	陰	土	21	陽	木	土	木	足	土	뛸, 도약할, 흥분할, 물가 뛸
양	羊	陽	土	6	陰	土	土	土	羊	土	양, 상서로울, 배회할
양	佯	陰	火	8	陰	金	土	土	人	火	거짓, ~한 체하다
양	昜	陽	火	9	陽	水	土	土	日	火	볕, 양지, 밝을
양	洋	陰	水	10	陰	水	土	土	水	水	바다, 대양, 큰 물결, 넘칠
양	恙	陽	火	10	陰	水	土	土	心	火	근심할, 걱정할, 병, 독충
양	痒	陽	水	11	陽	木	土	土	疒	水	앓을, 걱정할, 종기, 상처
양	敭	陰	金	13	陽	火	土	土	攴	金	오를, 날, 바람에 흩날릴
양	揚	陰	木	13	陽	火	土	土	手	木	오를, 날, 드날릴, 하늘을 날
양	楊	陰	木	13	陽	火	土	土	木	木	버들, 버드나무
양	暘	陰	火	13	陽	火	土	土	日	火	해돋이, 해뜰, 말릴, 밝을
양	煬	陰	火	13	陽	火	土	土	火	火	쬘, 말릴, 불을 땔, 쇠 녹일
양	瘍	陽	水	14	陰	火	土	土	疒	水	종기, 상처, 헐
양	樣	陰	木	15	陽	土	土	土	木	木	모양, 형상, 본보기, 모범
양	養	陽	水	15	陽	土	土	土	食	水	기를, 사육할, 성장시킬

글자		글자		획수			음령오행		부수		글자의 의미
		음양	오행	획수	음양	오행	초성	종성	부수	오행	
양	漾	陰	水	15	陽	土	土	土	水	水	출렁거릴, 뜰, 물이 흔들릴
양	襄	中	木	17	陽	金	土	土	衣	木	도울, 조력할, 오를, 우러를
양	陽	陰	土	17	陽	金	土	土	阜	土	볕, 양지, 양기, 밝을
양	瀁	陰	水	19	陽	水	土	土	水	水	내이름, 물이 넘치는
양	孃	陰	土	20	陰	水	土	土	女	土	여자애, 아가씨, 어머니
양	壤	陰	土	20	陰	水	土	土	土	土	흙, 땅, 경작지, 부드러운 흙
양	攘	陰	木	21	陽	木	土	土	手	木	물리칠, 물러날, 제거할
양	禳	陰	木	22	陰	木	土	土	示	木	제사이름, 푸닥거리할
양	穰	陰	木	22	陰	木	土	土	禾	木	볏짚, 수숫대, 풍년, 풍족할
양	讓	陰	金	24	陰	火	土	土	言	金	사양할, 양보할, 겸손할
양	釀	陰	金	24	陰	火	土	土	酉	金	빚을, 술 빚을, 술, 뒤섞을
어	於	陰	土	8	陰	金	土	-	方	土	어조사, ~에, ~보다, ~에게
어	圄	陽	水	10	陰	水	土	-	囗	水	옥, 감옥, 가둘, 지킬
어	魚	陽	水	11	陽	木	土	-	魚	水	고기, 물고기
어	唹	陰	水	11	陽	木	土	-	口	水	고요히 웃을
어	御	陰	火	11	陽	木	土	-	彳	火	모실, 짐승 길들일, 다스릴
어	馭	陰	火	12	陰	木	土	-	馬	火	말을 부릴, 마부
어	瘀	中	水	13	陽	火	土	-	疒	水	병, 어혈
어	語	陰	金	14	陰	火	土	-	言	金	말씀, 말, 어구, 문구, 속담
어	漁	陰	水	15	陽	土	土	-	水	水	고기잡을, 침략할, 이익 낚을
어	禦	中	木	16	陰	土	土	-	示	木	막을, 감당할, 맞설, 대비할
어	齬	陰	金	22	陰	木	土	-	齒	金	어긋날
억	抑	陰	木	8	陰	金	土	木	手	木	누를, 물러날, 굽힐
억	億	陰	火	15	陽	土	土	木	人	火	억, 편안할, 헤아릴
억	檍	陰	木	17	陽	金	土	木	木	木	감탕나무, 참죽나무
억	憶	陰	火	17	陽	金	土	木	心	火	생각할, 우울해질, 추억
억	臆	陰	水	19	陽	水	土	木	肉	水	가슴, 가슴뼈, 생각, 마음
언	言	陽	金	7	陽	金	土	火	言	金	말씀, 언어, 말할, 발언할
언	彦	陽	火	9	陽	水	土	火	彡	火	선비
언	焉	陽	火	11	陽	木	土	火	火	火	어찌, 어디, 이에, 이, 여기

글자		글자		획수			음령오행		부수		글자의 의미
		음양	오행	획수	음양	오행	초성	종성	부수	오행	
언	偃	陰	火	11	陽	木	土	火	人	火	쓰러질, 넘어질, 드리워질
언	堰	陰	土	12	陰	木	土	火	土	土	방죽, 막을, 보를 막을
언	嫣	陰	土	14	陰	火	土	火	女	土	싱긋 웃을, 아리따울
언	諺	陰	金	16	陰	土	土	火	言	金	상말, 속된 말, 속담, 조문할
얼	孼	中	水	19	陽	水	土	火	子	水	서자, 꾸밀, 치장할, 무너질
얼	蘖	中	木	23	陽	火	土	火	艸	木	그루터기, 움, 끊을
엄	奄	陽	水	8	陰	金	土	水	大	木	가릴, 문득, 갑자기, 고자
엄	俺	陰	火	10	陰	水	土	水	人	火	나, 자신, 클, 어리석을
엄	掩	陰	木	12	陰	木	土	水	手	木	가릴, 닫을, 감쌀, 비호할
엄	淹	陰	水	12	陰	木	土	水	水	水	담글, 적실, 머무를, 오래 될
엄	嚴	中	水	20	陰	水	土	水	口	水	엄할, 급할, 혹독할, 임박할
엄	儼	陰	火	22	陰	木	土	水	人	火	의젓할, 삼갈, 공손할
업	業	陽	木	13	陽	火	土	水	木	木	업, 일, 사업, 직업, 학문
업	嶪	陽	土	16	陰	土	土	水	山	土	산이 높고 험할
엔	円	陽	土	4	陰	火	土	火	冂	土	둥글, 원, 둘레, 알
여	予	陽	金	4	陰	火	土	-	亅	金	나, 손으로 건넬, 줄
여	如	陰	土	6	陰	土	土	-	女	土	같을, 같게 할, 따를
여	汝	陰	水	7	陽	金	土	-	水	水	너, 2인칭 대명사
여	妤	陰	土	7	陽	金	土	-	女	土	여관, 아름다울
여	余	陽	火	7	陽	金	土	-	人	火	나, 자신, 나머지
여	悆	陽	火	11	陽	木	土	-	心	火	잊을, 잊어버릴, 기뻐할
여	茹	中	木	12	陰	木	土	-	艸	木	먹을, 받을, 소를 기를
여	艅	陰	木	13	陽	火	土	-	舟	木	배 이름
여	與	中	土	14	陰	火	土	-	臼	土	줄, 베풀, 도울, 동아리, 더불
여	餘	陰	水	16	陰	土	土	-	食	水	남을, 넉넉할, 여유 있을
여	輿	中	火	17	陽	金	土	-	車	火	수레, 실을
여	歟	陰	火	18	陰	金	土	-	欠	火	어조사
여	璵	陰	金	19	陽	水	土	-	玉	金	옥
여	礖	陰	金	19	陽	水	土	-	石	金	돌 이름
여	轝	中	火	21	陽	木	土	-	車	火	수레, 종, 남을

글자		글자		획수			음령오행		부수		글자의 의미
		음양	오행	획수	음양	오행	초성	종성	부수	오행	
역	亦	陽	火	6	陰	土	土	木	亠	火	또, 또한, 모두, 대단히
역	役	陰	火	7	陽	金	土	木	彳	火	부릴, 일 시킬, 싸움
역	易	陽	火	8	陰	金	土	木	日	火	바꿀, 고칠, 교환할, 도마뱀
역	疫	陽	水	9	陽	水	土	木	疒	水	염병, 역귀, 전염병, 돌림병
역	域	陰	土	11	陽	木	土	木	土	土	지경, 땅의 경계, 나라, 국토
역	暘	陰	火	12	陰	木	土	木	日	火	해가 반짝 날
역	逆	陽	土	13	陽	火	土	木	辵	土	거스를, 배반할, 어길
역	繹	陰	木	19	陽	水	土	木	糸	木	풀어낼, 다스릴, 찾을
역	譯	陰	金	20	陰	水	土	木	言	金	통변할, 번역할, 통역할, 뜻
역	驛	陰	火	23	陽	火	土	木	馬	火	역참, 역마, 역관
연	延	陽	木	7	陽	金	土	火	廴	木	끌, 끌어들일, 맞을, 이끌
연	沇	陰	水	8	陰	金	土	火	水	水	강이름
연	兗	陽	木	9	陽	水	土	火	儿	木	바를, 믿을, 강이름
연	沿	陰	水	9	陽	水	土	火	水	水	따를, 좇을, 가장자리
연	姸	陰	土	9	陽	水	土	火	女	土	고울, 갈
연	衍	陰	火	9	陽	水	土	火	行	火	넘칠, 흐를, 순행할
연	宴	陽	木	10	陰	水	土	火	宀	木	잔치, 술자리, 즐길, 잔치할
연	娫	陰	土	10	陰	水	土	火	女	土	빛날, 환할
연	娟	陰	土	10	陰	水	土	火	女	土	예쁠, 부드러운
연	烟	陰	火	10	陰	水	土	火	火	火	연기, 연기가 낄, 그을음
연	硏	陰	金	11	陽	木	土	火	石	金	갈, 문지를, 궁구할
연	挻	陰	木	11	陽	木	土	火	手	木	늘일, 이길, 늦출
연	捐	陰	木	11	陽	木	土	火	手	木	버릴, 없앨, 기부할, 줄, 바칠
연	涎	陰	水	11	陽	木	土	火	水	水	침, 점액, 끈끈한 액체
연	涓	陰	水	11	陽	木	土	火	水	水	시내, 물방울, 미소한 것
연	軟	陰	火	11	陽	木	土	火	車	火	연할, 부드러울
연	硯	陰	金	12	陰	木	土	火	石	金	벼루, 벼룻돌, 매끄러운 돌
연	淵	陰	水	12	陰	木	土	火	水	水	못, 소, 깊을
연	堧	陰	土	12	陰	木	土	火	土	土	빈터
연	然	中	火	12	陰	木	土	火	火	火	그러할, 그리하여

글자		글자		획수			음령오행		부수		글자의 의미
		음양	오행	획수	음양	오행	초성	종성	부수	오행	
연	鉛	陰	金	13	陽	火	土	火	金	金	납, 분, 백분
연	莚	陽	木	13	陽	火	土	火	艸	木	자랄, 뻗을, 연속할, 풀이름
연	椽	陰	木	13	陽	火	土	火	木	木	서까래, 사닥다리
연	筵	中	木	13	陽	火	土	火	竹	木	대자리, 좌석, 장소
연	煙	陰	火	13	陽	火	土	火	火	火	연기, 연기가 낄, 그을음
연	鳶	陽	火	14	陰	火	土	火	鳥	火	솔개, 연, 공중 장난감
연	緣	陰	木	15	陽	土	土	火	糸	木	인연, 묶음, 가선, 가장자리
연	演	陰	水	15	陽	土	土	火	水	水	멀리 흐를, 넓을, 윤택할
연	燃	陰	火	16	陰	土	土	火	火	火	불탈, 탈
연	燕	中	火	16	陰	土	土	火	火	火	제비, 잔치, 편안할
연	縯	陰	木	17	陽	金	土	火	糸	木	길, 당길, 잡아당길
연	瑌	陰	金	19	陽	水	土	火	玉	金	옥돌
연	嚥	陰	水	19	陽	水	土	火	口	水	삼킬, 마실
연	嬿	陰	土	19	陽	水	土	火	女	土	아름다울
연	曣	陰	火	20	陰	水	土	火	日	火	청명할, 따뜻할, 구름 없을
연	醼	陰	金	23	陽	火	土	火	酉	金	잔치, 연회
열	咽	陰	水	9	陽	水	土	火	口	水	목멜
열	悅	陰	火	11	陽	木	土	火	心	火	기쁠, 심복할, 따를
열	說	陰	金	14	陰	火	土	火	言	金	기쁠
열	閱	中	木	15	陽	土	土	火	門	木	검열할, 조사할, 고를, 뽑을
열	熱	中	火	15	陽	土	土	火	火	火	더울, 더워질, 따뜻할, 탈
염	炎	陽	火	8	陰	金	土	水	火	火	불탈, 불타오를, 불꽃, 더울
염	染	中	木	9	陽	水	土	水	木	木	물들일, 염색할, 적실, 그릴
염	苒	陽	木	11	陽	木	土	水	艸	木	풀 우거질, 덧없을
염	焰	陰	火	12	陰	木	土	水	火	火	불 댕길, 불꽃, 불빛, 빛
염	琰	陰	金	13	陽	火	土	水	玉	金	옥을 갈, 아름다운 옥, 비취옥
염	厭	中	水	14	陰	火	土	水	厂	水	싫을, 족할, 가득 찰
염	髥	中	火	14	陰	火	土	水	髟	火	구레나룻, 수염 많은 사람
염	閻	中	木	16	陰	土	土	水	門	木	한길, 번화한 거리, 열
염	艶	陰	土	19	陽	水	土	水	色	土	고울, 부러워할, 윤

글자		글자		획수			음령오행		부수		글자의 의미
		음양	오행	획수	음양	오행	초성	종성	부수	오행	
염	鹽	中	水	24	陰	火	土	水	鹵	水	소금, 소금에 담글, 절일
엽	熀	陰	火	14	陰	火	土	水	火	火	불빛 이글거릴
엽	葉	陽	木	15	陽	土	土	水	艸	木	잎사귀, 잎, 뽕나무
엽	燁	陰	火	16	陰	土	土	水	火	火	빛날, 번쩍번쩍할
엽	曄	陰	火	16	陰	土	土	水	日	火	빛날, 빛을 발할, 번개 칠
영	永	陰	水	5	陽	土	土	土	水	水	길, 오랠, 오래되게 할, 멀
영	咏	陰	水	8	陰	金	土	土	口	水	읊을, 노래할, 새가 노래할
영	盈	陽	金	9	陽	水	土	土	皿	金	찰, 가득 찰, 가득 차 넘칠
영	泳	陰	水	9	陽	水	土	土	水	水	헤엄칠
영	映	陰	火	9	陽	水	土	土	日	火	비출, 비칠, 덮을, 덮어가릴
영	英	陽	木	11	陽	木	土	土	艸	木	꽃부리, 영웅, 꽃잎, 꽃장식
영	迎	中	土	11	陽	木	土	土	辵	土	맞이할, 추산할, 헤아릴
영	詠	陰	金	12	陰	木	土	土	言	金	읊을, 노래할, 시가를 지을
영	楹	陰	木	13	陽	火	土	土	木	木	기둥, 굵은 둥근기둥
영	渶	陰	水	13	陽	火	土	土	水	水	물 맑을, 물이름
영	塋	中	土	13	陽	火	土	土	土	土	무덤, 경영할, 계획할
영	煐	陰	火	13	陽	火	土	土	火	火	빛날
영	暎	陰	火	13	陽	火	土	土	日	火	비칠, 비출
영	瑛	陰	金	14	陰	火	土	土	玉	金	옥빛, 수정, 투명한 옥
영	榮	中	木	14	陰	火	土	土	木	木	꽃, 꽃이 필, 영화, 영달
영	瑩	中	金	15	陽	土	土	土	玉	金	밝을, 맑을, 마음이 밝을
영	潁	陰	水	15	陽	土	土	土	水	水	강이름
영	影	陰	火	15	陽	土	土	土	彡	火	그림자, 모습, 초상, 화상
영	穎	陰	木	16	陰	土	土	土	禾	木	이삭, 빼어날, 훌륭할
영	嬴	中	土	16	陰	土	土	土	女	土	찰, 남을, 가득 찰
영	鍈	陰	金	17	陽	金	土	土	金	金	방울소리
영	霙	陽	水	17	陽	金	土	土	雨	水	진눈깨비, 싸락눈, 눈, 눈꽃
영	嶸	陰	土	17	陽	金	土	土	山	土	가파를
영	嬰	中	土	17	陽	金	土	土	女	土	갓난아이, 두를, 목에 걸
영	營	中	火	17	陽	金	土	土	火	火	경영할, 다스릴, 경작할

글자		글자		획수			음령오행		부수		글자의 의미
		음양	오행	획수	음양	오행	초성	종성	부수	오행	
영	濴	陰	水	18	陰	金	土	土	水	水	물이 돌아나갈
영	瀛	陰	水	20	陰	水	土	土	水	水	바다, 못 속, 늪 속
영	瀯	陰	水	21	陽	木	土	土	水	水	물소리, 물 졸졸 흐를
영	瓔	陰	金	22	陰	木	土	土	玉	金	구슬목걸이, 옥돌
영	纓	陰	木	23	陽	火	土	土	糸	木	갓끈, 끈, 가슴걸이, 새끼줄
예	乂	陽	金	2	陰	木	土	-	丿	金	벨, 다스릴, 어질
예	刈	陰	金	4	陰	火	土	-	刀	金	벨, 자를
예	曳	陽	火	6	陰	土	土	-	曰	火	끌, 끌릴, 고달플
예	汭	陰	水	8	陰	金	土	-	水	水	물굽이, 어귀, 강 안쪽부분
예	玴	陰	金	10	陰	水	土	-	玉	金	옥돌
예	芮	陽	木	10	陰	水	土	-	艸	木	풀 뾰족할, 물가, 성(姓)
예	倪	陰	火	10	陰	水	土	-	人	火	어린이, 흘겨볼
예	堄	陰	土	11	陽	木	土	-	土	土	성가퀴, 낮은 담
예	埶	陰	土	11	陽	木	土	-	土	土	심을
예	猊	陰	土	12	陰	木	土	-	犬	土	사자, 부처님 앉는 자리
예	詣	陰	金	13	陽	火	土	-	言	金	이를, 도착할, 나아갈
예	裔	陽	木	13	陽	火	土	-	衣	木	후손, 옷자락, 옷단
예	預	陰	火	13	陽	火	土	-	頁	火	미리, 참여할, 간여할, 즐길
예	睿	陽	木	14	陰	火	土	-	目	木	깊고 밝을, 통할, 임금, 성인
예	嫕	陰	土	14	陰	火	土	-	女	土	유순할
예	銳	陰	金	15	陽	土	土	-	金	金	날카로울, 예민할, 날쌜
예	橤	中	木	16	陰	土	土	-	木	木	꽃술, 드리울, 축 늘어질
예	霓	陽	水	16	陰	土	土	-	雨	水	무지개, 가장자리
예	豫	陰	水	16	陰	土	土	-	豕	水	미리, 미리 할, 즐길
예	叡	陰	水	16	陰	土	土	-	又	水	밝을, 임금
예	蓺	陰	木	17	陽	金	土	-	艸	木	심을, 다할, 끝날, 과녁
예	濊	陰	水	17	陽	金	土	-	水	水	깊을, 깊고 넓을
예	穢	陰	木	18	陰	金	土	-	禾	木	더러울, 더럽힐, 거칠
예	蕊	中	木	18	陰	金	土	-	艸	木	꽃수염, 꽃술, 향초이름
예	譽	中	金	21	陽	木	土	-	言	金	기릴, 칭찬할, 가상히 여길

글자		글자		획수			음령오행		부수		글자의 의미
		음양	오행	획수	음양	오행	초성	종성	부수	오행	
예	藝	中	木	21	陽	木	土	-	艸	木	심을, 재주, 글, 극진할
예	蘂	中	木	22	陰	木	土	-	艸	木	꽃술, 향초이름
오	午	陽	水	4	陰	火	土	-	十	水	낮, 교착할, 거스를, 7째 지지
오	五	陽	木	5	陽	土	土	-	二	木	다섯, 제위, 별이름
오	伍	陰	火	6	陰	土	土	-	人	火	대오, 조, 섞일, 다섯 사람
오	吾	陽	水	7	陽	金	土	-	口	水	나, 자신, 당신, 그대
오	吳	陽	水	7	陽	金	土	-	口	水	오나라, 떠들썩할
오	汚	陰	水	7	陽	金	土	-	水	水	더러울, 추잡할, 욕보일, 욕
오	旿	陰	火	8	陰	金	土	-	日	火	밝을, 대낮처럼 밝을
오	俉	陰	火	9	陽	水	土	-	人	火	맞이할
오	娛	陰	土	10	陰	水	土	-	女	土	즐거워할, 편안할, 기쁠
오	烏	陽	火	10	陰	水	土	-	火	火	까마귀, 검을, 아아
오	敖	陰	金	11	陽	木	土	-	攴	金	놀, 시끄러울, 떠들썩할
오	梧	陰	木	11	陽	木	土	-	木	木	벽오동나무, 거문고
오	浯	陰	水	11	陽	木	土	-	水	水	강이름, 산이름
오	悟	陰	火	11	陽	木	土	-	心	火	깨달을, 진리 터득할, 총명할
오	晤	陰	火	11	陽	木	土	-	日	火	밝을, 총명할, 사리에 밝을
오	珸	陰	金	12	陰	木	土	-	玉	金	옥돌
오	惡	陽	火	12	陰	木	土	-	心	火	미워할, 흉년 들, 불길할
오	奧	陽	木	13	陽	火	土	-	大	木	속, 안, 아랫목, 깊을
오	筽	中	木	13	陽	火	土	-	竹	木	버들고리
오	蜈	陰	水	13	陽	火	土	-	虫	水	지네
오	嗚	陰	水	13	陽	火	土	-	口	水	탄식소리, 흐느껴 울, 새소리
오	塢	陰	土	13	陽	火	土	-	土	土	둑, 성채, 마을, 촌락
오	傲	陰	火	13	陽	火	土	-	人	火	거만할, 업신여길
오	誤	陰	金	14	陰	火	土	-	言	金	그르칠, 실수할, 잘못할
오	寤	中	木	14	陰	火	土	-	宀	木	깰, 깨달을, 꿈, 잠에서 깰
오	獒	中	土	15	陽	土	土	-	犬	土	개, 맹견, 길 잘든 개
오	熬	中	火	15	陽	土	土	-	火	火	볶을, 탈, 마음 졸일, 자반
오	墺	陰	土	16	陰	土	土	-	土	土	물가, 육지

글자		글자		획수			음령오행		부수		글자의 의미
		음양	오행	획수	음양	오행	초성	종성	부수	오행	
오	澳	陰	水	17	陽	金	土	-	水	水	깊을, 내이름
오	懊	陰	火	17	陽	金	土	-	心	火	한할, 괴로워할, 뱃노래, 탐할
오	燠	陰	火	17	陽	金	土	-	火	火	따뜻할, 더울, 입김 불
오	鰲	中	水	22	陰	木	土	-	魚	水	자라
오	鼇	中	土	24	陰	火	土	-	黽	土	자라, 큰 바다거북
옥	玉	陽	金	5	陽	土	土	木	玉	金	옥, 구슬, 옥같이 여길
옥	沃	陰	水	8	陰	金	土	木	水	水	물댈, 주입할, 윤날, 기름질
옥	屋	陽	水	9	陽	水	土	木	尸	水	집, 주거, 지붕, 덮개
옥	鈺	陰	金	13	陽	火	土	木	金	金	보배, 보물, 쇠
옥	獄	陰	土	15	陽	土	土	木	犬	土	옥, 감옥, 송사, 소송
온	昷	陽	火	9	陽	水	土	火	日	火	어질
온	媼	陰	土	13	陽	火	土	火	女	土	할미, 어머니, 노모
온	溫	陰	水	14	陰	火	土	火	水	水	따뜻할, 순수할, 원만할
온	瑥	陰	金	15	陽	土	土	火	玉	金	사람이름
온	瘟	陽	水	15	陽	土	土	火	疒	水	염병, 괴로워할, 괴로울
온	縕	陰	木	16	陰	土	土	火	糸	木	헌솜, 풍부할, 쌓을, 어지러울
온	穩	陰	木	19	陽	水	土	火	禾	木	평온할, 곡식을 걷어 모을
온	蘊	中	木	22	陰	木	土	火	艸	木	쌓을, 저축할, 간직할
올	兀	陽	木	3	陽	火	土	火	儿	木	우뚝할, 머리가 벗어질
옹	瓮	陽	土	9	陽	水	土	土	瓦	土	독, 항아리
옹	邕	中	土	10	陰	水	土	土	邑	土	화할, 화목할, 막을
옹	翁	中	火	10	陰	水	土	土	羽	火	늙은이, 아버지, 목털
옹	雍	中	火	13	陽	火	土	土	隹	火	누그러질, 온화해질, 화할
옹	壅	中	土	16	陰	土	土	土	土	土	막을, 막힐, 북돋울
옹	擁	陰	木	17	陽	金	土	土	手	木	안을, 끌어안을, 소유할, 잡을
옹	甕	中	土	18	陰	金	土	土	瓦	土	독, 단지, 옹기 두레박
옹	饔	中	水	22	陰	木	土	土	食	水	아침밥, 조반, 조리할
옹	癰	中	水	23	陽	火	土	土	疒	水	악창, 등창, 냄새 못 맡을
와	瓦	陽	土	5	陽	土	土	-	瓦	土	기와, 질그릇, 실 감는 물건
와	臥	陰	火	8	陰	金	土	-	臣	火	엎드릴, 엎드려 잘, 누워 잘

글자		글자		획수			음령오행		부수		글자의 의미
		음양	오행	획수	음양	오행	초성	종성	부수	오행	
와	訛	陰	金	11	陽	木	土	-	言	金	그릇될, 속일, 거짓말
와	蛙	陰	水	12	陰	木	土	-	虫	水	개구리, 음란할
와	渦	陰	水	13	陽	火	土	-	水	水	소용돌이, 보조개
와	窩	陽	水	14	陰	火	土	-	穴	水	움집, 굴, 별장, 우묵한 곳
와	窪	中	水	14	陰	火	土	-	穴	水	웅덩이, 우묵할
와	蝸	陰	水	15	陽	土	土	-	虫	水	달팽이, 고둥
완	完	陽	木	7	陽	金	土	火	宀	木	완전할, 완결 지을, 끝낼
완	岏	陰	土	7	陽	金	土	火	山	土	가파를, 높을
완	妧	陰	土	7	陽	金	土	火	女	土	좋을, 고울, 예쁠
완	宛	中	木	8	陰	金	土	火	宀	木	굽을, 구부정하게 할, 패일
완	玩	陰	金	9	陽	水	土	火	玉	金	희롱할, 익숙해질, 보배
완	垸	陰	土	10	陰	水	土	火	土	土	바를, 굴러갈
완	梡	陰	木	11	陽	木	土	火	木	木	도마, 땔나무, 장작
완	浣	陰	水	11	陽	木	土	火	水	水	빨, 세탁할, 씻을
완	婉	陰	土	11	陽	木	土	火	女	土	순할, 예쁠, 은근할
완	婠	陰	土	11	陽	木	土	火	女	土	품성이 좋을
완	琓	陰	金	12	陰	木	土	火	玉	金	옥 이름, 서옥
완	椀	陰	木	12	陰	木	土	火	木	木	주발, 작은 음식그릇
완	阮	陰	土	12	陰	木	土	火	阜	土	관문이름, 월금(月琴)
완	碗	陰	金	13	陽	火	土	火	石	金	주발
완	琬	陰	金	13	陽	火	土	火	玉	金	아름다운 옥, 서옥
완	莞	陽	木	13	陽	火	土	火	艸	木	왕골, 자리, 빙그레할
완	脘	陰	水	13	陽	火	土	火	肉	水	밥통, 위, 포, 고기
완	頑	陰	火	13	陽	火	土	火	頁	火	완고할, 둔할, 재주가 없을
완	腕	陰	水	14	陰	火	土	火	肉	水	팔, 팔뚝, 수완, 솜씨, 손목
완	豌	陰	木	15	陽	土	土	火	豆	木	완두, 콩과 식물
완	緩	陰	木	15	陽	土	土	火	糸	木	느릴, 느슨할, 늦출, 늘어질
완	翫	陰	火	15	陽	土	土	火	羽	火	가지고 놀, 기뻐할
왈	曰	陽	火	4	陰	火	土	火	曰	火	가로되, 말하기를
왕	王	陽	金	5	陽	土	土	土	玉	金	임금, 제후

글자		글자		획수			음령오행		부수		글자의 의미
		음양	오행	획수	음양	오행	초성	종성	부수	오행	
왕	枉	陰	木	8	陰	金	土	土	木	木	굽을, 굽힐
왕	汪	陰	水	8	陰	金	土	土	水	水	넓을, 많을, 못 , 풍족할
왕	往	陰	火	8	陰	金	土	土	彳	火	갈, 옛, 이따금
왕	旺	陰	火	8	陰	金	土	土	日	火	성할, 왕성할
왜	歪	陽	土	9	陽	水	土	-	止	土	비뚤, 기울, 바르지 아니할
왜	娃	陰	土	9	陽	水	土	-	女	土	예쁠, 미인
왜	倭	陰	火	10	陰	水	土	-	人	火	왜국
왜	矮	陰	金	13	陽	火	土	-	矢	金	키가 작을, 짧게 할, 움츠릴
외	外	陰	水	5	陽	土	土	-	夕	水	밖, 바깥, 차림
외	畏	陽	木	9	陽	水	土	-	田	木	두려워할, 협박할, 옥사할
외	嵬	陽	土	13	陽	火	土	-	山	土	높을, 허망할, 쓸데없을
외	猥	陰	土	13	陽	火	土	-	犬	土	함부로, 뜻을 굽히어, 뒤섞일
외	巍	中	土	21	陽	木	土	-	山	土	높을
요	夭	陽	水	4	陰	火	土	-	大	木	어릴, 젊을, 한창때가 될
요	凹	陽	火	5	陽	土	土	-	凵	水	오목할, 가운데 쑥 들어갈
요	妖	陰	土	7	陽	金	土	-	女	土	아리따울, 괴이할, 도깨비
요	要	陽	金	9	陽	水	土	-	襾	金	구할, 요구할, 중요할, 원할
요	拗	陰	木	9	陽	水	土	-	手	木	꺾을, 부러뜨릴, 비뚤, 비틀
요	姚	陰	土	9	陽	水	土	-	女	土	예쁠, 멀, 성(姓)
요	窈	中	水	10	陰	水	土	-	穴	水	그윽할, 심원할, 고상할
요	堯	中	土	12	陰	木	土	-	土	土	요임금, 높을, 멀
요	搖	陰	木	14	陰	火	土	-	手	木	흔들, 흔들릴, 움직일
요	僥	陰	火	14	陰	火	土	-	人	火	바랄, 요행
요	瑤	陰	金	15	陽	土	土	-	玉	金	아름다운 옥, 아름다운 돌
요	樂	中	木	15	陽	土	土	-	木	木	좋아할
요	窯	陽	水	15	陽	土	土	-	穴	水	가마, 오지그릇, 도기, 쓸쓸할
요	腰	陰	水	15	陽	土	土	-	肉	水	허리, 밑동, 중요한 곳
요	嶢	陰	土	15	陽	土	土	-	山	土	높을, 높고 멀
요	橈	陰	木	16	陰	土	土	-	木	木	꺾일, 굽힐, 약할, 휠
요	謠	陰	金	17	陽	金	土	-	言	金	노래, 노래할, 유언비어

글자		글자		획수			음령오행		부수		글자의 의미
		음양	오행	획수	음양	오행	초성	종성	부수	오행	
요	繇	陰	木	17	陽	金	土	-	糸	木	역사, 부역, 따를, 노래
요	遙	陽	土	17	陽	金	土	-	辵	土	멀, 아득할, 길, 거닐
요	繞	陰	木	18	陰	金	土	-	糸	木	두를, 둘러쌀, 감을, 얽힐
요	蟯	陰	水	18	陰	金	土	-	虫	水	요충(기생충)
요	燿	陰	火	18	陰	金	土	-	火	火	빛날, 비출, 비칠, 밝을
요	曜	陰	火	18	陰	金	土	-	日	火	빛날, 빛을 발할, 빛, 햇빛
요	擾	陰	木	19	陽	水	土	-	手	木	어지러울, 어지럽힐, 흐려질
요	邀	中	土	20	陰	水	土	-	辵	土	맞을, 초대할, 구할, 부를
요	耀	陰	火	20	陰	水	土	-	羽	火	빛날, 빛낼, 빛
요	饒	陰	水	21	陽	木	土	-	食	水	넉넉할, 배부를, 땅이 기름질
욕	辱	陽	土	10	陰	水	土	木	辰	土	욕되게 할, 욕보일, 수치
욕	浴	陰	水	11	陽	木	土	木	水	水	목욕할, 목욕시킬, 몸을 씻을
욕	欲	陰	火	11	陽	木	土	木	欠	火	하고자할, 바랄, ~할것 같다
욕	慾	中	火	15	陽	土	土	木	心	火	욕심, 욕정, 욕심낼
욕	縟	陰	木	16	陰	土	土	木	糸	木	무늬 놓을, 무늬, 채색
욕	褥	陰	木	16	陰	土	土	木	衣	木	요, 까는 침구, 깃저고리
용	冗	陽	木	4	陰	火	土	土	冖	水	쓸데없을, 무익할, 남아돌
용	用	陽	水	5	陽	土	土	土	用	水	쓸, 베풀, 등용할, 부릴
용	甬	陽	水	7	陽	金	土	土	用	水	길, 담을 쌓은 길, 솟아오를
용	勇	陽	土	9	陽	水	土	土	力	土	날쌜, 과감할, 결단력 있는
용	俑	陰	火	9	陽	水	土	土	人	火	허수아비, 아플
용	容	陽	木	10	陰	水	土	土	宀	木	얼굴, 모양, 모습, 몸가짐
용	埇	陰	土	10	陰	水	土	土	土	土	길을 돋울, 골목길
용	庸	陽	木	11	陽	木	土	土	广	木	쓸, 공, ~로써
용	涌	陰	水	11	陽	木	土	土	水	水	샘솟을, 성하게 일어날
용	茸	陽	木	12	陰	木	土	土	艸	木	무성할, 흐트러질, 녹용
용	傛	陰	火	12	陰	木	土	土	人	火	불안할, 익숙할
용	湧	陰	水	13	陽	火	土	土	水	水	샘솟을, 물 끓어오를
용	傭	陰	火	13	陽	火	土	土	人	火	품팔이, 품팔이꾼, 품삯
용	榕	陰	木	14	陰	火	土	土	木	木	벵골보리수

글자		글자		획수			음령오행		부수		글자의 의미
		음양	오행	획수	음양	오행	초성	종성	부수	오행	
용	溶	陰	水	14	陰	火	土	土	水	水	질펀히 흐를, 성할, 물 흐를
용	墉	陰	土	14	陰	火	土	土	土	土	담, 벽, 성
용	踊	陰	土	14	陰	火	土	土	足	土	뛸, 도약할, 춤출, 무용할
용	熔	陰	火	14	陰	火	土	土	火	火	녹일
용	慂	中	火	14	陰	火	土	土	心	火	권할, 강권할
용	瑢	陰	金	15	陽	土	土	土	玉	金	패옥소리
용	槦	陰	木	15	陽	土	土	土	木	木	병기 없는 시렁, 살대나무
용	蓉	陽	木	16	陰	土	土	土	艸	木	연꽃, 부용, 목련
용	聳	中	火	17	陽	金	土	土	耳	火	솟을, 높이 솟을, 두려워할
용	鎔	陰	金	18	陰	金	土	土	金	金	녹일, 쇠를 녹일, 거푸집
용	鏞	陰	金	19	陽	水	土	土	金	金	종, 큰 종
우	又	陽	水	2	陰	木	土	-	又	水	또, 다시, 오른쪽, 용서할
우	于	陽	木	3	陽	火	土	-	二	木	어조사, 갈, 할, 행할
우	友	陽	水	4	陰	火	土	-	又	水	벗, 벗할, 우애 있을
우	牛	陽	土	4	陰	火	土	-	牛	土	소, 무릅쓸, 견우성
우	尤	陽	土	4	陰	火	土	-	尤	土	더욱, 특히, 동떨어질
우	右	陽	水	5	陽	土	土	-	口	水	오른쪽, 숭상할
우	宇	陽	木	6	陰	土	土	-	宀	木	집, 지붕, 처마
우	圩	陰	土	6	陰	土	土	-	土	土	오목할, 물가, 움푹파일, 염전
우	羽	陰	火	6	陰	土	土	-	羽	火	깃, 날개, 조류, 새
우	扜	陰	木	7	陽	金	土	-	手	木	당길, 잡아당길
우	盱	陰	火	7	陽	金	土	-	日	火	클, 해 돋을
우	佑	陰	火	7	陽	金	土	-	人	火	도울, 도움
우	盂	陽	金	8	陰	金	土	-	皿	金	바리, 사발, 군진 이름
우	玗	陰	金	8	陰	金	土	-	玉	金	옥돌, 땅이름
우	雨	陽	水	8	陰	金	土	-	雨	水	비, 흩어질
우	芋	陽	木	9	陽	水	土	-	艸	木	토란, 덮을, 가릴
우	禹	陽	木	9	陽	水	土	-	禸	木	하우씨, 벌레, 도울
우	紆	陰	木	9	陽	水	土	-	糸	木	굽을, 구부러질, 굽힐, 감돌
우	祐	陰	木	10	陰	水	土	-	示	木	도울, 행복, 복

글자		글자		획수			음령오행		부수		글자의 의미
		음양	오행	획수	음양	오행	초성	종성	부수	오행	
우	迂	陽	土	10	陰	水	土	-	辵	土	멀, 물정에 어두울, 굽힐
우	釪	陰	金	11	陽	木	土	-	金	金	악기의 이름, 바리때
우	雩	陽	水	11	陽	木	土	-	雨	水	기우제, 기우제를 지낼
우	偶	陰	火	11	陽	木	土	-	人	火	짝, 인형, 뜻하지 않게, 배필
우	寓	陽	木	12	陰	木	土	-	宀	木	머무를, 숙소, 객사, 여관
우	堣	陰	土	12	陰	木	土	-	土	土	땅이름
우	虞	陽	木	13	陽	火	土	-	虍	木	헤아릴, 염려할, 걱정할
우	愚	陽	火	13	陽	火	土	-	心	火	어리석을, 어리석은 사람
우	瑀	陰	金	14	陰	火	土	-	玉	金	패옥, 옥돌
우	禑	陰	木	14	陰	火	土	-	示	木	복
우	郵	陰	土	15	陽	土	土	-	邑	土	역참, 오두막집
우	憂	陽	火	15	陽	土	土	-	心	火	근심할, 상(喪), 근심
우	慪	陰	火	15	陽	土	土	-	心	火	공경할, 삼갈, 화낼
우	遇	陽	土	16	陰	土	土	-	辵	土	만날, 우연히 만날, 때를 만날
우	隅	陰	土	17	陽	金	土	-	阜	土	모퉁이, 구석, 언덕, 벼랑
우	優	陰	火	17	陽	金	土	-	人	火	넉넉할, 얌전할, 뛰어날
우	藕	中	木	21	陽	木	土	-	艸	木	연뿌리, 서로 맞을
욱	旭	陽	火	6	陰	土	土	木	日	火	아침 해, 돋는 해, 해뜰
욱	昱	陽	火	9	陽	水	土	木	日	火	빛날, 햇빛이 빛날
욱	栯	陰	木	10	陰	水	土	木	木	木	산앵두
욱	彧	陽	火	10	陰	水	土	木	彡	火	문채, 무성한
욱	勖	陰	土	11	陽	木	土	木	力	土	힘쓸
욱	郁	陰	土	13	陽	火	土	木	邑	土	성할, 향기로울, 문채가 날
욱	頊	陰	火	13	陽	火	土	木	頁	火	삼갈, 자신감을 상실한
욱	煜	陰	火	13	陽	火	土	木	火	火	빛날, 성할, 불꽃
욱	稶	陰	木	15	陽	土	土	木	禾	木	서직이 무성할
욱	燠	陰	火	17	陽	金	土	木	火	火	따뜻할, 더울, 입김 불
운	云	陽	木	4	陰	火	土	火	二	木	이를, 친할, 어조사
운	会	陽	木	7	陽	金	土	火	大	木	높을
운	沄	陰	水	8	陰	金	土	火	水	水	소용돌이칠, 넓을

글자		글자		획수			음령오행		부수		글자의 의미
		음양	오행	획수	음양	오행	초성	종성	부수	오행	
운	芸	陽	木	10	陰	水	土	火	艸	木	향풀, 더부룩할, 채소이름
운	耘	陰	木	10	陰	水	土	火	耒	木	김맬, 제거할, 없앨
운	雲	陽	水	12	陰	木	土	火	雨	水	구름, 습기
운	暈	陽	火	13	陽	火	土	火	日	火	달무리, 해무리, 선염
운	殞	陰	水	14	陰	火	土	火	歹	水	죽을, 떨어질, 떨어뜨릴
운	熉	陰	火	14	陰	火	土	火	火	火	노란 모양
운	賱	陰	金	16	陰	土	土	火	貝	金	넉넉할, 많이 있을, 재운 있을
운	橒	陰	木	16	陰	土	土	火	木	木	나무 무늬
운	篔	中	木	16	陰	土	土	火	竹	木	왕대, 계곡이름
운	澐	陰	水	16	陰	土	土	火	水	水	큰 물결이 일
운	運	陽	土	16	陰	土	土	火	辵	土	돌, 회전할, 돌릴, 운수
운	蕓	陽	木	18	陰	金	土	火	艸	木	평지, 장다리, 겨잣과 풀이름
운	隕	陰	土	18	陰	金	土	火	阜	土	떨어질, 잃을, 무너질
운	韻	陰	金	19	陽	水	土	火	音	金	음운, 운, 음향, 소리, 울림
울	蔚	中	木	17	陽	金	土	火	艸	木	풀이름, 숲, 무늬, 땅이름
울	鬱	中	木	29	陽	水	土	火	鬯	木	막힐, 우거질, 무성할
웅	雄	陰	火	12	陰	木	土	土	隹	火	수컷, 이길, 뛰어날, 우수할
웅	熊	中	火	14	陰	火	土	土	火	火	곰, 성(姓), 빛나는
원	元	陽	木	4	陰	火	土	火	儿	木	으뜸, 근본, 근원
원	杬	陰	木	8	陰	金	土	火	木	木	나무이름, 안마할, 주무를
원	沅	陰	水	8	陰	金	土	火	水	水	강이름
원	朊	陰	水	8	陰	金	土	火	月	水	달빛이 희미할
원	爰	陽	木	9	陽	水	土	火	爪	金	이에, 이때에, 여기에서
원	垣	陰	土	9	陽	水	土	火	土	土	담, 관청이름, 별이름
원	怨	中	火	9	陽	水	土	火	心	火	원망할, 슬퍼할, 미워할
원	袁	陽	木	10	陰	水	土	火	衣	木	옷이 길, 옷이 치렁거릴
원	原	陽	水	10	陰	水	土	火	厂	水	근원, 들, 벌판, 용서할
원	員	陽	水	10	陰	水	土	火	口	水	수효, 사람, 둥글
원	洹	陰	水	10	陰	水	土	火	水	水	강이름, 세차게 흐를, 성할
원	寃	陽	木	11	陽	木	土	火	宀	木	원통할

글자		글자		획수			음령오행		부수		글자의 의미
		음양	오행	획수	음양	오행	초성	종성	부수	오행	
원	苑	中	木	11	陽	木	土	火	艸	木	나라동산, 왜풍, 임야, 동산
원	媛	陰	土	12	陰	木	土	火	女	土	미인, 예쁠, 우아할
원	阮	陰	土	12	陰	木	土	火	阜	土	관문의 이름, 월금
원	援	陰	木	13	陽	火	土	火	手	木	당길, 취할, 잡을
원	園	陽	水	13	陽	火	土	火	口	水	동산, 정원, 과수원
원	圓	陽	水	13	陽	火	土	火	口	水	둥글, 원, 동그라미, 둘레
원	湲	陰	水	13	陽	火	土	火	水	水	물이 흐를, 맑을
원	嫄	陰	土	13	陽	火	土	火	女	土	사람이름
원	瑗	陰	金	14	陰	火	土	火	玉	金	도리옥, 옥고리, 패옥
원	源	陰	水	14	陰	火	土	火	水	水	근원, 근본
원	猿	陰	土	14	陰	火	土	火	犬	土	원숭이
원	愿	陽	火	14	陰	火	土	火	心	火	삼갈, 공손할, 성실할, 바랄
원	褑	陰	木	15	陽	土	土	火	衣	木	패옥띠
원	院	陰	土	15	陽	土	土	火	阜	土	담, 단단할, 견고할, 집
원	鋺	陰	金	16	陰	土	土	火	金	金	저울 바탕
원	鴛	中	火	16	陰	土	土	火	鳥	火	원앙, 원앙새 수컷
원	遠	陽	土	17	陽	金	土	火	辵	土	멀, 아득할, 세월이 오래된
원	轅	陰	火	17	陽	金	土	火	車	火	끌채, 수레, 차량
원	願	陰	火	19	陽	水	土	火	頁	火	원할, 바랄, 희망할, 기원할
월	月	陽	水	4	陰	火	土	火	月	水	달, 달빛
월	越	陽	火	12	陰	木	土	火	走	火	넘을, 건널, 달아날, 앞지를
월	鉞	陰	金	13	陽	火	土	火	金	金	도끼, 방울소리, 뛰어넘을
위	危	陽	水	6	陰	土	土	-	卩	水	위태할, 두려워할, 위태로울
위	位	陰	火	7	陽	金	土	-	人	火	자리, 품위, 자리잡을
위	委	陽	土	8	陰	金	土	-	女	土	맡길, 버릴, 내버려둘
위	韋	陽	金	9	陽	水	土	-	韋	金	무두질한 가죽, 부드러운
위	威	陽	土	9	陽	水	土	-	女	土	위엄, 두려워할, 협박할
위	胃	陽	水	11	陽	木	土	-	肉	水	밥통, 위, 28숙 중 하나
위	尉	陰	土	11	陽	木	土	-	寸	土	벼슬, 위로할, 주름을 펼
위	偉	陰	火	11	陽	木	土	-	人	火	훌륭할, 클, 아름다울

글자		글자		획수			음령오행		부수		글자의 의미
		음양	오행	획수	음양	오행	초성	종성	부수	오행	
위	爲	陽	金	12	陰	木	土	-	爪	金	할, 만들, 베풀, 간주할, 될
위	圍	陽	水	12	陰	木	土	-	囗	水	둘레, 두를, 둘러쌀
위	渭	陰	水	13	陽	火	土	-	水	水	강이름
위	暐	陰	火	13	陽	火	土	-	日	火	햇빛, 햇볕, 햇살, 빛날
위	瑋	陰	金	14	陰	火	土	-	玉	金	옥이름, 아름다울
위	萎	陽	木	14	陰	火	土	-	艸	木	마를, 시들, 병들, 고민할
위	僞	陰	火	14	陰	火	土	-	人	火	거짓, 속일
위	葦	陽	木	15	陽	土	土	-	艸	木	갈대, 작은 배, 변동할
위	緯	陰	木	15	陽	土	土	-	糸	木	씨, 짤, 가로, 종횡
위	褘	陰	木	15	陽	土	土	-	衣	木	아름다울, 향낭
위	蝟	陰	水	15	陽	土	土	-	虫	水	고슴도치, 운집할
위	慰	中	火	15	陽	土	土	-	心	火	위로할, 우울해질, 위로
위	謂	陰	金	16	陰	土	土	-	言	金	이를, 알릴, 설명할, 생각할
위	違	陽	土	16	陰	土	土	-	辵	土	어길, 위반할, 다를, 틀릴
위	衛	陰	火	16	陰	土	土	-	行	火	지킬, 숙위, 시위할, 방비할
위	蔿	陽	木	18	陰	金	土	-	艸	木	애기풀, 고을이름, 성(姓)
위	魏	陰	火	18	陰	金	土	-	鬼	火	나라이름, 대궐, 높을
유	由	陽	木	5	陽	土	土	-	田	木	말미암을, 인연할, 따를
유	幼	陰	水	5	陽	土	土	-	幺	水	어릴, 어린애, 사랑할
유	有	陽	水	6	陰	土	土	-	月	水	있을, 존재할, 넉넉할, 소유물
유	酉	陽	金	7	陽	金	土	-	酉	金	닭, 12지지중하나, 술
유	攸	陰	金	7	陽	金	土	-	攴	金	어조사, 다스릴, 닦을
유	乳	陰	水	8	陰	金	土	-	乙	木	젖, 젖먹일, 낳을
유	侑	陰	火	8	陰	金	土	-	人	火	권할, 보답할, 너그러울
유	宥	陽	木	9	陽	水	土	-	宀	木	용서할, 도울, 보좌할
유	柔	陽	木	9	陽	水	土	-	木	木	부드러울, 순할, 무를, 여릴
유	柚	陰	木	9	陽	水	土	-	木	木	유자나무, 상록교목
유	幽	陽	水	9	陽	水	土	-	幺	水	그윽할, 숨을, 아득할
유	囿	陽	水	9	陽	水	土	-	囗	水	동산, 얽매일, 구애받을
유	油	陰	水	9	陽	水	土	-	水	水	기름

글자		글자		획수			음령오행		부수		글자의 의미
		음양	오행	획수	음양	오행	초성	종성	부수	오행	
유	臾	陽	土	9	陽	水	土	-	臼	土	잠깐, 만류할, 착할
유	兪	中	火	9	陽	水	土	-	人	火	점점, 그러할, 대답할
유	秞	陰	木	10	陰	水	土	-	禾	木	곡식이 무성할
유	洧	陰	水	10	陰	水	土	-	水	水	강이름
유	唯	陰	水	11	陽	木	土	-	口	水	오직, 비록 ~하더라도
유	婑	陰	土	11	陽	木	土	-	女	土	아리따울, 날씬하고 아름다울
유	悠	中	火	11	陽	木	土	-	心	火	멀, 걱정할, 생각할
유	庾	陽	木	12	陰	木	土	-	广	木	곳집, 노적가리
유	釉	陰	木	12	陰	木	土	-	釆	火	윤, 광택, 잿물
유	喩	陰	水	12	陰	木	土	-	口	水	깨우칠, 깨달을, 깨우쳐 줄
유	惟	陰	火	12	陰	木	土	-	心	火	생각할, 도모할, 꾀할
유	楡	陰	木	13	陽	火	土	-	木	木	느릅나무, 옮길, 흔들
유	裕	陰	木	13	陽	火	土	-	衣	木	넉넉할, 너그러울, 관대할
유	楢	陰	木	13	陽	火	土	-	木	木	졸참나무, 화톳불을 피울
유	揄	陰	木	13	陽	火	土	-	手	木	끌, 끌어낼, 끌어올릴
유	游	陰	水	13	陽	火	土	-	水	水	헤엄칠, 헤엄, 뜰, 놀
유	猷	陰	土	13	陽	火	土	-	犬	土	꾀할, 꾀, 계략
유	猶	陰	土	13	陽	火	土	-	犬	土	오히려, 조차, 마치 ~와 같은
유	愉	陰	火	13	陽	火	土	-	心	火	즐거울, 기뻐할, 누그러질
유	愈	中	火	13	陽	火	土	-	心	火	더 나을, 뛰어날, 병이 완쾌될
유	誘	陰	金	14	陰	火	土	-	言	金	꾈, 유혹할, 권할, 인도할
유	瑜	陰	金	14	陰	火	土	-	玉	金	아름다운 옥, 옥의 광채
유	維	陰	木	14	陰	火	土	-	糸	木	바, 밧줄, 맬, 벼리
유	逌	陽	土	14	陰	火	土	-	辵	土	만족할
유	萸	陽	木	15	陽	土	土	-	艸	木	수유, 풀이름
유	牖	陰	木	15	陽	土	土	-	片	木	창, 바라지, 인도할
유	諛	陰	金	16	陰	土	土	-	言	金	아첨할, 알랑거릴
유	諭	陰	金	16	陰	土	土	-	言	金	깨우칠, 밝힐, 이끌, 인도할
유	踰	陰	土	16	陰	土	土	-	足	土	넘을, 지나갈, 건너갈, 이길
유	蹂	陰	土	16	陰	土	土	-	足	土	밟을, 짓밟을, 축일

글자		글자		획수			음령오행		부수		글자의 의미
		음양	오행	획수	음양	오행	초성	종성	부수	오행	
유	遊	中	土	16	陰	土	土	-	辵	土	놀, 여행할, 취학할
유	逾	中	土	16	陰	土	土	-	辵	土	넘을, 넘어갈, 지날, 점점 더
유	儒	陰	火	16	陰	土	土	-	人	火	선비, 부드러울, 유학
유	鍮	陰	金	17	陽	金	土	-	金	金	놋쇠, 자연동
유	孺	陰	水	17	陽	金	土	-	子	水	젖먹이, 낳을, 새끼를 낳을
유	濡	陰	水	18	陰	金	土	-	水	水	젖을, 은혜 입을, 적실
유	癒	中	水	18	陰	金	土	-	疒	水	병이 나을
유	曘	陰	火	18	陰	金	土	-	日	火	햇빛, 어두울
유	遺	陽	土	19	陽	水	土	-	辵	土	끼칠, 후세에 전할
육	肉	陽	水	6	陰	土	土	木	肉	水	고기, 동물의 살, 피부, 몸
육	育	陽	水	10	陰	水	土	木	肉	水	기를, 자랄, 낳을
육	堉	陰	土	11	陽	木	土	木	土	土	기름진 땅
육	毓	陰	土	14	陰	火	土	木	毋	土	기를
윤	允	陽	木	4	陰	火	土	火	儿	木	진실로, 동의할
윤	尹	陽	水	4	陰	火	土	火	尸	水	다스릴, 벼슬아치, 장관
윤	昀	陰	火	8	陰	金	土	火	日	火	햇빛
윤	玧	陰	金	9	陽	水	土	火	玉	金	붉은 구슬
윤	胤	陰	水	11	陽	木	土	火	肉	水	이을, 후사, 핏줄, 맏아들
윤	鈗	陰	金	12	陰	木	土	火	金	金	병기 이름, 병기, 창
윤	閏	中	木	12	陰	木	土	火	門	木	윤달, 윤년
윤	阭	陰	土	12	陰	木	土	火	阜	土	높을
윤	奫	中	木	14	陰	火	土	火	大	木	물 깊고 넓을
윤	潤	陰	水	16	陰	土	土	火	水	水	젖을, 적실, 물기, 윤택할
윤	贇	中	金	18	陰	金	土	火	貝	金	예쁠, 아름다울
율	聿	陽	火	6	陰	土	土	火	聿	火	붓, 드디어, 마침내, 스스로
율	汩	陰	水	8	陰	金	土	火	水	水	흐를, 맑을, 빨리 걸을
율	燏	陰	火	16	陰	土	土	火	火	火	빛날, 불빛
융	戎	陽	金	6	陰	土	土	土	戈	金	되, 오랑캐, 병기, 병거
융	絨	陰	木	12	陰	木	土	土	糸	木	융, 가는 베, 고운 베
융	融	陰	水	16	陰	土	土	土	虫	水	화할, 화합할, 녹을, 녹일

글자		글자		획수			음령오행		부수		글자의 의미
		음양	오행	획수	음양	오행	초성	종성	부수	오행	
융	瀜	陰	水	20	陰	水	土	土	水	水	물이 깊고 넓은
은	听	陰	水	7	陽	金	土	火	口	水	웃을, 싱글벙글거릴
은	垠	陰	土	9	陽	水	土	火	土	土	끝, 벼랑, 낭떠러지, 모양
은	殷	陰	金	10	陰	水	土	火	殳	金	성할, 많을, 클
은	恩	陽	火	10	陰	水	土	火	心	火	은혜, 사랑할, 예쁘게 여길
은	珢	陰	金	11	陽	木	土	火	玉	金	옥돌
은	銀	陰	金	14	陰	火	土	火	金	金	은, 화폐, 돈, 도장
은	溵	陰	水	14	陰	火	土	火	水	水	강 이름
은	慇	中	火	14	陰	火	土	火	心	火	괴로워할, 친절한, 은근한
은	誾	中	金	15	陽	土	土	火	言	金	온화할, 평온할, 화평할
은	檃	中	木	17	陽	金	土	火	木	木	도지개, 바로잡을
은	檼	陰	木	18	陰	金	土	火	木	木	대마루, 마루용 목재
은	濦	陰	水	18	陰	金	土	火	水	水	강 이름
은	隱	陰	土	22	陰	木	土	火	阜	土	숨길, 비밀로 할, 가릴
은	蘟	中	木	23	陽	火	土	火	艸	木	은총
을	乙	陽	木	1	陽	木	土	火	乙	木	새, 십간의 둘째, 굽을
을	圪	陰	土	6	陰	土	土	火	土	土	흙더미가 우뚝할
음	吟	陰	水	7	陽	金	土	水	口	水	읊을, 끙끙 앓을, 시, 노래
음	音	陽	金	9	陽	水	土	水	音	金	소리, 음악, 가락, 성(姓)
음	淫	陰	水	12	陰	木	土	水	水	水	음란할, 간사할, 어지럽힐
음	飮	陰	水	13	陽	火	土	水	食	水	마실, 음료, 잔치, 주연
음	愔	陰	火	13	陽	火	土	水	心	火	화평할, 조용할
음	陰	陰	土	16	陰	土	土	水	阜	土	응달, 음, 습기, 그늘
음	蔭	中	木	17	陽	金	土	水	艸	木	그늘, 그늘질, 음덕, 덮을
읍	邑	陽	土	7	陽	金	土	水	邑	土	고을, 마을, 서울, 영지, 식읍
읍	泣	陰	水	9	陽	水	土	水	水	水	울, 근심할, 울음, 눈물
읍	揖	陰	木	13	陽	火	土	水	手	木	읍, 읍할, 사양할, 공경
응	凝	陰	水	16	陰	土	土	土	冫	水	엉길, 추울, 심할, 엄할
응	應	中	火	17	陽	金	土	土	心	火	응할, 받을, 응당 ~하여야 할
응	膺	中	水	19	陽	水	土	土	肉	水	가슴, 안을, 받을

글자		글자		획수			음령오행		부수		글자의 의미
		음양	오행	획수	음양	오행	초성	종성	부수	오행	
응	鷹	中	火	24	陰	火	土	土	鳥	火	매, 송골매, 해동청
의	衣	陽	木	6	陰	土	土	-	衣	木	옷, 예복, 나들이 옷, 덮개
의	矣	陽	金	7	陽	金	土	-	矢	金	어조사
의	宜	陽	木	8	陰	金	土	-	宀	木	마땅할, 마땅히, 화목할
의	依	陰	火	8	陰	金	土	-	人	火	의지할, 도울, 힘이 될
의	倚	陰	火	10	陰	水	土	-	人	火	의지할, 치우칠, 인연될
의	椅	陰	木	12	陰	木	土	-	木	木	의나무, 걸상, 의자
의	義	陽	土	13	陽	火	土	-	羊	土	옳을, 바를, 평평할
의	意	陽	火	13	陽	火	土	-	心	火	뜻, 생각할, 풍경, 정취
의	疑	陰	土	14	陰	火	土	-	疋	土	의심할, 괴이하게 여길
의	誼	陰	金	15	陽	土	土	-	言	金	옳을, 의논할, 다스릴
의	毅	陰	金	15	陽	土	土	-	殳	金	굳셀, 과감할, 의지강할
의	儀	陰	火	15	陽	土	土	-	人	火	거동, 예의, 풍속
의	醫	中	金	18	陰	金	土	-	酉	金	의원, 치료할, 무당
의	擬	陰	木	18	陰	金	土	-	手	木	헤아릴, 비교할, 모방할
의	薏	陽	木	19	陽	水	土	-	艸	木	율무, 연밥
의	艤	陰	木	19	陽	水	土	-	舟	木	배를 댈
의	蟻	陰	水	19	陽	水	土	-	虫	水	개미, 검을, 흑색
의	議	陰	金	20	陰	水	土	-	言	金	의논할, 문의할, 계획세울
의	懿	陰	火	22	陰	木	土	-	心	火	아름다울, 좋을, 칭찬할, 기릴
이	二	陽	木	2	陰	木	土	-	二	木	둘, 두번, 두마음
이	已	陽	火	3	陽	火	土	-	己	土	이미, 그칠, 버릴, 버려둘
이	以	陰	火	5	陽	土	土	-	人	火	써, ~로써, ~부터, ~에서
이	夷	陽	木	6	陰	土	土	-	大	木	오랑캐, 평평할, 온화할
이	而	陽	水	6	陰	土	土	-	而	水	말 이을, 접속사, 조사
이	耳	陽	火	6	陰	土	土	-	耳	火	귀, 청각기관, 귀에 익을
이	弛	陰	火	6	陰	土	土	-	弓	火	늦출, 활 부릴, 제거할, 없앨
이	伊	陰	火	6	陰	土	土	-	人	火	저, 그, 이, 어조사
이	杝	陰	木	7	陽	金	土	-	木	木	나무이름, 쪼갤, 넓힐, 뻗칠
이	易	陽	火	8	陰	金	土	-	日	火	쉬울, 간략할

글자		글자		획수			음령오행		부수		글자의 의미
		음양	오행	획수	음양	오행	초성	종성	부수	오행	
이	姨	陰	土	9	陽	水	土	-	女	土	이모
이	怡	陰	火	9	陽	水	土	-	心	火	기쁠, 기뻐할, 화할
이	珥	陰	金	11	陽	木	土	-	玉	金	귀고리, 귀걸이, 햇무리
이	移	陰	木	11	陽	木	土	-	禾	木	옮길, 변할, 나아갈, 떠날
이	苡	中	木	11	陽	木	土	-	艸	木	질경이, 율무, 차전자
이	痍	陽	水	11	陽	木	土	-	疒	水	상처, 상처가 날, 깎을, 벨
이	貳	陽	金	12	陰	木	土	-	貝	金	둘, 버금, 맞수, 도울, 더할
이	貽	陰	金	12	陰	木	土	-	貝	金	끼칠, 남길, 전할, 증여할
이	異	陽	木	12	陰	木	土	-	田	木	다를, 딴 것, 기이할, 뛰어날
이	荑	陽	木	12	陰	木	土	-	艸	木	벨, 깎을, 싹틀, 움틀
이	媐	中	土	12	陰	木	土	-	女	土	기쁠
이	肄	陰	火	13	陽	火	土	-	聿	火	익힐, 노력할, 살펴볼
이	飴	陰	水	14	陰	火	土	-	食	水	엿, 먹일
이	爾	陽	火	14	陰	火	土	-	爻	火	너, 그, 이
이	頤	陰	火	15	陽	土	土	-	頁	火	턱, 기를, 봉양할, 부릴
이	彝	中	火	16	陰	土	土	-	彐	火	떳떳할, 법, 술병
이	邇	陽	土	21	陽	木	土	-	辵	土	가까울, 가까이할, 통속적인
익	益	陽	金	10	陰	水	土	木	皿	金	더할, 유익할, 증가할
익	翊	陰	火	11	陽	木	土	木	羽	火	도울, 날, 다음날
익	翌	中	火	11	陽	木	土	木	羽	火	다음날, 이튿날, 도울
익	熤	陰	火	15	陽	土	土	木	火	火	사람이름, 빛날
익	謚	陰	金	17	陽	金	土	木	言	金	웃을
익	翼	中	火	17	陽	金	土	木	羽	火	날개, 도울, 이룰
익	瀷	陰	水	21	陽	木	土	木	水	水	강이름
인	人	陽	火	2	陰	木	土	火	人	火	사람, 인간, 타인, 인품, 백성
인	刃	陽	金	3	陽	火	土	火	刀	金	칼날, 칼, 벨
인	仁	陰	火	4	陰	火	土	火	人	火	어질, 만물을 낳을, 자애로운
인	引	陰	火	4	陰	火	土	火	弓	火	끌, 끌어당길, 물러날, 활 쏠
인	因	陽	水	6	陰	土	土	火	囗	水	인할, 연유, 유래, 까닭
인	印	陰	水	6	陰	土	土	火	卩	水	도장, 찍을, 찍힐

글자		글자		획수			음령오행		부수		글자의 의미
		음양	오행	획수	음양	오행	초성	종성	부수	오행	
인	汈	陰	水	7	陽	金	土	火	水	水	끈적거릴
인	牣	陰	土	7	陽	金	土	火	牛	土	찰, 충만할, 살찔, 더할
인	忍	陽	火	7	陽	金	土	火	心	火	참을, 견디어 낼, 용서할
인	咽	陰	水	9	陽	水	土	火	口	水	목구멍, 삼킬, 목멜
인	姻	陰	土	9	陽	水	土	火	女	土	혼인, 사위집, 혼인할
인	芢	中	木	10	陰	水	土	火	艸	木	씨, 풀이름
인	蚓	陰	水	10	陰	水	土	火	虫	水	지렁이
인	寅	陽	木	11	陽	木	土	火	宀	木	셋째지지, 삼갈, 동료, 동방
인	靭	陰	金	12	陰	木	土	火	革	金	길, 질길, 부드러울
인	茵	陽	木	12	陰	木	土	火	艸	木	자리, 더위지기, 사철쑥
인	絪	陰	木	12	陰	木	土	火	糸	木	천지기운, 깔개, 요
인	靷	陰	金	13	陽	火	土	火	革	金	가슴걸이, 잡아당길
인	湮	陰	水	13	陽	火	土	火	水	水	잠길, 막힐, 스밀
인	認	陰	金	14	陰	火	土	火	言	金	알, 인식할, 인정할, 허가할
인	朄	陰	金	14	陰	火	土	火	曰	火	작은북, 작은북 소리
일	一	陽	木	1	陽	木	土	火	一	木	하나, 처음, 오로지, 한
일	日	陽	火	4	陰	火	土	火	日	火	해, 태양, 햇빛, 햇볕, 날
일	佚	陰	火	7	陽	金	土	火	人	火	편안할, 숨을, 실수할
일	佾	陰	火	8	陰	金	土	火	人	火	춤
일	壹	陽	木	12	陰	木	土	火	士	木	한, 하나, 오로지, 모두
일	溢	陰	水	14	陰	火	土	火	水	水	넘칠, 가득할, 찰
일	馹	陰	火	14	陰	火	土	火	馬	火	역마, 역말
일	逸	陽	土	15	陽	土	土	火	辵	土	달아날, 숨을, 없어질, 잃을
일	鎰	陰	金	18	陰	金	土	火	金	金	중량, 무게의 단위
임	壬	陽	木	4	陰	火	土	水	士	木	아홉째 천간, 아첨할, 북방
임	任	陰	火	6	陰	土	土	水	人	火	맡길, 마음대로
임	妊	陰	土	7	陽	金	土	水	女	土	아이 밸
임	姙	陰	土	9	陽	水	土	水	女	土	아이 밸
임	恁	中	火	10	陰	水	土	水	心	火	생각할, 이같이, 이 같은
임	荏	中	木	12	陰	木	土	水	艸	木	들깨, 콩, 부드러울, 누에콩

글자		글자		획수			음령오행		부수		글자의 의미
		음양	오행	획수	음양	오행	초성	종성	부수	오행	
임	賃	中	金	13	陽	火	土	水	貝	金	품팔이, 고용인, 고용할
임	稔	陰	木	13	陽	火	土	水	禾	木	곡식 익을, 쌓을, 쌓일
입	入	陽	木	2	陰	木	土	水	入	木	들, 수입, 입성
입	廿	陽	水	3	陽	火	土	水	十	水	스물
잉	仍	陰	火	4	陰	火	土	土	人	火	인할, 거듭할
잉	孕	陽	水	5	陽	土	土	土	子	水	아이 밸, 품을, 품어가질
잉	芿	中	木	10	陰	水	土	土	艸	木	새 풀싹, 잡초, 묵은 풀, 풀
잉	剩	陰	金	12	陰	木	土	土	刀	金	남을, 더군다나, 그 위에
자	子	陽	水	3	陽	火	金	-	子	水	아들, 자식, 맏아들, 어조사
자	仔	陰	火	5	陽	土	金	-	人	火	자세할, 견딜, 새끼
자	自	陽	木	6	陰	土	金	-	自	木	스스로, 몸소, 자연히, 저절로
자	字	陽	水	6	陰	土	金	-	子	水	글자, 기를, 아이 밸
자	孜	陰	水	7	陽	金	金	-	子	水	힘쓸
자	刺	陰	金	8	陰	金	金	-	刀	金	죽일, 간할, 문신할, 찌를
자	秄	陰	木	8	陰	金	金	-	禾	木	북돋울
자	姉	陰	土	8	陰	金	金	-	女	土	손위누이, 여자에 대한 애칭
자	炙	陽	火	8	陰	金	金	-	火	火	고기구울, 구울, 가까이 할
자	咨	中	水	9	陽	水	金	-	口	水	물을, 탄식할, 이것, 이
자	姿	中	土	9	陽	水	金	-	女	土	맵시, 모양, 풍취, 바탕
자	疵	中	水	10	陰	水	金	-	疒	水	흠, 결점, 병, 사마귀
자	者	陽	土	10	陰	水	金	-	老	土	놈, 사람, 것
자	玆	陰	火	10	陰	水	金	-	玄	火	이, 이에, 검을, 흐릴
자	恣	中	火	10	陰	水	金	-	心	火	방자할, 마음대로 할, 맡길
자	紫	中	木	11	陽	木	金	-	糸	木	자줏빛, 자줏빛 의관
자	瓷	中	土	11	陽	木	金	-	瓦	土	오지그릇, 사기그릇
자	茨	中	木	12	陰	木	金	-	艸	木	가시나무, 지붕 이을
자	資	中	金	13	陽	火	金	-	貝	金	재물, 밑천, 자본, 비용
자	煮	陽	火	13	陽	火	金	-	火	火	삶을, 익힐, 삶아질, 익을
자	雌	陰	火	13	陽	火	金	-	隹	火	암컷, 패배할, 쇠약해질, 약할
자	滋	陰	水	14	陰	火	金	-	水	水	번식할, 번성할, 더할, 보탤

글자		글자		획수			음령오행		부수		글자의 의미
		음양	오행	획수	음양	오행	초성	종성	부수	오행	
자	慈	中	火	14	陰	火	金	-	心	火	사랑할, 자애로울, 어머니
자	磁	陰	金	15	陽	土	金	-	石	金	자석, 사기그릇
자	諮	陰	金	16	陰	土	金	-	言	金	물을, 자문할, 의논할
자	蔗	陽	木	17	陽	金	金	-	艸	木	사탕수수, 맛좋을
자	藉	中	木	20	陰	水	金	-	艸	木	깔개, 빙자할, 깔, 빌, 꿀
작	勺	陽	金	3	陽	火	金	木	勹	金	구기, 잔질할, 홉의 0.1배
작	灼	陰	火	7	陽	金	金	木	火	火	사를, 구울, 밝을
작	作	陰	火	7	陽	金	金	木	人	火	지을, 일어날, 일으킬
작	斫	陰	金	9	陽	水	金	木	斤	金	벨, 자를, 어리석을, 무지한
작	芍	陽	木	9	陽	水	金	木	艸	木	함박꽃, 작약꽃
작	炸	陰	火	9	陽	水	金	木	火	火	터질, 폭발할, 튀길
작	昨	陰	火	9	陽	水	金	木	日	火	어제, 앞서
작	酌	陰	金	10	陰	水	金	木	酉	金	따를, 취할, 액체를 퍼낼
작	雀	陽	火	11	陽	木	金	木	隹	火	참새, 검붉은 색
작	綽	陰	木	14	陰	火	金	木	糸	木	너그러울, 여유 있을, 많을
작	爵	中	金	18	陰	金	金	木	爪	金	잔, 술잔, 벼슬, 벼슬을 내릴
작	鵲	陰	火	19	陽	水	金	木	鳥	火	까치
작	嚼	陰	水	21	陽	木	金	木	口	水	씹을, 맛볼, 개먹을
잔	棧	陰	木	12	陰	木	金	火	木	木	잔도, 비계, 마판
잔	殘	陰	水	12	陰	木	金	火	歹	水	해칠, 손상할, 멸할, 쇠잔할
잔	孱	中	水	12	陰	木	金	火	子	水	잔약할, 나약할, 삼갈
잔	盞	陽	金	13	陽	火	金	火	皿	金	잔, 옥술잔, 등잔
잔	潺	陰	水	16	陰	土	金	火	水	水	물 흐르는 소리나 모양
잠	岑	陽	土	7	陽	金	金	水	山	土	봉우리, 높을, 클
잠	箴	中	木	15	陽	土	金	水	竹	木	바늘, 침, 경계할, 꽂을
잠	暫	中	火	15	陽	土	金	水	日	火	잠시, 별안간, 갑자기, 잠간
잠	潛	陰	水	16	陰	土	金	水	水	水	자맥질할, 잠길, 땅속에 흐를
잠	簪	中	木	18	陰	金	金	水	竹	木	비녀, 꽂을, 신속할, 찌를
잠	蠶	中	水	24	陰	火	金	水	虫	水	누에, 양잠을 할
잡	雜	陰	火	18	陰	金	金	水	隹	火	섞일, 뒤섞일, 흩어질

글자		글자		획수			음령오행		부수		글자의 의미
		음양	오행	획수	음양	오행	초성	종성	부수	오행	
장	丈	陽	木	3	陽	火	金	土	一	木	어른, 길이의 단위
장	仗	陰	火	5	陽	土	金	土	人	火	무기, 호위, 의지할
장	庄	陽	木	6	陰	土	金	土	广	木	농막, 전장, 평평할
장	匠	陽	土	6	陰	土	金	土	匚	土	장인, 기술자, 우두머리
장	杖	陰	木	7	陽	金	金	土	木	木	지팡이, 짚을, 잡을, 쥘
장	壯	陰	木	7	陽	金	金	土	士	木	씩씩할, 장할, 기상이 굳셀
장	長	陽	木	8	陰	金	金	土	長	木	길, 길이, 늘일, 오래도록
장	狀	陰	土	8	陰	金	金	土	犬	土	형상, 모양, 용모, 형용할
장	奘	中	木	10	陰	水	金	土	大	木	클, 튼튼할, 건강할, 성할
장	章	陽	金	11	陽	木	金	土	立	金	글, 문장, 악곡의 절
장	帳	陰	木	11	陽	木	金	土	巾	木	휘장, 군막, 천막
장	將	陰	土	11	陽	木	金	土	寸	土	장차, 어찌, ~하려 한다, 장수
장	張	陰	火	11	陽	木	金	土	弓	火	베풀, 넓힐, 맬, 크게 할
장	掌	陽	木	12	陰	木	金	土	手	木	손바닥, 솜씨, 수완, 발바닥
장	粧	陰	木	12	陰	木	金	土	米	木	단장할, 체할
장	場	陰	土	12	陰	木	金	土	土	土	마당, 시험장
장	莊	中	木	13	陽	火	金	土	艸	木	성할, 씩씩할, 별장, 엄숙할
장	裝	中	木	13	陽	火	金	土	衣	木	꾸밀, 화장을 할, 수식할
장	奬	中	木	14	陰	火	金	土	大	木	권면할, 도울, 칭찬할
장	臧	陰	火	14	陰	火	金	土	臣	火	착할, 두터울, 거둘
장	樟	陰	木	15	陽	土	金	土	木	木	녹나무
장	葬	中	木	15	陽	土	金	土	艸	木	장사지낼, 묻을
장	腸	陰	水	15	陽	土	金	土	肉	水	창자, 마음, 충심, 자세할
장	漳	陰	水	15	陽	土	金	土	水	水	강이름, 둑, 막을
장	漿	中	水	15	陽	土	金	土	水	水	미음, 마실 것, 음료
장	獐	陰	土	15	陽	土	金	土	犬	土	노루
장	暲	陰	火	15	陽	土	金	土	日	火	해 돋아올, 밝을, 해돋을
장	璋	陰	金	16	陰	土	金	土	玉	金	반쪽 홀, 구기, 밝을, 구슬
장	墻	陰	土	16	陰	土	金	土	土	土	담, 경계, 칸막이
장	檣	陰	木	17	陽	金	金	土	木	木	돛대

글자		글자		획수			음령오행		부수		글자의 의미
		음양	오행	획수	음양	오행	초성	종성	부수	오행	
장	牆	陰	木	17	陽	金	金	土	爿	木	담, 경계, 칸막이
장	蔣	中	木	17	陽	金	金	土	艸	木	줄, 격려할, 자리, 깔개
장	醬	中	金	18	陰	金	金	土	酉	金	젓갈, 된장, 간장
장	薔	陽	木	19	陽	水	金	土	艸	木	장미, 성(姓)
장	障	陰	土	19	陽	水	金	土	阜	土	가로막을, 막을, 방어할, 막힐
장	藏	中	木	20	陰	水	金	土	艸	木	감출
장	贓	陰	金	21	陽	木	金	土	貝	金	장물, 감출, 뇌물을 받을
장	欌	陰	木	22	陰	木	金	土	木	木	장롱, 의장
장	臟	陰	水	24	陰	火	金	土	肉	水	오장, 내장
재	才	陽	木	4	陰	火	金	-	手	木	재주, 재능 있는, 기본, 근본
재	再	陽	土	6	陰	土	金	-	冂	土	두, 재차, 거듭, 거듭할
재	在	陽	土	6	陰	土	金	-	土	土	있을, 볼, 살필
재	材	陰	木	7	陽	金	金	-	木	木	재목, 건축, 원료, 자질, 바탕
재	災	陽	火	7	陽	金	金	-	火	火	재앙, 화재, 주벌할
재	哉	陽	水	9	陽	水	金	-	口	水	어조사, 처음, 재난, 재앙
재	財	陰	金	10	陰	水	金	-	貝	金	재물, 재료, 재주, 성(姓)
재	栽	陽	木	10	陰	水	金	-	木	木	심을, 가꿀, 묘목, 어린 싹
재	宰	陽	木	10	陰	水	金	-	宀	木	재상, 벼슬아치, 주관할
재	梓	陰	木	11	陽	木	金	-	木	木	가래나무, 판목, 목수, 목공
재	裁	陽	木	12	陰	木	金	-	衣	木	마를, 마름질할, 옷을 지을
재	渽	陰	水	13	陽	火	金	-	水	水	맑을
재	載	陽	火	13	陽	火	金	-	車	火	실을, 운반할, 탈 것
재	滓	陰	水	14	陰	火	金	-	水	水	찌끼, 앙금, 때, 더러운
재	縡	陰	木	16	陰	土	金	-	糸	木	일
재	齋	中	土	17	陽	金	金	-	齊	土	재계할, 공경할, 엄숙할
재	齎	中	土	21	陽	木	金	-	齊	土	가져올, 가져갈, 줄, 보낼
쟁	爭	陽	金	8	陰	金	金	土	爪	金	다툴, 결판낼, 소송할, 싸움
쟁	箏	中	木	14	陰	火	金	土	竹	木	쟁, 풍경, 13현 악기의 하나
쟁	諍	陰	金	15	陽	土	金	土	言	金	간할, 다툴, 간하는 말
쟁	錚	陰	金	16	陰	土	金	土	金	金	쇳소리, 징

글자		글자		획수			음령오행		부수		글자의 의미
		음양	오행	획수	음양	오행	초성	종성	부수	오행	
저	佇	陰	火	7	陽	金	金	-	人	火	우두커니, 기다릴, 오랠
저	低	陰	火	7	陽	金	金	-	人	火	밑, 속, 안, 이를, 굽힐
저	底	陽	木	8	陰	金	金	-	广	木	밑, 바닥, 이를, 어찌, 숫돌
저	杵	陰	木	8	陰	金	金	-	木	木	공이, 절굿공이, 방망이, 달구
저	咀	陰	水	8	陰	金	金	-	口	水	씹을, 저주할, 맛을 볼
저	姐	陰	土	8	陰	金	金	-	女	土	누이, 계집아이, 교만할
저	抵	陰	木	9	陽	水	金	-	手	木	거스를, 거절할, 막을
저	沮	陰	水	9	陽	水	金	-	水	水	막을, 저지할, 방해할, 그만둘
저	狙	陰	土	9	陽	水	金	-	犬	土	원숭이, 교활할, 속일, 엿볼
저	疽	陽	水	10	陰	水	金	-	疒	水	등창, 악성종기, 가려운 병
저	苧	陽	木	11	陽	木	金	-	艸	木	모시
저	紵	陰	木	11	陽	木	金	-	糸	木	모시풀, 모시 베
저	詛	陰	金	12	陰	木	金	-	言	金	저주할, 맹세할, 원망할, 욕할
저	貯	陰	金	12	陰	木	金	-	貝	金	쌓을, 저축할, 가게, 상점
저	邸	陰	土	12	陰	木	金	-	邑	土	집, 묵을, 다다를
저	楮	陰	木	13	陽	火	金	-	木	木	닥나무, 종이, 지폐, 돈
저	渚	陰	水	13	陽	火	金	-	水	水	물가, 삼각주, 모래섬
저	猪	陰	土	13	陽	火	金	-	犬	土	돼지, 멧돼지, 돼지새끼
저	雎	陰	火	13	陽	火	金	-	隹	火	물수리, 징경이
저	菹	中	木	14	陰	火	金	-	艸	木	채소절임, 젓갈, 고기젓
저	這	陽	土	14	陰	火	金	-	辵	土	이, 맞이할, 맞을
저	著	陽	木	15	陽	土	金	-	艸	木	분명할, 저술할, 나타낼
저	樗	陰	木	15	陽	土	金	-	木	木	가죽나무, 쓸모없는 물건
저	箸	中	木	15	陽	土	金	-	竹	木	젓가락, 대나무 통, 통
저	儲	陰	火	18	陰	金	金	-	人	火	쌓을, 태자, 세자, 버금
저	齟	陰	金	20	陰	水	金	-	齒	金	어긋날, 맞지 않을, 씹을
저	躇	陰	土	20	陰	水	金	-	足	土	머뭇거릴, 건너뛸, 밟을
저	藷	中	木	22	陰	木	金	-	艸	木	사탕수수, 참마, 감자, 산약
적	吊	陽	水	6	陰	土	金	木	口	水	조상할, 문안할, 안부 물을
적	赤	陽	火	7	陽	金	金	木	赤	火	붉을, 벌거숭이, 적나라

글자		글자		획수			음령오행		부수		글자의 의미
		음양	오행	획수	음양	오행	초성	종성	부수	오행	
적	的	陰	金	8	陰	金	金	木	白	金	과녁, 표준, 요점
적	狄	陰	土	8	陰	金	金	木	犬	土	오랑캐, 악공, 낮은 관리
적	炙	陽	火	8	陰	金	金	木	火	火	고기 구울, 구운 고기
적	笛	中	木	11	陽	木	金	木	竹	木	피리
적	寂	中	木	11	陽	木	金	木	宀	木	고요할, 평온할
적	迪	陽	土	12	陰	木	金	木	辵	土	나아갈, 이끌, 길, 도덕
적	賊	陰	金	13	陽	火	金	木	貝	金	도둑, 해칠, 죽일, 상하게 할
적	荻	中	木	13	陽	火	金	木	艸	木	물억새, 쑥, 갈잎피리, 갈대
적	迹	陽	土	13	陽	火	金	木	辵	土	자취, 공적, 흔적, 소문, 좇을
적	勣	陰	土	13	陽	火	金	木	力	土	공, 업적
적	跡	陰	土	13	陽	火	金	木	足	土	자취, 흔적, 뒤를 캘, 밟을
적	嫡	陰	土	14	陰	火	金	木	女	土	정실, 본처, 맏아들, 본처아이
적	翟	中	火	14	陰	火	金	木	羽	火	꿩, 꿩의 깃
적	敵	陰	金	15	陽	土	金	木	攴	金	원수, 상대방, 대등할, 맞설
적	摘	陰	木	15	陽	土	金	木	手	木	딸, 과일을 딸, 요점만 쓸
적	滴	陰	水	15	陽	土	金	木	水	水	물방울, 방울져 떨어질
적	積	陰	木	16	陰	土	金	木	禾	木	쌓을, 모을, 저축할, 포갤
적	績	陰	木	17	陽	金	金	木	糸	木	실을 낳을, 이을, 길쌈할
적	謫	陰	金	18	陰	金	金	木	言	金	귀양갈, 유배될, 벌할, 견책
적	適	陽	土	18	陰	金	金	木	辵	土	갈, 도달할, 시집 갈, 마땅할
적	蹟	陰	土	18	陰	金	金	木	足	土	자취, 따를, 좇을, 사적, 행적
적	鏑	陰	金	19	陽	水	金	木	金	金	살촉, 명전
적	籍	陰	木	20	陰	水	金	木	竹	木	서적, 책, 문서, 장부
전	田	陽	木	5	陽	土	金	火	田	木	밭, 경지구획, 심을
전	全	陽	木	6	陰	土	金	火	入	木	완전할, 모두, 흠이 없는
전	甸	陽	木	7	陽	金	金	火	田	木	경기, 교외
전	佃	陰	火	7	陽	金	金	火	人	火	밭을 갈, 사냥할, 소작인
전	典	陽	金	8	陰	金	金	火	八	金	법, 규정, 책, 서적, 가르침
전	佺	陰	火	8	陰	金	金	火	人	火	신선이름
전	前	中	金	9	陽	水	金	火	刀	金	앞, 전진할, 나아갈

글자		글자		획수			음령오행		부수		글자의 의미
		음양	오행	획수	음양	오행	초성	종성	부수	오행	
전	畑	陰	土	9	陽	水	金	火	田	木	화전
전	栓	陰	木	10	陰	水	金	火	木	木	나무못, 병마개, 빗장
전	展	陽	水	10	陰	水	金	火	尸	水	펼, 늘일, 발달할, 발전할
전	剪	中	金	11	陽	木	金	火	刀	金	자를, 가위, 화살
전	專	陽	土	11	陽	木	金	火	寸	土	오로지, 마음대로, 순수할
전	悛	陰	火	11	陽	木	金	火	心	火	고칠, 깨달을, 중지할, 개오할
전	荃	陽	木	12	陰	木	金	火	艸	木	겨자무침, 향풀, 통발
전	奠	陽	木	12	陰	木	金	火	大	木	제사지낼, 전, 정할, 정해질
전	筌	中	木	12	陰	木	金	火	竹	木	통발, 물고기 잡이용 도구
전	琠	陰	金	13	陽	火	金	火	玉	金	귀막이, 옥 이름
전	殿	陰	金	13	陽	火	金	火	殳	金	큰집, 궁궐, 절
전	鈿	陰	金	13	陽	火	金	火	金	金	비녀, 금장식, 나전세공
전	詮	陰	金	13	陽	火	金	火	言	金	설명할, 갖출, 법칙, 도리
전	電	陽	水	13	陽	火	金	火	雨	水	번개, 전기
전	塡	陰	土	13	陽	火	金	火	土	土	메울, 채울, 편안할, 북소리
전	傳	陰	火	13	陽	火	金	火	人	火	전할, 말할, 보낼
전	煎	中	火	13	陽	火	金	火	火	火	달일, 마음 졸일, 애태울
전	銓	陰	金	14	陰	火	金	火	金	金	저울질할, 저울, 대패
전	箋	中	木	14	陰	火	金	火	竹	木	찌지, 부전, 주해, 글
전	塼	陰	土	14	陰	火	金	火	土	土	벽돌, 땅이름, 둥글
전	廛	陽	木	15	陽	土	金	火	广	木	가게, 터, 집터, 밭
전	篆	中	木	15	陽	土	金	火	竹	木	전자, 도장
전	箭	中	木	15	陽	土	金	火	竹	木	화살, 화살대, 대나무 이름
전	錢	陰	金	16	陰	土	金	火	金	金	돈, 가래
전	戰	陰	金	16	陰	土	金	火	戈	金	싸울, 전쟁, 싸움, 두려워할
전	餞	陰	水	17	陽	金	金	火	食	水	전별할, 권할, 송별연
전	氈	陰	火	17	陽	金	金	火	毛	火	모전, 양탄자, 털 모직물
전	輾	陰	火	17	陽	金	金	火	車	火	구를, 반전할, 타작할
전	轉	陰	火	18	陰	金	金	火	車	火	구를, 회전할, 변할, 움직일
전	顚	陰	火	19	陽	水	金	火	頁	火	정수리, 이마, 꼭대기, 넘어질

글자		글자		획수			음령오행		부수		글자의 의미
		음양	오행	획수	음양	오행	초성	종성	부수	오행	
전	鐫	陰	金	21	陽	木	金	火	金	金	새길, 쫄, 끌, 구멍파는 연장
전	纏	陰	木	21	陽	木	金	火	糸	木	얽힐, 묶을, 줄 새끼
전	顫	陰	火	22	陰	木	金	火	頁	火	떨릴, 놀랄, 냄새를 잘 맡을
전	癲	中	水	24	陰	火	金	火	疒	水	미친, 지랄병
절	切	陰	金	4	陰	火	金	火	刀	金	끊을, 갈, 문지를, 바로잡을
절	折	陰	木	8	陰	金	金	火	手	木	꺾을, 자를, 쪼갤, 부러질
절	浙	陰	水	11	陽	木	金	火	水	水	강이름, 땅이름, 쌀을 일
절	晢	中	火	11	陽	木	金	火	日	火	밝을, 총명할, 별이 빛날
절	絶	陰	木	12	陰	木	金	火	糸	木	끊을, 막을, 없앨, 그만둘
절	截	陽	金	14	陰	火	金	火	戈	金	끊을, 다스릴, 정제할
절	節	陰	木	15	陽	土	金	火	竹	木	마디, 대, 뼈마디, 단락, 절개
절	癤	中	水	20	陰	水	金	火	疒	水	부스럼, 만성 종창
절	竊	中	水	22	陰	木	金	火	穴	水	훔칠, 도둑, 몰래
점	占	陽	火	5	陽	土	金	水	卜	火	차지할, 지킬, 점칠, 점
점	店	陽	木	8	陰	金	金	水	广	木	가게, 여관
점	岾	陰	土	8	陰	金	金	水	山	土	땅이름, 절, 절이름
점	点	陽	火	9	陽	水	金	水	火	火	점, 문자의 말소, 셀, 점검할
점	粘	陰	木	11	陽	木	金	水	米	木	끈끈할, 달라붙을, 끈기있는
점	漸	陰	水	15	陽	土	金	水	水	水	점점, 차차, 차츰 나아갈
점	鮎	陰	水	16	陰	土	金	水	魚	水	메기
점	霑	中	水	16	陰	土	金	水	雨	水	젖을, 적실, 두루 미칠, 잠길
점	點	陰	水	17	陽	金	金	水	黑	水	점, 문자의 말소, 셀, 점검할
접	接	陰	木	12	陰	木	金	水	手	木	사귈, 교제할, 교차할, 접할
접	摺	陰	木	15	陽	土	金	水	手	木	접을, 꺾을, 부러뜨릴, 주름
접	蝶	陰	水	15	陽	土	金	水	虫	水	나비
정	丁	陽	木	2	陰	木	金	土	一	木	넷째천간, 당할, 성할
정	井	陽	木	4	陰	火	金	土	二	木	우물, 정자형
정	正	陽	土	5	陽	土	金	土	止	土	바를, 바로잡을, 갖추어질
정	汀	陰	水	6	陰	土	金	土	水	水	물가, 모래섬, 뜻을 못이룰
정	玎	陰	金	7	陽	金	金	土	玉	金	옥소리

글자		글자		획수			음령오행		부수		글자의 의미
		음양	오행	획수	음양	오행	초성	종성	부수	오행	
정	廷	陽	木	7	陽	金	金	土	廴	木	조정, 관청, 공정할, 공변될
정	町	陰	木	7	陽	金	金	土	田	木	밭두둑, 밭의 경계, 경계
정	呈	陽	水	7	陽	金	金	土	口	水	드릴, 바칠, 나타날, 한도
정	姘	陰	土	7	陽	金	金	土	女	土	엄전할
정	政	陰	金	8	陰	金	金	土	攴	金	정사, 부정을 바로잡을, 법규
정	定	陽	木	8	陰	金	金	土	宀	木	정할, 정해질, 반드시
정	姃	陰	土	8	陰	金	金	土	女	土	단정할
정	征	陰	火	8	陰	金	金	土	彳	火	칠, 갈, 취할, 바르게 갈
정	貞	陽	金	9	陽	水	金	土	貝	金	곧을, 정할, 인정할, 절개
정	訂	陰	金	9	陽	水	金	土	言	金	바로잡을, 머무를, 평론할
정	酊	陰	金	9	陽	水	金	土	酉	金	술 취할
정	柾	陰	木	9	陽	水	金	土	木	木	나무가 바를
정	穽	陽	水	9	陽	水	金	土	穴	水	허방다리, 함정
정	亭	陽	火	9	陽	水	金	土	亠	火	정자, 역참, 여인숙, 머무를
정	炡	陰	火	9	陽	水	金	土	火	火	빛날, 불이 번쩍거릴
정	釘	陰	金	10	陰	水	金	土	金	金	못, 못을 박을, 금, 황금
정	庭	中	木	10	陰	水	金	土	广	木	뜰, 집안, 마당, 조정
정	挺	陰	木	11	陽	木	金	土	手	木	뺄, 뽑을, 이탈할, 특출할
정	桯	陰	木	11	陽	木	金	土	木	木	탁자, 기둥, 장대
정	涏	陰	水	11	陽	木	金	土	水	水	곧을, 반질반질할
정	旌	陰	土	11	陽	木	金	土	方	土	기, 천자 기, 절, 나타낼
정	埩	陰	土	11	陽	木	金	土	土	土	밭을 갈
정	頂	陰	火	11	陽	木	金	土	頁	火	정수리, 머리, 꼭대기
정	停	陰	火	11	陽	木	金	土	人	火	머무를, 정해질
정	偵	陰	火	11	陽	木	金	土	人	火	정탐할, 물을, 점칠, 염탐꾼
정	珽	陰	金	12	陰	木	金	土	玉	金	옥홀, 옥이름
정	珵	陰	金	12	陰	木	金	土	玉	金	옥이름, 스스로 발광할
정	幀	陰	木	12	陰	木	金	土	巾	木	그림족자, 그림틀, 수틀, 걷장
정	程	陰	木	12	陰	木	金	土	禾	木	길이 단위, 법, 법도, 헤아릴
정	淨	陰	水	12	陰	木	金	土	水	水	깨끗할, 맑을, 사념이 없을

글자		글자		획수			음령오행		부수		글자의 의미
		음양	오행	획수	음양	오행	초성	종성	부수	오행	
정	淀	陰	水	12	陰	木	金	土	水	水	얕은 물, 고인 물, 배를 댈
정	婷	陰	土	12	陰	木	金	土	女	土	예쁜, 아름다운
정	情	陰	火	12	陰	木	金	土	心	火	뜻, 정, 본성
정	晶	中	火	12	陰	木	金	土	日	火	밝을, 환할, 맑을, 투명할
정	晸	中	火	12	陰	木	金	土	日	火	해가 뜨는 모양, 해돋을
정	鉦	陰	金	13	陽	火	金	土	金	金	징
정	碇	陰	金	13	陽	火	金	土	石	金	닻, 닻을 내릴, 배를 멈출
정	睛	陰	木	13	陽	火	金	土	目	木	눈동자, 싫어하는 눈빛
정	楨	陰	木	13	陽	火	金	土	木	木	광나무, 기둥, 근본
정	綎	陰	木	13	陽	火	金	土	糸	木	띠 술, 패옥 끈, 인끈
정	靖	陰	木	13	陽	火	金	土	靑	木	편안할, 고요할, 다스릴, 꾀할
정	艇	陰	木	13	陽	火	金	土	舟	木	거룻배, 작은 배
정	渟	陰	水	13	陽	火	金	土	水	水	물이 괼, 물가, 정지할, 멈출
정	湞	陰	水	13	陽	火	金	土	水	水	물이름
정	鼎	中	火	13	陽	火	金	土	鼎	火	솥, 존귀할, 바야흐로
정	禎	陰	木	14	陰	火	金	土	示	木	상서, 복, 행복, 곧을, 바를
정	精	陰	木	14	陰	火	金	土	米	木	정미, 찧을, 자세할, 정기
정	鋌	陰	金	15	陽	土	金	土	金	金	쇳덩이, 판금, 화살촉
정	鋥	陰	金	15	陽	土	金	土	金	金	칼을 갈, 칼날을 세울
정	靚	陰	木	15	陽	土	金	土	靑	木	단장할, 정숙할, 고요할
정	霆	中	水	15	陽	土	金	土	雨	水	천둥소리, 번개, 떨, 펄럭일
정	錠	陰	金	16	陰	土	金	土	金	金	제기이름, 신선로, 은화, 촛대
정	諪	陰	金	16	陰	土	金	土	言	金	조정할
정	整	中	金	16	陰	土	金	土	攴	金	가지런할, 정돈할, 가지런해질
정	靜	陰	木	16	陰	土	金	土	靑	木	고요할, 맑을, 정밀할, 조용할
정	檉	陰	木	17	陽	金	金	土	木	木	위성류, 노송나무의 일종
정	鄭	陰	土	19	陽	水	金	土	邑	土	나라이름, 겹칠
정	瀞	陰	水	20	陰	水	金	土	水	水	맑을
제	弟	陽	火	7	陽	金	金	-	弓	火	아우, 나이어린 사람
제	制	陰	金	8	陰	金	金	-	刀	金	마를, 만들, 지을, 누를, 제도

글자		글자		획수			음령오행		부수		글자의 의미
		음양	오행	획수	음양	오행	초성	종성	부수	오행	
제	帝	陽	木	9	陽	水	金	-	巾	木	임금, 하느님, 오제의 약칭
제	梯	陰	木	11	陽	木	金	-	木	木	사다리, 층계, 실마리, 의지할
제	第	中	木	11	陽	木	金	-	竹	木	차례, 차례정할, 등급매길
제	祭	中	木	11	陽	木	金	-	示	木	제사, 제사지낼, 신과 접할
제	悌	陰	火	11	陽	木	金	-	心	火	공경할
제	啼	陰	水	12	陰	木	金	-	口	水	울, 울부짖을
제	媞	陰	土	12	陰	木	金	-	女	土	안존할, 아름다울, 예쁠, 고울
제	堤	陰	土	12	陰	木	金	-	土	土	둑, 제방, 둑을 쌓을
제	提	陰	木	13	陽	火	金	-	手	木	끌, 끌고갈, 휴대할, 들어올릴
제	瑅	陰	金	14	陰	火	金	-	玉	金	제당, 옥이름
제	製	中	木	14	陰	火	金	-	衣	木	지을, 기물을 만들, 약 지을
제	齊	中	土	14	陰	火	金	-	齊	土	가지런할, 같을, 갖출, 엄숙할
제	除	陰	土	15	陽	土	金	-	阜	土	섬돌, 길, 도로, 뜰, 제할
제	醍	陰	金	16	陰	土	金	-	酉	金	맑은 술, 불그레한 술
제	諸	陰	金	16	陰	土	金	-	言	金	모든, 여러, 은, 는, 이, 에게
제	劑	陰	金	16	陰	土	金	-	刀	金	벨, 조절할, 배합할, 약 지을
제	蹄	陰	土	16	陰	土	金	-	足	土	굽, 짐승의 발굽, 올무, 밟을
제	濟	陰	水	18	陰	金	金	-	水	水	건널, 건질, 구제할, 나루
제	題	中	火	18	陰	金	金	-	頁	火	표제, 문제, 맨 앞머리, 이마
제	際	陰	土	19	陽	水	金	-	阜	土	사이, 중간, 교제, 시기, 즈음
제	薺	中	木	20	陰	水	金	-	艸	木	냉이, 납가새, 겨잣과 풀
제	臍	陰	水	20	陰	水	金	-	肉	水	배꼽, 과일의 오목한 곳
제	霽	中	水	22	陰	木	金	-	雨	水	갤, 비가 그칠, 마음 개운해질
조	爪	陽	金	4	陰	火	金	-	爪	金	손톱, 깍지, 메뚜기
조	弔	陽	土	4	陰	火	金	-	弓	火	조상할, 문안할, 안부 물을
조	兆	陰	木	6	陰	土	金	-	儿	木	조짐, 점괘, 점칠
조	早	陽	火	6	陰	土	金	-	日	火	새벽, 이른 아침, 이를, 일찍
조	助	陰	土	7	陽	金	金	-	力	土	도울, 도움, 구조, 구원
조	俎	陰	火	9	陽	水	金	-	人	火	도마, 적대, 높은 대
조	祖	陰	木	10	陰	水	金	-	示	木	조상, 사당, 할아비

글자		글자		획수			음령오행		부수		글자의 의미
		음양	오행	획수	음양	오행	초성	종성	부수	오행	
조	祚	陰	木	10	陰	水	金	-	示	木	복, 행복, 복 내릴, 천자자리
조	租	陰	木	10	陰	水	金	-	禾	木	구실, 세금, 쌓을, 세들, 세낼
조	蚤	陽	水	10	陰	水	金	-	虫	水	벼룩, 손톱, 일찍, 일찍이
조	凋	陰	水	10	陰	水	金	-	冫	水	시들, 슬퍼할, 새길
조	曺	陽	火	10	陰	水	金	-	曰	火	성(姓)
조	晁	中	火	10	陰	水	金	-	日	火	아침, 처음, 뵈올, 조회할
조	釣	陰	金	11	陽	木	金	-	金	金	낚시, 낚을, 꾈, 낚시질 할
조	組	陰	木	11	陽	木	金	-	糸	木	끈, 끈목, 짤, 꿰맬, 조직할
조	粗	陰	木	11	陽	木	金	-	米	木	거친, 세밀하지 못한
조	眺	陰	木	11	陽	木	金	-	目	木	바라볼, 살필, 주의하여 볼
조	條	陰	木	11	陽	木	金	-	木	木	가지, 나뭇가지, 유자나무
조	窕	中	水	11	陽	木	金	-	穴	水	정숙할, 고요할, 그윽할
조	鳥	陽	火	11	陽	木	金	-	鳥	火	새, 봉황, 별이름
조	曹	陽	火	11	陽	木	金	-	曰	火	마을, 관아, 관리, 무리, 군중
조	彫	陰	火	11	陽	木	金	-	彡	火	새길, 꾸밀, 아로새길
조	詔	陰	金	12	陰	木	金	-	言	金	고할, 알릴, 신에 고할, 조서
조	棗	陽	木	12	陰	木	金	-	木	木	대추나무, 대추, 대추빛깔
조	措	陰	木	12	陰	木	金	-	手	木	둘, 그만둘, 섞을, 섞일, 놓을
조	朝	陰	水	12	陰	木	金	-	月	水	아침, 처음, 뵈올, 알현할
조	稠	陰	木	13	陽	火	金	-	禾	木	빽빽할, 풍족하게 익을, 고를
조	阻	陰	土	13	陽	火	金	-	阜	土	험할, 사이가 멀, 걱정할
조	照	中	火	13	陽	火	金	-	火	火	비출, 비칠, 햇빛
조	造	陽	土	14	陰	火	金	-	辵	土	지을, 만들, 꾸밀, 조작할
조	趙	陽	火	14	陰	火	金	-	走	火	나라이름, 넘을, 뛰어넘을
조	肇	中	火	14	陰	火	金	-	聿	火	칠, 공격할, 비롯될, 시작할
조	調	陰	金	15	陽	土	金	-	言	金	고를, 조절할, 어울릴, 화합할
조	槽	陰	木	15	陽	土	金	-	木	木	구유, 주조, 나무통, 가축그릇
조	漕	陰	水	15	陽	土	金	-	水	水	배로 실어 나를, 수레, 홈통
조	嘲	陰	水	15	陽	土	金	-	口	水	비웃을, 조롱할, 지저귈
조	潮	陰	水	16	陰	土	金	-	水	水	조수, 흘러들어갈, 밀려들

글자		글자		획수			음령오행		부수		글자의 의미
		음양	오행	획수	음양	오행	초성	종성	부수	오행	
조	雕	陰	火	16	陰	土	金	-	隹	火	독수리, 새길, 시들
조	操	陰	木	17	陽	金	金	-	手	木	잡을, 쥘, 조종할, 부릴
조	糟	陰	木	17	陽	金	金	-	米	木	전국, 지게미, 성(姓)
조	燥	陰	火	17	陽	金	金	-	火	火	마를, 말릴, 말린 것
조	璪	陰	金	18	陰	金	金	-	玉	金	면류관 드림 옥, 옥의 무늬
조	遭	陽	土	18	陰	金	金	-	辵	土	만날, 상봉할, 일을 당할
조	繰	陰	木	19	陽	水	金	-	糸	木	야청 통견, 야청빛, 고치 켤
조	躁	陰	土	20	陰	水	金	-	足	土	성급할, 조급할, 시끄러울
조	藻	中	木	22	陰	木	金	-	艸	木	말, 무늬 있는 말, 바닷말
족	足	陽	土	7	陽	金	金	木	足	土	발, 뿌리, 근본, 그칠, 머무를
족	族	陰	土	11	陽	木	金	木	方	土	겨레, 가계, 무리
족	簇	陰	木	17	陽	金	金	木	竹	木	조릿대, 화살촉, 모일
족	鏃	陰	金	19	陽	水	金	木	金	金	살촉, 화살촉, 날카로울
존	存	陽	水	6	陰	土	金	火	子	水	있을, 안부 물을, 가엾게 여길
존	尊	陽	土	12	陰	木	金	火	寸	土	높을, 지위가 높을, 우러러볼
졸	卒	中	金	8	陰	金	金	火	十	水	군사, 하인, 심부름꾼, 집단
졸	拙	陰	木	9	陽	水	金	火	手	木	서투를, 운이 나쁠, 옹졸할
졸	猝	陰	土	12	陰	木	金	火	犬	土	갑자기, 빠를, 빨리
종	宗	陽	木	8	陰	金	金	土	宀	木	마루, 일의 근원, 근본, 사당
종	柊	陰	木	9	陽	水	金	土	木	木	나무이름, 메
종	倧	陰	火	10	陰	水	金	土	人	火	상고신인, 신인
종	終	陰	木	11	陽	木	金	土	糸	木	끝날, 완료될, 그칠, 다될
종	從	陰	火	11	陽	木	金	土	彳	火	좇을, 순직할, 나아갈
종	棕	陰	木	12	陰	木	金	土	木	木	종려나무
종	淙	陰	水	12	陰	木	金	土	水	水	물소리, 물을 댈
종	悰	陰	火	12	陰	木	金	土	心	火	즐길, 즐거울, 생각, 마음
종	琮	陰	金	13	陽	火	金	土	玉	金	옥홀, 서옥이름
종	椶	陰	木	13	陽	火	金	土	木	木	종려나무
종	綜	陰	木	14	陰	火	金	土	糸	木	잉아, 모을
종	種	陰	木	14	陰	火	金	土	禾	木	씨, 근본, 혈통, 핏줄, 종류

글자		글자		획수			음령오행		부수		글자의 의미
		음양	오행	획수	음양	오행	초성	종성	부수	오행	
종	腫	陰	水	15	陽	土	金	土	肉	水	부스럼, 부증, 혹
종	踪	陰	土	15	陽	土	金	土	足	土	자취, 발자취
종	慫	中	火	15	陽	土	金	土	心	火	권할, 놀랄, 놀라 두려워할
종	瑽	陰	金	16	陰	土	金	土	玉	金	패옥소리
종	踵	陰	土	16	陰	土	金	土	足	土	발꿈치, 쫓을, 이을, 계승할
종	鍾	陰	金	17	陽	金	金	土	金	金	종, 쇠북, 시계
종	縱	陰	木	17	陽	金	金	土	糸	木	늘어질, 용서할, 활 쏠, 세로
종	鐘	陰	金	20	陰	水	金	土	金	金	종, 쇠북
좌	左	陽	火	5	陽	土	金	土	工	火	왼, 왼쪽으로 할, 어긋날
좌	坐	中	土	7	陽	金	金	土	土	土	앉을, 앉아서, 무릎 꿇을
좌	佐	陰	火	7	陽	金	金	土	人	火	도울, 권할, 도움
좌	座	中	木	10	陰	水	金	土	广	木	자리, 좌, 부처, 별자리, 집
좌	挫	陰	木	11	陽	木	金	土	手	木	꺾을, 창피 줄, 결박할, 묶을
죄	罪	中	木	14	陰	火	金	土	网	木	허물, 죄, 형벌, 재앙, 죄 줄
주	主	陽	木	5	陽	土	金	土	丶	木	주인, 임금, 공경대부
주	朱	陽	木	6	陰	土	金	-	木	木	붉은, 붉은빛, 적토
주	舟	陽	木	6	陰	土	金	-	舟	木	배, 쟁반, 예기
주	州	陰	水	6	陰	土	金	-	巛	水	고을, 마을, 동네, 섬, 모래톱
주	走	陽	火	7	陽	金	金	-	走	火	달릴, 빨리 갈, 달아날, 갈
주	住	陰	火	7	陽	金	金	-	人	火	살, 거처, 머무를
주	宙	陽	木	8	陰	金	金	-	宀	木	집, 하늘, 동량
주	周	陽	水	8	陰	金	金	-	口	水	두루, 골고루, 고루 미칠
주	呪	陰	水	8	陰	金	金	-	口	水	빌, 원하는것 빌, 저주할
주	姝	陰	土	8	陰	金	金	-	女	土	사람이름, 예쁜
주	侏	陰	火	8	陰	金	金	-	人	火	난쟁이, 광대, 동자기둥
주	奏	陽	木	9	陽	水	金	-	大	木	아뢸, 상소, 모일
주	柱	陰	木	9	陽	水	金	-	木	木	기둥, 줄기, 가야금, 거문고
주	拄	陰	木	9	陽	水	金	-	手	木	떠받칠, 거절할, 손가락질할
주	紂	陰	木	9	陽	水	金	-	糸	木	껑거리끈, 밀치끈
주	胄	陽	水	9	陽	水	金	-	冂	土	맏아들, 핏줄, 혈통

글자		글자		획수			음령오행		부수		글자의 의미
		음양	오행	획수	음양	오행	초성	종성	부수	오행	
주	注	陰	水	9	陽	水	金	-	水	水	물댈, 부을, 쏟을, 물 흐를
주	姝	陰	土	9	陽	水	金	-	女	土	예쁜, 연약한, 꾸밀
주	炷	陰	火	9	陽	水	金	-	火	火	심지, 불사를, 향을 피울
주	酎	陰	金	10	陰	水	金	-	酉	金	진한 술, 술을 빚을
주	酒	陰	金	10	陰	水	金	-	酉	金	술, 현주, 잔치, 주연
주	株	陰	木	10	陰	水	金	-	木	木	그루, 나무, 밑동, 뿌리
주	洲	陰	水	10	陰	水	金	-	水	水	섬, 대륙
주	珠	陰	金	11	陽	木	金	-	玉	金	구슬, 진주, 둥근 알
주	紬	陰	木	11	陽	木	金	-	糸	木	명주, 굵은 명주, 실을 뽑을
주	晝	陽	火	11	陽	木	金	-	日	火	낮
주	做	陰	火	11	陽	木	金	-	人	火	지을, 만들
주	註	陰	金	12	陰	木	金	-	言	金	주낼, 뜻을 밝힐, 주, 주해
주	蛛	陰	水	12	陰	木	金	-	虫	水	거미
주	晭	陰	火	12	陰	木	金	-	日	火	햇빛
주	鉒	陰	金	13	陽	火	金	-	金	金	쇳돌, 가공안한 광석, 놓아둘
주	誅	陰	金	13	陽	火	金	-	言	金	벨, 죄인을 죽일, 적을 토벌할
주	湊	陰	水	13	陽	火	金	-	水	水	모일, 물이 모일, 항구
주	綢	陰	木	14	陰	火	金	-	糸	木	얽힐, 명주
주	嗾	陰	水	14	陰	火	金	-	口	水	부추길
주	廚	中	木	15	陽	土	金	-	广	木	부엌, 요리인, 상자
주	週	陽	土	15	陽	土	金	-	辵	土	돌, 회전할, 일요일
주	駐	陰	火	15	陽	土	金	-	馬	火	머무를, 체류할
주	澍	陰	水	16	陰	土	金	-	水	水	단비, 젖을, 흘러들어갈
주	遒	陽	土	16	陰	土	金	-	辵	土	다가설, 접근할, 셀, 씩씩할
주	輳	陰	火	16	陰	土	金	-	車	火	모일, 모여들
주	燽	陰	火	18	陰	金	金	-	火	火	밝을, 드러날
주	疇	陰	木	19	陽	水	金	-	田	木	밭두둑, 밭, 경계
주	籌	中	木	20	陰	水	金	-	竹	木	투호살, 산가지, 셀, 헤아릴
주	躊	陰	土	21	陽	木	金	-	足	土	머뭇거릴, 주저할
주	鑄	陰	金	22	陰	木	金	-	金	金	부어서 만들, 인재를 양성할

글자		글자		획수			음령오행		부수		글자의 의미
		음양	오행	획수	음양	오행	초성	종성	부수	오행	
죽	竹	陰	木	6	陰	土	金	木	竹	木	대, 대나무, 피리, 죽간
죽	粥	陰	木	12	陰	木	金	木	米	木	죽, 사물의 모양, 성(姓)
준	俊	陰	火	9	陽	水	金	火	人	火	준걸, 뛰어날, 클
준	准	陰	水	10	陰	水	金	火	冫	水	승인할, 견줄, 비길, 의거할
준	埈	陰	土	10	陰	水	金	火	土	土	가파를, 높이 솟을, 험할
준	峻	陰	土	10	陰	水	金	火	山	土	높을, 엄할, 길
준	隼	陽	火	10	陰	水	金	火	隹	火	새매, 맹금의 총칭
준	浚	陰	水	11	陽	木	金	火	水	水	깊을, 빼앗을, 약탈할
준	埻	陰	土	11	陽	木	金	火	土	土	과녁, 살받이터
준	晙	陰	火	11	陽	木	金	火	日	火	밝을, 이를
준	焌	陰	火	11	陽	木	金	火	火	火	태울, 점치기 귀갑 구울
준	竣	陰	金	12	陰	木	金	火	立	金	마칠, 끝날, 멈출, 웅크릴
준	畯	陰	土	12	陰	木	金	火	田	木	농부, 권농관, 농사의 신
준	雋	陽	火	13	陽	火	金	火	隹	火	영특할
준	準	中	水	14	陰	火	金	火	水	水	수준기, 법, 법도, 평평할
준	逡	陽	土	14	陰	火	金	火	辵	土	뒷걸음질 칠, 달의 운행
준	僔	陰	火	14	陰	火	金	火	人	火	모일, 많을, 웅크릴
준	葰	中	木	15	陽	土	金	火	艸	木	클, 성(姓)
준	儁	陰	火	15	陽	土	金	火	人	火	준걸, 뛰어날, 뛰어난 사람
준	寯	陽	木	16	陰	土	金	火	宀	木	준걸
준	樽	陰	木	16	陰	土	金	火	木	木	술통, 술단지, 그칠, 그만둘
준	駿	陰	火	17	陽	金	金	火	馬	火	준마, 뛰어난 사람, 걸출한
준	濬	陰	水	18	陰	金	金	火	水	水	칠, 심오할, 깊을
준	遵	陽	土	19	陽	水	金	火	辵	土	좇을, 순종할, 복종할, 거느릴
준	蠢	中	水	21	陽	木	金	火	虫	水	꿈틀거릴, 어리석을, 움직일
줄	茁	陽	木	11	陽	木	金	火	艸	木	풀싹, 싹이 틀
중	中	陽	木	4	陰	火	金	土	丨	木	가운데, 마음, 치우치지 않을
중	仲	陰	火	6	陰	土	金	土	人	火	버금, 가운데
중	重	陽	土	9	陽	水	金	土	里	土	무거울, 무겁게 할, 무게
중	衆	陽	水	12	陰	木	金	土	血	水	무리, 많은 사람, 많은 물건

글자		글자		획수			음령오행		부수		글자의 의미
		음양	오행	획수	음양	오행	초성	종성	부수	오행	
즉	卽	陰	水	9	陽	水	金	木	卩	水	곧, 가까울, 나아갈
즐	櫛	陰	木	19	陽	水	金	火	木	木	빗, 빗을, 긁을, 빗질할
즙	汁	陰	水	6	陰	土	金	水	水	水	즙, 진눈깨비
즙	楫	陰	木	13	陽	火	金	水	木	木	노, 배 젓는 기구, 모을
즙	葺	陽	木	15	陽	土	金	水	艸	木	기울
증	拯	陰	木	10	陰	水	金	土	手	木	건질, 구조할, 도울, 들어올릴
증	症	陽	水	10	陰	水	金	土	疒	水	증세, 병 증세
증	烝	中	火	10	陰	水	金	土	火	火	김 오를, 찔, 올릴, 임금
증	曾	陽	火	12	陰	木	金	土	曰	火	일찍, 곧, 거듭할, 이에
증	增	陰	土	15	陽	土	金	土	土	土	불을, 늘, 더할, 늘릴, 거듭할
증	蒸	中	木	16	陰	土	金	土	艸	木	찔, 더울, 무더울
증	憎	陰	火	16	陰	土	金	土	心	火	미워할, 증오할, 미움
증	甑	陰	土	17	陽	金	金	土	瓦	土	시루
증	繒	陰	木	18	陰	金	金	土	糸	木	비단, 명주, 견직물의 총칭
증	證	陰	金	19	陽	水	金	土	言	金	증거, 증명할, 알릴, 고할
증	贈	陰	金	19	陽	水	金	土	貝	金	보낼, 선물할, 일러 보낼, 줄
지	之	陽	金	4	陰	火	金	-	丿	金	갈, 이, ~의
지	支	陽	土	4	陰	火	金	-	支	土	가를, 지탱할, 가지
지	止	中	土	4	陰	火	金	-	止	土	발, 그칠, 멈출, 멎을, 머무를
지	只	中	水	5	陽	土	金	-	口	水	다만, 뿐
지	至	陽	土	6	陰	土	金	-	至	土	이를, 도래할, 닿을, 지극할
지	地	陰	土	6	陰	土	金	-	土	土	땅, 토지의 신, 처지
지	旨	陽	火	6	陰	土	金	-	日	火	맛있을, 아름다울, 맛있는 것
지	厎	陽	水	7	陽	金	金	-	厂	水	숫돌, 갈, 이를, 다다를
지	池	陰	水	7	陽	金	金	-	水	水	못, 물 모아둔 곳, 해자
지	址	陰	土	7	陽	金	金	-	土	土	터
지	志	陽	火	7	陽	金	金	-	心	火	뜻, 의향, 마음, 본심, 사심
지	知	陰	金	8	陰	金	金	-	矢	金	알, 깨달을, 느낄, 분별할
지	枝	陰	木	8	陰	金	金	-	木	木	가지, 초목의 가지, 가지를 칠
지	沚	陰	水	8	陰	金	金	-	水	水	물가

글자		글자		획수			음령오행		부수		글자의 의미
		음양	오행	획수	음양	오행	초성	종성	부수	오행	
지	祉	陰	木	9	陽	水	金	-	示	木	복, 하늘에서 주는 복
지	枳	陰	木	9	陽	水	金	-	木	木	탱자나무, 호깨나무, 해칠
지	咫	陽	水	9	陽	水	金	-	口	水	길이, 적은 분량
지	泜	陰	水	9	陽	水	金	-	水	水	강이름, 가지런한
지	祇	陰	金	10	陰	水	金	-	示	木	공경할, 존경할, 마침, 이
지	砥	陰	金	10	陰	水	金	-	石	金	숫돌, 갈, 평평할
지	芝	陽	木	10	陰	水	金	-	艸	木	지초, 버섯이름, 신초이름
지	芷	陽	木	10	陰	水	金	-	艸	木	구리때, 향풀, 지초
지	持	陰	木	10	陰	水	金	-	手	木	가질, 보전할, 보존할, 유지할
지	紙	陰	木	10	陰	水	金	-	糸	木	종이, 장
지	指	陰	木	10	陰	水	金	-	手	木	손가락, 발가락, 가리킬
지	肢	陰	水	10	陰	水	金	-	肉	水	사지, 팔다리, 찌뿌드드할
지	洔	陰	水	10	陰	水	金	-	水	水	섬, 조그만 섬
지	趾	陰	土	11	陽	木	金	-	足	土	발, 발가락, 발자국
지	脂	陰	水	12	陰	木	金	-	肉	水	기름, 비게, 기름을 칠
지	智	中	火	12	陰	木	金	-	日	火	슬기, 지혜, 꾀, 슬기로울
지	誌	陰	金	14	陰	火	金	-	言	金	기록할, 적어둘, 기억할, 윌
지	蜘	陰	水	14	陰	火	金	-	虫	水	거미
지	摯	中	木	15	陽	土	金	-	手	木	잡을, 손으로쥘, 이를, 도타울
지	漬	陰	水	15	陽	土	金	-	水	水	담글, 적실, 물들일, 스밀
지	贄	中	金	18	陰	金	金	-	貝	金	폐백, 예물, 움직이지 않을
지	識	陰	金	19	陽	水	金	-	言	金	표할, 자세히 할
지	遲	陽	土	19	陽	水	金	-	辵	土	늦을, 더딜, 게을리 할
직	直	陽	木	8	陰	金	金	木	目	木	곧을, 바른 도, 고칠, 펼
직	稙	陰	木	13	陽	火	金	木	禾	木	일찍 심은 벼, 올벼, 이를
직	稷	陰	木	15	陽	土	金	木	禾	木	기장, 오곡의 신, 농관
직	織	陰	木	18	陰	金	金	木	糸	木	짤, 베를 짤, 조직할
직	職	陰	火	18	陰	金	金	木	耳	火	벼슬, 관직, 다스릴, 직분
진	辰	陽	土	7	陽	金	金	火	辰	土	지지, 다섯번째 지지, 별이름
진	枃	陰	木	8	陰	金	金	火	木	木	바디, 사침대

글자		글자		획수			음령오행		부수		글자의 의미
		음양	오행	획수	음양	오행	초성	종성	부수	오행	
진	抮	陰	木	9	陽	水	金	火	手	木	되돌릴, 되돌아올, 고착할
진	殄	陰	水	9	陽	水	金	火	歹	水	다할, 모조리, 끊어질, 죽을
진	珍	陰	金	10	陰	水	金	火	玉	金	보배, 진귀한, 맛좋은 음식
진	眞	陽	木	10	陰	水	金	火	木	木	참, 생긴 그대로, 변하지 않을
진	秦	陽	木	10	陰	水	金	火	禾	木	벼이름, 나라이름, 왕조이름
진	眕	陰	木	10	陰	水	金	火	目	木	진중할, 참고 견딜, 고할
진	疹	陽	水	10	陰	水	金	火	疒	水	홍역, 두창, 앓을
진	唇	陽	水	10	陰	水	金	火	口	水	놀랄, 놀라는 소리
진	津	陰	水	10	陰	水	金	火	水	水	나루, 나루터, 언덕
진	畛	陰	土	10	陰	水	金	火	田	木	두렁길, 논두렁, 두렁, 경계
진	晋	陽	火	10	陰	水	金	火	日	火	나아갈, 억누를, 꽂을, 삼갈
진	晉	中	火	10	陰	水	金	火	日	火	나아갈, 억누를, 억제할, 꽂을
진	振	陰	木	11	陽	木	金	火	手	木	떨칠, 떨쳐 일어날, 떨
진	袗	陰	木	11	陽	木	金	火	衣	木	홑옷, 여름홑옷, 아름다운 옷
진	桭	陰	木	11	陽	木	金	火	木	木	평고대, 대청
진	診	陰	金	12	陰	木	金	火	言	金	볼, 맥을 볼, 엿볼, 진찰할
진	軫	陰	火	12	陰	木	金	火	車	火	수레 뒤턱나무, 수레
진	鉁	陰	金	13	陽	火	金	火	金	金	보배, 진귀한, 맛좋은 음식
진	嗔	陰	水	13	陽	火	金	火	口	水	성낼
진	盡	陽	金	14	陰	火	金	火	皿	金	다할, 빈, 줄, 없어질, 끝날
진	賑	陰	金	14	陰	火	金	火	貝	金	구휼할, 재화가 넉넉할
진	搢	陰	木	14	陰	火	金	火	手	木	꽂을, 끼워 넣을, 흔들, 떨칠
진	榛	陰	木	14	陰	火	金	火	木	木	개암나무, 덤불, 우거질
진	溱	陰	水	14	陰	火	金	火	水	水	많을, 많은 모양, 성할, 이를
진	塵	中	土	14	陰	火	金	火	土	土	티끌, 흙먼지, 속세
진	瑱	陰	金	15	陽	土	金	火	玉	金	귀막이 옥, 옥이름
진	瑨	陰	金	15	陽	土	金	火	玉	金	아름다운 돌
진	禛	陰	木	15	陽	土	金	火	示	木	복을 받을
진	瞋	陰	木	15	陽	土	金	火	目	木	눈을 부릅뜰, 성낼
진	震	陽	水	15	陽	土	金	火	雨	水	벼락, 천둥, 진동할, 놀랄

글자		글자		획수			음령오행		부수		글자의 의미
		음양	오행	획수	음양	오행	초성	종성	부수	오행	
진	進	陽	土	15	陽	土	金	火	辶	土	나아갈, 벼슬할, 힘쓸, 전진할
진	陣	陰	土	15	陽	土	金	火	阜	土	줄, 열, 진영, 둔영, 진 칠
진	蓁	陽	木	16	陰	土	金	火	艸	木	우거질, 잎 우거질, 많을
진	縉	陰	木	16	陰	土	金	火	糸	木	꽂을, 붉은 비단, 분홍빛
진	縝	陰	木	16	陰	土	金	火	糸	木	삼실, 촘촘한, 고울
진	臻	陰	土	16	陰	土	金	火	至	土	이를, 미칠, 모일
진	陳	陰	土	16	陰	土	金	火	阜	土	늘어놓을, 늘어설, 펼, 베풀
진	璡	陰	金	17	陽	金	金	火	玉	金	옥돌
진	蔯	中	木	17	陽	金	金	火	艸	木	더워지기, 사철쑥, 더워질
진	鎭	陰	金	18	陰	金	金	火	金	金	진압할, 누를, 눌러두는 물건
질	叱	陰	水	5	陽	土	金	火	口	水	꾸짖을, 욕할, 성낼
질	帙	陰	木	8	陰	金	金	火	巾	木	책갑, 책가위, 책
질	侄	陰	火	8	陰	金	金	火	人	火	어리석을, 굳을, 한곳 머무를
질	姪	陰	土	9	陽	水	金	火	女	土	조카, 조카딸, 늙은이
질	桎	陰	木	10	陰	水	金	火	木	木	차꼬, 족쇄, 자유를 속박할
질	秩	陰	木	10	陰	水	金	火	禾	木	차례, 쌓을, 녹, 녹봉
질	疾	陽	水	10	陰	水	金	火	疒	水	병, 괴로움, 버릇, 하자, 해독
질	窒	陽	水	11	陽	木	金	火	穴	水	막을, 막힐, 가득 찰, 찰
질	蛭	陰	水	12	陰	木	金	火	虫	水	거머리, 개밋둑
질	迭	陽	土	12	陰	木	金	火	辶	土	갈마들, 지나칠, 달아날
질	跌	陰	土	12	陰	木	金	火	足	土	넘어질, 비틀거릴, 도 지나칠
질	嫉	陰	土	13	陽	火	金	火	女	土	미워할, 투기할, 질투할
질	質	中	金	15	陽	土	金	火	貝	金	바탕, 본연성질, 진실, 순진한
질	膣	陰	水	17	陽	金	金	火	肉	水	새살 돋을, 음문, 여자 생식기
질	瓆	陰	金	20	陰	水	金	火	玉	金	사람이름
짐	朕	陰	水	10	陰	水	金	水	月	水	나, 천자의 자칭, 자칭
짐	斟	陰	火	13	陽	火	金	水	斗	火	술 따를, 술잔을 주고받을
집	什	陰	火	4	陰	火	金	水	人	火	세간, 시가, 시편
집	執	陰	土	11	陽	木	金	水	土	土	잡을, 지킬, 가질
집	集	陽	火	12	陰	木	金	水	隹	火	모일, 만날, 모을, 도착할

글자		글자		획수			음령오행		부수		글자의 의미
		음양	오행	획수	음양	오행	초성	종성	부수	오행	
집	緝	陰	木	15	陽	土	金	水	糸	木	낳을, 길쌈할, 이을, 모을
집	潗	陰	水	16	陰	土	金	水	水	水	샘솟을, 물이 끓는
집	輯	陰	火	16	陰	土	金	水	車	火	모을, 모일, 화목할
집	鏶	陰	金	20	陰	水	金	水	金	金	판금, 금속판
징	徵	陰	火	15	陽	土	金	土	彳	火	부를, 불러들일, 구할, 요구할
징	澄	陰	水	16	陰	土	金	土	水	水	맑을, 맑게 할
징	懲	中	火	19	陽	水	金	土	心	火	혼날, 혼내줄, 벌줄, 응징할
차	叉	陽	水	3	陽	火	金	-	又	水	깍지 낄, 엇갈릴, 가닥, 갈래
차	且	陽	木	5	陽	土	金	-	一	木	또, 잠깐, 장차
차	此	陰	土	6	陰	土	金	-	止	土	이, 이곳, 이것, 이에, 그래서
차	次	陰	火	6	陰	土	金	-	欠	火	버금, 다음, 둘째, 뒤를 이을
차	車	陽	火	7	陽	金	金	-	車	火	수레, 수레바퀴, 도르래
차	侘	陰	火	8	陰	金	金	-	人	火	실의할, 뽐낼, 재빠를
차	姹	陰	土	9	陽	水	金	-	女	土	자랑할, 소녀, 아가씨
차	差	陽	火	10	陰	水	金	-	工	火	어긋날, 실수, 상이한, 틀림
차	借	陰	火	10	陰	水	金	-	人	火	빌, 빌릴, 도울, 가령
차	硨	陰	金	12	陰	木	金	-	石	金	조개이름
차	茶	陽	木	12	陰	木	金	-	艸	木	차, 씀바귀, 방가지똥
차	嗟	陰	水	13	陽	火	金	-	口	水	탄식할, 감탄할
차	嵯	陰	土	13	陽	火	金	-	山	土	우뚝 솟을
차	箚	陰	木	14	陰	火	金	-	竹	木	차자, 상소문, 공문서, 찌를
차	磋	陰	金	15	陽	土	金	-	石	金	갈
차	瑳	陰	金	15	陽	土	金	-	玉	金	깨끗할, 귀엽게 웃을
차	蹉	陰	土	17	陽	金	金	-	足	土	넘어질, 실패할, 때를 놓칠
차	遮	陽	土	18	陰	金	金	-	辵	土	막을, 가로지를, 덮을, 침범할
차	奲	陰	木	24	陰	火	金	-	大	木	관대할, 풍부할
착	窄	陽	水	10	陰	水	金	木	穴	水	좁을, 닥칠
착	捉	陰	木	11	陽	木	金	木	手	木	잡을
착	着	陽	土	12	陰	木	金	木	羊	土	붙을, 입을, 옷을 입을
착	搾	陰	木	14	陰	火	金	木	手	木	짤, 짜낼

글자		글자		획수			음령오행		부수		글자의 의미
		음양	오행	획수	음양	오행	초성	종성	부수	오행	
착	錯	陰	金	16	陰	土	金	木	金	金	섞일, 어지러워질, 등질
착	齪	陰	金	22	陰	木	金	木	齒	金	악착할, 촉박한, 도량이 좁은
착	鑿	中	金	28	陰	金	金	木	金	金	뚫을, 끊을, 열, 끝까지 캘
찬	粲	中	木	13	陽	火	金	火	米	木	정미, 선명한, 깨끗한, 밝은
찬	撰	陰	木	16	陰	土	金	火	手	木	지을, 시문 지을, 가질, 갖출
찬	篡	中	木	16	陰	土	金	火	竹	木	빼앗을
찬	餐	中	水	16	陰	土	金	火	食	水	먹을, 음식물, 곁두리
찬	澯	陰	水	17	陽	金	金	火	水	水	맑을, 물이 출렁거릴
찬	儧	陰	火	17	陽	金	金	火	人	火	모일, 도모할, 일을 꾸밀
찬	燦	陰	火	17	陽	金	金	火	火	火	빛날, 번쩍번쩍할
찬	璨	陰	金	18	陰	金	金	火	玉	金	빛날, 옥의 빛, 아름다운 옥
찬	竄	中	水	18	陰	金	金	火	穴	水	숨을, 숨길, 달아날
찬	贊	中	金	19	陽	水	金	火	貝	金	도울, 뵐, 이끌, 인도할
찬	纂	中	木	20	陰	水	金	火	糸	木	모을, 무늬, 채색, 붉은 끈
찬	饌	陰	水	21	陽	木	金	火	食	水	반찬, 음식, 음식을 차려낼
찬	巑	陰	土	22	陰	木	金	火	山	土	높이 솟을
찬	攢	陰	木	23	陽	火	金	火	手	木	모일, 모을, 토롱, 뚫을
찬	瓚	陰	金	24	陰	火	金	火	玉	金	제기, 술그릇, 옥잔, 옥그릇
찬	纘	陰	木	25	陽	土	金	火	糸	木	이을
찬	讚	陰	金	26	陰	土	金	火	言	金	기릴, 칭찬할, 밝힐, 기록할
찬	鑽	陰	金	27	陽	金	金	火	金	金	끌, 뚫을, 자를, 구멍 낼
찰	札	陰	木	5	陽	土	金	火	木	木	패, 나무, 공문서, 종이, 편지
찰	刹	陰	金	8	陰	金	金	火	刀	金	절, 짧은 시간, 사원, 탑
찰	紮	中	木	11	陽	木	金	火	糸	木	감을, 묶을, 머무를, 주둔할
찰	察	中	木	14	陰	火	金	火	宀	木	살필, 알, 조사할, 생각해 볼
찰	擦	陰	木	18	陰	金	金	火	手	木	비빌, 문지를, 마찰할
참	站	陰	金	10	陰	水	金	水	立	金	우두커니 설, 설, 역마을
참	斬	陰	金	11	陽	木	金	水	斤	金	벨, 끊어질, 매우, 가장, 심히
참	參	中	木	11	陽	木	金	水	厶	木	간여할, 뒤섞일, 섞일, 참여할
참	塹	中	土	14	陰	火	金	水	土	土	구덩이, 구덩이를 팔

글자		글자		획수			음령오행		부수		글자의 의미
		음양	오행	획수	음양	오행	초성	종성	부수	오행	
참	僭	陰	火	14	陰	火	金	水	人	火	참람할, 범할, 어긋날
참	慘	陰	火	15	陽	土	金	水	心	火	참혹할, 무자비할, 슬픔
참	慙	中	火	15	陽	土	金	水	心	火	부끄러워할, 수치, 부끄러움
참	懺	陰	火	21	陽	木	金	水	心	火	뉘우칠, 잘못을 고백할
참	讒	陰	金	24	陰	火	金	水	言	金	참소할, 해칠, 거짓말할
참	讖	陰	金	24	陰	火	金	水	言	金	참서, 비결, 조짐, 뉘우칠
창	昌	陽	火	8	陰	金	金	土	日	火	창성할, 고울, 기쁨, 경사
창	昶	陽	火	9	陽	水	金	土	日	火	밝을, 환할, 통할, 해가 길
창	倉	陽	火	10	陰	水	金	土	人	火	곳집, 창고, 옥, 내장, 갑자기
창	倡	陰	火	10	陰	水	金	土	人	火	여광대, 기생, 부를, 가무
창	窓	陽	水	11	陽	木	金	土	穴	水	창, 굴뚝
창	唱	陰	水	11	陽	木	金	土	口	水	노래, 부를, 말 꺼낼, 주장할
창	娼	陰	土	11	陽	木	金	土	女	土	몸 파는 여자, 창녀
창	敞	陰	金	12	陰	木	金	土	攴	金	높을, 높고 평평할, 드러날
창	創	陰	金	12	陰	木	金	土	刀	金	비롯할, 만들, 혼날, 델
창	猖	陰	土	12	陰	木	金	土	犬	土	미쳐 날뛸, 어지러울
창	菖	陽	木	14	陰	火	金	土	艸	木	창포
창	槍	陰	木	14	陰	火	金	土	木	木	창, 무기, 다다를, 어지럽힐
창	滄	陰	水	14	陰	火	金	土	水	水	찰, 싸늘할, 푸를, 바다
창	脹	陰	水	14	陰	火	金	土	肉	水	배가 부를, 창자, 대장, 소장
창	暢	陰	火	14	陰	火	金	土	日	火	펼, 진술할, 실시할, 화창할
창	彰	陰	火	14	陰	火	金	土	彡	火	밝을, 밝힐, 드러낼, 뚜렷할
창	愴	陰	火	14	陰	火	金	土	心	火	슬퍼할, 마음 아파할, 차가울
창	廠	中	木	15	陽	土	金	土	广	木	헛간, 공장, 마구간
창	瘡	陽	水	15	陽	土	金	土	疒	水	부스럼, 종기, 상처, 상처 낼
창	漲	陰	水	15	陽	土	金	土	水	水	물이 불을, 막을, 가릴
창	蒼	陽	木	16	陰	土	金	土	艸	木	푸를, 우거질, 늙을, 무성해질
창	艙	陰	木	16	陰	土	金	土	舟	木	선창, 선실
채	采	陽	火	8	陰	金	金	-	釆	火	캘, 딸, 가릴, 선택할
채	砦	中	金	10	陰	水	金	-	石	金	울타리, 작은 성채

글자		글자		획수			음령오행		부수		글자의 의미
		음양	오행	획수	음양	오행	초성	종성	부수	오행	
채	責	陽	金	11	陽	木	金	-	貝	金	빚
채	釵	陰	金	11	陽	木	金	-	金	金	비녀, 인동 덩굴
채	埰	陰	土	11	陽	木	金	-	土	土	영지, 무덤
채	婇	陰	土	11	陽	木	金	-	女	土	여자이름
채	彩	陰	火	11	陽	木	金	-	彡	火	무늬, 채색, 빛, 고운 빛깔
채	棌	陰	木	12	陰	木	金	-	木	木	참나무, 원목, 생나무
채	採	陰	木	12	陰	木	金	-	手	木	캘, 딸, 파낼, 가려낼
채	睬	陰	木	13	陽	火	金	-	目	木	주목할
채	債	陰	火	13	陽	火	金	-	人	火	빚, 빌릴, 빌린 물건, 빚질
채	菜	陽	木	14	陰	火	金	-	艸	木	나물, 푸성귀, 반찬
채	寨	陽	木	14	陰	火	金	-	宀	木	울타리, 작은 성, 성채
채	綵	陰	木	14	陰	火	金	-	糸	木	비단, 무늬
채	蔡	中	木	17	陽	金	金	-	艸	木	거북, 점치는 용의 큰거북
책	冊	陽	木	5	陽	土	金	木	冂	土	책, 칙서, 권, 꾀
책	柵	陰	木	9	陽	水	金	木	木	木	울짱, 목책, 성채, 잔교, 잔도
책	責	陽	金	11	陽	木	金	木	貝	金	꾸짖을, 요구할, 규명할
책	策	中	木	12	陰	木	金	木	竹	木	채찍, 채찍질할, 지팡이, 꾀
처	妻	陽	土	8	陰	金	金	-	女	土	아내, 시집보낼
처	凄	陰	水	10	陰	水	金	-	冫	水	쓸쓸할, 추울, 차가울
처	處	陽	木	11	陽	木	金	-	虍	木	살, 머물러 있을, 곳
처	悽	陰	火	12	陰	木	金	-	心	火	슬퍼할, 구슬픈 생각이 들
척	尺	陽	水	4	陰	火	金	木	尸	水	자, 법, 법도, 길이
척	斥	陽	金	5	陽	土	金	木	斤	金	물리칠, 가리킬, 지적할, 내칠
척	刺	陰	金	8	陰	金	金	木	刀	金	찌를, 가시, 침, 나무랄
척	坧	陰	土	8	陰	金	金	木	土	土	기지
척	拓	陰	木	9	陽	水	金	木	手	木	주울, 꺾을, 부러뜨릴, 확장할
척	剔	陰	金	10	陰	水	金	木	刀	金	바를, 뼈를 바를, 풀을 벨
척	隻	陽	火	10	陰	水	金	木	隹	火	새 한 마리, 한사람, 한쪽
척	倜	陰	火	10	陰	水	金	木	人	火	대범할, 뛰어날
척	戚	陽	金	11	陽	木	金	木	戈	金	겨레, 도끼, 슬퍼할, 친척

글자		글자		획수			음령오행		부수		글자의 의미
		음양	오행	획수	음양	오행	초성	종성	부수	오행	
척	脊	中	水	12	陰	木	金	木	肉	水	등성마루, 등뼈, 등골뼈, 조리
척	滌	陰	水	15	陽	土	金	木	水	水	씻을, 빨, 청소할, 음란할
척	瘠	中	水	15	陽	土	金	木	疒	水	파리할, 여윌, 살이 썩을
척	陟	陰	土	15	陽	土	金	木	阜	土	오를, 올릴, 추천할, 나아갈
척	慽	陰	火	15	陽	土	金	木	心	火	근심할, 슬플, 근심
척	蹠	陰	土	18	陰	金	金	木	足	土	밟을, 나아갈, 도달할
척	擲	陰	木	19	陽	水	金	木	手	木	던질, 버릴, 노름할
천	千	陽	水	3	陽	火	金	火	十	水	일천, 천번, 많을
천	川	陰	水	3	陽	火	金	火	巛	水	내, 물귀신
천	天	陽	木	4	陰	火	金	火	大	木	하늘, 천체, 태양, 천체 운행
천	仟	陰	火	5	陽	土	金	火	人	火	일천, 두둑에 난 길
천	舛	陰	木	6	陰	土	金	火	舛	木	어그러질, 상치될, 어수선할
천	玔	陰	金	8	陰	金	金	火	玉	金	옥고리, 옥팔찌
천	穿	陽	水	9	陽	水	金	火	穴	水	뚫을, 구멍, 구멍이 날
천	泉	中	水	9	陽	水	金	火	水	水	샘, 샘물, 돈
천	釧	陰	金	11	陽	木	金	火	金	金	팔찌
천	阡	陰	土	11	陽	木	金	火	阜	土	두렁, 두렁길, 길, 도로
천	茜	陽	木	12	陰	木	金	火	艸	木	꼭두서니
천	淺	陰	水	12	陰	木	金	火	水	水	얕은, 물이 얕은, 소견이 좁은
천	喘	陰	水	12	陰	木	金	火	口	水	헐떡거릴, 기침, 숨, 호흡
천	賤	陰	金	15	陽	土	金	火	貝	金	천한, 값싼, 신분이 낮은
천	踐	陰	土	15	陽	土	金	火	足	土	밟을, 걸을, 실천할, 부임할
천	擅	陰	木	17	陽	金	金	火	手	木	멋대로, 마음대로, 멋대로 할
천	薦	陽	木	19	陽	水	金	火	艸	木	천거할, 자리, 공물
천	遷	陽	土	19	陽	水	金	火	辵	土	옮길, 교환할, 움직일, 옮을
천	闡	中	木	20	陰	水	金	火	門	木	열, 널리 퍼지게 할, 넓힐
천	韆	陰	金	24	陰	火	金	火	革	金	그네
철	凸	陽	水	5	陽	土	金	火	凵	水	볼록할, 볼록하게 튀어나올
철	哲	中	水	10	陰	水	金	火	口	水	밝을, 총명할, 분명히 할
철	悊	中	火	11	陽	木	金	火	心	火	공경할, 알

글자		글자		획수			음령오행		부수		글자의 의미
		음양	오행	획수	음양	오행	초성	종성	부수	오행	
철	喆	陰	水	12	陰	木	金	火	口	水	밝을, 총명할, 분명히 할
철	綴	陰	木	14	陰	火	金	火	糸	木	꿰맬, 지을, 글을 지을, 이을
철	徹	陰	火	15	陽	土	金	火	彳	火	통할, 뚫을, 환할, 밝을
철	輟	陰	火	15	陽	土	金	火	車	火	그칠, 멈출, 꿰맬, 수선할
철	撤	陰	木	16	陰	土	金	火	手	木	거둘, 치울, 폐할, 그만둘
철	澈	陰	水	16	陰	土	金	火	水	水	물 맑을
철	轍	陰	火	19	陽	水	金	火	車	火	바퀴자국, 흔적, 행적
철	鐵	陰	金	21	陽	木	金	火	金	金	쇠, 검을, 단단할, 견고할
첨	尖	陽	金	6	陰	土	金	水	小	水	뾰족할, 거칠, 끝
첨	沾	陰	水	9	陽	水	金	水	水	水	더할, 첨가할
첨	甛	陰	土	11	陽	木	金	水	甘	土	달, 만날, 낮잠
첨	添	陰	水	12	陰	木	金	水	水	水	더할, 보탤, 맛을 낼, 성(姓)
첨	詹	陽	金	13	陽	火	金	水	言	金	이를, 도달할, 수다스러울
첨	僉	中	火	13	陽	火	金	水	人	火	다, 고를, 가려서 뽑을
첨	諂	陰	金	15	陽	土	金	水	言	金	아첨할, 아양 떨, 알랑거릴
첨	瞻	陰	木	18	陰	金	金	水	目	木	볼, 쳐다볼, 우러러볼, 굽어볼
첨	簽	中	木	19	陽	水	金	水	竹	木	농, 죽롱, 찌, 쪽지, 서명할
첨	籤	中	木	23	陽	火	金	水	竹	木	제비, 예언할, 점칠, 시험할
첩	帖	陰	木	8	陰	金	金	水	巾	木	표제, 글귀, 휘장, 문서
첩	妾	陽	土	8	陰	金	金	水	女	土	첩, 계집종
첩	貼	陰	金	12	陰	木	金	水	貝	金	붙을, 붙일, 닿을, 전당잡힐
첩	捷	陰	木	12	陰	木	金	水	手	木	이길, 노획품, 전리품, 승전
첩	堞	陰	土	12	陰	木	金	水	土	土	성가퀴
첩	牒	陰	木	13	陽	火	金	水	片	木	서판, 기록, 공문서, 널빤지
첩	睫	陰	木	13	陽	火	金	水	目	木	속눈썹, 깜작일
첩	輒	陰	火	14	陰	火	金	水	車	火	문득, 갑자기, 쉽게, 번번이
첩	諜	陰	金	16	陰	土	金	水	言	金	염탐할, 염탐꾼
첩	疊	中	土	22	陰	木	金	水	田	木	겹쳐질, 접을, 쌓을, 포갤
청	靑	陽	木	8	陰	金	金	土	靑	木	푸를, 푸른빛, 녹청, 동록
청	淸	陰	水	12	陰	木	金	土	水	水	맑을, 빛이 선명할, 탐욕없을

글자		글자		획수			음령오행		부수		글자의 의미
		음양	오행	획수	음양	오행	초성	종성	부수	오행	
청	晴	陰	火	12	陰	木	金	土	日	火	갤, 비그칠, 구름없을, 개운할
청	菁	陽	木	14	陰	火	金	土	艸	木	우거질, 화려할
청	請	陰	金	15	陽	土	金	土	言	金	청할, 빌, 고할, 여쭐, 초청할
청	鯖	陰	水	19	陽	水	金	土	魚	水	청어, 오후정, 열구자탕
청	聽	陰	火	22	陰	木	金	土	耳	火	들을, 자세히 들을, 기다릴
청	廳	中	木	25	陽	土	金	土	广	木	관청, 마을, 관아, 대청, 마루
체	切	陰	金	4	陰	火	金	-	刀	金	온통, 끊을, 갈, 문지를, 고칠
체	剃	陰	金	9	陽	水	金	-	刀	金	머리를 깎을
체	涕	陰	水	11	陽	木	金	-	水	水	눈물, 울, 눈물 흘리며 울
체	替	中	火	12	陰	木	金	-	曰	火	쇠퇴할, 버릴, 대신할
체	締	陰	木	15	陽	土	金	-	糸	木	맺을, 연결할, 묶을, 울적해질
체	滯	陰	水	15	陽	土	金	-	水	水	막힐, 빠질, 남을, 골똘할
체	逮	陽	土	15	陽	土	金	-	辵	土	미칠, 이를, 잡을, 붙잡을
체	諦	陰	金	16	陰	土	金	-	言	金	살필, 조사할, 진실
체	遞	陽	土	17	陽	金	金	-	辵	土	갈마들, 번갈아, 교대로, 전할
체	體	陰	金	23	陽	火	金	-	骨	金	몸, 신체, 수족, 모양, 용모
초	艸	陰	木	6	陰	土	金	-	艸	木	풀
초	初	陰	金	7	陽	金	金	-	刀	金	처음, 시작, 처음의, 비로소
초	抄	陰	木	8	陰	金	金	-	手	木	노략질할, 뜰, 베낄
초	岧	陽	土	8	陰	金	金	-	山	土	산이 높을
초	炒	陰	火	8	陰	金	金	-	火	火	볶을, 떠들, 시끄러울
초	秒	陰	木	9	陽	水	金	-	禾	木	초, 미묘할, 시간,각도의 단위
초	招	陰	木	9	陽	水	金	-	手	木	부를, 손짓할, 얽어맬, 속박할
초	肖	陽	水	9	陽	水	金	-	肉	水	닮을, 골상 닮을, 작을, 꺼질
초	哨	陰	水	10	陰	水	金	-	口	水	망을 볼, 작을
초	苕	陽	木	11	陽	木	金	-	艸	木	능소화, 완두, 갈대이삭
초	梢	陰	木	11	陽	木	金	-	木	木	나무의 끝, 끝, 말단, 꼬리
초	鈔	陰	金	12	陰	木	金	-	金	金	노략질할, 약탈할, 베낄
초	酢	陰	金	12	陰	木	金	-	酉	金	초, 신맛나는 조미료, 잔 돌릴
초	硝	陰	金	12	陰	木	金	-	石	金	초석, 유리,화약의 원료인 돌

글자		글자		획수			음령오행		부수		글자의 의미
		음양	오행	획수	음양	오행	초성	종성	부수	오행	
초	草	陽	木	12	陰	木	金	-	艸	木	풀, 초원, 잡초, 거친 풀
초	椒	陰	木	12	陰	木	金	-	木	木	산초나무, 수추나무, 향기로울
초	稍	陰	木	12	陰	木	金	-	禾	木	벼줄기의 끝, 점점, 작을
초	貂	陰	水	12	陰	木	金	-	豸	水	담비
초	超	中	火	12	陰	木	金	-	走	火	넘을, 뛰어넘을, 밟고 넘을
초	焦	中	火	12	陰	木	金	-	火	火	그을릴, 애탈, 애태울, 땔
초	剿	陰	金	13	陽	火	金	-	刀	金	노곤할, 괴로워할, 표절할
초	楚	中	木	13	陽	火	金	-	木	木	모형, 초나라, 회초리, 아플
초	醋	陰	金	15	陽	土	金	-	酉	金	초, 식초
초	樵	陰	木	16	陰	土	金	-	木	木	땔나무, 화목, 나무할, 나무꾼
초	憔	陰	火	16	陰	土	金	-	心	火	수척할, 애태울, 쇠약할
초	礁	陰	金	17	陽	金	金	-	石	金	물에 잠긴 바위, 암초
초	礎	陰	金	18	陰	金	金	-	石	金	주춧돌
초	蕉	中	木	18	陰	金	金	-	艸	木	파초, 생마, 누를, 탈
초	醮	陰	金	19	陽	水	金	-	酉	金	초례, 제사를 지낼
촉	促	陰	火	9	陽	水	金	木	人	火	재촉할, 다가올, 이를
촉	蜀	陽	水	13	陽	火	金	木	虫	水	나라이름
촉	燭	陰	火	17	陽	金	金	木	火	火	촛불, 등불, 화톳불
촉	觸	陰	木	20	陰	水	金	木	角	木	닿을, 부딪칠, 범할, 감동할
촉	矗	中	木	24	陰	火	金	木	目	木	우거질, 가지런할, 곧을
촉	囑	陰	水	24	陰	火	金	木	口	水	부탁할, 맡길
촌	寸	陽	土	3	陽	火	金	火	寸	土	마디, 길이의 단위, 손가락 폭
촌	村	陰	木	7	陽	金	金	火	木	木	마을, 시골, 꾸밈없는
촌	忖	陰	火	7	陽	金	金	火	心	火	헤아릴, 생각할, 쪼갤, 절단할
촌	邨	陰	土	11	陽	木	金	火	邑	土	마을, 시골, 꾸밈없는
총	悤	陽	火	11	陽	木	金	土	心	火	바쁠, 급할, 밝을, 슬기로울
총	塚	陰	土	13	陽	火	金	土	土	土	무덤, 산꼭대기
총	銃	陰	金	14	陰	火	金	土	金	金	총, 도끼자루 구멍
총	摠	陰	木	15	陽	土	金	土	手	木	모두, 지배할
총	憁	陰	火	15	陽	土	金	土	心	火	바쁠

글자		글자		획수			음령오행		부수		글자의 의미
		음양	오행	획수	음양	오행	초성	종성	부수	오행	
총	蔥	陽	木	17	陽	金	金	土	艸	木	파(푸성귀 종류), 부들, 푸를
총	總	陰	木	17	陽	金	金	土	糸	木	거느릴, 통괄할, 단속할, 모일
총	聰	陰	火	17	陽	金	金	土	耳	火	귀가 밝을, 총명할, 들을
총	叢	中	水	18	陰	金	金	土	又	水	모일, 떨기, 무더기, 번잡할
총	寵	中	木	19	陽	水	金	土	宀	木	괼, 사랑할, 은혜, 첩, 후궁
촬	撮	陰	木	16	陰	土	金	火	手	木	취할, 모을, 손가락으로 집을
최	崔	中	土	11	陽	木	金	-	山	土	높을, 섞일, 성(姓)
최	最	陽	火	12	陰	木	金	-	曰	火	가장, 제일, 최상, 모두
최	催	陰	火	13	陽	火	金	-	人	火	재촉할, 막을, 열, 베풀
추	酋	中	金	9	陽	水	金	-	酉	金	두목, 묵은 술, 익을, 성숙할
추	秋	陰	木	9	陽	水	金	-	禾	木	가을, 결실, 성숙한 때
추	抽	陰	木	9	陽	水	金	-	手	木	뺄, 뽑을, 없앨, 당길, 싹틀
추	芻	陽	木	10	陰	水	金	-	艸	木	꼴, 건초, 꼴을 먹일
추	推	陰	木	12	陰	木	金	-	手	木	옮을, 변천할, 천거할, 추천할
추	椎	陰	木	12	陰	木	金	-	木	木	몽치, 망치, 방망이, 때릴
추	楸	陰	木	13	陽	火	金	-	木	木	개오동나무, 가래나무, 노나무
추	湫	陰	水	13	陽	火	金	-	水	水	다할, 바닥날, 늪, 못
추	追	陽	土	13	陽	火	金	-	辵	土	쫓을, 내쫓을, 따를, 완수할
추	諏	陰	金	15	陽	土	金	-	言	金	꾀할, 모여서 의논할, 자문할
추	皺	陰	金	15	陽	土	金	-	皮	金	주름, 주름 잡힐, 마른 대추
추	樞	陰	木	15	陽	土	金	-	木	木	지도리, 문지도리, 고동
추	萩	中	木	15	陽	土	金	-	艸	木	사철쑥, 가래나무, 가을
추	墜	中	土	15	陽	土	金	-	土	土	떨어질, 떨어뜨릴, 잃을
추	錘	陰	金	16	陰	土	金	-	金	金	저울추, 무게의 단위
추	錐	陰	金	16	陰	土	金	-	金	金	송곳, 바늘, 작은 화살
추	醜	陰	金	17	陽	金	金	-	酉	金	추할, 미워할, 나쁠
추	鄒	陰	土	17	陽	金	金	-	邑	土	나라이름
추	趨	中	火	17	陽	金	金	-	走	火	달릴, 빨리 갈, 성큼성큼 걸을
추	鎚	陰	金	18	陰	金	金	-	金	金	쇠망치, 저울추, 칠, 망치질할
추	雛	陰	火	18	陰	金	金	-	隹	火	병아리, 큰새

글자		글자		획수			음령오행		부수		글자의 의미
		음양	오행	획수	음양	오행	초성	종성	부수	오행	
추	鰍	陰	水	20	陰	水	金	-	魚	水	미꾸라지, 밟을, 능가할
추	騶	陰	火	20	陰	水	金	-	馬	火	말 먹이는 사람, 기사, 승마
축	丑	陽	木	4	陰	火	金	木	一	木	소, 12지지의 둘째
축	竺	中	木	8	陰	金	金	木	竹	木	대나무, 성(姓), 나라이름
축	祝	陰	金	10	陰	水	金	木	示	木	빌, 기원할, 박수무당, 축원할
축	畜	陽	木	10	陰	水	金	木	田	木	쌓을, 모을, 비축할, 기를
축	筑	陰	木	12	陰	木	金	木	竹	木	악기이름, 주울
축	軸	陰	火	12	陰	木	金	木	車	火	굴대, 북, 두루마리
축	逐	陽	土	14	陰	火	金	木	辵	土	쫓을, 뒤쫓아 갈, 물리칠
축	蓄	陽	木	16	陰	土	金	木	艸	木	쌓을, 모을, 저축할, 포갤
축	築	中	木	16	陰	土	金	木	竹	木	쌓을, 성을 쌓을, 집을 지을
축	縮	陰	木	17	陽	金	金	木	糸	木	다스릴, 곧게 할, 오그라질
축	蹙	陽	土	18	陰	金	金	木	足	土	대들, 쫓을, 오그라들, 재촉할
축	蹴	陰	土	19	陽	水	金	木	足	土	찰, 발로 찰, 밟을, 쫓을
춘	春	陽	火	9	陽	水	金	火	日	火	봄, 젊은 때, 남녀간의 정
춘	椿	陰	木	13	陽	火	金	火	木	木	참죽나무, 아버지, 부친
춘	瑃	陰	金	14	陰	火	金	火	玉	金	옥이름
춘	賰	陰	金	16	陰	土	金	火	貝	金	넉넉할
출	朮	陽	木	5	陽	土	金	火	木	木	차조, 삽주, 산계(약용식물)
출	出	陽	土	5	陽	土	金	火	凵	水	날, 나타날, 내보낼, 간행할
출	黜	陰	水	17	陽	金	金	火	黑	水	물리칠, 물러날, 떨어뜨릴
충	充	陽	木	5	陽	土	金	土	儿	木	찰, 채울, 막을, 막힐, 덮을
충	虫	陽	水	6	陰	土	金	土	虫	水	벌레, 살무사
충	沖	陰	水	8	陰	金	金	土	水	水	빌, 공허할, 가운데, 깊을
충	忠	陽	火	8	陰	金	金	土	心	火	충성, 진심, 진실, 정성 다할
충	衷	陽	木	10	陰	水	金	土	衣	木	속마음, 정성스런 마음, 속옷
충	琉	陰	金	11	陽	木	金	土	玉	金	귀고리 옥
충	衝	陰	火	15	陽	土	金	土	行	火	찌를, 향할, 맞부딪칠
충	蟲	中	水	18	陰	金	金	土	虫	水	벌레, 동물의 총칭, 구더기
췌	悴	陰	火	12	陰	木	金	-	心	火	파리할, 근심할, 시들

글자		글자		획수			음령오행		부수		글자의 의미
		음양	오행	획수	음양	오행	초성	종성	부수	오행	
췌	萃	中	木	14	陰	火	金	-	艸	木	모일, 이를
췌	贅	中	金	18	陰	金	金	-	貝	金	혹, 군더더기, 쓸모없을
췌	膵	陰	水	18	陰	金	金	-	肉	水	췌장
취	吹	陰	水	7	陽	金	金	-	口	水	불, 불을 땔, 과장할, 퍼뜨릴
취	取	陰	水	8	陰	金	金	-	又	水	취할, 골라 뽑을, 도울
취	炊	陰	火	8	陰	金	金	-	火	火	불 땔, 밥을 지을, 불
취	臭	陽	水	10	陰	水	金	-	自	木	냄새, 냄새날, 후각, 썩을
취	娶	中	土	11	陽	木	金	-	女	土	장가들, 아내를 맞을
취	脆	陰	水	12	陰	木	金	-	肉	水	무를, 약할, 가벼울
취	就	陰	土	12	陰	木	金	-	尢	土	이룰, 나아갈, 좇을, 따를
취	翠	中	火	14	陰	火	金	-	羽	火	물총새, 비취색, 꽁지 살
취	聚	中	火	14	陰	火	金	-	耳	火	모일, 모여들, 모을, 무리
취	醉	陰	金	15	陽	土	金	-	酉	金	취할, 취하게 할, 취기
취	嘴	陰	水	15	陽	土	金	-	口	水	부리, 주둥이, 뾰족한 끝
취	趣	中	火	15	陽	土	金	-	走	火	달릴, 향할, 다다를, 뜻
취	鷲	中	火	23	陽	火	金	-	鳥	火	수리, 독수리
취	驟	陰	火	24	陰	火	金	-	馬	火	달릴, 신속할, 빨리 갈, 빠를
측	仄	陽	火	4	陰	火	金	木	人	火	기울, 우뚝 솟을, 어렴풋이
측	厠	中	木	11	陽	木	金	木	厂	水	뒷간, 가장자리, 곁, 기울
측	側	陰	火	11	陽	木	金	木	人	火	곁, 옆, 가
측	測	陰	水	13	陽	火	金	木	水	水	잴, 헤아릴, 맑을, 측량할
측	惻	陰	火	13	陽	火	金	木	心	火	슬퍼할, 진심을 다할
층	層	陽	木	15	陽	土	金	土	尸	水	층, 계단, 층층대
치	侈	陰	火	8	陰	金	金	-	人	火	사치할, 거만할, 분수 넘을
치	治	陰	水	9	陽	水	金	-	水	水	다스릴, 관리할, 바로잡을
치	峙	陰	土	9	陽	水	金	-	山	土	우뚝 솟을, 언덕, 쌓을
치	蚩	陽	水	10	陰	水	金	-	虫	水	어리석을, 벌레이름, 업신여길
치	致	陰	土	10	陰	水	金	-	至	土	보낼, 바칠, 내던질, 이를
치	恥	陰	火	10	陰	水	金	-	心	火	부끄러워할, 욕보일, 창피줄
치	値	陰	火	10	陰	水	金	-	人	火	값, 값할, 가질

글자		글자		획수			음령오행		부수		글자의 의미
		음양	오행	획수	음양	오행	초성	종성	부수	오행	
치	梔	陰	木	11	陽	木	金	-	木	木	치자나무
치	痔	陽	水	11	陽	木	金	-	疒	水	치질
치	淄	陰	水	12	陰	木	金	-	水	水	검은빛, 검게 물들
치	稚	陰	木	13	陽	火	金	-	禾	木	어릴, 어린 벼, 만생종
치	嗤	陰	水	13	陽	火	金	-	口	水	웃을, 비웃을, 냉소할
치	痴	中	水	13	陽	火	金	-	疒	水	어리석을, 미치광이
치	雉	陰	火	13	陽	火	金	-	隹	火	꿩, 담, 장원
치	馳	陰	火	13	陽	火	金	-	馬	火	달릴, 질주할, 쫓을, 방자할
치	置	陽	木	14	陰	火	金	-	网	木	둘, 용서할, 버릴, 버려둘
치	緇	陰	木	14	陰	火	金	-	糸	木	검은 비단, 검은 옷, 승복
치	齒	陽	金	15	陽	土	金	-	齒	金	이, 어금니, 나이
치	幟	陰	木	15	陽	土	金	-	巾	木	기, 표기, 표지, 표적
치	緻	陰	木	15	陽	土	金	-	糸	木	밸, 꿰맬, 기울, 촘촘할
치	輜	陰	火	15	陽	土	金	-	車	火	짐수레, 수레
치	熾	陰	火	16	陰	土	金	-	火	火	성할, 불길이 셀, 기세가 셀
치	穉	陰	木	17	陽	金	金	-	禾	木	어릴, 어린 벼, 만생종
치	癡	中	水	19	陽	水	金	-	疒	水	어리석을, 미치광이
칙	則	陰	金	9	陽	水	金	木	刀	金	법칙, 법
칙	勅	陰	土	9	陽	水	金	木	力	土	조서, 타이를, 경계할
칙	飭	陰	水	13	陽	火	金	木	食	水	삼갈, 경계할, 갖출, 정비할
친	親	陰	火	16	陰	土	金	火	見	火	친할, 사랑할, 가까이할
칠	七	陽	木	7	陽	金	金	火	一	木	일곱, 일곱 번
칠	柒	中	木	9	陽	水	金	火	木	木	일곱, 일곱 번, 옻나무
칠	漆	陰	水	15	陽	土	金	火	水	水	옻, 옻나무, 옻칠할, 검은 칠
침	枕	陰	木	8	陰	金	金	水	木	木	베개, 베개를 벨, 잠잘
침	沈	陰	水	8	陰	金	金	水	水	水	가라앉을, 빠질, 잠길
침	侵	陰	火	9	陽	水	金	水	人	火	범할, 침식할, 침략할, 흉년
침	砧	陰	金	10	陰	水	金	水	石	金	다듬잇돌, 모탕
침	針	陰	金	10	陰	水	金	水	金	金	바늘, 바느질할, 침놓을
침	浸	陰	水	11	陽	木	金	水	水	水	담글, 물 적실, 스며들, 젖을

글자		글자		획수			음령오행		부수		글자의 의미
		음양	오행	획수	음양	오행	초성	종성	부수	오행	
침	琛	陰	金	13	陽	火	金	水	玉	金	보배, 옥
침	寢	中	木	14	陰	火	金	水	宀	木	잠잘, 누울, 누워 쉴
침	鍼	陰	金	17	陽	金	金	水	金	金	침, 바늘, 찌를, 침놓을
칩	蟄	中	水	17	陽	金	金	水	虫	水	숨을, 숨어서 나오지 않을
칭	秤	陰	木	10	陰	水	金	土	禾	木	저울
칭	稱	陰	木	14	陰	火	金	土	禾	木	일컬을, 이를, 부를, 설명할
쾌	夬	陽	木	4	陰	火	木	-	大	木	터놓을
쾌	快	陰	火	8	陰	金	木	-	心	火	상쾌할, 기뻐할, 병세 좋아질
타	他	陰	火	5	陽	土	火	-	人	火	다를, 그, 저, 그이, 저이
타	朶	陽	木	6	陰	土	火	-	木	木	늘어질, 휘휘 늘어질
타	打	陰	木	6	陰	土	火	-	手	木	칠, 공격할, ~및, ~과(와)
타	妥	陽	土	7	陽	金	火	-	女	土	온당할, 편히 앉을, 떨어질
타	拖	陰	木	9	陽	水	火	-	手	木	끌, 끌어당길, 풀어놓을
타	咤	陰	水	9	陽	水	火	-	口	水	꾸짖을, 혀를 찰, 슬퍼할
타	舵	陰	木	11	陽	木	火	-	舟	木	키
타	唾	陰	水	11	陽	木	火	-	口	水	침, 침 뱉을
타	楕	陰	木	13	陽	火	火	-	木	木	길쭉할, 가늘고 길
타	陀	陰	土	13	陽	火	火	-	阜	土	비탈질, 험할, 무너질
타	馱	陰	火	13	陽	火	火	-	馬	火	실을, 태울
타	惰	陰	火	13	陽	火	火	-	心	火	게으를, 불경스러울, 소홀히할
타	墮	中	土	15	陽	土	火	-	土	土	떨어질, 무너질, 부서질
타	駝	陰	火	15	陽	土	火	-	馬	火	낙타, 타조, 곱사등이
탁	托	陰	木	7	陽	金	火	木	手	木	밀, 밀어서 열, 받침, 대
탁	卓	陽	水	8	陰	金	火	木	十	水	높을, 뛰어날, 세울, 책상
탁	坼	陰	土	8	陰	金	火	木	土	土	터질, 갈라질, 열, 터진 金
탁	度	陽	木	9	陽	水	火	木	广	木	헤아릴
탁	拓	陰	木	9	陽	水	火	木	手	木	밀칠, 부러뜨릴, 확장시킬
탁	柝	陰	木	9	陽	水	火	木	木	木	열, 펼칠, 열릴, 터질, 갈라질
탁	託	陰	金	10	陰	水	火	木	言	金	부탁할, 당부할, 청탁할, 맡길
탁	倬	陰	火	10	陰	水	火	木	人	火	클, 밝을, 높을

글자		글자		획수			음령오행		부수		글자의 의미
		음양	오행	획수	음양	오행	초성	종성	부수	오행	
탁	啄	陰	水	11	陽	木	火	木	口	水	쫄, 두드릴, 부리
탁	晫	陰	火	12	陰	木	火	木	日	火	밝을, 환할
탁	琸	陰	金	13	陽	火	火	木	玉	金	사람이름
탁	琢	陰	金	13	陽	火	火	木	玉	金	쫄, 옥을 다듬을, 꾸밀
탁	濁	陰	水	17	陽	金	火	木	水	水	흐릴, 흐리게 할, 더러울
탁	擢	陰	木	18	陰	金	火	木	手	木	뽑을, 뽑아낼, 제거할, 발탁할
탁	濯	陰	水	18	陰	金	火	木	水	水	씻을, 빛날, 클
탁	鐸	陰	金	21	陽	木	火	木	金	金	방울, 풍경, 작은 경쇠
탄	呑	陽	水	7	陽	金	火	火	口	水	삼킬, 쌀, 싸서 감출, 경시할
탄	坦	陰	土	8	陰	金	火	火	土	土	평평할, 너그러울, 편할
탄	炭	陽	火	9	陽	水	火	火	火	火	숯, 재, 석탄
탄	誕	陰	金	14	陰	火	火	火	言	金	태어날, 속일, 허망한 소리할
탄	綻	陰	木	14	陰	火	火	火	糸	木	옷이 터질, 봉오리가 벌어질
탄	嘆	陰	水	14	陰	火	火	火	口	水	탄식할, 한숨 쉴
탄	彈	陰	金	15	陽	土	火	火	弓	火	탄알, 열매, 과실
탄	歎	陰	金	15	陽	土	火	火	欠	火	읊을, 노래할, 탄식할
탄	憚	陰	火	16	陰	土	火	火	心	火	꺼릴, 삼갈, 화낼, 협박할
탄	灘	陰	水	23	陽	火	火	火	水	水	여울, 물가, 소금밭, 염전
탈	脫	陰	水	13	陽	火	火	火	肉	水	벗을, 살이 빠질, 여윌, 벗길
탈	奪	陽	木	14	陰	火	火	火	大	木	빼앗을, 잃을, 없어질, 탈진할
탐	眈	陰	木	9	陽	水	火	水	目	木	노려볼, 흘겨볼
탐	耽	陰	火	10	陰	水	火	水	耳	火	즐길, 기쁨을 누릴
탐	貪	陽	金	11	陽	木	火	水	貝	金	탐할, 더듬어 찾을
탐	探	陰	木	12	陰	木	火	水	手	木	찾을, 정탐할
탑	塔	陰	土	13	陽	火	火	水	土	土	탑, 절, 불당
탑	榻	陰	木	14	陰	火	火	水	木	木	걸상, 길고 좁은 평상
탕	宕	陽	木	8	陰	金	火	土	宀	木	방탕할, 거칠, 대범할, 지나칠
탕	帑	中	木	8	陰	金	火	土	巾	木	금고
탕	湯	陰	水	13	陽	火	火	土	水	水	넘어질, 물끓을, 움직일, 흔들
탕	糖	陰	木	16	陰	土	火	土	米	木	사탕, 엿

글자		글자		획수			음령오행		부수		글자의 의미
		음양	오행	획수	음양	오행	초성	종성	부수	오행	
탕	蕩	中	木	18	陰	金	火	土	艸	木	쓸어버릴, 방탕할, 씻어버릴
태	太	陰	木	4	陰	火	火	-	大	木	클, 매우, 심히, 통할
태	台	陽	水	5	陽	土	火	-	口	水	별, 기뻐할, 기를, 양육할
태	兌	中	木	7	陽	金	火	-	儿	木	기쁠, 기뻐할, 바꿀, 괘이름
태	汰	陰	水	8	陰	金	火	-	水	水	사치할, 흐릴, 결백하지 않은
태	泰	陽	水	9	陽	水	火	-	水	水	클, 넉넉할, 편안할
태	殆	陰	水	9	陽	水	火	-	歹	水	위태할, 위태로울, 해칠, 거의
태	怠	陽	火	9	陽	水	火	-	心	火	게으를, 업신여길, 쇠약해질
태	苔	陽	木	11	陽	木	火	-	艸	木	이끼, 김
태	笞	中	木	11	陽	木	火	-	竹	木	볼기를 칠, 태형
태	胎	陰	水	11	陽	木	火	-	肉	水	아이 밸, 태아, 임신부
태	鈦	陰	金	12	陰	木	火	-	金	金	티타늄
태	邰	陰	土	12	陰	木	火	-	邑	土	나라이름
태	跆	陰	土	12	陰	木	火	-	足	土	밟을, 유린할, 짓밟을
태	颱	陽	木	14	陰	火	火	-	風	木	태풍
태	態	中	火	14	陰	火	火	-	心	火	모양, 형상, 짓, 몸짓, 태도
택	宅	陽	木	6	陰	土	火	木	宀	木	집, 대지, 무덤
택	擇	陰	木	17	陽	金	火	木	手	木	가릴, 고를
택	澤	陰	水	17	陽	金	火	木	水	水	못, 진펄, 늪, 윤, 윤이 날
탱	撑	陰	木	16	陰	土	火	土	手	木	버팀목, 버틸, 배를 저을
터	攄	陰	木	19	陽	水	火	-	手	木	펼, 생각이나 말을 늘어놓을
토	土	陽	土	3	陽	火	火	-	土	土	흙, 땅, 오행의 하나
토	吐	陽	水	6	陰	土	火	-	口	水	토할, 털어놓을, 드러낼, 버릴
토	兎	陽	木	7	陽	金	火	-	儿	木	토끼, 달의 비유
토	討	陰	金	10	陰	水	火	-	言	金	칠, 정벌할, 꾸짖을, 죽일
통	洞	陰	水	10	陰	水	火	土	水	水	꿰뚫을, 굴, 동굴, 골짜기
통	桶	陰	木	11	陽	木	火	土	木	木	통, 물건을 담는 통
통	統	陰	木	12	陰	木	火	土	糸	木	큰 줄기, 혈통, 핏줄, 거느릴
통	筒	中	木	12	陰	木	火	土	竹	木	대롱, 대롱처럼 생긴 물건
통	痛	陽	水	12	陰	木	火	土	疒	水	아플, 앓을, 괴롭힐, 슬픔

글자		글자		획수			음령오행		부수		글자의 의미
		음양	오행	획수	음양	오행	초성	종성	부수	오행	
통	通	陽	土	14	陰	火	火	土	辵	土	통할, 꿰뚫을, 환히 비칠
통	慟	陰	火	15	陽	土	火	土	心	火	서럽게 울, 울면서 슬퍼할
퇴	堆	陰	土	11	陽	木	火	-	土	土	언덕, 높이 쌓일, 둘
퇴	退	陽	土	13	陽	火	火	-	辵	土	물러날, 그만둘, 피할, 떠나갈
퇴	槌	陰	木	14	陰	火	火	-	木	木	망치, 짤막한 몽둥이, 때릴
퇴	褪	陰	木	16	陰	土	火	-	衣	木	바랠, 꽃이 질, 엷어질, 벗을
퇴	腿	陰	水	16	陰	土	火	-	肉	水	넓적다리, 정강이, 다리살
퇴	頹	陰	火	16	陰	土	火	-	頁	火	무너질, 무너뜨릴, 기울, 쇠할
투	投	陰	木	8	陰	金	火	-	手	木	던질, 줄, 보낼, 증여할
투	妬	陰	土	8	陰	金	火	-	女	土	강샘할, 시새울
투	套	陽	木	10	陰	水	火	-	大	木	덮개, 한 벌, 정한대로의
투	偸	陰	火	11	陽	木	火	-	人	火	훔칠, 가벼울, 구차할
투	透	陽	土	14	陰	火	火	-	辵	土	통할, 뛸, 뛰어넘을, 지나갈
투	鬪	陰	金	20	陰	水	火	-	鬥	金	싸움, 싸울, 다툴, 싸우게 할
특	特	陰	土	10	陰	水	火	木	牛	土	수컷, 3,4살 난 짐승, 특별할
특	慝	陽	火	15	陽	土	火	木	心	火	사특할, 간사할, 악할, 못될
틈	闖	中	木	18	陰	金	火	水	門	木	말이 문나오는, 엿볼
파	巴	陽	土	4	陰	火	水	-	己	土	땅이름
파	爬	陽	金	8	陰	金	水	-	爪	金	긁을, 길, 기어서 다닐, 잡을
파	把	陰	木	8	陰	金	水	-	手	木	잡을, 한손으로 쥘, 자루
파	杷	陰	木	8	陰	金	水	-	木	木	비파나무, 상록교목
파	坡	陰	土	8	陰	金	水	-	土	土	고개, 비탈, 둑, 제방, 언덕
파	波	陰	水	9	陽	水	水	-	水	水	물결, 물결 일, 파도 일어날
파	破	陰	金	10	陰	水	水	-	石	金	깨뜨릴, 일을 망칠, 쪨, 가를
파	芭	陽	木	10	陰	水	水	-	艸	木	파초, 향기풀이름, 꽃
파	派	陰	水	10	陰	水	水	-	水	水	물갈래, 갈라져 흐를
파	婆	中	土	11	陽	木	水	-	女	土	할미
파	跛	陰	土	12	陰	木	水	-	足	土	절뚝발이, 절뚝거릴, 기대설
파	琶	中	金	13	陽	火	水	-	玉	金	비파
파	頗	陰	火	14	陰	火	水	-	頁	火	자못, 조금, 약간, 치우칠

글자		글자		획수			음령오행		부수		글자의 의미
		음양	오행	획수	음양	오행	초성	종성	부수	오행	
파	播	陰	木	16	陰	土	水	-	手	木	뿌릴, 씨 뿌릴, 퍼뜨릴, 베풀
파	罷	中	木	16	陰	土	水	-	网	木	방면할, 그칠, 그만둘, 쉴
파	擺	陰	木	19	陽	水	水	-	手	木	열릴, 벌여 놓을, 배열할, 털
판	判	陰	金	7	陽	金	水	火	刀	金	판가름할, 나눌, 구별할
판	坂	陰	土	7	陽	金	水	火	土	土	비탈, 뚝 제방, 언덕
판	板	陰	木	8	陰	金	水	火	木	木	널빤지, 판목, 딱따기
판	版	陰	木	8	陰	金	水	火	片	木	널, 널빤지, 책, 편지, 조각
판	販	陰	金	11	陽	木	水	火	貝	金	팔, 살, 매매할, 장사할
판	鈑	陰	金	12	陰	木	水	火	金	金	금박, 얇은 판자형의 황금
판	阪	陰	土	12	陰	木	水	火	阜	土	비탈, 뚝 제방, 산골짜기
판	辦	陰	金	16	陰	土	水	火	辛	金	힘쓸, 갖출, 주관할, 판별할
판	瓣	陰	木	19	陽	水	水	火	瓜	木	외씨, 꽃잎, 외씨의 핵
팔	叭	陰	水	5	陽	土	水	火	口	水	입을 벌릴, 나팔
팔	八	陽	金	8	陰	金	水	火	八	金	여덟, 여덟 번, 팔자 형태
팔	捌	陰	木	11	陽	木	水	火	手	木	깨뜨릴, 쳐부술, 고무래
패	貝	陽	金	7	陽	金	水	-	貝	金	조개, 돈, 조가비, 무늬
패	沛	陰	水	8	陰	金	水	-	水	水	늪, 습지, 성대한
패	佩	陰	火	8	陰	金	水	-	人	火	찰, 지닐, 노리개
패	唄	陰	水	10	陰	水	水	-	口	水	찬불(讚佛)
패	敗	陰	金	11	陽	木	水	-	攴	金	깨뜨릴, 부술, 무너질, 패할
패	浿	陰	水	11	陽	木	水	-	水	水	강이름
패	狽	陰	土	11	陽	木	水	-	犬	土	이리
패	悖	陰	火	11	陽	木	水	-	心	火	어그러질, 기준에서 벗어날
패	牌	陰	木	12	陰	木	水	-	片	木	패, 방, 명찰, 간판, 포고문
패	稗	陰	木	13	陽	火	水	-	禾	木	피, 화본과 일년초
패	覇	中	金	19	陽	水	水	-	襾	金	으뜸
팽	烹	中	火	11	陽	木	水	土	火	火	삶을, 삶아죽일, 익힌 음식
팽	彭	陰	火	12	陰	木	水	土	彡	火	성(姓), 나라이름, 땅이름
팽	澎	陰	水	16	陰	土	水	土	水	水	물결 부딪히는 기세, 물소리
팽	膨	陰	水	18	陰	金	水	土	肉	水	부풀

글자		글자		획수			음령오행		부수		글자의 의미
		음양	오행	획수	음양	오행	초성	종성	부수	오행	
퍅	愎	陰	火	13	陽	火	水	木	心	火	괴팍할, 너그럽지 못할
편	片	陽	木	4	陰	火	水	火	片	木	한쪽, 조각, 납작한 조각
편	扁	陽	木	9	陽	水	水	火	戶	木	넓적할, 납작할, 액자
편	便	陰	火	9	陽	水	水	火	人	火	편할, 편안할, 소식
편	偏	陰	火	11	陽	木	水	火	人	火	치우칠, 반, 절반, 한쪽
편	編	陰	木	15	陽	土	水	火	糸	木	엮을, 기록할, 이어놓을, 짤
편	篇	中	木	15	陽	土	水	火	竹	木	책, 완결된 책, 완결된 시문
편	翩	陰	火	15	陽	土	水	火	羽	火	빨리 날, 나부낄
편	遍	陰	土	16	陰	土	水	火	辵	土	두루, 고루 미칠
편	鞭	陰	金	18	陰	金	水	火	革	金	채찍, 매질할
편	騙	陰	火	19	陽	水	水	火	馬	火	속일, 기만할, 말에 뛰어오를
폄	貶	陰	金	12	陰	木	水	水	貝	金	떨어뜨릴, 낮출, 감할, 내칠
평	平	陽	木	5	陽	土	水	土	干	木	평평할, 다스릴, 곧을, 바를
평	坪	陰	土	8	陰	金	水	土	土	土	평평할, 평(땅단위), 들
평	枰	陰	木	9	陽	水	水	土	木	木	바둑판, 의자, 침상
평	泙	陰	水	9	陽	水	水	土	水	水	물소리, 물결이 거센
평	評	陰	金	12	陰	木	水	土	言	金	됨됨이를 평할, 품평
평	萍	中	木	14	陰	火	水	土	艸	木	부평초, 개구리 밥, 쑥
폐	吠	陰	水	7	陽	金	水	-	口	水	짖을, 개가 짖을
폐	肺	陰	水	10	陰	水	水	-	肉	水	허파, 마음, 충심
폐	閉	中	木	11	陽	木	水	-	門	木	닫을, 닫힐, 잠글, 단절할
폐	廢	中	木	15	陽	土	水	-	广	木	폐할, 그만둘, 부서질
폐	幣	中	木	15	陽	土	水	-	巾	木	비단, 예물, 돈
폐	弊	中	水	15	陽	土	水	-	廾	木	해질, 옷이 낡을, 넘어질
폐	陛	陰	土	15	陽	土	水	-	阜	土	섬돌, 계단, 순서, 차례
폐	嬖	中	土	16	陰	土	水	-	女	土	사랑할, 친압할
폐	斃	中	金	18	陰	金	水	-	攴	金	넘어질, 쓰러질, 넘어져 죽을
폐	蔽	中	木	18	陰	金	水	-	艸	木	덮을, 가릴, 속일, 포괄할
포	包	陽	金	5	陽	土	水	-	勹	金	쌀, 꾸러미, 보따리
포	布	陽	木	5	陽	土	水	-	巾	木	베, 돈, 화폐, 펼, 넓게 깔

글자		글자		획수			음령오행		부수		글자의 의미
		음양	오행	획수	음양	오행	초성	종성	부수	오행	
포	佈	陰	火	7	陽	金	水	-	人	火	펼
포	咆	陰	水	8	陰	金	水	-	口	水	으르렁거릴, 성낼
포	匍	陽	木	9	陽	水	水	-	勹	金	길, 힘을 다할, 문지를, 갈
포	抱	陰	木	9	陽	水	水	-	手	木	안을, 품을, 품에 안길, 가슴
포	拋	陰	木	9	陽	水	水	-	手	木	던질, 내던질, 버릴, 내버릴
포	泡	陰	水	9	陽	水	水	-	水	水	거품, 물거품, 성할
포	怖	陰	火	9	陽	水	水	-	心	火	두려워할, 떨, 두려울, 공포
포	砲	陰	金	10	陰	水	水	-	石	金	돌쇠뇌, 대포, 포거
포	圃	陽	水	10	陰	水	水	-	囗	水	밭, 들일, 넓을, 클
포	疱	陽	水	10	陰	水	水	-	疒	水	천연두, 마마, 몸이 붓는 병
포	哺	陰	水	10	陰	水	水	-	口	水	먹을, 먹일, 어린아이의 병명
포	苞	陽	木	11	陽	木	水	-	艸	木	딸기, 밑동, 쌀, 그령
포	匏	陰	木	11	陽	木	水	-	勹	金	박, 바가지, 악기
포	捕	陰	木	11	陽	木	水	-	手	木	사로잡을, 구할, 찾을
포	袍	陰	木	11	陽	木	水	-	衣	木	핫옷, 겨울용 솜옷, 평상복
포	浦	陰	水	11	陽	木	水	-	水	水	개, 물가, 바닷가
포	胞	陰	水	11	陽	木	水	-	肉	水	태보, 삼, 종기, 친형제
포	脯	陰	水	13	陽	火	水	-	肉	水	포, 말린 과실, 말린 고기
포	飽	陰	水	14	陰	火	水	-	食	水	물릴, 싫증이 날, 배부를
포	逋	陽	土	14	陰	火	水	-	辵	土	달아날, 체납할, 체납한 조세
포	鋪	陰	金	15	陽	土	水	-	金	金	펼, 늘어놓을, 베풀, 배목
포	葡	陽	木	15	陽	土	水	-	艸	木	포도, 머루, 갖출
포	褒	中	木	15	陽	土	水	-	衣	木	기릴, 클, 넓을, 모을, 도포
포	暴	陽	火	15	陽	土	水	-	日	火	사나울, 해칠, 해롭게 할
포	蒲	中	木	16	陰	土	水	-	艸	木	부들, 창포, 왕골, 소포
포	鮑	陰	水	16	陰	土	水	-	魚	水	절인 어물, 전복, 갖바치
폭	幅	陰	木	12	陰	木	水	木	巾	木	폭, 너비, 넓이, 가장자리
폭	暴	陽	火	15	陽	土	水	木	日	火	사나울, 해칠, 해롭게 할
폭	輻	陰	火	16	陰	土	水	木	車	火	바퀴살통
폭	瀑	陰	水	19	陽	水	水	木	水	水	폭포, 소나기, 거품

글자		글자		획수			음령오행		부수		글자의 의미
		음양	오행	획수	음양	오행	초성	종성	부수	오행	
폭	爆	陰	火	19	陽	水	水	木	火	火	터질, 폭발할, 태울, 불길 셀
폭	曝	陰	火	19	陽	水	水	木	日	火	쬘, 햇볕에 쬐어 말릴
표	杓	陰	木	7	陽	金	水	-	木	木	자루, 별이름, 북두자루, 당길
표	表	陽	木	9	陽	水	水	-	衣	木	겉, 거죽, 겉면, 나타낼, 밝힐
표	豹	陰	水	10	陰	水	水	-	豸	水	표범
표	俵	陰	火	10	陰	水	水	-	人	火	흩을, 나누어줄
표	票	陽	木	11	陽	木	水	-	示	木	불똥이 튈, 흔들리는, 쪽지
표	彪	陽	火	11	陽	木	水	-	彡	火	무늬, 범가죽 무늬, 범, 밝힐
표	剽	陰	金	13	陽	火	水	-	刀	金	빠를, 사나울, 위험할
표	標	陰	木	15	陽	土	水	-	木	木	우듬지, 높은 나뭇가지, 표할
표	漂	陰	水	15	陽	土	水	-	水	水	떠돌, 표류할, 유랑할, 흔들
표	慓	陰	火	15	陽	土	水	-	心	火	날랠, 재빠를
표	瓢	陰	木	16	陰	土	水	-	瓜	木	박, 바가지, 표주박, 구기
표	飄	陰	木	20	陰	水	水	-	風	木	회오리바람, 질풍
표	飆	陽	木	21	陽	木	水	-	風	木	폭풍, 회오리바람, 광풍
표	驃	陰	火	21	陽	木	水	-	馬	火	표절따, 표마, 날래고 용감할
품	品	中	水	9	陽	水	水	水	口	水	물건, 품별을 할, 품평할
품	稟	陽	木	13	陽	火	水	水	禾	木	줄, 내려줄, 녹미, 받을, 녹
풍	風	陽	木	9	陽	水	水	土	風	木	바람, 불, 바람이 불, 바람 쐴
풍	馮	陰	火	12	陰	木	水	土	馬	火	성(姓), 업신여길
풍	豊	陽	木	13	陽	火	水	土	豆	木	풍성할, 풍년
풍	楓	陰	木	13	陽	火	水	土	木	木	단풍나무, 신나무
풍	諷	陰	金	16	陰	土	水	土	言	金	욀, 풍자할, 풍간할
피	皮	陽	金	5	陽	土	水	-	皮	金	가죽, 껍질, 겉, 거죽
피	彼	陰	火	8	陰	金	水	-	彳	火	저, 저사람, 그, 그이, 아닐
피	披	陰	木	9	陽	水	水	-	手	木	나눌, 쪼갤, 열, 개척할, 입을
피	疲	陽	水	10	陰	水	水	-	疒	水	지칠, 힘이 없을, 피로
피	被	陰	木	11	陽	木	水	-	衣	木	이불, 잠옷, 미칠, 달할
피	陂	陰	土	13	陽	火	水	-	阜	土	비탈, 고개, 보, 못, 막을
피	避	中	土	20	陰	水	水	-	辵	土	피할, 회피할, 벗어날, 숨을

글자		글자		획수			음령오행		부수		글자의 의미
		음양	오행	획수	음양	오행	초성	종성	부수	오행	
필	匹	陽	水	4	陰	火	水	火	匚	水	필, 짝, 맞설
필	疋	陽	土	5	陽	土	水	火	疋	土	필, 바를
필	必	陽	火	5	陽	土	水	火	心	火	반드시, 틀림없이, 오로지
필	佖	陰	火	7	陽	金	水	火	人	火	점잖을, 가득찰, 나란할
필	泌	陰	水	9	陽	水	水	火	水	水	샘물 흐르는 모양, 내이름
필	珌	陰	金	10	陰	水	水	火	玉	金	칼 장식 옥
필	苾	陽	木	11	陽	木	水	火	艸	木	향기로울, 풀이름, 채소이름
필	畢	陽	木	11	陽	木	水	火	田	木	마칠, 끝낼, 죌, 그물, 모두
필	筆	中	木	12	陰	木	水	火	竹	木	붓, 쓸, 덧보태어 쓸
필	弼	陰	火	12	陰	木	水	火	弓	火	도울, 돕는 사람, 도지개
필	鉍	陰	金	13	陽	火	水	火	金	金	창의 자루
필	馝	陰	木	14	陰	火	水	火	香	木	향기로울, 좋은 향내가 날
핍	乏	陽	金	5	陽	土	水	水	丿	金	가난할, 버릴, 고달플
핍	逼	陽	土	16	陰	土	水	水	辵	土	닥칠, 가까이 다가올, 협박할
하	下	陽	木	3	陽	火	土	-	一	木	아래, 아랫사람, 뒤
하	呀	陰	水	7	陽	金	土	-	口	水	입 벌릴, 감탄 의문의 어조사
하	何	陰	火	7	陽	金	土	-	人	火	어찌, 무엇, 얼마
하	河	陰	水	9	陽	水	土	-	水	水	강이름, 황하, 내, 강, 운하
하	昰	陽	火	9	陽	水	土	-	日	火	옳을, 바로잡을, 다스릴, 여름
하	夏	陽	土	10	陰	水	土	-	夊	土	여름, 약초이름, 안거
하	賀	中	金	12	陰	木	土	-	貝	金	하례할, 위로할, 경축, 경사
하	厦	陽	水	12	陰	木	土	-	厂	水	큰집, 헐소청
하	廈	陽	木	13	陽	火	土	-	广	木	처마, 큰집
하	荷	中	木	13	陽	火	土	-	艸	木	연꽃, 원망할, 더할, 규탄할
하	碬	陰	金	14	陰	火	土	-	石	金	숫돌, 울퉁불퉁할
하	瑕	陰	金	14	陰	火	土	-	玉	金	티, 옥에 티, 허물, 잘못
하	嘏	陰	水	14	陰	火	土	-	口	水	클, 장대할, 복, 복 받을
하	蝦	陰	水	15	陽	土	土	-	虫	水	새우, 두꺼비
하	遐	中	土	16	陰	土	土	-	辵	土	멀, 멀어질, 멀리할
하	霞	中	水	17	陽	金	土	-	雨	水	노을, 이내, 멀, 아득할, 새우

글자		글자		획수			음령오행		부수		글자의 의미
		음양	오행	획수	음양	오행	초성	종성	부수	오행	
하	鰕	陰	水	20	陰	水	土	-	魚	水	새우, 도롱뇽, 고래 암컷
학	虐	陽	木	9	陽	水	土	木	虍	木	사나울, 해칠, 상할, 잔인할
학	嗃	陰	水	13	陽	火	土	木	口	水	엄할, 냉엄할, 부르짖는 소리
학	謔	陰	金	16	陰	土	土	木	言	金	희롱거릴, 농담, 희롱
학	學	中	水	16	陰	土	土	木	子	水	배울, 학문, 학자
학	壑	中	土	17	陽	金	土	木	土	土	골, 산골짜기, 도랑, 개천
학	鶴	陰	火	21	陽	木	土	木	鳥	火	학, 두루미, 흴, 흰색
한	汗	陰	水	7	陽	金	土	火	水	水	땀, 땀을 흘릴
한	旱	陽	火	7	陽	金	土	火	日	火	가물, 가뭄, 육지, 뭍
한	罕	陽	木	9	陽	水	土	火	网	木	그물, 새그물, 기, 드물
한	恨	陰	火	10	陰	水	土	火	心	火	한할, 원통할, 뉘우칠, 억울할
한	悍	陰	火	11	陽	木	土	火	心	火	사나울, 성급할, 세찰, 빠를
한	寒	陽	木	12	陰	木	土	火	宀	木	찰, 차가울, 얼, 식힐
한	閑	中	木	12	陰	木	土	火	門	木	막을, 막힐, 가로막을, 문지방
한	閒	中	木	12	陰	木	土	火	門	木	틈, 들일, 받아들일, 한가할
한	限	陰	土	14	陰	火	土	火	阜	土	한계, 경계, 구역, 규정, 제한
한	漢	陰	水	15	陽	土	土	火	水	水	한수, 은하수, 사나이
한	潣	陰	水	16	陰	土	土	火	水	水	넓을
한	翰	陰	火	16	陰	土	土	火	羽	火	날개, 금계, 빠르게 날
한	韓	陰	金	17	陽	金	土	火	韋	金	나라이름, 삼한, 우물귀틀
한	澣	陰	水	17	陽	金	土	火	水	水	빨래, 빨래할, 발 씻을
한	瀚	陰	水	20	陰	水	土	火	水	水	넓고 큰 모양, 사막이름
할	割	陰	金	12	陰	木	土	火	刀	金	나눌, 쪼갤, 빼앗을, 벨
할	轄	陰	火	17	陽	金	土	火	車	火	비녀장, 관장할, 다스릴
함	含	陽	水	7	陽	金	土	水	口	水	머금을, 품을, 넣을
함	函	陽	木	8	陰	金	土	水	凵	水	함, 상자, 편지, 잔, 술잔
함	咸	陽	水	9	陽	水	土	水	口	水	다, 모두, 두루 미칠, 같을
함	啣	陰	水	11	陽	木	土	水	口	水	재갈, 머금을, 느낄, 품을
함	涵	陰	水	12	陰	木	土	水	水	水	젖을, 적실, 담글, 잠길
함	喊	陰	水	12	陰	木	土	水	口	水	소리, 고함지를, 입을 다물

글자		글자		획수			음령오행		부수		글자의 의미
		음양	오행	획수	음양	오행	초성	종성	부수	오행	
함	銜	陰	金	14	陰	火	土	水	金	金	재갈, 머금을, 받을, 받들
함	緘	陰	木	15	陽	土	土	水	糸	木	봉할, 새끼, 줄, 함끈
함	陷	陰	土	16	陰	土	土	水	阜	土	빠질, 떨어질, 추락할, 파묻힐
함	檻	陰	木	18	陰	金	土	水	木	木	우리, 감옥, 덫, 올무
함	艦	陰	木	20	陰	水	土	水	舟	木	싸움배, 군함
함	鹹	陰	水	20	陰	水	土	水	鹵	水	짤, 짠맛, 소금기, 쓴, 쓴맛
합	合	陽	水	6	陰	土	土	水	口	水	합할, 만날, 맞을
합	哈	陰	水	9	陽	水	土	水	口	水	물고기 많은 모양, 웃는 소리
합	盒	陽	金	11	陽	木	土	水	皿	金	합, 음식 담는 그릇, 찬합
합	蛤	陰	水	12	陰	木	土	水	虫	水	대합조개, 큰 두꺼비, 개구리
합	閤	中	木	14	陰	火	土	水	門	木	쪽문, 곁문, 침실, 규방
합	陜	陰	土	15	陽	土	土	水	阜	土	땅이름
합	闔	中	木	18	陰	金	土	水	門	木	문짝, 문을 닫을, 간직할
항	亢	陽	火	4	陰	火	土	土	亠	火	목, 목구멍, 오를, 높을
항	伉	陰	火	6	陰	土	土	土	人	火	짝, 굳셀, 맞설
항	行	陰	火	6	陰	土	土	土	行	火	항렬
항	杭	陰	木	8	陰	金	土	土	木	木	건널, 물을 건널, 나룻배, 배
항	抗	陰	木	8	陰	金	土	土	手	木	막을, 저지할, 구할, 두둔할
항	沆	陰	水	8	陰	金	土	土	水	水	넓을, 괴어있는 물, 흐를
항	肛	陰	水	9	陽	水	土	土	肉	水	똥구멍, 부풀
항	巷	陽	土	9	陽	水	土	土	己	土	거리, 복도, 통로, 동네, 마을
항	姮	陰	土	9	陽	水	土	土	女	土	항아
항	缸	陰	土	9	陽	水	土	土	缶	土	항아리, 질그릇
항	桁	陰	木	10	陰	水	土	土	木	木	차꼬
항	航	陰	木	10	陰	水	土	土	舟	木	배, 배다리, 건널
항	恒	陰	火	10	陰	水	土	土	心	火	항상, 언제나, 늘, 변함없는
항	項	陰	火	12	陰	木	土	土	頁	火	목, 관의 뒤쪽, 클
항	港	陰	水	13	陽	火	土	土	水	水	항구, 도랑, 뱃길
항	嫦	陰	土	14	陰	火	土	土	女	土	항아
항	降	陰	土	14	陰	火	土	土	阜	土	항복할, 항복받을, 굴복할

글자		글자		획수			음령오행		부수		글자의 의미
		음양	오행	획수	음양	오행	초성	종성	부수	오행	
해	亥	陽	火	6	陰	土	土	-	亠	火	돼지, 12번째 지지, 간직할
해	咍	陰	水	8	陰	金	土	-	口	水	웃을, 비웃을, 기뻐할, 성(姓)
해	咳	陰	水	9	陽	水	土	-	口	水	어린애가 웃을, 기침, 포괄할
해	孩	陰	水	9	陽	水	土	-	子	水	어린아이, 어릴, 마음이 어릴
해	垓	陰	土	9	陽	水	土	-	土	土	지경, 경계, 끝, 국토의 끝
해	奚	陽	木	10	陰	水	土	-	大	木	어찌, 어느, 무엇, 여자종
해	害	陽	木	10	陰	水	土	-	宀	木	해칠, 손해, 훼방할, 방해할
해	海	陰	水	11	陽	木	土	-	水	水	바다, 바닷물, 물산이 풍부한
해	偕	陰	火	11	陽	木	土	-	人	火	함께, 함께 있을, 굳셀
해	該	陰	金	13	陽	火	土	-	言	金	그, 갖출, 갖추어질
해	楷	陰	木	13	陽	火	土	-	木	木	나무이름, 본보기, 모범, 본뜰
해	解	陰	木	13	陽	火	土	-	角	木	풀, 해부할, 벗길, 용서할
해	諧	陰	金	16	陰	土	土	-	言	金	화할, 화합할, 조화될, 어울릴
해	骸	陰	金	16	陰	土	土	-	骨	金	뼈, 사람의 뼈, 해골
해	駭	陰	火	16	陰	土	土	-	馬	火	놀랄, 놀라게 할, 어지러워질
해	懈	陰	火	17	陽	金	土	-	心	火	게으를, 느슨해질
해	蟹	中	水	19	陽	水	土	-	虫	水	게
해	瀣	陰	水	20	陰	水	土	-	水	水	이슬기운
해	邂	中	土	20	陰	水	土	-	辵	土	만날, 우연히 마주칠
핵	劾	陰	土	8	陰	金	土	木	力	土	캐물을, 신문조서, 힘쓸
핵	核	陰	木	10	陰	水	土	木	木	木	씨, 씨 있는 과일, 알갱이
행	行	陰	火	6	陰	土	土	土	行	火	갈, 걸을, 나아갈, 다닐
행	杏	陽	木	7	陽	金	土	土	木	木	살구나무, 살구, 은행나무
행	幸	陽	木	8	陰	金	土	土	干	木	다행, 행복, 운이 좋을, 바랄
행	倖	陰	火	10	陰	水	土	土	人	火	요행, 간사할, 아첨할
행	荇	中	木	12	陰	木	土	土	艸	木	마름풀
행	涬	陰	水	12	陰	木	土	土	水	水	기운, 끌, 당길
향	向	陽	水	6	陰	土	土	土	口	水	향할, 구할, 창
향	享	陽	火	8	陰	金	土	土	亠	火	누릴, 제사지낼, 드릴
향	香	陽	木	9	陽	水	土	土	香	木	향기, 향기로울, 아름다울

글자		글자		획수			음령오행		부수		글자의 의미
		음양	오행	획수	음양	오행	초성	종성	부수	오행	
향	珦	陰	金	11	陽	木	土	土	玉	金	옥이름
향	餉	陰	水	15	陽	土	土	土	食	水	건량, 도시락, 군량, 군자금
향	鄕	陰	土	17	陽	金	土	土	邑	土	시골, 마을, 곳, 장소
향	嚮	中	水	19	陽	水	土	土	口	水	향할, 권할, 접대
향	麘	陽	土	20	陰	水	土	土	鹿	土	사향사슴
향	響	中	金	22	陰	木	土	土	音	金	울림, 음향, 명성, 울릴
향	饗	中	水	22	陰	木	土	土	食	水	잔치할, 연회할, 대접할
허	許	陰	金	11	陽	木	土	-	言	金	허락할, 받아들일, 승인할
허	虛	陽	木	12	陰	木	土	-	虍	木	빌, 없을, 드물, 모자랄
허	噓	陰	水	14	陰	火	土	-	口	水	불, 울
허	墟	陰	土	15	陽	土	土	-	土	土	언덕, 옛터, 터, 기슭, 저자
헌	軒	陰	火	10	陰	水	土	火	車	火	추녀, 처마, 집, 가옥, 수레
헌	憲	陽	火	16	陰	土	土	火	心	火	법, 가르침, 깨우침, 명령
헌	櫶	陰	木	20	陰	水	土	火	木	木	나무이름
헌	獻	陰	土	20	陰	水	土	火	犬	土	바칠, 나아갈, 어진 이, 드릴
헐	歇	陰	火	13	陽	火	土	火	欠	火	쉴, 휴식할, 없을, 다할, 마를
험	險	陰	土	21	陽	木	土	水	阜	土	험할, 높을, 깊을, 멀, 기울
험	驗	陰	火	23	陽	火	土	水	馬	火	증험할, 증거, 효능, 응보
혁	侐	陰	火	8	陰	金	土	木	人	火	고요할
혁	革	陽	金	9	陽	水	土	木	革	金	가죽, 피부, 북, 갑주, 투구
혁	奕	陽	木	9	陽	水	土	木	大	木	클, 아름다울, 근심할, 겹칠
혁	焃	陰	火	11	陽	木	土	木	火	火	붉을, 밝을, 빛날
혁	赫	陰	火	14	陰	火	土	木	赤	火	붉을, 붉은 빛, 빛나는
혁	爀	陰	火	18	陰	金	土	木	火	火	붉을, 불빛이 붉은
현	玄	陽	火	5	陽	土	土	火	玄	火	검을, 검은 빛, 하늘, 멀
현	見	陽	火	7	陽	金	土	火	見	火	나타날, 드러날, 있을, 보일
현	呟	陰	水	8	陰	金	土	火	口	水	소리
현	弦	陰	火	8	陰	金	土	火	弓	火	시위, 활시위, 활시위 소리
현	泫	陰	水	9	陽	水	土	火	水	水	빛날, 들을, 이슬비 내리는
현	俔	陰	火	9	陽	水	土	火	人	火	염탐할, 풍향계, 두려워하는

글자		글자		획수			음령오행		부수		글자의 의미
		음양	오행	획수	음양	오행	초성	종성	부수	오행	
현	炫	陰	火	9	陽	水	土	火	火	火	빛날, 비출, 자랑할
현	玹	陰	金	10	陰	水	土	火	玉	金	옥돌, 옥빛
현	眩	陰	木	10	陰	水	土	火	目	木	아찔할, 현혹할, 어두울
현	峴	陰	土	10	陰	水	土	火	山	土	재, 고개, 산이름
현	絃	陰	木	11	陽	木	土	火	糸	木	악기줄, 거문고줄, 새끼
현	舷	陰	木	11	陽	木	土	火	舟	木	뱃전
현	晛	陰	火	11	陽	木	土	火	日	火	햇살, 햇빛, 해날, 환할, 밝을
현	衒	陰	火	11	陽	木	土	火	行	火	팔, 자기를 선전할, 현기증 날
현	現	陰	金	12	陰	木	土	火	玉	金	나타날, 나타낼, 밝을, 이제
현	絢	陰	木	12	陰	木	土	火	糸	木	무늬, 문채, 노끈, 빠를
현	睍	陰	木	12	陰	木	土	火	目	木	불거진 눈, 훔쳐볼, 아름다운
현	惤	陰	火	12	陰	木	土	火	心	火	베 이름, 엄할
현	鉉	陰	金	13	陽	火	土	火	金	金	솥귀, 활시위, 삼공의 지위
현	賢	中	金	15	陽	土	土	火	貝	金	어질, 착할, 선량할, 현자
현	儇	陰	火	15	陽	土	土	火	人	火	총명할, 빠를, 날랠
현	縣	陰	木	16	陰	土	土	火	糸	木	매달, 높이 걸, 공표할, 고을
현	譞	陰	金	20	陰	水	土	火	言	金	영리할, 슬기, 지혜, 말 많은
현	懸	中	火	20	陰	水	土	火	心	火	매달, 달아맬, 매달릴, 늘어질
현	顯	陰	火	23	陽	火	土	火	頁	火	나타날, 나타낼, 드러날
혈	孑	陽	水	3	陽	火	土	火	子	水	외로울, 남을, 남길, 짧을
혈	穴	中	水	5	陽	土	土	火	穴	水	구멍, 구덩이, 움, 소굴, 동굴
혈	血	陽	水	6	陰	土	土	火	血	水	피, 물들일
혈	頁	陽	火	9	陽	水	土	火	頁	火	머리, 목, 목덜미, 페이지
혐	嫌	陰	土	13	陽	火	土	水	女	土	싫어할, 의심할, 불만스러울
협	夾	陽	木	7	陽	金	土	水	大	木	낄, 부축할, 손잡이, 칼자루
협	洽	陰	水	8	陰	金	土	水	氵	水	화할, 젖을, 윤택할
협	協	陰	水	8	陰	金	土	水	十	水	맞을, 화합할, 적합할, 합할
협	俠	陰	火	9	陽	水	土	水	人	火	호협할, 가벼울, 젊을
협	峽	陰	土	10	陰	水	土	水	山	土	골짜기, 띠 모양의 바다
협	挾	陰	木	11	陽	木	土	水	手	木	낄, 끼워 넣을, 끼울, 가질

글자		글자		획수			음령오행		부수		글자의 의미
		음양	오행	획수	음양	오행	초성	종성	부수	오행	
협	浹	陰	水	11	陽	木	土	水	水	水	두루 미칠, 널리 퍼질, 통할
협	狹	陰	土	11	陽	木	土	水	犬	土	좁을, 좁아질, 좁힐
협	脇	陰	水	12	陰	木	土	水	肉	水	옆구리, 갈빗대, 곁, 울러댈
협	脅	中	水	12	陰	木	土	水	肉	水	옆구리, 갈빗대, 곁, 울러댈
협	莢	陽	木	13	陽	火	土	水	艸	木	풀 열매, 콩깍지, 콩꼬투리
협	鋏	陰	金	15	陽	土	土	水	金	金	집게, 가위, 칼, 장검
협	頰	陰	火	16	陰	土	土	水	頁	火	뺨, 쾌적할, 기분 좋을
형	兄	陽	木	5	陽	土	土	土	儿	木	맏이, 형
형	刑	陰	金	6	陰	土	土	土	刀	金	형벌, 벨, 법, 본받을, 다스릴
형	亨	陽	火	7	陽	金	土	土	亠	火	형통할, 드릴, 올릴, 제사
형	形	陰	火	7	陽	金	土	土	彡	火	모양, 몸, 육체, 형세, 세력
형	泂	陰	水	9	陽	水	土	土	水	水	멀, 찰, 차가울, 깊고 넓은
형	型	中	土	9	陽	水	土	土	土	土	거푸집, 본보기, 모범
형	炯	陰	火	9	陽	水	土	土	火	火	빛날, 밝을, 불이 밝을
형	珩	陰	金	11	陽	木	土	土	玉	金	노리개, 패옥, 갓끈
형	邢	陰	土	11	陽	木	土	土	邑	土	나라이름, 성(姓)
형	荊	中	木	12	陰	木	土	土	艸	木	가시나무, 곤장, 매, 모형나무
형	逈	陽	土	13	陽	火	土	土	辵	土	멀, 빛날
형	滎	中	水	14	陰	火	土	土	水	水	실개천, 물결이 일
형	熒	中	火	14	陰	火	土	土	火	火	등불, 빛날, 밝을
형	瑩	中	金	15	陽	土	土	土	玉	金	밝을, 옥의 빛, 거울같이 맑을
형	螢	中	水	16	陰	土	土	土	虫	水	개똥벌레, 반디
형	衡	陰	火	16	陰	土	土	土	行	火	저울대, 달, 저울질할
형	鎣	中	金	18	陰	金	土	土	金	金	줄, 갈, 꾸밀, 장식할, 문지를
형	瀅	陰	水	19	陽	水	土	土	水	水	맑을, 물이 맑을, 개천, 시내
형	馨	中	木	20	陰	水	土	土	香	木	향기, 향기가 날
형	瀯	陰	水	22	陰	木	土	土	水	水	물이름
혜	兮	陽	金	4	陰	火	土	-	八	金	어조사
혜	彗	中	火	11	陽	木	土	-	彐	火	비, 쓰는 비, 쓸, 꼬리별
혜	惠	陽	火	12	陰	木	土	-	心	火	은혜, 은혜를 베풀, 사랑할

글자		글자		획수			음령오행		부수		글자의 의미
		음양	오행	획수	음양	오행	초성	종성	부수	오행	
혜	鞋	陰	金	15	陽	土	土	-	革	金	신, 짚신, 목이 짧은 신
혜	暳	陰	火	15	陽	土	土	-	日	火	별이 반짝일, 반짝이는
혜	慧	中	火	15	陽	土	土	-	心	火	슬기로울, 총명할, 지혜
혜	憓	陰	火	16	陰	土	土	-	心	火	사랑할, 따를, 순종할
혜	蹊	陰	土	17	陽	金	土	-	足	土	지름길, 건널, 질러갈, 기다릴
혜	蕙	陽	木	18	陰	金	土	-	艸	木	혜초, 난초, 향풀, 아름다울
혜	醯	陰	金	19	陽	水	土	-	酉	金	초, 식초
혜	譓	陰	金	19	陽	水	土	-	言	金	슬기로울, 순종할, 좇을
혜	鏸	陰	金	20	陰	水	土	-	金	金	날카로울, 세모창, 병기
혜	譿	陰	金	22	陰	木	土	-	言	金	슬기로울, 총명할, 재주, 제지
호	互	陽	木	4	陰	火	土	-	二	木	서로, 함께, 고르지 아니할
호	戶	陽	木	4	陰	火	土	-	戶	木	지게, 지게문, 출입구, 외짝문
호	乎	陽	金	5	陽	土	土	-	ノ	金	~인가, ~로다, ~구나, ~에
호	好	陰	土	6	陰	土	土	-	女	土	좋을, 옳을, 마땅할, 아름다울
호	虎	陽	木	8	陰	金	土	-	虍	木	범, 용맹스러울, 호구 칠
호	弧	陰	木	8	陰	金	土	-	弓	火	활, 나무활, 굽은 선, 곡선부
호	呼	陰	水	8	陰	金	土	-	口	水	부를, 숨을 내쉴, 호통 칠
호	岵	陰	土	8	陰	金	土	-	山	土	산
호	昊	陽	火	8	陰	金	土	-	日	火	하늘, 큰, 성한
호	狐	陰	土	9	陽	水	土	-	犬	土	여우
호	芦	陽	木	10	陰	水	土	-	艸	木	지황, 부들
호	祜	陰	木	10	陰	水	土	-	示	木	복, 복이 두터운
호	扈	陽	木	11	陽	木	土	-	戶	木	뒤따를, 마음이 넓을, 호위할
호	瓠	陰	木	11	陽	木	土	-	瓜	木	표주박, 병, 단지
호	浩	陰	水	11	陽	木	土	-	水	水	클, 광대한
호	胡	陰	水	11	陽	木	土	-	肉	水	턱밑 살, 드리워질, 멀, 어찌
호	毫	陽	火	11	陽	木	土	-	毛	火	가는 털, 조금, 붓, 터럭
호	晧	陰	火	11	陽	木	土	-	日	火	밝을, 빛날, 해뜨는
호	皓	陰	金	12	陰	木	土	-	白	金	흴, 깨끗할, 밝을, 하늘
호	壺	陽	木	12	陰	木	土	-	士	木	병, 단지, 박, 투호

글자		글자		획수			음령오행		부수		글자의 의미
		음양	오행	획수	음양	오행	초성	종성	부수	오행	
호	淏	陰	水	12	陰	木	土	-	水	水	맑을
호	琥	陰	金	13	陽	火	土	-	玉	金	호박, 서옥, 옥그릇
호	號	陰	木	13	陽	火	土	-	虍	木	부르짖을, 한탄할, 닭이 울
호	湖	陰	水	13	陽	火	土	-	水	水	호수
호	瑚	陰	金	14	陰	火	土	-	玉	金	산호, 호련, 제기 이름
호	豪	陽	水	14	陰	火	土	-	豕	水	호걸, 귀인
호	嫭	陰	土	14	陰	火	土	-	女	土	아름다울, 시기할, 시샘할
호	皞	陰	金	15	陽	土	土	-	白	金	밝을, 흴, 진득할, 너그러울
호	糊	陰	木	15	陽	土	土	-	米	木	풀, 끈끈할, 입에 풀칠할
호	葫	中	木	15	陽	土	土	-	艸	木	마늘, 조롱박, 호리병박
호	蝴	陰	水	15	陽	土	土	-	虫	水	나비
호	滸	陰	水	15	陽	土	土	-	水	水	물가, 지류 이름
호	蒿	陽	木	16	陰	土	土	-	艸	木	쑥, 김오를, 소모할, 향기날
호	縞	陰	木	16	陰	土	土	-	糸	木	명주, 흴, 흰빛
호	澔	陰	水	16	陰	土	土	-	水	水	클, 광대한, 넓을
호	壕	陰	土	17	陽	金	土	-	土	土	해자, 도랑
호	鎬	陰	金	18	陰	金	土	-	金	金	호경, 냄비, 빛나는
호	濩	陰	水	18	陰	金	土	-	水	水	퍼질, 삶을
호	濠	陰	水	18	陰	金	土	-	水	水	해자, 강이름
호	護	陰	金	21	陽	木	土	-	言	金	보호할, 감쌀, 비호할, 통솔할
호	顥	陰	火	21	陽	木	土	-	頁	火	클, 머리털이 흰
호	頀	陰	金	23	陽	火	土	-	音	金	구할, 구제할, 지킬, 보호할
호	灝	陰	水	25	陽	土	土	-	水	水	넓을, 콩물, 청명한
혹	或	陽	金	8	陰	金	土	木	戈	金	혹, 혹은, 늘, 언제나, 있을
혹	惑	陽	火	12	陰	木	土	木	心	火	미혹할, 의심할, 미혹되게 할
혹	酷	陰	金	14	陰	火	土	木	酉	金	독할, 술이 독할, 향기 짙을
혼	昏	陽	火	8	陰	金	土	火	日	火	어두울, 저녁때, 해질무렵, 밤
혼	婚	陰	土	11	陽	木	土	火	女	土	혼인할, 아내의 친정
혼	混	陰	水	12	陰	木	土	火	水	水	섞을, 섞일, 혼탁할, 합할
혼	渾	陰	水	13	陽	火	土	火	水	水	흐릴, 합수할, 물소리

글자		글자		획수			음령오행		부수		글자의 의미
		음양	오행	획수	음양	오행	초성	종성	부수	오행	
혼	琿	陰	金	14	陰	火	土	火	玉	金	아름다운 옥
혼	魂	陰	火	14	陰	火	土	火	鬼	火	넋, 마음, 생각, 혼
홀	忽	陽	火	8	陰	金	土	火	心	火	소홀히할, 갑자기, 돌연, 문득
홀	笏	中	木	10	陰	水	土	火	竹	木	구멍, 홀, 피리가락 맞출
홀	惚	陰	火	12	陰	木	土	火	心	火	황홀할, 흐릿할
홍	弘	陰	火	5	陽	土	土	土	弓	火	넓을, 넓힐, 널리
홍	汞	陽	水	7	陽	金	土	土	水	水	수은
홍	紅	陰	木	9	陽	水	土	土	糸	木	붉을, 연지, 붉은 빛
홍	哄	陰	水	9	陽	水	土	土	口	水	떠들썩할, 고무할, 노래소리
홍	虹	陰	水	9	陽	水	土	土	虫	水	무지개, 채색한 기, 기름접시
홍	泓	陰	水	9	陽	水	土	土	水	水	깊을, 연못, 웅덩이, 소
홍	訌	陰	金	10	陰	水	土	土	言	金	무너질, 어지러워질, 집안싸움
홍	洪	陰	水	10	陰	水	土	土	水	水	큰물, 클
홍	烘	陰	火	10	陰	水	土	土	火	火	횃불, 횃불 켤, 그을릴, 불 쬘
홍	鉷	陰	金	14	陰	火	土	土	金	金	돌쇠뇌, 석궁
홍	鴻	陰	火	17	陽	金	土	土	鳥	火	큰 기러기, 클, 성할, 번성할
화	化	陰	金	4	陰	火	土	-	匕	金	될, 모양이 바뀔, 고쳐질
화	火	陽	火	4	陰	火	土	-	火	火	불, 탈, 태울, 오행의 하나
화	禾	陽	木	5	陽	土	土	-	禾	木	벼, 곡물, 곡식줄기
화	和	陰	水	8	陰	金	土	-	口	水	화할, 서로 응할, 합칠
화	花	中	木	10	陰	水	土	-	艸	木	꽃, 초목의 꽃, 꽃이 필
화	貨	中	金	11	陽	木	土	-	貝	金	재화, 물품, 뇌물을 줄, 재물
화	靴	陰	金	13	陽	火	土	-	革	金	신, 가죽신
화	話	陰	金	13	陽	火	土	-	言	金	말할, 이야기할, 이야기
화	畵	陽	木	13	陽	火	土	-	田	木	그림, 그릴, 색칠할, 채색
화	華	陽	木	14	陰	火	土	-	艸	木	꽃, 꽃필, 빛날, 윤택할, 색채
화	禍	陰	木	14	陰	火	土	-	示	木	재화, 불행, 재난, 근심, 죄
화	嬅	陰	土	15	陽	土	土	-	女	土	여자이름, 탐스러울
화	樺	陰	木	16	陰	土	土	-	木	木	자작나무, 벗나무
화	譁	陰	金	19	陽	水	土	-	言	金	시끄러울, 바뀔

글자		글자		획수			음령오행		부수		글자의 의미
		음양	오행	획수	음양	오행	초성	종성	부수	오행	
확	廓	中	木	14	陰	火	土	木	广	木	둘레, 외성, 울타리, 클
확	確	陰	金	15	陽	土	土	木	石	金	굳을, 강할, 확실할
확	碻	陰	金	15	陽	土	土	木	石	金	굳을, 굳셀, 채찍
확	穫	陰	木	19	陽	水	土	木	禾	木	벼 벨, 거둘, 얻을
확	擴	陰	木	19	陽	水	土	木	手	木	넓힐
확	攫	陰	木	24	陰	火	土	木	手	木	붙잡을, 잡아쥘, 움킬
환	丸	陽	木	3	陽	火	土	火	丶	木	알, 환, 약
환	幻	陰	水	4	陰	火	土	火	幺	水	변할, 미혹할, 홀릴, 허깨비
환	宦	陽	木	9	陽	水	土	火	宀	木	벼슬, 관직, 벼슬아치, 벼슬할
환	奐	陽	木	9	陽	水	土	火	大	木	빛날, 성대한
환	紈	陰	木	9	陽	水	土	火	糸	木	흰 비단, 맺을, 포개질
환	桓	陰	木	10	陰	水	土	火	木	木	푯말, 굳셀, 위엄이 있을
환	患	陽	火	11	陽	木	土	火	心	火	근심, 걱정, 고통, 재난, 병들
환	晥	陰	火	11	陽	木	土	火	日	火	환할, 밝은
환	喚	陰	水	12	陰	木	土	火	口	水	부를, 외칠, 불러일으킬
환	換	陰	木	13	陽	火	土	火	手	木	바꿀, 주고받을, 교체될
환	渙	陰	水	13	陽	火	土	火	水	水	흩어질, 어질, 괘이름
환	煥	陰	火	13	陽	火	土	火	火	火	불꽃, 불빛, 밝을, 빛날
환	環	陰	金	18	陰	金	土	火	玉	金	둥근 옥, 고리, 돌
환	還	陽	土	20	陰	水	土	火	辵	土	돌아올, 복귀할, 뒤돌아볼
환	鐶	陰	金	21	陽	木	土	火	金	金	고리, 귀고리, 가락지
환	鰥	陰	水	21	陽	木	土	火	魚	水	환어, 홀아비, 앓을
환	歡	陰	火	22	陰	木	土	火	欠	火	기뻐할, 기쁘게 할, 기쁨
환	驩	陰	火	28	陰	金	土	火	馬	火	기뻐할, 기쁨
활	活	陰	水	10	陰	水	土	火	水	水	살, 소생할, 생존할, 생기있는
활	滑	陰	水	14	陰	火	土	火	水	水	미끄러울, 반드러울, 부드러울
활	猾	陰	土	14	陰	火	土	火	犬	土	교활할, 어지럽힐, 가지고 놀
활	闊	中	木	17	陽	金	土	火	門	木	트일, 통할, 넓을, 거칠, 멀
활	豁	陰	水	17	陽	金	土	火	谷	水	뚫린 골, 열릴, 통할
활	濶	陰	水	18	陰	金	土	火	水	水	근고할, 어그러질

글자		글자		획수			음령오행		부수		글자의 의미
		음양	오행	획수	음양	오행	초성	종성	부수	오행	
황	皇	陽	金	9	陽	水	土	土	白	金	임금, 천자, 천제
황	況	陰	水	9	陽	水	土	土	水	水	하물며, 더구나, 이에, 비유할
황	晃	陽	火	10	陰	水	土	土	日	火	밝을, 빛날
황	晄	陰	火	10	陰	水	土	土	日	火	밝을, 빛날
황	恍	陰	火	10	陰	水	土	土	心	火	황홀할, 형체가 없는
황	凰	陽	水	11	陽	木	土	土	几	水	봉황새
황	荒	陽	木	12	陰	木	土	土	艸	木	거칠, 클, 흉년들, 거칠게 할
황	黃	陽	土	12	陰	木	土	土	黃	土	누를, 누레질, 누른 빛
황	堭	陰	土	12	陰	木	土	土	土	土	당집, 전각, 벽이 없는 집
황	媓	陰	土	12	陰	木	土	土	女	土	어머니
황	徨	陰	火	12	陰	木	土	土	彳	火	노닐, 어정거릴
황	幌	陰	木	13	陽	火	土	土	巾	木	휘장, 포장, 덮개
황	湟	陰	水	13	陽	火	土	土	水	水	해자, 우묵한 땅, 빠질
황	煌	陰	火	13	陽	火	土	土	火	火	빛날
황	惶	陰	火	13	陽	火	土	土	心	火	두려워할, 황공해할, 당황할
황	榥	陰	木	14	陰	火	土	土	木	木	책상, 창
황	滉	陰	水	14	陰	火	土	土	水	水	물 깊고 넓을
황	慌	陰	火	14	陰	火	土	土	心	火	어렴풋할, 황홀할, 다급할
황	愰	陰	火	14	陰	火	土	土	心	火	밝을, 마음 밝을, 영리할
황	篁	中	木	15	陽	土	土	土	竹	木	대숲, 피리, 대
황	蝗	陰	水	15	陽	土	土	土	虫	水	누리, 황충
황	潢	陰	水	16	陰	土	土	土	水	水	웅덩이, 나루터
황	遑	陽	土	16	陰	土	土	土	辵	土	허둥거릴, 바쁠, 서두를
황	璜	陰	金	17	陽	金	土	土	玉	金	서옥, 패옥
황	隍	陰	土	17	陽	金	土	土	阜	土	해자, 산골짜기, 빌, 공허할
황	簧	中	木	18	陰	金	土	土	竹	木	혀, 피리, 비녀의 장식
회	回	陽	水	6	陰	土	土	-	口	水	돌, 돌아올, 돌아가게 할
회	灰	陽	火	6	陰	土	土	-	火	火	재, 재가 될, 재로 만들, 망할
회	廻	陽	木	9	陽	水	土	-	廴	木	돌, 빙빙 돌, 피할, 머리 돌릴
회	徊	陰	火	9	陽	水	土	-	彳	火	노닐, 어정거릴

글자		글자		획수			음령오행		부수		글자의 의미
		음양	오행	획수	음양	오행	초성	종성	부수	오행	
회	恢	陰	火	10	陰	水	土	-	心	火	넓을, 넓힐, 갖출, 갖추어질
회	悔	陰	火	11	陽	木	土	-	心	火	뉘우칠, 후회, 아깝게도, 유감
회	晦	陰	火	11	陽	木	土	-	日	火	그믐, 어두울, 캄캄할, 어둠
회	茴	陽	木	12	陰	木	土	-	艸	木	회향풀, 방풍 잎
회	淮	陰	水	12	陰	木	土	-	水	水	강이름, 물이 빙 돌아 흐를
회	蛔	陰	水	12	陰	木	土	-	虫	水	거위, 회충
회	賄	陰	金	13	陽	火	土	-	貝	金	뇌물, 선물, 예물, 예물을 줄
회	匯	中	水	13	陽	火	土	-	匚	水	물 합할, 모을, 모일, 어음
회	會	陽	火	13	陽	火	土	-	曰	火	모일, 모을, 모임
회	誨	陰	金	14	陰	火	土	-	言	金	가르칠, 보일, 인도할, 가르침
회	檜	陰	木	17	陽	金	土	-	木	木	노송나무, 나라이름
회	澮	陰	水	17	陽	金	土	-	水	水	봇도랑, 시내, 실개천
회	獪	陰	土	17	陽	金	土	-	犬	土	교활할, 어지럽힐
회	繪	陰	木	19	陽	水	土	-	糸	木	그림, 그릴
회	膾	陰	水	19	陽	水	土	-	肉	水	회, 회칠, 회친 날고기
회	懷	陰	火	20	陰	水	土	-	心	火	품을, 품, 가슴, 정, 마음
획	劃	陰	金	14	陰	火	土	木	刀	金	그을, 나눌, 쪼갤, 자를
획	獲	陰	土	18	陰	金	土	木	犬	土	얻을, 짐승을 잡을, 빼앗을
횡	宖	中	木	8	陰	金	土	土	宀	木	집 울릴
횡	橫	陰	木	16	陰	土	土	土	木	木	가로, 동서, 좌우, 가로놓을
횡	鐄	陰	金	20	陰	水	土	土	金	金	종, 종소리, 낫
효	爻	陽	火	4	陰	火	土	-	爻	火	효, 육효, 엇갈릴, 본받을
효	孝	陽	水	7	陽	金	土	-	子	水	효도, 상복, 부모상 입을
효	効	陰	土	8	陰	金	土	-	力	土	형상할, 본받을, 배울
효	效	陰	金	10	陰	水	土	-	攴	金	본받을, 줄, 수여할, 드릴
효	肴	陽	水	10	陰	水	土	-	肉	水	안주, 술안주, 채소절임
효	哮	陰	水	10	陰	水	土	-	口	水	으르렁거릴, 큰소리 낼, 천식
효	梟	陽	木	11	陽	木	土	-	木	木	올빼미, 사납고 용맹스러울
효	涍	陰	水	11	陽	木	土	-	水	水	성(姓), 강이름
효	窙	陽	水	12	陰	木	土	-	穴	水	높은 기운, 기운이 올라 찔

글자		글자		획수			음령오행		부수		글자의 의미
		음양	오행	획수	음양	오행	초성	종성	부수	오행	
효	淆	陰	水	12	陰	木	土	-	水	水	뒤섞일, 어지러워질, 흐릴
효	酵	陰	金	14	陰	火	土	-	酉	金	술밑, 주모, 술지게미, 술 괼
효	歊	陰	火	14	陰	火	土	-	欠	火	김이 오를, 숨결, 숨쉴
효	皛	中	金	15	陽	土	土	-	白	金	나타날, 밝게 나타날, 흴
효	曉	陰	火	16	陰	土	土	-	日	火	새벽, 밝을, 환할, 깨달을
효	嚆	陰	水	17	陽	金	土	-	口	水	울릴, 소리 날, 외칠
효	斅	陰	金	20	陰	水	土	-	攴	金	가르칠, 교육할
효	驍	陰	火	22	陰	木	土	-	馬	火	날랠, 굳셀, 용감할
후	朽	陰	木	6	陰	土	土	-	木	木	썩을, 부패할, 쇠할, 구릴
후	后	陽	水	6	陰	土	土	-	口	水	임금, 왕비, 후비, 토지신
후	吼	陰	水	7	陽	金	土	-	口	水	울, 아우성칠, 크게 화난
후	厚	陽	水	9	陽	水	土	-	厂	水	두터울, 두텁게 할
후	垕	陽	土	9	陽	水	土	-	土	土	두터울, 두텁게 할
후	後	陰	火	9	陽	水	土	-	彳	火	뒤, 늦을, 능력이 뒤떨어질
후	侯	陰	火	9	陽	水	土	-	人	火	과녁, 제후, 후작, 임금
후	候	陰	火	10	陰	水	土	-	人	火	물을, 시중들, 기다릴, 기후
후	珝	陰	金	11	陽	木	土	-	玉	金	옥이름
후	帿	陰	木	12	陰	木	土	-	巾	木	과녁
후	喉	陰	水	12	陰	木	土	-	口	水	목구멍, 목, 요소, 긴요한 곳
후	嗅	陰	水	13	陽	火	土	-	口	水	맡을, 냄새를 맡을
후	逅	陽	土	13	陽	火	土	-	辶	土	만날, 우연히 만날, 터놓을
후	煦	中	火	13	陽	火	土	-	火	火	따뜻하게 할, 은혜를 베풀, 찔
훈	訓	陰	金	10	陰	水	土	火	言	金	가르칠, 인도할, 경계할
훈	焄	陽	火	11	陽	木	土	火	火	火	연기에 그을릴, 향기
훈	勛	陰	土	12	陰	木	土	火	力	土	공, 업적
훈	塤	陰	土	13	陽	火	土	火	土	土	질나발
훈	暈	陽	火	13	陽	火	土	火	日	火	무리, 선염, 눈이 어지러워질
훈	熏	陽	火	14	陰	火	土	火	火	火	연기 낄, 그을릴, 향을 피울
훈	勳	陰	土	16	陰	土	土	火	力	土	공, 업적
훈	壎	陰	土	17	陽	金	土	火	土	土	질나발

글자		글자		획수			음령오행		부수		글자의 의미
		음양	오행	획수	음양	오행	초성	종성	부수	오행	
훈	燻	陰	火	18	陰	金	土	火	火	火	연기 낄, 질식할, 불기운
훈	薰	陽	木	20	陰	水	土	火	艸	木	향풀, 향내 날, 향기
훈	鑂	陰	金	22	陰	木	土	火	金	金	금빛 투색할
훙	薨	陽	木	19	陽	水	土	土	艸	木	죽을, 상사날, 무리
훼	卉	陽	水	5	陽	土	土	-	十	水	풀, 초목
훼	喙	陰	水	12	陰	木	土	-	口	水	부리, 주둥이, 숨, 호흡
훼	毁	陰	金	13	陽	火	土	-	殳	金	헐, 상처를 입힐, 무찌를
훤	喧	陰	水	12	陰	木	土	-	口	水	의젓할, 두려워할, 지껴릴
훤	暄	陰	火	13	陽	火	土	-	日	火	따뜻할, 온난할
훤	煊	陰	火	13	陽	火	土	-	火	火	따뜻할
훤	萱	陽	木	15	陽	土	土	-	艸	木	원추리, 망우초
휘	揮	陰	木	13	陽	火	土	-	手	木	휘두를, 떨칠, 지휘할, 지시할
휘	彙	陽	火	13	陽	火	土	-	彐	火	무리, 고슴도치, 모을
휘	煇	陰	火	13	陽	火	土	-	火	火	빛날, 빛, 얼굴이 번드르르할
휘	暉	陰	火	13	陽	火	土	-	日	火	빛, 광채, 빛날
휘	麾	中	木	15	陽	土	土	-	麻	木	대장기, 지휘할, 부를
휘	輝	陰	火	15	陽	土	土	-	車	火	빛날, 광채를 발할
휘	諱	陰	金	16	陰	土	土	-	言	金	꺼릴, 싫어할, 기피할, 피할
휘	徽	陰	火	17	陽	金	土	-	彳	火	아름다울, 표기, 기러기발
휴	休	陰	火	6	陰	土	土	-	人	火	쉴, 그칠, 그만둘, 휴가
휴	烋	中	火	10	陰	水	土	-	火	火	경사로울, 행복
휴	畦	陰	土	11	陽	木	土	-	田	木	밭두둑, 지경, 경계
휴	携	陰	木	14	陰	火	土	-	手	木	끌, 이끌, 들, 손에 가질
휴	虧	陰	木	17	陽	金	土	-	虍	木	이지러질, 줄, 덕택으로
휼	恤	陰	火	10	陰	水	土	火	心	火	구휼할, 근심할, 동정할
휼	譎	陰	金	19	陽	水	土	火	言	金	속일, 변할, 바뀔, 속임수
휼	鷸	陰	火	23	陽	火	土	火	鳥	火	도요새, 물총새
흉	凶	陽	水	4	陰	火	土	土	凵	水	흉할, 사나울, 요사할, 흉년
흉	匈	陽	金	6	陰	土	土	土	勹	金	오랑캐, 떠들썩할, 흉흉할
흉	兇	陽	木	6	陰	土	土	土	儿	木	흉악할, 두려워할, 나쁜 사람

글자		글자		획수			음령오행		부수		글자의 의미
		음양	오행	획수	음양	오행	초성	종성	부수	오행	
흉	洶	陰	水	10	陰	水	土	土	水	水	물살이 세찰
흉	胸	陰	水	12	陰	木	土	土	肉	水	가슴, 가슴속, 마음, 앞쪽
흑	黑	陽	水	12	陰	木	土	木	黑	水	검을, 어둘, 나쁜, 어리석은
흔	欣	陰	火	8	陰	金	土	火	欠	火	기뻐할, 기쁨, 기쁠
흔	炘	陰	火	8	陰	金	土	火	火	火	화끈거릴, 불사를, 빛 성할
흔	昕	陰	火	8	陰	金	土	火	日	火	아침, 밝은, 분명한
흔	忻	陰	火	8	陰	金	土	火	心	火	기뻐할, 즐거워할, 마음 열
흔	痕	陽	水	11	陽	木	土	火	疒	水	흉터, 흔적, 자취
흘	吃	陰	水	6	陰	土	土	火	口	水	말 더듬을, 머뭇거릴
흘	屹	陰	土	6	陰	土	土	火	山	土	산이 우뚝 솟을
흘	紇	陰	木	9	陽	水	土	火	糸	木	질 낮은 명주실, 묶을
흘	訖	陰	金	10	陰	水	土	火	言	金	이를, 마칠, 끝날, 그만둘
흠	欠	陽	火	4	陰	火	土	水	欠	火	하품, 하품할, 모자랄, 부족할
흠	欽	陰	火	12	陰	木	土	水	欠	火	공경할, 굽을, 구부러질
흠	歆	陰	火	13	陽	火	土	水	欠	火	받을, 대접할, 음식을 대접할
흡	吸	陰	水	7	陽	金	土	水	口	水	숨 들이쉴, 마실, 빨
흡	洽	陰	水	10	陰	水	土	水	水	水	윤택하게 할, 합할
흡	恰	陰	火	10	陰	水	土	水	心	火	마치, 꼭, 흡사, 흡족할
흡	翕	中	火	12	陰	木	土	水	羽	火	합할, 화합할, 새가 날아오를
흥	興	中	土	15	陽	土	土	土	臼	土	일어날, 일으킬, 창성할
희	希	陽	木	7	陽	金	土	-	巾	木	바랄, 드물, 성길
희	姬	陰	土	9	陽	水	土	-	女	土	성(姓), 근본, 기원, 아가씨
희	俙	陰	火	9	陽	水	土	-	人	火	비슷할, 희미할, 어슴푸레할
희	晞	陰	火	11	陽	木	土	-	日	火	마를, 말릴, 햇볕에 쬘
희	烯	陰	火	11	陽	木	土	-	火	火	불빛, 에틸렌
희	稀	陰	木	12	陰	木	土	-	禾	木	드물, 성길, 적을, 묽을
희	喜	陽	水	12	陰	木	土	-	口	水	기쁠, 즐거울, 즐거워할, 즐길
희	熙	中	火	13	陽	火	土	-	火	火	빛날, 마를, 말릴, 넓힐
희	僖	陰	火	14	陰	火	土	-	人	火	기쁠, 즐거울
희	凞	中	水	15	陽	土	土	-	冫	水	빛날

글자		글자		획수			음령오행		부수		글자의 의미
		음양	오행	획수	음양	오행	초성	종성	부수	오행	
희	嬉	陰	土	15	陽	土	土	-	女	土	즐길, 즐거워할, 장난할, 놀
희	戲	陽	金	16	陰	土	土	-	戈	金	놀, 희롱할, 탄식할, 연극
희	橲	陰	木	16	陰	土	土	-	木	木	나무이름
희	噫	陰	水	16	陰	土	土	-	口	水	탄식할, 트림, 하품, 아!
희	羲	陽	土	16	陰	土	土	-	羊	土	숨, 내쉬는 숨, 복희씨의 약칭
희	熹	陽	火	16	陰	土	土	-	火	火	성할, 아름다울, 희미할
희	憙	陽	火	16	陰	土	土	-	心	火	기뻐할, 좋아할, 즐길
희	暿	陰	火	16	陰	土	土	-	日	火	몹시 더울
희	熺	陰	火	16	陰	土	土	-	火	火	성할, 아름다울, 희미할
희	憘	陰	火	16	陰	土	土	-	心	火	기뻐할, 좋아할, 성할
희	禧	陰	木	17	陽	金	土	-	示	木	복, 경사스러울, 고할
희	犧	陰	土	20	陰	水	土	-	牛	土	희생, 사랑으로 기를
희	爔	陰	火	20	陰	水	土	-	火	火	불, 햇빛
희	曦	陰	火	20	陰	水	土	-	日	火	햇빛, 일광
희	囍	陰	水	22	陰	木	土	-	口	水	쌍희
힐	詰	陰	金	13	陽	火	土	火	言	金	물을, 힐문할, 따질, 꾸짖을

13

대한민국 성씨에 사용되는 한자

기준 : 필획, 성씨에만 적용

姓名學

글자		글자		획수			음령오행		부수		글자의 의미
		음양	오행	획수	음양	오행	초성	종성	부수	오행	
가	賈	陽	金	13	陽	火	木	-	貝	金	값, 상업, 상인
가	價	陰	火	15	陽	土	木	-	人	火	값, 값있을
간	干	陽	木	3	陽	火	木	火	干	木	방패, 방어할, 범할
간	竿	中	木	9	陽	水	木	火	竹	木	장대, 죽순
간	簡	中	木	18	陰	金	木	火	竹	木	대쪽, 책, 편지
갈	渴	陰	水	12	陰	木	木	火	水	水	목마를, 갈증
갈	葛	陽	木	13	陽	火	木	火	艸	木	칡, 덩굴, 거친 베
갈	碣	陰	金	14	陰	火	木	火	石	金	비, 돌을 세울
감	甘	陽	土	5	陽	土	木	水	甘	土	달, 맛이 있을
강	江	陰	水	6	陰	土	木	土	水	水	강, 큰 내
강	姜	陽	土	9	陽	水	木	土	女	土	성(姓), 굳셀
강	剛	陰	金	10	陰	水	木	土	刀	金	단단할, 굳셀, 성할
강	康	陽	木	11	陽	木	木	土	广	木	편안할, 즐거워할
강	强	陰	火	12	陰	木	木	土	弓	火	굳셀, 성할, 세찰, 강할
강	彊	陰	火	16	陰	土	木	土	弓	火	굳셀
개	介	陽	火	4	陰	火	木	-	人	火	끼일, 갑옷, 딱지, 클
개	蓋	陽	木	14	陰	火	木	-	艸	木	덮을, 대개, 가릴
거	巨	陽	火	5	陽	土	木	-	工	火	클, 많을, 거칠
건	乾	陰	木	11	陽	木	木	火	乙	木	하늘, 괘이름, 임금
건	騫	陽	火	20	陰	水	木	火	馬	火	이지러질, 손상할
견	見	陽	火	7	陽	金	木	火	見	火	볼, 눈으로 볼
견	堅	中	土	11	陽	木	木	火	土	土	굳을, 튼튼하게
견	甄	陰	土	14	陰	火	木	火	瓦	土	질그릇, 가마
결	決	陰	水	7	陽	金	木	火	水	水	터질, 결단할, 끊을
경	庚	陽	木	8	陰	金	木	土	广	木	일곱째 천간, 나이
경	京	陽	火	8	陰	金	木	土	亠	火	서울, 클, 높을
경	耿	陰	火	10	陰	水	木	土	耳	火	빛날, 비출, 명백함
경	景	陽	火	12	陰	木	木	土	日	火	볕, 빛, 햇살, 태양
경	敬	陰	金	13	陽	火	木	土	攴	金	공경할, 정중할
경	慶	陽	火	15	陽	土	木	土	心	火	경사, 축하할, 상

글자		글자		획수			음령오행		부수		글자의 의미
		음양	오행	획수	음양	오행	초성	종성	부수	오행	
계	季	陽	水	8	陰	金	木	-	子	水	끝, 막내, 말년
계	桂	陰	木	10	陰	水	木	-	木	木	계수나무, 월계수
계	啓	中	水	11	陽	木	木	-	口	水	열, 가르칠, 인도할
계	溪	陰	水	13	陽	火	木	-	水	水	시내, 시냇물, 텅 빈
고	固	陽	水	8	陰	金	木	-	囗	水	굳을, 단단할, 수비
고	高	陽	火	10	陰	水	木	-	高	火	높을, 높아질, 뽐낼
고	顧	陰	火	21	陽	木	木	-	頁	火	돌아볼, 응시할
곡	曲	陽	火	6	陰	土	木	木	曰	火	굽을, 휠, 굽힐
곡	谷	中	水	7	陽	金	木	木	谷	水	골, 골짜기, 홈
골	骨	陽	金	10	陰	水	木	火	骨	金	뼈, 굳을, 강직할
공	公	陽	金	4	陰	火	木	土	八	金	공변될, 공적, 벼슬, 관청
공	孔	陰	水	4	陰	火	木	土	子	水	구멍, 매우, 성(姓)
공	功	陰	土	5	陽	土	木	土	力	土	공, 공로, 보람
공	空	陽	水	8	陰	金	木	土	穴	水	빌, 다할, 없을, 하늘
공	貢	陽	金	10	陰	水	木	土	貝	金	바칠, 공물, 천거할
공	恭	陽	火	10	陰	水	木	土	心	火	공손할, 삼갈
과	瓜	陽	木	5	陽	土	木	-	瓜	木	오이, 모과
곽	郭	陰	土	11	陽	木	木	木	邑	土	성곽, 둘레
관	官	陽	木	8	陰	金	木	火	宀	木	벼슬, 벼슬아치, 관청
관	寬	陽	木	15	陽	土	木	火	宀	木	너그러울, 넓을
광	光	陽	木	6	陰	土	木	土	儿	木	빛, 빛날, 광택
광	廣	陽	木	15	陽	土	木	土	广	木	넓을, 넓힐, 넓어질
괴	傀	陰	火	12	陰	木	木	-	人	火	클, 성할, 좋을
구	仇	陰	火	4	陰	火	木	-	人	火	원수, 원망할, 짝
구	丘	陽	木	5	陽	土	木	-	一	木	언덕, 무덤, 모을
구	具	陽	金	8	陰	金	木	-	八	金	갖출, 온전할, 설비
구	邱	陰	土	8	陰	金	木	-	邑	土	땅이름, 언덕
국	國	陽	水	11	陽	木	木	木	囗	水	나라, 서울, 고향
국	菊	陽	木	12	陰	木	木	木	艸	木	국화, 대국
국	鞠	陰	金	17	陽	金	木	木	革	金	공, 축국, 궁할

글자		글자		획수			음령오행		부수		글자의 의미
		음양	오행	획수	음양	오행	초성	종성	부수	오행	
군	君	陽	水	7	陽	金	木	火	口	水	임금, 아버지, 세자
궁	弓	陽	火	3	陽	火	木	土	弓	火	활, 궁술
궁	宮	陽	木	10	陰	水	木	土	宀	木	집, 담, 장원, 두를
권	權	陰	木	22	陰	木	木	火	木	木	저울추, 저울
귀	歸	陰	土	18	陰	金	木	-	止	土	돌아갈, 돌아올
규	圭	陽	土	6	陰	土	木	-	土	土	홀, 모, 모서리
극	克	陽	木	7	陽	金	木	木	儿	木	이길, 능할, 능히
근	斤	陽	金	4	陰	火	木	火	斤	金	도끼, 벨, 나무 벨, 근
금	衿	陰	木	9	陽	水	木	水	衣	木	옷깃, 옷고름, 맬
금	琴	中	金	12	陰	木	木	水	玉	金	거문고
기	奇	陽	木	8	陰	金	木	-	大	木	기이할, 뛰어날
기	祈	陰	木	9	陽	水	木	-	示	木	빌, 구할, 고할
기	紀	陰	木	9	陽	水	木	-	糸	木	벼리, 실마리
기	起	陽	火	10	陰	水	木	-	走	火	일어날, 날아오를
기	箕	中	木	14	陰	火	木	-	竹	木	키, 쓰레받기
길	吉	陽	水	6	陰	土	木	火	口	水	길할, 좋을, 이로울
김	金	陽	金	8	陰	金	木	水	金	金	성(姓), 쇠, 황금
나	那	陰	土	7	陽	金	火	-	邑	土	어찌, 어떻게
나	羅	中	木	19	陽	水	火	-	网	木	새그물, 벌릴
나	邏	中	土	23	陽	火	火	-	辵	土	순행할, 순라
남	南	陽	水	9	陽	水	火	水	十	水	남녘, 남쪽으로 갈
낭	浪	陰	水	10	陰	水	火	土	水	水	물결, 파도, 방자할
내	乃	陽	金	2	陰	木	火	-	丿	金	이에, 너, 접때
내	奈	陽	木	8	陰	金	火	-	大	木	어찌, 어찌할꼬
녕	寗	陽	木	13	陽	火	火	土	宀	木	차라리, 소원
노	路	陰	土	13	陽	火	火	-	足	土	길, 거쳐 가는 길
노	魯	陽	水	15	陽	土	火	-	魚	水	노둔할, 나라이름, 성(姓)
노	盧	陽	金	16	陰	土	火	-	皿	金	밥그릇, 화로, 성(姓)
농	濃	陰	水	16	陰	土	火	土	水	水	짙을, 우거질
능	能	陰	水	10	陰	水	火	土	肉	水	능할, 잘할, 미칠

글자		글자		획수			음령오행		부수		글자의 의미
		음양	오행	획수	음양	오행	초성	종성	부수	오행	
단	段	陰	金	9	陽	水	火	火	殳	金	구분, 갈림, 조각
단	單	中	水	12	陰	木	火	火	口	水	홀로, 오직, 외로울
단	端	陰	金	14	陰	火	火	火	立	金	바를, 곧을, 끝
당	唐	陽	水	10	陰	水	火	土	口	水	당나라, 저촉될
대	大	陽	木	3	陽	火	火	-	大	木	큰, 넓을, 두루
대	對	陰	土	14	陰	火	火	-	寸	土	대답할, 대할, 상대
대	戴	陽	金	18	陰	金	火	-	戈	金	일, 올려놓을, 느낄
덕	德	陰	火	15	陽	土	火	木	彳	火	덕, 행위, 어진 이, 큰
도	陶	陰	土	11	陽	木	火	-	阜	土	질그릇, 옹기장이
도	都	陰	土	12	陰	木	火	-	邑	土	도읍, 서울
도	道	陽	土	13	陽	火	火	-	辵	土	길, 이치, 근원
독	獨	陰	土	16	陰	土	火	木	犬	土	홀로, 홀몸, 홀어미
돈	豚	陰	水	11	陽	木	火	火	豕	水	돼지, 복, 복어
돈	敦	陰	金	12	陰	木	火	火	攴	金	도타울, 노력할
돈	頓	陰	火	13	陽	火	火	火	頁	火	조아릴, 넘어질
동	東	陽	木	8	陰	金	火	土	木	木	동녘, 동쪽
동	童	陽	金	12	陰	木	火	土	立	金	아이, 어리석을
동	董	陽	木	13	陽	火	火	土	艸	木	동독할, 감독할, 바로잡을
두	斗	陽	火	4	陰	火	火	-	斗	火	말, 용량의 단위
두	杜	陰	木	7	陽	金	火	-	木	木	팥배나무, 막을, 성(姓)
둔	屯	陽	木	4	陰	火	火	火	屮	木	진 칠, 주둔군
등	登	中	水	12	陰	木	火	土	癶	水	오를, 지위에 오를
랑	浪	陰	水	10	陰	水	火	土	水	水	물결, 파도, 방자할
래	來	陽	火	8	陰	金	火	-	人	火	올, 장래, 부를
량	良	陽	土	7	陽	金	火	土	艮	土	좋을, 어질, 뛰어날
력	力	陽	土	2	陰	木	火	木	力	土	힘, 힘쓸
렬	列	陰	金	6	陰	土	火	火	刀	金	줄, 벌일, 베풀
령	令	陽	火	5	陽	土	火	土	人	火	영, 우두머리, 좋을, 하여금
례	禮	陰	木	18	陰	金	火	-	示	木	예도, 예절, 폐백
로	路	陰	土	13	陽	火	火	-	足	土	길, 거쳐 가는 길

글자		글자		획수			음령오행		부수		글자의 의미
		음양	오행	획수	음양	오행	초성	종성	부수	오행	
로	蘆	陽	木	20	陰	水	火	-	艸	木	갈대, 냉이의 뿌리
록	綠	陰	木	14	陰	火	火	木	糸	木	초록빛
뢰	雷	陽	水	13	陽	火	火	-	雨	水	우레, 천둥
뢰	賴	陰	金	16	陰	土	火	-	貝	金	힘입을, 의뢰할
류	柳	陰	木	9	陽	水	火	-	木	木	버들, 버드나무
륙	六	陽	金	4	陰	火	火	木	八	金	여섯, 여섯번
률	律	陰	火	9	陽	水	火	火	彳	火	법, 법령, 지위
리	李	陽	木	7	陽	金	火	-	木	木	자두나무, 오얏나무, 성(姓)
리	離	陰	火	19	陽	水	火	-	隹	火	떼놓을, 끊을, 나눌, 떠날
마	馬	陽	火	10	陰	水	水	-	馬	火	말, 산가지
마	麻	中	木	11	陽	木	水	-	麻	木	삼, 삼실, 삼베
만	萬	陽	木	13	陽	火	水	火	艸	木	일만, 다수, 클
매	梅	陰	木	11	陽	木	水	-	木	木	매화나무, 장마
맹	孟	陽	水	8	陰	金	水	土	子	水	맏, 맏이, 처음, 첫
명	明	陰	火	8	陰	金	水	土	日	火	밝을, 밝힐, 밝게
모	毛	陽	水	4	陰	火	水	-	毛	火	털, 가벼울
모	牟	陽	土	6	陰	土	水	-	牛	土	소가 우는 소리, 클
목	木	陽	木	4	陰	火	水	木	木	木	나무, 오행의 첫째
목	睦	陰	木	13	陽	火	水	木	目	木	화목할, 공손할
몽	夢	陽	水	14	陰	火	水	土	夕	水	꿈, 꿈꿀, 환상
묘	苗	陽	木	9	陽	水	水	-	艸	木	모, 싹, 이을
묵	墨	陽	土	15	陽	土	水	木	土	土	먹, 형벌이름, 검을
문	文	陽	木	4	陰	火	水	火	文	木	무늬, 채색, 얼룩, 글월
문	門	陰	木	8	陰	金	水	火	門	木	문, 출입문, 문간, 집안
물	物	陰	土	8	陰	金	水	火	牛	土	만물, 일, 무리, 종류
미	米	陽	木	6	陰	土	水	-	米	木	쌀, 나라이름
미	彌	陰	火	17	陽	金	水	-	弓	火	두루, 널리, 오랠, 그칠
민	閔	中	木	12	陰	木	水	火	門	木	위문할, 마음 아파할, 걱정할
박	朴	陰	木	6	陰	土	水	木	木	木	후박나무, 순박할, 성(姓)
반	班	陰	金	10	陰	水	水	火	玉	金	나눌, 반포할, 석차를 정할

글자		글자		획수			음령오행		부수		글자의 의미
		음양	오행	획수	음양	오행	초성	종성	부수	오행	
반	般	陰	木	10	陰	水	水	火	舟	木	돌, 돌릴, 옮길, 일반, 오랠
반	潘	陰	水	15	陽	土	水	火	水	水	뜨물, 소용돌이, 성(姓)
방	方	陽	土	4	陰	火	水	土	方	土	모, 각, 방향, 방위
방	邦	陰	土	7	陽	金	水	土	邑	土	나라, 서울, 수도
방	芳	陽	木	8	陰	金	水	土	艸	木	꽃다울, 향기, 이름 빛날
방	房	陽	木	8	陰	金	水	土	戶	木	방, 집, 28수중의 하나
방	旁	陽	土	10	陰	水	水	土	方	土	두루, 널리, 곁, 가까울
방	龐	中	土	19	陽	水	水	土	龍	土	클, 높을, 성(姓)
배	裵	中	木	14	陰	火	水	-	衣	木	옷 치렁치렁할, 성(姓), 노닐
백	白	陽	金	5	陽	土	水	木	白	金	흰, 흰빛, 날이 샐
백	栢	陰	木	10	陰	水	水	木	木	木	나무이름, 잣나무
범	凡	陽	水	3	陽	火	水	水	几	水	무릇, 모두, 다
범	汎	陰	水	6	陰	土	水	水	水	水	둥둥 뜰, 물위에 뜰, 가벼울
범	泛	陰	水	7	陽	金	水	水	水	水	뜰, 물을 부을, 띄울
범	范	中	木	9	陽	水	水	水	艸	木	풀이름, 벌, 벌풀
변	卞	陽	火	4	陰	火	水	火	卜	火	조급할, 법, 맨손으로 칠
변	邊	陽	土	19	陽	水	水	火	辵	土	가장자리, 국경, 한계, 근처
별	別	陰	金	7	陽	金	水	火	刀	金	나눌, 헤어질, 다를
보	甫	陽	水	7	陽	金	水	-	用	水	클, 아무개, 사나이
복	卜	陽	火	2	陰	木	水	木	卜	火	점, 점칠, 길흉을 알아낼
봉	奉	陽	木	8	陰	金	水	土	大	木	받들, 기를, 도울
봉	鳳	陽	火	14	陰	火	水	土	鳥	火	봉새, 봉황새
부	夫	陽	木	4	陰	火	水	-	大	木	지아비, 사나이, 장정
부	斧	陽	金	8	陰	金	水	-	斤	金	도끼, 벨, 도끼로 벨
부	附	陰	土	8	陰	金	水	-	阜	土	붙을, 기댈, 의지할, 따를
부	部	陰	土	11	陽	木	水	-	邑	土	거느릴, 나눌, 분류, 떼
부	傅	陰	火	12	陰	木	水	-	人	火	스승, 후견인, 시중 들
북	北	陰	金	5	陽	土	水	木	匕	金	북녘, 달아날, 북쪽으로 갈
비	丕	陽	木	5	陽	土	水	-	一	木	클, 으뜸, 받들
비	卑	陽	土	8	陰	金	水	-	十	水	낮을, 천할, 저속할

글자		글자		획수			음령오행		부수		글자의 의미
		음양	오행	획수	음양	오행	초성	종성	부수	오행	
빈	彬	陰	火	11	陽	木	水	火	彡	火	빛날, 발을, 무늬가 또렷한
빈	賓	陽	金	14	陰	火	水	火	貝	金	손님, 손님으로 묵을
빙	氷	陰	水	5	陽	土	水	土	水	水	얼음, 얼, 굳은 기름
사	史	陽	水	5	陽	土	金	-	口	水	역사, 사관, 기록된 문서
사	沙	陰	水	7	陽	金	金	-	水	水	모래, 사막, 모래가 날
사	舍	陽	火	8	陰	金	金	-	舌	火	집, 관청
사	思	陽	火	9	陽	水	金	-	心	火	생각할, 생각, 마음, 뜻
사	謝	陰	金	17	陽	金	金	-	言	金	사례할, 물러날, 용서를 빌
삭	削	陰	金	9	陽	水	金	木	刀	金	깎을, 범할, 해칠
산	山	陽	土	3	陽	火	金	火	山	土	뫼, 산, 무덤, 산신
삼	森	中	木	12	陰	木	金	水	木	木	나무 빽빽할, 우뚝 솟을
상	尙	陽	水	8	陰	金	金	土	小	水	오히려, 바랄, 숭상할
상	相	陰	木	9	陽	水	金	土	目	木	서로, 볼, 바탕, 자세히 볼
상	桑	中	木	10	陰	水	金	土	木	木	뽕나무, 뽕잎을 딸
상	常	陽	木	11	陽	木	金	土	巾	木	항상, 법, 불변의 도
상	象	陽	水	12	陰	木	金	土	豕	水	코끼리, 상아, 그림, 모양
상	嘗	陽	水	14	陰	火	金	土	口	水	맛볼, 시험할, 시험 삼아
색	索	陽	木	10	陰	水	金	木	糸	木	찾을, 선택할, 가릴
서	西	陽	金	6	陰	土	金	-	襾	金	서녘, 서쪽, 서쪽으로 갈
서	徐	陰	火	10	陰	水	金	-	彳	火	천천히, 평온할, 모두
서	書	陽	火	10	陰	水	金	-	曰	火	쓸, 글씨를 쓸, 기록할, 글
석	石	陽	金	5	陽	土	金	木	石	金	돌, 비석, 돌로 만든 악기
석	昔	陽	火	8	陰	金	金	木	日	火	예, 옛날, 오래될, 앞서
석	席	陽	木	10	陰	水	金	木	巾	木	자리, 깔, 앉음새
석	碩	陰	金	14	陰	火	金	木	石	金	클, 가득 찰, 머리가 클
석	釋	陰	火	20	陰	水	金	木	釆	火	풀, 풀릴, 내버릴, 해석할
선	先	陽	木	6	陰	土	金	火	儿	木	먼저, 나아갈, 옛날
선	宣	陽	木	9	陽	水	金	火	宀	木	베풀, 펼, 공포할
선	善	陽	水	12	陰	木	金	火	口	水	착할, 높을, 많을
선	鮮	陰	水	17	陽	金	金	火	魚	水	고울, 뚜렷할, 깨끗할

글자		글자		획수			음령오행		부수		글자의 의미
		음양	오행	획수	음양	오행	초성	종성	부수	오행	
설	薛	中	木	17	陽	金	金	火	艸	木	맑은 대쑥, 향부자
섭	葉	陽	木	13	陽	火	金	水	艸	木	성(姓), 가지, 후손, 잎
섭	攝	陰	木	21	陽	木	金	水	手	木	당길, 끌어당길, 굳게 지킬
성	成	陽	金	7	陽	金	金	土	戈	金	이룰, 이루어질, 정하여질
성	星	陽	火	9	陽	水	金	土	日	火	별, 28수를 의미
소	召	陽	水	5	陽	土	金	-	口	水	부를, 부름
소	邵	陰	土	8	陰	金	金	-	邑	土	고을이름
소	素	陽	木	10	陰	水	金	-	糸	木	흴, 흰빛
소	逍	陽	土	11	陽	木	金	-	辵	土	거닐, 노닐
소	蘇	中	木	20	陰	水	金	-	艸	木	차조기, 들깨, 깨어날
손	孫	陰	水	10	陰	水	金	火	子	水	손자, 자손, 후손, 새싹
송	宋	陽	木	7	陽	金	金	土	宀	木	송나라
송	松	陰	木	8	陰	金	金	土	木	木	소나무
수	水	陽	水	4	陰	火	金	-	水	水	물, 홍수, 오행의 하나
수	守	陽	木	6	陰	土	金	-	宀	木	지킬, 직무, 정조, 지조
수	洙	陰	水	9	陽	水	金	-	水	水	강이름
수	壽	陽	土	14	陰	火	金	-	士	木	목숨, 수명, 장수할
수	隨	陰	土	16	陰	土	金	-	阜	土	따를, 근거할, 좇을, 허락할
수	輸	陰	火	16	陰	土	金	-	車	火	나를, 옮길, 통보할, 보낼
순	荀	陽	木	10	陰	水	金	火	艸	木	풀이름
순	淳	陰	水	11	陽	木	金	火	水	水	순박할, 인정이 도타울
순	舜	中	木	12	陰	木	金	火	舛	木	순임금, 무궁화, 뛰어날
순	順	陰	火	12	陰	木	金	火	頁	火	순할, 좇을, 도리를 따를
승	承	陰	木	8	陰	金	金	土	手	木	받들, 공경할, 이을, 계승할
승	昇	陽	火	8	陰	金	金	土	日	火	오를, 해 떠오를, 지위 오를
승	乘	陽	金	10	陰	水	金	土	丿	金	탈, 오를, 업신여길
승	勝	陰	土	12	陰	木	金	土	力	土	이길, 뛰어날
승	僧	陰	火	14	陰	火	金	土	人	火	중, 스님
시	柴	中	木	9	陽	水	金	-	木	木	섶, 왜소한 잡목, 거칠
시	施	陰	土	9	陽	水	金	-	方	土	베풀, 퍼질, 행할

글자		글자		획수			음령오행		부수		글자의 의미
		음양	오행	획수	음양	오행	초성	종성	부수	오행	
시	時	陰	火	10	陰	水	金	-	日	火	때, 때맞출, 때 어기지 않을
신	申	陽	木	5	陽	土	金	火	田	木	9번째 지지, 납, 거듭할
신	辛	陽	金	7	陽	金	金	火	辛	金	매울, 고생할, 매운맛, 살상할
신	信	陰	火	9	陽	水	金	火	人	火	믿을, 분명히 할, 진실
신	莘	陽	木	11	陽	木	金	火	艸	木	세신, 많을, 나라이름
신	新	陰	金	13	陽	火	金	火	斤	金	새, 새로운, 처음, 새롭게
신	愼	陰	火	13	陽	火	金	火	心	火	삼갈, 진실로, 이룰
실	實	陽	木	14	陰	火	金	火	宀	木	열매, 가득 찰, 곡식이 익을
심	沈	陰	水	7	陽	金	金	水	水	水	가라앉을, 빠질, 잠길, 즙낼
심	尋	中	土	12	陰	木	金	水	寸	土	찾을, 생각할, 평소, 보통
쌍	雙	中	火	18	陰	金	金	土	隹	火	쌍, 짝이 될
아	阿	陰	土	8	陰	金	土	-	阜	土	언덕, 산비탈, 구석
악	岳	陽	土	8	陰	金	土	木	山	土	큰 산
안	安	陽	木	6	陰	土	土	火	宀	木	편안할, 즐길, 좋아할
안	晏	陽	火	10	陰	水	土	火	日	火	늦을, 시간이 늦을, 편안할
앙	仰	陰	火	6	陰	土	土	土	人	火	우러를, 믿을, 따를
애	艾	陽	木	6	陰	土	土	-	艸	木	쑥, 뜸쑥, 쑥빛, 창백한
야	夜	中	水	8	陰	金	土	-	夕	水	밤, 성(姓)
양	良	陽	土	7	陽	金	土	土	艮	土	좋을, 어질, 뛰어날
양	梁	中	木	11	陽	木	土	土	木	木	들보, 징검다리
양	陽	陰	土	12	陰	木	土	土	阜	土	볕, 양지, 양기, 밝을
양	楊	陰	木	13	陽	火	土	土	木	木	버들, 버드나무
양	樣	陰	木	15	陽	土	土	土	木	木	모양, 형상, 본보기, 모범
양	樑	陰	木	15	陽	土	土	土	木	木	들보, 대들보
양	襄	中	木	17	陽	金	土	土	衣	木	도울, 조력할, 오를, 우러를
어	於	陰	土	8	陰	金	土	-	方	土	어조사, ~에, ~보다, ~에게
어	魚	陽	水	11	陽	木	土	-	魚	水	고기, 물고기
엄	嚴	中	水	20	陰	水	土	水	口	水	엄할, 급할, 혹독할, 임박할
여	汝	陰	水	6	陰	土	土	-	水	水	너, 2인칭 대명사
여	呂	陽	水	7	陽	金	土	-	口	水	음률, 등뼈, 땅이름

글자		글자		획수			음령오행		부수		글자의 의미
		음양	오행	획수	음양	오행	초성	종성	부수	오행	
여	余	陽	火	7	陽	金	土	-	人	火	나, 자신, 나머지
연	延	陽	木	7	陽	金	土	火	廴	木	끌, 끌어들일, 맞을, 이끌
연	涓	陰	水	10	陰	水	土	火	水	水	시내, 물방울, 미소한 것
연	連	陽	土	11	陽	木	土	火	辵	土	잇닿을, 이어질, 이을
연	燕	中	火	16	陰	土	土	火	火	火	제비, 잔치, 편안할
염	廉	陽	木	13	陽	火	土	水	广	木	청렴할, 검소할
염	閻	中	木	16	陰	土	土	水	門	木	한길, 번화한 거리, 열
염	濂	陰	水	16	陰	土	土	水	水	水	내 이름, 경박할
엽	葉	陽	木	13	陽	火	土	水	艸	木	잎사귀, 잎, 뽕나무
영	永	陰	水	5	陽	土	土	土	水	水	길, 오랠, 오래되게 할, 멀
영	泳	陰	水	8	陰	金	土	土	水	水	헤엄칠
영	英	陽	木	9	陽	水	土	土	艸	木	꽃부리, 영웅, 꽃잎, 꽃장식
영	榮	中	木	14	陰	火	土	土	木	木	꽃, 꽃이 필, 영화, 영달
영	影	陰	火	15	陽	土	土	土	彡	火	그림자, 모습, 초상, 화상
예	芮	陽	木	8	陰	金	土	-	艸	木	풀 뾰족할, 물가, 성(姓)
예	倪	陰	火	10	陰	水	土	-	人	火	어린이, 흘겨볼
예	藝	中	木	19	陽	水	土	-	艸	木	심을, 재주, 글, 극진할
오	午	陽	水	4	陰	火	土	-	十	水	낮, 교착할, 거스를, 7째 지지
오	伍	陰	火	6	陰	土	土	-	人	火	대오, 조, 섞일, 다섯 사람
오	吳	陽	水	7	陽	金	土	-	口	水	오나라, 떠들썩할
오	吾	陽	水	7	陽	金	土	-	口	水	나, 자신, 당신, 그대
옥	玉	陽	金	5	陽	土	土	木	玉	金	옥, 구슬, 옥같이 여길
온	溫	陰	水	13	陽	火	土	火	水	水	따뜻할, 순수할, 원만할
옹	邕	中	土	10	陰	水	土	土	邑	土	화할, 화목할, 막을
옹	翁	中	火	10	陰	水	土	土	羽	火	늙은이, 아버지, 목털
옹	雍	中	火	13	陽	火	土	土	隹	火	누그러질, 온화해질, 화할
왕	王	陽	金	4	陰	火	土	土	玉	金	임금, 제후
요	要	陽	金	9	陽	水	土	-	襾	金	구할, 요구할, 중요할, 원할
요	姚	陰	土	9	陽	水	土	-	女	土	예쁠, 멀, 성(姓)
요	堯	中	土	12	陰	木	土	-	土	土	요임금, 높을, 멀

글자		글자		획수			음령오행		부수		글자의 의미
		음양	오행	획수	음양	오행	초성	종성	부수	오행	
용	龍	陰	土	16	陰	土	土	土	龍	土	용, 임금
우	于	陽	木	3	陽	火	土	-	二	木	어조사, 갈, 할, 행할
우	牛	陽	土	4	陰	火	土	-	牛	土	소, 무릅쓸, 견우성
우	羽	陰	火	6	陰	土	土	-	羽	火	깃, 날개, 조류, 새
우	禹	陽	木	9	陽	水	土	-	禸	木	하우씨, 벌레, 도울
우	祐	陰	木	10	陰	水	土	-	示	木	도울, 행복, 복
우	遇	陽	土	13	陽	火	土	-	辵	土	만날, 우연히 만날, 때를 만날
욱	郁	陰	土	9	陽	水	土	木	邑	土	성할, 향기로울, 문채가 날
운	芸	陽	木	8	陰	金	土	火	艸	木	향풀, 더부룩할, 채소이름
운	雲	陽	水	12	陰	木	土	火	雨	水	구름, 습기
원	元	陽	木	4	陰	火	土	火	儿	木	으뜸, 근본, 근원
원	袁	陽	木	10	陰	水	土	火	衣	木	옷이 길, 옷이 치렁거릴
원	原	陽	水	10	陰	水	土	火	厂	水	근원, 들, 벌판, 용서할
원	員	陽	水	10	陰	水	土	火	口	水	수효, 사람, 둥글
위	位	陰	火	7	陽	金	土	-	人	火	자리, 품위, 자리잡을
위	韋	陽	金	9	陽	水	土	-	韋	金	무두질한 가죽, 부드러운
위	尉	陰	土	11	陽	木	土	-	寸	土	벼슬, 위로할, 주름을 펼
위	魏	陰	火	18	陰	金	土	-	鬼	火	나라이름, 대궐, 높을
유	有	陽	水	6	陰	土	土	-	月	水	있을, 존재할, 넉넉할, 소유물
유	柳	陰	木	9	陽	水	土	-	木	木	버들, 버드나무
유	兪	中	火	9	陽	水	土	-	人	火	점점, 그러할, 대답할
유	庾	陽	木	12	陰	木	土	-	广	木	곳집, 노적가리
유	劉	陰	金	15	陽	土	土	-	刀	金	죽일, 베풀, 이길
육	陸	陰	土	11	陽	木	土	木	阜	土	뭍, 육지, 언덕
윤	尹	陽	水	4	陰	火	土	火	尸	水	다스릴, 벼슬아치, 장관
은	殷	陰	金	10	陰	水	土	火	殳	金	성할, 많을, 클
은	恩	陽	火	10	陰	水	土	火	心	火	은혜, 사랑할, 예쁘게 여길
을	乙	陽	木	1	陽	木	土	火	乙	木	새, 십간의 둘째, 굽을
음	陰	陰	土	11	陽	木	土	水	阜	土	응달, 음, 습기, 그늘
응	應	中	火	17	陽	金	土	土	心	火	응할, 받을, 응당 ~하여야 할

글자		글자		획수			음령오행		부수		글자의 의미
		음양	오행	획수	음양	오행	초성	종성	부수	오행	
이	伊	陰	火	6	陰	土	土	-	人	火	저, 그, 이, 어조사
이	李	陽	木	7	陽	金	土	-	木	木	자두나무, 오얏나무, 성(姓)
이	異	陽	木	12	陰	木	土	-	田	木	다를, 딴 것, 기이할, 뛰어날
익	益	陽	金	10	陰	水	土	木	皿	金	더할, 유익할, 증가할
익	翌	中	火	11	陽	木	土	木	羽	火	다음날, 이튿날, 도울
인	仁	陰	火	4	陰	火	土	火	人	火	어질, 만물을 낳을, 자애로운
인	印	陰	水	6	陰	土	土	火	卩	水	도장, 찍을, 찍힐
일	日	陽	火	4	陰	火	土	火	日	火	해, 태양, 햇빛, 햇볕, 날
임	任	陰	火	6	陰	土	土	水	人	火	맡길, 마음대로
임	林	陰	木	8	陰	金	土	水	木	木	수풀, 숲
자	慈	中	火	14	陰	火	金	-	心	火	사랑할, 자애로울, 어머니
장	庄	陽	木	6	陰	土	金	土	广	木	농막, 전장, 평평할
장	章	陽	金	11	陽	木	金	土	立	金	글, 문장, 악곡의 절
장	莊	中	木	11	陽	木	金	土	艸	木	성할, 씩씩할, 별장, 엄숙할
장	將	陰	土	11	陽	木	金	土	寸	土	장차, 어찌, ~하려 한다, 장수
장	張	陰	火	11	陽	木	金	土	弓	火	베풀, 넓힐, 맬, 크게 할
장	場	陰	土	12	陰	木	金	土	土	土	마당, 시험장
장	蔣	中	木	15	陽	土	金	土	艸	木	줄, 격려할, 자리, 깔개
재	才	陽	木	3	陽	火	金	-	手	木	재주, 재능 있는, 기본, 근본
적	狄	陰	土	7	陽	金	金	木	犬	土	오랑캐, 악공, 낮은 관리
전	田	陽	木	5	陽	土	金	火	田	木	밭, 경지구획, 심을
전	全	陽	木	6	陰	土	金	火	入	木	완전할, 모두, 흠이 없는
전	專	陽	土	11	陽	木	金	火	寸	土	오로지, 마음대로, 순수할
전	錢	陰	金	16	陰	土	金	火	金	金	돈, 가래
점	点	陽	火	9	陽	水	金	水	火	火	점, 문자의 말소, 셀, 점검할
정	丁	陽	木	2	陰	木	金	土	一	木	넷째천간, 당할, 성할
정	井	陽	木	4	陰	火	金	土	二	木	우물, 정자형
정	廷	陽	木	7	陽	金	金	土	廴	木	조정, 관청, 공정할, 공변될
정	貞	陽	金	9	陽	水	金	土	貝	金	곧을, 정할, 인정할, 절개
정	程	陰	木	12	陰	木	金	土	禾	木	길이 단위, 법, 법도, 헤아릴

글자		글자		획수			음령오행		부수		글자의 의미
		음양	오행	획수	음양	오행	초성	종성	부수	오행	
정	鄭	陰	土	15	陽	土	金	土	邑	土	나라이름, 겹칠
제	堤	陰	土	12	陰	木	金	–	土	土	둑, 제방, 둑을 쌓을
제	諸	陰	金	16	陰	土	金	–	言	金	모든, 여러, 은, 는, 이, 에게
조	曺	陽	火	10	陰	水	金	–	曰	火	성(姓)
조	趙	陽	火	14	陰	火	金	–	走	火	나라이름, 넘을, 뛰어넘을
종	宗	陽	木	8	陰	金	金	土	宀	木	마루, 일의 근원, 근본, 사당
종	種	陰	木	14	陰	火	金	土	禾	木	씨, 근본, 혈통, 핏줄, 종류
종	鍾	陰	金	17	陽	金	金	土	金	金	종, 쇠북, 시계
좌	左	陽	火	5	陽	土	金	土	工	火	왼, 왼쪽으로 할, 어긋날
좌	坐	中	土	7	陽	金	金	土	土	土	앉을, 앉아서, 무릎 꿇을
좌	佐	陰	火	7	陽	金	金	土	人	火	도울, 권할, 도움
주	朱	陽	木	6	陰	土	金	–	木	木	붉은, 붉은빛, 적토
주	周	陽	水	8	陰	金	金	–	口	水	두루, 골고루, 고루 미칠
주	珠	陰	金	10	陰	水	金	–	玉	金	구슬, 진주, 둥근 알
준	俊	陰	火	9	陽	水	金	火	人	火	준걸, 뛰어날, 클
증	曾	陽	火	12	陰	木	金	土	曰	火	일찍, 곧, 거듭할, 이에
지	池	陰	水	6	陰	土	金	–	水	水	못, 물 모아둔 곳, 해자
지	知	陰	金	8	陰	金	金	–	矢	金	알, 깨달을, 느낄, 분별할
지	智	中	火	12	陰	木	金	–	日	火	슬기, 지혜, 꾀, 슬기로울
지	遲	陽	土	16	陰	土	金	–	辵	土	늦을, 더딜, 게을리 할
직	直	陽	木	8	陰	金	金	木	目	木	곧을, 바른 도, 고칠, 펼
진	珍	陰	金	9	陽	水	金	火	玉	金	보배, 진귀한, 맛좋은 음식
진	秦	陽	木	10	陰	水	金	火	禾	木	벼이름, 나라이름, 왕조이름
진	眞	陽	木	10	陰	水	金	火	木	木	참, 생긴 그대로, 변하지 않을
진	晋	陽	火	10	陰	水	金	火	日	火	나아갈, 억누를, 꽂을, 삼갈
진	晉	中	火	10	陰	水	金	火	日	火	나아갈, 억누를, 억제할, 꽂을
진	陳	陰	土	11	陽	木	金	火	阜	土	늘어놓을, 늘어설, 베풀
진	震	陽	水	15	陽	土	金	火	雨	水	벼락, 천둥, 진동할, 놀랄
차	車	陽	火	7	陽	金	金	–	車	火	수레, 수레바퀴, 도르래
창	昌	陽	火	8	陰	金	金	土	日	火	창성할, 고울, 기쁨, 경사

글자		글자		획수			음령오행		부수		글자의 의미
		음양	오행	획수	음양	오행	초성	종성	부수	오행	
창	倉	陽	火	10	陰	水	金	土	人	火	곳집, 창고, 옥, 내장, 갑자기
창	創	陰	金	12	陰	木	金	土	刀	金	비롯할, 만들, 혼날, 델
채	采	陽	火	8	陰	金	金	-	采	火	캘, 딸, 가릴, 선택할
채	菜	陽	木	12	陰	木	金	-	艸	木	나물, 푸성귀, 반찬
채	蔡	中	木	15	陽	土	金	-	艸	木	거북, 점치는 용의 큰거북
책	冊	陽	木	5	陽	土	金	木	冂	土	책, 칙서, 권, 꾀
천	千	陽	水	3	陽	火	金	火	十	水	일천, 천번, 많을
천	天	陽	木	4	陰	火	金	火	大	木	하늘, 천체, 태양, 천체 운행
천	遷	陽	土	16	陰	土	金	火	辵	土	옮길, 교환할, 움직일, 옮을
초	肖	陽	水	7	陽	金	金	-	肉	水	닮을, 골상이 닮을, 작을
초	楚	中	木	13	陽	火	金	-	木	木	모형, 초나라, 회초리, 아플
촉	燭	陰	火	17	陽	金	金	木	火	火	촛불, 등불, 화톳불
최	崔	中	土	11	陽	木	金	-	山	土	높을, 섞일, 성(姓)
추	秋	陰	木	9	陽	水	金	-	禾	木	가을, 결실, 성숙한 때
추	追	陽	土	10	陰	水	金	-	辵	土	쫓을, 내쫓을, 따를, 완수할
추	鄒	陰	土	13	陽	火	金	-	邑	土	나라이름
충	忠	陽	火	8	陰	金	金	土	心	火	충성, 진심, 진실, 정성 다할
탁	卓	陽	水	8	陰	金	火	木	十	水	높을, 뛰어날, 세울, 책상
탁	濯	陰	水	17	陽	金	火	木	水	水	씻을, 빛날, 클
탄	呑	陽	水	7	陽	金	火	火	口	水	삼킬, 쌀, 싸서 감출, 경시할
탄	炭	陽	火	9	陽	水	火	火	火	火	숯, 재, 석탄
탄	彈	陰	金	15	陽	土	火	火	弓	火	탄알, 열매, 과실
탄	憚	陰	火	15	陽	土	火	火	心	火	꺼릴, 삼갈, 화낼, 협박할
태	太	陰	木	4	陰	火	火	-	大	木	클, 매우, 심히, 통할
태	苔	陽	木	9	陽	水	火	-	艸	木	이끼, 김
태	泰	陽	水	10	陰	水	火	-	水	水	클, 넉넉할, 편안할
택	宅	陽	木	6	陰	土	火	木	宀	木	집, 대지, 무덤
택	澤	陰	水	16	陰	土	火	木	水	水	못, 진펄, 늪, 윤, 윤이 날
파	巴	陽	土	4	陰	火	水	-	己	土	땅이름
판	判	陰	金	7	陽	金	水	火	刀	金	판가름할, 나눌, 구별할

글자		글자		획수			음령오행		부수		글자의 의미
		음양	오행	획수	음양	오행	초성	종성	부수	오행	
판	板	陰	木	8	陰	金	水	火	木	木	널빤지, 판목, 딱따기
팽	彭	陰	火	12	陰	木	水	土	彡	火	성(姓), 나라이름, 땅이름
편	片	陽	木	4	陰	火	水	火	片	木	한쪽, 조각, 납작한 조각
편	扁	陽	木	9	陽	水	水	火	戶	木	넓적할, 납작할, 액자
평	平	陽	木	5	陽	土	水	土	干	木	평평할, 다스릴, 곧을, 바를
포	包	陽	金	5	陽	土	水	-	勹	金	쌀, 꾸러미, 보따리
포	鮑	陰	水	16	陰	土	水	-	魚	水	절인 어물, 전복, 갖바치
표	表	陽	木	8	陰	金	水	-	衣	木	겉, 거죽, 겉면, 나타낼, 밝힐
표	標	陰	木	15	陽	土	水	-	木	木	우듬지, 높은 나뭇가지, 표할
풍	馮	陰	火	12	陰	木	水	土	馬	火	성(姓), 업신여길
피	皮	陽	金	5	陽	土	水	-	皮	金	가죽, 껍질, 겉, 거죽
필	弼	陰	火	12	陰	木	水	火	弓	火	도울, 돕는 사람, 도지개
하	何	陰	火	7	陽	金	土	-	人	火	어찌, 무엇, 얼마
하	河	陰	水	8	陰	金	土	-	水	水	강이름, 황하, 내, 강, 운하
하	夏	陽	土	10	陰	水	土	-	夊	土	여름, 약초이름, 안거
하	賀	中	金	12	陰	木	土	-	貝	金	하례할, 위로할, 경축, 경사
한	漢	陰	水	14	陰	火	土	火	水	水	한수, 은하수, 사나이
한	韓	陰	金	17	陽	金	土	火	韋	金	나라이름, 삼한, 우물귀틀
함	咸	陽	水	9	陽	水	土	水	口	水	다, 모두, 두루 미칠, 같을
합	合	陽	水	6	陰	土	土	水	口	水	합할, 만날, 맞을
해	海	陰	水	10	陰	水	土	-	水	水	바다, 바닷물, 물산이 풍부한
해	解	陰	木	13	陽	火	土	-	角	木	풀, 해부할, 벗길, 용서할
행	幸	陽	木	8	陰	金	土	土	干	木	다행, 행복, 운이 좋을, 바랄
향	香	陽	木	9	陽	水	土	土	香	木	향기, 향기로울, 아름다울
향	鄕	陰	土	13	陽	火	土	土	邑	土	시골, 마을, 곳, 장소
허	許	陰	金	11	陽	木	土	-	言	金	허락할, 받아들일, 승인할
혁	赫	陰	火	14	陰	火	土	木	赤	火	붉을, 붉은 빛, 빛나는
현	玄	陽	火	5	陽	土	土	火	玄	火	검을, 검은 빛, 하늘, 멀
현	縣	陰	木	16	陰	土	土	火	糸	木	매달, 높이 걸, 공표할, 고을
협	俠	陰	火	9	陽	水	土	水	人	火	호협할, 가벼울, 젊을

글자		글자		획수			음령오행		부수		글자의 의미
		음양	오행	획수	음양	오행	초성	종성	부수	오행	
형	邢	陰	土	7	陽	金	土	土	邑	土	나라이름, 성(姓)
형	荊	中	木	10	陰	水	土	土	艸	木	가시나무, 곤장, 매, 모형나무
호	好	陰	土	6	陰	土	土	-	女	土	좋을, 옳을, 마땅할, 아름다울
호	虎	陽	木	8	陰	金	土	-	虍	木	범, 용맹스러울, 호구 칠
호	胡	陰	水	9	陽	水	土	-	肉	水	턱밑 살, 드리워질, 멀, 어찌
호	扈	陽	木	11	陽	木	土	-	戶	木	뒤따를, 마음이 넓을, 호위할
홍	弘	陰	火	5	陽	土	土	土	弓	火	넓을, 넓힐, 널리
홍	洪	陰	水	9	陽	水	土	土	水	水	큰물, 클
화	化	陰	金	4	陰	火	土	-	匕	金	될, 모양이 바뀔, 고쳐질
화	花	中	木	8	陰	金	土	-	艸	木	꽃, 초목의 꽃, 꽃이 필
화	和	陰	水	8	陰	金	土	-	口	水	화할, 서로 응할, 합칠
화	華	陽	木	12	陰	木	土	-	艸	木	꽃, 꽃필, 빛날, 윤택할, 색채
환	桓	陰	木	10	陰	水	土	火	木	木	푯말, 굳셀, 위엄이 있을
황	黃	陽	土	12	陰	木	土	土	黃	土	누를, 누레질, 누른 빛
효	孝	陽	水	7	陽	金	土	-	子	水	효도, 상복, 부모상 입을
후	后	陽	水	6	陰	土	土	-	口	水	임금, 왕비, 후비, 토지신
후	候	陰	火	10	陰	水	土	-	人	火	물을, 시중들, 기다릴, 기후
훈	訓	陰	金	10	陰	水	土	火	言	金	가르칠, 인도할, 경계할
흥	興	中	土	15	陽	土	土	土	臼	土	일어날, 일으킬, 창성할
희	喜	陽	水	12	陰	木	土	-	口	水	기쁠, 즐거울, 즐거워할, 즐길

글자		글자		획수				음령오행		부수		글자의 의미
		음양	오행	획수		음양	오행	초성	종성	부수	오행	
공	公	陽	金	4	14	陰	火	木	土	八	金	공변될, 공적, 벼슬, 관청
손	孫	陰	水	10		陰	水	金	火	子	水	손자, 자손, 후손, 새싹
남	南	陽	水	9	19	陽	水	火	水	十	水	남녘, 남쪽으로 갈
궁	宮	陽	木	10		陰	水	木	土	宀	木	집, 담, 장원, 두를
독	獨	陰	土	16	24	陰	土	火	木	犬	土	홀로, 홀몸, 홀어미
고	孤	陰	水	8		陰	金	木	-	子	水	외로울, 홀로, 고아
동	東	陽	木	8	12	陰	金	火	土	木	木	동녘, 동쪽
방	方	陽	土	4		陰	火	水	土	方	土	모, 각, 방향, 방위
령	令	陽	火	5	13	陽	土	火	土	人	火	영, 우두머리, 좋을, 하여금
호	狐	陰	土	8		陰	金	土	-	犬	土	여우
부	扶	陰	木	7	23	陽	金	水	-	手	木	도울, 떠받칠, 붙들, 옆
여	餘	陰	水	16		陰	土	土	-	食	水	남을, 넉넉할, 여유 있을
사	司	陽	水	5	13	陽	土	金	-	口	水	맡을, 관리, 벼슬, 관아
공	空	陽	水	8		陰	金	木	土	穴	水	빌, 다할, 없을, 하늘
사	司	陽	水	5	15	陽	土	金	-	口	水	맡을, 관리, 벼슬, 관아
마	馬	陽	火	10		陰	水	水	-	馬	火	말, 산가지
서	西	陽	金	6	14	陰	土	金	-	襾	金	서녘, 서쪽, 서쪽으로 갈
문	門	陰	木	8		陰	金	水	火	門	木	문, 출입문, 문간, 집안
석	石	陽	金	5	10	陽	土	金	木	石	金	돌, 비석, 돌로 만든 악기
말	末	陽	木	5		陽	土	水	火	木	木	끝, 나무끝, 꼭대기
선	鮮	陰	水	17	20	陽	金	金	火	魚	水	고울, 뚜렷할, 깨끗할
우	于	陽	木	3		陽	火	土	-	二	木	어조사, 갈, 할, 행할
을	乙	陽	木	1	5	陽	木	土	火	乙	木	새, 십간의 둘째, 굽을
지	支	陽	土	4		陰	火	金	-	支	土	가를, 지탱할, 가지
제	諸	陰	金	16	29	陰	土	金	-	言	金	모든, 여러, 은, 는, 이, 에게
갈	葛	陽	木	13		陽	火	木	火	艸	木	칡, 덩굴, 거친 베
하	夏	陽	土	10	20	陰	水	土	-	夊	土	여름, 약초이름, 안거
후	候	陰	火	10		陰	水	土	-	人	火	물을, 시중들, 기다릴, 기후
황	皇	陽	金	9	16	陽	水	土	土	白	金	임금, 천자, 천제
보	甫	陽	水	7		陽	金	水	-	用	水	클, 아무개, 사나이

14

대한민국 이름에 사용되는 한자

기준 : 필획, 이름에 적용

姓名學

글자		글자		획수			음령오행		부수		글자의 의미
		음양	오행	획수	음양	오행	초성	종성	부수	오행	
가	可	陽	水	5	陽	土	木	-	口	水	옳을
가	加	陰	土	5	陽	土	木	-	力	土	더할, 있을, 입을
가	伽	陰	火	7	陽	金	木	-	人	火	절
가	呵	陰	水	8	陰	金	木	-	口	水	꾸짖을, 숨을 내쉴
가	佳	陰	火	8	陰	金	木	-	人	火	아름다울, 좋을
가	珂	陰	金	9	陽	水	木	-	玉	金	흰 옥돌, 조개이름
가	苛	陽	木	9	陽	水	木	-	艸	木	매울, 사나울
가	柯	陰	木	9	陽	水	木	-	木	木	자루, 나뭇가지
가	枷	陰	木	9	陽	水	木	-	木	木	도리깨
가	茄	中	木	9	陽	水	木	-	艸	木	연줄기, 연, 절
가	架	中	木	9	陽	水	木	-	木	木	시렁, 횃대
가	迦	中	土	9	陽	水	木	-	辵	土	막을, 차단할
가	家	陽	木	10	陰	水	木	-	宀	木	집, 건물
가	哥	陽	水	10	陰	水	木	-	口	水	노래, 노래할
가	哿	中	水	10	陰	水	木	-	口	水	좋을, 훌륭할
가	痂	中	水	10	陰	水	木	-	疒	水	헌데딱지, 옴
가	袈	中	木	11	陽	木	木	-	衣	木	가사, 승려 옷
가	假	陰	火	11	陽	木	木	-	人	火	거짓
가	訶	陰	金	12	陰	木	木	-	言	金	꾸짖을, 야단할
가	跏	陰	土	12	陰	木	木	-	足	土	책상다리할
가	街	陰	火	12	陰	木	木	-	行	火	거리, 한길, 대로
가	軻	陰	火	12	陰	木	木	-	車	火	바퀴굴대
가	賈	陽	金	13	陽	火	木	-	貝	金	값, 상업, 상인
가	嫁	陰	土	13	陽	火	木	-	女	土	시집갈, 떠넘길
가	暇	陰	火	13	陽	火	木	-	日	火	겨를, 틈
가	嘉	中	水	14	陰	火	木	-	口	水	아름다울, 뛰어날
가	歌	陰	火	14	陰	火	木	-	欠	火	노래, 노래할
가	稼	陰	木	15	陽	土	木	-	禾	木	심을, 농사
가	價	陰	火	15	陽	土	木	-	人	火	값, 값있을
가	駕	中	火	15	陽	土	木	-	馬	火	멍에, 탈, 오를

글자		글자		획수			음령오행		부수		글자의 의미
		음양	오행	획수	음양	오행	초성	종성	부수	오행	
각	各	陽	水	6	陰	土	木	木	口	水	각각, 각기, 서로
각	角	陽	木	7	陽	金	木	木	角	木	뿔, 모, 한 모퉁이
각	却	陰	水	7	陽	金	木	木	卩	水	물리칠, 물러날
각	刻	陰	金	8	陰	金	木	木	刀	金	새길, 벗길
각	珏	陰	金	9	陽	水	木	木	玉	金	쌍옥
각	恪	陰	火	9	陽	水	木	木	心	火	삼갈
각	脚	陰	水	11	陽	木	木	木	肉	水	다리, 정강이
각	殼	陰	金	12	陰	木	木	木	殳	金	껍질, 씨, 내리칠
각	閣	中	木	14	陰	火	木	木	門	木	문설주, 세울, 누각
각	愨	中	火	15	陽	土	木	木	心	火	성실할
각	覺	陽	火	20	陰	水	木	木	見	火	깨달을, 터득할
간	干	陽	木	3	陽	火	木	火	干	木	방패, 방어할, 범할
간	刊	陰	金	5	陽	土	木	火	刀	金	책 펴낼, 깎을, 덜
간	艮	陽	土	6	陰	土	木	火	艮	土	어긋날, 간방
간	奸	陰	土	6	陰	土	木	火	女	土	범할, 간통할
간	玕	陰	金	7	陽	金	木	火	玉	金	옥돌
간	杆	陰	木	7	陽	金	木	火	木	木	나무이름 박달나무
간	肝	陰	水	7	陽	金	木	火	肉	水	간, 간장, 정성
간	侃	陰	火	8	陰	金	木	火	人	火	강직할, 화락할, 굳셀
간	看	陽	木	9	陽	水	木	火	目	木	볼, 방문할, 지킬
간	柬	陽	木	9	陽	水	木	火	木	木	가릴, 분간할, 편지
간	竿	中	木	9	陽	水	木	火	竹	木	장대, 죽순
간	姦	中	土	9	陽	水	木	火	女	土	간사할, 나쁠
간	栞	中	木	10	陰	水	木	火	木	木	도표, 나무를 벨
간	桿	陰	木	11	陽	木	木	火	木	木	볏짚, 짚, 나무이름
간	稈	陰	木	12	陰	木	木	火	禾	木	짚, 볏짚
간	揀	陰	木	12	陰	木	木	火	手	木	가릴, 가려 뽑을
간	間	中	木	12	陰	木	木	火	門	木	틈
간	幹	陰	木	13	陽	火	木	火	干	木	줄기, 기둥, 뼈대
간	澗	陰	水	15	陽	土	木	火	水	水	계곡의 시내, 간수, 산골 물

글자		글자		획수			음령오행		부수		글자의 의미
		음양	오행	획수	음양	오행	초성	종성	부수	오행	
간	諫	陰	金	16	陰	土	木	火	言	金	간할, 간하는 말
간	墾	中	土	16	陰	土	木	火	土	土	개간할, 다스릴
간	磵	陰	金	17	陽	金	木	火	石	金	계곡의 시내, 산골 물
간	癎	中	水	17	陽	金	木	火	疒	水	간질, 지랄, 경기
간	艱	陰	土	17	陽	金	木	火	艮	土	어려울, 어려워할
간	懇	中	火	17	陽	金	木	火	心	火	정성, 성심, 노력할
간	簡	中	木	18	陰	金	木	火	竹	木	대쪽, 책, 편지
갈	乫	中	木	6	陰	土	木	火	乙	木	땅이름
갈	曷	陽	火	9	陽	水	木	火	曰	火	어찌, 어찌하여
갈	渴	陰	水	12	陰	木	木	火	水	水	목마를, 갈증
갈	喝	陰	水	12	陰	木	木	火	口	水	꾸짖을, 외칠
갈	葛	陽	木	13	陽	火	木	火	艸	木	칡, 덩굴, 거친 베
갈	碣	陰	金	14	陰	火	木	火	石	金	비, 돌을 세울
갈	竭	陰	金	14	陰	火	木	火	立	金	다할, 물이 마를
갈	褐	陰	木	14	陰	火	木	火	衣	木	털옷, 베옷
갈	蝎	陰	水	15	陽	土	木	火	虫	水	나무좀, 나무굼벵이
갈	鞨	陰	金	18	陰	金	木	火	革	金	말갈, 가죽신
감	甘	陽	土	5	陽	土	木	水	甘	土	달, 맛이 있을
감	坎	陰	土	7	陽	金	木	水	土	土	구덩이, 험할
감	邯	陰	土	8	陰	金	木	水	邑	土	땅이름, 강이름, 현이름
감	柑	陰	木	9	陽	水	木	水	木	木	감자나무, 재갈
감	疳	陽	水	10	陰	水	木	水	疒	水	감질, 창병, 매독
감	紺	陰	木	11	陽	木	木	水	糸	木	감색, 반물, 야청빛
감	勘	陰	土	11	陽	木	木	水	力	土	헤아릴, 조사할
감	敢	陰	金	12	陰	木	木	水	攴	金	감히, 용맹할, 용감할
감	減	陰	水	12	陰	木	木	水	水	水	덜, 가볍게 할, 줄, 감할
감	堪	陰	土	12	陰	木	木	水	土	土	견딜, 뛰어날
감	嵌	中	土	12	陰	木	木	水	山	土	산이 깊을, 골짜기
감	戡	陰	金	13	陽	火	木	水	戈	金	칠, 평정할, 죽일
감	感	陽	火	13	陽	火	木	水	心	火	느낄, 마음 움직일

글자		글자		획수			음령오행		부수		글자의 의미
		음양	오행	획수	음양	오행	초성	종성	부수	오행	
감	監	中	金	14	陰	火	木	水	皿	金	볼, 살필
감	橄	陰	木	16	陰	土	木	水	木	木	감람나무
감	憾	陰	火	16	陰	土	木	水	心	火	한할, 서운해 할
감	瞰	陰	木	17	陽	金	木	水	目	木	볼, 내려다볼, 굽어 볼
감	鑑	陰	金	22	陰	木	木	水	金	金	거울, 볼, 성찰할
감	鑒	中	金	22	陰	木	木	水	金	金	거울, 볼, 성찰할
감	龕	中	土	22	陰	木	木	水	龍	土	감실, 이길
갑	甲	陽	木	5	陽	土	木	水	田	木	첫째천간, 껍질, 갑옷
갑	匣	陽	土	7	陽	金	木	水	匚	土	갑, 작은 상자
갑	岬	陰	土	8	陰	金	木	水	山	土	산허리, 산골짜기
갑	胛	陰	水	9	陽	水	木	水	肉	水	어깨뼈, 어깨죽지
갑	鉀	陰	金	13	陽	火	木	水	金	金	갑옷
갑	閘	中	木	13	陽	火	木	水	門	木	물문, 수문, 문 닫을
강	江	陰	水	6	陰	土	木	土	水	水	강, 큰 내
강	杠	陰	木	7	陽	金	木	土	木	木	깃대, 다리
강	岡	陽	土	8	陰	金	木	土	山	土	산등성이, 언덕
강	羌	陽	土	8	陰	金	木	土	羊	土	종족이름, 굳셀
강	舡	陰	木	9	陽	水	木	土	舟	木	오나라 배, 배
강	姜	陽	土	9	陽	水	木	土	女	土	성(姓), 굳셀
강	降	陰	土	9	陽	水	木	土	阜	土	내릴
강	剛	陰	金	10	陰	水	木	土	刀	金	단단할, 굳셀, 성할
강	康	陽	木	11	陽	木	木	土	广	木	편안할, 즐거워할
강	崗	陽	土	11	陽	木	木	土	山	土	언덕, 산등성이
강	堈	陰	土	11	陽	木	木	土	土	土	언덕, 독, 항아리
강	絳	陰	木	12	陰	木	木	土	糸	木	진홍, 땅이름
강	腔	陰	水	12	陰	木	木	土	肉	水	속이 빌, 가락
강	强	陰	火	12	陰	木	木	土	弓	火	굳셀, 성할, 세찰, 강할
강	畺	陽	木	13	陽	火	木	土	田	木	지경
강	綱	陰	木	14	陰	火	木	土	糸	木	벼리, 줄을 칠
강	嫝	陰	土	14	陰	火	木	土	女	土	편안할

글자		글자		획수			음령오행		부수		글자의 의미
		음양	오행	획수	음양	오행	초성	종성	부수	오행	
강	慷	陰	火	14	陰	火	木	土	心	火	강개할
강	鋼	陰	金	16	陰	土	木	土	金	金	강철
강	彊	陰	火	16	陰	土	木	土	弓	火	굳셀
강	講	陰	金	17	陽	金	木	土	言	金	읽힐, 읽을, 해석할, 외울
강	薑	陽	木	17	陽	金	木	土	艸	木	생강, 새앙
강	糠	陰	木	17	陽	金	木	土	米	木	겨, 쌀겨
강	橿	陰	木	17	陽	金	木	土	木	木	나무이름, 감탕나무
강	襁	陰	木	17	陽	金	木	土	衣	木	포대기, 업을
강	疆	陰	木	19	陽	水	木	土	田	木	지경, 끝, 한계
강	鱇	陰	水	22	陰	木	木	土	魚	水	아귀
개	介	陽	火	4	陰	火	木	-	人	火	끼일, 갑옷, 딱지, 클
개	价	陰	火	6	陰	土	木	-	人	火	착할, 클
개	改	陰	金	7	陽	金	木	-	攴	金	고칠, 바뀔, 고쳐질
개	玠	陰	金	8	陰	金	木	-	玉	金	큰 홀
개	芥	陽	木	8	陰	金	木	-	艸	木	겨자, 갓, 먼지
개	皆	中	金	9	陽	水	木	-	白	金	다, 모두, 함께
개	疥	陽	水	9	陽	水	木	-	疒	水	옴, 학질, 더럽힐
개	豈	陽	木	10	陰	水	木	-	豆	木	어찌, 반어의 조사
개	個	陰	火	10	陰	水	木	-	人	火	낱, 개
개	盖	陽	金	11	陽	木	木	-	皿	金	덮을, 덮개, 숭상할
개	開	中	木	12	陰	木	木	-	門	木	열, 열릴, 통할
개	凱	陰	水	12	陰	木	木	-	几	水	즐길, 개가, 클, 승전가
개	塏	陰	土	13	陽	火	木	-	土	土	높고 건조할
개	愾	陰	火	13	陽	火	木	-	心	火	성낼, 분노할
개	愷	陰	火	13	陽	火	木	-	心	火	즐거울, 편안할, 승전 음악
개	蓋	陽	木	14	陰	火	木	-	艸	木	덮을, 대개, 가릴
개	箇	中	木	14	陰	火	木	-	竹	木	낱, 물건 세는 단위
개	漑	陰	水	14	陰	火	木	-	水	水	물댈, 씻을, 헹굴
개	慨	陰	火	14	陰	火	木	-	心	火	분개할, 개탄할
개	槪	陰	木	15	陽	土	木	-	木	木	평미레, 억압할, 대개

글자		글자		획수			음령오행		부수		글자의 의미
		음양	오행	획수	음양	오행	초성	종성	부수	오행	
개	鎧	陰	金	18	陰	金	木	-	金	金	갑옷, 무장할
객	客	陽	木	9	陽	水	木	木	宀	木	손님, 붙일, 의탁할
객	喀	陰	水	12	陰	木	木	木	口	水	토할, 기침할
갱	坑	陰	土	7	陽	金	木	土	土	土	구덩이, 묻을, 빠질
갱	更	陽	火	7	陽	金	木	土	曰	火	다시, 재차, 개선할
갱	粳	陰	木	13	陽	火	木	土	米	木	메벼
갱	羹	陽	土	19	陽	水	木	土	羊	土	국, 땅이름
갹	醵	陰	金	20	陰	水	木	木	酉	金	술잔치, 술추렴
거	去	陽	木	5	陽	土	木	-	厶	木	갈, 떠날, 잃을
거	巨	陽	火	5	陽	土	木	-	工	火	클, 많을, 거칠
거	車	陽	火	7	陽	金	木	-	車	火	수레, 도르래
거	拒	陰	木	8	陰	金	木	-	手	木	막을, 거부할
거	居	陽	水	8	陰	金	木	-	尸	水	있을, 거주할, 앉을
거	炬	陰	火	9	陽	水	木	-	火	火	횃불, 태울, 등불
거	祛	陰	木	10	陰	水	木	-	示	木	떨어 없앨, 쫓을, 물리칠
거	倨	陰	火	10	陰	水	木	-	人	火	거만할, 멍할
거	据	陰	木	11	陽	木	木	-	手	木	일할, 의거할
거	渠	中	水	12	陰	木	木	-	水	水	도랑, 클, 껄껄 웃을
거	距	陰	土	12	陰	木	木	-	足	土	떨어질, 사이가 뜰
거	鉅	陰	金	13	陽	火	木	-	金	金	클, 강할, 존귀할
거	踞	陰	土	15	陽	土	木	-	足	土	웅크릴, 걸터앉을
거	鋸	陰	金	16	陰	土	木	-	金	金	톱, 톱질할
거	據	陰	木	16	陰	土	木	-	手	木	의거할, 의지할
거	遽	陽	土	17	陽	金	木	-	辵	土	갑자기, 재빠를, 급할
거	擧	陽	木	18	陰	金	木	-	手	木	들, 오를, 움직일
건	巾	陽	木	3	陽	火	木	火	巾	木	수건, 두건, 건
건	件	陰	火	6	陰	土	木	火	人	火	사건, 물건, 구별할
건	建	陽	木	9	陽	水	木	火	廴	木	세울, 월건
건	虔	陽	木	10	陰	水	木	火	虍	木	정성, 공경할
건	乾	陰	木	11	陽	木	木	火	乙	木	하늘, 괘이름, 임금

글자		글자		획수			음령오행		부수		글자의 의미
		음양	오행	획수	음양	오행	초성	종성	부수	오행	
건	健	陰	火	11	陽	木	木	火	人	火	튼튼할, 교만할, 굳셀
건	楗	陰	木	13	陽	火	木	火	木	木	문빗장, 방죽, 둑
건	腱	陰	水	13	陽	火	木	火	肉	水	힘줄 밑동, 힘줄
건	愆	中	火	13	陽	火	木	火	心	火	허물, 죄, 잘못할
건	漧	陰	水	14	陰	火	木	火	水	水	하늘, 굳셀, 사나이
건	鍵	陰	金	17	陽	金	木	火	金	金	열쇠, 비녀장
건	蹇	陽	土	17	陽	金	木	火	足	土	절, 멈출
건	騫	陽	火	20	陰	水	木	火	馬	火	이지러질, 손상할
걸	乞	陽	木	3	陽	火	木	火	乙	木	빌, 구할, 소원
걸	杰	陽	木	8	陰	金	木	火	木	木	뛰어날, 호걸, 클
걸	桀	中	木	10	陰	水	木	火	木	木	홰, 뛰어날, 멜
걸	傑	陰	火	12	陰	木	木	火	人	火	뛰어날, 호걸
검	鈐	陰	金	12	陰	木	木	水	金	金	비녀장, 자물쇠
검	劍	陰	金	15	陽	土	木	水	刀	金	칼, 검법, 찌를, 벨
검	儉	陰	火	15	陽	土	木	水	人	火	검소할, 적을, 흉작
검	劒	陰	金	16	陰	土	木	水	刀	金	칼, 검법, 찌를, 벨
검	黔	陰	水	16	陰	土	木	水	黑	水	검을, 그을을
검	檢	陰	木	17	陽	金	木	水	木	木	봉함, 봉인할, 교정할
검	瞼	陰	木	18	陰	金	木	水	目	木	눈꺼풀, 고을
겁	劫	陰	金	7	陽	金	木	水	力	土	위협할, 빼앗을
겁	怯	陰	火	8	陰	金	木	水	心	火	겁낼, 무서워할
겁	迲	陽	土	9	陽	水	木	水	辵	土	갈, 자내
게	偈	陰	火	11	陽	木	木	-	人	火	쉴, 위엄스러울, 범어
게	揭	陰	木	12	陰	木	木	-	手	木	들, 높이 들, 걸
게	憩	中	火	16	陰	土	木	-	心	火	쉴, 휴식할
격	格	陰	木	10	陰	水	木	木	木	木	바로잡을, 격식
격	隔	陰	土	13	陽	火	木	木	阜	土	사이가 뜰, 멀어질, 막힐
격	膈	陰	水	14	陰	火	木	木	肉	水	흉격, 횡경막, 종틀
격	覡	陰	火	14	陰	火	木	木	見	火	박수, 남자무당
격	激	陰	水	16	陰	土	木	木	水	水	급할, 흘러들, 보, 격동할

글자		글자		획수			음령오행		부수		글자의 의미
		음양	오행	획수	음양	오행	초성	종성	부수	오행	
격	檄	陰	木	17	陽	金	木	木	木	木	격문, 편지, 뛰어날, 격서
격	擊	中	木	17	陽	金	木	木	手	木	부딪칠, 방해가 될, 칠
견	犬	陽	土	4	陰	火	木	火	犬	土	개, 하찮은 것
견	見	陽	火	7	陽	金	木	火	見	火	볼, 눈으로 볼
견	肩	陽	水	8	陰	金	木	火	肉	水	어깨, 견딜, 이겨낼
견	牽	陽	土	11	陽	木	木	火	牛	土	끌, 만류할, 강요할, 이끌
견	堅	中	土	11	陽	木	木	火	土	土	굳을, 튼튼하게
견	絹	陰	木	13	陽	火	木	火	糸	木	명주, 생견, 비단
견	遣	陽	土	14	陰	火	木	火	辵	土	보낼, 파견할, 풀
견	甄	陰	土	14	陰	火	木	火	瓦	土	질그릇, 가마
견	鵑	陰	火	18	陰	金	木	火	鳥	火	두견새, 진달래
견	繭	陽	木	19	陽	水	木	火	糸	木	누에고치, 솜옷
견	譴	陰	金	21	陽	木	木	火	言	金	꾸짖을, 허물
결	抉	陰	木	7	陽	金	木	火	手	木	도려낼, 폭로할
결	決	陰	水	7	陽	金	木	火	水	水	터질, 결단할, 끊을
결	缺	陰	土	10	陰	水	木	火	缶	土	이지러질, 모자랄
결	訣	陰	金	11	陽	木	木	火	言	金	이별할, 결단할, 비결
결	結	陰	木	12	陰	木	木	火	糸	木	맺을, 사귈, 완성할
결	潔	陰	水	15	陽	土	木	火	水	水	깨끗할, 맑을, 간결할
겸	兼	陽	金	10	陰	水	木	水	八	金	겸할, 아울러, 쌓을
겸	鉗	陰	金	13	陽	火	木	水	金	金	칼, 칼을 씌울, 집게, 목사실
겸	慊	陰	火	13	陽	火	木	水	心	火	찐덥지 않을, 좋을, 싫을
겸	箝	陰	木	14	陰	火	木	水	竹	木	재갈 먹일, 끼울, 칼, 족집게
겸	謙	陰	金	17	陽	金	木	水	言	金	겸손할, 공손할
겸	鎌	陰	金	18	陰	金	木	水	金	金	낫, 모, 모서리
경	冂	陽	土	2	陰	木	木	土	冂	土	멀, 들 밖, 밀
경	囧	陽	水	7	陽	金	木	土	口	水	빛날, 참 맑을
경	更	陽	火	7	陽	金	木	土	曰	火	고칠, 개선할
경	庚	陽	木	8	陰	金	木	土	广	木	일곱째 천간, 나이
경	坰	陰	土	8	陰	金	木	土	土	土	들

글자		글자		획수			음령오행		부수		글자의 의미
		음양	오행	획수	음양	오행	초성	종성	부수	오행	
경	京	陽	火	8	陰	金	木	土	亠	火	서울, 클, 높을
경	炅	陽	火	8	陰	金	木	土	火	火	빛날, 열, 열기, 성
경	勁	陰	土	9	陽	水	木	土	力	土	굳셀, 예리할
경	俓	陰	火	9	陽	水	木	土	人	火	지름길, 길, 곧을
경	耕	陰	木	10	陰	水	木	土	耒	木	밭갈, 농사에 힘쓸
경	涇	陰	水	10	陰	水	木	土	水	水	통할, 흐를, 월경
경	勍	陰	土	10	陰	水	木	土	力	土	셀, 강할
경	耿	陰	火	10	陰	水	木	土	耳	火	빛날, 비출, 명백함
경	倞	陰	火	10	陰	水	木	土	人	火	굳셀, 다툴, 밝을
경	徑	陰	火	10	陰	水	木	土	彳	火	지름길, 길, 빠를
경	竟	陽	金	11	陽	木	木	土	立	金	다할, 끝날
경	莖	陽	木	11	陽	木	木	土	艸	木	줄기, 근본, 기둥
경	梗	陰	木	11	陽	木	木	土	木	木	대개, 대강, 가시나무, 정직할
경	絅	陰	木	11	陽	木	木	土	糸	木	끌어 죌, 잡아당길, 급히 끌
경	脛	陰	水	11	陽	木	木	土	肉	水	정강이, 바른 모양
경	逕	陽	土	11	陽	木	木	土	辵	土	소로, 좁은 길
경	烱	陰	火	11	陽	木	木	土	火	火	빛날, 밝을
경	頃	陰	火	11	陽	木	木	土	頁	火	밭넓이 단위, 기울, 잠깐
경	硬	陰	金	12	陰	木	木	土	石	金	굳을, 단단할, 굳셀
경	痙	陽	水	12	陰	木	木	土	疒	水	심줄 땅길, 경련일, 경련
경	卿	陰	水	12	陰	木	木	土	卩	水	벼슬
경	景	陽	火	12	陰	木	木	土	日	火	볕, 빛, 햇살, 태양
경	敬	陰	金	13	陽	火	木	土	攴	金	공경할, 정중할
경	經	陰	木	13	陽	火	木	土	糸	木	날, 날실, 경서, 법, 글
경	傾	陰	火	13	陽	火	木	土	人	火	기울, 뒤집힐, 누울
경	境	陰	土	14	陰	火	木	土	土	土	지경, 곳, 장소
경	輕	陰	火	14	陰	火	木	土	車	火	가벼울, 모자랄
경	慶	陽	火	15	陽	土	木	土	心	火	경사, 축하할, 상
경	儆	陰	火	15	陽	土	木	土	人	火	경계할, 위급한 일
경	憬	陰	火	15	陽	土	木	土	心	火	깨달을, 알아차릴

글자		글자		획수			음령오행		부수		글자의 의미
		음양	오행	획수	음양	오행	초성	종성	부수	오행	
경	熲	陰	火	15	陽	土	木	土	火	火	빛날, 불빛, 경침
경	璟	陰	金	16	陰	土	木	土	玉	金	옥 광채 날, 옥빛
경	磬	中	金	16	陰	土	木	土	石	金	경쇠, 말을 달릴
경	頸	陰	火	16	陰	土	木	土	頁	火	목, 목덜미
경	暻	陰	火	16	陰	土	木	土	日	火	밝을, 환할
경	璥	陰	金	17	陽	金	木	土	玉	金	경옥, 옥 이름
경	擎	中	木	17	陽	金	木	土	手	木	들, 떠받칠, 높을, 받들
경	檠	中	木	17	陽	金	木	土	木	木	도지개, 등잔대, 바로잡을
경	瓊	陰	金	19	陽	水	木	土	玉	金	옥, 주사위, 구슬
경	鏡	陰	金	19	陽	水	木	土	金	金	거울, 비출, 밝힐
경	鯨	陰	水	19	陽	水	木	土	魚	水	고래, 쳐들
경	鶊	陰	火	19	陽	水	木	土	鳥	火	꾀꼬리
경	競	陰	金	20	陰	水	木	土	立	金	겨룰, 나아갈
경	警	中	金	20	陰	水	木	土	言	金	경계할, 놀랄
경	驚	中	火	23	陽	火	木	土	馬	火	놀랄, 겁낼, 동요할
계	戒	陽	金	7	陽	金	木	-	戈	金	경계할, 삼갈, 재계할
계	系	陽	木	7	陽	金	木	-	糸	木	이을, 이어질
계	季	陽	水	8	陰	金	木	-	子	水	끝, 막내, 말년
계	屆	陽	水	8	陰	金	木	-	尸	水	이를, 다다를, 다할
계	計	陰	金	9	陽	水	木	-	言	金	꾀, 계략, 계획, 셈할
계	界	陽	木	9	陽	水	木	-	田	木	지경, 경계, 이웃할
계	契	中	木	9	陽	水	木	-	大	木	맺을, 약속, 합치할, 예약할
계	癸	中	水	9	陽	水	木	-	癶	水	열째천간, 무기, 북방
계	係	陰	火	9	陽	水	木	-	人	火	걸릴, 이을, 계
계	桂	陰	木	10	陰	水	木	-	木	木	계수나무, 월계수
계	烓	陰	火	10	陰	水	木	-	火	火	화덕, 밝을, 환할
계	械	陰	木	11	陽	木	木	-	木	木	형틀, 수갑, 도구, 기계
계	啓	中	水	11	陽	木	木	-	口	水	열, 가르칠, 인도할
계	悸	陰	火	11	陽	木	木	-	心	火	가슴이 두근거릴
계	棨	中	木	12	陰	木	木	-	木	木	창, 의장용 창, 부절

글자		글자		획수			음령오행		부수		글자의 의미
		음양	오행	획수	음양	오행	초성	종성	부수	오행	
계	階	陰	土	12	陰	木	木	-	阜	土	섬돌, 층계, 사다리
계	堺	陰	土	12	陰	木	木	-	土	土	지경, 경계, 사이할
계	溪	陰	水	13	陽	火	木	-	水	水	시내, 시냇물, 텅 빈
계	誡	陰	金	14	陰	火	木	-	言	金	경계할, 훈계할
계	磎	陰	金	15	陽	土	木	-	石	金	시내, 마른시내
계	稽	陰	木	15	陽	土	木	-	禾	木	머무를, 저축할, 상고할
계	谿	陰	水	17	陽	金	木	-	谷	水	시내, 마른시내
계	繫	中	木	19	陽	水	木	-	糸	木	맬, 매달릴, 죄수
계	繼	陰	木	20	陰	水	木	-	糸	木	이을, 계통을 이을
계	鷄	陰	火	21	陽	木	木	-	鳥	火	닭, 가금
고	尻	陽	水	5	陽	土	木	-	尸	水	꽁무니, 자리 잡을
고	古	陽	水	5	陽	土	木	-	口	水	옛, 비로소, 오랠
고	叩	陰	水	5	陽	土	木	-	口	水	두드릴, 물어볼
고	攷	陰	金	6	陰	土	木	-	攴	金	상고할, 이룰, 마칠
고	考	陽	土	6	陰	土	木	-	老	土	상고할, 생각할
고	告	陽	水	7	陽	金	木	-	口	水	알릴, 물을, 가르칠, 고할
고	杲	陽	木	8	陰	金	木	-	木	木	밝을, 높을
고	固	陽	水	8	陰	金	木	-	囗	水	굳을, 단단할, 수비
고	股	陰	水	8	陰	金	木	-	肉	水	넓적다리, 정강이
고	呱	陰	水	8	陰	金	木	-	口	水	울, 아이울음소리
고	沽	陰	水	8	陰	金	木	-	水	水	팔, 매매할, 살
고	孤	陰	水	8	陰	金	木	-	子	水	외로울, 홀로, 고아
고	姑	陰	土	8	陰	金	木	-	女	土	시어머니, 고모
고	故	陰	金	9	陽	水	木	-	攴	金	옛, 예, 연고, 원래
고	苽	陽	木	9	陽	水	木	-	艸	木	줄, 산수국
고	苦	陽	木	9	陽	水	木	-	艸	木	쓸, 쓴맛, 괴로울
고	枯	陰	木	9	陽	水	木	-	木	木	마를, 야윌, 수척할
고	拷	陰	木	9	陽	水	木	-	手	木	칠, 약탈할
고	庫	陽	木	10	陰	水	木	-	广	木	곳집, 문의이름, 창고, 성
고	羔	陽	土	10	陰	水	木	-	羊	土	새끼 양, 흑양

글자		글자		획수			음령오행		부수		글자의 의미
		음양	오행	획수	음양	오행	초성	종성	부수	오행	
고	高	陽	火	10	陰	水	木	-	高	火	높을, 높아질, 뽐낼
고	皐	陽	金	11	陽	木	木	-	白	金	부르는 소리, 고할
고	袴	陰	木	11	陽	木	木	-	衣	木	바지, 사타구니
고	辜	陽	金	12	陰	木	木	-	辛	金	허물, 책형
고	菰	중	木	12	陰	木	木	-	艸	木	향초, 부추
고	雇	陽	火	12	陰	木	木	-	隹	火	품살, 고용할, 갚을, 품을 팔
고	賈	陽	金	13	陽	火	木	-	貝	金	장사, 상업, 상인
고	鼓	陰	金	13	陽	火	木	-	鼓	金	북, 두드릴, 맥박
고	痼	陽	水	13	陽	火	木	-	疒	水	고질
고	誥	陰	金	14	陰	火	木	-	言	金	고할, 가르칠
고	敲	陰	金	14	陰	火	木	-	攴	金	두드릴, 매, 회초리
고	睾	陽	木	14	陰	火	木	-	目	木	못, 늪, 불알
고	槁	陰	木	14	陰	火	木	-	木	木	마를, 말라 죽을
고	膏	陽	水	14	陰	火	木	-	肉	水	살찔, 기름진 땅, 기름
고	暠	陽	火	14	陰	火	木	-	日	火	흴, 밝을
고	稿	陰	木	15	陽	土	木	-	禾	木	볏집, 초안, 초고, 원고
고	錮	陰	金	16	陰	土	木	-	金	金	땜질할, 가둘
고	藁	陽	木	18	陰	金	木	-	艸	木	마를, 말라죽을
고	顧	陰	火	21	陽	木	木	-	頁	火	돌아볼, 응시할
고	蠱	中	水	23	陽	火	木	-	虫	水	독, 벌레, 놀, 괘이름
곡	曲	陽	火	6	陰	土	木	木	曰	火	굽을, 휠, 굽힐
곡	谷	中	水	7	陽	金	木	木	谷	水	골, 골짜기, 홈
곡	哭	中	水	10	陰	水	木	木	口	水	울, 노래할
곡	梏	陰	木	11	陽	木	木	木	木	木	쇠고랑, 수갑, 묶을
곡	斛	陰	火	11	陽	木	木	木	斗	火	휘, 헤아릴
곡	穀	陰	木	15	陽	土	木	木	禾	木	곡식, 양식, 기를, 길할
곡	鵠	陰	火	18	陰	金	木	木	鳥	火	고니, 흴, 희게 할
곤	困	陽	水	7	陽	金	木	火	囗	水	괴로울, 부족할, 곤할
곤	坤	陰	土	8	陰	金	木	火	土	土	땅, 대지, 팔괘하나
곤	昆	中	火	8	陰	金	木	火	日	火	형, 맏, 뒤, 자손

글자		글자		획수			음령오행		부수		글자의 의미
		음양	오행	획수	음양	오행	초성	종성	부수	오행	
곤	袞	陽	木	11	陽	木	木	火	衣	木	곤룡포
곤	梱	陰	木	11	陽	木	木	火	木	木	문지방, 두드릴
곤	崑	中	土	11	陽	木	木	火	山	土	산이름
곤	琨	陰	金	12	陰	木	木	火	玉	金	옥돌, 패옥이름, 아름다운 옥
곤	棍	陰	木	12	陰	木	木	火	木	木	몽둥이, 곤장, 묶을
곤	滾	陰	水	14	陰	火	木	火	水	水	흐를, 물이 끓을
곤	錕	陰	金	16	陰	土	木	火	金	金	붉은 쇠
곤	鯤	陰	水	19	陽	水	木	火	魚	水	곤이, 큰물고기이름
골	汩	陰	水	7	陽	金	木	火	水	水	빠질, 잠길, 골몰할
골	骨	陽	金	10	陰	水	木	火	骨	金	뼈, 굳을, 강직할
골	滑	陰	水	13	陽	火	木	火	水	水	어지러울, 다스릴
공	工	陽	火	3	陽	火	木	土	工	火	장인, 교묘할
공	公	陽	金	4	陰	火	木	土	八	金	공변될, 공적, 벼슬, 관청
공	孔	陰	水	4	陰	火	木	土	子	水	구멍, 매우, 성(姓)
공	功	陰	土	5	陽	土	木	土	力	土	공, 공로, 보람
공	共	陽	金	6	陰	土	木	土	八	金	함께, 함께할, 한가지
공	攻	陰	金	7	陽	金	木	土	攴	金	칠, 공격할, 다스릴, 닦을
공	空	陽	水	8	陰	金	木	土	穴	水	빌, 다할, 없을, 하늘
공	供	陰	火	8	陰	金	木	土	人	火	이바지할, 공손할
공	拱	陰	木	9	陽	水	木	土	手	木	두손 맞잡을, 당길
공	貢	陽	金	10	陰	水	木	土	貝	金	바칠, 공물, 천거할
공	珙	陰	金	10	陰	水	木	土	玉	金	큰 옥, 옥이름, 크고 둥근 옥
공	蚣	陰	水	10	陰	水	木	土	虫	水	지네, 여치
공	恭	陽	火	10	陰	水	木	土	心	火	공손할, 삼갈
공	恐	中	火	10	陰	水	木	土	心	火	두려워할, 협박할, 두려울
공	控	陰	木	11	陽	木	木	土	手	木	당길, 고할, 던질
공	鞏	中	金	15	陽	土	木	土	革	金	묶을, 굳을, 볶을, 가죽테
곶	串	陽	木	7	陽	金	木	金	丨	木	곶
과	戈	陽	金	4	陰	火	木	-	戈	金	창, 싸움, 전쟁
과	瓜	陽	木	5	陽	土	木	-	瓜	木	오이, 모과

글자		글자		획수			음령오행		부수		글자의 의미
		음양	오행	획수	음양	오행	초성	종성	부수	오행	
과	果	陽	木	8	陰	金	木	-	木	木	실과, 나무열매
과	科	陰	木	9	陽	水	木	-	禾	木	과정, 조목, 품등, 과거
과	菓	陽	木	12	陰	木	木	-	艸	木	과일, 과자, 과실
과	誇	陰	金	13	陽	火	木	-	言	金	자랑할, 자만할
과	過	陽	土	13	陽	火	木	-	辵	土	지날, 초월할, 건널
과	跨	陰	土	13	陽	火	木	-	足	土	타넘을, 사타구니
과	寡	陽	木	14	陰	火	木	-	宀	木	적을, 나, 과부
과	課	陰	金	15	陽	土	木	-	言	金	매길, 세금, 시험할
과	鍋	陰	金	17	陽	金	木	-	金	金	노구솥, 냄비, 대통
과	顆	陰	火	17	陽	金	木	-	頁	火	낟알, 흙덩이
곽	郭	陰	土	11	陽	木	木	木	邑	土	성곽, 둘레
곽	廓	中	木	14	陰	火	木	木	广	木	둘레, 외성, 클, 넓을
곽	槨	陰	木	15	陽	土	木	木	木	木	덧널, 관 담는 궤
곽	藿	陽	木	20	陰	水	木	木	艸	木	콩잎, 쥐눈이콩
관	串	陽	木	7	陽	金	木	火	丨	木	익힐, 꿸
관	官	陽	木	8	陰	金	木	火	宀	木	벼슬, 벼슬아치, 관청
관	冠	陽	水	9	陽	水	木	火	冖	水	갓, 관, 볏, 성
관	貫	陽	金	11	陽	木	木	火	貝	金	꿸, 꿰뚫을, 적중할
관	琯	陰	金	12	陰	木	木	火	玉	金	옥피리, 율관
관	菅	陽	木	12	陰	木	木	火	艸	木	왕골, 난초
관	棺	陰	木	12	陰	木	木	火	木	木	널, 관, 입관할
관	款	陰	火	12	陰	木	木	火	欠	火	정성, 성의, 두드릴
관	管	中	木	14	陰	火	木	火	竹	木	피리, 대나무악기, 대롱
관	慣	陰	火	14	陰	火	木	火	心	火	버릇, 익숙할
관	寬	陽	木	15	陽	土	木	火	宀	木	너그러울, 넓을
관	錧	陰	金	16	陰	土	木	火	金	金	비녀장, 쟁기
관	館	陰	水	17	陽	金	木	火	食	水	객사, 관청, 집, 투숙할
관	關	陰	木	19	陽	水	木	火	門	木	빗장, 기관, 잠글
관	灌	陰	水	21	陽	木	木	火	水	水	물댈, 적실, 따를
관	瓘	陰	金	22	陰	木	木	火	玉	金	옥이름, 서옥

글자		글자		획수			음령오행		부수		글자의 의미
		음양	오행	획수	음양	오행	초성	종성	부수	오행	
관	罐	陰	土	24	陰	火	木	火	缶	土	두레박, 항아리
관	觀	陰	火	25	陽	土	木	火	見	火	볼, 보일, 드러낼
괄	刮	陰	金	8	陰	金	木	火	刀	金	깎을, 갈, 닦을
괄	括	陰	木	9	陽	水	木	火	手	木	묶을, 감독할, 담을
괄	适	陽	土	10	陰	水	木	火	辵	土	빠를, 신속할
괄	恝	中	火	10	陰	水	木	火	心	火	걱정 없을, 소홀히 할
광	光	陽	木	6	陰	土	木	土	儿	木	빛, 빛날, 광택
광	匡	陽	土	6	陰	土	木	土	匚	土	바를, 바로잡을
광	狂	陰	土	7	陽	金	木	土	犬	土	미칠, 경솔할
광	炚	陰	火	8	陰	金	木	土	火	火	햇볕 뜨거울, 밝을
광	侊	陰	火	8	陰	金	木	土	人	火	성한 모양, 성할
광	洸	陰	水	9	陽	水	木	土	水	水	물 용솟음할, 성낼
광	珖	陰	金	10	陰	水	木	土	玉	金	옥피리, 옥이름
광	桄	陰	木	10	陰	水	木	土	木	木	광랑나무, 횡목, 찰
광	胱	陰	水	10	陰	水	木	土	肉	水	오줌통, 방광
광	筐	中	木	12	陰	木	木	土	竹	木	광주리, 침상
광	廣	陽	木	15	陽	土	木	土	广	木	넓을, 넓힐, 넓어질
광	壙	陰	土	18	陰	金	木	土	土	土	광, 들판, 공허할
광	曠	陰	火	19	陽	水	木	土	日	火	밝을, 환할, 빌
광	鑛	陰	金	23	陽	火	木	土	金	金	쇳돌
괘	卦	陰	火	8	陰	金	木	-	卜	火	걸, 매달을, 입을, 점괘
괘	掛	陰	木	11	陽	木	木	-	手	木	걸, 걸어놓을
괘	罫	中	木	13	陽	火	木	-	网	木	줄, 거리낌
괴	乖	陽	金	8	陰	金	木	-	丿	金	어그러질, 배반할
괴	拐	陰	木	8	陰	金	木	-	手	木	속일, 꾀어낼
괴	怪	陰	火	8	陰	金	木	-	心	火	기이할, 의심할, 괴이할
괴	傀	陰	火	12	陰	木	木	-	人	火	클, 성할, 좋을
괴	塊	陰	土	13	陽	火	木	-	土	土	흙덩이, 흙, 덩어리
괴	愧	陰	火	13	陽	火	木	-	心	火	부끄러울, 모욕할
괴	槐	陰	木	14	陰	火	木	-	木	木	홰나무, 삼공자리

글자		글자		획수			음령오행		부수		글자의 의미
		음양	오행	획수	음양	오행	초성	종성	부수	오행	
괴	魁	陽	火	14	陰	火	木	-	鬼	火	으뜸, 우두머리, 클
괴	壞	陰	土	19	陽	水	木	-	土	土	무너질, 무너뜨릴
굉	宏	陽	木	7	陽	金	木	土	宀	木	클, 넓을, 광대할
굉	肱	陰	水	8	陰	金	木	土	肉	水	팔뚝
굉	紘	陰	木	10	陰	水	木	土	糸	木	갓끈, 밧줄, 넓을
굉	轟	中	火	21	陽	木	木	土	車	火	울릴, 천둥소리, 쫓을
교	巧	陰	火	5	陽	土	木	-	工	火	공교할, 예쁠, 꾸밀, 기교
교	交	陽	火	6	陰	土	木	-	亠	火	사귈, 주고받고 할
교	佼	陰	火	8	陰	金	木	-	人	火	예쁠, 교활할
교	咬	陰	水	9	陽	水	木	-	口	水	새소리, 음란할, 물
교	郊	陰	土	9	陽	水	木	-	邑	土	성 밖, 국경, 끝, 들
교	狡	陰	土	9	陽	水	木	-	犬	土	교활할, 빠를, 미칠
교	姣	陰	土	9	陽	水	木	-	女	土	예쁠, 요염할
교	校	陰	木	10	陰	水	木	-	木	木	학교, 본받을, 가르칠
교	敎	陰	金	11	陽	木	木	-	攴	金	가르칠, 교령
교	皎	陰	金	11	陽	木	木	-	白	金	달빛, 햇빛, 밝을
교	絞	陰	木	12	陰	木	木	-	糸	木	목맬, 꼴, 묶을
교	喬	陽	水	12	陰	木	木	-	口	水	높을, 높이 솟을
교	蛟	陰	水	12	陰	木	木	-	虫	水	교룡, 상어
교	較	陰	火	13	陽	火	木	-	車	火	견줄, 비교할
교	僑	陰	火	14	陰	火	木	-	人	火	높을, 타관살이할
교	膠	陰	水	15	陽	土	木	-	肉	水	아교, 끈끈할
교	餃	陰	水	15	陽	土	木	-	食	水	경단
교	嬌	陰	土	15	陽	土	木	-	女	土	아리따울, 미녀
교	嶠	陰	土	15	陽	土	木	-	山	土	뾰족하게 높을
교	蕎	陽	木	16	陰	土	木	-	艸	木	메밀, 호랑버들
교	橋	陰	木	16	陰	土	木	-	木	木	다리, 교량, 시렁
교	矯	陰	金	17	陽	金	木	-	矢	金	바로잡을, 속일
교	鮫	陰	水	17	陽	金	木	-	魚	水	상어, 교룡
교	翹	中	火	18	陰	金	木	-	羽	火	꼬리의 긴 깃털

글자		글자		획수			음령오행		부수		글자의 의미
		음양	오행	획수	음양	오행	초성	종성	부수	오행	
교	轎	陰	火	19	陽	水	木	-	車	火	가마, 작은 수레
교	驕	陰	火	22	陰	木	木	-	馬	火	교만할, 무례할
교	攪	陰	木	23	陽	火	木	-	手	木	어지러울, 뒤섞일, 흔들
구	九	陽	木	2	陰	木	木	-	乙	木	아홉, 아홉번
구	久	陽	金	3	陽	火	木	-	ノ	金	오랠, 변치 아니할
구	口	陽	水	3	陽	火	木	-	口	水	입, 어귀, 구멍
구	勾	陽	金	4	陰	火	木	-	勹	金	굽을, 갈고리
구	仇	陰	火	4	陰	火	木	-	人	火	원수, 원망할, 짝
구	丘	陽	木	5	陽	土	木	-	一	木	언덕, 무덤, 모을
구	句	陽	水	5	陽	土	木	-	口	水	글귀, 구부러질
구	臼	陽	土	6	陰	土	木	-	臼	土	절구, 허물, 절구질
구	玖	陰	金	7	陽	金	木	-	玉	金	옥돌, 아홉
구	求	陽	水	7	陽	金	木	-	水	水	구할, 청할, 물을
구	究	陽	水	7	陽	金	木	-	穴	水	궁구할, 끝, 다할, 궁리할
구	灸	陽	火	7	陽	金	木	-	火	火	뜸, 뜸질할, 버틸
구	具	陽	金	8	陰	金	木	-	八	金	갖출, 온전할, 설비
구	拘	陰	木	8	陰	金	木	-	手	木	잡을, 잡힐, 체포할
구	咎	中	水	8	陰	金	木	-	口	水	허물, 재앙, 책망할
구	坵	陰	土	8	陰	金	木	-	土	土	언덕, 모을, 무덤
구	狗	陰	土	8	陰	金	木	-	犬	土	개, 강아지
구	邱	陰	土	8	陰	金	木	-	邑	土	땅이름, 언덕
구	玽	陰	金	9	陽	水	木	-	玉	金	옥돌
구	苟	陽	木	9	陽	水	木	-	艸	木	진실로, 임시, 겨우
구	枸	陰	木	9	陽	水	木	-	木	木	호깨나무, 레몬, 구기자
구	柩	陰	木	9	陽	水	木	-	木	木	널, 사람시체 상자
구	垢	陰	土	9	陽	水	木	-	土	土	때, 티끌, 더럽혀질
구	矩	陰	金	10	陰	水	木	-	矢	金	곱자, 네모, 모서리, 법
구	俱	陰	火	10	陰	水	木	-	人	火	함께, 함께할, 갖출
구	球	陰	金	11	陽	木	木	-	玉	金	공, 아름다운 옥, 경, 구슬
구	救	陰	金	11	陽	木	木	-	攴	金	건질, 도울, 치료할, 구원할

글자		글자		획수			음령오행		부수		글자의 의미
		음양	오행	획수	음양	오행	초성	종성	부수	오행	
구	寇	陽	木	11	陽	木	木	-	宀	木	도적, 원수, 노략질할
구	逑	陽	土	11	陽	木	木	-	辵	土	짝, 배우자, 모을
구	耉	陽	土	11	陽	木	木	-	老	土	늙을, 늙은이
구	區	中	土	11	陽	木	木	-	匚	土	지경, 나눌, 거처, 지역
구	毬	陽	火	11	陽	木	木	-	毛	火	공, 둥근 물체
구	鉤	陰	金	13	陽	火	木	-	金	金	갈고리, 낫, 창
구	絿	陰	木	13	陽	火	木	-	糸	木	급박할, 구할, 어릴
구	溝	陰	水	13	陽	火	木	-	水	水	개천, 하수도, 해자, 어리석을
구	舅	陽	土	13	陽	火	木	-	臼	土	시아버지, 외삼촌
구	鳩	陰	火	13	陽	火	木	-	鳥	火	비둘기, 모을, 모일
구	構	陰	木	14	陰	火	木	-	木	木	얽을, 집지을, 꾸밀, 글 지을
구	廐	中	木	14	陰	火	木	-	广	木	마구간, 모일
구	嘔	陰	水	14	陰	火	木	-	口	水	노래할, 소리
구	嶇	陰	土	14	陰	火	木	-	山	土	험할, 괴로워할
구	毆	陰	金	15	陽	土	木	-	殳	金	때릴, 칠, 땅이름
구	銶	陰	金	15	陽	土	木	-	金	金	끌
구	駒	陰	火	15	陽	土	木	-	馬	火	망아지, 말, 젊은이
구	歐	陰	火	15	陽	土	木	-	欠	火	토할, 뱉을, 때릴
구	龜	陽	水	16	陰	土	木	-	龜	水	나라이름
구	購	陰	金	17	陽	金	木	-	貝	金	살, 물쑥, 화해할, 구할
구	謳	陰	金	18	陰	金	木	-	言	金	노래할, 흥얼거릴
구	瞿	中	木	18	陰	金	木	-	目	木	볼, 놀라서 볼
구	舊	陽	土	18	陰	金	木	-	臼	土	예, 오랠, 오래
구	軀	陰	火	18	陰	金	木	-	身	火	몸, 신체
구	驅	陰	火	21	陽	木	木	-	馬	火	몰, 달릴, 핍박할, 몰아낼
구	懼	陰	火	21	陽	木	木	-	心	火	두려워할, 두려울, 근심
구	鷗	陰	火	22	陰	木	木	-	鳥	火	갈매기
구	衢	陰	火	24	陰	火	木	-	行	火	네거리, 도로
국	局	陽	水	7	陽	金	木	木	尸	水	판, 판국, 재능
국	國	陽	水	11	陽	木	木	木	口	水	나라, 서울, 고향

글자		글자		획수			음령오행		부수		글자의 의미
		음양	오행	획수	음양	오행	초성	종성	부수	오행	
국	菊	陽	木	12	陰	木	木	木	艸	木	국화, 대국
국	鞠	陰	金	17	陽	金	木	木	革	金	공, 축국, 궁할
국	鞫	陰	金	18	陰	金	木	木	革	金	국문할, 다할
국	麴	中	木	19	陽	水	木	木	麥	木	누룩, 술, 누에채반
군	君	陽	水	7	陽	金	木	火	口	水	임금, 아버지, 세자
군	軍	陽	火	9	陽	水	木	火	車	火	군사, 진을 칠
군	郡	陰	土	10	陰	水	木	火	邑	土	고을, 군, 관청
군	裙	陰	木	12	陰	木	木	火	衣	木	치마, 가장자리
군	窘	陽	水	12	陰	木	木	火	穴	水	막힐, 궁해질
군	群	陰	土	13	陽	火	木	火	羊	土	무리, 떼, 동아리
굴	屈	陽	水	8	陰	金	木	火	尸	水	굽을, 굽힐, 물러날
굴	掘	陰	木	11	陽	木	木	火	手	木	팔, 파낼, 움폭 팰
굴	堀	陰	土	11	陽	木	木	火	土	土	굴, 땅을 팔
굴	窟	陽	水	13	陽	火	木	火	穴	水	굴, 움
궁	弓	陽	火	3	陽	火	木	土	弓	火	활, 궁술
궁	芎	陽	木	7	陽	金	木	土	艸	木	궁궁이, 천궁
궁	穹	陽	水	8	陰	金	木	土	穴	水	하늘, 궁할, 막다를
궁	宮	陽	木	10	陰	水	木	土	宀	木	집, 담, 장원, 두를
궁	躬	陰	火	10	陰	水	木	土	身	火	몸, 자신, 몸소
궁	窮	中	水	15	陽	土	木	土	穴	水	다할, 끝날, 막힐, 궁리할
권	券	陽	金	8	陰	金	木	火	刀	金	문서, 어음 쪽
권	卷	陽	水	8	陰	金	木	火	卩	水	쇠뇌, 책
권	拳	陽	木	10	陰	水	木	火	手	木	주먹, 주먹을 쥘, 지닐
권	倦	陰	火	10	陰	水	木	火	人	火	게으를, 피로할, 쉴
권	眷	陽	木	11	陽	木	木	火	目	木	돌아볼, 돌이켜볼, 돌볼
권	捲	陰	木	11	陽	木	木	火	手	木	말, 힘쓸, 걷을
권	圈	陽	水	11	陽	木	木	火	囗	水	짐승우리, 감방, 둘레, 그릇
권	淃	陰	水	11	陽	木	木	火	水	水	물이 돌아 흐를
권	勸	陰	土	20	陰	水	木	火	力	土	권할, 권장할
권	權	陰	木	22	陰	木	木	火	木	木	저울추, 저울

글자		글자		획수			음령오행		부수		글자의 의미
		음양	오행	획수	음양	오행	초성	종성	부수	오행	
궐	厥	中	土	12	陰	木	木	火	厂	水	그, 그것, 다할, 나라이름
궐	獗	陰	土	15	陽	土	木	火	犬	土	날뛸, 사납게 날뛸
궐	蕨	中	木	16	陰	土	木	火	艸	木	고사리, 고비, 마름
궐	闕	陰	木	18	陰	金	木	火	門	木	대궐
궐	蹶	陰	土	19	陽	水	木	火	足	土	넘어질, 엎어질
궤	机	陰	木	6	陰	土	木	-	木	木	책상, 나무이름
궤	軌	陰	火	9	陽	水	木	-	車	火	길, 도로, 궤도, 법, 굴대
궤	詭	陰	金	13	陽	火	木	-	言	金	속일, 기만할, 어길
궤	潰	陰	水	15	陽	土	木	-	水	水	무너질, 성낼
궤	櫃	陰	木	18	陰	金	木	-	木	木	함, 궤
궤	饋	陰	水	21	陽	木	木	-	食	水	먹일, 음식 대접할
귀	句	陽	水	5	陽	土	木	-	口	水	글귀, 구부러질
귀	鬼	陽	火	10	陰	水	木	-	鬼	火	귀신, 지혜로울
귀	貴	陽	金	12	陰	木	木	-	貝	金	귀할, 값이 비쌀
귀	晷	陽	火	12	陰	木	木	-	日	火	그림자, 햇빛, 빛
귀	龜	陽	水	16	陰	土	木	-	龜	水	거북, 거북점
귀	歸	陰	土	18	陰	金	木	-	止	土	돌아갈, 돌아올
규	叫	陰	水	5	陽	土	木	-	口	水	부르짖을, 부를, 울
규	圭	陽	土	6	陰	土	木	-	土	土	홀, 모, 모서리
규	糺	陰	木	7	陽	金	木	-	糸	木	꼴, 끌어 모을
규	糾	陰	木	8	陰	金	木	-	糸	木	꼴, 끌어 모을
규	奎	陽	木	9	陽	水	木	-	大	木	별이름, 가랑이
규	赳	陽	土	9	陽	水	木	-	走	火	용맹스러울, 용감할
규	邽	陰	土	9	陽	水	木	-	邑	土	고을이름, 보옥
규	珪	陰	金	10	陰	水	木	-	玉	金	홀, 서옥
규	硅	陰	金	11	陽	木	木	-	石	金	규소, 깨뜨릴
규	規	陰	火	11	陽	木	木	-	見	火	법, 규정, 규칙
규	揆	陰	木	12	陰	木	木	-	手	木	헤아릴, 법, 계책
규	逵	陽	土	12	陰	木	木	-	辵	土	한길
규	葵	中	木	13	陽	火	木	-	艸	木	해바라기, 접시꽃

글자		글자		획수			음령오행		부수		글자의 의미
		음양	오행	획수	음양	오행	초성	종성	부수	오행	
규	闥	中	木	14	陰	火	木	-	門	木	도장방, 규방, 안방, 계집
규	嫢	中	土	14	陰	火	木	-	女	土	가는허리, 그림쇠
규	槻	陰	木	15	陽	土	木	-	木	木	물푸레나무
규	窺	中	水	16	陰	土	木	-	穴	水	엿볼, 볼
규	竅	中	水	18	陰	金	木	-	穴	水	구멍, 구멍 뚫을
균	勻	陽	金	4	陰	火	木	火	勹	金	적을, 흩어질, 두루
균	均	陰	土	7	陽	金	木	火	土	土	고를, 평평하게 할
균	畇	陰	土	9	陽	水	木	火	田	木	밭을 일굴
균	鈞	陰	金	12	陰	木	木	火	金	金	서른 근, 고를
균	菌	陽	木	12	陰	木	木	火	艸	木	버섯, 무궁화나무
균	筠	陰	木	13	陽	火	木	火	竹	木	대나무, 윤택할
균	龜	陽	水	16	陰	土	木	火	龜	水	틀, 손이 틀
귤	橘	陰	木	16	陰	土	木	火	木	木	귤나무, 귤
극	克	陽	木	7	陽	金	木	木	儿	木	이길, 능할, 능히
극	剋	陽	金	9	陽	水	木	木	刀	金	이길, 잘할, 능할
극	戟	陰	金	12	陰	木	木	木	戈	金	창, 찌를
극	棘	陰	金	12	陰	木	木	木	木	木	대추나무, 가시나무
극	極	陰	木	13	陽	火	木	木	木	木	다할, 끝날, 그만둘
극	隙	陰	土	13	陽	火	木	木	阜	土	틈, 구멍, 여가
극	劇	陰	金	15	陽	土	木	木	刀	金	심할, 힘들, 연극
근	斤	陽	金	4	陰	火	木	火	斤	金	도끼, 벨, 나무 벨, 근
근	劤	陰	水	6	陰	土	木	火	力	土	힘, 힘셀, 강할
근	芹	陽	木	8	陰	金	木	火	艸	木	미나리
근	近	陽	土	8	陰	金	木	火	辵	土	가까울, 닮을
근	根	陰	木	10	陰	水	木	火	木	木	뿌리, 뿌리박을
근	堇	陽	木	12	陰	木	木	火	艸	木	제비꽃, 오랑캐꽃
근	筋	陰	木	12	陰	木	木	火	竹	木	힘줄, 힘, 체력
근	勤	陰	土	13	陽	火	木	火	力	土	부지런할, 일
근	僅	陰	火	13	陽	火	木	火	人	火	겨우, 조금, 거의
근	漌	陰	水	14	陰	火	木	火	水	水	맑을

글자		글자		획수			음령오행		부수		글자의 의미
		음양	오행	획수	음양	오행	초성	종성	부수	오행	
근	墐	陰	土	14	陰	火	木	火	土	土	매흙질할, 파묻을
근	瑾	陰	金	15	陽	土	木	火	玉	金	아름다운 옥, 붉은 옥
근	槿	陰	木	15	陽	土	木	火	木	木	무궁화나무, 무궁화
근	懃	中	火	17	陽	金	木	火	心	火	은근할, 일에 힘쓸
근	謹	陰	金	18	陰	金	木	火	言	金	삼갈, 경계할
근	覲	陰	火	18	陰	金	木	火	見	火	뵐, 볼, 만나볼
근	饉	陰	水	20	陰	水	木	火	食	水	흉년 들, 흉년
글	契	中	木	9	陽	水	木	火	大	木	부족이름
금	今	陽	火	4	陰	火	木	水	人	火	이제, 이, 이에
금	妗	陰	土	7	陽	金	木	水	女	土	외숙모, 방정맞을
금	金	陽	金	8	陰	金	木	水	金	金	쇠, 돈, 황금
금	芩	陽	木	8	陰	金	木	水	艸	木	금풀, 풀이름
금	昑	陰	火	8	陰	金	木	水	日	火	밝을
금	衿	陰	木	9	陽	水	木	水	衣	木	옷깃, 옷고름, 맬
금	衾	陽	木	10	陰	水	木	水	衣	木	이불
금	琴	中	金	12	陰	木	木	水	玉	金	거문고
금	禽	陽	木	13	陽	火	木	水	禸	木	날짐승, 짐승, 새, 사로잡을
금	禁	中	木	13	陽	火	木	水	示	木	금할, 꺼릴, 규칙, 대궐
금	錦	陰	金	16	陰	土	木	水	金	金	비단, 아름다운 것
금	擒	陰	木	16	陰	土	木	水	手	木	사로잡을, 생포할
금	檎	陰	木	17	陽	金	木	水	木	木	능금나무
금	襟	陰	木	18	陰	金	木	水	衣	木	옷깃, 가슴, 마음
급	及	陽	水	4	陰	火	木	水	又	水	미칠, 이를, 끼칠, 및, 와
급	伋	陰	火	6	陰	土	木	水	人	火	속일, 인명
급	扱	陰	木	7	陽	金	木	水	手	木	미칠, 다룰, 처리할
급	汲	陰	水	7	陽	金	木	水	水	水	물을 길을, 분주할
급	急	陽	火	9	陽	水	木	水	心	火	급할, 갑자기, 빠를, 중요할
급	級	陰	木	10	陰	水	木	水	糸	木	등급, 순서, 층계
급	給	陰	木	12	陰	木	木	水	糸	木	넉넉할, 공급할, 댈, 줄
긍	亘	陽	火	6	陰	土	木	土	二	木	걸칠, 극할, 펼, 뻗칠

글자		글자		획수			음령오행		부수		글자의 의미
		음양	오행	획수	음양	오행	초성	종성	부수	오행	
긍	肯	陽	水	8	陰	金	木	土	肉	水	옳게 여길, 즐길
긍	矜	陰	金	9	陽	水	木	土	矛	金	불쌍히 여길, 아낄, 자랑할
긍	兢	陰	木	14	陰	火	木	土	儿	木	삼갈, 두려워할, 조심할
기	己	陽	土	3	陽	火	木	-	己	土	자기, 여섯째 천간, 몸
기	肌	陰	水	6	陰	土	木	-	肉	水	살, 근육, 피부, 몸
기	企	陽	火	6	陰	土	木	-	人	火	꾀할, 발돋움할, 바랄
기	伎	陰	火	6	陰	土	木	-	人	火	재주, 광대, 배우
기	玘	陰	金	7	陽	金	木	-	玉	金	패옥, 노리개
기	技	陰	木	7	陽	金	木	-	手	木	재주, 방술, 의술
기	杞	陰	木	7	陽	金	木	-	木	木	구기자나무, 갯버들, 구기자
기	沂	陰	水	7	陽	金	木	-	水	水	물이름
기	汽	陰	水	7	陽	金	木	-	水	水	물 끓는 김, 증기
기	圻	陰	土	7	陽	金	木	-	土	土	경기, 끝, 지경
기	岐	陰	土	7	陽	金	木	-	山	土	갈림길, 메
기	妓	陰	土	7	陽	金	木	-	女	土	기생, 창녀, 음란녀
기	忌	陽	火	7	陽	金	木	-	心	火	꺼릴, 싫어할
기	其	陽	金	8	陰	金	木	-	八	金	그, 의
기	奇	陽	木	8	陰	金	木	-	大	木	기이할, 뛰어날
기	祁	陰	木	8	陰	金	木	-	示	木	성할, 크게, 많을
기	紀	陰	木	9	陽	水	木	-	糸	木	벼리, 실마리
기	祈	陰	木	9	陽	水	木	-	示	木	빌, 구할, 고할
기	祇	陰	水	9	陽	水	木	-	示	木	토지의 신, 편안할
기	記	陰	金	10	陰	水	木	-	言	金	기록할, 적을, 욀
기	豈	陽	木	10	陰	水	木	-	豆	木	어찌, 바랄
기	氣	陽	水	10	陰	水	木	-	气	水	기운, 공기, 숨
기	耆	陽	土	10	陰	水	木	-	老	土	늙은이, 어른, 스승, 늙을
기	起	陽	火	10	陰	水	木	-	走	火	일어날, 날아오를
기	寄	陽	木	11	陽	木	木	-	宀	木	부칠, 보낼, 맡길, 부탁할
기	飢	陰	水	11	陽	木	木	-	食	水	주릴, 주림, 기아
기	淇	陰	水	11	陽	木	木	-	水	水	강이름, 황하지류

글자		글자		획수			음령오행		부수		글자의 의미
		음양	오행	획수	음양	오행	초성	종성	부수	오행	
기	旣	陰	水	11	陽	木	木	-	无	水	이미, 벌써, 원래
기	基	陽	土	11	陽	木	木	-	土	土	터, 기초, 사업, 꾀
기	埼	陰	土	11	陽	木	木	-	土	土	험할, 갑, 곶, 언덕
기	崎	陰	土	11	陽	木	木	-	山	土	험할, 갑, 곶, 산길 험할
기	琦	陰	金	12	陰	木	木	-	玉	金	옥이름, 훌륭할
기	琪	陰	金	12	陰	木	木	-	玉	金	옥, 옥이름
기	棄	陽	木	12	陰	木	木	-	木	木	버릴, 그만둘, 폐할
기	棋	陰	木	12	陰	木	木	-	木	木	바둑, 장기, 바둑돌
기	期	陰	水	12	陰	木	木	-	月	水	기약할, 만날, 정할
기	幾	中	水	12	陰	木	木	-	幺	水	기미, 낌새, 조짐
기	朞	陽	火	12	陰	木	木	-	月	水	돌, 돌아올, 만 1년
기	欺	陰	火	12	陰	木	木	-	欠	火	속일, 거짓, 허위
기	碁	陽	金	13	陽	火	木	-	石	金	바둑, 바둑돌, 장기
기	畸	陰	木	13	陽	火	木	-	田	木	뙈기밭, 우수리
기	祺	陰	木	13	陽	火	木	-	示	木	복, 즐거움, 길조
기	稘	陰	木	13	陽	火	木	-	禾	木	일주년, 돌, 짚, 볏짚, 콩줄기
기	嗜	陰	水	13	陽	火	木	-	口	水	즐길, 좋아할
기	綺	陰	木	14	陰	火	木	-	糸	木	비단, 아름다울
기	旗	陰	木	14	陰	火	木	-	方	土	기, 표, 표지, 덮을
기	箕	中	木	14	陰	火	木	-	竹	木	키, 쓰레받기
기	暣	陰	火	14	陰	火	木	-	日	火	볕 기운
기	璂	陰	金	15	陽	土	木	-	玉	金	피변 꾸미개, 옥
기	畿	中	木	15	陽	土	木	-	田	土	경기, 지경이름
기	璣	陰	金	16	陰	土	木	-	玉	金	구슬, 거울이름
기	錡	陰	金	16	陰	土	木	-	金	金	솥, 세발솥, 톱, 끌
기	錤	陰	金	16	陰	土	木	-	金	金	호미
기	冀	中	金	16	陰	土	木	-	八	金	바랄, 바라건대
기	機	陰	木	16	陰	土	木	-	木	木	틀, 기계, 용수철, 베틀
기	器	中	水	16	陰	土	木	-	口	水	그릇, 재주, 도량
기	磯	陰	金	17	陽	金	木	-	石	金	물가, 강가자갈밭

글자		글자		획수			음령오행		부수		글자의 의미
		음양	오행	획수	음양	오행	초성	종성	부수	오행	
기	耭	陰	木	18	陰	金	木	-	耒	木	밭갈
기	騏	陰	火	18	陰	金	木	-	馬	火	털총이, 천리마
기	騎	陰	火	18	陰	金	木	-	馬	火	말을 탈, 걸터앉을
기	譏	陰	金	19	陽	水	木	-	言	金	나무랄, 충고할
기	麒	陰	土	19	陽	水	木	-	鹿	土	기린
기	夔	中	土	20	陰	水	木	-	夊	水	조심할, 외발짐승
기	饑	陰	水	21	陽	木	木	-	食	水	주릴, 굶주릴, 흉년
기	羈	中	木	24	陰	火	木	-	网	木	굴레, 재갈, 끌
기	驥	陰	火	27	陽	金	木	-	馬	火	천리마, 준재
긴	緊	中	木	14	陰	火	木	火	糸	木	굳게얽을, 감을, 긴요할, 급할
길	吉	陽	水	6	陰	土	木	火	口	水	길할, 좋을, 이로울
길	佶	陰	火	8	陰	金	木	火	人	火	건장할, 바를, 굽을
길	拮	陰	木	9	陽	水	木	火	手	木	일할, 맞설, 겨룰
길	姞	陰	土	9	陽	水	木	火	女	土	성(姓), 삼갈
길	桔	陰	木	10	陰	水	木	火	木	木	도라지, 두레박틀
김	金	陽	金	8	陰	金	木	水	金	金	성(姓), 쇠, 황금
끽	喫	中	水	12	陰	木	木	木	口	水	마실, 먹을, 피울
나	那	陰	土	7	陽	金	火	-	邑	土	어찌, 어떻게
나	奈	陽	木	8	陰	金	火	-	大	木	어찌, 나락
나	拏	中	木	9	陽	水	火	-	手	木	붙잡을, 비빌
나	拿	陽	木	10	陰	水	火	-	手	木	붙잡을, 사로잡을
나	挐	中	木	10	陰	水	火	-	手	木	붙잡을, 손에 넣을, 지연될
나	娜	陰	土	10	陰	水	火	-	女	土	아리따울
나	喇	陰	水	12	陰	木	火	-	口	水	나팔, 말이 잴
나	懦	陰	火	17	陽	金	火	-	心	火	나약할, 무기력할
나	儺	陰	火	21	陽	木	火	-	人	火	역귀 쫓을, 공손한 모양
낙	諾	陰	金	16	陰	土	火	木	言	金	대답할, 승낙, 허락
난	暖	陰	火	13	陽	火	火	火	日	火	따뜻할, 따뜻해질
난	煖	陰	火	13	陽	火	火	火	火	火	문드러질, 불에 델, 따뜻할
난	難	陰	火	19	陽	水	火	火	隹	火	어려울, 재앙, 근심

글자		글자		획수			음령오행		부수		글자의 의미
		음양	오행	획수	음양	오행	초성	종성	부수	오행	
날	捏	陰	木	10	陰	水	火	火	手	木	이길, 반죽할
날	捺	陰	木	11	陽	木	火	火	手	木	손으로 누를, 찍을, 당길
남	男	陽	木	7	陽	金	火	水	田	木	사내, 장부, 아들
남	枏	陰	木	8	陰	金	火	水	木	木	녹나무
남	南	陽	水	9	陽	水	火	水	十	水	남녘, 남쪽으로 갈
남	湳	陰	水	12	陰	木	火	水	水	水	강이름, 물이름
남	楠	陰	木	13	陽	火	火	水	木	木	녹나무
납	衲	陰	木	9	陽	水	火	水	衣	木	기울, 장삼, 승려
납	納	陰	木	10	陰	水	火	水	糸	木	바칠, 헌납할, 들일
낭	娘	陰	土	10	陰	水	火	土	女	土	아가씨, 어머니
낭	囊	中	水	22	陰	木	火	土	口	水	주머니, 자루, 불알
내	乃	陽	金	2	陰	木	火	-	ノ	金	이에, 너, 접때
내	內	陽	木	4	陰	火	火	-	入	木	안, 들일, 어머니
내	奈	陽	木	8	陰	金	火	-	大	木	어찌, 어찌할꼬
내	柰	陽	木	9	陽	水	火	-	木	木	능금나무, 어찌
내	耐	陰	水	9	陽	水	火	-	而	水	견딜, 참을
녀	女	陽	土	3	陽	火	火	-	女	土	여자, 딸, 처녀, 계집
년	年	陽	木	6	陰	土	火	火	干	木	해, 나이, 365일
년	秊	陽	木	8	陰	金	火	火	禾	木	해, 나이, 새해, 나아갈
년	撚	陰	木	15	陽	土	火	火	手	木	비틀, 꼴, 반죽할
념	拈	陰	木	8	陰	金	火	水	手	木	집을, 집어 들
념	念	陽	火	8	陰	金	火	水	心	火	생각할, 생각, 읊을
념	恬	陰	火	9	陽	水	火	水	心	火	편안할, 조용할
념	捻	陰	木	11	陽	木	火	水	手	木	비틀, 비꼴, 붙잡을
녕	寗	陽	木	13	陽	火	火	土	宀	木	차라리, 소원
녕	寧	陽	木	14	陰	火	火	土	宀	木	편안할, 문안할
노	奴	陰	土	5	陽	土	火	-	女	土	종, 노예, 포로
노	努	中	土	7	陽	金	火	-	力	土	힘쓸
노	弩	中	火	8	陰	金	火	-	弓	火	쇠뇌
노	怒	中	火	9	陽	水	火	-	心	火	성낼, 화낼, 힘쓸

글자		글자		획수			음령오행		부수		글자의 의미
		음양	오행	획수	음양	오행	초성	종성	부수	오행	
노	瑙	陰	金	13	陽	火	火	-	玉	金	마노
노	駑	中	火	15	陽	土	火	-	馬	火	둔할, 미련할
농	農	陽	土	13	陽	火	火	土	辰	土	농사, 농업, 농부
농	濃	陰	水	16	陰	土	火	土	水	水	짙을, 우거질
농	膿	陰	水	17	陽	金	火	土	肉	水	고름, 진한 국물
뇨	尿	陽	水	7	陽	金	火	-	尸	水	오줌, 소변
눈	嫩	陰	土	14	陰	火	火	火	女	土	어릴, 예쁠, 엷을
눌	訥	陰	金	11	陽	木	火	火	言	金	말을 더듬을
뇌	惱	陰	火	12	陰	木	火	-	心	火	괴로워할, 괴롭힐
뇌	腦	陰	水	13	陽	火	火	-	肉	水	뇌, 머리, 정신, 머릿골
뉴	杻	陰	木	8	陰	金	火	-	木	木	감탕나무, 싸리
뉴	紐	陰	木	10	陰	水	火	-	糸	木	끈, 인끈, 맬, 묶을, 맺을
뉴	鈕	陰	金	12	陰	木	火	-	金	金	인꼭지, 단추, 성(姓)
능	能	陰	水	10	陰	水	火	土	肉	水	능할, 잘할, 미칠
니	尼	陽	水	5	陽	土	火	-	尸	水	중, 여승, 성(姓)
니	泥	陰	水	8	陰	金	火	-	水	水	진흙, 진창, 수렁
니	柅	陰	木	9	陽	水	火	-	木	木	무성할, 살필
니	膩	陰	水	16	陰	土	火	-	肉	水	미끄러울, 살찔, 기름
니	濔	陰	水	17	陽	金	火	-	水	水	치렁치렁할, 많을, 넘칠
닉	匿	陽	水	11	陽	木	火	木	匸	水	숨을, 숨길
닉	溺	陰	水	13	陽	火	火	木	水	水	빠질, 잠길, 성(姓)
다	多	陰	水	6	陰	土	火	-	夕	水	많을, 넓을, 겹칠
다	茶	陽	木	10	陰	水	火	-	艸	木	차, 소녀
다	爹	中	木	10	陰	水	火	-	父	木	아비, 아버지
단	丹	陽	木	4	陰	火	火	火	丶	木	붉을, 붉게 칠할
단	旦	陽	火	5	陽	土	火	火	日	火	아침, 밤을 새울
단	但	陰	火	7	陽	金	火	火	人	火	다만, 부질없이
단	段	陰	金	9	陽	水	火	火	殳	金	구분, 갈림, 조각
단	彖	陽	火	9	陽	水	火	火	彐	火	단, 단사, 판단할
단	袒	陰	木	10	陰	水	火	火	衣	木	웃통 벗을

글자		글자		획수			음령오행		부수		글자의 의미
		음양	오행	획수	음양	오행	초성	종성	부수	오행	
단	蛋	陽	水	11	陽	木	火	火	虫	水	새알, 해녀
단	短	陰	金	12	陰	木	火	火	矢	金	짧을, 숨이 가쁠
단	湍	陰	水	12	陰	木	火	火	水	水	여울, 급류, 빠를
단	單	中	水	12	陰	木	火	火	口	水	홀로, 오직, 외로울
단	亶	陽	火	13	陽	火	火	火	亠	火	믿음, 진실로, 믿을
단	煓	陰	火	13	陽	火	火	火	火	火	불꽃 성할, 빛날
단	端	陰	金	14	陰	火	火	火	立	金	바를, 곧을, 끝
단	團	陽	水	14	陰	火	火	火	囗	水	둥글, 모일, 덩어리
단	緞	陰	木	15	陽	土	火	火	糸	木	비단
단	鄲	陰	土	15	陽	土	火	火	邑	土	조나라의 서울, 나라이름
단	壇	陰	土	16	陰	土	火	火	土	土	단, 당, 뜰
단	鍛	陰	金	17	陽	金	火	火	金	金	쇠 불릴, 단련할, 숫돌, 포
단	檀	陰	木	17	陽	金	火	火	木	木	박달나무, 단향목
단	斷	陰	金	18	陰	金	火	火	斤	金	끊을, 절단할, 쪼갤
단	簞	中	木	18	陰	金	火	火	竹	木	대광주리
달	疸	陽	水	10	陰	水	火	火	疒	水	황달
달	達	陽	土	13	陽	火	火	火	辵	土	통달할, 다다를
달	撻	陰	木	16	陰	土	火	火	手	木	매질할, 빠를
달	澾	陰	水	16	陰	土	火	火	水	水	미끄러울
달	獺	陰	土	19	陽	水	火	火	犬	土	수달
담	坍	陰	土	7	陽	金	火	水	土	土	무너질
담	倓	陰	火	10	陰	水	火	水	人	火	고요할, 움직일
담	淡	陰	水	11	陽	木	火	水	水	水	묽을, 싱거울, 물 맑을
담	啖	陰	水	11	陽	木	火	水	口	水	먹을, 탐할, 미끼
담	聃	陰	火	11	陽	木	火	水	耳	火	귓바퀴 없을, 나라이름
담	覃	陽	金	12	陰	木	火	水	襾	金	미칠, 퍼질
담	湛	陰	水	12	陰	木	火	水	水	水	즐길, 탐닉할, 빠질
담	痰	陽	水	13	陽	火	火	水	疒	水	가래, 담, 천식
담	談	陰	金	15	陽	土	火	水	言	金	말씀, 언론, 말할
담	潭	陰	水	15	陽	土	火	水	水	水	깊을, 연못, 물가

글자		글자		획수			음령오행		부수		글자의 의미
		음양	오행	획수	음양	오행	초성	종성	부수	오행	
담	錟	陰	金	16	陰	土	火	水	金	金	창, 날카로울, 찌를
담	擔	陰	木	16	陰	土	火	水	手	木	멜, 짊어질, 맡을, 짐
담	蕁	中	木	16	陰	土	火	水	艸	木	지모, 무더울, 마를
담	澹	陰	水	16	陰	土	火	水	水	水	담박할, 물 맑을
담	曇	陽	火	16	陰	土	火	水	日	火	흐릴, 구름이 낄
담	憺	陰	火	16	陰	土	火	水	心	火	편안할, 평온할
담	膽	陰	水	17	陽	金	火	水	肉	水	쓸개, 담력, 마음, 담대할
담	譚	陰	金	19	陽	水	火	水	言	金	이야기, 깊을, 편안할
답	沓	陽	水	8	陰	金	火	水	水	水	유창할, 끓을, 합할
답	畓	陽	土	9	陽	水	火	水	田	土	논, 수전
답	答	中	木	12	陰	木	火	水	竹	木	팥, 대답할, 맞출
답	遝	陽	土	14	陰	火	火	水	辵	土	뒤섞일, 따라붙을
답	踏	陰	土	15	陽	土	火	水	足	土	밟을, 디딜, 발판
당	唐	陽	水	10	陰	水	火	土	口	水	당나라, 저촉될
당	堂	陽	土	11	陽	木	火	土	土	土	집, 향교, 평평할
당	棠	陽	木	12	陰	木	火	土	木	木	팥배나무, 해당화
당	當	陽	木	13	陽	火	火	土	田	土	당할, 대할, 대적할, 마땅
당	塘	陰	土	13	陽	火	火	土	土	土	못, 제방, 저수지
당	幢	陰	木	15	陽	土	火	土	巾	木	기, 휘장
당	撞	陰	木	15	陽	土	火	土	手	木	칠, 두드릴, 부딪칠
당	糖	陰	木	16	陰	土	火	土	米	木	사탕, 엿
당	螳	陰	水	17	陽	金	火	土	虫	水	사마귀
당	鏜	陰	金	19	陽	水	火	土	金	金	종고소리
당	黨	陽	水	20	陰	水	火	土	黑	水	무리, 마을, 친척
당	戇	中	火	28	陰	金	火	土	心	火	어리석을, 외고집
대	大	陽	木	3	陽	火	火	-	大	木	큰, 넓을, 두루
대	代	陽	火	5	陽	土	火	-	人	火	대신할, 시대
대	旲	陽	火	7	陽	金	火	-	日	火	햇빛, 해가 클
대	垈	陽	土	8	陰	金	火	-	土	土	터, 집터
대	岱	陽	土	8	陰	金	火	-	山	土	대산, 클, 큼직할

글자		글자		획수			음령오행		부수		글자의 의미
		음양	오행	획수	음양	오행	초성	종성	부수	오행	
대	垈	陰	土	8	陰	金	火	-	土	土	대
대	玳	陰	金	9	陽	水	火	-	玉	金	대모
대	待	陰	火	9	陽	水	火	-	彳	火	기다릴, 갖출, 막을
대	袋	陽	木	11	陽	木	火	-	衣	木	자루, 부대, 주머니
대	帶	陽	木	11	陽	木	火	-	巾	木	띠, 띠를 두를, 찰
대	貸	陽	金	12	陰	木	火	-	貝	金	빌릴, 베풀, 대여할
대	隊	陰	土	12	陰	木	火	-	阜	土	대, 무리, 떼
대	臺	陽	土	14	陰	火	火	-	至	土	돈대, 대, 관청
대	對	陰	土	14	陰	火	火	-	寸	土	대답할, 대할, 상대
대	擡	陰	木	17	陽	金	火	-	手	木	들, 들어 올릴
대	黛	陽	水	17	陽	金	火	-	黑	水	눈썹먹, 여자눈썹
대	戴	陽	金	18	陰	金	火	-	戈	金	일, 올려놓을, 느낄
댁	宅	陽	木	6	陰	土	火	木	宀	木	댁, 집, 대지, 살
덕	悳	陽	火	12	陰	木	火	木	心	火	덕, 선행, 선심, 큰
덕	德	陰	火	15	陽	土	火	木	彳	火	덕, 행위, 어진 이, 큰
도	刀	陽	金	2	陰	木	火	-	刀	金	칼
도	到	陰	金	8	陰	金	火	-	刀	金	이를, 속일, 기만할
도	度	陽	木	9	陽	水	火	-	广	木	법도, 제도, 국량, 법
도	挑	陰	木	9	陽	水	火	-	手	木	휠, 굽을, 돋울, 서로 볼
도	桃	陰	木	10	陰	水	火	-	木	木	복숭아나무, 복숭아
도	逃	陽	土	10	陰	水	火	-	辵	土	달아날, 도망칠
도	島	陽	土	10	陰	水	火	-	山	土	섬
도	徒	陰	火	10	陰	水	火	-	彳	火	무리, 동아리, 걸을
도	倒	陰	火	10	陰	水	火	-	人	火	넘어질, 죽을, 거꾸러질
도	掉	陰	木	11	陽	木	火	-	手	木	흔들, 흔들릴, 요동할
도	淘	陰	水	11	陽	木	火	-	水	水	일, 씻을, 물 흐를
도	途	陽	土	11	陽	木	火	-	辵	土	길, 도로
도	陶	陰	土	11	陽	木	火	-	阜	土	질그릇, 옹기장이
도	悼	陰	火	11	陽	木	火	-	心	火	슬퍼할, 두려워 떨
도	盜	中	金	12	陰	木	火	-	皿	金	훔칠, 밀통할, 도둑

글자		글자		획수			음령오행		부수		글자의 의미
		음양	오행	획수	음양	오행	초성	종성	부수	오행	
도	萄	陽	木	12	陰	木	火	-	艸	木	포도, 머루
도	棹	陰	木	12	陰	木	火	-	木	木	노, 키, 노를 저을
도	屠	陽	水	12	陰	木	火	-	尸	水	잡을, 짐승을 잡을
도	渡	陰	水	12	陰	木	火	-	水	水	건널, 통할, 지나갈
도	都	陰	土	12	陰	木	火	-	邑	土	도읍, 서울
도	堵	陰	土	12	陰	木	火	-	土	土	담, 담장, 거처
도	搗	陰	木	13	陽	火	火	-	手	木	찧을, 두드릴, 다듬을
도	滔	陰	水	13	陽	火	火	-	水	水	물이 넘칠, 그득할
도	道	陽	土	13	陽	火	火	-	辵	土	길, 이치, 근원
도	跳	陰	土	13	陽	火	火	-	足	土	뛸, 도약할, 달아날
도	塗	中	土	13	陽	火	火	-	土	土	진흙, 칠할, 길
도	睹	陰	木	14	陰	火	火	-	目	木	볼, 가릴, 분별할
도	圖	陽	水	14	陰	火	火	-	囗	水	그림, 도모할, 그릴
도	嶋	陰	土	14	陰	火	火	-	山	土	섬
도	稻	陰	木	15	陽	土	火	-	禾	木	벼
도	賭	陰	金	16	陰	土	火	-	貝	金	걸, 노름, 도박
도	導	陽	土	16	陰	土	火	-	寸	土	이끌, 간할, 충고할, 인도할
도	覩	陰	火	16	陰	土	火	-	見	火	볼
도	鍍	陰	金	17	陽	金	火	-	金	金	도금할
도	濤	陰	水	17	陽	金	火	-	水	水	큰 물결, 물결칠
도	蹈	陰	土	17	陽	金	火	-	足	土	밟을, 걸을, 지킬
도	櫂	陰	木	18	陰	金	火	-	木	木	노, 상앗대, 배
도	燾	中	火	18	陰	金	火	-	火	火	비출, 더울, 가릴
도	韜	陰	金	19	陽	水	火	-	韋	金	감출, 활집, 칼전대
도	禱	陰	木	19	陽	水	火	-	示	木	빌, 기원할, 기도할
독	禿	中	木	7	陽	金	火	木	禾	木	대머리, 민둥산
독	毒	陽	土	8	陰	金	火	木	毋	土	독, 해독, 죽일, 독할
독	督	中	木	13	陽	火	火	木	目	木	살펴볼, 바로잡을
독	篤	中	木	16	陰	土	火	木	竹	木	도타울, 인정 많을
독	獨	陰	土	16	陰	土	火	木	犬	土	홀로, 홀몸, 홀어미

글자		글자		획수			음령오행		부수		글자의 의미
		음양	오행	획수	음양	오행	초성	종성	부수	오행	
독	瀆	陰	水	18	陰	金	火	木	水	水	도랑, 하수도, 흐릴
독	牘	陰	木	19	陽	水	火	木	片	木	편지, 나뭇조각, 책
독	犢	陰	土	19	陽	水	火	木	牛	土	송아지
독	讀	陰	金	22	陰	木	火	木	言	金	읽을, 설명할, 풀
독	纛	中	木	25	陽	土	火	木	糸	木	둑, 소꼬리
돈	沌	陰	水	7	陽	金	火	火	水	水	어둘, 혼탁할
돈	旽	陰	火	8	陰	金	火	火	日	火	밝을, 친밀할
돈	豚	陰	水	11	陽	木	火	火	豕	水	돼지, 복, 복어
돈	惇	陰	火	11	陽	木	火	火	心	火	도타울, 애쓸, 진심
돈	敦	陰	金	12	陰	木	火	火	攴	金	도타울, 노력할
돈	焞	陰	火	12	陰	木	火	火	火	火	귀갑 지지는 불, 어스레할
돈	頓	陰	火	13	陽	火	火	火	頁	火	조아릴, 넘어질
돈	墩	陰	土	15	陽	土	火	火	土	土	돈대
돈	暾	陰	火	16	陰	土	火	火	日	火	아침 해, 해 돋을
돈	燉	陰	火	16	陰	土	火	火	火	火	이글거릴, 불빛
돌	乭	陽	金	6	陰	土	火	火	乙	木	이름, 돌
돌	突	陽	水	9	陽	水	火	火	穴	水	갑자기, 부딪칠
동	冬	陽	水	5	陽	土	火	土	冫	水	겨울, 동면할
동	仝	陽	火	5	陽	土	火	土	人	火	한가지, 같게, 함께
동	同	陽	水	6	陰	土	火	土	口	水	한가지, 무리, 함께
동	彤	陰	火	7	陽	金	火	土	彡	火	붉을, 빨강
동	東	陽	木	8	陰	金	火	土	木	木	동녘, 동쪽
동	洞	陰	水	9	陽	水	火	土	水	水	골, 동굴, 마을, 빌
동	垌	陰	土	9	陽	水	火	土	土	土	항아리, 단지
동	桐	陰	木	10	陰	水	火	土	木	木	오동나무, 거문고
동	疼	陽	水	10	陰	水	火	土	疒	水	아플, 욱신거릴
동	胴	陰	水	10	陰	水	火	土	肉	水	큰창자, 대장, 창자
동	凍	陰	水	10	陰	水	火	土	冫	水	얼, 추울
동	烔	陰	火	10	陰	水	火	土	火	火	뜨거운 모양, 태울
동	動	陰	土	11	陽	木	火	土	力	土	움직일, 살아날

글자		글자		획수			음령오행		부수		글자의 의미
		음양	오행	획수	음양	오행	초성	종성	부수	오행	
동	童	陽	金	12	陰	木	火	土	立	金	아이, 어리석을
동	棟	陰	木	12	陰	木	火	土	木	木	용마루, 마룻대
동	董	陽	木	13	陽	火	火	土	艸	木	동독할, 감독할, 바로잡을
동	銅	陰	金	14	陰	火	火	土	金	金	구리, 도장, 돈
동	蝀	陰	水	14	陰	火	火	土	虫	水	무지개
동	潼	陰	水	15	陽	土	火	土	水	水	강이름, 물결 높을
동	憧	陰	火	15	陽	土	火	土	心	火	그리워할, 그리움
동	朣	陰	水	16	陰	土	火	土	月	水	달이 뜰, 흐릴, 어렴풋할
동	曈	陰	火	16	陰	土	火	土	日	火	동틀
동	瞳	陰	木	17	陽	金	火	土	目	木	눈동자
두	斗	陽	火	4	陰	火	火	-	斗	火	말, 용량의 단위
두	豆	陽	木	7	陽	金	火	-	豆	木	콩, 팥, 제수, 제물
두	杜	陰	木	7	陽	金	火	-	木	木	팥배나무, 막을, 성(姓)
두	阧	陰	土	7	陽	金	火	-	阜	土	치솟을, 우뚝 솟을, 험할
두	枓	陰	木	8	陰	金	火	-	木	木	주두, 대접받침, 구기
두	荳	陽	木	11	陽	木	火	-	艸	木	콩, 팥
두	兜	中	木	11	陽	木	火	-	儿	木	투구, 쓰개
두	逗	陽	土	11	陽	木	火	-	辵	土	머무를, 던질, 무덤
두	痘	陽	水	12	陰	木	火	-	疒	水	천연두, 마마
두	頭	陰	火	16	陰	土	火	-	頁	火	머리, 머리털, 시초
두	竇	陽	水	20	陰	水	火	-	穴	水	구멍, 구멍 낼, 물길
두	讀	陰	金	22	陰	木	火	-	言	金	구절, 土
둔	屯	陽	木	4	陰	火	火	火	屮	木	진 칠, 주둔군
둔	芚	陽	木	8	陰	金	火	火	艸	木	채소이름
둔	鈍	陰	金	12	陰	木	火	火	金	金	무딜, 둔할
둔	遁	陽	土	13	陽	火	火	火	辵	土	달아날, 끊을, 피할
둔	遯	中	土	15	陽	土	火	火	辵	土	달아날, 피할
둔	臀	중	水	17	陽	金	火	火	肉	水	볼기, 밑, 바닥
득	得	陰	火	11	陽	木	火	木	彳	火	얻을, 이익, 이득
등	等	中	木	12	陰	木	火	土	竹	木	가지런할, 등급

글자		글자		획수			음령오행		부수		글자의 의미
		음양	오행	획수	음양	오행	초성	종성	부수	오행	
등	登	中	水	12	陰	木	火	土	癶	水	오를, 지위에 오를
등	嶝	陰	土	15	陽	土	火	土	山	土	고개, 비탈길
등	鄧	陰	土	15	陽	土	火	土	邑	土	나라 이름
등	橙	陰	木	16	陰	土	火	土	木	木	등자나무, 등자
등	燈	陰	火	16	陰	土	火	土	火	火	등잔, 등, 등불
등	謄	陰	金	17	陽	金	火	土	言	金	베낄, 등사할
등	藤	中	木	19	陽	水	火	土	艸	木	등나무, 덩굴
등	騰	陰	火	20	陰	水	火	土	馬	火	오를, 높은 곳 갈
라	剆	陰	金	9	陽	水	火	-	刀	金	칠
라	喇	陰	水	12	陰	木	火	-	口	水	나팔, 말이 잴
라	裸	陰	木	13	陽	火	火	-	衣	木	벌거벗을
라	摞	陰	木	14	陰	火	火	-	手	木	정돈할, 쌓아올릴
라	螺	陰	水	17	陽	金	火	-	虫	水	소라
라	羅	中	木	19	陽	水	火	-	网	木	새그물, 벌릴
라	懶	陰	火	19	陽	水	火	-	心	火	게으를, 나른할
라	覶	陰	火	19	陽	水	火	-	見	火	자세할, 즐겁게 볼
라	癩	中	水	21	陽	木	火	-	疒	水	약물중독, 옴
라	邏	中	土	23	陽	火	火	-	辵	土	순행할, 순라
라	蘿	中	木	25	陽	土	火	-	艸	木	무, 미나리, 칡
락	洛	陰	水	9	陽	水	火	木	水	水	강 이름, 잇닿을
락	珞	陰	金	10	陰	水	火	木	玉	金	구슬목걸이, 조약돌
락	烙	陰	火	10	陰	水	火	木	火	火	지질, 화침
락	絡	陰	木	12	陰	木	火	木	糸	木	헌 솜, 명주, 이을
락	酪	陰	金	13	陽	火	火	木	酉	金	진한유즙, 식초, 술
락	落	中	木	13	陽	火	火	木	艸	木	떨어질, 흩어질
락	樂	中	木	15	陽	土	火	木	木	木	즐길, 연주할, 악기
락	駱	陰	火	16	陰	土	火	木	馬	火	낙타, 가리온
란	丹	陽	木	4	陰	火	火	火	丶	木	붉을, 붉게 칠할, 신약, 단사
란	卵	陰	水	7	陽	金	火	火	卩	水	알, 기를, 굵을
란	亂	陰	木	13	陽	火	火	火	乙	木	어지러울, 반역

글자		글자		획수			음령오행		부수		글자의 의미
		음양	오행	획수	음양	오행	초성	종성	부수	오행	
란	瀾	陰	水	20	陰	水	火	火	水	水	물결, 눈물 흘릴
란	瓓	陰	金	21	陽	木	火	火	玉	金	옥의 광채, 옥무늬
란	欄	陰	木	21	陽	木	火	火	木	木	난간, 우리, 칸막이
란	蘭	中	木	21	陽	木	火	火	艸	木	난초, 등골나물
란	爛	陰	火	21	陽	木	火	火	火	火	문드러질, 불에 델, 빛날
란	欒	中	木	23	陽	火	火	火	木	木	나무이름, 가름대
란	鸞	中	火	30	陰	水	火	火	鳥	火	난새, 방울
랄	剌	陰	金	9	陽	水	火	火	刀	金	어그러질, 어지러울
랄	辣	陰	金	14	陰	火	火	火	辛	金	매울, 언행 엄혹할
람	嵐	陽	土	12	陰	木	火	水	山	土	남기, 산이름
람	濫	陰	水	17	陽	金	火	水	水	水	퍼질, 넘칠
람	擥	中	木	18	陰	金	火	水	手	木	잡을, 손에 쥘, 딸
람	藍	中	木	18	陰	金	火	水	艸	木	쪽(풀이름), 누더기
람	襤	陰	木	19	陽	水	火	水	衣	木	누더기
람	籃	中	木	20	陰	水	火	水	竹	木	바구니, 대광주리
람	覽	中	火	21	陽	木	火	水	見	火	볼, 살펴볼, 전망할
람	攬	陰	木	24	陰	火	火	水	手	木	잡을, 손에 쥘, 딸
람	欖	陰	木	25	陽	土	火	水	木	木	감람나무
람	纜	陰	木	27	陽	金	火	水	糸	木	닻줄
랍	拉	陰	木	8	陰	金	火	水	手	木	꺾을, 부러뜨릴
랍	臘	陰	水	19	陽	水	火	水	肉	水	납향, 섣달
랍	蠟	陰	水	21	陽	木	火	水	虫	水	밀, 밀초
랑	浪	陰	水	10	陰	水	火	土	水	水	물결, 파도, 방자할
랑	郎	陰	土	10	陰	水	火	土	邑	土	사나이, 젊은이
랑	狼	陰	土	10	陰	水	火	土	犬	土	이리, 짐승이름, 어지러워질
랑	琅	陰	金	11	陽	木	火	土	玉	金	옥이름, 푸른 산호
랑	朗	陰	水	11	陽	木	火	土	月	水	밝을, 맑게 환할
랑	烺	陰	火	11	陽	木	火	土	火	火	빛 밝을, 맑고 환할
랑	廊	中	木	13	陽	火	火	土	广	木	복도, 행랑
랑	瑯	陰	金	14	陰	火	火	土	玉	金	고을이름, 옥이름

글자		글자		획수			음령오행		부수		글자의 의미
		음양	오행	획수	음양	오행	초성	종성	부수	오행	
랑	螂	陰	水	16	陰	土	火	土	虫	水	사마귀, 쇠똥구리
래	來	陽	火	8	陰	金	火	-	人	火	올, 장래, 부를
래	崍	陰	土	11	陽	木	火	-	山	土	산이름
래	徠	陰	火	11	陽	木	火	-	彳	火	올, 위로할
래	萊	陽	木	12	陰	木	火	-	艸	木	명아주풀, 묵정밭
랭	冷	陰	水	7	陽	金	火	土	冫	水	찰, 식힐, 맑을
략	掠	陰	木	11	陽	木	火	木	手	木	노략질할
략	略	陰	土	11	陽	木	火	木	田	木	다스릴, 둘러볼, 간략할
량	良	陽	土	7	陽	金	火	土	艮	土	좋을, 어질, 뛰어날
량	兩	陽	木	8	陰	金	火	土	入	木	두, 둘, 짝
량	亮	陽	火	9	陽	水	火	土	亠	火	밝을, 명석할, 진실
량	倆	陰	木	10	陰	水	火	土	人	火	재주, 둘
량	凉	陰	水	10	陰	水	火	土	冫	水	서늘할, 엷을
량	梁	中	木	11	陽	木	火	土	木	木	들보, 징검다리
량	涼	陰	水	11	陽	木	火	土	水	水	서늘할, 엷을, 맑을
량	量	陽	土	12	陰	木	火	土	里	土	헤아릴, 길이, 좋을
량	粮	陰	木	13	陽	火	火	土	米	木	양식, 식량의 총칭
량	粱	中	木	13	陽	火	火	土	米	木	기장, 기장밥
량	諒	陰	金	15	陽	土	火	土	言	金	믿을, 참, 진실
량	樑	陰	木	15	陽	土	火	土	木	木	들보, 대들보
량	輛	陰	火	15	陽	土	火	土	車	火	수레, 필적할
량	糧	陰	木	18	陰	金	火	土	米	木	양식, 식량의 총칭
려	呂	陽	水	7	陽	金	火	-	口	水	음률, 등뼈, 땅이름
려	戾	陽	金	8	陰	金	火	-	戶	木	어그러질, 벗어날
려	侶	陰	火	9	陽	水	火	-	人	火	짝, 벗할
려	旅	陰	土	10	陰	水	火	-	方	土	군사, 나그네, 무리
려	閭	中	木	15	陽	土	火	-	門	木	이문, 마을의 문
려	黎	中	木	15	陽	土	火	-	黍	木	검을, 많을, 무렵
려	慮	陽	火	15	陽	土	火	-	心	火	생각할, 꾀할
려	勵	陰	土	17	陽	金	火	-	力	土	힘쓸, 권장할

글자		글자		획수			음령오행		부수		글자의 의미
		음양	오행	획수	음양	오행	초성	종성	부수	오행	
려	濾	陰	水	18	陰	金	火	–	水	水	거를, 맑게 할, 씻을
려	廬	陽	木	19	陽	水	火	–	广	木	오두막집, 주막
려	櫚	陰	木	19	陽	水	火	–	木	木	종려나무
려	藜	中	木	19	陽	水	火	–	艸	木	나라이름, 명아주
려	麗	中	土	19	陽	水	火	–	鹿	土	고울, 우아할, 짝
려	礪	陰	金	20	陰	水	火	–	石	金	거친 숫돌
려	蠣	陰	水	21	陽	木	火	–	虫	水	굴, 구조개
려	儷	陰	火	21	陽	木	火	–	人	火	나란히 할, 짝, 쌍
려	驢	陰	火	26	陰	土	火	–	馬	火	나귀, 당나귀
려	驪	陰	火	29	陽	水	火	–	馬	火	가라말, 검을
력	力	陽	土	2	陰	木	火	木	力	土	힘, 힘쓸
력	歷	中	土	16	陰	土	火	木	止	土	지낼, 지나갈
력	曆	中	火	16	陰	土	火	木	日	火	책력, 역법, 水
력	瀝	陰	水	19	陽	水	火	木	水	水	거를, 밭칠
력	礫	陰	金	20	陰	水	火	木	石	金	조약돌, 밝은 모양
력	轢	陰	火	22	陰	木	火	木	車	火	삐걱거릴, 칠
력	靂	中	水	24	陰	火	火	木	雨	水	벼락, 천둥
련	連	陽	土	11	陽	木	火	火	辵	土	잇닿을, 이어질, 이을
련	煉	陰	火	13	陽	火	火	火	火	火	불릴, 정련할, 구을
련	璉	陰	金	15	陽	土	火	火	玉	金	호련, 이어질
련	蓮	陽	木	15	陽	土	火	火	艸	木	연밥, 연, 연꽃
련	練	陰	木	15	陽	土	火	火	糸	木	익힐, 단련할
련	漣	陰	水	15	陽	土	火	火	水	水	물놀이, 눈물 흘릴
련	憐	陰	火	15	陽	土	火	火	心	火	불쌍히 여길
련	輦	中	火	15	陽	土	火	火	車	火	손수레, 수레 끌
련	鍊	陰	金	17	陽	金	火	火	金	金	불릴, 정련할, 단련할
련	聯	陰	火	17	陽	金	火	火	耳	火	잇달, 잇을, 연결할
련	孌	中	土	22	陰	木	火	火	女	土	아름다울, 순할, 순종할
련	攣	中	木	23	陽	火	火	火	手	木	걸릴, 이어질
련	戀	中	火	23	陽	火	火	火	心	火	사모할, 그리움

글자		글자		획수			음령오행		부수		글자의 의미
		음양	오행	획수	음양	오행	초성	종성	부수	오행	
렬	列	陰	金	6	陰	土	火	火	刀	金	줄, 벌일, 베풀
렬	劣	陽	土	6	陰	土	火	火	力	土	못할, 적을, 용렬할
렬	冽	陰	水	8	陰	金	火	火	冫	水	찰, 차가운 바람
렬	洌	陰	水	9	陽	水	火	火	水	水	맑을, 한랭할, 찰
렬	烈	中	火	10	陰	水	火	火	火	火	세찰, 위엄, 매울
렬	裂	中	木	12	陰	木	火	火	衣	木	찢을, 찢어질, 해질
렴	廉	陽	木	13	陽	火	火	水	广	木	청렴할, 검소할
렴	濂	陰	水	16	陰	土	火	水	水	水	내 이름, 경박할
렴	斂	陰	金	17	陽	金	火	水	攴	金	거둘, 긁어모을, 저장할
렴	殮	陰	水	17	陽	金	火	水	歹	水	염할, 빈소할
렴	簾	中	木	19	陽	水	火	水	竹	木	발, 주렴
렵	獵	陰	土	18	陰	金	火	水	犬	土	사냥, 사냥할, 잡을
령	令	陽	火	5	陽	土	火	土	人	火	영, 우두머리, 좋을, 하여금
령	伶	陰	火	7	陽	金	火	土	人	火	영리할, 사령
령	囹	陽	水	8	陰	金	火	土	囗	水	옥, 감옥
령	泠	陰	水	8	陰	金	火	土	水	水	깨우칠, 서늘할, 깨달을
령	岺	陽	土	8	陰	金	火	土	山	土	재
령	姈	陰	土	8	陰	金	火	土	女	土	여자가 슬기로울
령	怜	陰	火	8	陰	金	火	土	心	火	영리할, 지혜로울
령	玲	陰	金	9	陽	水	火	土	玉	金	옥 소리, 아롱아롱할
령	昤	陰	火	9	陽	水	火	土	日	火	날빛이 영롱할
령	笭	中	木	11	陽	木	火	土	竹	木	도꼬마리, 원추리
령	逞	陽	土	11	陽	木	火	土	辵	土	굳셀, 즐거울
령	羚	陰	土	11	陽	木	火	土	羊	土	영양
령	翎	陰	火	11	陽	木	火	土	羽	火	깃, 화살 깃
령	聆	陰	火	11	陽	木	火	土	耳	火	들을, 따를, 깨달을
령	鈴	陰	金	13	陽	火	火	土	金	金	방울, 수레의 휘장
령	零	陽	水	13	陽	火	火	土	雨	水	조용히 오는 비, 비가 올
령	領	陰	火	14	陰	火	火	土	頁	火	옷깃, 목, 거느릴
령	澪	陰	水	16	陰	土	火	土	水	水	강이름, 맑을

글자		글자		획수			음령오행		부수		글자의 의미
		음양	오행	획수	음양	오행	초성	종성	부수	오행	
령	嶺	中	土	17	陽	金	火	土	山	土	재, 산봉우리
령	齡	陰	金	20	陰	水	火	土	齒	金	나이, 연령
령	靈	中	水	24	陰	火	火	土	雨	水	신령, 영혼, 신령할
례	礼	陰	木	6	陰	土	火	-	示	木	예도, 예절, 폐백
례	例	陰	火	8	陰	金	火	-	人	火	법식, 보기
례	澧	陰	水	16	陰	土	火	-	水	水	강이름, 파도소리
례	隸	陰	水	16	陰	土	火	-	隶	水	붙을, 좇을, 따를
례	禮	陰	木	18	陰	金	火	-	示	木	예도, 예절, 폐백
례	醴	陰	金	20	陰	水	火	-	酉	金	단술, 달, 좋은 맛
로	老	陽	土	6	陰	土	火	-	老	土	늙은이, 늙을, 쇠할
로	鹵	陽	水	11	陽	木	火	-	鹵	水	소금, 개펄, 황무지
로	虜	陽	木	12	陰	木	火	-	虍	木	포로, 사로잡을, 종
로	勞	中	土	12	陰	木	火	-	力	土	일할, 노력할, 힘쓸
로	路	陰	土	13	陽	火	火	-	足	土	길, 거쳐가는 길
로	輅	陰	火	13	陽	火	火	-	車	火	수레, 임금의 수레
로	撈	陰	木	15	陽	土	火	-	手	木	잡을, 건져낼
로	魯	陽	水	15	陽	土	火	-	魚	水	노둔할, 나라이름, 성(姓)
로	盧	陽	金	16	陰	土	火	-	皿	金	밥그릇, 화로, 성(姓)
로	擄	陰	木	16	陰	土	火	-	手	木	사로잡을, 노략질할
로	潞	陰	水	16	陰	土	火	-	水	水	강 이름, 고을이름
로	櫓	陰	木	19	陽	水	火	-	木	木	방패, 망루, 노
로	瀘	陰	水	19	陽	水	火	-	水	水	강 이름
로	嚧	陰	水	19	陽	水	火	-	口	水	웃을
로	蘆	陽	木	20	陰	水	火	-	艸	木	갈대, 냉이의 뿌리
로	露	中	水	20	陰	水	火	-	雨	水	이슬, 적실, 젖을
로	爐	陰	火	20	陰	水	火	-	火	火	화로, 향로
로	鷺	中	火	23	陽	火	火	-	鳥	火	해오라기, 백로
록	彔	陽	火	8	陰	金	火	木	彐	火	나무 깎을, 근본
록	鹿	中	土	11	陽	木	火	木	鹿	土	사슴, 권좌의 비유
록	菉	陽	木	12	陰	木	火	木	艸	木	조개풀, 기록할

글자		글자		획수			음령오행		부수		글자의 의미
		음양	오행	획수	음양	오행	초성	종성	부수	오행	
록	碌	陰	金	13	陽	火	火	木	石	金	돌 모양, 자갈땅
록	祿	陰	木	13	陽	火	火	木	示	木	복, 행복, 녹, 녹봉
록	綠	陰	木	14	陰	火	火	木	糸	木	초록빛
록	錄	陰	金	16	陰	土	火	木	金	金	기록할, 베낄
록	麓	中	土	19	陽	水	火	木	鹿	土	산기슭, 넓은 삼림, 사슴
론	論	陰	金	15	陽	土	火	火	言	金	말할, 진술할, 의논할
롱	弄	陽	金	7	陽	金	火	土	廾	木	희롱할, 가지고 놀
롱	瀧	陰	水	19	陽	水	火	土	水	水	비올, 여울, 급류
롱	壟	中	土	19	陽	水	火	土	土	土	언덕, 밭이랑, 무덤
롱	瓏	陰	金	20	陰	水	火	土	玉	金	옥소리, 바람소리, 환할
롱	朧	陰	水	20	陰	水	火	土	月	水	흐릿할
롱	籠	陰	木	22	陰	木	火	土	竹	木	대그릇, 삼태기
롱	聾	中	火	22	陰	木	火	土	耳	火	귀머거리, 어둘, 어리석을
뢰	牢	陽	土	7	陽	金	火	-	牛	土	가축우리, 둘러쌀
뢰	賂	陰	金	13	陽	火	火	-	貝	金	뇌물 줄, 뇌물
뢰	雷	陽	水	13	陽	火	火	-	雨	水	우레, 천둥
뢰	賚	陽	金	15	陽	土	火	-	貝	金	줄, 하사할, 하사품
뢰	磊	中	金	15	陽	土	火	-	石	金	돌무더기
뢰	賴	陰	金	16	陰	土	火	-	貝	金	힘입을, 의뢰할
뢰	儡	陰	火	17	陽	金	火	-	人	火	영락할, 피로할
뢰	瀨	陰	水	19	陽	水	火	-	水	水	여울, 급류
료	了	陽	金	2	陰	木	火	-	亅	金	마칠, 깨달을, 밝을
료	料	陰	火	10	陰	水	火	-	斗	火	되질할, 셀, 헤아릴
료	聊	陰	火	11	陽	木	火	-	耳	火	귀가 울, 의지할
료	廖	中	木	14	陰	火	火	-	广	木	공허할, 성
료	僚	陰	火	14	陰	火	火	-	人	火	동료, 벼슬아치
료	寮	陽	木	15	陽	土	火	-	宀	木	벼슬아치, 동료
료	蓼	中	木	15	陽	土	火	-	艸	木	여뀌, 나라이름
료	遼	陽	土	16	陰	土	火	-	辵	土	멀, 늦출
료	燎	陰	火	16	陰	土	火	-	火	火	화톳불, 밝을, 비출

글자		글자		획수			음령오행		부수		글자의 의미
		음양	오행	획수	음양	오행	초성	종성	부수	오행	
료	瞭	陰	木	17	陽	金	火	-	目	木	밝을, 멀, 아득할
료	療	陽	水	17	陽	金	火	-	疒	水	병 고칠, 앓을
룡	龍	陰	土	16	陰	土	火	土	龍	土	용, 임금
루	陋	陰	土	9	陽	水	火	-	阜	土	좁을, 낮을
루	累	陽	木	11	陽	木	火	-	糸	木	묶다, 동여매다
루	淚	陰	水	11	陽	木	火	-	水	水	눈물, 눈물 흘릴
루	婁	陽	土	11	陽	木	火	-	女	土	별이름, 성길
루	屢	陽	水	14	陰	火	火	-	尸	水	창, 공창, 여러
루	漏	陰	水	14	陰	火	火	-	水	水	샐, 스며들, 뚫을
루	蔞	陽	木	15	陽	土	火	-	艸	木	쑥, 물쑥, 성(姓)
루	樓	陰	木	15	陽	土	火	-	木	木	다락, 다락집
루	褸	陰	木	16	陰	土	火	-	衣	木	남루할, 해진 옷
루	瘻	陽	水	16	陰	土	火	-	疒	水	부스럼, 연주창, 혹
루	縷	陰	木	17	陽	金	火	-	糸	木	실, 명주
루	壘	中	土	18	陰	金	火	-	土	土	진, 성채, 쌓을
루	鏤	陰	金	19	陽	水	火	-	金	金	새길, 아로새길
류	柳	陰	木	9	陽	水	火	-	木	木	버들, 버드나무
류	留	中	木	10	陰	水	火	-	田	土	머무를, 기다릴
류	流	陰	水	10	陰	水	火	-	水	水	흐를, 떠내려갈
류	琉	陰	金	11	陽	木	火	-	玉	金	유리, 나라 이름
류	硫	陰	金	12	陰	木	火	-	石	金	유황
류	溜	陰	水	13	陽	火	火	-	水	水	방울져 떨어질, 여울
류	旒	陰	土	13	陽	火	火	-	方	土	깃발
류	瑠	陰	金	14	陰	火	火	-	玉	金	유리, 나라 이름
류	榴	陰	木	14	陰	火	火	-	木	木	석류나무
류	劉	陰	金	15	陽	土	火	-	刀	金	죽일, 베풀, 이길
류	瘤	中	水	15	陽	土	火	-	疒	水	혹
류	謬	陰	金	18	陰	金	火	-	言	金	그릇될, 어긋날
류	瀏	陰	水	18	陰	金	火	-	水	水	맑을, 물 맑고깊을
류	類	陰	火	19	陽	水	火	-	頁	火	무리, 일족, 닮을, 같을

글자		글자		획수			음령오행		부수		글자의 의미
		음양	오행	획수	음양	오행	초성	종성	부수	오행	
륙	六	陽	金	4	陰	火	火	木	八	金	여섯, 여섯번
륙	陸	陰	土	11	陽	木	火	木	阜	土	뭍, 육지, 언덕
륙	戮	陰	金	15	陽	土	火	木	戈	金	죽일, 육시할, 형벌
륜	侖	陽	火	8	陰	金	火	火	人	火	둥글, 생각할
륜	倫	陰	火	10	陰	水	火	火	人	火	인륜, 무리, 순서
륜	淪	陰	水	11	陽	木	火	火	水	水	잔물결, 물놀이, 잠길, 빠질
륜	崙	陽	土	11	陽	木	火	火	山	土	산 이름
륜	綸	陰	木	14	陰	火	火	火	糸	木	낚싯줄, 굵은 실
륜	輪	陰	火	15	陽	土	火	火	車	火	바퀴, 수레
륜	錀	陰	金	16	陰	土	火	火	金	金	金
률	律	陰	火	9	陽	水	火	火	彳	火	법, 법령, 지위
률	栗	陽	木	10	陰	水	火	火	木	木	밤나무, 밤, 여물
률	率	中	火	11	陽	木	火	火	玄	火	헤아릴
률	嵂	中	土	12	陰	木	火	火	山	土	가파를
률	慄	陰	火	13	陽	火	火	火	心	火	두려워할, 벌벌 떨
륭	隆	陰	土	12	陰	木	火	土	阜	土	클, 풍성하고 클, 성할
륵	肋	陰	水	6	陰	土	火	木	肉	水	갈비, 갈빗대, 힘줄
륵	勒	陰	金	11	陽	木	火	木	力	土	굴레, 재갈
름	凜	陰	水	15	陽	土	火	水	冫	水	찰, 늠름한 모양
름	廩	陽	木	16	陰	土	火	水	广	木	곳집, 쌀광, 저장할
릉	凌	陰	水	10	陰	水	火	土	冫	水	능가할, 깔볼, 범할
릉	陵	陰	土	11	陽	木	火	土	阜	土	큰언덕, 언덕, 무덤
릉	菱	陽	木	12	陰	木	火	土	艸	木	마름, 모날
릉	楞	陰	木	13	陽	火	火	土	木	木	모
릉	稜	陰	木	13	陽	火	火	土	禾	木	모, 모서리, 위광, 서슬
릉	綾	陰	木	14	陰	火	火	土	糸	木	비단
리	吏	陽	水	6	陰	土	火	-	口	水	벼슬아치, 아전, 다스릴
리	利	陰	金	7	陽	金	火	-	刀	金	날카로울, 통할
리	李	陽	木	7	陽	金	火	-	木	木	자두나무, 오얏나무, 성(姓)
리	里	陽	土	7	陽	金	火	-	里	土	마을, 거리, 주거

글자		글자		획수			음령오행		부수		글자의 의미
		음양	오행	획수	음양	오행	초성	종성	부수	오행	
리	厘	陽	土	9	陽	水	火	-	厂	水	다스릴 (속자)
리	俐	陰	火	9	陽	水	火	-	人	火	똑똑할
리	俚	陰	火	9	陽	水	火	-	人	火	속될, 부탁
리	涖	陰	水	10	陰	水	火	-	水	水	다다를, 물소리
리	浬	陰	水	10	陰	水	火	-	水	水	해리(거리단위)
리	唎	陰	水	10	陰	水	火	-	口	水	가는 소리
리	狸	陰	土	10	陰	水	火	-	犬	土	삵, 살쾡이, 너구리
리	悧	陰	火	10	陰	水	火	-	心	火	영리할
리	理	陰	金	11	陽	木	火	-	玉	金	다스릴, 옥을 갈
리	梨	中	木	11	陽	木	火	-	木	木	배나무, 배, 늙은이
리	莉	中	木	11	陽	木	火	-	艸	木	말리, 말리꽃
리	离	陽	火	11	陽	木	火	-	禸	木	산신, 맹수, 흩어질
리	裡	陰	木	12	陰	木	火	-	衣	木	속, 내부, 속마음
리	痢	中	水	12	陰	木	火	-	疒	水	설사, 이질, 곱똥
리	犁	中	土	12	陰	木	火	-	牛	土	얼룩소, 밭 갈
리	裏	陽	木	13	陽	火	火	-	衣	木	속, 내부, 속마음
리	璃	陰	金	15	陽	土	火	-	玉	金	유리, 구슬이름
리	履	中	水	15	陽	土	火	-	尸	水	신, 신을, 밟을
리	罹	中	木	16	陰	土	火	-	网	木	근심, 근심할, 곤란
리	鯉	陰	水	18	陰	金	火	-	魚	水	잉어, 편지, 서찰
리	釐	中	土	18	陰	金	火	-	里	土	다스릴, 고칠, 탐할
리	羸	中	土	19	陽	水	火	-	羊	土	여윌, 약할, 앓을
리	離	陰	火	19	陽	水	火	-	隹	火	떼놓을, 끊을, 나눌, 떠날
리	籬	陰	木	25	陽	土	火	-	竹	木	울타리
린	吝	陽	水	7	陽	金	火	火	口	水	아낄, 탐할, 한할
린	潾	陰	水	15	陽	土	火	火	水	水	맑을, 돌샘, 석간수
린	鄰	陰	土	15	陽	土	火	火	邑	土	이웃, 이웃할, 도움
린	隣	陰	土	15	陽	土	火	火	阜	土	이웃, 도울, 이웃할
린	璘	陰	金	16	陰	土	火	火	玉	金	옥빛, 옥 모양
린	燐	陰	火	16	陰	土	火	火	火	火	도깨비불, 반딧불

글자		글자		획수			음령오행		부수		글자의 의미
		음양	오행	획수	음양	오행	초성	종성	부수	오행	
린	鏻	陰	金	20	陰	水	火	火	金	金	굳셀
린	藺	中	木	20	陰	水	火	火	艸	木	골풀, 등심초
린	鱗	陰	水	23	陽	火	火	火	魚	水	비늘, 물고기
린	麟	陰	土	23	陽	火	火	火	鹿	土	기린, 큰사슴 수컷
린	躪	陰	土	27	陽	金	火	火	足	土	짓밟을, 유린할
림	林	陰	木	8	陰	金	火	水	木	木	수풀, 숲
림	淋	陰	水	11	陽	木	火	水	水	水	장마, 물 뿌릴, 젖을
림	琳	陰	金	12	陰	木	火	水	玉	金	아름다운 옥
림	棽	中	木	12	陰	木	火	水	木	木	무성할, 뒤덮일
림	霖	中	水	16	陰	土	火	水	雨	水	장마
림	臨	陰	火	17	陽	金	火	水	臣	火	임할, 볼, 군림할
립	立	陽	金	5	陽	土	火	水	立	金	설, 확고히 설
립	砬	陰	金	10	陰	水	火	水	石	金	돌 소리
립	粒	陰	木	11	陽	木	火	水	米	木	알, 쌀알, 쌀밥 먹을
립	笠	中	木	11	陽	木	火	水	竹	木	우리, 구릿대, 삿갓
마	馬	陽	火	10	陰	水	水	-	馬	火	말, 산가지
마	麻	中	木	11	陽	木	水	-	麻	木	삼, 삼실, 삼베
마	痲	中	水	13	陽	火	水	-	疒	水	저릴, 마비, 홍역
마	瑪	陰	金	14	陰	火	水	-	玉	金	마노
마	碼	陰	金	15	陽	土	水	-	石	金	마노, 저울의 추
마	摩	中	木	15	陽	土	水	-	手	木	갈, 문지를, 비빌
마	磨	中	金	16	陰	土	水	-	石	金	갈, 숫돌에 갈
마	魔	中	火	21	陽	木	水	-	鬼	火	마귀, 악귀, 마술
막	莫	陽	木	11	陽	木	水	木	艸	木	없을, 정할, 저녁, 말
막	幕	陽	木	14	陰	火	水	木	巾	木	막, 진, 군막
막	寞	陽	木	14	陰	火	水	木	宀	木	쓸쓸할
막	漠	陰	水	14	陰	火	水	木	水	水	사막, 조용할
막	膜	陰	水	15	陽	土	水	木	肉	水	막, 어루만질
막	邈	中	土	18	陰	金	水	木	辵	土	멀, 아득히 멀
만	万	陽	木	3	陽	火	水	火	一	木	일만, 성(姓)

글자		글자		획수			음령오행		부수		글자의 의미
		음양	오행	획수	음양	오행	초성	종성	부수	오행	
만	卍	陽	火	6	陰	土	水	火	十	水	만자, 길상의 표시
만	挽	陰	木	10	陰	水	水	火	手	木	당길, 말릴
만	娩	陰	土	10	陰	水	水	火	女	土	해산할, 순박할
만	曼	陽	土	11	陽	木	水	火	曰	火	끌, 길게 끌, 길, 아름다울
만	晩	陰	火	11	陽	木	水	火	日	火	저물, 늦을, 끝
만	萬	陽	木	13	陽	火	水	火	艸	木	일만, 다수, 클
만	漫	陰	水	14	陰	火	水	火	水	水	질펀할, 흩어질
만	滿	陰	水	14	陰	火	水	火	水	水	찰, 가득할, 교만할
만	慢	陰	火	14	陰	火	水	火	心	火	게으를, 거만할
만	輓	陰	火	14	陰	火	水	火	車	火	끌, 수레를 끌
만	蔓	陽	木	15	陽	土	水	火	艸	木	덩굴, 덩굴질, 자랄
만	瞞	陰	木	16	陰	土	水	火	目	木	속일, 평평한 눈
만	鏋	陰	金	19	陽	水	水	火	金	金	금, 금정기
만	饅	陰	水	20	陰	水	水	火	食	水	만두
만	鰻	陰	水	22	陰	木	水	火	魚	水	뱀장어
만	巒	中	土	22	陰	木	水	火	山	土	뫼
만	彎	中	火	22	陰	木	水	火	弓	火	굽을, 당길
만	灣	陰	水	25	陽	土	水	火	水	水	물굽이
만	蠻	中	水	25	陽	土	水	火	虫	水	오랑캐, 업신여길
말	末	陽	木	5	陽	土	水	火	木	木	끝, 나무끝, 꼭대기
말	抹	陰	木	8	陰	金	水	火	手	木	바를, 칠할, 문지를
말	沫	陰	水	8	陰	金	水	火	水	水	거품, 물방울
말	茉	陽	木	9	陽	水	水	火	艸	木	말리, 말리꽃
말	帓	中	水	10	陰	水	水	火	口	水	끝
말	靺	陰	金	14	陰	火	水	火	革	金	버선, 북방종족이름
말	襪	陰	木	20	陰	水	水	火	衣	木	버선, 족의
망	亡	陽	水	3	陽	火	水	土	亠	火	망할, 달아날, 죽을
망	妄	陽	土	6	陰	土	水	土	女	土	허망할, 망령될
망	邙	陰	土	6	陰	土	水	土	邑	土	산이름, 고을이름
망	忙	陰	火	6	陰	土	水	土	心	火	바쁠, 조급할

글자		글자		획수			음령오행		부수		글자의 의미
		음양	오행	획수	음양	오행	초성	종성	부수	오행	
망	芒	陽	木	7	陽	金	水	土	艸	木	까끄라기, 털, 털끝
망	忘	陽	火	7	陽	金	水	土	心	火	잊을, 건망증, 다할
망	罔	陽	木	8	陰	金	水	土	网	木	그물, 법규, 엮을, 없을
망	茫	中	木	10	陰	水	水	土	艸	木	아득할, 빠를, 망망할
망	望	中	水	11	陽	木	水	土	月	水	바랄, 기대할, 원할
망	莽	陽	木	12	陰	木	水	土	艸	木	우거질, 풀, 잡초
망	網	陰	木	14	陰	火	水	土	糸	木	그물, 규칙, 법
망	輞	陰	火	15	陽	土	水	土	車	火	바퀴 테
매	每	陽	土	7	陽	金	水	-	毋	土	매양, 늘, 언제나
매	枚	陰	木	8	陰	金	水	-	木	木	줄기, 나무줄기
매	妹	陰	土	8	陰	金	水	-	女	土	누이, 소녀
매	苺	陽	木	9	陽	水	水	-	艸	木	딸기
매	昧	陰	火	9	陽	水	水	-	日	火	새벽, 어두울
매	埋	陰	土	10	陰	水	水	-	土	土	묻을, 메울
매	梅	陰	木	11	陽	木	水	-	木	木	매화나무, 장마
매	買	陽	金	12	陰	木	水	-	貝	金	살, 성(姓)
매	寐	中	木	12	陰	木	水	-	宀	木	잠잘, 죽을
매	媒	陰	土	12	陰	木	水	-	女	土	중매, 중매할, 누룩
매	煤	陰	火	13	陽	火	水	-	火	火	그을음, 먹, 석탄
매	賣	陽	金	15	陽	土	水	-	貝	金	팔, 속일, 배신할
매	罵	陽	木	15	陽	土	水	-	网	木	욕할, 꾸짖을
매	魅	陽	火	15	陽	土	水	-	鬼	火	도깨비, 홀릴
매	邁	陽	土	17	陽	金	水	-	辵	土	갈, 멀리 갈, 떠날
맥	陌	陰	土	9	陽	水	水	木	阜	土	두렁, 길, 거리
맥	脈	陰	水	10	陰	水	水	木	肉	水	맥, 혈맥, 수로
맥	麥	陽	木	11	陽	木	水	木	麥	木	보리, 묻을, 매장할
맥	貊	陰	水	13	陽	火	水	木	豸	水	종족 이름, 고요할
맥	驀	陽	火	21	陽	木	水	木	馬	火	말 탈, 쏜살같이
맹	盲	陽	木	8	陰	金	水	土	目	木	소경, 눈이 멀, 어두울
맹	孟	陽	水	8	陰	金	水	土	子	水	맏, 맏이, 처음, 첫

글자		글자		획수			음령오행		부수		글자의 의미
		음양	오행	획수	음양	오행	초성	종성	부수	오행	
맹	氓	陰	火	8	陰	金	水	土	氏	火	백성
맹	猛	陰	土	11	陽	木	水	土	犬	土	사나울, 날랠
맹	萌	中	木	12	陰	木	水	土	艸	木	싹, 움, 죽순, 싹틀
맹	盟	中	金	13	陽	火	水	土	皿	金	맹세할, 약속, 취미
멱	覓	陽	火	11	陽	木	水	木	見	火	찾을, 곁눈질
멱	冪	陽	土	16	陰	土	水	木	冖	水	덮을, 막, 멱, 누승
면	免	陽	木	7	陽	金	水	火	儿	木	면할, 벗을, 해직할
면	沔	陰	水	7	陽	金	水	火	水	水	물 흐를, 씻을
면	眄	陰	木	9	陽	水	水	火	目	木	애꾸눈, 곁눈질할
면	勉	陽	土	9	陽	水	水	火	力	土	힘쓸, 권할, 강요할
면	面	陽	火	9	陽	水	水	火	面	火	얼굴, 앞, 겉, 표면
면	眠	陰	木	10	陰	水	水	火	目	木	잠잘, 시들, 모를
면	冕	陽	土	11	陽	木	水	火	冂	土	면류관
면	棉	陰	木	12	陰	木	水	火	木	木	목화
면	綿	陰	木	14	陰	火	水	火	糸	木	이어질, 연속할, 솜
면	緬	陰	木	15	陽	土	水	火	糸	木	가는 실, 멀
면	麵	中	木	20	陰	水	水	火	黍	木	밀가루, 보릿가루
멸	滅	陰	水	13	陽	火	水	火	水	水	멸망할, 멸할, 끌
멸	蔑	陽	木	15	陽	土	水	火	艸	木	업신여길, 버릴
명	皿	陽	土	5	陽	土	水	土	皿	金	그릇, 그릇덮개
명	名	陽	水	6	陰	土	水	土	口	水	이름, 이름 지을
명	命	中	水	8	陰	金	水	土	口	水	목숨, 운수, 명할
명	明	陰	火	8	陰	金	水	土	日	火	밝을, 밝힐, 밝게
명	眀	陰	木	9	陽	水	水	土	目	木	밝게 볼, 밝을
명	洺	陰	水	9	陽	水	水	土	水	水	강이름
명	茗	陽	木	10	陰	水	水	土	艸	木	차의 싹, 차
명	冥	陽	水	10	陰	水	水	土	冖	水	어두울, 깊숙할
명	椧	陰	木	12	陰	木	水	土	木	木	홈통
명	酩	陰	金	13	陽	火	水	土	酉	金	술에 취할
명	溟	陰	水	13	陽	火	水	土	水	水	어두울, 바다

글자		글자		획수			음령오행		부수		글자의 의미
		음양	오행	획수	음양	오행	초성	종성	부수	오행	
명	慏	陰	火	13	陽	火	水	土	心	火	맘이 너그러울
명	銘	陰	金	14	陰	火	水	土	金	金	새길, 조각할
명	蓂	陽	木	14	陰	火	水	土	艸	木	명협풀, 책력풀
명	暝	陰	火	14	陰	火	水	土	日	火	어두울, 해가 질
명	鳴	陰	火	14	陰	火	水	土	鳥	火	울, 울릴, 부를
명	瞑	陰	木	15	陽	土	水	土	目	木	눈 감을, 소경
명	螟	陰	水	16	陰	土	水	土	虫	水	마디충, 배추벌레, 해충
명	鵬	陰	火	19	陽	水	水	土	鳥	火	초명, 새 이름
메	袂	陰	木	9	陽	水	水	-	衣	木	소매
모	毛	陽	水	4	陰	火	水	-	毛	火	털, 가벼울
모	矛	陽	金	5	陽	土	水	-	矛	金	창, 자루가 긴 창, 세모진 창
모	母	陽	土	5	陽	土	水	-	毋	土	어미, 할미, 암컷
모	牟	陽	土	6	陰	土	水	-	牛	土	소가 우는 소리, 클
모	牡	陰	土	7	陽	金	水	-	牛	土	수컷, 왼쪽, 양(陽)
모	芼	陽	木	8	陰	金	水	-	艸	木	풀이 우거질, 고를
모	姆	陰	土	8	陰	金	水	-	女	土	여스승, 맏동서
모	某	陽	木	9	陽	水	水	-	木	木	아무, 아무개, 어느
모	茅	陽	木	9	陽	水	水	-	艸	木	띠, 띠를 벨
모	冒	陽	水	9	陽	水	水	-	冂	土	무릅쓸, 덮을
모	侮	陰	火	9	陽	水	水	-	人	火	업신여길, 깔볼
모	耗	陰	木	10	陰	水	水	-	耒	木	줄, 줄일, 없앨
모	眸	陰	木	11	陽	木	水	-	目	木	눈동자, 눈
모	帽	陰	木	12	陰	木	水	-	巾	木	모자
모	瑁	陰	金	13	陽	火	水	-	玉	金	서옥, 바다거북
모	募	陽	土	13	陽	火	水	-	力	土	모을, 부름, 뽑음
모	摸	陰	木	14	陰	火	水	-	手	木	찾을, 더듬어 찾을, 본뜰
모	貌	陰	水	14	陰	火	水	-	豸	水	모양, 얼굴, 표면상
모	摹	陽	木	15	陽	土	水	-	手	木	베낄, 본받을
모	模	陰	木	15	陽	土	水	-	木	木	법, 법식, 본보기
모	暮	陽	火	15	陽	土	水	-	日	火	저물, 해질 무렵

글자		글자		획수			음령오행		부수		글자의 의미
		음양	오행	획수	음양	오행	초성	종성	부수	오행	
모	慕	陽	火	15	陽	土	水	-	心	火	그리워할, 원할, 사모할
모	謀	陰	金	16	陰	土	水	-	言	金	꾀할, 헤아릴, 술책
모	謨	陰	金	18	陰	金	水	-	言	金	꾀, 계책, 꾀할
목	木	陽	木	4	陰	火	水	木	木	木	나무, 오행의 첫째
목	目	陽	木	5	陽	土	水	木	目	木	눈, 눈알, 볼
목	沐	陰	水	7	陽	金	水	木	水	水	머리감을, 다스릴, 목욕할
목	牧	陰	土	8	陰	金	水	木	牛	土	칠, 놓아서 기를
목	睦	陰	木	13	陽	火	水	木	目	木	화목할, 공손할
목	穆	陰	木	16	陰	土	水	木	禾	木	화목할, 공경할
목	鶩	中	火	20	陰	水	水	木	鳥	火	집오리, 달릴
몰	沒	陰	水	7	陽	金	水	火	水	水	가라앉을, 잠길, 빠질
몰	歿	陰	水	8	陰	金	水	火	歹	水	죽을, 끝날
몽	蒙	陽	木	14	陰	火	水	土	艸	木	어릴, 입을, 무릅쓸
몽	夢	陽	水	14	陰	火	水	土	夕	水	꿈, 꿈꿀, 환상
몽	朦	陰	水	18	陰	金	水	土	月	水	풍부할, 지는 달빛 희미할
묘	卯	陰	水	5	陽	土	水	-	卩	水	넷째지지, 토끼, 무성할
묘	妙	陰	土	7	陽	金	水	-	女	土	묘할, 젊을
묘	杳	陽	木	8	陰	金	水	-	木	木	어두울, 멀, 깊숙할
묘	竗	陰	金	9	陽	水	水	-	立	金	땅이름
묘	苗	陽	木	9	陽	水	水	-	艸	木	모, 싹, 이을
묘	昴	中	火	9	陽	水	水	-	日	火	별자리이름
묘	畝	陰	土	10	陰	水	水	-	田	木	이랑, 밭이랑
묘	描	陰	木	12	陰	木	水	-	手	木	그릴, 그림을 그릴, 모뜰
묘	渺	陰	水	12	陰	木	水	-	水	水	아득할, 물 질펀할
묘	猫	陰	土	12	陰	木	水	-	犬	土	고양이
묘	墓	陽	土	14	陰	火	水	-	土	土	무덤, 묘지
묘	廟	中	木	15	陽	土	水	-	广	木	사당, 위패
묘	錨	陰	金	17	陽	金	水	-	金	金	닻
무	无	陽	水	4	陰	火	水	-	无	水	없을
무	毋	陽	土	4	陰	火	水	-	毋	土	말라, 금지사, 없을

글자		글자		획수			음령오행		부수		글자의 의미
		음양	오행	획수	음양	오행	초성	종성	부수	오행	
무	戊	陽	金	5	陽	土	水	-	戈	金	다섯째천간, 무성할
무	巫	陽	火	7	陽	金	水	-	工	火	무당, 산이름, 의사
무	拇	陰	木	8	陰	金	水	-	手	木	엄지손가락
무	武	陽	土	8	陰	金	水	-	止	土	굳셀, 용맹할, 자만할
무	茂	陽	木	9	陽	水	水	-	艸	木	우거질, 무성할, 풍족할
무	畝	陰	土	10	陰	水	水	-	田	木	이랑(전답 면적단위), 밭이랑
무	珷	陰	金	11	陽	木	水	-	玉	金	옥돌
무	務	陰	土	11	陽	木	水	-	力	土	일, 힘쓸, 힘써 할
무	貿	中	金	12	陰	木	水	-	貝	金	바꿀, 무역할, 살
무	無	陽	火	12	陰	木	水	-	火	火	없을, 금지하는 말
무	楙	陰	木	13	陽	火	水	-	木	木	무성할, 아름다울
무	誣	陰	金	14	陰	火	水	-	言	金	무고할, 깔볼, 업신여길
무	舞	中	木	14	陰	火	水	-	舛	木	춤출, 춤, 춤추게 할
무	撫	陰	木	15	陽	土	水	-	手	木	어루만질, 누를
무	憮	陰	火	15	陽	土	水	-	心	火	예쁠, 놀란 모양, 어루만질
무	蕪	陽	木	16	陰	土	水	-	艸	木	거칠어질, 잡초우거질
무	繆	陰	木	17	陽	金	水	-	糸	木	삼 열단, 묶을, 얽을
무	懋	中	火	17	陽	金	水	-	心	火	힘쓸, 노력할, 성대할
무	鵡	陰	火	18	陰	金	水	-	鳥	火	앵무새
무	霧	中	水	19	陽	水	水	-	雨	水	안개, 어두울
묵	墨	陽	土	15	陽	土	水	木	土	土	먹, 형벌이름, 검을
묵	默	中	水	16	陰	土	水	木	黑	水	묵묵할, 고요할, 모독할
문	文	陽	木	4	陰	火	水	火	文	木	무늬, 채색, 얼룩, 글월
문	刎	陰	金	6	陰	土	水	火	刀	金	목을 자를, 목을 벨, 끊을
문	汶	陰	水	7	陽	金	水	火	水	水	내 이름, 성(姓), 수치
문	吻	陰	水	7	陽	金	水	火	口	水	입술, 입가, 말투
문	門	陰	木	8	陰	金	水	火	門	木	문, 출입문, 문간, 집안
문	炆	陰	火	8	陰	金	水	火	火	火	따뜻할, 장시간 삶을
문	紊	陽	木	10	陰	水	水	火	糸	木	어지러울, 어지럽힐
문	紋	陰	木	10	陰	水	水	火	糸	木	무늬, 직물 문체, 주름

글자		글자		획수			음령오행		부수		글자의 의미
		음양	오행	획수	음양	오행	초성	종성	부수	오행	
문	蚊	陰	水	10	陰	水	水	火	虫	水	모기
문	們	陰	火	10	陰	水	水	火	人	火	들, 무리
문	問	中	水	11	陽	木	水	火	口	水	물을, 문안할, 알릴
문	雯	陽	水	12	陰	木	水	火	雨	水	구름무늬
문	聞	中	火	14	陰	火	水	火	耳	火	들을, 가르침 받을, 알
물	勿	陽	土	4	陰	火	水	火	勹	金	말, 말라, 아니다, 없다
물	沕	陰	水	7	陽	金	水	火	水	水	아득할, 숨길, 숨을
물	物	陰	土	8	陰	金	水	火	牛	土	만물, 일, 무리, 종류
미	未	陽	木	5	陽	土	水	-	木	木	아닐, 아직 ~하지 못한
미	米	陽	木	6	陰	土	水	-	米	木	쌀, 나라이름
미	尾	陽	水	7	陽	金	水	-	尸	水	꼬리, 등, 등 뒤, 홀레할
미	弥	陰	金	8	陰	金	水	-	弓	火	두루, 널리, 오랠, 그칠
미	味	陰	水	8	陰	金	水	-	口	水	맛, 맛볼, 뜻, 의의
미	眉	陽	木	9	陽	水	水	-	目	木	눈썹, 노인, 가장자리
미	美	陽	土	9	陽	水	水	-	羊	土	아름다울, 맛이 좋을, 좋을
미	迷	陽	土	10	陰	水	水	-	辵	土	미혹할, 전념할, 헤매게 할
미	梶	陰	木	11	陽	木	水	-	木	木	나무 끝, 우듬지
미	渼	陰	水	12	陰	木	水	-	水	水	물놀이, 파문, 내 이름
미	湄	陰	水	12	陰	木	水	-	水	水	물가, 더운물, 탕
미	媄	陰	土	12	陰	木	水	-	女	土	빛 고울, 아름다울, 예쁠
미	嵋	陰	土	12	陰	木	水	-	山	土	산이름
미	媚	陰	土	12	陰	木	水	-	女	土	아첨할, 아름다울, 사랑할
미	媺	陰	土	13	陽	火	水	-	女	土	착하고 아름다울
미	楣	陰	木	13	陽	火	水	-	木	木	문미, 차양
미	微	陰	火	13	陽	火	水	-	彳	火	작을, 자질구레할, 적을
미	躾	陰	火	16	陰	土	水	-	身	火	예절을 가르칠
미	謎	陰	金	17	陽	金	水	-	言	金	수수께끼, 헷갈리게 할
미	薇	中	木	17	陽	金	水	-	艸	木	고비, 백일홍, 장미화
미	瀰	陰	水	17	陽	金	水	-	水	水	치렁치렁할, 물 넘칠
미	彌	陰	火	17	陽	金	水	-	弓	火	두루, 널리, 오랠, 그칠

글자		글자		획수			음령오행		부수		글자의 의미
		음양	오행	획수	음양	오행	초성	종성	부수	오행	
미	靡	中	水	19	陽	水	水	-	非	水	쓰러질, 쏠릴, 복종할
미	黴	陰	水	23	陽	火	水	-	黑	水	곰팡이, 검을, 썩을
민	民	陽	火	5	陽	土	水	火	氏	火	백성
민	玟	陰	金	8	陰	金	水	火	玉	金	옥돌, 돌 이름, 땅 이름
민	泯	陰	水	8	陰	金	水	火	水	水	망할, 멸망할, 혼합될
민	岷	陰	土	8	陰	金	水	火	山	土	산 이름, 강 이름, 봉우리
민	忞	陽	火	8	陰	金	水	火	心	火	힘쓸, 노력할, 어두울
민	旻	陽	火	8	陰	金	水	火	日	火	하늘
민	旼	陰	火	8	陰	金	水	火	日	火	화락할, 하늘, 온화할
민	珉	陰	金	9	陽	水	水	火	玉	金	옥돌
민	敃	陰	金	9	陽	水	水	火	攴	金	강잉할, 힘쓸
민	敏	陰	金	11	陽	木	水	火	攴	金	재빠를, 민첩할, 총명할
민	閔	中	木	12	陰	木	水	火	門	木	위문할, 마음 아파할, 걱정할
민	悶	中	火	12	陰	木	水	火	心	火	번민할, 어두울
민	瑉	陰	金	13	陽	火	水	火	玉	金	옥돌
민	鈱	陰	金	13	陽	火	水	火	金	金	철판
민	愍	中	火	13	陽	火	水	火	心	火	근심할, 근심, 걱정
민	暋	中	火	13	陽	火	水	火	日	火	굳셀, 강할, 노력할
민	頣	陰	火	14	陰	火	水	火	頁	火	강할, 굳셀
민	緡	陰	木	15	陽	土	水	火	糸	木	낚싯줄, 돈꿰미, 입을
민	潣	陰	水	15	陽	土	水	火	水	水	물이 졸졸 흘러내릴
민	憫	陰	火	15	陽	土	水	火	心	火	근심할, 불쌍히 여길
민	慜	中	火	15	陽	土	水	火	心	火	총명할, 영리할
밀	密	陽	木	11	陽	木	水	火	宀	木	빽빽할, 촘촘할, 조용할
밀	蜜	陽	水	14	陰	火	水	火	虫	水	꿀, 벌꿀, 명충의 알
밀	謐	陰	金	17	陽	金	水	火	言	金	고요할, 자세할, 조심할
박	朴	陰	木	6	陰	土	水	木	木	木	후박나무, 순박할, 성(姓)
박	拍	陰	木	8	陰	金	水	木	手	木	칠, 어루만질
박	泊	陰	水	8	陰	金	水	木	水	水	배댈, 정지할, 머무를
박	珀	陰	金	9	陽	水	水	木	玉	金	호박

글자		글자		획수			음령오행		부수		글자의 의미
		음양	오행	획수	음양	오행	초성	종성	부수	오행	
박	迫	陰	土	9	陽	水	水	木	辵	土	닥칠, 다그칠, 좁혀질, 핍박할
박	剝	陰	金	10	陰	水	水	木	刀	金	벗길, 괘 이름, 괴롭힐
박	舶	陰	木	11	陽	木	水	木	舟	木	큰 배, 장사배, 상선
박	粕	陰	木	11	陽	木	水	木	米	木	지게미, 술을 짠 찌꺼기
박	博	陰	水	12	陰	木	水	木	十	水	넓을, 넓힐, 평평함
박	鉑	陰	金	13	陽	火	水	木	金	金	금박
박	雹	陽	水	13	陽	火	水	木	雨	水	누리, 우박
박	箔	陰	木	14	陰	火	水	木	竹	木	발, 금속의 얇은 조각
박	膊	陰	水	14	陰	火	水	木	肉	水	포, 고기를 말린것, 들추어낼
박	駁	陰	火	14	陰	火	水	木	馬	火	얼룩말, 섞일, 어긋날
박	撲	陰	木	15	陽	土	水	木	手	木	칠, 때릴, 넘어질, 부딪칠
박	璞	陰	金	16	陰	土	水	木	玉	金	옥돌, 본바탕, 진실
박	樸	陰	木	16	陰	土	水	木	木	木	통나무, 본디대로, 다듬을
박	縛	陰	木	16	陰	土	水	木	糸	木	묶을, 동여맬, 자유를 속박할
박	薄	中	木	17	陽	金	水	木	艸	木	엷을, 적을, 가벼울, 천할
반	反	陽	水	4	陰	火	水	火	又	水	되돌릴, 뒤집을, 뒤엎을
반	半	中	水	5	陽	土	水	火	十	水	절반, 한창, 절정, 조각
반	伴	陰	火	7	陽	金	水	火	人	火	짝, 따를, 한가한 모양
반	拌	陰	木	8	陰	金	水	火	手	木	버릴, 내버릴, 쪼갤
반	泮	陰	水	8	陰	金	水	火	水	水	학교, 녹을, 얼음이 녹을
반	返	陽	土	8	陰	金	水	火	辵	土	돌아올, 되돌아올, 돌려줄
반	盼	陰	木	9	陽	水	水	火	目	木	눈이 예쁠, 눈자위가 또렷할
반	叛	陰	水	9	陽	水	水	火	又	水	배반할, 배반
반	班	陰	金	10	陰	水	水	火	玉	金	나눌, 반포할, 석차를 정할
반	畔	陰	木	10	陰	水	水	火	田	木	두둑, 논밭의 경계
반	般	陰	木	10	陰	水	水	火	舟	木	돌, 돌릴, 옮길, 일반, 오랠
반	絆	陰	木	11	陽	木	水	火	糸	木	줄, 얽어 맬
반	斑	陰	木	12	陰	木	水	火	文	木	얼룩, 얼룩진 무늬
반	搬	陰	木	13	陽	火	水	火	手	木	옮길, 이사를 갈, 운반할
반	飯	陰	水	13	陽	火	水	火	食	水	밥, 밥을 먹을, 먹일, 기를

글자		글자		획수			음령오행		부수		글자의 의미
		음양	오행	획수	음양	오행	초성	종성	부수	오행	
반	頒	陰	火	13	陽	火	水	火	頁	火	나눌, 구분할, 하사할
반	槃	中	木	14	陰	火	水	火	木	木	쟁반, 소반, 머뭇거릴
반	磐	中	金	15	陽	土	水	火	石	金	너럭바위, 뒤얽힐, 머뭇거릴
반	盤	中	金	15	陽	土	水	火	皿	金	소반, 대야, 밑받침
반	潘	陰	水	15	陽	土	水	火	水	水	뜨물, 소용돌이, 성(姓)
반	瘢	中	水	15	陽	土	水	火	疒	水	흉터, 자국, 흔적, 주근깨
반	磻	陰	金	17	陽	金	水	火	石	金	강이름, 실에 돌을 달
반	蟠	陰	水	18	陰	金	水	火	虫	水	서릴, 몸감고 엎드려 있을
반	攀	中	木	19	陽	水	水	火	手	木	더위잡을, 매달릴, 의지할
반	礬	中	金	20	陰	水	水	火	石	金	명반, 유황을 함유한 광물
발	拔	陰	木	8	陰	金	水	火	手	木	뺄, 쳐서 빼앗을, 특출할
발	勃	陰	土	9	陽	水	水	火	力	土	우쩍 일어날, 갑자기, 성할
발	渤	陰	水	12	陰	木	水	火	水	水	바다이름, 안개가 자욱할
발	發	陰	水	12	陰	木	水	火	癶	水	쏠, 갈, 떠날, 파견할, 필
발	跋	陰	土	12	陰	木	水	火	足	土	밟을, 비틀거릴, 넘어갈
발	鉢	陰	金	13	陽	火	水	火	金	金	바리때, 스님의 밥그릇
발	撥	陰	木	15	陽	土	水	火	手	木	다스릴, 덜, 없앨, 튀길
발	潑	陰	水	15	陽	土	水	火	水	水	뿌릴, 활발할, 물이 샐
발	魃	陽	火	15	陽	土	水	火	鬼	火	가물귀신
발	髮	中	火	15	陽	土	水	火	髟	火	터럭, 머리털, 초목
발	醱	陰	金	19	陽	水	水	火	酉	金	술이 괼
방	方	陽	土	4	陰	火	水	土	方	土	모, 각, 방향, 방위
방	尨	陽	土	7	陽	金	水	土	尢	水	삽살개, 섞일
방	妨	陰	土	7	陽	金	水	土	女	土	방해할, 거리낄, 해로울
방	防	陰	土	7	陽	金	水	土	阜	土	둑, 막을, 말릴, 대비할
방	坊	陰	土	7	陽	金	水	土	土	土	동네, 저자, 가게, 절, 막을
방	邦	陰	土	7	陽	金	水	土	邑	土	나라, 서울, 수도
방	彷	陰	火	7	陽	金	水	土	彳	火	거닐, 비슷할, 어정거릴
방	放	陰	金	8	陰	金	水	土	攴	金	놓을, 추방할, 석방될
방	房	陽	木	8	陰	金	水	土	戶	木	방, 집, 28수중의 하나

글자		글자		획수			음령오행		부수		글자의 의미
		음양	오행	획수	음양	오행	초성	종성	부수	오행	
방	芳	陽	木	8	陰	金	水	土	艸	木	꽃다울, 향기, 이름 빛날
방	枋	陰	木	8	陰	金	水	土	木	木	다목, 뗏목
방	肪	陰	水	8	陰	金	水	土	肉	水	기름, 비계, 살찔
방	昉	陰	火	8	陰	金	水	土	日	火	마침, 비로소, 밝을
방	舫	陰	木	10	陰	水	水	土	舟	木	배, 뗏목, 쌍배
방	紡	陰	木	10	陰	水	水	土	糸	木	자을, 실을 뽑을, 실
방	蚌	陰	水	10	陰	水	水	土	虫	水	방합, 민물조개
방	旁	陽	土	10	陰	水	水	土	方	土	두루, 널리, 곁, 가까울
방	倣	陰	火	10	陰	水	水	土	人	火	본뜰, 준거할, 의지할
방	訪	陰	金	11	陽	木	水	土	言	金	찾을, 구할, 방문할, 문의할
방	幇	中	木	12	陰	木	水	土	巾	木	도울, 패거리, 동업조합
방	傍	陰	火	12	陰	木	水	土	人	火	곁, 성(姓)
방	滂	陰	水	13	陽	火	水	土	水	水	비가 퍼부을, 젖을
방	蒡	陽	木	14	陰	火	水	土	艸	木	인동덩굴, 우엉, 하얀 쑥
방	榜	陰	木	14	陰	火	水	土	木	木	매, 매질할, 배, 방목
방	膀	陰	水	14	陰	火	水	土	肉	水	쌍배, 배, 오줌통
방	磅	陰	金	15	陽	土	水	土	石	金	돌 떨어지는 소리
방	謗	陰	金	17	陽	金	水	土	言	金	헐뜯을, 비방할, 대답할
방	龐	中	土	19	陽	水	水	土	龍	土	클, 높을, 성(姓)
배	北	陽	水	5	陽	土	水	-	匕	金	달아날, 배반할, 나눌
배	杯	陰	木	8	陰	金	水	-	木	木	잔, 그릇, 술잔
배	盃	陽	金	9	陽	水	水	-	皿	金	잔, 杯의 속자
배	拜	陰	木	9	陽	水	水	-	手	木	절, 절할, 감사할, 사의표할
배	胚	陰	水	9	陽	水	水	-	肉	水	아이 밸, 어릴, 시초, 배아
배	背	中	水	9	陽	水	水	-	肉	水	등, 등쪽, 뒤, 양(陽)
배	配	陰	金	10	陰	水	水	-	酉	金	아내, 짝, 짝지어 줄
배	倍	陰	火	10	陰	水	水	-	人	火	곱, 갑절, 배반할, 더할
배	俳	陰	火	10	陰	水	水	-	人	火	광대, 장난, 쇠퇴할
배	排	陰	木	11	陽	木	水	-	手	木	밀칠, 물리칠, 배척할, 없앨
배	培	陰	土	11	陽	木	水	-	土	土	복돋울, 불릴, 더많게 할

글자		글자		획수			음령오행		부수		글자의 의미
		음양	오행	획수	음양	오행	초성	종성	부수	오행	
배	陪	陰	土	11	陽	木	水	-	阜	土	쌓아올릴, 불어날, 더할, 모실
배	徘	陰	火	11	陽	木	水	-	彳	火	노닐
배	湃	陰	水	12	陰	木	水	-	水	水	물결이 이는 모양
배	焙	陰	火	12	陰	木	水	-	火	火	불에 쬘
배	褙	陰	木	14	陰	火	水	-	衣	木	속적삼, 배접할
배	裴	中	木	14	陰	火	水	-	衣	木	옷 치렁치렁할, 성(姓), 노닐
배	裵	中	木	14	陰	火	水	-	衣	木	옷 치렁치렁할, 성(姓), 노닐
배	賠	陰	金	15	陽	土	水	-	貝	金	물어줄, 배상할
배	輩	中	火	15	陽	土	水	-	車	火	무리, 동아리, 짝
백	白	陽	金	5	陽	土	水	木	白	金	흰, 흰빛, 날이 샐
백	百	陽	金	6	陰	土	水	木	白	金	일백, 모든
백	伯	陰	火	7	陽	金	水	木	人	火	맏, 우두머리
백	帛	陽	木	8	陰	金	水	木	巾	木	비단, 풀이름
백	佰	陰	火	8	陰	金	水	木	人	火	일백, 백사람, 밭두둑
백	柏	陰	木	9	陽	水	水	木	木	木	나무이름, 측백나무, 잣나무
백	栢	陰	木	10	陰	水	水	木	木	木	나무이름, 잣나무
백	魄	陰	火	15	陽	土	水	木	鬼	火	넋, 형체, 달빛
번	番	陽	木	12	陰	木	水	火	田	木	갈마들, 차례, 번성할
번	煩	陰	火	13	陽	火	水	火	火	火	괴로워할, 번민할, 답답할
번	幡	陰	木	15	陽	土	水	火	巾	木	기, 표기, 나부낄
번	樊	中	木	15	陽	土	水	火	木	木	울타리, 에워쌀, 새장
번	蕃	陽	木	16	陰	土	水	火	艸	木	우거질, 번성할, 많을
번	燔	陰	火	16	陰	土	水	火	火	火	구울, 말릴, 사를
번	磻	陰	金	17	陽	金	水	火	石	金	강이름, 실에 돌을 달
번	繁	中	木	17	陽	金	水	火	糸	木	많을, 성할, 번거로울, 자주
번	翻	陰	火	18	陰	金	水	火	羽	火	날, 뒤집을
번	藩	中	木	19	陽	水	水	火	艸	木	덮을, 울타리, 지킬
번	飜	陰	火	21	陽	木	水	火	飛	火	뒤칠, 엎어질, 날
벌	伐	陰	火	6	陰	土	水	火	人	火	칠, 벨, 공적, 공훈
벌	筏	陰	木	12	陰	木	水	火	竹	木	떼, 뗏목

글자		글자		획수			음령오행		부수		글자의 의미
		음양	오행	획수	음양	오행	초성	종성	부수	오행	
벌	罰	中	木	14	陰	火	水	火	网	木	죄, 벌, 형벌, 벌줄
벌	閥	中	木	14	陰	火	水	火	門	木	공훈, 공을 쌓을, 문벌
범	凡	陽	水	3	陽	火	水	水	几	水	무릇, 모두, 다
범	氾	陰	水	5	陽	土	水	水	水	水	넘칠, 떠다닐, 물로 씻을
범	犯	陰	土	5	陽	土	水	水	犬	土	범할, 어긋날, 여자 욕보일
범	帆	陰	木	6	陰	土	水	水	巾	木	돛, 돛단배, 돛 달을
범	汎	陰	水	6	陰	土	水	水	水	水	둥둥 뜰, 물위에 뜰, 가벼울
범	杋	陰	木	7	陽	金	水	水	木	木	수부나무
범	泛	陰	水	7	陽	金	水	水	水	水	뜰, 물을 부을, 띄울
범	范	中	木	9	陽	水	水	水	艸	木	풀이름, 벌, 벌풀
범	釩	陰	金	11	陽	木	水	水	金	金	떨칠
범	梵	中	木	11	陽	木	水	水	木	木	범어, 인도의 고대어
범	範	陰	木	15	陽	土	水	水	竹	木	법, 본, 틀, 제사
법	法	陰	水	8	陰	金	水	水	水	水	법, 모범, 본받을, 예의
법	琺	陰	金	12	陰	木	水	水	玉	金	법랑, 불투명한 유리 물질
벽	碧	中	金	14	陰	火	水	木	石	金	푸를, 푸른 옥돌
벽	劈	中	金	15	陽	土	水	木	刀	金	쪼갤, 가를 ,깨뜨릴
벽	僻	陰	火	15	陽	土	水	木	人	火	후미질, 치우칠, 피할
벽	壁	中	土	16	陰	土	水	木	土	土	벽, 울타리, 벼랑
벽	擘	中	木	17	陽	金	水	木	手	木	엄지손가락, 쪼갤, 찢을
벽	檗	中	木	17	陽	金	水	木	木	木	황벽나무
벽	璧	中	金	18	陰	金	水	木	玉	金	둥근 옥, 아름다운 것의 비유
벽	癖	中	水	18	陰	金	水	木	疒	水	버릇
벽	闢	陰	木	21	陽	木	水	木	門	木	열, 열릴, 물리칠, 제거할
벽	蘗	中	木	21	陽	木	水	木	艸	木	황경피나무, 당귀, 쓸, 괴로울
벽	霹	中	水	21	陽	木	水	木	雨	水	벼락, 천둥, 벼락 떨어질
변	卞	陽	火	4	陰	火	水	火	卜	火	조급할, 법, 맨손으로 칠
변	弁	陽	木	5	陽	土	水	火	廾	木	고깔, 빠를, 서두를
변	釆	陽	火	7	陽	金	水	火	釆	火	분별할
변	便	陰	火	9	陽	水	水	火	人	火	문득, 편할, 소식, 오줌, 똥

글자		글자		획수			음령오행		부수		글자의 의미
		음양	오행	획수	음양	오행	초성	종성	부수	오행	
변	辨	陰	金	16	陰	土	水	火	辛	金	분별할, 분명히 할, 나눌
변	邊	陽	土	19	陽	水	水	火	辵	土	가장자리, 국경, 한계, 근처
변	辯	陰	金	21	陽	木	水	火	辛	金	말 잘할, 다스릴
변	變	中	金	23	陽	火	水	火	言	金	변할, 변경될, 달라질, 움직일
별	別	陰	金	7	陽	金	水	火	刀	金	나눌, 헤어질, 다를
별	莂	陰	木	11	陽	木	水	火	艸	木	모종낼, 옮겨 심을, 씨뿌리기
별	襒	陰	木	17	陽	金	水	火	衣	木	털, 옷을 털, 옷으로 훔칠
별	瞥	中	木	17	陽	金	水	火	目	木	언뜻 볼, 잠깐 볼
별	鷩	中	水	23	陽	火	水	火	魚	水	금계(金鷄)
별	鼈	中	土	25	陽	土	水	火	黽	土	자라, 고사리
병	丙	陽	木	5	陽	土	水	土	一	木	남녘, 10간중 3번째, 굳셀
병	兵	陽	金	7	陽	金	水	土	八	金	군사, 싸움, 전쟁, 무기
병	秉	陽	木	8	陰	金	水	土	禾	木	잡을, 손으로 잡을
병	幷	陰	木	8	陰	金	水	土	干	木	어우를, 어울릴, 함께할
병	並	陽	火	8	陰	金	水	土	一	木	아우를, 견줄, 함께할
병	柄	陰	木	9	陽	水	水	土	木	木	자루, 손잡이, 권세, 권력
병	昺	陽	火	9	陽	水	水	土	日	火	밝을, 빛날
병	昞	陰	火	9	陽	水	水	土	日	火	밝을, 빛날
병	炳	陰	火	9	陽	水	水	土	火	火	밝을, 빛날, 단청색, 잡을
병	竝	陰	金	10	陰	水	水	土	立	金	아우를, 견줄, 함께할
병	病	陽	水	10	陰	水	水	土	疒	水	병, 질병, 근심, 하자, 병들
병	倂	陰	火	10	陰	水	水	土	人	火	아우를, 나란히 할, 다툴
병	屛	中	水	11	陽	木	水	土	尸	水	병풍, 담, 가릴, 가리어 막을
병	甁	陰	土	11	陽	木	水	土	瓦	土	병, 단지, 항아리, 두레박
병	棅	陰	木	12	陰	木	水	土	木	木	자루, 손잡이, 권세, 권력
병	鉼	陰	金	14	陰	火	水	土	金	金	판금, 불린 금덩이
병	軿	陰	火	15	陽	土	水	土	車	火	거마소리, 병거, 수레
병	餠	陰	水	17	陽	金	水	土	食	水	떡, 먹을, 엷고 편편한 것
병	騈	陰	火	18	陰	金	水	土	馬	火	나란히 할, 늘어서 있을
보	甫	陽	水	7	陽	金	水	-	用	水	클, 아무개, 사나이

글자		글자		획수			음령오행		부수		글자의 의미
		음양	오행	획수	음양	오행	초성	종성	부수	오행	
보	步	中	土	7	陽	金	水	-	止	土	걸음, 걸을, 보병, 걸릴
보	宝	陽	金	8	陰	金	水	-	宀	木	보배, 보물, 신(神)
보	洑	陰	水	9	陽	水	水	-	水	水	보, 나루, 스며들을
보	保	陰	火	9	陽	水	水	-	人	火	지킬, 보전할, 도울
보	珤	陰	金	10	陰	水	水	-	玉	金	보배
보	菩	陽	木	12	陰	木	水	-	艸	木	보리, 염주나무, 보살, 멍석
보	補	陰	木	12	陰	木	水	-	衣	木	기울, 고일, 보수할, 더할
보	湺	陰	水	12	陰	木	水	-	水	水	보
보	報	陰	土	12	陰	木	水	-	土	土	갚을, 알릴
보	堡	中	土	12	陰	木	水	-	土	土	작은 성, 둑, 제방
보	普	陽	火	12	陰	木	水	-	日	火	널리, 널리 미칠, 넓을
보	褓	陰	木	14	陰	火	水	-	衣	木	포대기
보	輔	陰	火	14	陰	火	水	-	車	火	덧방나무, 도울, 힘을 빌릴
보	潽	陰	水	15	陽	土	水	-	水	水	끓을, 물
보	譜	陰	金	19	陽	水	水	-	言	金	계보, 족보, 악보
보	寶	中	木	20	陰	水	水	-	宀	木	보배, 보물, 신(神)
복	卜	陽	火	2	陰	木	水	木	卜	火	점, 점칠, 길흉을 알아낼
복	伏	陰	火	6	陰	土	水	木	人	火	엎드릴, 숨을, 굴복할
복	宓	陽	木	8	陰	金	水	木	宀	木	성(姓), 편안할, 몰래
복	服	陰	水	8	陰	金	水	木	月	水	옷, 의복, 입을, 일용품
복	茯	中	木	10	陰	水	水	木	艸	木	복령, 풍낭이, 한약이름
복	匐	陽	金	11	陽	木	水	木	勹	金	길, 엎드려 기어갈, 엎드릴
복	復	陰	火	12	陰	木	水	木	彳	火	돌아올, 돌려보낼, 뒤집을
복	腹	陰	水	13	陽	火	水	木	肉	水	배, 창자, 마음, 아이 밸
복	複	陰	木	14	陰	火	水	木	衣	木	겹옷, 솜옷, 겹칠
복	福	陰	木	14	陰	火	水	木	示	木	복, 복 내릴, 도울
복	僕	陰	火	14	陰	火	水	木	人	火	시중꾼, 마부, 종, 숨길
복	葍	陽	木	15	陽	土	水	木	艸	木	무, 치자꽃
복	輹	陰	火	16	陰	土	水	木	車	火	복토
복	輻	陰	火	16	陰	土	水	木	車	火	바퀴살, 모여들

글자		글자		획수			음령오행		부수		글자의 의미
		음양	오행	획수	음양	오행	초성	종성	부수	오행	
복	鍑	陰	金	17	陽	金	水	木	金	金	솥, 가마솥
복	覆	中	金	18	陰	金	水	木	襾	金	뒤집힐, 반전할, 넘어질
복	馥	陰	木	18	陰	金	水	木	香	木	향기, 향기로울
복	鰒	陰	水	20	陰	水	水	木	魚	水	전복, 떡조개
본	本	陽	木	5	陽	土	水	火	木	木	밑, 뿌리, 기초, 근본, 근원
볼	乶	陽	木	8	陰	金	水	火	乙	木	땅이름
봉	奉	陽	木	8	陰	金	水	土	大	木	받들, 기를, 도울
봉	封	陰	土	9	陽	水	水	土	寸	土	봉할, 북돋울, 배양할
봉	峯	陽	土	10	陰	水	水	土	山	土	봉우리, 뫼, 산
봉	峰	陰	土	10	陰	水	水	土	山	土	봉우리, 뫼, 산
봉	俸	陰	火	10	陰	水	水	土	人	火	봉급, 녹, 급료
봉	捧	陰	木	11	陽	木	水	土	手	木	받들, 들, 들어올릴
봉	逢	陽	土	11	陽	木	水	土	辵	土	만날, 맞을, 점칠
봉	烽	陰	火	11	陽	木	水	土	火	火	봉화, 경계
봉	琫	陰	金	12	陰	木	水	土	玉	金	칼집장식, 받칠, 받쳐 들
봉	棒	陰	木	12	陰	木	水	土	木	木	몽둥이, 막대기, 칠
봉	蜂	陰	水	13	陽	火	水	土	虫	水	벌, 창날, 붐빌, 잡담할
봉	漨	陰	水	14	陰	火	水	土	水	水	내 이름, 답답한 모양
봉	鳳	陽	火	14	陰	火	水	土	鳥	火	봉새, 봉황새
봉	鋒	陰	金	15	陽	土	水	土	金	金	칼끝, 첨단, 물건의 뾰족한 끝
봉	蓬	陽	木	15	陽	土	水	土	艸	木	다북쑥, 더부룩할, 흐트러질
봉	熢	陰	火	15	陽	土	水	土	火	火	연기 자욱할, 불기운, 화기
봉	縫	陰	木	17	陽	金	水	土	糸	木	꿰맬, 기울, 붙일
부	父	陽	木	4	陰	火	水	-	父	木	아비, 아버지
부	夫	陽	木	4	陰	火	水	-	大	木	지아비, 사나이, 장정
부	不	陽	水	4	陰	火	水	-	一	木	아닌가, 아니, 말라
부	付	陰	火	5	陽	土	水	-	人	火	줄, 청할, 붙일
부	缶	陽	土	6	陰	土	水	-	缶	土	장군, 액체 담는 그릇
부	扶	陰	木	7	陽	金	水	-	手	木	도울, 떠받칠, 붙들, 옆
부	否	陽	水	7	陽	金	水	-	口	水	아닐, 부정할

글자		글자		획수			음령오행		부수		글자의 의미
		음양	오행	획수	음양	오행	초성	종성	부수	오행	
부	孚	陽	水	7	陽	金	水	-	子	水	믿을, 참되고 믿음성 있는
부	斧	陽	金	8	陰	金	水	-	斤	金	도끼, 벨, 도끼로 벨
부	芙	陽	木	8	陰	金	水	-	艸	木	연꽃, 부용
부	府	中	木	8	陰	金	水	-	广	木	곳집, 마을, 관청
부	咐	陰	水	8	陰	金	水	-	口	水	분부할, 숨을 내쉴
부	阜	陽	土	8	陰	金	水	-	阜	土	언덕, 대륙, 클, 커질
부	附	陰	土	8	陰	金	水	-	阜	土	붙을, 기댈, 의지할, 따를
부	負	陽	金	9	陽	水	水	-	貝	金	질, 등짐 질, 책임질
부	訃	陰	金	9	陽	水	水	-	言	金	부고, 통부할
부	赴	陽	火	9	陽	水	水	-	走	火	나아갈, 알릴, 다다를, 부고
부	釜	陽	金	10	陰	水	水	-	金	金	가마, 발 없는 큰 솥
부	剖	陰	金	10	陰	水	水	-	刀	金	쪼갤, 가를, 다스릴
부	浮	陰	水	10	陰	水	水	-	水	水	뜰, 넘칠, 성할, 떠오를
부	俯	陰	火	10	陰	水	水	-	人	火	구부릴, 숨을, 누울
부	副	陰	金	11	陽	木	水	-	刀	金	버금, 다음, 도울, 보좌할
부	莩	陽	木	11	陽	木	水	-	艸	木	갈청, 풀이름, 암삼
부	符	陰	木	11	陽	木	水	-	竹	木	부신, 병부, 수결, 길조
부	婦	陰	土	11	陽	木	水	-	女	土	며느리, 아내, 여자
부	部	陰	土	11	陽	木	水	-	邑	土	거느릴, 나눌, 분류, 떼
부	趺	陰	土	11	陽	木	水	-	足	土	책상다리 할, 발등, 발뒤꿈치
부	埠	陰	土	11	陽	木	水	-	土	土	선창
부	富	陽	木	12	陰	木	水	-	宀	木	부자, 재물 많고 넉넉할, 성할
부	腑	陰	水	12	陰	木	水	-	肉	水	장부, 오장육부, 마음, 친족
부	復	陰	火	12	陰	木	水	-	彳	火	다시, 되풀이할, 갚을
부	傅	陰	火	12	陰	木	水	-	人	火	스승, 후견인, 시중 들
부	艀	陰	木	13	陽	火	水	-	舟	木	작은 배, 길이 짧은 배
부	溥	陰	水	13	陽	火	水	-	水	水	넓을, 클, 광대할, 두루 미칠
부	鳧	中	火	13	陽	火	水	-	鳥	火	오리, 산 이름
부	孵	陰	水	14	陰	火	水	-	子	水	알 깔, 자랄, 기를
부	腐	中	水	14	陰	火	水	-	肉	水	썩을, 썩힐, 나쁜 냄새가 날

글자		글자		획수			음령오행		부수		글자의 의미
		음양	오행	획수	음양	오행	초성	종성	부수	오행	
부	敷	陰	金	15	陽	土	水	-	攴	金	펼, 공포할, 진술할, 분할할
부	賦	陰	金	15	陽	土	水	-	貝	金	구실, 조세, 부역
부	膚	陽	水	15	陽	土	水	-	肉	水	살갗, 피부, 나무 겉껍질
부	駙	陰	火	15	陽	土	水	-	馬	火	곁마, 부마, 가까울, 접근할
부	賻	陰	金	17	陽	金	水	-	貝	金	부의, 부의를 보낼
부	簿	陰	木	19	陽	水	水	-	竹	木	장부, 회계부
북	北	陰	金	5	陽	土	水	木	匕	金	북녘, 달아날, 북쪽으로 갈
분	分	陽	金	4	陰	火	水	火	刀	金	나눌, 구별할, 나누어 줄
분	扮	陰	木	7	陽	金	水	火	手	木	꾸밀, 아우를, 합할
분	汾	陰	水	7	陽	金	水	火	水	水	물이름, 클, 물 굽이쳐 흐를
분	吩	陰	水	7	陽	金	水	火	口	水	뿜을, 명령할
분	芬	陽	木	8	陰	金	水	火	艸	木	향기로울, 향기, 부드러워질
분	忿	陽	火	8	陰	金	水	火	心	火	성낼, 원망할
분	昐	陰	火	8	陰	金	水	火	日	火	햇빛
분	盆	陽	金	9	陽	水	水	火	皿	金	동이, 밥 짓는 그릇
분	奔	陽	木	9	陽	水	水	火	大	木	달릴, 달아날, 패주할
분	粉	陰	木	10	陰	水	水	火	米	木	가루, 쌀가루, 분, 단장할
분	紛	陰	木	10	陰	水	水	火	糸	木	어지러워질, 섞일
분	賁	陽	金	12	陰	木	水	火	貝	金	클, 날랠, 질
분	雰	陽	水	12	陰	木	水	火	雨	水	안개, 어지러울
분	焚	中	火	12	陰	木	水	火	火	火	불사를, 탈, 화형할
분	噴	陰	水	15	陽	土	水	火	口	水	뿜을, 꾸짖을, 성낼
분	墳	陰	土	15	陽	土	水	火	土	土	무덤, 언덕, 둑, 제방
분	憤	陰	火	15	陽	土	水	火	心	火	성낼, 괴로워할, 번민할
분	奮	陽	木	16	陰	土	水	火	大	木	떨칠, 흔들릴, 분격할
분	糞	陽	木	17	陽	金	水	火	米	木	똥, 소제할
불	不	陽	水	4	陰	火	水	火	一	木	아닐, 말라
불	弗	陽	木	5	陽	土	水	火	弓	火	아닐, 떨, 떨어버릴
불	佛	陰	火	7	陽	金	水	火	人	火	부처, 어렴풋할, 어길
불	拂	陰	木	8	陰	金	水	火	手	木	떨, 치켜 올릴, 닦을, 떨칠

글자		글자		획수			음령오행		부수		글자의 의미
		음양	오행	획수	음양	오행	초성	종성	부수	오행	
불	佛	陰	火	8	陰	金	水	火	亻	火	비슷할, 구별하기 어려운
붕	朋	陰	水	8	陰	金	水	土	月	水	벗, 친구, 무리, 무리 이룰
붕	崩	中	土	11	陽	木	水	土	山	土	무너질, 흩어질, 앓을
붕	棚	陰	木	12	陰	木	水	土	木	木	시렁, 선반, 누각
붕	硼	陰	金	13	陽	火	水	土	石	金	붕산, 붕사
붕	繃	陰	木	17	陽	金	水	土	糸	木	묶을, 감을, 포대기
붕	鵬	陰	火	19	陽	水	水	土	鳥	火	붕새
비	匕	陽	金	2	陰	木	水	-	匕	金	비수, 숟가락, 화살촉
비	比	陰	火	4	陰	火	水	-	比	火	견줄, 본뜰, 모방할
비	丕	陽	木	5	陽	土	水	-	一	木	클, 으뜸, 받들
비	妃	陰	土	6	陰	土	水	-	女	土	왕비, 여신, 짝을 맞출
비	批	陰	木	7	陽	金	水	-	手	木	칠, 손으로 칠, 밀칠
비	庇	中	木	7	陽	金	水	-	广	木	덮을, 그늘, 의탁할
비	枇	陰	木	8	陰	金	水	-	木	木	비파나무, 비파, 숟가락
비	肥	陰	水	8	陰	金	水	-	肉	水	살찔, 거름, 땅 기름지게 할
비	泌	陰	水	8	陰	金	水	-	水	水	샘물 졸졸 흐를
비	沸	陰	水	8	陰	金	水	-	水	水	끓을, 끓는 물, 끓일
비	非	陰	水	8	陰	金	水	-	非	水	아닐, 등질, 배반할, 거짓
비	卑	陽	土	8	陰	金	水	-	十	水	낮을, 천할, 저속할
비	砒	陰	金	9	陽	水	水	-	石	金	비상, 비소
비	秕	陰	木	9	陽	水	水	-	禾	木	쭉정이, 더럽힐, 질 나쁜 쌀
비	飛	陽	火	9	陽	水	水	-	飛	火	날, 떨어질, 오를, 넘을
비	毗	陰	火	9	陽	水	水	-	比	火	도울, 힘을 보탤, 쇠퇴할
비	毖	中	火	9	陽	水	水	-	比	火	삼갈, 근신할, 고달플
비	毘	中	火	9	陽	水	水	-	比	火	도울, 벗겨질, 쇠퇴할
비	秘	陰	木	10	陰	水	水	-	禾	木	숨길, 비밀, 향기로울
비	粃	陰	木	10	陰	水	水	-	米	木	쭉정이, 모를, 아닐
비	匪	中	木	10	陰	水	水	-	匚	水	대상자, 아닐, 도둑
비	婢	陰	土	11	陽	木	水	-	女	土	여자종, 소첩, 첩
비	費	陽	金	12	陰	木	水	-	貝	金	쓸, 소비할, 손상할, 비용

글자		글자		획수			음령오행		부수		글자의 의미
		음양	오행	획수	음양	오행	초성	종성	부수	오행	
비	琵	陰	金	12	陰	木	水	-	玉	金	비파
비	斐	中	木	12	陰	木	水	-	文	木	오락가락할, 문채날
비	菲	中	木	12	陰	木	水	-	艸	木	엷을, 순무, 향기로울
비	扉	中	木	12	陰	木	水	-	戶	木	문짝, 집, 주거
비	脾	陰	水	12	陰	木	水	-	肉	水	지라, 소의 밥통, 소의 陽
비	備	陰	火	12	陰	木	水	-	人	火	갖출, 갖추어질, 준비
비	悲	中	火	12	陰	木	水	-	心	火	슬플, 슬퍼할, 비애
비	碑	陰	金	13	陽	火	水	-	石	金	돌기둥, 비석
비	裨	陰	木	13	陽	火	水	-	衣	木	도울, 보좌할, 보태줄
비	痺	陽	水	13	陽	火	水	-	疒	水	암메추라기
비	鼻	陽	金	14	陰	火	水	-	鼻	金	코, 구멍, 코 꿸
비	緋	陰	木	14	陰	火	水	-	糸	木	붉은 빛, 붉은색 명주
비	榧	陰	木	14	陰	火	水	-	木	木	비자나무
비	蜚	中	水	14	陰	火	水	-	虫	水	바퀴, 메뚜기, 풍뎅이
비	鄙	陰	土	14	陰	火	水	-	邑	土	다라울, 인색할, 어리석을
비	翡	陰	火	14	陰	火	水	-	羽	火	물총새
비	誹	陰	金	15	陽	土	水	-	言	金	헐뜯을, 비방할
비	憊	中	火	16	陰	土	水	-	心	火	고달플, 피곤할, 앓을
비	臂	中	水	17	陽	金	水	-	肉	水	팔, 쇠뇌 자루
비	譬	中	金	20	陰	水	水	-	言	金	비유할, 깨우칠, 알아차릴
빈	牝	陰	土	6	陰	土	水	火	牛	土	암컷, 골짜기, 음(陰)
빈	份	陰	火	6	陰	土	水	火	人	火	빛날, 일부분
빈	邠	陰	土	7	陽	金	水	火	邑	土	나라이름, 빛날
빈	玭	陰	金	8	陰	金	水	火	玉	金	구슬이름, 좋은소리 나는 돌
빈	浜	陰	水	10	陰	水	水	火	水	水	물가, 배를 맬 곳
빈	貧	陽	金	11	陽	木	水	火	貝	金	가난할, 곤궁할, 가난
빈	彬	陰	火	11	陽	木	水	火	彡	火	빛날, 발을, 무늬가 또렷한
빈	斌	陰	木	12	陰	木	水	火	文	木	빛날
빈	賓	陽	金	14	陰	火	水	火	貝	金	손님, 손님으로 묵을
빈	頻	陰	火	16	陰	土	水	火	頁	火	자주, 빈번히, 급박할

글자		글자		획수			음령오행		부수		글자의 의미
		음양	오행	획수	음양	오행	초성	종성	부수	오행	
빈	儐	陰	火	16	陰	土	水	火	人	火	인도할, 대접할
빈	濱	陰	水	17	陽	金	水	火	水	水	물가, 끝, 임박할
빈	豳	中	水	17	陽	金	水	火	豕	水	나라이름, 성(姓), 얼룩질
빈	嬪	陰	土	17	陽	金	水	火	女	土	아내, 여관, 아내의 미칭
빈	璸	陰	金	18	陰	金	水	火	玉	金	구슬이름, 옥무늬 아롱할
빈	檳	陰	木	18	陰	金	水	火	木	木	빈랑나무
빈	殯	陰	水	18	陰	金	水	火	歹	水	염할, 묻을, 파묻을
빈	嚬	陰	水	19	陽	水	水	火	口	水	찡그릴, 눈살 찌푸릴
빈	瀕	陰	水	19	陽	水	水	火	水	水	물가, 임박할, 따를
빈	霦	中	水	19	陽	水	水	火	雨	水	옥광채, 옥색깔
빈	繽	陰	木	20	陰	水	水	火	糸	木	어지러울
빈	鑌	陰	金	22	陰	木	水	火	金	金	강철, 광낼
빙	氷	陰	水	5	陽	土	水	土	水	水	얼음, 얼, 굳은 기름
빙	聘	陰	火	13	陽	火	水	土	耳	火	찾아갈, 부를, 구할
빙	憑	中	火	16	陰	土	水	土	心	火	기댈, 의지할, 귀신 들린
빙	騁	陰	火	17	陽	金	水	土	馬	火	달릴, 회포를 풀, 다할
사	士	陽	木	3	陽	火	金	-	士	木	선비, 일을 할
사	巳	陽	土	3	陽	火	金	-	己	土	여섯째 지지, 삼짇날, 뱀
사	乍	陽	金	5	陽	土	金	-	丿	金	잠깐, 갑자기, 지을
사	四	陽	水	5	陽	土	金	-	囗	水	넷, 네 번, 사방
사	司	陽	水	5	陽	土	金	-	口	水	맡을, 관리, 벼슬, 관아
사	史	陽	水	5	陽	土	金	-	口	水	역사, 사관, 기록된 문서
사	仕	陰	火	5	陽	土	金	-	人	火	벼슬할, 일로 삼을, 섬길
사	糸	陽	木	6	陰	土	金	-	糸	木	가는 실, 가늘, 적을
사	死	陽	水	6	陰	土	金	-	歹	水	죽을, 죽은 사람, 죽음
사	寺	陽	土	6	陰	土	金	-	寸	土	절, 관청, 환관
사	私	陰	木	7	陽	金	金	-	禾	木	사사로울, 개인, 비밀, 홀로
사	些	中	木	7	陽	金	金	-	二	木	적을, 조금, 어조사
사	沙	陰	水	7	陽	金	金	-	水	水	모래, 사막, 모래가 날
사	邪	陰	土	7	陽	金	金	-	邑	土	간사할, 어긋날, 치우칠

글자		글자		획수			음령오행		부수		글자의 의미
		음양	오행	획수	음양	오행	초성	종성	부수	오행	
사	伺	陰	火	7	陽	金	金	-	人	火	엿볼, 찾을
사	似	陰	火	7	陽	金	金	-	人	火	같을, 닮을
사	事	陽	金	8	陰	金	金	-	亅	金	일, 전념할, 정치
사	社	陰	木	8	陰	金	金	-	示	木	토지의 신, 단체, 모일
사	祀	陰	木	8	陰	金	金	-	示	木	제사, 제사 지낼
사	泗	陰	水	8	陰	金	金	-	水	水	물 이름, 콧물
사	舍	陽	火	8	陰	金	金	-	舌	火	집, 관청
사	使	陰	火	8	陰	金	金	-	人	火	하여금, 부릴, 시킬
사	砂	陰	金	9	陽	水	金	-	石	金	모래, 단사, 진사
사	查	陽	木	9	陽	水	金	-	木	木	조사할, 사실할, 떼, 뗏목
사	柶	陰	木	9	陽	水	金	-	木	木	수저, 숟가락, 윷
사	思	陽	火	9	陽	水	金	-	心	火	생각할, 생각, 마음, 뜻
사	俟	陰	火	9	陽	水	金	-	人	火	기다릴, 클
사	祠	陰	木	10	陰	水	金	-	示	木	사당, 제사, 제사 지낼
사	紗	陰	木	10	陰	水	金	-	糸	木	깁, 미미할, 엷고가는 견직물
사	師	陰	木	10	陰	水	金	-	巾	木	스승, 스승으로 삼을
사	唆	陰	水	10	陰	水	金	-	口	水	부추길, 꼬드길
사	射	陰	土	10	陰	水	金	-	寸	土	궁술, 쏠, 산 이름
사	娑	中	土	10	陰	水	金	-	女	土	춤출, 옷이 너풀거릴
사	捨	陰	木	11	陽	木	金	-	手	木	버릴, 놓을
사	梭	陰	木	11	陽	木	金	-	木	木	북, 베틀 부속의 하나, 베짱이
사	莎	中	木	11	陽	木	金	-	艸	木	향부자, 범메뚜기, 손을 비빌
사	蛇	陰	水	11	陽	木	金	-	虫	水	뱀, 별 이름
사	赦	陰	火	11	陽	木	金	-	赤	火	용서할, 사면할, 성(姓)
사	斜	陰	火	11	陽	木	金	-	斗	火	비낄, 비스듬할, 기울
사	徙	陰	火	11	陽	木	金	-	彳	火	옮길, 넘길, 한도를 넘어설
사	詐	陰	金	12	陰	木	金	-	言	金	속일, 거짓말 할, 거짓
사	詞	陰	金	12	陰	木	金	-	言	金	말씀, 알릴, 고할, 청할
사	斯	陰	金	12	陰	木	金	-	斤	金	이, 사물 대명사, 쪼갤
사	奢	陽	木	12	陰	木	金	-	大	木	사치할, 자랑할, 더 좋을

글자		글자		획수			음령오행		부수		글자의 의미
		음양	오행	획수	음양	오행	초성	종성	부수	오행	
사	絲	陰	木	12	陰	木	金	-	糸	木	실, 실을 잣을
사	渣	陰	水	12	陰	木	金	-	水	水	찌끼, 강 이름
사	裟	中	木	13	陽	火	金	-	衣	木	가사, 승려의 옷
사	嗣	陰	水	13	陽	火	金	-	口	水	이을, 후임자, 상속자
사	獅	陰	土	13	陽	火	金	-	犬	土	사자
사	肆	陰	火	13	陽	火	金	-	聿	火	방자할, 극에 달할
사	蓑	陽	木	14	陰	火	金	-	艸	木	도롱이, 누역, 덮을
사	飼	陰	水	14	陰	火	金	-	食	水	먹일, 기를, 사료
사	賜	陰	金	15	陽	土	金	-	貝	金	줄, 하사할, 은덕
사	寫	中	木	15	陽	土	金	-	宀	木	베낄, 옮겨놓을, 쓸
사	傞	陰	火	15	陽	土	金	-	人	火	잘게 부술, 성의 없을
사	駟	陰	火	15	陽	土	金	-	馬	火	사마, 네 마리의 말
사	篩	陰	木	16	陰	土	金	-	竹	木	체, 체로 칠
사	謝	陰	金	17	陽	金	金	-	言	金	사례할, 물러날, 용서를 빌
사	瀉	陰	水	18	陰	金	金	-	水	水	쏟을, 토할, 설사할, 물 흐를
사	辭	陰	金	19	陽	水	金	-	辛	金	말씀, 말할, 하소연 할
사	麝	中	土	21	陽	木	金	-	鹿	土	사향노루, 사향
삭	削	陰	金	9	陽	水	金	木	刀	金	깎을, 범할, 해칠
삭	索	陽	木	10	陰	水	金	木	糸	木	동아줄, 새기를 꼴, 선택할
삭	朔	陰	水	10	陰	水	金	木	月	水	초하루, 음력 1일
삭	數	陰	金	15	陽	土	金	木	攴	金	자주
산	山	陽	土	3	陽	火	金	火	山	土	뫼, 산, 무덤, 산신
산	汕	陰	水	6	陰	土	金	火	水	水	오구, 물고기 자맥질할
산	刪	陰	金	7	陽	金	金	火	刀	金	깎을
산	疝	陽	水	8	陰	金	金	火	疒	水	산증, 허리가 아픈 병
산	珊	陰	金	9	陽	水	金	火	玉	金	산호, 비틀거릴
산	産	陽	木	11	陽	木	金	火	生	木	낳을, 태어날, 만들어 낼
산	散	陰	金	12	陰	木	金	火	支	金	흩을, 흩어질, 헤어질
산	傘	中	火	12	陰	木	金	火	人	火	우산, 일산
산	酸	陰	金	14	陰	火	金	火	酉	金	식초, 신, 신맛, 신 기운

글자		글자		획수			음령오행		부수		글자의 의미
		음양	오행	획수	음양	오행	초성	종성	부수	오행	
산	算	中	木	14	陰	火	金	火	竹	木	셀, 셈할, 수, 수효, 바구니
산	蒜	中	木	14	陰	火	金	火	艸	木	마늘, 달래
산	霰	中	水	20	陰	水	金	火	雨	水	싸라기눈, 말린떡 잘게 썬것
살	乷	中	木	8	陰	金	金	火	乙	木	살, 음역자
살	殺	陰	木	11	陽	木	金	火	殳	金	죽일, 죽을, 벨
살	煞	陰	火	13	陽	火	金	火	火	火	죽일, 총괄할, 수효 많을
살	撒	陰	木	15	陽	土	金	火	手	木	뿌릴, 놓을, 놓아줄
살	薩	中	木	18	陰	金	金	火	艸	木	보살
삼	三	陽	木	3	陽	火	金	水	一	木	셋, 석, 세법, 거듭, 자주
삼	杉	陰	木	7	陽	金	金	水	木	木	삼나무
삼	芟	陽	木	8	陰	金	金	水	艸	木	풀 벨, 제거할, 큰 낫
삼	衫	陰	木	8	陰	金	金	水	衣	木	적삼, 내의, 옷의 총칭
삼	參	中	木	11	陽	木	金	水	厶	木	셋, 인삼, 별이름, 빽빽할
삼	森	中	木	12	陰	木	金	水	木	木	나무 빽빽할, 우뚝 솟을
삼	滲	陰	水	14	陰	火	金	水	水	水	스밀, 샐, 흘러나올
삼	蔘	中	木	15	陽	土	金	水	艸	木	인삼, 가지가 치솟을
삽	鈒	陰	金	12	陰	木	金	水	金	金	창, 새길, 아로새길
삽	揷	陰	木	12	陰	木	金	水	手	木	꽂을, 박아 넣을, 끼워 넣을
삽	颯	陰	木	14	陰	火	金	水	風	木	바람소리, 바람이 불
삽	澁	陰	水	16	陰	土	金	水	水	水	떫을, 말을 더듬을, 껄끄러울
상	上	陽	木	3	陽	火	金	土	一	木	위, 하늘, 임금
상	床	陽	木	7	陽	金	金	土	广	木	상, 소반, 밥상, 책상
상	牀	陰	木	8	陰	金	金	土	爿	木	평상, 침상, 마루
상	尙	陽	水	8	陰	金	金	土	小	水	오히려, 바랄, 숭상할
상	狀	陰	土	8	陰	金	金	土	犬	土	형상, 모양, 용모
상	庠	陽	木	9	陽	水	金	土	广	木	학교
상	相	陰	木	9	陽	水	金	土	目	木	서로, 볼, 바탕, 자세히 볼
상	峠	陰	土	9	陽	水	金	土	山	土	고개
상	桑	中	木	10	陰	水	金	土	木	木	뽕나무, 뽕잎을 딸
상	常	陽	木	11	陽	木	金	土	巾	木	항상, 법, 불변의 도

글자		글자		획수			음령오행		부수		글자의 의미
		음양	오행	획수	음양	오행	초성	종성	부수	오행	
상	祥	陰	木	11	陽	木	金	土	示	木	상서로울, 좋을, 복
상	商	陽	水	11	陽	木	金	土	口	水	헤아릴, 장사할, 장사
상	爽	中	火	11	陽	木	金	土	爻	火	시원할, 밝을, 명백할
상	廂	中	木	12	陰	木	金	土	广	木	행랑, 곁간
상	象	陽	水	12	陰	木	金	土	豕	水	코끼리, 상아, 그림, 모양
상	湘	陰	水	12	陰	木	金	土	水	水	강 이름, 삶을
상	喪	中	水	12	陰	木	金	土	口	水	죽을, 상제 노릇할
상	翔	陰	火	12	陰	木	金	土	羽	火	빙빙돌아 날, 높이 날, 달릴
상	詳	陰	金	13	陽	火	金	土	言	金	자세할, 자세히 볼
상	傷	陰	火	13	陽	火	金	土	人	火	상처, 상할, 이지러질
상	想	中	火	13	陽	火	金	土	心	火	생각할, 생각, 형상, 모양
상	裳	陽	木	14	陰	火	金	土	衣	木	치마, 낮에 입는 옷
상	嘗	陽	水	14	陰	火	金	土	口	水	맛볼, 시험할, 시험 삼아
상	塽	陰	土	14	陰	火	金	土	土	土	높고 밝은 땅
상	像	陰	火	14	陰	火	金	土	人	火	형상, 본뜬 형상, 닮을
상	賞	陽	金	15	陽	土	金	土	貝	金	상줄, 찬양할, 기릴, 상
상	箱	陰	木	15	陽	土	金	土	竹	木	상자, 곳집, 곳간
상	橡	陰	木	16	陰	土	金	土	木	木	상수리나무, 상수리
상	霜	中	水	17	陽	金	金	土	雨	水	서리, 세월
상	償	陰	火	17	陽	金	金	土	人	火	갚을, 보상할
상	觴	陰	木	18	陰	金	金	土	角	木	잔, 술잔, 술잔을 돌릴
상	孀	陰	土	20	陰	水	金	土	女	土	과부
새	塞	陽	土	13	陽	火	金	-	土	土	변방, 성채, 사이가 뜰
새	賽	陽	金	17	陽	金	金	-	貝	金	굿할, 우열을 겨룰
새	璽	陽	金	19	陽	水	金	-	玉	金	도장, 옥새, 천자의 도장
색	色	陽	土	6	陰	土	金	木	色	土	빛, 빛깔, 광택, 색체, 기색
색	索	陽	木	10	陰	水	金	木	糸	木	찾을, 선택할, 가릴
색	嗇	中	水	13	陽	火	金	木	口	水	아낄, 인색할, 탐할
색	塞	陽	土	13	陽	火	金	木	土	土	막힐, 사이가 뜰
색	穡	陰	木	18	陰	金	金	木	禾	木	거둘, 아낄, 농사, 곡식

글자		글자		획수			음령오행		부수		글자의 의미
		음양	오행	획수	음양	오행	초성	종성	부수	오행	
생	生	陽	木	5	陽	土	金	土	生	木	날, 태어날, 자식을 낳을
생	省	陽	木	9	陽	水	金	土	目	木	덜
생	牲	陰	土	9	陽	水	金	土	牛	土	희생, 제사에 사용되는 소
생	笙	中	木	11	陽	木	金	土	竹	木	생황
생	甥	陰	木	12	陰	木	金	土	生	木	생질, 자매의 아들, 외손자
서	西	陽	金	6	陰	土	金	-	襾	金	서녘, 서쪽, 서쪽으로 갈
서	序	陽	木	7	陽	金	金	-	广	木	차례, 차례를 매길
서	抒	陰	木	7	陽	金	金	-	手	木	풀, 퍼낼, 토로할, 끄집어낼
서	胥	陽	水	9	陽	水	金	-	肉	水	서로, 게장, 게젓, 함께
서	叙	陰	水	9	陽	水	金	-	又	水	베풀, 쓸, 지을
서	栖	陰	木	10	陰	水	金	-	木	木	깃들일, 묵을, 거주할
서	書	陽	火	10	陰	水	金	-	曰	火	쓸, 글씨를 쓸, 기록할, 글
서	徐	陰	火	10	陰	水	金	-	彳	火	천천히, 평온할, 모두
서	恕	中	火	10	陰	水	金	-	心	火	용서할, 동정할, 깨달을
서	敍	陰	金	11	陽	木	金	-	攴	金	차례, 차례매길, 순서정할
서	庶	陽	木	11	陽	木	金	-	广	木	여러, 많을, 살찔
서	捿	陰	木	11	陽	木	金	-	手	木	살, 쉴, 서성거릴
서	逝	中	土	11	陽	木	金	-	辵	土	갈, 뜰, 떠날, 죽을
서	黍	陽	木	12	陰	木	金	-	黍	木	기장(오곡의 하나)
서	棲	陰	木	12	陰	木	金	-	木	木	살, 깃들일, 머무를
서	壻	陰	木	12	陰	木	金	-	士	木	사위, 사나이, 남편
서	揟	陰	木	12	陰	木	金	-	手	木	고기 잡을
서	絮	中	木	12	陰	木	金	-	糸	木	솜, 풀솜, 솜옷
서	犀	陽	土	12	陰	木	金	-	牛	土	무소, 무소뿔, 굳을
서	婿	陰	土	12	陰	木	金	-	女	土	사위, 사나이, 남편
서	惰	陰	火	12	陰	木	金	-	心	火	슬기, 지혜로울
서	舒	陰	火	12	陰	木	金	-	舌	火	펼, 펴질, 흩어질, 열릴
서	瑞	陰	金	13	陽	火	金	-	玉	金	상서, 길조, 경사스러울
서	筮	中	木	13	陽	火	金	-	竹	木	점대, 점칠
서	鼠	中	木	13	陽	火	金	-	鼠	水	쥐, 간신, 근심할

글자		글자		획수			음령오행		부수		글자의 의미
		음양	오행	획수	음양	오행	초성	종성	부수	오행	
서	暑	陽	火	13	陽	火	金	-	日	火	더울, 무더울, 더위, 여름
서	誓	中	金	14	陰	火	金	-	言	金	맹세할, 임명할, 훈계할
서	署	陽	木	14	陰	火	金	-	网	木	관청, 둘
서	墅	中	土	14	陰	火	金	-	土	土	농막, 들, 교외
서	鋤	陰	金	15	陽	土	金	-	金	金	호미, 김맬, 없앨
서	緖	陰	木	15	陽	土	金	-	糸	木	실마리, 시초, 계통
서	諝	陰	金	16	陰	土	金	-	言	金	슬기, 헤아릴, 총명한 사람
서	嶼	陰	土	17	陽	金	金	-	山	土	섬, 작은 섬
서	藇	中	木	18	陰	金	金	-	艸	木	아름다울, 우거질, 마, 감자
서	曙	陰	火	18	陰	金	金	-	日	火	새벽, 날이 밝을, 아침
서	薯	陽	木	20	陰	水	金	-	艸	木	참마, 감자, 고구마, 산약
석	夕	陽	水	3	陽	火	金	木	夕	水	저녁, 밤, 쏠릴
석	石	陽	金	5	陽	土	金	木	石	金	돌, 비석, 돌로 만든 악기
석	汐	陰	水	6	陰	土	金	木	水	水	조수, 썰물
석	析	陰	木	8	陰	金	金	木	木	木	가를, 해부할, 쪼갤
석	昔	陽	火	8	陰	金	金	木	日	火	예, 옛날, 오래될, 앞서
석	席	陽	木	10	陰	水	金	木	巾	木	자리, 깔, 앉음새
석	祏	陰	木	10	陰	水	金	木	禾	木	백이십 근
석	淅	陰	水	11	陽	木	金	木	水	水	쌀을 일, 빗소리, 씻은 쌀
석	惜	陰	火	11	陽	木	金	木	心	火	아낄, 아까워할, 가엾을
석	舃	陽	土	12	陰	木	金	木	臼	土	신, 클, 빛날, 성(姓)
석	晳	中	火	12	陰	木	金	木	日	火	밝을
석	鉐	陰	金	13	陽	火	金	木	金	金	놋쇠
석	碩	陰	金	14	陰	火	金	木	石	金	클, 가득 찰, 머리가 클
석	蓆	陽	木	14	陰	火	金	木	艸	木	자리, 클, 넓고 많을
석	奭	中	木	15	陽	土	金	木	大	木	클, 성할, 성(姓)
석	潟	陰	水	15	陽	土	金	木	水	水	개펄
석	錫	陰	金	16	陰	土	金	木	金	金	주석, 줄, 하사한 재물
석	釋	陰	火	20	陰	水	金	木	釆	火	풀, 풀릴, 내버릴, 해석할
선	仙	陰	火	5	陽	土	金	火	人	火	신선, 고상한 사람

글자		글자		획수			음령오행		부수		글자의 의미
		음양	오행	획수	음양	오행	초성	종성	부수	오행	
선	先	陽	木	6	陰	土	金	火	儿	木	먼저, 나아갈, 옛날
선	宣	陽	木	9	陽	水	金	火	宀	木	베풀, 펼, 공포할
선	珗	陰	金	10	陰	水	金	火	玉	金	옥돌
선	扇	中	木	10	陰	水	金	火	戶	木	사립문, 부채
선	琁	陰	金	11	陽	木	金	火	玉	金	옥, 구슬
선	船	陰	木	11	陽	木	金	火	舟	木	배, 옷깃
선	旋	陰	土	11	陽	木	金	火	方	土	회전할, 돌릴, 돌아올
선	善	陽	水	12	陰	木	金	火	口	水	착할, 높을, 많을
선	渲	陰	水	12	陰	木	金	火	水	水	바림, 물 적실
선	愃	陰	火	12	陰	木	金	火	心	火	쾌할, 잊을, 잊어버릴
선	瑄	陰	金	13	陽	火	金	火	玉	金	도리옥
선	詵	陰	金	13	陽	火	金	火	言	金	많을, 모일, 묻을
선	腺	陰	水	13	陽	火	金	火	肉	水	샘, 생물체내 분비기관
선	跣	陰	土	13	陽	火	金	火	足	土	맨발, 돌아다닐
선	羨	中	土	13	陽	火	金	火	羊	土	부러워할, 탐낼, 그리워할
선	僊	陰	火	13	陽	火	金	火	人	火	신선
선	銑	陰	金	14	陰	火	金	火	金	金	끌, 광채 날
선	嫙	陰	土	14	陰	火	金	火	女	土	예쁠
선	煽	陰	火	14	陰	火	金	火	火	火	부칠, 부채질할, 부추길
선	璇	陰	金	15	陽	土	金	火	玉	金	아름다운 옥, 별 이름
선	線	陰	木	15	陽	土	金	火	糸	木	줄, 실
선	嬋	陰	土	15	陽	土	金	火	女	土	고울, 잇닿을
선	墡	陰	土	15	陽	土	金	火	土	土	백토, 좋은 흙
선	敾	陰	金	16	陰	土	金	火	攴	金	글을 잘 쓸
선	膳	陰	水	16	陰	土	金	火	肉	水	반찬, 드릴, 먹을
선	選	中	土	16	陰	土	金	火	辵	土	가릴, 열거할, 가려 뽑을
선	禪	陰	木	17	陽	金	金	火	示	木	봉선, 사양할, 선위할
선	鮮	陰	水	17	陽	金	金	火	魚	水	고울, 뚜렷할, 깨끗할
선	璿	陰	金	18	陰	金	金	火	玉	金	아름다운 옥
선	繕	陰	木	18	陰	金	金	火	糸	木	기울, 고칠, 다스릴

글자		글자		획수			음령오행		부수		글자의 의미
		음양	오행	획수	음양	오행	초성	종성	부수	오행	
선	蟬	陰	水	18	陰	金	金	火	虫	水	매미, 뻗을, 펴질, 연속할
선	鐥	陰	金	20	陰	水	金	火	金	金	복자, 좋은 쇠
선	蘚	中	木	21	陽	木	金	火	艸	木	이끼, 김
선	饍	陰	水	21	陽	木	金	火	食	水	반찬, 드릴, 먹을
선	癬	中	水	22	陰	木	金	火	疒	水	옴, 종기, 옮을
설	舌	陽	火	6	陰	土	金	火	舌	火	혀
설	泄	陰	水	9	陽	水	金	火	水	水	샐, 발설할, 설사할, 쌀
설	屑	陽	水	10	陰	水	金	火	尸	水	가루, 부스러기, 부술
설	洩	陰	水	10	陰	水	金	火	水	水	샐, 발설할, 폭포, 성(姓)
설	設	陰	金	11	陽	木	金	火	言	金	베풀, 진열할, 설립할
설	雪	陽	水	11	陽	木	金	火	雨	水	눈, 눈이 올, 더러움 씻을
설	卨	陽	火	11	陽	木	金	火	卜	火	사람이름
설	偰	陰	火	11	陽	木	金	火	人	火	맑을, 사람이름
설	楔	陰	木	13	陽	火	金	火	木	木	문설주, 쐐기, 떠받칠
설	渫	陰	水	13	陽	火	金	火	水	水	칠, 흩어질, 그칠
설	說	陰	金	14	陰	火	金	火	言	金	말씀, 도리, 이야기할, 말할
설	蔎	陰	木	15	陽	土	金	火	艸	木	향풀, 향내 날, 향기로운
설	褻	中	木	17	陽	金	金	火	衣	木	더러울, 더럽힐, 속옷
설	薛	中	木	17	陽	金	金	火	艸	木	맑은 대쑥, 향부자
설	齧	中	金	21	陽	木	金	火	齒	金	물을, 물어뜯을, 침식할
섬	剡	陰	金	10	陰	水	金	水	刀	金	땅이름
섬	閃	中	木	10	陰	水	金	水	門	木	번쩍할, 깜박일
섬	陝	陰	土	10	陰	水	金	水	阜	土	고을 이름
섬	暹	陽	火	16	陰	土	金	水	日	火	해 돋을, 햇살 퍼질
섬	蟾	陰	水	19	陽	水	金	水	虫	水	두꺼비, 달, 달빛
섬	贍	陰	金	20	陰	水	金	水	貝	金	넉넉할, 도울, 구휼할
섬	殲	陰	水	21	陽	木	金	水	歹	水	다 죽일, 멸할, 죽일
섬	纖	陰	木	23	陽	火	金	水	糸	木	가늘, 작은, 잘은
섭	涉	陰	水	10	陰	水	金	水	水	水	건널, 거닐, 이를
섭	葉	陽	木	13	陽	火	金	水	艸	木	성(姓), 가지, 후손, 잎

글자		글자		획수			음령오행		부수		글자의 의미
		음양	오행	획수	음양	오행	초성	종성	부수	오행	
섭	燮	中	火	17	陽	金	金	水	火	火	불꽃, 익힐, 삶을, 화할
섭	攝	陰	木	21	陽	木	金	水	手	木	당길, 끌어당길, 굳게 지킬
성	成	陽	金	7	陽	金	金	土	戈	金	이룰, 이루어질, 정하여질
성	姓	陰	土	8	陰	金	金	土	女	土	성, 겨레, 아들
성	性	陰	火	8	陰	金	金	土	心	火	성품, 성질, 생명, 목숨
성	省	陽	木	9	陽	水	金	土	目	木	살필, 분명할, 깨달을
성	胜	陰	水	9	陽	水	金	土	肉	水	비릴, 누릴, 날고기, 여윌
성	星	陽	火	9	陽	水	金	土	日	火	별, 28수를 의미
성	宬	陽	木	10	陰	水	金	土	宀	木	서고, 장서실
성	城	陰	土	10	陰	水	金	土	土	土	성, 도읍, 나라, 재, 구축할
성	娍	陰	土	10	陰	水	金	土	女	土	아름다울
성	珹	陰	金	11	陽	木	金	土	玉	金	옥이름, 구슬 이름
성	晟	陽	火	11	陽	木	金	土	日	火	밝을, 환할, 성할
성	盛	陽	金	12	陰	木	金	土	皿	金	담을, 채울, 성할, 주발
성	猩	陰	土	12	陰	木	金	土	犬	土	성성이, 무자비할
성	惺	陰	火	12	陰	木	金	土	心	火	영리할, 슬기로울, 깨달을
성	瑆	陰	金	13	陽	火	金	土	玉	金	옥빛, 빛날
성	筬	中	木	13	陽	火	金	土	竹	木	베틀, 대나무 이름
성	腥	陰	水	13	陽	火	金	土	肉	水	비릴, 군살
성	聖	中	火	13	陽	火	金	土	耳	火	성스러울, 성인, 뛰어난 사람
성	誠	陰	金	14	陰	火	金	土	言	金	정성, 참되게 할, 공경할
성	醒	陰	金	16	陰	土	金	土	酉	金	깰, 술 깰, 잠이 깰, 깨달을
성	聲	中	火	17	陽	金	金	土	耳	火	소리, 소리를 낼, 음향, 음성
세	世	陽	木	5	陽	土	金	-	一	木	대, 세상, 때, 인간
세	忕	陰	火	7	陽	金	金	-	心	火	사치할, 자세히 살필, 익힐
세	洗	陰	水	9	陽	水	金	-	水	水	씻을, 깨끗할, 결백할
세	洒	陰	水	9	陽	水	金	-	水	水	물을 뿌릴, 씻을, 설치할
세	細	陰	木	11	陽	木	金	-	糸	木	가늘, 미미할, 작을
세	笹	中	木	11	陽	木	金	-	竹	木	조릿대
세	貰	陽	金	12	陰	木	金	-	貝	金	세낼, 빌릴, 놓아줄, 용서할

글자		글자		획수			음령오행		부수		글자의 의미
		음양	오행	획수	음양	오행	초성	종성	부수	오행	
세	稅	陰	木	12	陰	木	金	-	禾	木	구실, 부세, 징수할
세	歲	陽	土	13	陽	火	金	-	止	土	해, 새해, 세월
세	勢	中	土	13	陽	火	金	-	力	土	기세, 권세, 무리
세	說	陰	金	14	陰	火	金	-	言	金	말씀, 달랠
소	小	陽	水	3	陽	火	金	-	小	水	작을, 적을, 짧을
소	少	陽	水	4	陰	火	金	-	小	水	적을, 약간, 조금, 얼마간
소	召	陽	水	5	陽	土	金	-	口	水	부를, 부름
소	所	陰	木	8	陰	金	金	-	戶	木	바, 지위, 자리, 위치
소	沼	陰	水	8	陰	金	金	-	水	水	늪
소	邵	陰	土	8	陰	金	金	-	邑	土	고을이름
소	玿	陰	金	9	陽	水	金	-	玉	金	아름다운 옥
소	柖	陰	木	9	陽	水	金	-	木	木	나무가 흔들리는, 과녁
소	炤	陰	火	9	陽	水	金	-	火	火	밝을, 비출, 반딧불
소	昭	陰	火	9	陽	水	金	-	日	火	밝을, 빛날, 밝게
소	宵	陽	木	10	陰	水	金	-	宀	木	밤, 야간, 작을, 닮을
소	素	陽	木	10	陰	水	金	-	糸	木	흴, 흰빛
소	笑	中	木	10	陰	水	金	-	竹	木	웃을, 꽃이 필
소	消	陰	水	10	陰	水	金	-	水	水	사라질, 약해질, 모자랄
소	掃	陰	木	11	陽	木	金	-	手	木	쓸, 비로 쓸, 제거할
소	梳	陰	木	11	陽	木	金	-	木	木	빗, 얼레빗, 빗을, 머리빗을
소	紹	陰	木	11	陽	木	金	-	糸	木	이을, 받을, 소개할, 도울
소	巢	中	水	11	陽	木	金	-	巛	水	집, 깃들일, 모일, 무리이룰
소	逍	陽	土	11	陽	木	金	-	辵	土	거닐, 노닐
소	訴	陰	金	12	陰	木	金	-	言	金	하소연할, 알릴, 헐뜯을
소	甦	陽	水	12	陰	木	金	-	生	木	긁어모을, 가득찰, 잠이깰
소	疏	陰	土	12	陰	木	金	-	疋	土	트일, 통할, 서투를
소	疎	陰	土	12	陰	木	金	-	疋	土	트일, 통할
소	搔	陰	木	13	陽	火	金	-	手	木	긁을, 마음이 움직일, 떠들
소	溯	陰	水	13	陽	火	金	-	水	水	거슬러 올라갈, 맞설, 거스를
소	塑	中	土	13	陽	火	金	-	土	土	토우

글자		글자		획수			음령오행		부수		글자의 의미
		음양	오행	획수	음양	오행	초성	종성	부수	오행	
소	愫	陰	火	13	陽	火	金	-	心	火	정성, 참된 마음, 진정
소	韶	陰	金	14	陰	火	金	-	音	金	풍류이름, 아름다울
소	遡	中	土	14	陰	火	金	-	辵	土	거슬러 올라갈, 거스를
소	銷	陰	金	15	陽	土	金	-	金	金	녹일, 녹을, 흩어질, 다할
소	蔬	中	木	15	陽	土	金	-	艸	木	푸나물, 푸성귀, 채소, 풀씨
소	瘙	陽	水	15	陽	土	金	-	疒	水	종기, 부스럼
소	嘯	陰	水	15	陽	土	金	-	口	水	휘파람 불, 읊조릴, 울부짖을
소	蕭	陽	木	16	陰	土	金	-	艸	木	맑은 대쑥, 쓸쓸할, 삼갈
소	燒	陰	火	16	陰	土	金	-	火	火	불사를, 불태울, 탈, 익힐
소	篠	陰	木	17	陽	金	金	-	竹	木	조릿대, 가는대
소	簫	中	木	18	陰	金	金	-	竹	木	퉁소
소	瀟	陰	水	19	陽	水	金	-	水	水	강이름, 물이 맑고 깊은
소	蘇	中	木	20	陰	水	金	-	艸	木	차조기, 들깨, 깨어날
소	騷	陰	火	20	陰	水	金	-	馬	火	떠들, 떠들썩할, 근심할
속	束	陽	木	7	陽	金	金	木	木	木	묶을, 결박할, 합칠
속	俗	陰	火	9	陽	水	金	木	人	火	풍속, 바랄, 이을
속	涑	陰	水	10	陰	水	金	木	水	水	세탁할, 행굴, 강이름
속	速	陽	土	11	陽	木	金	木	辵	土	빠를, 빨리 할, 빨리
속	粟	陰	木	12	陰	木	金	木	米	木	조, 벼, 찧지 않은 곡식
속	謖	陰	金	17	陽	金	金	木	言	金	일어날, 일어설
속	續	陰	木	21	陽	木	金	木	糸	木	이을, 이어질, 뒤를 이을
속	屬	中	水	21	陽	木	金	木	尸	水	엮을, 맺을, 이을
속	贖	陰	金	22	陰	木	金	木	貝	金	면죄 받을, 무역할, 바꿀
손	孫	陰	水	10	陰	水	金	火	子	水	손자, 자손, 후손, 새싹
손	飡	陰	水	11	陽	木	金	火	食	水	저녁밥, 지을, 먹을
손	巽	中	土	12	陰	木	金	火	己	土	손괘, 동남쪽, 유순할, 공손할
손	損	陰	木	13	陽	火	金	火	手	木	덜, 줄일, 감소할
손	蓀	中	木	14	陰	火	金	火	艸	木	난초, 창포, 향풀이름
손	遜	中	土	14	陰	火	金	火	辵	土	겸손할, 사양할, 순종할
솔	率	中	火	11	陽	木	金	火	玄	火	거느릴, 이끌, 지킬, 행할

글자		글자		획수			음령오행		부수		글자의 의미
		음양	오행	획수	음양	오행	초성	종성	부수	오행	
송	宋	陽	木	7	陽	金	金	土	宀	木	송나라
송	松	陰	木	8	陰	金	金	土	木	木	소나무
송	送	陽	土	10	陰	水	金	土	辵	土	보낼, 물러나게 할, 바칠
송	悚	陰	火	10	陰	水	金	土	心	火	두려워할, 당황할
송	訟	陰	金	11	陽	木	金	土	言	金	송사할, 재물을 다툴, 호소할
송	淞	陰	水	11	陽	木	金	土	水	水	강이름, 물
송	頌	陰	火	13	陽	火	金	土	頁	火	기릴, 칭송할
송	誦	陰	金	14	陰	火	金	土	言	金	욀, 암송할, 말할, 의논할
쇠	釗	陰	金	10	陰	水	金	-	金	金	사람이름, 드러날, 멀
쇠	衰	陽	木	10	陰	水	金	-	衣	木	쇠할, 약해질, 늙을, 작아질
쇄	刷	陰	金	8	陰	金	金	-	刀	金	쓸, 털, 닦을, 없애버릴, 씻을
쇄	殺	陰	金	11	陽	木	金	-	殳	金	빠를, 매우
쇄	碎	陰	金	13	陽	火	金	-	石	金	부술, 부서질, 깨뜨릴
쇄	鎖	陰	金	18	陰	金	金	-	金	金	쇠사슬, 자물쇠, 잠글
쇄	灑	陰	水	22	陰	木	金	-	水	水	뿌릴, 씻을, 청소할, 나눌
수	手	陽	木	4	陰	火	金	-	手	木	손, 사람, 힘
수	水	陽	水	4	陰	火	金	-	水	水	물, 홍수, 오행의 하나
수	囚	陽	水	5	陽	土	金	-	囗	水	가둘, 죄인, 포로, 인질
수	戍	陽	金	6	陰	土	金	-	戈	金	지킬, 병사(兵舍), 병영
수	收	陰	金	6	陰	土	金	-	攴	金	거둘, 정제할, 쉴, 그만둘
수	守	陽	木	6	陰	土	金	-	宀	木	지킬, 직무, 정조, 지조
수	秀	陽	木	7	陽	金	金	-	禾	木	빼어날, 높이 솟아날, 꽃필
수	受	陽	水	8	陰	金	金	-	又	水	받을, 얻을, 이익을 누릴
수	峀	陽	土	8	陰	金	金	-	山	土	산굴
수	垂	陽	土	8	陰	金	金	-	土	土	드리울, 베풀, 가, 끝
수	岫	陰	土	8	陰	金	金	-	山	土	산굴, 암혈, 산봉우리
수	帥	陰	木	9	陽	水	金	-	巾	木	장수, 거느릴, 인솔자
수	首	陽	水	9	陽	水	金	-	首	水	머리, 시초, 먼저, 앞
수	洙	陰	水	9	陽	水	金	-	水	水	강이름
수	狩	陰	土	9	陽	水	金	-	犬	土	사냥, 사냥할, 군사 조련하는

글자		글자		획수			음령오행		부수		글자의 의미
		음양	오행	획수	음양	오행	초성	종성	부수	오행	
수	茱	陽	木	10	陰	水	金	-	艸	木	수유, 수유나무
수	袖	陰	木	10	陰	水	金	-	衣	木	소매, 소매에 넣을
수	殊	陰	水	10	陰	水	金	-	歹	水	죽일, 사형할, 단절될, 뛰어날
수	修	陰	火	10	陰	水	金	-	人	火	닦을, 다스릴, 고칠
수	琇	陰	金	11	陽	木	金	-	玉	金	옥돌의 이름, 아름다운
수	授	陰	木	11	陽	木	金	-	手	木	줄, 내려질, 받을
수	脩	陰	水	11	陽	木	金	-	肉	水	포, 마를, 닦을
수	羞	陽	土	11	陽	木	金	-	羊	土	바칠, 드릴, 음식물
수	隋	陰	土	12	陰	木	金	-	阜	土	수나라
수	須	陰	火	12	陰	木	金	-	頁	火	모름지기, 마땅히, 수염
수	酬	陰	金	13	陽	火	金	-	酉	金	갚을, 보낼, 배상할, 보답
수	豎	中	金	13	陽	火	金	-	立	金	더벅머리, 내시, 천할, 세울
수	睡	陰	木	13	陽	火	金	-	目	木	잘, 잠, 졸, 꽃 오므라드는
수	搜	陰	木	13	陽	火	金	-	手	木	찾을, 가릴, 고를
수	睟	陰	木	13	陽	火	金	-	目	木	바로 볼, 눈이 맑고 밝을
수	綏	陰	木	13	陽	火	金	-	糸	木	편안할, 안심할
수	遂	陽	土	13	陽	火	金	-	辵	土	이를, 성취할, 끝낼, 통달할
수	嫂	陰	土	13	陽	火	金	-	女	土	형수
수	愁	中	火	13	陽	火	金	-	心	火	근심, 시름, 근심스러운
수	銖	陰	金	14	陰	火	金	-	金	金	무게의 단위, 무딜, 둔할
수	蒐	陽	木	14	陰	火	金	-	艸	木	꼭두서니, 모수풀, 모을
수	粹	陰	木	14	陰	火	金	-	米	木	순수할, 불순물 없는
수	綬	陰	木	14	陰	火	金	-	糸	木	인끈, 실을 땋은 끈
수	蓚	中	木	14	陰	火	金	-	艸	木	식물독집, 수산, 기쁠
수	需	陽	水	14	陰	火	金	-	雨	水	구할, 바랄, 기다릴, 모름지기
수	漱	陰	水	14	陰	火	金	-	水	水	양치질할, 씻을
수	嗽	陰	水	14	陰	火	金	-	口	水	기침할, 양치질할, 마실
수	壽	陽	土	14	陰	火	金	-	士	木	목숨, 수명, 장수할
수	誰	陰	金	15	陽	土	金	-	言	金	누구, 어떤 사람, 물을
수	數	陰	金	15	陽	土	金	-	攴	金	셀, 계산할, 세어서 말할

글자		글자		획수			음령오행		부수		글자의 의미
		음양	오행	획수	음양	오행	초성	종성	부수	오행	
수	銹	陰	金	15	陽	土	金	-	金	金	녹슬, 녹
수	瘦	陽	水	15	陽	土	金	-	疒	水	파리할, 마를, 여윌
수	樹	陰	木	16	陰	土	金	-	木	木	나무, 초목, 담, 담장
수	濉	陰	水	16	陰	土	金	-	水	水	강이름, 땅이름, 부릅떠 볼
수	隨	陰	土	16	陰	土	金	-	阜	土	따를, 근거할, 좇을, 허락할
수	隧	陰	土	16	陰	土	金	-	阜	土	길, 도로, 굴, 터널, 혈관
수	輸	陰	火	16	陰	土	金	-	車	火	나를, 옮길, 통보할, 보낼
수	璲	陰	金	17	陽	金	金	-	玉	金	패옥, 허리띠로 차는 옥
수	穗	陰	木	17	陽	金	金	-	禾	木	이삭, 벼이삭
수	燧	陰	火	17	陽	金	金	-	火	火	부싯돌, 횃불, 봉화
수	雖	陰	火	17	陽	金	金	-	隹	火	비록, 그러나, ~라 하더라도
수	繡	陰	木	18	陰	金	金	-	糸	木	수, 수놓을, 성(姓)
수	邃	陽	土	18	陰	金	金	-	辵	土	깊을, 깊숙할, 심오할
수	藪	中	木	19	陽	水	金	-	艸	木	큰늪, 숲, 똬리, 덤불
수	獸	陰	土	19	陽	水	金	-	犬	土	짐승, 포, 말린 고기
수	鬚	陰	火	22	陰	木	金	-	髟	火	수염, 식물의 털
수	髓	陰	金	23	陽	火	金	-	骨	金	골수, 골
수	讐	中	金	23	陽	火	金	-	言	金	원수, 대답할, 갚을, 당할
숙	夙	陽	木	6	陰	土	金	木	夕	水	일찍, 삼갈, 조신할
숙	叔	陰	水	8	陰	金	金	木	又	水	아재비, 주울, 젊을
숙	宿	中	木	11	陽	木	金	木	宀	木	묵을, 숙박할, 머무를, 잘
숙	淑	陰	水	11	陽	木	金	木	水	水	맑을, 착할, 정숙할, 사모할
숙	孰	陰	水	11	陽	木	金	木	子	水	누구, 어느, 무엇, 익을
숙	琡	陰	金	12	陰	木	金	木	玉	金	옥이름, 큰 홀
숙	菽	中	木	12	陰	木	金	木	艸	木	콩, 대두, 콩잎
숙	肅	陽	火	13	陽	火	金	木	聿	火	엄숙할, 공경할, 정숙할
숙	塾	中	土	14	陰	火	金	木	土	土	글방, 방, 과녁
숙	潚	陰	水	15	陽	土	金	木	水	水	빠를, 성
숙	熟	中	火	15	陽	土	金	木	火	火	익을, 이룰, 익숙할
숙	橚	陰	木	16	陰	土	金	木	木	木	나무 줄지어 설, 우거질

글자		글자		획수			음령오행		부수		글자의 의미
		음양	오행	획수	음양	오행	초성	종성	부수	오행	
숙	璹	陰	金	18	陰	金	金	木	玉	金	옥그릇, 옥이름
순	旬	陽	火	6	陰	土	金	火	日	火	열흘, 열 번, 십년
순	巡	陽	水	7	陽	金	金	火	巛	水	돌, 어루만질
순	盾	陽	木	9	陽	水	金	火	目	木	방패, 피할, 숨을
순	洵	陰	水	9	陽	水	金	火	水	水	참으로, 진실로, 눈물 흘릴
순	徇	陰	火	9	陽	水	金	火	彳	火	주창할, 호령할, 자랑할
순	恂	陰	火	9	陽	水	金	火	心	火	정성, 미쁠, 진실한
순	珣	陰	金	10	陰	水	金	火	玉	金	옥이름, 옥그릇
순	荀	陽	木	10	陰	水	金	火	艸	木	풀이름
순	純	陰	木	10	陰	水	金	火	糸	木	생사, 실, 순수할, 섞임 없는
순	栒	陰	木	10	陰	水	金	火	木	木	가름대나무, 나무이름
순	殉	陰	水	10	陰	水	金	火	歹	水	따라죽을, 목숨 바칠, 구할
순	脣	陽	水	11	陽	木	金	火	肉	水	입술, 언저리, 꼭 맞을
순	淳	陰	水	11	陽	木	金	火	水	水	순박할, 인정이 도타울
순	筍	中	木	12	陰	木	金	火	竹	木	죽순
순	舜	中	木	12	陰	木	金	火	舛	木	순임금, 무궁화, 뛰어날
순	順	陰	火	12	陰	木	金	火	頁	火	순할, 좇을, 도리를 따를
순	循	陰	火	12	陰	木	金	火	彳	火	좇을, 빙빙 돌, 순환할
순	詢	陰	金	13	陽	火	金	火	言	金	물을, 자문할, 꾀할
순	楯	陰	木	13	陽	火	金	火	木	木	난간, 방패, 잡아 뽑을
순	馴	陰	火	13	陽	火	金	火	馬	火	길들, 길들일, 순종할
순	醇	陰	金	15	陽	土	金	火	酉	金	진한 술, 변하지 아니할
순	諄	陰	金	15	陽	土	金	火	言	金	타이를, 알뜰할, 도울
순	蓴	陽	木	15	陽	土	金	火	艸	木	순나물, 순채, 부들꽃
순	錞	陰	金	16	陰	土	金	火	金	金	사발종, 순우, 낮을
순	橓	陰	木	16	陰	土	金	火	木	木	무궁화나무
순	蕣	中	木	16	陰	土	金	火	艸	木	무궁화
순	瞬	陰	木	17	陽	金	金	火	目	木	눈깜짝일, 잠깐사이
술	戌	陽	金	6	陰	土	金	火	戈	金	개, 11번째 지지, 마름질할
술	述	陽	土	9	陽	水	金	火	辵	土	지을, 설명할, 말할, 해석할

글자		글자		획수			음령오행		부수		글자의 의미
		음양	오행	획수	음양	오행	초성	종성	부수	오행	
술	術	陰	火	11	陽	木	金	火	行	火	꾀, 계략, 통로, 수단, 재주
술	鉥	陰	金	13	陽	火	金	火	金	金	돗바늘, 이끌, 인도할
숭	崇	陽	土	11	陽	木	金	土	山	土	높을, 존중할, 높게 할
숭	崧	中	土	11	陽	木	金	土	山	土	우뚝 솟을, 산이름
숭	嵩	陽	土	13	陽	火	金	土	山	土	높을, 우뚝 솟을
슬	瑟	中	金	13	陽	火	金	火	玉	金	큰 거문고, 엄숙할
슬	膝	陰	水	15	陽	土	金	火	肉	水	무릎
슬	蝨	中	水	15	陽	土	金	火	虫	水	이, 참깨, 검은 깨, 폐허
슬	璱	陰	金	17	陽	金	金	火	玉	金	푸른 구슬
습	拾	陰	木	9	陽	水	金	水	手	木	주울, 팔찌, 칼집
습	習	中	火	11	陽	木	金	水	羽	火	익힐, 연습할, 배울, 숙달할
습	褶	陰	木	16	陰	土	金	水	衣	木	주름, 사마치, 겹옷
습	濕	陰	水	17	陽	金	金	水	水	水	축축할, 습기, 빗물길, 젖을
습	襲	中	木	22	陰	木	金	水	衣	木	엄습할, 쳐들어갈, 계승할
승	升	陽	水	4	陰	火	金	土	十	水	되, 피륙 단위, 64괘 하나
승	永	陽	水	5	陽	土	金	土	水	水	받들, 이을, 계승할
승	丞	陽	木	6	陰	土	金	土	一	木	도울, 이을, 잠길
승	承	陰	木	8	陰	金	金	土	手	木	받들, 공경할, 이을, 계승할
승	昇	陽	火	8	陰	金	金	土	日	火	오를, 해 떠오를, 지위 오를
승	乘	陽	金	10	陰	水	金	土	ノ	金	탈, 오를, 업신여길
승	陞	陰	土	10	陰	水	金	土	阜	土	오를, 나아갈, 벼슬 오를
승	勝	陰	土	12	陰	木	金	土	力	土	이길, 뛰어날
승	塍	陰	土	13	陽	火	金	土	土	土	밭두둑
승	僧	陰	火	14	陰	火	金	土	人	火	중, 스님
승	繩	陰	木	19	陽	水	金	土	糸	木	줄, 새끼, 먹줄
승	蠅	陰	水	19	陽	水	金	土	虫	水	파리, 파리잡는 거미
시	尸	陽	水	3	陽	火	金	-	尸	水	주검, 시체, 효시할
시	矢	陽	金	5	陽	土	金	-	矢	金	화살, 맹세할, 벌여 놓을
시	市	陽	木	5	陽	土	金	-	巾	木	저자, 시장, 장사, 거래
시	示	陽	木	5	陽	土	金	-	示	木	보일, 가르칠, 알릴

글자		글자		획수			음령오행		부수		글자의 의미
		음양	오행	획수	음양	오행	초성	종성	부수	오행	
시	豕	陽	水	7	陽	金	金	-	豕	水	돼지
시	始	陰	土	8	陰	金	金	-	女	土	처음, 근원, 비롯할, 시작할
시	侍	陰	火	8	陰	金	金	-	人	火	모실, 기를
시	柿	陰	木	9	陽	水	金	-	木	木	감나무
시	柴	中	木	9	陽	水	金	-	木	木	섶, 왜소한 잡목, 거칠
시	屎	陽	水	9	陽	水	金	-	尸	水	똥, 앓을
시	屍	陽	水	9	陽	水	金	-	尸	水	주검
시	施	陰	土	9	陽	水	金	-	方	土	베풀, 퍼질, 행할
시	是	陽	火	9	陽	水	金	-	日	火	옳을, 바를, 바로잡을
시	恃	陰	火	9	陽	水	金	-	心	火	믿을
시	豺	陰	水	10	陰	水	金	-	豸	水	승냥이
시	翅	中	水	10	陰	水	金	-	羽	火	날개, 다만 ~만이 아니라
시	時	陰	火	10	陰	水	金	-	日	火	때, 때맞출, 때 어기지 않을
시	匙	中	金	11	陽	木	金	-	匕	金	숟가락, 열쇠
시	猜	陰	土	11	陽	木	金	-	犬	土	샘할, 원망할, 의심할
시	偲	陰	火	11	陽	木	金	-	人	火	굳셀, 똑똑할
시	弑	陰	金	12	陰	木	金	-	弋	金	죽일
시	媤	陰	土	12	陰	木	金	-	女	土	시집, 남편의 집
시	視	陰	火	12	陰	木	金	-	見	火	볼, 자세히 살필, 주관할
시	試	陰	金	13	陽	火	金	-	言	金	시험할, 맛볼, 조사할, 찾을
시	詩	陰	金	13	陽	火	金	-	言	金	시, 글, 악보, 시경
시	蓍	陽	木	14	陰	火	金	-	艸	木	시초, 비수리, 서죽, 점대
시	蒔	中	木	14	陰	火	金	-	艸	木	모종낼, 심을, 옮겨 심을
시	嘶	陰	水	15	陽	土	金	-	口	水	울, 흐느낄, 목이 쉴
시	謚	陰	金	16	陰	土	金	-	言	金	시호, 시호를 내릴
식	式	陽	金	6	陰	土	金	木	弋	金	법, 법규, 규정, 본받을
식	拭	陰	木	9	陽	水	金	木	手	木	닦을, 닦아 깨끗하게 할
식	食	陽	水	9	陽	水	金	木	食	水	밥, 먹을거리, 먹을, 깨물
식	栻	陰	木	10	陰	水	金	木	木	木	점치는 기구, 나무이름
식	息	陽	火	10	陰	水	金	木	心	火	숨 쉴, 쉴, 숨, 호흡

글자		글자		획수			음령오행		부수		글자의 의미
		음양	오행	획수	음양	오행	초성	종성	부수	오행	
식	埴	陰	土	11	陽	木	金	木	土	土	찰흙, 진흙, 점토
식	寔	陽	木	12	陰	木	金	木	宀	木	이, 참으로, 진실로
식	植	陰	木	12	陰	木	金	木	木	木	심을, 뿌리를 땅에 묻을
식	殖	陰	水	12	陰	木	金	木	歹	水	번성할, 자랄, 생장할, 날
식	湜	陰	水	12	陰	木	金	木	水	水	물이 맑을, 엄정할
식	軾	陰	火	13	陽	火	金	木	車	火	수레난간
식	飾	陰	水	14	陰	火	金	木	食	水	꾸밀, 치장할, 청소할, 수선할
식	熄	陰	火	14	陰	火	金	木	火	火	꺼질, 그칠, 망할, 없어질
식	篒	中	木	15	陽	土	金	木	竹	木	대밥통
식	蝕	陰	水	15	陽	土	金	木	虫	水	좀먹을, 일식, 월식, 썩은상처
식	識	陰	金	19	陽	水	金	木	言	金	알, 판별할, 인정할, 명확히할
신	申	陽	木	5	陽	土	金	火	田	木	9번째 지지, 납, 거듭할
신	臣	陽	火	6	陰	土	金	火	臣	火	신하, 신하되어 섬길, 신하 할
신	辛	陽	金	7	陽	金	金	火	辛	金	매울, 고생할, 매운맛, 살상할
신	辰	陽	土	7	陽	金	金	火	辰	土	날
신	迅	陽	土	7	陽	金	金	火	辵	土	빠를, 신속할
신	身	陽	火	7	陽	金	金	火	身	火	몸, 신체, 신분, 나, 자신
신	伸	陰	火	7	陽	金	金	火	人	火	펼, 말할, 기지개 켤
신	呻	陰	水	8	陰	金	金	火	口	水	끙끙거릴, 웅얼거릴, 읊조릴
신	侁	陰	火	8	陰	金	金	火	人	火	걷는 모양
신	信	陰	火	9	陽	水	金	火	人	火	믿을, 분명히 할, 진실
신	訊	陰	金	10	陰	水	金	火	言	金	물을, 고문할, 방문할, 힐문할
신	宸	陽	木	10	陰	水	金	火	宀	木	집, 처마, 대궐, 하늘
신	神	陰	木	10	陰	水	金	火	示	木	귀신, 정신, 혼
신	娠	陰	土	10	陰	水	金	火	女	土	잉태할, 애를 밸, 심부름꾼
신	莘	陽	木	11	陽	木	金	火	艸	木	세신, 많을, 나라이름
신	紳	陰	木	11	陽	木	金	火	糸	木	큰 띠, 묶을 다발을 지을
신	晨	陽	火	11	陽	木	金	火	日	火	새벽, 아침, 닭이 울
신	腎	中	水	12	陰	木	金	火	肉	水	콩팥, 신장, 단단할
신	新	陰	金	13	陽	火	金	火	斤	金	새, 새로운, 처음, 새롭게

글자		글자		획수			음령오행		부수		글자의 의미
		음양	오행	획수	음양	오행	초성	종성	부수	오행	
신	蜃	陽	水	13	陽	火	金	火	虫	水	무명조개, 이무기, 제사그릇
신	慎	陰	火	13	陽	火	金	火	心	火	삼갈, 진실로, 이룰
신	薪	中	木	17	陽	金	金	火	艸	木	섶나무, 땔나무, 잡초
신	璶	陰	金	18	陰	金	金	火	玉	金	옥돌
신	藎	陽	木	18	陰	金	金	火	艸	木	염황초, 나갈, 조개풀
신	燼	陰	火	18	陰	金	金	火	火	火	깜부기불, 타다 남은 것
실	失	陽	木	5	陽	土	金	火	大	木	잃을, 지나칠, 잘못할
실	室	陽	木	9	陽	水	金	火	宀	木	집, 건물, 거처, 방
실	悉	陽	火	11	陽	木	金	火	心	火	다, 모두, 남김없이, 다할
실	實	陽	木	14	陰	火	金	火	宀	木	열매, 가득 찰, 곡식이 익을
심	心	陽	火	4	陰	火	金	水	心	火	마음, 심장, 가슴
심	沁	陰	水	7	陽	金	金	水	水	水	스며들, 배어들, 물 적실
심	沈	陰	水	7	陽	金	金	水	水	水	가라앉을, 빠질, 잠길, 즙낼
심	芯	陽	木	8	陰	金	金	水	艸	木	등심초
심	甚	陽	土	9	陽	水	金	水	甘	土	심할, 성할, 두터울, 중후할
심	深	陰	水	11	陽	木	金	水	水	水	깊을, 깊게 할, 매우
심	尋	中	土	12	陰	木	金	水	寸	土	찾을, 생각할, 평소, 보통
심	審	陽	木	15	陽	土	金	水	宀	木	살필, 자세할
심	諶	陰	金	16	陰	土	金	水	言	金	참, 진실, 진실로, 참으로
심	瀋	陰	水	18	陰	金	金	水	水	水	즙, 강이름, 땅이름
십	十	陽	水	2	陰	木	金	水	十	水	열, 열 배, 열 번
십	什	陰	火	4	陰	火	金	水	人	火	열사람, 열, 시가
십	拾	陰	木	9	陽	水	金	水	手	木	열
쌍	雙	中	火	18	陰	金	金	土	隹	火	쌍, 짝이 될
씨	氏	陽	火	4	陰	火	金	-	氏	火	각시, 성씨
아	牙	陽	金	4	陰	火	土	-	牙	金	어금니, 송곳니, 무기, 병기
아	我	陽	金	7	陽	金	土	-	戈	金	나, 우리, 외고집
아	亞	陽	木	8	陰	金	土	-	二	木	버금, 흉할
아	芽	陽	木	8	陰	金	土	-	艸	木	싹, 싹이 틀, 조짐이 보일
아	兒	陽	木	8	陰	金	土	-	儿	木	아이, 남을 얕잡아 이르는 말

글자		글자		획수			음령오행		부수		글자의 의미
		음양	오행	획수	음양	오행	초성	종성	부수	오행	
아	妸	陰	土	8	陰	金	土	-	女	土	여자의 자
아	阿	陰	土	8	陰	金	土	-	阜	土	언덕, 산비탈, 구석
아	俄	陰	火	9	陽	水	土	-	人	火	갑자기, 기울
아	哦	陰	水	10	陰	水	土	-	口	水	읊을, 놀라 지르는 소리
아	峩	陽	土	10	陰	水	土	-	山	土	높을, 위엄 있을, 높은 재
아	娥	陰	土	10	陰	水	土	-	女	土	예쁠, 미녀
아	峨	陰	土	10	陰	水	土	-	山	土	높을, 위엄 있을, 높은 재
아	訝	陰	金	11	陽	木	土	-	言	金	맞을, 위로할, 놀랄, 의심할
아	莪	陽	木	11	陽	木	土	-	艸	木	다복쑥, 약초이름, 지칭개
아	啞	陰	水	11	陽	木	土	-	口	水	벙어리, 까마귀 소리
아	婀	陰	土	11	陽	木	土	-	女	土	아리따울
아	婭	中	土	11	陽	木	土	-	女	土	아리따울, 머뭇거릴
아	雅	陰	火	12	陰	木	土	-	隹	火	큰부리까마귀, 바를, 우아할
아	蛾	陰	水	13	陽	火	土	-	虫	水	나방, 눈썹, 초승달
아	衙	陰	火	13	陽	火	土	-	行	火	마을, 관청, 예궐할
아	鴉	陰	火	15	陽	土	土	-	鳥	火	갈까마귀, 검을
아	餓	陰	水	16	陰	土	土	-	食	水	굶을, 굶길, 기아, 굶주릴
아	鵝	陰	火	18	陰	金	土	-	鳥	火	거위
악	岳	陽	土	8	陰	金	土	木	山	土	큰 산
악	堊	陽	土	11	陽	木	土	木	土	土	석회, 백토, 회칠할, 거칠
악	握	陰	木	12	陰	木	土	木	手	木	쥘, 주먹, 손아귀
악	幄	陰	木	12	陰	木	土	木	巾	木	휘장, 천막
악	渥	陰	水	12	陰	木	土	木	水	水	두터울, 살뜰할, 은혜 입을
악	鄂	陰	土	12	陰	木	土	木	邑	土	땅이름, 경계, 반침대
악	惡	陽	火	12	陰	木	土	木	心	火	악할, 추할, 모질, 불길할
악	愕	陰	火	12	陰	木	土	木	心	火	놀랄, 직언할, 갑자기
악	樂	中	木	15	陽	土	土	木	木	木	풍류, 음악, 연주할, 악기
악	鍔	陰	金	17	陽	金	土	木	金	金	칼날, 칼끝, 칼등
악	嶽	中	土	17	陽	金	土	木	山	土	큰 산, 대신
악	顎	陰	火	18	陰	金	土	木	頁	火	얼굴 높을, 턱, 근엄할

글자		글자		획수			음령오행		부수		글자의 의미
		음양	오행	획수	음양	오행	초성	종성	부수	오행	
악	鰐	陰	水	20	陰	水	土	木	魚	水	악어
악	齷	陰	金	24	陰	火	土	木	齒	金	악착스러울
안	安	陽	木	6	陰	土	土	火	宀	木	편안할, 즐길, 좋아할
안	岸	陽	土	8	陰	金	土	火	山	土	언덕, 기슭, 뛰어날
안	按	陰	木	9	陽	水	土	火	手	木	누를, 어루만질, 당길
안	案	陽	木	10	陰	水	土	火	木	木	책상, 소반, 밥상
안	晏	陽	火	10	陰	水	土	火	日	火	늦을, 시간이 늦을, 편안할
안	眼	陰	木	11	陽	木	土	火	目	木	눈, 눈매, 눈구멍, 볼
안	雁	中	火	12	陰	木	土	火	隹	火	기러기, 거위, 가짜, 모조품
안	鞍	陰	金	15	陽	土	土	火	革	金	안장
안	鮟	陰	水	17	陽	金	土	火	魚	水	아귀, 메기
안	顔	陰	火	18	陰	金	土	火	頁	火	얼굴, 안면, 표정, 체면, 염치
알	軋	陰	火	8	陰	金	土	火	車	火	삐걱거릴, 형벌이름
알	斡	陰	火	14	陰	火	土	火	斗	火	관리할, 빙빙돌, 돌릴, 성(姓)
알	謁	陰	金	16	陰	土	土	火	言	金	아뢸, 여쭐, 뵈올, 참배할
알	閼	中	木	16	陰	土	土	火	門	木	가로막을, 그칠, 멈추게 할
암	岩	陽	土	8	陰	金	土	水	山	土	바위, 험할, 높을
암	庵	陽	木	11	陽	木	土	水	广	木	암자, 초막
암	唵	陰	水	11	陽	木	土	水	口	水	머금을
암	菴	陽	木	12	陰	木	土	水	艸	木	암자, 쑥, 초막, 절
암	暗	陰	火	13	陽	火	土	水	日	火	어두울, 밤, 어둠, 몰래
암	闇	中	木	17	陽	金	土	水	門	木	닫힌 문, 어두울, 어렴풋할
암	癌	中	水	17	陽	金	土	水	疒	水	암
암	巖	中	土	23	陽	火	土	水	山	土	바위, 낭떠러지, 험할, 가파를
압	押	陰	木	8	陰	金	土	水	手	木	누를, 수결, 서명할, 감독할
압	狎	陰	土	8	陰	金	土	水	犬	土	익숙할, 가벼이 볼, 업신여길
압	鴨	陰	火	16	陰	土	土	水	鳥	火	오리, 여종
압	壓	中	土	17	陽	金	土	水	土	土	누를, 억압할, 막을, 무너뜨릴
앙	央	陽	木	5	陽	土	土	土	大	木	가운데, 다할, 오랠, 끝장날
앙	仰	陰	火	6	陰	土	土	土	人	火	우러를, 믿을, 따를

글자		글자		획수			음령오행		부수		글자의 의미
		음양	오행	획수	음양	오행	초성	종성	부수	오행	
앙	怏	陰	火	8	陰	金	土	土	心	火	원망할, 불만스러운
앙	殃	陰	水	9	陽	水	土	土	歹	水	재앙, 재앙을 내릴, 해칠
앙	昂	中	火	9	陽	水	土	土	日	火	오를, 밝을, 높을
앙	秧	陰	木	10	陰	水	土	土	禾	木	모, 심을, 재배할, 치어
앙	鴦	陽	火	16	陰	土	土	土	鳥	火	원앙새
애	艾	陽	木	6	陰	土	土	-	艸	木	쑥, 뜸쑥, 쑥빛, 창백한
애	厓	陽	水	8	陰	金	土	-	厂	水	언덕, 낭떠러지, 한계
애	哀	陽	水	9	陽	水	土	-	口	水	슬플, 슬퍼할, 불쌍히 여길
애	埃	陰	土	10	陰	水	土	-	土	土	티끌, 먼지, 세속, 세상일
애	涯	陰	水	11	陽	木	土	-	水	水	물가, 끝, 근처
애	崖	陽	土	11	陽	木	土	-	山	土	벼랑, 기슭, 낭떠러지, 모날
애	碍	陰	金	13	陽	火	土	-	石	金	거리낄, 가로막을, 방해할
애	隘	陰	土	13	陽	火	土	-	阜	土	좁을, 땅 좁을, 기량이 좁을
애	愛	陽	火	13	陽	火	土	-	心	火	사랑, 사랑할, 친밀한
애	曖	陰	火	17	陽	金	土	-	日	火	가릴, 가리워질, 흐릴
애	靄	中	水	24	陰	火	土	-	雨	水	아지랑이
액	厄	陽	水	4	陰	火	土	木	厂	水	재앙, 불행, 멍에, 운수 나쁜
액	扼	陰	木	7	陽	金	土	木	手	木	누를, 잡을, 멍에, 가질
액	掖	陰	木	11	陽	木	土	木	手	木	겨드랑, 낄, 부축할
액	液	陰	水	11	陽	木	土	木	水	水	진, 진액, 유동체, 성(姓)
액	腋	陰	水	12	陰	木	土	木	肉	水	겨드랑이
액	縊	陰	木	16	陰	土	土	木	糸	木	목맬, 목졸라죽일
액	額	陰	火	18	陰	金	土	木	頁	火	이마, 편액, 현판, 일정 액수
앵	罌	中	土	20	陰	水	土	土	缶	土	양병
앵	櫻	陰	木	21	陽	木	土	土	木	木	앵두나무
앵	鶯	中	火	21	陽	木	土	土	鳥	火	꾀꼬리, 새의 깃이 아름다운
앵	鸚	陰	火	28	陰	金	土	土	鳥	火	앵무새, 앵무조개
야	也	陽	水	3	陽	火	土	-	乙	木	이끼, 어조사, 또한, 또
야	冶	陰	水	7	陽	金	土	-	冫	水	불릴, 장식할, 꾸밀
야	夜	中	水	8	陰	金	土	-	夕	水	밤, 성(姓)

글자		글자		획수			음령오행		부수		글자의 의미
		음양	오행	획수	음양	오행	초성	종성	부수	오행	
야	若	陽	木	9	陽	水	土	-	艸	木	반야, 절, 만일, 이에
야	耶	陰	火	9	陽	水	土	-	耳	火	어조사, 의문조사
야	野	陰	土	11	陽	木	土	-	里	土	들, 들판, 백성, 촌스러울
야	埜	中	土	11	陽	木	土	-	土	土	들, 외곽지대, 거칠, 비천할
야	倻	陰	火	11	陽	木	土	-	人	火	땅이름, 나라이름
야	揶	陰	木	12	陰	木	土	-	手	木	희롱할
야	椰	陰	木	13	陽	火	土	-	木	木	야자나무, 야자열매
야	爺	中	木	13	陽	火	土	-	父	木	아비, 아버지, 남자 존경어
야	惹	陽	火	13	陽	火	土	-	心	火	이끌, 끌어당길, 엉겨 붙을
약	若	陽	木	9	陽	水	土	木	艸	木	같을, 순할, 만약, 만일
약	約	陰	木	9	陽	水	土	木	糸	木	묶을, 합칠, 맺을, 약속할
약	弱	陰	金	10	陰	水	土	木	弓	火	약할, 약해질, 약한 사람
약	葯	中	木	13	陽	火	土	木	艸	木	구리때 잎
약	蒻	中	木	14	陰	火	土	木	艸	木	부들밑둥, 부들 싹, 구약풀
약	藥	中	木	19	陽	水	土	木	艸	木	약, 고칠, 치료할
약	躍	陰	土	21	陽	木	土	木	足	土	뛸, 도약할, 흥분할, 물가 뛸
양	羊	陽	土	6	陰	土	土	土	羊	土	양, 상서로울, 배회할
양	佯	陰	火	8	陰	金	土	土	人	火	거짓, ~한 체할
양	洋	陰	水	9	陽	水	土	土	水	水	바다, 대양, 큰 물결, 넘칠
양	昜	陽	火	9	陽	水	土	土	日	火	볕, 양지, 밝을
양	恙	陽	火	10	陰	水	土	土	心	火	근심할, 걱정할, 병, 독충
양	痒	陽	水	11	陽	木	土	土	疒	水	앓을, 걱정할, 종기, 상처
양	揚	陰	木	12	陰	木	土	土	手	木	오를, 날, 드날릴, 하늘을 날
양	陽	陰	土	12	陰	木	土	土	阜	土	볕, 양지, 양기, 밝을
양	敭	陰	金	13	陽	火	土	土	攴	金	오를, 날, 바람에 흩날릴
양	楊	陰	木	13	陽	火	土	土	木	木	버들, 버드나무
양	暘	陰	火	13	陽	火	土	土	日	火	해돋이, 해뜰, 말릴, 밝을
양	煬	陰	火	13	陽	火	土	土	火	火	쬘, 말릴, 불을 땔, 쇠 녹일
양	瘍	陽	水	14	陰	火	土	土	疒	水	종기, 상처, 헐
양	漾	陰	水	14	陰	火	土	土	水	水	출렁거릴, 뜰, 물이 흔들릴

글자		글자		획수			음령오행		부수		글자의 의미
		음양	오행	획수	음양	오행	초성	종성	부수	오행	
양	樣	陰	木	15	陽	土	土	土	木	木	모양, 형상, 본보기, 모범
양	養	陽	水	15	陽	土	土	土	食	水	기를, 사육할, 성장시킬
양	襄	中	木	17	陽	金	土	土	衣	木	도울, 조력할, 오를, 우러를
양	瀁	陰	水	18	陰	金	土	土	水	水	내이름, 물이 넘치는
양	攘	陰	木	20	陰	水	土	土	手	木	물리칠, 물러날, 제거할
양	壤	陰	土	20	陰	水	土	土	土	土	흙, 땅, 경작지, 부드러운 흙
양	孃	陰	土	20	陰	水	土	土	女	土	여자애, 아가씨, 어머니
양	禳	陰	木	22	陰	木	土	土	示	木	제사이름, 푸닥거리할
양	穰	陰	木	22	陰	木	土	土	禾	木	볏짚, 수숫대, 풍년, 풍족할
양	讓	陰	金	24	陰	火	土	土	言	金	사양할, 양보할, 겸손할
양	釀	陰	金	24	陰	火	土	土	酉	金	빚을, 술 빚을, 술, 뒤섞을
어	於	陰	土	8	陰	金	土	-	方	土	어조사, ~에, ~보다, ~에게
어	圄	陽	水	10	陰	水	土	-	囗	水	옥, 감옥, 가둘, 지킬
어	魚	陽	水	11	陽	木	土	-	魚	水	고기, 물고기
어	唹	陰	水	11	陽	木	土	-	口	水	고요히 웃을
어	御	陰	火	11	陽	木	土	-	彳	火	모실, 짐승 길들일, 다스릴
어	馭	陰	火	12	陰	木	土	-	馬	火	말을 부릴, 마부
어	瘀	中	水	13	陽	火	土	-	疒	水	병, 어혈
어	語	陰	金	14	陰	火	土	-	言	金	말씀, 말, 어구, 문구, 속담
어	漁	陰	水	14	陰	火	土	-	水	水	고기잡을, 침략할, 이익 낚을
어	禦	中	木	16	陰	土	土	-	示	木	막을, 감당할, 맞설, 대비할
어	齬	陰	金	22	陰	木	土	-	齒	金	어긋날
억	抑	陰	木	7	陽	金	土	木	手	木	누를, 물러날, 굽힐
억	億	陰	火	15	陽	土	土	木	人	火	억, 편안할, 헤아릴
억	憶	陰	火	16	陰	土	土	木	心	火	생각할, 우울해질, 추억
억	檍	陰	木	17	陽	金	土	木	木	木	감탕나무, 참죽나무
억	臆	陰	水	17	陽	金	土	木	肉	水	가슴, 가슴뼈, 생각, 마음
언	言	陽	金	7	陽	金	土	火	言	金	말씀, 언어, 말할, 발언할
언	彦	陽	火	9	陽	水	土	火	彡	火	선비
언	焉	陽	火	11	陽	木	土	火	火	火	어찌, 어디, 이에, 이, 여기

글자		글자		획수			음령오행		부수		글자의 의미
		음양	오행	획수	음양	오행	초성	종성	부수	오행	
언	偃	陰	火	11	陽	木	土	火	人	火	쓰러질, 넘어질, 드리워질
언	堰	陰	土	12	陰	木	土	火	土	土	방죽, 막을, 보를 막을
언	嫣	陰	土	14	陰	火	土	火	女	土	싱긋 웃을, 아리따울
언	諺	陰	金	16	陰	土	土	火	言	金	상말, 속된 말, 속담, 조문할
얼	孼	中	水	19	陽	水	土	火	子	水	서자, 꾸밀, 치장할, 무너질
얼	蘖	中	木	21	陽	木	土	火	艸	木	그루터기, 움, 끊을
엄	奄	陽	水	8	陰	金	土	水	大	木	가릴, 문득, 갑자기, 고자
엄	俺	陰	火	10	陰	水	土	水	人	火	나, 자신, 클, 어리석을
엄	掩	陰	木	11	陽	木	土	水	手	木	가릴, 닫을, 감쌀, 비호할
엄	淹	陰	水	11	陽	木	土	水	水	水	담글, 적실, 머무를, 오래 될
엄	嚴	中	水	20	陰	水	土	水	口	水	엄할, 급할, 혹독할, 임박할
엄	儼	陰	火	22	陰	木	土	水	人	火	의젓할, 삼갈, 공손할
업	業	陽	木	13	陽	火	土	水	木	木	업, 일, 사업, 직업, 학문
업	嶪	陽	土	16	陰	土	土	水	山	土	산이 높고 험할
엔	円	陽	土	4	陰	火	土	火	冂	土	둥글, 원, 둘레, 알
여	予	陽	金	4	陰	火	土	-	亅	金	나, 손으로 건넬, 줄
여	汝	陰	水	6	陰	土	土	-	水	水	너, 2인칭 대명사
여	如	陰	土	6	陰	土	土	-	女	土	같을, 같게 할, 따를
여	好	陰	土	7	陽	金	土	-	女	土	여관, 아름다울
여	余	陽	火	7	陽	金	土	-	人	火	나, 자신, 나머지
여	茹	中	木	10	陰	水	土	-	艸	木	먹을, 받을, 소를 기를
여	悆	陽	火	11	陽	木	土	-	心	火	잊을, 잊어버릴, 기뻐할
여	艅	陰	木	13	陽	火	土	-	舟	木	배 이름
여	與	中	土	14	陰	火	土	-	臼	土	줄, 베풀, 도울, 동아리, 더불
여	餘	陰	水	16	陰	土	土	-	食	水	남을, 넉넉할, 여유 있을
여	輿	中	火	17	陽	金	土	-	車	火	수레, 실을
여	璵	陰	金	18	陰	金	土	-	玉	金	옥
여	歟	陰	火	18	陰	金	土	-	欠	火	어조사
여	礖	陰	金	19	陽	水	土	-	石	金	돌 이름
여	轝	中	火	21	陽	木	土	-	車	火	수레, 종, 남을

글자		글자		획수			음령오행		부수		글자의 의미
		음양	오행	획수	음양	오행	초성	종성	부수	오행	
역	亦	陽	火	6	陰	土	土	木	亠	火	또, 또한, 모두, 대단히
역	役	陰	火	7	陽	金	土	木	彳	火	부릴, 일 시킬, 싸움
역	易	陽	火	8	陰	金	土	木	日	火	바꿀, 고칠, 교환할, 도마뱀
역	疫	陽	水	9	陽	水	土	木	疒	水	염병, 역귀, 전염병, 돌림병
역	逆	陽	土	10	陰	水	土	木	辵	土	거스를, 배반할, 어길
역	域	陰	土	11	陽	木	土	木	土	土	지경, 땅의 경계, 나라, 국토
역	暘	陰	火	12	陰	木	土	木	日	火	해가 반짝 날
역	繹	陰	木	19	陽	水	土	木	糸	木	풀어낼, 다스릴, 찾을
역	譯	陰	金	20	陰	水	土	木	言	金	통변할, 번역할, 통역할, 뜻
역	驛	陰	火	23	陽	火	土	木	馬	火	역참, 역마, 역관
연	延	陽	木	7	陽	金	土	火	廴	木	끌, 끌어들일, 맞을, 이끌
연	沇	陰	水	7	陽	金	土	火	水	水	강이름
연	沿	陰	水	8	陰	金	土	火	水	水	따를, 좇을, 가장자리
연	兗	陽	木	9	陽	水	土	火	儿	木	바를, 믿을, 강이름
연	姸	陰	土	9	陽	水	土	火	女	土	고울, 갈
연	衍	陰	火	9	陽	水	土	火	行	火	넘칠, 흐를, 순행할
연	宴	陽	木	10	陰	水	土	火	宀	木	잔치, 술자리, 즐길, 잔치할
연	挻	陰	木	10	陰	水	土	火	手	木	늘일, 이길, 늦출
연	捐	陰	木	10	陰	水	土	火	手	木	버릴, 없앨, 기부할, 줄, 바칠
연	涎	陰	水	10	陰	水	土	火	水	水	침, 점액, 끈끈한 액체
연	涓	陰	水	10	陰	水	土	火	水	水	시내, 물방울, 미소한 것
연	娟	陰	土	10	陰	水	土	火	女	土	예쁠, 부드러운
연	娫	陰	土	10	陰	水	土	火	女	土	빛날, 환할
연	烟	陰	火	10	陰	水	土	火	火	火	연기, 연기가 낄, 그을음
연	硏	陰	金	11	陽	木	土	火	石	金	갈, 문지를, 궁구할
연	莚	陽	木	11	陽	木	土	火	艸	木	자랄, 뻗을, 연속할, 풀이름
연	淵	陰	水	11	陽	木	土	火	水	水	못, 소, 깊을
연	軟	陰	火	11	陽	木	土	火	車	火	연할, 부드러울
연	硯	陰	金	12	陰	木	土	火	石	金	벼루, 벼룻돌, 매끄러운 돌
연	堧	陰	土	12	陰	木	土	火	土	土	빈터

글자		글자		획수			음령오행		부수		글자의 의미
		음양	오행	획수	음양	오행	초성	종성	부수	오행	
연	然	中	火	12	陰	木	土	火	火	火	그러할, 그리하여
연	鉛	陰	金	13	陽	火	土	火	金	金	납, 분, 백분
연	椽	陰	木	13	陽	火	土	火	木	木	서까래, 사닥다리
연	筵	中	木	13	陽	火	土	火	竹	木	대자리, 좌석, 장소
연	煙	陰	火	13	陽	火	土	火	火	火	연기, 연기가 낄, 그을음
연	演	陰	水	14	陰	火	土	火	水	水	멀리 흐를, 넓을, 윤택할
연	鳶	陽	火	14	陰	火	土	火	鳥	火	솔개, 연, 공중 장난감
연	緣	陰	木	15	陽	土	土	火	糸	木	인연, 묶음, 가선, 가장자리
연	燃	陰	火	16	陰	土	土	火	火	火	불탈, 탈
연	燕	中	火	16	陰	土	土	火	火	火	제비, 잔치, 편안할
연	縯	陰	木	17	陽	金	土	火	糸	木	길, 당길, 잡아당길
연	瓀	陰	金	18	陰	金	土	火	玉	金	옥돌
연	嚥	陰	水	19	陽	水	土	火	口	水	삼킬, 마실
연	嬿	陰	土	19	陽	水	土	火	女	土	아름다울
연	曣	陰	火	20	陰	水	土	火	日	火	청명할, 따뜻할, 구름 없을
연	醼	陰	金	23	陽	火	土	火	酉	金	잔치, 연회
열	咽	陰	水	9	陽	水	土	火	口	水	목멜
열	悅	陰	火	10	陰	水	土	火	心	火	기쁠, 심복할, 따를
열	說	陰	金	14	陰	火	土	火	言	金	기쁠
열	閱	中	木	15	陽	土	土	火	門	木	검열할, 조사할, 고를, 뽑을
열	熱	中	火	15	陽	土	土	火	火	火	더울, 더워질, 따뜻할, 탈
염	炎	陽	火	8	陰	金	土	水	火	火	불탈, 불타오를, 뜨거울, 불꽃
염	苒	陽	木	9	陽	水	土	水	艸	木	풀 우거질, 덧없을
염	染	中	木	9	陽	水	土	水	木	木	물들일, 염색할, 적실, 그릴
염	琰	陰	金	12	陰	木	土	水	玉	金	옥을 갈, 아름다운 옥, 비취옥
염	焰	陰	火	12	陰	木	土	水	火	火	불 댕길, 불꽃, 불빛, 빛
염	厭	中	水	14	陰	火	土	水	厂	水	싫을, 족할, 가득 찰
염	髥	中	火	14	陰	火	土	水	髟	火	구레나룻, 수염 많은 사람
염	閻	中	木	16	陰	土	土	水	門	木	한길, 번화한 거리, 열
염	艶	陰	土	19	陽	水	土	水	色	土	고울, 부러워할, 윤

글자		글자		획수			음령오행		부수		글자의 의미
		음양	오행	획수	음양	오행	초성	종성	부수	오행	
염	鹽	中	水	24	陰	火	土	水	鹵	水	소금, 소금에 담글, 절일
엽	葉	陽	木	13	陽	火	土	水	艸	木	잎사귀, 잎, 뽕나무
엽	熀	陰	火	14	陰	火	土	水	火	火	불빛 이글거릴
엽	燁	陰	火	16	陰	土	土	水	火	火	빛날, 번쩍번쩍할
엽	曄	陰	火	16	陰	土	土	水	日	火	빛날, 빛을 발할, 번개 칠
영	永	陰	水	5	陽	土	土	土	水	水	길, 오랠, 오래되게 할, 멀
영	泳	陰	水	8	陰	金	土	土	水	水	헤엄칠
영	咏	陰	水	8	陰	金	土	土	口	水	읊을, 노래할, 새가 노래할
영	迎	中	土	8	陰	金	土	土	辵	土	맞이할, 추산할, 헤아릴
영	盈	陽	金	9	陽	水	土	土	皿	金	찰, 가득 찰, 가득 차 넘칠
영	英	陽	木	9	陽	水	土	土	艸	木	꽃부리, 영웅, 꽃잎, 꽃장식
영	映	陰	火	9	陽	水	土	土	日	火	비출, 비칠, 덮을, 덮어가릴
영	詠	陰	金	12	陰	木	土	土	言	金	읊을, 노래할, 시가를 지을
영	渶	陰	水	12	陰	木	土	土	水	水	물 맑을, 물이름
영	瑛	陰	金	13	陽	火	土	土	玉	金	옥빛, 수정, 투명한 옥
영	楹	陰	木	13	陽	火	土	土	木	木	기둥, 굵은 둥근기둥
영	塋	中	土	13	陽	火	土	土	土	土	무덤, 경영할, 계획할
영	煐	陰	火	13	陽	火	土	土	火	火	빛날
영	暎	陰	火	13	陽	火	土	土	日	火	비칠, 비출
영	榮	中	木	14	陰	火	土	土	木	木	꽃, 꽃이 필, 영화, 영달
영	瑩	中	金	15	陽	土	土	土	玉	金	밝을, 맑을, 마음이 밝을
영	潁	陰	水	15	陽	土	土	土	水	水	강이름
영	影	陰	火	15	陽	土	土	土	彡	火	그림자, 모습, 초상, 화상
영	穎	陰	木	16	陰	土	土	土	禾	木	이삭, 빼어날, 훌륭할
영	嬴	中	土	16	陰	土	土	土	女	土	찰, 남을, 가득 찰
영	鍈	陰	金	17	陽	金	土	土	金	金	방울소리
영	霙	陽	水	17	陽	金	土	土	雨	水	진눈깨비, 싸락눈, 눈, 눈꽃
영	濚	陰	水	17	陽	金	土	土	水	水	물이 돌아나갈
영	嶸	陰	土	17	陽	金	土	土	山	土	가파를
영	嬰	中	土	17	陽	金	土	土	女	土	갓난아이, 두를, 목에 걸

글자		글자		획수			음령오행		부수		글자의 의미
		음양	오행	획수	음양	오행	초성	종성	부수	오행	
영	営	中	火	17	陽	金	土	土	火	火	경영할, 다스릴, 경작할
영	瀛	陰	水	19	陽	水	土	土	水	水	바다, 못 속, 늪 속
영	瀯	陰	水	20	陰	水	土	土	水	水	물소리, 물 졸졸 흐를
영	瓔	陰	金	21	陽	木	土	土	玉	金	구슬목걸이, 옥돌
영	纓	陰	木	23	陽	火	土	土	糸	木	갓끈, 끈, 가슴걸이, 새끼줄
예	乂	陽	金	2	陰	木	土	-	ノ	金	벨, 다스릴, 어질
예	刈	陰	金	4	陰	火	土	-	刀	金	벨, 자를
예	曳	陽	火	6	陰	土	土	-	曰	火	끌, 끌릴, 고달플
예	汭	陰	水	7	陽	金	土	-	水	水	물굽이, 어귀, 강 안쪽부분
예	芮	陽	木	8	陰	金	土	-	艸	木	풀 뾰족할, 물가, 성(姓)
예	玴	陰	金	9	陽	水	土	-	玉	金	옥돌
예	倪	陰	火	10	陰	水	土	-	人	火	어린이, 흘겨볼
예	猊	陰	土	11	陽	木	土	-	犬	土	사자, 부처님 앉는 자리
예	埶	陰	土	11	陽	木	土	-	土	土	성가퀴, 낮은 담
예	埶	陰	土	11	陽	木	土	-	土	土	심을
예	詣	陰	金	13	陽	火	土	-	言	金	이를, 도착할, 나아갈
예	裔	陽	木	13	陽	火	土	-	衣	木	후손, 옷자락, 옷단
예	預	陰	火	13	陽	火	土	-	頁	火	미리, 참여할, 간여할, 즐길
예	睿	陽	木	14	陰	火	土	-	目	木	깊고밝을, 통할, 임금, 성인
예	嫕	陰	土	14	陰	火	土	-	女	土	유순할
예	銳	陰	金	15	陽	土	土	-	金	金	날카로울, 예민할, 날쌜
예	蓺	陰	木	15	陽	土	土	-	艸	木	심을, 다할, 끝날, 과녁
예	蕊	中	木	16	陰	土	土	-	艸	木	꽃수염, 꽃술, 향초이름
예	橤	中	木	16	陰	土	土	-	木	木	꽃술, 드리울, 축늘어질
예	霓	陽	水	16	陰	土	土	-	雨	水	무지개, 가장자리
예	濊	陰	水	16	陰	土	土	-	水	水	깊을, 깊고 넓을
예	叡	陰	水	16	陰	土	土	-	又	水	밝을, 임금
예	豫	陰	水	16	陰	土	土	-	豕	水	미리, 미리 할, 즐길
예	穢	陰	木	18	陰	金	土	-	禾	木	더러울, 더럽힐, 거칠
예	藝	中	木	19	陽	水	土	-	艸	木	심을, 재주, 글, 극진할

글자		글자		획수			음령오행		부수		글자의 의미
		음양	오행	획수	음양	오행	초성	종성	부수	오행	
예	蘂	中	木	20	陰	水	土	-	艸	木	꽃술, 향초이름
예	譽	中	金	21	陽	木	土	-	言	金	기릴, 칭찬할, 가상히 여길
오	五	陽	木	4	陰	火	土	-	二	木	다섯, 제위, 별이름
오	午	陽	水	4	陰	火	土	-	十	水	낮, 교착할, 거스를, 7째 지지
오	汚	陰	水	6	陰	土	土	-	水	水	더러울, 추잡할, 욕보일, 욕
오	伍	陰	火	6	陰	土	土	-	人	火	대오, 조, 섞일, 다섯 사람
오	吾	陽	水	7	陽	金	土	-	口	水	나, 자신, 당신, 그대
오	吳	陽	水	7	陽	金	土	-	口	水	오나라, 떠들썩할
오	旿	陰	火	8	陰	金	土	-	日	火	밝을, 대낮처럼 밝을
오	俉	陰	火	9	陽	水	土	-	人	火	맞이할
오	浯	陰	水	10	陰	水	土	-	水	水	강이름, 산이름
오	娛	陰	土	10	陰	水	土	-	女	土	즐거워할, 편안할, 기쁠
오	烏	陽	火	10	陰	水	土	-	火	火	까마귀, 검을, 아아
오	悟	陰	火	10	陰	水	土	-	心	火	깨달을, 진리 터득할, 총명할
오	敖	陰	金	11	陽	木	土	-	攴	金	놀, 시끄러울, 떠들썩할
오	珸	陰	金	11	陽	木	土	-	玉	金	옥돌
오	梧	陰	木	11	陽	木	土	-	木	木	벽오동나무, 거문고
오	晤	陰	火	11	陽	木	土	-	日	火	밝을, 총명할, 사리에 밝을
오	惡	陽	火	12	陰	木	土	-	心	火	미워할, 흉년 들, 불길할
오	奧	陽	木	13	陽	火	土	-	大	木	속, 안, 아랫목, 깊을
오	筽	中	木	13	陽	火	土	-	竹	木	버들고리
오	蜈	陰	水	13	陽	火	土	-	虫	水	지네
오	嗚	陰	水	13	陽	火	土	-	口	水	탄식소리, 흐느껴 울, 새소리
오	塢	陰	土	13	陽	火	土	-	土	土	둑, 성채, 마을, 촌락
오	傲	陰	火	13	陽	火	土	-	人	火	거만할, 업신여길
오	誤	陰	金	14	陰	火	土	-	言	金	그르칠, 실수할, 잘못할
오	寤	中	木	14	陰	火	土	-	宀	木	깰, 깨달을, 꿈, 잠에서 깰
오	獒	中	土	15	陽	土	土	-	犬	土	개, 맹견, 길 잘든 개
오	熬	中	火	15	陽	土	土	-	火	火	볶을, 탈, 마음 졸일, 자반
오	澳	陰	水	16	陰	土	土	-	水	水	깊을, 내이름

글자		글자		획수			음령오행		부수		글자의 의미
		음양	오행	획수	음양	오행	초성	종성	부수	오행	
오	墺	陰	土	16	陰	土	土	-	土	土	물가, 육지
오	懊	陰	火	16	陰	土	土	-	心	火	한할, 괴로워할, 뱃노래, 탐할
오	燠	陰	火	17	陽	金	土	-	火	火	따뜻할, 더울, 입김 불
오	鰲	中	水	22	陰	木	土	-	魚	水	자라
오	鼇	中	土	24	陰	火	土	-	黽	土	자라, 큰 바다거북
옥	玉	陽	金	5	陽	土	土	木	玉	金	옥, 구슬, 옥같이 여길
옥	沃	陰	水	7	陽	金	土	木	水	水	물댈, 주입할, 윤 날, 기름질
옥	屋	陽	水	9	陽	水	土	木	尸	水	집, 주거, 지붕, 덮개
옥	鈺	陰	金	13	陽	火	土	木	金	金	보배, 보물, 쇠
옥	獄	陰	土	14	陰	火	土	木	犬	土	옥, 감옥, 송사, 소송
온	昷	陽	火	9	陽	水	土	火	日	火	어질
온	溫	陰	水	13	陽	火	土	火	水	水	따뜻할, 순수할, 원만할
온	媼	陰	土	13	陽	火	土	火	女	土	할미, 어머니, 노모
온	瑥	陰	金	14	陰	火	土	火	玉	金	사람이름
온	瘟	陽	水	15	陽	土	土	火	疒	水	염병, 괴로워할, 괴로울
온	縕	陰	木	16	陰	土	土	火	糸	木	헌솜, 풍부할, 쌓을, 어지러울
온	穩	陰	木	19	陽	水	土	火	禾	木	평온할, 곡식을 걷어 모을
온	蘊	中	木	20	陰	水	土	火	艸	木	쌓을, 저축할, 간직할
올	兀	陽	木	3	陽	火	土	火	儿	木	우뚝할, 머리가 벗어질
옹	瓮	陽	土	9	陽	水	土	土	瓦	土	독, 항아리
옹	邕	中	土	10	陰	水	土	土	邑	土	화할, 화목할, 막을
옹	翁	中	火	10	陰	水	土	土	羽	火	늙은이, 아버지, 목털
옹	雍	中	火	13	陽	火	土	土	隹	火	누그러질, 온화해질, 화할
옹	擁	陰	木	16	陰	土	土	土	手	木	안을, 끌어안을, 소유할, 잡을
옹	壅	中	土	16	陰	土	土	土	土	土	막을, 막힐, 북돋울
옹	甕	中	土	18	陰	金	土	土	瓦	土	독, 단지, 옹기 두레박
옹	饔	中	水	22	陰	木	土	土	食	水	아침밥, 조반, 조리할
옹	癰	中	水	23	陽	火	土	土	疒	水	악창, 등창, 냄새 못 맡을
와	瓦	陽	土	5	陽	土	土	-	瓦	土	기와, 질그릇, 실감는 물건
와	臥	陰	火	8	陰	金	土	-	臣	火	엎드릴, 엎드려 잘, 누워 잘

글자		글자		획수			음령오행		부수		글자의 의미
		음양	오행	획수	음양	오행	초성	종성	부수	오행	
와	訛	陰	金	11	陽	木	土	-	言	金	그릇될, 속일, 거짓말
와	渦	陰	水	12	陰	木	土	-	水	水	소용돌이, 보조개
와	蛙	陰	水	12	陰	木	土	-	虫	水	개구리, 음란할
와	窩	陽	水	14	陰	火	土	-	穴	水	움집, 굴, 별장, 우묵한 곳
와	窪	中	水	14	陰	火	土	-	穴	水	웅덩이, 우묵할
와	蝸	陰	水	15	陽	土	土	-	虫	水	달팽이, 고둥
완	完	陽	木	7	陽	金	土	火	宀	木	완전할, 완결 지을, 끝낼
완	阮	陰	土	7	陽	金	土	火	阜	土	관문이름, 월금(月琴)
완	妧	陰	土	7	陽	金	土	火	女	土	좋을, 고울, 예쁠
완	岏	陰	土	7	陽	金	土	火	山	土	가파를, 높을
완	玩	陰	金	8	陰	金	土	火	玉	金	희롱할, 익숙해질, 보배
완	宛	中	木	8	陰	金	土	火	宀	木	굽을, 구부정하게 할, 패일
완	浣	陰	水	10	陰	水	土	火	水	水	빨, 세탁할, 씻을
완	垸	陰	土	10	陰	水	土	火	土	土	바를, 굴러갈
완	琓	陰	金	11	陽	木	土	火	玉	金	옥 이름, 서옥
완	莞	陽	木	11	陽	木	土	火	艸	木	왕골, 자리, 빙그레할
완	梡	陰	木	11	陽	木	土	火	木	木	도마, 땔나무, 장작
완	脘	陰	水	11	陽	木	土	火	肉	水	밥통, 위, 포, 고기
완	婠	陰	土	11	陽	木	土	火	女	土	품성이 좋을
완	婉	陰	土	11	陽	木	土	火	女	土	순할, 예쁠, 은근할
완	琬	陰	金	12	陰	木	土	火	玉	金	아름다운 옥, 서옥
완	椀	陰	木	12	陰	木	土	火	木	木	주발, 작은 음식그릇
완	腕	陰	水	12	陰	木	土	火	肉	水	팔, 팔뚝, 수완, 솜씨, 손목
완	碗	陰	金	13	陽	火	土	火	石	金	주발
완	頑	陰	火	13	陽	火	土	火	頁	火	완고할, 둔할, 재주가 없을
완	豌	陰	木	15	陽	土	土	火	豆	木	완두, 콩과 식물
완	緩	陰	木	15	陽	土	土	火	糸	木	느릴, 느슨할, 늦출, 늘어질
완	翫	陰	火	15	陽	土	土	火	羽	火	가지고 놀, 기뻐할
왈	曰	陽	火	4	陰	火	土	火	曰	火	가로되, 말하기를
왕	王	陽	金	4	陰	火	土	土	玉	金	임금, 제후

글자		글자		획수			음령오행		부수		글자의 의미
		음양	오행	획수	음양	오행	초성	종성	부수	오행	
왕	汪	陰	水	7	陽	金	土	土	水	水	넓을, 많을, 못 , 풍족할
왕	枉	陰	木	8	陰	金	土	土	木	木	굽을, 굽힐
왕	往	陰	火	8	陰	金	土	土	彳	火	갈, 옛, 이따금
왕	旺	陰	火	8	陰	金	土	土	日	火	성할, 왕성할
왜	歪	陽	土	9	陽	水	土	-	止	土	비뚤, 기울, 바르지 아니할
왜	娃	陰	土	9	陽	水	土	-	女	土	예쁠, 미인
왜	倭	陰	火	10	陰	水	土	-	人	火	왜국
왜	矮	陰	金	13	陽	火	土	-	矢	金	키가 작을, 짧게 할, 움츠릴
외	外	陰	水	5	陽	土	土	-	夕	水	밖, 바깥, 차림
외	畏	陽	木	9	陽	水	土	-	田	木	두려워할, 협박할, 옥사할
외	猥	陰	土	12	陰	木	土	-	犬	土	함부로, 뜻을 굽히어, 뒤섞일
외	嵬	陽	土	13	陽	火	土	-	山	土	높을, 허망할, 쓸데없을
외	巍	中	土	21	陽	木	土	-	山	土	높을
요	夭	陽	水	4	陰	火	土	-	大	木	어릴, 젊을, 한창때가 될
요	凹	陽	火	5	陽	土	土	-	凵	水	오목할, 가운데 쏙 들어갈
요	妖	陰	土	7	陽	金	土	-	女	土	아리따울, 괴이할, 도깨비
요	拗	陰	木	8	陰	金	土	-	手	木	꺾을, 부러뜨릴, 비뚤, 비틀
요	要	陽	金	9	陽	水	土	-	襾	金	구할, 요구할, 중요할, 원할
요	姚	陰	土	9	陽	水	土	-	女	土	예쁠, 멀, 성(姓)
요	窈	中	水	10	陰	水	土	-	穴	水	그윽할, 심원할, 고상할
요	堯	中	土	12	陰	木	土	-	土	土	요임금, 높을, 멀
요	搖	陰	木	13	陽	火	土	-	手	木	흔들, 흔들릴, 움직일
요	腰	陰	水	13	陽	火	土	-	肉	水	허리, 밑동, 중요한 곳
요	瑤	陰	金	14	陰	火	土	-	玉	金	아름다운 옥, 아름다운 돌
요	遙	陽	土	14	陰	火	土	-	辵	土	멀, 아득할, 길, 거닐
요	僥	陰	火	14	陰	火	土	-	人	火	바랄, 요행
요	樂	中	木	15	陽	土	土	-	木	木	좋아할
요	窯	陽	水	15	陽	土	土	-	穴	水	가마, 오지그릇, 도기, 쓸쓸할
요	嶢	陰	土	15	陽	土	土	-	山	土	높을, 높고 멀
요	橈	陰	木	16	陰	土	土	-	木	木	꺾일, 굽힐, 약할, 휠

글자		글자		획수			음령오행		부수		글자의 의미
		음양	오행	획수	음양	오행	초성	종성	부수	오행	
요	謠	陰	金	17	陽	金	土	-	言	金	노래, 노래할, 유언비어
요	繇	陰	木	17	陽	金	土	-	糸	木	역사, 부역, 따를, 노래
요	邀	中	土	17	陽	金	土	-	辵	土	맞을, 초대할, 구할, 부를
요	擾	陰	木	18	陰	金	土	-	手	木	어지러울, 어지럽힐, 흐려질
요	繞	陰	木	18	陰	金	土	-	糸	木	두를, 둘러쌀, 감을, 얽힐
요	蟯	陰	水	18	陰	金	土	-	虫	水	요충(기생충)
요	燿	陰	火	18	陰	金	土	-	火	火	빛날, 비출, 비칠, 밝을
요	曜	陰	火	18	陰	金	土	-	日	火	빛날, 빛을 발할, 빛, 햇빛
요	耀	陰	火	20	陰	水	土	-	羽	火	빛날, 빛낼, 빛
요	饒	陰	水	21	陽	木	土	-	食	水	넉넉할, 배부를, 땅이 기름질
욕	浴	陰	水	10	陰	水	土	木	水	水	목욕할, 목욕시킬, 몸을 씻을
욕	辱	陽	土	10	陰	水	土	木	辰	土	욕되게 할, 욕보일, 수치
욕	欲	陰	火	11	陽	木	土	木	欠	火	하고자할, 바랄, ~할것 같다
욕	褥	陰	木	15	陽	土	土	木	衣	木	요, 까는 침구, 깃저고리
욕	慾	中	火	15	陽	土	土	木	心	火	욕심, 욕정, 욕심낼
욕	縟	陰	木	16	陰	土	土	木	糸	木	무늬 놓을, 무늬, 채색
용	冗	陽	木	4	陰	火	土	土	冖	水	쓸데없을, 무익할, 남아돌
용	用	陽	水	5	陽	土	土	土	用	水	쓸, 베풀, 등용할, 부릴
용	甬	陽	水	7	陽	金	土	土	用	水	길, 담을 쌓은 길, 솟아오를
용	勇	陽	土	9	陽	水	土	土	力	土	날쌜, 과감할, 결단력 있는
용	俑	陰	火	9	陽	水	土	土	人	火	허수아비, 아플
용	容	陽	木	10	陰	水	土	土	宀	木	얼굴, 모양, 모습, 몸가짐
용	茸	陽	木	10	陰	水	土	土	艸	木	무성할, 흐트러질, 녹용
용	涌	陰	水	10	陰	水	土	土	水	水	샘솟을, 성하게 일어날
용	埇	陰	土	10	陰	水	土	土	土	土	길을 돋울, 골목길
용	庸	陽	木	11	陽	木	土	土	广	木	쓸, 공, ~로써
용	湧	陰	水	12	陰	木	土	土	水	水	샘솟을, 물 끓어오를
용	傛	陰	火	12	陰	木	土	土	人	火	불안할, 익숙할
용	溶	陰	水	13	陽	火	土	土	水	水	질펀히 흐를, 성할, 물 흐를
용	傭	陰	火	13	陽	火	土	土	人	火	품팔이, 품팔이꾼, 품삯

글자		글자		획수			음령오행		부수		글자의 의미
		음양	오행	획수	음양	오행	초성	종성	부수	오행	
용	瑢	陰	金	14	陰	火	土	土	玉	金	패옥소리
용	蓉	陽	木	14	陰	火	土	土	艸	木	연꽃, 부용, 목련
용	榕	陰	木	14	陰	火	土	土	木	木	벵골보리수
용	墉	陰	土	14	陰	火	土	土	土	土	담, 벽, 성
용	踊	陰	土	14	陰	火	土	土	足	土	뛸, 도약할, 춤출, 무용할
용	熔	陰	火	14	陰	火	土	土	火	火	녹일
용	慂	中	火	14	陰	火	土	土	心	火	권할, 강권할
용	槦	陰	木	15	陽	土	土	土	木	木	병기 없는 시렁, 살대나무
용	聳	中	火	17	陽	金	土	土	耳	火	솟을, 높이 솟을, 두려워할
용	鎔	陰	金	18	陰	金	土	土	金	金	녹일, 쇠를 녹일, 거푸집
용	鏞	陰	金	19	陽	水	土	土	金	金	종, 큰 종
우	又	陽	水	2	陰	木	土	-	又	水	또, 다시, 오른쪽, 용서할
우	于	陽	木	3	陽	火	土	-	二	木	어조사, 갈, 할, 행할
우	友	陽	水	4	陰	火	土	-	又	水	벗, 벗할, 우애 있을
우	牛	陽	土	4	陰	火	土	-	牛	土	소, 무릅쓸, 견우성
우	尤	陽	土	4	陰	火	土	-	尢	土	더욱, 특히, 동떨어질
우	右	陽	水	5	陽	土	土	-	口	水	오른쪽, 숭상할
우	宇	陽	木	6	陰	土	土	-	宀	木	집, 지붕, 처마
우	扜	陰	木	6	陰	土	土	-	手	木	당길, 잡아당길
우	圩	陰	土	6	陰	土	土	-	土	土	오목할, 물가, 움푹파일, 염전
우	羽	陰	火	6	陰	土	土	-	羽	火	깃, 날개, 조류, 새
우	玗	陰	金	7	陽	金	土	-	玉	金	옥돌, 땅이름
우	芋	陽	木	7	陽	金	土	-	艸	木	토란, 덮을, 가릴
우	迂	陽	土	7	陽	金	土	-	辵	土	멀, 물정에 어두울, 굽힐
우	佑	陰	火	7	陽	金	土	-	人	火	도울, 도움
우	盱	陰	火	7	陽	金	土	-	日	火	클, 해 돋을
우	盂	陽	金	8	陰	金	土	-	皿	金	바리, 사발, 군진 이름
우	雨	陽	水	8	陰	金	土	-	雨	水	비, 흩어질
우	禹	陽	木	9	陽	水	土	-	禸	木	하우씨, 벌레, 도울
우	紆	陰	木	9	陽	水	土	-	糸	木	굽을, 구부러질, 굽힐, 감돌

글자		글자		획수			음령오행		부수		글자의 의미
		음양	오행	획수	음양	오행	초성	종성	부수	오행	
우	祐	陰	木	10	陰	水	土	-	示	木	도울, 행복, 복
우	釪	陰	金	11	陽	木	土	-	金	金	악기의 이름, 바리때
우	雩	陽	水	11	陽	木	土	-	雨	水	기우제, 기우제를 지낼
우	郵	陰	土	11	陽	木	土	-	邑	土	역참, 오두막집
우	偶	陰	火	11	陽	木	土	-	人	火	짝, 인형, 뜻하지 않게, 배필
우	寓	陽	木	12	陰	木	土	-	宀	木	머무를, 숙소, 객사, 여관
우	堣	陰	土	12	陰	木	土	-	土	土	땅이름
우	隅	陰	土	12	陰	木	土	-	阜	土	모퉁이, 구석, 언덕, 벼랑
우	瑀	陰	金	13	陽	火	土	-	玉	金	패옥, 옥돌
우	虞	陽	木	13	陽	火	土	-	虍	木	헤아릴, 염려할, 걱정할
우	遇	陽	土	13	陽	火	土	-	辵	土	만날, 우연히 만날, 때를 만날
우	愚	陽	火	13	陽	火	土	-	心	火	어리석을, 어리석은 사람
우	禑	陰	木	14	陰	火	土	-	示	木	복
우	慪	陰	火	14	陰	火	土	-	心	火	공경할, 삼갈, 화낼
우	憂	陽	火	15	陽	土	土	-	心	火	근심할, 상(喪), 근심
우	優	陰	火	17	陽	金	土	-	人	火	넉넉할, 얌전할, 뛰어날
우	藕	中	木	19	陽	水	土	-	艸	木	연뿌리, 서로 맞을
욱	旭	陽	火	6	陰	土	土	木	日	火	아침 해, 돋는 해, 해뜰
욱	郁	陰	土	9	陽	水	土	木	邑	土	성할, 향기로울, 문채가 날
욱	昱	陽	火	9	陽	水	土	木	日	火	빛날, 햇빛이 빛날
욱	栯	陰	木	10	陰	水	土	木	木	木	산앵두
욱	彧	陽	火	10	陰	水	土	木	彡	火	문채, 무성한
욱	勖	陰	土	11	陽	木	土	木	力	土	힘쓸
욱	頊	陰	火	13	陽	火	土	木	頁	火	삼갈, 자신감을 상실한
욱	煜	陰	火	13	陽	火	土	木	火	火	빛날, 성할, 불꽃
욱	稶	陰	木	15	陽	土	土	木	禾	木	서직이 무성할
욱	燠	陰	火	17	陽	金	土	木	火	火	따뜻할, 더울, 입김 불
운	云	陽	木	4	陰	火	土	火	二	木	이를, 친할, 어조사
운	会	陽	木	7	陽	金	土	火	大	木	높을
운	沄	陰	水	7	陽	金	土	火	水	水	소용돌이칠, 넓을

글자		글자		획수			음령오행		부수		글자의 의미
		음양	오행	획수	음양	오행	초성	종성	부수	오행	
운	芸	陽	木	8	陰	金	土	火	艸	木	향풀, 더부룩할, 채소이름
운	耘	陰	木	10	陰	水	土	火	耒	木	김맬, 제거할, 없앨
운	雲	陽	水	12	陰	木	土	火	雨	水	구름, 습기
운	運	陽	土	13	陽	火	土	火	辵	土	돌, 회전할, 돌릴, 운수
운	隕	陰	土	13	陽	火	土	火	阜	土	떨어질, 잃을, 무너질
운	暈	陽	火	13	陽	火	土	火	日	火	달무리, 해무리, 선염
운	殞	陰	水	14	陰	火	土	火	歹	水	죽을, 떨어질, 떨어뜨릴
운	熉	陰	火	14	陰	火	土	火	火	火	노란 모양
운	澐	陰	水	15	陽	土	土	火	水	水	큰 물결이 일
운	賱	陰	金	16	陰	土	土	火	貝	金	넉넉할, 많이 있을, 재운 있을
운	蕓	陽	木	16	陰	土	土	火	艸	木	평지, 장다리, 겨잣과 풀이름
운	橒	陰	木	16	陰	土	土	火	木	木	나무 무늬
운	篔	中	木	16	陰	土	土	火	竹	木	왕대, 계곡이름
운	韻	陰	金	19	陽	水	土	火	音	金	음운, 운, 음향, 소리, 울림
울	蔚	中	木	15	陽	土	土	火	艸	木	풀이름, 숲, 무늬, 땅이름
울	鬱	中	木	29	陽	水	土	火	鬯	木	막힐, 우거질, 무성할
웅	雄	陰	火	12	陰	木	土	土	隹	火	수컷, 이길, 뛰어날, 우수할
웅	熊	中	火	14	陰	火	土	土	火	火	곰, 성(姓), 빛나는
원	元	陽	木	4	陰	火	土	火	儿	木	으뜸, 근본, 근원
원	沅	陰	水	7	陽	金	土	火	水	水	강이름
원	阮	陰	土	7	陽	金	土	火	阜	土	관문의 이름, 월금
원	杬	陰	木	8	陰	金	土	火	木	木	나무이름, 안마할, 주무를
원	朊	陰	水	8	陰	金	土	火	月	水	달빛이 희미할
원	爰	陽	木	9	陽	水	土	火	爪	金	이에, 이때에, 여기에서
원	苑	中	木	9	陽	水	土	火	艸	木	나라동산, 왜풍, 임야, 동산
원	洹	陰	水	9	陽	水	土	火	水	水	강이름, 세차게 흐를, 성할
원	垣	陰	土	9	陽	水	土	火	土	土	담, 관청이름, 별이름
원	怨	中	火	9	陽	水	土	火	心	火	원망할, 슬퍼할, 미워할
원	袁	陽	木	10	陰	水	土	火	衣	木	옷이 길, 옷이 치렁거릴
원	原	陽	水	10	陰	水	土	火	厂	水	근원, 들, 벌판, 용서할

글자		글자		획수			음령오행		부수		글자의 의미
		음양	오행	획수	음양	오행	초성	종성	부수	오행	
원	員	陽	水	10	陰	水	土	火	口	水	수효, 사람, 둥글
원	院	陰	土	10	陰	水	土	火	阜	土	담, 단단할, 견고할, 집
원	寃	陽	木	11	陽	木	土	火	宀	木	원통할
원	援	陰	木	12	陰	木	土	火	手	木	당길, 취할, 잡을
원	湲	陰	水	12	陰	木	土	火	水	水	물이 흐를, 맑을
원	媛	陰	土	12	陰	木	土	火	女	土	미인, 예쁠, 우아할
원	瑗	陰	金	13	陽	火	土	火	玉	金	도리옥, 옥고리, 패옥
원	圓	陽	水	13	陽	火	土	火	囗	水	둥글, 원, 동그라미, 둘레
원	園	陽	水	13	陽	火	土	火	囗	水	동산, 정원, 과수원
원	源	陰	水	13	陽	火	土	火	水	水	근원, 근본
원	嫄	陰	土	13	陽	火	土	火	女	土	사람이름
원	猿	陰	土	13	陽	火	土	火	犬	土	원숭이
원	褑	陰	木	14	陰	火	土	火	衣	木	패옥띠
원	遠	陽	土	14	陰	火	土	火	辵	土	멀, 아득할, 세월이 오래된
원	愿	陽	火	14	陰	火	土	火	心	火	삼갈, 공손할, 성실할, 바랄
원	鋺	陰	金	16	陰	土	土	火	金	金	저울 바탕
원	鴛	中	火	16	陰	土	土	火	鳥	火	원앙, 원앙새 수컷
원	轅	陰	火	17	陽	金	土	火	車	火	끌채, 수레, 차량
원	願	陰	火	19	陽	水	土	火	頁	火	원할, 바랄, 희망할, 기원할
월	月	陽	水	4	陰	火	土	火	月	水	달, 달빛
월	越	陽	火	12	陰	木	土	火	走	火	넘을, 건널, 달아날, 앞지를
월	鉞	陰	金	13	陽	火	土	火	金	金	도끼, 방울소리, 뛰어넘을
위	危	陽	水	6	陰	土	土	-	卩	水	위태할, 두려워할, 위태로울
위	位	陰	火	7	陽	金	土	-	人	火	자리, 품위, 자리잡을
위	委	陽	土	8	陰	金	土	-	女	土	맡길, 버릴, 내버려둘
위	韋	陽	金	9	陽	水	土	-	韋	金	무두질한 가죽, 부드러운
위	胃	陽	水	9	陽	水	土	-	肉	水	밥통, 위, 28숙 중 하나
위	威	陽	土	9	陽	水	土	-	女	土	위엄, 두려워할, 협박할
위	尉	陰	土	11	陽	木	土	-	寸	土	벼슬, 위로할, 주름을 펼
위	偉	陰	火	11	陽	木	土	-	人	火	훌륭할, 클, 아름다울

글자		글자		획수			음령오행		부수		글자의 의미
		음양	오행	획수	음양	오행	초성	종성	부수	오행	
위	爲	陽	金	12	陰	木	土	-	爪	金	할, 만들, 베풀, 간주할, 될
위	萎	陽	木	12	陰	木	土	-	艸	木	마를, 시들, 병들, 고민할
위	圍	陽	水	12	陰	木	土	-	囗	水	둘레, 두를, 둘러쌀
위	渭	陰	水	12	陰	木	土	-	水	水	강이름
위	瑋	陰	金	13	陽	火	土	-	玉	金	옥이름, 아름다울
위	葦	陽	木	13	陽	火	土	-	艸	木	갈대, 작은 배, 변동할
위	違	陽	土	13	陽	火	土	-	辵	土	어길, 위반할, 다를, 틀릴
위	暐	陰	火	13	陽	火	土	-	日	火	햇빛, 햇볕, 햇살, 빛날
위	褘	陰	木	14	陰	火	土	-	衣	木	아름다울, 향낭
위	僞	陰	火	14	陰	火	土	-	人	火	거짓, 속일
위	緯	陰	木	15	陽	土	土	-	糸	木	씨, 짤, 가로, 종횡
위	蝟	陰	水	15	陽	土	土	-	虫	水	고슴도치, 운집할
위	慰	中	火	15	陽	土	土	-	心	火	위로할, 우울해질, 위로
위	謂	陰	金	16	陰	土	土	-	言	金	이를, 알릴, 설명할, 생각할
위	蔿	陽	木	16	陰	土	土	-	艸	木	애기풀, 고을이름, 성(姓)
위	衛	陰	火	16	陰	土	土	-	行	火	지킬, 숙위, 시위할, 방비할
위	魏	陰	火	18	陰	金	土	-	鬼	火	나라이름, 대궐, 높을
유	由	陽	木	5	陽	土	土	-	田	木	말미암을, 인연할, 따를
유	幼	陰	水	5	陽	土	土	-	幺	水	어릴, 어린애, 사랑할
유	有	陽	水	6	陰	土	土	-	月	水	있을, 존재할, 넉넉할, 소유물
유	酉	陽	金	7	陽	金	土	-	酉	金	닭, 12지지중하나, 술
유	攸	陰	金	7	陽	金	土	-	攴	金	어조사, 다스릴, 닦을
유	乳	陰	水	8	陰	金	土	-	乙	木	젖, 젖먹일, 낳을
유	油	陰	水	8	陰	金	土	-	水	水	기름
유	侑	陰	火	8	陰	金	土	-	人	火	권할, 보답할, 너그러울
유	宥	陽	木	9	陽	水	土	-	宀	木	용서할, 도울, 보좌할
유	柔	陽	木	9	陽	水	土	-	木	木	부드러울, 순할, 무를, 여릴
유	柚	陰	木	9	陽	水	土	-	木	木	유자나무, 상록교목
유	囿	陽	水	9	陽	水	土	-	囗	水	동산, 얽매일, 구애받을
유	幽	陽	水	9	陽	水	土	-	幺	水	그윽할, 숨을, 아득할

글자		글자		획수			음령오행		부수		글자의 의미
		음양	오행	획수	음양	오행	초성	종성	부수	오행	
유	洧	陰	水	9	陽	水	土	-	水	水	강이름
유	臾	陽	土	9	陽	水	土	-	臼	土	잠깐, 만류할, 착할
유	兪	中	火	9	陽	水	土	-	人	火	점점, 그러할, 대답할
유	秞	陰	木	10	陰	水	土	-	禾	木	곡식이 무성할
유	唯	陰	水	11	陽	木	土	-	口	水	오직, 비록 ~하더라도
유	逌	陽	土	11	陽	木	土	-	辵	土	만족할
유	婑	陰	土	11	陽	木	土	-	女	土	아리따울, 날씬하고 아름다울
유	惟	陰	火	11	陽	木	土	-	心	火	생각할, 도모할, 꾀할
유	悠	中	火	11	陽	木	土	-	心	火	멀, 걱정할, 생각할
유	庾	陽	木	12	陰	木	土	-	广	木	곳집, 노적가리
유	揄	陰	木	12	陰	木	土	-	手	木	끌, 끌어낼, 끌어올릴
유	裕	陰	木	12	陰	木	土	-	衣	木	넉넉할, 너그러울, 관대할
유	釉	陰	木	12	陰	木	土	-	釆	火	윤, 광택, 잿물
유	喩	陰	水	12	陰	木	土	-	口	水	깨우칠, 깨달을, 깨우쳐 줄
유	游	陰	水	12	陰	木	土	-	水	水	헤엄칠, 헤엄, 뜰, 놀
유	猶	陰	土	12	陰	木	土	-	犬	土	오히려, 조차, 마치 ~와 같은
유	愉	陰	火	12	陰	木	土	-	心	火	즐거울, 기뻐할, 누그러질
유	瑜	陰	金	13	陽	火	土	-	玉	金	아름다운 옥, 옥의 광채
유	萸	陽	木	13	陽	火	土	-	艸	木	수유, 풀이름
유	楢	陰	木	13	陽	火	土	-	木	木	졸참나무, 화톳불을 피울
유	楡	陰	木	13	陽	火	土	-	木	木	느릅나무, 옮길, 흔들
유	猷	陰	土	13	陽	火	土	-	犬	土	꾀할, 꾀, 계략
유	遊	中	土	13	陽	火	土	-	辵	土	놀, 여행할, 취학할
유	逾	中	土	13	陽	火	土	-	辵	土	넘을, 넘어갈, 지날, 점점 더
유	愈	中	火	13	陽	火	土	-	心	火	더 나을, 뛰어날, 병이 완쾌될
유	誘	陰	金	14	陰	火	土	-	言	金	꾈, 유혹할, 권할, 인도할
유	維	陰	木	14	陰	火	土	-	糸	木	바, 밧줄, 맬, 벼리
유	牖	陰	木	15	陽	土	土	-	片	木	창, 바라지, 인도할
유	諛	陰	金	16	陰	土	土	-	言	金	아첨할, 알랑거릴
유	諭	陰	金	16	陰	土	土	-	言	金	깨우칠, 밝힐, 이끌, 인도할

글자		글자		획수			음령오행		부수		글자의 의미
		음양	오행	획수	음양	오행	초성	종성	부수	오행	
유	遺	陽	土	16	陰	土	土	-	辵	土	끼칠, 후세에 전할
유	踰	陰	土	16	陰	土	土	-	足	土	넘을, 지나갈, 건너갈, 이길
유	蹂	陰	土	16	陰	土	土	-	足	土	밟을, 짓밟을, 죽일
유	儒	陰	火	16	陰	土	土	-	人	火	선비, 부드러울, 유학
유	鍮	陰	金	17	陽	金	土	-	金	金	놋쇠, 자연동
유	孺	陰	水	17	陽	金	土	-	子	水	젖먹이, 낳을, 새끼를 낳을
유	濡	陰	水	17	陽	金	土	-	水	水	젖을, 은혜 입을, 적실
유	癒	中	水	18	陰	金	土	-	疒	水	병이 나을
유	曘	陰	火	18	陰	金	土	-	日	火	햇빛, 어두울
육	肉	陽	水	6	陰	土	土	木	肉	水	고기, 동물의 살, 피부, 몸
육	育	陽	水	8	陰	金	土	木	肉	水	기를, 자랄, 낳을
육	堉	陰	土	11	陽	木	土	木	土	土	기름진 땅
육	毓	陰	土	14	陰	火	土	木	毋	土	기를
윤	允	陽	木	4	陰	火	土	火	儿	木	진실로, 동의할
윤	尹	陽	水	4	陰	火	土	火	尸	水	다스릴, 벼슬아치, 장관
윤	阭	陰	土	7	陽	金	土	火	阜	土	높을
윤	玧	陰	金	8	陰	金	土	火	玉	金	붉은 구슬
윤	昀	陰	火	8	陰	金	土	火	日	火	햇빛
윤	胤	陰	水	9	陽	水	土	火	肉	水	이을, 후사, 핏줄, 맏아들
윤	鈗	陰	金	12	陰	木	土	火	金	金	병기 이름, 병기, 창
윤	閏	中	木	12	陰	木	土	火	門	木	윤달, 윤년
윤	奫	中	木	14	陰	火	土	火	大	木	물 깊고 넓을
윤	潤	陰	水	15	陽	土	土	火	水	水	젖을, 적실, 물기, 윤택할
윤	贇	中	金	18	陰	金	土	火	貝	金	예쁠, 아름다울
율	聿	陽	火	6	陰	土	土	火	聿	火	붓, 드디어, 마침내, 스스로
율	汩	陰	水	7	陽	金	土	火	水	水	흐를, 맑을, 빨리 걸을
율	燏	陰	火	16	陰	土	土	火	火	火	빛날, 불빛
융	戎	陽	金	6	陰	土	土	土	戈	金	되, 오랑캐, 병기, 병거
융	絨	陰	木	12	陰	木	土	土	糸	木	융, 가는 베, 고운 베
융	融	陰	水	16	陰	土	土	土	虫	水	화할, 화합할, 녹을, 녹일

글자		글자		획수			음령오행		부수		글자의 의미
		음양	오행	획수	음양	오행	초성	종성	부수	오행	
융	瀜	陰	水	19	陽	水	土	土	水	水	물이 깊고 넓은
은	听	陰	水	7	陽	金	土	火	口	水	웃을, 싱글벙글거릴
은	垠	陰	土	9	陽	水	土	火	土	土	끝, 벼랑, 낭떠러지, 모양
은	殷	陰	金	10	陰	水	土	火	殳	金	성할, 많을, 클
은	珢	陰	金	10	陰	水	土	火	玉	金	옥돌
은	恩	陽	火	10	陰	水	土	火	心	火	은혜, 사랑할, 예쁘게 여길
은	溵	陰	水	13	陽	火	土	火	水	水	강 이름
은	銀	陰	金	14	陰	火	土	火	金	金	은, 화폐, 돈, 도장
은	慇	中	火	14	陰	火	土	火	心	火	괴로워할, 친절한, 은근한
은	誾	中	金	15	陽	土	土	火	言	金	온화할, 평온할, 화평할
은	檃	中	木	17	陽	金	土	火	木	木	도지개, 바로잡을
은	濦	陰	水	17	陽	金	土	火	水	水	강 이름
은	隱	陰	土	17	陽	金	土	火	阜	土	숨길, 비밀로 할, 가릴
은	櫽	陰	木	18	陰	金	土	火	木	木	대마루, 마루용 목재
은	蘟	中	木	21	陽	木	土	火	艸	木	은총
을	乙	陽	木	1	陽	木	土	火	乙	木	새, 십간의 둘째, 굽을
을	圪	陰	土	6	陰	土	土	火	土	土	흙더미가 우뚝할
음	吟	陰	水	7	陽	金	土	水	口	水	읊을, 끙끙 앓을, 시, 노래
음	音	陽	金	9	陽	水	土	水	音	金	소리, 음악, 가락, 성(姓)
음	淫	陰	水	11	陽	木	土	水	水	水	음란할, 간사할, 어지럽힐
음	陰	陰	土	11	陽	木	土	水	阜	土	응달, 음, 습기, 그늘
음	愔	陰	火	12	陰	木	土	水	心	火	화평할, 조용할
음	飮	陰	水	13	陽	火	土	水	食	水	마실, 음료, 잔치, 주연
음	蔭	中	木	15	陽	土	土	水	艸	木	그늘, 그늘질, 음덕, 덮을
읍	邑	陽	土	7	陽	金	土	水	邑	土	고을, 마을, 서울, 영지, 식읍
읍	泣	陰	水	8	陰	金	土	水	水	水	울, 근심할, 울음, 눈물
읍	揖	陰	木	12	陰	木	土	水	手	木	읍, 읍할, 사양할, 공경
응	凝	陰	水	16	陰	土	土	土	冫	水	엉길, 추울, 심할, 엄할
응	膺	中	水	17	陽	金	土	土	肉	水	가슴, 안을, 받을
응	應	中	火	17	陽	金	土	土	心	火	응할, 받을, 응당 ~하여야 할

글자		글자		획수			음령오행		부수		글자의 의미
		음양	오행	획수	음양	오행	초성	종성	부수	오행	
응	鷹	中	火	24	陰	火	土	土	鳥	火	매, 송골매, 해동청
의	衣	陽	木	6	陰	土	土	-	衣	木	옷, 예복, 나들이 옷, 덮개
의	矣	陽	金	7	陽	金	土	-	矢	金	어조사
의	宜	陽	木	8	陰	金	土	-	宀	木	마땅할, 마땅히, 화목할
의	依	陰	火	8	陰	金	土	-	人	火	의지할, 도울, 힘이 될
의	倚	陰	火	10	陰	水	土	-	人	火	의지할, 치우칠, 인연될
의	椅	陰	木	12	陰	木	土	-	木	木	의나무, 걸상, 의자
의	義	陽	土	13	陽	火	土	-	羊	土	옳을, 바를, 평평할
의	意	陽	火	13	陽	火	土	-	心	火	뜻, 생각할, 풍경, 정취
의	疑	陰	土	14	陰	火	土	-	疋	土	의심할, 괴이하게 여길
의	誼	陰	金	15	陽	土	土	-	言	金	옳을, 의논할, 다스릴
의	毅	陰	金	15	陽	土	土	-	殳	金	굳셀, 과감할, 의지강할
의	儀	陰	火	15	陽	土	土	-	人	火	거동, 예의, 풍속
의	薏	陽	木	17	陽	金	土	-	艸	木	율무, 연밥
의	擬	陰	木	17	陽	金	土	-	手	木	헤아릴, 비교할, 모방할
의	醫	中	金	18	陰	金	土	-	酉	金	의원, 치료할, 무당
의	艤	陰	木	19	陽	水	土	-	舟	木	배를 댈
의	蟻	陰	水	19	陽	水	土	-	虫	水	개미, 검을, 흑색
의	議	陰	金	20	陰	水	土	-	言	金	의논할, 문의할, 계획세울
의	懿	陰	火	22	陰	木	土	-	心	火	아름다울, 좋을, 칭찬할, 기릴
이	二	陽	木	2	陰	木	土	-	二	木	둘, 두번, 두마음
이	已	陽	火	3	陽	火	土	-	己	土	이미, 그칠, 버릴, 버려둘
이	以	陰	火	5	陽	土	土	-	人	火	써, ~로써, ~부터, ~에서
이	夷	陽	木	6	陰	土	土	-	大	木	오랑캐, 평평할, 온화할
이	而	陽	水	6	陰	土	土	-	而	水	말 이을, 접속사, 조사
이	耳	陽	火	6	陰	土	土	-	耳	火	귀, 청각기관, 귀에 익을
이	弛	陰	火	6	陰	土	土	-	弓	火	늦출, 활 부릴, 제거할, 없앨
이	伊	陰	火	6	陰	土	土	-	人	火	저, 그, 이, 어조사
이	杝	陰	木	7	陽	金	土	-	木	木	나무이름, 쪼갤, 넓힐, 뻗칠
이	易	陽	火	8	陰	金	土	-	日	火	쉬울, 간략할

글자		글자		획수			음령오행		부수		글자의 의미
		음양	오행	획수	음양	오행	초성	종성	부수	오행	
이	怡	陰	火	8	陰	金	土	-	心	火	기쁠, 기뻐할, 화할
이	苡	中	木	9	陽	水	土	-	艸	木	질경이, 율무, 차전자
이	姨	陰	土	9	陽	水	土	-	女	土	이모
이	珥	陰	金	10	陰	水	土	-	玉	金	귀고리, 귀걸이, 햇무리
이	荑	陽	木	10	陰	水	土	-	艸	木	벨, 깎을, 싹틀, 움틀
이	異	陽	木	11	陽	木	土	-	田	木	다를, 딴 것, 기이할, 뛰어날
이	移	陰	木	11	陽	木	土	-	禾	木	옮길, 변할, 나아갈, 떠날
이	痍	陽	水	11	陽	木	土	-	疒	水	상처, 상처가 날, 깎을, 벨
이	貳	陽	金	12	陰	木	土	-	貝	金	둘, 버금, 맞수, 도울, 더할
이	貽	陰	金	12	陰	木	土	-	貝	金	끼칠, 남길, 전할, 증여할
이	媐	中	土	12	陰	木	土	-	女	土	기쁠
이	肄	陰	火	13	陽	火	土	-	聿	火	익힐, 노력할, 살펴볼
이	飴	陰	水	14	陰	火	土	-	食	水	엿, 먹일
이	爾	陽	火	14	陰	火	土	-	爻	火	너, 그, 이
이	頤	陰	火	15	陽	土	土	-	頁	火	턱, 기를, 봉양할, 부릴
이	彝	中	火	16	陰	土	土	-	彐	火	떳떳할, 법, 술병
이	邇	陽	土	18	陰	金	土	-	辵	土	가까울, 가까이할, 통속적인
익	益	陽	金	10	陰	水	土	木	皿	金	더할, 유익할, 증가할
익	翊	陰	火	11	陽	木	土	木	羽	火	도울, 날, 다음날
익	翌	中	火	11	陽	木	土	木	羽	火	다음날, 이튿날, 도울
익	熤	陰	火	15	陽	土	土	木	火	火	사람이름, 빛날
익	謚	陰	金	17	陽	金	土	木	言	金	웃을
익	翼	中	火	17	陽	金	土	木	羽	火	날개, 도울, 이룰
익	瀷	陰	水	20	陰	水	土	木	水	水	강이름
인	人	陽	火	2	陰	木	土	火	人	火	사람, 인간, 타인, 인품, 백성
인	刃	陽	金	3	陽	火	土	火	刀	金	칼날, 칼, 벨
인	仁	陰	火	4	陰	火	土	火	人	火	어질, 만물을 낳을, 자애로운
인	引	陰	火	4	陰	火	土	火	弓	火	끌, 끌어당길, 물러날, 활 쏠
인	因	陽	水	6	陰	土	土	火	口	水	인할, 연유, 유래, 까닭
인	汈	陰	水	6	陰	土	土	火	水	水	끈적거릴

글자		글자		획수			음령오행		부수		글자의 의미
		음양	오행	획수	음양	오행	초성	종성	부수	오행	
인	印	陰	水	6	陰	土	土	火	卩	水	도장, 찍을, 찍힐
인	牣	陰	土	7	陽	金	土	火	牛	土	찰, 충만할, 살찔, 더할
인	忍	陽	火	7	陽	金	土	火	心	火	참을, 견디어 낼, 용서할
인	芢	中	木	8	陰	金	土	火	艸	木	씨, 풀이름
인	咽	陰	水	9	陽	水	土	火	口	水	목구멍, 삼킬, 목멜
인	姻	陰	土	9	陽	水	土	火	女	土	혼인, 사위집, 혼인할
인	茵	陽	木	10	陰	水	土	火	艸	木	자리, 더위지기, 사철쑥
인	蚓	陰	水	10	陰	水	土	火	虫	水	지렁이
인	寅	陽	木	11	陽	木	土	火	宀	木	셋째지지, 삼갈, 동료, 동방
인	靭	陰	金	12	陰	木	土	火	革	金	길, 질길, 부드러울
인	絪	陰	木	12	陰	木	土	火	糸	木	천지기운, 깔개, 요
인	湮	陰	水	12	陰	木	土	火	水	水	잠길, 막힐, 스밀
인	靷	陰	金	13	陽	火	土	火	革	金	가슴걸이, 잡아당길
인	認	陰	金	14	陰	火	土	火	言	金	알, 인식할, 인정할, 허가할
인	朄	陰	金	14	陰	火	土	火	曰	火	작은북, 작은북 소리
일	一	陽	木	1	陽	木	土	火	一	木	하나, 처음, 오로지, 한
일	日	陽	火	4	陰	火	土	火	日	火	해, 태양, 햇빛, 햇볕, 날
일	佚	陰	火	7	陽	金	土	火	人	火	편안할, 숨을, 실수할
일	佾	陰	火	8	陰	金	土	火	人	火	춤
일	壹	陽	木	12	陰	木	土	火	士	木	한, 하나, 오로지, 모두
일	逸	陽	土	12	陰	木	土	火	辵	土	달아날, 숨을, 없어질, 잃을
일	溢	陰	水	13	陽	火	土	火	水	水	넘칠, 가득할, 찰
일	馹	陰	火	14	陰	火	土	火	馬	火	역마, 역말
일	鎰	陰	金	18	陰	金	土	火	金	金	중량, 무게의 단위
임	壬	陽	木	4	陰	火	土	水	士	木	아홉째 천간, 아첨할, 북방
임	任	陰	火	6	陰	土	土	水	人	火	맡길, 마음대로
임	妊	陰	土	7	陽	金	土	水	女	土	아이 밸
임	姙	陰	土	9	陽	水	土	水	女	土	아이 밸
임	荏	中	木	10	陰	水	土	水	艸	木	들깨, 콩, 부드러울, 누에콩
임	恁	中	火	10	陰	水	土	水	心	火	생각할, 이같이, 이 같은

글자		글자		획수			음령오행		부수		글자의 의미
		음양	오행	획수	음양	오행	초성	종성	부수	오행	
임	賃	中	金	13	陽	火	土	水	貝	金	품팔이, 고용인, 고용할
임	稔	陰	木	13	陽	火	土	水	禾	木	곡식 익을, 쌓을, 쌓일
입	入	陽	木	2	陰	木	土	水	入	木	들, 수입, 입성
입	廿	陽	水	3	陽	火	土	水	十	水	스물
잉	仍	陰	火	4	陰	火	土	土	人	火	인할, 거듭할
잉	孕	陽	水	5	陽	土	土	土	子	水	아이 밸, 품을, 품어가질
잉	艿	中	木	8	陰	金	土	土	艸	木	새 풀싹, 잡초, 묵은 풀, 풀
잉	剩	陰	金	12	陰	木	土	土	刀	金	남을, 더군다나, 그 위에
자	子	陽	水	3	陽	火	金	-	子	水	아들, 자식, 맏아들, 어조사
자	仔	陰	火	5	陽	土	金	-	人	火	자세할, 견딜, 새끼
자	自	陽	木	6	陰	土	金	-	自	木	스스로, 몸소, 자연히, 저절로
자	字	陽	水	6	陰	土	金	-	子	水	글자, 기를, 아이 밸
자	孜	陰	水	7	陽	金	金	-	子	水	힘쓸
자	刺	陰	金	8	陰	金	金	-	刀	金	죽일, 간할, 수놓을, 찌를
자	秄	陰	木	8	陰	金	金	-	禾	木	북돋울
자	姉	陰	土	8	陰	金	金	-	女	土	손위누이, 여자에 대한 애칭
자	炙	陽	火	8	陰	金	金	-	火	火	고기구울, 구울, 가까이 할
자	咨	中	水	9	陽	水	金	-	口	水	물을, 탄식할, 이것, 이
자	者	陽	土	9	陽	水	金	-	老	土	놈, 사람, 것
자	姿	中	土	9	陽	水	金	-	女	土	맵시, 모양, 풍취, 바탕
자	茨	中	木	10	陰	水	金	-	艸	木	가시나무, 지붕 이을
자	疵	中	水	10	陰	水	金	-	疒	水	흠, 결점, 병, 사마귀
자	玆	陰	火	10	陰	水	金	-	玄	火	이, 이에, 검을, 흐릴
자	恣	中	火	10	陰	水	金	-	心	火	방자할, 마음대로 할, 맡길
자	紫	中	木	11	陽	木	金	-	糸	木	자줏빛, 자줏빛 의관
자	瓷	中	土	11	陽	木	金	-	瓦	土	오지그릇, 사기그릇
자	資	中	金	13	陽	火	金	-	貝	金	재물, 밑천, 자본, 비용
자	滋	陰	水	13	陽	火	金	-	水	水	번식할, 번성할, 더할, 보탤
자	煮	陽	火	13	陽	火	金	-	火	火	삶을, 익힐, 삶아질, 익을
자	雌	陰	火	13	陽	火	金	-	隹	火	암컷, 패배할, 쇠약해질, 약할

글자		글자		획수			음령오행		부수		글자의 의미
		음양	오행	획수	음양	오행	초성	종성	부수	오행	
자	慈	中	火	14	陰	火	金	-	心	火	사랑할, 자애로울, 어머니
자	磁	陰	金	15	陽	土	金	-	石	金	자석, 사기그릇
자	蔗	陽	木	15	陽	土	金	-	艸	木	사탕수수, 맛좋을
자	諮	陰	金	16	陰	土	金	-	言	金	물을, 자문할, 의논할
자	藉	中	木	18	陰	金	金	-	艸	木	깔개, 빙자할, 깔, 빌, 꿀
작	勺	陽	金	3	陽	火	金	木	勹	金	구기, 잔질할, 홉의 0.1배
작	芍	陽	木	7	陽	金	金	木	艸	木	함박꽃, 작약꽃
작	灼	陰	火	7	陽	金	金	木	火	火	사를, 구울, 밝을
작	作	陰	火	7	陽	金	金	木	人	火	지을, 일어날, 일으킬
작	斫	陰	金	9	陽	水	金	木	斤	金	벨, 자를, 어리석을, 무지한
작	炸	陰	火	9	陽	水	金	木	火	火	터질, 폭발할, 튀길
작	昨	陰	火	9	陽	水	金	木	日	火	어제, 앞서
작	酌	陰	金	10	陰	水	金	木	酉	金	따를, 취할, 액체를 퍼낼
작	雀	陽	火	11	陽	木	金	木	隹	火	참새, 검붉은 색
작	綽	陰	木	14	陰	火	金	木	糸	木	너그러울, 여유 있을, 많을
작	爵	中	金	18	陰	金	金	木	爪	金	잔, 술잔, 벼슬, 벼슬을 내릴
작	鵲	陰	火	19	陽	水	金	木	鳥	火	까치
작	嚼	陰	水	21	陽	木	金	木	口	水	씹을, 맛볼, 개먹을
잔	棧	陰	木	12	陰	木	金	火	木	木	잔도, 비계, 마판
잔	殘	陰	水	12	陰	木	金	火	歹	水	해칠, 손상할, 멸할, 쇠잔할
잔	孱	中	水	12	陰	木	金	火	子	水	잔약할, 나약할, 삼갈
잔	盞	陽	金	13	陽	火	金	火	皿	金	잔, 옥술잔, 등잔
잔	潺	陰	水	15	陽	土	金	火	水	水	물 흐르는 소리나 모양
잠	岑	陽	土	7	陽	金	金	水	山	土	봉우리, 높을, 클
잠	箴	中	木	15	陽	土	金	水	竹	木	바늘, 침, 경계할, 꽂을
잠	潛	陰	水	15	陽	土	金	水	水	水	자맥질할, 잠길, 땅속에 흐를
잠	暫	中	火	15	陽	土	金	水	日	火	잠시, 별안간, 갑자기, 잠간
잠	簪	中	木	18	陰	金	金	水	竹	木	비녀, 꽂을, 신속할, 찌를
잠	蠶	中	水	24	陰	火	金	水	虫	水	누에, 양잠을 할
잡	雜	陰	火	18	陰	金	金	水	隹	火	섞일, 뒤섞일, 흩어질

글자		글자		획수			음령오행		부수		글자의 의미
		음양	오행	획수	음양	오행	초성	종성	부수	오행	
장	丈	陽	木	3	陽	火	金	土	一	木	어른, 길이의 단위
장	仗	陰	火	5	陽	土	金	土	人	火	무기, 호위, 의지할
장	庄	陽	木	6	陰	土	金	土	广	木	농막, 전장, 평평할
장	匠	陽	土	6	陰	土	金	土	匚	土	장인, 기술자, 우두머리
장	杖	陰	木	7	陽	金	金	土	木	木	지팡이, 짚을, 잡을, 젙
장	壯	陰	木	7	陽	金	金	土	士	木	씩씩할, 장할, 기상이 굳셀
장	長	陽	木	8	陰	金	金	土	長	木	길, 길이, 늘일, 오래도록
장	狀	陰	土	8	陰	金	金	土	犬	土	형상, 모양, 용모, 형용할
장	奘	中	木	10	陰	水	金	土	大	木	클, 튼튼할, 건강할, 성할
장	章	陽	金	11	陽	木	金	土	立	金	글, 문장, 악곡의 절
장	帳	陰	木	11	陽	木	金	土	巾	木	휘장, 군막, 천막
장	莊	中	木	11	陽	木	金	土	艸	木	성할, 씩씩할, 별장, 엄숙할
장	將	陰	土	11	陽	木	金	土	寸	土	장차, 어찌, ~하려 한다, 장수
장	張	陰	火	11	陽	木	金	土	弓	火	베풀, 넓힐, 맬, 크게 할
장	掌	陽	木	12	陰	木	金	土	手	木	손바닥, 솜씨, 수완, 발바닥
장	粧	陰	木	12	陰	木	金	土	米	木	단장할, 체할
장	場	陰	土	12	陰	木	金	土	土	土	마당, 시험장
장	葬	中	木	13	陽	火	金	土	艸	木	장사지낼, 묻을
장	裝	中	木	13	陽	火	金	土	衣	木	꾸밀, 화장을 할, 수식할
장	腸	陰	水	13	陽	火	金	土	肉	水	창자, 마음, 충심, 자세할
장	奬	中	木	14	陰	火	金	土	大	木	권면할, 도울, 칭찬할
장	漳	陰	水	14	陰	火	金	土	水	水	강이름, 둑, 막을
장	障	陰	土	14	陰	火	金	土	阜	土	가로막을, 막을, 방어할, 막힐
장	獐	陰	土	14	陰	火	金	土	犬	土	노루
장	臧	陰	火	14	陰	火	金	土	臣	火	착할, 두터울, 거둘
장	璋	陰	金	15	陽	土	金	土	玉	金	반쪽 홀, 구기, 구슬, 밝을
장	樟	陰	木	15	陽	土	金	土	木	木	녹나무
장	蔣	中	木	15	陽	土	金	土	艸	木	줄, 격려할, 자리, 깔개
장	漿	中	水	15	陽	土	金	土	水	水	미음, 마실 것, 음료
장	暲	陰	火	15	陽	土	金	土	日	火	해 돋아올, 밝을, 해돋을

글자		글자		획수			음령오행		부수		글자의 의미
		음양	오행	획수	음양	오행	초성	종성	부수	오행	
장	墻	陰	土	16	陰	土	金	土	土	土	담, 경계, 칸막이
장	薔	陽	木	17	陽	金	金	土	艸	木	장미, 성(姓)
장	檣	陰	木	17	陽	金	金	土	木	木	돛대
장	牆	陰	木	17	陽	金	金	土	爿	木	담, 경계, 칸막이
장	醬	中	金	18	陰	金	金	土	酉	金	젓갈, 된장, 간장
장	藏	中	木	18	陰	金	金	土	艸	木	감출
장	贓	陰	金	21	陽	木	金	土	貝	金	장물, 감출, 뇌물을 받을
장	欌	陰	木	22	陰	木	金	土	木	木	장롱, 의장
장	臟	陰	水	22	陰	木	金	土	肉	水	오장, 내장
재	才	陽	木	3	陽	火	金	-	手	木	재주, 재능 있는, 기본, 근본
재	再	陽	土	6	陰	土	金	-	冂	土	두, 재차, 거듭, 거듭할
재	在	陽	土	6	陰	土	金	-	土	土	있을, 볼, 살필
재	材	陰	木	7	陽	金	金	-	木	木	재목, 건축, 원료, 자질, 바탕
재	災	陽	火	7	陽	金	金	-	火	火	재앙, 화재, 주벌할
재	哉	陽	水	9	陽	水	金	-	口	水	어조사, 처음, 재난, 재앙
재	財	陰	金	10	陰	水	金	-	貝	金	재물, 재료, 재주, 성(姓)
재	栽	陽	木	10	陰	水	金	-	木	木	심을, 가꿀, 묘목, 어린 싹
재	宰	陽	木	10	陰	水	金	-	宀	木	재상, 벼슬아치, 주관할
재	梓	陰	木	11	陽	木	金	-	木	木	가래나무, 판목, 목수, 목공
재	裁	陽	木	12	陰	木	金	-	衣	木	마를, 마름질할, 옷을 지을
재	渽	陰	水	12	陰	木	金	-	水	水	맑을
재	滓	陰	水	13	陽	火	金	-	水	水	찌끼, 앙금, 때, 더러운
재	載	陽	火	13	陽	火	金	-	車	火	실을, 운반할, 탈 것
재	縡	陰	木	16	陰	土	金	-	糸	木	일
재	齋	中	土	17	陽	金	金	-	齋	土	재계할, 공경할, 엄숙할
재	齎	中	土	21	陽	木	金	-	齋	土	가져올, 가져갈, 줄, 보낼
쟁	爭	陽	金	8	陰	金	金	土	爪	金	다툴, 결판낼, 소송할, 싸움
쟁	箏	中	木	14	陰	火	金	土	竹	木	쟁, 풍경, 13현 악기의 하나
쟁	諍	陰	金	15	陽	土	金	土	言	金	간할, 다툴, 간하는 말
쟁	錚	陰	金	16	陰	土	金	土	金	金	쇳소리, 징

글자		글자		획수			음령오행		부수		글자의 의미
		음양	오행	획수	음양	오행	초성	종성	부수	오행	
저	佇	陰	火	7	陽	金	金	-	人	火	우두커니, 기다릴, 오랠
저	低	陰	火	7	陽	金	金	-	人	火	밑, 속, 안, 이를, 굽힐
저	底	陽	木	8	陰	金	金	-	广	木	밑, 바닥, 이를, 어찌, 숫돌
저	杵	陰	木	8	陰	金	金	-	木	木	공이, 절굿공이, 방망이, 달구
저	抵	陰	木	8	陰	金	金	-	手	木	거스를, 거절할, 막을
저	咀	陰	水	8	陰	金	金	-	口	水	씹을, 저주할, 맛을 볼
저	沮	陰	水	8	陰	金	金	-	水	水	막을, 저지할, 방해할, 그만둘
저	姐	陰	土	8	陰	金	金	-	女	土	누이, 계집아이, 교만할
저	狙	陰	土	8	陰	金	金	-	犬	土	원숭이, 교활할, 속일, 엿볼
저	邸	陰	土	8	陰	金	金	-	邑	土	집, 묵을, 다다를
저	苧	陽	木	9	陽	水	金	-	艸	木	모시
저	疽	陽	水	10	陰	水	金	-	疒	水	등창, 악성종기, 가려운 병
저	紵	陰	木	11	陽	木	金	-	糸	木	모시풀, 모시 베
저	這	陽	土	11	陽	木	金	-	辵	土	이, 맞이할, 맞을
저	詛	陰	金	12	陰	木	金	-	言	金	저주할, 맹세할, 원망할, 욕할
저	貯	陰	金	12	陰	木	金	-	貝	金	쌓을, 저축할, 가게, 상점
저	菹	中	木	12	陰	木	金	-	艸	木	채소절임, 젓갈, 고기젓
저	渚	陰	水	12	陰	木	金	-	水	水	물가, 삼각주, 모래섬
저	猪	陰	土	12	陰	木	金	-	犬	土	돼지, 멧돼지, 돼지새끼
저	著	陽	木	13	陽	火	金	-	艸	木	분명할, 저술할, 나타낼
저	楮	陰	木	13	陽	火	金	-	木	木	닥나무, 종이, 지폐, 돈
저	雎	陰	火	13	陽	火	金	-	隹	火	물수리, 징경이
저	樗	陰	木	15	陽	土	金	-	木	木	가죽나무, 쓸모없는 물건
저	箸	中	木	15	陽	土	金	-	竹	木	젓가락, 대나무 통, 통
저	儲	陰	火	18	陰	金	金	-	人	火	쌓을, 태자, 세자, 버금
저	齟	陰	金	20	陰	水	金	-	齒	金	어긋날, 어긋나 맞지않을
저	藷	中	木	20	陰	水	金	-	艸	木	사탕수수, 참마, 감자, 산약
저	躇	陰	土	20	陰	水	金	-	足	土	머뭇거릴, 건너뛸, 밟을
적	吊	陽	水	6	陰	土	金	木	口	水	조상할, 문안할, 안부 물을
적	狄	陰	土	7	陽	金	金	木	犬	土	오랑캐, 악공, 낮은 관리

글자		글자		획수			음령오행		부수		글자의 의미
		음양	오행	획수	음양	오행	초성	종성	부수	오행	
적	赤	陽	火	7	陽	金	金	木	赤	火	붉을, 붉은색, 적나라
적	的	陰	金	8	陰	金	金	木	白	金	과녁, 표준, 요점
적	炙	陽	火	8	陰	金	金	木	火	火	고기 구울, 구운 고기
적	迪	陽	土	9	陽	水	金	木	辵	土	나아갈, 이끌, 길, 도덕
적	迹	陽	土	10	陰	水	金	木	辵	土	자취, 공적, 흔적, 소문, 좇을
적	笛	中	木	11	陽	木	金	木	竹	木	피리
적	寂	中	木	11	陽	木	金	木	宀	木	고요할, 평온할
적	荻	中	木	11	陽	木	金	木	艸	木	물억새, 쑥, 갈잎피리, 갈대
적	賊	陰	金	13	陽	火	金	木	貝	金	도둑, 해칠, 죽일, 상하게 할
적	跡	陰	土	13	陽	火	金	木	足	土	자취, 흔적, 뒤를 캘, 밟을
적	勣	陰	土	13	陽	火	金	木	力	土	공, 업적
적	摘	陰	木	14	陰	火	金	木	手	木	딸, 과일을 딸, 요점만 쓸
적	滴	陰	水	14	陰	火	金	木	水	水	물방울, 방울져 떨어질
적	嫡	陰	土	14	陰	火	金	木	女	土	정실, 본처, 맏아들, 본처아이
적	翟	中	火	14	陰	火	金	木	羽	火	꿩, 꿩의 깃
적	敵	陰	金	15	陽	土	金	木	攴	金	원수, 상대방, 대등할, 맞설
적	適	陽	土	15	陽	土	金	木	辵	土	갈, 도달할, 시집 갈, 마땅할
적	積	陰	木	16	陰	土	金	木	禾	木	쌓을, 모을, 저축할, 포갤
적	績	陰	木	17	陽	金	金	木	糸	木	실을 낳을, 이을, 길쌈할
적	謫	陰	金	18	陰	金	金	木	言	金	귀양갈, 유배될, 벌할, 견책
적	蹟	陰	土	18	陰	金	金	木	足	土	자취, 따를, 좇을, 사적, 행적
적	鏑	陰	金	19	陽	水	金	木	金	金	살촉, 명전
적	籍	陰	木	20	陰	水	金	木	竹	木	서적, 책, 문서, 장부
전	田	陽	木	5	陽	土	金	火	田	木	밭, 경지구획, 심을
전	全	陽	木	6	陰	土	金	火	入	木	완전할, 모두, 흠이 없는
전	甸	陽	木	7	陽	金	金	火	田	木	경기, 교외
전	佃	陰	火	7	陽	金	金	火	人	火	밭을 갈, 사냥할, 소작인
전	典	陽	金	8	陰	金	金	火	八	金	법, 규정, 책, 서적, 가르침
전	佺	陰	火	8	陰	金	金	火	人	火	신선이름
전	前	中	金	9	陽	水	金	火	刀	金	앞, 전진할, 나아갈

글자		글자		획수			음령오행		부수		글자의 의미
		음양	오행	획수	음양	오행	초성	종성	부수	오행	
전	畑	陰	土	9	陽	水	金	火	田	木	화전
전	荃	陽	木	10	陰	水	金	火	艸	木	겨자무침, 향풀, 통발
전	栓	陰	木	10	陰	水	金	火	木	木	나무못, 병마개, 빗장
전	展	陽	水	10	陰	水	金	火	尸	水	펼, 늘일, 발달할, 발전할
전	悛	陰	火	10	陰	水	金	火	心	火	고칠, 깨달을, 중지할, 개오할
전	剪	中	金	11	陽	木	金	火	刀	金	자를, 가위, 화살 ·
전	專	陽	土	11	陽	木	金	火	寸	土	오로지, 마음대로, 순수할
전	琠	陰	金	12	陰	木	金	火	玉	金	귀막이, 옥 이름
전	奠	陽	木	12	陰	木	金	火	大	木	제사지낼, 전, 정할, 정해질
전	筌	中	木	12	陰	木	金	火	竹	木	통발, 물고기 잡이용 도구
전	詮	陰	金	13	陽	火	金	火	言	金	설명할, 갖출, 법칙, 도리
전	鈿	陰	金	13	陽	火	金	火	金	金	비녀, 금장식, 나전세공
전	殿	陰	金	13	陽	火	金	火	殳	金	큰집, 궁궐, 절
전	電	陽	水	13	陽	火	金	火	雨	水	번개, 전기
전	塡	陰	土	13	陽	火	金	火	土	土	메울, 채울, 편안할, 북소리
전	傳	陰	火	13	陽	火	金	火	人	火	전할, 말할, 보낼
전	煎	中	火	13	陽	火	金	火	火	火	달일, 마음 졸일, 애태울
전	銓	陰	金	14	陰	火	金	火	金	金	저울질할, 저울, 대패
전	箋	中	木	14	陰	火	金	火	竹	木	찌지, 부전, 주해, 글
전	塼	陰	土	14	陰	火	金	火	土	土	벽돌, 땅이름, 둥글
전	廛	陽	木	15	陽	土	金	火	广	木	가게, 터, 집터, 밭
전	篆	中	木	15	陽	土	金	火	竹	木	전자, 도장
전	箭	中	木	15	陽	土	金	火	竹	木	화살, 화살대, 대나무 이름
전	戰	陰	金	16	陰	土	金	火	戈	金	싸울, 전쟁, 싸움, 두려워할
전	錢	陰	金	16	陰	土	金	火	金	金	돈, 가래
전	餞	陰	水	17	陽	金	金	火	食	水	전별할, 권할, 송별연
전	輾	陰	火	17	陽	金	金	火	車	火	구를, 반전할, 타작할
전	氈	陰	火	17	陽	金	金	火	毛	火	모전, 양탄자, 털 모직물
전	轉	陰	火	18	陰	金	金	火	車	火	구를, 회전할, 변할, 움직일
전	顚	陰	火	19	陽	水	金	火	頁	火	정수리, 이마, 꼭대기, 넘어질

글자		글자		획수			음령오행		부수		글자의 의미
		음양	오행	획수	음양	오행	초성	종성	부수	오행	
전	鐫	陰	金	21	陽	木	金	火	金	金	새길, 쫄, 끌, 구멍파는 연장
전	纏	陰	木	21	陽	木	金	火	糸	木	얽힐, 묶을, 줄 새끼
전	顫	陰	火	22	陰	木	金	火	頁	火	떨릴, 놀랄, 냄새를 잘 맡을
전	癲	中	水	24	陰	火	金	火	疒	水	미친, 지랄병
절	切	陰	金	4	陰	火	金	火	刀	金	끊을, 갈, 문지를, 바로잡을
절	折	陰	木	7	陽	金	金	火	手	木	꺾을, 자를, 쪼갤, 부러질
절	浙	陰	水	10	陰	水	金	火	水	水	강이름, 땅이름, 쌀을 일
절	晢	中	火	11	陽	木	金	火	日	火	밝을, 총명할, 별이 빛날
절	絶	陰	木	12	陰	木	金	火	糸	木	끊을, 막을, 없앨, 그만둘
절	截	陽	金	14	陰	火	金	火	戈	金	끊을, 다스릴, 정제할
절	節	陰	木	15	陽	土	金	火	竹	木	마디, 대, 뼈마디, 단락, 절개
절	癤	中	水	20	陰	水	金	火	疒	水	부스럼, 만성 종창
절	竊	中	水	22	陰	木	金	火	穴	水	훔칠, 도둑, 몰래
점	占	陽	火	5	陽	土	金	水	卜	火	차지할, 지킬, 점칠, 점
점	店	陽	木	8	陰	金	金	水	广	木	가게, 여관
점	岾	陰	土	8	陰	金	金	水	山	土	땅이름, 절, 절이름
점	点	陽	火	9	陽	水	金	水	火	火	점, 문자의 말소, 셀, 점검할
점	粘	陰	木	11	陽	木	金	水	米	木	끈끈할, 달라붙을, 끈기있는
점	漸	陰	水	14	陰	火	金	水	水	水	점점, 차차, 차츰 나아갈
점	鮎	陰	水	16	陰	土	金	水	魚	水	메기
점	霑	中	水	16	陰	土	金	水	雨	水	젖을, 적실, 두루 미칠, 잠길
점	點	陰	水	17	陽	金	金	水	黑	水	점, 문자의 말소, 셀, 점검할
접	接	陰	木	11	陽	木	金	水	手	木	사귈, 교제할, 교차할, 접할
접	摺	陰	木	14	陰	火	金	水	手	木	접을, 꺾을, 부러뜨릴, 주름
접	蝶	陰	水	15	陽	土	金	水	虫	水	나비
정	丁	陽	木	2	陰	木	金	土	一	木	넷째천간, 당할, 성할
정	井	陽	木	4	陰	火	金	土	二	木	우물, 정자형
정	汀	陰	水	5	陽	土	金	土	水	水	물가, 모래섬, 뜻을 못이룰
정	正	陽	土	5	陽	土	金	土	止	土	바를, 바로잡을, 갖추어질
정	玎	陰	金	6	陰	土	金	土	玉	金	옥소리

글자		글자		획수			음령오행		부수		글자의 의미
		음양	오행	획수	음양	오행	초성	종성	부수	오행	
정	廷	陽	木	7	陽	金	金	土	廴	木	조정, 관청, 공정할, 공변될
정	町	陰	木	7	陽	金	金	土	田	木	밭두둑, 밭의 경계, 경계
정	呈	陽	水	7	陽	金	金	土	口	水	드릴, 바칠, 나타날, 한도
정	姘	陰	土	7	陽	金	金	土	女	土	엄전할
정	政	陰	金	8	陰	金	金	土	攴	金	정사, 부정을 바로잡을, 법규
정	定	陽	木	8	陰	金	金	土	宀	木	정할, 정해질, 반드시
정	姃	陰	土	8	陰	金	金	土	女	土	단정할
정	征	陰	火	8	陰	金	金	土	彳	火	칠, 갈, 취할, 바르게 갈
정	貞	陽	金	9	陽	水	金	土	貝	金	곧을, 정할, 인정할, 절개
정	訂	陰	金	9	陽	水	金	土	言	金	바로잡을, 머무를, 평론할
정	酊	陰	金	9	陽	水	金	土	酉	金	술 취할
정	柾	陰	木	9	陽	水	金	土	木	木	나무가 바를
정	穽	陽	水	9	陽	水	金	土	穴	水	허방다리, 함정
정	亭	陽	火	9	陽	水	金	土	亠	火	정자, 역참, 여인숙, 머무를
정	炡	陰	火	9	陽	水	金	土	火	火	빛날, 불이 번쩍거릴
정	釘	陰	金	10	陰	水	金	土	金	金	못, 못을 박을, 금, 황금
정	挺	陰	木	10	陰	水	金	土	手	木	뺄, 뽑을, 이탈할, 특출할
정	庭	中	木	10	陰	水	金	土	广	木	뜰, 집안, 마당, 조정
정	涏	陰	水	10	陰	水	金	土	水	水	곧을, 반질반질할
정	珵	陰	金	11	陽	木	金	土	玉	金	옥이름, 스스로 발광할
정	珽	陰	金	11	陽	木	金	土	玉	金	옥홀, 옥이름
정	桯	陰	木	11	陽	木	金	土	木	木	탁자, 기둥, 장대
정	淀	陰	水	11	陽	木	金	土	水	水	얕은 물, 고인 물, 배를 댈
정	淨	陰	水	11	陽	木	金	土	水	水	깨끗할, 맑을, 사념이 없을
정	旌	陰	土	11	陽	木	金	土	方	土	기, 천자 기, 절, 나타낼
정	埩	陰	土	11	陽	木	金	土	土	土	밭을 갈
정	頂	陰	火	11	陽	木	金	土	頁	火	정수리, 머리, 꼭대기
정	停	陰	火	11	陽	木	金	土	人	火	머무를, 정해질
정	偵	陰	火	11	陽	木	金	土	人	火	정탐할, 물을, 점칠, 염탐꾼
정	情	陰	火	11	陽	木	金	土	心	火	뜻, 정, 본성

글자		글자		획수			음령오행		부수		글자의 의미
		음양	오행	획수	음양	오행	초성	종성	부수	오행	
정	幀	陰	木	12	陰	木	金	土	巾	木	그림족자, 그림틀, 수틀, 겉장
정	程	陰	木	12	陰	木	金	土	禾	木	길이 단위, 법, 법도, 헤아릴
정	湞	陰	水	12	陰	木	金	土	水	水	물이름
정	渟	陰	水	12	陰	木	金	土	水	水	물이 괼, 물가, 정지할, 멈출
정	婷	陰	土	12	陰	木	金	土	女	土	예쁜, 아름다운
정	晶	中	火	12	陰	木	金	土	日	火	밝을, 환할, 맑을, 투명할
정	晸	中	火	12	陰	木	金	土	日	火	해가 뜨는 모양, 해돋을
정	碇	陰	金	13	陽	火	金	土	石	金	닻, 닻을 내릴, 배를 멈출
정	鉦	陰	金	13	陽	火	金	土	金	金	징
정	靖	陰	木	13	陽	火	金	土	青	木	편안할, 고요할, 다스릴, 꾀할
정	綎	陰	木	13	陽	火	金	土	糸	木	띠 술, 패옥 끈, 인끈
정	楨	陰	木	13	陽	火	金	土	木	木	광나무, 기둥, 근본
정	睛	陰	木	13	陽	火	金	土	目	木	눈동자, 싫어하는 눈빛
정	艇	陰	木	13	陽	火	金	土	舟	木	거룻배, 작은 배
정	鼎	中	火	13	陽	火	金	土	鼎	火	솥, 존귀할, 바야흐로
정	禎	陰	木	14	陰	火	金	土	示	木	상서, 복, 행복, 곧을, 바를
정	精	陰	木	14	陰	火	金	土	米	木	정미, 찧을, 자세할, 정기
정	鋌	陰	金	15	陽	土	金	土	金	金	쇳덩이, 판금, 화살촉
정	鋥	陰	金	15	陽	土	金	土	金	金	칼을 갈, 칼날을 세울
정	靚	陰	木	15	陽	土	金	土	青	木	단장할, 정숙할, 고요할
정	霆	中	水	15	陽	土	金	土	雨	水	천둥소리, 번개, 떨, 펄럭일
정	鄭	陰	土	15	陽	土	金	土	邑	土	나라이름, 겹칠
정	諪	陰	金	16	陰	土	金	土	言	金	조정할
정	錠	陰	金	16	陰	土	金	土	金	金	제기이름, 신선로, 은화, 촛대
정	整	中	金	16	陰	土	金	土	攴	金	가지런할, 정돈할, 가지런해질
정	靜	陰	木	16	陰	土	金	土	青	木	고요할, 맑을, 정밀할, 조용할
정	檉	陰	木	17	陽	金	金	土	木	木	위성류, 노송나무의 일종
정	瀞	陰	水	19	陽	水	金	土	水	水	맑을
제	弟	陽	火	7	陽	金	金	–	弓	火	아우, 나이어린 사람
제	制	陰	金	8	陰	金	金	–	刀	金	마를, 만들, 지을, 누를, 제도

글자		글자		획수			음령오행		부수		글자의 의미
		음양	오행	획수	음양	오행	초성	종성	부수	오행	
제	帝	陽	木	9	陽	水	金	-	巾	木	임금, 하느님, 오제의 약칭
제	除	陰	土	10	陰	水	金	-	阜	土	섬돌, 길, 도로, 뜰, 제할
제	悌	陰	火	10	陰	水	金	-	心	火	공경할
제	梯	陰	木	11	陽	木	金	-	木	木	사다리, 층계, 실마리, 의지할
제	第	中	木	11	陽	木	金	-	竹	木	차례, 차례정할, 등급매길
제	祭	中	木	11	陽	木	金	-	示	木	제사, 제사지낼, 신과 접할
제	提	陰	木	12	陰	木	金	-	手	木	끌, 끌고 갈, 휴대할
제	啼	陰	水	12	陰	木	金	-	口	水	울, 울부짖을
제	堤	陰	土	12	陰	木	金	-	土	土	둑, 제방, 둑을 쌓을
제	媞	陰	土	12	陰	木	金	-	女	土	안존할, 아름다울, 예쁠, 고울
제	瑅	陰	金	13	陽	火	金	-	玉	金	제당, 옥이름
제	製	中	木	14	陰	火	金	-	衣	木	지을, 기물을 만들, 약 지을
제	際	陰	土	14	陰	火	金	-	阜	土	사이, 중간, 교제, 기회, 즈음
제	齊	中	土	14	陰	火	金	-	齊	土	가지런할, 같을, 갖출, 엄숙할
제	醍	陰	金	16	陰	土	金	-	酉	金	맑은 술, 불그레한 술
제	劑	陰	金	16	陰	土	金	-	刀	金	벨, 조절할, 배합할, 약 지을
제	諸	陰	金	16	陰	土	金	-	言	金	모든, 여러, 은, 는, 이, 에게
제	蹄	陰	土	16	陰	土	金	-	足	土	굽, 짐승의 발굽, 올무, 밟을
제	濟	陰	水	17	陽	金	金	-	水	水	건널, 건질, 구제할, 나루
제	薺	中	木	18	陰	金	金	-	艸	木	냉이, 납가새, 겨잣과 풀
제	臍	陰	水	18	陰	金	金	-	肉	水	배꼽, 과일의 오목한 곳
제	題	中	火	18	陰	金	金	-	頁	火	표제, 문제, 맨 앞머리, 이마
제	霽	中	水	22	陰	木	金	-	雨	水	갤, 비가 그칠, 마음 개운해질
조	爪	陽	金	4	陰	火	金	-	爪	金	손톱, 깍지, 메뚜기
조	弔	陽	土	4	陰	火	金	-	弓	火	조상할, 문안할, 안부 물을
조	兆	陰	木	6	陰	土	金	-	儿	木	조짐, 점괘, 점칠
조	早	陽	火	6	陰	土	金	-	日	火	새벽, 이른 아침, 이를, 일찍
조	助	陰	土	7	陽	金	金	-	力	土	도울, 도움, 구조, 구원
조	阻	陰	土	8	陰	金	金	-	阜	土	험할, 사이가 멀, 걱정할
조	俎	陰	火	9	陽	水	金	-	人	火	도마, 적대, 높은 대

글자		글자		획수			음령오행		부수		글자의 의미
		음양	오행	획수	음양	오행	초성	종성	부수	오행	
조	租	陰	木	10	陰	水	金	-	禾	木	구실, 세금, 쌓을, 세들, 세낼
조	祚	陰	木	10	陰	水	金	-	示	木	복, 복을 내릴, 천자자리
조	祖	陰	木	10	陰	水	金	-	示	木	조상, 사당, 할아비
조	蚤	陽	水	10	陰	水	金	-	虫	水	벼룩, 손톱, 일찍, 일찍이
조	凋	陰	水	10	陰	水	金	-	冫	水	시들, 슬퍼할, 새길
조	曺	陽	火	10	陰	水	金	-	曰	火	성(姓)
조	晁	中	火	10	陰	水	金	-	日	火	아침, 처음, 뵈올, 조회할
조	釣	陰	金	11	陽	木	金	-	金	金	낚시, 낚을, 꾈, 낚시질 할
조	眺	陰	木	11	陽	木	金	-	目	木	바라볼, 살필, 주의하여 볼
조	條	陰	木	11	陽	木	金	-	木	木	가지, 나뭇가지, 유자나무
조	粗	陰	木	11	陽	木	金	-	米	木	거친, 세밀하지 못한
조	組	陰	木	11	陽	木	金	-	糸	木	끈, 끈목, 짤, 꿰맬, 조직할
조	措	陰	木	11	陽	木	金	-	手	木	둘, 그만둘, 섞을, 섞일, 놓을
조	窕	中	水	11	陽	木	金	-	穴	水	정숙할, 고요할, 그윽할
조	造	陽	土	11	陽	木	金	-	辵	土	지을, 만들, 꾸밀, 조작할
조	鳥	陽	火	11	陽	木	金	-	鳥	火	새, 봉황, 별이름
조	曹	陽	火	11	陽	木	金	-	曰	火	마을, 관아, 관리, 무리, 군중
조	彫	陰	火	11	陽	木	金	-	彡	火	새길, 꾸밀, 아로새길
조	詔	陰	金	12	陰	木	金	-	言	金	고할, 알릴, 신에 고할, 조서
조	棗	陽	木	12	陰	木	金	-	木	木	대추나무, 대추, 대추빛깔
조	朝	陰	水	12	陰	木	金	-	月	水	아침, 처음, 뵈올, 알현할
조	稠	陰	木	13	陽	火	金	-	禾	木	빽빽할, 풍족하게 익을, 고를
조	照	中	火	13	陽	火	金	-	火	火	비출, 비칠, 햇빛
조	漕	陰	水	14	陰	火	金	-	水	水	배로 실어 나를, 수레, 홈통
조	趙	陽	火	14	陰	火	金	-	走	火	나라이름, 넘을, 뛰어넘을
조	肇	中	火	14	陰	火	金	-	聿	火	칠, 공격할, 비롯될, 시작할
조	調	陰	金	15	陽	土	金	-	言	金	고를, 조절할, 어울릴, 화합할
조	槽	陰	木	15	陽	土	金	-	木	木	구유, 주조, 나무통, 가축그릇
조	潮	陰	水	15	陽	土	金	-	水	水	조수, 흘러들어갈, 밀려들
조	嘲	陰	水	15	陽	土	金	-	口	水	비웃을, 조롱할, 지저귈

글자		글자		획수			음령오행		부수		글자의 의미
		음양	오행	획수	음양	오행	초성	종성	부수	오행	
조	遭	陽	土	15	陽	土	金	-	辵	土	만날, 상봉할, 일을 당할
조	操	陰	木	16	陰	土	金	-	手	木	잡을, 쥘, 조종할, 부릴
조	雕	陰	火	16	陰	土	金	-	隹	火	독수리, 새길, 시들
조	璪	陰	金	17	陽	金	金	-	玉	金	면류관 드림 옥, 옥의 무늬
조	糟	陰	木	17	陽	金	金	-	米	木	전국, 지게미, 성(姓)
조	燥	陰	火	17	陽	金	金	-	火	火	마를, 말릴, 말린 것
조	繰	陰	木	19	陽	水	金	-	糸	木	야청 통견, 야청빛, 고치 켤
조	藻	中	木	20	陰	水	金	-	艸	木	말, 무늬 있는 말, 바닷말
조	躁	陰	土	20	陰	水	金	-	足	土	성급할, 조급할, 시끄러울
족	足	陽	土	7	陽	金	金	木	足	土	발, 뿌리, 근본, 그칠, 머무를
족	族	陰	土	11	陽	木	金	木	方	土	겨레, 가계, 무리
족	簇	陰	木	17	陽	金	金	木	竹	木	조릿대, 화살촉, 모일
족	鏃	陰	金	19	陽	水	金	木	金	金	살촉, 화살촉, 날카로울
존	存	陽	水	6	陰	土	金	火	子	水	있을, 안부 물을, 가엾게 여길
존	尊	陽	土	12	陰	木	金	火	寸	土	높을, 지위가 높을, 우러러볼
졸	卒	中	金	8	陰	金	金	火	十	水	군사, 하인, 심부름꾼, 집단
졸	拙	陰	木	8	陰	金	金	火	手	木	서투를, 운이 나쁠, 옹졸할
졸	猝	陰	土	11	陽	木	金	火	犬	土	갑자기, 빠를, 빨리
종	宗	陽	木	8	陰	金	金	土	宀	木	마루, 일의 근원, 근본, 사당
종	柊	陰	木	9	陽	水	金	土	木	木	나무이름, 메
종	倧	陰	火	10	陰	水	金	土	人	火	상고신인, 신인
종	終	陰	木	11	陽	木	金	土	糸	木	끝날, 완료될, 그칠, 다될
종	淙	陰	水	11	陽	木	金	土	水	水	물소리, 물을 댈
종	從	陰	火	11	陽	木	金	土	彳	火	좇을, 순직할, 나아갈
종	悰	陰	火	11	陽	木	金	土	心	火	즐길, 즐거울, 생각, 마음
종	琮	陰	金	12	陰	木	金	土	玉	金	옥홀, 서옥이름
종	棕	陰	木	12	陰	木	金	土	木	木	종려나무
종	椶	陰	木	13	陽	火	金	土	木	木	종려나무
종	腫	陰	水	13	陽	火	金	土	肉	水	부스럼, 부증, 혹
종	綜	陰	木	14	陰	火	金	土	糸	木	잉아, 모을

글자		글자		획수			음령오행		부수		글자의 의미
		음양	오행	획수	음양	오행	초성	종성	부수	오행	
종	種	陰	木	14	陰	火	金	土	禾	木	씨, 근본, 혈통, 핏줄, 종류
종	瑽	陰	金	15	陽	土	金	土	玉	金	패옥소리
종	踪	陰	土	15	陽	土	金	土	足	土	자취, 발자취
종	慫	中	火	15	陽	土	金	土	心	火	권할, 놀랄, 놀라 두려워할
종	踵	陰	土	16	陰	土	金	土	足	土	발꿈치, 쫓을, 이을, 계승할
종	鍾	陰	金	17	陽	金	金	土	金	金	종, 쇠북, 시계
종	縱	陰	木	17	陽	金	金	土	糸	木	늘어질, 용서할, 활 쏠, 세로
종	鐘	陰	金	20	陰	水	金	土	金	金	종, 쇠북
좌	左	陽	火	5	陽	土	金	土	工	火	왼, 왼쪽으로 할, 어긋날
좌	坐	中	土	7	陽	金	金	土	土	土	앉을, 앉아서, 무릎 꿇을
좌	佐	陰	火	7	陽	金	金	土	人	火	도울, 권할, 도움
좌	挫	陰	木	10	陰	水	金	土	手	木	꺾을, 창피 줄, 결박할, 묶을
좌	座	中	木	10	陰	水	金	土	广	木	자리, 좌, 부처, 별자리, 집
죄	罪	中	木	13	陽	火	金	土	网	木	허물, 죄, 형벌, 재앙
주	主	陽	木	5	陽	土	金	土	丶	木	주인, 임금, 공경대부
주	舟	陽	木	6	陰	土	金	-	舟	木	배, 쟁반, 예기
주	朱	陽	木	6	陰	土	金	-	木	木	붉은, 붉은빛, 적토
주	州	陰	水	6	陰	土	金	-	巛	水	고을, 마을, 동네, 섬, 모래톱
주	走	陽	火	7	陽	金	金	-	走	火	달릴, 빨리 갈, 달아날, 갈
주	住	陰	火	7	陽	金	金	-	人	火	살, 거처, 머무를
주	宙	陽	木	8	陰	金	金	-	宀	木	집, 하늘, 동량
주	拄	陰	木	8	陰	金	金	-	手	木	떠받칠, 거절할, 손가락질할
주	周	陽	水	8	陰	金	金	-	口	水	두루, 골고루, 고루 미칠
주	注	陰	水	8	陰	金	金	-	水	水	물댈, 부을, 쏟을, 물 흐를
주	呪	陰	水	8	陰	金	金	-	口	水	빌, 원하는것 빌, 저주할
주	姝	陰	土	8	陰	金	金	-	女	土	사람이름, 예쁜
주	侏	陰	火	8	陰	金	金	-	人	火	난쟁이, 광대, 동자기둥
주	奏	陽	木	9	陽	水	金	-	大	木	아뢸, 상소, 모일
주	柱	陰	木	9	陽	水	金	-	木	木	기둥, 줄기, 가야금, 거문고
주	紂	陰	木	9	陽	水	金	-	糸	木	껑거리끈, 밀치끈

글자		글자		획수			음령오행		부수		글자의 의미
		음양	오행	획수	음양	오행	초성	종성	부수	오행	
주	冑	陽	水	9	陽	水	金	-	冂	土	맏아들, 핏줄, 혈통
주	洲	陰	水	9	陽	水	金	-	水	水	섬, 대륙
주	姝	陰	土	9	陽	水	金	-	女	土	예쁜, 연약한, 꾸밀
주	炷	陰	火	9	陽	水	金	-	火	火	심지, 불사를, 향을 피울
주	酎	陰	金	10	陰	水	金	-	酉	金	진한 술, 술을 빚을
주	珠	陰	金	10	陰	水	金	-	玉	金	구슬, 진주, 둥근 알
주	酒	陰	金	10	陰	水	金	-	酉	金	술, 현주, 잔치, 주연
주	株	陰	木	10	陰	水	金	-	木	木	그루, 나무, 밑동, 뿌리
주	紬	陰	木	11	陽	木	金	-	糸	木	명주, 굵은 명주, 실을 뽑을
주	晝	陽	火	11	陽	木	金	-	日	火	낮
주	做	陰	火	11	陽	木	金	-	人	火	지을, 만들
주	註	陰	金	12	陰	木	金	-	言	金	주낼, 뜻을 밝힐, 주, 주해
주	湊	陰	水	12	陰	木	金	-	水	水	모일, 물이 모일, 항구
주	蛛	陰	水	12	陰	木	金	-	虫	水	거미
주	週	陽	土	12	陰	木	金	-	辵	土	돌, 회전할, 일요일
주	晭	陰	火	12	陰	木	金	-	日	火	햇빛
주	誅	陰	金	13	陽	火	金	-	言	金	벨, 죄인을 죽일, 적을 토벌할
주	鉒	陰	金	13	陽	火	金	-	金	金	쇳돌, 가공안한 광석, 놓아둘
주	遒	陽	土	13	陽	火	金	-	辵	土	다가설, 접근할, 셀, 씩씩할
주	綢	陰	木	14	陰	火	金	-	糸	木	얽힐, 명주
주	嗾	陰	水	14	陰	火	金	-	口	水	부추길
주	廚	中	木	15	陽	土	金	-	广	木	부엌, 요리인, 상자
주	澍	陰	水	15	陽	土	金	-	水	水	단비, 젖을, 흘러들어갈
주	駐	陰	火	15	陽	土	金	-	馬	火	머무를, 체류할
주	輳	陰	火	16	陰	土	金	-	車	火	모일, 모여들
주	燽	陰	火	18	陰	金	金	-	火	火	밝을, 드러날
주	疇	陰	木	19	陽	水	金	-	田	木	밭두둑, 밭, 경계
주	籌	中	木	20	陰	水	金	-	竹	木	투호살, 산가지, 셀, 헤아릴
주	躊	陰	土	21	陽	木	金	-	足	土	머뭇거릴, 주저할
주	鑄	陰	金	22	陰	木	金	-	金	金	부어서 만들, 인재를 양성할

글자		글자		획수			음령오행		부수		글자의 의미
		음양	오행	획수	음양	오행	초성	종성	부수	오행	
죽	竹	陰	木	6	陰	土	金	木	竹	木	대, 대나무, 피리, 죽간
죽	粥	陰	木	12	陰	木	金	木	米	木	죽, 사물의 모양, 성(姓)
준	俊	陰	火	9	陽	水	金	火	人	火	준걸, 뛰어날, 클
준	准	陰	水	10	陰	水	金	火	冫	水	승인할, 견줄, 비길, 의거할
준	浚	陰	水	10	陰	水	金	火	水	水	깊을, 빼앗을, 약탈할
준	峻	陰	土	10	陰	水	金	火	山	土	높을, 엄할, 길
준	埈	陰	土	10	陰	水	金	火	土	土	가파를, 높이 솟을, 험할
준	隼	陽	火	10	陰	水	金	火	隹	火	새매, 맹금의 총칭
준	逡	陽	土	11	陽	木	金	火	辶	土	뒷걸음질 칠, 달의 운행
준	埻	陰	土	11	陽	木	金	火	土	土	과녁, 살받이터
준	晙	陰	火	11	陽	木	金	火	日	火	밝을, 이를
준	焌	陰	火	11	陽	木	金	火	火	火	태울, 점치기 귀갑 구울
준	竣	陰	金	12	陰	木	金	火	立	金	마칠, 끝날, 멈출, 웅크릴
준	畯	陰	木	12	陰	木	金	火	田	木	농부, 권농관, 농사의 신
준	葰	中	木	13	陽	火	金	火	艸	木	클, 성(姓)
준	準	中	水	13	陽	火	金	火	水	水	수준기, 법, 법도, 평평할
준	雋	陽	火	13	陽	火	金	火	隹	火	영특할
준	僔	陰	火	14	陰	火	金	火	人	火	모일, 많을, 웅크릴
준	儁	陰	火	15	陽	土	金	火	人	火	준걸, 뛰어날, 뛰어난 사람
준	寯	陽	木	16	陰	土	金	火	宀	木	준걸
준	樽	陰	木	16	陰	土	金	火	木	木	술통, 술단지, 그칠, 그만둘
준	遵	陽	土	16	陰	土	金	火	辶	土	좇을, 순종할, 복종할, 거느릴
준	濬	陰	水	17	陽	金	金	火	水	水	칠, 심오할, 깊을
준	駿	陰	火	17	陽	金	金	火	馬	火	준마, 뛰어난 사람, 걸출한
준	蠢	中	水	21	陽	木	金	火	虫	水	꿈틀거릴, 어리석을, 움직일
줄	茁	陽	木	9	陽	水	金	火	艸	木	풀싹, 싹이 틀
중	中	陽	木	4	陰	火	金	土	丨	木	가운데, 마음, 치우치지 않을
중	仲	陰	火	6	陰	土	金	土	人	火	버금, 가운데
중	重	陽	土	9	陽	水	金	土	里	土	무거울, 무겁게 할, 무게
중	衆	陽	水	12	陰	木	金	土	血	水	무리, 많은 사람, 많은 물건

글자		글자		획수			음령오행		부수		글자의 의미
		음양	오행	획수	음양	오행	초성	종성	부수	오행	
즉	卽	陰	水	9	陽	水	金	木	卩	水	곧, 가까울, 나아갈
즐	櫛	陰	木	19	陽	水	金	火	木	木	빗, 빗을, 긁을, 빗질할
즙	汁	陰	水	5	陽	土	金	水	水	水	즙, 진눈깨비
즙	葺	陽	木	13	陽	火	金	水	艸	木	기울
즙	楫	陰	木	13	陽	火	金	水	木	木	노, 배 젓는 기구, 모을
증	拯	陰	木	9	陽	水	金	土	手	木	건질, 구조할, 도울, 들어올릴
증	症	陽	水	10	陰	水	金	土	疒	水	증세, 병 증세
증	烝	中	火	10	陰	水	金	土	火	火	김 오를, 찔, 올릴, 임금
증	曾	陽	火	12	陰	木	金	土	曰	火	일찍, 곧, 거듭할, 이에
증	蒸	中	木	14	陰	火	金	土	艸	木	찔, 더울, 무더울
증	增	陰	土	15	陽	土	金	土	土	土	불을, 늘, 더할, 늘릴, 거듭할
증	憎	陰	火	15	陽	土	金	土	心	火	미워할, 증오할, 미움
증	甑	陰	土	17	陽	金	金	土	瓦	土	시루
증	繒	陰	木	18	陰	金	金	土	糸	木	비단, 명주, 견직물의 총칭
증	贈	陰	金	19	陽	水	金	土	貝	金	보낼, 선물할, 일러 보낼, 줄
증	證	陰	金	19	陽	水	金	土	言	金	증거, 증명할, 알릴, 고할
지	之	陽	金	4	陰	火	金	-	丿	金	갈, 이, ~의
지	支	陽	土	4	陰	火	金	-	支	土	가를, 지탱할, 가지
지	止	中	土	4	陰	火	金	-	止	土	발, 그칠, 멈출, 멎을, 머무를
지	只	中	水	5	陽	土	金	-	口	水	다만, 뿐
지	池	陰	水	6	陰	土	金	-	水	水	못, 물 모아둔 곳, 해자
지	至	陽	土	6	陰	土	金	-	至	土	이를, 도래할, 닿을, 지극할
지	地	陰	土	6	陰	土	金	-	土	土	땅, 토지의 신, 처지
지	旨	陽	火	6	陰	土	金	-	日	火	맛있을, 아름다울, 맛있는 것
지	厎	陽	水	7	陽	金	金	-	厂	水	숫돌, 갈, 이를, 다다를
지	沚	陰	水	7	陽	金	金	-	水	水	물가
지	址	陰	土	7	陽	金	金	-	土	土	터
지	志	陽	火	7	陽	金	金	-	心	火	뜻, 의향, 마음, 본심, 사심
지	知	陰	金	8	陰	金	金	-	矢	金	알, 깨달을, 느낄, 분별할
지	芷	陽	木	8	陰	金	金	-	艸	木	구리때, 향풀, 지초

글자		글자		획수			음령오행		부수		글자의 의미
		음양	오행	획수	음양	오행	초성	종성	부수	오행	
지	芝	陽	木	8	陰	金	金	-	艸	木	지초, 버섯이름, 신초이름
지	枝	陰	木	8	陰	金	金	-	木	木	가지, 초목의 가지, 가지를 칠
지	肢	陰	水	8	陰	金	金	-	肉	水	사지, 팔다리, 찌뿌드드할
지	泜	陰	水	8	陰	金	金	-	水	水	강이름, 가지런한
지	持	陰	木	9	陽	水	金	-	手	木	가질, 보전할, 보존할, 유지할
지	指	陰	木	9	陽	水	金	-	手	木	손가락, 발가락, 가리킬
지	祉	陰	木	9	陽	水	金	-	示	木	복, 하늘에서 주는 복
지	枳	陰	木	9	陽	水	金	-	木	木	탱자나무, 호깨나무, 해칠
지	咫	陽	水	9	陽	水	金	-	口	水	길이, 적은 분량
지	洔	陰	水	9	陽	水	金	-	水	水	섬, 조그만 섬
지	砥	陰	金	10	陰	水	金	-	石	金	숫돌, 갈, 평평할
지	祗	陰	金	10	陰	水	金	-	示	木	공경할, 존경할, 마침, 이
지	紙	陰	木	10	陰	水	金	-	糸	木	종이, 장
지	脂	陰	水	10	陰	水	金	-	肉	水	기름, 비게, 기름을 칠
지	趾	陰	土	11	陽	木	金	-	足	土	발, 발가락, 발자국
지	智	中	火	12	陰	木	金	-	日	火	슬기, 지혜, 꾀, 슬기로울
지	誌	陰	金	14	陰	火	金	-	言	金	기록할, 적어둘, 기억할, 욀
지	漬	陰	水	14	陰	火	金	-	水	水	담글, 적실, 물들일, 스밀
지	蜘	陰	水	14	陰	火	金	-	虫	水	거미
지	摯	中	木	15	陽	土	金	-	手	木	잡을, 손으로 쥘, 도타울
지	遲	陽	土	16	陰	土	金	-	辵	土	늦을, 더딜, 게을리 할
지	贄	中	金	18	陰	金	金	-	貝	金	폐백, 예물, 움직이지 않을
지	識	陰	金	19	陽	水	金	-	言	金	표할, 자세히 할
직	直	陽	木	8	陰	金	金	木	目	木	곧을, 바른 도, 고칠, 펼
직	稙	陰	木	13	陽	火	金	木	禾	木	일찍 심은 벼, 올벼, 이를
직	稷	陰	木	15	陽	土	金	木	禾	木	기장, 오곡의 신, 농관
직	織	陰	木	18	陰	金	金	木	糸	木	짤, 베를 짤, 조직할
직	職	陰	火	18	陰	金	金	木	耳	火	벼슬, 관직, 직분, 다스릴
진	辰	陽	土	7	陽	金	金	火	辰	土	지지, 다섯번째 지지, 별이름
진	杓	陰	木	8	陰	金	金	火	木	木	바디, 사침대

글자		글자		획수			음령오행		부수		글자의 의미
		음양	오행	획수	음양	오행	초성	종성	부수	오행	
진	抮	陰	木	8	陰	金	金	火	手	木	되돌릴, 되돌아올, 고착할
진	珍	陰	金	9	陽	水	金	火	玉	金	보배, 진귀한, 맛좋은 음식
진	殄	陰	水	9	陽	水	金	火	歹	水	다할, 모조리, 끊어질, 죽을
진	津	陰	水	9	陽	水	金	火	水	水	나루, 나루터, 언덕
진	秦	陽	木	10	陰	水	金	火	禾	木	벼이름, 나라이름, 왕조이름
진	眞	陽	木	10	陰	水	金	火	木	木	참, 생긴 그대로, 변하지 않을
진	振	陰	木	10	陰	水	金	火	手	木	떨칠, 떨쳐 일어날, 떨
진	眕	陰	木	10	陰	水	金	火	目	木	진중할, 참고 견딜, 고할
진	袗	陰	木	10	陰	水	金	火	衣	木	홑옷, 여름홑옷, 아름다운 옷
진	唇	陽	水	10	陰	水	金	火	口	水	놀랄, 놀라는 소리
진	疹	陽	水	10	陰	水	金	火	疒	水	홍역, 두창, 앓을
진	畛	陰	土	10	陰	水	金	火	田	木	두렁길, 논두렁, 두렁, 경계
진	陣	陰	土	10	陰	水	金	火	阜	土	줄, 열, 진영, 둔영, 진을 칠
진	晋	陽	火	10	陰	水	金	火	日	火	나아갈, 억누를, 꽂을, 삼갈
진	晉	中	火	10	陰	水	金	火	日	火	나아갈, 억누를, 억제할, 꽂을
진	桭	陰	木	11	陽	木	金	火	木	木	평고대, 대청
진	陳	陰	土	11	陽	木	金	火	阜	土	늘어놓을, 늘어설, 베풀
진	診	陰	金	12	陰	木	金	火	言	金	볼, 맥을 볼, 엿볼, 진찰할
진	進	陽	土	12	陰	木	金	火	辵	土	나아갈, 벼슬할, 힘쓸, 전진할
진	軫	陰	火	12	陰	木	金	火	車	火	수레 뒤턱나무, 수레
진	鉁	陰	金	13	陽	火	金	火	金	金	보배, 진귀한, 맛좋은 음식
진	搢	陰	木	13	陽	火	金	火	手	木	꽂을, 끼워 넣을, 흔들, 떨칠
진	溱	陰	水	13	陽	火	金	火	水	水	많을, 많은 모양, 성할, 이를
진	嗔	陰	水	13	陽	火	金	火	口	水	성낼
진	盡	陽	金	14	陰	火	金	火	皿	金	다할, 빈, 줄, 없어질, 끝날
진	瑱	陰	金	14	陰	火	金	火	玉	金	귀막이 옥, 옥이름
진	瑨	陰	金	14	陰	火	金	火	玉	金	아름다운 돌
진	賑	陰	金	14	陰	火	金	火	貝	金	구휼할, 재화가 넉넉할
진	蓁	陽	木	14	陰	火	金	火	艸	木	우거질, 잎 우거질, 많을
진	榛	陰	木	14	陰	火	金	火	木	木	개암나무, 덤불, 우거질

글자		글자		획수			음령오행		부수		글자의 의미
		음양	오행	획수	음양	오행	초성	종성	부수	오행	
진	塵	中	土	14	陰	火	金	火	土	土	티끌, 흙먼지, 속세
진	瞋	陰	木	15	陽	土	金	火	目	木	눈을 부릅뜰, 성낼
진	禛	陰	木	15	陽	土	金	火	示	木	복을 받을
진	蔯	中	木	15	陽	土	金	火	艸	木	더워지기, 사철쑥, 더워질
진	震	陽	水	15	陽	土	金	火	雨	水	벼락, 천둥, 진동할, 놀랄
진	璡	陰	金	16	陰	土	金	火	玉	金	옥돌
진	縉	陰	木	16	陰	土	金	火	糸	木	꽂을, 붉은 비단, 분홍빛
진	縝	陰	木	16	陰	土	金	火	糸	木	삼실, 촘촘한, 고울
진	臻	陰	土	16	陰	土	金	火	至	土	이를, 미칠, 모일
진	鎭	陰	金	18	陰	金	金	火	金	金	진압할, 누를, 눌러두는 물건
질	叱	陰	水	5	陽	土	金	火	口	水	꾸짖을, 욕할, 성낼
질	帙	陰	木	8	陰	金	金	火	巾	木	책갑, 책가위, 책
질	侄	陰	火	8	陰	金	金	火	人	火	어리석을, 굳을, 한곳 머무를
질	迭	陽	土	9	陽	水	金	火	辵	土	갈마들, 지나칠, 달아날
질	姪	陰	土	9	陽	水	金	火	女	土	조카, 조카딸, 늙은이
질	桎	陰	木	10	陰	水	金	火	木	木	차꼬, 족쇄, 자유를 속박할
질	秩	陰	木	10	陰	水	金	火	禾	木	차례, 쌓을, 녹, 녹봉
질	疾	陽	水	10	陰	水	金	火	疒	水	병, 괴로움, 버릇, 하자, 해독
질	窒	陽	水	11	陽	木	金	火	穴	水	막을, 막힐, 가득 찰, 찰
질	蛭	陰	水	12	陰	木	金	火	虫	水	거머리, 개밋둑
질	跌	陰	土	12	陰	木	金	火	足	土	넘어질, 비틀거릴, 도 지나칠
질	嫉	陰	土	13	陽	火	金	火	女	土	미워할, 투기할, 질투할
질	質	中	金	15	陽	土	金	火	貝	金	바탕, 본연성질, 진실, 순진한
질	膣	陰	水	15	陽	土	金	火	肉	水	새살 돋을, 음문, 여자 생식기
질	瓆	陰	金	19	陽	水	金	火	玉	金	사람이름
짐	朕	陰	水	10	陰	水	金	水	月	水	나, 천자의 자칭, 자칭
짐	斟	陰	火	13	陽	火	金	水	斗	火	술 따를, 술잔을 주고받을
집	什	陰	火	4	陰	火	金	水	人	火	세간, 시가, 시편
집	執	陰	土	11	陽	木	金	水	土	土	잡을, 지킬, 가질
집	集	陽	火	12	陰	木	金	水	隹	火	모일, 만날, 모을, 도착할

글자		글자		획수			음령오행		부수		글자의 의미
		음양	오행	획수	음양	오행	초성	종성	부수	오행	
집	緝	陰	木	15	陽	土	金	水	糸	木	낳을, 길쌈할, 이을, 모을
집	潗	陰	水	15	陽	土	金	水	水	水	샘솟을, 물이 끓는
집	輯	陰	火	16	陰	土	金	水	車	火	모을, 모일, 화목할
집	鏶	陰	金	20	陰	水	金	水	金	金	판금, 금속판
징	澄	陰	水	15	陽	土	金	土	水	水	맑을, 맑게 할
징	徵	陰	火	15	陽	土	金	土	彳	火	부를, 불러들일, 구할, 요구할
징	懲	中	火	19	陽	水	金	土	心	火	혼날, 혼내줄, 벌줄, 응징할
차	叉	陽	水	3	陽	火	金	-	又	水	깍지 낄, 엇갈릴, 가닥, 갈래
차	且	陽	木	5	陽	土	金	-	一	木	또, 잠깐, 장차
차	此	陰	土	6	陰	土	金	-	止	土	이, 이곳, 이것, 이에, 그래서
차	次	陰	火	6	陰	土	金	-	欠	火	버금, 다음, 둘째, 뒤를 이을
차	車	陽	火	7	陽	金	金	-	車	火	수레, 수레바퀴, 도르래
차	侘	陰	火	8	陰	金	金	-	人	火	실의할, 뽐낼, 재빠를
차	姹	陰	土	9	陽	水	金	-	女	土	자랑할, 소녀, 아가씨
차	茶	陽	木	10	陰	水	金	-	艸	木	차, 씀바귀, 방가지똥
차	差	陽	火	10	陰	水	金	-	工	火	어긋날, 실수, 상이한, 틀림
차	借	陰	火	10	陰	水	金	-	人	火	빌, 빌릴, 도울, 가령
차	硨	陰	金	12	陰	木	金	-	石	金	조개이름
차	嗟	陰	水	13	陽	火	金	-	口	水	탄식할, 감탄할
차	嵯	陰	土	13	陽	火	金	-	山	土	우뚝 솟을
차	瑳	陰	金	14	陰	火	金	-	玉	金	깨끗할, 귀엽게 웃을
차	箚	陰	木	14	陰	火	金	-	竹	木	차자, 상소문, 공문서, 찌를
차	磋	陰	金	15	陽	土	金	-	石	金	갈
차	遮	陽	土	15	陽	土	金	-	辵	土	막을, 가로지를, 덮을, 침범할
차	蹉	陰	土	17	陽	金	金	-	足	土	넘어질, 실패할, 때를 놓칠
차	奲	陰	木	24	陰	火	金	-	大	木	관대할, 풍부할
착	捉	陰	木	10	陰	水	金	木	手	木	잡을
착	窄	陽	水	10	陰	水	金	木	穴	水	좁을, 닥칠
착	着	陽	土	12	陰	木	金	木	羊	土	붙을, 입을, 옷을 입을
착	搾	陰	木	13	陽	火	金	木	手	木	짤, 짜낼

글자		글자		획수			음령오행		부수		글자의 의미
		음양	오행	획수	음양	오행	초성	종성	부수	오행	
착	錯	陰	金	16	陰	土	金	木	金	金	섞일, 어지러워질, 등질
착	齪	陰	金	22	陰	木	金	木	齒	金	악착할, 촉박한, 도량이 좁은
착	鑿	中	金	28	陰	金	金	木	金	金	뚫을, 끊을, 열, 끝까지 캘
찬	粲	中	木	13	陽	火	金	火	米	木	정미, 선명한, 깨끗한, 밝은
찬	撰	陰	木	15	陽	土	金	火	手	木	지을, 시문 지을, 가질, 갖출
찬	簒	中	木	16	陰	土	金	火	竹	木	빼앗을
찬	澯	陰	水	16	陰	土	金	火	水	水	맑을, 물이 출렁거릴
찬	餐	中	水	16	陰	土	金	火	食	水	먹을, 음식물, 곁두리
찬	璨	陰	金	17	陽	金	金	火	玉	金	빛날, 옥의 빛, 아름다운 옥
찬	儧	陰	火	17	陽	金	金	火	人	火	모일, 도모할, 일을 꾸밀
찬	燦	陰	火	17	陽	金	金	火	火	火	빛날, 번쩍번쩍할
찬	竄	中	水	18	陰	金	金	火	穴	水	숨을, 숨길, 달아날
찬	贊	中	金	19	陽	水	金	火	貝	金	도울, 뵐, 이끌, 인도할
찬	纂	中	木	20	陰	水	金	火	糸	木	모을, 무늬, 채색, 붉은 끈
찬	饌	陰	水	21	陽	木	金	火	食	水	반찬, 음식, 음식을 차려낼
찬	攢	陰	木	22	陰	木	金	火	手	木	모일, 모을, 토롱, 뚫을
찬	巑	陰	土	22	陰	木	金	火	山	土	높이 솟을
찬	瓚	陰	金	23	陽	火	金	火	玉	金	제기, 술그릇, 옥잔, 옥그릇
찬	纘	陰	木	25	陽	土	金	火	糸	木	이을
찬	讚	陰	金	26	陰	土	金	火	言	金	기릴, 칭찬할, 밝힐, 기록할
찬	鑽	陰	金	27	陽	金	金	火	金	金	끌, 뚫을, 자를, 구멍 낼
찰	札	陰	木	5	陽	土	金	火	木	木	패, 나무, 공문서, 종이, 편지
찰	刹	陰	金	8	陰	金	金	火	刀	金	절, 짧은 시간, 사원, 탑
찰	紮	中	木	11	陽	木	金	火	糸	木	감을, 묶을, 머무를, 주둔할
찰	察	中	木	14	陰	火	金	火	宀	木	살필, 알, 조사할, 생각해볼
찰	擦	陰	木	17	陽	金	金	火	手	木	비빌, 문지를, 마찰할
참	站	陰	金	10	陰	水	金	水	立	金	우두커니 설, 설, 역마을
참	斬	陰	金	11	陽	木	金	水	斤	金	벨, 끊어질, 매우, 가장, 심히
참	參	中	木	11	陽	木	金	水	厶	木	간여할, 뒤섞일, 섞일, 참여할
참	塹	中	土	14	陰	火	金	水	土	土	구덩이, 구덩이를 팔

글자		글자		획수			음령오행		부수		글자의 의미
		음양	오행	획수	음양	오행	초성	종성	부수	오행	
참	慘	陰	火	14	陰	火	金	水	心	火	참혹할, 무자비할, 슬픔
참	僭	陰	火	14	陰	火	金	水	人	火	참람할, 범할, 어긋날
참	慙	中	火	15	陽	土	金	水	心	火	부끄러워할, 수치, 부끄러움
참	懺	陰	火	20	陰	水	金	水	心	火	뉘우칠, 잘못을 고백할
참	讒	陰	金	24	陰	火	金	水	言	金	참소할, 해칠, 거짓말할
참	讖	陰	金	24	陰	火	金	水	言	金	참서, 비결, 조짐, 뉘우칠
창	昌	陽	火	8	陰	金	金	土	日	火	창성할, 고울, 기쁨, 경사
창	昶	陽	火	9	陽	水	金	土	日	火	밝을, 환할, 통할, 해가 길
창	倉	陽	火	10	陰	水	金	土	人	火	곳집, 창고, 옥, 내장, 갑자기
창	倡	陰	火	10	陰	水	金	土	人	火	여광대, 기생, 부를, 가무
창	窓	陽	水	11	陽	木	金	土	穴	水	창, 굴뚝
창	唱	陰	水	11	陽	木	金	土	口	水	노래, 부를, 말 꺼낼, 주장할
창	娼	陰	土	11	陽	木	金	土	女	土	몸 파는 여자, 창녀
창	猖	陰	土	11	陽	木	金	土	犬	土	미쳐 날뛸, 어지러울
창	敞	陰	金	12	陰	木	金	土	攴	金	높을, 높고 평평할, 드러날
창	創	陰	金	12	陰	木	金	土	刀	金	비롯할, 만들, 혼날, 델
창	菖	陽	木	12	陰	木	金	土	艸	木	창포
창	脹	陰	水	12	陰	木	金	土	肉	水	배가 부를, 창자, 대장, 소장
창	滄	陰	水	13	陽	火	金	土	水	水	찰, 싸늘할, 푸를, 바다
창	愴	陰	火	13	陽	火	金	土	心	火	슬퍼할, 마음 아파할, 차가울
창	蒼	陽	木	14	陰	火	金	土	艸	木	푸를, 우거질, 늙을, 무성해질
창	槍	陰	木	14	陰	火	金	土	木	木	창, 무기, 다다를, 어지럽힐
창	漲	陰	水	14	陰	火	金	土	水	水	물이 불을, 막을, 가릴
창	暢	陰	火	14	陰	火	金	土	日	火	펼, 진술할, 실시할, 화창할
창	彰	陰	火	14	陰	火	金	土	彡	火	밝을, 밝힐, 드러낼, 뚜렷할
창	廠	中	木	15	陽	土	金	土	广	木	헛간, 공장, 마구간
창	瘡	陽	水	15	陽	土	金	土	疒	水	부스럼, 종기, 상처, 상처 낼
창	艙	陰	木	16	陰	土	金	土	舟	木	선창, 선실
채	采	陽	火	8	陰	金	金	-	釆	火	캘, 딸, 가릴, 선택할
채	砦	中	金	10	陰	水	金	-	石	金	울타리, 작은 성채

글자		글자		획수			음령오행		부수		글자의 의미
		음양	오행	획수	음양	오행	초성	종성	부수	오행	
채	責	陽	金	11	陽	木	金	-	貝	金	빚
채	釵	陰	金	11	陽	木	金	-	金	金	비녀, 인동 덩굴
채	採	陰	木	11	陽	木	金	-	手	木	캘, 딸, 파낼, 가려낼
채	婇	陰	土	11	陽	木	金	-	女	土	여자이름
채	埰	陰	土	11	陽	木	金	-	土	土	영지, 무덤
채	彩	陰	火	11	陽	木	金	-	彡	火	무늬, 채색, 빛, 고운 빛깔
채	菜	陽	木	12	陰	木	金	-	艸	木	나물, 푸성귀, 반찬
채	棌	陰	木	12	陰	木	金	-	木	木	참나무, 원목, 생나무
채	睬	陰	木	13	陽	火	金	-	目	木	주목할
채	債	陰	火	13	陽	火	金	-	人	火	빚, 빌릴, 빌린 물건, 빚질
채	寨	陽	木	14	陰	火	金	-	宀	木	울타리, 작은 성, 성채
채	綵	陰	木	14	陰	火	金	-	糸	木	비단, 무늬
채	蔡	中	木	15	陽	土	金	-	艸	木	거북, 점치는 용의 큰거북
책	冊	陽	木	5	陽	土	金	木	冂	土	책, 칙서, 권, 꾀
책	柵	陰	木	9	陽	水	金	木	木	木	울짱, 목책, 성채, 잔교, 잔도
책	責	陽	金	11	陽	木	金	木	貝	金	꾸짖을, 요구할, 규명할
책	策	中	木	12	陰	木	金	木	竹	木	채찍, 채찍질할, 지팡이, 꾀
처	妻	陽	土	8	陰	金	金	-	女	土	아내, 시집보낼
처	凄	陰	水	10	陰	水	金	-	冫	水	쓸쓸할, 추울, 차가울
처	處	陽	木	11	陽	木	金	-	虍	木	살, 머물러 있을, 곳
처	悽	陰	火	11	陽	木	金	-	心	火	슬퍼할, 구슬픈 생각이 들
척	尺	陽	水	4	陰	火	金	木	尸	水	자, 법, 법도, 길이
척	斥	陽	金	5	陽	土	金	木	斤	金	물리칠, 가리킬, 지적할, 내칠
척	刺	陰	金	8	陰	金	金	木	刀	金	찌를, 가시, 침, 나무랄
척	拓	陰	木	8	陰	金	金	木	手	木	주울, 꺾을, 부러뜨릴, 확장할
척	坧	陰	土	8	陰	金	金	木	土	土	기지
척	剔	陰	金	10	陰	水	金	木	刀	金	바를, 뼈를 바를, 풀 벨, 깎을
척	脊	中	水	10	陰	水	金	木	肉	水	등성마루, 등뼈, 등골뼈, 조리
척	陟	陰	土	10	陰	水	金	木	阜	土	오를, 올릴, 추천할, 나아갈
척	隻	陽	火	10	陰	水	金	木	隹	火	새 한 마리, 한사람, 한쪽

글자		글자		획수			음령오행		부수		글자의 의미
		음양	오행	획수	음양	오행	초성	종성	부수	오행	
척	倜	陰	火	10	陰	水	金	木	人	火	대범할, 뛰어날
척	戚	陽	金	11	陽	木	金	木	戈	金	겨레, 도끼, 친척, 슬퍼할
척	滌	陰	水	14	陰	火	金	木	水	水	씻을, 빨, 청소할, 음란할
척	慼	陰	火	14	陰	火	金	木	心	火	근심할, 슬플, 근심
척	瘠	中	水	15	陽	土	金	木	疒	水	파리할, 여윌, 살이 썩을
척	擲	陰	木	18	陰	金	金	木	手	木	던질, 버릴, 노름할
척	蹠	陰	土	18	陰	金	金	木	足	土	밟을, 나아갈, 도달할
천	千	陽	水	3	陽	火	金	火	十	水	일천, 천번, 많을
천	川	陰	水	3	陽	火	金	火	巛	水	내, 물귀신
천	天	陽	木	4	陰	火	金	火	大	木	하늘, 천체, 태양, 천체 운행
천	仟	陰	火	5	陽	土	金	火	人	火	일천, 두둑에 난 길
천	舛	陰	木	6	陰	土	金	火	舛	木	어그러질, 상치될, 어수선할
천	阡	陰	土	6	陰	土	金	火	阜	土	두렁, 두렁길, 길, 도로
천	玔	陰	金	7	陽	金	金	火	玉	金	옥고리, 옥팔찌
천	穿	陽	水	9	陽	水	金	火	穴	水	뚫을, 구멍, 구멍이 날
천	泉	中	水	9	陽	水	金	火	水	水	샘, 샘물, 돈
천	茜	陽	木	10	陰	水	金	火	艸	木	꼭두서니
천	釧	陰	金	11	陽	木	金	火	金	金	팔찌
천	淺	陰	水	11	陽	木	金	火	水	水	얕은, 물이 얕은, 소견이 좁은
천	喘	陰	水	12	陰	木	金	火	口	水	헐떡거릴, 기침, 숨, 호흡
천	賤	陰	金	15	陽	土	金	火	貝	金	천한, 값싼, 신분이 낮은
천	踐	陰	土	15	陽	土	金	火	足	土	밟을, 걸을, 실천할, 부임할
천	擅	陰	木	16	陰	土	金	火	手	木	멋대로, 마음대로, 멋대로 할
천	遷	陽	土	16	陰	土	金	火	辵	土	옮길, 교환할, 움직일, 옮을
천	薦	陽	木	17	陽	金	金	火	艸	木	천거할, 자리, 공물
천	闡	中	木	20	陰	水	金	火	門	木	열, 널리 퍼지게 할, 넓힐
천	韆	陰	金	24	陰	火	金	火	革	金	그네
철	凸	陽	水	5	陽	土	金	火	凵	水	볼록할, 볼록하게 튀어나올
철	哲	中	水	10	陰	水	金	火	口	水	밝을, 총명할, 분명히 할
철	悊	中	火	11	陽	木	金	火	心	火	공경할, 알

글자		글자		획수			음령오행		부수		글자의 의미
		음양	오행	획수	음양	오행	초성	종성	부수	오행	
철	喆	陰	水	12	陰	木	金	火	口	水	밝을, 총명할, 분명히 할
철	綴	陰	木	14	陰	火	金	火	糸	木	꿰맬, 지을, 글을 지을, 이을
철	撤	陰	木	15	陽	土	金	火	手	木	거둘, 치울, 폐할, 그만둘
철	澈	陰	水	15	陽	土	金	火	水	水	물 맑을
철	輟	陰	火	15	陽	土	金	火	車	火	그칠, 멈출, 꿰맬, 수선할
철	徹	陰	火	15	陽	土	金	火	彳	火	통할, 뚫을, 환할, 밝을
철	轍	陰	火	19	陽	水	金	火	車	火	바퀴자국, 흔적, 행적
철	鐵	陰	金	21	陽	木	金	火	金	金	쇠, 검을, 단단할, 견고할
첨	尖	陽	金	6	陰	土	金	水	小	水	뾰족할, 거칠, 끝
첨	沾	陰	水	8	陰	金	金	水	水	水	더할, 첨가할
첨	添	陰	水	11	陽	木	金	水	水	水	더할, 보탤, 맛을 낼, 성(姓)
첨	甛	陰	土	11	陽	木	金	水	甘	土	달, 만날, 낮잠
첨	詹	陽	金	13	陽	火	金	水	言	金	이를, 도달할, 수다스러울
첨	僉	中	火	13	陽	火	金	水	人	火	다, 고를, 가려서 뽑을
첨	諂	陰	金	15	陽	土	金	水	言	金	아첨할, 아양 떨, 알랑거릴
첨	瞻	陰	木	18	陰	金	金	水	目	木	볼, 쳐다볼, 우러러볼, 굽어볼
첨	簽	中	木	19	陽	水	金	水	竹	木	농, 죽롱, 찌, 쪽지, 서명할
첨	籤	中	木	23	陽	火	金	水	竹	木	제비, 예언할, 점칠, 시험할
첩	帖	陰	木	8	陰	金	金	水	巾	木	표제, 글귀, 휘장, 문서
첩	妾	陽	土	8	陰	金	金	水	女	土	첩, 계집종
첩	捷	陰	木	11	陽	木	金	水	手	木	이길, 노획품, 전리품, 승전
첩	貼	陰	金	12	陰	木	金	水	貝	金	붙을, 붙일, 닿을, 전당잡힐
첩	堞	陰	土	12	陰	木	金	水	土	土	성가퀴
첩	牒	陰	木	13	陽	火	金	水	片	木	서판, 기록, 공문서, 널빤지
첩	睫	陰	木	13	陽	火	金	水	目	木	속눈썹, 깜작일
첩	輒	陰	火	14	陰	火	金	水	車	火	문득, 갑자기, 쉽게, 번번이
첩	諜	陰	金	16	陰	土	金	水	言	金	염탐할, 염탐꾼
첩	疊	中	土	22	陰	木	金	水	田	木	겹쳐질, 접을, 쌓을, 포갤
청	靑	陽	木	8	陰	金	金	土	靑	木	푸를, 푸른빛, 녹청, 동록
청	淸	陰	水	11	陽	木	金	土	水	水	맑을, 빛이 선명할, 탐욕없을

글자		글자		획수			음령오행		부수		글자의 의미
		음양	오행	획수	음양	오행	초성	종성	부수	오행	
청	菁	陽	木	12	陰	木	金	土	艸	木	우거질, 화려할
청	晴	陰	火	12	陰	木	金	土	日	火	갤, 비그칠, 구름없을, 개운할
청	請	陰	金	15	陽	土	金	土	言	金	청할, 빌, 고할, 여쭐, 초청할
청	鯖	陰	水	19	陽	水	金	土	魚	水	청어, 오후정, 열구자탕
청	聽	陰	火	22	陰	木	金	土	耳	火	들을, 자세히 들을, 기다릴
청	廳	中	木	25	陽	土	金	土	广	木	관청, 마을, 관아, 대청, 마루
체	切	陰	金	4	陰	火	金	-	刀	金	온통, 끊을, 갈, 문지를, 고칠
체	剃	陰	金	9	陽	水	金	-	刀	金	머리를 깎을
체	涕	陰	水	10	陰	水	金	-	水	水	눈물, 울, 눈물 흘리며 울
체	逮	陽	土	12	陰	木	金	-	辵	土	미칠, 이를, 잡을, 붙잡을
체	替	中	火	12	陰	木	金	-	曰	火	쇠퇴할, 버릴, 대신할
체	滯	陰	水	14	陰	火	金	-	水	水	막힐, 빠질, 남을, 골똘할
체	遞	陽	土	14	陰	火	金	-	辵	土	갈마들, 번갈아, 교대로, 전할
체	締	陰	木	15	陽	土	金	-	糸	木	맺을, 연결할, 묶을, 울적해질
체	諦	陰	金	16	陰	土	金	-	言	金	살필, 조사할, 자세히 알
체	體	陰	金	23	陽	火	金	-	骨	金	몸, 신체, 수족, 모양, 용모
초	艸	陰	木	6	陰	土	金	-	艸	木	풀
초	初	陰	金	7	陽	金	金	-	刀	金	처음, 시작, 처음의, 비로소
초	抄	陰	木	7	陽	金	金	-	手	木	노략질할, 뜰, 베낄
초	肖	陽	水	7	陽	金	金	-	肉	水	닮을, 골상이 닮을, 작을
초	招	陰	木	8	陰	金	金	-	手	木	부를, 손짓할, 얽어맬, 속박할
초	岧	陽	土	8	陰	金	金	-	山	土	산이 높을
초	炒	陰	火	8	陰	金	金	-	火	火	볶을, 떠들, 시끄러울
초	苕	陽	木	9	陽	水	金	-	艸	木	능소화, 완두, 갈대이삭
초	秒	陰	木	9	陽	水	金	-	禾	木	초, 미묘할, 시간, 각도 단위
초	草	陽	木	10	陰	水	金	-	艸	木	풀, 초원, 잡초, 거친 풀
초	哨	陰	水	10	陰	水	金	-	口	水	망을 볼, 작을
초	梢	陰	木	11	陽	木	金	-	木	木	나무의 끝, 끝, 말단, 꼬리
초	鈔	陰	金	12	陰	木	金	-	金	金	노략질할, 약탈할, 베낄
초	酢	陰	金	12	陰	木	金	-	酉	金	초, 신맛나는 조미료, 잔 돌릴

글자		글자		획수			음령오행		부수		글자의 의미
		음양	오행	획수	음양	오행	초성	종성	부수	오행	
초	硝	陰	金	12	陰	木	金	-	石	金	초석, 유리,화약의 원료인 돌
초	稍	陰	木	12	陰	木	金	-	禾	木	벼줄기 끝, 점점, 작을, 적을
초	椒	陰	木	12	陰	木	金	-	木	木	산초나무, 수추나무, 향기로울
초	貂	陰	水	12	陰	木	金	-	豸	水	담비
초	超	中	火	12	陰	木	金	-	走	火	넘을, 뛰어넘을, 밟고 넘을
초	焦	中	火	12	陰	木	金	-	火	火	그을릴, 애탈, 애태울, 땔
초	剿	陰	金	13	陽	火	金	-	刀	金	노곤할, 괴로워할, 표절할
초	楚	中	木	13	陽	火	金	-	木	木	모형, 초나라, 회초리, 아플
초	醋	陰	金	15	陽	土	金	-	酉	金	초, 식초
초	憔	陰	火	15	陽	土	金	-	心	火	수척할, 애태울, 쇠약할
초	樵	陰	木	16	陰	土	金	-	木	木	땔나무, 화목, 나무할, 나무꾼
초	蕉	中	木	16	陰	土	金	-	艸	木	파초, 생마, 누를, 탈
초	礁	陰	金	17	陽	金	金	-	石	金	물에 잠긴 바위, 암초
초	礎	陰	金	18	陰	金	金	-	石	金	주춧돌
초	醮	陰	金	19	陽	水	金	-	酉	金	초례, 제사를 지낼
촉	促	陰	火	9	陽	水	金	木	人	火	재촉할, 다가올, 이를
촉	蜀	陽	水	13	陽	火	金	木	虫	水	나라이름
촉	燭	陰	火	17	陽	金	金	木	火	火	촛불, 등불, 화톳불
촉	觸	陰	木	20	陰	水	金	木	角	木	닿을, 부딪칠, 범할, 감동할
촉	矗	中	木	24	陰	火	金	木	目	木	우거질, 가지런할, 곧을
촉	囑	陰	水	24	陰	火	金	木	口	水	부탁할, 맡길
촌	寸	陽	土	3	陽	火	金	火	寸	土	마디, 길이의 단위, 손가락 폭
촌	忖	陰	火	6	陰	土	金	火	心	火	헤아릴, 생각할, 쪼갤, 절단할
촌	村	陰	木	7	陽	金	金	火	木	木	마을, 시골, 촌스러울
촌	邨	陰	土	7	陽	金	金	火	邑	土	마을, 시골, 꾸밈없는
총	悤	陽	火	11	陽	木	金	土	心	火	바쁠, 급할, 밝을, 슬기로울
총	塚	陰	土	13	陽	火	金	土	土	土	무덤, 산꼭대기
총	銃	陰	金	14	陰	火	金	土	金	金	총, 도끼자루 구멍
총	摠	陰	木	14	陰	火	金	土	手	木	모두, 지배할
총	惚	陰	火	14	陰	火	金	土	心	火	바쁠

글자		글자		획수			음령오행		부수		글자의 의미
		음양	오행	획수	음양	오행	초성	종성	부수	오행	
총	蔥	陽	木	15	陽	土	金	土	艸	木	파(푸성귀 종류), 부들, 푸를
총	總	陰	木	17	陽	金	金	土	糸	木	거느릴, 통괄할, 단속할, 모일
총	聰	陰	火	17	陽	金	金	土	耳	火	귀가 밝을, 총명할, 들을
총	叢	中	水	18	陰	金	金	土	又	水	모일, 떨기, 무더기, 번잡할
총	寵	中	木	19	陽	水	金	土	宀	木	괼, 사랑할, 은혜, 첩, 후궁
촬	撮	陰	木	15	陽	土	金	火	手	木	취할, 모을, 손가락으로 집을
최	崔	中	土	11	陽	木	金	-	山	土	높을, 섞일, 성(姓)
최	最	陽	火	12	陰	木	金	-	曰	火	가장, 제일, 최상, 모두
최	催	陰	火	13	陽	火	金	-	人	火	재촉할, 막을, 열, 베풀
추	抽	陰	木	8	陰	金	金	-	手	木	뺄, 뽑을, 없앨, 당길, 싹틀
추	酋	中	金	9	陽	水	金	-	酉	金	두목, 묵은 술, 익을, 성숙할
추	秋	陰	木	9	陽	水	金	-	禾	木	가을, 결실, 성숙한 때
추	芻	陽	木	10	陰	水	金	-	艸	木	꼴, 건초, 꼴을 먹일
추	追	陽	土	10	陰	水	金	-	辵	土	쫓을, 내쫓을, 따를, 완수할
추	推	陰	木	11	陽	木	金	-	手	木	옮을, 변천할, 천거할, 추천할
추	椎	陰	木	12	陰	木	金	-	木	木	망치, 방망이, 때릴, 상투
추	湫	陰	水	12	陰	木	金	-	水	水	다할, 바닥날, 늪, 못
추	楸	陰	木	13	陽	火	金	-	木	木	개오동나무, 가래나무, 노나무
추	萩	中	木	13	陽	火	金	-	艸	木	사철쑥, 가래나무, 가을
추	鄒	陰	土	13	陽	火	金	-	邑	土	나라이름
추	諏	陰	金	15	陽	土	金	-	言	金	꾀할, 모여서 의논할, 자문할
추	皺	陰	金	15	陽	土	金	-	皮	金	주름, 주름 잡힐, 마른 대추
추	樞	陰	木	15	陽	土	金	-	木	木	지도리, 문지도리, 고동
추	墜	中	土	15	陽	土	金	-	土	土	떨어질, 떨어뜨릴, 잃을
추	錘	陰	金	16	陰	土	金	-	金	金	저울추, 무게의 단위
추	錐	陰	金	16	陰	土	金	-	金	金	송곳, 바늘, 작은 화살
추	醜	陰	金	17	陽	金	金	-	酉	金	추할, 미워할, 나쁠
추	趨	中	火	17	陽	金	金	-	走	火	달릴, 빨리 갈, 성큼성큼 걸을
추	鎚	陰	金	18	陰	金	金	-	金	金	쇠망치, 저울추, 칠, 망치질할
추	雛	陰	火	18	陰	金	金	-	隹	火	병아리, 큰새

글자		글자		획수			음령오행		부수		글자의 의미
		음양	오행	획수	음양	오행	초성	종성	부수	오행	
추	鰍	陰	水	20	陰	水	金	-	魚	水	미꾸라지, 밟을, 능가할
추	騶	陰	火	20	陰	水	金	-	馬	火	말 먹이는 사람, 기사, 승마
축	丑	陽	木	4	陰	火	金	木	一	木	소, 12지지의 둘째
축	竺	中	木	8	陰	金	金	木	竹	木	대나무, 성(姓), 나라이름
축	祝	陰	金	10	陰	水	金	木	示	木	빌, 기원할, 축원할, 박수무당
축	畜	陽	木	10	陰	水	金	木	田	木	쌓을, 모을, 비축할, 기를
축	逐	陽	土	11	陽	木	金	木	辵	土	쫓을, 뒤쫓아 갈, 물리칠
축	筑	陰	木	12	陰	木	金	木	竹	木	악기이름, 주울
축	軸	陰	火	12	陰	木	金	木	車	火	굴대, 북, 두루마리
축	蓄	陽	木	14	陰	火	金	木	艸	木	쌓을, 모을, 저축할, 포갤
축	築	中	木	16	陰	土	金	木	竹	木	쌓을, 성을 쌓을, 집을 지을
축	縮	陰	木	17	陽	金	金	木	糸	木	다스릴, 곧게 할, 오그라질
축	蹙	陽	土	18	陰	金	金	木	足	土	대들, 쫓을, 오그라들, 재촉할
축	蹴	陰	土	19	陽	水	金	木	足	土	찰, 발로 찰, 밟을, 쫓을
춘	春	陽	火	9	陽	水	金	火	日	火	봄, 젊은 때, 남녀간의 정
춘	瑃	陰	金	13	陽	火	金	火	玉	金	옥이름
춘	椿	陰	木	13	陽	火	金	火	木	木	참죽나무, 아버지, 부친
춘	賰	陰	金	16	陰	土	金	火	貝	金	넉넉할
출	朮	陽	木	5	陽	土	金	火	木	木	차조, 삽주, 산계(약용식물)
출	出	陽	土	5	陽	土	金	火	凵	水	날, 나타날, 내보낼, 간행할
출	黜	陰	水	17	陽	金	金	火	黑	水	물리칠, 물러날, 떨어뜨릴
충	充	陽	木	5	陽	土	金	土	儿	木	찰, 채울, 막을, 막힐, 덮을
충	虫	陽	水	6	陰	土	金	土	虫	水	벌레, 살무사
충	沖	陰	水	7	陽	金	金	土	水	水	빌, 공허할, 가운데, 깊을
충	忠	陽	火	8	陰	金	金	土	心	火	충성, 진심, 진실, 정성 다할
충	珫	陰	金	10	陰	水	金	土	玉	金	귀고리 옥
충	衷	陽	木	10	陰	水	金	土	衣	木	속마음, 정성스런 마음, 속옷
충	衝	陰	火	15	陽	土	金	土	行	火	찌를, 향할, 맞부딪칠
충	蟲	中	水	18	陰	金	金	土	虫	水	벌레, 동물의 총칭, 구더기
췌	悴	陰	火	11	陽	木	金	-	心	火	파리할, 근심할, 시들

글자		글자		획수			음령오행		부수		글자의 의미
		음양	오행	획수	음양	오행	초성	종성	부수	오행	
췌	萃	中	木	12	陰	木	金	-	艸	木	모일, 이를
췌	膵	陰	水	16	陰	土	金	-	肉	水	췌장
췌	贅	中	金	18	陰	金	金	-	貝	金	혹, 군더더기, 쓸모없을
취	吹	陰	水	7	陽	金	金	-	口	水	불, 불을 땔, 과장할, 퍼뜨릴
취	取	陰	水	8	陰	金	金	-	又	水	취할, 골라뽑을, 도울, 의지할
취	炊	陰	火	8	陰	金	金	-	火	火	불 땔, 밥을 지을, 불
취	臭	陽	水	10	陰	水	金	-	自	木	냄새, 냄새날, 후각, 썩을
취	脆	陰	水	10	陰	水	金	-	肉	水	무를, 약할, 가벼울
취	娶	中	土	11	陽	木	金	-	女	土	장가들, 아내를 맞을
취	就	陰	土	12	陰	木	金	-	尢	土	이룰, 나아갈, 좇을, 따를
취	翠	中	火	14	陰	火	金	-	羽	火	물총새, 비취색, 꽁지 살
취	聚	中	火	14	陰	火	金	-	耳	火	모일, 모여들, 모을, 무리
취	醉	陰	金	15	陽	土	金	-	酉	金	취할, 취하게 할, 취기
취	嘴	陰	水	15	陽	土	金	-	口	水	부리, 주둥이, 뾰족한 끝
취	趣	中	火	15	陽	土	金	-	走	火	달릴, 향할, 미칠, 다다를, 뜻
취	鷲	中	火	23	陽	火	金	-	鳥	火	수리, 독수리
취	驟	陰	火	24	陰	火	金	-	馬	火	달릴, 신속할, 빨리 갈, 빠를
측	仄	陽	火	4	陰	火	金	木	人	火	기울, 우뚝 솟을, 어렴풋이
측	厠	中	木	11	陽	木	金	木	厂	水	뒷간, 가장자리, 곁, 기울
측	側	陰	火	11	陽	木	金	木	人	火	곁, 옆, 가
측	測	陰	水	12	陰	木	金	木	水	水	잴, 헤아릴, 맑을, 측량할
측	惻	陰	火	12	陰	木	金	木	心	火	슬퍼할, 진심을 다할
층	層	陽	木	15	陽	土	金	土	尸	水	층, 계단, 층층대
치	治	陰	水	8	陰	金	金	-	水	水	다스릴, 관리할, 바로잡을
치	侈	陰	火	8	陰	金	金	-	人	火	사치할, 거만할, 분수 넘을
치	峙	陰	土	9	陽	水	金	-	山	土	우뚝 솟을, 언덕, 쌓을
치	蚩	陽	水	10	陰	水	金	-	虫	水	어리석을, 벌레이름, 업신여길
치	致	陰	土	10	陰	水	金	-	至	土	보낼, 바칠, 내던질, 이를
치	値	陰	火	10	陰	水	金	-	人	火	값, 값할, 가질
치	恥	陰	火	10	陰	水	金	-	心	火	부끄러워할, 욕보일, 창피줄

글자		글자		획수			음령오행		부수		글자의 의미
		음양	오행	획수	음양	오행	초성	종성	부수	오행	
치	梔	陰	木	11	陽	木	金	-	木	木	치자나무
치	痔	陽	水	11	陽	木	金	-	疒	水	치질
치	淄	陰	水	11	陽	木	金	-	水	水	검은빛, 검게 물들
치	置	陽	木	13	陽	火	金	-	网	木	둘, 용서할, 버릴, 버려둘
치	稚	陰	木	13	陽	火	金	-	禾	木	어릴, 어린 벼, 만생종
치	嗤	陰	水	13	陽	火	金	-	口	水	웃을, 비웃을, 냉소할
치	痴	中	水	13	陽	火	金	-	疒	水	어리석을, 미치광이
치	雉	陰	火	13	陽	火	金	-	隹	火	꿩, 담, 장원
치	馳	陰	火	13	陽	火	金	-	馬	火	달릴, 질주할, 쫓을, 방자할
치	緇	陰	木	14	陰	火	金	-	糸	木	검은 비단, 검은 옷, 승복
치	齒	陽	金	15	陽	土	金	-	齒	金	이, 어금니, 나이
치	幟	陰	木	15	陽	土	金	-	巾	木	기, 표기, 표지, 표적
치	緻	陰	木	15	陽	土	金	-	糸	木	밸, 꿰맬, 기울, 촘촘할
치	輜	陰	火	15	陽	土	金	-	車	火	짐수레, 수레
치	熾	陰	火	16	陰	土	金	-	火	火	성할, 불길이 셀, 기세가 셀
치	穉	陰	木	17	陽	金	金	-	禾	木	어릴, 어린 벼, 만생종
치	癡	中	水	19	陽	水	金	-	疒	水	어리석을, 미치광이
칙	則	陰	金	9	陽	水	金	木	刀	金	법칙, 법
칙	勅	陰	土	9	陽	水	金	木	力	土	조서, 타이를, 경계할
칙	飭	陰	水	13	陽	火	金	木	食	水	삼갈, 경계할, 갖출, 정비할
친	親	陰	火	16	陰	土	金	火	見	火	친할, 사랑할, 가까이할
칠	七	陽	木	2	陰	木	金	火	一	木	일곱, 일곱 번
칠	柒	中	木	9	陽	水	金	火	木	木	일곱, 일곱 번, 옻나무
칠	漆	陰	水	14	陰	火	金	火	水	水	옻, 옻나무, 옻칠할, 검은 칠
침	沈	陰	水	7	陽	金	金	水	水	水	가라앉을, 빠질, 잠길
침	枕	陰	木	8	陰	金	金	水	木	木	베개, 베개를 벨, 잠잘
침	侵	陰	火	9	陽	水	金	水	人	火	범할, 침식할, 침략할, 흉년
침	砧	陰	金	10	陰	水	金	水	石	金	다듬잇돌, 모탕
침	針	陰	金	10	陰	水	金	水	金	金	바늘, 바느질할, 침놓을
침	浸	陰	水	10	陰	水	金	水	水	水	담글, 물 적실, 스며들, 젖을

글자		글자		획수			음령오행		부수		글자의 의미
		음양	오행	획수	음양	오행	초성	종성	부수	오행	
침	琛	陰	金	12	陰	木	金	水	玉	金	보배, 옥
침	寢	中	木	14	陰	火	金	水	宀	木	잠잘, 누울, 앓아누울
침	鍼	陰	金	17	陽	金	金	水	金	金	침, 바늘, 찌를, 침놓을
칩	蟄	中	水	17	陽	金	金	水	虫	水	숨을, 숨어서 나오지 않을
칭	秤	陰	木	10	陰	水	金	土	禾	木	저울
칭	稱	陰	木	14	陰	火	金	土	禾	木	일컬을, 이를, 부를, 설명할
쾌	夬	陽	木	4	陰	火	木	-	大	木	터놓을
쾌	快	陰	火	7	陽	金	木	-	心	火	상쾌할, 기뻐할, 병세 좋아질
타	打	陰	木	5	陽	土	火	-	手	木	칠, 공격할, ~및, ~과(와)
타	他	陰	火	5	陽	土	火	-	人	火	다를, 그, 저, 그이, 저이
타	朶	陽	木	6	陰	土	火	-	木	木	늘어질, 휘휘 늘어질
타	妥	陽	土	7	陽	金	火	-	女	土	온당할, 편히 앉을, 떨어질
타	拖	陰	木	8	陰	金	火	-	手	木	끌, 끌어당길, 풀어놓을
타	陀	陰	土	8	陰	金	火	-	阜	土	비탈질, 험할, 무너질
타	咤	陰	水	9	陽	水	火	-	口	水	꾸짖을, 혀를 찰, 슬퍼할
타	舵	陰	木	11	陽	木	火	-	舟	木	키
타	唾	陰	水	11	陽	木	火	-	口	水	침, 침 뱉을
타	惰	陰	火	12	陰	木	火	-	心	火	게으를, 불경스러울, 소홀히할
타	楕	陰	木	13	陽	火	火	-	木	木	길쭉할, 가늘고 길
타	馱	陰	火	13	陽	火	火	-	馬	火	실을, 태울
타	墮	中	土	15	陽	土	火	-	土	土	떨어질, 무너질, 부서질
타	駝	陰	火	15	陽	土	火	-	馬	火	낙타, 타조, 곱사등이
탁	托	陰	木	6	陰	土	火	木	手	木	밀, 밀어서 열, 받침, 대
탁	拓	陰	木	8	陰	金	火	木	手	木	밀칠, 부러뜨릴, 확장시킬
탁	卓	陽	水	8	陰	金	火	木	十	水	높을, 뛰어날, 세울, 책상
탁	坼	陰	土	8	陰	金	火	木	土	土	터질, 갈라질, 열, 터진 金
탁	度	陽	木	9	陽	水	火	木	广	木	헤아릴
탁	柝	陰	木	9	陽	水	火	木	木	木	열, 펼칠, 열릴, 터질, 갈라질
탁	託	陰	金	10	陰	水	火	木	言	金	부탁할, 당부할, 청탁할, 맡길
탁	倬	陰	火	10	陰	水	火	木	人	火	클, 밝을, 높을

글자		글자		획수			음령오행		부수		글자의 의미
		음양	오행	획수	음양	오행	초성	종성	부수	오행	
탁	啄	陰	水	11	陽	木	火	木	口	水	쫄, 두드릴, 부리
탁	琸	陰	金	12	陰	木	火	木	玉	金	사람이름
탁	琢	陰	金	12	陰	木	火	木	玉	金	쫄, 옥 다듬을, 꾸밀, 선택할
탁	晫	陰	火	12	陰	木	火	木	日	火	밝을, 환할
탁	濁	陰	水	16	陰	土	火	木	水	水	흐릴, 흐리게 할, 더러울
탁	擢	陰	木	17	陽	金	火	木	手	木	뽑을, 뽑아낼, 제거할, 발탁할
탁	濯	陰	水	17	陽	金	火	木	水	水	씻을, 빛날, 클
탁	鐸	陰	金	21	陽	木	火	木	金	金	방울, 풍경, 작은 경쇠
탄	呑	陽	水	7	陽	金	火	火	口	水	삼킬, 쌀, 싸서 감출, 경시할
탄	坦	陰	土	8	陰	金	火	火	土	土	평평할, 너그러울, 편할
탄	炭	陽	火	9	陽	水	火	火	火	火	숯, 재, 석탄
탄	誕	陰	金	14	陰	火	火	火	言	金	태어날, 속일, 허망한 소리할
탄	綻	陰	木	14	陰	火	火	火	糸	木	옷이 터질, 봉오리가 벌어질
탄	嘆	陰	水	14	陰	火	火	火	口	水	탄식할, 한숨 쉴
탄	彈	陰	金	15	陽	土	火	火	弓	火	탄알, 열매, 과실
탄	歎	陰	金	15	陽	土	火	火	欠	火	읊을, 노래할, 탄식할
탄	憚	陰	火	15	陽	土	火	火	心	火	꺼릴, 삼갈, 화낼, 협박할
탄	灘	陰	水	22	陰	木	火	火	水	水	여울, 물가, 소금밭, 염전
탈	脫	陰	水	11	陽	木	火	火	肉	水	벗을, 살이 빠질, 여윌, 벗길
탈	奪	陽	木	14	陰	火	火	火	大	木	빼앗을, 잃을, 없어질, 탈진할
탐	眈	陰	木	9	陽	水	火	水	目	木	노려볼, 흘겨볼
탐	耽	陰	火	10	陰	水	火	水	耳	火	즐길, 기쁨을 누릴
탐	貪	陽	金	11	陽	木	火	水	貝	金	탐할, 더듬어 찾을
탐	探	陰	木	11	陽	木	火	水	手	木	찾을, 정탐할
탑	塔	陰	土	13	陽	火	火	水	土	土	탑, 절, 불당
탑	榻	陰	木	14	陰	火	火	水	木	木	걸상, 길고 좁은 평상
탕	宕	陽	木	8	陰	金	火	土	宀	木	방탕할, 거칠, 대범할, 지나칠
탕	帑	中	木	8	陰	金	火	土	巾	木	금고
탕	湯	陰	水	12	陰	木	火	土	水	水	넘어질, 물긇을, 움직일, 흔들
탕	糖	陰	木	16	陰	土	火	土	米	木	사탕, 엿

글자		글자		획수			음령오행		부수		글자의 의미
		음양	오행	획수	음양	오행	초성	종성	부수	오행	
탕	蕩	中	木	16	陰	土	火	土	艸	木	쓸어버릴, 방탕할, 씻어버릴
태	太	陰	木	4	陰	火	火	-	大	木	클, 매우, 심히, 통할
태	台	陽	水	5	陽	土	火	-	口	水	별, 기뻐할, 기를, 양육할
태	兌	中	木	7	陽	金	火	-	儿	木	기쁠, 기뻐할, 바꿀, 괘이름
태	汰	陰	水	7	陽	金	火	-	水	水	사치할, 흐릴, 결백하지 않은
태	邰	陰	土	8	陰	金	火	-	邑	土	나라이름
태	苔	陽	木	9	陽	水	火	-	艸	木	이끼, 김
태	殆	陰	水	9	陽	水	火	-	歹	水	위태할, 위태로울, 해칠, 거의
태	胎	陰	水	9	陽	水	火	-	肉	水	아이 밸, 태아, 임신부
태	怠	陽	火	9	陽	水	火	-	心	火	게으를, 업신여길, 쇠약해질
태	泰	陽	水	10	陰	水	火	-	水	水	클, 넉넉할, 편안할
태	笞	中	木	11	陽	木	火	-	竹	木	볼기를 칠, 태형
태	鈦	陰	金	12	陰	木	火	-	金	金	티타늄
태	跆	陰	土	12	陰	木	火	-	足	土	밟을, 유린할, 짓밟을
태	颱	陽	木	14	陰	火	火	-	風	木	태풍
태	態	中	火	14	陰	火	火	-	心	火	모양, 형상, 짓, 몸짓, 태도
택	宅	陽	木	6	陰	土	火	木	宀	木	집, 대지, 무덤
택	擇	陰	木	16	陰	土	火	木	手	木	가릴, 고를
택	澤	陰	水	16	陰	土	火	木	水	水	못, 진펄, 늪, 윤, 윤이 날
탱	撐	陰	木	15	陽	土	火	土	手	木	버팀목, 버틸, 배를 저을
터	攄	陰	木	18	陰	金	火	-	手	木	펼, 생각이나 말을 늘어놓을
토	土	陽	土	3	陽	火	火	-	土	土	흙, 땅, 오행의 하나
토	吐	陽	水	6	陰	土	火	-	口	水	토할, 털어놓을, 드러낼, 버릴
토	兎	陽	木	7	陽	金	火	-	儿	木	토끼, 달의 비유
토	討	陰	金	10	陰	水	火	-	言	金	칠, 정벌할, 꾸짖을, 죽일
통	洞	陰	水	9	陽	水	火	土	水	水	꿰뚫을, 굴, 동굴, 골짜기
통	桶	陰	木	11	陽	木	火	土	木	木	통, 물건을 담는 통
통	通	陽	土	11	陽	木	火	土	辵	土	통할, 꿰뚫을, 환히 비칠
통	統	陰	木	12	陰	木	火	土	糸	木	큰 줄기, 혈통, 핏줄, 거느릴
통	筒	中	木	12	陰	木	火	土	竹	木	대롱, 대롱처럼 생긴 물건

글자		글자		획수			음령오행		부수		글자의 의미
		음양	오행	획수	음양	오행	초성	종성	부수	오행	
통	痛	陽	水	12	陰	木	火	土	疒	水	아플, 앓을, 괴롭힐, 슬픔
통	慟	陰	火	14	陰	火	火	土	心	火	서럽게 울, 울면서 슬퍼할
퇴	退	陽	土	10	陰	水	火	-	辵	土	물러날, 그만둘, 피할, 떠나갈
퇴	堆	陰	土	11	陽	木	火	-	土	土	언덕, 높이 쌓일, 둘
퇴	槌	陰	木	14	陰	火	火	-	木	木	망치, 짤막한 몽둥이, 칠
퇴	腿	陰	水	14	陰	火	火	-	肉	水	넓적다리, 정강이, 다리살
퇴	褪	陰	木	15	陽	土	火	-	衣	木	바랠, 꽃이 질, 엷어질, 벗을
퇴	頹	陰	火	16	陰	土	火	-	頁	火	무너질, 무너뜨릴, 기울, 쇠할
투	投	陰	木	7	陽	金	火	-	手	木	던질, 줄, 보낼, 증여할
투	妬	陰	土	8	陰	金	火	-	女	土	강샘할, 시새울
투	套	陽	木	10	陰	水	火	-	大	木	덮개, 한 벌, 정한대로의
투	透	陽	土	11	陽	木	火	-	辵	土	통할, 뛸, 뛰어넘을, 지나갈
투	偸	陰	火	11	陽	木	火	-	人	火	훔칠, 가벼울, 구차할
투	鬪	陰	金	20	陰	水	火	-	鬥	金	싸움, 싸울, 다툴, 싸우게 할
특	特	陰	土	10	陰	水	火	木	牛	土	수컷, 3,4살 난 짐승, 특별할
특	慝	陽	火	15	陽	土	火	木	心	火	사특할, 간사할, 악할, 못될
틈	闖	中	木	18	陰	金	火	水	門	木	말이 문나오는, 엿볼
파	巴	陽	土	4	陰	火	水	-	己	土	땅이름
파	把	陰	木	7	陽	金	水	-	手	木	잡을, 한손으로 쥘, 자루
파	爬	陽	金	8	陰	金	水	-	爪	金	긁을, 길, 기어서 다닐, 잡을
파	芭	陽	木	8	陰	金	水	-	艸	木	파초, 향기풀이름, 꽃
파	杷	陰	木	8	陰	金	水	-	木	木	비파나무, 상록교목
파	波	陰	水	8	陰	金	水	-	水	水	물결, 물결 일, 파도 일어날
파	坡	陰	土	8	陰	金	水	-	土	土	고개, 비탈, 둑, 제방, 언덕
파	派	陰	水	9	陽	水	水	-	水	水	물갈래, 갈라져 흐를
파	破	陰	金	10	陰	水	水	-	石	金	깨뜨릴, 일을 망칠, 쪨, 가를
파	婆	中	土	11	陽	木	水	-	女	土	할미
파	琶	中	金	12	陰	木	水	-	玉	金	비파
파	跛	陰	土	12	陰	木	水	-	足	土	절뚝발이, 절뚝거릴, 기대설
파	頗	陰	火	14	陰	火	水	-	頁	火	자못, 조금, 약간, 치우칠

글자		글자		획수			음령오행		부수		글자의 의미
		음양	오행	획수	음양	오행	초성	종성	부수	오행	
파	播	陰	木	15	陽	土	水	-	手	木	뿌릴, 씨 뿌릴, 퍼뜨릴, 베풀
파	罷	中	木	15	陽	土	水	-	网	木	방면할, 그칠, 그만둘, 쉴
파	擺	陰	木	18	陰	金	水	-	手	木	열릴, 벌여 놓을, 배열할, 털
판	判	陰	金	7	陽	金	水	火	刀	金	판가름할, 나눌, 구별할
판	阪	陰	土	7	陽	金	水	火	阜	土	비탈, 뚝 제방, 산골짜기
판	坂	陰	土	7	陽	金	水	火	土	土	비탈, 뚝, 제방, 언덕
판	版	陰	木	8	陰	金	水	火	片	木	널, 널빤지, 책, 편지, 조각
판	板	陰	木	8	陰	金	水	火	木	木	널빤지, 판목, 딱따기
판	販	陰	金	11	陽	木	水	火	貝	金	팔, 살, 매매할, 장사할
판	鈑	陰	金	12	陰	木	水	火	金	金	금박, 얇은 판자형의 황금
판	辦	陰	金	16	陰	土	水	火	辛	金	힘쓸, 갖출, 주관할, 판별할
판	瓣	陰	木	19	陽	水	水	火	瓜	木	외씨, 꽃잎, 외씨의 핵
팔	八	陽	金	2	陰	木	水	火	八	金	여덟, 여덟 번, 팔자 형태
팔	叭	陰	水	5	陽	土	水	火	口	水	입을 벌릴, 나팔
팔	捌	陰	木	10	陰	水	水	火	手	木	깨뜨릴, 쳐부술, 고무래
패	貝	陽	金	7	陽	金	水	-	貝	金	조개, 돈, 조가비, 무늬
패	沛	陰	水	7	陽	金	水	-	水	水	늪, 습지, 성대한
패	佩	陰	火	8	陰	金	水	-	人	火	찰, 지닐, 노리개
패	唄	陰	水	10	陰	水	水	-	口	水	찬불(讚佛)
패	浿	陰	水	10	陰	水	水	-	水	水	강이름
패	狽	陰	土	10	陰	水	水	-	犬	土	이리
패	悖	陰	火	10	陰	水	水	-	心	火	어그러질, 기준에서 벗어날
패	敗	陰	金	11	陽	木	水	-	攴	金	깨뜨릴, 부술, 무너질, 패할
패	牌	陰	木	12	陰	木	水	-	片	木	패, 방, 명찰, 간판, 포고문
패	稗	陰	木	13	陽	火	水	-	禾	木	피, 화본과 일년초
패	覇	中	金	19	陽	水	水	-	襾	金	으뜸
팽	烹	中	火	11	陽	木	水	土	火	火	삶을, 삶아죽일, 익힌 음식
팽	彭	陰	火	12	陰	木	水	土	彡	火	성(姓), 나라이름, 땅이름
팽	澎	陰	水	15	陽	土	水	土	水	水	물결 부딪히는 기세, 물소리
팽	膨	陰	水	16	陰	土	水	土	肉	水	부풀

글자		글자		획수			음령오행		부수		글자의 의미
		음양	오행	획수	음양	오행	초성	종성	부수	오행	
퍅	愎	陰	火	12	陰	木	水	木	心	火	괴팍할, 너그럽지 못할
편	片	陽	木	4	陰	火	水	火	片	木	한쪽, 조각, 납작한 조각
편	扁	陽	木	9	陽	水	水	火	戶	木	넓적할, 납작할, 액자
편	便	陰	火	9	陽	水	水	火	人	火	편할, 편안할, 소식
편	偏	陰	火	11	陽	木	水	火	人	火	치우칠, 반, 절반, 한쪽
편	遍	陰	土	13	陽	火	水	火	辵	土	두루, 고루 미칠
편	編	陰	木	15	陽	土	水	火	糸	木	엮을, 기록할, 이어놓을, 짤
편	篇	中	木	15	陽	土	水	火	竹	木	책, 완결된 책, 완결된 시문
편	翩	陰	火	15	陽	土	水	火	羽	火	빨리 날, 나부낄
편	鞭	陰	金	18	陰	金	水	火	革	金	채찍, 매질할
편	騙	陰	火	19	陽	水	水	火	馬	火	속일, 기만할, 말에 뛰어오를
폄	貶	陰	金	12	陰	木	水	水	貝	金	떨어뜨릴, 낮출, 감할, 내칠
평	平	陽	木	5	陽	土	水	土	干	木	평평할, 다스릴, 곧을, 바를
평	泙	陰	水	8	陰	金	水	土	水	水	물소리, 물결이 거센
평	坪	陰	土	8	陰	金	水	土	土	土	평평할, 평(땅단위), 들
평	枰	陰	木	9	陽	水	水	土	木	木	바둑판, 의자, 침상
평	評	陰	金	12	陰	木	水	土	言	金	됨됨이를 평할, 품평
평	萍	中	木	12	陰	木	水	土	艸	木	부평초, 개구리 밥, 쑥
폐	吠	陰	水	7	陽	金	水	-	口	水	짖을, 개가 짖을
폐	肺	陰	水	8	陰	金	水	-	肉	水	허파, 마음, 충심
폐	陛	陰	土	10	陰	水	水	-	阜	土	섬돌, 계단, 순서, 차례
폐	閉	中	木	11	陽	木	水	-	門	木	닫을, 닫힐, 잠글, 단절할
폐	廢	中	木	15	陽	土	水	-	广	木	폐할, 그만둘, 부서질
폐	幣	中	木	15	陽	土	水	-	巾	木	비단, 예물, 돈
폐	弊	中	水	15	陽	土	水	-	廾	木	해질, 옷이 낡을, 넘어질
폐	蔽	中	木	16	陰	土	水	-	艸	木	덮을, 가릴, 속일, 포괄할
폐	嬖	中	土	16	陰	土	水	-	女	土	사랑할, 친압할
폐	斃	中	金	18	陰	金	水	-	攴	金	넘어질, 쓰러질, 넘어져 죽을
포	包	陽	金	5	陽	土	水	-	勹	金	쌀, 꾸러미, 보따리
포	布	陽	木	5	陽	土	水	-	巾	木	베, 돈, 화폐, 펼, 넓게 깔

글자		글자		획수			음령오행		부수		글자의 의미
		음양	오행	획수	음양	오행	초성	종성	부수	오행	
포	佈	陰	火	7	陽	金	水	-	人	火	펼
포	抱	陰	木	8	陰	金	水	-	手	木	안을, 품을, 품에 안길, 가슴
포	抛	陰	木	8	陰	金	水	-	手	木	던질, 내던질, 버릴, 내버릴
포	咆	陰	水	8	陰	金	水	-	口	水	으르렁거릴, 성낼
포	泡	陰	水	8	陰	金	水	-	水	水	거품, 물거품, 성할
포	怖	陰	火	8	陰	金	水	-	心	火	두려워할, 떨, 두려울, 공포
포	匍	陽	木	9	陽	水	水	-	勹	金	길, 힘을 다할, 문지를, 갈
포	苞	陽	木	9	陽	水	水	-	艸	木	딸기, 밑동, 쌀, 그령
포	胞	陰	水	9	陽	水	水	-	肉	水	태보, 삼, 종기, 친형제
포	砲	陰	金	10	陰	水	水	-	石	金	돌쇠뇌, 대포, 포거
포	捕	陰	木	10	陰	水	水	-	手	木	사로잡을, 구할, 찾을
포	袍	陰	木	10	陰	水	水	-	衣	木	핫옷, 겨울용 솜옷, 평상복
포	圃	陽	水	10	陰	水	水	-	囗	水	밭, 들일, 넓을, 클
포	疱	陽	水	10	陰	水	水	-	疒	水	천연두, 마마, 몸이 붓는 병
포	哺	陰	水	10	陰	水	水	-	口	水	먹을, 먹일, 어린아이의 병명
포	浦	陰	水	10	陰	水	水	-	水	水	개, 물가, 바닷가
포	匏	陰	木	11	陽	木	水	-	勹	金	박, 바가지, 악기
포	脯	陰	水	11	陽	木	水	-	肉	水	포, 말린 과실, 말린 고기
포	逋	陽	土	11	陽	木	水	-	辵	土	달아날, 체납할, 체납한 조세
포	葡	陽	木	13	陽	火	水	-	艸	木	포도, 머루, 갖출
포	蒲	中	木	14	陰	火	水	-	艸	木	부들, 창포, 왕골, 소포
포	飽	陰	水	14	陰	火	水	-	食	水	물릴, 싫증이 날, 배부를
포	鋪	陰	金	15	陽	土	水	-	金	金	펼, 늘어놓을, 베풀, 배목
포	褒	中	木	15	陽	土	水	-	衣	木	기릴, 클, 넓을, 모을, 도포
포	暴	陽	火	15	陽	土	水	-	日	火	사나울, 해칠, 해롭게 할
포	鮑	陰	水	16	陰	土	水	-	魚	水	절인 어물, 전복, 갖바치
폭	幅	陰	木	12	陰	木	水	木	巾	木	폭, 너비, 넓이, 가장자리
폭	暴	陽	火	15	陽	土	水	木	日	火	사나울, 해칠, 해롭게 할
폭	輻	陰	火	16	陰	土	水	木	車	火	바퀴살통
폭	瀑	陰	水	18	陰	金	水	木	水	水	폭포, 소나기, 거품

글자		글자		획수			음령오행		부수		글자의 의미
		음양	오행	획수	음양	오행	초성	종성	부수	오행	
폭	爆	陰	火	19	陽	水	水	木	火	火	터질, 폭발할, 태울, 불길 셀
폭	曝	陰	火	19	陽	水	水	木	日	火	쬘, 햇볕에 쬐어 말릴
표	杓	陰	木	7	陽	金	水	-	木	木	자루, 별이름, 북두자루, 당길
표	表	陽	木	8	陰	金	水	-	衣	木	겉, 거죽, 겉면, 나타낼, 밝힐
표	豹	陰	水	10	陰	水	水	-	豸	水	표범
표	俵	陰	火	10	陰	水	水	-	人	火	흩을, 나누어줄
표	票	陽	木	11	陽	木	水	-	示	木	불똥이 튈, 흔들리는, 쪽지
표	彪	陽	火	11	陽	木	水	-	彡	火	무늬, 범가죽 무늬, 범, 밝힐
표	剽	陰	金	13	陽	火	水	-	刀	金	빠를, 사나울, 위험할
표	漂	陰	水	14	陰	火	水	-	水	水	떠돌, 표류할, 유랑할, 흔들
표	慓	陰	火	14	陰	火	水	-	心	火	날랠, 재빠를
표	標	陰	木	15	陽	土	水	-	木	木	우듬지, 높은 나뭇가지, 표할
표	瓢	陰	木	16	陰	土	水	-	瓜	木	박, 바가지, 표주박, 구기
표	飄	陰	木	20	陰	水	水	-	風	木	회오리바람, 질풍
표	飆	陽	木	21	陽	木	水	-	風	木	폭풍, 회오리바람, 광풍
표	驃	陰	火	21	陽	木	水	-	馬	火	표절따, 표마, 날래고 용감할
품	品	中	水	9	陽	水	水	水	口	水	물건, 품별을 할, 품평할
품	稟	陽	木	13	陽	火	水	水	禾	木	줄, 내려줄, 녹미, 받을, 녹
풍	風	陽	木	9	陽	水	水	土	風	木	바람, 불, 바람이 불, 바람 쐴
풍	馮	陰	火	12	陰	木	水	土	馬	火	성(姓), 업신여길
풍	豊	陽	木	13	陽	火	水	土	豆	木	풍성할, 풍년
풍	楓	陰	木	13	陽	火	水	土	木	木	단풍나무, 신나무
풍	諷	陰	金	16	陰	土	水	土	言	金	욀, 풍자할, 풍간할
피	皮	陽	金	5	陽	土	水	-	皮	金	가죽, 껍질, 겉, 거죽
피	披	陰	木	8	陰	金	水	-	手	木	나눌, 쪼갤, 열, 개척할, 입을
피	陂	陰	土	8	陰	金	水	-	阜	土	비탈, 고개, 보, 못, 막을
피	彼	陰	火	8	陰	金	水	-	彳	火	저, 저사람, 그, 그이, 아닐
피	被	陰	木	10	陰	水	水	-	衣	木	이불, 잠옷, 미칠, 달할
피	疲	陽	水	10	陰	水	水	-	疒	水	지칠, 힘이 없을, 피로
피	避	中	土	17	陽	金	水	-	辵	土	피할, 회피할, 벗어날, 숨을

글자		글자		획수			음령오행		부수		글자의 의미
		음양	오행	획수	음양	오행	초성	종성	부수	오행	
필	匹	陽	水	4	陰	火	水	火	匚	水	필, 짝, 맞설
필	疋	陽	土	5	陽	土	水	火	疋	土	필, 바를
필	必	陽	火	5	陽	土	水	火	心	火	반드시, 틀림없이, 오로지
필	佖	陰	火	7	陽	金	水	火	人	火	점잖을, 가득찰, 나란할
필	泌	陰	水	8	陰	金	水	火	水	水	샘물 흐르는 모양, 내이름
필	珌	陰	金	9	陽	水	水	火	玉	金	칼 장식 옥
필	苾	陽	木	9	陽	水	水	火	艸	木	향기로울, 풀이름, 채소이름
필	畢	陽	木	11	陽	木	水	火	田	木	마칠, 끝낼, 죌, 그물, 모두
필	筆	中	木	12	陰	木	水	火	竹	木	붓, 쓸, 덧보태어 쓸
필	弼	陰	火	12	陰	木	水	火	弓	火	도울, 돕는 사람, 도지개
필	鉍	陰	金	13	陽	火	水	火	金	金	창의 자루
필	馝	陰	木	14	陰	火	水	火	香	木	향기로울, 좋은 향내가 날
핍	乏	陽	金	5	陽	土	水	水	丿	金	가난할, 버릴, 고달플
핍	逼	陽	土	13	陽	火	水	水	辵	土	닥칠, 가까이 다가올, 협박할
하	下	陽	木	3	陽	火	土	-	一	木	아래, 아랫사람, 뒤
하	呀	陰	水	7	陽	金	土	-	口	水	입 벌릴, 감탄 의문의 어조사
하	何	陰	火	7	陽	金	土	-	人	火	어찌, 무엇, 얼마
하	河	陰	水	8	陰	金	土	-	水	水	강이름, 황하, 내, 강, 운하
하	昰	陽	火	9	陽	水	土	-	日	火	옳을, 바로잡을, 다스릴, 여름
하	夏	陽	土	10	陰	水	土	-	夊	土	여름, 약초이름, 안거
하	荷	中	木	11	陽	木	土	-	艸	木	연꽃, 원망할, 더할, 규탄할
하	賀	中	金	12	陰	木	土	-	貝	金	하례할, 위로할, 경축, 경사
하	厦	陽	水	12	陰	木	土	-	厂	水	큰집, 헐소청
하	瑕	陰	金	13	陽	火	土	-	玉	金	티, 옥에 티, 허물, 잘못
하	廈	陽	木	13	陽	火	土	-	广	木	처마, 큰집
하	遐	中	土	13	陽	火	土	-	辵	土	멀, 멀어질, 멀리할
하	碬	陰	金	14	陰	火	土	-	石	金	숫돌, 울퉁불퉁할
하	嘏	陰	水	14	陰	火	土	-	口	水	클, 장대할, 복, 복 받을
하	蝦	陰	水	15	陽	土	土	-	虫	水	새우, 두꺼비
하	霞	中	水	17	陽	金	土	-	雨	水	노을, 이내, 멀, 아득할, 새우

글자		글자		획수			음령오행		부수		글자의 의미
		음양	오행	획수	음양	오행	초성	종성	부수	오행	
하	鰕	陰	水	20	陰	水	土	-	魚	水	새우, 도롱뇽, 고래 암컷
학	虐	陽	木	9	陽	水	土	木	虍	木	사나울, 해칠, 상할, 잔인할
학	嗃	陰	水	13	陽	火	土	木	口	水	엄할, 냉엄할, 부르짖는 소리
학	謔	陰	金	16	陰	土	土	木	言	金	희롱거릴, 농담, 희롱
학	學	中	水	16	陰	土	土	木	子	水	배울, 학문, 학자
학	壑	中	土	17	陽	金	土	木	土	土	골, 산골짜기, 도랑, 해자
학	鶴	陰	火	21	陽	木	土	木	鳥	火	학, 두루미, 흴, 흰색
한	汗	陰	水	6	陰	土	土	火	水	水	땀, 땀을 흘릴
한	罕	陽	木	7	陽	金	土	火	网	木	그물, 새그물, 기, 드물
한	旱	陽	火	7	陽	金	土	火	日	火	가물, 가뭄, 육지, 뭍
한	限	陰	土	9	陽	水	土	火	阜	土	한계, 경계, 구역, 규정, 제한
한	恨	陰	火	9	陽	水	土	火	心	火	한할, 원통할, 뉘우칠, 억울할
한	悍	陰	火	10	陰	水	土	火	心	火	사나울, 성급할, 세찰, 빠를
한	寒	陽	木	12	陰	木	土	火	宀	木	찰, 차가울, 얼, 얼게할, 식힐
한	閑	中	木	12	陰	木	土	火	門	木	막을, 막힐, 가로막을, 문지방
한	閒	中	木	12	陰	木	土	火	門	木	틈, 들일, 받아들일, 한가할
한	漢	陰	水	14	陰	火	土	火	水	水	한수, 은하수, 사나이
한	澖	陰	水	15	陽	土	土	火	水	水	넓을
한	澣	陰	水	16	陰	土	土	火	水	水	빨래, 빨래할, 발 씻을
한	翰	陰	火	16	陰	土	土	火	羽	火	날개, 금계, 빠르게 날
한	韓	陰	金	17	陽	金	土	火	韋	金	나라이름, 삼한, 우물귀틀
한	瀚	陰	水	19	陽	水	土	火	水	水	넓고 큰 모양, 사막이름
할	割	陰	金	12	陰	木	土	火	刀	金	나눌, 쪼갤, 빼앗을, 벨
할	轄	陰	火	17	陽	金	土	火	車	火	비녀장, 관장할, 다스릴
함	含	陽	水	7	陽	金	土	水	口	水	머금을, 품을, 넣을
함	函	陽	木	8	陰	金	土	水	凵	水	함, 상자, 편지, 잔, 술잔
함	咸	陽	水	9	陽	水	土	水	口	水	다, 모두, 두루 미칠, 같을
함	啣	陰	水	11	陽	木	土	水	口	水	재갈, 머금을, 느낄, 품을
함	涵	陰	水	11	陽	木	土	水	水	水	젖을, 적실, 담글, 잠길
함	陷	陰	土	11	陽	木	土	水	阜	土	빠질, 떨어질, 추락할, 파묻힐

글자		글자		획수			음령오행		부수		글자의 의미
		음양	오행	획수	음양	오행	초성	종성	부수	오행	
함	喊	陰	水	12	陰	木	土	水	口	水	소리, 고함지를, 입을 다물
함	銜	陰	金	14	陰	火	土	水	金	金	재갈, 머금을, 받을, 받들
함	緘	陰	木	15	陽	土	土	水	糸	木	봉할, 새끼, 줄, 함끈
함	檻	陰	木	18	陰	金	土	水	木	木	우리, 감옥, 덫, 올무
함	艦	陰	木	20	陰	水	土	水	舟	木	싸움배, 군함
함	鹹	陰	水	20	陰	水	土	水	鹵	水	짤, 짠맛, 소금기, 쓴, 쓴맛
합	合	陽	水	6	陰	土	土	水	口	水	합할, 만날, 맞을
합	哈	陰	水	9	陽	水	土	水	口	水	물고기 많은 모양, 웃는 소리
합	陜	陰	土	10	陰	水	土	水	阜	土	땅이름
합	盒	陽	金	11	陽	木	土	水	皿	金	합, 음식 담는 그릇, 찬합
합	蛤	陰	水	12	陰	木	土	水	虫	水	대합조개, 큰 두꺼비, 개구리
합	閤	中	木	14	陰	火	土	水	門	木	쪽문, 곁문, 침실, 규방
합	闔	中	木	18	陰	金	土	水	門	木	문짝, 문을 닫을, 간직할
항	亢	陽	火	4	陰	火	土	土	亠	火	목, 목구멍, 오를, 높을
항	伉	陰	火	6	陰	土	土	土	人	火	짝, 굳셀, 맞설
항	行	陰	火	6	陰	土	土	土	行	火	항렬
항	抗	陰	木	7	陽	金	土	土	手	木	막을, 저지할, 구할, 두둔할
항	沆	陰	水	7	陽	金	土	土	水	水	넓을, 괴어있는 물, 흐를
항	肛	陰	水	7	陽	金	土	土	肉	水	똥구멍, 부풀
항	杭	陰	木	8	陰	金	土	土	木	木	건널, 물을 건널, 나룻배, 배
항	巷	陽	土	9	陽	水	土	土	己	土	거리, 복도, 통로, 동네, 마을
항	姮	陰	土	9	陽	水	土	土	女	土	항아
항	缸	陰	土	9	陽	水	土	土	缶	土	항아리, 질그릇
항	降	陰	土	9	陽	水	土	土	阜	土	항복할, 항복받을, 굴복할
항	恒	陰	火	9	陽	水	土	土	心	火	항상, 언제나, 늘, 변함없는
항	航	陰	木	10	陰	水	土	土	舟	木	배, 배다리, 건널
항	桁	陰	木	10	陰	水	土	土	木	木	차꼬
항	港	陰	水	12	陰	木	土	土	水	水	항구, 도랑, 뱃길
항	項	陰	火	12	陰	木	土	土	頁	火	목, 관의 뒤쪽, 클
항	嫦	陰	土	14	陰	火	土	土	女	土	항아

글자		글자		획수			음령오행		부수		글자의 의미
		음양	오행	획수	음양	오행	초성	종성	부수	오행	
해	亥	陽	火	6	陰	土	土	-	亠	火	돼지, 12번째 지지, 간직할
해	咍	陰	水	8	陰	金	土	-	口	水	웃을, 비웃을, 기뻐할, 성(姓)
해	咳	陰	水	9	陽	水	土	-	口	水	어린애가 웃을, 기침, 포괄할
해	孩	陰	水	9	陽	水	土	-	子	水	어린아이, 어릴, 마음이 어릴
해	垓	陰	土	9	陽	水	土	-	土	土	지경, 경계, 끝, 국토의 끝
해	奚	陽	木	10	陰	水	土	-	大	木	어찌, 어느, 무엇, 여자종
해	害	陽	木	10	陰	水	土	-	宀	木	해칠, 손해, 훼방할, 방해할
해	海	陰	水	10	陰	水	土	-	水	水	바다, 바닷물, 물산이 풍부한
해	偕	陰	火	11	陽	木	土	-	人	火	함께, 함께 있을, 굳셀
해	該	陰	金	13	陽	火	土	-	言	金	그, 갖출, 갖추어질
해	楷	陰	木	13	陽	火	土	-	木	木	나무이름, 본보기, 모범, 본뜰
해	解	陰	木	13	陽	火	土	-	角	木	풀, 해부할, 벗길, 용서할
해	諧	陰	金	16	陰	土	土	-	言	金	화할, 화합할, 조화될, 어울릴
해	骸	陰	金	16	陰	土	土	-	骨	金	뼈, 사람의 뼈, 해골
해	懈	陰	火	16	陰	土	土	-	心	火	게으를, 느슨해질
해	駭	陰	火	16	陰	土	土	-	馬	火	놀랄, 놀라게 할, 어지러워질
해	邂	中	土	17	陽	金	土	-	辵	土	만날, 우연히 마주칠
해	瀣	陰	水	19	陽	水	土	-	水	水	이슬기운
해	蟹	中	水	19	陽	水	土	-	虫	水	게
핵	劾	陰	土	8	陰	金	土	木	力	土	캐물을, 신문조서, 힘쓸
핵	核	陰	木	10	陰	水	土	木	木	木	씨, 씨 있는 과일, 알갱이
행	行	陰	火	6	陰	土	土	土	行	火	갈, 걸을, 나아갈, 다닐
행	杏	陽	木	7	陽	金	土	土	木	木	살구나무, 살구, 은행나무
행	幸	陽	木	8	陰	金	土	土	干	木	다행, 행복, 운이 좋을, 바랄
행	荇	中	木	10	陰	水	土	土	艸	木	마름풀
행	倖	陰	火	10	陰	水	土	土	人	火	요행, 간사할, 아첨할
행	涬	陰	水	11	陽	木	土	土	水	水	기운, 끌, 당길
향	向	陽	水	6	陰	土	土	土	口	水	향할, 구할, 창
향	享	陽	火	8	陰	金	土	土	亠	火	누릴, 제사지낼, 드릴
향	香	陽	木	9	陽	水	土	土	香	木	향기, 향기로울, 아름다울

글자		글자		획수			음령오행		부수		글자의 의미
		음양	오행	획수	음양	오행	초성	종성	부수	오행	
향	珦	陰	金	10	陰	水	土	土	玉	金	옥이름
향	鄕	陰	土	13	陽	火	土	土	邑	土	시골, 마을, 곳, 장소
향	餉	陰	水	15	陽	土	土	土	食	水	건량, 도시락, 군량, 군자금
향	嚮	中	水	19	陽	水	土	土	口	水	향할, 권할, 접대
향	麐	陽	土	20	陰	水	土	土	鹿	土	사향사슴
향	響	中	金	22	陰	木	土	土	音	金	울림, 음향, 명성, 울릴
향	饗	中	水	22	陰	木	土	土	食	水	잔치할, 연회할, 대접할
허	許	陰	金	11	陽	木	土	-	言	金	허락할, 받아들일, 승인할
허	虛	陽	木	12	陰	木	土	-	虍	木	빌, 없을, 드물, 모자랄
허	噓	陰	水	14	陰	火	土	-	口	水	불, 울
허	墟	陰	土	15	陽	土	土	-	土	土	언덕, 옛터, 터, 기슭, 저자
헌	軒	陰	火	10	陰	水	土	火	車	火	추녀, 처마, 집, 가옥, 수레
헌	憲	陽	火	16	陰	土	土	火	心	火	법, 가르침, 깨우침, 명령
헌	櫶	陰	木	20	陰	水	土	火	木	木	나무이름
헌	獻	陰	土	20	陰	水	土	火	犬	土	바칠, 나아갈, 드릴, 어진 이
헐	歇	陰	火	13	陽	火	土	火	欠	火	쉴, 휴식할, 없을, 다할, 마를
험	險	陰	土	16	陰	土	土	水	阜	土	험할, 높을, 깊을, 멀, 기울
험	驗	陰	火	23	陽	火	土	水	馬	火	증험할, 증거, 효능, 응보
혁	侐	陰	火	8	陰	金	土	木	人	火	고요할
혁	革	陽	金	9	陽	水	土	木	革	金	가죽, 피부, 북, 갑주, 투구
혁	奕	陽	木	9	陽	水	土	木	大	木	클, 아름다울, 근심할, 겹칠
혁	焃	陰	火	11	陽	木	土	木	火	火	붉을, 밝을, 빛날
혁	赫	陰	火	14	陰	火	土	木	赤	火	붉을, 붉은 빛, 빛나는
혁	爀	陰	火	18	陰	金	土	木	火	火	붉을, 불빛이 붉은
현	玄	陽	火	5	陽	土	土	火	玄	火	검을, 검은 빛, 하늘, 멀
현	見	陽	火	7	陽	金	土	火	見	火	나타날, 드러날, 있을, 보일
현	泫	陰	水	8	陰	金	土	火	水	水	빛날, 들을, 이슬비 내리는
현	呟	陰	水	8	陰	金	土	火	口	水	소리
현	弦	陰	火	8	陰	金	土	火	弓	火	시위, 활시위, 활시위 소리
현	玹	陰	金	9	陽	水	土	火	玉	金	옥돌, 옥빛

글자		글자		획수			음령오행		부수		글자의 의미
		음양	오행	획수	음양	오행	초성	종성	부수	오행	
현	炫	陰	火	9	陽	水	土	火	火	火	빛날, 비출, 자랑할
현	俔	陰	火	9	陽	水	土	火	人	火	염탐할, 풍향계, 두려워하는
현	眩	陰	木	10	陰	水	土	火	目	木	아찔할, 현혹할, 어두울
현	峴	陰	土	10	陰	水	土	火	山	土	재, 고개, 산이름
현	現	陰	金	11	陽	木	土	火	玉	金	나타날, 나타낼, 밝을, 이제
현	絃	陰	木	11	陽	木	土	火	糸	木	악기줄, 거문고줄, 새끼
현	舷	陰	木	11	陽	木	土	火	舟	木	뱃전
현	惤	陰	火	11	陽	木	土	火	心	火	베 이름, 엄할
현	衒	陰	火	11	陽	木	土	火	行	火	팔, 자기를 선전할, 현기증 날
현	晛	陰	火	11	陽	木	土	火	日	火	햇살, 햇빛, 해날, 환할, 밝을
현	絢	陰	木	12	陰	木	土	火	糸	木	무늬, 문채, 노끈, 빠를
현	睍	陰	木	12	陰	木	土	火	目	木	불거진 눈, 훔쳐볼, 아름다운
현	鉉	陰	金	13	陽	火	土	火	金	金	솥귀, 활시위, 삼공의 지위
현	賢	中	金	15	陽	土	土	火	貝	金	어질, 착할, 선량할, 현자
현	儇	陰	火	15	陽	土	土	火	人	火	총명할, 빠를, 날랠
현	縣	陰	木	16	陰	土	土	火	糸	木	매달, 높이 걸, 공표할, 고을
현	譞	陰	金	20	陰	水	土	火	言	金	영리할, 슬기, 지혜, 말 많은
현	懸	中	火	20	陰	水	土	火	心	火	매달, 달아맬, 매달릴, 늘어질
현	顯	陰	火	23	陽	火	土	火	頁	火	나타날, 나타낼, 드러날
혈	孑	陽	水	3	陽	火	土	火	子	水	외로울, 남을, 남길, 짧을
혈	穴	中	水	5	陽	土	土	火	穴	水	구멍, 구덩이, 움, 소굴, 동굴
혈	血	陽	水	6	陰	土	土	火	血	水	피, 물들일
혈	頁	陽	火	9	陽	水	土	火	頁	火	머리, 목, 목덜미, 페이지
혐	嫌	陰	土	13	陽	火	土	水	女	土	싫어할, 의심할, 불만스러울
협	夾	陽	木	7	陽	金	土	水	大	木	낄, 부축할, 손잡이, 칼자루
협	洽	陰	水	8	陰	金	土	水	氵	水	화할, 젖을, 윤택할
협	協	陰	水	8	陰	金	土	水	十	水	맞을, 화합할, 적합할, 합할
협	俠	陰	火	9	陽	水	土	水	人	火	호협할, 가벼울, 젊을
협	挾	陰	木	10	陰	水	土	水	手	木	낄, 끼워 넣을, 끼울, 가질
협	脇	陰	水	10	陰	水	土	水	肉	水	옆구리, 갈빗대, 곁, 울러댈

글자		글자		획수			음령오행		부수		글자의 의미
		음양	오행	획수	음양	오행	초성	종성	부수	오행	
협	浹	陰	水	10	陰	水	土	水	水	水	두루 미칠, 널리 퍼질, 통할
협	脅	中	水	10	陰	水	土	水	肉	水	옆구리, 갈빗대, 곁, 울러댈
협	峽	陰	土	10	陰	水	土	水	山	土	골짜기, 띠 모양의 바다
협	狹	陰	土	10	陰	水	土	水	犬	土	좁을, 좁아질, 좁힐
협	莢	陽	木	11	陽	木	土	水	艸	木	풀 열매, 콩깍지, 콩꼬투리
협	鋏	陰	金	15	陽	土	土	水	金	金	집게, 가위, 칼, 장검
협	頰	陰	火	16	陰	土	土	水	頁	火	뺨, 쾌적할, 기분 좋을
형	兄	陽	木	5	陽	土	土	土	儿	木	맏이, 형
형	刑	陰	金	6	陰	土	土	土	刀	金	형벌, 벨, 법, 본받을, 다스릴
형	邢	陰	土	7	陽	金	土	土	邑	土	나라이름, 성(姓)
형	亨	陽	火	7	陽	金	土	土	亠	火	형통할, 드릴, 올릴, 제사
형	形	陰	火	7	陽	金	土	土	彡	火	모양, 몸, 육체, 형세, 세력
형	泂	陰	水	8	陰	金	土	土	水	水	멀, 찰, 차가울, 깊고 넓은
형	型	中	土	9	陽	水	土	土	土	土	거푸집, 본보기, 모범
형	炯	陰	火	9	陽	水	土	土	火	火	빛날, 밝을, 불이 밝을
형	珩	陰	金	10	陰	水	土	土	玉	金	노리개, 패옥, 갓끈
형	荊	中	木	10	陰	水	土	土	艸	木	가시나무, 곤장, 매, 모형나무
형	逈	陽	土	10	陰	水	土	土	辵	土	멀, 빛날
형	滎	中	水	14	陰	火	土	土	水	水	실개천, 물결이 일
형	熒	中	火	14	陰	火	土	土	火	火	등불, 빛날, 밝을
형	瑩	中	金	15	陽	土	土	土	玉	金	밝을, 옥의 빛, 거울같이 맑을
형	螢	中	水	16	陰	土	土	土	虫	水	개똥벌레, 반디
형	衡	陰	火	16	陰	土	土	土	行	火	저울대, 달, 저울질할
형	鎣	中	金	18	陰	金	土	土	金	金	줄, 갈, 꾸밀, 장식할, 문지를
형	瀅	陰	水	18	陰	金	土	土	水	水	맑을, 물이 맑을, 개천, 시내
형	馨	中	木	20	陰	水	土	土	香	木	향기, 향기가 날
형	瀯	陰	水	21	陽	木	土	土	水	水	물이름
혜	兮	陽	金	4	陰	火	土	-	八	金	어조사
혜	彗	中	火	11	陽	木	土	-	ヨ	火	비, 쓰는 비, 쓸, 꼬리별
혜	惠	陽	火	12	陰	木	土	-	心	火	은혜, 은혜를 베풀, 사랑할

글자		글자		획수			음령오행		부수		글자의 의미
		음양	오행	획수	음양	오행	초성	종성	부수	오행	
혜	鞋	陰	金	15	陽	土	土	-	革	金	신, 짚신, 목이 짧은 신
혜	暳	陰	火	15	陽	土	土	-	日	火	별이 반짝일, 반짝이는
혜	憓	陰	火	15	陽	土	土	-	心	火	사랑할, 따를, 순종할
혜	慧	中	火	15	陽	土	土	-	心	火	슬기로울, 총명할, 지혜
혜	蕙	陽	木	16	陰	土	土	-	艸	木	혜초, 난초, 향풀, 아름다울
혜	蹊	陰	土	17	陽	金	土	-	足	土	지름길, 건널, 질러갈, 기다릴
혜	醯	陰	金	19	陽	水	土	-	酉	金	초, 식초
혜	譓	陰	金	19	陽	水	土	-	言	金	슬기로울, 순종할, 좇을
혜	鏸	陰	金	20	陰	水	土	-	金	金	날카로울, 세모창, 병기
혜	譿	陰	金	22	陰	木	土	-	言	金	슬기로울, 총명할, 재주, 재지
호	互	陽	木	4	陰	火	土	-	二	木	서로, 함께, 고르지 아니할
호	戶	陽	木	4	陰	火	土	-	戶	木	지게, 지게문, 출입구, 외짝문
호	乎	陽	金	5	陽	土	土	-	ノ	金	~인가, ~로다, ~구나, ~에
호	好	陰	土	6	陰	土	土	-	女	土	좋을, 옳을, 마땅할, 아름다울
호	虎	陽	木	8	陰	金	土	-	虍	木	범, 용맹스러울, 호구 칠
호	芦	陽	木	8	陰	金	土	-	艸	木	지황, 부들
호	弧	陰	木	8	陰	金	土	-	弓	火	활, 나무활, 굽은 선, 곡선부
호	呼	陰	水	8	陰	金	土	-	口	水	부를, 숨을 내쉴, 호통 칠
호	狐	陰	土	8	陰	金	土	-	犬	土	여우
호	岵	陰	土	8	陰	金	土	-	山	土	산
호	昊	陽	火	8	陰	金	土	-	日	火	하늘, 큰, 성한
호	胡	陰	水	9	陽	水	土	-	肉	水	턱밑 살, 드리워질, 멀, 어찌
호	祜	陰	木	10	陰	水	土	-	示	木	복, 복이 두터운
호	浩	陰	水	10	陰	水	土	-	水	水	클, 광대한
호	扈	陽	木	11	陽	木	土	-	戶	木	뒤따를, 마음이 넓을, 호위할
호	瓠	陰	木	11	陽	木	土	-	瓜	木	표주박, 병, 단지
호	淏	陰	水	11	陽	木	土	-	水	水	맑을
호	毫	陽	火	11	陽	木	土	-	毛	火	가는 털, 조금, 붓, 터럭
호	晧	陰	火	11	陽	木	土	-	日	火	밝을, 빛날, 해뜨는
호	皓	陰	金	12	陰	木	土	-	白	金	흴, 깨끗할, 밝을, 하늘

글자		글자		획수			음령오행		부수		글자의 의미
		음양	오행	획수	음양	오행	초성	종성	부수	오행	
호	琥	陰	金	12	陰	木	土	-	玉	金	호박, 서옥, 옥그릇
호	壺	陽	木	12	陰	木	土	-	士	木	병, 단지, 박, 투호
호	湖	陰	水	12	陰	木	土	-	水	水	호수
호	瑚	陰	金	13	陽	火	土	-	玉	金	산호, 호련, 제기 이름
호	號	陰	木	13	陽	火	土	-	虍	木	부르짖을, 한탄할, 닭이 울
호	葫	中	木	13	陽	火	土	-	艸	木	마늘, 조롱박, 호리병박
호	蒿	陽	木	14	陰	火	土	-	艸	木	쑥, 김오를, 소모할, 향기날
호	豪	陽	水	14	陰	火	土	-	豕	水	호걸, 귀인
호	滸	陰	水	14	陰	火	土	-	水	水	물가, 지류 이름
호	嫭	陰	土	14	陰	火	土	-	女	土	아름다울, 시기할, 시샘할
호	皞	陰	金	15	陽	土	土	-	白	金	밝을, 흴, 진득할, 너그러울
호	糊	陰	木	15	陽	土	土	-	米	木	풀, 끈끈할, 입에 풀칠할
호	澔	陰	水	15	陽	土	土	-	水	水	클, 광대한, 넓을
호	蝴	陰	水	15	陽	土	土	-	虫	水	나비
호	縞	陰	木	16	陰	土	土	-	糸	木	명주, 흴, 흰빛
호	濠	陰	水	17	陽	金	土	-	水	水	해자, 강이름
호	濩	陰	水	17	陽	金	土	-	水	水	퍼질, 삶을
호	壕	陰	土	17	陽	金	土	-	土	土	해자, 도랑
호	鎬	陰	金	18	陰	金	土	-	金	金	호경, 냄비, 빛나는
호	護	陰	金	21	陽	木	土	-	言	金	보호할, 감쌀, 비호할, 통솔할
호	顥	陰	火	21	陽	木	土	-	頁	火	클, 머리털이 흰
호	頀	陰	金	23	陽	火	土	-	音	金	구할, 구제할, 지킬, 보호할
호	灝	陰	水	24	陰	火	土	-	水	水	넓을, 콩물, 청명한
혹	或	陽	金	8	陰	金	土	木	戈	金	혹, 혹은, 늘, 언제나, 있을
혹	惑	陽	火	12	陰	木	土	木	心	火	미혹할, 의심할, 미혹되게 할
혹	酷	陰	金	14	陰	火	土	木	酉	金	독할, 술이 독할, 향기 짙을
혼	昏	陽	火	8	陰	金	土	火	日	火	어두울, 저녁때, 해질무렵, 밤
혼	混	陰	水	11	陽	木	土	火	水	水	섞을, 섞일, 혼탁할, 합할
혼	婚	陰	土	11	陽	木	土	火	女	土	혼인할, 아내의 친정
혼	渾	陰	水	12	陰	木	土	火	水	水	흐릴, 합수할, 물소리

글자		글자		획수			음령오행		부수		글자의 의미
		음양	오행	획수	음양	오행	초성	종성	부수	오행	
혼	琿	陰	金	13	陽	火	土	火	玉	金	아름다운 옥
혼	魂	陰	火	14	陰	火	土	火	鬼	火	넋, 마음, 생각, 혼
홀	忽	陽	火	8	陰	金	土	火	心	火	소홀할, 갑자기, 돌연, 문득
홀	笏	中	木	10	陰	水	土	火	竹	木	구멍, 홀, 피리가락 맞출
홀	惚	陰	火	11	陽	木	土	火	心	火	황홀할, 흐릿할
홍	弘	陰	火	5	陽	土	土	土	弓	火	넓을, 넓힐, 널리
홍	汞	陽	水	7	陽	金	土	土	水	水	수은
홍	泓	陰	水	8	陰	金	土	土	水	水	깊을, 연못, 웅덩이, 소
홍	紅	陰	木	9	陽	水	土	土	糸	木	붉을, 연지, 붉은 빛
홍	哄	陰	水	9	陽	水	土	土	口	水	떠들썩할, 고무할, 노래소리
홍	洪	陰	水	9	陽	水	土	土	水	水	큰물, 클
홍	虹	陰	水	9	陽	水	土	土	虫	水	무지개, 채색한 기, 기름접시
홍	訌	陰	金	10	陰	水	土	土	言	金	무너질, 어지러워질, 집안싸움
홍	烘	陰	火	10	陰	水	土	土	火	火	횃불, 횃불 켤, 그을릴, 불 쬘
홍	鉷	陰	金	14	陰	火	土	土	金	金	돌쇠뇌, 석궁
홍	鴻	陰	火	17	陽	金	土	土	鳥	火	큰 기러기, 클, 성할, 번성할
화	化	陰	金	4	陰	火	土	-	匕	金	될, 모양이 바뀔, 고쳐질
화	火	陽	火	4	陰	火	土	-	火	火	불, 탈, 태울, 오행의 하나
화	禾	陽	木	5	陽	土	土	-	禾	木	벼, 곡물, 곡식줄기
화	花	中	木	8	陰	金	土	-	艸	木	꽃, 초목의 꽃, 꽃이 필
화	和	陰	水	8	陰	金	土	-	口	水	화할, 서로 응할, 합칠
화	貨	中	金	11	陽	木	土	-	貝	金	재화, 물품, 재물, 뇌물을 줄
화	華	陽	木	12	陰	木	土	-	艸	木	꽃, 꽃필, 빛날, 윤택할, 색채
화	靴	陰	金	13	陽	火	土	-	革	金	신, 가죽신
화	話	陰	金	13	陽	火	土	-	言	金	말할, 이야기할, 이야기
화	畫	陽	木	13	陽	火	土	-	田	木	그림, 그릴, 색칠할, 채색
화	禍	陰	木	14	陰	火	土	-	示	木	재화, 불행, 재난, 근심, 죄
화	嬅	陰	土	15	陽	土	土	-	女	土	여자이름, 탐스러울
화	樺	陰	木	16	陰	土	土	-	木	木	자작나무, 벗나무
화	譁	陰	金	19	陽	水	土	-	言	金	시끄러울, 바뀔

글자		글자		획수			음령오행		부수		글자의 의미
		음양	오행	획수	음양	오행	초성	종성	부수	오행	
확	廓	中	木	14	陰	火	土	木	广	木	둘레, 외성, 울타리, 클
확	確	陰	金	15	陽	土	土	木	石	金	굳을, 강할, 확실할
확	碻	陰	金	15	陽	土	土	木	石	金	굳을, 굳셀, 채찍
확	擴	陰	木	18	陰	金	土	木	手	木	넓힐
확	穫	陰	木	19	陽	水	土	木	禾	木	벼 벨, 거둘, 얻을
확	攫	陰	木	23	陽	火	土	木	手	木	붙잡을, 잡아쥘, 움킬
환	丸	陽	木	3	陽	火	土	火	丶	木	알, 환, 약
환	幻	陰	水	4	陰	火	土	火	幺	水	변할, 미혹할, 홀릴, 허깨비
환	宦	陽	木	9	陽	水	土	火	宀	木	벼슬, 관직, 벼슬아치, 벼슬할
환	奐	陽	木	9	陽	水	土	火	大	木	빛날, 성대한
환	紈	陰	木	9	陽	水	土	火	糸	木	흰 비단, 맺을, 포개질
환	桓	陰	木	10	陰	水	土	火	木	木	푯말, 굳셀, 위엄이 있을
환	患	陽	火	11	陽	木	土	火	心	火	근심, 걱정, 고통, 재난, 병들
환	晥	陰	火	11	陽	木	土	火	日	火	환할, 밝은
환	換	陰	木	12	陰	木	土	火	手	木	바꿀, 주고받을, 교체될
환	喚	陰	水	12	陰	木	土	火	口	水	부를, 외칠, 불러일으킬
환	渙	陰	水	12	陰	木	土	火	水	水	흩어질, 어질, 괘이름
환	煥	陰	火	13	陽	火	土	火	火	火	불꽃, 불빛, 밝을, 빛날
환	環	陰	金	17	陽	金	土	火	玉	金	둥근 옥, 고리, 돌
환	還	陽	土	17	陽	金	土	火	辵	土	돌아올, 복귀할, 뒤돌아볼
환	鐶	陰	金	21	陽	木	土	火	金	金	고리, 귀고리, 가락지
환	鰥	陰	水	21	陽	木	土	火	魚	水	환어, 홀아비, 앓을
환	歡	陰	火	22	陰	木	土	火	欠	火	기뻐할, 기쁘게 할, 기쁨
환	驩	陰	火	28	陰	金	土	火	馬	火	기뻐할, 기쁨
활	活	陰	水	9	陽	水	土	火	水	水	살, 소생할, 생존할, 생기있는
활	滑	陰	水	13	陽	火	土	火	水	水	미끄러울, 반드러울, 부드러울
활	猾	陰	土	13	陽	火	土	火	犬	土	교활할, 어지럽힐, 가지고 놀
활	闊	中	木	17	陽	金	土	火	門	木	트일, 통할, 넓을, 거칠, 멀
활	濶	陰	水	17	陽	金	土	火	水	水	근고할, 어그러질
활	豁	陰	水	17	陽	金	土	火	谷	水	뚫린 골, 열릴, 통할

글자		글자		획수			음령오행		부수		글자의 의미
		음양	오행	획수	음양	오행	초성	종성	부수	오행	
황	況	陰	水	8	陰	金	土	土	水	水	하물며, 더구나, 이에, 비유할
황	皇	陽	金	9	陽	水	土	土	白	金	임금, 천자, 천제
황	恍	陰	火	9	陽	水	土	土	心	火	황홀할, 형체가 없는
황	荒	陽	木	10	陰	水	土	土	艸	木	거칠, 클, 흉년들, 거칠게 할
황	晃	陽	火	10	陰	水	土	土	日	火	밝을, 빛날
황	晄	陰	火	10	陰	水	土	土	日	火	밝을, 빛날
황	凰	陽	水	11	陽	木	土	土	几	水	봉황새
황	湟	陰	水	12	陰	木	土	土	水	水	해자, 우묵한 땅, 빠질
황	黃	陽	土	12	陰	木	土	土	黃	土	누를, 누레질, 누른 빛
황	隍	陰	土	12	陰	木	土	土	阜	土	해자, 산골짜기, 빌, 공허할
황	媓	陰	土	12	陰	木	土	土	女	土	어머니
황	堭	陰	土	12	陰	木	土	土	土	土	당집, 전각, 벽이 없는 집
황	惶	陰	火	12	陰	木	土	土	心	火	두려워할, 황공해할, 당황할
황	徨	陰	火	12	陰	木	土	土	彳	火	노닐, 어정거릴
황	幌	陰	木	13	陽	火	土	土	巾	木	휘장, 포장, 덮개
황	滉	陰	水	13	陽	火	土	土	水	水	물 깊고 넓을
황	遑	陽	土	13	陽	火	土	土	辵	土	허둥거릴, 바쁠, 서두를
황	愰	陰	火	13	陽	火	土	土	心	火	밝을, 마음밝을, 영리할, 들뜰
황	慌	陰	火	13	陽	火	土	土	心	火	어렴풋할, 황홀할, 다급할
황	煌	陰	火	13	陽	火	土	土	火	火	빛날
황	榥	陰	木	14	陰	火	土	土	木	木	책상, 창
황	篁	中	木	15	陽	土	土	土	竹	木	대숲, 피리, 대
황	潢	陰	水	15	陽	土	土	土	水	水	웅덩이, 나루터
황	蝗	陰	水	15	陽	土	土	土	虫	水	누리, 황충
황	璜	陰	金	16	陰	土	土	土	玉	金	서옥, 패옥
황	簧	中	木	18	陰	金	土	土	竹	木	혀, 피리, 비녀의 장식
회	回	陽	水	6	陰	土	土	-	口	水	돌, 돌아올, 돌릴
회	灰	陽	火	6	陰	土	土	-	火	火	재, 재가 될, 재로 만들, 망할
회	廻	陽	木	9	陽	水	土	-	廴	木	돌, 빙빙 돌, 피할, 머리 돌릴
회	恢	陰	火	9	陽	水	土	-	心	火	넓을, 넓힐, 갖출, 갖추어질

글자		글자		획수			음령오행		부수		글자의 의미
		음양	오행	획수	음양	오행	초성	종성	부수	오행	
회	佪	陰	火	9	陽	水	土	-	彳	火	노닐, 어정거릴
회	茴	陽	木	10	陰	水	土	-	艸	木	회향풀, 방풍 잎
회	悔	陰	火	10	陰	水	土	-	心	火	뉘우칠, 후회, 아깝게도, 유감
회	淮	陰	水	11	陽	木	土	-	水	水	강이름, 물이 빙 돌아 흐를
회	晦	陰	火	11	陽	木	土	-	日	火	그믐, 어두울, 캄캄할, 어둠
회	蛔	陰	水	12	陰	木	土	-	虫	水	거위, 회충
회	賄	陰	金	13	陽	火	土	-	貝	金	뇌물, 선물, 예물, 예물을 줄
회	匯	中	水	13	陽	火	土	-	匚	水	물 합할, 모을, 모일, 어음
회	會	陽	火	13	陽	火	土	-	曰	火	모일, 모을, 모임
회	誨	陰	金	14	陰	火	土	-	言	金	가르칠, 보일, 인도할, 가르침
회	澮	陰	水	16	陰	土	土	-	水	水	봇도랑, 시내, 실개천
회	獪	陰	土	16	陰	土	土	-	犬	土	교활할, 어지럽힐
회	檜	陰	木	17	陽	金	土	-	木	木	노송나무, 나라이름
회	膾	陰	水	17	陽	金	土	-	肉	水	회, 회칠, 회친 날고기
회	繪	陰	木	19	陽	水	土	-	糸	木	그림, 그릴
회	懷	陰	火	19	陽	水	土	-	心	火	품을, 품, 가슴, 정, 마음
획	劃	陰	金	14	陰	火	土	木	刀	金	그을, 나눌, 쪼갤, 자를
획	獲	陰	土	17	陽	金	土	木	犬	土	얻을, 짐승을 잡을, 빼앗을
횡	宖	中	木	8	陰	金	土	土	宀	木	집 울릴
횡	橫	陰	木	16	陰	土	土	土	木	木	가로, 동서, 좌우, 가로놓을
횡	鐄	陰	金	20	陰	水	土	土	金	金	종, 종소리, 낫
효	爻	陽	火	4	陰	火	土	-	爻	火	효, 육효, 엇갈릴, 본받을
효	孝	陽	水	7	陽	金	土	-	子	水	효도, 상복, 부모상 입을
효	肴	陽	水	8	陰	金	土	-	肉	水	안주, 술안주, 채소절임
효	効	陰	土	8	陰	金	土	-	力	土	형상할, 본받을, 배울
효	效	陰	金	10	陰	水	土	-	攴	金	본받을, 줄, 수여할, 드릴
효	涍	陰	水	10	陰	水	土	-	水	水	성(姓), 강이름
효	哮	陰	水	10	陰	水	土	-	口	水	으르렁거릴, 큰소리 낼, 천식
효	梟	陽	木	11	陽	木	土	-	木	木	올빼미, 사납고 용맹스러울
효	淆	陰	水	11	陽	木	土	-	水	水	뒤섞일, 어지러워질, 흐릴

글자		글자		획수			음령오행		부수		글자의 의미
		음양	오행	획수	음양	오행	초성	종성	부수	오행	
효	窙	陽	水	12	陰	木	土	-	穴	水	높은 기운, 기운이 올라 찔
효	酵	陰	金	14	陰	火	土	-	酉	金	술밑, 주모, 술지게미, 술 괼
효	歊	陰	火	14	陰	火	土	-	欠	火	김이 오를, 숨결, 숨쉴
효	皛	中	金	15	陽	土	土	-	白	金	나타날, 밝게 나타날, 흴
효	曉	陰	火	16	陰	土	土	-	日	火	새벽, 밝을, 환할, 깨달을
효	嚆	陰	水	17	陽	金	土	-	口	水	울릴, 소리 날, 외칠
효	斆	陰	金	20	陰	水	土	-	攴	金	가르칠, 교육할
효	驍	陰	火	22	陰	木	土	-	馬	火	날랠, 굳셀, 용감할
후	朽	陰	木	6	陰	土	土	-	木	木	썩을, 부패할, 쇠할, 구릴
후	后	陽	水	6	陰	土	土	-	口	水	임금, 왕비, 후비, 토지신
후	吼	陰	水	7	陽	金	土	-	口	水	울, 아우성칠, 크게 화난
후	厚	陽	水	9	陽	水	土	-	厂	水	두터울, 두텁게 할
후	垕	陽	土	9	陽	水	土	-	土	土	두터울, 두텁게 할
후	侯	陰	火	9	陽	水	土	-	人	火	과녁, 제후, 후작, 임금
후	後	陰	火	9	陽	水	土	-	彳	火	뒤, 늦을, 능력이 뒤떨어질
후	珝	陰	金	10	陰	水	土	-	玉	金	옥이름
후	逅	陽	土	10	陰	水	土	-	辵	土	만날, 우연히 만날, 터놓을
후	候	陰	火	10	陰	水	土	-	人	火	물을, 시중들, 기다릴, 기후
후	帿	陰	木	12	陰	木	土	-	巾	木	과녁
후	喉	陰	水	12	陰	木	土	-	口	水	목구멍, 목, 요소, 긴요한 곳
후	嗅	陰	水	13	陽	火	土	-	口	水	맡을, 냄새를 맡을
후	煦	中	火	13	陽	火	土	-	火	火	따뜻하게 할, 은혜를 베풀, 찔
훈	訓	陰	金	10	陰	水	土	火	言	金	가르칠, 인도할, 경계할
훈	焄	陽	火	11	陽	木	土	火	火	火	연기에 그을릴, 향기
훈	勛	陰	土	12	陰	木	土	火	力	土	공, 업적
훈	塤	陰	土	13	陽	火	土	火	土	土	질나발
훈	暈	陽	火	13	陽	火	土	火	日	火	무리, 선염, 눈이 어지러워질
훈	熏	陽	火	14	陰	火	土	火	火	火	연기 낄, 그을릴, 향을 피울
훈	勳	陰	土	16	陰	土	土	火	力	土	공, 업적
훈	壎	陰	土	17	陽	金	土	火	土	土	질나발

글자		글자		획수			음령오행		부수		글자의 의미
		음양	오행	획수	음양	오행	초성	종성	부수	오행	
훈	薰	陽	木	18	陰	金	土	火	艸	木	향풀, 향내 날, 향기
훈	燻	陰	火	18	陰	金	土	火	火	火	연기 낄, 질식할, 불기운
훈	鑂	陰	金	22	陰	木	土	火	金	金	금빛 투색할
훙	薨	陽	木	17	陽	金	土	土	艸	木	죽을, 상사날, 무리
훼	卉	陽	水	5	陽	土	土	-	十	水	풀, 초목
훼	喙	陰	水	12	陰	木	土	-	口	水	부리, 주둥이, 숨, 호흡
훼	毁	陰	金	13	陽	火	土	-	殳	金	헐, 상처를 입힐, 무찌를
훤	喧	陰	水	12	陰	木	土	-	口	水	의젓할, 두려워할, 지꺼릴
훤	萱	陽	木	13	陽	火	土	-	艸	木	원추리, 망우초
훤	暄	陰	火	13	陽	火	土	-	日	火	따뜻할, 온난할
훤	煊	陰	火	13	陽	火	土	-	火	火	따뜻할
휘	揮	陰	木	12	陰	木	土	-	手	木	휘두를, 떨칠, 지휘할, 지시할
휘	彙	陽	火	13	陽	火	土	-	彐	火	무리, 고슴도치, 모을
휘	煇	陰	火	13	陽	火	土	-	火	火	빛날, 빛, 얼굴이 번드르르할
휘	暉	陰	火	13	陽	火	土	-	日	火	빛, 광채, 빛날
휘	麾	中	木	15	陽	土	土	-	麻	木	대장기, 지휘할, 부를
휘	輝	陰	火	15	陽	土	土	-	車	火	빛날, 광채를 발할
휘	諱	陰	金	16	陰	土	土	-	言	金	꺼릴, 싫어할, 기피할, 피할
휘	徽	陰	火	17	陽	金	土	-	彳	火	아름다울, 표기, 기러기발
휴	休	陰	火	6	陰	土	土	-	人	火	쉴, 그칠, 그만둘, 휴가
휴	烋	中	火	10	陰	水	土	-	火	火	경사로울, 행복
휴	畦	陰	土	11	陽	木	土	-	田	木	밭두둑, 지경, 경계
휴	携	陰	木	13	陽	火	土	-	手	木	끌, 이끌, 들, 손에가질, 이을
휴	虧	陰	木	17	陽	金	土	-	虍	木	이지러질, 줄, 덕택으로
휼	恤	陰	火	9	陽	水	土	火	心	火	구휼할, 근심할, 동정할
휼	譎	陰	金	19	陽	水	土	火	言	金	속일, 변할, 바뀔, 속임수
휼	鷸	陰	火	23	陽	火	土	火	鳥	火	도요새, 물총새
흉	凶	陽	水	4	陰	火	土	土	凵	水	흉할, 사나울, 요사할, 흉년
흉	匈	陽	金	6	陰	土	土	土	勹	金	오랑캐, 떠들썩할, 흉흉할
흉	兇	陽	木	6	陰	土	土	土	儿	木	흉악할, 두려워할, 나쁜 사람

글자		글자		획수			음령오행		부수		글자의 의미
		음양	오행	획수	음양	오행	초성	종성	부수	오행	
흉	洶	陰	水	9	陽	水	土	土	水	水	물살이 세찰
흉	胸	陰	水	10	陰	水	土	土	肉	水	가슴, 가슴속, 마음, 앞쪽
흑	黑	陽	水	12	陰	木	土	木	黑	水	검을, 어둘, 나쁜, 어리석은
흔	忻	陰	火	7	陽	金	土	火	心	火	기뻐할, 즐거워할, 마음 열
흔	欣	陰	火	8	陰	金	土	火	欠	火	기뻐할, 기쁨, 기쁠
흔	炘	陰	火	8	陰	金	土	火	火	火	화끈거릴, 불사를, 빛 성할
흔	昕	陰	火	8	陰	金	土	火	日	火	아침, 밝은, 분명한
흔	痕	陽	水	11	陽	木	土	火	疒	水	흉터, 흔적, 자취
흘	吃	陰	水	6	陰	土	土	火	口	水	말 더듬을, 머뭇거릴
흘	屹	陰	土	6	陰	土	土	火	山	土	산이 우뚝 솟을
흘	紇	陰	木	9	陽	水	土	火	糸	木	질 낮은 명주실, 묶을
흘	訖	陰	金	10	陰	水	土	火	言	金	이를, 마칠, 끝날, 그만둘
흠	欠	陽	火	4	陰	火	土	水	欠	火	하품, 하품할, 모자랄, 부족할
흠	欽	陰	火	12	陰	木	土	水	欠	火	공경할, 굽을, 구부러질
흠	歆	陰	火	13	陽	火	土	水	欠	火	받을, 대접할, 음식을 대접할
흡	吸	陰	水	7	陽	金	土	水	口	水	숨 들이쉴, 마실, 빨
흡	洽	陰	水	9	陽	水	土	水	水	水	윤택하게 할, 합할
흡	恰	陰	火	9	陽	水	土	水	心	火	마치, 꼭, 흡사, 흡족할
흡	翕	中	火	12	陰	木	土	水	羽	火	합할, 화합할, 새가 날아오를
흥	興	中	土	16	陰	土	土	土	臼	土	일어날, 일으킬, 창성할
희	希	陽	木	7	陽	金	土	-	巾	木	바랄, 드물, 성길
희	姬	陰	土	9	陽	水	土	-	女	土	성(姓), 근본, 기원, 아가씨
희	俙	陰	火	9	陽	水	土	-	人	火	비슷할, 희미할, 어슴푸레할
희	晞	陰	火	11	陽	木	土	-	日	火	마를, 말릴, 햇볕에 쬘
희	烯	陰	火	11	陽	木	土	-	火	火	불빛, 에틸렌
희	稀	陰	木	12	陰	木	土	-	禾	木	드물, 성길, 적을, 묽을
희	喜	陽	水	12	陰	木	土	-	口	水	기쁠, 즐거울, 즐거워할, 즐길
희	熙	中	火	13	陽	火	土	-	火	火	빛날, 마를, 말릴, 넓힐
희	僖	陰	火	14	陰	火	土	-	人	火	기쁠, 즐거울
희	凞	中	水	15	陽	土	土	-	冫	水	빛날

글자		글자		획수			음령오행		부수		글자의 의미
		음양	오행	획수	음양	오행	초성	종성	부수	오행	
희	嬉	陰	土	15	陽	土	土	-	女	土	즐길, 즐거워할, 장난할, 놀
희	憘	陰	火	15	陽	土	土	-	心	火	기뻐할, 좋아할, 성할
희	戱	陽	金	16	陰	土	土	-	戈	金	놀, 희롱할, 탄식할, 연극
희	橲	陰	木	16	陰	土	土	-	木	木	나무이름
희	噫	陰	水	16	陰	土	土	-	口	水	탄식할, 트림, 하품, 아!
희	羲	陽	土	16	陰	土	土	-	羊	土	숨, 내쉬는 숨, 복희씨의 약칭
희	熹	陽	火	16	陰	土	土	-	火	火	성할, 아름다울, 희미할
희	憙	陽	火	16	陰	土	土	-	心	火	기뻐할, 좋아할, 즐길
희	暿	陰	火	16	陰	土	土	-	日	火	몹시 더울
희	燨	陰	火	16	陰	土	土	-	火	火	성할, 아름다울, 희미할
희	禧	陰	木	17	陽	金	土	-	示	木	복, 경사스러울, 고할
희	犧	陰	土	20	陰	水	土	-	牛	土	희생, 사랑으로 기를
희	爔	陰	火	20	陰	水	土	-	火	火	불, 햇빛
희	曦	陰	火	20	陰	水	土	-	日	火	햇빛, 일광
희	囍	陰	水	22	陰	木	土	-	口	水	쌍희
힐	詰	陰	金	13	陽	火	土	火	言	金	물을, 힐문할, 따질, 꾸짖을

부록 1

간단하게 정리한 64괘상 도표

姓名學

兌	艮	巽	震	坎	離	坤	乾	世가 있는 爻의 자리 번호
兌爲澤 **태위택**	艮爲山 **간위산**	巽爲風 **손위풍**	震爲雷 **진위뢰**	坎爲水 **감위수**	離爲火 **이위화**	坤爲地 **곤위지**	乾爲天 **건위천**	6 爻
태금6	**간토6**	**손목6**	**진목6**	**감수6**	**이화6**	**곤토6**	**건금6**	
澤水困 **택수곤**	山火賁 **산화비**	風天小畜 **풍천소축**	雷地豫 **뇌지예**	水澤節 **수택절**	火山旅 **화산여**	地雷復 **지뢰복**	天風姤 **천풍구**	1 爻
태금1	**간토1**	**손목1**	**진목1**	**감수1**	**이화1**	**곤토1**	**건금1**	
澤地萃 **택지췌**	山天大畜 **산천대축**	風火家人 **풍화가인**	雷水解 **뇌수해**	水雷屯 **수뢰둔**	火風鼎 **화풍정**	地澤臨 **지택림**	天山遯 **천산돈**	2 爻
태금2	**간토2**	**손목2**	**진목2**	**감수2**	**이화2**	**곤토2**	**건금2**	
澤山咸 **택산함**	山澤損 **산택손**	風雷益 **풍뢰익**	雷風恒 **뇌풍항**	水火旣濟 **수화기제**	火水未濟 **화수미제**	地天泰 **지천태**	天地否 **천지비**	3 爻
태금3	**간토3**	**손목3**	**진목3**	**감수3**	**이화3**	**곤토3**	**건금3**	
水山蹇 **수산건**	火澤규 **화택규**	天雷无妄 **천뢰무망**	地風升 **지풍승**	澤火革 **택화혁**	山水蒙 **산수몽**	雷天大壯 **뇌천대장**	風地觀 **풍지관**	4 爻
태금4	**간토4**	**손목4**	**진목4**	**감수4**	**이화4**	**곤토4**	**건금4**	
地山謙 **지산겸**	天澤履 **천택리**	火雷噬嗑 **화뢰서합**	水風井 **수풍정**	雷火豊 **뇌화풍**	風水渙 **풍수환**	澤天夬 **택천쾌**	山地剝 **산지박**	5 爻
태금5	**간토5**	**손목5**	**진목5**	**감수5**	**이화5**	**곤토5**	**건금5**	
雷山小過 **뇌산소과**	風澤中孚 **풍택중부**	山雷이 **산뢰이**	澤風大過 **택풍대과**	地火明夷 **지화명이**	天水訟 **천수송**	水天需 **수천수**	火地晉 **화지진**	4 爻
태금4	**간토4**	**손목4**	**진목4**	**감수4**	**이화4**	**곤토4**	**건금4**	
雷澤歸妹 **뇌택귀매**	風山漸 **풍산점**	山風蠱 **산풍고**	澤雷隨 **택뢰수**	地水師 **지수사**	天火同人 **천화동인**	水地比 **수지비**	火天大有 **화천대유**	3 爻
태금/ 3	**간토/ 3**	**손목/ 3**	**진목/ 3**	**감수/ 3**	**이화/ 3**	**곤토/ 3**	**건금/ 3**	
兌 金	**艮 土**	**巽 木**	**震 木**	**坎 水**	**離 火**	**坤 土**	**乾 金**	체(体)

兌		艮		巽		震		坎		離		坤		乾		爻			納甲
	未		寅		卯		戌		子		巳		酉		戌	**6爻**	**外卦**	**上卦**	**納甲**
丁	酉	丙	子	辛	巳	庚	申	戊	戌	己	未	癸	亥	壬	申	**5爻**			
	亥		戌		未		午		申		酉		丑		午	**4爻**			
	丑		申		酉		辰		午		亥		卯		辰	**3爻**	**內卦**	**下卦**	
丁	卯	丙	午	辛	亥	庚	寅	戊	辰	己	丑	乙	巳	甲	寅	**2爻**			
	巳		辰		丑		子		寅		卯		未		子	**1爻**			

兌金	艮土	巽木	震木	世가 있는 爻의 자리 번호
兌爲澤 태위택 兌金6,3 六冲 011011 丁 未父 酉兄 亥孫 丁 丑父 卯財 巳官	艮爲山 간위산 艮土6,3 六冲 100100 丙 寅官 子財 戌兄 丙 申孫 午父 辰兄	巽爲風 손위풍 巽木6,3 六冲 110110 辛 卯兄 巳孫 未財 辛 酉官 亥父 丑財	震爲雷 진위뢰 震木6,3 六冲 001001 庚 戌財 申官 午孫 庚 辰財 寅兄 子父	6爻
澤水困 택수곤 兌金1,4 六合 011010 丁 未父 酉兄 亥孫 戊 午官 辰父 寅財	山火賁 산화비 艮土1,4 六合 100101 丙 寅官 子財 戌兄 己 亥財 孫申 / 丑兄 父午 / 卯官	風天小畜 풍천소축 巽木1,4 - 110111 辛 卯兄 巳孫 未財 甲 辰財 官酉 / 寅兄 / 子父	雷地豫 뇌지예 震木1,4 六合 001000 庚 戌財 申官 午孫 乙 卯兄 / 巳孫 / 未財 父子	1爻
澤地萃 택지췌 兌金2,5 - 011000 丁 未父 酉兄 亥孫 乙 卯財 巳官 未父	山天大畜 산천대축 艮土2,5 - 100111 丙 寅官 子財 戌兄 甲 辰兄 孫申 / 寅官 父午 / 子財	風火家人 풍화가인 巽木2,5 - 110101 辛 卯兄 巳孫 未財 己 亥父 官酉 / 丑財 / 卯兄	雷水解 뇌수해 震木2,5 - 001010 庚 戌財 申官 午孫 戊 午孫 / 辰財 / 寅兄 父子	2爻
澤山咸 택산함 兌金3,6 - 011100 丁 未父 酉兄 亥孫 丙 申兄 / 午官 財卯 / 辰父	山澤損 산택손 艮土3,6 - 100011 丙 寅官 子財 戌兄 丁 丑兄 孫申 / 卯官 / 巳父	風雷益 풍뢰익 巽木3,6 - 110001 辛 卯兄 巳孫 未財 庚 辰財 官酉 / 寅兄 / 子父	雷風恒 뇌풍항 震木3,6 - 001110 庚 戌財 申官 午孫 辛 酉官 / 亥父 兄寅 / 丑財	3爻
水山蹇 수산건 兌金4,1 - 010100 戊 子孫 戌父 申兄 丙 申兄 / 午官 財卯 / 辰父	火澤睽 화택규 艮土4,1 - 101011 己 巳父 / 未兄 財子 / 酉孫 丁 丑兄 卯官 巳父	天雷无妄 천뢰무망 巽木4,1 六冲 111001 壬 戌財 申官 午孫 庚 辰財 寅兄 子父	地風升 지풍승 震木4,1 - 000110 癸 酉官 / 亥父 / 丑財 孫午 辛 酉官 / 亥父 兄寅 / 丑財	4爻
地山謙 지산겸 兌金5,2 - 000100 癸 酉兄 亥孫 丑父 丙 申兄 / 午官 財卯 / 辰父	天澤履 천택리 艮土5,2 - 111011 壬 戌兄 / 申孫 財子 / 午父 丁 丑兄 卯官 巳父	火雷噬嗑 화뢰서합 巽木5,2 - 101001 己 巳孫 未財 酉官 庚 辰財 寅兄 子父	水風井 수풍정 震木5,2 - 010110 戊 子父 / 戌財 / 申官 孫午 辛 酉官 / 亥父 兄寅 / 丑財	5爻
雷山小過 뇌산소과 兌金4,1 - 001100 庚 戌父 / 申兄 / 午官 孫亥 丙 申兄 / 午官 財卯 / 辰父	風澤中孚 풍택중부 艮土4,1 - 110011 辛 卯官 / 巳父 財子 / 未兄 丁 丑兄 孫申 / 卯官 / 巳父	山雷頤 산뢰이 巽木4,1 - 100001 丙 寅兄 / 子父 孫巳 / 戌財 庚 辰財 官酉 / 寅兄 / 子父	澤風大過 택풍대과 震木4,1 - 011110 丁 未財 / 酉官 / 亥父 孫午 辛 酉官 / 亥父 兄寅 / 丑財	4爻
雷澤歸妹 뇌택귀매 兌金3,6 - /001011 庚 戌父 / 申兄 / 午官 孫亥 丁 丑父 卯財 巳官	風山漸 풍산점 艮土3,6 - /110100 辛 卯官 / 巳父 財子 / 未兄 丙 申孫 午父 辰兄	山風蠱 산풍고 巽木3,6 - /100110 丙 寅兄 / 子父 孫巳 / 戌財 辛 酉官 亥父 丑財	澤雷隨 택뢰수 震木3,6 - /011001 丁 未財 / 酉官 / 亥父 孫午 庚 辰財 寅兄 子父	3爻
兌 金	艮 土	巽 木	震 木	

坎水	離火	坤土	乾金	世가 있는 爻의 자리 번호
坎爲水 감위수 坎水6,3 六冲 010010 戊 子兄 戌官 申父 戊 午財 辰官 寅孫	**離爲火** 이위화 離火6,3 六冲 101101 己 巳兄 未孫 酉財 己 亥官 丑孫 卯父	**坤爲地** 곤위지 坤土6,3 六冲 000000 癸 酉孫 亥財 丑兄 乙 卯官 巳父 未兄	**乾爲天** 건위천 乾金6,3 六冲 111111 壬 戌父 申兄 午官 甲 辰父 寅財 子孫	6爻
水澤節 수택절 坎水1,4 六合 010011 戊 子兄 戌官 申父 丁 丑官 卯孫 巳財	**火山旅** 화산여 離火1,4 六合 101100 己 巳兄 未孫 酉財 丙 申財(官亥) 午兄 辰孫(父卯)	**地雷復** 지뢰복 坤土1,4 六合 000001 癸 酉孫 亥財 丑兄 庚 辰兄 寅官(父巳) 子財	**天風姤** 천풍구 乾金1,4 - 111110 壬 戌父 申兄 午官 辛 酉兄 亥孫(財寅) 丑父	1爻
水雷屯 수뢰둔 坎水2,5 - 010001 戊 子兄 戌官 申父 庚 辰官(財午) 寅孫 子兄	**火風鼎** 화풍정 離火2,5 - 101110 己 巳兄 未孫 酉財 辛 酉財 亥官 丑孫(父卯)	**地澤臨** 지택림 坤土2,5 - 000011 癸 酉孫 亥財 丑兄 丁 丑兄 卯官 巳父	**天山遯** 천산둔 乾金2,5 - 111100 壬 戌父 申兄 午官 丙 申兄 午官(財寅) 辰父(孫子)	2爻
水火旣濟 수화기제 坎水3,6 - 010101 戊 子兄 戌官 申父 己 亥兄(財午) 丑官 卯孫	**火水未濟** 화수미제 離火3,6 - 101010 己 巳兄 未孫 酉財 戊 午兄(官亥) 辰孫 寅父	**地天泰** 지천태 坤土3,6 六合 000111 癸 酉孫 亥財 丑兄 甲 辰兄 寅官(父巳) 子財	**天地否** 천지비 乾金3,6 六合 111000 壬 戌父 申兄 午官 乙 卯財 巳官 未父(孫子)	3爻
澤火革 택화혁 坎水4,1 - 011101 丁 未官 酉父 亥兄 己 亥兄(財午) 丑官 卯孫	**山水蒙** 산수몽 離火4,1 - 100010 丙 寅父 子官 戌孫(財酉) 戊 午兄 辰孫 寅父	**雷天大壯** 뇌천대장 坤土4,1 六冲 001111 庚 戌兄 申孫 午父 甲 辰兄 寅官 子財	**風地觀** 풍지관 乾金4,1 - 110000 辛 卯財 巳官(兄申) 未父 乙 卯財 巳官 未父(孫子)	4爻
雷火豊 뇌화풍 坎水5,2 - 001101 庚 戌官 申父 午財 己 亥兄 丑官 卯孫	**風水渙** 풍수환 離火5,2 - 110010 辛 卯父 巳兄 未孫(財酉) 戊 午兄(官亥) 辰孫 寅父	**澤天夬** 택천쾌 坤土5,2 - 011111 丁 未兄 酉孫 亥財 甲 辰兄 寅官(父巳) 子財	**山地剝** 산지박 乾金5,2 - 100000 丙 寅財 子孫(兄申) 戌父 乙 卯財 巳官 未父	5爻
地火明夷 지화명이 坎水4,1 - 000101 癸 酉父 亥兄 丑官 己 亥兄(財午) 丑官 卯孫	**天水訟** 천수송 離火4,1 - 111010 壬 戌孫 申財 午兄 戊 午兄(官亥) 辰孫 寅父	**水天需** 수천수 坤土4,1 - 010111 戊 子財 戌兄 申孫 甲 辰兄 寅官(父巳) 子財	**火地晉** 화지진 乾金4,1 - 101000 己 巳官 未父 酉兄 乙 卯財 巳官 未父(孫子)	4爻
地水師 지수사 坎水3,6 - /000010 癸 酉父 亥兄 丑官 戊 午財 辰官 寅孫	**天火同人** 천화동인 離火3,6 - /111101 壬 戌孫 申財 午兄 己 亥官 丑孫 卯父	**水地比** 수지비 坤土3,6 - /010000 戊 子財 戌兄 申孫 乙 卯官 巳父 未兄	**火天大有** 화천대유 乾金3,6 - /101111 己 巳官 未父 酉兄 甲 辰父 寅財 子孫	3爻
坎 水	離 火	坤 土	乾 金	

天		戌	父			天地否
	壬	申	兄		☰	천지비
		午	官			
		卯	財			乾金3,6
	乙	巳	官		☷	六合
		未	父	孫子		111000
澤		未	父			澤地萃
	丁	酉	兄		☱	택지췌
		亥	孫			
		卯	財			兌金2,5
	乙	巳	官		☷	-
		未	父			011000
火		巳	官			火地晉
	己	未	父		☲	화지진
		酉	兄			
		卯	財			乾金4,1
	乙	巳	官		☷	-
		未	父	孫子		101000
雷		戌	財			雷地豫
	庚	申	官		☳	뇌지예
		午	孫			
		卯	兄			震木1,4
	乙	巳	孫		☷	六合
		未	財	父子		001000
風		卯	財			風地觀
	辛	巳	官	兄申	☴	풍지관
		未	父			
		卯	財			乾金4,1
	乙	巳	官		☷	-
		未	父	孫子		110000
水		子	財			水地比
	戊	戌	兄		☵	수지비
		申	孫			
		卯	官			坤土3,6
	乙	巳	父		☷	-
		未	兄			/010000
山		寅	財			山地剝
	丙	子	孫	兄申	☶	산지박
		戌	父			
		卯	財			乾金5,2
	乙	巳	官		☷	-
		未	父			100000
地		酉	孫			坤爲地
	癸	亥	財		☷	곤위지
		丑	兄			
		卯	官			坤土6,3
	乙	巳	父		☷	六冲
		未	兄			000000

一地

天		戌	父			天山遯
	壬	申	兄		☰	천산둔
		午	官			
		申	兄			乾金2,5
	丙	午	官	財寅	☶	-
		辰	父	孫子		111100
澤		未	父			澤山咸
	丁	酉	兄		☱	택산함
		亥	孫			
		申	兄			兌金3,6
	丙	午	官	財卯	☶	-
		辰	父			011100
火		巳	兄			火山旅
	己	未	孫		☲	화산여
		酉	財			
		申	財	官亥		離火1,4
	丙	午	兄		☶	六合
		辰	孫	父卯		101100
雷		戌	父			雷山小過
	庚	申	兄		☳	뇌산소과
		午	官	孫亥		
		申	兄			兌金4,1
	丙	午	官	財卯	☶	-
		辰	父			001100
風		卯	官			風山漸
	辛	巳	父	財子	☴	풍산점
		未	兄			
		申	孫			艮土3,6
	丙	午	父		☶	-
		辰	兄			/110100
水		子	孫			水山蹇
	戊	戌	父		☵	수산건
		申	兄			
		申	兄			兌金4,1
	丙	午	官	財卯	☶	-
		辰	父			010100
山		寅	官			艮爲山
	丙	子	財		☶	간위산
		戌	兄			
		申	孫			艮土6,3
	丙	午	父		☶	六冲
		辰	兄			100100
地		酉	兄			地山謙
	癸	亥	孫		☷	지산겸
		丑	父			
		申	兄			兌金5,2
	丙	午	官	財卯	☶	-
		辰	父			000100

一山

天		戌	孫			天水訟
	壬	申	財		☰	천수송
		午	兄			
		午	兄	官亥		離火4,1
	戊	辰	孫		☵	-
		寅	父			111010
澤		未	父			澤水困
	丁	酉	兄		☱	택수곤
		亥	孫			
		午	官			兌金1,4
	戊	辰	父		☵	六合
		寅	財			011010
火		巳	兄			火水未濟
	己	未	孫		☲	화수미제
		酉	財			
		午	兄	官亥		離火3,6
	戊	辰	孫		☵	-
		寅	父			101010
雷		戌	財			雷水解
	庚	申	官		☳	뇌수해
		午	孫			
		午	孫			震木2,5
	戊	辰	財		☵	-
		寅	兄	父子		001010
風		卯	父			風水渙
	辛	巳	兄		☴	풍수환
		未	孫	財酉		
		午	兄	官亥		離火5,2
	戊	辰	孫		☵	-
		寅	父			110010
水		子	兄			坎爲水
	戊	戌	官		☵	감위수
		申	父			
		午	財			坎水6,3
	戊	辰	官		☵	六冲
		寅	孫			010010
山		寅	父			山水蒙
	丙	子	官		☶	산수몽
		戌	孫	財酉		
		午	兄			離火4,1
	戊	辰	孫		☵	-
		寅	父			100010
地		酉	父			地水師
	癸	亥	兄		☷	지수사
		丑	官			
		午	財			坎水3,6
	戊	辰	官		☵	-
		寅	孫			/000010

一水

天		戌	父			天風姤
	壬	申	兄		☰	천풍구
		午	官			
		酉	兄			乾金1,4
	辛	亥	孫	財寅	☴	-
		丑	父			111110
澤		未	財			澤風大過
	丁	酉	官		☱	택풍대과
		亥	父	孫午		
		酉	官			震木4,1
	辛	亥	父	兄寅	☴	-
		丑	財			011110
火		巳	兄			火風鼎
	己	未	孫		☲	화풍정
		酉	財			
		酉	財			離火2,5
	辛	亥	官		☴	-
		丑	孫	父卯		101110
雷		戌	財			雷風恒
	庚	申	官		☳	뇌풍항
		午	孫			
		酉	官			震木3,6
	辛	亥	父	兄寅	☴	-
		丑	財			001110
風		卯	兄			巽爲風
	辛	巳	孫		☴	손위풍
		未	財			
		酉	官			巽木6,3
	辛	亥	父		☴	六冲
		丑	財			110110
水		子	父			水風井
	戊	戌	財		☵	수풍정
		申	官	孫午		
		酉	官			震木5,2
	辛	亥	父	兄寅	☴	-
		丑	財			010110
山		寅	兄			山風蠱
	丙	子	父	孫巳	☶	산풍고
		戌	財			
		酉	官			巽木3,6
	辛	亥	父		☴	-
		丑	財			/100110
地		酉	官			地風升
	癸	亥	父		☷	지풍승
		丑	財	孫午		
		酉	官			震木4,1
	辛	亥	父	兄寅	☴	-
		丑	財			000110

一風

	戌	財			天雷无妄		戌	孫			天火同人		戌	兄			天澤履		戌	父			乾爲天	
壬	申	官		☰	천뢰무망	壬	申	財		☰	천화동인	壬	申	孫	財子	☰	천택리	壬	申	兄		☰	건위천	
	午	孫					午	兄					午	父					午	官				天
	辰	財			巽木4,1		亥	官			離火3,6		丑	兄			艮土5,2		辰	父			乾金6,3	
庚	寅	兄		☳	六冲	己	丑	孫		☲	-	丁	卯	官		☱	-	甲	寅	財		☰	六冲	
	子	父			111001		卯	父			/111101		巳	父			111011		子	孫			111111	
	未	財			澤雷隨		未	官			澤火革		未	父			兌爲澤		未	兄			澤天夬	
丁	酉	官		☱	택뢰수	丁	酉	父		☱	택화혁	丁	酉	兄		☱	태위택	丁	酉	孫		☱	택천쾌	
	亥	父	孫午				亥	兄					亥	孫					亥	財				澤
	辰	財			震木3,6		亥	兄	財午		坎水4,1		丑	父			兌金6,3		辰	兄			坤土5,2	
庚	寅	兄		☳	-	己	丑	官		☲	-	丁	卯	財		☱	六冲	甲	寅	官	父巳	☰	-	
	子	父			/011001		卯	孫			011101		巳	官			011011		子	財			011111	
	巳	孫			火雷噬嗑		巳	兄			離爲火		巳	父			火澤睽		巳	官			火天大有	
己	未	財		☲	화뢰서합	己	未	孫		☲	이위화	己	未	兄	財子	☲	화택규	己	未	父		☲	화천대유	
	酉	官					酉	財					酉	孫					酉	兄				火
	辰	財			巽木5,2		亥	官			離火6,3		丑	兄			艮土4,1		辰	父			乾金3,6	
庚	寅	兄		☳	-	己	丑	孫		☲	六冲	丁	卯	官		☱	-	甲	寅	財		☰	-	
	子	父			101001		卯	父			101101		巳	父			101011		子	孫			/101111	
	戌	財			震爲雷		戌	官			雷火豊		戌	父			雷澤歸妹		戌	兄			雷天大壯	
庚	申	官		☳	진위뢰	庚	申	父		☳	뇌화풍	庚	申	兄		☳	뇌택귀매	庚	申	孫		☳	뇌천대장	
	午	孫					午	財					午	官	孫亥				午	父				雷
	辰	財			震木6,3		亥	兄			坎水5,2		丑	父			兌金3,6		辰	兄			坤土4,1	
庚	寅	兄		☳	六冲	己	丑	官		☲	-	丁	卯	財		☱	-	甲	寅	官		☰	六冲	
	子	父			001001		卯	孫			001101		巳	官			/001011		子	財			001111	
	卯	兄			風雷益		卯	兄			風火家人		卯	官			風澤中孚		卯	兄			風天小畜	
辛	巳	孫		☴	풍뢰익	辛	巳	孫		☴	풍화가인	辛	巳	父	財子	☴	풍택중부	辛	巳	孫		☴	풍천소축	
	未	財					未	財					未	兄					未	財				風
	辰	財	官酉		巽木3,6		亥	父	官酉		巽木2,5		丑	兄	孫申		艮土4,1		辰	財	官酉		巽木1,4	
庚	寅	兄		☳	-	己	丑	財		☲	-	丁	卯	官		☱	-	甲	寅	兄		☰	-	
	子	父			110001		卯	兄			110101		巳	父			110011		子	父			110111	
	子	兄			水雷屯		子	兄			水火旣濟		子	兄			水澤節		子	財			水天需	
戊	戌	官		☵	수뢰둔	戊	戌	官		☵	수화기제	戊	戌	官		☵	수택절	戊	戌	兄		☵	수천수	
	申	父					申	父					申	父					申	孫				水
	辰	官	財午		坎水2,5		亥	兄	財午		坎水3,6		丑	官			坎水1,4		辰	兄			坤土4,1	
庚	寅	孫		☳	-	己	丑	官		☲	-	丁	卯	孫		☱	六合	甲	寅	官	父巳	☰	-	
	子	兄			010001		卯	孫			010101		巳	財			010011		子	財			010111	
	寅	兄			山雷頤		寅	官			山火賁		寅	官			山澤損		寅	官			山天大畜	
丙	子	父	孫巳	☶	산뢰이	丙	子	財		☶	산화비	丙	子	財		☶	산택손	丙	子	財		☶	산천대축	
	戌	財					戌	兄					戌	兄					戌	兄				山
	辰	財	官酉		巽木4,1		亥	財	孫申		艮土1,4		丑	兄	孫申		艮土3,6		辰	兄	孫申		艮土2,5	
庚	寅	兄		☳	-	己	丑	兄	父午	☲	六合	丁	卯	官		☱	-	甲	寅	官	父午	☰	-	
	子	父			100001		卯	官			100101		巳	父			100011		子	財			100111	
	酉	孫			地雷復		酉	父			地火明夷		酉	孫			地澤臨		酉	孫			地天泰	
癸	亥	財		☷	지뢰복	癸	亥	兄		☷	지화명이	癸	亥	財		☷	지택림	癸	亥	財		☷	지천태	
	丑	兄					丑	官					丑	兄					丑	兄				地
	辰	兄			坤土1,4		亥	兄	財午		坎水4,1		丑	兄			坤土2,5		辰	兄			坤土3,6	
庚	寅	官	父巳	☳	六合	己	丑	官		☲	-	丁	卯	官		☱	-	甲	寅	官	父巳	☰	六合	
	子	財			000001		卯	孫			000101		巳	父			000011		子	財			000111	
一雷						一火						一澤						一天						

(1) 간단하게 정리한 64괘상 도표 보는 법

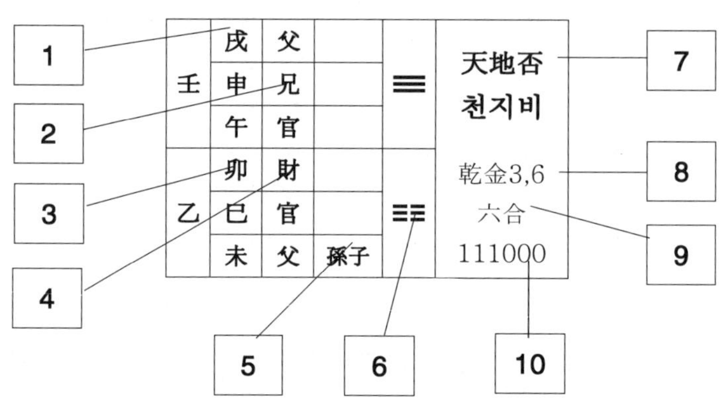

순서	도표 내용	도표 내용에 대한 상세 설명
1	4효: 午, 5효: 申, 6효: 戌	上卦(外卦)의 지지(地支) 내용
2	4효: 官, 5효: 兄, 6효: 父/文	上卦(外卦)의 육친(六親) 내용
3	1효: 未, 2효: 巳, 3효: 卯	下卦(內卦)의 지지(地支) 내용
4	1효: 父/文, 2효: 官, 3효: 財	下卦(內卦)의 육친(六親) 내용
5	孫子	천지비괘의 복신(伏神)은 지지가 子이고 육친으로는 자손인 孫에 해당되며 1효에 있다
6	☰ ☷	천지비괘는 상괘가 乾卦, 하괘가 地卦로 이루어져 있음을 의미한다.
7	天地否 천지비	표시된 괘상이 천지비(天地否)임을 의미한다.
8	乾金3,6	乾金 : 천지비괘는 乾金宮에 속함을 의미한다 즉 體가 乾에 속한 金이다. 3,6 : 世가 3효에 應이 6효에 있음을 의미한다
9	六合	上卦와 下卦 사이에 六合관계가 있음을 의미한다
10	111000	음양의 효(爻)로 나타내어진 천지비괘를 음의 효는 짝수인 0으로, 양의 효는 홀수인 1로 대체 표시하여 괘상 사이의 변화를 한눈에 보기 쉽도록 하였다.

번호	본괘(本卦) 지지육친			복신	세	괘상명	괘상	발동 發動	변괘(變卦) 괘상명	괘상	지지육친			복신	세	발동 결과 동효	변효
1	壬	戌	父		世	乾爲天	☰	1爻	天風姤	☰	壬	戌	父				
		申	兄			건위천			천풍구			申	兄				
		午	官									午	官		應		
	甲	辰	父		應	乾金	☰		乾金	☴	辛	酉	兄				
		寅	財			六冲			-			亥	孫	寅財			
		子	孫			111111			111110			丑	父		世	子孫	丑父

11 12 13 14 15 16

순서	도표 내용	도표 내용에 대한 상세 설명
11	세 世, 應	건위천괘의 세(世)는 6효에 응(應)은 3효에 있음을 의미한다.
12	본괘(本卦) 지지육친 복신 세 괘상명 괘상	본괘인 건위천괘의 모든 것 즉 지지육친, 복신, 세와 응이 있는 효의 위치, 건위천의 소속 및 육합(六合) 육충(六冲)관계, 건위천의 괘상을 나타낸다.
13	발동 發動 1爻	본괘인 건위천괘에서 1효가 발동하여 변괘로는 천풍구괘가 됨을 의미한다.
14	변괘(變卦) 지지육친 복신 세 괘상명 괘상	변괘인 천풍구괘의 모든 것 즉 지지육친, 복신, 세와 응이 있는 효의 위치, 천풍구의 소속 및 육합(六合) 육충(六冲)관계, 천풍구의 괘상을 나타낸다.
15	발동결과 동효 子孫	본괘인 건위천괘의 체(體)가 금(金)이므로 지지 子와 金生水 관계가 성립되어 자손에 해당되는 孫으로 표시되었다.
16	발동결과 변효 丑父	본괘인 건위천괘의 체(體)가 금(金)이므로 변괘 1효의 지지 丑은 土生金 관계가 성립되어 부모에 해당되는 父로 표시되었다.

① 世는 日主에 해당하며 自己, 自身, 自家, 我方을 의미한다.
② 應은 他人, 他人之身, 他人家, 他方을 의미한다.
③ 수괘(首卦)란 世가 上爻(6爻)에 존재하는 卦를 의미하며, 世와 應을 찾기 위해서는 반드시 수괘를 먼저 확인해야 한다.
④ 天山遯 : 천산둔 또는 천산돈 이라 부른다. 이 책에서는 천산둔 이라 표기하였다.
火山旅 : 화산여 또는 화산려 라고 부른다. 이 책에서는 화산여 라고 표기하였다.

(2) 오행에 따른 표기법

오행 구분		해당하는 사물	표기용 약자
生我者	인수(印綬)	부모, 문서	**父 또는 文**
我生者	식상(食傷)	자손(子孫)	**孫**
比我者	견겁(肩劫)	형제(兄弟)	**兄**
克我者	관살(官殺)	관귀(官鬼)	**官**
我克者	처재(妻財)	처, 재물(妻, 財)	**財**

(3) 효(爻)와 괘(卦)

3爻 八卦 物象	8 ☷ 坤 땅(地) 母	7 ☶ 艮 산(山) 少男	6 ☵ 坎 물(水) 中男	5 ☴ 巽 바람(風) 長女	4 ☳ 震 우레(雷) 長男	3 ☲ 離 불(火) 中女	2 ☱ 兌 못(澤) 少女	1 ☰ 乾 하늘(天) 父
2爻 四象	太陰 ⚏ 밤(夜) 겨울(冬)		小陽 ⚎ 아침(朝) 봄(春)		小陰 ⚍ 저녁(夕) 가을(秋)		太陽 ⚌ 낮(晝) 여름(夏)	
1爻 兩儀	陰 ⚋				陽 ⚊			
	太極							

부록 2

육효로 본 64괘상 변화표

姓名學

번호	본괘(本卦) 지지육친 (천간)	지지	육친	복신	세	괘상명	괘상	발동 發動	변괘(變卦) 괘상명	괘상	지지육친 (천간)	지지	육친	복신	세	발동 결과 동효	변효
1		戌	父		世	乾爲天			天風姤			戌	父				
	壬	申	兄			건위천	☰		천풍구	☰	壬	申	兄				
		午	官					1爻				午	官		應		
		辰	父		應	乾金			乾金			酉	兄				
	甲	寅	財			六冲	☰		-	☴	辛	亥	孫	寅財			
		子	孫			111111			111110			丑	父		世	子孫	丑父
		戌	父		世	乾爲天			天火同人			戌	孫		應		
	壬	申	兄			건위천	☰		천화동인	☰	壬	申	財				
		午	官					2爻				午	兄				
		辰	父		應	乾金			離火			亥	官		世		
	甲	寅	財			六冲	☰		-	☲	己	丑	孫			寅財	丑父
		子	孫			111111			/111101			卯	父				
		戌	父		世	乾爲天			天澤履			戌	兄				
	壬	申	兄			건위천	☰		천택리	☰	壬	申	孫	子財	世		
		午	官					3爻				午	父				
		辰	父		應	乾金			艮土			丑	兄			辰父	丑父
	甲	寅	財			六冲	☰		-	☱	丁	卯	官		應		
		子	孫			111111			111011			巳	父				
		戌	父		世	乾爲天			風天小畜			卯	兄				
	壬	申	兄			건위천	☰		풍천소축	☴	辛	巳	孫				
		午	官					4爻				未	財		應	午官	未父
		辰	父		應	乾金			巽木			辰	財	酉官			
	甲	寅	財			六冲	☰		-	☰	甲	寅	兄				
		子	孫			111111			110111			子	父		世		
		戌	父		世	乾爲天			火天大有			巳	官		應		
	壬	申	兄			건위천	☰		화천대유	☲	己	未	父			申兄	未父
		午	官					5爻				酉	兄				
		辰	父		應	乾金			乾金			辰	父		世		
	甲	寅	財			六冲	☰		-	☰	甲	寅	財				
		子	孫			111111			/101111			子	孫				
		戌	父		世	乾爲天			澤天夬			未	兄			戌父	未父
	壬	申	兄			건위천	☰		택천쾌	☱	丁	酉	孫		世		
		午	官					6爻				亥	財				
		辰	父		應	乾金			坤土			辰	兄				
	甲	寅	財			六冲	☰		-	☰	甲	寅	官	巳父	應		
		子	孫			111111			011111			子	財				

번호	본괘(本卦)							발동 發動	변괘(變卦)							발동 결과	
	지지육친			복신	세	괘상명	괘상		괘상명	괘상	지지육친			복신	세	동효	변효
2		戌	兄			天澤履			天水訟			戌	孫				
	壬	申	孫	子財	世	천택리	☰		천수송	☰	壬	申	財				
		午	父					1爻				午	兄		世		
		丑	兄			艮土			離火			午	兄	亥官			
	丁	卯	官		應	-	☱		-	☵	戊	辰	孫				
		巳	父			111011			111010			寅	父		應	巳父	寅官
		戌	兄			天澤履			天雷无妄			戌	財				
	壬	申	孫	子財	世	천택리	☰		천뢰무망	☰	壬	申	官				
		午	父					2爻				午	孫		世		
		丑	兄			艮土			巽木			辰	財				
	丁	卯	官		應	-	☱		六冲	☳	庚	寅	兄			卯官	寅官
		巳	父			111011			111001			子	父		應		
		戌	兄			天澤履			乾爲天			戌	父		世		
	壬	申	孫	子財	世	천택리	☰		건위천	☰	壬	申	兄				
		午	父					3爻				午	官				
		丑	兄			艮土			乾金			辰	父		應	丑兄	辰兄
	丁	卯	官		應	-	☱		六冲	☰	甲	寅	財				
		巳	父			111011			111111			子	孫				
		戌	兄			天澤履			風澤中孚			卯	官				
	壬	申	孫	子財	世	천택리	☰		풍택중부	☴	辛	巳	父	子財			
		午	父					4爻				未	兄		世	午父	未兄
		丑	兄			艮土			艮土			丑	兄	申孫			
	丁	卯	官		應	-	☱		-	☱	丁	卯	官				
		巳	父			111011			110011			巳	父		應		
		戌	兄			天澤履			火澤睽			巳	父				
	壬	申	孫	子財	世	천택리	☰		화택규	☲	己	未	兄	子財		申孫	未兄
		午	父					5爻				酉	孫		世		
		丑	兄			艮土			艮土			丑	兄				
	丁	卯	官		應	-	☱		-	☱	丁	卯	官				
		巳	父			111011			101011			巳	父		應		
		戌	兄			天澤履			兌爲澤			未	父		世	戌兄	未兄
	壬	申	孫	子財	世	천택리	☰		태위택	☱	丁	酉	兄				
		午	父					6爻				亥	孫				
		丑	兄			艮土			兌金			丑	父		應		
	丁	卯	官		應	-	☱		六冲	☱	丁	卯	財				
		巳	父			111011			011011			巳	官				

번호	본괘(本卦)							발동	변괘(變卦)							발동 결과	
	지지육친			복신	세	괘상명	괘상	發動	괘상명	괘상	지지육친			복신	세	동효	변효
		戌	孫		應	天火同人			天山遯			戌	父				
	壬	申	財			천화동인	☰		천산둔	☰	壬	申	兄		應		
		午	兄					1爻				午	官				
		亥	官		世	離火			乾金			申	兄				
	己	丑	孫			-	☲		-	☶	丙	午	官	寅財	世		
		卯	父			/111101			111100			辰	父	子孫		卯父	辰孫
		戌	孫		應	天火同人			乾爲天			戌	父		世		
	壬	申	財			천화동인	☰		건위천	☰	壬	申	兄				
		午	兄					2爻				午	官				
		亥	官		世	離火			乾金			辰	父		應		
	己	丑	孫			-	☲		六冲	☰	甲	寅	財			丑孫	寅父
		卯	父			/111101			111111			子	孫				
		戌	孫		應	天火同人			天雷无妄			戌	財				
	壬	申	財			천화동인	☰		천뢰무망	☰	壬	申	官				
		午	兄					3爻				午	孫		世		
		亥	官		世	離火			巽木			辰	財			亥官	辰孫
	己	丑	孫			-	☲		六冲	☳	庚	寅	兄				
3		卯	父			/111101			111001			子	父		應		
		戌	孫		應	天火同人			風火家人			卯	兄				
	壬	申	財			천화동인	☰		풍화가인	☴	辛	巳	孫		應		
		午	兄					4爻				未	財			午兄	未孫
		亥	官		世	離火			巽木			亥	父	酉官			
	己	丑	孫			-	☲		-	☲	己	丑	財		世		
		卯	父			/111101			110101			卯	兄				
		戌	孫		應	天火同人			離爲火			巳	兄		世		
	壬	申	財			천화동인	☰		이위화	☲	己	未	孫			申財	未孫
		午	兄					5爻				酉	財				
		亥	官		世	離火			離火			亥	官		應		
	己	丑	孫			-	☲		六冲	☲	己	丑	孫				
		卯	父			/111101			101101			卯	父				
		戌	孫		應	天火同人			澤火革			未	官			戌孫	未孫
	壬	申	財			천화동인	☰		택화혁	☱	丁	酉	父				
		午	兄					6爻				亥	兄		世		
		亥	官		世	離火			坎水			亥	兄	午財			
	己	丑	孫			-	☲		-	☲	己	丑	官				
		卯	父			/111101			011101			卯	孫		應		

번호	본괘(本卦)							발동 發動	변괘(變卦)							발동 결과	
	지지육친			복신	세	괘상명	괘상		괘상명	괘상	지지육친			복신	세	동효	변효
4		戌	財			天雷无妄			天地否			戌	父		應		
	壬	申	官			천뢰무망	☰		천지비	☰	壬	申	兄				
		午	孫		世			1爻				午	官				
		辰	財			巽木			乾金			卯	財		世		
	庚	寅	兄			六冲	☳		六合	☷	乙	巳	官				
		子	父		應	111001			111000			未	父	子孫		子父	未財
		戌	財			天雷无妄			天澤履			戌	兄				
	壬	申	官			천뢰무망	☰		천택리	☰	壬	申	孫	子財	世		
		午	孫		世			2爻				午	父				
		辰	財			巽木			艮土			丑	兄				
	庚	寅	兄			六冲	☳		-	☱	丁	卯	官		應	寅兄	卯兄
		子	父		應	111001			111011			巳	父				
		戌	財			天雷无妄			天火同人			戌	孫		應		
	壬	申	官			천뢰무망	☰		천화동인	☰	壬	申	財				
		午	孫		世			3爻				午	兄				
		辰	財			巽木			離火			亥	官		世	辰財	亥父
	庚	寅	兄			六冲	☳		-	☲	己	丑	孫				
		子	父		應	111001			/111101			卯	父				
		戌	財			天雷无妄			風雷益			卯	兄		應		
	壬	申	官			천뢰무망	☰		풍뢰익	☴	辛	巳	孫				
		午	孫		世			4爻				未	財			午孫	未財
		辰	財			巽木			巽木			辰	財	酉官	世		
	庚	寅	兄			六冲	☳		-	☳	庚	寅	兄				
		子	父		應	111001			110001			子	父				
		戌	財			天雷无妄			火雷噬嗑			巳	孫				
	壬	申	官			천뢰무망	☰		화뢰서합	☲	己	未	財		世	申官	未財
		午	孫		世			5爻				酉	官				
		辰	財			巽木			巽木			辰	財				
	庚	寅	兄			六冲	☳		-	☳	庚	寅	兄		應		
		子	父		應	111001			101001			子	父				
		戌	財			天雷无妄			澤雷隨			未	財		應	戌財	未財.
	壬	申	官			천뢰무망	☰		택뢰수	☱	丁	酉	官				
		午	孫		世			6爻				亥	父	午孫			
		辰	財			巽木			震木			辰	財		世		
	庚	寅	兄			六冲	☳		-	☳	庚	寅	兄				
		子	父		應	111001			/011001			子	父				

번호	본괘(本卦)							발동 發動	변괘(變卦)							발동 결과	
	지지육친			복신	세	괘상명	괘상		괘상명	괘상	지지육친			복신	세	동효	변효
5		戌	父			天風姤			乾爲天			戌	父		世		
	壬	申	兄			천풍구	☰		건위천	☰	壬	申	兄				
		午	官		應			1爻				午	官				
		酉	兄			乾金			乾金			辰	父		應		
	辛	亥	孫	寅財		-	☴		六冲	☰	甲	寅	財				
		丑	父		世	111110			111111			子	孫			丑父	子孫
		戌	父			天風姤			天山遯			戌	父				
	壬	申	兄			천풍구	☰		천산둔	☰	壬	申	兄		應		
		午	官		應			2爻				午	官				
		酉	兄			乾金			乾金			申	兄				
	辛	亥	孫	寅財		-	☴		-	☶	丙	午	官	寅財	世	亥孫	午官
		丑	父		世	111110			111100			辰	父	子孫			
		戌	父			天風姤			天水訟			戌	孫				
	壬	申	兄			천풍구	☰		천수송	☰	壬	申	財				
		午	官		應			3爻				午	兄		世		
		酉	兄			乾金			離火			午	兄	亥官		酉兄	午官
	辛	亥	孫	寅財		-	☴		-	☵	戊	辰	孫				
		丑	父		世	111110			111010			寅	父		應		
		戌	父			天風姤			巽爲風			卯	兄		世		
	壬	申	兄			천풍구	☰		손위풍	☴	辛	巳	孫				
		午	官		應			4爻				未	財			午官	未父
		酉	兄			乾金			巽木			酉	官		應		
	辛	亥	孫	寅財		-	☴		六冲	☴	辛	亥	父				
		丑	父		世	111110			110110			丑	財				
		戌	父			天風姤			火風鼎			巳	兄				
	壬	申	兄			천풍구	☰		화풍정	☲	己	未	孫		應	申兄	未父
		午	官		應			5爻				酉	財				
		酉	兄			乾金			離火			酉	財				
	辛	亥	孫	寅財		-	☴		-	☴	辛	亥	官		世		
		丑	父		世	111110			101110			丑	孫	卯父			
		戌	父			天風姤			澤風大過			未	財			戌父	未父
	壬	申	兄			천풍구	☰		택풍대과	☱	丁	酉	官				
		午	官		應			6爻				亥	父	午孫	世		
		酉	兄			乾金			震木			酉	官				
	辛	亥	孫	寅財		-	☴		-	☴	辛	亥	父	寅兄			
		丑	父		世	111110			011110			丑	財		應		

번호	본괘(本卦)							발동	변괘(變卦)							발동 결과	
	지지육친			복신	세	괘상명	괘상	發動	괘상명	괘상	지지육친			복신	세	동효	변효
6		戌	孫			天水訟		1爻	天澤履			戌	兄				
	壬	申	財			천수송	☰		천택리	☰	壬	申	孫	子財	世		
		午	兄		世							午	父				
		午	兄	亥官		離火			艮土			丑	兄				
	戊	辰	孫			-	☵		-	☱	丁	卯	官		應		
		寅	父		應	111010			111011			巳	父			寅父	巳兄
		戌	孫			天水訟		2爻	天地否			戌	父		應		
	壬	申	財			천수송	☰		천지비	☰	壬	申	兄				
		午	兄		世							午	官				
		午	兄	亥官		離火			乾金			卯	財		世		
	戊	辰	孫			-	☵		六合	☷	乙	巳	官			辰孫	巳兄
		寅	父		應	111010			111000			未	父	子孫			
		戌	孫			天水訟		3爻	天風姤			戌	父				
	壬	申	財			천수송	☰		천풍구	☰	壬	申	兄				
		午	兄		世							午	官		應		
		午	兄	亥官		離火			乾金			酉	兄			午兄	酉財
	戊	辰	孫			-	☵		-	☴	辛	亥	孫	寅財			
		寅	父		應	111010			111110			丑	父		世		
		戌	孫			天水訟		4爻	風水渙			卯	父				
	壬	申	財			천수송	☰		풍수환	☴	辛	巳	兄		世		
		午	兄		世							未	孫	酉財		午兄	未孫
		午	兄	亥官		離火			離火			午	兄	亥官			
	戊	辰	孫			-	☵		-	☵	戊	辰	孫		應		
		寅	父		應	111010			110010			寅	父				
		戌	孫			天水訟		5爻	火水未濟			巳	兄		應		
	壬	申	財			천수송	☰		화수미제	☲	己	未	孫			申財	未孫
		午	兄		世							酉	財				
		午	兄	亥官		離火			離火			午	兄	亥官	世		
	戊	辰	孫			-	☵		-	☵	戊	辰	孫				
		寅	父		應	111010			101010			寅	父				
		戌	孫			天水訟		6爻	澤水困			未	父			戌孫	未孫
	壬	申	財			천수송	☰		택수곤	☱	丁	酉	兄				
		午	兄		世							亥	孫		應		
		午	兄	亥官		離火			兌金			午	官				
	戊	辰	孫			-	☵		六合	☵	戊	辰	父				
		寅	父		應	111010			011010			寅	財		世		

번호	본괘(本卦) 지지육친			복신	세	괘상명	괘상	발동 發動	변괘(變卦) 괘상명	괘상	지지육친			복신	세	발동 결과 동효	변효
7		戌	父			天山遯	☰	1爻	天火同人	☰		戌	孫		應		
	壬	申	兄		應	천산둔			천화동인		壬	申	財				
		午	官									午	兄				
		申	兄			乾金	☶		離火	☲		亥	官		世		
	丙	午	官	寅財	世	-			-		己	丑	孫				
		辰	父	子孫		111100			/111101			卯	父			辰父	卯財
		戌	父			天山遯	☰	2爻	天風姤	☰		戌	父				
	壬	申	兄		應	천산둔			천풍구		壬	申	兄				
		午	官									午	官		應		
		申	兄			乾金	☶		乾金	☴		酉	兄				
	丙	午	官	寅財	世	-			-		辛	亥	孫	寅財		午官	亥孫
		辰	父	子孫		111100			111110			丑	父		世		
		戌	父			天山遯	☰	3爻	天地否	☰		戌	父		應		
	壬	申	兄		應	천산둔			천지비		壬	申	兄				
		午	官									午	官				
		申	兄			乾金	☶		乾金	☷		卯	財		世	申兄	卯財
	丙	午	官	寅財	世	-			六合		乙	巳	官				
		辰	父	子孫		111100			111000			未	父	子孫			
		戌	父			天山遯	☰	4爻	風山漸	☴		卯	官		應		
	壬	申	兄		應	천산둔			풍산점		辛	巳	父	子財			
		午	官									未	兄			午官	未父
		申	兄			乾金	☶		艮土	☶		申	孫		世		
	丙	午	官	寅財	世	-			-		丙	午	父				
		辰	父	子孫		111100			/110100			辰	兄				
		戌	父			天山遯	☰	5爻	火山旅	☲		巳	兄				
	壬	申	兄		應	천산둔			화산여		己	未	孫			申兄	未父
		午	官									酉	財		應		
		申	兄			乾金	☶		離火	☶		申	財	亥官			
	丙	午	官	寅財	世	-			六合		丙	午	兄				
		辰	父	子孫		111100			101100			辰	孫	卯父	世		
		戌	父			天山遯	☰	6爻	澤山咸	☱		未	父		應	戌父	未父
	壬	申	兄		應	천산둔			택산함		丁	酉	兄				
		午	官									亥	孫				
		申	兄			乾金	☶		兌金	☶		申	兄		世		
	丙	午	官	寅財	世	-			-		丙	午	官	卯財			
		辰	父	子孫		111100			011100			辰	父				

번호	본괘(本卦)							발동 發動	변괘(變卦)							발동 결과	
	지지육친			복신	세	괘상명	괘상		괘상명	괘상	지지육친			복신	세	동효	변효
8		戌	父		應	天地否			天雷无妄			戌	財				
	壬	申	兄			천지비	☰		천뢰무망	☰	壬	申	官				
		午	官					1爻				午	孫		世		
		卯	財		世	乾金			巽木			辰	財				
	乙	巳	官			六合	☷		六冲	☳	庚	寅	兄				
		未	父	子孫		111000			111001			子	父		應	未父	子孫
		戌	父		應	天地否			天水訟			戌	孫				
	壬	申	兄			천지비	☰		천수송	☰	壬	申	財				
		午	官					2爻				午	兄		世		
		卯	財		世	乾金			離火			午	兄	亥官			
	乙	巳	官			六合	☷		-	☵	戊	辰	孫			巳官	辰父
		未	父	子孫		111000			111010			寅	父		應		
		戌	父		應	天地否			天山遯			戌	父				
	壬	申	兄			천지비	☰		천산돈	☰	壬	申	兄		應		
		午	官					3爻				午	官				
		卯	財		世	乾金			乾金			申	兄			卯財	申兄
	乙	巳	官			六合	☷		-	☶	丙	午	官	寅財	世		
		未	父	子孫		111000			111100			辰	父	子孫			
		戌	父		應	天地否			風地觀			卯	財				
	壬	申	兄			천지비	☰		풍지관	☴	辛	巳	官	申兄			
		午	官					4爻				未	父		世	午官	未父
		卯	財		世	乾金			乾金			卯	財				
	乙	巳	官			六合	☷		-	☷	乙	巳	官				
		未	父	子孫		111000			110000			未	父	子孫	應		
		戌	父		應	天地否			火地晉			巳	官				
	壬	申	兄			천지비	☰		화지진	☲	己	未	父			申兄	未父
		午	官					5爻				酉	兄		世		
		卯	財		世	乾金			乾金			卯	財				
	乙	巳	官			六合	☷		-	☷	乙	巳	官				
		未	父	子孫		111000			101000			未	父	子孫	應		
		戌	父		應	天地否			澤地萃			未	父			戌父	未父
	壬	申	兄			천지비	☰		택지췌	☱	丁	酉	兄		應		
		午	官					6爻				亥	孫				
		卯	財		世	乾金			兌金			卯	財				
	乙	巳	官			六合	☷		-	☷	乙	巳	官		世		
		未	父	子孫		111000			011000			未	父				

번호	본괘(本卦)							발동	변괘(變卦)							발동 결과	
	지지육친			복신	세	괘상명	괘상	發動	괘상명	괘상	지지육친			복신	세	동효	변효
		未	兄			澤天夬			澤風大過			未	財				
	丁	酉	孫		世	택천괘	☱		택풍대과	☱	丁	酉	官				
		亥	財					1爻				亥	父	午孫	世		
		辰	兄			坤土			震木			酉	官				
	甲	寅	官	巳父	應	-	☰		-	☴	辛	亥	父	寅兄			
		子	財			011111			011110			丑	財		應	子財	丑兄
		未	兄			澤天夬			澤火革			未	官				
	丁	酉	孫		世	택천괘	☱		택화혁	☱	丁	酉	父				
		亥	財					2爻				亥	兄		世		
		辰	兄			坤土			坎水			亥	兄	午財			
	甲	寅	官	巳父	應	-	☰		-	☲	己	丑	官			寅官	丑兄
		子	財			011111			011101			卯	孫		應		
		未	兄			澤天夬			兌爲澤			未	父		世		
	丁	酉	孫		世	택천괘	☱		태위택	☱	丁	酉	兄				
		亥	財					3爻				亥	孫				
		辰	兄			坤土			兌金			丑	父		應	辰兄	丑兄
	甲	寅	官	巳父	應	-	☰		六冲	☱	丁	卯	財				
		子	財			011111			011011			巳	官				
9		未	兄			澤天夬			水天需			子	財				
	丁	酉	孫		世	택천괘	☱		수천수	☵	戊	戌	兄				
		亥	財					4爻				申	孫		世	亥財	申孫
		辰	兄			坤土			坤土			辰	兄				
	甲	寅	官	巳父	應	-	☰		-	☰	甲	寅	官	巳父			
		子	財			011111			010111			子	財		應		
		未	兄			澤天夬			雷天大壯			戌	兄				
	丁	酉	孫		世	택천괘	☱		뇌천대장	☳	庚	申	孫			酉孫	申孫
		亥	財					5爻				午	父		世		
		辰	兄			坤土			坤土			辰	兄				
	甲	寅	官	巳父	應	-	☰		六冲	☰	甲	寅	官				
		子	財			011111			001111			子	財		應		
		未	兄			澤天夬			乾爲天			戌	父		世	未兄	戌兄
	丁	酉	孫		世	택천괘	☱		건위천	☰	壬	申	兄				
		亥	財					6爻				午	官				
		辰	兄			坤土			乾金			辰	父		應		
	甲	寅	官	巳父	應	-	☰		六冲	☰	甲	寅	財				
		子	財			011111			111111			子	孫				

번호	본괘(本卦)							발동	변괘(變卦)							발동 결과	
	지지육친			복신	세	괘상명	괘상	發動	괘상명	괘상	지지육친			복신	세	동효	변효
10		未	父		世	兌爲澤			澤水困			未	父				
	丁	酉	兄			태위택	☱		택수곤	☱	丁	酉	兄				
		亥	孫									亥	孫		應		
		丑	父		應	兌金		1爻	兌金			午	官				
	丁	卯	財			六冲	☱		六合	☵	戊	辰	父				
		巳	官			011011			011010			寅	財		世	巳官	寅財
		未	父		世	兌爲澤			澤雷隨			未	財		應		
	丁	酉	兄			태위택	☱		택뢰수	☱	丁	酉	官				
		亥	孫									亥	父	午孫			
		丑	父		應	兌金		2爻	震木			辰	財		世		
	丁	卯	財			六冲	☱		-	☳	庚	寅	兄			卯財	寅財
		巳	官			011011			/011001			子	父				
		未	父		世	兌爲澤			澤天夬			未	兄				
	丁	酉	兄			태위택	☱		택천쾌	☱	丁	酉	孫		世		
		亥	孫									亥	財				
		丑	父		應	兌金		3爻	坤土			辰	兄			丑父	辰父
	丁	卯	財			六冲	☱		-	☰	甲	寅	官	巳父	應		
		巳	官			011011			011111			子	財				
		未	父		世	兌爲澤			水澤節			子	兄				
	丁	酉	兄			태위택	☱		수택절	☵	戊	戌	官				
		亥	孫									申	父		應	亥孫	申兄
		丑	父		應	兌金		4爻	坎水			丑	官				
	丁	卯	財			六冲	☱		六合	☱	丁	卯	孫				
		巳	官			011011			010011			巳	財		世		
		未	父		世	兌爲澤			雷澤歸妹			戌	父		應		
	丁	酉	兄			태위택	☱		뇌택귀매	☳	庚	申	兄			酉兄	申兄
		亥	孫									午	官	亥孫			
		丑	父		應	兌金		5爻	兌金			丑	父		世		
	丁	卯	財			六冲	☱		-	☱	丁	卯	財				
		巳	官			011011			/001011			巳	官				
		未	父		世	兌爲澤			天澤履			戌	兄			未父	戌父
	丁	酉	兄			태위택	☱		천택리	☰	壬	申	孫	子財	世		
		亥	孫									午	父				
		丑	父		應	兌金		6爻	艮土			丑	兄				
	丁	卯	財			六冲	☱		-	☱	丁	卯	官		應		
		巳	官			011011			111011			巳	父				

번호	본괘(本卦)					본괘(本卦)		발동	변괘(變卦)							발동 결과	
	지지육친			복신	세	괘상명	괘상	發動	괘상명	괘상	지지육친			복신	세	동효	변효
11		未	官			澤火革			澤山咸			未	父		應		
	丁	酉	父			택화혁	☱		택산함	☱	丁	酉	兄				
		亥	兄		世			1爻				亥	孫				
		亥	兄	午財		坎水			兌金			申	兄		世		
	己	丑	官			-	☲		-	☶	丙	午	官	卯財			
		卯	孫		應	011101			011100			辰	父			卯孫	辰官
		未	官			澤火革			澤天夬			未	兄				
	丁	酉	父			택화혁	☱		택천쾌	☱	丁	酉	孫		世		
		亥	兄		世			2爻				亥	財				
		亥	兄	午財		坎水			坤土			辰	兄				
	己	丑	官			-	☲		-	☰	甲	寅	官	巳父	應	丑官	寅孫
		卯	孫		應	011101			011111			子	財				
		未	官			澤火革			澤雷隨			未	財		應		
	丁	酉	父			택화혁	☱		택뢰수	☱	丁	酉	官				
		亥	兄		世			3爻				亥	父	午孫			
		亥	兄	午財		坎水			震木			辰	財		世	亥兄	辰官
	己	丑	官			-	☲		-	☳	庚	寅	兄				
		卯	孫		應	011101			/011001			子	父				
		未	官			澤火革			水火旣濟			子	兄		應		
	丁	酉	父			택화혁	☱		수화기제	☵	戊	戌	官				
		亥	兄		世			4爻				申	父			亥兄	申父
		亥	兄	午財		坎水			坎水			亥	兄	午財	世		
	己	丑	官			-	☲		-	☲	己	丑	官				
		卯	孫		應	011101			010101			卯	孫				
		未	官			澤火革			雷火豊			戌	官				
	丁	酉	父			택화혁	☱		뇌화풍	☳	庚	申	父		世	酉父	申父
		亥	兄		世			5爻				午	財				
		亥	兄	午財		坎水			坎水			亥	兄				
	己	丑	官			-	☲		-	☲	己	丑	官		應		
		卯	孫		應	011101			001101			卯	孫				
		未	官			澤火革			天火同人			戌	孫		應	未官	戌官
	丁	酉	父			택화혁	☱		천화동인	☰	壬	申	財				
		亥	兄		世			6爻				午	兄				
		亥	兄	午財		坎水			離火			亥	官		世		
	己	丑	官			-	☲		-	☲	己	丑	孫				
		卯	孫		應	011101			/111101			卯	父				

번호	본괘(本卦) 지지육친			복신	세	괘상명	괘상	발동 發動	변괘(變卦) 괘상명	괘상	지지육친			복신	세	발동 결과 동효	변효
12		未	財		應	澤雷隨			澤地萃			未	父				
	丁	酉	官			택뢰수	☱		택지췌	☱	丁	酉	兄		應		
		亥	父	午孫				1爻				亥	孫				
		辰	財		世	震木			兌金			卯	財				
	庚	寅	兄			-	☳		-	☷	乙	巳	官		世		
		子	父			/011001			011000			未	父			子父	未財
		未	財		應	澤雷隨			兌爲澤			未	父		世		
	丁	酉	官			택뢰수	☱		태위택	☱	丁	酉	兄				
		亥	父	午孫				2爻				亥	孫				
		辰	財		世	震木			兌金			丑	父		應		
	庚	寅	兄			-	☳		六冲	☱	丁	卯	財			寅兄	卯兄
		子	父			/011001			011011			巳	官				
		未	財		應	澤雷隨			澤火革			未	官				
	丁	酉	官			택뢰수	☱		택화혁	☱	丁	酉	父				
		亥	父	午孫				3爻				亥	兄		世		
		辰	財		世	震木			坎水			亥	兄	午財		辰財	亥父
	庚	寅	兄			-	☳		-	☲	己	丑	官				
		子	父			/011001			011101			卯	孫		應		
		未	財		應	澤雷隨			水雷屯			子	兄				
	丁	酉	官			택뢰수	☱		수뢰둔	☵	戊	戌	官		應		
		亥	父	午孫				4爻				申	父			亥父	申官
		辰	財		世	震木			坎水			辰	官	午財			
	庚	寅	兄			-	☳		-	☳	庚	寅	孫		世		
		子	父			/011001			010001			子	兄				
		未	財		應	澤雷隨			震爲雷			戌	財		世		
	丁	酉	官			택뢰수	☱		진위뢰	☳	庚	申	官			酉官	申官
		亥	父	午孫				5爻				午	孫				
		辰	財		世	震木			震木			辰	財		應		
	庚	寅	兄			-	☳		六冲	☳	庚	寅	兄				
		子	父			/011001			001001			子	父				
		未	財		應	澤雷隨			天雷无妄			戌	財			未財	戌財
	丁	酉	官			택뢰수	☱		천뢰무망	☰	壬	申	官				
		亥	父	午孫				6爻				午	孫		世		
		辰	財		世	震木			巽木			辰	財				
	庚	寅	兄			-	☳		六冲	☳	庚	寅	兄				
		子	父			/011001			111001			子	父		應		

번호	본괘(本卦)							발동 發動	변괘(變卦)							발동 결과	
	지지육친			복신	세	괘상명	괘상		괘상명	괘상	지지육친			복신	세	동효	변효
13		未	財			澤風大過			澤天夬			未	兄				
	丁	酉	官			택풍대과	☱		택천쾌	☱	丁	酉	孫		世		
		亥	父	午孫	世			1爻				亥	財				
		酉	官			震木			坤土			辰	兄				
	辛	亥	父	寅兄		-	☴		-	☰	甲	寅	官	巳父	應		
		丑	財		應	011110			011111			子	財			丑財	子父
		未	財			澤風大過			澤山咸			未	父		應		
	丁	酉	官			택풍대과	☱		택산함	☱	丁	酉	兄				
		亥	父	午孫	世			2爻				亥	孫				
		酉	官			震木			兌金			申	兄		世		
	辛	亥	父	寅兄		-	☴		-	☶	丙	午	官	卯財		亥父	午孫
		丑	財		應	011110			011100			辰	父				
		未	財			澤風大過			澤水困			未	父				
	丁	酉	官			택풍대과	☱		택수곤	☱	丁	酉	兄				
		亥	父	午孫	世			3爻				亥	孫		應		
		酉	官			震木			兌金			午	官			酉官	午孫
	辛	亥	父	寅兄		-	☴		六合	☵	戊	辰	父				
		丑	財		應	011110			011010			寅	財		世		
		未	財			澤風大過			水風井			子	父				
	丁	酉	官			택풍대과	☱		수풍정	☵	戊	戌	財		世		
		亥	父	午孫	世			4爻				申	官	午孫		亥父	申官
		酉	官			震木			震木			酉	官				
	辛	亥	父	寅兄		-	☴		-	☴	辛	亥	父	寅兄	應		
		丑	財		應	011110			010110			丑	財				
		未	財			澤風大過			雷風恒			戌	財		應		
	丁	酉	官			택풍대과	☱		뇌풍항	☳	庚	申	官			酉官	申官
		亥	父	午孫	世			5爻				午	孫				
		酉	官			震木			震木			酉	官		世		
	辛	亥	父	寅兄		-	☴		-	☴	辛	亥	父	寅兄			
		丑	財		應	011110			001110			丑	財				
		未	財			澤風大過			天風姤			戌	父			未財	戌財
	丁	酉	官			택풍대과	☱		천풍구	☰	壬	申	兄				
		亥	父	午孫	世			6爻				午	官		應		
		酉	官			震木			乾金			酉	兄				
	辛	亥	父	寅兄		-	☴		-	☴	辛	亥	孫	寅財			
		丑	財		應	011110			111110			丑	父		世		

번호	본괘(本卦)					본괘(本卦)		발동	변괘(變卦)							발동 결과	
	지지육친			복신	세	괘상명	괘상	發動	괘상명	괘상	지지육친			복신	세	동효	변효
14		未	父			澤水困			兌爲澤			未	父		世		
	丁	酉	兄			택수곤	☱		태위택	☱	丁	酉	兄				
		亥	孫		應			1爻				亥	孫				
		午	官			兌金			兌金			丑	父		應		
	戊	辰	父			六合	☵		六冲	☱	丁	卯	財				
		寅	財		世	011010			011011			巳	官			寅財	巳官
		未	父			澤水困			澤地萃			未	父				
	丁	酉	兄			택수곤	☱		택지췌	☱	丁	酉	兄		應		
		亥	孫		應			2爻				亥	孫				
		午	官			兌金			兌金			卯	財				
	戊	辰	父			六合	☵		-	☷	乙	巳	官		世	辰父	巳官
		寅	財		世	011010			011000			未	父				
		未	父			澤水困			澤風大過			未	財				
	丁	酉	兄			택수곤	☱		택풍대과	☱	丁	酉	官				
		亥	孫		應			3爻				亥	父	午孫	世		
		午	官			兌金			震木			酉	官			午官	酉兄
	戊	辰	父			六合	☵		-	☴	辛	亥	父	寅兄			
		寅	財		世	011010			011110			丑	財		應		
		未	父			澤水困			坎爲水			子	兄		世		
	丁	酉	兄			택수곤	☱		감위수	☵	戊	戌	官				
		亥	孫		應			4爻				申	父			亥孫	申兄
		午	官			兌金			坎水			午	財		應		
	戊	辰	父			六合	☵		六冲	☵	戊	辰	官				
		寅	財		世	011010			010010			寅	孫				
		未	父			澤水困			雷水解			戌	財				
	丁	酉	兄			택수곤	☱		뇌수해	☳	庚	申	官		應	酉兄	申兄
		亥	孫		應			5爻				午	孫				
		午	官			兌金			震木			午	孫				
	戊	辰	父			六合	☵		-	☵	戊	辰	財		世		
		寅	財		世	011010			001010			寅	兄	子父			
		未	父			澤水困			天水訟			戌	孫			未父	戌父
	丁	酉	兄			택수곤	☱		천수송	☰	壬	申	財				
		亥	孫		應			6爻				午	兄		世		
		午	官			兌金			離火			午	兄	亥官			
	戊	辰	父			六合	☵		-	☵	戊	辰	孫				
		寅	財		世	011010			111010			寅	父		應		

번호	본괘(本卦)							발동 發動	변괘(變卦)							발동 결과	
	지지육친			복신	세	괘상명	괘상		괘상명	괘상	지지육친			복신	세	동효	변효
15		未	父		應	澤山咸			澤火革			未	官				
	丁	酉	兄			택산함	☱		택화혁	☱	丁	酉	父				
		亥	孫					1爻				亥	兄		世		
		申	兄		世	兌金			坎水			亥	兄	午財			
	丙	午	官	卯財		-	☶		-	☲	己	丑	官				
		辰	父			011100			011101			卯	孫		應	辰父	卯財
		未	父		應	澤山咸			澤風大過			未	財				
	丁	酉	兄			택산함	☱		택풍대과	☱	丁	酉	官				
		亥	孫					2爻				亥	父	午孫	世		
		申	兄		世	兌金			震木			酉	官				
	丙	午	官	卯財		-	☶		-	☴	辛	亥	父	寅兄		午官	亥孫
		辰	父			011100			011110			丑	財		應		
		未	父		應	澤山咸			澤地萃			未	父				
	丁	酉	兄			택산함	☱		택지췌	☱	丁	酉	兄		應		
		亥	孫					3爻				亥	孫				
		申	兄		世	兌金			兌金			卯	財			申兄	卯財
	丙	午	官	卯財		-	☶		-	☷	乙	巳	官		世		
		辰	父			011100			011000			未	父				
		未	父		應	澤山咸			水山蹇			子	孫				
	丁	酉	兄			택산함	☱		수산건	☵	戊	戌	父				
		亥	孫					4爻				申	兄		世	亥孫	申兄
		申	兄		世	兌金			兌金			申	兄				
	丙	午	官	卯財		-	☶		-	☶	丙	午	官	卯財			
		辰	父			011100			010100			辰	父		應		
		未	父		應	澤山咸			雷山小過			戌	父				
	丁	酉	兄			택산함	☱		뇌산소과	☳	庚	申	兄			酉兄	申兄
		亥	孫					5爻				午	官	亥孫	世		
		申	兄		世	兌金			兌金			申	兄				
	丙	午	官	卯財		-	☶		-	☶	丙	午	官	卯財			
		辰	父			011100			001100			辰	父		應		
		未	父		應	澤山咸			天山遯			戌	父			未父	戌父
	丁	酉	兄			택산함	☱		천산둔	☰	壬	申	兄		應		
		亥	孫					6爻				午	官				
		申	兄		世	兌金			乾金			申	兄				
	丙	午	官	卯財		-	☶		-	☶	丙	午	官	寅財	世		
		辰	父			011100			111100			辰	父	子孫			

번호	본괘(本卦)							발동	변괘(變卦)								발동 결과	
	지지육친			복신	세	괘상명	괘상	發動	괘상명	괘상	지지육친			복신	세	동효	변효
		未	父			澤地萃			澤雷隨			未	財		應		
	丁	酉	兄		應	택지췌	☱		택뢰수	☱	丁	酉	官				
		亥	孫					1爻				亥	父	午孫			
		卯	財			兌金			震木			辰	財		世		
	乙	巳	官		世	-	☷		-	☳	庚	寅	兄				
		未	父			011000			/011001			子	父			未父	子孫
		未	父			澤地萃			澤水困			未	父				
	丁	酉	兄		應	택지췌	☱		택수곤	☱	丁	酉	兄				
		亥	孫					2爻				亥	孫		應		
		卯	財			兌金			兌金			午	官				
	乙	巳	官		世	-	☷		六合	☵	戊	辰	父			巳官	辰父
		未	父			011000			011010			寅	財		世		
		未	父			澤地萃			澤山咸			未	父		應		
	丁	酉	兄		應	택지췌	☱		택산함	☱	丁	酉	兄				
		亥	孫					3爻				亥	孫				
		卯	財			兌金			兌金			申	兄		世	卯財	申兄
	乙	巳	官		世	-	☷		-	☶	丙	午	官	卯財			
		未	父			011000			011100			辰	父				
16		未	父			澤地萃			水地比			子	財		應		
	丁	酉	兄		應	택지췌	☱		수지비	☵	戊	戌	兄				
		亥	孫					4爻				申	孫			亥孫	申兄
		卯	財			兌金			坤土			卯	官		世		
	乙	巳	官		世	-	☷		-	☷	乙	巳	父				
		未	父			011000			/010000			未	兄				
		未	父			澤地萃			雷地豫			戌	財				
	丁	酉	兄		應	택지췌	☱		뇌지예	☳	庚	申	官			酉兄	申兄
		亥	孫					5爻				午	孫		應		
		卯	財			兌金			震木			卯	兄				
	乙	巳	官		世	-	☷		六合	☷	乙	巳	孫				
		未	父			011000			001000			未	財	子父	世		
		未	父			澤地萃			天地否			戌	父		應	未父	戌父
	丁	酉	兄		應	택지췌	☱		천지비	☰	壬	申	兄				
		亥	孫					6爻				午	官				
		卯	財			兌金			乾金			卯	財		世		
	乙	巳	官		世	-	☷		六合	☷	乙	巳	官				
		未	父			011000			111000			未	父	子孫			

번호	본괘(本卦) 지지육친			복신	세	괘상명	괘상	발동 發動	변괘(變卦) 괘상명	괘상	지지육친			복신	세	발동 결과 동효	변효
17		巳	官		應	火天大有			火風鼎			巳	兄				
	己	未	父			화천대유	☲		화풍정	☲	己	未	孫		應		
		酉	兄					1爻				酉	財				
		辰	父		世	乾金			離火			酉	財				
	甲	寅	財			-	☰		-	☴	辛	亥	官		世		
		子	孫			/10111			101110			丑	孫	卯父		子孫	丑父
		巳	官		應	火天大有			離爲火			巳	兄		世		
	己	未	父			화천대유	☲		이위화	☲	己	未	孫				
		酉	兄					2爻				酉	財				
		辰	父		世	乾金			離火			亥	官		應		
	甲	寅	財			-	☰		六冲	☲	己	丑	孫			寅財	丑父
		子	孫			/10111			101101			卯	父				
		巳	官		應	火天大有			火澤睽			巳	父				
	己	未	父			화천대유	☲		화택규	☲	己	未	兄	子財			
		酉	兄					3爻				酉	孫		世		
		辰	父		世	乾金			艮土			丑	兄			辰父	丑父
	甲	寅	財			-	☰		-	☱	丁	卯	官				
		子	孫			/10111			101011			巳	父		應		
		巳	官		應	火天大有			山天大畜			寅	官				
	己	未	父			화천대유	☲		산천대축	☶	丙	子	財		應		
		酉	兄					4爻				戌	兄			酉兄	戌父
		辰	父		世	乾金			艮土			辰	兄	申孫			
	甲	寅	財			-	☰		-	☰	甲	寅	官	午父	世		
		子	孫			/10111			100111			子	財				
		巳	官		應	火天大有			乾爲天			戌	父		世		
	己	未	父			화천대유	☲		건위천	☰	壬	申	兄			未父	申兄
		酉	兄					5爻				午	官				
		辰	父		世	乾金			乾金			辰	父		應		
	甲	寅	財			-	☰		六冲	☰	甲	寅	財				
		子	孫			/10111			111111			子	孫				
		巳	官		應	火天大有			雷天大壯			戌	兄			巳官	戌父
	己	未	父			화천대유	☲		뇌천대장	☳	庚	申	孫				
		酉	兄					6爻				午	父		世		
		辰	父		世	乾金			坤土			辰	兄				
	甲	寅	財			-	☰		六冲	☰	甲	寅	官				
		子	孫			/10111			001111			子	財		應		

번호	본괘(本卦)							발동 發動	변괘(變卦)								발동 결과	
	지지육친			복신	세	괘상명	괘상		괘상명	괘상	지지육친			복신	세		동효	변효
18		巳	父			火澤睽			火水未濟			巳	兄		應			
	己	未	兄	子財		화택규	☲		화수미제	☲	己	未	孫					
		酉	孫		世			1爻				酉	財					
		丑	兄			艮土			離火			午	兄	亥官	世			
	丁	卯	官			-	☱		-	☵	戊	辰	孫					
		巳	父		應	101011			101010			寅	父				巳父	寅官
		巳	父			火澤睽			火雷噬嗑			巳	孫					
	己	未	兄	子財		화택규	☲		화뢰서합	☲	己	未	財		世			
		酉	孫		世			2爻				酉	官					
		丑	兄			艮土			巽木			辰	財					
	丁	卯	官			-	☱		-	☳	庚	寅	兄		應		卯官	寅官
		巳	父		應	101011			101001			子	父					
		巳	父			火澤睽			火天大有			巳	官		應			
	己	未	兄	子財		화택규	☲		화천대유	☲	己	未	父					
		酉	孫		世			3爻				酉	兄					
		丑	兄			艮土			乾金			辰	父		世		丑兄	辰兄
	丁	卯	官			-	☱		-	☰	甲	寅	財					
		巳	父		應	101011			/101111			子	孫					
		巳	父			火澤睽			山澤損			寅	官		應			
	己	未	兄	子財		화택규	☲		산택손	☶	丙	子	財					
		酉	孫		世			4爻				戌	兄				酉孫	戌兄
		丑	兄			艮土			艮土			丑	兄	申孫	世			
	丁	卯	官			-	☱		-	☱	丁	卯	官					
		巳	父		應	101011			100011			巳	父					
		巳	父			火澤睽			天澤履			戌	兄					
	己	未	兄	子財		화택규	☲		천택리	☰	壬	申	孫	子財	世		未兄	申孫
		酉	孫		世			5爻				午	父					
		丑	兄			艮土			艮土			丑	兄					
	丁	卯	官			-	☱		-	☱	丁	卯	官		應			
		巳	父		應	101011			111011			巳	父					
		巳	父			火澤睽			雷澤歸妹			戌	父		應		巳父	戌兄
	己	未	兄	子財		화택규	☲		뇌택귀매	☳	庚	申	兄					
		酉	孫		世			6爻				午	官	亥孫				
		丑	兄			艮土			兌金			丑	父		世			
	丁	卯	官			-	☱		-	☱	丁	卯	財					
		巳	父		應	101011			/001011			巳	官					

번호	본괘(本卦)							발동 發動	변괘(變卦)							발동 결과	
	지지육친			복신	세	괘상명	괘상		괘상명	괘상	지지육친			복신	세	동효	변효
19		巳	兄		世	離爲火		1爻	火山旅			巳	兄				
	己	未	孫			이위화	☲		화산여	☲	己	未	孫				
		酉	財									酉	財		應		
		亥	官		應	離火			離火			申	財	亥官			
	己	丑	孫			六冲	☲		六合	☶	丙	午	兄				
		卯	父			101101			101100			辰	孫	卯父	世	卯父	辰孫
		巳	兄		世	離爲火		2爻	火天大有			巳	官		應		
	己	未	孫			이위화	☲		화천대유	☲	己	未	父				
		酉	財									酉	兄				
		亥	官		應	離火			乾金			辰	父		世		
	己	丑	孫			六冲	☲		-	☰	甲	寅	財			丑孫	寅父
		卯	父			101101			/101111			子	孫				
		巳	兄		世	離爲火		3爻	火雷噬嗑			巳	孫				
	己	未	孫			이위화	☲		화뢰서합	☲	己	未	財		世		
		酉	財									酉	官				
		亥	官		應	離火			巽木			辰	財			亥官	辰孫
	己	丑	孫			六冲	☲		-	☳	庚	寅	兄		應		
		卯	父			101101			101001			子	父				
		巳	兄		世	離爲火		4爻	山火賁			寅	官				
	己	未	孫			이위화	☲		산화비	☶	丙	子	財				
		酉	財									戌	兄		應	酉財	戌孫
		亥	官		應	離火			艮土			亥	財	申孫			
	己	丑	孫			六冲	☲		六合	☲	己	丑	兄	午父			
		卯	父			101101			100101			卯	官		世		
		巳	兄		世	離爲火		5爻	天火同人			戌	孫		應		
	己	未	孫			이위화	☲		천화동인	☰	壬	申	財			未孫	申財
		酉	財									午	兄				
		亥	官		應	離火			離火			亥	官		世		
	己	丑	孫			六冲	☲		-	☲	己	丑	孫				
		卯	父			101101			/111101			卯	父				
		巳	兄		世	離爲火		6爻	雷火豊			戌	官			巳兄	戌孫
	己	未	孫			이위화	☲		뇌화풍	☳	庚	申	父		世		
		酉	財									午	財				
		亥	官		應	離火			坎水			亥	兄				
	己	丑	孫			六冲	☲		-	☲	己	丑	官		應		
		卯	父			101101			001101			卯	孫				

번호	본괘(本卦)							발동	변괘(變卦)							발동 결과	
	지지육친			복신	세	괘상명	괘상	發動	괘상명	괘상	지지육친			복신	세	동효	변효
20		巳	孫			火雷噬嗑			火地晉			巳	官				
	己	未	財		世	화뢰서합	☲		화지진	☲	己	未	父				
		酉	官					1爻				酉	兄		世		
		辰	財			巽木			乾金			卯	財				
	庚	寅	兄		應	-	☳		-	☷	乙	巳	官				
		子	父			101001			101000			未	父	子孫	應	子父	未財
		巳	孫			火雷噬嗑			火澤睽			巳	父				
	己	未	財		世	화뢰서합	☲		화택규	☲	己	未	兄	子財			
		酉	官					2爻				酉	孫		世		
		辰	財			巽木			艮土			丑	兄				
	庚	寅	兄		應	-	☳		-	☱	丁	卯	官			寅兄	卯兄
		子	父			101001			101011			巳	父		應		
		巳	孫			火雷噬嗑			離爲火			巳	兄		世		
	己	未	財		世	화뢰서합	☲		이위화	☲	己	未	孫				
		酉	官					3爻				酉	財				
		辰	財			巽木			離火			亥	官		應	辰財	亥父
	庚	寅	兄		應	-	☳		六冲	☲	己	丑	孫				
		子	父			101001			101101			卯	父				
		巳	孫			火雷噬嗑			山雷頤			寅	兄				
	己	未	財		世	화뢰서합	☲		산뢰이	☶	丙	子	父	巳孫			
		酉	官					4爻				戌	財		世	酉官	戌財
		辰	財			巽木			巽木			辰	財	酉官			
	庚	寅	兄		應	-	☳		-	☳	庚	寅	兄				
		子	父			101001			100001			子	父		應		
		巳	孫			火雷噬嗑			天雷无妄			戌	財				
	己	未	財		世	화뢰서합	☲		천뢰무망	☰	壬	申	官			未財	申官
		酉	官					5爻				午	孫		世		
		辰	財			巽木			巽木			辰	財				
	庚	寅	兄		應	-	☳		六冲	☳	庚	寅	兄				
		子	父			101001			111001			子	父		應		
		巳	孫			火雷噬嗑			震爲雷			戌	財		世	巳孫	戌財
	己	未	財		世	화뢰서합	☲		진위뢰	☳	庚	申	官				
		酉	官					6爻				午	孫				
		辰	財			巽木			震木			辰	財		應		
	庚	寅	兄		應	-	☳		六冲	☳	庚	寅	兄				
		子	父			101001			001001			子	父				

번호	본괘(本卦)							발동 發動	변괘(變卦)							발동 결과	
	지지육친			복신	세	괘상명	괘상		괘상명	괘상	지지육친			복신	세	동효	변효
21		巳	兄			火風鼎			火天大有			巳	官		應		
	己	未	孫		應	화풍정	☲		화천대유	☲	己	未	父				
		酉	財					1爻				酉	兄				
		酉	財			離火			乾金			辰	父		世		
	辛	亥	官		世	-	☴		-	☰	甲	寅	財				
		丑	孫	卯父		101110			/101111			子	孫			丑孫	子官
		巳	兄			火風鼎			火山旅			巳	兄				
	己	未	孫		應	화풍정	☲		화산여	☲	己	未	孫				
		酉	財					2爻				酉	財		應		
		酉	財			離火			離火			申	財	亥官			
	辛	亥	官		世	-	☴		六合	☶	丙	午	兄			亥官	午兄
		丑	孫	卯父		101110			101100			辰	孫	卯父	世		
		巳	兄			火風鼎			火水未濟			巳	兄		應		
	己	未	孫		應	화풍정	☲		화수미제	☲	己	未	孫				
		酉	財					3爻				酉	財				
		酉	財			離火			離火			午	兄	亥官	世	酉財	午兄
	辛	亥	官		世	-	☴		-	☵	戊	辰	孫				
		丑	孫	卯父		101110			101010			寅	父				
		巳	兄			火風鼎			山風蠱			寅	兄		應		
	己	未	孫		應	화풍정	☲		산풍고	☶	丙	子	父	巳孫			
		酉	財					4爻				戌	財			酉財	戌孫
		酉	財			離火			巽木			酉	官		世		
	辛	亥	官		世	-	☴		-	☴	辛	亥	父				
		丑	孫	卯父		101110			/100110			丑	財				
		巳	兄			火風鼎			天風姤			戌	父				
	己	未	孫		應	화풍정	☲		천풍구	☰	壬	申	兄			未孫	申財
		酉	財					5爻				午	官		應		
		酉	財			離火			乾金			酉	兄				
	辛	亥	官		世	-	☴		-	☴	辛	亥	孫	寅財			
		丑	孫	卯父		101110			111110			丑	父		世		
		巳	兄			火風鼎			雷風恒			戌	財		應	巳兄	戌孫
	己	未	孫		應	화풍정	☲		뇌풍항	☳	庚	申	官				
		酉	財					6爻				午	孫				
		酉	財			離火			震木			酉	官		世		
	辛	亥	官		世	-	☴		-	☴	辛	亥	父	寅兄			
		丑	孫	卯父		101110			001110			丑	財				

번호	본괘(本卦) 지지육친			복신	세	괘상명	괘상	발동 發動	변괘(變卦) 괘상명	괘상	지지육친			복신	세	발동 결과 동효	변효
22		巳	兄		應	火水未濟			火澤睽			巳	父				
	己	未	孫			화수미제	☲		화택규	☲	己	未	兄	子財			
		酉	財					1爻				酉	孫		世		
		午	兄	亥官	世	離火			艮土			丑	兄				
	戊	辰	孫			-	☵		-	☱	丁	卯	官				
		寅	父			101010			101011			巳	父		應	寅父	巳兄
		巳	兄		應	火水未濟			火地晉			巳	官				
	己	未	孫			화수미제	☲		화지진	☲	己	未	父				
		酉	財					2爻				酉	兄		世		
		午	兄	亥官	世	離火			乾金			卯	財				
	戊	辰	孫			-	☵		-	☷	乙	巳	官			辰孫	巳兄
		寅	父			101010			101000			未	父	子孫	應		
		巳	兄		應	火水未濟			火風鼎			巳	兄				
	己	未	孫			화수미제	☲		화풍정	☲	己	未	孫		應		
		酉	財					3爻				酉	財				
		午	兄	亥官	世	離火			離火			酉	財			午兄	酉財
	戊	辰	孫			-	☵		-	☴	辛	亥	官		世		
		寅	父			101010			101110			丑	孫	卯父			
		巳	兄		應	火水未濟			山水蒙			寅	父				
	己	未	孫			화수미제	☲		산수몽	☶	丙	子	官				
		酉	財					4爻				戌	孫	酉財	世	酉財	戌孫
		午	兄	亥官	世	離火			離火			午	兄				
	戊	辰	孫			-	☵		-	☵	戊	辰	孫				
		寅	父			101010			100010			寅	父		應		
		巳	兄		應	火水未濟			天水訟			戌	孫				
	己	未	孫			화수미제	☲		천수송	☰	壬	申	財			未孫	申財
		酉	財					5爻				午	兄		世		
		午	兄	亥官	世	離火			離火			午	兄	亥官			
	戊	辰	孫			-	☵		-	☵	戊	辰	孫				
		寅	父			101010			111010			寅	父		應		
		巳	兄		應	火水未濟			雷水解			戌	財			巳兄	戌孫
	己	未	孫			화수미제	☲		뇌수해	☳	庚	申	官		應		
		酉	財					6爻				午	孫				
		午	兄	亥官	世	離火			震木			午	孫				
	戊	辰	孫			-	☵		-	☵	戊	辰	財		世		
		寅	父			101010			001010			寅	兄	子父			

번호	본괘(本卦)							발동	변괘(變卦)							발동 결과	
	지지육친			복신	세	괘상명	괘상	發動	괘상명	괘상	지지육친			복신	세	동효	변효
23		巳	兄			火山旅			離爲火			巳	兄		世		
	己	未	孫			화산여	☲		이위화	☲	己	未	孫				
		酉	財		應			1爻				酉	財				
		申	財	亥官		離火			離火			亥	官		應		
	丙	午	兄			六合	☶		六冲	☲	己	丑	孫				
		辰	孫	卯父	世	101100			101101			卯	父			辰孫	卯父
		巳	兄			火山旅			火風鼎			巳	兄				
	己	未	孫			화산여	☲		화풍정	☲	己	未	孫		應		
		酉	財		應			2爻				酉	財				
		申	財	亥官		離火			離火			酉	財				
	丙	午	兄			六合	☶		-	☴	辛	亥	官		世	午兄	亥官
		辰	孫	卯父	世	101100			101110			丑	孫	卯父			
		巳	兄			火山旅			火地晉			巳	官				
	己	未	孫			화산여	☲		화지진	☲	己	未	父				
		酉	財		應			3爻				酉	兄		世		
		申	財	亥官		離火			乾金			卯	財			申財	卯父
	丙	午	兄			六合	☶		-	☷	乙	巳	官				
		辰	孫	卯父	世	101100			101000			未	父	子孫	應		
		巳	兄			火山旅			艮爲山			寅	官		世		
	己	未	孫			화산여	☲		간위산	☶	丙	子	財				
		酉	財		應			4爻				戌	兄			酉財	戌孫
		申	財	亥官		離火			艮土			申	孫		應		
	丙	午	兄			六合	☶		六冲	☶	丙	午	父				
		辰	孫	卯父	世	101100			100100			辰	兄				
		巳	兄			火山旅			天山遯			戌	父				
	己	未	孫			화산여	☲		천산둔	☰	壬	申	兄		應	未孫	申財
		酉	財		應			5爻				午	官				
		申	財	亥官		離火			乾金			申	兄				
	丙	午	兄			六合	☶		-	☶	丙	午	官	寅財	世		
		辰	孫	卯父	世	101100			111100			辰	父	子孫			
		巳	兄			火山旅			雷山小過			戌	父			巳兄	戌孫
	己	未	孫			화산여	☲		뇌산소과	☳	庚	申	兄				
		酉	財		應			6爻				午	官	亥孫	世		
		申	財	亥官		離火			兌金			申	兄				
	丙	午	兄			六合	☶		-	☶	丙	午	官	卯財			
		辰	孫	卯父	世	101100			001100			辰	父		應		

번호	본괘(本卦)							발동	변괘(變卦)								발동 결과	
	지지육친			복신	세	괘상명	괘상	發動	괘상명	괘상	지지육친			복신	세		동효	변효
24		巳	官			火地晉	☲	1爻	火雷噬嗑	☲		巳	孫					
	己	未	父			화지진			화뢰서합		己	未	財		世			
		酉	兄		世							酉	官					
		卯	財			乾金	☷		巽木	☳		辰	財					
	乙	巳	官			-			-		庚	寅	兄		應			
		未	父	子孫	應	101000			101001			子	父				未父	子孫
		巳	官			火地晉	☲	2爻	火水未濟	☲		巳	兄		應			
	己	未	父			화지진			화수미제		己	未	孫					
		酉	兄		世							酉	財					
		卯	財			乾金	☷		離火	☵		午	兄	亥官	世			
	乙	巳	官			-			-		戊	辰	孫				巳官	辰父
		未	父	子孫	應	101000			101010			寅	父					
		巳	官			火地晉	☲	3爻	火山旅	☲		巳	兄					
	己	未	父			화지진			화산여		己	未	孫					
		酉	兄		世							酉	財		應			
		卯	財			乾金	☷		離火	☶		申	財	亥官			卯財	申兄
	乙	巳	官			-			六合		丙	午	兄					
		未	父	子孫	應	101000			101100			辰	孫	卯父	世			
		巳	官			火地晉	☲	4爻	山地剝	☶		寅	財					
	己	未	父			화지진			산지박		丙	子	孫	申兄	世			
		酉	兄		世							戌	父				酉兄	戌父
		卯	財			乾金	☷		乾金	☷		卯	財					
	乙	巳	官			-			-		乙	巳	官		應			
		未	父	子孫	應	101000			100000			未	父					
		巳	官			火地晉	☲	5爻	天地否	☰		戌	父		應			
	己	未	父			화지진			천지비		壬	申	兄				未父	申兄
		酉	兄		世							午	官					
		卯	財			乾金	☷		乾金	☷		卯	財		世			
	乙	巳	官			-			六合		乙	巳	官					
		未	父	子孫	應	101000			111000			未	父	子孫				
		巳	官			火地晉	☲	6爻	雷地豫	☳		戌	財				巳官	戌父
	己	未	父			화지진			뇌지예		庚	申	官					
		酉	兄		世							午	孫		應			
		卯	財			乾金	☷		震木	☷		卯	兄					
	乙	巳	官			-			六合		乙	巳	孫					
		未	父	子孫	應	101000			001000			未	財	子父	世			

번호	본괘(本卦)					본괘(本卦)		발동 發動	변괘(變卦)							발동 결과	
	지지육친			복신	세	괘상명	괘상		괘상명	괘상	지지육친			복신	세	동효	변효
25		戌	兄			雷天大壯		1爻	雷風恒			戌	財		應		
	庚	申	孫			뇌천대장	☳		뇌풍항	☳	庚	申	官				
		午	父		世							午	孫				
		辰	兄			坤土			震木			酉	官		世		
	甲	寅	官			六冲	☰		-	☴	辛	亥	父	寅兄			
		子	財		應	001111			001110			丑	財			子財	丑兄
		戌	兄			雷天大壯		2爻	雷火豊			戌	官				
	庚	申	孫			뇌천대장	☳		뇌화풍	☳	庚	申	父		世		
		午	父		世							午	財				
		辰	兄			坤土			坎水			亥	兄				
	甲	寅	官			六冲	☰		-	☲	己	丑	官		應	寅官	丑兄
		子	財		應	001111			001101			卯	孫				
		戌	兄			雷天大壯		3爻	雷澤歸妹			戌	父		應		
	庚	申	孫			뇌천대장	☳		뇌택귀매	☳	庚	申	兄				
		午	父		世							午	官	亥孫			
		辰	兄			坤土			兌金			丑	父		世	辰兄	丑兄
	甲	寅	官			六冲	☰		-	☱	丁	卯	財				
		子	財		應	001111			/001011			巳	官				
		戌	兄			雷天大壯		4爻	地天泰			酉	孫		應		
	庚	申	孫			뇌천대장	☳		지천태	☷	癸	亥	財				
		午	父		世							丑	兄			午父	丑兄
		辰	兄			坤土			坤土			辰	兄		世		
	甲	寅	官			六冲	☰		六合	☰	甲	寅	官	巳父			
		子	財		應	001111			000111			子	財				
		戌	兄			雷天大壯		5爻	澤天夬			未	兄				
	庚	申	孫			뇌천대장	☳		택천쾌	☱	丁	酉	孫		世	申孫	酉孫
		午	父		世							亥	財				
		辰	兄			坤土			坤土			辰	兄				
	甲	寅	官			六冲	☰		-	☰	甲	寅	官	巳父	應		
		子	財		應	001111			011111			子	財				
		戌	兄			雷天大壯		6爻	火天大有			巳	官		應	戌兄	巳父
	庚	申	孫			뇌천대장	☳		화천대유	☲	己	未	父				
		午	父		世							酉	兄				
		辰	兄			坤土			乾金			辰	父		世		
	甲	寅	官			六冲	☰		-	☰	甲	寅	財				
		子	財		應	001111			/101111			子	孫				

번호	본괘(本卦)							발동 發動	변괘(變卦)							발동 결과	
	지지육친			복신	세	괘상명	괘상		괘상명	괘상	지지육친			복신	세	동효	변효
26		戌	父		應	雷澤歸妹	☳	1爻	雷水解	☳		戌	財				
	庚	申	兄			뇌택귀매			뇌수해		庚	申	官		應		
		午	官	亥孫								午	孫				
		丑	父		世	兌金	☱		震木	☵		午	孫				
	丁	卯	財			-			-		戊	辰	財		世		
		巳	官			/001011			001010			寅	兄	子父		巳官	寅財
		戌	父		應	雷澤歸妹	☳	2爻	震爲雷	☳		戌	財		世		
	庚	申	兄			뇌택귀매			진위뢰		庚	申	官				
		午	官	亥孫								午	孫				
		丑	父		世	兌金	☱		震木	☳		辰	財		應		
	丁	卯	財			-			六冲		庚	寅	兄			卯財	寅財
		巳	官			/001011			001001			子	父				
		戌	父		應	雷澤歸妹	☳	3爻	雷天大壯	☳		戌	兄				
	庚	申	兄			뇌택귀매			뇌천대장		庚	申	孫				
		午	官	亥孫								午	父		世		
		丑	父		世	兌金	☱		坤土	☰		辰	兄			丑父	辰父
	丁	卯	財			-			六冲		甲	寅	官				
		巳	官			/001011			001111			子	財		應		
		戌	父		應	雷澤歸妹	☳	4爻	地澤臨	☷		酉	孫				
	庚	申	兄			뇌택귀매			지택림		癸	亥	財		應		
		午	官	亥孫								丑	兄			午官	丑父
		丑	父		世	兌金	☱		坤土	☱		丑	兄				
	丁	卯	財			-			-		丁	卯	官		世		
		巳	官			/001011			000011			巳	父				
		戌	父		應	雷澤歸妹	☳	5爻	兌爲澤	☱		未	父		世		
	庚	申	兄			뇌택귀매			태위택		丁	酉	兄			申兄	酉兄
		午	官	亥孫								亥	孫				
		丑	父		世	兌金	☱		兌金	☱		丑	父		應		
	丁	卯	財			-			六冲		丁	卯	財				
		巳	官			/001011			011011			巳	官				
		戌	父		應	雷澤歸妹	☳	6爻	火澤睽	☲		巳	父			戌父	巳官
	庚	申	兄			뇌택귀매			화택규		己	未	兄	子財			
		午	官	亥孫								酉	孫		世		
		丑	父		世	兌金	☱		艮土	☱		丑	兄				
	丁	卯	財			-			-		丁	卯	官				
		巳	官			/001011			101011			巳	父		應		

번호	본괘(本卦)							발동	변괘(變卦)							발동 결과	
	지지육친			복신	세	괘상명	괘상	發動	괘상명	괘상	지지육친			복신	세	동효	변효
27		戌	官			雷火豊	☳		雷山小過	☳		戌	父				
	庚	申	父		世	뇌화풍			뇌산소과		庚	申	兄				
		午	財					1爻				午	官	亥孫	世		
		亥	兄			坎水	☲		兌金	☶		申	兄				
	己	丑	官		應	-			-		丙	午	官	卯財			
		卯	孫			001101			001100			辰	父		應	卯孫	辰官
		戌	官			雷火豊	☳		雷天大壯	☳		戌	兄				
	庚	申	父		世	뇌화풍			뇌천대장		庚	申	孫				
		午	財					2爻				午	父		世		
		亥	兄			坎水	☲		坤土	☰		辰	兄				
	己	丑	官		應	-			六冲		甲	寅	官			丑官	寅孫
		卯	孫			001101			001111			子	財		應		
		戌	官			雷火豊	☳		震爲雷	☳		戌	財		世		
	庚	申	父		世	뇌화풍			진위뢰		庚	申	官				
		午	財					3爻				午	孫				
		亥	兄			坎水	☲		震木	☳		辰	財		應	亥兄	辰官
	己	丑	官		應	-			六冲		庚	寅	兄				
		卯	孫			001101			001001			子	父				
		戌	官			雷火豊	☳		地火明夷	☷		酉	父				
	庚	申	父		世	뇌화풍			지화명이		癸	亥	兄				
		午	財					4爻				丑	官		世	午財	丑官
		亥	兄			坎水	☲		坎水	☲		亥	兄	午財			
	己	丑	官		應	-			-		己	丑	官				
		卯	孫			001101			000101			卯	孫		應		
		戌	官			雷火豊	☳		澤火革	☱		未	官				
	庚	申	父		世	뇌화풍			택화혁		丁	酉	父			申父	酉父
		午	財					5爻				亥	兄		世		
		亥	兄			坎水	☲		坎水	☲		亥	兄	午財			
	己	丑	官		應	-			-		己	丑	官				
		卯	孫			001101			011101			卯	孫		應		
		戌	官			雷火豊	☳		離爲火	☲		巳	兄		世	戌官	巳財
	庚	申	父		世	뇌화풍			이위화		己	未	孫				
		午	財					6爻				酉	財				
		亥	兄			坎水	☲		離火	☲		亥	官		應		
	己	丑	官		應	-			六冲		己	丑	孫				
		卯	孫			001101			101101			卯	父				

번호	본괘(本卦)							발동	변괘(變卦)							발동 결과	
	지지육친			복신	세	괘상명	괘상	發動	괘상명	괘상	지지육친			복신	세	동효	변효
28		戌	財		世	震爲雷			雷地豫			戌	財				
	庚	申	官			진위뢰	☳		뇌지예	☳	庚	申	官				
		午	孫					1爻				午	孫		應		
		辰	財		應	震木			震木			卯	兄				
	庚	寅	兄			六冲	☳		六合	☳	乙	巳	孫				
		子	父			001001			001000			未	財	子父	世	子父	未財
		戌	財		世	震爲雷			雷澤歸妹			戌	父		應		
	庚	申	官			진위뢰	☳		뇌택귀매	☳	庚	申	兄				
		午	孫					2爻				午	官	亥孫			
		辰	財		應	震木			兌金			丑	父		世		
	庚	寅	兄			六冲	☳		-	☳	丁	卯	財			寅兄	卯兄
		子	父			001001			/001011			巳	官				
		戌	財		世	震爲雷			雷火豊			戌	官				
	庚	申	官			진위뢰	☳		뇌화풍	☳	庚	申	父		世		
		午	孫					3爻				午	財				
		辰	財		應	震木			坎水			亥	兄			辰財	亥父
	庚	寅	兄			六冲	☳		-	☳	己	丑	官		應		
		子	父			001001			001101			卯	孫				
		戌	財		世	震爲雷			地雷復			酉	孫				
	庚	申	官			진위뢰	☳		지뢰복	☳	癸	亥	財				
		午	孫					4爻				丑	兄		應	午孫	丑財
		辰	財		應	震木			坤土			辰	兄				
	庚	寅	兄			六冲	☳		六合	☳	庚	寅	官	巳父			
		子	父			001001			000001			子	財		世		
		戌	財		世	震爲雷			澤雷隨			未	財		應		
	庚	申	官			진위뢰	☳		택뢰수	☳	丁	酉	官			申官	酉官
		午	孫					5爻				亥	父	午孫			
		辰	財		應	震木			震木			辰	財		世		
	庚	寅	兄			六冲	☳		-	☳	庚	寅	兄				
		子	父			001001			/011001			子	父				
		戌	財		世	震爲雷			火雷噬嗑			巳	孫			戌財	巳孫
	庚	申	官			진위뢰	☳		화뢰서합	☳	己	未	財		世		
		午	孫					6爻				酉	官				
		辰	財		應	震木			巽木			辰	財				
	庚	寅	兄			六冲	☳		-	☳	庚	寅	兄		應		
		子	父			001001			101001			子	父				

번호	본괘(本卦)							발동	변괘(變卦)							발동 결과	
	지지육친			복신	세	괘상명	괘상	發動	괘상명	괘상	지지육친			복신	세	동효	변효
29	庚	戌	財		應	雷風恒			雷天大壯		庚	戌	兄				
		申	官			뇌풍항	☳		뇌천대장	☳		申	孫				
		午	孫					1爻				午	父		世		
	辛	酉	官		世	震木			坤土		甲	辰	兄				
		亥	父	寅兄		-	☴		六冲	☰		寅	官				
		丑	財			001110			001111			子	財		應	丑財	子父
	庚	戌	財		應	雷風恒			雷山小過		庚	戌	父				
		申	官			뇌풍항	☳		뇌산소과	☳		申	兄				
		午	孫					2爻				午	官	亥孫	世		
	辛	酉	官		世	震木			兌金		丙	申	兄				
		亥	父	寅兄		-	☴		-	☶		午	官	卯財		亥父	午孫
		丑	財			001110			001100			辰	父		應		
	庚	戌	財		應	雷風恒			雷水解		庚	戌	財				
		申	官			뇌풍항	☳		뇌수해	☳		申	官		應		
		午	孫					3爻				午	孫				
	辛	酉	官		世	震木			震木		戊	午	孫			酉官	午孫
		亥	父	寅兄		-	☴		-	☵		辰	財		世		
		丑	財			001110			001010			寅	兄	子父			
	庚	戌	財		應	雷風恒			地風升		癸	酉	官				
		申	官			뇌풍항	☳		지풍승	☷		亥	父				
		午	孫					4爻				丑	財	午孫	世	午孫	丑財
	辛	酉	官		世	震木			震木		辛	酉	官				
		亥	父	寅兄		-	☴		-	☴		亥	父	寅兄			
		丑	財			001110			000110			丑	財		應		
	庚	戌	財		應	雷風恒			澤風大過		丁	未	財				
		申	官			뇌풍항	☳		택풍대과	☱		酉	官			申官	酉官
		午	孫					5爻				亥	父	午孫	世		
	辛	酉	官		世	震木			震木		辛	酉	官				
		亥	父	寅兄		-	☴		-	☴		亥	父	寅兄			
		丑	財			001110			011110			丑	財		應		
	庚	戌	財		應	雷風恒			火風鼎		己	巳	兄			戌財	巳孫
		申	官			뇌풍항	☳		화풍정	☲		未	孫		應		
		午	孫					6爻				酉	財				
	辛	酉	官		世	震木			離火		辛	酉	財				
		亥	父	寅兄		-	☴		-	☴		亥	官		世		
		丑	財			001110			101110			丑	孫	卯父			

번호	본괘(本卦)							발동 發動	변괘(變卦)							발동 결과	
	지지육친			복신	세	괘상명	괘상		괘상명	괘상	지지육친			복신	세	동효	변효
30		戌	財			雷水解		1爻	雷澤歸妹			戌	父		應		
	庚	申	官		應	뇌수해	☳		뇌택귀매	☳	庚	申	兄				
		午	孫									午	官	亥孫			
		午	孫			震木			兌金			丑	父		世		
	戊	辰	財		世	-	☵		-	☱	丁	卯	財				
		寅	兄	子父		001010			/001011			巳	官			寅兄	巳孫
		戌	財			雷水解		2爻	雷地豫			戌	財				
	庚	申	官		應	뇌수해	☳		뇌지예	☳	庚	申	官				
		午	孫									午	孫		應		
		午	孫			震木			震木			卯	兄				
	戊	辰	財		世	-	☵		六合	☷	乙	巳	孫			辰財	巳孫
		寅	兄	子父		001010			001000			未	財	子父	世		
		戌	財			雷水解		3爻	雷風恒			戌	財		應		
	庚	申	官		應	뇌수해	☳		뇌풍항	☳	庚	申	官				
		午	孫									午	孫				
		午	孫			震木			震木			酉	官		世	午孫	酉官
	戊	辰	財		世	-	☵		-	☴	辛	亥	父	寅兄			
		寅	兄	子父		001010			001110			丑	財				
		戌	財			雷水解		4爻	地水師			酉	父		應		
	庚	申	官		應	뇌수해	☳		지수사	☷	癸	亥	兄				
		午	孫									丑	官			午孫	丑財
		午	孫			震木			坎水			午	財		世		
	戊	辰	財		世	-	☵		-	☵	戊	辰	官				
		寅	兄	子父		001010			/000010			寅	孫				
		戌	財			雷水解		5爻	澤水困			未	父				
	庚	申	官		應	뇌수해	☳		택수곤	☱	丁	酉	兄			申官	酉官
		午	孫									亥	孫		應		
		午	孫			震木			兌金			午	官				
	戊	辰	財		世	-	☵		六合	☵	戊	辰	父				
		寅	兄	子父		001010			011010			寅	財		世		
		戌	財			雷水解		6爻	火水未濟			巳	兄		應	戌財	巳孫
	庚	申	官		應	뇌수해	☳		화수미제	☲	己	未	孫				
		午	孫									酉	財				
		午	孫			震木			離火			午	兄	亥官	世		
	戊	辰	財		世	-	☵		-	☵	戊	辰	孫				
		寅	兄	子父		001010			101010			寅	父				

번호	본괘(本卦)							발동	변괘(變卦)							발동 결과	
	지지육친			복신	세	괘상명	괘상	發動	괘상명	괘상	지지육친			복신	세	동효	변효
31		戌	父			雷山小過			雷火豊			戌	官				
	庚	申	兄			뇌산소과	☳		뇌화풍	☳	庚	申	父		世		
		午	官	亥孫	世			1爻				午	財				
		申	兄			兌金			坎水			亥	兄				
	丙	午	官	卯財		-	☶		-	☲	己	丑	官		應		
		辰	父		應	001100			001101			卯	孫			辰父	卯財
		戌	父			雷山小過			雷風恒			戌	財		應		
	庚	申	兄			뇌산소과	☳		뇌풍항	☳	庚	申	官				
		午	官	亥孫	世			2爻				午	孫				
		申	兄			兌金			震木			酉	官		世		
	丙	午	官	卯財		-	☶		-	☴	辛	亥	父	寅兄		午官	亥孫
		辰	父		應	001100			001110			丑	財				
		戌	父			雷山小過			雷地豫			戌	財				
	庚	申	兄			뇌산소과	☳		뇌지예	☳	庚	申	官				
		午	官	亥孫	世			3爻				午	孫		應		
		申	兄			兌金			震木			卯	兄			申兄	卯財
	丙	午	官	卯財		-	☶		六合	☷	乙	巳	孫				
		辰	父		應	001100			001000			未	財	子父	世		
		戌	父			雷山小過			地山謙			酉	兄				
	庚	申	兄			뇌산소과	☳		지산겸	☷	癸	亥	孫		世		
		午	官	亥孫	世			4爻				丑	父			午官	丑父
		申	兄			兌金			兌金			申	兄				
	丙	午	官	卯財		-	☶		-	☶	丙	午	官	卯財	應		
		辰	父		應	001100			000100			辰	父				
		戌	父			雷山小過			澤山咸			未	父		應		
	庚	申	兄			뇌산소과	☳		택산함	☱	丁	酉	兄			申兄	酉兄
		午	官	亥孫	世			5爻				亥	孫				
		申	兄			兌金			兌金			申	兄		世		
	丙	午	官	卯財		-	☶		-	☶	丙	午	官	卯財			
		辰	父		應	001100			011100			辰	父				
		戌	父			雷山小過			火山旅			巳	兄			戌父	巳官
	庚	申	兄			뇌산소과	☳		화산여	☲	己	未	孫				
		午	官	亥孫	世			6爻				酉	財		應		
		申	兄			兌金			離火			申	財	亥官			
	丙	午	官	卯財		-	☶		六合	☶	丙	午	兄				
		辰	父		應	001100			101100			辰	孫	卯父	世		

번호	본괘(本卦)							발동	변괘(變卦)							발동 결과	
	지지육친			복신	세	괘상명	괘상	發動	괘상명	괘상	지지육친			복신	세	동효	변효
32		戌	財			雷地豫			震爲雷			戌	財		世		
	庚	申	官			뇌지예	☳		진위뢰	☳	庚	申	官				
		午	孫		應			1爻				午	孫				
		卯	兄			震木			震木			辰	財		應		
	乙	巳	孫			六合	☷		六冲	☳	庚	寅	兄				
		未	財	子父	世	001000			001001			子	父			未財	子父
		戌	財			雷地豫			雷水解			戌	財				
	庚	申	官			뇌지예	☳		뇌수해	☳	庚	申	官		應		
		午	孫		應			2爻				午	孫				
		卯	兄			震木			震木			午	孫				
	乙	巳	孫			六合	☷		-	☵	戊	辰	財		世	巳孫	辰財
		未	財	子父	世	001000			001010			寅	兄	父子			
		戌	財			雷地豫			雷山小過			戌	父				
	庚	申	官			뇌지예	☳		뇌산소과	☳	庚	申	兄				
		午	孫		應			3爻				午	官	孫亥	世		
		卯	兄			震木			兌金			申	兄			卯兄	申官
	乙	巳	孫			六合	☷		-	☶	丙	午	官	財卯			
		未	財	子父	世	001000			001100			辰	父		應		
		戌	財			雷地豫			坤爲地			酉	孫		世		
	庚	申	官			뇌지예	☳		곤위지	☷	癸	亥	財				
		午	孫		應			4爻				丑	兄			午孫	丑財
		卯	兄			震木			坤土			卯	官		應		
	乙	巳	孫			六合	☷		六冲	☷	乙	巳	父				
		未	財	子父	世	001000			000000			未	兄				
		戌	財			雷地豫			澤地萃			未	父				
	庚	申	官			뇌지예	☳		택지췌	☱	丁	酉	兄		應	申官	酉官
		午	孫		應			5爻				亥	孫				
		卯	兄			震木			兌金			卯	財				
	乙	巳	孫			六合	☷		-	☷	乙	巳	官		世		
		未	財	子父	世	001000			011000			未	父				
		戌	財			雷地豫			火地晉			巳	官			戌財	巳孫
	庚	申	官			뇌지예	☳		화지진	☲	己	未	父				
		午	孫		應			6爻				酉	兄		世		
		卯	兄			震木			乾金			卯	財				
	乙	巳	孫			六合	☷		-	☷	乙	巳	官				
		未	財	子父	世	001000			101000			未	父	子孫	應		

번호	본괘(本卦) 지지육친			복신	세	괘상명	괘상	발동 發動	변괘(變卦) 괘상명	괘상	지지육친			복신	세	발동 결과 동효	변효
33		卯	兄			風天小畜			巽爲風			卯	兄		世		
	辛	巳	孫			풍천소축	☴		손위풍	☴	辛	巳	孫				
		未	財		應			1爻				未	財				
		辰	財	酉官		巽木			巽木			酉	官		應		
	甲	寅	兄			-	☰		六冲	☴	辛	亥	父				
		子	父		世	110111			110110			丑	財			子父	丑財
		卯	兄			風天小畜			風火家人			卯	兄				
	辛	巳	孫			풍천소축	☴		풍화가인	☴	辛	巳	孫		應		
		未	財		應			2爻				未	財				
		辰	財	酉官		巽木			巽木			亥	父	酉官			
	甲	寅	兄			-	☰		-	☲	己	丑	財		世	寅兄	丑財
		子	父		世	110111			110101			卯	兄				
		卯	兄			風天小畜			風澤中孚			卯	官				
	辛	巳	孫			풍천소축	☴		풍택중부	☴	辛	巳	父	子財			
		未	財		應			3爻				未	兄		世		
		辰	財	酉官		巽木			艮土			丑	兄	申孫		辰財	丑財
	甲	寅	兄			-	☰		-	☱	丁	卯	官				
		子	父		世	110111			110011			巳	父		應		
		卯	兄			風天小畜			乾爲天			戌	父		世		
	辛	巳	孫			풍천소축	☴		건위천	☰	壬	申	兄				
		未	財		應			4爻				午	官			未財	午孫
		辰	財	酉官		巽木			乾金			辰	父		應		
	甲	寅	兄			-	☰		六冲	☰	甲	寅	財				
		子	父		世	110111			111111			子	孫				
		卯	兄			風天小畜			山天大畜			寅	官				
	辛	巳	孫			풍천소축	☴		산천대축	☶	丙	子	財		應	巳孫	子父
		未	財		應			5爻				戌	兄				
		辰	財	酉官		巽木			艮土			辰	兄	申孫			
	甲	寅	兄			-	☰		-	☰	甲	寅	官	午父	世		
		子	父		世	110111			100111			子	財				
		卯	兄			風天小畜			水天需			子	財			卯兄	子父
	辛	巳	孫			풍천소축	☴		수천수	☵	戊	戌	兄				
		未	財		應			6爻				申	孫		世		
		辰	財	酉官		巽木			坤土			辰	兄				
	甲	寅	兄			-	☰		-	☰	甲	寅	官	巳父			
		子	父		世	110111			010111			子	財		應		

번호	본괘(本卦)							발동	변괘(變卦)								발동 결과	
	지지육친			복신	세	괘상명	괘상	發動	괘상명	괘상	지지육친			복신	세		동효	변효
34		卯	官			風澤中孚		1爻	風水渙			卯	父					
	辛	巳	父	子財		풍택중부	☴		풍수환	☴	辛	巳	兄		世			
		未	兄		世							未	孫	酉財				
		丑	兄	申孫		艮土			離火			午	兄	亥官				
	丁	卯	官			-	☱		-	☵	戊	辰	孫		應			
		巳	父		應	110011			110010			寅	父				巳父	寅官
		卯	官			風澤中孚		2爻	風雷益			卯	兄		應			
	辛	巳	父	子財		풍택중부	☴		풍뢰익	☴	辛	巳	孫					
		未	兄		世							未	財					
		丑	兄	申孫		艮土			巽木			辰	財	酉官	世			
	丁	卯	官			-	☱		-	☳	庚	寅	兄				卯官	寅官
		巳	父		應	110011			110001			子	父					
		卯	官			風澤中孚		3爻	風天小畜			卯	兄					
	辛	巳	父	子財		풍택중부	☴		풍천소축	☴	辛	巳	孫					
		未	兄		世							未	財		應			
		丑	兄	申孫		艮土			巽木			辰	財	酉官			丑兄	辰兄
	丁	卯	官			-	☱		-	☰	甲	寅	兄					
		巳	父		應	110011			110111			子	父		世			
		卯	官			風澤中孚		4爻	天澤履			戌	兄					
	辛	巳	父	子財		풍택중부	☴		천택리	☰	壬	申	孫	子財	世			
		未	兄		世							午	父				未兄	午父
		丑	兄	申孫		艮土			艮土			丑	兄					
	丁	卯	官			-	☱		-	☱	丁	卯	官		應			
		巳	父		應	110011			111011			巳	父					
		卯	官			風澤中孚		5爻	山澤損			寅	官		應			
	辛	巳	父	子財		풍택중부	☴		산택손	☶	丙	子	財				巳父	子財
		未	兄		世							戌	兄					
		丑	兄	申孫		艮土			艮土			丑	兄	申孫	世			
	丁	卯	官			-	☱		-	☱	丁	卯	官					
		巳	父		應	110011			100011			巳	父					
		卯	官			風澤中孚		6爻	水澤節			子	兄				卯官	子財
	辛	巳	父	子財		풍택중부	☴		수택절	☵	戊	戌	官					
		未	兄		世							申	父		應			
		丑	兄	申孫		艮土			坎水			丑	官					
	丁	卯	官			-	☱		六合	☱	丁	卯	孫					
		巳	父		應	110011			010011			巳	財		世			

번호	본괘(本卦)							발동	변괘(變卦)							발동 결과	
	지지육친			복신	세	괘상명	괘상	發動	괘상명	괘상	지지육친			복신	세	동효	변효
35		卯	兄			風火家人		1爻	風山漸			卯	官		應		
	辛	巳	孫		應	풍화가인	☴		풍산점	☴	辛	巳	父	子財			
		未	財									未	兄				
		亥	父	酉官		巽木			艮土			申	孫		世		
	己	丑	財		世	-	☲		-	☶	丙	午	父				
		卯	兄			110101			/110100			辰	兄			卯兄	辰財
		卯	兄			風火家人		2爻	風天小畜			卯	兄				
	辛	巳	孫		應	풍화가인	☴		풍천소축	☴	辛	巳	孫				
		未	財									未	財		應		
		亥	父	酉官		巽木			巽木			辰	財	酉官			
	己	丑	財		世	-	☲		-	☰	甲	寅	兄			丑財	寅兄
		卯	兄			110101			110111			子	父		世		
		卯	兄			風火家人		3爻	風雷益			卯	兄		應		
	辛	巳	孫		應	풍화가인	☴		풍뢰익	☴	辛	巳	孫				
		未	財									未	財				
		亥	父	酉官		巽木			巽木			辰	財	酉官	世	亥父	辰財
	己	丑	財		世	-	☲		-	☳	庚	寅	兄				
		卯	兄			110101			110001			子	父				
		卯	兄			風火家人		4爻	天火同人			戌	孫		應		
	辛	巳	孫		應	풍화가인	☴		천화동인	☰	壬	申	財				
		未	財									午	兄			未財	午孫
		亥	父	酉官		巽木			離火			亥	官		世		
	己	丑	財		世	-	☲		-	☲	己	丑	孫				
		卯	兄			110101			/111101			卯	父				
		卯	兄			風火家人		5爻	山火賁			寅	官				
	辛	巳	孫		應	풍화가인	☴		산화비	☶	丙	子	財			巳孫	子父
		未	財									戌	兄		應		
		亥	父	酉官		巽木			艮土			亥	財	申孫			
	己	丑	財		世	-	☲		六合	☲	己	丑	兄	午父			
		卯	兄			110101			100101			卯	官		世		
		卯	兄			風火家人		6爻	水火旣濟			子	兄		應	卯兄	子父
	辛	巳	孫		應	풍화가인	☴		수화기제	☵	戊	戌	官				
		未	財									申	父				
		亥	父	酉官		巽木			坎水			亥	兄	午財	世		
	己	丑	財		世	-	☲		-	☲	己	丑	官				
		卯	兄			110101			010101			卯	孫				

번호	본괘(本卦)					괘상명	괘상	발동 發動	변괘(變卦)							발동 결과	
	지지육친			복신	세	괘상명	괘상		괘상명	괘상	지지육친			복신	세	동효	변효
36		卯	兄		應	風雷益			風地觀			卯	財				
	辛	巳	孫			풍뢰익	☴		풍지관	☴	辛	巳	官	申兄			
		未	財					1爻				未	父		世		
		辰	財	酉官	世	巽木			乾金			卯	財				
	庚	寅	兄			-	☳		-	☷	乙	巳	官				
		子	父			110001			110000			未	父	子孫	應	子父	未財
		卯	兄		應	風雷益			風澤中孚			卯	官				
	辛	巳	孫			풍뢰익	☴		풍택중부	☴	辛	巳	父	子財			
		未	財					2爻				未	兄		世		
		辰	財	酉官	世	巽木			艮土			丑	兄	申孫			
	庚	寅	兄			-	☳		-	☱	丁	卯	官			寅兄	卯兄
		子	父			110001			110011			巳	父		應		
		卯	兄		應	風雷益			風火家人			卯	兄				
	辛	巳	孫			풍뢰익	☴		풍화가인	☴	辛	巳	孫		應		
		未	財					3爻				未	財				
		辰	財	酉官	世	巽木			巽木			亥	父	酉官		辰財	亥父
	庚	寅	兄			-	☳		-	☲	己	丑	財		世		
		子	父			110001			110101			卯	兄				
		卯	兄		應	風雷益			天雷无妄			戌	財				
	辛	巳	孫			풍뢰익	☴		천뢰무망	☰	壬	申	官				
		未	財					4爻				午	孫		世	未財	午孫
		辰	財	酉官	世	巽木			巽木			辰	財				
	庚	寅	兄			-	☳		六冲	☳	庚	寅	兄				
		子	父			110001			111001			子	父		應		
		卯	兄		應	風雷益			山雷頤			寅	兄				
	辛	巳	孫			풍뢰익	☴		산뢰이	☶	丙	子	父	巳孫		巳孫	子父
		未	財					5爻				戌	財		世		
		辰	財	酉官	世	巽木			巽木			辰	財	酉官			
	庚	寅	兄			-	☳		-	☳	庚	寅	兄				
		子	父			110001			100001			子	父		應		
		卯	兄		應	風雷益			水雷屯			子	兄			卯兄	子父
	辛	巳	孫			풍뢰익	☴		수뢰둔	☵	戊	戌	官		應		
		未	財					6爻				申	父				
		辰	財	酉官	世	巽木			坎水			辰	官	午財			
	庚	寅	兄			-	☳		-	☳	庚	寅	孫		世		
		子	父			110001			010001			子	兄				

번호	본괘(本卦)							발동 發動	변괘(變卦)							발동 결과	
	지지육친			복신	세	괘상명	괘상		괘상명	괘상	지지육친			복신	세	동효	변효
37		卯	兄		世	巽爲風			風天小畜			卯	兄				
	辛	巳	孫			손위풍			풍천소축		辛	巳	孫				
		未	財					1爻				未	財		應		
		酉	官		應	巽木			巽木			辰	財	酉官			
	辛	亥	父			六冲			-		甲	寅	兄				
		丑	財			110110			110111			子	父		世	丑財	子父
		卯	兄		世	巽爲風			風山漸			卯	官		應		
	辛	巳	孫			손위풍			풍산점		辛	巳	父	子財			
		未	財					2爻				未	兄				
		酉	官		應	巽木			艮土			申	孫		世		
	辛	亥	父			六冲			-		丙	午	父			亥父	午孫
		丑	財			110110			/110100			辰	兄				
		卯	兄		世	巽爲風			風水渙			卯	父				
	辛	巳	孫			손위풍			풍수환		辛	巳	兄		世		
		未	財					3爻				未	孫	酉財			
		酉	官		應	巽木			離火			午	兄	亥官		酉官	午孫
	辛	亥	父			六冲			-		戊	辰	孫		應		
		丑	財			110110			110010			寅	父				
		卯	兄		世	巽爲風			天風姤			戌	父				
	辛	巳	孫			손위풍			천풍구		壬	申	兄				
		未	財					4爻				午	官		應	未財	午孫
		酉	官		應	巽木			乾金			酉	兄				
	辛	亥	父			六冲			-		辛	亥	孫	寅財			
		丑	財			110110			111110			丑	父		世		
		卯	兄		世	巽爲風			山風蠱			寅	兄		應		
	辛	巳	孫			손위풍			산풍고		丙	子	父	巳孫		巳孫	子父
		未	財					5爻				戌	財				
		酉	官		應	巽木			巽木			酉	官		世		
	辛	亥	父			六冲			-		辛	亥	父				
		丑	財			110110			/100110			丑	財				
		卯	兄		世	巽爲風			水風井			子	父			卯兄	子父
	辛	巳	孫			손위풍			수풍정		戊	戌	財		世		
		未	財					6爻				申	官	午孫			
		酉	官		應	巽木			震木			酉	官				
	辛	亥	父			六冲			-		辛	亥	父	寅兄	應		
		丑	財			110110			010110			丑	財				

번호	본괘(本卦) 지지육친			복신	세	괘상명	괘상	발동 發動	변괘(變卦) 괘상명	괘상	지지육친			복신	세	발동 결과 동효	변효
38		卯	父			風水渙		1爻	風澤中孚			卯	官				
	辛	巳	兄		世	풍수환	☴		풍택중부	☴	辛	巳	父	子財			
		未	孫	酉財								未	兄		世		
		午	兄	亥官		離火			艮土			丑	兄	申孫			
	戊	辰	孫		應	-	☵		-	☱	丁	卯	官				
		寅	父			110010			110011			巳	父		應	寅父	巳兄
		卯	父			風水渙		2爻	風地觀			卯	財				
	辛	巳	兄		世	풍수환	☴		풍지관	☴	辛	巳	官	申兄			
		未	孫	酉財								未	父		世		
		午	兄	亥官		離火			乾金			卯	財				
	戊	辰	孫		應	-	☵		-	☷	乙	巳	官			辰孫	巳兄
		寅	父			110010			110000			未	父	子孫	應		
		卯	父			風水渙		3爻	巽爲風			卯	兄		世		
	辛	巳	兄		世	풍수환	☴		손위풍	☴	辛	巳	孫				
		未	孫	酉財								未	財				
		午	兄	亥官		離火			巽木			酉	官		應	午兄	酉財
	戊	辰	孫		應	-	☵		六冲	☴	辛	亥	父				
		寅	父			110010			110110			丑	財				
		卯	父			風水渙		4爻	天水訟			戌	孫				
	辛	巳	兄		世	풍수환	☴		천수송	☰	壬	申	財				
		未	孫	酉財								午	兄		世	未孫	午兄
		午	兄	亥官		離火			離火			午	兄	官亥			
	戊	辰	孫		應	-	☵		-	☵	戊	辰	孫				
		寅	父			110010			111010			寅	父		應		
		卯	父			風水渙		5爻	山水蒙			寅	父				
	辛	巳	兄		世	풍수환	☴		산수몽	☶	丙	子	官			巳兄	子官
		未	孫	酉財								戌	孫	酉財	世		
		午	兄	亥官		離火			離火			午	兄				
	戊	辰	孫		應	-	☵		-	☵	戊	辰	孫				
		寅	父			110010			100010			寅	父		應		
		卯	父			風水渙		6爻	坎爲水			子	兄		世	卯父	子官
	辛	巳	兄		世	풍수환	☴		감위수	☵	戊	戌	官				
		未	孫	酉財								申	父				
		午	兄	亥官		離火			坎水			午	財		應		
	戊	辰	孫		應	-	☵		六冲	☵	戊	辰	官				
		寅	父			110010			010010			寅	孫				

번호	본괘(本卦)							발동	변괘(變卦)							발동 결과	
	지지육친			복신	세	괘상명	괘상	發動	괘상명	괘상	지지육친			복신	세	동효	변효
39		卯	官		應	風山漸		1爻	風火家人			卯	兄				
	辛	巳	父	子財		풍산점	☴		풍화가인	☴	辛	巳	孫		應		
		未	兄									未	財				
		申	孫		世	艮土			巽木			亥	父	酉官			
	丙	午	父			-	☶		-	☲	己	丑	財		世		
		辰	兄			/110100			110101			卯	兄			辰兄	卯官
		卯	官		應	風山漸		2爻	巽爲風			卯	兄		世		
	辛	巳	父	子財		풍산점	☴		손위풍	☴	辛	巳	孫				
		未	兄									未	財				
		申	孫		世	艮土			巽木			酉	官		應		
	丙	午	父			-	☶		六冲	☴	辛	亥	父			午父	亥財
		辰	兄			/110100			110110			丑	財				
		卯	官		應	風山漸		3爻	風地觀			卯	財				
	辛	巳	父	子財		풍산점	☴		풍지관	☴	辛	巳	官	申兄			
		未	兄									未	父		世		
		申	孫		世	艮土			乾金			卯	財			申孫	卯官
	丙	午	父			-	☶		-	☷	乙	巳	官				
		辰	兄			/110100			110000			未	父	子孫	應		
		卯	官		應	風山漸		4爻	天山遯			戌	父				
	辛	巳	父	子財		풍산점	☴		천산둔	☰	壬	申	兄		應		
		未	兄									午	官			未兄	午父
		申	孫		世	艮土			乾金			申	兄				
	丙	午	父			-	☶		-	☶	丙	午	官	寅財	世		
		辰	兄			/110100			111100			辰	父	子孫			
		卯	官		應	風山漸		5爻	艮爲山			寅	官		世		
	辛	巳	父	子財		풍산점	☴		간위산	☶	丙	子	財			巳父	子財
		未	兄									戌	兄				
		申	孫		世	艮土			艮土			申	孫		應		
	丙	午	父			-	☶		六冲	☶	丙	午	父				
		辰	兄			/110100			100100			辰	兄				
		卯	官		應	風山漸		6爻	水山蹇			子	孫			卯官	子財
	辛	巳	父	子財		풍산점	☴		수산건	☵	戊	戌	父				
		未	兄									申	兄		世		
		申	孫		世	艮土			兌金			申	兄				
	丙	午	父			-	☶		-	☶	丙	午	官	財卯			
		辰	兄			/110100			010100			辰	父		應		

번호	본괘(本卦)					괘상명	괘상	발동 發動	변괘(變卦)							발동 결과	
	지지육친			복신	세	괘상명	괘상		괘상명	괘상	지지육친			복신	세	동효	변효
40		卯	財			風地觀			風雷益			卯	兄		應		
	辛	巳	官	申兄		풍지관	☴		풍뢰익	☴	辛	巳	孫				
		未	父		世			1爻				未	財				
		卯	財			乾金			巽木			辰	財	酉官	世		
	乙	巳	官			-	☷		-	☳	庚	寅	兄				
		未	父	子孫	應	110000			110001			子	父			未父	子孫
		卯	財			風地觀			風水渙			卯	父				
	辛	巳	官	申兄		풍지관	☴		풍수환	☴	辛	巳	兄		世		
		未	父		世			2爻				未	孫	酉財			
		卯	財			乾金			離火			午	兄	亥官			
	乙	巳	官			-	☷		-	☵	戊	辰	孫		應	巳官	辰父
		未	父	子孫	應	110000			110010			寅	父				
		卯	財			風地觀			風山漸			卯	官		應		
	辛	巳	官	申兄		풍지관	☴		풍산점	☴	辛	巳	父	子財			
		未	父		世			3爻				未	兄				
		卯	財			乾金			艮土			申	孫		世	卯財	申兄
	乙	巳	官			-	☷		-	☶	丙	午	父				
		未	父	子孫	應	110000			/110100			辰	兄				
		卯	財			風地觀			天地否			戌	父		應		
	辛	巳	官	申兄		풍지관	☴		천지비	☰	壬	申	兄				
		未	父		世			4爻				午	官			未父	午官
		卯	財			乾金			乾金			卯	財		世		
	乙	巳	官			-	☷		六合	☷	乙	巳	官				
		未	父	子孫	應	110000			111000			未	父	子孫			
		卯	財			風地觀			山地剝			寅	財				
	辛	巳	官	申兄		풍지관	☴		산지박	☶	丙	子	孫	申兄	世	巳官	子孫
		未	父		世			5爻				戌	父				
		卯	財			乾金			乾金			卯	財				
	乙	巳	官			-	☷		-	☷	乙	巳	官		應		
		未	父	子孫	應	110000			100000			未	父				
		卯	財			風地觀			水地比			子	財		應	卯財	子孫
	辛	巳	官	申兄		풍지관	☴		수지비	☵	戊	戌	兄				
		未	父		世			6爻				申	孫				
		卯	財			乾金			坤土			卯	官		世		
	乙	巳	官			-	☷		-	☷	乙	巳	父				
		未	父	子孫	應	110000			/010000			未	兄				

번호	본괘(本卦)							발동 發動	변괘(變卦)							발동 결과	
	지지육친			복신	세	괘상명	괘상		괘상명	괘상	지지육친			복신	세	동효	변효
41		子	財			水天需			水風井			子	父				
	戊	戌	兄			수천수	☵		수풍정	☵	戊	戌	財		世		
		申	孫		世			1爻				申	官	午孫			
		辰	兄			坤土			震木			酉	官				
	甲	寅	官	巳父		-	☰		-	☴	辛	亥	父	寅兄	應		
		子	財		應	010111			010110			丑	財			子財	丑兄
		子	財			水天需			水火旣濟			子	兄		應		
	戊	戌	兄			수천수	☵		수화기제	☵	戊	戌	官				
		申	孫		世			2爻				申	父				
		辰	兄			坤土			坎水			亥	兄	午財	世		
	甲	寅	官	巳父		-	☰		-	☲	己	丑	官			寅官	丑兄
		子	財		應	010111			010101			卯	孫				
		子	財			水天需			水澤節			子	兄				
	戊	戌	兄			수천수	☵		수택절	☵	戊	戌	官				
		申	孫		世			3爻				申	父		應		
		辰	兄			坤土			坎水			丑	官			辰兄	丑兄
	甲	寅	官	巳父		-	☰		六合	☱	丁	卯	孫				
		子	財		應	010111			010011			巳	財		世		
		子	財			水天需			澤天夬			未	兄				
	戊	戌	兄			수천수	☵		택천쾌	☱	丁	酉	孫		世		
		申	孫		世			4爻				亥	財			申孫	亥財
		辰	兄			坤土			坤土			辰	兄				
	甲	寅	官	巳父		-	☰		-	☰	甲	寅	官	巳父	應		
		子	財		應	010111			011111			子	財				
		子	財			水天需			地天泰			酉	孫		應		
	戊	戌	兄			수천수	☵		지천태	☷	癸	亥	財			戌兄	亥財
		申	孫		世			5爻				丑	兄				
		辰	兄			坤土			坤土			辰	兄		世		
	甲	寅	官	巳父		-	☰		六合	☰	甲	寅	官	巳父			
		子	財		應	010111			000111			子	財				
		子	財			水天需			風天小畜			卯	兄			子財	卯官
	戊	戌	兄			수천수	☵		풍천소축	☴	辛	巳	孫				
		申	孫		世			6爻				未	財		應		
		辰	兄			坤土			巽木			辰	財	酉官			
	甲	寅	官	巳父		-	☰		-	☰	甲	寅	兄				
		子	財		應	010111			110111			子	父		世		

번호	본괘(本卦)							발동 發動	변괘(變卦)							발동 결과	
	지지육친			복신	세	괘상명	괘상		괘상명	괘상	지지육친			복신	세	동효	변효
42		子	兄			水澤節			坎爲水			子	兄		世		
	戊	戌	官			수택절	☵		감위수	☵	戊	戌	官				
		申	父		應			1爻				申	父				
		丑	官			坎水			坎水			午	財		應		
	丁	卯	孫			六合	☱		六冲	☵	戊	辰	官				
		巳	財		世	010011			010010			寅	孫			巳財	寅孫
		子	兄			水澤節			水雷屯			子	兄				
	戊	戌	官			수택절	☵		수뢰둔	☵	戊	戌	官		應		
		申	父		應			2爻				申	父				
		丑	官			坎水			坎水			辰	官	午財			
	丁	卯	孫			六合	☱		-	☳	庚	寅	孫		世	卯孫	寅孫
		巳	財		世	010011			010001			子	兄				
		子	兄			水澤節			水天需			子	財				
	戊	戌	官			수택절	☵		수천수	☵	戊	戌	兄				
		申	父		應			3爻				申	孫		世		
		丑	官			坎水			坤土			辰	兄			丑官	辰官
	丁	卯	孫			六合	☱		-	☰	甲	寅	官	巳父			
		巳	財		世	010011			010111			子	財		應		
		子	兄			水澤節			兌爲澤			未	父		世		
	戊	戌	官			수택절	☵		태위택	☱	丁	酉	兄				
		申	父		應			4爻				亥	孫			申父	亥兄
		丑	官			坎水			兌金			丑	父		應		
	丁	卯	孫			六合	☱		六冲	☱	丁	卯	財				
		巳	財		世	010011			011011			巳	官				
		子	兄			水澤節			地澤臨			酉	孫				
	戊	戌	官			수택절	☵		지택림	☷	癸	亥	財		應	戌官	亥兄
		申	父		應			5爻				丑	兄				
		丑	官			坎水			坤土			丑	兄				
	丁	卯	孫			六合	☱		-	☱	丁	卯	官		世		
		巳	財		世	010011			000011			巳	父				
		子	兄			水澤節			風澤中孚			卯	官			子兄	卯孫
	戊	戌	官			수택절	☵		풍택중부	☴	辛	巳	父	子財			
		申	父		應			6爻				未	兄		世		
		丑	官			坎水			艮土			丑	兄	申孫			
	丁	卯	孫			六合	☱		-	☱	丁	卯	官				
		巳	財		世	010011			110011			巳	父		應		

번호	본괘(本卦)							발동 發動	변괘(變卦)							발동 결과	
	지지육친			복신	세	괘상명	괘상		괘상명	괘상	지지육친			복신	세	동효	변효
43		子	兄		應	水火旣濟			水山蹇			子	孫				
	戊	戌	官			수화기제	☵		수산건	☵	戊	戌	父				
		申	父					1爻				申	兄		世		
		亥	兄	午財	世	坎水			兌金			申	兄				
	己	丑	官			-	☲		-	☶	丙	午	官	財卯			
		卯	孫			010101			010100			辰	父		應	卯孫	辰官
		子	兄		應	水火旣濟			水天需			子	財				
	戊	戌	官			수화기제	☵		수천수	☵	戊	戌	兄				
		申	父					2爻				申	孫		世		
		亥	兄	午財	世	坎水			坤土			辰	兄				
	己	丑	官			-	☲		-	☰	甲	寅	官	巳父		丑官	寅孫
		卯	孫			010101			010111			子	財		應		
		子	兄		應	水火旣濟			水雷屯			子	兄				
	戊	戌	官			수화기제	☵		수뢰둔	☵	戊	戌	官		應		
		申	父					3爻				申	父				
		亥	兄	午財	世	坎水			坎水			辰	官	午財		亥兄	辰官
	己	丑	官			-	☲		-	☳	庚	寅	孫		世		
		卯	孫			010101			010001			子	兄				
		子	兄		應	水火旣濟			澤火革			未	官				
	戊	戌	官			수화기제	☵		택화혁	☱	丁	酉	父				
		申	父					4爻				亥	兄		世	申父	亥兄
		亥	兄	午財	世	坎水			坎水			亥	兄	財午			
	己	丑	官			-	☲		-	☲	己	丑	官				
		卯	孫			010101			011101			卯	孫		應		
		子	兄		應	水火旣濟			地火明夷			酉	父				
	戊	戌	官			수화기제	☵		지화명이	☷	癸	亥	兄			戌官	亥兄
		申	父					5爻				丑	官		世		
		亥	兄	午財	世	坎水			坎水			亥	兄	午財			
	己	丑	官			-	☲		-	☲	己	丑	官				
		卯	孫			010101			000101			卯	孫		應		
		子	兄		應	水火旣濟			風火家人			卯	兄			子兄	卯孫
	戊	戌	官			수화기제	☵		풍화가인	☴	辛	巳	孫		應		
		申	父					6爻				未	財				
		亥	兄	午財	世	坎水			巽木			亥	父	酉官			
	己	丑	官			-	☲		-	☲	己	丑	財		世		
		卯	孫			010101			110101			卯	兄				

번호	본괘(本卦)							발동 發動	변괘(變卦)							발동 결과	
	지지육친			복신	세	괘상명	괘상		괘상명	괘상	지지육친			복신	세	동효	변효
44		子	兄			水雷屯			水地比			子	財		應		
	戊	戌	官		應	수뢰둔	☵		수지비	☵	戊	戌	兄				
		申	父					1爻				申	孫				
		辰	官	午財		坎水			坤土			卯	官		世		
	庚	寅	孫		世	-	☳		-	☷	乙	巳	父				
		子	兄			010001			/010000			未	兄			子兄	未官
		子	兄			水雷屯			水澤節			子	兄				
	戊	戌	官		應	수뢰둔	☵		수택절	☵	戊	戌	官				
		申	父					2爻				申	父		應		
		辰	官	午財		坎水			坎水			丑	官				
	庚	寅	孫		世	-	☳		六合	☱	丁	卯	孫			寅孫	卯孫
		子	兄			010001			010011			巳	財		世		
		子	兄			水雷屯			水火既濟			子	兄		應		
	戊	戌	官		應	수뢰둔	☵		수화기제	☵	戊	戌	官				
		申	父					3爻				申	父				
		辰	官	午財		坎水			坎水			亥	兄	午財	世	辰官	亥兄
	庚	寅	孫		世	-	☳		-	☲	己	丑	官				
		子	兄			010001			010101			卯	孫				
		子	兄			水雷屯			澤雷隨			未	財		應		
	戊	戌	官		應	수뢰둔	☵		택뢰수	☱	丁	酉	官				
		申	父					4爻				亥	父	午孫		申父	亥兄
		辰	官	午財		坎水			震木			辰	財		世		
	庚	寅	孫		世	-	☳		-	☳	庚	寅	兄				
		子	兄			010001			/011001			子	父				
		子	兄			水雷屯			地雷復			酉	孫				
	戊	戌	官		應	수뢰둔	☵		지뢰복	☷	癸	亥	財			戌官	亥兄
		申	父					5爻				丑	兄		應		
		辰	官	午財		坎水			坤土			辰	兄				
	庚	寅	孫		世	-	☳		六合	☳	庚	寅	官	巳父			
		子	兄			010001			000001			子	財		世		
		子	兄			水雷屯			風雷益			卯	兄		應	子兄	卯孫
	戊	戌	官		應	수뢰둔	☵		풍뢰익	☴	辛	巳	孫				
		申	父					6爻				未	財				
		辰	官	午財		坎水			巽木			辰	財	酉官	世		
	庚	寅	孫		世	-	☳		-	☳	庚	寅	兄				
		子	兄			010001			110001			子	父				

번호	본괘(本卦)							발동 發動	변괘(變卦)							발동 결과	
	지지육친			복신	세	괘상명	괘상		괘상명	괘상	지지육친			복신	세	동효	변효
45		子	父			水風井			水天需			子	財				
	戊	戌	財		世	수풍정	☵		수천수	☵	戊	戌	兄				
		申	官	午孫				1爻				申	孫		世		
		酉	官			震木			坤土			辰	兄				
	辛	亥	父	寅兄	應	-	☴		-	☰	甲	寅	官	巳父			
		丑	財			010110			010111			子	財		應	丑財	子父
		子	父			水風井			水山蹇			子	孫				
	戊	戌	財		世	수풍정	☵		수산건	☵	戊	戌	父				
		申	官	午孫				2爻				申	兄		世		
		酉	官			震木			兌金			申	兄				
	辛	亥	父	寅兄	應	-	☴		-	☶	丙	午	官	財卯		亥父	午孫
		丑	財			010110			010100			辰	父		應		
		子	父			水風井			坎爲水			子	兄		世		
	戊	戌	財		世	수풍정	☵		감위수	☵	戊	戌	官				
		申	官	午孫				3爻				申	父				
		酉	官			震木			坎水			午	財		應	酉官	午孫
	辛	亥	父	寅兄	應	-	☴		六冲	☵	戊	辰	官				
		丑	財			010110			010010			寅	孫				
		子	父			水風井			澤風大過			未	財				
	戊	戌	財		世	수풍정	☵		택풍대과	☱	丁	酉	官				
		申	官	午孫				4爻				亥	父	孫午	世	申官	亥父
		酉	官			震木			震木			酉	官				
	辛	亥	父	寅兄	應	-	☴		-	☴	辛	亥	父	兄寅			
		丑	財			010110			011110			丑	財		應		
		子	父			水風井			地風升			酉	官				
	戊	戌	財		世	수풍정	☵		지풍승	☷	癸	亥	父			戌財	亥父
		申	官	午孫				5爻				丑	財	午孫	世		
		酉	官			震木			震木			酉	官				
	辛	亥	父	寅兄	應	-	☴		-	☴	辛	亥	父	寅兄			
		丑	財			010110			000110			丑	財		應		
		子	父			水風井			巽爲風			卯	兄		世	子父	卯兄
	戊	戌	財		世	수풍정	☵		손위풍	☴	辛	巳	孫				
		申	官	午孫				6爻				未	財				
		酉	官			震木			巽木			酉	官		應		
	辛	亥	父	寅兄	應	-	☴		六冲	☴	辛	亥	父				
		丑	財			010110			110110			丑	財				

번호	본괘(本卦)							발동	변괘(變卦)							발동 결과	
	지지육친			복신	세	괘상명	괘상	發動	괘상명	괘상	지지육친			복신	세	동효	변효
46		子	兄		世	坎爲水			水澤節			子	兄				
	戊	戌	官			감위수	☵		수택절	☵	戊	戌	官				
		申	父					1爻				申	父		應		
		午	財		應	坎水			坎水			丑	官				
	戊	辰	官			六冲	☵		六合	☱	丁	卯	孫				
		寅	孫			010010			010011			巳	財		世	寅孫	巳財
		子	兄		世	坎爲水			水地比			子	財		應		
	戊	戌	官			감위수	☵		수지비	☵	戊	戌	兄				
		申	父					2爻				申	孫				
		午	財		應	坎水			坤土			卯	官		世		
	戊	辰	官			六冲	☵		-	☷	乙	巳	父			辰官	巳財
		寅	孫			010010			/010000			未	兄				
		子	兄		世	坎爲水			水風井			子	父				
	戊	戌	官			감위수	☵		수풍정	☵	戊	戌	財		世		
		申	父					3爻				申	官	午孫			
		午	財		應	坎水			震木			酉	官			午財	酉父
	戊	辰	官			六冲	☵		-	☴	辛	亥	父	寅兄	應		
		寅	孫			010010			010110			丑	財				
		子	兄		世	坎爲水			澤水困			未	父				
	戊	戌	官			감위수	☵		택수곤	☱	丁	酉	兄				
		申	父					4爻				亥	孫		應	申父	亥兄
		午	財		應	坎水			兌金			午	官				
	戊	辰	官			六冲	☵		六合	☵	戊	辰	父				
		寅	孫			010010			011010			寅	財		世		
		子	兄		世	坎爲水			地水師			酉	父		應		
	戊	戌	官			감위수	☵		지수사	☷	癸	亥	兄			戌官	亥兄
		申	父					5爻				丑	官				
		午	財		應	坎水			坎水			午	財		世		
	戊	辰	官			六冲	☵		-	☵	戊	辰	官				
		寅	孫			010010			/000010			寅	孫				
		子	兄		世	坎爲水			風水渙			卯	父			子兄	卯孫
	戊	戌	官			감위수	☵		풍수환	☴	辛	巳	兄		世		
		申	父					6爻				未	孫	酉財			
		午	財		應	坎水			離火			午	兄	亥官			
	戊	辰	官			六冲	☵		-	☵	戊	辰	孫		應		
		寅	孫			010010			110010			寅	父				

번호	본괘(本卦)							발동 發動	변괘(變卦)							발동 결과	
	지지육친			복신	세	괘상명	괘상		괘상명	괘상	지지육친			복신	세	동효	변효
47		子	孫			水山蹇			水火既濟			子	兄		應		
	戊	戌	父			수산건	☵		수화기제	☵	戊	戌	官				
		申	兄		世			1爻				申	父				
		申	兄			兌金			坎水			亥	兄	午財	世		
	丙	午	官	卯財		-	☶		-	☲	己	丑	官				
		辰	父		應	010100			010101			卯	孫			辰父	卯財
		子	孫			水山蹇			水風井			子	父				
	戊	戌	父			수산건	☵		수풍정	☵	戊	戌	財		世		
		申	兄		世			2爻				申	官	午孫			
		申	兄			兌金			震木			酉	官				
	丙	午	官	卯財		-	☶		-	☴	辛	亥	父	寅兄	應	午官	亥孫
		辰	父		應	010100			010110			丑	財				
		子	孫			水山蹇			水地比			子	財		應		
	戊	戌	父			수산건	☵		수지비	☵	戊	戌	兄				
		申	兄		世			3爻				申	孫				
		申	兄			兌金			坤土			卯	官		世	申兄	卯財
	丙	午	官	卯財		-	☶		-	☷	乙	巳	父				
		辰	父		應	010100			/010000			未	兄				
		子	孫			水山蹇			澤山咸			未	父		應		
	戊	戌	父			수산건	☵		택산함	☱	丁	酉	兄				
		申	兄		世			4爻				亥	孫			申兄	亥孫
		申	兄			兌金			兌金			申	兄		世		
	丙	午	官	卯財		-	☶		-	☶	丙	午	官	卯財			
		辰	父		應	010100			011100			辰	父				
		子	孫			水山蹇			地山謙			酉	兄				
	戊	戌	父			수산건	☵		지산겸	☷	癸	亥	孫		世	戌父	亥孫
		申	兄		世			5爻				丑	父				
		申	兄			兌金			兌金			申	兄				
	丙	午	官	卯財		-	☶		-	☶	丙	午	官	卯財	應		
		辰	父		應	010100			000100			辰	父				
		子	孫			水山蹇			風山漸			卯	官		應	子孫	卯財
	戊	戌	父			수산건	☵		풍산점	☴	辛	巳	父	子財			
		申	兄		世			6爻				未	兄				
		申	兄			兌金			艮土			申	孫		世		
	丙	午	官	卯財		-	☶		-	☶	丙	午	父				
		辰	父		應	010100			/110100			辰	兄				

번호	본괘(本卦) 지지육친			복신	세	괘상명	괘상	발동 發動	변괘(變卦) 괘상명	괘상	지지육친			복신	세	발동 결과 동효	변효
48		子	財		應	水地比		1爻	水雷屯			子	兄				
	戊	戌	兄			수지비	☵		수뢰둔	☵	戊	戌	官		應		
		申	孫									申	父				
		卯	官		世	坤土			坎水			辰	官	午財			
	乙	巳	父			-	☷		-	☳	庚	寅	孫		世		
		未	兄			/010000			010001			子	兄			未兄	子財
		子	財		應	水地比		2爻	坎爲水			子	兄		世		
	戊	戌	兄			수지비	☵		감위수	☵	戊	戌	官				
		申	孫									申	父				
		卯	官		世	坤土			坎水			午	財		應		
	乙	巳	父			-	☷		六冲	☵	戊	辰	官			巳父	辰兄
		未	兄			/010000			010010			寅	孫				
		子	財		應	水地比		3爻	水山蹇			子	孫				
	戊	戌	兄			수지비	☵		수산건	☵	戊	戌	父				
		申	孫									申	兄		世		
		卯	官		世	坤土			兌金			申	兄			卯官	申孫
	乙	巳	父			-	☷		-	☶	丙	午	官	財卯			
		未	兄			/010000			010100			辰	父		應		
		子	財		應	水地比		4爻	澤地萃			未	父				
	戊	戌	兄			수지비	☵		택지췌	☱	丁	酉	兄		應		
		申	孫									亥	孫			申孫	亥財
		卯	官		世	坤土			兌金			卯	財				
	乙	巳	父			-	☷		-	☷	乙	巳	官		世		
		未	兄			/010000			011000			未	父				
		子	財		應	水地比		5爻	坤爲地			酉	孫		世		
	戊	戌	兄			수지비	☵		곤위지	☷	癸	亥	財			戌兄	亥財
		申	孫									丑	兄				
		卯	官		世	坤土			坤土			卯	官		應		
	乙	巳	父			-	☷		六冲	☷	乙	巳	父				
		未	兄			/010000			000000			未	兄				
		子	財		應	水地比		6爻	風地觀			卯	財			子財	卯官
	戊	戌	兄			수지비	☵		풍지관	☴	辛	巳	官	申兄			
		申	孫									未	父		世		
		卯	官		世	坤土			乾金			卯	財				
	乙	巳	父			-	☷		-	☷	乙	巳	官				
		未	兄			/010000			110000			未	父	子孫	應		

번호	본괘(本卦)								발동 發動	변괘(變卦)								발동 결과	
	지지육친			복신	세	괘상명	괘상			괘상명	괘상	지지육친			복신	세		동효	변효
49		寅	官			山天大畜	☶		1爻	山風蠱	☶		寅	兄		應			
	丙	子	財		應	산천대축				산풍고		丙	子	父	巳孫				
		戌	兄										戌	財					
		辰	兄	申孫		艮土	☰			巽木	☴		酉	官		世			
	甲	寅	官	午父	世	-				-		辛	亥	父					
		子	財			100111				/100110			丑	財				子財	丑兄
		寅	官			山天大畜	☶		2爻	山火賁	☶		寅	官					
	丙	子	財		應	산천대축				산화비		丙	子	財					
		戌	兄										戌	兄		應			
		辰	兄	申孫		艮土	☰			艮土	☲		亥	財	申孫				
	甲	寅	官	午父	世	-				六合		己	丑	兄	午父			寅官	丑兄
		子	財			100111				100101			卯	官		世			
		寅	官			山天大畜	☶		3爻	山澤損	☶		寅	官		應			
	丙	子	財		應	산천대축				산택손		丙	子	財					
		戌	兄										戌	兄					
		辰	兄	申孫		艮土	☰			艮土	☱		丑	兄	申孫	世		辰兄	丑兄
	甲	寅	官	午父	世	-				-		丁	卯	官					
		子	財			100111				100011			巳	父					
		寅	官			山天大畜	☶		4爻	火天大有	☲		巳	官		應			
	丙	子	財		應	산천대축				화천대유		己	未	父					
		戌	兄										酉	兄				戌兄	酉孫
		辰	兄	申孫		艮土	☰			乾金	☰		辰	父		世			
	甲	寅	官	午父	世	-				-		甲	寅	財					
		子	財			100111				/101111			子	孫					
		寅	官			山天大畜	☶		5爻	風天小畜	☴		卯	兄					
	丙	子	財		應	산천대축				풍천소축		辛	巳	孫				子財	巳父
		戌	兄										未	財		應			
		辰	兄	申孫		艮土	☰			巽木	☰		辰	財	酉官				
	甲	寅	官	午父	世	-				-		甲	寅	兄					
		子	財			100111				110111			子	父		世			
		寅	官			山天大畜	☶		6爻	地天泰	☷		酉	孫		應		寅官	酉孫
	丙	子	財		應	산천대축				지천태		癸	亥	財					
		戌	兄										丑	兄					
		辰	兄	申孫		艮土	☰			坤土	☰		辰	兄		世			
	甲	寅	官	午父	世	-				六合		甲	寅	官	巳父				
		子	財			100111				000111			子	財					

번호	본괘(本卦)							발동 發動	변괘(變卦)							발동 결과	
	지지육친			복신	세	괘상명	괘상		괘상명	괘상	지지육친			복신	세	동효	변효
50		寅	官		應	山澤損			山水蒙			寅	父				
	丙	子	財			산택손	☶		산수몽	☶	丙	子	官				
		戌	兄					1爻				戌	孫	酉財	世		
		丑	兄	申孫	世	艮土			離火			午	兄				
	丁	卯	官			-	☱		-	☵	戊	辰	孫				
		巳	父			100011			100010			寅	父		應	巳父	寅官
		寅	官		應	山澤損			山雷頤			寅	兄				
	丙	子	財			산택손	☶		산뢰이	☶	丙	子	父	巳孫			
		戌	兄					2爻				戌	財		世		
		丑	兄	申孫	世	艮土			巽木			辰	財	酉官			
	丁	卯	官			-	☱		-	☳	庚	寅	兄			卯官	寅官
		巳	父			100011			100001			子	父		應		
		寅	官		應	山澤損			山天大畜			寅	官				
	丙	子	財			산택손	☶		산천대축	☶	丙	子	財		應		
		戌	兄					3爻				戌	兄				
		丑	兄	申孫	世	艮土			艮土			辰	兄	申孫		丑兄	辰兄
	丁	卯	官			-	☱		-	☰	甲	寅	官	午父	世		
		巳	父			100011			100111			子	財				
		寅	官		應	山澤損			火澤睽			巳	父				
	丙	子	財			산택손	☶		화택규	☲	己	未	兄	子財			
		戌	兄					4爻				酉	孫		世	戌兄	酉孫
		丑	兄	申孫	世	艮土			艮土			丑	兄				
	丁	卯	官			-	☱		-	☱	丁	卯	官				
		巳	父			100011			101011			巳	父		應		
		寅	官		應	山澤損			風澤中孚			卯	官				
	丙	子	財			산택손	☶		풍택중부	☴	辛	巳	父	子財		子財	巳父
		戌	兄					5爻				未	兄		世		
		丑	兄	申孫	世	艮土			艮土			丑	兄	申孫			
	丁	卯	官			-	☱		-	☱	丁	卯	官				
		巳	父			100011			110011			巳	父		應		
		寅	官		應	山澤損			地澤臨			酉	孫			寅官	酉孫
	丙	子	財			산택손	☶		지택림	☷	癸	亥	財		應		
		戌	兄					6爻				丑	兄				
		丑	兄	申孫	世	艮土			坤土			丑	兄				
	丁	卯	官			-	☱		-	☱	丁	卯	官		世		
		巳	父			100011			000011			巳	父				

번호	본괘(本卦)							발동	변괘(變卦)							발동 결과	
	지지육친			복신	세	괘상명	괘상	發動	괘상명	괘상	지지육친			복신	세	동효	변효
51		寅	官			山火賁			艮爲山			寅	官		世		
	丙	子	財			산화비	☶		간위산	☶	丙	子	財				
		戌	兄		應			1爻				戌	兄				
		亥	財	申孫		艮土			艮土			申	孫		應		
	己	丑	兄	午父		六合	☲		六冲	☶	丙	午	父				
		卯	官		世	100101			100100			辰	兄			卯官	辰兄
		寅	官			山火賁			山天大畜			寅	官				
	丙	子	財			산화비	☶		산천대축	☶	丙	子	財		應		
		戌	兄		應			2爻				戌	兄				
		亥	財	申孫		艮土			艮土			辰	兄	申孫			
	己	丑	兄	午父		六合	☲		-	☰	甲	寅	官	午父	世	丑兄	寅官
		卯	官		世	100101			100111			子	財				
		寅	官			山火賁			山雷頤			寅	兄				
	丙	子	財			산화비	☶		산뢰이	☶	丙	子	父	巳孫			
		戌	兄		應			3爻				戌	財		世		
		亥	財	申孫		艮土			巽木			辰	財	酉官		亥財	辰兄
	己	丑	兄	午父		六合	☲		-	☳	庚	寅	兄				
		卯	官		世	100101			100001			子	父		應		
		寅	官			山火賁			離爲火			巳	兄		世		
	丙	子	財			산화비	☶		이위화	☲	己	未	孫				
		戌	兄		應			4爻				酉	財			戌兄	酉孫
		亥	財	申孫		艮土			離火			亥	官		應		
	己	丑	兄	午父		六合	☲		六冲	☲	己	丑	孫				
		卯	官		世	100101			101101			卯	父				
		寅	官			山火賁			風火家人			卯	兄				
	丙	子	財			산화비	☶		풍화가인	☴	辛	巳	孫		應	子財	巳父
		戌	兄		應			5爻				未	財				
		亥	財	申孫		艮土			巽木			亥	父	酉官			
	己	丑	兄	午父		六合	☲		-	☲	己	丑	財		世		
		卯	官		世	100101			110101			卯	兄				
		寅	官			山火賁			地火明夷			酉	父			寅官	酉孫
	丙	子	財			산화비	☶		지화명이	☷	癸	亥	兄				
		戌	兄		應			6爻				丑	官		世		
		亥	財	申孫		艮土			坎水			亥	兄	午財			
	己	丑	兄	午父		六合	☲		-	☲	己	丑	官				
		卯	官		世	100101			000101			卯	孫		應		

번호	본괘(本卦)							발동 發動	변괘(變卦)							발동 결과	
	지지육친			복신	세	괘상명	괘상		괘상명	괘상	지지육친			복신	세	동효	변효
52		寅	兄			山雷頤			山地剝			寅	財				
	丙	子	父	巳孫		산뢰이	☶		산지박	☶	丙	子	孫	申兄	世		
		戌	財		世			1爻				戌	父				
		辰	財	酉官		巽木			乾金			卯	財				
	庚	寅	兄			-	☳		-	☷	乙	巳	官		應		
		子	父		應	100001			100000			未	父			子父	未財
		寅	兄			山雷頤			山澤損			寅	官		應		
	丙	子	父	巳孫		산뢰이	☶		산택손	☶	丙	子	財				
		戌	財		世			2爻				戌	兄				
		辰	財	酉官		巽木			艮土			丑	兄	申孫	世		
	庚	寅	兄			-	☳		-	☱	丁	卯	官			寅兄	卯兄
		子	父		應	100001			100011			巳	父				
		寅	兄			山雷頤			山火賁			寅	官				
	丙	子	父	巳孫		산뢰이	☶		산화비	☶	丙	子	財				
		戌	財		世			3爻				戌	兄		應		
		辰	財	酉官		巽木			艮土			亥	財	申孫		辰財	亥父
	庚	寅	兄			-	☳		六合	☲	己	丑	兄	午父			
		子	父		應	100001			100101			卯	官		世		
		寅	兄			山雷頤			火雷噬嗑			巳	孫				
	丙	子	父	巳孫		산뢰이	☶		화뢰서합	☲	己	未	財		世		
		戌	財		世			4爻				酉	官			戌財	酉官
		辰	財	酉官		巽木			巽木			辰	財				
	庚	寅	兄			-	☳		-	☳	庚	寅	兄		應		
		子	父		應	100001			101001			子	父				
		寅	兄			山雷頤			風雷益			卯	兄		應		
	丙	子	父	巳孫		산뢰이	☶		풍뢰익	☴	辛	巳	孫			子父	巳孫
		戌	財		世			5爻				未	財				
		辰	財	酉官		巽木			巽木			辰	財	酉官	世		
	庚	寅	兄			-	☳		-	☳	庚	寅	兄				
		子	父		應	100001			110001			子	父				
		寅	兄			山雷頤			地雷復			酉	孫			寅兄	酉官
	丙	子	父	巳孫		산뢰이	☶		지뢰복	☷	癸	亥	財				
		戌	財		世			6爻				丑	兄		應		
		辰	財	酉官		巽木			坤土			辰	兄				
	庚	寅	兄			-	☳		六合	☳	庚	寅	官	巳父			
		子	父		應	100001			000001			子	財		世		

번호	본괘(本卦)							발동	변괘(變卦)							발동 결과	
	지지육친			복신	세	괘상명	괘상	發動	괘상명	괘상	지지육친			복신	세	동효	변효
53		寅	兄		應	山風蠱			山天大畜			寅	官				
	丙	子	父	巳孫		산풍고	☶		산천대축	☶	丙	子	財		應		
		戌	財					1爻				戌	兄				
		酉	官		世	巽木			艮土			辰	兄	申孫			
	辛	亥	父			-	☴		-	☰	甲	寅	官	午父	世		
		丑	財			/100110			100111			子	財			丑財	子父
		寅	兄		應	山風蠱			艮爲山			寅	官		世		
	丙	子	父	巳孫		산풍고	☶		간위산	☶	丙	子	財				
		戌	財					2爻				戌	兄				
		酉	官		世	巽木			艮土			申	孫		應		
	辛	亥	父			-	☴		六冲	☶	丙	午	父			亥父	午孫
		丑	財			/100110			100100			辰	兄				
		寅	兄		應	山風蠱			山水蒙			寅	父				
	丙	子	父	巳孫		산풍고	☶		산수몽	☶	丙	子	官				
		戌	財					3爻				戌	孫	酉財	世		
		酉	官		世	巽木			離火			午	兄			酉官	午孫
	辛	亥	父			-	☴		-	☵	戊	辰	孫				
		丑	財			/100110			100010			寅	父		應		
		寅	兄		應	山風蠱			火風鼎			巳	兄				
	丙	子	父	巳孫		산풍고	☶		화풍정	☲	己	未	孫		應		
		戌	財					4爻				酉	財			戌財	酉官
		酉	官		世	巽木			離火			酉	財				
	辛	亥	父			-	☴		-	☴	辛	亥	官		世		
		丑	財			/100110			101110			丑	孫	卯父			
		寅	兄		應	山風蠱			巽爲風			卯	兄		世		
	丙	子	父	巳孫		산풍고	☶		손위풍	☴	辛	巳	孫			子父	巳孫
		戌	財					5爻				未	財				
		酉	官		世	巽木			巽木			酉	官		應		
	辛	亥	父			-	☴		六冲	☴	辛	亥	父				
		丑	財			/100110			110110			丑	財				
		寅	兄		應	山風蠱			地風升			酉	官			寅兄	酉官
	丙	子	父	巳孫		산풍고	☶		지풍승	☷	癸	亥	父				
		戌	財					6爻				丑	財	午孫	世		
		酉	官		世	巽木			震木			酉	官				
	辛	亥	父			-	☴		-	☴	辛	亥	父	寅兄			
		丑	財			/100110			000110			丑	財		應		

번호	본괘(本卦) 지지육친			복신	세	괘상명	괘상	발동 發動	변괘(變卦) 괘상명	괘상	지지육친			복신	세	발동 결과 동효	변효
54	丙	寅	父			山水蒙	☶	1爻	山澤損	☶	丙	寅	官		應		
		子	官			산수몽			산택손			子	財				
		戌	孫	酉財	世							戌	兄				
	戊	午	兄			離火	☵		艮土	☱	丁	丑	兄	申孫	世		
		辰	孫			-			-			卯	官				
		寅	父		應	100010			100011			巳	父			寅父	巳兄
	丙	寅	父			山水蒙	☶	2爻	山地剝	☶	丙	寅	財				
		子	官			산수몽			산지박			子	孫	申兄	世		
		戌	孫	酉財	世							戌	父				
	戊	午	兄			離火	☵		乾金	☷	乙	卯	財				
		辰	孫			-			-			巳	官		應	辰孫	巳兄
		寅	父		應	100010			100000			未	父				
	丙	寅	父			山水蒙	☶	3爻	山風蠱	☶	丙	寅	兄		應		
		子	官			산수몽			산풍고			子	父	巳孫			
		戌	孫	酉財	世							戌	財				
	戊	午	兄			離火	☵		巽木	☴	辛	酉	官		世	午兄	酉財
		辰	孫			-			-			亥	父				
		寅	父		應	100010			/100110			丑	財				
	丙	寅	父			山水蒙	☶	4爻	火水未濟	☲	己	巳	兄		應		
		子	官			산수몽			화수미제			未	孫				
		戌	孫	酉財	世							酉	財			戌孫	酉財
	戊	午	兄			離火	☵		離火	☵	戊	午	兄	亥官	世		
		辰	孫			-			-			辰	孫				
		寅	父		應	100010			101010			寅	父				
	丙	寅	父			山水蒙	☶	5爻	風水渙	☴	辛	卯	父				
		子	官			산수몽			풍수환			巳	兄		世	子官	巳兄
		戌	孫	酉財	世							未	孫	酉財			
	戊	午	兄			離火	☵		離火	☵	戊	午	兄	亥官			
		辰	孫			-			-			辰	孫		應		
		寅	父		應	100010			110010			寅	父				
	丙	寅	父			山水蒙	☶	6爻	地水師	☷	癸	酉	父		應	寅父	酉財
		子	官			산수몽			지수사			亥	兄				
		戌	孫	酉財	世							丑	官				
	戊	午	兄			離火	☵		坎水	☵	戊	午	財		世		
		辰	孫			-			-			辰	官				
		寅	父		應	100010			/000010			寅	孫				

번호	본괘(本卦)							발동 發動	변괘(變卦)							발동 결과	
	지지육친			복신	세	괘상명	괘상		괘상명	괘상	지지육친			복신	세	동효	변효
		寅	官		世	艮爲山			山火賁			寅	官				
	丙	子	財			간위산	☶		산화비	☶	丙	子	財				
		戌	兄					1爻				戌	兄		應		
		申	孫		應	艮土			艮土			亥	財	申孫			
	丙	午	父			六冲	☶		六合	☲	己	丑	兄	午父			
		辰	兄			100100			100101			卯	官		世	辰兄	卯官
		寅	官		世	艮爲山			山風蠱			寅	兄		應		
	丙	子	財			간위산	☶		산풍고	☶	丙	子	父	巳孫			
		戌	兄					2爻				戌	財				
		申	孫		應	艮土			巽木			酉	官		世		
	丙	午	父			六冲	☶		-	☴	辛	亥	父			午父	亥財
		辰	兄			100100			/100110			丑	財				
		寅	官		世	艮爲山			山地剝			寅	財				
	丙	子	財			간위산	☶		산지박	☶	丙	子	孫	申兄	世		
		戌	兄					3爻				戌	父				
		申	孫		應	艮土			乾金			卯	財			申孫	卯官
	丙	午	父			六冲	☶		-	☷	乙	巳	官		應		
		辰	兄			100100			100000			未	父				
55		寅	官		世	艮爲山			火山旅			巳	兄				
	丙	子	財			간위산	☶		화산여	☲	己	未	孫				
		戌	兄					4爻				酉	財		應	戌兄	酉孫
		申	孫		應	艮土			離火			申	財	亥官			
	丙	午	父			六冲	☶		六合	☶	丙	午	兄				
		辰	兄			100100			101100			辰	孫	卯父	世		
		寅	官		世	艮爲山			風山漸			卯	官		應		
	丙	子	財			간위산	☶		풍산점	☴	辛	巳	父	子財		子財	巳父
		戌	兄					5爻				未	兄				
		申	孫		應	艮土			艮土			申	孫		世		
	丙	午	父			六冲	☶		-	☶	丙	午	父				
		辰	兄			100100			/110100			辰	兄				
		寅	官		世	艮爲山			地山謙			酉	兄			寅官	酉孫
	丙	子	財			간위산	☶		지산겸	☷	癸	亥	孫		世		
		戌	兄					6爻				丑	父				
		申	孫		應	艮土			兌金			申	兄				
	丙	午	父			六冲	☶		-	☶	丙	午	官	卯財	應		
		辰	兄			100100			000100			辰	父				

번호	본괘(本卦)							발동	변괘(變卦)							발동 결과	
	지지육친			복신	세	괘상명	괘상	發動	괘상명	괘상	지지육친			복신	세	동효	변효
56		寅	財			山地剝			山雷頤			寅	兄				
	丙	子	孫	申兄	世	산지박	☶		산뢰이	☶	丙	子	父	巳孫			
		戌	父					1爻				戌	財		世		
		卯	財			乾金			巽木			辰	財	酉官			
	乙	巳	官		應	-	☷		-	☳	庚	寅	兄				
		未	父			100000			100001			子	父		應	未父	子孫
		寅	財			山地剝			山水蒙			寅	父				
	丙	子	孫	申兄	世	산지박	☶		산수몽	☶	丙	子	官				
		戌	父					2爻				戌	孫	酉財	世		
		卯	財			乾金			離火			午	兄				
	乙	巳	官		應	-	☷		-	☵	戊	辰	孫			巳官	辰父
		未	父			100000			100010			寅	父		應		
		寅	財			山地剝			艮爲山			寅	官		世		
	丙	子	孫	申兄	世	산지박	☶		간위산	☶	丙	子	財				
		戌	父					3爻				戌	兄				
		卯	財			乾金			艮土			申	孫		應	卯財	申兄
	乙	巳	官		應	-	☷		六冲	☶	丙	午	父				
		未	父			100000			100100			辰	兄				
		寅	財			山地剝			火地晉			巳	官				
	丙	子	孫	申兄	世	산지박	☶		화지진	☲	己	未	父				
		戌	父					4爻				酉	兄		世	戌父	酉兄
		卯	財			乾金			乾金			卯	財				
	乙	巳	官		應	-	☷		-	☷	乙	巳	官				
		未	父			100000			101000			未	父	子孫	應		
		寅	財			山地剝			風地觀			卯	財				
	丙	子	孫	申兄	世	산지박	☶		풍지관	☴	辛	巳	官	申兄		子孫	巳官
		戌	父					5爻				未	父		世		
		卯	財			乾金			乾金			卯	財				
	乙	巳	官		應	-	☷		-	☷	乙	巳	官				
		未	父			100000			110000			未	父	子孫	應		
		寅	財			山地剝			坤爲地			酉	孫		世	寅財	酉兄
	丙	子	孫	申兄	世	산지박	☶		곤위지	☷	癸	亥	財				
		戌	父					6爻				丑	兄				
		卯	財			乾金			坤土			卯	官		應		
	乙	巳	官		應	-	☷		六冲	☷	乙	巳	父				
		未	父			100000			000000			未	兄				

번호	본괘(本卦)							발동 發動	변괘(變卦)							발동 결과	
	지지육친			복신	세	괘상명	괘상		괘상명	괘상	지지육친			복신	세	동효	변효
57		酉	孫		應	地天泰	☷	1爻	地風升	☷		酉	官				
	癸	亥	財			지천태			지풍승		癸	亥	父				
		丑	兄									丑	財	午孫	世		
		辰	兄		世	坤土	☰		震木	☴		酉	官				
	甲	寅	官	巳父		六合			-		辛	亥	父	寅兄			
		子	財			000111			000110			丑	財		應	子財	丑兄
		酉	孫		應	地天泰	☷	2爻	地火明夷	☷		酉	父				
	癸	亥	財			지천태			지화명이		癸	亥	兄				
		丑	兄									丑	官		世		
		辰	兄		世	坤土	☰		坎水	☲		亥	兄	午財			
	甲	寅	官	巳父		六合			-		己	丑	官			寅官	丑兄
		子	財			000111			000101			卯	孫		應		
		酉	孫		應	地天泰	☷	3爻	地澤臨	☷		酉	孫				
	癸	亥	財			지천태			지택림		癸	亥	財		應		
		丑	兄									丑	兄				
		辰	兄		世	坤土	☰		坤土	☱		丑	兄			辰兄	丑兄
	甲	寅	官	巳父		六合			-		丁	卯	官		世		
		子	財			000111			000011			巳	父				
		酉	孫		應	地天泰	☷	4爻	雷天大壯	☳		戌	兄				
	癸	亥	財			지천태			뇌천대장		庚	申	孫				
		丑	兄									午	父		世	丑兄	午父
		辰	兄		世	坤土	☰		坤土	☰		辰	兄				
	甲	寅	官	巳父		六合			六冲		甲	寅	官				
		子	財			000111			001111			子	財		應		
		酉	孫		應	地天泰	☷	5爻	水天需	☵		子	財				
	癸	亥	財			지천태			수천수		戊	戌	兄			亥財	戌兄
		丑	兄									申	孫		世		
		辰	兄		世	坤土	☰		坤土	☰		辰	兄				
	甲	寅	官	巳父		六合			-		甲	寅	官	巳父			
		子	財			000111			010111			子	財		應		
		酉	孫		應	地天泰	☷	6爻	山天大畜	☶		寅	官			酉孫	寅官
	癸	亥	財			지천태			산천대축		丙	子	財		應		
		丑	兄									戌	兄				
		辰	兄		世	坤土	☰		艮土	☰		辰	兄	申孫			
	甲	寅	官	巳父		六合			-		甲	寅	官	午父	世		
		子	財			000111			100111			子	財				

번호	본괘(本卦)							발동	변괘(變卦)							발동 결과	
	지지육친			복신	세	괘상명	괘상	發動	괘상명	괘상	지지육친			복신	세	동효	변효
58		酉	孫			地澤臨			地水師			酉	父		應		
	癸	亥	財		應	지택림	☷		지수사	☷	癸	亥	兄				
		丑	兄					1爻				丑	官				
		丑	兄			坤土			坎水			午	財		世		
	丁	卯	官		世	-	☱		-	☵	戊	辰	官				
		巳	父			000011			/000010			寅	孫			巳父	寅官
		酉	孫			地澤臨			地雷復			酉	孫				
	癸	亥	財		應	지택림	☷		지뢰복	☷	癸	亥	財				
		丑	兄					2爻				丑	兄		應		
		丑	兄			坤土			坤土			辰	兄				
	丁	卯	官		世	-	☱		六合	☳	庚	寅	官	巳父		卯官	寅官
		巳	父			000011			000001			子	財		世		
		酉	孫			地澤臨			地天泰			酉	孫		應		
	癸	亥	財		應	지택림	☷		지천태	☷	癸	亥	財				
		丑	兄					3爻				丑	兄				
		丑	兄			坤土			坤土			辰	兄		世	丑兄	辰兄
	丁	卯	官		世	-	☱		六合	☰	甲	寅	官	巳父			
		巳	父			000011			000111			子	財				
		酉	孫			地澤臨			雷澤歸妹			戌	父		應		
	癸	亥	財		應	지택림	☷		뇌택귀매	☳	庚	申	兄				
		丑	兄					4爻				午	官	亥孫		丑兄	午父
		丑	兄			坤土			兌金			丑	父		世		
	丁	卯	官		世	-	☱		-	☱	丁	卯	財				
		巳	父			000011			/001011			巳	官				
		酉	孫			地澤臨			水澤節			子	兄				
	癸	亥	財		應	지택림	☷		수택절	☵	戊	戌	官			亥財	戌兄
		丑	兄					5爻				申	父		應		
		丑	兄			坤土			坎水			丑	官				
	丁	卯	官		世	-	☱		六合	☱	丁	卯	孫				
		巳	父			000011			010011			巳	財		世		
		酉	孫			地澤臨			山澤損			寅	官		應	酉孫	寅官
	癸	亥	財		應	지택림	☷		산택손	☶	丙	子	財				
		丑	兄					6爻				戌	兄				
		丑	兄			坤土			艮土			丑	兄	申孫	世		
	丁	卯	官		世	-	☱		-	☱	丁	卯	官				
		巳	父			000011			100011			巳	父				

번호	본괘(本卦)							발동 發動	변괘(變卦)							발동 결과	
	지지육친			복신	세	괘상명	괘상		괘상명	괘상	지지육친			복신	세	동효	변효
59		酉	父			地火明夷			地山謙			酉	兄				
	癸	亥	兄			지화명이	☷		지산겸	☷	癸	亥	孫		世		
		丑	官		世			1爻				丑	父				
		亥	兄	午財		坎水			兌金			申	兄				
	己	丑	官			-	☲		-	☶	丙	午	官	卯財	應		
		卯	孫		應	000101			000100			辰	父			卯孫	辰官
		酉	父			地火明夷			地天泰			酉	孫		應		
	癸	亥	兄			지화명이	☷		지천태	☷	癸	亥	財				
		丑	官		世			2爻				丑	兄				
		亥	兄	午財		坎水			坤土			辰	兄		世		
	己	丑	官			-	☲		六合	☰	甲	寅	官	巳父		丑官	寅孫
		卯	孫		應	000101			000111			子	財				
		酉	父			地火明夷			地雷復			酉	孫				
	癸	亥	兄			지화명이	☷		지뢰복	☷	癸	亥	財				
		丑	官		世			3爻				丑	兄		應		
		亥	兄	午財		坎水			坤土			辰	兄			亥兄	辰官
	己	丑	官			-	☲		六合	☳	庚	寅	官	巳父			
		卯	孫		應	000101			000001			子	財		世		
		酉	父			地火明夷			雷火豊			戌	官				
	癸	亥	兄			지화명이	☷		뇌화풍	☳	庚	申	父		世		
		丑	官		世			4爻				午	財			丑官	午財
		亥	兄	午財		坎水			坎水			亥	兄				
	己	丑	官			-	☲		-	☲	己	丑	官		應		
		卯	孫		應	000101			001101			卯	孫				
		酉	父			地火明夷			水火旣濟			子	兄		應		
	癸	亥	兄			지화명이	☷		수화기제	☵	戊	戌	官			亥兄	戌官
		丑	官		世			5爻				申	父				
		亥	兄	午財		坎水			坎水			亥	兄	午財	世		
	己	丑	官			-	☲		-	☲	己	丑	官				
		卯	孫		應	000101			010101			卯	孫				
		酉	父			地火明夷			山火賁			寅	官			酉父	寅孫
	癸	亥	兄			지화명이	☷		산화비	☶	丙	子	財				
		丑	官		世			6爻				戌	兄		應		
		亥	兄	午財		坎水			艮土			亥	財	申孫			
	己	丑	官			-	☲		六合	☲	己	丑	兄	午父			
		卯	孫		應	000101			100101			卯	官		世		

번호	본괘(本卦)							발동	변괘(變卦)							발동 결과	
	지지육친			복신	세	괘상명	괘상	發動	괘상명	괘상	지지육친			복신	세	동효	변효
		酉	孫			地雷復			坤爲地			酉	孫		世		
	癸	亥	財			지뢰복	☷		곤위지	☷	癸	亥	財				
		丑	兄		應			1爻				丑	兄				
		辰	兄			坤土			坤土			卯	官		應		
	庚	寅	官	巳父		六合	☳		六冲	☷	乙	巳	父				
		子	財		世	000001			000000			未	兄			子財	未兄
		酉	孫			地雷復			地澤臨			酉	孫				
	癸	亥	財			지뢰복	☷		지택림	☷	癸	亥	財		應		
		丑	兄		應			2爻				丑	兄				
		辰	兄			坤土			坤土			丑	兄				
	庚	寅	官	巳父		六合	☳		-	☱	丁	卯	官		世	寅官	卯官
		子	財		世	000001			000011			巳	父				
		酉	孫			地雷復			地火明夷			酉	父				
	癸	亥	財			지뢰복	☷		지화명이	☷	癸	亥	兄				
		丑	兄		應			3爻				丑	官		世		
		辰	兄			坤土			坎水			亥	兄	午財		辰兄	亥財
	庚	寅	官	巳父		六合	☳		-	☲	己	丑	官				
		子	財		世	000001			000101			卯	孫		應		
60		酉	孫			地雷復			震爲雷			戌	財		世		
	癸	亥	財			지뢰복	☷		진위뢰	☳	庚	申	官				
		丑	兄		應			4爻				午	孫			丑兄	午父
		辰	兄			坤土			震木			辰	財		應		
	庚	寅	官	巳父		六合	☳		六冲	☳	庚	寅	兄				
		子	財		世	000001			001001			子	父				
		酉	孫			地雷復			水雷屯			子	兄				
	癸	亥	財			지뢰복	☷		수뢰둔	☵	戊	戌	官		應	亥財	戌兄
		丑	兄		應			5爻				申	父				
		辰	兄			坤土			坎水			辰	官	午財			
	庚	寅	官	巳父		六合	☳		-	☳	庚	寅	孫		世		
		子	財		世	000001			010001			子	兄				
		酉	孫			地雷復			山雷頤			寅	兄			酉孫	寅官
	癸	亥	財			지뢰복	☷		산뢰이	☶	丙	子	父	巳孫			
		丑	兄		應			6爻				戌	財		世		
		辰	兄			坤土			巽木			辰	財	酉官			
	庚	寅	官	巳父		六合	☳		-	☳	庚	寅	兄				
		子	財		世	000001			100001			子	父		應		

번호	본괘(本卦)							발동	변괘(變卦)							발동 결과	
	지지육친			복신	세	괘상명	괘상	發動	괘상명	괘상	지지육친			복신	세	동효	변효
61		酉	官			地風升			地天泰			酉	孫		應		
	癸	亥	父			지풍승	☷		지천태	☷	癸	亥	財				
		丑	財	午孫	世			1爻				丑	兄				
		酉	官			震木			坤土			辰	兄		世		
	辛	亥	父	寅兄		-	☴		六合	☰	甲	寅	官	巳父			
		丑	財		應	000110			000111			子	財			丑財	子父
		酉	官			地風升			地山謙			酉	兄				
	癸	亥	父			지풍승	☷		지산겸	☷	癸	亥	孫		世		
		丑	財	午孫	世			2爻				丑	父				
		酉	官			震木			兌金			申	兄				
	辛	亥	父	寅兄		-	☴		-	☶	丙	午	官	卯財	應	亥父	午孫
		丑	財		應	000110			000100			辰	父				
		酉	官			地風升			地水師			酉	父		應		
	癸	亥	父			지풍승	☷		지수사	☷	癸	亥	兄				
		丑	財	午孫	世			3爻				丑	官				
		酉	官			震木			坎水			午	財		世	酉官	午孫
	辛	亥	父	寅兄		-	☴		-	☵	戊	辰	官				
		丑	財		應	000110			/000010			寅	孫				
		酉	官			地風升			雷風恒			戌	財		應		
	癸	亥	父			지풍승	☷		뇌풍항	☳	庚	申	官				
		丑	財	午孫	世			4爻				午	孫			丑財	午孫
		酉	官			震木			震木			酉	官		世		
	辛	亥	父	寅兄		-	☴		-	☴	辛	亥	父	寅兄			
		丑	財		應	000110			001110			丑	財				
		酉	官			地風升			水風井			子	父				
	癸	亥	父			지풍승	☷		수풍정	☵	戊	戌	財		世	亥父	戌財
		丑	財	午孫	世			5爻				申	官	午孫			
		酉	官			震木			震木			酉	官				
	辛	亥	父	寅兄		-	☴		-	☴	辛	亥	父	寅兄	應		
		丑	財		應	000110			010110			丑	財				
		酉	官			地風升			山風蠱			寅	兄		應	酉官	寅兄
	癸	亥	父			지풍승	☷		산풍고	☶	丙	子	父	巳孫			
		丑	財	午孫	世			6爻				戌	財				
		酉	官			震木			巽木			酉	官		世		
	辛	亥	父	寅兄		-	☴		-	☴	辛	亥	父				
		丑	財		應	000110			/100110			丑	財				

번호	본괘(本卦)							발동 發動	변괘(變卦)							발동 결과	
	지지육친			복신	세	괘상명	괘상		괘상명	괘상	지지육친			복신	세	동효	변효
62		酉	父		應	地水師			地澤臨			酉	孫				
	癸	亥	兄			지수사	☷		지택림	☷	癸	亥	財		應		
		丑	官									丑	兄				
		午	財		世	坎水		1爻	坤土			丑	兄				
	戊	辰	官			-	☵		-	☱	丁	卯	官		世		
		寅	孫			/000010			000011			巳	父			寅孫	巳財
		酉	父		應	地水師			坤爲地			酉	孫		世		
	癸	亥	兄			지수사	☷		곤위지	☷	癸	亥	財				
		丑	官									丑	兄				
		午	財		世	坎水		2爻	坤土			卯	官		應		
	戊	辰	官			-	☵		六冲	☷	乙	巳	父			辰官	巳財
		寅	孫			/000010			000000			未	兄				
		酉	父		應	地水師			地風升			酉	官				
	癸	亥	兄			지수사	☷		지풍승	☷	癸	亥	父				
		丑	官									丑	財	午孫	世		
		午	財		世	坎水		3爻	震木			酉	官			午財	酉父
	戊	辰	官			-	☵		-	☴	辛	亥	父	寅兄			
		寅	孫			/000010			000110			丑	財		應		
		酉	父		應	地水師			雷水解			戌	財				
	癸	亥	兄			지수사	☷		뇌수해	☳	庚	申	官		應		
		丑	官									午	孫			丑官	午財
		午	財		世	坎水		4爻	震木			午	孫				
	戊	辰	官			-	☵		-	☵	戊	辰	財		世		
		寅	孫			/000010			001010			寅	兄	父子			
		酉	父		應	地水師			坎爲水			子	兄		世		
	癸	亥	兄			지수사	☷		감위수	☵	戊	戌	官			亥兄	戌官
		丑	官									申	父				
		午	財		世	坎水		5爻	坎水			午	財		應		
	戊	辰	官			-	☵		六冲	☵	戊	辰	官				
		寅	孫			/000010			010010			寅	孫				
		酉	父		應	地水師			山水蒙			寅	父			酉父	寅孫
	癸	亥	兄			지수사	☷		산수몽	☶	丙	子	官				
		丑	官									戌	孫	酉財	世		
		午	財		世	坎水		6爻	離火			午	兄				
	戊	辰	官			-	☵		-	☵	戊	辰	孫				
		寅	孫			/000010			100010			寅	父		應		

번호	본괘(本卦)							발동 發動	변괘(變卦)							발동 결과	
	지지육친			복신	세	괘상명	괘상		괘상명	괘상	지지육친			복신	세	동효	변효
63		酉	兄			地山謙			地火明夷			酉	父				
	癸	亥	孫		世	지산겸	☷		지화명이	☷	癸	亥	兄				
		丑	父					1爻				丑	官		世		
		申	兄			兌金			坎水			亥	兄	午財			
	丙	午	官	卯財	應	-	☶		-	☲	己	丑	官				
		辰	父			000100			000101			卯	孫		應	辰父	卯財
		酉	兄			地山謙			地風升			酉	官				
	癸	亥	孫		世	지산겸	☷		지풍승	☷	癸	亥	父				
		丑	父					2爻				丑	財	午孫	世		
		申	兄			兌金			震木			酉	官				
	丙	午	官	卯財	應	-	☶		-	☴	辛	亥	父	寅兄		午官	亥孫
		辰	父			000100			000110			丑	財		應		
		酉	兄			地山謙			坤爲地			酉	孫		世		
	癸	亥	孫		世	지산겸	☷		곤위지	☷	癸	亥	財				
		丑	父					3爻				丑	兄				
		申	兄			兌金			坤土			卯	官		應	申兄	卯財
	丙	午	官	卯財	應	-	☶		六冲	☷	乙	巳	父				
		辰	父			000100			000000			未	兄				
		酉	兄			地山謙			雷山小過			戌	父				
	癸	亥	孫		世	지산겸	☷		뇌산소과	☳	庚	申	兄				
		丑	父					4爻				午	官	孫亥	世	丑父	午官
		申	兄			兌金			兌金			申	兄				
	丙	午	官	卯財	應	-	☶		-	☶	丙	午	官	財卯			
		辰	父			000100			001100			辰	父		應		
		酉	兄			地山謙			水山蹇			子	孫				
	癸	亥	孫		世	지산겸	☷		수산건	☵	戊	戌	父			亥孫	戌父
		丑	父					5爻				申	兄		世		
		申	兄			兌金			兌金			申	兄				
	丙	午	官	卯財	應	-	☶		-	☶	丙	午	官	財卯			
		辰	父			000100			010100			辰	父		應		
		酉	兄			地山謙			艮爲山			寅	官		世	酉兄	寅財
	癸	亥	孫		世	지산겸	☷		간위산	☶	丙	子	財				
		丑	父					6爻				戌	兄				
		申	兄			兌金			艮土			申	孫		應		
	丙	午	官	卯財	應	-	☶		六冲	☶	丙	午	父				
		辰	父			000100			100100			辰	兄				

번호	본괘(本卦)							발동	변괘(變卦)							발동 결과	
	지지육친			복신	세	괘상명	괘상	發動	괘상명	괘상	지지육친			복신	세	동효	변효
64		酉	孫		世	坤爲地			地雷復			酉	孫				
	癸	亥	財			곤위지	☷		지뢰복	☷	癸	亥	財				
		丑	兄					1爻				丑	兄		應		
		卯	官		應	坤土			坤土			辰	兄				
	乙	巳	父			六冲	☷		六合	☳	庚	寅	官	巳父			
		未	兄			000000			000001			子	財		世	未兄	子財
		酉	孫		世	坤爲地			地水師			酉	父		應		
	癸	亥	財			곤위지	☷		지수사	☷	癸	亥	兄				
		丑	兄					2爻				丑	官				
		卯	官		應	坤土			坎水			午	財		世		
	乙	巳	父			六冲	☷		-	☵	戊	辰	官			巳父	辰兄
		未	兄			000000			/000010			寅	孫				
		酉	孫		世	坤爲地			地山謙			酉	兄				
	癸	亥	財			곤위지	☷		지산겸	☷	癸	亥	孫		世		
		丑	兄					3爻				丑	父				
		卯	官		應	坤土			兌金			申	兄			卯官	申孫
	乙	巳	父			六冲	☷		-	☶	丙	午	官	卯財	應		
		未	兄			000000			000100			辰	父				
		酉	孫		世	坤爲地			雷地豫			戌	財				
	癸	亥	財			곤위지	☷		뇌지예	☳	庚	申	官				
		丑	兄					4爻				午	孫		應	丑兄	午父
		卯	官		應	坤土			震木			卯	兄				
	乙	巳	父			六冲	☷		六合	☷	乙	巳	孫				
		未	兄			000000			001000			未	財	子父	世		
		酉	孫		世	坤爲地			水地比			子	財		應		
	癸	亥	財			곤위지	☷		수지비	☵	戊	戌	兄			亥財	戌兄
		丑	兄					5爻				申	孫				
		卯	官		應	坤土			坤土			卯	官		世		
	乙	巳	父			六冲	☷		-	☷	乙	巳	父				
		未	兄			000000			/010000			未	兄				
		酉	孫		世	坤爲地			山地剝			寅	財			酉孫	寅官
	癸	亥	財			곤위지	☷		산지박	☶	丙	子	孫	申兄	世		
		丑	兄					6爻				戌	父				
		卯	官		應	坤土			乾金			卯	財				
	乙	巳	父			六冲	☷		-	☷	乙	巳	官		應		
		未	兄			000000			100000			未	父				

부록 3

대운 세운 속견표

姓名學

1. 대운 속견표 보는 법

번호	월주 月柱	남녀유형 구분		대운(大運)											
				11x	10x	9x	8x	7x	6x	5x	4x	3x	2x	1x	x
1	甲子	陽男陰女	巡行	丙子	乙亥	甲戌	癸酉	壬申	辛未	庚午	己巳	戊辰	丁卯	丙寅	乙丑
		陰男陽女	逆行	壬子	癸丑	甲寅	乙卯	丙辰	丁巳	戊午	己未	庚申	辛酉	壬戌	癸亥

사용 용어	상세한 용어 설명
번호	60갑자를 순행(巡行)으로 진행시 순번을 의미한다.
월주 月柱	탄생한 달을 의미하는 월주(月柱) 또는 월건(月建)을 의미한다.
陽男陰女	양(陽)년에 탄생한 남자 또는 음년에 탄생한 여자를 의미한다.
陰男陽女	음(陰)년에 탄생한 남자 또는 양년에 탄생한 여자를 의미한다.
巡行	대운전개시 월주를 기준하여 60갑자순으로 순행함을 의미한다
逆行	대운전개시 월주를 기준하여 60갑자의 역순으로 진행함을 의미한다
x	대운전개시 나이가 1살부터 10살 사이임을 의미한다.
1x	대운전개시 나이가 11살부터 20살 사이임을 의미한다.
2x	대운전개시 나이가 21살부터 30살 사이임을 의미한다.
3x	대운전개시 나이가 31살부터 40살 사이임을 의미한다.
4x	대운전개시 나이가 41살부터 50살 사이임을 의미한다.
5x	대운전개시 나이가 51살부터 60살 사이임을 의미한다.
6x	대운전개시 나이가 61살부터 70살 사이임을 의미한다.
7x	대운전개시 나이가 71살부터 80살 사이임을 의미한다.
8x	대운전개시 나이가 81살부터 90살 사이임을 의미한다.
9x	대운전개시 나이가 91살부터 100살 사이임을 의미한다.
10x	대운전개시 나이가 101살부터 110살 사이임을 의미한다.
11x	대운전개시 나이가 111살부터 120살 사이임을 의미한다.

2. 대운(大運) 속견표 (천간순 정리)

번호	월주 月柱	남녀유형	구분	대운(大運)											
				11x	10x	9x	8x	7x	6x	5x	4x	3x	2x	1x	x
1	甲子	陽男陰女	巡行	丙子	乙亥	甲戌	癸酉	壬申	辛未	庚午	己巳	戊辰	丁卯	丙寅	乙丑
		陰男陽女	逆行	壬子	癸丑	甲寅	乙卯	丙辰	丁巳	戊午	己未	庚申	辛酉	壬戌	癸亥
51	甲寅	陽男陰女	巡行	丙寅	乙丑	甲子	癸亥	壬戌	辛酉	庚申	己未	戊午	丁巳	丙辰	乙卯
		陰男陽女	逆行	壬寅	癸卯	甲辰	乙巳	丙午	丁未	戊申	己酉	庚戌	辛亥	壬子	癸丑
41	甲辰	陽男陰女	巡行	丙辰	乙卯	甲寅	癸丑	壬子	辛亥	庚戌	己酉	戊申	丁未	丙午	乙巳
		陰男陽女	逆行	壬辰	癸巳	甲午	乙未	丙申	丁酉	戊戌	己亥	庚子	辛丑	壬寅	癸卯
31	甲午	陽男陰女	巡行	丙午	乙巳	甲辰	癸卯	壬寅	辛丑	庚子	己亥	戊戌	丁酉	丙申	乙未
		陰男陽女	逆行	壬午	癸未	甲申	乙酉	丙戌	丁亥	戊子	己丑	庚寅	辛卯	壬辰	癸巳
21	甲申	陽男陰女	巡行	丙申	乙未	甲午	癸巳	壬辰	辛卯	庚寅	己丑	戊子	丁亥	丙戌	乙酉
		陰男陽女	逆行	壬申	癸酉	甲戌	乙亥	丙子	丁丑	戊寅	己卯	庚辰	辛巳	壬午	癸未
11	甲戌	陽男陰女	巡行	丙戌	乙酉	甲申	癸未	壬午	辛巳	庚辰	己卯	戊寅	丁丑	丙子	乙亥
		陰男陽女	逆行	壬戌	癸亥	甲子	乙丑	丙寅	丁卯	戊辰	己巳	庚午	辛未	壬申	癸酉

번호	월주 月柱	남녀유형 구분		대운(大運)											
				11x	10x	9x	8x	7x	6x	5x	4x	3x	2x	1x	x
2	乙丑	陽男陰女	巡行	丁丑	丙子	乙亥	甲戌	癸酉	壬申	辛未	庚午	己巳	戊辰	丁卯	丙寅
		陰男陽女	逆行	癸丑	甲寅	乙卯	丙辰	丁巳	戊午	己未	庚申	辛酉	壬戌	癸亥	甲子
52	乙卯	陽男陰女	巡行	丁卯	丙寅	乙丑	甲子	癸亥	壬戌	辛酉	庚申	己未	戊午	丁巳	丙辰
		陰男陽女	逆行	癸卯	甲辰	乙巳	丙午	丁未	戊申	己酉	庚戌	辛亥	壬子	癸丑	甲寅
42	乙巳	陽男陰女	巡行	丁巳	丙辰	乙卯	甲寅	癸丑	壬子	辛亥	庚戌	己酉	戊申	丁未	丙午
		陰男陽女	逆行	癸巳	甲午	乙未	丙申	丁酉	戊戌	己亥	庚子	辛丑	壬寅	癸卯	甲辰
32	乙未	陽男陰女	巡行	丁未	丙午	乙巳	甲辰	癸卯	壬寅	辛丑	庚子	己亥	戊戌	丁酉	丙申
		陰男陽女	逆行	癸未	甲申	乙酉	丙戌	丁亥	戊子	己丑	庚寅	辛卯	壬辰	癸巳	甲午
22	乙酉	陽男陰女	巡行	丁酉	丙申	乙未	甲午	癸巳	壬辰	辛卯	庚寅	己丑	戊子	丁亥	丙戌
		陰男陽女	逆行	癸酉	甲戌	乙亥	丙子	丁丑	戊寅	己卯	庚辰	辛巳	壬午	癸未	甲申
12	乙亥	陽男陰女	巡行	丁亥	丙戌	乙酉	甲申	癸未	壬午	辛巳	庚辰	己卯	戊寅	丁丑	丙子
		陰男陽女	逆行	癸亥	甲子	乙丑	丙寅	丁卯	戊辰	己巳	庚午	辛未	壬申	癸酉	甲戌

번호	월주 月柱	남녀유형	구분	대운(大運)											
				11x	10x	9x	8x	7x	6x	5x	4x	3x	2x	1x	x
13	丙子	陽男陰女	巡行	戊子	丁亥	丙戌	乙酉	甲申	癸未	壬午	辛巳	庚辰	己卯	戊寅	丁丑
		陰男陽女	逆行	甲子	乙丑	丙寅	丁卯	戊辰	己巳	庚午	辛未	壬申	癸酉	甲戌	乙亥
3	丙寅	陽男陰女	巡行	戊寅	丁丑	丙子	乙亥	甲戌	癸酉	壬申	辛未	庚午	己巳	戊辰	丁卯
		陰男陽女	逆行	甲寅	乙卯	丙辰	丁巳	戊午	己未	庚申	辛酉	壬戌	癸亥	甲子	乙丑
53	丙辰	陽男陰女	巡行	戊辰	丁卯	丙寅	乙丑	甲子	癸亥	壬戌	辛酉	庚申	己未	戊午	丁巳
		陰男陽女	逆行	甲辰	乙巳	丙午	丁未	戊申	己酉	庚戌	辛亥	壬子	癸丑	甲寅	乙卯
43	丙午	陽男陰女	巡行	戊午	丁巳	丙辰	乙卯	甲寅	癸丑	壬子	辛亥	庚戌	己酉	戊申	丁未
		陰男陽女	逆行	甲午	乙未	丙申	丁酉	戊戌	己亥	庚子	辛丑	壬寅	癸卯	甲辰	乙巳
33	丙申	陽男陰女	巡行	戊申	丁未	丙午	乙巳	甲辰	癸卯	壬寅	辛丑	庚子	己亥	戊戌	丁酉
		陰男陽女	逆行	甲申	乙酉	丙戌	丁亥	戊子	己丑	庚寅	辛卯	壬辰	癸巳	甲午	乙未
23	丙戌	陽男陰女	巡行	戊戌	丁酉	丙申	乙未	甲午	癸巳	壬辰	辛卯	庚寅	己丑	戊子	丁亥
		陰男陽女	逆行	甲戌	乙亥	丙子	丁丑	戊寅	己卯	庚辰	辛巳	壬午	癸未	甲申	乙酉

번호	월주 月柱	남녀유형 구분		대운(大運)											
				11x	10x	9x	8x	7x	6x	5x	4x	3x	2x	1x	x
14	丁丑	陽男陰女	巡行	己丑	戊子	丁亥	丙戌	乙酉	甲申	癸未	壬午	辛巳	庚辰	己卯	戊寅
		陰男陽女	逆行	乙丑	丙寅	丁卯	戊辰	己巳	庚午	辛未	壬申	癸酉	甲戌	乙亥	丙子
4	丁卯	陽男陰女	巡行	己卯	戊寅	丁丑	丙子	乙亥	甲戌	癸酉	壬申	辛未	庚午	己巳	戊辰
		陰男陽女	逆行	乙卯	丙辰	丁巳	戊午	己未	庚申	辛酉	壬戌	癸亥	甲子	乙丑	丙寅
54	丁巳	陽男陰女	巡行	己巳	戊辰	丁卯	丙寅	乙丑	甲子	癸亥	壬戌	辛酉	庚申	己未	戊午
		陰男陽女	逆行	乙巳	丙午	丁未	戊申	己酉	庚戌	辛亥	壬子	癸丑	甲寅	乙卯	丙辰
44	丁未	陽男陰女	巡行	己未	戊午	丁巳	丙辰	乙卯	甲寅	癸丑	壬子	辛亥	庚戌	己酉	戊申
		陰男陽女	逆行	乙未	丙申	丁酉	戊戌	己亥	庚子	辛丑	壬寅	癸卯	甲辰	乙巳	丙午
34	丁酉	陽男陰女	巡行	己酉	戊申	丁未	丙午	乙巳	甲辰	癸卯	壬寅	辛丑	庚子	己亥	戊戌
		陰男陽女	逆行	乙酉	丙戌	丁亥	戊子	己丑	庚寅	辛卯	壬辰	癸巳	甲午	乙未	丙申
24	丁亥	陽男陰女	巡行	己亥	戊戌	丁酉	丙申	乙未	甲午	癸巳	壬辰	辛卯	庚寅	己丑	戊子
		陰男陽女	逆行	乙亥	丙子	丁丑	戊寅	己卯	庚辰	辛巳	壬午	癸未	甲申	乙酉	丙戌

번호	월주 月柱	남녀유형	구분	대운(大運)											
				11x	10x	9x	8x	7x	6x	5x	4x	3x	2x	1x	x
25	**戊子**	陽男陰女	巡行	庚子	己亥	戊戌	丁酉	丙申	乙未	甲午	癸巳	壬辰	辛卯	庚寅	己丑
		陰男陽女	逆行	丙子	丁丑	戊寅	己卯	庚辰	辛巳	壬午	癸未	甲申	乙酉	丙戌	丁亥
15	**戊寅**	陽男陰女	巡行	庚寅	己丑	戊子	丁亥	丙戌	乙酉	甲申	癸未	壬午	辛巳	庚辰	己卯
		陰男陽女	逆行	丙寅	丁卯	戊辰	己巳	庚午	辛未	壬申	癸酉	甲戌	乙亥	丙子	丁丑
5	**戊辰**	陽男陰女	巡行	庚辰	己卯	戊寅	丁丑	丙子	乙亥	甲戌	癸酉	壬申	辛未	庚午	己巳
		陰男陽女	逆行	丙辰	丁巳	戊午	己未	庚申	辛酉	壬戌	癸亥	甲子	乙丑	丙寅	丁卯
55	**戊午**	陽男陰女	巡行	庚午	己巳	戊辰	丁卯	丙寅	乙丑	甲子	癸亥	壬戌	辛酉	庚申	己未
		陰男陽女	逆行	丙午	丁未	戊申	己酉	庚戌	辛亥	壬子	癸丑	甲寅	乙卯	丙辰	丁巳
45	**戊申**	陽男陰女	巡行	庚申	己未	戊午	丁巳	丙辰	乙卯	甲寅	癸丑	壬子	辛亥	庚戌	己酉
		陰男陽女	逆行	丙申	丁酉	戊戌	己亥	庚子	辛丑	壬寅	癸卯	甲辰	乙巳	丙午	丁未
35	**戊戌**	陽男陰女	巡行	庚戌	己酉	戊申	丁未	丙午	乙巳	甲辰	癸卯	壬寅	辛丑	庚子	己亥
		陰男陽女	逆行	丙戌	丁亥	戊子	己丑	庚寅	辛卯	壬辰	癸巳	甲午	乙未	丙申	丁酉

번호	월주 月柱	남녀유형	구분	대운(大運)											
				11x	10x	9x	8x	7x	6x	5x	4x	3x	2x	1x	x
26	己丑	陽男陰女	巡行	辛丑	庚子	己亥	戊戌	丁酉	丙申	乙未	甲午	癸巳	壬辰	辛卯	庚寅
		陰男陽女	逆行	丁丑	戊寅	己卯	庚辰	辛巳	壬午	癸未	甲申	乙酉	丙戌	丁亥	戊子
16	己卯	陽男陰女	巡行	辛卯	庚寅	己丑	戊子	丁亥	丙戌	乙酉	甲申	癸未	壬午	辛巳	庚辰
		陰男陽女	逆行	丁卯	戊辰	己巳	庚午	辛未	壬申	癸酉	甲戌	乙亥	丙子	丁丑	戊寅
6	己巳	陽男陰女	巡行	辛巳	庚辰	己卯	戊寅	丁丑	丙子	乙亥	甲戌	癸酉	壬申	辛未	庚午
		陰男陽女	逆行	丁巳	戊午	己未	庚申	辛酉	壬戌	癸亥	甲子	乙丑	丙寅	丁卯	戊辰
56	己未	陽男陰女	巡行	辛未	庚午	己巳	戊辰	丁卯	丙寅	乙丑	甲子	癸亥	壬戌	辛酉	庚申
		陰男陽女	逆行	丁未	戊申	己酉	庚戌	辛亥	壬子	癸丑	甲寅	乙卯	丙辰	丁巳	戊午
46	己酉	陽男陰女	巡行	辛酉	庚申	己未	戊午	丁巳	丙辰	乙卯	甲寅	癸丑	壬子	辛亥	庚戌
		陰男陽女	逆行	丁酉	戊戌	己亥	庚子	辛丑	壬寅	癸卯	甲辰	乙巳	丙午	丁未	戊申
36	己亥	陽男陰女	巡行	辛亥	庚戌	己酉	戊申	丁未	丙午	乙巳	甲辰	癸卯	壬寅	辛丑	庚子
		陰男陽女	逆行	丁亥	戊子	己丑	庚寅	辛卯	壬辰	癸巳	甲午	乙未	丙申	丁酉	戊戌

번호	월주 月柱	남녀유형	구분	대운(大運)											
				11x	10x	9x	8x	7x	6x	5x	4x	3x	2x	1x	x
37	**庚子**	陽男陰女	巡行	壬子	辛亥	庚戌	己酉	戊申	丁未	丙午	乙巳	甲辰	癸卯	壬寅	辛丑
		陰男陽女	逆行	戊子	己丑	庚寅	辛卯	壬辰	癸巳	甲午	乙未	丙申	丁酉	戊戌	己亥
27	**庚寅**	陽男陰女	巡行	壬寅	辛丑	庚子	己亥	戊戌	丁酉	丙申	乙未	甲午	癸巳	壬辰	辛卯
		陰男陽女	逆行	戊寅	己卯	庚辰	辛巳	壬午	癸未	甲申	乙酉	丙戌	丁亥	戊子	己丑
17	**庚辰**	陽男陰女	巡行	壬辰	辛卯	庚寅	己丑	戊子	丁亥	丙戌	乙酉	甲申	癸未	壬午	辛巳
		陰男陽女	逆行	戊辰	己巳	庚午	辛未	壬申	癸酉	甲戌	乙亥	丙子	丁丑	戊寅	己卯
7	**庚午**	陽男陰女	巡行	壬午	辛巳	庚辰	己卯	戊寅	丁丑	丙子	乙亥	甲戌	癸酉	壬申	辛未
		陰男陽女	逆行	戊午	己未	庚申	辛酉	壬戌	癸亥	甲子	乙丑	丙寅	丁卯	戊辰	己巳
57	**庚申**	陽男陰女	巡行	壬申	辛未	庚午	己巳	戊辰	丁卯	丙寅	乙丑	甲子	癸亥	壬戌	辛酉
		陰男陽女	逆行	戊申	己酉	庚戌	辛亥	壬子	癸丑	甲寅	乙卯	丙辰	丁巳	戊午	己未
47	**庚戌**	陽男陰女	巡行	壬戌	辛酉	庚申	己未	戊午	丁巳	丙辰	乙卯	甲寅	癸丑	壬子	辛亥
		陰男陽女	逆行	戊戌	己亥	庚子	辛丑	壬寅	癸卯	甲辰	乙巳	丙午	丁未	戊申	己酉

번호	월주 月柱	남녀유형 구분		대운(大運)											
				11x	10x	9x	8x	7x	6x	5x	4x	3x	2x	1x	x
38	辛丑	陽男陰女	巡行	癸丑	壬子	辛亥	庚戌	己酉	戊申	丁未	丙午	乙巳	甲辰	癸卯	壬寅
		陰男陽女	逆行	己丑	庚寅	辛卯	壬辰	癸巳	甲午	乙未	丙申	丁酉	戊戌	己亥	庚子
28	辛卯	陽男陰女	巡行	癸卯	壬寅	辛丑	庚子	己亥	戊戌	丁酉	丙申	乙未	甲午	癸巳	壬辰
		陰男陽女	逆行	己卯	庚辰	辛巳	壬午	癸未	甲申	乙酉	丙戌	丁亥	戊子	己丑	庚寅
18	辛巳	陽男陰女	巡行	癸巳	壬辰	辛卯	庚寅	己丑	戊子	丁亥	丙戌	乙酉	甲申	癸未	壬午
		陰男陽女	逆行	己巳	庚午	辛未	壬申	癸酉	甲戌	乙亥	丙子	丁丑	戊寅	己卯	庚辰
8	辛未	陽男陰女	巡行	癸未	壬午	辛巳	庚辰	己卯	戊寅	丁丑	丙子	乙亥	甲戌	癸酉	壬申
		陰男陽女	逆行	己未	庚申	辛酉	壬戌	癸亥	甲子	乙丑	丙寅	丁卯	戊辰	己巳	庚午
58	辛酉	陽男陰女	巡行	癸酉	壬申	辛未	庚午	己巳	戊辰	丁卯	丙寅	乙丑	甲子	癸亥	壬戌
		陰男陽女	逆行	己酉	庚戌	辛亥	壬子	癸丑	甲寅	乙卯	丙辰	丁巳	戊午	己未	庚申
48	辛亥	陽男陰女	巡行	癸亥	壬戌	辛酉	庚申	己未	戊午	丁巳	丙辰	乙卯	甲寅	癸丑	壬子
		陰男陽女	逆行	己亥	庚子	辛丑	壬寅	癸卯	甲辰	乙巳	丙午	丁未	戊申	己酉	庚戌

번호	월주 月柱	남녀유형	구분	대운(大運)											
				11x	10x	9x	8x	7x	6x	5x	4x	3x	2x	1x	x
49	壬子	陽男陰女	巡行	甲子	癸亥	壬戌	辛酉	庚申	己未	戊午	丁巳	丙辰	乙卯	甲寅	癸丑
		陰男陽女	逆行	庚子	辛丑	壬寅	癸卯	甲辰	乙巳	丙午	丁未	戊申	己酉	庚戌	辛亥
39	壬寅	陽男陰女	巡行	甲寅	癸丑	壬子	辛亥	庚戌	己酉	戊申	丁未	丙午	乙巳	甲辰	癸卯
		陰男陽女	逆行	庚寅	辛卯	壬辰	癸巳	甲午	乙未	丙申	丁酉	戊戌	己亥	庚子	辛丑
29	壬辰	陽男陰女	巡行	甲辰	癸卯	壬寅	辛丑	庚子	己亥	戊戌	丁酉	丙申	乙未	甲午	癸巳
		陰男陽女	逆行	庚辰	辛巳	壬午	癸未	甲申	乙酉	丙戌	丁亥	戊子	己丑	庚寅	辛卯
19	壬午	陽男陰女	巡行	甲午	癸巳	壬辰	辛卯	庚寅	己丑	戊子	丁亥	丙戌	乙酉	甲申	癸未
		陰男陽女	逆行	庚午	辛未	壬申	癸酉	甲戌	乙亥	丙子	丁丑	戊寅	己卯	庚辰	辛巳
9	壬申	陽男陰女	巡行	甲申	癸未	壬午	辛巳	庚辰	己卯	戊寅	丁丑	丙子	乙亥	甲戌	癸酉
		陰男陽女	逆行	庚申	辛酉	壬戌	癸亥	甲子	乙丑	丙寅	丁卯	戊辰	己巳	庚午	辛未
59	壬戌	陽男陰女	巡行	甲戌	癸酉	壬申	辛未	庚午	己巳	戊辰	丁卯	丙寅	乙丑	甲子	癸亥
		陰男陽女	逆行	庚戌	辛亥	壬子	癸丑	甲寅	乙卯	丙辰	丁巳	戊午	己未	庚申	辛酉

번호	월주 月柱	남녀유형 구분		대운(大運)											
				11x	10x	9x	8x	7x	6x	5x	4x	3x	2x	1x	x
50	**癸丑**	陽男陰女	巡行	乙丑	甲子	癸亥	壬戌	辛酉	庚申	己未	戊午	丁巳	丙辰	乙卯	甲寅
		陰男陽女	逆行	辛丑	壬寅	癸卯	甲辰	乙巳	丙午	丁未	戊申	己酉	庚戌	辛亥	壬子
40	**癸卯**	陽男陰女	巡行	乙卯	甲寅	癸丑	壬子	辛亥	庚戌	己酉	戊申	丁未	丙午	乙巳	甲辰
		陰男陽女	逆行	辛卯	壬辰	癸巳	甲午	乙未	丙申	丁酉	戊戌	己亥	庚子	辛丑	壬寅
30	**癸巳**	陽男陰女	巡行	乙巳	甲辰	癸卯	壬寅	辛丑	庚子	己亥	戊戌	丁酉	丙申	乙未	甲午
		陰男陽女	逆行	辛巳	壬午	癸未	甲申	乙酉	丙戌	丁亥	戊子	己丑	庚寅	辛卯	壬辰
20	**癸未**	陽男陰女	巡行	乙未	甲午	癸巳	壬辰	辛卯	庚寅	己丑	戊子	丁亥	丙戌	乙酉	甲申
		陰男陽女	逆行	辛未	壬申	癸酉	甲戌	乙亥	丙子	丁丑	戊寅	己卯	庚辰	辛巳	壬午
10	**癸酉**	陽男陰女	巡行	乙酉	甲申	癸未	壬午	辛巳	庚辰	己卯	戊寅	丁丑	丙子	乙亥	甲戌
		陰男陽女	逆行	辛酉	壬戌	癸亥	甲子	乙丑	丙寅	丁卯	戊辰	己巳	庚午	辛未	壬申
60	**癸亥**	陽男陰女	巡行	乙亥	甲戌	癸酉	壬申	辛未	庚午	己巳	戊辰	丁卯	丙寅	乙丑	甲子
		陰男陽女	逆行	辛亥	壬子	癸丑	甲寅	乙卯	丙辰	丁巳	戊午	己未	庚申	辛酉	壬戌

3. 세운 속견표 보는 법

번호	년대 구분	세운(歲運)									
		0	1	2	3	4	5	6	7	8	9
11	2050	庚午	辛未	壬申	癸酉	甲戌	乙亥	丙子	丁丑	戊寅	己卯
12	2060	庚辰	辛巳	壬午	癸未	甲申	乙酉	丙戌	丁亥	戊子	己丑

사용 용어		상세한 용어 설명
년대 구분	세운	
2050	0	2050년은 경오(庚午)년임을 의미한다.
	1	2051년은 신미(辛未)년임을 의미한다.
	5	2055년은 을해(乙亥)년임을 의미한다.
2060	0	2060년은 경진(庚辰)년임을 의미한다.
	3	2063년은 계미(癸未)년임을 의미한다.

4. 세운(歲運) 속견표

번호	년대 구분	세운(歲運)									
		0	1	2	3	4	5	6	7	8	9
1	**1950**	庚寅	辛卯	壬辰	癸巳	甲午	乙未	丙申	丁酉	戊戌	己亥
2	**1960**	庚子	辛丑	壬寅	癸卯	甲辰	乙巳	丙午	丁未	戊申	己酉
3	**1970**	庚戌	辛亥	壬子	癸丑	甲寅	乙卯	丙辰	丁巳	戊午	己未
4	**1980**	庚申	辛酉	壬戌	癸亥	甲子	乙丑	丙寅	丁卯	戊辰	己巳
5	**1990**	庚午	辛未	壬申	癸酉	甲戌	乙亥	丙子	丁丑	戊寅	己卯
6	**2000**	庚辰	辛巳	壬午	癸未	甲申	乙酉	丙戌	丁亥	戊子	己丑
7	**2010**	庚寅	辛卯	壬辰	癸巳	甲午	乙未	丙申	丁酉	戊戌	己亥
8	**2020**	庚子	辛丑	壬寅	癸卯	甲辰	乙巳	丙午	丁未	戊申	己酉
9	**2030**	庚戌	辛亥	壬子	癸丑	甲寅	乙卯	丙辰	丁巳	戊午	己未
10	**2040**	庚申	辛酉	壬戌	癸亥	甲子	乙丑	丙寅	丁卯	戊辰	己巳

번호	년대 구분	세운(歲運)									
		0	1	2	3	4	5	6	7	8	9
11	2050	庚午	辛未	壬申	癸酉	甲戌	乙亥	丙子	丁丑	戊寅	己卯
12	2060	庚辰	辛巳	壬午	癸未	甲申	乙酉	丙戌	丁亥	戊子	己丑
13	2070	庚寅	辛卯	壬辰	癸巳	甲午	乙未	丙申	丁酉	戊戌	己亥
14	2080	庚子	辛丑	壬寅	癸卯	甲辰	乙巳	丙午	丁未	戊申	己酉
15	2090	庚戌	辛亥	壬子	癸丑	甲寅	乙卯	丙辰	丁巳	戊午	己未
16	2100	庚申	辛酉	壬戌	癸亥	甲子	乙丑	丙寅	丁卯	戊辰	己巳
17	2110	庚午	辛未	壬申	癸酉	甲戌	乙亥	丙子	丁丑	戊寅	己卯
18	2120	庚辰	辛巳	壬午	癸未	甲申	乙酉	丙戌	丁亥	戊子	己丑
19	2130	庚寅	辛卯	壬辰	癸巳	甲午	乙未	丙申	丁酉	戊戌	己亥
20	2140	庚子	辛丑	壬寅	癸卯	甲辰	乙巳	丙午	丁未	戊申	己酉

부록 4

작명용 빈 양식

姓名學

(표1: 성명한자 설명부)

글자		글자		획수			음령오행		부수		글자의 의미
		음양	오행	획수	음양	오행	초성	종성	부수	오행	

(표2: 원형이정 설명부)

총길흉	성명획수			원형이정 81수리					획수음양			삼원오행			주역괘상(周易卦象)			
	성	상명	하명	원	형	이	정	정+원	성	상명	하명	天	人	地	본괘(本卦)	동효	변괘(變卦)	길흉

(표1: 성명한자 설명부)

글자		글자		획수			음령오행		부수		글자의 의미
		음양	오행	획수	음양	오행	초성	종성	부수	오행	

(표2: 원형이정 설명부)

총길흉	성명획수			원형이정 81수리					획수음양			삼원오행			주역괘상(周易卦象)			
	성	상명	하명	원	형	이	정	정+원	성	상명	하명	天	人	地	본괘(本卦)	동효	변괘(變卦)	길흉

(표1: 성명한자 설명부)

글자		글자		획수			음령오행		부수		글자의 의미
		음양	오행	획수	음양	오행	초성	종성	부수	오행	

(표2: 원형이정 설명부)

총길흉	성명획수			원형이정 81수리					획수음양			삼원오행			주역괘상(周易卦象)			
	성	상명	하명	원	형	이	정	정+원	성	상명	하명	天	人	地	본괘(本卦)	동효	변괘(變卦)	길흉

(표1: 성명한자 설명부)

글자		글자		획수			음령오행		부수		글자의 의미
		음양	오행	획수	음양	오행	초성	종성	부수	오행	

(표2: 원형이정 설명부)

총길흉	성명획수			원형이정 81수리					획수음양			삼원오행			주역괘상(周易卦象)			
	성	상명	하명	원	형	이	정	정+원	성	상명	하명	天	人	地	본괘(本卦)	동효	변괘(變卦)	길흉

부록 5

대한민국 성씨별 본관표

姓名學

순위	성씨	인구수 (2000년)	본관(本貫)				
1	김(金)	9,925,949	강릉江陵	등주登州	선산善山	우봉牛峰	청주淸州
			강화江華	라주羅州	설성雪城	울산蔚山	청풍淸風
			개성開城	락안樂安	수원水原	웅천熊川	축안逐安
			경산慶山	람포藍浦	순천順天	원주原州	춘양春陽
			고령高寧	량산梁山	신천信川	월성月城	충주忠州
			고산高山	령광靈光	안노安老	은률殷栗	칠원漆原
			고성固城	령성寧城	안동安東	은진恩津	태원太原
			공주公州	령해寧海	안동安東	의성義城	통천通川
			광산光山	례안禮安	안산安山	의주義州	파평坡平
			광주廣州	룡궁龍宮	안성安城	이천伊川	평양平壤
			교하交河	룡택龍澤	안악安岳	장연長淵	평해平海
			구신舊新	릉주陵州	야성野城	적성積城	풍기豊基
			금령錦山	명천皿川	양근楊根	전주全州	풍덕풍德
			금화金化	무장茂長	양주楊州	정주貞州	풍산풍山
			김제金提	문화文化	언양彦陽	진도珍島	하음河陰
			김해金海	밀양密陽	연안延安	진령鎭岺	함창咸昌
			남양南陽	백천白川	연주燕州	진위振威	해주海州
			당악棠岳	보령保寧	영산永山	진주晉州	해평海平
			대구大邱	부안扶安	영양英陽	진천鎭川	해풍海風
			덕수德水	삼척三陟	영장靈藏	창원昌原	홍천洪川
			도강道康	상산商山	영천永川	창평昌平	화순和順
			동래東來	서흥瑞興	오천烏川	청도淸道	희천熙川

순위	성씨	인구수 (2000년)	본관(本貫)				
2	이(李)	6,794,637	가평加平	단양丹陽	성산星山	음죽陰竹	충주忠州
			강양江陽	담양潭陽	성주星州	익산益山	태안泰安
			강진康津	대흥大興	성주星州	인제麟蹄	태원太原
			강화江華	덕산德山	수원水原	인천仁川	통진通津
			개성開城	덕수德水	순천順天	장수長水	평산平山
			결성結城	덕은德恩	신평新平	장흥長興	평창平昌
			경산京山	령천寧川	아산牙山	재령載寧	풍덕풍德
			경주慶州	령해寧海	안산安山	전의全義	하빈河濱
			고령高靈	례안禮安	안성安城	전주全州	하음河陰
			고부古阜	룡궁龍宮	안악安岳	정선旌善	학성鶴城
			고성固城	룡인龍仁	양산梁山	정주貞州	한산韓山
			공주公州	벽진碧珍	양성陽城	진보眞寶	함안咸安
			광산光山	봉산鳳山	양주楊州	진성眞城	함평咸平
			광주廣州	부안扶安	여주驪州	진안鎭安	해남海南
			광평廣平	부여扶餘	여흥驪興	진위振威	해주海州
			교하交河	부평富平	연안延安	진주晉州	홍주洪州
			기장機張	상산商山	영천永川	창령昌寧	화산花山
			김포金浦	서림西林	온양溫陽	청송靑松	회덕懷德
			김해金海	서주西州	우계羽溪	청안淸安	흥양興陽
			나주羅州	서천舒川	우봉牛峰	청주淸州	
			남평南平	섬천陝川	울주蔚州	청해靑海	
			단성丹城	성산星山	원주原州	축안逐安	

순위	성씨	인구수 (2000년)	본관(本貫)				
3	박(朴)	3,895,121	강릉江陵	령해寧海	상산商山	은풍殷風	충주忠州
			고령高靈	로성魯城	상주尙州	음성陰城	태안泰安
			고성固城	무안務安	선산善山	의흥義興	평산平山
			광주廣州	문의文義	순창淳昌	인제麟蹄	평주平州
			구산龜山	문주文州	순천順天	전주全州	평택平澤
			군위軍威	밀양密陽	오천汚川	죽산竹山	함양咸陽
			나주羅州	번남番南	운봉雲峰	진원珍原	
			려주驪州	비안比安	울산蔚山	창원昌原	
			령암靈巖	삼척三陟	월성月城	춘천春川	
4	최(崔)	2,169,704	간성杆城	동주東州	연풍延豊	전주全州	통천通川
			강릉江陵	랑주朗州	영천永川	직산稷山	한남漢南
			강화江華	부안扶安	영흥永興	진산珍山	해주海州
			개성開城	삭령朔寧	완산完山	청송靑松	화순和順
			경주慶州	수성隋城	용강龍崗	청주淸州	황주黃州
			계림鷄林	수원水原	용궁龍宮	초계草溪	흥해興海
			고부古阜	아산牙山	용주龍州	충주忠州	
			곡강曲江	양주楊州	우봉牛峰	탐진耽津	
			광주廣州	양천陽川	원주原州	태인泰仁	
5	정(鄭)	2,010,117	경주慶州	금성錦城	랑랑瑯琅	연일延日	온양溫陽
			고성固城	김포金浦	봉화奉化	영덕盈德	전주全州
			곤양昆陽	나주羅州	서산瑞山	영일迎日	정산定山
			광주光州	동협東莢	야성野城	예천醴泉	정주貞州

순위	성씨	인구수 (2000년)	본관(本貫)				
5	정(鄭)	2,010,117	진주晉州	청주淸州	하동河東	해주海州	
			청산靑山	초계草溪	함평咸平		
6	강(姜)	1,044,386	강릉江陵	대전大田	봉일鳳壹	안동安東	진주晋州
			경주慶州	동래東萊	부산釜山	여천麗川	충주忠州
			곡성谷城	동복同福	불갑佛甲	연길延吉	평양平壤
			광주光州	밀양密陽	성주星州	원주原州	해미海美
			금천衿川	백천白川	수산수산	인동仁東	
			김해金海	법전法田	수원水原	전주全州	
			나주羅州	보주寶州	순흥順興	제주濟州	
			남양南陽	보천보천	시흥始興	진양晋陽	
7	조(趙)	984,913	강서江西	문화文化	양평楊平	진보眞寶	하동河東
			강진康津	밀양密陽	여흥驪興	진주晋州	한산韓山
			경주慶州	백천白川	연백연백	창원昌原	한양漢陽
			광주廣州	부안扶安	연일延日	청주淸州	함안咸安
			김제金提	부윤富潤	영산靈山	충주忠州	함양咸陽
			김해金海	분양분양	영춘永春	태원太原	함열咸悅
			나주羅州	상주尙州	영흥永興	파릉巴陵	함열咸熱
			남양南陽	수원水原	옥천玉川	파평坡平	함평咸平
			남원南原	순창淳昌	이천利川	평산平山	해주海州
			남해南海	순천順天	임천林川	평양平壤	홍양洪陽
			단양丹陽	신창新昌	주암住岩	풍년풍년	횡성橫城
			대천大川	아산牙山	주천酒泉	풍산豊山	흥양興陽
			동래東萊	양주楊州	직산稷山	풍양豊壤	

순위	성씨	인구수 (2000년)	본관(本貫)				
8	윤(尹)	948,600	남양南陽	무송茂松	영천永川	칠원漆原	해평海平
			남원南原	부여扶餘	예천醴泉	파평坡平	
			남평南平	서(徐)	이천利川	평부平富	
			달성達城	양주楊州	장성長城	함안咸安	
			대구大丘	연산連山	절강浙江	해남海南	
9	장(張)	919,339	결성結城	목천木川	예산禮山	절강浙江	창령昌寧
			구례求禮	부안扶安	옥구沃溝	지례知禮	청송青松
			나주羅州	순천順天	울진蔚珍	진안鎭安	흥덕興德
			단양丹陽	안동安東	인동仁同	진주晉州	흥성興城
			덕수德水	영동永同	전주全州	진천鎭川	
10	임(林)	762,767	경주慶州	선산善山	예천醴泉	익산益山	평택平澤
			나주羅州	순창淳昌	옥구沃溝	장흥長興	회성檜城
			밀양密陽	안의安義	울진蔚珍	조양兆陽	
			부안扶安	양양襄陽	은진恩津	진천鎭川	
11	오(吳)	706,908	강화江華	김해金海	두원荳原	수원水原	영월寧越
			경주慶州	낙안樂安	나주羅州	순흥順興	예안禮安
			고성固城	남양南陽	능성綾城	안동安東	온양溫陽
			고창高敞	남원南原	밀양密陽	안성安城	울산蔚山
			공주公州	낭산郎山	보령保寧	여주驪州	은풍殷豊
			광주光州	대구大邱	보성寶城	연안延安	의성義城
			군위軍威	대전大田	삼가三嘉	연일延日	의흥義興
			금산錦山	덕미德美	서산瑞山	연주延州	장흥長興
			금성錦城	동래東萊	성산星山	영광靈光	전남全南
			기계杞溪	동복同福	성주星州	영원寧遠	전주全州

순위	성씨	인구수 (2000년)	본관(本貫)				
11	오(吳)	706,908	제주濟州	청주淸州	평택平澤	함평咸平	화순和順
			진원珍原	충주忠州	평해平海	함흥咸興	황해黃海
			진주晋州	파주坡州	함안咸安	해남海南	흥양興陽
			창원昌原	평산平山	함양咸陽	해주海州	
12	한(韓)	704,365	가주嘉州	남양南陽	산천山川	장단長湍	평산平山
			강릉江陵	단주湍州	성주星州	전주全州	한산韓山
			강화江華	단천端川	수원水原	정주貞州	한양漢陽
			경주慶州	당진唐津	신평新平	제주濟州	함흥咸興
			곡산谷山	대흥大興	안동安東	진주晋州	해주海州
			광주광주	동래東萊	안변安邊	창원昌原	홍산鴻山
			교동交同	면천沔川	양주楊州	청주淸州	
			금산錦山	밀양密陽	여주驪州	청풍淸風	
			김해金海	보안保安	연안延安	충주忠州	
			나주羅州	부안扶安	원주原州	파주坡州	
13	신(申)	698,171	강릉江陵	남양南陽	아산牙山	전주全州	평강平康
			거제巨濟	담양潭陽	아주鵝洲	정선旌善	평산平山
			경산慶山	대전大田	안동安東	조종朝宗	평안平安
			고령高靈	나주羅州	영월寧越	진주晋州	평양平壤
			고창高敞	문화文化	영해寧海	창주昌州	평창平昌
			고흥高興	밀양密陽	울산蔚山	천안天安	평해平海
			곡산谷山	보령保寧	은풍殷豊	청산靑山	함평咸平
			곡성谷城	삭녕朔寧	의령義靈	청송靑松	해령海寧
			광산光山	성산星山	의성義城	청주淸州	해주海州
			김해金海	신천信川	이천利川	파평坡平	황산黃山

순위	성씨	인구수 (2000년)	본관(本貫)				
14	서(徐)	693,954	가성佳城	달천達川	서원瑞原	용궁龍宮	진주晋州
			경북慶北	담양潭陽	서천舒川	울산蔚山	창녕昌寧
			경주慶州	당성唐城	수원水原	원주原州	청주淸州
			광성廣城	대구大邱	순창淳昌	의령宜寧	충주忠州
			군위軍威	대전大田	안동安東	의성義城	파주坡州
			김해金海	나주羅州	안성安城	의주義州	평당平當
			남양南陽	밀양密陽	여주驪州	이천利川	평택平澤
			남원南原	복홍福興	연산連山	인천仁川	함양咸陽
			남평南平	봉성峯城	연안延安	장성長城	함평咸平
			단양丹陽	부여扶餘	염주鹽州	전주全州	해주海州
			달성達城	서산瑞山	예천禮泉	절강浙江	황산黃山
15	권(權)	652,495	강릉江陵	대전大田	안성安城	진주晋州	
			경주慶州	밀양密陽	예천禮泉	청주淸州	
			광산光山	안동安東	전주全州		
16	황(黃)	644,294	강릉江陵	동래東萊	수원水原	장성長城	평산平山
			강화江華	羅州나주	순흥順興	장수長水	평안平安
			경주慶州	면천沔川	안동安東	장흥長興	평양平壤
			관성管城	무주茂州	양주楊州	전주全州	평원平原
			김해金海	밀양密陽	영주榮州	제안齊安	평창平昌
			남양南陽	부안扶安	영천永川	제주濟州	평택平澤
			남원南原	삼기三岐	옥천沃川	창원昌原	평해平海
			다인多仁	상주尙州	우주紆州	천안天安	풍덕豊德
			달성達城	선산善山	의주義州	청주淸州	풍산豊山
			덕산德山	성주星州	의창義昌	충주忠州	항주杭州

순위	성씨	인구수 (2000년)	본관(本貫)				
16	황(黃)	644,294	해산海山	해주海州	황주黃州	황해黃海	회덕懷德
17	안(安)	637,786	강진康津	당진唐津	안동安東	제천堤川	파평坡平
			경주慶州	대전大田	안부安孚	주천酒泉	평산平山
			공산公山	동주洞州	안산安山	죽산竹山	평안平安
			공주公州	밀양密陽	안성安城	창평昌平	평택平澤
			광주廣州	보성寶城	양산陽山	천안天安	해주海州
			김해金海	수원水原	영산靈山	청주淸州	
			남원南原	순천順天	예산禮山	충주忠州	
			이성尼城	순흥順興	전주全州	탐진耽津	
			담양潭陽	안강安康	정주定州	태원太原	
18	송(宋)	634,345	강음江陰	문경聞慶	야로冶瀘	울진蔚津	태안泰安
			견주見州	밀양密陽	야로冶爐	은진恩津	태인泰仁
			김해金海	복흥福興	야성冶城	의성義城	합천陜川
			남양南陽	서산瑞山	양주楊州	전주全州	홍주洪州
			남원南原	수원水原	여산礪山	제주濟州	회덕懷德
			남평南平	순흥順興	여주驪州	죽산竹山	흥덕興德
			대전大田	신안新安	연안延安	진원珍原	흥양興陽
			덕산德山	신평新平	예산禮山	진천鎭川	
			나주羅州	쌍부雙阜	옥구沃溝	철원鐵原	
			마산馬山	안산安山	용성龍城	청주淸州	
19	류(柳) 유(柳)	603,084	강남江南	경주慶州	공주公州	남원南原	밀양密陽
			강릉江陵	고령高靈	광산光山	대전大田	백천白川
			강진康津	고흥高興	금산錦山	나주羅州	부안扶安
			거창居昌	곡산谷山	김해金海	문화文化	부평富平

순위	성씨	인구수 (2000년)	본관(本貫)				
19	류(柳) 유(柳)	603,084	서산瑞山	안동安東	인동仁同	창원昌原	풍산豊山
			서녕瑞寧	야목若木	전주全州	천안天安	하동河東
			선산善山	연안延安	정주貞州	청주淸州	함평咸平
			성주星州	영광靈光	진양晋陽	칠곡漆谷	해주海州
			수원水原	옥천沃川	진주晋州	파평坡平	흥양興陽
			순흥順興	육창陸昌	진천鎭川	풍덕豊德	
20	홍(洪)	518,635	강릉江陵	남평南平	부림缶林	의성義城	파평坡平
			개령開寧	남해南海	상주尙州	의주義州	풍산豊山
			개성開城	단양丹陽	수원水原	인동仁同	풍천豊川
			경주慶州	달성達城	순흥順興	장수長水	함안咸安
			곡부曲阜	담양潭陽	악계岳溪	전주全州	홍산鴻山
			김해金海	대전大田	악림岳林	진주晋州	홍주洪州
			남양南陽	나주羅州	안동安東	창원昌原	홍천洪川
			남영南英	밀양密陽	안산安山	청주淸州	회인懷仁
			남원南原	부계缶溪	예산禮山	충주忠州	
21	전(全)	493,419	감천甘泉	고령高靈	남원南原	성산星山	옥산玉山
			강릉江陵	고부古阜	대구大丘	성주星州	옥천沃川
			강원江原	공주公州	대전大田	수원水原	온양溫陽
			개성開城	관성管城	나주羅州	순천順天	완산完山
			거창居昌	광산光山	보성寶城	안동安東	용궁龍宮
			경산慶山	금산金山	부안扶安	안성安城	원주原州
			경성鏡城	기장機張	부여扶餘	여주驪州	의성義城
			경주慶州	기장機長	상주尙州	영월寧越	전의全義
			계림鷄林	김천金泉	선산善山	예천醴泉	전주全州

순위	성씨	인구수 (2000년)	본관(本貫)				
21	전(全)	493,419	정선旌善	창원昌原	통진通津	평양平壤	해주海州
			조양兆陽	천안天安	파평坡平	평오平五	황간黃澗
			죽산竹山	청주淸州	팔거八居	한양漢陽	
			진안鎭安	청풍淸風	평강平康	함창咸昌	
			진주晋州	충주忠州	평산平山	함평咸平	
22	고(高)	435,839	강릉江陵	고흥高興	상당上黨	의령義靈	창평昌平
			강화江華	광녕廣寧	안동安東	장성長城	청주淸州
			개성開城	광주光州	연안延安	장안長安	충주忠州
			경주慶州	금화金化	연주燕州	장진長津	토산兎山
			고령高靈	김해金海	영월寧越	장택長澤	해주海州
			고봉高峰	남양南陽	영천永川	장흥長興	회령會寧
			고성固城	담양潭陽	옥구沃溝	전주全州	횡성橫城
			고양高陽	대전大田	용담龍潭	제주濟州	홍성興城
			고창高敞	면산免山	의령宜寧	진주晋州	
23	문(文)	426,927	감천甘泉	남원南原	문화文化	장연長淵	파평坡平
			강릉江陵	남평南平	밀양密陽	장흥長興	평산平山
			강성江城	남해南海	보령保寧	재령載寧	평안平安
			개령開寧	단성丹城	선산善山	전주全州	평양平壤
			결성結城	대전大田	안동安東	정선旌善	평택平澤
			경주慶州	나주羅州	안성安城	제주濟州	하양河陽
			광산光山	여흥驪興	양평楊平	진주晋州	함평咸平
			김해金海	능성綾城	영산靈山	청주淸州	
			남양南陽	문평文平	인천仁川	태평太平	
24	손(孫)	415,182	경기京畿	경주慶州	광주廣州	구례求禮	김해金海

순위	성씨	인구수 (2000년)	본관(本貫)				
24	손(孫)	415,182	남원南原	부령扶寧	월성月城	청주淸州	평해平海
			달성達城	부안扶安	일직一直	충주忠州	해주海州
			나주羅州	비안比安	전주全州	평안平安	
			밀양密陽	안동安東	진주晋州	평양平壤	
			보성寶城	안협安峽	창녕昌寧	평택平澤	
25	양(梁)	389,152	경주慶州	남원南原	나주羅州	예춘醴春	충주忠州
			고부古阜	남한南漢	문화文化	원주原州	파주坡州
			군위軍威	남흥南興	삼척三陟	임천林川	해주海州
			김해金海	단양丹陽	양주楊州	제주濟州	
			남양南陽	대전大田	양천楊川	청주淸州	
26	배(裵)	372,064	개성開城	금성錦城	밀양密陽	안성安城	함흥咸興
			경남慶南	김해金海	분성盆城	온양溫陽	해주海州
			경산京山	남양南陽	상주尙州	의성義城	협계峽溪
			경주慶州	남원南原	서산瑞山	전주全州	화순和順
			고령高靈	남해南海	선산善山	정주貞州	흥해興海
			고양高陽	달성達城	성산星山	진주晋州	
			곡강谷剛	대구大邱	성주星州	창녕昌寧	
			곤산昆山	대전大田	수원水原	청산靑山	
			곤양昆陽	나주羅州	안동安東	청주淸州	
27	조(曺)	362,817	가흥嘉興	수성壽城	인산仁山	창녕昌寧	평창平昌
			강릉江陵	안동安東	인천仁川	창산昌山	함평咸平
			남평南平	영광靈光	장흥長興	창원昌原	화순和順
			능성綾城	영암靈巖	진도珍島	청도淸道	
			대구大丘	옥주玉州	진주晋州	청양淸陽	

순위	성씨	인구수 (2000년)	본관(本貫)				
28	백(白)	351,275	개성開城	남해南海	부여扶餘	원주原州	태인泰仁
			경기京畿	대흥大興	선산善山	적성赤星	평산平山
			경주慶州	나주羅州	성산星山	전주全州	해미海美
			광주廣州	문경聞慶	성주星州	직산稷山	해안解顔
			김해金海	밀양密陽	수원水原	진주晋州	홍주興州
			남원南原	백천白川	순창淳昌	청도淸道	
			남포藍浦	백포白浦	순흥順興	忠충주州	
29	허(許)	300,448	경주慶州	대구大邱	양산楊山	전주全州	하양河陽
			광산光山	대전大田	양주梁州	제주濟州	한양漢陽
			김제金堤	밀양密陽	양천陽川	진주晋州	함흥咸興
			김해金海	서산瑞山	양평楊平	창녕昌寧	해주海州
			남양南陽	수원水原	영천永川	청주淸州	
			남원南原	안동安東	의성義城	태인泰仁	
30	남(南)	257,178	경주慶州	남양南陽	밀양密陽	안동安東	진주晋州
			고령高靈	남원南原	보성寶城	영양英陽	창녕昌寧
			고성固城	남평南平	선령宣寧	의령宜寧	함열咸悅
31	심(沈)	252,255	경주慶州	삼척三陟	전주全州	청주淸州	홍성洪城
			남원南原	순천順天	정선旌善	청풍淸風	
			밀양密陽	신안新安	청산靑山	충주忠州	
			부유富有	의령宜寧	청송靑松	풍산豊山	
32	유(劉)	242,889	강남江南	개성開城	고부古阜	무주茂州	순흥順興
			강릉江陵	거창居昌	공주公州	백주白州	안동安東
			강원江原	경산慶山	금성金城	백천白川	연안延安
			강화江華	경주慶州	남원南原	수원水原	영월寧越

순위	성씨	인구수 (2000년)	본관(本貫)				
32	유(劉)	242,889	옥천沃川	창녕昌寧	충주忠州	풍산豊山	
			원주原州	천안天安	파평坡平	한양漢陽	
			진주晋州	청주淸州	평산平山	해주海州	
33	노(盧)	220,354	강화江華	남원南原	서해西海	용성龍城	풍천豊川
			경주慶州	달성達城	선산善山	장연長淵	한양漢陽
			고성固城	대전大田	수원水原	전주全州	함양咸陽
			곡산谷山	동성童城	신창新昌	진주晋州	함평咸平
			광산光山	나주羅州	안강安康	창녕昌寧	해주海州
			광성廣城	만경萬頃	안동安東	청도淸道	
			광주光州	산평山平	연일延日	청주淸州	
			교하交河	서산瑞山	영광靈光	충주忠州	
34	하(河)	209,756	강릉江陵	단계端溪	안성安城	전주全州	창녕昌寧
			강화江華	대전大田	안음安陰	진양晋陽	청주淸州
			경주慶州	밀양密陽	영도影島	진주晋州	
35	전(田)	188,354	강화江華	단양丹陽	영광靈光	장성長城	태산泰山
			개성開城	담양潭陽	예산禮山	전주全州	태인泰仁
			경성鏡城	대명大明	옥구沃溝	정산定山	토산兎山
			과천果川	밀양密陽	온양溫陽	진원珍原	파평坡平
			광평廣平	백천白川	우봉牛峰	진주晋州	평택平澤
			교동喬桐	순천順天	울진蔚珍	천안天安	하음河陰
			남양南陽	안주安州	원주原州	추성秋城	함양咸陽
			남원南原	연안延安	의령義靈	충주忠州	해주海州
36	정(丁)	187,975	곡성谷城	동촌同村	무령武靈	압해押海	영산靈山
			달성達城	나주羅州	무안務安	영광靈光	영성靈城

순위	성씨	인구수 (2000년)	본관(本貫)				
36	정(丁)	187,975	의성義城	창녕昌寧	파주坡州		
			진주晋州	창원昌原	해주海州		
37	곽(郭)	187,322	경주慶州	선산善山	의성義城	충주忠州	현량玄梁
			고흥高興	성산星山	전주全州	포산苞山	현풍玄風
			동래東萊	성주星州	진주晋州	풍산豊山	
			밀양密陽	여미餘美	청주淸州	함평咸平	
			봉산鳳山	연일延日	청풍淸風	해미海美	
38	성(成)	184,555	강릉江陵	달성達城	양근楊根	전주全州	청주淸州
			경주慶州	나주羅州	예산禮山	창원昌原	청풍淸風
39	차(車)	180,589	경주慶州	대전大全	안성安城	전주全州	평택平澤
			고령高靈	문화文化	연안延安	정안定安	해주海州
			광산光山	밀양密陽	영월寧越	진주晋州	
			나주羅州	송림松林	영일迎日	천안天安	
			남해南海	수원水原	용성龍城	평산平山	
40	유(兪)	178,209	강원江原	공주公州	달성達城	안성安城	천영川寧
			강진康津	기계杞溪	무안務安	예산禮山	청주淸州
			강화江華	금산金山	무장茂長	인동仁同	탐진耽津
			경주慶州	김해金海	밀양密陽	장사長沙	파평坡平
			고령高靈	남원南原	부안扶安	진주晋州	풍산豊山
			고흥高興	단양丹陽	상주尙州	창원昌原	
41	구(具)	178,167	강릉江陵	달성達城	신안新安	제주濟州	회산檜山
			공주公州	담양潭陽	연성延城	창녕昌寧	
			능성綾城	문성文城	영주榮州	창원昌原	
			능주陵州	승주昇州	전주全州	평해平海	

순위	성씨	인구수 (2000년)	본관(本貫)				
42	우(禹)	176,682	강주剛州	단양丹陽	안동安東	영천榮川	창녕昌寧
			경주慶州	달성達城	안양安養	예안禮安	한양漢陽
			남양南陽	목천木川	영주榮州	진양晋陽	해주海州
43	주(朱)	176,232	강릉江陵	남원南原	신흥新興	전주全州	해남海南
			결성結城	능성綾城	안동安東	진주晋州	해주海州
			경주慶州	능천能川	압해押海	창녕昌寧	
			공주公州	나주羅州	연안延安	청주淸州	
			광주光州	밀양密陽	웅주熊州	태천泰川	
			김해金海	신안新安	웅천熊川	함흥咸興	
44	임(任)	172,726	곡성谷城	대전大田	안동安東	춘천春川	함풍咸豊
			과천果川	부천富川	예양汭陽	파평坡平	해남海南
			관산冠山	수원水原	장흥長興	풍산豊山	홍천洪川
			광산光山	순천順天	진주晋州	풍천豊川	회덕懷德
			나주羅州	아선牙善	청풍淸風	함평咸平	
45	나(羅)	172,022	경주慶州	김해金海	수성壽城	의성義城	정산定山
			군위軍威	나주羅州	안동安東	장성長城	진주晋州
			금성錦城	비안比安	안정安定	전주全州	해주海州
46	신(辛)	167,621	경주慶州	김해金海	영광靈光	영월寧越	평창平昌
			고령高靈	부안扶安	영산靈山	영주榮州	
47	민(閔)	159,054	경주慶州	여흥驪興	영천榮川	해려海驪	
			대전大田	영원寧遠	정선旌善	황려黃驪	
			여주驪州	영주榮州	해남海南		
48	진(陳)	142,496	강릉江陵	광동廣東	나주羅州	덕창德昌	복주福州
			경주慶州	김해金海	남해南海	밀양密陽	부여扶餘

순위	성씨	인구수 (2000년)	본관(本貫)				
48	진(陳)	142,496	삼척三陟	여천麗川	임릉臨陵	청주淸州	홍성洪城
			안동安東	여흥驪興	임파臨坡	충주忠州	홍주洪州
			양산梁山	연안延安	전주全州	평산平山	홍덕興德
			양주楊州	영양英陽	죽산竹山	함양咸陽	
			여양驪陽	온양溫陽	진산珍山	해남海南	
			여주驪州	의령義靈	진주晋州	해주海州	
49	지(池)	140,824	경주慶州	전주全州	청주淸州	충주忠州	해주海州
			광주廣州	진주晋州	충남忠南	평산平山	
			단양丹陽	청송靑松	충북忠北	평창平昌	
50	엄(嚴)	132,990	광주廣州	밀양密陽	영월寧越	창주昌州	하음河陰
			나주羅州	상주尙州	영천永川	파주坡州	
51	원(元)	119,356	강원江原	남원南原	영월寧越	전주全州	해주海州
			경주慶州	대전大田	원주原州	청주淸州	
52	채(蔡)	114,069	강릉江陵	당진唐津	전주全州	평양平壤	
			경주慶州	음성陰城	평강平康	평창平昌	
			광주光州	인천仁川	평산平山	해주海州	
53	강(康)	109,925	강령康翎	상원祥原	운남雲南	재령載寧	파주坡州
			곡산谷山	신천信川	원주原州	진주晋州	평양平壤
			밀양密陽	용인龍仁	임실任實	충주忠州	함덕咸德
54	천(千)	103,811	강릉江陵	김포金浦	단양丹陽	수원水原	언양彦陽
			강화江華	김해金海	마전麻田	안동安東	영양潁陽
			개성開城	나주羅州	목천木川	안성安城	영천永川
			경주慶州	남양南陽	밀양密陽	양주楊州	예양汭陽
			교동喬洞	남원南原	부평富平	양평楊平	옥천沃川

순위	성씨	인구수 (2000년)	본관(本貫)				
54	천(千)	103,811	온양溫陽	전주全州	청주淸州	한양漢陽	
			이양梨陽	죽산竹山	충주忠州	해남海南	
			인천仁川	진주晋州	풍덕豊德	화산花山	
55	양(楊)	93,416	남원南原	안악安岳	장명長命	청주淸州	통천通川
			밀양密陽	안양安楊	중화中和	충주忠州	
			순창淳昌	인동仁同	진주晋州	통주通州	
56	공(孔)	83,164	경주慶州	곡부曲阜	대구大邱	전주全州	창원昌原
			고산高山	곡위曲韋	수원水原	창녕昌寧	
57	현(玄)	81,807	경주慶州	상주尙州	연주延州	진주晋州	함흥咸興
			고성固城	성주星州	영주榮州	창녕昌寧	해주海州
			나주羅州	순천順天	온양溫陽	창원昌原	현풍玄風
			남원南原	신산新山	은진恩津	천영川寧	
			남평南平	여산礪山	은평恩平	철영鐵靈	
			밀양密陽	연산延山	전주全州	청주淸州	
			보성寶城	연안延安	제주濟州	함안咸安	
58	방(方)	81,710	결성結城	남원南原	수원水原	양산陽山	창성昌城
			경주慶州	나주羅州	신창新昌	연주燕州	충주忠州
			군위軍威	무안務安	안산安山	온양溫陽	해남海南
			김해金海	상주尙州	안성安城	진주晋州	
59	변(卞)	78,685	경주慶州	밀양密陽	원주原州	진주晋州	팔계八溪
			남원南原	백음白陰	장성長城	초계草溪	
60	함(咸)	75,955	강남江南	강화江華	양근楊根	창녕昌寧	
			강릉江陵	경주慶州	양주楊州	평택平澤	
			강원江原	담양潭陽	영월寧越	함평咸平	

순위	성씨	인구수 (2000년)	본관(本貫)				
61	노(魯)	67,032	강화江華	만경萬頃	충주忠州	함평咸平	
			경주慶州	밀양密陽	풍기豊基	함흥咸興	
			광주廣州	진주晋州	함종咸從		
62	염(廉)	63,951	개성開城	보성寶城	양주楊州	진주晋州	충주忠州
			경주慶州	서원瑞原	용담龍潭	창녕昌寧	파주坡州
			나주羅州	순창淳昌	진양晋陽	청주淸州	파평坡平
63	여(呂)	56,692	김해金海	상주尙州	안동安東	함안咸安	해주海州
			단양丹陽	선산善山	여주驪州	함양咸陽	
			밀양密陽	성주星州	청주淸州	함흥咸興	
64	추(秋)	54,667	강화江華	달성達城	전주全州	파주坡州	해주海州
			개성開城	밀양密陽	제천堤川	한양漢陽	
			경주慶州	안동安東	진주晋州	함흥咸興	
			나주羅州	원주原州	추계秋溪	해남海南	
65	변(邊)	52,869	가은加恩	나주羅州	장성長城	제주濟州	해주海州
			가평加平	문경聞慶	장연長淵	진주晋州	황주黃州
			경주慶州	원주原州	전주全州	청주淸州	
66	도(都)	52,349	경주慶州	상주尙州	성주星州	의성義城	칠곡漆谷
			대구大邱	서제西齊	수원水原	전주全州	파주坡州
			밀양密陽	성산星山	순천順天	청주淸州	팔거八居
67	석(石)	46,066	개성開城	남원南原	양주楊州	진주晋州	해주海州
			결성結城	대구大邱	원주原州	청주淸州	홍주洪州
			경주慶州	밀양密陽	전주全州	충주忠州	화원花園
			광주廣州	성주星州	제천堤川	파평坡平	

순위	성씨	인구수 (2000년)	본관(本貫)				
68	신(愼)	45,764	거창居昌	서산瑞山	황산黃山		
69	소(蘇)	39,552	남원南原	진주晋州			
70	선(宣)	38,849	광주光州	밀양密陽	보성寶城	이천利川	전주全州
71	주(周)	38,778	경주慶州	안의安義	정주貞州	초계草溪	
			능주綾州	영산靈山	진주晋州	충주忠州	
			삼계森溪	옥천沃川	천안天安	풍기豊基	
			상주尙州	장흥長興	철원鐵原	함안咸安	
72	설(薛)	38,766	개성開城	밀양密陽	순천順天	진주晋州	
			경주慶州	순창淳昌	옥천玉泉	창원昌原	
73	방(房)	35,366	남양南陽	밀양密陽	수원水原	온양溫陽	포천浦川
			남원南原	서산瑞山	양산陽山	천영天寧	
74	마(馬)	35,096	개성開城	목천木川	의성義城	장안長安	장흥長興
75	정(程)	32,519	강릉江陵	동래東萊	적성積城	하남河南	
			경주慶州	순창淳昌	춘천春川	한산韓山	
			금산錦山	양천楊川	토산兎山	함평咸平	
76	길(吉)	32,418	경주慶州	남원南原	선산善山	해주海州	
			금산錦山	서산瑞山	성산城山	해평海平	
77	위(魏)	28,675	고흥高興	광산光山	장흥長興	함흥咸興	
			관산冠山	수녕遂寧	전주全州	해남海南	
78	연(延)	28,447	개성開城	곡성谷城	대전大田	연안延安	황해黃海
			경주慶州	광주廣州	나주羅州	옥산玉山	
			곡산谷山	남양南陽	연기燕岐	청주淸州	
79	표(表)	28,398	거창居昌	공주公州	신창新昌	전주全州	진주晋州
			경주慶州	수원水原	양주楊州	죽산竹山	충주忠州

순위	성씨	인구수 (2000년)	본관(本貫)				
80	명(明)	26,746	서촉西蜀	연안延安	황해黃海	해주海州	
81	기(奇)	24,385	경주慶州	기련奇璉	장성長城	행주幸州	
82	금(琴)	23,489	강화江華	김포金浦	봉화奉化	평해平海	
			계양桂陽	보성寶城	안동安東		
83	왕(王)	23,447	강릉江陵	거제巨濟	제남濟南		
			개성開城	대전大田	해주海州		
84	반(潘)	23,216	거제巨濟	결성結城	광주光州	남평南平	음성陰城
85	옥(玉)	22,964	개성開城	밀양密陽	사천泗川	의령宜寧	진주晋州
			거제巨濟	반성班城	선령宣寧	의성義城	
86	육(陸)	21,545	관성菅城	옥천沃川			
87	진(秦)	21,167	강화江華	대원大原	영춘永春	제주濟州	평강平康
			김해金海	삼척三陟	용구龍駒	진주晋州	풍기豊基
			남원南原	연안延安	용인龍仁	태원太原	해주海州
88	인(印)	20,635	강화江華	교수喬樹	연안延安	해주海州	
			교동喬同	당진唐津	함흥咸興		
89	맹(孟)	20,219	신창新昌	온양溫陽			
90	제(諸)	19,595	고성固城	남양南陽	보성寶城	의성義城	칠원漆原
91	탁(卓)	19,395	가평加平	광산光山	광주光州	전주全州	해주海州
92	모(牟)	18,955	진주晋州	함평咸平			
93	남궁(南宮)	18,743	남평南平	용담龍潭	자산慈山		
			만경萬頃	의령宜寧	함열咸悅		
94	여(余)	18,146	의령宜寧	하동河東	해남海南		
95	장(蔣)	17,708	아산牙山	청부靑鳧			
96	어(魚)	17,551	경흥慶興	충주忠州	함종咸從	함흥咸興	

순위	성씨	인구수 (2000년)	본관(本貫)				
97	유(庾)	16,802	무송茂松	평산平山			
98	국(鞠)	16,697	담양潭陽	보성寶城	영광靈光		
			대구大邱	부령富寧	진주晋州		
99	은(殷)	15,657	고부古阜	달성達城	덕산德山	태인泰仁	행주幸州
100	편(片)	14,675	경주慶州	대전大田	용인龍仁	전주全州	통진通津
			김천金川	순천順天	이천利川	절강浙江	해주海州
			나주羅州	양주楊州	인천仁川	죽산竹山	
			남양南陽	양천陽川	장단長湍	청주淸州	
101	용(龍)	14,067	개성開城	수원水原	용인龍仁	홍천洪川	
			광주廣州	양근養根	파주坡州		
102	강(彊)	13,328	진주晋州				
103	구(丘)	13,241	평해平海				
104	예(芮)	12,655	달성達城	부계缶溪	의흥義興	정선旌善	청도淸道
105	봉(奉)	11,492	강화江華	진주晋州	풍기豊基	하음河陰	함흥咸興
106	한(漢)	11,191	담양潭陽	옥천沃川	충주忠州		
107	경(慶)	11,145	청주淸州				
108	소(邵)	9,904	경주慶州	밀양密陽	안동安東	익산益山	청산青山
			공주公州	비안比安	안태安泰	전주全州	평산平山
			남양南陽	서촉西蜀	여양驪陽	진주晋州	
109	사(史)	9,756	거창居昌	수원水原	임강臨江	청송青松	함흥咸興
			경주慶州	연기延其	장사長沙	청주淸州	홍천興川
			무주茂州	영덕榮德	전주全州	충주忠州	
			선산善山	옹진雍津	진주晋州	파주坡州	
110	석(昔)	9,544	경주慶州	월성月城			

순위	성씨	인구수 (2000년)	본관(本貫)				
111	부(夫)	9,470	제주濟州				
112	황보(皇甫)	9,148	영천永川				
			황주黃州				
113	가(賈)	9,090	소성蘇城	소주蘇州	진안鎭安		
114	복(卜)	8,644	면천沔川	연주延州	전북全北	흥천興川	
			연일延日	오천烏川	평산平山		
115	천(天)	8,416	밀양密陽	여양驪陽	연안延安	우봉牛峰	충주忠州
116	목(睦)	8,191	사천泗川				
117	태(太)	8,165	김천金泉	순천順天	영순永順	협계陜溪	합천陜川
			남원南原	양주楊州	인천仁川	협계陜磎	
118	지(智)	6,748	괴산槐山	괴주槐州	봉산鳳山	봉주鳳州	
119	형(邢)	6,640	가평加平	반성班城	전주全州	진주晋州	
			괴산槐山	보안保安	조종朝宗		
120	피(皮)	6,303	강릉江陵	금천衿川	수안遂安	장단長湍	풍기豊基
			강진康津	남양南陽	안동安東	제주濟州	함양咸陽
			경주慶州	능주綾州	안산安山	청안淸安	홍주洪州
			공주公州	단양丹陽	양주楊州	충주忠州	홍천洪川
			과천果川	단주丹州	영월寧越	파도坡島	
			광주광주	당진唐津	은산殷山	파주坡州	
			괴산槐山	선산善山	자산慈山	평산平山	
121	계(桂)	6,282	분적分籍	수안遂安			
122	전(錢)	6,094	관산冠山	문경聞慶	부계缶溪	지례知禮	
123	감(甘)	5,998	거창居昌	창녕昌寧	충주忠州	회산檜山	
			부령富寧	창원昌原	합포合浦		

순위	성씨	인구수 (2000년)	본관(本貫)				
124	음(陰)	5,936	개성開城	괴산槐山	용강龍崗	정주定州	풍천豊川
			경주慶州	밀양密陽	운산雲山	죽산竹山	
			고산高山	백천白川	음성陰城	충주忠州	
			고주高州	설성雪城	장연長淵	풍기豊基	
125	두(杜)	5,750	두릉杜陵				
126	진(晋)	5,738	남원南原	진주晋州			
127	동(董)	5,564	개성開城	등주登州	영해寧海	창원昌原	하동河東
			광주廣州	설성雪城	원주原州	청주淸州	황주黃州
			광천廣川	수원水原	의령宜寧	청하淸河	
			김해金海	안동安東	재령載寧	청해靑海	
			남원南原	영천榮川	전주全州	충주忠州	
			남해南海	영천永川	진주晋州	풍천豊川	
128	장(章)	5,562	거창居昌	복성福城			
129	온(溫)	5,081	경주慶州	김제金堤	봉성鳳城	종정從政	청주淸州
			금구金溝	나주羅州	전주全州	진주晋州	
130	송(松)	4,737	동완東莞	화순和順			
131	경(景)	4,639	경주慶州	복흥福興	장연長淵	태인泰仁	
			능향綾鄕	시산始山	충주忠州	해주海州	
			밀양密陽	장수長水	태산泰山		
132	제갈(諸葛)	4,444	남양南陽				
133	사공(司空)	4,307	군위軍威	자실子實	효령孝令		
134	호(扈)	4,228	나주羅州	단양丹陽	무장茂長	밀양密陽	백천白川

순위	성씨	인구수 (2000년)	본관(本貫)				
134	호(扈)	4,228	보안保安	신평新平	전주全州	해령海靈	
			신창新昌	의령義靈	충주忠州	홍주洪州	
135	하(夏)	4,052	달성達城	대구大邱			
136	빈(賓)	3,704	달성達城	밀양密陽	영광靈光	의성義城	
			대구大邱	수성壽城	육창陸昌		
137	선우(鮮于)	3,560	순창淳昌	태원太原			
138	연(燕)	3,549	곡산谷山	영평永平	정주定州	평산平山	
			덕원德原	전주全州	정평定平	평주平州	
139	채(菜)	3,516	영양英陽	진주晋州			
140	우(于)	3,359	목천木川				
141	범(范)	3,316	광주光州	금성錦城	나주羅州	안주安州	
142	薛(설)	3,298	개성開城	밀양密陽	순천順天	진주晋州	
			경주慶州	순창淳昌	옥천玉泉	창원昌原	
143	양(樑)	3,254	남양南陽				
144	갈(葛)	3,178	남양南陽	비안곡 比安谷	양성陽城	죽장竹長	해남海南
			대구大邱		양주楊州	청산靑山	
145	좌(左)	3,130	제주濟州	청주淸州			
146	노(路)	3,048	개성開城	대원大原	충주忠州	태원太原	
147	반(班)	2,955	開城(개성	固城(고성	平海(평해		
148	팽(彭)	2,825	신평新平	영천永川	절강浙江		
			안악安岳	용강龍岡	홍주洪州		
149	승(承)	2,494	광산光山	남원南原	연일延日	창평昌平	
150	공(公)	2,442	김포金浦	문천文川			

순위	성씨	인구수 (2000년)	본관(本貫)				
151	간(簡)	2,429	가평加平	남양南陽	서산瑞山	영광靈光	해주海州
			경주慶州	배양裵陽	양양襄陽	인동仁同	
152	상(尙)	2,298	목천木川	평원平原			
153	기(箕)	2,294	행주幸州				
154	국(國)	2,182	금성金城	대명大明	전주全州	현풍玄豊	
			담양潭陽	영양英陽	풍천豊川		
155	시(施)	2,121	성주星州	절강浙江			
156	서문(西門)	1,861	안음安陰				
157	위(韋)	1,821	강화江華				
158	도(陶)	1,809	경주慶州	밀양密陽	양주楊州	청주淸州	
			남양南陽	병양兵陽	죽청竹靑	풍양豊壤	
			남원南原	순천順川	진주晋州		
159	시(柴)	1,807	금화金化	능향綾鄕	태인泰仁		

부록 6

원형이정표상 양호한 성씨 획수별 조합 모음

姓名學

아래의 원형이정표상 양호한 성씨획수별 조합 모음을 보는 방법

① 아래에 대한민국에서 사용되고 있는 1획성씨부터 22획성씨까지 성씨들을 의획으로 본 경우와 필획으로 본 경우로 구분하여 표시하고, 바로 다음 페이지에 해당성씨의 획수로 구성되는 원형이정표상으로 양호한 성씨획수별 조합 모음들을 표시하였다.

② 아래에 표시된 조합들은 원형이정표 상으로 양호하여 성명을 작명, 개명, 감명시 사용을 권장하는 성씨획수별 조합들이다.

③ 특히 성씨획수별 조합들 중 음영표시가 되어 있는 부분은 원형이정표 상으로 양호한 것은 물론이고, 획수음양 측면으로 본 조합과 주역괘상 작괘법으로 본 조합으로도 모두 양호하여 특히 더욱더 권장되는 조합들이다.

④ 성씨 획수별 양호한 조합들에 대한 좀더 상세한 내용을 보시고자 하는 독자들은 성명학 대백과 2권의 내용을 참조하기 바란다.

성씨한자 1획성 (의획 기준)
乙(을)

성씨한자 1획성 (필획 기준)
乙(을)

(1) 1획 성씨

1 2 4	1 2 5	1 2 14	1 2 15	1 2 22	1 2 30	
1 4 2	1 4 12	1 4 20	1 4 28			
1 5 2	1 5 10	1 5 12	1 5 32			
1 6 10	1 6 17	1 6 31	1 6 32			
1 7 10	1 7 16	1 7 17	1 7 24	1 7 30	1 7 31	
1 10 5	1 10 6	1 10 7	1 10 14	1 10 22	1 10 28	
1 12 4	1 12 5	1 12 12	1 12 20			
1 14 2	1 14 10	1 14 17	1 14 23	1 14 24		
1 15 2	1 15 16	1 15 17	1 15 22	1 15 23	1 15 32	
1 16 7	1 16 15	1 16 16	1 16 22	1 16 31		
1 17 6	1 17 7	1 17 14	1 17 15	1 17 20	1 17 30	
1 20 4	1 20 12	1 20 17				
1 22 2	1 22 10	1 22 15	1 22 16			
1 23 14	1 23 15	1 23 24				
1 24 7	1 24 14	1 24 23				
1 28 4	1 28 10					
1 30 2	1 30 7	1 30 17				
1 31 6	1 31 7	1 31 16				
1 32 5	1 32 6	1 32 15				
1 0 5	1 0 6	1 0 7	1 0 15	1 0 16	1 0 17	1 0 23
1 0 24	1 0 31	1 0 32				

성씨한자 2획성 (의획 기준)

乃(내), 力(력), 卜(복), 丁(정)

성씨한자 2획성 (필획 기준)

乃(내), 力(력), 卜(복), 丁(정)

(2) 2획 성씨

2 1 4	2 1 5	2 1 14	2 1 15	2 1 22	2 1 30	
2 3 3	2 3 13	2 3 30				
2 4 1	2 4 9	2 4 11	2 4 19	2 4 27	2 4 29	2 4 31
2 5 1	2 5 6	2 5 11	2 5 16	2 5 30		
2 6 5	2 6 9	2 6 15	2 6 23	2 6 27	2 6 29	2 6 31
2 9 4	2 9 6	2 9 14	2 9 22	2 9 30		
2 11 4	2 11 5	2 11 22				
2 13 3	2 13 16	2 13 22				
2 14 1	2 14 9	2 14 15	2 14 19	2 14 21	2 14 23	2 14 31
2 15 1	2 15 6	2 15 14	2 15 16	2 15 22	2 15 30	
2 16 5	2 16 13	2 16 15	2 16 19	2 16 21	2 16 23	2 16 29
2 19 4	2 19 14	2 19 16				
2 21 14	2 21 16					
2 22 1	2 22 9	2 22 11	2 22 13	2 22 15	2 22 23	
2 23 6	2 23 14	2 23 16	2 23 22			
2 27 4	2 27 6					
2 29 4	2 29 6	2 29 16				
2 30 1	2 30 3	2 30 5	2 30 9	2 30 15	2 30 31	
2 31 4	2 31 6	2 31 14	2 31 30			

성씨한자 3획성 (의획 기준)
干(간), 弓(궁), 大(대), 凡(범), 山(산), 于(우), 千(천)

성씨한자 3획성 (필획 기준)
干(간), 弓(궁), 大(대), 凡(범), 山(산), 于(우), 才(재), 千(천)

(3) 3획 성씨

3 2 3	3 2 13	3 2 30				
3 3 2	3 3 5	3 3 10	3 3 12	3 3 15	3 3 18	3 3 26
3 3 29	3 3 32					
3 4 4	3 4 14	3 4 28				
3 5 3	3 5 8	3 5 10	3 5 13	3 5 30		
3 8 5	3 8 10	3 8 13	3 8 21	3 8 30		
3 10 3	3 10 5	3 10 8	3 10 22	3 10 28		
3 12 3	3 12 20	3 12 26				
3 13 2	3 13 5	3 13 8	3 13 22	3 13 32		
3 14 4	3 14 15	3 14 18	3 14 21			
3 15 3	3 15 14	3 15 20	3 15 30			
3 18 3	3 18 14	3 18 20				
3 20 12	3 20 15	3 20 18				
3 21 8	3 21 14					
3 22 10	3 22 13					
3 26 3	3 26 12	3 26 32				
3 28 4	3 28 10	3 28 30				
3 29 3	3 29 29					
3 30 2	3 30 5	3 30 8	3 30 15	3 30 28		
3 32 3	3 32 13	3 32 26				
3 0 3	3 0 5	3 0 8	3 0 13	3 0 15	3 0 18	3 0 21
3 0 29	3 0 32					

성씨한자 4획성 (의획 기준)

介(개), 公(공), 孔(공), 仇(구), 斤(근), 斗(두), 屯(둔), 毛(모), 木(목), 文(문), 方(방), 卞(변), 夫(부), 水(수), 午(오), 牛(우), 元(원), 尹(윤), 仁(인), 日(일), 才(재), 井(정), 天(천), 太(태), 巴(파), 片(편), 化(화),

성씨한자 4획성 (필획 기준)

介(개), 公(공), 孔(공), 仇(구), 斤(근), 斗(두), 屯(둔), 六(륙), 毛(모), 木(목), 文(문), 方(방), 卞(변), 夫(부), 水(수), 午(오), 王(왕), 牛(우), 元(원), 尹(윤), 仁(인), 日(일), 井(정), 天(천), 太(태), 巴(파), 片(편), 化(화),

(4) 4획 성씨

4 1 2	4 1 12	4 1 20	4 1 28			
4 2 1	4 2 9	4 2 11	4 2 19	4 2 27	4 2 29	4 2 31
4 3 4	4 3 14	4 3 28				
4 4 3	4 4 7	4 4 9	4 4 13	4 4 17	4 4 21	4 4 25
4 4 27	4 4 29	4 4 31				
4 7 4	4 7 14	4 7 28				
4 9 2	4 9 4	4 9 12	4 9 20	4 9 28		
4 11 2	4 11 14	4 11 20				
4 12 1	4 12 9	4 12 13	4 12 17	4 12 19	4 12 21	4 12 25
4 12 29						
4 13 4	4 13 12	4 13 20	4 13 28			
4 14 3	4 14 7	4 14 11	4 14 17	4 14 19	4 14 21	4 14 27
4 17 4	4 17 12	4 17 14	4 17 20	4 17 31		
4 19 2	4 19 12	4 19 14	4 19 29			
4 20 1	4 20 9	4 20 11	4 20 13	4 20 17	4 20 21	4 20 28
4 21 4	4 21 12	4 21 14	4 21 20	4 21 27		
4 25 4	4 25 12					
4 27 2	4 27 4	4 27 14	4 27 21			
4 28 1	4 28 3	4 28 7	4 28 9	4 28 13	4 28 20	4 28 29
4 29 2	4 29 4	4 29 12	4 29 19	4 29 28		
4 31 2	4 31 4	4 31 17				

성씨한자 5획성 (의획 기준)

甘(감), 巨(거), 功(공), 瓜(과), 丘(구), 令(령), 白(백), 北(북), 丕(비), 氷(빙), 史(사), 石(석), 召(소), 申(신), 永(영), 玉(옥), 王(왕), 田(전), 左(좌), 冊(책), 平(평), 包(포), 皮(피), 玄(현), 弘(홍), 乙支(을지)

성씨한자 5획성 (필획 기준)

甘(감), 巨(거), 功(공), 瓜(과), 丘(구), 令(령), 白(백), 北(북), 丕(비), 氷(빙), 史(사), 石(석), 召(소), 申(신), 永(영), 玉(옥), 田(전), 左(좌), 冊(책), 平(평), 包(포), 皮(피), 玄(현), 弘(홍), 乙支(을지)

(5) 5획 성씨

5 1 2	5 1 10	5 1 12	5 1 32			
5 2 1	5 2 6	5 2 11	5 2 16	5 2 30		
5 3 3	5 3 8	5 3 10	5 3 13	5 3 30		
5 6 2	5 6 10	5 6 12	5 6 18	5 6 26	5 6 27	
5 8 3	5 8 8	5 8 10	5 8 16	5 8 24		
5 10 1	5 10 3	5 10 6	5 10 8			
5 11 2	5 11 13					
5 12 1	5 12 6	5 12 12	5 12 20			
5 13 3	5 13 11	5 13 19	5 13 20			
5 16 2	5 16 8	5 16 16				
5 18 6						
5 19 13	5 19 28					
5 20 12	5 20 13	5 20 27	5 20 32			
5 24 8	5 24 28					
5 26 6	5 26 26	5 26 32				
5 27 6	5 27 20					
5 28 19	5 28 24	5 28 30				
5 30 2	5 30 3	5 30 28				
5 32 1	5 32 20	5 32 26				
5 0 1	5 0 3	5 0 6	5 0 8	5 0 11	5 0 13	5 0 16
5 0 18	5 0 24	5 0 32				

성씨한자 6획성 (의획 기준)

曲(곡), 光(광), 圭(규), 吉(길), 列(렬), 六(륙), 牟(모), 米(미), 朴(박), 西(서), 先(선), 守(수), 安(안), 仰(앙), 伍(오), 羽(우), 有(유), 伊(이), 印(인), 任(임), 庄(장), 全(전), 朱(주), 宅(택), 合(합), 好(호), 后(후),

성씨한자 6획성 (필획 기준)

江(강), 曲(곡), 光(광), 圭(규), 吉(길), 列(렬), 牟(모), 米(미), 朴(박), 汎(범), 西(서), 先(선), 守(수), 安(안), 仰(앙), 艾(애), 汝(여), 伍(오), 羽(우), 有(유), 伊(이), 印(인), 任(임), 庄(장), 全(전), 朱(주), 池(지), 宅(택), 合(합), 好(호), 后(후),

(6) 6획 성씨

6 1 10	6 1 17	6 1 31	6 1 32			
6 2 5	6 2 9	6 2 15	6 2 23	6 2 27	6 2 29	6 2 31
6 5 2	6 5 10	6 5 12	6 5 18	6 5 26	6 5 27	
6 7 10	6 7 11	6 7 18	6 7 25	6 7 26	6 7 32	
6 9 2	6 9 9	6 9 23	6 9 26	6 9 32		
6 10 1	6 10 5	6 10 7	6 10 15	6 10 19	6 10 23	6 10 25
6 10 29	6 10 31					
6 11 7	6 11 12	6 11 18				
6 12 5	6 12 11	6 12 17	6 12 19	6 12 23	6 12 27	6 12 29
6 15 2	6 15 10	6 15 17	6 15 18	6 15 26		
6 17 1	6 17 12	6 17 15	6 17 18			
6 18 5	6 18 7	6 18 11	6 18 15	6 18 17	6 18 23	
6 19 10	6 19 12					
6 23 2	6 23 9	6 23 10	6 23 12	6 23 18	6 23 29	
6 25 7	6 25 10	6 25 27	6 25 32			
6 26 5	6 26 7	6 26 9	6 26 15	6 26 26	6 26 31	
6 27 2	6 27 5	6 27 25				
6 29 2	6 29 10	6 29 12	6 29 23	6 29 32		
6 31 1	6 31 2	6 31 10	6 31 26			
6 32 1	6 32 7	6 32 9	6 32 25	6 32 29		

성씨한자 7획성 (의획 기준)

江(강), 見(견), 谷(곡), 君(군), 克(극), 杜(두), 良(량), 李(리),
汎(범), 別(별), 甫(보), 成(성), 宋(송), 辛(신), 良(양), 呂(여),
汝(여), 余(여), 延(연), 吳(오), 吾(오), 位(위), 李(이), 廷(정),
坐(좌), 佐(좌), 池(지), 車(차), 呑(탄), 判(판), 何(하), 孝(효),

성씨한자 7획성 (필획 기준)

見(견), 決(결), 谷(곡), 君(군), 克(극), 那(나), 杜(두), 良(량),
李(리), 邦(방), 泛(범), 別(별), 甫(보), 沙(사), 成(성), 宋(송),
辛(신), 沈(심), 良(양), 呂(여), 余(여), 延(연), 吳(오), 吾(오),
位(위), 李(이), 狄(적), 廷(정), 坐(좌), 佐(좌), 車(차), 肖(초),
呑(탄), 判(판), 何(하), 邢(형), 孝(효),

(7) 7획 성씨

7 1 10	7 1 16	7 1 17	7 1 24	7 1 30	7 1 31	
7 4 4	7 4 14	7 4 28				
7 6 10	7 6 11	7 6 18	7 6 25	7 6 26	7 6 32	
7 8 8	7 8 9	7 8 10	7 8 16	7 8 17	7 8 24	7 8 30
7 9 8	7 9 9	7 9 16	7 9 22	7 9 32		
7 10 1	7 10 6	7 10 8	7 10 14	7 10 22	7 10 28	7 10 31
7 11 6	7 11 14	7 11 30				
7 14 4	7 14 10	7 14 11	7 14 17	7 14 18	7 14 24	7 14 31
7 16 1	7 16 8	7 16 9	7 16 16	7 16 22	7 16 25	
7 17 1	7 17 8	7 17 14	7 17 24	7 17 28		
7 18 6	7 18 14					
7 22 9	7 22 10	7 22 16				
7 24 1	7 24 8	7 24 14	7 24 17			
7 25 6	7 25 16					
7 26 6	7 26 32					
7 28 4	7 28 10	7 28 17	7 28 30			
7 30 1	7 30 8	7 30 11	7 30 28	7 30 31		
7 31 1	7 31 10	7 31 14	7 31 30			
7 32 6	7 32 9	7 32 26				
7 0 1	7 0 6	7 0 8	7 0 11	7 0 16	7 0 17	7 0 18
7 0 24	7 0 25	7 0 31	7 0 32			

성씨한자 8획성 (의획 기준)

決(결), 庚(경), 京(경), 季(계), 固(고), 空(공), 官(관), 具(구), 奇(기), 金(김), 奈(내), 東(동), 來(래), 孟(맹), 明(명), 門(문), 物(물), 房(방), 泛(범), 奉(봉), 斧(부), 卑(비), 沙(사), 舍(사), 尙(상), 昔(석), 松(송), 承(승), 昇(승), 沈(심), 岳(악), 艾(애), 夜(야), 於(어), 林(임), 狄(적), 宗(종), 周(주), 知(지), 直(직), 昌(창), 采(채), 忠(충), 卓(탁), 板(판), 幸(행), 虎(호), 和(화),

성씨한자 8획성 (필획 기준)

庚(경), 京(경), 季(계), 固(고), 空(공), 官(관), 具(구), 邱(구), 奇(기), 金(김), 奈(내), 東(동), 來(래), 孟(맹), 明(명), 門(문), 物(물), 芳(방), 房(방), 奉(봉), 斧(부), 附(부), 卑(비), 舍(사), 尙(상), 昔(석), 邵(소), 松(송), 承(승), 昇(승), 阿(아), 岳(악), 夜(야), 於(어), 泳(영), 芮(예), 芸(운), 林(임), 宗(종), 周(주), 知(지), 直(직), 昌(창), 采(채), 忠(충), 卓(탁), 板(판), 表(표), 河(하), 幸(행), 虎(호), 花(화), 和(화),

(8) 8획 성씨

8 3 5	8 3 10	8 3 13	8 3 21	8 3 30		
8 5 3	8 5 8	8 5 10	8 5 16	8 5 24		
8 7 8	8 7 9	8 7 10	8 7 16	8 7 17	8 7 24	8 7 30
8 8 5	8 8 7	8 8 8	8 8 9	8 8 13	8 8 15	8 8 16
8 8 17	8 8 21	8 8 23	8 8 25	8 8 29	8 8 31	
8 9 7	8 9 8	8 9 15	8 9 16	8 9 24	8 9 30	
8 10 3	8 10 5	8 10 7	8 10 13	8 10 15	8 10 21	8 10 23
8 10 27	8 10 29					
8 13 3	8 13 8	8 13 10	8 13 16	8 13 24		
8 15 8	8 15 9	8 15 10	8 15 16	8 15 24		
8 16 5	8 16 7	8 16 8	8 16 9	8 16 13	8 16 15	8 16 17
8 16 21	8 16 23					
8 17 7	8 17 8	8 17 16				
8 21 3	8 21 8	8 21 10	8 21 16			
8 23 8	8 23 10	8 23 16				
8 24 5	8 24 7	8 24 9	8 24 13	8 24 15		
8 25 8						
8 27 10	8 27 30					
8 29 8	8 29 10					
8 30 3	8 30 7	8 30 9	8 30 27			
8 31 8						
8 0 3	8 0 5	8 0 7	8 0 8	8 0 13	8 0 15	8 0 16
8 0 17	8 0 21	8 0 23	8 0 24	8 0 25	8 0 29	8 0 31

성씨한자 9획성 (의획 기준)

竿(간), 姜(강), 紀(기), 祈(기), 南(남), 段(단), 柳(류), 律(률),
思(사), 削(삭), 相(상), 宣(선), 星(성), 柴(시), 施(시), 信(신),
泳(영), 要(요), 姚(요), 禹(우), 韋(위), 柳(유), 兪(유), 点(점),
貞(정), 俊(준), 肖(초), 秋(추), 炭(탄), 泰(태), 扁(편), 表(표),
河(하), 咸(함), 香(향), 俠(협),

성씨한자 9획성 (필획 기준)

竿(간), 姜(강), 衿(금), 紀(기), 祈(기), 南(남), 段(단), 柳(류),
律(률), 苗(묘), 范(범), 思(사), 削(삭), 相(상), 宣(선), 星(성),
洙(수), 柴(시), 施(시), 信(신), 英(영), 要(요), 姚(요), 禹(우),
郁(욱), 韋(위), 柳(유), 兪(유), 点(점), 貞(정), 俊(준), 珍(진),
秋(추), 炭(탄), 苔(태), 扁(편), 咸(함), 香(향), 俠(협), 胡(호),
洪(홍),

(9) 9획 성씨

9 2 4	9 2 6	9 2 14	9 2 22	9 2 30		
9 4 2	9 4 4	9 4 12	9 4 20	9 4 28		
9 6 1	9 6 2	9 6 9	9 6 23	9 6 26	9 6 32	
9 7 1	9 7 8	9 7 9	9 7 16	9 7 22	9 7 32	
9 8 7	9 8 8	9 8 15	9 8 16	9 8 24	9 8 30	
9 9 6	9 9 7	9 9 14	9 9 15	9 9 20	9 9 23	9 9 29
9 9 30						
9 12 4	9 12 12	9 12 20	9 12 26			
9 14 1	9 14 2	9 14 9	9 14 15	9 14 24		
9 15 1	9 15 8	9 15 9	9 15 14	9 15 23	9 15 24	
9 16 7	9 16 8	9 16 16	9 16 22	9 16 23	9 16 32	
9 20 4	9 20 9	9 20 12	9 20 28	9 20 32		
9 22 1	9 22 2	9 22 7	9 22 16	9 22 26	9 22 30	
9 23 1	9 23 6	9 23 9	9 23 15	9 23 16	9 23 29	
9 24 8	9 24 14	9 24 15	9 24 24	9 24 28		
9 26 6	9 26 12	9 26 22	9 26 26	9 26 32		
9 28 1	9 28 4	9 28 20	9 28 24	9 28 30		
9 29 9	9 29 23	9 29 29				
9 30 2	9 30 8	9 30 9	9 30 22	9 30 28		
9 32 6	9 32 7	9 32 16	9 32 20	9 32 26		

성씨한자 10획성 (의획 기준)

剛(강), 耿(경), 桂(계), 高(고), 骨(골), 貢(공), 恭(공), 宮(궁), 衿(금), 起(기), 唐(당), 馬(마), 般(반), 芳(방), 旁(방), 栢(백), 桑(상), 索(색), 徐(서), 書(서), 席(석), 素(소), 孫(손), 洙(수), 乘(승), 時(시), 晏(안), 芮(예), 倪(예), 邕(옹), 翁(옹), 祐(우), 芸(운), 袁(원), 員(원), 原(원), 殷(은), 恩(은), 益(익), 曺(조), 珍(진), 秦(진), 眞(진), 晉(진), 晋(진), 倉(창), 夏(하), 洪(홍), 花(화), 桓(환), 候(후), 訓(훈), 石末(석말)

성씨한자 10획성 (필획 기준)

剛(강), 耿(경), 桂(계), 高(고), 骨(골), 貢(공), 恭(공), 宮(궁), 起(기), 浪(낭), 能(능), 唐(당), 浪(랑), 馬(마), 班(반), 般(반), 旁(방), 栢(백), 桑(상), 索(색), 徐(서), 書(서), 席(석), 素(소), 孫(손), 荀(순), 乘(승), 時(시), 晏(안), 涓(연), 倪(예), 邕(옹), 翁(옹), 祐(우), 袁(원), 員(원), 原(원), 殷(은), 恩(은), 益(익), 曺(조), 珠(주), 眞(진), 秦(진), 晉(진), 晋(진), 倉(창), 追(추), 泰(태), 夏(하), 海(해), 荊(형), 桓(환), 候(후), 訓(훈), 石末(석말)

(10) 10획 성씨

10 1 5	10 1 6	10 1 7	10 1 14	10 1 22	10 1 28	
10 3 3	10 3 5	10 3 8	10 3 22	10 3 28		
10 5 1	10 5 3	10 5 6	10 5 8			
10 6 1	10 6 5	10 6 7	10 6 15	10 6 19	10 6 23	10 6 25
10 6 29	10 6 31					
10 7 1	10 7 6	10 7 8	10 7 14	10 7 22	10 7 28	10 7 31
10 8 3	10 8 5	10 8 7	10 8 13	10 8 15	10 8 21	10 8 23
10 8 27	10 8 29					
10 11 14	10 11 27					
10 13 8	10 13 22	10 13 25				
10 14 1	10 14 7	10 14 11	10 14 15	10 14 21	10 14 23	
10 15 6	10 15 8	10 15 14	10 15 22	10 15 23		
10 19 6	10 19 19	10 19 28	10 19 29			
10 21 8	10 21 14	10 21 27				
10 22 1	10 22 3	10 22 7	10 22 13	10 22 15	10 22 25	
10 23 6	10 23 8	10 23 14	10 23 15	10 23 25		
10 25 6	10 25 13	10 25 22	10 25 23			
10 27 8	10 27 11	10 27 21	10 27 31			
10 28 1	10 28 3	10 28 7	10 28 19	10 28 29		
10 29 6	10 29 8	10 29 19	10 29 28	10 29 29		
10 31 6	10 31 7	10 31 27				

성씨한자 11획성 (의획 기준)

康(강), 乾(건), 堅(견), 啓(계), 國(국), 那(나), 浪(낭), 豚(돈),
浪(랑), 麻(마), 梅(매), 苗(묘), 班(반), 邦(방), 范(범), 彬(빈),
常(상), 梁(양), 魚(어), 涓(연), 英(영), 尉(위), 翌(익), 章(장),
將(장), 張(장), 專(전), 珠(주), 崔(최), 苔(태), 海(해), 許(허),
邢(형), 扈(호), 胡(호),

성씨한자 11획성 (필획 기준)

康(강), 乾(건), 堅(견), 啓(계), 郭(곽), 國(국), 陶(도), 豚(돈),
麻(마), 梅(매), 部(부), 彬(빈), 常(상), 逍(소), 淳(순), 莘(신),
梁(양), 魚(어), 連(연), 尉(위), 陸(육), 陰(음), 翌(익), 章(장),
莊(장), 將(장), 張(장), 專(전), 陳(진), 崔(최), 許(허), 扈(호),

(11) 11획 성씨

11 2 4	11 2 5	11 2 22				
11 4 2	11 4 14	11 4 20				
11 5 2	11 5 13					
11 6 7	11 6 12	11 6 18				
11 7 6	11 7 14	11 7 30				
11 10 14	11 10 27					
11 12 6	11 12 12					
11 13 5	11 13 24	11 13 28				
11 14 4	11 14 7	11 14 10	11 14 27			
11 18 6						
11 20 4	11 20 21	11 20 27				
11 21 20	11 21 26					
11 22 2	11 22 30					
11 24 13	11 24 28					
11 26 21	11 26 26					
11 27 10	11 27 14	11 27 20	11 27 30			
11 28 13	11 28 24					
11 30 7	11 30 22	11 30 27				
11 0 5	11 0 6	11 0 7	11 0 13	11 0 18	11 0 21	11 0 24

성씨한자 12획성 (의획 기준)

强(강), 景(경), 傀(괴), 邱(구), 能(능), 單(단), 敦(돈), 童(동), 登(등), 閔(민), 傅(부), 森(삼), 象(상), 善(선), 邵(소), 荀(순), 舜(순), 淳(순), 順(순), 勝(승), 尋(심), 堯(요), 雲(운), 庾(유), 異(이), 場(장), 程(정), 堤(제), 曾(증), 智(지), 創(창), 彭(팽), 馮(풍), 弼(필), 賀(하), 荊(형), 黃(황), 喜(희), 東方(동방)

성씨한자 12획성 (필획 기준)

渴(갈), 强(강), 景(경), 傀(괴), 菊(국), 琴(금), 單(단), 都(도), 敦(돈), 童(동), 登(등), 閔(민), 傅(부), 森(삼), 象(상), 善(선), 舜(순), 順(순), 勝(승), 尋(심), 陽(양), 堯(요), 雲(운), 庾(유), 異(이), 場(장), 程(정), 堤(제), 曾(증), 智(지), 創(창), 菜(채), 彭(팽), 馮(풍), 弼(필), 賀(하), 華(화), 黃(황), 喜(희), 東方(동방)

(12) 12획 성씨

12 1 4	12 1 5	12 1 12	12 1 20			
12 3 3	12 3 20	12 3 26				
12 4 1	12 4 9	12 4 13	12 4 17	12 4 19	12 4 21	12 4 25
12 4 29						
12 5 1	12 5 6	12 5 12	12 5 20			
12 6 5	12 6 11	12 6 17	12 6 19	12 6 23	12 6 27	12 6 29
12 9 4	12 9 12	12 9 20	12 9 26			
12 11 6	12 11 12					
12 12 1	12 12 5	12 12 9	12 12 11	12 12 13	12 12 17	12 12 21
12 12 23						
12 13 4	12 13 12	12 13 20				
12 17 4	12 17 6	12 17 12				
12 19 4	12 19 6	12 19 26				
12 20 1	12 20 3	12 20 5	12 20 9	12 20 13	12 20 25	
12 21 4	12 21 12					
12 23 6	12 23 12					
12 25 4	12 25 20					
12 26 3	12 26 9	12 26 19				
12 27 6						
12 29 4	12 29 6					

성씨한자 13획성 (의획 기준)

賈(가), 渴(갈), 敬(경), 琴(금), 寗(녕), 路(노), 頓(돈), 路(로), 雷(뢰), 睦(목), 附(부), 新(신), 莘(신), 阿(아), 楊(양), 廉(염), 雍(옹), 郁(욱), 莊(장), 楚(초), 追(추), 解(해), 司空(사공)

성씨한자 13획성 (필획 기준)

賈(가), 葛(갈), 敬(경), 溪(계), 寗(녕), 路(노), 道(도), 頓(돈), 董(동), 路(로), 雷(뢰), 萬(만), 睦(목), 葉(섭), 新(신), 愼(신), 楊(양), 廉(염), 葉(엽), 溫(온), 雍(옹), 遇(우), 楚(초), 鄒(추), 解(해), 鄕(향), 令狐(령호), 司空(사공)

(13) 13획 성씨

13 2 3	13 2 16	13 2 22				
13 3 2	13 3 5	13 3 8	13 3 22	13 3 32		
13 4 4	13 4 12	13 4 20	13 4 28			
13 5 3	13 5 11	13 5 19	13 5 20			
13 8 3	13 8 8	13 8 10	13 8 16	13 8 24		
13 10 8	13 10 22	13 10 25				
13 11 5	13 11 24	13 11 28				
13 12 4	13 12 12	13 12 20				
13 16 2	13 16 8	13 16 16	13 16 19	13 16 32		
13 19 5	13 19 16	13 19 20	13 19 26			
13 20 4	13 20 5	13 20 12	13 20 19	13 20 25	13 20 28	13 20 32
13 22 2	13 22 3	13 22 10	13 22 26			
13 24 8	13 24 11	13 24 24	13 24 28			
13 25 10	13 25 20					
13 26 19	13 26 22	13 26 26	13 26 32			
13 28 4	13 28 11	13 28 20	13 28 24			
13 32 3	13 32 16	13 32 20	13 32 26			
13 0 3	13 0 5	13 0 8	13 0 11	13 0 16	13 0 18	13 0 24
13 0 25	13 0 32					

성씨한자 14획성 (의획 기준)

碣(갈), 甄(견), 溪(계), 菊(국), 箕(기), 端(단), 對(대), 綠(록), 夢(몽), 裵(배), 鳳(봉), 賓(빈), 嘗(상), 碩(석), 逍(소), 壽(수), 僧(승), 愼(신), 實(실), 連(연), 榮(영), 溫(온), 慈(자), 趙(조), 種(종), 菜(채), 赫(혁), 華(화), 公孫(공손), 令狐(령호), 西門(서문)

성씨한자 14획성 (필획 기준)

碣(갈), 蓋(개), 甄(견), 箕(기), 端(단), 對(대), 綠(록), 夢(몽), 裵(배), 鳳(봉), 賓(빈), 嘗(상), 碩(석), 壽(수), 僧(승), 實(실), 榮(영), 慈(자), 趙(조), 種(종), 漢(한), 赫(혁), 公孫(공손), 西門(서문)

(14) 14획 성씨

14 1 2	14 1 10	14 1 17	14 1 23	14 1 24		
14 2 1	14 2 9	14 2 15	14 2 19	14 2 21	14 2 23	14 2 31
14 3 4	14 3 15	14 3 18	14 3 21			
14 4 3	14 4 7	14 4 11	14 4 17	14 4 19	14 4 21	14 4 27
14 7 4	14 7 10	14 7 11	14 7 17	14 7 18	14 7 24	14 7 31
14 9 2	14 9 9	14 9 15	14 9 24			
14 10 1	14 10 7	14 10 11	14 10 15	14 10 21	14 10 23	
14 11 4	14 11 7	14 11 10	14 11 27			
14 15 2	14 15 3	14 15 9	14 15 10	14 15 18	14 15 23	
14 17 1	14 17 4	14 17 7	14 17 21			
14 18 3	14 18 7	14 18 15				
14 19 2	14 19 4	14 19 19				
14 21 2	14 21 3	14 21 4	14 21 10	14 21 17		
14 23 1	14 23 2	14 23 10	14 23 15	14 23 24		
14 24 1	14 24 7	14 24 9	14 24 23			
14 27 4	14 27 11					
14 31 2	14 31 7					

성씨한자 15획성 (의획 기준)

價(가), 葛(갈), 慶(경), 郭(곽), 寬(관), 廣(광), 魯(노), 德(덕), 董(동), 萬(만), 墨(묵), 部(부), 葉(섭), 樑(양), 樣(양), 葉(엽), 影(영), 劉(유), 震(진), 彈(탄), 標(표), 漢(한), 興(흥), 司馬(사마)

성씨한자 15획성 (필획 기준)

價(가), 慶(경), 寬(관), 廣(광), 魯(노), 德(덕), 墨(묵), 潘(반), 樑(양), 樣(양), 影(영), 劉(유), 蔣(장), 鄭(정), 震(진), 蔡(채), 彈(탄), 憚(탄), 標(표), 興(흥), 司馬(사마)

(15) 15획 성씨

15 1 2	15 1 16	15 1 17	15 1 22	15 1 23	15 1 32	
15 2 1	15 2 6	15 2 14	15 2 16	15 2 22	15 2 30	
15 3 3	15 3 14	15 3 20	15 3 30			
15 6 2	15 6 10	15 6 17	15 6 18	15 6 26		
15 8 8	15 8 9	15 8 10	15 8 16	15 8 24		
15 9 8	15 9 9	15 9 14	15 9 23	15 9 24		
15 10 6	15 10 8	15 10 14	15 10 22	15 10 23		
15 14 2	15 14 3	15 14 9	15 14 10	15 14 18	15 14 23	
15 16 1	15 16 2	15 16 8	15 16 16	15 16 17	15 16 32	
15 17 1	15 17 6	15 17 16	15 17 20			
15 18 6	15 18 14	15 18 30				
15 20 3	15 20 17	15 20 32				
15 22 1	15 22 2	15 22 10	15 22 26	15 22 30		
15 23 1	15 23 9	15 23 10	15 23 14			
15 24 8	15 24 9	15 24 24				
15 26 6	15 26 22	15 26 26	15 26 32			
15 30 2	15 30 3	15 30 18	15 30 22			
15 32 1	15 32 16	15 32 20	15 32 26			
15 0 1	15 0 3	15 0 6	15 0 8	15 0 16	15 0 17	15 0 18
15 0 23	15 0 24	15 0 32				

성씨한자 16획성 (의획 기준)

彊(강), 蓋(개), 盧(노), 陶(도), 道(도), 都(도), 賴(뢰), 潘(반), 輸(수), 燕(연), 閻(염), 龍(용), 遇(우), 陸(육), 陰(음), 錢(전), 諸(제), 陳(진), 憚(탄), 鮑(포), 縣(현), 皇甫(황보)

성씨한자 16획성 (필획 기준)

彊(강), 盧(노), 濃(농), 獨(독), 賴(뢰), 隨(수), 輸(수), 燕(연), 閻(염), 濂(염), 龍(용), 錢(전), 諸(제), 遲(지), 遷(천), 澤(택), 鮑(포), 縣(현), 皇甫(황보)

(16) 16획 성씨

16 1 7	16 1 15	16 1 16	16 1 22	16 1 31		
16 2 5	16 2 13	16 2 15	16 2 19	16 2 21	16 2 23	16 2 29
16 5 2	16 5 8	16 5 16				
16 7 1	16 7 8	16 7 9	16 7 16	16 7 22	16 7 25	
16 8 5	16 8 7	16 8 8	16 8 9	16 8 13	16 8 15	16 8 17
16 8 21	16 8 23					
16 9 7	16 9 8	16 9 16	16 9 22	16 9 23	16 9 32	
16 13 2	16 13 8	16 13 16	16 13 19	16 13 32		
16 15 1	16 15 2	16 15 8	16 15 16	16 15 17	16 15 32	
16 16 1	16 16 5	16 16 7	16 16 9	16 16 13	16 16 15	16 16 16
16 16 25	16 16 29	16 16 31				
16 17 8	16 17 15					
16 19 2	16 19 13	16 19 22				
16 21 2	16 21 8	16 21 31				
16 22 1	16 22 7	16 22 9	16 22 19	16 22 23	16 22 25	
16 23 2	16 23 8	16 23 9	16 23 22	16 23 29		
16 25 7	16 25 16	16 25 22	16 25 32			
16 29 2	16 29 16	16 29 23	16 29 32			
16 31 1	16 31 16	16 31 21				
16 32 9	16 32 13	16 32 15	16 32 25	16 32 29		
16 0 1	16 0 5	16 0 7	16 0 8	16 0 13	16 0 15	16 0 16
16 0 17	16 0 21	16 0 23	16 0 25	16 0 29	16 0 31	16 0 32

성씨한자 17획성 (의획 기준)

鞠(국), 濃(농), 獨(독), 彌(미), 謝(사), 鮮(선), 襄(양), 陽(양), 濂(염), 應(응), 蔣(장), 鍾(종), 蔡(채), 燭(촉), 鄒(추), 澤(택), 韓(한), 鄕(향),

성씨한자 17획성 (필획 기준)

鞠(국), 彌(미), 謝(사), 鮮(선), 薛(설), 襄(양), 應(응), 鍾(종), 燭(촉), 濯(탁), 韓(한),

(17) 17획 성씨

17 1 6	17 1 7	17 1 14	17 1 15	17 1 20	17 1 30	
17 4 4	17 4 12	17 4 14	17 4 20	17 4 31		
17 6 1	17 6 12	17 6 15	17 6 18			
17 7 1	17 7 8	17 7 14	17 7 24	17 7 28		
17 8 7	17 8 8	17 8 16				
17 12 4	17 12 6	17 12 12				
17 14 1	17 14 4	17 14 7	17 14 21			
17 15 1	17 15 6	17 15 16	17 15 20			
17 16 8	17 16 15					
17 18 6	17 18 30					
17 20 1	17 20 4	17 20 15	17 20 21	17 20 28		
17 21 14	17 21 20					
17 24 7	17 24 24					
17 28 7	17 28 20	17 28 30				
17 30 1	17 30 18	17 30 28				
17 31 4						
17 0 1	17 0 6	17 0 7	17 0 8	17 0 15	17 0 16	17 0 18
17 0 21	17 0 24	17 0 31				

성씨한자 18획성 (의획 기준)

簡(간), 歸(귀), 戴(대), 禮(례), 雙(쌍), 魏(위), 濯(탁),

성씨한자 18획성 (필획 기준)

簡(간), 歸(귀), 戴(대), 禮(례), 雙(쌍), 魏(위),

(18) 18획 성씨

18 3 3	18 3 14	18 3 20				
18 5 6						
18 6 5	18 6 7	18 6 11	18 6 15	18 6 17	18 6 23	
18 7 6	18 7 14					
18 11 6						
18 14 3	18 14 7	18 14 15				
18 15 6	18 15 14	18 15 30				
18 17 6	18 17 30					
18 19 20						
18 20 3	18 20 19	18 20 27				
18 23 6						
18 27 20	18 27 30					
18 30 15	18 30 17	18 30 27				
18 0 3	18 0 5	18 0 6	18 0 7	18 0 11	18 0 13	18 0 15
18 0 17	18 0 21	18 0 23	18 0 29			

성씨한자 19획성 (의획 기준)

離(리), 龐(방), 薛(설), 鄭(정), 遲(지), 遷(천), 南宮(남궁)

성씨한자 19획성 (필획 기준)

羅(나), 離(리), 龐(방), 邊(변), 藝(예), 南宮(남궁)

(19) 19획 성씨

19 2 4	19 2 14	19 2 16				
19 4 2	19 4 6	19 4 10	19 4 12	19 4 14	19 4 16	19 4 18
19 4 22	19 4 29					
19 5 13	19 5 28					
19 6 10	19 6 12					
19 10 6	19 10 19	19 10 28	19 10 29			
19 12 4	19 12 6	19 12 26				
19 13 5	19 13 16	19 13 20	19 13 26			
19 14 2	19 14 4	19 14 19				
19 16 2	19 16 13	19 16 22				
19 18 20						
19 19 10	19 19 14	19 19 19	19 19 20	19 19 29		
19 20 13	19 20 18	19 20 19	19 20 28			
19 22 16	19 22 26					
19 26 12	19 26 13	19 26 22	19 26 26			
19 28 5	19 28 10	19 28 20				
19 29 4	19 29 10	19 29 19	19 29 29			
19 0 5	19 0 6	19 0 13	19 0 16	19 0 18	19 0 29	

성씨한자 20획성 (의획 기준)

騫(건), 羅(나), 釋(석), 嚴(엄), 鮮于(선우), 夏侯(하후)

성씨한자 20획성 (필획 기준)

騫(건), 蘆(로), 釋(석), 蘇(소), 嚴(엄), 鮮于(선우), 夏侯(하후)

(20) 20획 성씨

20 1 4	20 1 12	20 1 17				
20 3 12	20 3 15	20 3 18				
20 4 1	20 4 9	20 4 11	20 4 13	20 4 17	20 4 21	20 4 28
20 5 12	20 5 13	20 5 27	20 5 32			
20 9 4	20 9 9	20 9 12	20 9 28	20 9 32		
20 11 4	20 11 21	20 11 27				
20 12 1	20 12 3	20 12 5	20 12 9	20 12 13	20 12 25	
20 13 4	20 13 5	20 13 12	20 13 19	20 13 25	20 13 28	20 13 32
20 15 3	20 15 9	20 15 17	20 15 32			
20 17 1	20 17 4	20 17 15	20 17 28			
20 18 3	20 18 19	20 18 27				
20 19 13	20 19 18	20 19 19	20 19 28			
20 21 4	20 21 11	20 21 17	20 21 27			
20 25 12	20 25 13	20 25 32				
20 27 5	20 27 11	20 27 18	20 27 21			
20 28 4	20 28 9	20 28 17	20 28 19			
20 32 5	20 32 9	20 32 13	20 32 15	20 32 25		
20 0 1	20 0 3	20 0 5	20 0 11	20 0 13	20 0 15	20 0 17
20 0 18	20 0 21	20 0 25	20 0 31	20 0 32		

성씨한자 21획성 (의획 기준)

顧(고), 隨(수), 藝(예),

성씨한자 21획성 (필획 기준)

顧(고), 攝(섭),

(21) 21획 성씨

21 2 14	21 2 16					
21 3 8	21 3 14					
21 4 4	21 4 12	21 4 14	21 4 20	21 4 27		
21 8 3	21 8 8	21 8 10	21 8 16			
21 10 8	21 10 14	21 10 27				
21 11 20	21 11 26					
21 12 4	21 12 12					
21 14 2	21 14 3	21 14 4	21 14 10	21 14 17		
21 16 2	21 16 8	21 16 31				
21 17 14	21 17 20					
21 20 4	21 20 11	21 20 17	21 20 27			
21 26 11	21 26 26					
21 27 4	21 27 10	21 27 20				
21 31 16						
21 0 3	21 0 8	21 0 11	21 0 16	21 0 17	21 0 18	21 0 24
21 0 31						

성씨한자 22획성 (의획 기준)

權(권), 蘆(로), 邊(변), 攝(섭), 蘇(소)

성씨한자 22획성 (필획 기준)

權(권)

(22) 22획 성씨

22 1 2	22 1 10	22 1 15	22 1 16			
22 2 1	22 2 9	22 2 11	22 2 13	22 2 15	22 2 23	
22 3 10	22 3 13					
22 7 9	22 7 10	22 7 16				
22 9 2	22 9 7	22 9 16	22 9 26	22 9 30		
22 10 1	22 10 3	22 10 7	22 10 13	22 10 15	22 10 25	
22 11 2						
22 13 2	22 13 3	22 13 10	22 13 26			
22 15 1	22 15 2	22 15 10	22 15 26	22 15 30		
22 16 1	22 16 7	22 16 9	22 16 19	22 16 23	22 16 25	
22 19 16	22 19 26					
22 23 2	22 23 16					
22 25 10	22 25 16					
22 26 9	22 26 13	22 26 15	22 26 19			
22 30 9	22 30 11	22 30 15				
22 0 1	22 0 3	22 0 7	22 0 11	22 0 13	22 0 15	22 0 16
22 0 17	22 0 23	22 0 25	22 0 29